BOUQUINS

Collection fondée par Guy Schoeller
et dirigée par Daniel Rondeau

WILLIAM SHAKESPEARE

ŒUVRES COMPLÈTES

Édition bilingue

TRAGÉDIES II

OTHELLO • TIMON D'ATHÈNES • LE ROI LEAR

MACBETH • ANTOINE ET CLÉOPÂTRE • CORIOLAN

Édition établie sous la direction de

MICHEL GRIVELET, professeur émérite à l'université de Bourgogne

et GILLES MONSARRAT, professeur honoraire à l'université de Bourgogne

Présentation et traduction en collaboration avec

VICTOR BOURGY, professeur émérite à l'université de Haute-Bretagne

LOUIS LECOCQ, professeur émérite à l'université Lyon II

JEAN-CLAUDE SALLÉ, professeur honoraire à l'université de Bourgogne

LÉONE TEYSSANDIER, maître de conférences à l'université Paris III

Texte anglais établi sous la direction de

STANLEY WELLS et GARY TAYLOR (Oxford University Press)

ROBERT LAFFONT

En frontispice, portrait de Shakespeare dit « Chandos Portait »
(National Portrait Gallery, Londres)

PUBLIÉ AVEC LE CONCOURS DU
CENTRE NATIONAL DU LIVRE

Titre original : *William Shakespeare. The Complete Works*

ISBN : 978-2-221-06689-8 (volume II)

Dépôt légal : juin 2007 - N° d'éditeur : 48019/05

Ce volume contient :

AVERTISSEMENT
par M. Grivelet

NOTE SUR LA PRÉSENTE ÉDITION
par G. Monsarrat

L'ART DE SHAKESPEARE
DANS LES TRAGÉDIES DE LA MATURITÉ
par V. Bourgy

OTHELLO
présenté et traduit par L. Teyssandier

TIMON D'ATHÈNES
présenté et traduit par V. Bourgy

LE ROI LEAR
présenté et traduit par G. Monsarrat

MACBETH
présenté et traduit par J.-C. Sallé

ANTOINE ET CLÉOPÂTRE
présenté et traduit par M. Grivelet

CORIOLAN
présenté et traduit par Louis Lecocq

RÉPERTOIRE DES PERSONNAGES

GUIDE BIBLIOGRAPHIQUE

AVERTISSEMENT

par Michel Grivelet

Une autre raison est venue de nos jours s'ajouter à celles qui ont fait de la traduction du théâtre de Shakespeare une entreprise toujours recommencée. Au siècle dernier, Victor Hugo pouvait écrire, préfaçant l'ouvrage de son fils François-Victor : « Le traducteur actuel sera le traducteur définitif. » Cette assurance allait de pair avec la conviction que le texte à traduire avait été établi une fois pour toutes. Contemporaine de la traduction de François-Victor Hugo, l'édition dite de Cambridge, en neuf volumes publiés de 1863 à 1866 par trois membres de l'université, offrait une sorte de garantie officielle à la tradition érudite. Alors que jusque-là les éditions critiques de l'œuvre avaient été le fait d'amateurs éclairés, celle-ci avait la sanction de professionnels recourant aux méthodes pratiquées dans les disciplines classiques. Cet avantage, parmi d'autres, était de nature à asseoir durablement l'autorité de l'édition. Dès 1864 elle était proposée (sans les notes) en un seul volume, désigné comme « The Globe Shakespeare » pour signifier que ce livre-là ferait pénétrer « le plus éminent de tous les hommes de lettres, le plus grand maître de la langue la plus répandue parmi les hommes, jusque dans les coins les plus reculés du globe habitable ».

Ce style triomphal pouvait donner le sentiment qu'on était arrivé au terme d'une longue opération de sauvetage. Car le théâtre de Shakespeare avait couru de grands périls. C'en était un que la fermeture des théâtres de Londres en 1642 sur ordre du Parlement, à la veille de la Guerre civile. Prolongée pendant près de vingt ans pendant l'interrègne républicain, l'interdiction allait signifier la fin du mouvement d'art dramatique qui, né sous Élisabeth et poursuivi pendant les deux règnes suivants, avait été le milieu naturel du théâtre de Shakespeare. Lorsque l'activité théâtrale reprit au retour de la monarchie en 1660, non seulement les conditions politiques et sociales, le public des théâtres, les mentalités avaient changé, mais encore, influencée par l'exemple français, l'esthétique de la scène avait cessé d'être la même. L'architecture originale qui en avait été naguère l'instrument ne laissait pas de témoins, les édifices consacrés aux productions théâtrales ayant été détruits les uns après les autres, ou laissés à l'état de ruines. Shakespeare, auquel on avait recours pour reconstituer un répertoire, ne pouvait être repris que transformé, adapté aux conditions et aux temps nouveaux, c'est-à-dire, dans plus d'un cas, défiguré.

Il y était d'autant plus exposé que – et c'est l'autre grand danger qui menaçait son œuvre dramatique – celle-ci n'avait pas été prémunie, sous forme d'édition autorisée ou en tout cas fiable, contre de telles vicissitudes. Selon toute apparence, Shakespeare n'est personnellement intervenu dans la publication en librairie d'aucune de ses pièces, que ce soit celles qui parurent séparément de son vivant, en éditions in-quarto de qualité très variable, ou, à plus forte raison, de l'in-folio publié sept ans après sa mort et qui, sans être un recueil tout à fait complet ni en tous points impeccable, n'en donnait pas moins à lire pour la première fois dix-huit de ses textes de théâtre parmi les plus grands. Plus que d'une hypothétique négligence de l'auteur – démentie par le soin avec lequel il avait très tôt fait publier ses deux poèmes narratifs, *Vénus et Adonis* (1593) et *Le Viol de Lucrèce* (1594) –, cet état de choses résultait surtout du conflit d'intérêts, général à l'époque, entre les compagnies dramatiques qui s'efforçaient de garder pour elles sous forme manuscrite les pièces dont la représentation était leur gagne-pain, et les libraires qui tâchaient de s'en emparer pour en tirer profit grâce à une législation tout à leur avantage[1].

A la fin du XVIIe siècle, l'intégrité de l'œuvre dramatique se trouvait sérieusement compromise, tant par les malfaçons qui avaient cours au théâtre que par les rééditions de moins en moins fiables de l'in-folio, « enrichi » d'apocryphes. C'est seulement avec le siècle suivant que commence ce qui allait se révéler une tâche de longue haleine : la reconquête du théâtre de Shakespeare dans son authenticité.

Tâche de longue haleine qui demeurerait fortement marquée par les circonstances de son commencement. Les éditions critiques qui se succèdent rapidement donnent de bonne heure une assise déterminante au travail qui va se poursuivre. Ce théâtre restauré va procéder aussi d'une époque qui n'est pas la sienne, mais celle d'Alexander Pope ou du Dr Johnson, brillants représentants du « classicisme » anglais, en même temps qu'auteurs l'un et l'autre, à quarante ans de distance, d'une édition du théâtre de Shakespeare. Pour eux et leurs pareils, restituer fidèlement la production dramatique du poète c'est la rétablir dans sa dignité de grande œuvre littéraire, non seulement en corrigeant par des « émendations » appropriées les erreurs et les fautes de détail dont elle avait été entachée mais encore en la « régularisant » autant que possible selon des normes de composition dont l'autorité, bien que contestée, continue à en imposer. La première en date, l'édition de Nicholas Rowe (1709), étend à toutes les pièces une division en cinq actes qui n'avait été adoptée que de manière incomplète et assez déroutante dans l'in-folio. Tous les successeurs de Rowe l'imitent en cela, y compris ceux qui, bientôt, s'étant judicieusement procuré pour leur enquête le plus possible d'éditions in-quarto, auront pu constater qu'elles ignorent cette division. Par-delà ce qui peut sembler simple changement de présentation s'affirme l'idée générale de ce qu'il s'agit de reconstituer : l'œuvre dramatique dans la cohésion première que lui a donnée son auteur, telle qu'il l'a écrite, avant que les aléas de la production théâtrale

1. Voir l'Introduction générale, IV. Origine et transmission des textes, dans le premier volume de cette édition.

ne la détériorent au point de la laisser souvent à l'état de membres épars. Ce qui suppose, avec le secours d'un sens littéraire averti, un travail soutenu d'exploration et de collationnement des éditions anciennes dans leur extrême diversité.

Lecteurs, spectateurs, nous restons aujourd'hui sur plus d'un point tributaires des acquis du XVIIIe siècle, ratifiés et augmentés au XIXe. Mais d'autre part, alors que le siècle où nous sommes touche à sa fin, force nous est de constater qu'il a relancé la recherche de l'authenticité des textes dramatiques de Shakespeare en lui donnant un tour nouveau. Elle s'appuie désormais sur une connaissance générale du théâtre élisabéthain qui s'est considérablement développée et, s'agissant en particulier de la critique textuelle, sur la technicité accrue des moyens mis en œuvre. Ceux-ci impliquent qu'on s'est familiarisé avec les métiers du livre au temps de Shakespeare, de celui d'imprimeur notamment et de ses procédés de fabrication. Savoir concret qui va jusqu'au repérage des singularités du travail de chacun des typographes employés dans un atelier à la composition d'un même ouvrage. Ce que l'on sait d'autre part du fonctionnement de la scène élisabéthaine permet de se faire une idée de la succession d'états manuscrits par lesquels un texte passait avant d'être joué. Examinant alors une édition moins pour son contenu littéraire que comme support matériel de ce contenu, on peut y trouver des indices de son origine et se représenter sous le texte imprimé le manuscrit dont il est tiré. Dès la première décennie du siècle, le type d'analyse sommairement esquissé ici permettait de discerner entre les in-quarto qualifiés de « bons » et ceux réputés « mauvais ». Plus près de nous, dans les années soixante, les conditions dans lesquelles l'in-folio de 1623 avait été imprimé (et les épreuves de l'ouvrage corrigées) étaient remarquablement mises en lumière. Certes, les conclusions tirées de ces divers examens restent pour une part conjecturales et dans cette mesure sujettes à controverse. Mais les constatations de fait sur quoi elles se fondent n'en constituent pas moins un apport nouveau. Des éditions de langue anglaise déjà bien connues se renouvellent rapidement à l'heure actuelle pour en tenir compte. *William Shakespeare : The Complete Works*, volume paru aux presses d'Oxford en 1986, est de ce point de vue un ouvrage spécialement novateur. C'est celui qui – selon des modalités que précise la Note sur la présente édition ci-après – est suivi ici.

Le lecteur y trouvera des différences, assez grandes parfois, avec le Shakespeare auquel il est peut-être habitué. Elles s'apparentent à celles qui résultent du nettoyage d'une fresque, d'un tableau, dont on a voulu retrouver les couleurs et les formes dans leur vivacité, une fois ôtés la crasse et les repeints trompeurs. En l'occurrence, c'est d'un habillage ajouté au XVIIIe siècle qu'il a fallu se défaire, d'abord en débarrassant le corps du texte des mentions successives d'acte et de scène qu'on y avait introduites. Augmentées souvent d'indications de lieu, elles s'étaient prêtées de plus en plus à l'invention de décors, au découpage en « tableaux ». Ici – comme dans plus d'une édition anglaise d'ailleurs – acte et scène, repoussés en marge, ne sont plus que chiffres qui servent surtout, selon les besoins, à situer un passage, au même titre que la numérotation des vers et des lignes de prose. Le texte lui-même, dans son enchaînement pour ainsi dire instantané d'une scène à l'autre, se déroule sans entrave. Une restauration plus délicate, de caractère quasi architectural, s'impose parfois quand il faut déterminer ce qui fait légitimement partie d'une pièce, comme c'est le cas quand plusieurs éditions d'origine sont en présence, valables chacune d'une certaine façon, bien que différentes. L'objectivité textuelle n'invite pas à emprunter aux unes et aux autres pour en faire une sorte d'amalgame comme, par exemple, on avait coutume d'incorporer à *Hamlet* tel que le donne l'in-folio, le monologue du prince de Danemark qui figure dans le « bon » in-quarto[1]. On peut juger plus probant – et l'accord tend à se faire là-dessus – un texte naturellement homogène et dûment mis au point pour servir à la mise en scène. Les pièces de Shakespeare « telles qu'elles ont été jouées dans les théâtres de Londres qui furent au centre de sa vie professionnelle », c'est ce que se propose de restituer l'édition d'Oxford.

L'écart n'est pas mince entre la vision, et en fait le mirage, d'une production dramatique conservée dans son intégrité d'œuvre écrite, sortant des mains de l'auteur, et les partitions de ses mises en scène auxquelles tout invite à penser que le « comédien-poète » avait pour habitude de participer de près, ajustant au besoin son texte. Imprimé, ce texte résonne encore de la parole énoncée de laquelle et pour laquelle il est fait. Au lecteur, à l'acteur, au directeur de théâtre d'en tenir compte. Dans la lignée de Granville-Barker pour qui c'est la diction du texte poétique qui est le fondement de toute mise en scène, Peter Hall attend de ses comédiens qu'ils s'exercent longuement à la scansion des vers de Shakespeare[2]. Là aussi est le défi lancé au traducteur : mettre le lecteur français en position de maîtriser dans sa difficulté la qualité musicale du texte, partie intégrante de sa signification. Du moins espérera-t-il l'aider à partager un rêve, celui que faisait Stanislavski il n'y a pas si longtemps, au début de ce siècle mais à une heure qui était encore celle du théâtre littéraire et de son instrument à la représentation, le réalisme archéologique. Le rêve, que Stanislavski se désole alors d'avoir perdu toute chance de réaliser, est de mettre Shakespeare en scène « tel, dit-il, que je le vois de mes yeux intérieurs, tel que je le perçois de mon ouïe intérieure, Shakespeare basé sur la symphonie, la phonétique, le rythme, la sensation du verbe et de l'acte, le véritable son de la voix humaine, basé enfin sur le développement simple, noble, logique, du sentiment et de l'action »[3].

1. Fin de IV,4 dans les éditions modernes.
2. Tirzah Lowen, *Peter Hall Directs "Antony and Cleopatra"* (Londres, 1990), p. 27 et 31.
3. Cité par Nina Gourfinkel dans Constantin Stanislavski, *Mise en scène d'Othello* (Paris, 1973 [1948]), p. 9-10.

NOTE SUR LA PRÉSENTE ÉDITION

Voir aussi l'Avant-Propos pour les principes de la traduction et certaines caractéristiques du texte anglais.

TEXTE ANGLAIS

Ce texte est celui de *The Complete Works*, General Editors Stanley Wells and Gary Taylor, Editors Stanley Wells, Gary Taylor, John Jowett, and William Montgomery, Clarendon Press, Oxford, 1986. Il a été établi après un collationnement très complet des éditions originales in-quarto* et in-folio*, et de toutes les éditions importantes de Shakespeare depuis le début du XVIIIe siècle.

Les éditeurs d'Oxford estiment que Shakespeare, comme plusieurs de ses contemporains et beaucoup d'autres dramaturges, a révisé certaines de ses pièces. Pour six d'entre elles (*Richard II, 2 Henri IV, Hamlet, Troïlus et Cresside, Othello* et *Le Roi Lear*) il existe deux textes suffisamment différents pour que le second soit une révision d'auteur[1]. Parfois un des textes semble donner la pièce telle que Shakespeare l'écrivit à l'origine (dernier brouillon) tandis que l'autre serait celui de la pièce telle qu'elle fut finalement jouée, ce que Stanley Wells appelle « la version la plus théâtrale ». Au lieu de combiner les deux textes, comme on le faisait traditionnellement, l'édition d'Oxford a choisi celui qui paraît se rapprocher le plus de la pièce telle qu'elle fut effectivement jouée par la troupe de Shakespeare.

Les passages qui furent probablement coupés à la scène ne sont pas pour autant négligés et ils sont donnés après la pièce sous forme de Passages additionnels ; ces passages sont signalés dans les Variantes et les Notes. Dans le cas du *Roi Lear*, les éditeurs d'Oxford estiment, en s'appuyant sur des travaux récents, que les deux versions de la pièce

1. Il y a aussi deux versions différentes pour quatre des sonnets.

sont tellement différentes qu'il convient d'éditer séparément le texte de l'in-quarto, *The History of King Lear* (1608), et celui de l'in-folio, *The Tragedy of King Lear* (1623) ; notons que, depuis, le « New Cambridge Shakespeare » a fait le même choix (voir Bibliographie des Tragédies, *King Lear*, éditions). Alors que l'édition d'Oxford donne le texte complet de *The History of King Lear*, nous n'en donnons ici que les passages qui ne se trouvent pas dans l'in-folio.

L'orthographe est modernisée de façon plus radicale que dans les éditions antérieures[1]. Des formes archaïques telles que *hath*, *eyne* ou *holp* (pour *has*, *eyes* et *helped*) sont conservées, mais les formes qui ne sont que des variantes orthographiques désuètes ont été modernisées. Ceci a été fait même pour certains mots dans lesquels la différence d'orthographe modifie la prononciation[2]. Dans la plupart de ces cas nous avons signalé dans les Variantes l'orthographe ancienne du texte de base (voir par exemple *Jules César*, III,2,58 et 60).

Le suffixe *-ed* se prononce de trois façons en anglais, selon la consonne qui le précède : comme un *d* (called [kɔ:ld]), comme un *t* (plucked [plʌkt]) ou comme une syllabe supplémentaire (counted ['kaʊntɪd]). Il arrive qu'il soit nécessaire, pour la régularité du vers, de prononcer ce suffixe *-ed* comme une syllabe supplémentaire dans un mot où il se prononce normalement *d* ou *t*. Dans ce cas l'édition d'Oxford met un accent grave sur le *e*, par exemple *abhorrèd*. Ainsi on fera la différence entre les deux syllabes de *confused* [kən'fju:zd] et les trois syllabes de *confusèd* [kən'fju:zɪd], entre l'unique syllabe de *rolled* [rəʊld] et les deux syllabes de *rollèd* ['rəʊlɪd], etc.

A côté de la conjonction *if* (= si) il existait un autre mot, orthographié *and* ou *an*, avec le même sens. L'orthographe *and* est la plus fréquente dans les premières éditions de Shakespeare mais, pour éviter de confondre ce mot avec la conjonction de coordination *and* (= et), l'édition d'Oxford adopte toujours la forme *an* car la confusion avec l'article indéfini *an* (= un, une) est peu probable. On trouve aussi *an if* signifiant simplement « si ».

La ponctuation* a été modernisée afin de clarifier le sens tout en restant assez légère.

Comme toutes les éditions depuis celle de Nicholas Rowe (1709), l'édition d'Oxford adopte une division en actes* et en scènes* qui n'est donnée que de façon très partielle dans les éditions de base. Elle est indiquée ici d'une manière discrète afin de couper le moins possible la continuité de l'action. Il semble en effet que, jusque vers 1608-1610, les pièces jouées par les Comédiens du Roi* dans les théâtres* publics n'étaient interrompues par aucun entracte. Leur pratique paraît

1. Les problèmes posés par la modernisation de l'orthographe sont souvent délicats. Voir S. Wells et G. Taylor, *Modernizing Shakespeare's Spelling with Three Studies in the Text of « Henry V »* (Oxford, 1979), p. 3-36.

2. Par exemple *apricocks*, *beholding* (adjectif), *distract* (adjectif), *Dolphin* (l'héritier de la couronne), *stroke* et *strooke* (deux formes du prétérit de *to strike*) sont donnés sous leur forme moderne : *apricots*, *beholden*, *Dauphin*, *distraught* et *struck*.

cependant avoir changé quand ils se mirent à jouer aussi au théâtre de Blackfriars* (vers décembre 1609), la représentation des pièces étant alors interrompue par un interlude musical après chaque acte. Quand la division en actes semble donc correspondre à un entracte sur la scène de l'époque, ceci est signalé par une rosette (❁)[1].

La numérotation des lignes (vers et prose) de chaque scène n'est pas toujours celle de l'édition d'Oxford. En effet, les lignes de prose sont plus longues dans la présente édition et il y a donc parfois un léger décalage dans la numérotation.

RÉPARTITION DES ŒUVRES

L'édition d'Oxford présente les œuvres dans l'ordre probable de composition, c'est-à-dire que les différents genres sont mélangés. Nous donnons les pièces par genre et, pour chacun de ceux-ci, dans l'ordre probable de composition sauf pour les pièces historiques où, pour plus de commodité, l'ordre est celui des règnes. La répartition entre les quatre tomes est : 1. Tragédies* (en deux volumes) ; 2. Histoires*, c'est-à-dire les pièces historiques anglaises ; 3. Comédies* ; 4. Tragicomédies* et poèmes.

PERSONNAGES

Dans la liste des personnages au début de chaque pièce, les noms de ceux qui parlent sont en petites capitales, à la différence des personnages muets dont les noms sont en minuscules : par exemple, dans *Titus Andronicus*, d'une part MARCUS, et d'autre part Alarbus, qui reste silencieux sur scène avant qu'on ne l'emmène pour l'exécuter.

Parfois certaines abréviations ont été utilisées dans les noms de locuteurs, par exemple 1 GENTLEMAN pour FIRST GENTLEMAN, 2 GENTLEMAN pour SECOND GENTLEMAN, 3 GENTLEMAN pour THIRD GENTLEMAN, etc.

La prononciation des noms des personnages est donnée en signes phonétiques (voir ci-dessous, p. 17).

INDICATIONS SCÉNIQUES

Les indications* scéniques des textes de base ont été complétées pour rendre l'action intelligible. Quand l'indication scénique n'est pas certaine ou que sa position dans le texte est discutable, elle est placée entre des demi-crochets droits, par exemple ⌈*They rise*⌉ ; une indication scénique, ou une partie d'indication scénique, entre demi-crochets droits peut se

1. Voir Gary Taylor, « The Structure of Performance : Act-Intervals in the London Theatres, 1576-1642 », p. 3-50, dans *Shakespeare Reshaped 1606-1623* (Oxford, 1993).

trouver dans une des éditions de base ou avoir été ajoutée par l'édition d'Oxford.

Un relevé complet des variantes des indications scéniques serait très volumineux sans être toujours utile, aussi celles-ci ne font-elles que rarement l'objet d'une mention dans les Variantes.

Il convient de noter l'emploi de *within* (« à l'intérieur » ou « de l'intérieur ») dans les indications scéniques. C'est une indication théâtrale qui désigne l'espace derrière la scène, à l'intérieur du théâtre, où les acteurs se préparent à « entrer » en scène. Elle n'a de sens que par rapport à la scène (extérieure) sur laquelle se trouvent les acteurs. Le lieu fictif désigné dans le cadre de l'action dramatique peut être soit un intérieur soit un extérieur.

VARIANTES

Elles sont sélectives ; voir la section « Date et texte » de chaque introduction[1]. En règle générale elles se limitent aux leçons les plus intéressantes et elles sont nécessairement données sous une forme très concise. Voici quelques exemples expliqués, tous empruntés à *Titus Andronicus*, pièce pour laquelle l'édition d'Oxford prend *Q1* (le premier in-quarto, 1594) comme texte de base, sauf pour III,2,1-85 car ce passage ne figure que dans l'in-folio de 1623 (*F*) :

I,1,40 succeeded] *Capell* (*1767-1768*) ; succeede *Q1*

Ceci signale que l'édition d'Oxford adopte « succeeded », qui fut proposé pour la première fois par Edward Capell, dans son édition publiée en 1767-1768, afin de corriger la leçon fautive de *Q1* qui est « succeede » ; comme *F* reprend la leçon de *Q1*, il n'est pas cité dans la note.

I,1,78 rites] *Q1* (rights)

Ceci signale que « rites » est orthographié « rights » dans l'in-quarto ; le contexte indique le sens de ce « rights » mais cette orthographe ancienne est ambiguë car elle correspondait à deux mots modernes, « rights » (droits) ou « rites » (rites).

I,1,264 chance] *Q2* ; change *Q1*

Ceci signale que l'édition d'Oxford adopte « chance », qui est le texte du second in-quarto, paru en 1600, au lieu de la leçon de *Q1* qui est « change ».

IV,2,107 figure] *Oxford* ; vigour *Q1*

Ceci signale que « figure » est une correction faite par l'édition d'Oxford au texte de base, *Q1*, qui donne « vigour » ; comme *F* reprend la leçon de *Q1*, il n'est pas cité dans la note.

1. Les Variantes et la partie « Date et texte » de chaque introduction ont été rédigées par G. Monsarrat.

La liste complète des éditions citées dans les Variantes sera donnée à la fin du dernier tome.

ABRÉVIATIONS

ABBOTT : E. A. Abbott, *A Shakespearian Grammar,* Macmillan, Londres, 1869.

BULLOUGH : Geoffrey Bullough, *Narrative and Dramatic Sources of Shakespeare*, 8 vol., Routledge & Kegan Paul, Londres, 1957-1975.

CERCIGNANI : Fausto Cercignani, *Shakespeare's Works and Elizabethan Pronunciation*, Clarendon Press, Oxford, 1981.

COTGRAVE : Randle Cotgrave, *A Dictionary of the French and English Tongues*, Londres, 1611 (dictionnaire français-anglais).

DENT : R. W. Dent, *Shakespeare's Proverbial Language : An Index*, University of California Press, Berkeley, 1981.

F, *F2*, *F3*, *F4* : éditions in-folio* des pièces de Shakespeare parues en 1623, 1632, 1663/1664 et 1685.

IS : indication scénique, par exemple II,3,52.IS pour désigner celle après II,3,52.

KÖKERITZ : Helge Kökeritz, *Shakespeare's Pronunciation*, Yale University Press, New Haven et Londres, 1953.

OED : *The Oxford English Dictionary*, 12 vol. et supplément, 1933 ; 2e édition, préparée par J. Simpson et E. Weiner, Clarendon Press, Oxford, 1989.

ONIONS : C. T. Onions, *A Shakespeare Glossary*, Enlarged and revised throughout by Robert D. Eagleson, Clarendon Press, Oxford, 1986 [1911].

PARTRIDGE : Eric Partridge, *Shakespeare's Bawdy : A Literary and Psychological Essay and a Comprehensive Glossary*, Routledge & Kegan Paul, Londres, 1947.

Q : édition in-quarto* d'une pièce.

Q1, *Q2*, etc. : première, deuxième édition in-quarto* d'une pièce.

SCHMIDT : Alexander Schmidt, *Shakespeare Lexicon and Quotation Dictionary*, Third edition enlarged and revised by Gregor Sarrazin, 2 volumes, Dover Publications, New York, 1971 [1874-1875].

TC ou *Textual Companion* : Stanley Wells & Gary Taylor, with J. Jowett & W. Montgomery, *William Shakespeare : A Textual Companion,* Clarendon Press, Oxford, 1987.

TILLEY : M. P. Tilley, *A Dictionary of the Proverbs in England in the Sixteenth and Seventeenth Centuries*, University of Michigan Press, Ann Arbor, 1966 [1950].

PRONOMS PERSONNELS

A la différence de l'anglais contemporain qui n'emploie qu'un seul pronom (you) à la deuxième personne du singulier, l'anglais élisabéthain employait deux pronoms (thou, you) comme le français. L'usage élisabéthain a été rendu par l'emploi des deux pronoms « tu » et « vous », bien qu'il ne soit pas identique à l'usage français (voir l'entrée « Thou-You » du Dictionnaire).

Alors que le français n'a que deux pronoms pour la troisième personne du singulier, l'anglais en a trois et le texte joue parfois sur la différence entre *it* et *he*, par exemple pour désigner le spectre dans *Hamlet*.

ASTÉRISQUES

Les astérisques à la fin d'un mot signalent l'existence d'une entrée correspondante dans le Dictionnaire, qui se trouve dans le premier volume du tome un. Ils sont mis lors de la première occurrence du mot dans une section d'introduction, un article du Dictionnaire ou une note. Les œuvres de Shakespeare font toutes l'objet d'une entrée dans le Dictionnaire mais ne sont jamais suivies d'un astérisque.

DATES

Celles-ci sont données selon l'usage anglais à l'époque de Shakespeare (avec début de l'année au 1er janvier). Le calendrier anglais avait dix jours de retard sur celui de la plupart des autres pays européens ; le 23 avril 1616, date anglaise de la mort de Shakespeare, était le 3 mai en France. (Voir l'article Calendrier du Dictionnaire.)

VALEUR DES SIGNES PHONÉTIQUES POUR LA PRONONCIATION DES NOMS DES PERSONNAGES

La notation des sons est celle de l'Association phonétique internationale.

Voyelles brèves
[ɪ] pig, pity [e] men, head [æ] man, cat [ʌ] but, cup [ɒ] dog, lost [ʊ] good, put [ə] above (son faible, toujours non accentué)

Voyelles longues
[iː] see, eat [ɑː] are, car [ɔː] saw, door [uː] you, too
[ɜː] girl, burn

Diphtongues
[aɪ] time, by [aʊ] now, house [eɪ] page, sail [eə] bear, hair
[ɪə] beer, near [ɔɪ] boy, join [ʊə] poor, pure [əʊ] low, coal

Consonnes
Les consonnes suivantes ont leur valeur habituelle : b, d, f, h (aspiré), k, l, m, n, p, r, s, t, v, w, z.
[g] good (comme « garçon ») [ʃ] ship (comme « chêne ») [tʃ] child
[ʒ] measure (comme « jour ») [dʒ] badge, job [j] yes, young
[ŋ] king, song [θ] thin, both [ð] that, either

Pour les noms de plus d'une syllabe, l'**accent tonique** est indiqué par une apostrophe (') placée **avant** la syllabe accentuée : Antony ['æntənɪ] est accentué sur la première syllabe, mais Antonio [æn'təʊnjəʊ] est accentué sur la deuxième syllabe. Parfois il y a un accent secondaire, moins fort que l'accent principal ; il est indiqué par une apostrophe en position inférieure ; Dolabella [ˌdɒlə'belə] a un accent secondaire sur la première syllabe et un accent principal sur la troisième syllabe.

La prononciation indiquée est la prononciation moderne et non celle de l'époque de Shakespeare. Plusieurs prononciations sont parfois possibles, avec des variantes pour les voyelles et les diphtongues ; ainsi « Cleopatra » se prononce [klɪə'pætrə] ou [klɪə'pɑːtrə] (il y a aussi des variantes pour la première syllabe). En règle générale, on a indiqué une seule des prononciations possibles. Il arrive que, dans une même pièce, certaines terminaisons (consonne + *ia*, *ean* et *ian*, *ium*, *eus* et *ius*, *eo* et *io*) se prononcent, selon les besoins de la scansion, parfois comme une syllabe (jə, jən, jəm, jəs, jəʊ) et parfois comme deux syllabes (ɪ-ə, ɪ-ən, ɪ-əm, ɪ-əs, ɪ-əʊ).

NB Remarquer que *ay* (= oui) se prononce [aɪ], exactement comme le pronom *I*, tandis que *aye* (= toujours) se prononce [eɪ]. Le pronom de la deuxième personne du singulier, *thou*, se prononce [ðaʊ].

G. M.

RÉPERTOIRE DES ÉLISIONS ET DES FORMES CONTRACTÉES

L'emploi des formes élidées et contractées est très fréquent chez Shakespeare, par exemple *'tis* pour *it is* (on trouve rarement *it's*, qui est usuel en anglais moderne). Il convient, notamment pour respecter le rythme du vers, de tenir compte des formes élidées et donc de prononcer *e'en* (= *even*), *in' s* (= *in his*) ou *is't* (= *is it*) comme une seule syllabe. Il y a quatre syllabes dans *overtaken*, trois dans *overta'en*, et deux dans *o'erta'en*. Ces élisions se trouvent dans les éditions originales et transcrivent soit la langue parlée de l'époque, soit une élision plus fréquente en vers qu'en prose, soit un accent particulier. Parfois, cependant, les formes élidées ou contractées des éditions originales sont différentes de celles qu'on trouve dans *Oxford* ou dans d'autres éditions modernes. Ainsi l'in-folio de 1623 réduit souvent *over* à *ore* ou *o're* et *taken* à *tane*, alors que l'édition d'Oxford les donne sous la forme *o'er* et *ta'en*.

Ne sont pas données dans la liste alphabétique ci-dessous :
1) les élisions qui rendent l'accent d'un personnage, par exemple celui du Gallois Evans (*Henri V*), qui dit *'oman* pour *woman*, etc. ;
2) certaines élisions fréquentes du « e » :
– au milieu d'un mot devant « n » ou « r » (*quick'ning*, *threat'ning*, *ling'ring*, *murd'rous*, *show'r*, etc.) ;
– dans le suffixe du superlatif (*stern'st*, *pleasant'st*, etc.) ;
– à la seconde personne du singulier du présent et du prétérit (*be'st*, *know'st*, *sucked'st*, etc.) ;
– dans le participe passé irrégulier en « en » (*fall'n*, *stol'n*, etc.).

a = (*forme réduite de*) he *ou* in (*voir aussi* a')
'a = ta (= thou, *par exemple* wot'a)
a' 1) = on (a' t'other side, *etc.*)
 2) = at (a'th' end, *etc.*)
a' / a God's name = in God's name
'a' = have
account' = accounted
advent'rous = adventurous
Al'ce = Alice
all's = all is *ou* (*rarement*) all his
an' = and
and 's = and his
an't = an it
'as = has
as't = as it
at' = at the
a'th' = at the

bach'lorship = bachelorship
Barthol'mew = Bartholomew
beck'ning = beckoning
'bout = about
'bove = above
busil'est = busiliest
buy = *voir* God buy you
b'wi' = *voir* God b'wi' ye / you
by' = by our
by'r = by our
by't = by it
can't = can it (*NB* can't, *forme contractée moderne de* cannot, *ne se trouve pas dans Shakespeare*)
can't = can it be
card'nal = cardinal
'cause = because
'cerns = concerns
Ci'cester = Cirencester
'cide = decide
'cited = incited
'countable = accountable
court'sy = courtesy
'cross = across
'd = would *et parfois* had (I'd, *etc.*)
Da'ntry = Daventry
dev'l = devil
'dst = hadst *ou* wouldst
d'ye = do ye
e'en = even (*soit « même », soit « soir » et synonyme de* evening)
e'er = ever (*seul ou en combinaison :* whate'er, *etc.*)
'em = them
'er = her
'erc'les = Hercules
ev'n = even (*soit « même », soit « soir » et synonyme de* evening)
ex'llent = excellent
'faith = in faith
falc'ner = falconer
'fore = before
for't = for it
'gainst = against
'gan = began
gi' = give
'gin(s) = begin(s)
gi's = give us
Gis = Jesus
glutt'nous = gluttonous
Godamercy = God have mercy
God-a-mercy = God have mercy
God-'a'-mercy = God have mercy
God' a' mercy = God have mercy
God buy you = God be with you
God b'wi'ye/you = God be with ye/you
God dig-you-de'en = God give you good even
God gi'good e'en = God give good even
God 'ield = God yield (*voir* 'ield)
God-i'-good-e'en = God give good even
God s' me = God save me
God s' my life = God save my life
God's my will = (as) God is my will *ou* God save my will
'gree(d) = agree(d)
'greeing = agreeing
ha' = have
h'ad = he had
Ha'rfordwest = Haverfordwest
ha't = have it
'haviour = behaviour
he'd = he would *ou* (*rarement*) he had
he'll = he will
here's = here is
he's = he is *ou* he has
he s' = he shall
h'm = hem
howe'er = however
howsoe'er = howsoever
howsome'er = howsomever
i' = in
I'd = I would *ou* (*rarement*) I had
'ield = yield (*au sens de « récompenser »*)
i'faith = in faith
i'fecks = in faith
I'll = I will
I'm = I am
inf'nite = infinite
in 's = in his
inter'gatory = interrogatory
into't = into it
I's' = I shall
is't = is it
i'th' = in the
it's = it is *ou* (*rarement*) it has
I've = I have
jack'nape = jackanape(s)
'lack = alack
la'kin = ladykin

'larum(s) = alarum(s)
'leges = alleges
'leven = eleven
'll = will (I'll, *etc.*)
'long(s) = belong(s)
'long of = along of
'longed = belonged
'longeth = belongeth
'longing = belonging
'loo = halloo
Marg'ret = Margaret
marv'lous = marvellous
med'cinable = medicinable
med'cine = medicine
'midst = amidst
mista'en = mistaken
'mong(st) = among(st)
moreo'er = moreover
nea'er = nearer
nee'le = needle
ne'er = never
ne'ertheless = nevertheless
'nighted = benighted
'noint(ed) = anoint(ed)
o' 1) = of (o' the, *etc.*)
2) = on (o' both sides, *etc.*)
o'clock = of the clock
o' devil's name = in the devil's name
'Od's = by God's ('Od's pitykins, *etc.*)
'Od s' = God save ('Od s' me, *etc.*)
o'er = over (*seul ou en combinaison* : o'erbear, o'erblow, *etc.*)
o'erta'en = overtaken
on's = on his (*souvent au sens de* of his)
on't = on it
ord'nance = ordinance
o'th' = of the *ou* on the
o'th' t'other = on the other
overta'en = overtaken
'parel = apparel
penn'orth = pennyworth
phys'namy = (*déformation de*) physiognomy
'point(ed) = appoint(ed)
'pointing = appointing
pois'ning = poisoning
pom'granate = pomegranate
'pothecary = apothecary
'quit = acquit
reck'ning = reckoning
'rest(ed) = arrest(ed)
'rests = arrests
s' 1) = shall *ou* shalt (he s', thou s')
2) = so (s'incapable)
3) = save (God s' me, *etc.*)
's 1) *cas possessif après un nom* : king's, Hamlet's, *etc.*
2) *après un verbe ou une préposition* = us (let's, tell's, between's, *etc.*)
3) *avant un nom, un adjectif, etc.* = his ('s heart, 's golden words, *etc.*)
4) *après un nom, un pronom, un adjectif ou un adverbe, et rarement après un verbe* = is (merit's, what's, bold's, here's, have's, *etc.*)
5) = it is ('s not so good, *etc.*)
6) = this *ou* these ('s two hours)
7) = as (there 's, way's)
8) = has (he's, she's)
sa' = save
'sayed = assayed
'sblood = by God's blood
'scape = escape
'schew = eschew
'scuse = excuse
'sdeath = by God's death
se'nnight, sennight = sevennight
'sfoot = by God's foot
sh' = she
shall 's = shall us (= shall we)
she'd = she would
she'll = she will
she's = she is *ou* she has
'shrew = beshrew
s'incapable = so incapable
'slid = by God's lid (= eyelid)
'slight = by God's light
soe'er = soever
'stalled = installed
'stroyed = destroyed
sulph'rous = sulphurous
'swounds = by God's wounds
't 1) = it – *au début d'un verbe* ('twas, 'twould, *etc.*)
– *avant un verbe* ('t has, 't may, *etc.*)
– *après un verbe, une conjonction ou une préposition* (be't, may't, can't, see't, an't, when't, before't, by't, *etc.*)
2) = (*rarement*) it be (can 't)
t' 1) = to (t'accept, t'have, t'invite, *etc.*)
2) = the (t'one, t'other, t'hovel, *etc.*)
ta = (*déformation de*) thou

't'ad = it had
ta'en = taken
'tame = attame
't'as = it has
'tend(s) = attend(s)
th' 1) = the (th'air, th' bottom, *etc.*)
2) = (*rarement*) thy (th'associates, *etc.*)
3) = (*rarement*) thee
that's = that is
there's = there is
there 's = there as
they'd = they would
they'll = they will
they're = they are
they've = they have
this' = this is
'this = you this
th'other = the other
thou'dst = thou hadst *ou* wouldst
thou'lt = thou wilt
thou'rt = thou art *ou* (*rarement*) thou wert
thou's = thou shalt
thou'st = thou hast
'ticed = enticed
tis = this
'tis = it is
'tmay = it may
t'one = the one
to't = to it
t'other = the other
to've = to have
trait'rous = traitorous
'twas = it was
'tween = between
twenti'th = twentieth
'twere = it were
'twill = it will
'twixt = betwixt
'twould = it would
Ud's = by God's
unhapp'ly = unhappily
up'ard = upward
upon's = upon us
upon't = upon it
vap'rous = vaporous
've = have
vent'ring = venturing
'voided = avoided
vot'ress = votaress
warr'nt = warrant
was't = was it
way's = way as
we'd = we would
Wed'sday = Wednesday
we'll = we will
we're = we are
wer't = were it
we've = we have
whate'er = whatever
what's = what is
whatsoe'er = whatsoever
whe'er = whether
where's = where is
wheresoe'er = wheresoever
wheresome'er = wheresomever
whoe'er = whoever
who's = who is
whosoe'er = whosoever
wi' = with
wi'th' = with the
'witch = bewitch
Won'cot = Woodmancote
woot = wilt *ou* wilt thou
wot = (*déformation de*) wilt
woun's = wounds
y'are = you are
ye're = ye are
ye'll = ye will
ye've = ye have
you'd = you would *ou* had
you'll = you will
you're = you are *ou* (*rarement*) you were
you'st = you shall *ou* you must
you've = you have
'zounds, zounds = by God's wounds

G. M.

L'ART DE SHAKESPEARE DANS LES TRAGÉDIES DE LA MATURITÉ

par Victor Bourgy

Dans une introduction générale aux tragédies[1], j'ai décrit l'itinéraire de Shakespeare, de *Titus Andronicus* à *Coriolan*, puis examiné les caractéristiques majeures de sa vision tragique. Le présent volume ne contenant que les six dernières tragédies, une présentation particulière, de moindre ambition, devenait justifiable. Ces six pièces, à partir d'*Othello* (1603-1604), constituent en effet très exactement la partie « jacobéenne » du corpus shakespearien dans la tragédie, et cette distinction prend tout son sens pour qui se rappelle que dès son avènement (1603) Jacques* Ier consacra, par la création des Comédiens du Roi*, aussi bien la prééminence de Shakespeare, alors parvenu à sa pleine maturité de poète et dramaturge, que la primauté de la troupe à laquelle il appartenait. Celle-ci possédait en lui le meilleur auteur dramatique, en Richard Burbage* le plus grand acteur du temps, et dans le Globe* récemment bâti une salle parfaitement adaptée à la dramaturgie shakespearienne. Des six tragédies ci-dessous, quatre sont unanimement réputées pour offrir le meilleur Shakespeare.

Je ne reviendrai donc pas sur leur place dans la séquence, ni sur les conceptions qui les inspirent. Je m'efforcerai plutôt de souligner certains éléments qui contribuent à leur exceptionnelle qualité. On se gardera d'oublier que la floraison qui éclôt en 1603 fait suite à plus de dix années d'apprentissage et d'expérimentations, et que bien des aspects de la plénitude artistique « jacobéenne » s'esquissent déjà dans les promesses de la période antérieure. Il va de soi aussi que les talents du dramaturge et du poète se sont exercés de même, après 1603, hors du registre tragique. Il n'y a donc ni rupture ni exclusive dans l'épanouissement de cet art. Mais c'est peut-être parce que la tragédie était à l'époque le genre majeur que le dramaturge a donné ici le meilleur de lui-même.

On commencera par des questions de structure, les plus simples à exposer. Ne nous attardons pas au mélange des genres (comique et

1. Voir « Les Tragédies de Shakespeare », *Tragédies*, vol. I, p. 343-354.

sérieux) ni même à l'intrigue* multiple, cette pratique élisabéthaine (et non strictement shakespearienne) qui accompagnait l'action principale par une intrigue subordonnée ayant avec elle une relation variable, tant en termes de correspondance (similitude ou contraste) que de causalité (gratuité ou interférence). *Le Roi Lear* en offre l'exemple le plus élaboré, mais Shakespeare est loin d'en faire un usage systématique dans ses tragédies : l'action secondaire est moins développée dans *Othello* et dans *Timon* et il n'y en a pas à proprement parler dans *Macbeth*, ni dans *Coriolan*, ni même (malgré son ampleur) dans *Antoine et Cléopâtre*. Pour tout dire, il n'existe pas vraiment dans Shakespeare de structure type à laquelle les diverses pièces relevant d'un même genre se conformeraient.

La véritable maîtrise de Shakespeare dans le domaine de la composition, on la trouvera au contraire dans la souplesse de structures où les incidents, les personnages et les discours sont intégrés de façon contrastée et complémentaire. Ces échos, ces effets de miroir, Shakespeare a vu très tôt le parti qu'il pouvait en tirer, et il en est des exemples dès ses premières pièces ; mais il suffit de considérer *Jules César* et *Hamlet*, les deux tragédies qui inaugurent sa maturité dramatique, pour deviner, entre l'austérité de l'une et la profusion de l'autre, que l'équilibre n'était pas facile à trouver. Dans les tragédies ultérieures tout n'est pas parfait (la brève apparition d'un clown dans *Othello* en témoigne), mais désormais chaque élément ou presque y enrichit l'ensemble. On le voit bien déjà aux scènes d'ouverture, où des seconds rôles – pour ne pas dire des comparses – engagent d'emblée l'intérêt pour quelque point essentiel. Ce peut être la création d'un climat (surnaturel et sortilèges, avec les sorcières de *Macbeth*), la présentation d'un personnage (Timon décrit *in absentia* par ses flatteurs), l'amorce d'un thème (la jalousie dans *Othello*, la bâtardise dans *Lear*), le lancement d'un mot-clef (le « fol amour » d'Antoine) ou d'une image révélatrice (Coriolan est hargneux comme un chien), mais dans tous les cas Shakespeare organise d'entrée de jeu un réseau où tout sera appel, réponse, écho.

Cela tient-il au fait que le monde était pour les Élisabéthains le lieu de multiples correspondances entre l'univers et l'homme (entre macrocosme* et microcosme*, entre éléments*, planètes, signes du zodiaque, saisons, humeurs*, etc., voire entre sacré et profane) ? Dans un tel système, le régicide est un sacrilège qui ne va pas sans perturbation cosmique (voir *Macbeth* et même *Jules César*) ; la corruption d'un roi gangrène tout son royaume (voir *Hamlet*) ; en revanche, l'exécution d'un tyran, qu'elle soit sacrificielle ou expiatoire, purge toute la société (voir *Macbeth*). Nul ne sait si Shakespeare avait fait siennes ces croyances, et la grandeur particulière de *Lear* tient en partie au fait qu'il s'y risque à les mettre en question (la discorde dans les familles vient-elle d'une éclipse ? l'orage est-il l'expression de la colère divine ? les maux qui nous arrivent sont-ils des châtiments ?). Mais même si Shakespeare s'interrogeait sur ces rapports, il ne s'est pas privé d'en jouer. La méthode de composition organique qui est la sienne repose en effet sur de telles correspondances (similitudes ou contrastes) qui font que chez lui une chose est rarement univoque : elle est elle-même, mais aussi autre chose, à un autre niveau, par analogie, de façon symbolique, ou *a contrario*. L'orage qui se déchaîne dans la nuit sur le vieux Lear n'est peut-être pas un châtiment divin, mais c'est à coup sûr une tempête sous un crâne. Othello finit par se demander si Iago a le pied fourchu, comme le diable. Le dramaturge amplifie ainsi à tout instant l'effet immédiat pour évoquer ou esquisser une autre dimension des choses, dans l'imaginaire. Cordélie est la fille cadette qu'un père sénile rejette et déshérite, mais qui revient pourtant lui porter secours et qui en meurt ; à un autre niveau, elle est simultanément, à l'image du Christ, d'autant plus précieuse qu'on la sacrifie, envoyée comme pour racheter la faute de ses contempteurs, et à la fin de la tragédie elle nous sera montrée une dernière fois, sans vie dans les bras de son père, à la façon d'une pietà inversée.

On pourrait multiplier les exemples, mais l'inventaire serait sans fin. Il faut se garder surtout des préventions que le classicisme a inculquées au public français, puisque Shakespeare ne s'est jamais assujetti à aucune règle de composition. Ne cherchons pas chez lui les fameuses « unités » (de lieu, de temps, d'action), ni même des proportions ou des équilibres (entre actes*, scènes*, tirades, etc.), mais des correspondances (entre les incidents, les rôles, les discours, les images, etc.). Car si l'art de Shakespeare, à l'heure de sa maturité poétique, n'est jamais sobre et épuré, il est en revanche, dans sa richesse, sa liberté et sa souplesse, exceptionnellement organique.

Le dramaturge savait tout l'art d'agencer les épisodes, de disposer les personnages et de régir leur discours pour nous inciter de façon oblique, par un détour, à trouver la bonne voie, le sens profond. « By indirections find directions out », dit Polonius[1], et c'est la méthode du poète. Dans *Lear*, le bouffon a certes une fonction de détente, mais il est là aussi pour dire au vieux roi ce qu'il ne sait pas, et même pour dire à sa place ce qu'il ne s'est toujours pas avoué ; ce faisant, il devient complémentaire de son maître, mais dès que Lear a fait suffisamment de chemin dans l'humiliation pour accéder à l'humilité et dire désormais sa vérité en son nom propre, fût-ce à travers la folie, le bouffon, devenu superflu, disparaît. Dans *Othello*, Roderigo dupé préfigure le sort du héros, mais la veulerie et la vulgarité de ce rival le placent simultanément à distance du Maure, et c'est l'antagoniste Iago qui de fait sera le contraire mais aussi, selon certains, le complément du protagoniste. Dans Shakespeare tout peut être ainsi à la fois « comme » et « différent de », quelque chose et autre chose, et il faut interroger chaque menu détail pour entrevoir ce réseau de correspondances. Dans *Macbeth*, où le sang va couler à flots, où le héros se verra à mi-parcours dans une rivière de sang qu'il lui semble traverser à gué, ce n'est pas un hasard si les premiers mots de celui qui sera sa première victime sont « Quel est cet

1. « Par des voies détournées nous allons jusqu'au but » (*Hamlet*, II,1,65).

homme en sang ? » (I,2,1). Cet homme, c'est un sergent blessé, porteur d'un message de réconfort, mais derrière lui Shakespeare esquisse déjà le tyran sanguinaire : la question de Duncan est celle que dans notre propre horreur nous allons bientôt formuler à notre tour devant Macbeth.

Depuis toujours Shakespeare fait l'objet de louanges pour le talent sans égal qu'il a déployé dans la peinture des personnages. Tant de pages ont été consacrées à ce don (qui est aussi une méthode) et tant d'excès ont été commis dans l'analyse de créatures fictives, que l'on hésite à en parler. Une incertitude ajoute ici à cette inhibition, puisque la présente introduction vise à préciser ce qui distingue la maturité de Shakespeare, et qu'il n'est pas évident en l'occurrence qu'une progression régulière et parallèle se soit faite dans tous les domaines de la composition dramatique, pour culminer dans la floraison « jacobéenne ». La plupart du temps d'ailleurs, on écrit assez globalement sur Shakespeare créateur de personnages et peintre des sentiments, sans chercher à reconnaître les étapes éventuelles d'une telle progression. Il n'est pas à exclure non plus que sur ce terrain où le dramaturge avait des dons exceptionnels la maturité se soit produite plus tôt que sur celui de l'expression poétique, par exemple. Il me semble pourtant que quelque chose distingue ici encore l'art de Shakespeare, tel que l'illustrent ses grandes tragédies, et je prends le risque de l'exposer.

Ce deuxième trait distinctif de la maturité est une certaine amplification dans la création des personnages, qui se manifeste aussi bien par un élargissement de la peinture que par la diversification des figures. Les deux choses sont concomitantes et ne sont dissociées dans ce qui suit que pour la clarté de l'exposé.

C'est la lecture de Plutarque*, pense-t-on, qui libéra le poète, en lui offrant dans les destinées de grandes figures antiques un domaine où les hiérarchies féodales et une vision providentielle de l'histoire ne pouvaient s'appliquer comme dans la chronique d'Angleterre. Dès *Jules César* en tout cas (1599), il devient clair que la politique est traitée comme une lutte ouverte pour le pouvoir, et que le roi – si César ne l'est pas, il aspire à l'être – n'est plus d'abord le représentant du divin, mais un homme pétri de qualités et de défauts, qui commande à des sujets. Il serait hasardeux d'affirmer que Plutarque ouvrit les yeux de Shakespeare à ces deux vérités, car la pensée de Machiavel* invitait à de telles interrogations en cette fin du XVIe siècle, et l'historien des *Vies parallèles* ne fit peut-être qu'offrir au dramaturge une caution inattaquable et un champ d'investigation où poursuivre plus librement une réflexion en cours. Quoi qu'il en soit, le gain immédiat fut, dès *Jules César* et *Hamlet*, une amplification dans la mise en œuvre des personnages, puisque Shakespeare pouvait désormais explorer les destins tragiques moins en termes d'accomplissement d'un dessein supérieur, que de conflits entre les hommes.

Cet élargissement de la vision n'est pas affaire de nombre, mais de qualité : les figures qui peuplent la scène dans les pièces écrites après 1600 ne sont pas plus nombreuses qu'auparavant, mais plus nombreuses y semblent celles à qui des traits habilement choisis valent un embryon d'individualité. Même chez de simples comparses aux fonctions parallèles (les spoliateurs de Timon, les compagnes de Cléopâtre, les citoyens dans *Coriolan*), il se trouve facilement entre eux de menues singularités qui les distinguent. Mais c'est surtout chez les personnages les plus en vue que la nouvelle autonomie change les choses : ils semblent moins figés dans un rôle ou une posture que certains de leurs prédécesseurs. Songeons à Richard de Gloucester en ambitieux machiavélique, qui deviendra Richard III, au prince Hal dans ses frasques juvéniles ou, devenu Henri V, dans son rôle de héros national. Dans les meilleurs cas, les protagonistes du drame présentent maintenant une complexité qui n'exclut ni l'imprévisible ni le contradictoire ; leur image est d'ailleurs constituée non seulement par ce qu'ils disent et font, mais très largement aussi par ce que leur entourage nous apprend d'eux, information qui n'est pas toujours consensuelle et qui ne corrobore pas nécessairement ce que chacun d'eux croit être. Car ils ne se connaissent qu'imparfaitement, ils s'illusionnent et ils évoluent. Parce que leurs actes semblent à présent procéder de leurs décisions, il est tentant de croire que leur destin s'explique par leur personnalité (« character is destiny » a-t-on dit à leur propos). Ce n'est bien sûr qu'un effet d'optique, mais il montre que Shakespeare possédait alors l'art d'inventer ce qu'il faut de personnalité pour rendre plausible (en termes d'autonomie individuelle) une destinée que l'histoire (officielle ou romancée) lui avait fournie.

Le corollaire de cet élargissement de la peinture des personnages se trouve dans la diversification des figures. Dans *Roméo et Juliette*, la mort brutale de Mercutio, de Tibert et de Paris n'a pas loisir de devenir un sort tragique ; et dans *Jules César* encore, à part les deux héros concurrents (l'un en titre, l'autre ès qualités), seul Cassius éprouve passagèrement le tragique de son destin. Mais dès *Hamlet* le sentiment qu'une fatalité est à l'œuvre s'étend aux figures secondaires, autour du prince : tragique de la vie et de la mort absurdes pour Rosencrantz et Guildenstern, comme une pièce contemporaine nous l'a montré[1] ; mais aussi destinées cruelles, potentiellement tragiques, chez Polonius, Ophélie, Laërte, Gertrude et même Claudius, tels que Shakespeare nous les a laissés. Les œuvres suivantes entourent de même leur héros de parents ou de proches dont le sort est parallèlement calamiteux : c'est le cas de Desdémone, Émilie et Brabantio dans *Othello*, de Duncan, Banquo, Macduff et Lady Macbeth dans *Macbeth*, et il y en a plus encore dans *Lear*. Ces tragédies tout juste entrevues, esquissées plutôt que développées, s'ajoutent à celle du personnage central sans la concurrencer, et d'ailleurs la mort de ces gens prépare le plus souvent la sienne. Mais en cela non plus il n'y a pas de règle générale, tant il est vrai que Shakespeare fait toujours du nouveau : Timon meurt seul, seul Coriolan

1. Tom Stoppard, *Rosencrantz and Guildenstern Are Dead* (1966).

meurt à la fin, et dans *Antoine et Cléopâtre*, une fois le héros mort, c'est la reine d'Égypte, une partenaire qui jusqu'alors n'a pas été tout à fait une égale, qui prend le relais comme de plein droit, pour soutenir à elle seule l'intérêt de la tragédie pendant tout un acte encore.

La diversification des figures annexes présente un autre aspect, dans deux domaines où le dramaturge s'est engagé bien plus qu'il ne l'avait fait jusque-là, et plus loin peut-être que ne l'exigeait l'intrigue de sa pièce. C'est d'abord, dans l'exploration du mal, les personnages d'Edmond (dans *Lear*) et de Iago (dans *Othello*), deux scélérats chez qui la rancœur alimente la fourberie, mais qui sous le pinceau du maître sont devenus bien plus que des malcontents*, adeptes de Machiavel. Shakespeare leur a donné, à Iago surtout, une faconde, un enjouement, une présence d'esprit que l'on dirait diaboliques, avec en prime l'aptitude à justifier les pires méfaits à coups d'arguments spécieux et même à théoriser la malignité. Le second exemple de diversification, plus remarquable encore s'il est possible, touche le développement des rôles féminins. Jusqu'alors, dans les comédies surtout, mais aussi dans ses premières tragédies, Shakespeare avait présenté majoritairement de toutes jeunes filles ou des jeunes femmes (Lavinia, Juliette et peut-être sa mère, Portia la fille de Caton, ou Ophélie), exceptionnellement des femmes d'âge mûr (Tamora, la nourrice de Juliette ou Gertrude). Ce n'est pas vraiment l'âge des héroïnes ultérieures qui fait la différence, et il serait vain de spéculer sur des détails que l'auteur a laissés dans l'ombre ; c'est leur personnalité qui est en cause. Shakespeare met maintenant en scène des femmes en pleine possession de leur féminité, capables de tenir tête à des pères autoritaires et furieux (Desdémone, Goneril et Régane, sans oublier Cordélie, si forte dans son humilité), et éventuellement de dominer leur partenaire (Lady Macbeth). Avec Cléopâtre nous avons même une créature experte en séduction. Rien de systématique pourtant ici non plus, car *Timon* est presque exclusivement une pièce d'hommes, mais *Coriolan* fera un pas de plus dans l'exploration en présentant une mère (Volumnia) que l'on dénoncerait aujourd'hui comme « castratrice ». L'audace du dramaturge apparaît dans toute son ampleur quand on se rappelle que les Comédiens du Roi avaient recours à de jeunes garçons pour jouer les rôles féminins.

Les pièces de la période antérieure offraient bien des figures intéressantes, dont quelques-unes déjà véritablement fascinantes (Richard III, Marguerite d'Anjou, Richard II, Shylock, etc.), mais dans l'ensemble il y avait là plus de vie que de mystère ; Falstaff en cela est assez exemplaire. Dans les tragédies de la maturité de Shakespeare, l'intérêt semble un peu différent. Bien sûr, chacune présente au moins une figure héroïque qu'une certaine démesure rend exceptionnelle, mais il s'y trouve de plus, parfois à côté du héros proprement dit, quelques personnalités énigmatiques, autour desquelles l'unanimité ne se fera sans doute jamais : Hamlet, Iago, Cléopâtre sont de cet ordre, et à un moindre degré Lady Macbeth, Antoine et Coriolan. Ce sont des créations chez qui, a-t-on dit, richesse et profondeur se conjuguent pour créer l'impression de mystère. On a tant écrit sur ces personnages que tout jugement est banal, et le moindre mot paraît éculé, mais on peut du moins tenter d'expliquer la raison de la fascination qu'ils exercent depuis toujours. Ce sont en effet des figures qui hantent durablement l'imagination et que l'on est enclin à interroger sans fin, pour percer leur secret. Interrogation vaine, même si certains ne se privent pas de sortir du cadre de la pièce pour la poursuivre, car il ne s'agit que d'un mirage. A bien considérer les choses, c'est seulement parce que l'information qui nous est donnée à leur sujet est diverse et fragmentaire que nous les trouvons énigmatiques, quoique simultanément cela nous incite à élaborer une personnalité qui intégrerait le tout et comblerait les vides. Peut-être Shakespeare n'en avait-il pas le secret lui-même, ou peut-être s'est-il refusé à le livrer, sa pièce ne l'exigeant pas. L'art foisonnant du dramaturge étant ce qu'il est, le résultat de nos efforts ne saurait être qu'incomplet et hypothétique. Mais n'oublions pas qu'il en va de même pour les êtres que nous côtoyons en permanence, et que nul ne connaît parfaitement ses proches eux-mêmes. On ne dira donc pas, sous prétexte que leur profondeur est illusoire, que les personnages de Shakespeare ne sauraient être vrais ou que notre curiosité est vaine. Si c'est notre incompréhension qui est à la source de leur mystère, ce mystère que nul ne peut se retenir de sonder est à l'image du réel, et l'interrogation que nous portons sur lui contribue autant que la vie même à notre compréhension de l'humain.

Comme toujours dans les grandes œuvres, tout est affaire d'écriture. Si ce théâtre possède une qualité littéraire incomparable, c'est parce que le poète y cimente structure et personnages, et constitue le texte dramatique en tissu. Il n'y a pas lieu de reprendre ici l'inventaire des procédés d'écriture[1], mais quelques remarques méritent d'y être ajoutées pour préciser ce que fut la maîtrise « poétique » de Shakespeare (au sens large du terme) à l'heure de sa maturité.

Il faut entendre le mot « maîtrise » dans son double sens d'habileté technique et de contrôle de cette habileté. En effet, dans le même temps où l'auteur parvenait à l'aisance dans l'expression poétique il assujettissait son métier à son projet dramatique, si bien que l'on a parfois distingué avec subtilité entre le poète dramaturge qu'il avait été d'abord et le dramaturge poète qu'il devint dans la seconde décennie de sa carrière. Disons en un mot qu'il mit tout son talent au service de son génie, et que de là viennent peut-être aussi bien la supériorité des pièces de sa maturité sur les précédentes, que la prééminence de son théâtre sur tous les autres. Si nul n'a su mieux que lui donner voix aux passions humaines, la primauté du dramatique sur le poétique reste un trait distinctif de ses plus grandes œuvres.

Dans ses *Sonnets*, le poète a déploré que ses vers fussent si loin de rendre justice au sujet qu'ils célébraient, mais le dramaturge considérait

1. Voir « Langue et Poétique », *Tragédies*, vol. I, p. 80-94.

en retour que la poésie a une puissance d'évocation qui permet d'atteindre ce que l'image purement visuelle de la scène est incapable de montrer. Paradoxalement, nous sommes donc en présence d'un poète accompli qui se pliait à la primauté d'un projet théâtral, et d'un dramaturge confirmé qui recourait à la poésie pour transcender le visuel. A l'apogée de son art, Shakespeare jouait magnifiquement sur les deux registres. Dans *Antoine et Cléopâtre*, la poésie supplée à l'absence d'image puisque, grâce à elle, le héros que le dramaturge ne pouvait pas nous faire voir (Antoine n'est plus ce qu'il a été), mais dont tous les autres personnages évoquent le souvenir exaltant, vit puissamment dans notre imagination. Dans *Coriolan* au contraire, lorsque le soldat cède enfin aux supplications de sa mère et, ce faisant, scelle son propre destin, c'est l'image qui d'abord s'impose, car d'un geste qui en dit plus que tous les mots, « *Il lui prend la main, silencieux* » (V,3,183.IS).

Ce sont là deux cas extrêmes. Le plus souvent, les mots du discours sont étroitement au service de la vigueur dramatique. Pour amplifier parfois le sens d'un incident ou d'une situation, comme au début de *Macbeth*, où l'expression « baron de Cawdor » revient comme un leitmotiv, mais avec des modulations qui en changent la valeur. C'est successivement une désignation, une distinction et un sortilège. Le traître qui a terni ce titre est d'abord destitué et la dignité en est conférée à Macbeth pour son héroïsme (I,2,63-65). Le roi Duncan honore d'un titre récemment déshonoré celui qui à son tour va le trahir, et le nouveau Cawdor endosse cette tunique de traître comme envoûté, puisque les sorcières – qui les premières l'ont ainsi nommé – ont fait de la désignation un sortilège (I,3,47). Dans les minutes qui suivent, le nouveau promu, grisé, répète sept fois le nom qui le subjugue. Est-il possible que nomination soit détermination ? Ainsi se tisse une ironie qui joue aux dépens des personnages, et ainsi monte l'angoisse, car rien n'est sûr si une appellation transforme l'être, si une formule peut sceller un destin.

Faut-il le redire après tant d'autres ? L'art suprême dans Shakespeare se trouve avant tout dans l'expression des sentiments et nulle part elle n'est aussi forte que dans les grandes tragédies. Le dramaturge était capable de s'abstraire de lui-même pour s'identifier à chacun des personnages tour à tour et exprimer, de l'intérieur, ce que ce dernier pensait ou éprouvait à cet instant ; John Keats parlait du « poète caméléon »[1]. On oublie souvent d'ajouter que ce don exceptionnel, fait d'abnégation et de disponibilité, est fort paradoxal dans la mesure où le discours dramatique est simultanément truffé d'indications de jeu. L'auteur avait son acteur en tête et anticipait les jeux de scène dans l'instant même où, ayant investi son personnage en imagination, il lui prêtait sa voix. De ce double regard procèdent qualité dramatique et vérité humaine, mais on les distingue à tort car c'est à la coopération du dramaturge et du poète que l'on doit les passages où l'expression du sentiment est la plus forte. Écoutons Macbeth :

1. Lettre du 27 octobre 1818.

Duncan is in his grave.
After life's fitful fever he sleeps well.
Treason has done his worst. Nor steel nor poison,
Malice domestic, foreign levy, nothing
Can touch him further. (III.2,24-28).

On a vite fait le tour des procédés d'écriture : métaphores, exprimée (« life's fitful fever ») ou implicite (« to die, to sleep », comme dit Hamlet) ; personnification (« Treason ») ; métonymies (« steel », « levy ») ; chiasme (« malice domestic », « foreign levy »), etc. L'élément le plus saisissant de ce passage cimenté par la rhétorique et porté par la passion reste que la poésie y a la souplesse de la prose : les phrases en sont brèves, la syntaxe en est simple, le vers y est presque imperceptible, l'enjambement (« nothing / Can ») ajoute au naturel du phrasé. C'est dit à Lady Macbeth, peut-être avec véhémence (les deux personnages étant seuls en scène, il n'y a pas à dissimuler), mais ce pourrait être à mi-voix, car cet homme est las et on peut éprouver que ce qu'il dit à sa femme, il se l'avoue aussi bien à lui-même ; autant qu'un discours destiné à autrui, c'est la voix de la conscience que nous surprenons, l'aveu d'une culpabilité (« Treason »), la confession d'une lassitude et d'une hantise. En cela même, le passage confirme la maîtrise poétique de Shakespeare, puisque l'intériorité est ici perceptible dans le discours public autant qu'elle le serait dans un soliloque : rien de tel pour qu'ailleurs le soliloque paraisse naturel. On en oublierait presque la contradiction du propos : Macbeth envie le mort qui goûte enfin le repos, mais il craint qu'on l'assassine ! Ainsi, au cœur d'une écriture rhétorique et poétique, mais sur le ton le plus naturel, et tout en laissant la plus grande liberté à l'acteur, c'est un sentiment humain profondément vrai (peut-être même universel et éternel) qui s'exprime. Mais ici le mystère de l'être reprend ses droits : quel est cet homme à qui tout a réussi, mais que son succès est en train de détruire ?

Personne n'a jamais parlé comme Macbeth, ni d'ailleurs comme aucun des autres héros des grandes tragédies, et ce n'est pas parce qu'ils seraient poètes. Ils usent du vers et pensent par images, mais c'est Shakespeare qui est le poète et qui, fort d'une convention qui le lui permettait, a choisi d'exprimer avec une intensité particulière les joies et les tourments qui font la vie. Une conception assez myope de la vérité a accrédité l'idée que tout ce théâtre « poétique » s'écartait du réel pour l'idéaliser et donc le trahir. Rien n'est plus faux. Ces discours ne sont pas exprimés poétiquement pour être beaux, mais pour être intensément vrais, saisissants et mémorables. Leur beauté est en plus, un cadeau, une récompense, mais elle n'est pas le but poursuivi et ne doit pas faire écran à l'émotion. Si on paraphrase en prose ce que disent ces personnages, le message subsiste, mais il ne reste à peu près rien de ce qui fait son urgence, sa vérité expressive, et cette qualité axiomatique qui le grave dans la mémoire et à qui tout familier de ce théâtre doit de le citer quand il éprouve une émotion que le poète a dite mieux qu'on ne saurait le faire. De telles citations ne sont ni exhibitionnisme ni insincérité ; elles surgissent dans une spontanéité qui s'identifie à une formulation plus heureuse. C'est la grande réussite de Shakespeare que d'avoir su exprimer tant de sentiments universels par des mots qui conjuguent sincérité et beauté. L'artifice parvient ainsi à ne pas faire obstacle au naturel, car il sait – comble de l'art – se faire oublier.

Il n'en va pas du tout de même dans le domaine de la structure. Shakespeare, très conscient de la théâtralité de son art, ne s'est pas privé de rappeler que le théâtre n'est pas le réel, même si, étant à l'image du réel, il offre une voie vers la découverte du vrai. Quand on dit « théâtralité », il ne s'agit pas prioritairement de la pièce-dans-la-pièce* (telle *La Souricière* de *Hamlet*), mais d'épisodes où la métaphore du théâtre est exploitée pour éclairer d'un jour différent ce qui se passe alors sur la scène. Shakespeare s'en sert volontiers pour dénoncer le faux-semblant, stigmatiser le cabotinage ou illustrer le trouble qui saisit un personnage quand il se sent mal à l'aise dans le rôle que l'intrigue lui demande de jouer. Ailleurs, la référence au théâtre se fait amplification de l'image scénique pour suggérer un au-delà du visible et transcender le visuel par la vision. Ainsi font les assassins de César quand ils croient ritualiser le meurtre. Et c'est ce que fait Cléopâtre quand elle récuse l'image pitoyable que donne d'elle à l'instant même l'acteur qui l'interprète. On peut estimer que, bien loin d'ôter tout crédit à la fiction par ce rappel des réalités de la scène, Shakespeare cherchait, à travers la dénonciation de l'image scénique, à accréditer une représentation mentale de l'ordre du visionnaire. Ici l'artifice se donne pour ce qu'il est, dans un effort aventureux pour s'abolir dans une vérité invisible.

Tel semble être l'art hautement paradoxal de Shakespeare dans les grandes œuvres de sa maturité. L'art et la nature y sont moins deux pôles opposés que deux effets antithétiques et pourtant complémentaires pour atteindre le vrai. Le naturel ne pâtit pas d'être habillé par l'art, et l'artifice parvient souvent à se donner l'allure du spontané. Si grande est l'aisance de Shakespeare que certains ont cru qu'il ne lui en avait coûté aucun effort et qu'il s'était seulement abandonné à son génie. Sa facilité fut reconnue de son vivant, mais quelques tâtonnements de jeunesse et le sentiment général d'une progression donnent à penser que cette maîtrise fut une conquête. Ce théâtre est celui d'un artisan passé maître. C'est en ce sens aussi qu'on peut y voir du grand art.

OTHELLO

(*Othello*)

Présenté et traduit par
Léone Teyssandier

INTRODUCTION

Synopsis

I,1. – Une rue de Venise, la nuit. Iago (l'enseigne du Maure Othello, général au service de la république de Venise) informe Roderigo (prétendant malheureux de Desdémone) du mariage secret de sa belle avec Othello. Iago a ses propres griefs contre le Maure, qui vient de nommer Cassio son lieutenant. Pour Iago, qui briguait le poste, ce choix est une insulte et une injustice. Iago et Roderigo vont crier « au voleur » sous les fenêtres du père de Desdémone (Brabantio), le réveillent par leur tapage, lui apprennent le mariage de sa fille et lui indiquent l'auberge où trouver les époux. Brabantio, au désespoir, part avec ses domestiques et le guet à leur recherche. **2.** – Devant l'auberge du Sagittaire. Iago assure Othello de son affection et le met en garde contre la fureur prévisible de Brabantio. Othello, fort de ses mérites personnels et des services rendus à Venise, est sans inquiétude. Conversation interrompue par l'arrivée des émissaires du doge (qui requiert la présence d'Othello à un Conseil réuni d'urgence en pleine nuit), puis par l'irruption de Brabantio, venu en force arrêter le Maure. Tous se rendent au Conseil. **3.** – Le Conseil. Inquiétude et perplexité générales au reçu d'informations contradictoires sur les mouvements de la flotte turque en Méditerranée. Le Conseil veut envoyer Othello contre les Turcs, tandis que Brabantio, l'accusant d'avoir ensorcelé sa fille, réclame justice. Othello ne veut d'autre justification que le témoignage de Desdémone, que l'on envoie chercher. L'assistance, en l'attendant, écoute les confidences du Maure sur la manière dont il a fait sa cour, suscitant l'amitié du père et l'amour de la fille par le seul récit de sa vie héroïque. Interrogée sur son devoir d'obéissance, Desdémone se déclare liée au Maure par la même allégeance qui jadis lia sa mère à Brabantio. Avec des mots amers, Brabantio renonce alors à sa fille, refuse les consolations du doge, et on en revient aux affaires militaires. Othello partira sur l'heure. Desdémone obtient la permission de le suivre. Othello la confie à Iago et à sa femme pour le voyage de Chypre. Tous sortent, laissant Iago et Roderigo seuls. Roderigo, désespéré d'avoir perdu Desdémone, parle de se noyer. Iago le raille, lui conseille de suivre l'expédition, déguisé et bien pourvu d'argent, et d'attendre son heure car Desdémone se lassera du Maure. Roderigo sort faire ses préparatifs. Monologue d'Iago : il méprise Roderigo, qu'il consent à fréquenter pour le gruger ; il hait le Maure – l'ancien amant de sa femme, selon les rumeurs – et il déteste Cassio dont il convoite le poste. Sa vengeance sera d'exploiter la crédulité du Maure, en insinuant que Desdémone le trompe avec le séduisant Cassio. Invocation à l'enfer et à la nuit pour le succès du complot.

II,1. – A Chypre, le gouverneur Montano et quelques gentilshommes commentent les derniers événements : la tempête a dispersé la flotte turque ; un bâtiment vénitien, avec à son bord Cassio, vient d'entrer au port ; il annonce la venue d'Othello, nouveau gouverneur de l'île ; mais on est sans nouvelles de son navire. Arrivée d'Iago, qu'accompagnent sa femme (Émilie), Roderigo déguisé, et Desdémone, inquiète du sort d'Othello. Cassio fait à Desdémone un accueil empressé et embrasse Émilie, pour qui Iago a quelques paroles désagréables. Réprimandé par Desdémone, il manifeste sa misogynie en une série d'adages malveillants sur les femmes. Desdémone s'amuse avec Cassio de ces incivilités. Pendant que Desdémone et Cassio continuent leur conversation, Iago commente en aparté chaque geste du lieutenant – révérences, sourires, galanteries – méditant d'exploiter ces imprudences. Une sonnerie de trompettes annonce l'arrivée du Maure. Retrouvailles d'Othello et de Desdémone qui, enlacés, disent leur joie d'être réunis. Iago, à l'écart, se promet de détruire une si belle harmonie. L'assistance se disperse, Iago et Roderigo restent en tête-à-tête. Iago lui expose son plan : d'abord éloigner Cassio, car Desdémone l'aime, pour toutes ses qualités qui font défaut au Maure. Les préliminaires amoureux ont déjà commencé, comme en témoignent leurs familiarités en public. Que Roderigo aille le soir même provoquer Cassio et causer sa disgrâce par quelque esclandre. Roderigo acquiesce et sort. Monologue d'Iago : le plan prend forme. **2.** – Proclamation d'un héraut d'armes : la ville sera en liesse jusqu'à onze heures du soir pour célébrer la déroute des Turcs et les noces du général. **3.** – Le soir à la citadelle, peu avant dix heures. Othello se retire avec Desdémone. Iago invite Cassio à boire à la santé des mariés. Cassio refuse : il ne supporte pas le vin. Iago insiste sous prétexte de ne pas désobliger les gentilshommes de Chypre venus se joindre à eux. Cassio sort à leur rencontre. Bref monologue d'Iago : il lui faut à tout prix enivrer Cassio. Retour de Cassio avec les gentilshommes. Ils l'ont déjà fait boire, et il commence à déraisonner. Scène de beuverie ; Iago chante. Cassio sort, proclamant qu'il n'est pas ivre, ce que démentent ses discours et les commentaires de ses compagnons. Entre Roderigo, qui s'éclipse à un signal d'Iago. Clameurs au dehors. Roderigo reparaît, poursuivi par Cassio l'épée à la main. Montano tente de s'interposer. Cassio s'en prend à lui ; ils se battent. Iago expédie Roderigo donner l'alerte. Tocsin. Entre Othello avec sa suite, au moment où Montano, blessé, se jette sur Cassio. Iago sépare les combattants et Othello demande des comptes. Explications embarrassées d'Iago qui, tout en paraissant ménager Cassio, l'accusent. Othello démet son lieutenant de ses fonctions. Iago, resté seul avec Cassio accablé, tente de le réconforter. Il lui conseille de s'adresser à Desdémone pour rentrer en grâce. Monologue d'Iago après le départ de Cassio : le piège est en place ; Desdémone, par bonté, plaidera la cause du lieutenant auprès d'Othello, dont la jalousie, attisée par Iago, verra dans l'insistance de sa femme une preuve de son infidélité. Entrée de Roderigo doublement mécontent, d'avoir été malmené par Cassio, et d'avoir dépensé une fortune sans rien obtenir de Desdémone. Iago lui prêche la patience et sort continuer ses manœuvres (monologue).

III,1. – Le lendemain matin. Cassio tente de donner l'aubade au général, sans succès car le clown fait décamper les musiciens. Cassio le charge d'un message pour Émilie qui, en réponse, vient l'assurer de la bienveillance de sa maîtresse et le fait entrer. **2**. – Othello, avec sa suite, se rend aux fortifications. **3**. – Desdémone promet à Cassio d'intercéder en sa faveur. Voyant revenir Othello (avec Iago), Cassio, gêné, insiste pour se retirer. Desdémone plaide avec tant de chaleur et d'opiniâtreté en faveur de Cassio qu'Othello amusé (et lassé) promet à sa femme de ne rien lui refuser. Après le départ de Desdémone et d'Émilie, Iago commence ses insinuations sur la sortie furtive de Cassio, son honnêteté, refuse d'en dire davantage, suggère à Othello de surveiller sa femme et le met en garde contre la jalousie. Othello affirme sa confiance en Desdémone. Après plusieurs fausses sorties, toutes précédées de nouvelles perfidies, Iago s'éclipse. Monologue d'Othello : il envisage à présent une infidélité possible de sa femme. Desdémone accompagnée d'Émilie vient l'appeler pour le banquet et s'inquiète de voir sa mine défaite. Othello prétexte un mal de tête. Desdémone sort son mouchoir pour lui bander le front. Othello la repousse. Le mouchoir tombe. Émilie le ramasse et le donne à Iago qui survient à point nommé. Iago (monologue) médite de le laisser chez Cassio, et se félicite de voir le Maure déjà ravagé par le doute. Rentre Othello, méconnaissable. Saisissant Iago à la gorge, il exige des preuves. Iago les lui donne : un rêve à voix haute de Cassio, qui, par ailleurs, est en possession d'un mouchoir appartenant à Desdémone. Othello, dont la raison chavire, jure à genoux de faire périr les coupables. Iago se lie par un serment d'obéissance. Il reçoit l'ordre d'assassiner Cassio. Othello tuera Desdémone de ses propres mains. Il sort, nommant Iago son lieutenant. **4**. – Desdémone s'inquiète d'avoir perdu son mouchoir. Émilie ne souffle mot. Entre Othello, exigeant de voir le mouchoir. Émilie continue de se taire. Desdémone se trouble et tente de détourner la conversation sur Cassio. Après le départ menaçant du Maure, les deux femmes confient leurs appréhensions à Cassio et à Iago. Cassio, demeuré seul, est rejoint par Bianca qui lui reproche de la délaisser. Cassio s'en débarrasse, lui promet sa visite et lui donne le mouchoir pour qu'elle en copie la broderie.

IV,1. – Nouvelle offensive d'Iago : il fait état de prétendus bavardages de Cassio sur Desdémone. Othello tombe, foudroyé par l'épilepsie. Quand il revient à lui, Iago l'installe à l'écart et va exciter la verve de Cassio aux dépens de Bianca. Othello, qui voit la scène sans entendre, en conclut que Cassio se vante de sa bonne fortune. Il est confirmé dans son erreur par l'irruption de Bianca, rapportant le mouchoir qu'elle croit être le cadeau d'une rivale. Othello prend la décision de tuer Desdémone le soir même ; Iago se charge de Cassio. Entrée de Desdémone avec une délégation de Venise : une lettre rappelle Othello et confie le gouvernement de l'île à Cassio. Othello tient des propos déments, insulte Desdémone et la frappe. Stupeur générale. **2**. – Émilie, interrogée par Othello, jure que Desdémone est honnête. Questionnée à son tour et sommée d'avouer son infidélité, Desdémone ne peut que démentir et pleurer. Délire d'Othello qui la traite en prostituée. Après son départ, les deux femmes se confient à Iago ; Desdémone est désemparée, Émilie soupçonne quelque machination. Iago feint l'étonnement. Elles sortent. Tête-à-tête Roderigo-Iago. Iago répond aux nouveaux reproches de Roderigo en l'assurant qu'il touche au but, à condition de tuer Cassio sans attendre. **3**. – Fin de la soirée. Othello prend congé de ses invités ; il envoie Desdémone se coucher et l'attendre. Desdémone, au bord des larmes, se prépare pour la nuit. Elle chante la complainte du saule et redit son amour pour Othello. Émilie se retire.

V,1. – La nuit. Roderigo, encouragé par Iago, attaque Cassio qui se défend et le transperce d'un coup d'épée. Iago, par derrière, blesse Cassio qui tombe. Othello, de loin, exulte et rentre mettre à exécution ses desseins meurtriers. Iago poignarde Roderigo, s'empresse auprès de Cassio, et accuse de complicité Bianca venue porter secours. Altercation Émilie/Bianca. **2**. – Othello entre dans la chambre de Desdémone endormie. Monologue (il doit la tuer, mais il l'aime). Réveil de Desdémone. Othello l'engage à demander pardon au ciel, l'accuse d'adultère, n'écoute ni démentis ni supplications et la tue. Derrière la porte, appels d'Émilie, venue informer Othello de la rixe. Othello finit par ouvrir. Quand Desdémone rend le dernier soupir, Émilie, écartant les rideaux du lit, découvre le meurtre. Othello assume son geste, juste châtiment de l'infidélité, et invoque les preuves apportées par Iago. Émilie ameute la maisonnée par ses cris, somme Iago de démentir les allégations d'Othello, et, sur son refus, avoue avoir elle-même subtilisé le mouchoir pour le lui donner. Iago la tue, profite de la confusion pour s'enfuir, mais on le ramène. Othello tente de le tuer. Il est lui-même arrêté. Cassio vient corroborer les affirmations d'Émilie ; son témoignage est confirmé par celui de Roderigo qui a échappé à la mort. Othello, après un discours d'adieux, se tue sur le cadavre de Desdémone. Cassio, gouverneur de l'île, veillera au châtiment d'Iago, qui obstinément se tait.

Date et texte

La date d'*Othello* peut être fixée avec assez de précision : fin 1603 ou première moitié de 1604. Tout d'abord Shakespeare semble avoir utilisé le livre de Richard Knolles, *The General History of the Turks* (1603) ; l'épître au lecteur est datée du 30 septembre 1603. Ensuite une pièce de Thomas Dekker* et Thomas Middleton*, la première partie de *The Honest Whore* (*La Courtisane vertueuse*), parle d'une femme tuée par un homme « more savage than a barbarous Moor » (I,1,37), ce qui semble bien faire allusion à Othello ; cette pièce fut inscrite sur le Registre des Libraires* le 9 novembre 1604. Enfin nous savons qu'*Othello* fut joué à la cour le 1er novembre 1604, mais rien n'indique que c'était la première représentation.

Il y a deux textes de base pour *Othello* et les problèmes posés par leur relation sont très complexes.

La pièce parut en 1622 dans une édition in-quarto* (imprimée par Nicholas Okes pour Thomas Walkley) ; la page de titre précise qu'elle avait été jouée aux théâtres du Globe* et de Blackfriars*. A la différence des in-quartos antérieurs, elle est divisée en actes* (sauf pour le début de l'acte III)[1]. Elle parut ensuite dans l'in-folio* de 1623, sous le titre (identique à celui de l'in-quarto) : *THE TRAGEDIE OF Othello, the Moore of Venice.* Elle est divisée en actes et en scènes* ; une liste des personnages est donnée à la fin de la pièce.

Chacune de ces deux éditions donne un bon texte, celui de l'in-folio étant le meilleur, mais elles présentent des différences importantes, dont les principales sont : 1) plus de cent soixante lignes (vers et prose) de l'in-folio ne se trouvent pas dans l'in-quarto ; 2) il y a plus de mille variantes (mots omis, surtout dans l'in-quarto, et mots différents), en plus des différences d'orthographe et de ponctuation* ; 3) l'in-quarto contient cinquante-trois jurons (« 'sblood », « God », « God's will », etc.) qui ne figurent pas dans l'in-folio, ou sont différents ; 4) quelques courts passages de l'in-quarto manquent dans l'in-folio (voir I,1,14, I,3,200, etc.) et les indications* scéniques de l'in-quarto sont les plus fournies.

Il y a deux possibilités. Ou bien les deux éditions descendent d'un seul et unique manuscrit de Shakespeare, et dans ce cas les passages importants qui manquent dans l'in-quarto ont été coupés, ou bien les deux éditions représentent deux versions différentes d'*Othello,* celle de l'in-folio étant une version révisée et augmentée. Les études récentes conduisent à adopter la seconde hypothèse.

Tout d'abord il semble clair que les jurons qui manquent dans l'in-folio ne furent pas rajoutés, mais supprimés à la suite de la loi sur le blasphème* (1606). L'in-folio, sur ce point, donnerait donc un texte révisé (par Shakespeare ou quelqu'un d'autre).

---

1. Un deuxième in-quarto* (*Q2*) parut en 1630 ; c'est une réimpression du premier, corrigée d'après l'in-folio*.

THE

Tragœdy of Othello,

The Moore of Venice.

As it hath beene diuerse times acted at the Globe, and at the Black Friers, by *his Maiesties Seruants.*

Written by VVilliam Shakespeare.

LONDON,

Printed by *N. O.* for *Thomas Walkley*, and are to be sold at his shop, at the Eagle and Child, in Brittans Bursse.

1 6 2 2.

Othello, page de titre de l'in-quarto de 1622
(British Library, Londres)

Certains passages de l'in-folio pourraient avoir été omis involontairement dans l'in-quarto. Ainsi, pour I,3,193 et IV,2,75-78, la répétition d'un mot (« heart » et « committed ») a pu conduire un copiste ou un compositeur à sauter le passage entre les deux emplois de ce mot. Il est sûr aussi que l'omission d'une réplique d'Iago (IV,1,163-164) est involontaire puisque le nom du locuteur (*Iag.*) est indiqué en réclame au bas d'une page alors que sa réplique manque en haut de la page suivante. Par contre, d'autres passages manquant dans l'in-quarto sont longs et leur absence ne peut s'expliquer par l'inadvertance d'un copiste ou d'un compositeur (voir notamment I,1,121-137, III,3,388-395 et 456-463, IV,2,155-168, IV,3,30-51 et 82-99, V,2,192-200 et 273-279). Certains passages auraient pu être supprimés pour abréger le texte (par exemple I,1,121-137 et I,3,63), mais l'ensemble des coupures ne réduit la durée de représentation que d'une dizaine de minutes, ce qui n'est guère significatif ; l'in-quarto ne semble pas être une version abrégée de l'in-folio. De plus, il est difficile de croire que certains très beaux vers (par exemple III,3,456-463 ou IV,2,155-168) aient été omis volontairement, alors qu'on aurait pu en supprimer d'autres pour abréger le texte. Enfin, comme le remarque Norman Sanders, le texte de l'in-quarto n'omet rien d'essentiel à l'action et les passages supplémentaires de l'in-folio semblent être des ajouts qui développent certains aspects d'un texte existant ; il est vrai que des coupures bien faites n'auraient rien supprimé d'essentiel. Une différence notable entre les deux textes est l'absence de la chanson* de Desdémone dans l'in-quarto (voir IV,3,30-51, 53-55, et V,2,253-255) ; on a émis l'hypothèse que le passage avait été supprimé parce que le garçon jouant le rôle de Desdémone ne savait pas chanter, mais cela paraît peu plausible.

Quand on examine le détail des très nombreuses variantes on voit qu'elles sont souvent dues à une mauvaise transmission du texte par un copiste ou un compositeur. Ce ne sont parfois que deux formes différentes d'un même mot, ou deux synonymes, qui n'affectent pas le sens (« towards »/« toward », I,3,40 ; « more »/« moe », I,1,166, etc.) ; il est improbable que de telles variantes soient des révisions d'auteur. Souvent les variantes sont deux mots différents mais ressemblants ; ce sont donc, très probablement, deux transcriptions (dont au moins une fautive) d'un même original (« assign'd »/« Affign'd », « Doves »/« Dawes », I,1,38 et 65 ; « Love lines »/« Lovelinesse », II,1,221, etc.). Mais il y a aussi des cas où nous trouvons deux mots différant tant par le sens que par l'aspect (« certaine »/« wider », « sighes »/« kisses », « utmost pleasure »/« very quality », I,3,107, 158 et 249, etc.) ; ces différences ne peuvent guère s'expliquer que par une révision du texte. Il est donc très vraisemblable que les différences entre l'in-quarto et l'in-folio tiennent, pour l'essentiel, à ce que le second nous donne une version révisée de la pièce par l'auteur lui-même.

Reste un double et difficile problème. Quelle copie a servi à imprimer l'in-quarto ? Quelle copie a servi à imprimer l'in-folio ? On ne peut répondre à ces questions que par des hypothèses plus ou moins solidement étayées.

Il est probable que Thomas Walkley, qui publia l'in-quarto, était en possession d'une transcription du dernier brouillon de la première version de Shakespeare.

Pour la copie de l'in-folio il y a deux hypothèses principales. Selon Alice Walker, c'était un exemplaire de l'in-quarto corrigé à l'aide d'un manuscrit contenant un texte plus complet (transcription du dernier brouillon de Shakespeare ou manuscrit du souffleur*)[1]. Cette thèse est rejetée par les éditeurs les plus récents, en particulier par ceux de l'édition d'Oxford, et il paraît probable que la copie pour l'in-folio était une transcription du manuscrit de la seconde version de la pièce[2].

L'édition d'Oxford (comme presque toutes les éditions antérieures) est donc basée sur le texte de l'in-folio, mais le corrige grâce à l'in-quarto quand il paraît fautif ; de plus, elle réintègre les jurons qui ont été supprimés. Par ailleurs, les éditeurs du texte d'Oxford soupçonnent un copiste d'avoir remplacé « 'em », « ha' » et « an » (qu'on trouve dans l'in-quarto) par « them », « have » et « if » dans la copie manuscrite de l'in-folio ; ils adoptent donc les leçons de l'in-quarto dans ces trois cas. Enfin ils combinent les indications* scéniques plus fournies de l'in-quarto avec celles de l'in-folio.

Le très grand nombre de variantes nous oblige à ne donner que les plus significatives et les plus intéressantes. Nous ne signalons donc pas :
— la forme élidée ou contractée d'un mot (there is/there's),
— deux formes du même mot (toward/towards) ou deux synonymes proches par la forme (between/betwixt, yond/yonder, etc.),
— les désinences différentes à la troisième personne (takes/taketh),
— les formes différentes du même temps d'un verbe (spoke/spake),
— l'ordre des mots sans modification du sens, par exemple « be all »/« all be », ou bien I,3,330-331 :

It cannot be, that *Desdemona* should long continue (in-quarto)
It cannot be long that *Desdemona* should continue (in-folio),

— le même mot au singulier et au pluriel (grief/griefs) sans modification notable du sens,
— l'absence d'un mot dans un des textes sans modification notable du sens,
— la leçon manifestement fautive d'un des textes, sauf si l'erreur elle-même présente un intérêt textuel,
— des variantes portant sur un ou deux mots sans modification notable

1. Exposée en 1952, cette thèse fut reprise dans l'édition de la pièce qu'elle publia avec J. Dover Wilson (voir p. 121-135).
2. Pour le détail de l'argumentation des éditeurs d'*Oxford*, voir *Textual Companion*, p. 476-478 ; voir aussi l'édition de Norman Sanders, p. 193-207, dont les conclusions sont très voisines.

du sens, par exemple « those fellows »/« these fellows » (I,1,54), « have in them power »/« have in their power » (I,1,105), ou encore I,3,240 :

Nor I, I would not there reside (in-quarto)
Nor would I there recide (in-folio),

Par ailleurs nous ne signalons pas la variante pour les leçons de l'in-quarto reprises de façon systématique par le texte d'*Oxford* : « 'em » et « ha' » au lieu de « them » et « have » dans l'in-folio.

Sources

La source unanimement reconnue d'*Othello* est « L'Histoire de Disdemona de Venise et du Capitaine Maure », dans les *Ecatommiti* de l'écrivain italien G. B. Giraldi Cintio (1504-1573)[1]. Ce recueil de nouvelles publié à Venise en 1565 a été amplement mis à contribution par les dramaturges élisabéthains en quête de sujets. On ne peut toutefois dire avec certitude si Shakespeare a utilisé l'original, une traduction anglaise (aucune traduction de l'époque ne nous est parvenue), ou la traduction française de Gabriel Chappuys (*Cent Excellentes Nouvelles*, 1583-1584).

Shakespeare suit dans ses grandes lignes l'intrigue de Giraldi, dont tous les personnages, à part l'héroïne (Disdemona), sont anonymes. Un capitaine maure s'éprend d'une noble Vénitienne qui lui rend son amour, cédant non pas à « un désir propre aux femmes », mais à « une juste appréciation de ses mérites ». Malgré l'opposition de la famille, ils se marient et les époux vivent quelque temps à Venise en parfaite harmonie. Quand le Maure part commander la garnison de Chypre, Disdemona insiste pour le suivre. L'enseigne du Maure, « homme de belle prestance mais nature dépravée », est lui-même amoureux de Disdemona qui repousse ses avances. Dépité, il décide sa perte. L'occasion se présente quand un capitaine, ami du Maure et familier de la maison, est cassé de son grade pour s'être battu avec un soldat qui montait la garde. Disdemona intercède pour lui auprès de son mari, et l'enseigne parvient à persuader le Maure que cet intérêt est suspect. Quand le Maure demande des preuves, l'enseigne vole un mouchoir de la jeune femme et le laisse dans la chambre du capitaine. Le Maure réclame le mouchoir qu'on ne peut lui montrer, et le voit entre les mains d'une servante du capitaine, occupée à copier le motif de broderie. Puis, lorsque le capitaine est traîtreusement blessé et estropié (par l'enseigne) en revenant de chez une courtisane, Disdemona manifeste sa compassion, qui devient pour le Maure une nouvelle preuve d'infidélité. Le Maure complote alors avec l'enseigne pour tuer sa femme sans éveiller les soupçons. Une nuit, elle est attirée hors de sa chambre, assommée par l'enseigne, transportée dans son lit, puis écrasée sous les décombres du plafond (délabré) que les deux complices font tomber sur elle. Pris de regrets, car « il avait

1. Voir Bullough, vol. 7, p. 239-252.

aimé la dame plus que sa propre vie », le Maure se met à détester l'enseigne, qui le dénonce alors comme assassin de sa femme et responsable du guet-apens où le capitaine a perdu une jambe. Arrêté puis condamné à l'exil, le Maure est finalement assassiné par les parents de Disdemona. L'enseigne continue ses agissements scélérats, et, après de nouveaux démêlés avec la justice, il meurt sous la torture. Ainsi Disdemona est vengée.

Les changements les plus notables apportés par Shakespeare au niveau de l'intrigue concernent la promotion de Cassio au détriment d'Iago, les deux personnages de Roderigo et de Brabantio (ajoutés) et celui d'Émilie. Chez Giraldi, la femme de l'enseigne est l'amie et la confidente de Disdemona ; sans participer au complot, elle est au courant des intentions de son mari mais n'ose rien dire et elle se borne à conseiller la prudence à Disdemona. Autres modifications ponctuelles : des sentiments amoureux de l'enseigne ne subsiste qu'une remarque brève et ironique d'Iago (II,1,269-272) ; l'ivresse de Cassio est un ajout ; les circonstances du meurtre sont différentes et aussi celles du vol du mouchoir qui n'a rien de magique (chez Giraldi, l'enseigne et sa femme ont une petite fille ; l'enseigne prend adroitement le mouchoir sur Disdemona, un jour où, en visite chez eux, elle tenait l'enfant dans ses bras) ; enfin chez Giraldi, la femme de l'enseigne, seule survivante, est la mémoire qui permet de relater les faits. Pour le reste, tout est transfiguré par l'alchimie du verbe shakespearien.

La référence à la mer Pontique (III,3,456-459) vient vraisemblablement de trois passages de l'*Histoire naturelle* de Pline dans la traduction de P. Holland (1601) et Shakespeare semble s'être documenté sur Venise dans l'ouvrage du cardinal Contarini[1] sur cette ville (traduction anglaise, 1599) et sur les Turcs dans *The General History of the Turks* (1603), de Richard Knolles.

Commentaire

Toute la symbolique de *La Tragédie d'Othello le Maure de Venise* se trouve condensée dans ce titre, qui, d'emblée, dit le tragique et ses modalités : l'exil et la rupture, l'altérité, et la présence, au cœur des relations entre les protagonistes, d'une irréductible obscurité. Le titre pose aussi l'antinomie autour de laquelle s'articule la dramaturgie tragique : l'opposition entre l'ombre, dont le Maure est la représentation métonymique, et la lumière, associée aux splendeurs vénitiennes. D'abord concentrées dans le personnage de l'étranger, propagées par les machinations obscures d'Iago, les ténèbres envahissent progressivement l'univers dramatique, jusqu'à la nuit où s'accomplissent le double meurtre de Desdémone et d'Émilie et le suicide d'Othello.

Cette dramaturgie des ténèbres s'impose dès la scène d'ouverture,

1. Voir K. Muir, *The Sources of Shakespeare's Plays*, p. 187-190.

soulignant l'ambiguïté des situations et des schémas de relation entre les personnages. Le premier acte est une comédie domestique, trouvant un heureux dénouement après des péripéties en conformité avec les lois du genre : les amants trompent la vigilance du père ; le soupirant malchanceux (Roderigo) est évincé ; un mariage secret est conclu, que l'autorité supérieure de la cité déclare socialement acceptable ; mis devant le fait accompli, le père est forcé de consentir. L'amour triomphe de l'habituelle opposition parentale, et les époux partent, confiants, vers l'avenir. Mais déjà les mécanismes tragiques se mettent en place. La présence d'Iago, ses confidences à Roderigo, le monologue qui clôture l'acte sont autant de menaces. Et la vision de Venise livrée aux spectateurs est celle d'une ville inquiète, plongée dans une nuit que troublent des cris d'alarme, traversée par des porteurs de torches et des hommes armés. Venise, la ville solaire, n'a ici d'autre lumière que celle, fuligineuse, des flambeaux. L'inversion de la comédie en tragédie s'amorce dans ces images scéniques, commentaire implicite d'un dialogue lui-même prémonitoire[1]. La succession de scènes diurnes et nocturnes et l'avancée de la nuit marquent ensuite le rythme des événements. Après l'arrivée (de jour) à Chypre de tous les personnages, se situent l'échauffourée nocturne à la citadelle et la disgrâce de Cassio. Les démarches de Cassio auprès de Desdémone commencent le lendemain matin ; puis les tensions montent au fil des heures, jusqu'aux dernières séquences qui, symétriques des premières, se déroulent dans une nuit trouée par la lumière incertaine des torches. La pièce se trouve portée par un double mouvement qui, tout à la fois, entraîne et enferme les protagonistes. Un mouvement circulaire qui, sorti de la nuit, retourne à la nuit et resserre peu à peu l'espace en un piège absolu, tandis que, passé le cercle des tempêtes, l'action se déplace de Venise à Chypre, — l'île retranchée derrière ses fortifications, refermée sur la citadelle, le château, et, à l'intérieur du château, sur la chambre où se trouve le lit portant les trois cadavres. L'autre mouvement, linéaire, implacable, qui transforme l'amour en folie meurtrière, est celui, décrit par Othello, d'une mer dont « le flot inexorable / Ignore le reflux des marées pour avancer toujours » (III,3,457-458). De cette trajectoire le point de départ est la Venise nocturne et tourmentée de l'acte I, le point d'arrivée se situant au-delà de l'espace et du temps, dans la chute infinie qui rejette vers les profondeurs de l'enfer l'âme condamnée : « ...Quand nous nous reverrons au Jugement / Ce visage, il précipitera mon âme / Du haut du ciel... » (V,2,280-281).

Le tragique, dont cette dramaturgie des ténèbres est la mise en forme scénique, s'inscrit ainsi dans une vision théologique fondée sur la présence du démoniaque dans le monde et sur la prédestination : « Il y a des âmes qui seront sauvées et d'autres qui ne le seront pas »

1. Voir les avertissements de Brabantio à son gendre et les recommandations du sénateur (I,3,289-291).

(II,3,86-87) constate Cassio, titubant, mais inspiré par les vapeurs de l'ivresse. La prédestination prend la forme de cette malédiction qui condamne les protagonistes au malheur en les livrant aux puissances du mal : une étymologie possible du nom de Desdémone est l'« infortunée »[1]. C'est d'ailleurs l'argumentation d'Othello : « Ah ! pauvre enfant, née sous une triste étoile » (V,2,279). Les puissances du mal sont ici figurées par Iago qui, héritier de l'imagerie médiévale, est, au premier degré, un diable (ou un « demi-diable »), ou encore le Vice, personnage allégorique des Moralités : « Demandez, voulez-vous, à ce demi-diable / Pourquoi il m'a ainsi pris aux rets, corps et âme » (V,2,307-308). Et, dans le même registre métaphorique, Othello dessillé s'étonne de ne pas lui voir les pieds fourchus du démon : « J'ai beau regarder ses pieds : c'est une fable » (V,2,292). A un niveau de complexité supérieure, Iago, qui est aussi la vipère (V,2,291), le serpent de la Genèse, incarne la négation du divin. Dans la symbolique élisabéthaine, le divin a pour manifestations l'amour, la lumière et la musique. Iago hait le Maure (I,3,358) ; son projet est le produit nocturne de l'enfer (« Que la nuit et l'enfer / Fassent naître ce monstre », I,3,375-376) ; et, des époux, il fera des instruments désaccordés (« Je détendrai les cordes qui font cette musique », II,1,196). Il est bien l'antithèse de tous les attributs divins. « Je ne suis pas qui je suis » (I,1,65) inverse en la parodiant la parole biblique « Je suis qui Je suis »[2], et définit l'être d'Iago par le non-être. Or l'essence du démoniaque, c'est la négation : « Je suis l'esprit qui toujours nie », dit Méphistophélès[3]. Dans ce contexte, chercher au personnage des motivations humaines n'a guère de sens. Certes, on peut en proposer, et lui-même en fournit d'excellentes : il s'estime lésé par la promotion de Cassio (I,1,8-32), et soupçonne le Maure et Cassio d'avoir été les amants de sa femme (I,3,358-362 ; II,1,273-274 ; II,1,284-285). On retrouve ainsi la jalousie et la vengeance, motivations traditionnelles du scélérat sur la scène de l'époque. On peut ajouter, pour faire bonne mesure, une relation d'amour/haine le liant à Cassio, à Othello, ou aux deux. Mais de tout ceci le plus convaincant est cet étrange aveu qu'il fait à propos de Cassio, dont la mort lui paraît nécessaire car, dit-il : « Il y a dans sa vie, à chaque instant, une beauté / Qui me rend laid » (V,1,19-20). C'est là peut-être ce que Michel Tournier appelle la plainte de Satan devant la beauté du monde : « Ainsi en va-t-il de toutes les créatures avilies : la pureté des choses fait saigner de regret tout ce qu'il y a de mauvais en elles. Prends garde aux êtres de clarté »[4]. De la lumière, sans doute faut-il que Iago se défende. Ses motivations – si elles existent – sont à chercher à ce niveau.

---

1. Giraldi dit que Desdémone avait un nom de « mauvais augure » ; il vient en effet du grec δυσδαίμων (infortunée) ; le nom renvoie aussi au substantif δαίμων, terme lui-même ambigu puisqu'il désigne à la fois une divinité et un esprit malfaisant. Voir plus loin p. 52
2. *Exode*, 3,14.
3. *Faust I*. Goethe, *Théâtre complet*, nouv. éd. (Paris, coll. « La Pléiade », 1988), p. 1158.
4. Michel Tournier, *Gaspard, Melchior et Balthasar* (Paris, 1980), p. 17.

Confronté aux êtres de clarté, Desdémone, Cassio (pour sa beauté physique, car le personnage est par ailleurs médiocre) et enfin Othello, perçu par lui comme « une noble nature, aimante et fidèle » (II,1,267), Iago se fait incarnation des ténèbres au sens théologique du terme : envers de la lumière, état de vide, d'absence et de mort. Le symbolisme du noir dans *Othello* renvoie à un premier niveau à la simple opacité de l'étrange et de l'inconnu. Contrairement à Aaron, le Maure de *Titus Andronicus,* qui se trouve être à la fois l'étranger et le scélérat, Othello n'est, d'entrée de jeu, qu'un prince barbaresque, un nomade qui, au cours de ses aventures guerrières, a traversé des contrées fabuleuses. Seuls ses ennemis (Iago, Roderigo et Brabantio après le mariage de sa fille) tiennent sur lui des propos ouvertement racistes. Même si une forme plus insidieuse de racisme transparaît chez certains à travers leurs compliments (ainsi le doge affirmant que la vertu a changé en clarté la noirceur du Maure, I,3,287-288), pour les Vénitiens il est essentiellement le « noble Maure », et la couleur de sa peau, à laquelle il fait lui-même référence, n'est que le signe de son altérité. C'est Iago, l'esprit de négation, qui transforme l'altérité en maléfice, utilise l'opacité de l'étrange pour étendre la contagion du mal, et fait du Maure l'instrument des ténèbres de l'enfer dont lui-même est l'émanation. L'amour d'Othello et de Desdémone est l'union de deux figures antithétiques, d'où peut sortir le bien ou le mal absolu : le choc des contraires, précurseur du chaos, ou leur fusion dans l'unité et l'harmonie. Or, malgré les affirmations du doge qui apporte à ce mariage la caution de la cité – sans doute parce qu'il serait inopportun d'envoyer en prison au moment du danger le défenseur de Venise –, des lignes de fracture se dessinent au terme de ce premier acte-prologue, dans ce qui semble un dénouement heureux. La décision de Desdémone d'épouser le Maure est, de son propre aveu, un défi (« Mon audace flagrante à forcer le destin », I,3,247). Il y a des signes implicites de désordre dans ce refus de la fille de retourner chez son père – son protecteur naturel – en l'absence de son mari ; et aussi dans ce départ d'une femme de son rang à la guerre pour suivre le guerrier ; sa place n'est pas là[1]. Iago élargit les failles et les transforme en ruptures, disjoint et désassemble, jusqu'à l'ultime cassure inscrite dans les images de séparation éternelle (V,2,281-288) que suscite chez Othello la certitude de sa propre damnation.

La technique de destruction pratiquée par Iago est double : tout transformer en son contraire, et utiliser à leur détriment les qualités des êtres. Par une stratégie de négation qui prend au premier degré la forme d'un dénigrement systématique, il transforme l'amour en luxure, la courtoisie en libertinage, la bienveillance en lubricité et une remarque anodine en propos salace[2]. Puis, de la générosité et de l'innocence, il crée les pièges où prendre ses victimes :

1. Voir aussi l'insistance des uns et des autres sur les différences de milieu, d'éducation et d'âge entre les époux.
2. Voir tous les dialogues avec Roderigo et Cassio où il est question de Desdémone.

Ainsi je rendrai sa vertu noire comme de la poix,
Et de sa bonté même je ferai le filet
Où ils se prendront tous. (II,3,323-325)

Ce que Iago met ainsi en œuvre, c'est un processus de désintégration des identités. Or l'identité d'Othello est liée à l'amour de Desdémone, lui-même indissociable de la relation du Maure à Venise. Dès l'acte I on voit s'affronter deux images antithétiques du Maure. Celle que tente d'imposer Brabantio, encouragé en cela par Iago : la bête, l'étalon, le bélier noir, qui, par sorcellerie, a ravalé Desdémone à son niveau d'animalité (la bête à deux dos) ; et l'image qu'Othello offre de lui-même et s'offre à lui-même. Devant les sénateurs, à la citadelle le soir de la rixe, Othello sculpte sa statue, celle du « noble Maure » dont la noblesse s'exprime d'abord au niveau du langage par la majesté d'un style métaphorique et rhétorique, manipulant les concepts de fortitude, de modération et de mesure[1]. Ce que traduisent ses discours aux sénateurs, c'est une morale exigeante et sublime, imprégnée de stoïcisme antique et de valeurs chrétiennes : la fermeté d'âme qui permet de vaincre l'adversité (il a traversé ainsi d'innombrables épreuves) ; la volonté de subordonner les satisfactions des sens à l'accomplissement du devoir (il partira le soir même ; il ne laissera pas la présence de Desdémone le détourner de sa tâche) ; bref, la maîtrise des passions, la primauté de l'intellect et de la volonté. En d'autres termes, Othello, l'exilé, le nomade barbaresque, cherche à tuer le barbare en lui, à s'intégrer à Venise, c'est-à-dire à la civilisation chrétienne dont il a adopté la religion[2]. Il y a donc, au départ, entre le mercenaire et Venise, un rapport d'autorité librement acceptée (« mes très nobles maîtres », I,3,77), doublé d'une relation d'amour concrètement représentée par le mariage avec la Vénitienne. Dans l'imaginaire d'Othello, Desdémone, Venise, et la civilisation qu'elles représentent ne font qu'un et constituent l'identité que s'est choisie le Maure.

La stratégie d'Iago apparaît avec une implacable netteté dans deux scènes (III,3 et IV,1) où, par une inversion diabolique, s'opère la transformation de la vérité en erreur, de l'amour en haine et de l'harmonie en violence meurtrière. Après ses premières insinuations (III,3,96-261), Iago, servi par le hasard qui l'a mis en possession du mouchoir, s'emploie à abolir les facultés intellectuelles d'Othello. Ceci commence par la perversion du jugement. Iago emporte l'adhésion de l'intelligence par ce qui est la négation de l'intelligence : l'émotion, la passion, la force des images, ici la représentation visuelle de la lubricité de Cassio, manifestée dans un rêve qui est pure invention. Iago apporte les preuves, les signes que réclame Othello (le rêve, le mouchoir), mais leur force de conviction s'adresse en fait aux sens, à l'imagination, pour provoquer une réaction émotionnelle. L'argumentation conserve une

---

1. Voir par exemple I,3,131-138, 226-231 et 259-266 ; II,3,149-151 et 188-192.
2. Iago parle du baptême du Maure (pour dire, il est vrai, qu'il est prêt à le renier s'il le faut pour l'amour de Desdémone, II,3,305-307) ; voir aussi l'exclamation d'Othello le soir de la rixe : « Sommes-nous devenus des Turcs ? » (II,3,149).

structure logique (Desdémone a trompé son père, elle peut tromper son mari), avance avec circonspection (« ce n'est qu'un rêve » ; « prudence ! Nous ne voyons rien encore ! » ; « Patience ! », III,3,434 ; 437 ; 455), mais la démonstration est viciée à la base car la valeur des preuves est nulle. Dans ce pseudo-raisonnement, les termes ne recouvrent rien dans la mesure où ils sont, plus que de banals mensonges, les émanations de l'esprit de négation, – signes monstrueux, créés par le non-être et sans autre référent que l'absence. Signes pervertis, ils tirent néanmoins leur force démonstrative de l'intensité des images qu'ils éveillent. Leur réalité est celle du verbe, verbe satanique qui, inversion du verbe divin, en garde la puissance créatrice devenue puissance empoisonnée : « Je verserai ce poison dans l'oreille du Maure » (II,3,319). Othello subit par contagion ce vertige du vide et de la négation. Le premier effet en est le naufrage de sa raison, qui se manifeste par un déchaînement verbal, le changement de registre de son vocabulaire habituel : « Je la mettrai en pièces ! » ; « Oh ! du sang ! du sang ! du sang ! » (III,3,436, 455). La violence qui le submerge, « violence de ténèbres » (IV,1,38), le livre à Iago, ce qui entraîne un changement d'allégeance. L'invocation à la vengeance (« Surgis du creux de l'enfer, noire vengeance ! », III,3,451) a une valeur triplement blasphématoire. D'une part la vengeance est une émanation de l'enfer ; d'autre part elle est usurpation du privilège divin de la justice[1] (l'une des manifestations du désordre mental d'Othello est cette constante confusion entre justice et vengeance et l'oscillation dans son discours d'un terme à l'autre) ; de surcroît, la vengeance est ici sans objet. L'alliance tactique entre Othello et Iago (III,3,466-482) a toutes les caractéristiques du pacte avec le diable, par lequel le démon se met au service de celui dont il a pris possession (« qu'il commande / Et je ne connaîtrai d'autre devoir que l'obéissance », III,3,470-471). Dans le double serment qui les lie, les images cosmiques sont dégradées par la force de destruction qui les inspire, et sous un ciel pétrifié, opaque (« ce ciel de marbre », 463), la création divine est détournée de son sens.

Dans l'étape suivante (IV,1), Iago, après avoir obscurci la raison, s'attaque aux mécanismes de la perception. L'illusion théâtrale devient ici métaphore de toutes les erreurs humaines, dans un dérèglement de la vue et de l'écoute où le monde se défait. La mise en scène organisée par Iago place le spectateur (Othello) de telle façon qu'il voit mais n'entend pas. Othello voit les gestes de Cassio s'accrochant à Iago et le harcelant de caresses pour mimer les effusions de Bianca. Il voit aussi le mouchoir de Desdémone entre les mains de Cassio, qui le donne ensuite à Bianca survenue à point nommé. Mais il n'entend pas le dialogue. En outre, les images perçues, malgré leur netteté, relèvent d'une vision brouillée, amas de données brutes dont un jugement dévoyé déforme le sens par le jeu des présupposés. Le sens dépend uniquement de la parole d'Iago, parole perverse du non-être créateur de signes. La

1. « A moi la vengeance, c'est moi qui rétribuerai », dit le Seigneur (*Romains*, 12,19).

représentation donnée à Othello fonctionne en fait comme un triple texte, superposant le texte effectivement dit par Cassio, le texte reconstitué « à contresens » (IV,1,98) par Othello, et la glose d'Iago après la sortie de Cassio et de Bianca. Il en résulte une prodigieuse imbrication de rôles, réels et supposés, où se désagrège la notion même d'identité. Cassio mime pour Iago la scène où Bianca est venue le relancer en public — scène comique, et qu'il joue comme telle. Simultanément (et à son insu) il mime pour un spectateur invisible (Othello) la scène imaginaire, tragique pour le Maure, de la trahison de Desdémone : « Le voilà qui raconte comment elle l'a entraîné dans ma chambre » (IV,1,133). Cassio a ici un quadruple statut : il est d'abord lui-même (l'amant de Bianca, le lieutenant cassé de son grade) ; il est l'acteur incarnant, de sa propre initiative, le personnage comique de Bianca[1] ; il est aussi l'acteur dirigé par Iago, jouant sans le savoir le rôle de l'amant dans une tragédie ; enfin, pour Othello, Cassio mimant Bianca est Desdémone. Iago est simultanément son propre personnage, par essence multiple et fuyant ; il est le confident comique de Cassio ; le confident tragique d'Othello ; enfin, dans la pantomime de Cassio, c'est lui — et non le vrai Cassio — qui est Cassio. Quant à Bianca, elle est elle-même (la courtisane amoureuse) et ne joue pas ; mais elle se trouve aspirée sans le savoir dans la représentation dont Iago est l'auteur et le metteur en scène. Dans ce vertigineux agencement de mises en abyme, l'illusion théâtrale affirme la primauté du non-être sur l'être, toutes les identités vacillent, et celle d'Othello achève de se désintégrer spirituellement et physiquement, dans le délire verbal, la perte de connaissance et le paroxysme d'une folie destructrice et suicidaire.

Le pacte de l'acte III avec Iago, le serment mutuel d'obéissance et d'amour, établit entre les deux hommes non seulement un lien, mais un rapport de possession réciproque, que sa perfection même transforme en rapport d'identité : « J'accueille ton amour [...] sans réserve » ; « Je suis vôtre à jamais » (III,3,472-474 ; 482). Iago apparaît, dans cette perspective, non seulement comme le tentateur, mais comme le double obscur d'Othello. Ceci reformule le problème de la contagion du mal. C'est dans la vision naïve de Lodovico que le mal provient d'une contamination externe. Pour les Vénitiens atterrés et perplexes, projetés dans un univers tragique qui passe leur entendement, il n'est d'autre explication que la corruption de la vertu par le vice : « Ô toi, Othello, qui fus jadis si bon, / Tombé au pouvoir d'un coquin maudit » (V,2,297-298). C'est aussi l'interprétation d'Othello qui, dans son discours d'adieux, tente de reconstruire l'image éclatée de son identité antérieure :

...décrivez-moi
Tel que je suis [...].
Faites de moi un homme qui aima
Non point avec discernement, mais à l'excès ;

1. Glissement d'identité d'autant plus naturel que les rôles de femmes sont à l'époque tenus par des hommes.

Peu enclin à la jalousie, mais, une fois entraîné,
Égaré à l'extrême. (V,2,350-355)

Mais ceci est la vision idéalisée, théâtralisée d'un personnage qui met sa mort en scène (« Voyez, j'ai une arme », V,2,266) et prononce sa propre oraison funèbre. Le mal est non pas dehors mais dedans. Le suicide d'Othello reproduit le geste vengeur par lequel il délivra jadis Venise d'un « misérable Turc » (V,2,362). Pour se défaire du barbare en lui, de ces ténèbres intérieures dont Iago était la projection visible, Othello n'a d'autre solution que de se tuer, puisque la mort du double satanique est inconcevable : « Je saigne, mais je ne suis pas tué, monsieur » (V,2,294).

Figures de l'altérité, vouées à l'inexistence dans leur vie sociale comme dans l'amour, les femmes sont ici le prétexte et le lieu du tragique. Dans l'univers typiquement masculin de la politique (représenté par le doge et les sénateurs assemblés en Conseil), et de la guerre (la garnison de Chypre), leur identité est tracée, fixée en images codifiées, qui, circulant de la comédie à la tragédie, sont des types conventionnels sur la scène de l'époque : la jeune fille cloîtrée chez son père, l'épouse dont la place est définie par le statut social de son mari, et la courtisane – Desdémone, Émilie, Bianca, et, dans le hors-scène, la servante Barbara, dont le mélancolique souvenir revient hanter les dernières heures de Desdémone. Iago dresse lui-même la liste des seuls rôles dévolus aux femmes : la péronnelle, l'indolente, la niaise, toutes également dévergondées, y ajoutant un éloge ambigu pour celle qui possède sagesse et beauté, et reste sottement chez elle à tenir son ménage (II,1,112-162). Inspiré, il est vrai, par une misogynie de soudard, son discours charrie sur le sujet tous les clichés dont l'origine remonte au Moyen Age et au-delà[1]. Comme le fait remarquer Desdémone, ce sont là plaisanteries de taverne, mais qui prennent dans le contexte une valeur significative. Tandis que Iago « écrit » (II,1,119 ; 120) sur les femmes ses épigrammes assassines, Cassio fait de Desdémone l'objet d'un discours précieux, selon les règles consacrées par les blasonneurs du corps féminin :

...Celle qu'il a conquise
Passe toute description, les plus folles louanges,
Défie les subtilités de trait du blasonneur...
(II,1,62-64)

Le rôle de la femme est écrit par les hommes sur la page blanche qu'elle est entre leurs mains : « Ce riche papier, ce livre incomparable, fallait-il / Qu'on y écrivît "putain" ? » (IV,2,73-74)[2]. Pour Othello, Desdémone est sa chose, le réceptacle de son cœur, brutalement transformé en cloaque (IV,2,59-63), l'oiseau qu'il siffle et qu'il chasse (III,3,264-266), un enfant docile que l'on envoie se coucher (« Couchez-vous sans attendre. Je reviens à l'instant », IV,3,7). Le rapport amoureux est exclusivement un rapport de possession :

1. Voir Valérie Wayne, « Historical Differences : Misogyny and *Othello* » dans *The Matter of Difference* (Hemel Hempstead, 1991).

2. Voir aussi Cresside (*Troïlus et Cresside*) qui n'existe que dans et par le regard des hommes : Pandare, Troïlus, Ulysse, Thersite et Diomède.

...Ô malédiction du mariage :
Pouvoir déclarer nôtres ces êtres graciles
Et non leurs appétits ! (III,3,272-274)

Toute la tragédie se joue sur ce terme d'« appétit ». C'est bien cette impossibilité de posséder totalement ce qu'il considère comme son bien qui provoque chez Othello l'angoisse mortelle exploitée par Iago. Être de clarté, Desdémone est aussi traversée de fulgurances noires : la passion, la force de défi qui pousse la Vénitienne timide à braver son père et les conventions du monde, l'aveuglement suicidaire avec lequel elle plaide pour Cassio. Dans cette zone d'ombre qui lui échappe, Othello voit, comme Iago, les signes d'une lubricité sans bornes, justifiant contraintes et asservissement :

...Cette main est moite, madame [...]
Chaude, chaude et moite — cette main-là requiert
Privation de liberté, abstinence et prière,
Force macérations, exercices dévots,
Car voici une jeune diablesse échauffée...
(III,4,30 ; 33-36)

Dans cette perspective masculine, les femmes représentent l'opacité absolue de la noirceur démoniaque : « Ô démon ! » répète obsessionnellement Othello à l'adresse de celle dont le nom est d'une redoutable ambiguïté[1]. Dans l'imaginaire du Maure, la déesse radieuse, froide et chaste (V,2,283-284), celle que Cassio appelait « la divine Desdémone » (II,1,74), devient la diablesse blanche qui jadis ensorcela Brabantio et prend les hommes à ses sortilèges. D'où la nécessité de nier et de détruire pour exorciser : « il faut qu'elle meure ; sinon elle en trahira d'autres » (V,2,6).

Le mouchoir magique est l'objet métaphore qui rassemble sur la scène toutes les significations tragiques. Tissé par une antique sibylle, teint dans un fluide extrait du cœur de jeunes filles mortes, donné par une magicienne à la mère d'Othello qui l'a donné à son fils, le talisman est une œuvre de femmes et dit leur pouvoir qui s'exerce sur toutes les créatures terrestres de la chaîne des êtres : « Elle pourrait partager le lit d'un empereur et le mettre à ses ordres » ; « son chant attendrirait la férocité de l'ours » (IV,1,170-174). Curieusement, la malédiction commence au moment où le mouchoir passe dans des mains d'homme : celles d'Othello, puis d'Iago, et enfin de Cassio[2] ; détourné de son sens, le gage de fidélité introduit la rupture et la mort dans l'univers dramatique, et le mouchoir, où la broderie met des gouttes de sang,

1. Voir page 46 note 1.
2. Théoriquement, au moment où Desdémone, par sa négligence, perd le mouchoir : mais la chaîne féminine a été rompue dès l'instant où il est devenu possession d'Othello. A noter qu'au dénouement Othello présente une autre version : « un mouchoir, antique gage / Donné par mon père à ma mère » (V,2,223-224). Inadvertance ou modification délibérée d'Othello, ceci ne change rien à la signification d'ensemble, centrée sur l'origine exclusivement féminine du talisman (la sibylle, les jeunes filles mortes, l'Égyptienne, et finalement la mère). De toutes façons, c'est moins la perte du mouchoir qui est mortelle que la perte (ou le don) d'un objet donné par Othello auquel il attache une valeur symbolique.

lie indissolublement l'amour et le meurtre : « Je te tuerai, et puis je t'aimerai » (V,2,18-19). Il fait de la femme la victime sacrificielle dont le pouvoir, perverti par l'esprit de négation propagé par Iago, se retourne contre elle. Ce n'est pas un hasard si le même terme (*web*) désigne la trame du mouchoir et le fil d'araignée avec lequel Iago ligote ses proies.

Ironiquement, c'est au moment de leur mort que le pouvoir des femmes leur est rendu, avec la parole qui jusque-là leur était déniée. Car il faut que les femmes se taisent. Le premier reproche qu'Iago adresse à Émilie, c'est de le fatiguer par ses bavardages. « Hélas ! » intervient Desdémone, « elle ne parle guère » (II,1,106). Othello aussi, avant même de tomber au pouvoir d'Iago, voudrait bien que Desdémone se taise et cesse de lui parler de Cassio :

> Je t'en prie, assez ! Qu'il vienne quand il voudra. [...]
> Sur ce, je t'en prie, accorde-moi la grâce
> De me laisser seul un petit instant. (III,3,76, 85-86)

Le discours féminin a pour fonction première de donner la réplique à un protagoniste masculin (héros, admirateur, suppliant ou détracteur, peu importe). Sinon, il n'a d'autre existence que passagère et instable : ainsi les revendications d'Émilie (IV,3,82-99), qui malgré sa véhémence ne remet pas véritablement en cause l'ordre patriarcal[1] ; ou la chanson du saule, relayée par trois voix de femmes qui vont mourir, interrompue par le vent et les intermittences de la mémoire, et que Desdémone reconstitue par bribes, emmêlant les refrains : « Non, ce n'est pas la suite » (IV,3,51). Le discours féminin est à l'image de cette complainte, texte fugitif écrit par des larmes sur l'eau, disant la perte et le deuil.

Sous le double effet de cette interdiction de parole et du verbe satanique d'Iago, l'univers dramatique est devenu le lieu du malentendu, de l'erreur, de la parole mensongère, détournée, refusée. A mesure que Iago poursuit son œuvre, c'est l'impossibilité de dire ou de se faire entendre qui précipite l'action vers le tragique. La catastrophe n'a d'autre cause directe que le refus d'Othello d'écouter Desdémone, ses démentis, ses supplications, et de la croire : « Jamais je ne vous ai / Offensé de ma vie ; [...] jamais aimé Cassio, [...]. Jamais je ne lui ai donné de gage » (V,2,63-66). Ce n'est pas un hasard si la mort de Desdémone est une mort par suffocation, et si Iago tue Émilie pour qu'elle se taise : « Sang-dieu, vas-tu te taire ? » (V,2,225).

Mais ces deux morts sacrificielles entraînent un renversement de situation dans l'univers dramatique. Desdémone, comme le fait remarquer Othello, meurt sur un mensonge : « Personne. Moi seule ». Par ce mensonge où Othello dans sa nuit voit la marque du démoniaque, Desdémone rallume une étincelle du divin dans un monde dévasté d'où la grâce semble s'être retirée. La générosité du pardon, qui va jusqu'à la réversibilité de la faute sur la victime, manifeste la permanence de l'amour. Mais Desdémone fait plus que réaffirmer sa fidélité et accepter

1. Mise à part sa rébellion finale, Émilie reste foncièrement docile, obéissante aux souhaits de Iago (III,3,303) ; voir aussi « Je dois lui obéir » (V,2,203).

les conséquences de ses choix ; par ce transfert de culpabilité, elle assume aussi la part de ténèbres en Othello, la fait sienne et l'exorcise.

Le sacrifice d'Émilie a pour premier effet de hausser une héroïne médiocre au niveau du tragique. Tout au long des scènes précédentes, Émilie – pourtant accusée par Iago de trop parler – est restée volontairement muette, alors que d'un seul mot elle pouvait détourner la catastrophe. La raison de ce silence est à chercher dans la fonction du personnage. Émilie n'appartient pas au même ordre d'existence que les protagonistes tragiques. Elle n'a vu en Othello qu'un jaloux comme les autres, dont la folie présente avec celle d'autres maris une différence non pas de nature mais de degré. Elle a donc laissé l'accès suivre son cours, par peur d'Iago (« Tu ne sais rien », III,3,324), ou estimant qu'il serait vain de chercher à convaincre un fou. Revenue de son erreur devant le spectacle de la mort, elle accède d'emblée à un plan supérieur de réalité, assume sa trahison irréfléchie, et entre à son tour dans la mort sans faiblesse. Touchée par la grâce poétique, la prosaïque suivante renoue les fils de la complainte interrompue (« Je vais faire le cygne / Et mourir en musique », V,2,254-255), avant de se figer dans l'immobilité des gisants auprès de sa maîtresse. L'autre signification de cette mort est de rendre au langage perverti par Iago le pouvoir de dire le vrai : « Je vais tout dire. Tout. – Moi, me taire ? / Non, je parlerai » (V,2,225-226). La mort d'Émilie libère la parole et réduit enfin Iago au silence. Mais cette parole véridique est mortelle, car le monde est arrivé à un degré de perversion tel que la vérité tue.

Cette double mort laisse les vivants à leurs bavardages, aux affaires d'argent (curieuse précision, c'est Gratiano qui hérite du Maure), à leur justice humaine, à leur recherche dérisoire des causes et des explications : « Monsieur, vous comprendrez ce qui s'est passé » ; « Ô toi Othello, qui fus jadis si bon [...] Quel nom te donner ? » (V,2,314 ; 297-298). mais personne n'a l'explication. Sûrement pas les envoyés de Venise qui vont faire au doge un récit simpliste et réducteur (« informer l'État de cet acte sanglant », V,2,381), ni même le dramaturge, qui enferme Iago dans son mutisme : « Ne me demandez rien. Vous savez ce que vous savez. / Dorénavant, je ne soufflerai mot » (V,2,309-310). Ce que vous savez, c'est-à-dire rien. On ne peut pas dire. On ne peut que mettre en scène la douleur et la montrer, et laisser le silence ensevelir les morts et les vivants, dans leur commune déréliction.

Éditions modernes citées dans les Notes et l'apparat de Variantes

DEROCQUIGNY : texte traduit et présenté par Jules Derocquigny, Collection Shakespeare, Les Belles Lettres, 1928.

RIDLEY : texte établi et présenté par M. R. Ridley, The Arden Shakespeare, 1958.

ROSS : texte établi et présenté par L. J. Ross, The Bobbs-Merrill Shakespeare, 1974.

SANDERS : texte établi et présenté par Norman Sanders, The New Cambridge Shakespeare, 1984.

WALKER-WILSON : texte établi et présenté par Alice Walker et J. Dover Wilson, The New Shakespeare, 1957.

THE PERSONS OF THE PLAY

OTHELLO, the Moor of Venice

DESDEMONA, his wife

Michael CASSIO, his lieutenant

BIANCA, a courtesan, in love with Cassio

IAGO, the Moor's ensign

EMILIA, Iago's wife

A CLOWN, a servant of Othello

The DUKE of Venice

BRABANZIO, Desdemona's father, a Senator of Venice

GRAZIANO, Brabanzio's brother

LODOVICO, kinsman of Brabanzio

SENATORS of Venice

RODERIGO, a Venetian gentleman, in love with Desdemona

MONTANO, Governor of Cyprus

A HERALD

A MESSENGER

Attendants, officers, sailors, gentlemen of Cyprus, musicians

Bianca [bɪ'æŋkə] Brabanzio [brə'bænzjəʊ] Cassio ['kæsjəʊ] Cyprus ['saɪprəs] Desdemona [ˌdezdɪ'məʊnə] Emilia [ɪ'mɪljə] Graziano [ˌgræzɪ'ɑːnəʊ] Iago [ɪ'ɑːgəʊ] Lodovico [ˌlɒdə'viːkəʊ] Michael ['maɪkəl] Montano [mɒn'tɑːnəʊ] Moor [mʊə] Othello [ə'θeləʊ] Roderigo [ˌrɒdə'riːgəʊ] Venice ['venɪs]

PERSONNAGES

OTHELLO, le Maure de Venise
DESDÉMONE, sa femme
Michel CASSIO, son lieutenant
BIANCA, une courtisane, amoureuse de Cassio
IAGO, l'enseigne du Maure
ÉMILIE, sa femme
Un BOUFFON, domestique d'Othello
Le DOGE de Venise
BRABANTIO, père de Desdémone, sénateur de Venise
GRATIANO, frère de Brabantio
LODOVICO, parent de Brabantio
SÉNATEURS de Venise
RODERIGO, Vénitien amoureux de Desdémone
MONTANO, gouverneur de Chypre
Un HÉRAUT
Un MESSAGER
Domestiques, officiers, matelots, Cypriotes, musiciens

The Tragedy of Othello the Moor of Venice

I, 1 *Enter Iago and Roderigo*

RODERIGO. – Tush, never tell me! I take it much unkindly
That thou, Iago, who hast had my purse
As if the strings were thine, shouldst know of this.
IAGO. – 'Sblood, but you'll not hear me!
If ever I did dream of such a matter, abhor me.
RODERIGO. – Thou told'st me thou didst hold him in thy hate.
IAGO. – Despise me
If I do not. Three great ones of the city,
In personal suit to make me his lieutenant,
Off-capped to him; and by the faith of man
I know my price, I am worth no worse a place.
But he, as loving his own pride and purposes,
Evades them with a bombast circumstance
Horribly stuffed with epithets of war,
Nonsuits my mediators; for "Certes," says he,
"I have already chose my officer."
And what was he?
Forsooth, a great arithmetician,
One Michael Cassio, a Florentine,
A fellow almost damned in a fair wife,
That never set a squadron in the field
Nor the division of a battle knows
More than a spinster – unless the bookish theoric,
Wherein the togaed consuls can propose
As masterly as he. Mere prattle without practice

---

1 Tush] *Q*; *pas dans F.* **2** thou ... hast] *F*; you ... has *Q.* **4** 'Sblood] *Q*; *pas dans F.* **14** war,] *F*; warre : / And in conclusion *Q.* **24** togaed] *Q* (toged); Tongued *F.*

---

1. Lieu : une rue de Venise. **2.** Il s'agit du mariage d'Othello. **3.** Roderigo tutoie Iago (*thou**), que Iago vouvoie (*you**) ; ceci marque d'emblée la différence sociale entre Iago et son interlocuteur. Traité avec condescendance par Roderigo, maintenu par le Maure dans un emploi subalterne, Iago apparaît comme un inférieur. **4.** Le symbolisme de la tête couverte ou découverte dit la puissance ou l'humilité ; cf. I,2,22-23. **5.** Le terme

La Tragédie d'Othello le Maure de Venise

Entrent Iago et Roderigo[1] I, 1

RODERIGO. – Taratata ! tais-toi donc ! Je le prends fort mal
Que toi, Iago, qui usais de ma bourse
Comme si tu en tenais les cordons, tu sois au courant[2].
IAGO. – Sang-dieu ! mais c'est vous qui refusez de m'entendre[3] !
Si jamais je m'en doutais de cette histoire, haïssez-moi.
RODERIGO. – Mais tu m'as dit que tu le détestais !
IAGO. – Méprisez-moi
Si c'est faux. Trois notables de la ville sont allés
En personne, et bonnet à la main, le prier
De me nommer son lieutenant[4] ; et, foi d'homme,
Je sais mon prix : cet emploi, je ne mérite pas moins.
Mais lui, féru de son seul orgueil, de ses desseins,
Fait l'évasif, usant de détours ampoulés[5],
Truffés horriblement de formules guerrières,
Et déboute mes intercesseurs ; car, dit-il, -
« J'ai déjà, en fait, choisi mon second ».
Et lequel ?
Parbleu ! un grand arithméticien.
Un certain Michel Cassio, un Florentin[6], un garçon
A se damner, ou presque, pour une jolie femme[7] ;
Qui n'a jamais aligné un escadron, et qui,
Pour disposer un front de bataille, n'en sait
Pas plus qu'une filandière[8], – sinon la théorie
Livresque, dont les sénateurs en toge dissertent
Aussi bien que lui. Pur verbiage et pratique nulle,

---

bombast (l'enflure, la grandiloquence) désigne originellement la bourre de coton utilisée pour le rembourrage. **6.** Cassio est un étranger, non un Vénitien comme Iago et Roderigo. Par ailleurs, le Florentin évoque pour les Élisabéthains Machiavel*, plus exactement l'image stéréotypée du héros machiavélique, personnage retors et dépravé, mis en scène par Marlowe*, Kyd* et Sh. Iago présente Cassio de la façon la plus défavorable possible. **7.** Ce vers, en particulier l'emploi de *wife*, a suscité beaucoup de commentaires car Cassio n'est pas marié, mais il est possible que le mot soit à prendre ici au sens de « woman », d'où la traduction. **8.** Sens habituel de *spinster* à l'époque ; le sens moderne (fille, célibataire) apparaît plus tard.

Is all his soldiership ; but he, sir, had th'election,
And I – of whom his eyes had seen the proof
At Rhodes, at Cyprus, and on other grounds
Christened and heathen – must be beleed and calmed
By debitor and creditor. This counter-caster,
He in good time must his lieutenant be,
And I – God bless the mark ! – his Moorship's ensign.
RODERIGO. – By heaven, I rather would have been his hangman.
IAGO. – Why, there's no remedy. 'Tis the curse of service.
Preferment goes by letter and affection,
And not by old gradation, where each second
Stood heir to th' first. Now, sir, be judge yourself
Whether I in any just term am affined
To love the Moor.
RODERIGO. – I would not follow him then.
IAGO. – O sir, content you.
I follow him to serve my turn upon him.
We cannot all be masters, nor all masters
Cannot be truly followed. You shall mark
Many a duteous and knee-crooking knave
That, doting on his own obsequious bondage,
Wears out his time much like his master's ass
For naught but provender, and when he's old, cashiered.
Whip me such honest knaves. Others there are
Who, trimmed in forms and visages of duty,
Keep yet their hearts attending on themselves,
And, throwing but shows of service on their lords,
Do well thrive by 'em, and when they have lined their coats,
Do themselves homage. These fellows have some soul,
And such a one do I profess myself – for, sir,
It is as sure as you are Roderigo,
Were I the Moor I would not be Iago.
In following him I follow but myself.
Heaven is my judge, not I for love and duty,
But seeming so for my peculiar end.
For when my outward action doth demonstrate
The native act and figure of my heart
In compliment extern, 'tis not long after
But I will wear my heart upon my sleeve
For daws to peck at. I am not what I am.
RODERIGO. – What a full fortune does the thick-lips owe

---

29 Christened] *F* ; Christian *Q*. **32** God] *Q* ; *pas dans F*. **32** Moorship's] *F* ; Worships *Q*. **32** ensign] *modernisation orthographique d'Oxford de* Ancient *et* Auntient *(de même I,2,49, etc.)*. **34** Why] *F* ; But *Q*. **38** affined] *F* ; assign'd *Q*. **65** daws] *F* ; Doves *Q*. **66** full] *Q* ; fall *F*.

---

1. Récurrence des métaphores maritimes dans le discours d'Iago (cf. I,2,17 et 50-51). **2.** *In good time.* « En son temps », « à l'heure voulue » ; la formule ici est ironique. **3.** Pose le problème de l'identité ethnique d'Othello. Le Maure pourrait être

Voilà tout son métier ; mais c'est lui, monsieur, qu'il choisit,
Et moi — que de ses yeux il avait vu à l'œuvre,
A Rhodes, à Chypre et autres lieux, chrétiens et païens, —
Il me faut être empanné, encalminé[1]
Par Actif et Passif. Et ce comptable, il faut
Qu'il soit, fort à propos[2], son lieutenant, et moi —
Bonté divine ! — l'enseigne de messire Moricaud[3].

RODERIGO. – Morbleu ! j'aurais préféré, moi, être son bourreau.

IAGO. – Allons, le mal est fait. C'est la plaie du métier.
On y avance à la faveur, par recommandation,
Non à l'ancienneté comme jadis, où le second
Était l'héritier du premier. Donc, monsieur, jugez vous-même
Si je suis légitimement tenu tant soit peu
D'aimer le Maure.

RODERIGO. – Moi, dans ce cas, je ne le servirais pas.

IAGO. – Ah ! monsieur, n'ayez crainte !
Je le sers, mais pour arranger, grâce à lui, mes affaires.
Impossible d'être tous maîtres, et que tous les maîtres
Soient fidèlement servis. Vous en verrez beaucoup
De ces laquais dévoués, prompts à plier le genou,
Qui, chérissant leur rampante servitude,
Usent leurs jours, pareils aux ânes de leur maître,
Pour leur seule provende, et quand ils sont vieux — à la porte !
Fouettez-moi ces honnêtes laquais. Il en est d'autres,
Qui, arborant les façons, le masque du devoir,
Gardent l'œil néanmoins sur leur propre intérêt,
Et sachant ne servir leur maître que pour la frime,
Tirent profit de lui ; et, leur pelote faite,
Ils sont leurs propres maîtres. Voilà des gens de cœur,
Et moi j'en suis et je m'en vante. — Car aussi vrai,
Monsieur, que vous êtes Roderigo, si moi
J'étais le Maure, je ne voudrais pas être Iago[4].
En le servant, c'est moi seul que je sers.
Ce n'est point, Dieu sait, par amour ni devoir,
Ce n'est que simulacre et pour mes propres fins.
Car le jour où mon comportement dira
Les agissements et l'état véritables de mon cœur
Sous des dehors visibles, on me verra bientôt
Me mettre le cœur sur la main et l'offrir
A picorer aux choucas. Je ne suis pas qui je suis[5].

RODERIGO. – Quelle sacrée chance il a, ce lippu,

---

arabe (voir la métaphore du cheval barbe, I,1,112-113, et l'allusion à la Maurétanie, c.-à-d. le Maroc et une partie de l'Algérie, IV,2,220). Mais d'autres détails comme ici, (et plus loin I,1,66 et V,2,39-40) et les multiples références à sa peau indiquent qu'Othello est noir. **4.** Le sens de la remarque n'est pas évident. S'agit-il d'une platitude (fausse bonhomie d'Iago) ? de la révolte d'un orgueilleux devant l'humilité de sa condition ? Le sens pourrait être aussi : je ne voudrais pas être Iago, car un tel Maure (c.-à-d. aussi perspicace que moi) verrait que je le sers dans mon propre intérêt. **5.** Définit dès le départ la nature démoniaque d'Iago. Voir l'Introduction p. 46.

If he can carry't thus!
IAGO. – Call up her father,
Rouse him, make after him, poison his delight,
Proclaim him in the streets; incense her kinsmen,
And, though he in a fertile climate dwell,
Plague him with flies. Though that his joy be joy,
Yet throw such chances of vexation on't
As it may lose some colour.
RODERIGO. – Here is her father's house. I'll call aloud.
IAGO. – Do, with like timorous accent and dire yell
As when, by night and negligence, the fire
Is spied in populous cities.
RODERIGO (*calling*). – What ho, Brabanzio, Signor Brabanzio, ho!
IAGO (*calling*). – Awake, what ho, Brabanzio, thieves, thieves, thieves!
Look to your house, your daughter, and your bags.
Thieves, thieves!

Enter Brabanzio in his nightgown at a window above

BRABANZIO. – What is the reason of this terrible summons?
What is the matter there?
RODERIGO. – Signor, is all your family within?
IAGO. – Are your doors locked?
BRABANZIO. – Why, wherefore ask you this?
IAGO. – 'Swounds, sir, you're robbed. For shame, put on your gown.
Your heart is burst, you have lost half your soul.
Even now, now, very now, an old black ram
Is tupping your white ewe. Arise, arise!
Awake the snorting citizens with the bell,
Or else the devil will make a grandsire of you.
Arise, I say.
BRABANZIO. – What, have you lost your wits?
RODERIGO. – Most reverend signor, do you know my voice?
BRABANZIO. – Not I. What are you?
RODERIGO. – My name is Roderigo.
BRABANZIO. – The worser welcome.
I have charged thee not to haunt about my doors.
In honest plainness thou hast heard me say
My daughter is not for thee, and now in madness,
Being full of supper and distempering draughts,
Upon malicious bravery dost thou come
To start my quiet.
RODERIGO. – Sir, sir, sir.
BRABANZIO. – But thou must needs be sure
My spirits and my place have in their power

72 chances ... on't] *F*; changes ... out *Q*. **86** 'Swounds] *Q* (Zounds); *pas dans F*. **96** worser] *F*; worse *Q*. **101** bravery] *Q*; knaverie *F*.

1. *Rouse*. Terme de chasse : « débusquer le gibier ». Du vers 69 au vers 71, tous les *him, he, his* renvoient à Othello. 2. Correspond sur la scène élisabéthaine au balcon

S'il peut l'emporter ainsi !
IAGO. – Réveillez le père,
Débusquez-moi l'autre[1]. Sus ! Empoisonnez sa joie.
Dénoncez-le dans les rues ; ameutez la famille,
Et bien qu'il vive sous un ciel clément,
Harcelez-le de mouches. Même si ses plaisirs
Demeurent du plaisir, tarabustez-le si bien
Pourtant qu'ils en pâlissent un peu.
RODERIGO. – Le père habite ici. Je donne de la voix : j'appelle.
IAGO. – Allez ! Avec les accents d'effroi, les cris épouvantables
De ceux qui voient l'incendie éclater nuitamment,
Par imprudence, dans les cités populeuses.
RODERIGO (*appelant*). – Holà, ho ! Brabantio ! ho ! signor Brabantio !
IAGO (*appelant*). – Holà ! réveillez-vous Brabantio. Au voleur !
Au voleur ! au voleur ! Gare à votre maison,
Votre fille et vos sacs ! Au voleur ! au voleur !

Entre Brabantio, en robe de chambre, paraissant à une fenêtre en haut[2]

BRABANTIO. – Pourquoi ces cris d'alarme à faire peur ?
Qu'y a-t-il donc[3] ?
RODERIGO. – Signor, votre famille est-elle au complet chez vous ?
IAGO. – Vos portes sont-elles verrouillées ?
BRABANTIO. – Mais pourquoi ces questions ?
IAGO. – Mordieu, monsieur, on vous vole. Fi ! passez votre robe[4] !
Votre cœur est brisé, la moitié de votre âme perdue.
Maintenant, oui, à l'instant, un vieux bélier noir
Monte votre blanche agnelle. Debout ! debout !
Éveillez au tocsin tous nos bourgeois qui ronflent,
Sinon le diable va vous faire grand-père.
Allons, debout !
BRABANTIO. – Quoi ? Vous perdez la tête ?
RODERIGO. – Très vénéré signor, reconnaissez-vous ma voix ?
BRABANTIO. – Certes non. Qui êtes-vous ?
RODERIGO. – Je m'appelle Roderigo.
BRABANTIO. – Tant pis pour toi.
Je t'ai interdit de rôder à ma porte. Et déjà
Je t'ai fait entendre, net et franc, que ma fille
N'est pas pour toi, et dans ta folie, voici
Que la tête embrumée après force ripailles
Et libations, tu viens, par bravade,
Troubler méchamment mon repos.
RODERIGO. – Monsieur, monsieur, monsieur !
BRABANTIO. – Mais sois en bien sûr,
Je suis assez résolu et haut placé

---

surplombant les deux portes du fond. **3.** L'utilisation de la verticalité de l'espace traduit ici en termes scéniques l'irruption, dans les sphères supérieures de l'autorité et de l'ordre vénitien, du désordre venu des profondeurs nocturnes. **4.** Soit sa robe de sénateur, soit ses vêtements de jour.

To make this bitter to thee.
RODERIGO. – Patience, good sir.
BRABANZIO. – What tell'st thou me of robbing? This is Venice.
My house is not a grange.
RODERIGO. – Most grave Brabanzio,
In simple and pure soul I come to you.
IAGO (*to Brabanzio*). – 'Swounds, sir, you are one of those that will not serve God if the devil bid you. Because we come to do you service and you think we are ruffians, you'll have your daughter covered with a Barbary horse, you'll have your nephews neigh to you, you'll have coursers for cousins and jennets for germans.
BRABANZIO. – What profane wretch art thou?
IAGO. – I am one, sir, that comes to tell you your daughter and the Moor are now making the beast with two backs.
BRABANZIO. – Thou art a villain.
IAGO. – You are a senator.
BRABANZIO. – This thou shalt answer. I know thee, Roderigo.
RODERIGO. – Sir, I will answer anything. But I beseech you,
If't be your pleasure and most wise consent –
As partly I find it is – that your fair daughter,
At this odd-even and dull watch o'th' night,
Transported with no worse nor better guard
But with a knave of common hire, a gondolier,
To the gross clasps of a lascivious Moor –
If this be known to you, and your allowance,
We then have done you bold and saucy wrongs.
But if you know not this, my manners tell me
We have your wrong rebuke. Do not believe
That, from the sense of all civility,
I thus would play and trifle with your reverence.
Your daughter, if you have not given her leave,
I say again hath made a gross revolt,
Tying her duty, beauty, wit, and fortunes
In an extravagant and wheeling stranger
Of here and everywhere. Straight satisfy yourself.
If she be in her chamber or your house,
Let loose on me the justice of the state
For thus deluding you.
BRABANZIO (*calling*). – Strike on the tinder, ho!
Give me a taper, call up all my people.
This accident is not unlike my dream;

---

110 'Swounds] *Q* (Zouns) ; *pas dans F.* **111** and] *F* ; *pas dans Q.* **121-137** If't ... yourself] *F* : *pas dans Q.* **140** thus deluding you] *F* : this delusion *Q.*

---

1. *grange.* Signifie ici « maison des champs ». **2.** Cheval des contrées africaines, dit aussi « de Barbarie ». **3.** *nephews.* Habituellement « neveux », mais ici « petits-enfants », sens usité encore au XVIIe siècle français. **4.** Cheval d'Espagne. Littré fait remonter

Pour qu'il t'en cuise.

RODERIGO. – Mon bon monsieur, calmez-vous.

BRABANTIO. – Que parles-tu de vol ? Nous sommes à Venise.
Ma maison n'est pas une ferme[1].

RODERIGO. – Très digne Brabantio,
Je viens à vous d'une âme simple et pure.

IAGO (*à Brabantio*). – Mordieu, monsieur, vous êtes de ces gens qui refusent de servir Dieu si c'est le diable qui les y exhorte. Parce que nous venons pour vous rendre service et que vous nous croyez des vauriens, vous verrez votre fille montée par un cheval barbe[2], vous verrez vos petits-fils[3] vous saluer d'un hennissement, vous aurez des coursiers pour famille et des genets[4] pour parents.

BRABANTIO. – Qui es-tu, drôle mal embouché ?

IAGO. – Je suis, monsieur, un homme qui vient vous dire que votre fille et le Maure font à cette heure la bête à deux dos[5].

BRABANTIO. – Tu es une canaille.

IAGO. – Et vous un sénateur.

BRABANTIO. – Tu me le paieras. Je te connais, Roderigo.

RODERIGO. – Monsieur, je répondrai de tout. Mais permettez :
S'il vous agrée, et si, le sachant[6], vous acceptez –
Comme il me semble voir – que votre aimable fille,
A cette heure de nuit indécise et maussade[7],
Aille, sans autre escorte ni plus ni moins
Qu'un faquin de louage ordinaire, un gondolier,
Se livrer aux étreintes grossières d'un Maure lubrique –
Si vous savez cela, si vous l'autorisez,
Eh bien, nous vous avons insolemment outragé.
Mais si vous l'ignorez, la civilité me dit
Que vous nous condamnez à tort. Ne croyez pas
Qu'ainsi, au mépris de tout sens des convenances,
Je veuille rire et me jouer du respect qu'on vous doit :
Votre fille, à moins que vous l'ayez permis,
S'est, je le redis, impudemment rebellée,
En allant mettre foi, beauté, esprit et biens,
Aux mains d'un vagabond, d'un étranger nomade,
Sans feu ni lieu. Allez vous en assurer, vite.
Si elle est dans sa chambre ou dans votre maison,
Déchaînez contre moi les juges de l'État
Pour vous avoir ainsi trompé.

BRABANTIO (*appelant*). – Holà ! battez le briquet !
Donnez-moi une bougie, réveillez tous mes gens.
Ce malheur ressemble fort à mon rêve[8].

---

l'étymologie au nom d'une tribu berbère ayant fourni aux Maures d'Espagne des cavaliers renommés. Les métaphores d'Iago renvoient ainsi explicitement au Maure. **5.** Terme fréquemment utilisé par Rabelais. **6.** *wise*. Signifie ici « averti ». **7.** *watch*. Désigne l'une des trois ou quatre divisions de la nuit. La nuit est indécise (*odd-even*) parce qu'il est aux environs de minuit, et que la fin d'une journée ne se différencie pas du début de la suivante. **8.** L'importance des rêves prémonitoires est considérable : rêve de Clarence (*Richard III*, I,4,8-63), de Calpurnia (*Jules César*, II,2,76-82), etc.

Belief of it oppresses me already.
Light, I say, light! *Exit*
IAGO. – Farewell, for I must leave you.
It seems not meet nor wholesome to my place
To be producted – as, if I stay, I shall –
Against the Moor, for I do know the state,
However this may gall him with some check,
Cannot with safety cast him, for he's embarked
With such loud reason to the Cyprus wars,
Which even now stands in act, that, for their souls,
Another of his fathom they have none
To lead their business, in which regard –
Though I do hate him as I do hell pains –
Yet for necessity of present life
I must show out a flag and sign of love,
Which is indeed but sign. That you shall surely find him,
Lead to the Sagittary the raisèd search,
And there will I be with him. So farewell. *Exit*

Enter below Brabanzio in his nightgown, and servants with torches

BRABANZIO. – It is too true an evil. Gone she is,
And what's to come of my despisèd time
Is naught but bitterness. Now, Roderigo,
Where didst thou see her? – O unhappy girl! –
With the Moor, sayst thou? – Who would be a father? –
How didst thou know 'twas she? – O, she deceives me
Past thought! – What said she to you? (*To servants*) Get more tapers,
Raise all my kindred. [*Exit one or more*]
(*To Roderigo*) Are they married, think you?
RODERIGO. – Truly, I think they are.
BRABANZIO. – O heaven, how got she out? O, treason of the blood!
Fathers, from hence trust not your daughters' minds
By what you see them act. Is there not charms
By which the property of youth and maidhood
May be abused? Have you not read, Roderigo,
Of some such thing?
RODERIGO. – Yes, sir, I have indeed.
BRABANZIO (*to servants*). – Call up my brother. (*To Roderigo*) O, would you [had had her.
(*To servants*) Some one way, some another. [*Exit one or more*]
(*To Roderigo*) Do you know
Where we may apprehend her and the Moor?
RODERIGO. – I think I can discover him, if you please

---

145 place] *F*; pate *Q*. **146** producted] *F*; produc'd *Q*. **154** hell pains] *F* (hell apines); hells paines *Q*. **158** Sagittary] *F*; Sagittar *Q (de même I, 3,115)*. **165** she deceives] *F*; thou deceivest *Q*. **166** more] *F* (moe). **172** maidhood] *F*; manhood *Q*.

---

1. *the state.* L'État; mais pris ici au sens de gouvernement. **2.** Probablement une

J'y crois, et m'en voici déjà accablé.
Des lumières, allons, des lumières. *Il sort*

IAGO. – Adieu ; il me faut vous quitter.
Il n'est ni convenable ni sain pour ma place
D'être cité — et en restant je le serai —
Contre le Maure ; car même si l'affaire lui vaut
Une cuisante semonce, Venise[1], je sais bien,
Ne peut sans danger le congédier, car il est
Embarqué pour des raisons si péremptoires
Dans la guerre en cours contre Chypre qu'en aucun cas
On ne trouverait chef de son envergure
Pour mener l'entreprise. J'ai beau le détester
Donc, à l'égal des tourments de l'enfer,
Il me faut cependant, pour les besoins de l'heure,
Hisser le pavillon, le signe d'amitié,
Qui certes n'est qu'un signe. Pour le joindre à coup sûr
Conduisez ceux qui le cherchent au Sagittaire[2].
J'y serai avec lui. Donc, au revoir. *Il sort*

Entrent en bas Brabantio en robe de chambre et ses domestiques portant des flambeaux

BRABANTIO. – Le mal n'est que trop vrai. Oui, elle est partie.
Et mes ans à venir, objet de mépris,
Ne seront qu'amertume. Dis-moi, Roderigo,
Où donc l'as-tu vue ? — Ah ! la malheureuse ! —
Avec le Maure, dis-tu ? — Soyez donc père ! —
Comment sais-tu que c'est elle ? — Oh ! elle me trompe
D'inconcevable façon ! — Qu'est-ce qu'elle t'a dit ? (*Aux domestiques*)
[D'autres bougies.
Réveillez tous les miens. [*Un ou deux domestiques sortent*]
(*A Roderigo*) Sont-ils mariés, crois-tu ?

RODERIGO. – Oui certes, je le crois.

BRABANTIO. – Ô ciel ! comment s'est-elle enfuie ? Mon sang ! me trahir !
Pères, dorénavant, ce que pensent vos filles,
Ne vous y fiez pas sur leurs actes. N'y a-t-il pas
Des sortilèges abusant de la jeune et chaste
Innocence ? N'as-tu pas lu, Roderigo,
Que ceci existât ?

RODERIGO. – Si fait, monsieur.

BRABANTIO (*aux domestiques*). – Réveillez mon frère. (*A Roderigo*) Ah ! que
[n'est-elle à toi !
(*Aux domestiques*) Allez, qui d'un côté, qui de l'autre.
[*Un ou deux domestiques sortent*]
(*A Roderigo*) Sais-tu
Où nous pouvons nous emparer d'elle et du Maure ?

RODERIGO. – Je crois pouvoir le trouver, si vous daignez

---

hostellerie comme l'auberge du Centaure dans la *Comédie des erreurs* (I.2.9). Le sagittaire était un centaure, créature mythique remarquable pour sa lubricité.

To get good guard and go along with me.
BRABANZIO. – Pray you lead on. At every house I'll call;
I may command at most. (*Calling*) Get weapons, ho,
And raise some special officers of night.
On, good Roderigo. I will deserve your pains. *Exeunt*

I, 2 *Enter Othello, Iago, and attendants with torches*

IAGO. – Though in the trade of war I have slain men,
Yet do I hold it very stuff o'th' conscience
To do no contrived murder. I lack iniquity,
Sometime, to do me service. Nine or ten times
I had thought to've yerked him here, under the ribs.
OTHELLO. – 'Tis better as it is.
IAGO. – Nay, but he prated,
And spoke such scurvy and provoking terms
Against your honour
That, with the little godliness I have,
I did full hard forbear him. But I pray you, sir,
Are you fast married? Be assured of this:
That the magnifico is much beloved,
And hath in his effect a voice potential
As double as the Duke's. He will divorce you,
Or put upon you what restraint or grievance
The law, with all his might to enforce it on,
Will give him cable.
OTHELLO. – Let him do his spite.
My services which I have done the signory
Shall out-tongue his complaints. 'Tis yet to know –
Which, when I know that boasting is an honour,
I shall promulgate – I fetch my life and being
From men of royal siege, and my demerits
May speak unbonneted to as proud a fortune
As this that I have reached. For know, Iago,
But that I love the gentle Desdemona
I would not my unhousèd free condition
Put into circumscription and confine
For the seas' worth.
Enter Cassio and officers, with torches
But look, what lights come yond?
IAGO. – Those are the raisèd father and his friends.
You were best go in.

---

182 night] *Q*; might *F*. **I,2 20** Which ... know] *F*; *pas dans Q*. **21** promulgate] *F*; provulgate *Q*. **22** siege] *F*; height *Q*.

---

1. Lieu : une autre rue de Venise, devant le Sagittaire. **2.** Titre donné aux personnages importants de Venise. **3.** Obscur. Il peut s'agir d'une voix prépondérante pour départager

Prendre une bonne escorte et venir avec moi.
BRABANTIO. – Va devant, je t'en prie. Je passe dans toutes les maisons ;
Presque partout je puis parler en maître. (*Appelant*) Ho ! armez-vous !
Allez cherchez des officiers du guet.
Va, mon bon Roderigo. Je te revaudrai ça. *Ils sortent*

I, 2

Entrent Othello, Iago et des domestiques portant des flambeaux[1]

IAGO. – Bien qu'au métier des armes j'ai tué mon homme,
Pourtant, j'estime que la conscience interdit
Le meurtre de sang-froid. Il me manque parfois
Les vices qui me seraient utiles. Neuf ou dix fois
J'ai pensé le poignarder ici, sous les côtes.
OTHELLO. – Cela vaut mieux ainsi.
IAGO. – Voire ! mais il dégoisait,
Tenant de si vilains et révoltants propos
Contre votre honneur,
Que moi, qui ne suis pas un saint, j'avais
Grand-peine à me tenir. Mais là, monsieur,
Êtes-vous bien marié ? Soyez-en assuré,
Le Magnifico[2] est fort aimé ; il a
En fait une voix prépondérante[3], double,
A l'égal du doge. Il vous séparera,
Ou vous créera obstacles et tracas tant que la loi,
Qu'il appliquera de tout son pouvoir,
Lui filera du câble.
OTHELLO. – Qu'il fasse selon sa rancœur !
Mes services rendus à la Seigneurie[4]
Parleront plus fort que ses plaintes. Nul encore ne sait –
Je le dirai quand il me paraîtra honorable
De me vanter – que j'ai reçu la vie et l'être
D'hommes de souche royale, et mes mérites peuvent
S'adresser tête couverte[5] à la haute fortune
Que j'ai conquise. Car sache-le, Iago,
Si je ne chérissais la douce Desdémone,
Ma liberté, qui ignore les murs,
Je ne la mettrais point à l'étroit ni en cage,
Pour tous les trésors des mers.
Entrent Cassio et des officiers avec des torches
Mais vois, pourquoi ces lumières ?
IAGO. – C'est le père qu'on a réveillé, et les siens.
Mieux vaut vous retirer.

---

des votes égaux, ou d'une formulation métaphorique indiquant l'influence de Brabantio. 4. Nom du gouvernement de Venise (« L'illustrissime seigneurie de Venise »). 5. Controversé ; *unbonneted* (d'habitude « tête nue ») est un signe de déférence (voir I,1,10 et la note) ; mais le contexte indique le contraire et le mot semble ici avoir le sens de « sans retirer son bonnet », c.-à-d. « d'égal à égal ».

OTHELLO. – Not I. I must be found.
My parts, my title, and my perfect soul
Shall manifest me rightly. Is it they?
IAGO. – By Janus, I think no.
OTHELLO. – The servants of the Duke, and my lieutenant!
The goodness of the night upon you, friends.
What is the news?
CASSIO. – The Duke does greet you, general,
And he requires your haste-post-haste appearance
Even on the instant.
OTHELLO. – What is the matter, think you?
CASSIO. – Something from Cyprus, as I may divine;
It is a business of some heat. The galleys
Have sent a dozen sequent messengers
This very night at one another's heels,
And many of the consuls, raised and met,
Are at the Duke's already. You have been hotly called for,
When, being not at your lodging to be found,
The senate sent about three several quests
To search you out.
OTHELLO. – 'Tis well I am found by you.
I will but spend a word here in the house
And go with you. *Exit*
CASSIO. – Ensign, what makes he here?
IAGO. – Faith, he tonight hath boarded a land-carrack.
If it prove lawful prize, he's made for ever.
CASSIO. – I do not understand.
IAGO. – He's married.
CASSIO. – To who?

Enter Brabanzio, Roderigo, and officers, with lights and weapons

IAGO. – Marry, to –

Enter Othello

(*To Othello*) Come, captain, will you go?
OTHELLO. – Have with you.
CASSIO. – Here comes another troop to seek for you.
IAGO. – It is Brabanzio. General, be advised.
He comes to bad intent.
OTHELLO. – Holla, stand, there!
RODERIGO (*to Brabanzio*). – Signor, it is the Moor.
BRABANZIO. – Down with him, thief!

---

32 Is it they?] *F*; it is they. *Q*. **35** you] *F*; your *Q*. **41** sequent] *F*; frequent *Q*. **46** sent] *Q*; hath sent *F*. **46** about] *F*; above *Q*. **54** Have with you.] *F*; Ha, with who? *Q*.

---

1. *perfect soul.* Habituellement compris comme « bonne conscience », « prête » [à rendre des comptes] (Onions, Sanders). La formule toutefois va plus loin, car, prise littéralement, elle connote la perfection de l'âme, Othello suggérant, ici comme en d'autres circonstances, une image idéalisée de son propre personnage. Voir l'Introduction, p. 48-49. **2.** Il est

OTHELLO. – Non. Il faut qu'on me trouve.
Mon titre, mes talents, ma conscience pure[1]
Sauront me justifier. Est-ce bien eux ?
IAGO. – Par Janus[2], je ne crois pas.
OTHELLO. – Ce sont les gens du doge et mon second !
La nuit vous soit propice, mes amis.
Quelles nouvelles ?
CASSIO. – Le doge vous salue, général,
Et vous requiert en toute diligence
A l'instant même.
OTHELLO. – Qu'y a-t-il, à votre avis ?
CASSIO. – Des nouvelles de Chypre, à ce que je crois ;
L'affaire est assez urgente. Les galères ce soir
Ont coup sur coup expédié une douzaine
De messagers sur les talons l'un de l'autre.
Nombre de sénateurs réveillés, assemblés,
Sont déjà chez le doge. On vous réclame à cor et à cri.
On n'a pu vous trouver chez vous, et le sénat
A donc envoyé dans trois directions différentes
A votre recherche.
OTHELLO. – Vous m'avez trouvé, c'est heureux.
Le temps de dire un mot dans cette maison,
Et je vous suis.
CASSIO. – Enseigne, que fait-il là[3] ? *Il sort*
IAGO. – Ma foi, il a cette nuit éperonné une caraque[4]
Terrienne. Si la prise est légale, ses affaires sont faites.
CASSIO. – Je ne comprends pas.
IAGO. – Il est marié.
CASSIO. – A qui[5] ?

Entrent Brabantio, Roderigo et des gardes avec des lumières et des armes

IAGO. – Sainte Marie[6] ! à –

Entre Othello

(*A Othello*) Alors, capitaine, vous venez ?
OTHELLO. – Je vous suis.
CASSIO. – Voici venir une autre troupe qui vous cherche.
IAGO. – C'est Brabantio. Général, soyez sur vos gardes.
Il vient dans de mauvais desseins.
OTHELLO. – Holà ! halte là !
RODERIGO (*à Brabantio*). – Signor, c'est le Maure.
BRABANTIO. – Au voleur ! Saisissez-le !

---

significatif que Iago jure par Janus, le dieu au double visage. **3.** Légère condescendance du ton de Cassio qui, par ce rappel du grade de son subordonné, établit la distance sociale entre eux et rappelle maladroitement les griefs d'Iago envers lui. **4.** Nom des grands bâtiments qui faisaient le voyage du Brésil et des Indes. « To board » : « prendre à l'abordage », mais peut avoir des connotations sexuelles. **5.** L'étonnement de Cassio est surprenant, peut-être feint, puisque Othello dira plus tard qu'il était au courant (III,3,96-98). **6.** Le juron *marry* renvoie originellement à la Sainte Vierge, pour prendre ensuite le sens affaibli de « ma foi » ; Iago joue de l'homophonie du terme avec le participe *married*.

IAGO (*drawing his sword*). – You, Roderigo? Come, sir, I am for you.
OTHELLO. – Keep up your bright swords, for the dew will rust 'em.
(*To Brabanzio*) Good signor, you shall more command with years
Than with your weapons.
BRABANZIO. – O thou foul thief, where hast thou stowed my daughter?
Damned as thou art, thou hast enchanted her,
For I'll refer me to all things of sense,
If she in chains of magic were not bound,
Whether a maid so tender, fair, and happy,
So opposite to marriage that she shunned
The wealthy curlèd darlings of our nation,
Would ever have, t'incur a general mock,
Run from her guardage to the sooty bosom
Of such a thing as thou – to fear, not to delight.
Judge me the world if 'tis not gross in sense
That thou hast practised on her with foul charms,
Abused her delicate youth with drugs or minerals
That weakens motion. I'll have't disputed on.
'Tis probable, and palpable to thinking.
I therefore apprehend and do attach thee
For an abuser of the world, a practiser
Of arts inhibited and out of warrant.
(*To officers*) Lay hold upon him. If he do resist,
Subdue him at his peril.
OTHELLO. – Hold your hands,
Both you of my inclining and the rest.
Were it my cue to fight, I should have known it
Without a prompter. Whither will you that I go
To answer this your charge?
BRABANZIO. – To prison, till fit time
Of law and course of direct session
Call thee to answer.
OTHELLO. – What if I do obey?
How may the Duke be therewith satisfied,
Whose messengers are here about my side
Upon some present business of the state
To bring me to him?
OFFICER (*to Brabanzio*). – 'Tis true, most worthy signor.
The Duke's in council, and your noble self,
I am sure, is sent for.
BRABANZIO. – How, the Duke in council?
In this time of the night? Bring him away.
Mine's not an idle cause. The Duke himself,
Or any of my brothers of the state,

60-62 *vers*] *Q*; *prose F.* **66** If ... bound] *F*; *pas dans Q.* **69** darlings] *Q*; Deareling *F.* **73-78** Judge ... thee] *F*; *pas dans Q.* **79** For] *F*; Such *Q.*

---

1. Signifie que s'il doit y avoir une rixe, Iago se charge de Roderigo pour éviter à son

IAGO (*dégainant*). – Vous, Roderigo ? Allons, monsieur, je suis votre homme[1].

OTHELLO. – Rengainez vos claires épées ; la rosée va les rouiller[2].
(*A Brabantio*) Mon bon signor, pour commander, votre grand âge
Vaut mieux que vos armes.

BRABANTIO. – Ô immonde voleur[3], où as-tu mis ma fille ?
Damné que tu es, tu l'as ensorcelée.
Car j'en prends à témoin quiconque a son bon sens,
Comment, sans être liée par des chaînes magiques,
Une fille si douce, si belle et si heureuse,
Hostile au mariage au point qu'elle fuyait
Les riches jouvenceaux bouclés de notre pays,
Aurait-elle quitté la tutelle d'un père,
Pour se jeter, bravant les risées, dans les bras de suie
D'un être tel que toi, terrifiant et sans charme[4].
J'en atteste l'univers : tu l'as, c'est l'évidence,
Subornée par d'immondes sortilèges ; tu as
Usé sur la tendre enfant de philtres ou de poisons
Débilitant la raison. J'en ferai disputer.
C'est probable, tangible à la réflexion.
Je t'appréhende donc, et je t'arrête comme
Suborneur public, créature adonnée
Aux pratiques d'un art interdit, illicite.
(*Aux gardes*) Emparez-vous de lui. S'il veut résister,
Qu'on le maîtrise à ses périls.

OTHELLO. – Bas les mains
Mes partisans, et les autres aussi.
J'aurais, si je devais me battre, su mon rôle
Sans souffleur. Où voulez-vous que j'aille pour répondre
De votre accusation ?

BRABANTIO. – En prison, jusqu'à l'heure dite
Où la justice, en son cours régulier,
T'appellera à répondre.

OTHELLO. – Et si je vous écoute,
Comment donner satisfaction au doge
Dont les messagers sont là, à mes côtés,
En raison d'une affaire urgente de l'État,
Pour me mener vers lui ?

LE GARDE (*à Brabantio*). – C'est vrai, très noble signor.
Le doge tient conseil, et votre excellence,
J'en suis sûr, est mandée.

BRABANTIO. – Hein ? le doge au conseil ?
A cette heure de nuit ? Emmenez-le.
Ma cause est d'importance. Le doge en personne
Et tous mes frères du sénat ne sauraient manquer

---

complice un adversaire plus dangereux. 2. Othello, ironiquement, invite les assaillants à ménager leur épée ; on peut aussi comprendre : la rosée va les rouiller car vous n'oseriez pas vous battre en ma présence. 3. *foul.* Souvent employé pour le démon ; voir *Lear*, III,4,42 et la note. 4. Mot à mot : d'un être (fait) pour terrifier et non pour plaire.

Cannot but feel this wrong as 'twere their own ;
For if such actions may have passage free,
Bondslaves and pagans shall our statesmen be. *Exeunt*

I, 3 *Enter the Duke and Senators set at a table, with lights and officers*

DUKE. – There is no composition in these news
That gives them credit.
1 SENATOR. – Indeed, they are disproportioned.
My letters say a hundred and seven galleys.
DUKE. – And mine a hundred-forty.
2 SENATOR. – And mine two hundred.
But though they jump not on a just account –
As, in these cases, where the aim reports
'Tis oft with difference – yet do they all confirm
A Turkish fleet, and bearing up to Cyprus.
DUKE. – Nay, it is possible enough to judgement.
I do not so secure me in the error,
But the main article I do approve
In fearful sense.
SAILOR (*within*). – What ho, what ho, what ho !
Enter a Sailor
OFFICER. – A messenger from the galleys.
DUKE. – Now, what's the business ?
SAILOR. – The Turkish preparation makes for Rhodes.
So was I bid report here to the state
By Signor Angelo.
DUKE (*to Senators*). – How say you by this change ?
1 SENATOR. – This cannot be,
By no assay of reason – 'tis a pageant
To keep us in false gaze. When we consider
The importancy of Cyprus to the Turk,
And let ourselves again but understand
That, as it more concerns the Turk than Rhodes,
So may he with more facile question bear it,
For that it stands not in such warlike brace,
But altogether lacks th'abilities
That Rhodes is dressed in – if we make thought of this,
We must not think the Turk is so unskilful
To leave that latest which concerns him first,
Neglecting an attempt of ease and gain
To wake and wage a danger profitless.

1 these] *Q* ; this *F*. 5 account] *F* (accompt). 6 the aim] *F* ; they aym'd *Q*. 12 SAILOR] *F* ; One *Q*. 13 OFFICER] *F* ; *Sailor Q*. 13 galleys] *F* ; Galley *Q*. 16 By Signor Angelo] *F* ; *pas dans Q*. 25-31 For ... profitless] *F* ; *pas dans Q*.

1. Lieu : la salle du conseil. 2. Indication à l'usage des acteurs ; *within* renvoie à

De ressentir l'injure comme si elle était leur ;
Car si des actes tels demeurent impunis,
Esclaves et païens mèneront le pays. *Ils sortent*

Le Doge et les Sénateurs assis à une table ; lumières et gardes[1] I, 3

LE DOGE. – Il n'y a pas assez de convergence en ces nouvelles
Pour leur accorder foi.
1er SÉNATEUR. – Certes, elles concordent peu.
Ma lettre parle de cent sept galères.
LE DOGE. – La mienne cent quarante.
2e SÉNATEUR. – Et la mienne deux cents.
Mais bien qu'elles ne soient pas exactes quant au chiffre –
Et dans de pareils cas, où l'on parle à l'estime,
On diffère souvent – toutes pourtant confirment
Une flotte turque, et qui cingle vers Chypre.
LE DOGE. – Oui, tout bien considéré, c'est assez vraisemblable.
Rien qui me rassure en ces inexactitudes,
Mais l'essentiel, pour moi, je l'interprète
En un sens alarmant.
UN MATELOT (*à l'intérieur*)[2]. – Holà, ho ! holà !
Entre un matelot
UN GARDE. – Un messager des galères.
LE DOGE. – Eh bien, que nous veux-tu ?
LE MATELOT. – L'expédition turque est en route pour Rhodes.
C'est ce que m'a chargé d'annoncer à l'État
Le signor Angelo[3].
LE DOGE (*aux Sénateurs*). – Que dites-vous de ce changement ?
1er SÉNATEUR. – C'est impossible.
La raison s'y refuse. C'est une comédie[4]
Pour nous leurrer. Quand nous considérons
L'importance que Chypre a pour les Turcs,
Et quand nous voyons par ailleurs que si Chypre
Présente pour les Turcs plus d'intérêt que Rhodes,
Ils pourraient s'en emparer plus aisément aussi,
Parce qu'elle n'est pas, elle, sur pied de guerre,
Mais manque tout à fait des défenses dont Rhodes
Est équipée, – si nous y songeons bien,
Nous verrons que les Turcs ne sont pas assez novices
Pour laisser en dernier ce qui vient en premier,
Et, négligeant l'avantage et la facilité,
Susciter et combattre un danger sans profit.

---

l'intérieur du théâtre. Voir Indications* scéniques. **3.** Angelo, comme Marcus Luccicos (44), n'est pas autrement identifié. Montano (40) est le gouverneur de Chypre dont il sera question à partir de l'acte II. **4.** *Pageant* désigne les processions théâtralisées du Moyen Age, associées aux représentations des miracles, ou à l'entrée dans les villes de quelque personnage important ; d'où le sens de « spectacle », « comédie ».

DUKE. – Nay, in all confidence, he's not for Rhodes.
OFFICER. – Here is more news.

Enter a Messenger

MESSENGER. – The Ottomites, reverend and gracious,
Steering with due course toward the Isle of Rhodes,
Have there injointed them with an after fleet.
I SENATOR. – Ay, so I thought. How many, as you guess?
MESSENGER. – Of thirty sail, and now they do restem
Their backward course, bearing with frank appearance
Their purposes toward Cyprus. Signor Montano,
Your trusty and most valiant servitor,
With his free duty recommends you thus,
And prays you to believe him.
DUKE. – 'Tis certain then for Cyprus.
Marcus Luccicos, is not he in town?
I SENATOR. – He's now in Florence.
DUKE. – Write from us to him post-post-haste. Dispatch.

Enter Brabanzio, Othello, Roderigo, Iago, Cassio, and officers

I SENATOR. – Here comes Brabanzio and the valiant Moor.
DUKE. – Valiant Othello, we must straight employ you
Against the general enemy Ottoman.
(*To Brabanzio*) I did not see you. Welcome, gentle signor.
We lacked your counsel and your help tonight.
BRABANZIO. – So did I yours. Good your grace, pardon me.
Neither my place, nor aught I heard of business,
Hath raised me from my bed, nor doth the general care
Take hold on me; for my particular grief
Is of so floodgate and o'erbearing nature
That it engluts and swallows other sorrows,
And it is still itself.
DUKE. – Why, what's the matter?
BRABANZIO. – My daughter, O, my daughter!
[SENATORS]. – Dead?
BRABANZIO. – Ay, to me.
She is abused, stol'n from me, and corrupted
By spells and medicines bought of mountebanks.
For nature so preposterously to err,
Being not deficient, blind, or lame of sense,
Sans witchcraft could not.
DUKE. – Whoe'er he be that in this foul proceeding
Hath thus beguiled your daughter of herself
And you of her, the bloody book of law

---

32 Nay] *F*: And *Q*. 37 FIRST ... guess] *F*: *pas dans Q*. 38 restem] *F*; resterine *Q*; resterne *Q2*. 44 he] *F*: here *Q*. 46 to] *F*: wish *Q*. 51 lacked] *F*: lacke *Q*. 59 SENATORS] *F*: *All. Q*. 63 Being ... sense] *F*: *pas dans Q*.

---

1. Voir I.3.16 et la note. 2. Formulation elliptique: *flood gate*, ici adjectivé, signifie

LE DOGE. – Non, très certainement leur but ce n'est pas Rhodes.
UN GARDE. – Voici d'autres nouvelles.

Entre un Messager

LE MESSAGER. – Les Ottomans, révérends et gracieux seigneurs,
Qui avaient mis le cap droit sur l'île de Rhodes,
Ont rallié là-bas une seconde flotte.
1er SÉNATEUR. – Bon, je m'en doutais. Combien sont-ils, à votre avis ?
LE MESSAGER. – Trente voiles, et maintenant, virant de bord,
Ils rebroussent chemin, démasquant tout net
Leurs desseins contre Chypre. Le signor Montano,
Votre fidèle et très vaillant serviteur,
Avec son plus profond respect vous le mande, et vous prie
De le croire.
LE DOGE. – C'est donc certain pour Chypre.
Marcus Luccicos[1] est bien à Venise ?
1er SÉNATEUR. – Il est à présent à Florence.
LE DOGE. – Écrivez-lui sur-le-champ de notre part ; hâtez-vous.

Entrent Brabantio, Othello, Roderigo, Iago, Cassio et des gardes

1er SÉNATEUR. – Voici venir Brabantio avec le vaillant Maure.
LE DOGE. – Vaillant Othello, il nous faut, sans attendre,
Vous envoyer contre l'ennemi commun, l'Ottoman.
(*A Brabantio*) Je ne vous voyais pas. Salut, noble signor.
Il nous manquait ce soir votre avis et votre aide.
BRABANTIO. – A moi les vôtres. Que Votre Grâce me pardonne,
Ce n'est pas ma fonction, pas plus que les nouvelles
De l'État, qui m'ont fait lever, ni l'intérêt public
Qui me soucie ; car ma douleur personnelle
Est si impérieuse en son débordement[2],
Qu'elle dévore et engloutit toute autre peine,
Sans en être changée.
LE DOGE. – Comment ? Qu'y a-t-il ?
BRABANTIO. – Ma fille ! oh ! ma fille !
[LES SÉNATEURS]. – Morte ?
BRABANTIO. – Oui, pour moi.
On me l'a volée, abusée, séduite
Par les charmes, les philtres d'un marchand d'orviétan[3],
Car pour égarer si follement une nature
Qui n'est ni bornée, aveugle, ni de jugement boiteux,
Il faut des maléfices.
LE DOGE. – Quel que soit celui dont les pratiques infâmes
Vous ont ainsi privé de votre fille, et elle
De sa raison, vous lirez vous-même

---

la « porte de l'écluse ». **3.** *mountebanks.* Sens habituel : « charlatan ». Personnage habituel et pittoresque de l'époque. Voir dans la comédie de Ben Jonson* *Volpone* (1606) la mise en scène et le boniment du Magnifico Volpone, déguisé en vendeur d'or potable, la liqueur alchimique (II,2).

You shall yourself read in the bitter letter
After your own sense, yea, though our proper son
Stood in your action.
BRABANZIO. – Humbly I thank your grace.
Here is the man, this Moor, whom now it seems
Your special mandate for the state affairs
Hath hither brought.
SENATORS. – We are very sorry for't.
DUKE (*to Othello*). – What in your own part can you say to this?
BRABANZIO. – Nothing but this is so.
OTHELLO. – Most potent, grave, and reverend signors,
My very noble and approved good masters,
That I have ta'en away this old man's daughter,
It is most true, true I have married her.
The very head and front of my offending
Hath this extent, no more. Rude am I in my speech,
And little blessed with the soft phrase of peace,
For since these arms of mine had seven years' pith
Till now some nine moons wasted, they have used
Their dearest action in the tented field,
And little of this great world can I speak
More than pertains to feats of broils and battle.
And therefore little shall I grace my cause
In speaking for myself. Yet, by your gracious patience,
I will a round unvarnished tale deliver
Of my whole course of love, what drugs, what charms,
What conjuration and what mighty magic –
For such proceeding I am charged withal –
I won his daughter.
BRABANZIO. – A maiden never bold,
Of spirit so still and quiet that her motion
Blushed at herself – and she in spite of nature,
Of years, of country, credit, everything,
To fall in love with what she feared to look on!
It is a judgement maimed and most imperfect
That will confess perfection so could err
Against all rules of nature, and must be driven
To find out practices of cunning hell
Why this should be. I therefore vouch again
That with some mixtures powerful o'er the blood,
Or with some dram conjured to this effect,

69 your] *F*; its *Q*. **73** SENATORS] *Capell (1767-1768)*; *All. F Q*. **82** soft] *F*; set *Q*. **94-95** bold, / Of spirit] *F*; bold of spirit, *Q*. **99** maimed] *Q*; main'd *F*. **100** could] *F*; would *Q*.

1. *approved.* Sens incertain. Sanders comprend « estimé ». On peut aussi comprendre « prouvé » [par l'expérience], *approved* modifiant le second terme ; d'où l'autre interprétation : « très nobles maîtres, d'une bonté sûre/fidèle ». **2.** *the head and front.*

Du livre sanglant de la loi la lettre rigoureuse,
Comme vous l'entendrez ; oui, notre propre fils
Fût-il en cause.

BRABANTIO. – Un humble merci à Votre Grâce.
Voici l'homme, ce Maure, que, paraît-il,
Vous avez fait venir ici tout exprès,
Pour une affaire d'État.

LES SÉNATEURS. – C'est très fâcheux.

LE DOGE (*à Othello*). – Et vous, qu'avez-vous à répondre à ceci ?

BRABANTIO. – Rien, sinon que c'est vrai.

OTHELLO. – Très graves, très puissants et révérends signors,
Mes très nobles maîtres, bons et vénérés[1],
Que j'ai ravi sa fille à ce vieillard
Est bien vrai, vrai que je l'ai épousée.
La profondeur, l'ampleur[2] de mon offense tiennent
Dans ces limites, sans plus. Je suis rude en mon parler,
Et peu doué pour l'aimable langage de la paix[3],
Car du jour où les bras que voici eurent la vigueur
De leurs sept ans, jusqu'à ces neuf dernières lunes,
C'est dans les campements qu'ils ont aimé agir.
Et de ce vaste monde j'ai peu à dire, hormis
Ce qui touche aux exploits du combat et des armes.
Et je saurai donc mal faire valoir ma cause
En la plaidant. Pourtant, si vous daignez m'entendre,
Je m'en vais vous conter, tout net et sans vernis,
L'histoire de mon amour, les philtres et les charmes,
Les conjurations, la puissante magie –
Car voici bien les pratiques dont on m'accuse –
Qui m'ont donné sa fille.

BRABANTIO. – Une enfant timide,
D'humeur si calme et si modeste que le moindre
De ses gestes la faisait rougir[4], aller malgré
Âge, nature, pays, honneur, tout enfin,
S'éprendre de ce qu'elle n'osait regarder !
Il faut un jugement estropié, imparfait, ô combien,
Pour admettre que la perfection puisse ainsi
S'égarer, contre toutes les lois de la nature,
Et c'est, par force, dans les ruses de l'enfer,
Qu'il faut chercher la cause. Donc, je l'atteste encore,
C'est par quelque poison propre à vicier le sang,
Ou par quelque élixir enchanté, à cet effet,

Le premier mot connote la hauteur et le second la largeur. **3.** Coquetterie intellectuelle d'Othello, dont le discours extrêmement élaboré dément l'affirmation « je suis rude en mon parler ». **4.** Construction et sens très incertains. *Her* et *herself* peuvent renvoyer à *maiden* ou à *spirit*. L'association de *motion*, du verbe « rougir » (*blushed*) et du réfléchi au féminin (*herself*) peut poser des problèmes (toutefois *soul* et *mind* étant parfois au féminin, ceci peut être valable pour *spirit*). Une autre difficulté réside dans le sens de *motion*, à la fois mouvement physique et mouvement de l'âme. Desdémone rougit soit de ses émotions, soit d'avoir à attirer l'attention sur elle.

He wrought upon her.
DUKE. – To vouch this is no proof
Without more wider and more overt test
Than these thin habits and poor likelihoods
Of modern seeming do prefer against him.
A SENATOR. – But Othello, speak.
Did you by indirect and forcèd courses
Subdue and poison this young maid's affections,
Or came it by request and such fair question
As soul to soul affordeth ?
OTHELLO. – I do beseech you,
Send for the lady to the Sagittary,
And let her speak of me before her father.
If you do find me foul in her report,
The trust, the office I do hold of you
Not only take away, but let your sentence
Even fall upon my life.
DUKE (*to officers*). – Fetch Desdemona hither.
OTHELLO. – Ensign, conduct them. You best know the place.
Exit Iago with two or three officers
And till she come, as truly as to heaven
I do confess the vices of my blood,
So justly to your grave ears I'll present
How I did thrive in this fair lady's love,
And she in mine.
DUKE. – Say it, Othello.
OTHELLO. – Her father loved me, oft invited me,
Still questioned me the story of my life
From year to year, the battles, sieges, fortunes
That I have passed.
I ran it through even from my boyish days
To th' very moment that he bade me tell it,
Wherein I spoke of most disastrous chances,
Of moving accidents by flood and field,
Of hair-breadth scapes i'th' imminent deadly breach,
Of being taken by the insolent foe
And sold to slavery, of my redemption thence,
And portance in my traveller's history,
Wherein of antres vast and deserts idle,
Rough quarries, rocks, and hills whose heads touch heaven,
It was my hint to speak. Such was my process,
And of the cannibals that each other eat,
The Anthropophagi, and men whose heads

---

106 DUKE] *Q* ; *pas dans F.* **107** wider] *F* ; certaine *Q.* **109** seeming do] *F* ; seemings, you *Q.* **118** The ... you] *F* ; *pas dans Q.* **122** truly] *F* ; faithfull *Q.* **123** I ... blood] *F* ; *pas dans Q.* **138** portance ... traveller's] *F* (Travellours) ; with it all my travells *Q.* **141** my process] *F* ; the processe *Q.*

---

1. *modern.* Soit « commun », « habituel », soit, plutôt ici, « insignifiant ». **2.** *forcèd.*

Qu'il a agi sur elle.

LE DOGE. – L'attester ne prouve rien,
Faute de témoignages plus amples et plus probants
Que n'en portent contre lui ces frêles apparences,
Ces pauvres conjectures sans probabilité[1].

UN SÉNATEUR. – Voyons, Othello, parlez. Avez-vous,
En usant de moyens tortueux et violents[2],
Soumis, empoisonné le cœur de cette jeune fille ?
Ou s'est-il rendu à vos prières, et aux tendres propos[3]
Qu'une âme peut à une âme tenir ?

OTHELLO. – Je vous supplie
De l'envoyer chercher au Sagittaire[4],
Et laissez-la parler de moi devant son père.
Si d'après son rapport vous me trouvez coupable,
Votre confiance et cette charge que je tiens de vous,
Ôtez-les-moi, et que, de plus, votre sentence
Me frappe dans ma vie.

LE DOGE (*aux gardes*). – Faites venir Desdémone.

OTHELLO. – Enseigne, conduisez-les. Vous connaissez le lieu.

Iago sort avec deux ou trois gardes

Et, en attendant sa venue, aussi vrai
Que je confesse au ciel les faiblesses en moi de la chair[5],
Je confierai, sans mentir, à votre oreille vénérable,
Comment je gagnai l'amour de cette gracieuse dame,
Comment elle gagna le mien.

LE DOGE. – Parlez donc, Othello.

OTHELLO. – Son père m'aimait, m'invitait souvent, et toujours
Il me faisait conter l'histoire de ma vie
Au fil des ans, les combats, les sièges, les fortunes,
Que j'avais traversés.
Et je relatai tout, depuis mes jeunes années
Jusqu'à l'heure où il me demandait ce récit.
Ce faisant, je parlai de désastreux hasards,
De navrants revers sur terre et sur les mers,
De la mort vue de près, évitée d'un cheveu sur la brèche,
De l'arrogant ennemi qui me fit prisonnier
Et me vendit comme esclave, et puis de mon rachat,
De mon comportement dans ces voyages ; l'occasion
Vint alors de décrire cavernes immenses, déserts
Vides, rudes escarpements, rochers et monts
Qui vont toucher le ciel. Je racontai cela ;
Et puis les Cannibales qui se mangent entre eux,
Les Anthropophages ; et ces hommes qui ont

Signifie « perfide » (renforçant l'adjectif précédent), ou « de force », conformément aux accusations de Brabantio. **3.** *question*. « Conversation » ; *fair* est ambigu, à la fois « honnête », « agréable », et « flatteur ». **4.** C'est un logis incongru pour Desdémone. La fille du Magnifico déchoit en se commettant dans une hostellerie. **5.** *blood*. Le sang pris ici au sens de « la nature ».

Do grow beneath their shoulders. These things to hear
Would Desdemona seriously incline,
But still the house affairs would draw her thence,
Which ever as she could with haste dispatch
She'd come again, and with a greedy ear
Devour up my discourse; which I observing,
Took once a pliant hour, and found good means
To draw from her a prayer of earnest heart
That I would all my pilgrimage dilate,
Whereof by parcels she had something heard,
But not intentively. I did consent,
And often did beguile her of her tears
When I did speak of some distressful stroke
That my youth suffered. My story being done,
She gave me for my pains a world of kisses.
She swore in faith 'twas strange, 'twas passing strange,
'Twas pitiful, 'twas wondrous pitiful.
She wished she had not heard it, yet she wished
That heaven had made her such a man. She thankèd me,
And bade me, if I had a friend that loved her,
I should but teach him how to tell my story,
And that would woo her. Upon this hint I spake.
She loved me for the dangers I had passed,
And I loved her that she did pity them.
This only is the witchcraft I have used.

Enter Desdemona, Iago, and attendants

Here comes the lady. Let her witness it.

DUKE. – I think this tale would win my daughter, too. –
Good Brabanzio,
Take up this mangled matter at the best.
Men do their broken weapons rather use
Than their bare hands.

BRABANZIO. – I pray you hear her speak.
If she confess that she was half the wooer,
Destruction on my head if my bad blame
Light on the man! Come hither, gentle mistress.
Do you perceive in all this noble company
Where most you owe obedience?

DESDEMONA. – My noble father,
I do perceive here a divided duty.
To you I am bound for life and education.

---

144 Do grow] *Q*; Grew *F*. **154** intentively] *Q*; instinctively *F*. **158** kisses] *F*; sighes *Q*. **165** hint] *F*; heate *Q*. **176** on my head] *F*; lite on me *Q*.

---

1. Cf. Pline, *Histoire naturelle*, 7,2. Les récits de voyages réels ou imaginaires décrivant des monstres exotiques étaient très populaires à l'époque, où l'influence de Sir John Mandeville (*Voyages*, 1496) demeurait vivace ; voir Hakluyt*. *La Tempête* (III,3,46-47) fait mention d'hommes dont la tête est dans la poitrine. Montaigne parle des Cannibales (I,31), mais il n'y a aucune raison de penser qu'il ait servi de source à Sh. **2.** Certains préfèrent

La tête au-dessous des épaules[1]. Écouter ces histoires,
Desdémone en avait grande envie, mais toujours
Quelque tâche domestique l'éloignait.
Elle s'en débarrassait en hâte de son mieux
Pour revenir, et, d'une oreille avide,
Dévorait mes discours ; l'ayant remarqué, un beau jour
Je saisis l'heure propice, trouvant un bon moyen
D'arracher à son cœur la prière fervente
De m'entendre conter tout mon pèlerinage,
Dont elle n'avait ouï jusque-là que des bribes,
Et non l'ensemble. J'y consentis, et parvins
Plusieurs fois à lui arracher des larmes,
Lorsque je lui parlais de quelque dure épreuve
Subie dans ma jeunesse. Mon récit terminé,
Elle paya mes peines d'un monde de baisers[2],
Jura que c'était, ma foi, étrange, fort étrange,
Bouleversant, on ne peut plus bouleversant.
Elle eût voulu ne pas avoir entendu, voulu pourtant
Que le ciel eût fait d'elle un tel homme[3]. Elle me dit
Merci, et si j'avais un ami qui l'aimât,
Je n'avais qu'à lui apprendre à dire mon histoire,
Elle serait conquise. Ainsi encouragé, je parlai.
Elle m'aima pour les dangers que j'avais traversés,
Et moi je l'aimai d'y avoir compati.
Je n'ai usé d'autre sorcellerie.

Entrent Desdémone, Iago et une suite

La voici qui vient. Elle en témoignera.

LE DOGE. – Ce récit séduirait aussi ma fille, il me semble. –
Mon bon Brabantio,
Arrangez-vous au mieux de cette triste affaire[4].
Mieux vaut se servir d'une arme brisée,
Que de ses mains nues.

BRABANTIO. – De grâce, écoutez-la.
Qu'elle avoue avoir fait la moitié des avances,
Le ciel alors me foudroie si j'accuse
Injustement cet homme. Approchez, petite madame[5],
Voyez-vous en toute cette noble assemblée
A qui vous devez le plus obéissance ?

DESDÉMONE. – Mon noble père,
Mon devoir à mes yeux est ici partagé.
A vous, je dois ma vie et mon éducation.

---

la leçon de l'in-quarto (*sighs* = soupirs), comme plus conforme à la modestie attendue de Desdémone. **3.** Déclaration ambiguë ; on peut aussi comprendre *her* comme *for her* (eût créé pour elle un tel homme) ; dans les deux cas, le propos souligne la hardiesse de Desdémone, dont témoignent aussi les baisers à Othello (158). **4.** *mangled.* Exactement : « mutilée », « estropiée ». **5.** Le sens de *mistress,* dont l'équivalent est « madame », varie suivant le contexte ; c'est la façon de s'adresser à une bourgeoise ; il connote soit la condescendance (Cassio saluant Émilie, II,1,99), soit l'irritation (Brabantio s'adressant à sa fille), soit le mépris (Othello à Émilie, IV,2,29, ou à Desdémone, IV,1,236).

My life and education both do learn me
How to respect you. You are the lord of duty,
I am hitherto your daughter. But here's my husband,
And so much duty as my mother showed
To you, preferring you before her father,
So much I challenge that I may profess
Due to the Moor my lord.

BRABANZIO. – God b'wi'you, I ha' done.
Please it your grace, on to the state affairs.
I had rather to adopt a child than get it.
Come hither, Moor.
I here do give thee that with all my heart
Which, but thou hast already, with all my heart
I would keep from thee. (*To Desdemona*) For your sake, jewel,
I am glad at soul I have no other child,
For thy escape would teach me tyranny,
To hang clogs on 'em. I have done, my lord.

DUKE. – Let me speak like yourself, and lay a sentence
Which, as a grece or step, may help these lovers
Into your favour.
When remedies are past, the griefs are ended
By seeing the worst which late on hopes depended.
To mourn a mischief that is past and gone
Is the next way to draw new mischief on.
What cannot be preserved when fortune takes,
Patience her injury a mockery makes.
The robbed that smiles steals something from the thief;
He robs himself that spends a bootless grief.

BRABANZIO. – So let the Turk of Cyprus us beguile,
We lose it not so long as we can smile.
He bears the sentence well that nothing bears
But the free comfort which from thence he hears,
But he bears both the sentence and the sorrow
That, to pay grief, must of poor patience borrow.
These sentences, to sugar or to gall,
Being strong on both sides, are equivocal.
But words are words. I never yet did hear
That the bruised heart was piercèd through the ear.
I humbly beseech you proceed to th'affairs of state.

DUKE. – The Turk with a most mighty preparation makes for Cyprus. Othello, the fortitude of the place is best known to you, and though we have there a substitute of most allowed sufficiency, yet opinion, a more sovereign mistress of effects, throws a more safer voice on you. You must

183 the lord of] *F*; Lord of all my *Q*. **193** Which ... heart] *F*; *pas dans Q*. **200** Into your favour] *Q*; *pas dans F*. **222** more] *F*; *pas dans Q*.

1. Ironie d'une remarque qui confie à la garde de Dieu la future victime. **2.** Série de platitudes en vers de mirliton. Dans le discours moralisant du doge on retrouve, sous la

Vie, éducation m'enseignent l'une et l'autre
A vous respecter. A vous, monseigneur, mes devoirs,
Je suis jusqu'ici votre fille. Mais voici mon mari,
Et ces mêmes devoirs qu'eut ma mère envers vous,
En vous faisant passer avant son père,
Je prétends les avoir, légitimement,
Envers le Maure mon seigneur.

BRABANTIO. – Dieu vous garde[1] ! J'ai fini.
S'il plaît à Votre Grâce, aux affaires d'État !
Plutôt adopter un enfant que le faire !
Approche, Maure,
Je te donne ici, de tout cœur, ce que,
Si tu ne l'avais déjà, de tout mon cœur
Je te refuserais. (*A Desdémone*) Grâce à toi, mon bijou,
Je me réjouis en mon âme de n'avoir d'autre enfant :
Ton escapade m'apprendrait la tyrannie,
Et à leur mettre des entraves aux pieds. C'est tout, monseigneur.

LE DOGE. – A moi de parler pour vous, d'avancer quelque maxime,
Qui tel un marchepied, un degré, aide ces amants
A retrouver votre faveur.
S'il n'est plus de remède, il n'est plus de regrets :
Le pire est arrivé, que l'espoir écartait.
Gémir sur un malheur révolu et passé
Est le plus sûr moyen de le renouveler.
Quand le sort nous ravit ce qu'il nous a repris,
Pour en narguer les coups la patience suffit.
Victime qui sourit détrousse ses brigands,
Qui se met à pleurer se vole et perd son temps[2].

BRABANTIO. – Eh bien ! laissons les Turcs nous prendre Chypre, alors :
Il suffit d'en sourire et nul ne nous fait tort.
Tel prend bien la maxime, s'il n'en supporte rien
Que la consolation où il trouve son bien.
Mais s'il doit emprunter, pour payer la douleur,
A la pauvre patience, il aura son malheur
Et la maxime en plus à subir. Elles sont sucre ou fiel,
Ces maximes, équivoques, et à double pouvoir.
Mais les mots sont des mots. Je ne crois point savoir
Qu'un cœur meurtri jamais fut touché par l'oreille[3].
De grâce, passez donc aux affaires d'État.

LE DOGE. – Les Turcs, avec un très puissant armement, font route vers Chypre. Othello, la force[4] de cette place vous la connaissez mieux que personne, et bien que nous ayons là-bas un représentant[5] d'une compétence notoirement reconnue, l'opinion pourtant, maîtresse

---

forme affadie du lieu commun, les principaux thèmes de la morale stoïcienne (soumission au destin, patience et force d'âme pour supporter l'inévitable, etc.). **3.** Par sa solennité, la rhétorique de ces deux discours (sentences ; distiques rimés) effectue le passage de la comédie domestique à la tragédie. Voir l'Introduction, p. 45. **4.** *fortitude.* A d'habitude le sens de « force morale », mais est à prendre ici concrètement. **5.** Montano.

therefore be content to slubber the gloss of your new fortunes with this more stubborn and boisterous expedition.

OTHELLO. – The tyrant custom, most grave senators,
Hath made the flinty and steel couch of war
My thrice-driven bed of down. I do agnize
A natural and prompt alacrity
I find in hardness, and do undertake
This present wars against the Ottomites.
Most humbly therefore bending to your state,
I crave fit disposition for my wife,
Due reference of place and exhibition,
With such accommodation and besort
As levels with her breeding.

DUKE. – Why, at her father's !

BRABANZIO. – I will not have it so.

OTHELLO. – Nor I.

DESDEMONA. – Nor would I there reside,
To put my father in impatient thoughts
By being in his eye. Most gracious Duke,
To my unfolding lend your prosperous ear,
And let me find a charter in your voice
T'assist my simpleness.

DUKE. – What would you, Desdemona ?

DESDEMONA. – That I did love the Moor to live with him,
My downright violence and storm of fortunes
May trumpet to the world. My heart's subdued
Even to the very quality of my lord.
I saw Othello's visage in his mind,
And to his honours and his valiant parts
Did I my soul and fortunes consecrate ;
So that, dear lords, if I be left behind,
A moth of peace, and he go to the war,
The rites for why I love him are bereft me,
And I a heavy interim shall support
By his dear absence. Let me go with him.

OTHELLO (*to the Duke*). – Let her have your voice.
Vouch with me heaven, I therefor beg it not
To please the palate of my appetite,
Nor to comply with heat – the young affects
In me defunct – and proper satisfaction,
But to be free and bounteous to her mind ;

---

226 grave] *F* ; great *Q*. **227** couch] *Q* (Cooch) ; Coach *F (voir IV, 1,68)*. **230** do] *F* ; would *Q*. **234** reference] *F* ; reverence *Q*. **237** Why ... father's !] *F* ; If you please, bee't at her fathers. *Q*. **243** your prosperous] *F* ; a gracious *Q*. **246** did] *Q* ; *pas dans F*. **247** storm] *F* ; scorne *Q*. **249** very quality] *F* ; utmost pleasure *Q*. **258-259** Let ... heaven,] *F* ; Your voyces Lords : beseech you let her will, / Have a free way *Q*. **262** me] *Capell (1767-1768)* ; my *F Q*.

---

1. Ambiguïté de la remarque suggérant les incertitudes d'une entreprise commencée sous

souveraine des conclusions, vous choisit par surcroît de sécurité[1]. Il vous faut donc vous résigner à voiler l'éclat de votre récente fortune en cette expédition plus ingrate et plus rude.

OTHELLO. – La tyrannie de l'habitude, très dignes sénateurs,
A pour moi transformé la couche guerrière,
D'acier et de silex, en lit de duvet aérien.
J'avoue me sentir naturellement alerte
Et dispos quand je vis à la dure, et me charge
De la présente guerre contre les Ottomans.
Très humblement donc je me soumets à votre autorité,
Vous sollicitant de prendre pour ma femme
Les dispositions convenables : qu'elle reçoive
Résidence[2] et subsides appropriés, et aussi
Les honneurs, la suite, dignes de sa naissance.

LE DOGE. – Eh bien ! chez son père.

BRABANTIO. – Je m'y refuse.

OTHELLO. – Et moi aussi.

DESDÉMONE. – Et moi, je ne saurais y demeurer.
De peur de susciter quelque dépit dans l'esprit
De mon père par ma présence. Très gracieux doge,
Prêtez à mes propos une oreille bienveillante,
Et que votre voix accorde appui et protection
A ma naïveté !

LE DOGE. – Que souhaitez-vous, Desdémone ?

DESDÉMONE. – Que j'aimais le Maure assez pour partager sa vie,
Mon audace flagrante à forcer le destin[3]
Le proclame au monde entier. Mon cœur est soumis
Au seul mérite[4] de mon seigneur. Le visage
D'Othello, je l'ai vu en son esprit,
Et j'ai, à ses exploits et à sa vaillance,
Voué mon âme et ma fortune. Si bien,
Mes chers seigneurs, que si je reste ici,
Phalène paisible[5], et qu'il parte à la guerre,
Je suis frustrée des rites de mon amour pour lui
Et vais subir une attente accablante
En sa cruelle absence[6]. Laissez-moi le suivre.

OTHELLO (*au Doge*). – Donnez-lui votre accord.
Le ciel m'en est témoin, je vous en prie non point
Pour flatter le palais de mes appétits,
Ou céder à la fièvre[7] — ces émois de jeunesse
Sont chez moi passés — ni pour ma satisfaction légitime,
Mais par bonté, pour répondre à son vœu. Et le ciel

---

de douteux auspices (le doge se règle sur l'opinion). **2.** *reference of place.* « L'attribution d'une demeure ». **3.** *storm of fortunes.* Soit « prendre d'assaut le destin », soit référence aux « orages de la fortune » ; *violence* est la violence physique, ou la transgression. **4.** *quality.* Plusieurs sens : « nature », « mérite », également « profession » ; Desdémone, selon l'interprétation retenue, se soumet ici à l'ascendant moral d'Othello ou accepte les servitudes de sa vie militaire. **5.** *moth.* « Mite » ou « papillon de nuit » ; image de frivolité ou de malfaisance, et dans les deux cas, d'inutilité. **6.** *dear.* A ici le sens rare de « pénible ». **7.** *heat.* La chaleur du sang.

And heaven defend your good souls that you think
I will your serious and great business scant
When she is with me. No, when light-winged toys
Of feathered Cupid seel with wanton dullness
My speculative and officed instruments,
That my disports corrupt and taint my business,
Let housewives make a skillet of my helm,
And all indign and base adversities
Make head against my estimation.

DUKE. – Be it as you shall privately determine,
Either for her stay or going. Th'affair cries haste,
And speed must answer it.

A SENATOR (*to Othello*). – You must away tonight.

DESDEMONA. – Tonight, my lord?

DUKE. – This night.

OTHELLO. – With all my heart.

DUKE. – At nine i'th' morning here we'll meet again.
Othello, leave some officer behind,
And he shall our commission bring to you,
And such things else of quality and respect
As doth import you.

OTHELLO. – So please your grace, my ensign.
A man he is of honesty and trust.
To his conveyance I assign my wife,
With what else needful your good grace shall think
To be sent after me.

DUKE. – Let it be so.
Good night to everyone. (*To Brabanzio*) And, noble signor,
If virtue no delighted beauty lack,
Your son-in-law is far more fair than black.

A SENATOR. – Adieu, brave Moor. Use Desdemona well.

BRABANZIO. – Look to her, Moor, if thou hast eyes to see.
She has deceived her father, and may thee.

[*Exeunt Duke, Brabanzio, Cassio, Senators, and officers*]

OTHELLO. – My life upon her faith. Honest Iago,
My Desdemona must I leave to thee.
I prithee let thy wife attend on her,
And bring them after in the best advantage.
Come, Desdemona. I have but an hour
Of love, of worldly matter and direction
To spend with thee. We must obey the time.

Exeunt Othello and Desdemona

---

265 great] *F*; good *Q*. **266** When] *F*; For *Q*. **267** Of ... seel] *F*; And ... foyles *Q*. **268** officed] *F*; active *Q*. **272** estimation] *F*; reputation *Q*. **274** her] *F*; *pas dans Q*. **275** A SENATOR ... tonight.] *F*; you must hence tonight, *encore* DUKE *dans Q*. **276** DESDEMONA ... night.] *Q*; *pas dans F*. **277** nine] *F*; ten *Q*. **281** import] *F*; concerne *Q*. **290** if ... eyes] *F*; have a quicke eye *Q*.

---

1. *seel.* Terme de fauconnerie* : « ciller » (coudre les paupières d'un oiseau de proie

Préserve vos âmes généreuses de croire
Que sa présence me fera négliger vos affaires
Importantes et sérieuses ! Non. Quand les jeux ailés
De Cupidon empenné aveugleront[1] d'une torpeur
Lascive ces instruments de la pensée et de l'action[2],
Laissant mes plaisirs pervertir, gâter ma tâche,
Que mon heaume serve alors de chaudron aux commères,
Et que tous les affronts et les ignominies
De l'adversité se liguent contre ma gloire !

LE DOGE. – Qu'elle parte ou qu'elle reste, décidez entre vous,
Il en sera ainsi. L'urgence, en l'affaire, est criante.
Il faut y répondre en hâte.

UN SÉNATEUR (*à Othello*). – Il vous faut partir cette nuit.

DESDÉMONE. – Cette nuit, monseigneur ?

LE DOGE. – Cette nuit même.

OTHELLO. – Bien volontiers.

LE DOGE. – A neuf heures demain nous nous retrouverons
Ici. Othello, laissez-nous quelque officier ;
Il vous portera vos instructions, et aussi
Tout ce qui par son importance et son intérêt
Vous touche.

OTHELLO. – Ce sera, s'il plaît à Votre Grâce,
Mon enseigne. C'est un homme honnête[3], de confiance.
Je le charge d'escorter ma femme, de m'apporter
Aussi tout ce que Votre aimable Grâce
Jugera bon de me faire tenir.

LE DOGE. – Soit.
Bonne nuit à tous. (*A Brabantio*) Et vous, noble signor,
S'il n'est point de vertu sans radieuse splendeur,
L'éclat de votre gendre efface sa noirceur[4].

UN SÉNATEUR. – Adieu, vaillant Maure. Traitez bien Desdémone[5].

BRABANTIO. – Ouvre l'œil, Maure, si tu sais regarder.
Elle a trompé son père ; elle peut te tromper[6].

[Le Doge, Brabantio, les Sénateurs et les gardes sortent]

OTHELLO. – Fidèle ? j'en jure sur ma vie. Honnête Iago,
Il me faut te laisser ma Desdémone.
Que ta femme, je te prie, se mette à son service ;
Et puis amène-les au moment favorable.
Viens, Desdémone. J'ai une heure, pas plus,
D'amour, d'arrangements, de directives,
A passer avec toi. C'est l'instant qui l'exige.

Othello et Desdémone sortent

---

pour le dresser). **2.** Obscur ; ces « instruments » peuvent être les yeux et les sens. **3.** Première apparition de cet adjectif appliqué à Iago. **4.** Littéralement : il est « bien plus blanc qu'il n'est noir » ; *delighted* a le sens de « delightful ». Polysémie de *fair,* à la fois physique (clair, lumineux) et moral (honnête, vertueux). **5.** Multiplication des signes prémonitoires avant le début de la tragédie (avertissement du sénateur puis de Brabantio). **6.** L'argument sera repris par Iago (III,3,210-215).

RODERIGO. – Iago.

IAGO. – What sayst thou, noble heart?

RODERIGO. – What will I do, think'st thou?

IAGO. – Why, go to bed and sleep.

RODERIGO. – I will incontinently drown myself.

IAGO. – If thou dost, I shall never love thee after. Why, thou silly gentleman!

RODERIGO. – It is silliness to live when to live is torment; and then have we a prescription to die when death is our physician.

IAGO. – O, villainous! I ha' looked upon the world for four times seven years, and since I could distinguish betwixt a benefit and an injury I never found man that knew how to love himself. Ere I would say I would drown myself for the love of a guinea-hen, I would change my humanity with a baboon.

RODERIGO. – What should I do? I confess it is my shame to be so fond, but it is not in my virtue to amend it.

IAGO. – Virtue? A fig! 'Tis in ourselves that we are thus or thus. Our bodies are our gardens, to the which our wills are gardeners; so that if we will plant nettles or sow lettuce, set hyssop and weed up thyme, supply it with one gender of herbs or distract it with many, either to have it sterile with idleness or manured with industry, why, the power and corrigible authority of this lies in our wills. If the beam of our lives had not one scale of reason to peise another of sensuality, the blood and baseness of our natures would conduct us to most preposterous conclusions. But we have reason to cool our raging motions, our carnal stings, our unbitted lusts; whereof I take this that you call love to be a sect or scion.

RODERIGO. – It cannot be.

IAGO. – It is merely a lust of the blood and a permission of the will. Come, be a man. Drown thyself? Drown cats and blind puppies. I have professed me thy friend, and I confess me knit to thy deserving with cables of perdurable toughness. I could never better stead thee than now. Put money in thy purse. Follow thou the wars, defeat thy favour with an usurped beard. I say, put money in thy purse. It cannot be long that Desdemona should continue her love to the Moor – put money in thy purse – nor he his to her. It was a violent commencement in her, and thou shalt see an answerable sequestration – put but money in thy purse. These Moors are changeable in their wills – fill thy purse with money. The food that to him now is as luscious as locusts shall be to him shortly as bitter as coloquintida. She must change for youth. When she is sated with his body, she will find the error of her choice. Therefore put money in thy purse. If thou wilt needs damn thyself, do it a more delicate way than drowning. Make all the money thou canst. If sanctimony and a frail vow betwixt an erring barbarian and a super-subtle Venetian be not too hard for my wits and all the tribe of hell, thou shalt enjoy her; therefore make

---

307 O, villainous] *F*; *pas dans Q*. **319** beam] *Theobald (1733)*; braine *F*; ballance *Q*. **322** stings, our] *Q*; Stings, or *F*. **326** have professed] *F*; professe *Q*. **332** in her] *F*; *pas dans Q*. **336** bitter] *F*; acerbe *Q*. **336** She ... youth] *F*; *pas dans Q*. **337** choice. Therefore] *F*; choyce; shee must have change, shee must. Therefore *Q*.

RODERIGO. – Iago.

IAGO. – Que dis-tu, noble cœur ?

RODERIGO. – Que faire, à ton avis ?

IAGO. – Eh bien, aller te coucher et dormir.

RODERIGO. – Je vais, de ce pas, me noyer.

IAGO. – Si tu fais ça, je te retire mon amitié. Nigaud, va !

RODERIGO. – Il faut être un nigaud pour vivre quand la vie est un tourment ; et il nous est donc prescrit de mourir quand la mort est notre médecin.

IAGO. – Oh ! l'abomination ! Voici quatre fois sept ans que j'observe le monde, et depuis le jour où j'ai su distinguer entre un bienfait et un outrage, je n'ai jamais rencontré un homme qui sache vraiment s'aimer. Avant de parler d'aller me noyer pour une grue, j'aimerais mieux être changé d'homme en babouin.

RODERIGO. – Que veux-tu que je fasse ? J'ai honte, je l'avoue, d'être à ce point rassoté, mais je n'ai point la vertu d'y remédier[1].

IAGO. – Vertu ? Bernique. Il dépend de nous d'être ceci ou cela. Notre corps est un jardin et notre volonté en est le jardinier ; de sorte que si nous voulons y planter des orties ou semer des laitues, y mettre de l'hysope[2] et en arracher le thym, l'ensemencer d'une seule variété d'herbes ou de plusieurs à foison, le rendre stérile par notre oisiveté ou l'amender par notre industrie, eh bien ! le pouvoir, la capacité de rectifier résident en notre volonté. Si la balance de notre vie n'était équipée d'un plateau — la raison — pour équilibrer l'autre — la chair — nos sens et la bassesse de notre nature nous mèneraient aux plus absurdes effets. Mais nous avons la raison pour calmer nos passions furieuses, nos convoitises charnelles, nos désirs effrénés ; et ce que l'on appelle amour n'est, selon moi, qu'une bouture, un greffon de tout ceci.

RODERIGO. – Impossible.

IAGO. – L'amour n'est qu'un désir des sens et un acquiescement de la volonté. Allons, sois un homme. Te noyer ? Noyer des chats et des chiots aveugles, ça, oui. J'ai fait profession d'être ton ami, et me déclare attaché à ton mérite par des filins d'une inaltérable solidité. Jamais je ne pourrais t'être plus utile qu'aujourd'hui. Mets de l'argent dans ta bourse. Suis l'expédition, camoufle ton visage par une barbe d'emprunt. De l'argent dans ta bourse, te dis-je. Il n'est pas possible que Desdémone garde longtemps de l'amour pour le Maure — de l'argent dans ta bourse — et qu'il lui garde le sien. Le début chez elle a été violent, et tu vas voir une rupture à l'avenant — de l'argent dans ta bourse, c'est tout. Ces Maures sont changeants dans leurs désirs — de l'argent, remplis ta bourse. Le mets qu'il trouve aujourd'hui aussi délicieux que caroubes[3], il va le trouver bientôt amer comme coloquinte. Et elle, il lui faudra, pour changer, de la jeunesse. Quand elle sera rassasiée de son corps, elle verra l'erreur de son choix. Alors, mets de l'argent dans ta bourse. Si tu tiens absolument à te damner, trouve un moyen plus élégant que la noyade. Trouve tout l'argent que tu peux. Si une cérémonie et un vœu éphémère échangé entre un nomade barbaresque et une Vénitienne raffinée à l'extrême ne sont

1. « Vertu » a ici son sens étymologique de « pouvoir », « force ». 2. L'hysope, plante aromatique, est utilisée dans les rites de purification. 3. Fruit du caroubier, dont la pulpe est douce et sucrée. La coloquinte sert de purgatif.

money. A pox o' drowning thyself – it is clean out of the way. Seek thou rather to be hanged in compassing thy joy than to be drowned and go without her.

RODERIGO. – Wilt thou be fast to my hopes if I depend on the issue?

IAGO. – Thou art sure of me. Go, make money. I have told thee often, and I re-tell thee again and again, I hate the Moor. My cause is hearted, thine hath no less reason. Let us be conjunctive in our revenge against him. If thou canst cuckold him, thou dost thyself a pleasure, me a sport. There are many events in the womb of time, which will be delivered. Traverse, go, provide thy money. We will have more of this tomorrow. Adieu.

RODERIGO. – Where shall we meet i'th' morning?

IAGO. – At my lodging.

RODERIGO. – I'll be with thee betimes.

IAGO. – Go to, farewell –
Do you hear, Roderigo?

RODERIGO. – I'll sell all my land. *Exit*

IAGO. – Thus do I ever make my fool my purse –
For I mine own gained knowledge should profane
If I would time expend with such a snipe
But for my sport and profit. I hate the Moor,
And it is thought abroad that 'twixt my sheets
He has done my office. I know not if't be true,
But I, for mere suspicion in that kind,
Will do as if for surety. He holds me well:
The better shall my purpose work on him.
Cassio's a proper man. Let me see now,
To get his place, and to plume up my will
In double knavery – how, how? Let's see.
After some time to abuse Othello's ears
That he is too familiar with his wife;
He hath a person and a smooth dispose
To be suspected, framed to make women false.
The Moor is of a free and open nature,
That thinks men honest that but seem to be so,
And will as tenderly be led by th' nose
As asses are.
I ha't. It is ingendered. Hell and night
Must bring this monstrous birth to the world's light. *Exit*

II, 1 *Enter below Montano, Governor of Cyprus; two other gentlemen* [*above*]

MONTANO. – What from the cape can you discern at sea?

1 GENTLEMAN. – Nothing at all. It is a high-wrought flood.

---

345 if ... issue] *F*; *pas dans Q.* **348** conjunctive] *F*; communicative *Q.* **354** I'll ... *Exit*] *F*; what say you? / *Iag.* No more of drowning, doe you heare? / *Rod.* I am chang'd. *Exit Roderigo.* / *Iag.* Goe to, farewell, put money enough in your purse: *Q.* **360** He has] *F2* (ha's); She ha's *F*; Ha's *Q.* **365** his] *F*; this *Q.* **365-366** plume ... will / In] *F*; make ... will, / A *Q.* **371** is of] *F*; *pas dans Q.* **372** seem] *F*; seemes *Q.*

pas trop pour mes talents et toutes les légions infernales, tu la posséderas ; alors, trouve de l'argent. Je t'en foutrai des noyades ! Il s'agit bien de ça ! — Risque plutôt la potence pour jouir de la fille au lieu de te noyer sans l'avoir eue.

RODERIGO. – Tu ne trahiras pas mon attente si j'espère pareil résultat ?

IAGO. – Compte sur moi. Allez, trouve de l'argent. Je t'ai souvent dit, je te le dis et te le redis encore, je hais le Maure. Mes griefs sont ancrés dans mon cœur ; les tiens ne sont pas moins fondés. Unissons nos efforts pour nous venger de lui. Si tu parviens à le faire cocu, tu te donnes du plaisir et à moi de l'agrément. Il y a dans le ventre du temps bien des événements à naître. En route ! Va ! trouve de l'argent. Nous reparlerons de tout cela demain. Adieu.

RODERIGO. – Où nous reverrons-nous demain matin ?

IAGO. – Chez moi.

RODERIGO. – J'y serai de bonne heure.

IAGO. – Allez, adieu.
Compris, Roderigo ?

RODERIGO. – Je vais vendre toutes mes terres. *Il sort*

IAGO. – Et voilà ! Mon fou, comme toujours, devenu mon banquier.
Car je galvauderais mon savoir acquis,
A perdre du temps avec pareil oison[1], sinon
Pour mon agrément et mon profit. Je hais le Maure,
Et, à ce qu'on raconte, il a entre mes draps
Fait mon office. Est-ce vrai ? Je l'ignore.
Mais moi, sur un simple soupçon en ce domaine
Je ferai comme s'il y avait certitude. Il m'estime.
Mon dessein agira d'autant mieux sur lui.
Cassio est beau garçon. Voyons un peu. Le supplanter.
Mettre à mon ambition le panache d'une double
Vilenie[2]. — Comment, oui, comment ? Voyons.
Faire dans quelque temps accroire à Othello
Qu'il est trop familier avec sa femme ; il est,
Par sa belle prestance et ses façons aimables,
Suspect, et taillé pour débaucher les femmes.
Le Maure est une nature ouverte, franche,
Qui croit les gens honnêtes sur leur simple apparence.
Il sera aussi aisé de le mener par le nez
Que les ânes.
J'y suis. C'est engendré. Que la nuit et l'enfer
Fassent naître ce monstre au monde, à sa lumière ! *Il sort*

Entrent en bas Montano, gouverneur de Chypre ; deux autres gentilshommes [*en haut*][3] **II, 1**

MONTANO. – Que voyez-vous du haut du cap, au large ?

1er GENTILHOMME. – Rien du tout. La mer est démontée.

---

1. *snipe.* Exactement « bécassine » ; réputée pour sa stupidité. **2.** *plume up my will.* Ici *will* signifie « intention », « désir » plutôt que « volonté » ; *plume up* : « parer de plumes ». **3.** Lieu : Chypre ; un endroit indéterminé à proximité de la mer.

I cannot 'twixt the heaven and the main
Descry a sail.
MONTANO. – Methinks the wind hath spoke aloud at land.
A fuller blast ne'er shook our battlements.
If it ha' ruffianed so upon the sea,
What ribs of oak, when mountains melt on them,
Can hold the mortise ? What shall we hear of this ?
2 GENTLEMAN. – A segregation of the Turkish fleet ;
For do but stand upon the foaming shore,
The chidden billow seems to pelt the clouds,
The wind-shaked surge with high and monstrous mane
Seems to cast water on the burning Bear
And quench the guards of th'ever-fixèd Pole.
I never did like molestation view
On the enchafèd flood.
MONTANO. – If that the Turkish fleet
Be not ensheltered and embayed, they are drowned.
It is impossible to bear it out.

Enter a third Gentleman

3 GENTLEMAN. – News, lads ! Our wars are done.
The desperate tempest hath so banged the Turks
That their designment halts. A noble ship of Venice
Hath seen a grievous wrack and sufferance
On most part of their fleet.
MONTANO. – How, is this true ?
3 GENTLEMAN. – The ship is here put in,
A Veronessa. Michael Cassio,
Lieutenant to the warlike Moor Othello,
Is come on shore ; the Moor himself at sea,
And is in full commission here for Cyprus.
MONTANO. – I am glad on't ; 'tis a worthy governor.
3 GENTLEMAN. – But this same Cassio, though he speak of comfort
Touching the Turkish loss, yet he looks sadly,
And prays the Moor be safe, for they were parted
With foul and violent tempest.
MONTANO. – Pray heavens he be,
For I have served him, and the man commands
Like a full soldier. Let's to the sea-side, ho ! –
As well to see the vessel that's come in
As to throw out our eyes for brave Othello,
Even till we make the main and th'aerial blue
An indistinct regard.

---

3 heaven] *F* ; haven *Q*. **5** hath spoke] *F* ; does speake *Q*. **8** mountains] *F* ; the huge mountaine *Q*. **11** foaming] *F* ; banning *Q*. **12** chidden] *F* ; chiding *Q*. **15** fixed] *F* ; fired *Q*. **20** lads ! Our] *F* ; Lords, your *Q*. **22** A noble] *F* ; Another *Q*. **35** heavens] *F* ; Heaven *Q*. **40-41** Even ... regard] *F* ; *pas dans Q*.

---

1. *mortise.* « Mortaise » ; mot à mot « tenir la mortaise » (de sorte qu'elle ne se disjoigne

Et je ne peux, entre le ciel et l'eau,
Découvrir une voile.

MONTANO. – Je crois bien que le vent a parlé haut à terre.
Jamais rafales plus fortes n'ont battu nos créneaux.
S'il s'est ainsi déchaîné sur la mer, quelle membrure
De chêne a pu tenir, sans se disjoindre[1] sous le choc
De montagnes liquéfiées ? Qu'allons-nous apprendre ?

2e GENTILHOMME. – La dispersion de la flotte turque ; car il n'est
Que de se tenir sur la rive écumante :
La vague fustigée semble frapper les nuées ; la houle
Dont le vent secoue la haute et monstrueuse crinière,
Semble jeter de l'eau sur l'Ourse en feu, éteindre
Les sentinelles de l'Étoile polaire, immuable
Et fixe[2]. Jamais je n'avais vu pareil tumulte
Sur les flots en furie.

MONTANO. – Si la flotte des Turcs
N'est pas à l'abri dans quelque baie, ils ont coulé.
A cela, impossible de résister.

Entre un troisième Gentilhomme

3e GENTILHOMME. – Du nouveau, mes enfants ! la guerre est terminée.
Cette affreuse tempête a tant secoué les Turcs
Que leur projet tourne court. Un noble bâtiment
Vénitien a vu les graves avaries, les dommages
De presque tous leurs vaisseaux.

MONTANO. – Quoi ? vraiment ?

3e GENTILHOMME. – Ce bâtiment est ici, au port ;
Il est de Vérone[3]. Michel Cassio,
Lieutenant d'Othello, le Maure guerrier,
A débarqué ; quant au Maure, il est en mer,
Muni de pleins pouvoirs pour commander à Chypre.

MONTANO. – Je m'en réjouis. C'est un digne gouverneur.

3e GENTILHOMME. – Mais ce Cassio, malgré ses propos rassurants
Sur les pertes des Turcs, paraît soucieux, et prie
Que le Maure soit sauf, car l'effroyable violence
De la tempête les a séparés[4].

MONTANO. – Dieu le veuille !
Car j'ai servi sous ses ordres, et cet homme commande
En soldat accompli. Allons, courons au rivage –
Voir ce navire qui vient d'aborder, et aussi
Chercher du regard l'intrépide Othello
Jusqu'au point où les flots et l'azur aérien
Se mêleront en un tout indistinct[5].

---

pas). 2. Description du chaos cosmique : confusion des éléments* retournant à l'indifférenciation originelle (vagues mêlées au ciel, éteignant le feu des étoiles, etc.). L'Ourse en feu est la Petite Ourse, dont les deux étoiles brillantes (les sentinelles) sont, avec l'Étoile polaire, les guides des navigateurs. 3. C'est un bâtiment vénitien, mais construit et armé à Vérone. 4. Schéma d'anticipation. La séparation des deux hommes en mer a une valeur prémonitoire. 5. *regard.* Ce qui se présente à la vue, « spectacle ».

3 GENTLEMAN. – Come, let's do so,
For every minute is expectancy
Of more arrivance.

Enter Cassio

CASSIO. – Thanks, you the valiant of this warlike isle
That so approve the Moor! O, let the heavens
Give him defence against the elements,
For I have lost him on a dangerous sea.
MONTANO. – Is he well shipped?
CASSIO. – His barque is stoutly timbered, and his pilot
Of very expert and approved allowance.
Therefore my hopes, not surfeited to death,
Stand in bold cure.
VOICES (*within*). – A sail, a sail, a sail!
CASSIO. – What noise?
A GENTLEMAN. – The town is empty. On the brow o'th' sea
Stand ranks of people, and they cry "A sail!"
CASSIO. – My hopes do shape him for the governor.

A shot

A GENTLEMAN. – They do discharge their shot of courtesy –
Our friends, at least.
CASSIO. – I pray you, sir, go forth,
And give us truth who 'tis that is arrived.
A GENTLEMAN. – I shall. *Exit*
MONTANO. – But, good lieutenant, is your general wived?
CASSIO. – Most fortunately. He hath achieved a maid
That paragons description and wild fame,
One that excels the quirks of blazoning pens,
And in th'essential vesture of creation
Does tire the engineer.

Enter Gentleman

How now, who has put in?
GENTLEMAN. – 'Tis one Iago, ensign to the general.
CASSIO. – He's had most favourable and happy speed.
Tempests themselves, high seas, and howling winds,
The guttered rocks and congregated sands,
Traitors ensteeped to enclog the guiltless keel,
As having sense of beauty do omit
Their mortal natures, letting go safely by

---

41 THIRD] *Q*; *pas dans F.* 43 arrivance] *Q*; Arrivancie *F.* 44 you] *F*; to *Q.* 44 warlike] *F*; worthy *Q.* 52 VOICES] *Oxford*; *pas dans F*; *Enter a Messenger / Mess. Q.* 54 A GENTLEMAN] *F (Gent.)*; *Mess. Q.* 56 governor] *F*; guernement *Q*; governement *Q2.* 57 A GENTLEMAN] *F (Gent.)*; *2 Gent. Q (de même 60, 67, 97).* 64 quirks of] *F*; *pas dans Q.* 66 tire the engineer] *F* (Ingeniuer); beare all excellency *Q.* 68 CASSIO] *F*; *pas dans Q (68-74 encore* GENTLEMAN*).* 71 ensteeped to enclog] *F*; enscerped; to clog *Q.* 73 mortal] *F*; common *Q.*

---

1. Autrement dit, sans être excessif, son espoir qu'Othello soit sain et sauf demeure

3e GENTILHOMME. – C'est cela.
Allons-y ; car chaque instant nous promet
Une nouvelle arrivée.

Entre Cassio

CASSIO. – Merci, vaillants habitants de cette île guerrière,
Qui avez pour le Maure tant d'estime ! Ah ! que le ciel
Le protège contre les éléments,
Car je l'ai perdu sur une mer démontée !
MONTANO. – A-t-il un bon vaisseau ?
CASSIO. – La membrure du navire est solide,
Le pilote connu pour avoir fait ses preuves.
Aussi mon espoir, sans mourir de ses excès,
N'est point trop malade[1].
DES VOIX (*à l'intérieur*). – Une voile ! une voile ! une voile !
CASSIO. – Quel est ce bruit ?
UN GENTILHOMME. – La ville s'est vidée, et, sur le front de mer,
La foule s'est massée, et l'on crie : une voile !
CASSIO. – Mon espoir me dit que c'est le gouverneur.

Un coup de canon

UN GENTILHOMME. – Ils tirent une salve d'honneur. – Ce sont
Du moins des amis.
CASSIO. – Allez-y, monsieur, je vous prie,
Et dites-nous au juste qui vient d'arriver.
UN GENTILHOMME. – J'y vais. *Il sort*
MONTANO. – Mais, mon cher[2] lieutenant, votre général est-il marié ?
CASSIO. – On ne peut mieux. Celle qu'il a conquise
Passe toute description, les plus folles louanges[3],
Défie les subtilités de trait du blasonneur[4],
Et la perfection de son enveloppe charnelle
Désespère l'artiste[5].

Entre le Gentilhomme

Eh bien ? Qui a débarqué ?
LE GENTILHOMME. – C'est un certain Iago, enseigne du général.
CASSIO. – La fortune lui fut très propice et très bonne[6].
L'ouragan même, les hautes lames, les vents hurleurs,
Les rocs déchiquetés, les montagnes de sable,
Félons cachés sous l'eau, pour entraver l'innocente quille,
Comme touchés par la beauté oublient leurs instincts
Meurtriers, laissant passer saine et sauve

---

suffisamment fort. La préciosité un peu ridicule de Cassio (86-88) se traduit par l'utilisation de « conceits » (voir *Titus Andronicus,* III,1,228 note). **2.** *good.* Souvent simple terme de courtoisie. **3.** *fame.* Deux sens possibles : « éloges » et « rumeurs ». On peut donc comprendre aussi « passe toute description et les plus folles rumeurs ». **4.** Le blason, exercice de style poétique (particulièrement en vogue durant le Moyen Age) est un éloge en forme de litanie (cf. les blasonneurs du corps féminin de la Renaissance française). **5.** *vesture.* Le corps humain, qui habille l'âme ; *engineer :* « le créateur », « l'inventeur ». Ce passage, assez obscur, a été interprété différemment, d'autant que le texte est malaisé à établir. Noter, ici encore, les maniérismes et la préciosité de Cassio. **6.** *speed.* A la fois « vitesse » et « succès ».

The divine Desdemona.
MONTANO. – What is she?
CASSIO. – She that I spake of, our great captain's captain,
Left in the conduct of the bold Iago,
Whose footing here anticipates our thoughts
A sennight's speed. Great Jove, Othello guard,
And swell his sail with thine own powerful breath,
That he may bless this bay with his tall ship,
Make love's quick pants in Desdemona's arms,
Give renewed fire to our extincted spirits,
And bring all Cyprus comfort.

Enter Desdemona, Iago, Emilia, and Roderigo

O, behold,
The riches of the ship is come on shore!
You men of Cyprus, let her have your knees.

Montano and the Gentlemen make curtsy to Desdemona

Hail to thee, lady, and the grace of heaven
Before, behind thee, and on every hand
Enwheel thee round!
DESDEMONA. – I thank you, valiant Cassio.
What tidings can you tell me of my lord?
CASSIO. – He is not yet arrived, nor know I aught
But that he's well and will be shortly here.
DESDEMONA. – O, but I fear – how lost you company?
CASSIO. – The great contention of the sea and skies
Parted our fellowship.
VOICES (*within*). – A sail, a sail!
CASSIO. – But hark, a sail.

A shot

A GENTLEMAN. – They give their greeting to the citadel.
This likewise is a friend.
CASSIO. – See for the news. *Exit Gentleman*
Good ensign, you are welcome. (*Kissing Emilia*) Welcome, mistress.
Let it not gall your patience, good Iago,
That I extend my manners. 'Tis my breeding
That gives me this bold show of courtesy.
IAGO. – Sir, would she give you so much of her lips
As of her tongue she oft bestows on me,
You would have enough.
DESDEMONA. – Alas, she has no speech!
IAGO. – In faith, too much.
I find it still when I ha' leave to sleep.
Marry, before your ladyship, I grant,
She puts her tongue a little in her heart,
And chides with thinking.

---

81 Make ... in] *F*; And swiftly come to *Q*. **83** And ... comfort] *Q*; *pas dans F*. **95** VOICES] *Oxford*; *pas dans F Q*. **98** See ... news.] *F*; So speakes this voyce *Q*. **103** Sir] *F*; For *Q*. **104** oft bestows] *F*; has bestowed *Q*. **107** In faith] *F*; I know *Q*.

La divine Desdémone.
MONTANO. – Qui est-ce donc ?
CASSIO. – Celle dont j'ai parlé, le capitaine
De notre grand capitaine, confiée à l'audacieux Iago,
Dont l'arrivée ici devance notre attente
D'une semaine. Grand Jupiter, garde Othello,
Gonfle sa voile de ton souffle puissant ; permets qu'il soit,
Par son fier vaisseau, la joie de cette baie ; que l'amour
Le tienne haletant dans les bras de Desdémone ;
Qu'il redonne flamme à notre ardeur éteinte,
Et à tous ceux de Chypre apporte réconfort !

Entrent Desdémone, Iago, Émilie et Roderigo

Oh ! voyez !
Le trésor du navire paraît sur le rivage !
Cypriotes, ployez le genou devant elle !

Montano et les Gentilshommes s'inclinent devant Desdémone

Salut à toi, noble dame ! Que la faveur du ciel,
Devant, derrière toi, et de toute part
T'entoure et t'enveloppe !
DESDÉMONE. – Merci, vaillant Cassio.
Quelles nouvelles m'apportez-vous de mon seigneur ?
CASSIO. – Il n'est pas encore là, mais pour autant que je sache,
Il se porte bien et ne tardera pas.
DESDÉMONE. – Oh ! mais j'ai peur — comment l'avez-vous perdu ?
CASSIO. – C'est le furieux conflit de la mer et des cieux
Qui nous a séparés.
DES VOIX (*à l'intérieur*). – Une voile ! une voile !
CASSIO. – Écoutez donc ! une voile !

Un coup de canon

UN GENTILHOMME. – Voici que l'on salue la citadelle.
C'est encore un ami.
CASSIO. – Allez donc aux nouvelles. *Le Gentilhomme sort*
Cher[1] enseigne, bienvenue. (*Il embrasse Émilie*) Vous aussi, ma fille[2].
Que votre patience ne s'irrite point, cher Iago,
Si je prends ces libertés. Mon éducation seule
Me dicte ce geste d'audacieuse courtoisie.
IAGO. – Monsieur, si elle était pour vous prodigue
De ses lèvres comme pour moi de sa langue,
Vous en auriez votre content.
DESDÉMONE. – Hélas ! elle ne parle guère.
IAGO. – Trop, par ma foi.
Je m'en aperçois toujours quand je pourrais dormir.
Pardi, devant Madame, je l'accorde, elle garde
Sa langue pour elle, un tantinet, et gronde
En pensée.

---

1. *good.* Voir II,1,61 et la note.
2. *mistress.* Voir I,3,177 et la note.

EMILIA. – You ha' little cause to say so.
IAGO. – Come on, come on. You are pictures out of door,
Bells in your parlours; wildcats in your kitchens,
Saints in your injuries; devils being offended,
Players in your housewifery, and hussies in your beds.
DESDEMONA. – O, fie upon thee, slanderer!
IAGO. – Nay, it is true, or else I am a Turk.
You rise to play and go to bed to work.
EMILIA. – You shall not write my praise.
IAGO. – No, let me not.
DESDEMONA. – What wouldst write of me, if thou shouldst praise me?
IAGO. – O, gentle lady, do not put me to't,
For I am nothing if not critical.
DESDEMONA. – Come on, essay – there's one gone to the harbour?
IAGO. – Ay, madam.
DESDEMONA. – I am not merry, but I do beguile
The thing I am by seeming otherwise.
Come, how wouldst thou praise me?
IAGO. – I am about it, but indeed my invention
Comes from my pate as birdlime does from frieze –
It plucks out brains and all. But my muse labours,
And thus she is delivered:
If she be fair and wise, fairness and wit,
The one's for use, the other useth it.
DESDEMONA. – Well praised! How if she be black and witty?
IAGO. – If she be black and thereto have a wit,
She'll find a white that shall her blackness fit.
DESDEMONA. – Worse and worse.
EMILIA. – How if fair and foolish?
IAGO. – She never yet was foolish that was fair,
For even her folly helped her to an heir.
DESDEMONA. – These are old fond paradoxes, to make fools laugh i'th' alehouse.
What miserable praise hast thou for her
That's foul and foolish?
IAGO. – There's none so foul and foolish thereunto,
But does foul pranks which fair and wise ones do.
DESDEMONA. – O heavy ignorance! Thou praisest the worst best. But what praise couldst thou bestow on a deserving woman indeed – one that, in the authority of her merit, did justly put on the vouch of very malice itself?
IAGO. – She that was ever fair and never proud,
Had tongue at will and yet was never loud,

112-115 *vers*] *Q*; *prose F.* **115** hussies] *F* (Huswives), *Q* (houswives). **136** fit] *F*; hit *Q.* **142-143** *vers*] *Q*; *prose F.* **140** fond] *F*; *pas dans Q.*

1. *Bells.* « Cloches »; le battant d'une cloche se dit « tongue », comme la langue d'une commère. 2. C.-à-d. un infidèle (donc un menteur). 3. *gentle.* A ici le sens de « bien

ÉMILIE. – Vous n'avez guère lieu de parler ainsi.
IAGO. – Allons, allons. Hors de chez vous, vous êtes des images.
Crécelles dans vos salons[1], chats sauvages aux cuisines ;
Saintes si vous faites tort, et offensées, démons.
Ménagères pour rire, et ribaudes au lit.
DESDÉMONE. – Fi donc, calomniateur !
IAGO. – Mais non, c'est vrai, ou je veux être un Turc[2] :
Debout, on s'amuse, et couchées, au travail !
ÉMILIE. – Je ne vous ferai pas écrire mon éloge.
IAGO. – Surtout pas !
DESDÉMONE. – Qu'écrirais-tu sur moi si tu faisais le mien ?
IAGO. – Oh ! noble[3] dame, ne m'imposez point cette tâche,
Car je suis on ne peut plus critique.
DESDÉMONE. – Allons, essayez – Quelqu'un s'est-il rendu au port ?
IAGO. – Oui, madame.
DESDÉMONE. – Je n'ai pas le cœur gai, mais je déguise
Sous des dehors trompeurs ce que je suis vraiment.
Allons – Comment ferais-tu mon éloge ?
IAGO. – Je cherche, mais les idées, c'est sûr,
Me collent au crâne comme glu sur ratine[4].
Le cerveau et le reste, tout vient. Mais ma muse
Est en gésine ; elle accouche, et voici :
La blonde[5] a pour son lot la blondeur et l'esprit.
Grâce à l'un elle sait mettre l'autre à profit.
DESDÉMONE. – Bel éloge ! Et si la noiraude a de l'esprit ?
IAGO. – Noiraude, et de surcroît pleine d'esprit, la noire
Saura trouver du blanc pour se faire valoir[6].
DESDÉMONE. – De mal en pis !
ÉMILIE. – Et si la blonde est sans jugeote ?
IAGO. – Jolie blonde jamais ne perd le jugement.
Ce n'est point en manquer que de faire un enfant[7].
DESDÉMONE. – Ce sont là d'antiques sornettes pour amuser les nigauds au cabaret.
Quel misérable éloge as-tu pour qui
Est laide et sotte ?
IAGO. – Il n'est fille si laide et sotte qui ne soit
Dévergondée autant qu'une autre belle et sage.
DESDÉMONE. – Oh ! le grossier balourd ! De la plus vilaine tu fais le plus bel éloge. Mais quel éloge irais-tu décerner à une femme vraiment estimable – qui par la force de son mérite obligerait la malignité elle-même à lui rendre hommage ?
IAGO. – Qui fut belle toujours et jamais arrogante,
Eut langue déliée et jamais malsonnante,

---

née ». **4.** Il s'agit de glu pour piéger les oiseaux – particulièrement tenace sur de la ratine, qui est un tissu bourru. **5.** Double sens de *fair* : à la fois « blonde » et « belle ». La beauté, à l'époque, ne se conçoit pas sans la blondeur. **6.** Jeu de mot sur l'homophonie de *white* (blanc) et « wight » (personne) ; *fit* : « convenir », « s'ajuster », avec des sous-entendus grivois. **7.** *folly*. A la fois « sottise » et (sens archaïque) « inconduite » ; cf. V,2,141.

Never lacked gold and yet went never gay,
Fled from her wish, and yet said "Now I may";
She that, being angered, her revenge being nigh,
Bade her wrong stay and her displeasure fly;
She that in wisdom never was so frail
To change the cod's head for the salmon's tail;
She that could think and ne'er disclose her mind,
See suitors following, and not look behind –
She was a wight, if ever such wights were –

DESDEMONA. – To do what?

IAGO. – To suckle fools, and chronicle small beer.

DESDEMONA. – O most lame and impotent conclusion! Do not learn of him, Emilia, though he be thy husband. How say you, Cassio, is he not a most profane and liberal counsellor?

CASSIO. – He speaks home, madam. You may relish him more in the soldier than in the scholar.

Cassio and Desdemona talk apart

IAGO (*aside*). – He takes her by the palm. Ay, well said – whisper. With as little a web as this will I ensnare as great a fly as Cassio. Ay, smile upon her, do. I will gyve thee in thine own courtship. You say true, 'tis so indeed. If such tricks as these strip you out of your lieutenantry, it had been better you had not kissed your three fingers so oft, which now again you are most apt to play the sir in. Very good, well kissed, an excellent curtsy, 'tis so indeed; yet again your fingers to your lips? Would they were clyster-pipes for your sake.

Trumpets within

(*Aloud*) The Moor – I know his trumpet.

CASSIO. – 'Tis truly so.

DESDEMONA. – Let's meet him and receive him.

CASSIO. – Lo where he comes!

Enter Othello and attendants

OTHELLO (*to Desdemona*). – O my fair warrior!

DESDEMONA. – My dear Othello.

OTHELLO. – It gives me wonder great as my content
To see you here before me. O my soul's joy,
If after every tempest come such calms,
May the winds blow till they have wakened death,
And let the labouring barque climb hills of seas
Olympus-high, and duck again as low
As hell's from heaven. If it were now to die
'Twere now to be most happy, for I fear

---

159 See ... behind–] *F*; *pas dans Q*. **163-167** *prose*] *F*; *vers Q*. **169** fly] *F*; Flee *Q*. **170** gyve ... courtship] *F* (give); catch you in your owne courtesies *Q*. **181** calms] *F*; calmenesse *Q*.

---

1. *cod.* Plus précisément « morue ». L'allusion exacte est obscure, mais il s'agit, à l'évidence, de faire un marché de dupe. Sous-entendus grivois de *cod* (cf. « codpiece »,

Qui toujours eut de l'or, mais sans faire d'excès,
Réfréna ses désirs, disant « oui, je pourrais »,
Qui, dépitée, tenant sous la main sa vengeance,
En chassant la rancune eut raison de l'offense ;
Qui ne s'en fut jamais, faute de jugement,
Troquer queue de saumon pour tête de hareng[1],
Qui savait se taire et n'en pensait pas moins,
Qui, escortée d'amants, ne se retourna point —
Celle-là était femme, si jamais il en fut — à —

DESDÉMONE. – A quoi donc ?

IAGO. – Allaiter des nigauds et tenir son ménage[2].

DESDÉMONE. – Oh ! conclusion boiteuse et infirme entre toutes ! Ne l'écoute pas, Émilie, bien qu'il soit ton mari. Qu'en dites-vous, Cassio, n'est-ce pas là un conseiller bien hardi et mal embouché[3] ?

CASSIO. – Il parle sans détours, madame. Sans doute goûterez-vous mieux en lui le soldat que le lettré.

Cassio et Desdémone se parlent en aparté

IAGO (*à part*). – Il lui prend la main, paume contre paume. C'est ça, excellent[4] — parle-lui à l'oreille. Avec un fil[5] si mince j'entortillerai cette grosse mouche de Cassio. C'est ça, souris-lui, mais souris-lui donc ! De tes galanteries je te ferai des chaînes. Tu dis vrai, — tout juste. Si ces mignardises te font perdre ta lieutenance, mieux valait t'abstenir d'envoyer si souvent du bout de trois doigts des baisers[6], comme je t'y vois encore disposé, pour faire le mirliflore. Parfait. Jolis baisers, belle révérence ; à la bonne heure ! Les doigts sur les lèvres, encore ? Je t'y voudrais voir des canules à clystère, oui !

Trompettes à l'intérieur

(*A haute voix*) Le Maure. Je reconnais sa trompette.

CASSIO. – En effet.

DESDÉMONE. – Allons à ses devants pour l'accueillir.

CASSIO. – Tenez, le voici.

Entre Othello avec sa suite

OTHELLO (*à Desdémone*). – Ô ma belle guerrière !

DESDÉMONE. – Mon cher Othello !

OTHELLO. – Ma surprise est égale à mon bonheur de voir
Que vous m'avez devancé. Ô joie de mon âme,
S'il vient cette bonace après chaque tempête,
Puissent les vents souffler à réveiller la mort,
La barque en son effort gravir les mont liquides
Aussi haut que l'Olympe, et redescendre aussi bas
Que l'enfer est loin du ciel ! Mourir en cet instant
Serait plaisir suprême. Car mon âme, je crains,

---

braguette) et de *tail* (queue). **2.** Littéralement : « mesurer la petite bière », le sens étant : s'occuper de tâches domestiques sans intérêt. **3.** L'adjectif *profane* a déjà été utilisé par Brabantio pour décrire Iago (I,1,115). **4.** *well said.* Semble signifier « well done » ; cf. IV,1,112 et V,1,100. **5.** *web.* La toile que file l'araignée. Voir III,4,63 et la note, et l'Introduction, p. 53. **6.** Envoyer des baisers ou faire le baise-main correspond sur la scène de l'époque à l'image caricaturale du courtisan italien.

My soul hath her content so absolute
That not another comfort like to this
Succeeds in unknown fate.

DESDEMONA. – The heavens forbid
But that our loves and comforts should increase
Even as our days do grow.

OTHELLO. – Amen to that, sweet powers!
I cannot speak enough of this content.
It stops me here, it is too much of joy.
And this, (*they kiss*) and this, the greatest discords be
That e'er our hearts shall make.

IAGO (*aside*). – O, you are well tuned now,
But I'll set down the pegs that make this music,
As honest as I am.

OTHELLO. – Come, let us to the castle.
News, friends : our wars are done, the Turks are drowned.
How does my old acquaintance of this isle? –
Honey, you shall be well desired in Cyprus,
I have found great love amongst them. O my sweet,
I prattle out of fashion, and I dote
In mine own comforts. I prithee, good Iago,
Go to the bay and disembark my coffers.
Bring thou the master to the citadel.
He is a good one, and his worthiness
Does challenge much respect. Come, Desdemona. –
Once more, well met at Cyprus!

Exeunt Othello and Desdemona with all but Iago and Roderigo

IAGO (*to an attendant as he goes out*). – Do thou meet me presently at the harbour. (*To Roderigo*) Come hither. If thou beest valiant — as they say base men being in love have then a nobility in their natures more than is native to them — list me. The lieutenant tonight watches on the court of guard. First, I must tell thee this : Desdemona is directly in love with him.

RODERIGO. – With him? Why, 'tis not possible!

IAGO. – Lay thy finger thus, and let thy soul be instructed. Mark me with what violence she first loved the Moor, but for bragging and telling her fantastical lies. To love him still for prating? — let not thy discreet heart think it. Her eye must be fed, and what delight shall she have to look on the devil? When the blood is made dull with the act of sport, there should be again to inflame it, and to give satiety a fresh appetite, loveliness in favour, sympathy in years, manners, and beauties, all which the Moor is defective in. Now, for want of these required conveniences, her delicate tenderness will find itself abused, begin to heave the gorge, disrelish and abhor the Moor. Very nature will instruct her in it and compel her to

---

195-197 *vers*] *Q* ; *prose F*. **199** does my] *F* ; doe our *Q*. **210** hither] *Q* ; thither *F*. **218** To] *F* ; and will she *Q*. **218** thy] *F* ; the *Q*. **221** again] *Q* ; a game *F*. **221** appetite, loveliness] *Theobald (1733)* ; appetite. Lovelinesse *F* ; appetite. Love lines *Q*.

Est parvenue à un bonheur si absolu
Que nulle autre félicité pareille ne l'attend
Dans le secret du destin.

DESDÉMONE. – A Dieu ne plaise ! mais
Que notre amour, notre félicité grandissent
Comme croissent nos jours !

OTHELLO. – Ainsi soit-il, puissances
Bienveillantes ! J'ai peine à dire tant de bonheur.
Il me coupe le souffle[1], c'est trop de joie.
Que ceci (*ils s'embrassent*) et ceci encore soient les pires discordances
Qui viennent en nos cœurs !

IAGO (*à part*). – Oh ! que vous voici bien accordés !
Mais je détendrai les cordes qui font cette musique[2],
Foi d'honnête homme.

OTHELLO. – Venez, allons au château.
Grande nouvelle, amis : notre guerre est finie, les Turcs
Sont noyés. Comment vont mes vieilles connaissances dans l'île ? –
Mon trésor, vous serez très demandée à Chypre.
On y avait pour moi grande affection. Ô ma chérie,
Je bavarde sans réfléchir, et mon bonheur
Me fait déraisonner. Cher Iago, je te prie,
Va donc à la baie et débarque mes coffres.
Amène le commandant à la citadelle.
Il connaît son métier, et son mérite exige
Les plus grands égards. Venez, Desdémone. Et encore,
Heureuses retrouvailles à Chypre !

Tous sortent avec Othello et Desdémone, sauf Iago et Roderigo

IAGO (*à un domestique qui sort*). – Rejoins-moi sans tarder au port. (*A Roderigo*) Approche. Si tu as du cœur – et un amoureux vulgaire, dit-on, trouve dans sa nature plus de générosité qu'il n'en a reçu en partage, – écoute-moi. Le lieutenant est de service ce soir au corps de garde. Et, pour commencer, je t'annonce que Desdémone est bel et bien amoureuse de lui.

RODERIGO. – De lui ? Mais ce n'est pas possible !

IAGO. – Mets ton doigt comme ceci[3], et que ton âme s'instruise. Remarque-moi bien avec quelle violence elle est tout de suite tombée amoureuse du Maure, rien que pour ses rodomontades et ses extravagants mensonges. Et elle continuerait de l'aimer pour son verbiage ? – que ton cœur avisé se détrompe ! L'œil veut être régalé, et quel plaisir trouvera-t-elle à contempler le diable ? Les ardeurs du sang une fois émoussées par leurs ébats, il faudrait, pour les raviver et redonner appétit à la satiété, la grâce du visage, une conformité d'âge, d'éducation, de beauté – tout ce dont le Maure est dépourvu. Or, faute de ces indispensables séductions, l'extrême raffinement de la dame s'apercevra de son erreur ; elle en aura des nausées, un dégoût, une haine de son Maure. La nature elle-même se chargera de l'instruire et lui imposera

---

1. *here.* « ici », c.-à-d. à la gorge ; le texte est porté par la gestuelle (comme au vers suivant). 2. *pegs.* Désigne les chevilles où vient s'enrouler l'extrémité des cordes ; en modifiant la tension Iago va désaccorder l'instrument. La discordance est à l'époque une métaphore du chaos. 3. C.-à-d. « sur tes lèvres ».

some second choice. Now, sir, this granted – as it is a most pregnant and unforced position – who stands so eminent in the degree of this fortune as Cassio does ? – a knave very voluble, no further conscionable than in putting on the mere form of civil and humane seeming for the better compass of his salt and most hidden loose affection. Why, none ; why, none – a slipper and subtle knave, a finder of occasion, that has an eye can stamp and counterfeit advantages, though true advantage never present itself, a devilish knave ! Besides, the knave is handsome, young, and hath all those requisites in him that folly and green minds look after. A pestilent complete knave, and the woman hath found him already.

RODERIGO. – I cannot believe that in her. She's full of most blessed condition.

IAGO. – Blessed fig's end ! The wine she drinks is made of grapes. If she had been blessed, she would never have loved the Moor. Blessed pudding ! Didst thou not see her paddle with the palm of his hand ? Didst not mark that ?

RODERIGO. – Yes, that I did, but that was but courtesy.

IAGO. – Lechery, by this hand ; an index and obscure prologue to the history of lust and foul thoughts. They met so near with their lips that their breaths embraced together. Villainous thoughts, Roderigo ! When these mutualities so marshal the way, hard at hand comes the master and main exercise, th'incorporate conclusion. Pish ! But, sir, be you ruled by me. I have brought you from Venice. Watch you tonight. For the command, I'll lay't upon you. Cassio knows you not ; I'll not be far from you. Do you find some occasion to anger Cassio, either by speaking too loud, or tainting his discipline, or from what other course you please, which the time shall more favourably minister.

RODERIGO. – Well.

IAGO. – Sir, he's rash and very sudden in choler, and haply may strike at you. Provoke him that he may, for even out of that will I cause these of Cyprus to mutiny, whose qualification shall come into no true taste again but by the displanting of Cassio. So shall you have a shorter journey to your desires by the means I shall then have to prefer them, and the impediment most profitably removed, without the which there were no expectation of our prosperity.

RODERIGO. – I will do this, if you can bring it to any opportunity.

IAGO. – I warrant thee. Meet me by and by at the citadel. I must fetch his necessaries ashore. Farewell.

RODERIGO. – Adieu. *Exit*

IAGO. – That Cassio loves her, I do well believe it.
That she loves him, 'tis apt and of great credit.

---

227 eminent] *F* ; eminently *Q*. 230-231 most ... subtle] *F* ; hidden affections : A subtle slippery *Q*. 232-233 advantages ... knave] *F* ; the true advantages never present themselves *Q*. 238 Blessed pudding] *F* ; *pas dans Q*. 239-240 Didst ... that] *F* ; *pas dans Q*. 241 that I did] *F* ; *pas dans Q*. 242 obscure] *F* ; *pas dans Q*. 244 Villainous ... Roderigo] *F* ; *pas dans Q*. 245 mutualities] *Q* ; mutabilities *F*. 245 hard] *F* ; hand *Q*. 245 master and] *F* ; *pas dans Q*. 246 Pish] *F* ; *pas dans Q*. 250 course] *F* ; cause *Q*. 253 haply] *F* ; haply with his Trunchen *Q*. 255-256 taste again] *F* ; trust again't *Q*. 260 you] *F* ; I *Q*.

quelque second choix. Or, monsieur, ceci admis – et c'est une proposition fort évidente et naturelle – qui donc, pour hériter de cette bonne fortune occupe une position aussi éminente que Cassio ? – un gredin de beau parleur, sans autres principes[1] que d'afficher une pure et simple apparence d'honnête civilité, pour mieux satisfaire la lubricité de désirs salaces et bien dissimulés. Personne, voyons ! non, personne – un gredin sournois, un fourbe, un dénicheur d'occasions[2], dont l'œil sait créer[3] et forger l'événement favorable[4] même si cet événement, en fait, n'existe pas – un diabolique gredin ! En outre, il est joli garçon ce gredin, jeune, et doué de tous les agréments que recherche une dévergondée[5], un esprit naïf. Une carogne de fieffé gredin, et la fille l'a déjà senti.

RODERIGO. – D'elle je ne peux pas le croire. Il y a trop de sainteté en sa nature.

IAGO. – Sainteté, bernique. Le vin qu'elle boit est fait de raisins. Si elle avait été une sainte, elle ne se serait pas amourachée du Maure. Sainte farce, oui ! Tu as remarqué comme elle lui palpait la paume de la main ? Tu as vu ça ?

RODERIGO. – Oui, je l'ai bien vu, mais c'était pure courtoisie.

IAGO. – Luxure, par cette main que voici ; exorde et prologue obscur d'une chronique de débauche et de pensées honteuses. Leurs lèvres se sont rapprochées au point que leurs haleines mêlées s'enlaçaient. Pensées abominables, Roderigo ! Quand ces privautés ouvrent ainsi la voie, sur leurs talons suit la grande, la maîtresse besogne, le corps à corps final. Pouah ! Mais fiez-vous à moi, monsieur. Je vous ai amené ici de Venise. Montez la garde ce soir. L'ordre, c'est moi qui vous le donnerai. Cassio ne vous connaît pas ; je me tiendrai à proximité. Trouvez donc quelque occasion d'irriter Cassio, soit en parlant trop haut, soit en critiquant sa science militaire[6], ou par tel autre moyen qu'il vous plaira, et que le moment vous fournira le plus à propos.

RODERIGO. – Bien.

IAGO. – Monsieur, il est vif ; il a la tête près du bonnet, et il se peut qu'il lève la main sur vous. Incitez-le à le faire, car je trouverai là prétexte à fomenter une émeute parmi les gens de Chypre, et, pour ramener le calme[7], il ne leur faudra pas moins que la disgrâce de Cassio. Ainsi prendrez-vous le plus court chemin vers la satisfaction de vos désirs, par ce moyen que j'aurai alors de les servir, et l'obstacle sera fort avantageusement levé, faute de quoi il n'y aurait pour nous aucun espoir de succès.

RODERIGO. – J'obéirai, si vous parvenez à m'en fournir l'occasion.

IAGO. – Compte sur moi. Viens sans tarder me rejoindre à la citadelle. Il me faut débarquer ses bagages. Au revoir.

RODERIGO. – Adieu. *Il sort*

IAGO. – Cassio l'aime ; j'en suis persuadé. Et lui,
Elle l'aime : c'est naturel et fort plausible.

---

1. *conscionable.* Terme rare, seul emploi dans Sh. 2. Suggère le scélérat machiavélique. 3. *stamp.* « Battre monnaie », et donc « mettre en circulation ». 4. *advantage.* Reprend *occasion.* 5. *folly.* Connote l'inconduite ; voir ci-dessus II,1,139 note. 6. Cf. I,1,21-26. 7. Formulation elliptique et obscure ; *qualification :* soit « nature », « caractère », soit « apaisement », du verbe « qualify » (tempérer, couper [une boisson], cf. II,3,31) ; *whose* a pour antécédent *mutiny.*

The Moor – howbe't that I endure him not –
Is of a constant, loving, noble nature,
And I dare think he'll prove to Desdemona
A most dear husband. Now I do love her too,
Not out of absolute lust – though peradventure
I stand accountant for as great a sin –
But partly led to diet my revenge
For that I do suspect the lusty Moor
Hath leapt into my seat, the thought whereof
Doth, like a poisonous mineral, gnaw my inwards ;
And nothing can or shall content my soul
Till I am evened with him, wife for wife –
Or failing so, yet that I put the Moor
At least into a jealousy so strong
That judgement cannot cure, which thing to do,
If this poor trash of Venice whom I trace
For his quick hunting stand the putting on,
I'll have our Michael Cassio on the hip,
Abuse him to the Moor in the rank garb –
For I fear Cassio with my nightcap, too –
Make the Moor thank me, love me, and reward me
For making him egregiously an ass,
And practising upon his peace and quiet
Even to madness. 'Tis here, but yet confused.
Knavery's plain face is never seen till used. *Exit*

II, 2 *Enter Othello's Herald reading a proclamation*

HERALD. – It is Othello's pleasure – our noble and valiant general – that, upon certain tidings now arrived importing the mere perdition of the Turkish fleet, every man put himself into triumph : some to dance, some to make bonfires, each man to what sport and revels his addiction leads him ; for besides these beneficial news, it is the celebration of his nuptial. So much was his pleasure should be proclaimed. All offices are open, and there is full liberty of feasting from this present hour of five till the bell have told eleven. Heaven bless the isle of Cyprus and our noble general, Othello ! *Exit*

II, 3 *Enter Othello, Desdemona, Cassio, and attendants*

OTHELLO. – Good Michael, look you to the guard tonight.
Let's teach ourselves that honourable stop
Not to outsport discretion.
CASSIO. – Iago hath direction what to do,
But notwithstanding, with my personal eye

---

273 lusty] *F* ; lustfull *Q*. **277** evened] *F* ; even *Q*. **281** trace] *F* ; crush *Q*. **284** rank] *Q* ; right *F*. **II,2 4** addiction] *Q2* ; addition *F* ; minde *Q*. **7** of feasting] *F* ; *pas dans Q*. **8** Heaven] *Q* ; *pas dans F*. **II,3 4** direction] *F* ; directed *Q*.

Le Maure – même si je ne puis le souffrir –
Est une noble nature, aimante et fidèle,
Et doit, si je ne m'abuse, être pour Desdémone
Un mari bien-aimé. Or Desdémone, je l'aime
Moi aussi. Non par pure concupiscence, encore
Que d'un si gros péché je puisse être coupable, –
Mais en partie afin d'assouvir ma vengeance.
Car je soupçonne ce paillard de Maure
D'avoir chevauché ma monture[1], pensée qui,
Tel un philtre empoisonné, me ronge les entrailles,
Et rien ne peut ni ne doit me contenter l'âme
Tant que nous ne serons pas quittes, femme pour femme,
Ou qu'à défaut, je mette au moins le Maure
Dans une jalousie dont la raison
Soit impuissante à guérir la fureur. Et pour ce faire,
Si ce pauvre minus de Vénitien que je piste
Pour son ardeur à la chasse[2] répond à l'incitation,
Je tiens à ma merci notre Michel Cassio.
J'irai en dire au Maure pis que pendre – car je crains
De voir Cassio aussi sous mon bonnet de nuit –
Je tirerai du Maure mercis, amour et récompense
Pour l'avoir si bien tourné en bourrique, et miné
Sa paix et son repos jusqu'à le rendre fou.
C'est là[3]. Confus pour le moment. C'est à l'usage
Seul que vilenie découvre son visage. *Il sort*

Entre le Héraut d'Othello, lisant une proclamation[4] **II, 2**

LE HÉRAUT. – C'est le bon plaisir d'Othello – notre noble et vaillant général – que, vu les nouvelles sûres, arrivées à cette heure, annonçant la perte corps et biens de la flotte turque, chacun soit en liesse : que les uns dansent, que les autres allument des feux de joie, chacun se livrant aux plaisirs et aux réjouissances convenant le mieux à ses goûts ; car, outre ces bénéfiques nouvelles, le général célèbre ses noces. Voici ce qu'il lui a plu de faire proclamer. Cuisines et offices sont ouverts et chacun a pleine liberté de festoyer depuis cet instant, cinq heures, jusqu'à la cloche de onze heures. Le ciel bénisse l'île de Chypre et notre noble général Othello ! *Il sort*

Entrent Othello, Desdémone et Cassio avec leur suite[5] **II, 3**

OTHELLO. – Mon bon Michel, veillez cette nuit à la garde.
Imposons-nous cette honnête limite
En nos plaisirs, de ne pas dépasser la mesure.
CASSIO. – Iago sait ce qu'il doit faire.
Néanmoins j'y veillerai moi-même

---

1. Cf. I,3,359-360. 2. Contesté ; il peut s'agir d'une métaphore de chasse ou de fauconnerie*. 3. Geste d'Iago pour se frapper le front. 4. Lieu : comme précédemment, ou une rue de Chypre. 5. Lieu : une salle de la citadelle.

Will I look to't.

OTHELLO. – Iago is most honest.
Michael, good night. Tomorrow with your earliest
Let me have speech with you. (*To Desdemona*) Come, my dear love,
The purchase made, the fruits are to ensue.
That profit's yet to come 'tween me and you.
(*To Cassio*) Good night. *Exeunt Othello, Desdemona, and attendants*

Enter Iago

CASSIO. – Welcome, Iago. We must to the watch.

IAGO. – Not this hour, lieutenant; 'tis not yet ten o'th' clock. Our general cast us thus early for the love of his Desdemona, who let us not therefore blame. He hath not yet made wanton the night with her, and she is sport for Jove.

CASSIO. – She's a most exquisite lady.

IAGO. – And I'll warrant her full of game.

CASSIO. – Indeed, she's a most fresh and delicate creature.

IAGO. – What an eye she has! Methinks it sounds a parley to provocation.

CASSIO. – An inviting eye, and yet, methinks, right modest.

IAGO. – And when she speaks, is it not an alarum to love?

CASSIO. – She is indeed perfection.

IAGO. – Well, happiness to their sheets. Come, lieutenant. I have a stoup of wine, and here without are a brace of Cyprus gallants that would fain have a measure to the health of black Othello.

CASSIO. – Not tonight, good Iago. I have very poor and unhappy brains for drinking. I could well wish courtesy would invent some other custom of entertainment.

IAGO. – O, they are our friends! But one cup. I'll drink for you.

CASSIO. – I ha' drunk but one cup tonight, and that was craftily qualified, too, and behold what innovation it makes here! I am infortunate in the infirmity, and dare not task my weakness with any more.

IAGO. – What, man, 'tis a night of revels, the gallants desire it!

CASSIO. – Where are they?

IAGO. – Here at the door. I pray you call them in.

CASSIO. – I'll do't, but it dislikes me. *Exit*

IAGO. – If I can fasten but one cup upon him,
With that which he hath drunk tonight already
He'll be as full of quarrel and offence
As my young mistress' dog. Now my sick fool Roderigo,
Whom love hath turned almost the wrong side out,
To Desdemona hath tonight caroused
Potations pottle-deep, and he's to watch.
Three else of Cyprus – noble swelling spirits
That hold their honours in a wary distance,

---

20 to] *F*; of *Q*. **23** She] *F*; It *Q*. **32** infortunate] *F*; unfortunate *Q*. **45** else] *F*; lads *Q*.

De mes yeux.

OTHELLO. – Iago est fort honnête.
Bonsoir, Michel. Demain, dès que vous le pourrez,
Je voudrais vous parler. (*A Desdémone*) Venez, mon cher amour.
Après l'acquisition, les fruits sont à cueillir.
Pour nous cette jouissance est encore à venir.
(*A Cassio*) Bonne nuit. *Othello, Desdémone et leur suite sortent*

Entre Iago

CASSIO. – Bienvenue, Iago. Il nous faut prendre notre service.

IAGO. – Pas tout de suite, lieutenant ; il n'est pas encore dix heures. Notre général nous a congédiés si tôt pour l'amour de sa Desdémone, et on ne peut l'en blâmer. Ils n'ont pas encore pris leurs ébats nocturnes, et elle est un morceau digne de Jupiter.

CASSIO. – C'est une femme vraiment exquise.

IAGO. – Et coquine[1], j'en réponds.

CASSIO. – Vrai, elle a tant de fraîcheur, de délicatesse.

IAGO. – Et cet œil ! Il me semble battre la chamade en manière de provocation.

CASSIO. – Un œil aguichant ; et pourtant tout à fait modeste, il me semble.

IAGO. – Et quand elle parle, n'est-ce pas un appel aux combats de l'amour ?

CASSIO. – C'est la perfection même.

IAGO. – Soit. Bienheureux leurs draps ! Allez, venez, lieutenant. J'ai une cruche de vin, et il y a là dehors deux ou trois[2] galants de Chypre, qui boiraient volontiers à la santé du noir Othello.

CASSIO. – Pas ce soir, mon bon Iago. Le vin ne réussit guère à ma pauvre cervelle. J'aimerais bien que la courtoisie invente une autre façon de fêter les gens.

IAGO. – Oh ! mais ce sont des amis ! Rien qu'une coupe ! Je boirai à votre place.

CASSIO. – Je n'ai bu qu'une coupe ce soir, et encore adroitement mêlée d'eau, et voyez un peu l'effet sur moi ! J'ai cette malheureuse infirmité, et n'ose exiger plus de ma faiblesse.

IAGO. – Allons donc, mon cher, c'est fête ce soir ; nos galants vous en prient.

CASSIO. – Où sont-ils ?

IAGO. – Ici, à la porte. De grâce, dites-leur d'entrer.

CASSIO. – J'y vais, mais c'est à contrecœur. *Il sort*

IAGO. – Si je parviens à lui faire avaler
Fût-ce une coupe sur celle qu'il a bue ce soir,
Il sera querelleur et hargneux comme roquet
De demoiselle. Quant à mon amoureux transi,
Roderigo, que l'amour a mis presque à l'envers,
Il a bu ce soir à Desdémone
A pleins brocs[3], et il monte la garde.
De plus trois Cypriotes, — âmes fières, fougueuses,
Et qui veillent de près sur leur honneur,

---

1. Pour *game* en ce sens, voir *Troïlus et Cresside,* IV,6,64. 2. *brace.* Habituellement deux ; mais Iago dira plus loin (45) qu'ils sont trois. 3. *pottle.* Mesure usuelle pour les liquides. Équivalent de deux « quarts » (un peu moins de deux litres et demi).

The very elements of this warlike isle –
Have I tonight flustered with flowing cups,
And they watch too. Now 'mongst this flock of drunkards
Am I to put our Cassio in some action
That may offend the isle.

Enter Montano, Cassio, Gentlemen, [and servants] with wine

But here they come.
If consequence do but approve my dream,
My boat sails freely both with wind and stream.

CASSIO. – Fore God, they have given me a rouse already.

MONTANO. – Good faith, a little one ; not past a pint,
As I am a soldier.

IAGO. – Some wine, ho !
(*Sings*) And let me the cannikin clink, clink,
And let me the cannikin clink.
A soldier's a man,
O, man's life's but a span,
Why then, let a soldier drink.
Some wine, boys !

CASSIO. – Fore God, an excellent song.

IAGO. – I learned it in England, where indeed they are most potent in potting. Your Dane, your German, and your swag-bellied Hollander – drink, ho ! – are nothing to your English.

CASSIO. – Is your Englishman so exquisite in his drinking ?

IAGO. – Why, he drinks you with facility your Dane dead drunk. He sweats not to overthrow your Almain. He gives your Hollander a vomit ere the next pottle can be filled.

CASSIO. – To the health of our general !

MONTANO. – I am for it, lieutenant, and I'll do you justice.

IAGO. – O sweet England !
(*Sings*) King Stephen was and a worthy peer,
His breeches cost him but a crown ;
He held them sixpence all too dear,
With that he called the tailor lown.
He was a wight of high renown,
And thou art but of low degree.
'Tis pride that pulls the country down,
Then take thy auld cloak about thee.
Some wine, ho !

CASSIO. – Fore God, this is a more exquisite song than the other.

IAGO. – Will you hear't again ?

CASSIO. – No, for I hold him to be unworthy of his place that does those things. Well, God's above all, and there be souls must be saved, and there be souls must not be saved.

---

49 they] *F* ; the *Q*. **50** to put] *Q* ; put to *F*. **54 et 63** God] *Q* ; heaven *F*. **67** exquisite] *F* ; expert *Q*. **74** and] *F* ; *pas dans Q*. **83** Fore God] *Q* ; Why *F*. **86** God's] *Q* ; heav'ns *F*. **86-87** saved, and ... saved.] *F* ; saved. *Q*.

Typiques tout à fait de cette île guerrière —
Que j'ai grisés ce soir après force rasades,
Sont de garde eux aussi. Or, dans ce troupeau d'ivrognes,
Je m'en vais envoyer notre Cassio commettre
Quelque action offensante pour l'île.

Entrent Montano, Cassio, des Gentilshommes [et des domestiques] avec du vin

Mais les voici.
Si mon rêve aboutit à la fin désirée,
Vogue ma barque, portée par vents et marées.

CASSIO. – Tudieu ! ils m'ont déjà fait boire.

MONTANO. – Si peu, ma foi, pas plus d'une pinte,
Parole de soldat.

IAGO. – Holà ! du vin !
(*Il chante*) Et tinte, tinte, le pot d'étain ;
Tinte le pot d'étain !
Le soldat est brave
Et la vie est brève,
Alors, verse au soldat du vin !
Du vin, garçons !

CASSIO. – Tudieu ! la belle chanson !

IAGO. – Je l'ai apprise en Angleterre où ce sont, pour sûr, des buveurs sans peur. Les Danois, les Allemands, et ces grosses panses de Hollandais — Holà ! à boire ! — ne sont rien à côté des Anglais.

CASSIO. – Ils tiennent si bien la boisson, les Anglais ?

IAGO. – Eh ! c'est un jeu pour eux d'envoyer le Danois rouler sous la table. L'Allemand, ils vous l'expédient sans effort, et le Hollandais, ils vous l'ont fait vomir avant même d'avoir rempli le second pichet.

CASSIO. – A la santé de notre général !

MONTANO. – J'en suis, lieutenant, et je vous rendrai justice.

IAGO. – Ô douce Angleterre !
(*Il chante*) Le roi Étienne était un preux.
Payant sa culotte un écu,
Au tailleur il dit : « Malotru,
C'est cinq sols de trop scrogneugneu ! »
C'était un grand potentat,
Et toi tu n'es qu'un rustaud.
La vanité perd l'État.
Remets donc ton vieux manteau[1].
Holà, du vin !

CASSIO. – Tudieu ! voilà une chanson encore plus belle que l'autre.

IAGO. – Voulez-vous l'entendre encore une fois ?

CASSIO. – Non, car je tiens pour indigne de son office celui qui agit de la sorte. Enfin, Dieu est le maître, et il y a des âmes qui seront sauvées et d'autres qui ne le seront pas[2].

---

1. Chanson* inspirée par une strophe d'une vieille ballade écossaise intitulée « Bell my Wife ». 2. Cassio parle théologie parce qu'il commence à dérailler ; toutefois, dans les vapeurs de l'ivresse, il découvre une vérité tragique, en même temps que le problème de la prédestination. Voir l'Introduction, p. 46.

IAGO. – It's true, good lieutenant.

CASSIO. – For mine own part – no offence to the general, nor any man of quality – I hope to be saved.

IAGO. – And so do I too, lieutenant.

CASSIO. – Ay, but, by your leave, not before me. The lieutenant is to be saved before the ensign. Let's ha' no more of this. Let's to our affairs. God forgive us our sins. Gentlemen, let's look to our business. Do not think, gentlemen, I am drunk. This is my ensign, this is my right hand, and this is my left. I am not drunk now. I can stand well enough, and I speak well enough.

GENTLEMEN. – Excellent well.

CASSIO. – Why, very well then. You must not think then that I am drunk.

Exit

MONTANO. – To th' platform, masters. Come, let's set the watch.

Exeunt Gentlemen

IAGO. – You see this fellow that is gone before –
He's a soldier fit to stand by Caesar
And give direction ; and do but see his vice.
'Tis to his virtue a just equinox,
The one as long as th'other. 'Tis pity of him.
I fear the trust Othello puts him in,
On some odd time of his infirmity,
Will shake this island.

MONTANO. – But is he often thus ?

IAGO. – 'Tis evermore his prologue to his sleep.
He'll watch the horologe a double set
If drink rock not his cradle.

MONTANO. – It were well
The general were put in mind of it.
Perhaps he sees it not, or his good nature
Prizes the virtue that appears in Cassio,
And looks not on his evils. Is not this true ?

Enter Roderigo

IAGO [*aside*]. – How now, Roderigo !
I pray you after the lieutenant, go. *Exit Roderigo*

MONTANO. – And 'tis great pity that the noble Moor
Should hazard such a place as his own second
With one of an engraffed infirmity.
It were an honest action to say so
To the Moor.

IAGO. – Not I, for this fair island !
I do love Cassio well, and would do much
To cure him of this evil.

VOICES (*within*). – Help, help !

IAGO. – But hark, what noise ?

Enter Cassio, driving in Roderigo

---

94 God] *Q* ; *pas dans F.* 98 GENTLEMEN] *F (Gent.)* ; *All. Q.* 106 puts] *F* ; put *Q.* 114 Prizes] *F* ; Praises *Q.* 125 VOICES ... help !] *Q* (*Helpe, helpe, within.*) ; *pas dans F.*

IAGO. – Cela est vrai, cher lieutenant.

CASSIO. – Pour ma part — sans vouloir offenser le général ni aucun homme de qualité — j'espère bien être sauvé.

IAGO. – Et moi de même, lieutenant.

CASSIO. – Oui, mais permettez, pas avant moi. Le lieutenant doit être sauvé avant l'enseigne. Mais laissons cela. A nos affaires. Dieu nous pardonne nos péchés ! Messieurs, allons prendre notre service. Ne croyez pas, messieurs, que je sois ivre. Voici mon enseigne, voici ma main droite et voici la gauche. Je ne suis pas ivre à cette heure. Je tiens fort bien sur mes jambes et je parle fort bien.

LES GENTILSHOMMES. – On ne peut mieux.

CASSIO. – A la bonne heure. N'allez donc pas croire que je sois ivre.

Il sort

MONTANO. – Au terre-plein, messieurs. Venez, allons poster la garde.

Les Gentilshommes sortent

IAGO. – Celui qui a pris les devants, voyez-vous,
C'est un soldat digne de commander
Aux côtés de César ; et voyez donc son vice.
Il est de son mérite un équinoxe exact.
L'un est égal à l'autre. C'est dommage pour lui.
La confiance mise en lui par Othello
Va, je le crains, s'il lui prend quelque accès de son mal,
Ébranler cette île.

MONTANO. – Mais, il est souvent ainsi ?

IAGO. – C'est l'habituel prologue à son sommeil.
Il peut rester de garde un double tour d'horloge[1]
S'il n'est bercé par la boisson.

MONTANO. – Il serait bon
Que le général en fût averti.
Peut-être il n'en voit rien, ou son bon naturel
N'apprécie en Cassio que l'évident mérite,
Sans discerner les vices, n'est-il pas vrai ?

Entre Roderigo

IAGO [*à part*]. – Eh bien, Roderigo ?
Suivez le lieutenant, je vous prie. Allez. *Roderigo sort*

MONTANO. – Et c'est grand-pitié qu'imprudemment le noble Maure
Aille confier l'office éminent de son second
A un homme affligé d'un mal invétéré.
Ce serait bien agir que d'en aviser
Le Maure.

IAGO. – Pas moi ! Dût-on m'offrir cette belle île.
J'aime fort Cassio, et je ferais beaucoup
Pour le guérir de ce vice.

DES VOIX (*de l'intérieur*). – A l'aide ! à l'aide !

IAGO. – Écoutez donc. Quel est ce bruit ?

Entre Cassio, poursuivant Roderigo

1. Soit deux fois douze heures.

CASSIO. – 'Swounds, you rogue, you rascal !

MONTANO. – What's the matter, lieutenant ?

CASSIO. – A knave teach me my duty ? — I'll beat the knave into a twiggen bottle.

RODERIGO. – Beat me ?

CASSIO. – Dost thou prate, rogue ?

MONTANO. – Nay, good lieutenant, I pray you, sir, hold your hand.

CASSIO. – Let me go, sir, or I'll knock you o'er the mazard.

MONTANO. – Come, come, you're drunk.

CASSIO. – Drunk ?

They fight

IAGO (*to Roderigo*). – Away, I say. Go out and cry a mutiny.

Exit Roderigo

Nay, good lieutenant. God's will, gentlemen !
Help, ho ! Lieutenant ! Sir ! Montano ! Sir !
Help, masters. Here's a goodly watch indeed.

A bell rung

Who's that which rings the bell ? Diablo, ho !
The town will rise. God's will, lieutenant, hold.
You'll be ashamed for ever.

Enter Othello and attendants, with weapons

OTHELLO. – What is the matter here ?

MONTANO. – 'Swounds, I bleed still. I am hurt to th' death. (*Attacking Cassio*)
[He dies.

OTHELLO. – Hold, for your lives !

IAGO. – Hold, ho, lieutenant, sir, Montano, gentlemen !
Have you forgot all place of sense and duty ?
Hold, the general speaks to you. Hold, hold, for shame.

OTHELLO. – Why, how now, ho ? From whence ariseth this ?
Are we turned Turks, and to ourselves do that
Which heaven hath forbid the Ottomites ?
For Christian shame, put by this barbarous brawl.
He that stirs next to carve for his own rage
Holds his soul light. He dies upon his motion.
Silence that dreadful bell — it frights the isle
From her propriety.

[*Bell stops*]

What is the matter, masters ?
Honest Iago, that looks dead with grieving,
Speak. Who began this ? On thy love I charge thee.

IAGO. – I do not know. Friends all but now, even now,
In quarter and in terms like bride and groom
Devesting them for bed ; and then but now —
As if some planet had unwitted men —

---

126 'Swounds] *Q* (Zouns) ; *pas dans F*. 128 twiggen] *F* ; wicker *Q*. 132-133 *prose*] *Q* ; *vers F*. 132 Nay] *F* ; *pas dans Q*. 137 God's will] *Q* ; Alas *F*. 141 God's will] *Q* ; Fie, fie *F*. 141 hold] *Q* ; *pas dans F*. 143 'Swounds] *Q* (Zouns) ; *pas dans F*. 143 He dies.] *F* ; *pas dans Q*. 152 for] *F* ; forth *Q*.

CASSIO. – Sacrebleu ! coquin ! canaille !
MONTANO. – Qu'y a-t-il, lieutenant ?
CASSIO. – Un gredin, m'apprendre mon devoir ! – Je m'en vais le rosser ce gredin, j'en ferai une bouteille clissée[1].
RODERIGO. – Me rosser, moi ?
CASSIO. – Ah ! tu jases, coquin ?
MONTANO. – Voyons, cher lieutenant, de grâce, monsieur, contenez-vous.
CASSIO. – Lâchez-moi, monsieur, ou je vous fends la caboche.
MONTANO. – Allons, allons, vous êtes ivre.
CASSIO. – Ivre ?

Ils se battent

IAGO (*à Roderigo*). – Allez, file. Décampe et crie à l'émeute.

Roderigo sort

Voyons, bon lieutenant. A Dieu ne plaise, messieurs !
Holà, à l'aide ! lieutenant ! monsieur ! Montano ! monsieur !
A l'aide, messieurs ! Ah ! la jolie garde !

Une cloche sonne

Qui donc sonne le tocsin ? Holà ! Diablo ! la ville
Va se soulever. A Dieu ne plaise ! lieutenant, assez !
Vous vous déshonorez à jamais.

Entrent Othello et sa suite, en armes

OTHELLO. – Qu'y a-t-il ?
MONTANO. – Morbleu ! je saigne toujours. Je suis frappé à mort. (*Il se jette* [*sur Cassio*]) Tiens, meurs !
OTHELLO. – Assez, sur votre vie !
IAGO. – Assez ! Holà ! lieutenant ! monsieur ! Montano !
Messieurs ! vous oubliez le lieu et le devoir.
Assez ! le général vous parle. Assez, assez, de grâce !
OTHELLO. – Allons, voyons, holà ! la cause de ceci ?
Sommes-nous devenus des Turcs pour nous faire à nous-mêmes
Ce que le ciel refuse aux Ottomans[2] ?
Par pudeur de chrétiens, cessez cette rixe barbare.
Qui bronche le premier pour satisfaire sa rage
Fait peu cas de son âme : un geste et il est mort.
Faites taire ce tocsin : il sème l'effroi dans l'île,
Et la perturbation.

[*La cloche s'arrête*]

Qu'y a-t-il donc, messieurs ?
Honnête Iago, tu sembles anéanti de douleur.
Parle. Qui a commencé ? Dis-le-moi si tu m'aimes.
IAGO. – Je n'en sais rien. Amis l'instant d'avant ; à l'instant même
En bonne intelligence, ainsi que deux mariés
Qui se dévêtent pour se mettre au lit ; puis à l'instant –
Une planète avait-elle dérangé les esprits[3] ? –

---

1. Insulte gratuite, ou allusion aux stries dont l'osier tressé recouvre la bouteille (les stries étant ici les traces de coups). **2.** C.-à-d. « nous détruire » (puisque le ciel a dispersé la flotte turque). **3.** Cf. V,2,118-120.

Swords out, and tilting one at others' breasts
In opposition bloody. I cannot speak
Any beginning to this peevish odds,
And would in action glorious I had lost
Those legs that brought me to a part of it.
OTHELLO. – How comes it, Michael, you are thus forgot?
CASSIO. – I pray you pardon me. I cannot speak.
OTHELLO. – Worthy Montano, you were wont be civil.
The gravity and stillness of your youth
The world hath noted, and your name is great
In mouths of wisest censure. What's the matter,
That you unlace your reputation thus,
And spend your rich opinion for the name
Of a night-brawler? Give me answer to it.
MONTANO. – Worthy Othello, I am hurt to danger.
Your officer Iago can inform you,
While I spare speech – which something now offends me –
Of all that I do know; nor know I aught
By me that's said or done amiss this night,
Unless self-charity be sometimes a vice,
And to defend ourselves it be a sin
When violence assails us.
OTHELLO. – Now, by heaven,
My blood begins my safer guides to rule,
And passion, having my best judgement collied,
Essays to lead the way. 'Swounds, if I stir,
Or do but lift this arm, the best of you
Shall sink in my rebuke. Give me to know
How this foul rout began, who set it on,
And he that is approved in this offence,
Though he had twinned with me, both at a birth,
Shall lose me. What, in a town of war
Yet wild, the people's hearts brimful of fear,
To manage private and domestic quarrel
In night, and on the court and guard of safety!
'Tis monstrous. Iago, who began't?
MONTANO (*to Iago*). – If partially affined or leagued in office
Thou dost deliver more or less than truth,
Thou art no soldier.
IAGO. – Touch me not so near.
I had rather ha' this tongue cut from my mouth
Than it should do offence to Michael Cassio.
Yet I persuade myself to speak the truth
Shall nothing wrong him. This it is, general.
Montano and myself being in speech,

---

167 comes ... are] *F*; came ... were *Q*. **172** mouths] *F*; men *Q*. **185** collied] *F*; coold *Q*. **186** 'Swounds, if I] *Q* (Zouns); If I once *F*. **197** leagued] *Pope (1723-1725)*; league *F Q*. **200** cut] *F*; out *Q*.

L'épée au clair, chacun cherche la poitrine de l'autre
En un sanglant assaut. Je ne saurais vous dire
Quel fut le début de cette mauvaise querelle.
Et je voudrais, en un glorieux combat, avoir perdu les jambes
Qui m'ont porté jusqu'ici pour me mêler à l'affaire.

OTHELLO. – Avez-vous pu, Michel, vous oublier ainsi ?

CASSIO. – De grâce, excusez-moi ; je ne peux rien dire.

OTHELLO. – Digne Montano, vous avez toujours été civil.
On connaît le sérieux, le sang-froid de votre jeunesse,
Et votre renommée est grande dans la bouche
Des plus sages censeurs. Que se passe-t-il donc,
Qu'ainsi vous détruisez[1] votre réputation,
Sacrifiant votre renommée, pour vous faire appeler
Fauteur de tapage nocturne ? Répondez-moi.

MONTANO. – Digne Othello, mes jours sont en danger.
Votre officier, Iago, peut vous informer
— J'évite de parler, car cela m'est pénible —
De tout ce que je sais, et je ne sais ce que
J'ai dit ou fait ce soir qui fût répréhensible,
A moins que tenir à sa vie soit crime à l'occasion,
Et se défendre un péché, quand la violence
Vous menace.

OTHELLO. – Ah ! par le ciel, mon sang commence
A gouverner mes plus sûrs conseillers[2], la colère,
Obscurcissant un jugement mieux avisé,
Veut me conduire. Morbleu, si je bouge
Ou lève seulement ce bras, les meilleurs d'entre vous
Tomberont sous mes coups. Dites-moi donc comment
Et par qui commença cette indigne bagarre,
Et celui qui sera convaincu de la faute,
Fût-il mon jumeau, né avec moi, ne m'est plus rien.
Quoi ! dans une ville en guerre, et encore en tumulte,
Où le cœur des habitants déborde de frayeur,
Susciter une querelle intestine et privée,
De nuit, chez ceux qui veillent à notre sûreté,
C'est monstrueux. Iago, qui a commencé ?

MONTANO (*à Iago*). – Si, de parti pris, ou par esprit de corps,
Tu en dis plus ou moins qu'il n'est vrai, tu n'es pas
Un soldat.

IAGO. – Ne frappe pas au cœur !
J'aimerais mieux qu'on m'arrache la langue de la bouche,
Si elle devait porter tort à Michel Cassio.
Pourtant, dire la vérité, je veux bien croire,
Ne peut lui nuire en rien. Voici, général.
Montano et moi-même étions à deviser

---

1. *unlace.* Sens contesté : soit « délacer », avec l'idée de défaire et de détruire, soit « découper en morceaux » (en particulier un lapin) et donc, ici encore, détruire. 2. « Mon sang », c.-à-d. la colère ; « mes plus sûrs conseillers » : ma raison, mon sang-froid.

There comes a fellow crying out for help,
And Cassio following him with determined sword
To execute upon him. Sir, this gentleman
Steps in to Cassio, and entreats his pause.
Myself the crying fellow did pursue,
Lest by his clamour, as it so fell out,
The town might fall in fright. He, swift of foot,
Outran my purpose, and I returned, the rather
For that I heard the clink and fall of swords
And Cassio high in oath, which till tonight
I ne'er might say before. When I came back –
For this was brief – I found them close together
At blow and thrust, even as again they were
When you yourself did part them.
More of this matter cannot I report,
But men are men. The best sometimes forget.
Though Cassio did some little wrong to him,
As men in rage strike those that wish them best,
Yet surely Cassio, I believe, received
From him that fled some strange indignity
Which patience could not pass.

OTHELLO. – I know, Iago,
Thy honesty and love doth mince this matter,
Making it light to Cassio. Cassio, I love thee,
But never more be officer of mine.

Enter Desdemona, attended

Look if my gentle love be not raised up.
I'll make thee an example.

DESDEMONA. – What is the matter, dear?

OTHELLO. – All's well now, sweeting.
Come away to bed. (*To Montano*) Sir, for your hurts
Myself will be your surgeon. (*To attendants*) Lead him off.

Exeunt attendants with Montano

Iago, look with care about the town,
And silence those whom this vile brawl distracted.
Come, Desdemona. 'Tis the soldier's life
To have their balmy slumbers waked with strife.

Exeunt all but Iago and Cassio

IAGO. – What, are you hurt, lieutenant?

CASSIO. – Ay, past all surgery.

IAGO. – Marry, God forbid.

CASSIO. – Reputation, reputation, reputation – O, I ha' lost my reputation, I ha' lost the immortal part of myself, and what remains is bestial! My reputation, Iago, my reputation.

IAGO. – As I am an honest man, I thought you had received some bodily wound. There is more sense in that than in reputation. Reputation is an

---

215 say] *F*; see *Q*. **231** dear] *F*; *pas dans Q*. **236** vile] *F* (vil'd). **241** God] *Q*; Heaven *F*. **242-244** *prose*] *F*; *vers Q*.. **242** reputation–O] *F*; *pas dans Q*. **245** thought] *Q*; had thought *F*. **246** sense] *F*; offence *Q*.

Quand un homme survient, criant « A l'aide ! »
Suivi de Cassio, qui, l'épée résolue,
S'apprête à le frapper. Monsieur, ce gentilhomme[1]
Se met devant Cassio et le supplie d'arrêter.
Moi-même je me lance après l'homme qui crie,
De peur que ses clameurs – ainsi qu'il arriva –
N'alarment la cité. Lui, rapide à la course,
Déjoue mon dessein, et je reviens, d'autant
Que j'entendais un choc, un cliquetis d'épées,
Et Cassio, jurant haut et fort, comme jamais
A ma connaissance avant ce soir. En arrivant –
Car ce fut bref – je les trouve aux prises, cognant
D'estoc et de taille ainsi qu'ils le faisaient
Quand vous les avez vous-même séparés.
Sur cette affaire je n'en peux dire davantage.
Mais un homme est un homme. Et le meilleur parfois
Ne se connaît plus. Cassio l'a un peu malmené,
Comme un homme en colère frappe qui lui veut du bien.
Mais Cassio, je le crois, a sûrement reçu
De ce fuyard quelque affront inouï
Que la patience ne peut laisser passer.

OTHELLO. – Je sais, Iago :
L'honnêteté et l'amitié en toi atténuent cette histoire
Pour excuser Cassio. Cassio, tu m'es cher,
Mais tu ne seras jamais plus mon officier.

Entrent Desdémone et sa suite

Voyez s'ils n'ont pas fait lever ma bien-aimée.
Je ferai de toi un exemple.

DESDÉMONE. – Qu'y a-t-il, mon amour ?

OTHELLO. – Tout va bien maintenant, ma chérie.
Viens te coucher. (*A Montano*) Monsieur, de vos blessures
Je serai moi-même le chirurgien. (*Aux domestiques*) Conduisez-le.

Les domestiques sortent avec Montano

Iago, parcours avec attention la ville, et fais taire
Ceux qu'a pu affoler cette honteuse rixe.
Viens, Desdémone : c'est la vie des soldats
Que leur suave sommeil soit troublé de combats.

Tous sortent, sauf Iago et Cassio

IAGO. – Quoi ? êtes-vous blessé, lieutenant ?

CASSIO. – Oui, et la chirurgie n'y peut rien.

IAGO. – Ma foi ! A Dieu ne plaise !

CASSIO. – Réputation, réputation, réputation. Ah ! j'ai perdu ma réputation. J'ai perdu cette part immortelle de moi-même et ce qui reste est bestial. Ma réputation, Iago, ma réputation !

IAGO. – Foi d'honnête homme, je vous croyais atteint de quelque blessure corporelle. Cela fait plus mal que la réputation. La réputation est un

1. Montano.

idle and most false imposition, oft got without merit and lost without deserving. You have lost no reputation at all unless you repute yourself such a loser. What, man, there are more ways to recover the general again. You are but now cast in his mood – a punishment more in policy than in malice, even so as one would beat his offenceless dog to affright an imperious lion. Sue to him again, and he's yours.

CASSIO. – I will rather sue to be despised than to deceive so good a commander with so slight, so drunken, and so indiscreet an officer. Drunk, and speak parrot, and squabble ? Swagger, swear, and discourse fustian with one's own shadow ? O thou invisible spirit of wine, if thou hast no name to be known by, let us call thee devil.

IAGO. – What was he that you followed with your sword ? What had he done to you ?

CASSIO. – I know not.

IAGO. – Is't possible ?

CASSIO. – I remember a mass of things, but nothing distinctly ; a quarrel, but nothing wherefore. O God, that men should put an enemy in their mouths to steal away their brains ! That we should with joy, pleasance, revel, and applause transform ourselves into beasts !

IAGO. – Why, but you are now well enough. How came you thus recovered ?

CASSIO. – It hath pleased the devil drunkenness to give place to the devil wrath. One unperfectness shows me another, to make me frankly despise myself.

IAGO. – Come, you are too severe a moraller. As the time, the place, and the condition of this country stands, I could heartily wish this had not befallen ; but since it is as it is, mend it for your own good.

CASSIO. – I will ask him for my place again. He shall tell me I am a drunkard. Had I as many mouths as Hydra, such an answer would stop them all. To be now a sensible man, by and by a fool, and presently a beast ! O, strange ! Every inordinate cup is unblessed, and the ingredient is a devil.

IAGO. – Come, come. Good wine is a good familiar creature, if it be well used. Exclaim no more against it. And, good lieutenant, I think you think I love you.

CASSIO. – I have well approved it, sir – I drunk ?

IAGO. – You or any man living may be drunk at a time, man. I'll tell you what you shall do. Our general's wife is now the general. I may say so in this respect, for that he hath devoted and given up himself to the contemplation, mark, and denotement of her parts and graces. Confess yourself freely to her. Importune her help to put you in your place again. She is of so free, so kind, so apt, so blessed a disposition, she holds it a vice in her goodness not to do more than she is requested. This broken

---

249 more] *F* ; *pas dans Q*. **254** slight] *F* ; light *Q*. **254-256** Drunk ... shadow] *F* ; *pas dans Q*. **263** God] *Q* ; *pas dans F*. **276** O, strange] *F* ; *pas dans Q*. **276** inordinate] *F* ; unordinate *Q*. **276** ingredient] *F* ; ingredience *Q*. **282** a time, man] *F* ; some time *Q*. **282** I'll] *Q* ; I *F*. **285** denotement] *Q2* ; devotement *F Q*. **286** her help] *F* ; her, shee'll helpe *Q*. **288-289** broken joint] *F* ; braule *Q*.

---

1. *imposition.* Ce qui vous est attribué, conféré par les autres. 2. Proverbial (Tilley D443). 3. Littéralement : « parler comme un perroquet ». 4. L'hydre de Lerne, monstre

attribut[1] inutile et des plus factices, obtenu souvent sans mérite et perdu sans qu'on y soit pour rien. Vous n'avez en rien perdu la réputation, à moins que vous ne vous réputiez perdant là-dessus. Allons donc, mon cher ! Les moyens de rentrer en grâce auprès du général ne manquent pas. Votre renvoi n'est qu'un mouvement d'humeur, — châtiment plus politique que méchant, comme on rosserait un chien inoffensif pour effrayer un noble lion[2]. Sollicitez-le et il vous reviendra.

CASSIO. – J'aimerais mieux solliciter le mépris que tromper un si bon chef en lui infligeant un officier aussi indigne, ivrogne et malavisé. Boire, et jacasser[3] et se chamailler ? Plastronner, jurer et jargonner avec son ombre ? Ô toi, esprit invisible du vin, s'il n'existe pas de nom sous lequel on puisse t'invoquer, sois appelé démon !

IAGO. – Quel est cet homme que vous poursuiviez de votre épée ? Qu'est-ce qu'il vous a fait ?

CASSIO. – Je n'en sais rien.

IAGO. – Pas possible !

CASSIO. – Je me souviens d'une foule de choses, mais rien de distinct ; une querelle, mais pourquoi, je n'en sais rien. Ô Dieu ! faut-il que les hommes s'introduisent un ennemi dans la bouche pour qu'il leur vole la cervelle ! Faut-il que dans la joie, les plaisirs, la fête, sous les applaudissements, nous allions nous transformer nous-mêmes en bêtes !

IAGO. – Tiens, mais ça va plutôt mieux à présent. Comment avez-vous fait pour vous dégriser ainsi ?

CASSIO. – Il a plu au démon ivresse de céder la place au démon colère. Une imperfection m'en fait voir une autre pour m'inspirer un franc mépris de moi-même.

IAGO. – Allons, vous êtes un moraliste trop sévère. Vu le moment, le lieu et la situation de ce pays, j'aurais souhaité de tout cœur que ceci n'arrivât pas ; mais les choses étant ce qu'elles sont, arrangez-moi ça dans votre propre intérêt.

CASSIO. – Je lui demanderai de me rendre mon poste ; il me répondra que je suis un ivrogne. Si j'avais autant de bouches que l'hydre[4], cette réponse les fermerait toutes. Être tantôt un homme raisonnable, bientôt un sot et l'instant d'après une bête ! Étrange, oh ! oui ! Chaque coupe en excès est maudite et a pour ingrédient un démon.

IAGO. – Allons, allons, le bon vin est un bon génie familier[5] si on sait le prendre. Ne vous récriez plus contre lui. Tenez, cher lieutenant, vous me croyez, je crois, de vos amis.

CASSIO. – J'en ai eu de bonnes preuves, monsieur. — Ivre ! moi !

IAGO. – Vous ou un autre en cette vie pouvez fort bien être ivre, mon cher, à l'occasion. Écoutez ce que vous allez faire. La femme de notre général, c'est elle le général à présent. J'ai de bonnes raisons pour l'affirmer, car il s'est voué, consacré à la contemplation, à l'étude et à l'inventaire de ses attraits et de ses charmes. Confessez-vous à elle ouvertement. Sollicitez son appui pour vous faire rendre votre poste. Elle est d'un naturel si ouvert, si généreux, si complaisant et béni du ciel[6], qu'elle croirait manquer à

à plusieurs têtes tué par Hercule. Pour chaque tête coupée il en repoussait deux. **5.** *familiar.* Deux sens : 1) domestique ; 2) référence aux « familiars », esprits démoniaques au service des sorcières*, Cassio lui-même venant d'employer *devil.* **6.** Cf. II,1,237-238.

joint between you and her husband entreat her to splinter, and, my fortunes against any lay worth naming, this crack of your love shall grow stronger than it was before.

CASSIO. – You advise me well.

IAGO. – I protest, in the sincerity of love and honest kindness.

CASSIO. – I think it freely, and betimes in the morning I will beseech the virtuous Desdemona to undertake for me. I am desperate of my fortunes if they check me here.

IAGO. – You are in the right. Good night, lieutenant. I must to the watch.

CASSIO. – Good night, honest Iago. *Exit*

IAGO. – And what's he then that says I play the villain,
When this advice is free I give, and honest,
Probal to thinking, and indeed the course
To win the Moor again ? For 'tis most easy
Th'inclining Desdemona to subdue
In any honest suit. She's framed as fruitful
As the free elements ; and then for her
To win the Moor, were't to renounce his baptism,
All seals and symbols of redeemèd sin,
His soul is so enfettered to her love
That she may make, unmake, do what she list,
Even as her appetite shall play the god
With his weak function. How am I then a villain,
To counsel Cassio to this parallel course
Directly to his good ? Divinity of hell :
When devils will the blackest sins put on,
They do suggest at first with heavenly shows,
As I do now ; for whiles this honest fool
Plies Desdemona to repair his fortune,
And she for him pleads strongly to the Moor,
I'll pour this pestilence into his ear :
That she repeals him for her body's lust,
And by how much she strives to do him good
She shall undo her credit with the Moor.
So will I turn her virtue into pitch,
And out of her own goodness make the net
That shall enmesh them all.

Enter Roderigo

How now, Roderigo ?

RODERIGO. – I do follow here in the chase, not like a hound that hunts, but one that fills up the cry. My money is almost spent, I ha' been tonight

---

296 here] *Q* ; *pas dans F.* **306** were't] *Q* ; were *F.*

---

1. Des éléments* naissent tous les êtres de la création. **2.** Formulation ambiguë, *her appetite* pouvant signifier soit le caprice de Desdémone, soit le désir qu'elle inspire à Othello ; *function* : « intellect ». **3.** C.-à-d. l'intervention de Cassio auprès de Desdémone, en même temps qu'une intervention d'Iago auprès d'Othello. **4.** *divinity.* Soit « théologie », soit

sa vertu de ne pas en faire plus que ce qu'on lui demande. Cette fracture entre vous et son mari, implorez-la de la réduire, et je parie ma carrière contre n'importe quel gage digne de ce nom que votre amitié fêlée en sortira consolidée.

CASSIO. – Votre conseil est bon.

IAGO. – Donné, je vous assure, par affection sincère, en toute bienveillance et honnêteté.

CASSIO. – Je le crois volontiers et demain, de grand matin, je supplierai la vertueuse Desdémone d'intercéder pour moi. Je désespère de ma carrière si je suis arrêté en ce point.

IAGO. – Vous avez raison. Bonne nuit, lieutenant. Je dois prendre ma garde.

CASSIO. – Bonne nuit, honnête Iago. *Il sort*

IAGO. – Et qui donc m'ira traiter de scélérat
Quand je donne un conseil honnête et généreux,
Séduisant pour l'esprit, et le moyen, c'est sûr,
De rentrer en grâce auprès du Maure ? Car c'est un jeu
De faire accepter à l'obligeante Desdémone
Une honnête requête. Sa nature est riche
Comme les généreux éléments[1]. Quant à persuader
Le Maure, même de renier son baptême
Et tous les symboles scellant la rémission du péché,
Elle tient son âme si fort enchaînée par l'amour
Qu'elle peut faire et défaire et agir à sa guise,
Tant que ce faible entendement aura pour dieu
Son désir[2]. Un scélérat, moi, de conseiller
A Cassio cette démarche parallèle[3]
Qui va droit au succès ? Théologie d'enfer[4] !
Pour pousser aux péchés les plus noirs, les démons
Séduisent tout d'abord sous des dehors célestes,
Comme moi aujourd'hui ; car tandis que cet honnête sot
Pour rentrer en grâce assiégera Desdémone,
Et qu'elle plaidera pour lui avec chaleur,
Je verserai ce poison dans l'oreille du Maure
Qu'elle veut rappeler Cassio pour sa jouissance,
Et plus elle en fera pour lui rendre service
Plus elle se perdra aux yeux du Maure. Ainsi
Je rendrai sa vertu noire comme de la poix[5],
Et de sa bonté même je ferai le filet
Où ils se prendront tous.

Entre Roderigo

Eh bien, Roderigo ?

RODERIGO. – Me voici, suivant la chasse non comme limier, mais pour grossir la meute[6]. J'ai dépensé presque tout mon argent. Je me suis fait ce soir

---

« sainteté ». **5.** Il s'agit à la fois de noircir la vertu de Desdémone et d'en faire un piège. La poix était proverbialement (Tilley P358) associée à l'idée de souillure morale. **6.** *follow.* Ici « poursuivre », « continuer à faire quelque chose » ; *cry* et « pack » (meute) sont synonymes. Le contraste est entre un chien qui chasse (*hunts*) et Roderigo qui se borne à faire nombre dans la meute.

exceedingly well cudgelled, and I think the issue will be I shall have so much experience for my pains : and so, with no money at all and a little more wit, return again to Venice.

IAGO. – How poor are they that ha' not patience!
What wound did ever heal but by degrees?
Thou know'st we work by wit and not by witchcraft,
And wit depends on dilatory time.
Does't not go well? Cassio hath beaten thee,
And thou by that small hurt hast cashiered Cassio.
Though other things grow fair against the sun,
Yet fruits that blossom first will first be ripe.
Content thyself a while. By the mass, 'tis morning.
Pleasure and action make the hours seem short.
Retire thee. Go where thou art billeted.
Away, I say. Thou shalt know more hereafter.
Nay, get thee gone. *Exit Roderigo*
Two things are to be done.
My wife must move for Cassio to her mistress.
I'll set her on.
Myself a while to draw the Moor apart,
And bring him jump when he may Cassio find
Soliciting his wife. Ay, that's the way.
Dull not device by coldness and delay. *Exit*

III, 1

Enter Cassio with Musicians

CASSIO. – Masters, play here — I will content your pains —
Something that's brief, and bid "Good morrow, general".

Music. Enter Clown

CLOWN. – Why, masters, ha' your instruments been in Naples, that they speak i'th' nose thus?

MUSICIAN. – How, sir, how?

CLOWN. – Are these, I pray you, wind instruments?

MUSICIAN. – Ay, marry are they, sir.

CLOWN. – O, thereby hangs a tail.

MUSICIAN. – Whereby hangs a tale, sir?

CLOWN. – Marry, sir, by many a wind instrument that I know. But masters, here's money for you, and the general so likes your music that he desires you, for love's sake, to make no more noise with it.

MUSICIAN. – Well, sir, we will not.

---

329 and so, with] *F*; as that comes to, and *Q*. **329-330** a little more] *F*; with that *Q*. **336** hast] *Q*; hath *F*. **339** By the mass] *Q*; Introth *F*. **343** Two] *F*; Some *Q*. **346** a while] *F Q*; the while *Theobald (1733)*. **III,1** **5** MUSICIAN] *F*; *Boy Q (de même 7, 9, 13, 16)*. **6** you] *F*; cald *Q*. **8-9** tail ... tale] *F* (tale ... tale), *Q* (tayle ... tayle). **12** for love's sake] *F*; of all loves *Q*.

---

1. Tout vient à son heure : le « premier fruit » est la réussite du premier complot (contre

bâtonner d'importance, et il m'en reviendra, j'imagine, pour mes peines, un peu plus d'expérience ; ainsi donc, sans plus du tout d'argent et avec un peu plus d'esprit, je rentre à Venise.

IAGO. – Qu'ils sont pauvres ceux qui manquent de patience !
Quelle blessure a jamais guéri, sinon peu à peu ?
Nous œuvrons par intrigue, non par sorcellerie, tu le sais,
Et pour l'intrigue il faut le temps – qui ne se presse guère.
Tout va bien, non ? Cassio t'a rossé et toi,
Sans plus grand mal, tu fais casser Cassio.
Bien des choses prospèrent au soleil et pourtant
Fruit qui fleurit le premier le premier sera mûr[1].
Patiente un peu. Par la messe, il fait jour !
Le plaisir et l'action font paraître le temps court.
Retire-toi. Retourne à ton cantonnement.
Va, te dis-je. Bientôt tu en sauras plus long.
Allez, file. *Roderigo sort*
Deux choses encore à faire :
Ma femme doit plaider pour Cassio auprès de sa maîtresse ;
Je vais l'y inciter.
Pendant ce temps, moi, j'écarte le Maure
Et le ramène à point nommé pour qu'il trouve Cassio
Sollicitant sa femme. Voilà, c'est cela même.
Que tiédeur ni délai ne nuisent au stratagème. *Il sort*

Entre Cassio avec des Musiciens[2] **III, 1**

CASSIO. – Messieurs, jouez ici – Je vous paierai vos peines –
Quelque chose de court, et puis « Bonjour Général ! »

Musique. Entre le Bouffon[3]

LE BOUFFON. – Eh bien, messieurs, vos instruments ont-ils été à Naples qu'ils parlent tous du nez[4] ?

UN MUSICIEN. – Comment cela, monsieur ? Comment ?

LE BOUFFON. – Sont-ils, je vous prie, des instruments à vent[5] ?

LE MUSICIEN. – Oui, pardi. C'en sont, monsieur.

LE BOUFFON. – Ah ! sans son et sans odeur ?

LE MUSICIEN. – Comment sans odeur, monsieur ?

LE BOUFFON. – Oui, monsieur, contrairement à beaucoup d'instruments à vent que je connais. Mais voici de l'argent pour vous, messieurs, et votre musique plaît tant au général qu'il souhaite, de grâce, que vous cessiez de faire du bruit avec.

LE MUSICIEN. – Fort bien, monsieur, nous obéissons.

Cassio) ; il faut attendre que le second (la conquête de Desdémone) parvienne à maturité. **2.** Lieu : devant le château. **3.** *Clown.* Domestique ou rustre, personnage comique de la scène élisabéthaine ; bien qu'il ne soit pas, au sens strict, un bouffon* (professionnel), il remplit une fonction analogue. **4.** Allusion aux ulcérations du « mal napolitain » (syphilis). **5.** Jeu de mots scatologique (*wind instruments,* « instruments à vent ») et grivois, jouant de l'expression courante « thereby hangs a tale », « et c'est toute une histoire » : homophonie *tale* (histoire) et *tail* (queue).

CLOWN. – If you have any music that may not be heard, to't again ; but, as they say, to hear music the general does not greatly care.

MUSICIAN. – We ha' none such, sir.

CLOWN. – Then put up your pipes in your bag, for I'll away. Go, vanish into air, away. *Exeunt Musicians*

CASSIO. – Dost thou hear, my honest friend ?

CLOWN. – No, I hear not your honest friend, I hear you.

CASSIO. – Prithee, keep up thy quillets. There's a poor piece of gold for thee. If the gentlewoman that attends the general's wife be stirring, tell her there's one Cassio entreats her a little favour of speech. Wilt thou do this ?

CLOWN. – She is stirring, sir. If she will stir hither, I shall seem to notify unto her.

CASSIO. – Do, good my friend. *Exit Clown*

Enter Iago

In happy time, Iago.

IAGO. – You ha' not been abed, then.

CASSIO. – Why, no. The day had broke
Before we parted. I ha' made bold, Iago,
To send in to your wife. My suit to her
Is that she will to virtuous Desdemona
Procure me some access.

IAGO. – I'll send her to you presently,
And I'll devise a mean to draw the Moor
Out of the way, that your converse and business
May be more free.

CASSIO. – I humbly thank you for't. *Exit Iago*
I never knew a Florentine more kind and honest.

Enter Emilia

EMILIA. – Good morrow, good lieutenant. I am sorry
For your displeasure, but all will sure be well.
The general and his wife are talking of it,
And she speaks for you stoutly. The Moor replies
That he you hurt is of great fame in Cyprus,
And great affinity, and that in wholesome wisdom
He might not but refuse you. But he protests he loves you,
And needs no other suitor but his likings
To take the saf'st occasion by the front
To bring you in again.

CASSIO. – Yet I beseech you,
If you think fit, or that it may be done,
Give me advantage of some brief discourse
With Desdemon alone.

EMILIA. – Pray you come in.
I will bestow you where you shall have time

---

18 into air] *F* ; *pas dans Q.* **22** general's wife] *Q* ; Generall *F.* **27** CASSIO ... friend] *Q* ; *pas dans F.* **39** sure] *F* ; soone *Q.* **46** To ... front] *Q* ; *pas dans F.* **50** Desdemon] *F* ; *Desdemona Q (de même III,3,56, IV,2,43, V,2,26, 211, 288).*

LE BOUFFON. – Si vous avez de la musique qui ne s'entende pas, reprenez ; mais, comme on dit, la musique n'est pas le fait de la généralité[1].

LE MUSICIEN. – Nous n'en avons pas de cette sorte, monsieur.

LE BOUFFON. – Dans ce cas, rengainez vos flûtes car je m'en vais. Allez, dissipez-vous dans l'air ; partez. *Les Musiciens sortent*

CASSIO. – Tu entends, mon honnête ami ?

LE BOUFFON. – Non, je n'entends pas votre honnête ami. C'est vous que j'entends.

CASSIO. – De grâce, garde tes subtilités. Voici une petite pièce d'or pour toi. Si la dame qui est au service de la femme du général est déjà sur pied, dis-lui qu'un certain Cassio sollicite la faveur d'un petit entretien. Veux-tu bien t'en charger ?

LE BOUFFON. – Elle est sur pied, monsieur. Si ses pieds la portent par ici, je lui notifierai, pour ainsi dire, votre demande.

CASSIO. – Va, mon brave ami. *Le Bouffon sort*

Entre Iago

Vous tombez à pic, Iago.

IAGO. – Vous ne vous êtes donc pas couché ?

CASSIO. – Ma foi non. Il faisait jour déjà, avant que l'on se quitte.
J'ai pris la liberté, Iago, d'envoyer un messager
A votre femme. Ma requête auprès d'elle
Est qu'elle m'obtienne quelque entrevue avec
La vertueuse Desdémone.

IAGO. – Je vous l'envoie sans attendre.
Et je m'en vais trouver un moyen d'éloigner
Le Maure, afin de vous laisser plus libre
De parler et d'agir.

CASSIO. – Mes humbles remerciements. *Iago sort*
Je n'ai jamais vu Florentin plus aimable et honnête[2].

Entre Émilie

ÉMILIE. – Bonjour, cher lieutenant. Je regrette
Votre disgrâce, mais tout s'arrangera certes.
Le général et sa femme en parlent à cette heure.
Elle parle pour vous avec force. Le Maure répond
Que votre victime a grand renom dans Chypre
Et de nobles alliés, et qu'en toute sagesse,
Il n'avait d'autre choix que de vous congédier. Mais,
Il vous aime – il le jure – et son affection plaide assez
Pour lui faire saisir aux cheveux la plus sûre occasion
De vous réintégrer.

CASSIO. – Pourtant, je vous supplie,
Si vous le jugez bon, ou si la chose est possible,
De me procurer quelque bref entretien
En tête à tête avec Desdémone.

ÉMILIE. – Je vous en prie, entrez.
Je vous mettrai en un lieu où vous aurez loisir

---

1. Jeu de mots sur *the general* (à la fois « le général » et « les gens »). 2. Le compliment n'est pas mince : Cassio est lui-même de Florence.

To speak your bosom freely.
CASSIO. – I am much bound to you. *Exeunt*

III, 2

Enter Othello, Iago, and Gentlemen

OTHELLO. – These letters give, Iago, to the pilot,
And by him do my duties to the senate.
That done, I will be walking on the works.
Repair there to me.
IAGO. – Well, my good lord, I'll do't. *Exit*
OTHELLO. – This fortification, gentlemen – shall we see't ?
A GENTLEMAN. – We'll wait upon your lordship. *Exeunt*

III, 3

Enter Desdemona, Cassio, and Emilia

DESDEMONA. – Be thou assured, good Cassio, I will do
All my abilities in thy behalf.
EMILIA. – Good madam, do. I warrant it grieves my husband
As if the cause were his.
DESDEMONA. – O, that's an honest fellow. Do not doubt, Cassio,
But I will have my lord and you again
As friendly as you were.
CASSIO. – Bounteous madam,
Whatever shall become of Michael Cassio
He's never anything but your true servant.
DESDEMONA. – I know't. I thank you. You do love my lord.
You have known him long, and be you well assured
He shall in strangeness stand no farther off
Than in a politic distance.
CASSIO. – Ay, but, lady,
That policy may either last so long,
Or feed upon such nice and wat'rish diet,
Or breed itself so out of circumstance,
That, I being absent and my place supplied,
My general will forget my love and service.
DESDEMONA. – Do not doubt that. Before Emilia here
I give thee warrant of thy place. Assure thee,
If I do vow a friendship I'll perform it
To the last article. My lord shall never rest.
I'll watch him tame, and talk him out of patience.
His bed shall seem a school, his board a shrift.
I'll intermingle everything he does

---

52 CASSIO ... you] *F* ; *pas dans Q.* III,2 2 senate] *F* ; State *Q.* 6 We'll] *F* (Well) ; We *Q.* III,3 3 warrant] *F* ; know *Q.* 4 cause] *F* ; case *Q.* 10 I know't] *F* ; O sir *Q.* 12 strangeness] *F* ; strangest *Q.*

---

1. Lieu : comme précédemment. 2. Lieu : comme précédemment ; ce peut être aussi la fin de l'entrevue dans une salle du château (Émilie a fait entrer Cassio à la scène

De lui parler à cœur ouvert.
CASSIO. – Je vous suis très obligé. *Ils sortent*

Entrent Othello, Iago et des Gentilshommes[1] III, 2

OTHELLO. – Iago, donnez ces lettres au pilote.
Et qu'il transmette mes devoirs au Sénat.
Sur ce, je vais faire un tour aux fortifications.
Venez m'y trouver.
IAGO. – Bien, ce sera fait, mon bon seigneur. *Il sort*
OTHELLO. – Ces défenses, messieurs — n'irons-nous pas les voir ?
UN GENTILHOMME. – Nous vous suivons, monseigneur. *Ils sortent*

Entrent Desdémone, Cassio et Émilie[2] III, 3

DESDÉMONE. – Sois-en sûr, mon bon Cassio[3], je ferai
Tout ce qui m'est possible en ta faveur.
ÉMILIE. – Oh ! oui, bonne madame ! Mon mari est peiné,
Je vous assure, comme s'il s'agissait de lui.
DESDÉMONE. – Ah ! c'est un honnête homme ! N'ayez crainte, Cassio.
Je vous rendrai, mon seigneur et vous-même,
Amis comme par le passé.
CASSIO. – Madame, ma bienfaitrice,
Quel que soit le sort réservé à Michel Cassio,
Il vous est à jamais un loyal serviteur.
DESDÉMONE. – Je sais. Je vous en remercie. Vous aimez mon seigneur.
Voici longtemps que vous le connaissez. Soyez-en sûr,
Il n'y a dans votre éloignement d'autre distance
Que politique.
CASSIO. – Oui, mais, madame,
Elle peut durer tant, cette politique,
Ou se nourrir d'aliments si légers, si aqueux,
Ou se fortifier si bien de l'événement,
Que, moi absent et remplacé, mon général
Oubliera que je l'aime et que je l'ai servi[4].
DESDÉMONE. – Sois sans crainte. Émilie m'en est ici témoin,
Je me porte garant de ton poste ; sois assuré
Que si je fais serment d'amitié, je le tiendrai
Jusqu'au dernier article. Mon seigneur n'aura plus
De repos : il sera dompté par les veilles, excédé
De discours, chapitré au lit, confessé à table[5].
A tout ce qu'il fera, je mêlerai la requête

précédente). **3.** Tutoiement amical de Desdémone qui passe du « vous » au « tu » (*thou**) tout au long de la scène. **4.** Nouvel exemple de la préciosité de Cassio, qui, à partir d'une remarque anodine, déploie des métaphores non sans incohérence (la diète hydrique décrite au vers 15 ne saurait fortifier ; on peut, il est vrai, comprendre aussi que cette politique a besoin de peu pour survivre, ce qui atteste sa vigueur). **5.** Ceci rappelle le traitement infligé par Petruchio à Catherine la mégère. Desdémone emploie d'ailleurs au vers 23 *tame* (apprivoisé, dompté) qui évoque *The Taming of the Shrew* (*La Mégère apprivoisée*).

With Cassio's suit. Therefore be merry, Cassio,
For thy solicitor shall rather die
Than give thy cause away.

Enter Othello and Iago

EMILIA. – Madam, here comes my lord.
CASSIO. – Madam, I'll take my leave.
DESDEMONA. – Why, stay, and hear me speak.
CASSIO. – Madam, not now. I am very ill at ease,
Unfit for mine own purposes.
DESDEMONA. – Well, do your discretion. *Exit Cassio*
IAGO. – Ha! I like not that.
OTHELLO. – What dost thou say?
IAGO. – Nothing, my lord. Or if, I know not what.
OTHELLO. – Was not that Cassio parted from my wife?
IAGO. – Cassio, my lord? No, sure, I cannot think it,
That he would steal away so guilty-like
Seeing your coming.
OTHELLO. – I do believe 'twas he.
DESDEMONA. – How now, my lord?
I have been talking with a suitor here,
A man that languishes in your displeasure.
OTHELLO. – Who is't you mean?
DESDEMONA. – Why, your lieutenant, Cassio; good my lord,
If I have any grace or power to move you,
His present reconciliation take;
For if he be not one that truly loves you,
That errs in ignorance and not in cunning,
I have no judgement in an honest face.
I prithee call him back.
OTHELLO. – Went he hence now?
DESDEMONA. – Yes, faith, so humbled
That he hath left part of his grief with me
To suffer with him. Good love, call him back.
OTHELLO. – Not now, sweet Desdemon. Some other time.
DESDEMONA. – But shall't be shortly?
OTHELLO. – The sooner, sweet, for you.
DESDEMONA. – Shall't be tonight at supper?
OTHELLO. – No, not tonight.
DESDEMONA. – Tomorrow dinner, then?
OTHELLO. – I shall not dine at home.
I meet the captains at the citadel.
DESDEMONA. – Why then, tomorrow night, or Tuesday morn,
On Tuesday noon, or night, on Wednesday morn –
I prithee name the time, but let it not
Exceed three days. In faith, he's penitent,

---

28 thy cause away] *F*; thee cause : away *Q*. 38 steal] *F*; sneake *Q*. 53 Yes, faith] *Q*; I sooth *F*. 55 To] *F*; I *Q*. 61 or] *Q*; on *F*. 62 noon] *F*; morne *Q*. 62 on Wednesday] *F*; or Wensday *Q*.

De Cassio. Aussi, réjouis-toi, Cassio
Car ton défenseur préférera mourir, plutôt
Que d'abandonner ta cause.

Entrent Othello et Iago

ÉMILIE. – Voici monseigneur, madame.
CASSIO. – Je prends congé, madame.
DESDÉMONE. – Mais non, restez. Écoutez-moi parler.
CASSIO. – Madame, une autre fois ; je suis fort mal à l'aise,
Et hors d'état de servir mes desseins.
DESDÉMONE. – Bien. Comme vous voudrez. *Cassio sort*
IAGO. – Ho ! voilà qui me déplaît !
OTHELLO. – Que dis-tu ?
IAGO. – Rien, monseigneur. Ou alors, je ne sais.
OTHELLO. – N'est-ce pas Cassio qui vient de quitter ma femme ?
IAGO. – Cassio, monseigneur ? Non, certes, je ne peux croire
Qu'il irait s'esquiver avec cet air coupable
En vous voyant venir.
OTHELLO. – Il me semble bien que c'était lui.
DESDÉMONE. – Eh bien, monseigneur ?
Je parlais à l'instant à un solliciteur,
Un homme qui languit sous votre déplaisir.
OTHELLO. – Qui donc voulez-vous dire ?
DESDÉMONE. – Mais, votre lieutenant, Cassio ; mon cher seigneur[1],
Si j'ai tant soit peu le don, le privilège
De vous émouvoir, acceptez son présent repentir,
Car si ce n'est un homme qui vraiment vous aime
Et pèche par mégarde et non pas sciemment,
Je ne sais reconnaître un honnête visage.
Je t'en prie, reprends-le.
OTHELLO. – C'est lui qui sort d'ici ?
DESDÉMONE. – Ma foi oui ! et si humilié
Qu'il m'a laissé un peu de son chagrin
Pour que je souffre avec lui. Cher amour, rappelle-le.
OTHELLO. – Pas maintenant, Desdémone chérie. Une autre fois.
DESDÉMONE. – Bientôt ?
OTHELLO. – D'autant plus tôt, ma chérie, que tu le souhaites.
DESDÉMONE. – Ce sera pour le souper, ce soir ?
OTHELLO. – Non, pas ce soir.
DESDÉMONE. – Demain au déjeuner[2] alors ?
OTHELLO. – Je ne déjeune pas
Chez nous : je suis avec les capitaines à la citadelle.
DESDÉMONE. – Bon. Alors demain soir, ou mardi matin,
Ou mardi midi, ou le soir, ou mercredi matin –
Fixe la date s'il te plaît, mais que cela
N'excède pas trois jours. Vrai, il se repent,

1. La candeur de Desdémone désamorce la première manœuvre d'Iago (insinuant qu'elle voit Cassio en secret). 2. Sens habituel de *dinner* (repas principal, pris au milieu de la journée).

And yet his trespass, in our common reason —
Save that, they say, the wars must make example
Out of her best — is not almost a fault
T'incur a private check. When shall he come?
Tell me, Othello. I wonder in my soul
What you would ask me that I should deny,
Or stand so mamm'ring on? What, Michael Cassio,
That came a-wooing with you, and so many a time
When I have spoke of you dispraisingly
Hath ta'en your part — to have so much to-do
To bring him in? By'r Lady, I could do much.

OTHELLO. – Prithee, no more. Let him come when he will.
I will deny thee nothing.

DESDEMONA. – Why, this is not a boon.
'Tis as I should entreat you wear your gloves,
Or feed on nourishing dishes, or keep you warm,
Or sue to you to do a peculiar profit
To your own person. Nay, when I have a suit
Wherein I mean to touch your love indeed,
It shall be full of poise and difficult weight,
And fearful to be granted.

OTHELLO. – I will deny thee nothing,
Whereon I do beseech thee grant me this:
To leave me but a little to myself.

DESDEMONA. – Shall I deny you? No. Farewell, my lord.

OTHELLO. – Farewell, my Desdemona. I'll come to thee straight.

DESDEMONA. – Emilia, come. (*To Othello*) Be as your fancies teach you.
Whate'er you be, I am obedient. *Exeunt Desdemona and Emilia*

OTHELLO. – Excellent wretch! Perdition catch my soul
But I do love thee, and when I love thee not,
Chaos is come again.

IAGO. – My noble lord.

OTHELLO. – What dost thou say, Iago?

IAGO. – Did Michael Cassio, when you wooed my lady,
Know of your love?

OTHELLO. – He did, from first to last. Why dost thou ask?

IAGO. – But for a satisfaction of my thought,
No further harm.

OTHELLO. – Why of thy thought, Iago?

IAGO. – I did not think he had been acquainted with her.

OTHELLO. – O yes, and went between us very oft.

IAGO. – Indeed?

OTHELLO. – Indeed? Ay, indeed. Discern'st thou aught in that?
Is he not honest?

---

70 would] *F*; could *Q*. **71** mamm'ring] *F*; muttering *Q*. **75** By'r Lady] *Q* (Birlady); Trust me *F*. **83** difficult weight] *F*; difficulty *Q*. **96** you] *Q*; he *F*.

---

1. C'est bel et bien l'adieu à Desdémone. La scène de la tentation va commencer; les

Et pourtant son crime, à bien raisonner, –
N'était qu'il faut, paraît-il, en temps de guerre
Faire des exemples illustres – est à peine une faute
A justifier une semonce en privé. Quand revient-il ?
Dites-le-moi, Othello. Je cherche dans mon âme
Ce qui me ferait refuser, moi, ou tergiverser
Ainsi si vous le demandiez. Quoi ! Michel Cassio,
Qui vous accompagnait quand vous me courtisiez,
Qui tant de fois, alors que je vous dénigrais,
A pris votre parti – que je doive ainsi m'évertuer
Pour qu'il revienne ! Sainte Vierge ! je ferai l'impossible !

OTHELLO. – Je t'en prie, assez ! Qu'il vienne quand il voudra.
Je ne veux rien te refuser.

DESDÉMONE. – Ah ! la belle faveur !
Autant vous supplier de mettre vos gants,
Vous nourrir de mets substantiels, vous couvrir chaudement,
Ou vous adjurer d'agir pour le bien
De votre personne. Non, quand j'aurai un souhait
Pour mettre vraiment votre amour à l'épreuve,
Il sera d'importance, difficile à exécuter,
Et terrible à exaucer.

OTHELLO. – Je ne veux rien te refuser.
Sur ce, je t'en prie, accorde-moi la grâce
De me laisser seul un petit instant.

DESDÉMONE. – Moi, vous refuser ? Non. Adieu, monseigneur.

OTHELLO. – Adieu, ma Desdémone[1]. Je te rejoins bientôt.

DESDÉMONE. – Viens, Émilie. (*A Othello*) A votre fantaisie.
Quel que vous soyez, j'obéis. *Desdémone et Émilie sortent*

OTHELLO. – L'adorable coquine[2] ! – Mon âme soit damnée
Si je ne t'aime pas, et quand je ne t'aimerai plus,
Alors le chaos est revenu[3].

IAGO. – Mon noble seigneur.

OTHELLO. – Que dis-tu, Iago ?

IAGO. – Michel Cassio, quand vous courtisiez Madame,
Savait-il votre amour ?

OTHELLO. – Oui, de bout en bout. Pourquoi cette question ?

IAGO. – Une pensée à éclaircir, c'est tout.
Rien de plus grave.

OTHELLO. – Quelle pensée, Iago ?

IAGO. – Je ne savais pas qu'il la connaissait.

OTHELLO. – Mais oui ; et bien souvent il portait nos messages.

IAGO. – Vraiment ?

OTHELLO. – Vraiment ? Oui, vraiment. Y vois-tu à redire ?
N'est-il pas honnête ?

époux vont être désormais séparés. 2. *wretch.* Connote la tendresse, sans toutefois effacer l'autre sens du terme, « l'infortunée ». 3. Retour au chaos originel ; la substitution du présent au futur (dans *Chaos is come again*) transforme une hypothèse purement théorique en nécessité inéluctable ; en revanche, au vers précédent, le présent *I love thee not* est la construction normale de la subordonnée de temps introduite par *when*.

IAGO. – Honest, my lord?
OTHELLO. – Honest? Ay, honest.
IAGO. – My lord, for aught I know.
OTHELLO. – What dost thou think?
IAGO. – Think, my lord?
OTHELLO. – "Think, my lord?" By heaven, thou echo'st me
As if there were some monster in thy thought
Too hideous to be shown! Thou dost mean something.
I heard thee say even now thou liked'st not that,
When Cassio left my wife. What didst not like?
And when I told thee he was of my counsel
In my whole course of wooing, thou cried'st "Indeed?"
And didst contract and purse thy brow together
As if thou then hadst shut up in thy brain
Some horrible conceit. If thou dost love me,
Show me thy thought.
IAGO. – My lord, you know I love you.
OTHELLO. – I think thou dost,
And for I know thou'rt full of love and honesty,
And weigh'st thy words before thou giv'st them breath,
Therefore these stops of thine fright me the more;
For such things in a false disloyal knave
Are tricks of custom, but in a man that's just,
They're close dilations, working from the heart
That passion cannot rule.
IAGO. – For Michael Cassio,
I dare be sworn I think that he is honest.
OTHELLO. – I think so too.
IAGO. – Men should be what they seem,
Or those that be not, would they might seem none.
OTHELLO. – Certain, men should be what they seem.
IAGO. – Why then, I think Cassio's an honest man.
OTHELLO. – Nay, yet there's more in this.
I prithee speak to me as to thy thinkings,
As thou dost ruminate, and give thy worst of thoughts
The worst of words.
IAGO. – Good my lord, pardon me.
Though I am bound to every act of duty,
I am not bound to that all slaves are free to.
Utter my thoughts? Why, say they are vile and false,
As where's that palace whereinto foul things
Sometimes intrude not? Who has that breast so pure
But some uncleanly apprehensions

---

110 By heaven] *Q*; Alas *F*. **110-111** thou echo'st ... thy] *F*; he ecchoes ... his *Q*. **112** dost] *F*; didst *Q*. **119** conceit] *F*; counsell *Q*. **124** giv'st] *F*; give *Q*. **128** dilations] *F*; denotements *Q*. **130** be sworn] *F*; presume *Q*. **136** as] *F*; *pas dans Q*. **137** thy] *F*; the *Q*. **140** that ... to] *Q*; that : All Slaves are free : *F*. **141** vile] *F* (vild). **144** But some] *Q*; Wherein *F*.

IAGO. – Honnête, monseigneur ?
OTHELLO. – Honnête, oui, honnête.
IAGO. – Monseigneur, autant que je sache.
OTHELLO. – Que peux-tu bien penser ?
IAGO. – Penser, monseigneur ?
OTHELLO. – « Penser, monseigneur ? » Par le ciel ! tu te fais mon écho
Comme si quelque monstre était dans ta pensée,
Trop hideux pour être dévoilé. C'est là insinuer.
Je t'ai entendu dire tantôt « Voilà qui me déplaît »,
Quand Cassio quittait ma femme. Qu'est-ce qui t'a déplu ?
Et quand je t'ai dit qu'il était mon confident
Quand je faisais ma cour, tu t'es écrié « Vraiment ? »
Et tu as contracté et froncé le sourcil,
Comme si tu enfermais dans ta cervelle
Quelque idée abominable. Si tu m'aimes,
Montre-moi ta pensée.
IAGO. – Monseigneur, vous savez que je vous aime[1].
OTHELLO. – Oui, je le crois,
Et comme je te sais affectionné, honnête,
Pesant les mots avant de leur donner souffle,
Tes silences m'inquiètent d'autant plus.
Car chez un gredin fourbe et déloyal
Ce sont là manœuvres courantes. Mais chez le juste,
Ce sont des mouvements secrets qui s'échappent d'un cœur
Cédant à l'émotion[2].
IAGO. – Quant à Michel Cassio,
Je le crois, j'ose en jurer, honnête.
OTHELLO. – Moi aussi, je le crois.
IAGO. – Il faudrait être tel que l'on paraît,
Ou alors, éviter de paraître ce qu'on n'est pas[3].
OTHELLO. – C'est sûr, il faudrait être tel que l'on paraît.
IAGO. – Eh bien alors, je crois Cassio honnête homme.
OTHELLO. – Allons, là encore tu caches quelque chose.
Je t'en prie, parle-moi comme à tes pensées ; dis
Ce que tu rumines, et pour les pires pensées
Use des pires mots.
IAGO. – Mon cher seigneur, excusez-moi.
Bien que je doive faire en tout point mon devoir,
Je ne dois plus rien là où tout esclave est libre.
Dire mes pensées ? Et si elles étaient viles ? fausses ?
Y a-t-il un palais où d'infâmes intrus
N'aillent parfois siéger ? Où est le cœur si pur
Que des idées troubles n'aillent y tenir

1. Utilisation démoniaque de la parole de Pierre : « Oui, Seigneur, tu sais que je t'aime » (*Jean*, 21,15). 2. Passage obscur et controversé ; *dilations* peut signifier soit « dilatations », « gonflements » ou « délais », « ajournements », ou encore (en tant que variante orthographique de « delations ») « accusations ». Le sujet de *cannot rule* peut être soit *That*, soit *passion*. 3. Autre sens possible : ceux qui ne sont pas honnêtes, puissent-ils ne pas sembler des hommes.

Keep leets and law-days, and in sessions sit
With meditations lawful ?
OTHELLO. – Thou dost conspire against thy friend, Iago,
If thou but think'st him wronged and mak'st his ear
A stranger to thy thoughts.
IAGO. – I do beseech you,
Though I perchance am vicious in my guess –
As I confess it is my nature's plague
To spy into abuses, and oft my jealousy
Shapes faults that are not – that your wisdom then,
From one that so imperfectly conceits,
Would take no notice, nor build yourself a trouble
Out of his scattering and unsure observance.
It were not for your quiet nor your good,
Nor for my manhood, honesty, and wisdom,
To let you know my thoughts.
OTHELLO. – What dost thou mean ?
IAGO. – Good name in man and woman, dear my lord,
Is the immediate jewel of their souls.
Who steals my purse steals trash ; 'tis something, nothing ;
'Twas mine, 'tis his, and has been slave to thousands.
But he that filches from me my good name
Robs me of that which not enriches him
And makes me poor indeed.
OTHELLO. – By heaven, I'll know thy thoughts.
IAGO. – You cannot, if my heart were in your hand ;
Nor shall not whilst 'tis in my custody.
OTHELLO. – Ha !
IAGO. – O, beware, my lord, of jealousy.
It is the green-eyed monster which doth mock
The meat it feeds on. That cuckold lives in bliss
Who, certain of his fate, loves not his wronger.
But O, what damnèd minutes tells he o'er
Who dotes yet doubts, suspects yet fondly loves !
OTHELLO. – O misery !
IAGO. – Poor and content is rich, and rich enough,
But riches fineless is as poor as winter
To him that ever fears he shall be poor.
Good God the souls of all my tribe defend
From jealousy !
OTHELLO. – Why, why is this ?
Think'st thou I'd make a life of jealousy,
To follow still the changes of the moon
With fresh suspicions ? No, to be once in doubt

152 oft] *Q* ; of *F*. **153** that your wisdom then] *Walker (1957)* ; that your wisedome *F* ; I intreate you then *Q* ; that your wisedome yet *Q2*. **154** conceits] *F* ; conjects *Q*. **155** Would] *F* ; You'd *Q*. **156** his] *F* ; my *Q*. **159** What ... mean] *F* ; Zouns (= 'Swounds) *Q*. **161** their] *F* ; our *Q*. **166** By heaven] *Q* ; *pas dans F*. **169** OTHELLO Ha] *F* ; *pas dans Q*. **169** my lord, of] *F* ; *pas dans Q*. **174** fondly] *Knight (1838-1843)* ; soundly *F* ; strongly *Q*. **179** God] *Q* ; Heaven *F*.

Leurs assises et leurs audiences, à côté
De méditations légitimes ?
OTHELLO. – Tu complotes contre ton ami, Iago,
Si tu le crois – même sans plus – lésé, et refuses
De confier tes pensées à son oreille.
IAGO. – Je vous conjure,
Et j'ai peut-être tort de supposer – car je l'avoue,
J'ai ce vice en ma nature d'aller mettre mon nez
Dans les coquineries, et souvent mes soupçons[1] imaginent
Des fautes qui ne sont pas – dans votre sagesse donc,
De ne point vous soucier d'un homme au jugement
Si imparfait, ni d'aller vous faire du tourment
Pour ses observations incertaines, hasardeuses.
Votre repos, votre bien, non plus que ma dignité d'homme,
Mon honnêteté ni ma sagesse n'auraient à y gagner
Si je vous apprenais ma pensée[2].
OTHELLO. – Mais qu'est-ce que tu veux dire ?
IAGO. – La renommée, pour un homme ou une femme, cher seigneur,
Est le joyau le plus précieux de son âme[3]. Qui prend
Ma bourse prend de la pacotille : quelque chose et rien ;
C'était à moi, c'est à lui, ce fût la chose de mille autres.
Mais celui qui me vole ma renommée
Me dérobe un bien qui ne l'enrichit pas
Et, certes, m'appauvrit.
OTHELLO. – Par le ciel ! Je saurai tes pensées.
IAGO. – Impossible, mon cœur fût-il entre vos mains ;
Et tant que j'en suis le maître, je m'y refuse.
OTHELLO. – Hein ?
IAGO. – Ah ! gardez-vous, monseigneur, de la jalousie !
C'est le monstre aux yeux verts, qui nargue la provende
Dont il se repaît[4]. Le cocu vit heureux
Qui, certain de son sort, n'aime pas sa traîtresse.
Mais ô combien d'infernales minutes compte celui
Qui aime et pourtant doute, soupçonne et adore[5] pourtant !
OTHELLO. – Ô tourment !
IAGO. – Être pauvre et content, c'est la richesse, l'opulence[6] !
Mais richesse sans borne est pauvreté pareille
A l'hiver pour qui toujours redoute d'être pauvre.
Ô Dieu clément, préserve de la jalousie les âmes
De ceux de ma tribu !
OTHELLO. – Mais pourquoi ? pourquoi tout ceci ?
Crois-tu que je mènerais une vie de jaloux ?
Accompagnant chaque changement de lune
De quelque suspicion nouvelle[7] ? Non, un seul soupçon,

---

1. *jealousy.* A la fois « suspicion » et « jalousie amoureuse ». **2.** Style à dessein alambiqué ; construction sinueuse où le sens se dérobe pour mieux troubler Othello. **3.** Iago disait le contraire à Cassio (voir II,3,245-249). **4.** C.-à-d. le cœur du jaloux lui-même. **5.** *fondly.* A la fois « tendrement » et « sottement ». **6.** Proverbial depuis l'Antiquité ; voir Tilley C629 et Lucrèce, *De Natura Rerum,* 5, 1118-1119. **7.** Les changements de lune influent sur le comportement (cf. le français « lunatique »).

Is once to be resolved. Exchange me for a goat
When I shall turn the business of my soul
To such exsufflicate and blowed surmises
Matching thy inference. 'Tis not to make me jealous
To say my wife is fair, feeds well, loves company,
Is free of speech, sings, plays, and dances well.
Where virtue is, these are more virtuous,
Nor from mine own weak merits will I draw
The smallest fear or doubt of her revolt,
For she had eyes and chose me. No, Iago,
I'll see before I doubt; when I doubt, prove;
And on the proof, there is no more but this:
Away at once with love or jealousy.

IAGO. – I am glad of this, for now I shall have reason
To show the love and duty that I bear you
With franker spirit. Therefore, as I am bound,
Receive it from me. I speak not yet of proof.
Look to your wife. Observe her well with Cassio.
Wear your eyes thus: not jealous, nor secure.
I would not have your free and noble nature
Out of self-bounty be abused. Look to't.
I know our country disposition well.
In Venice they do let God see the pranks
They dare not show their husbands; their best conscience
Is not to leave't undone, but keep't unknown.

OTHELLO. – Dost thou say so?

IAGO. – She did deceive her father, marrying you,
And when she seemed to shake and fear your looks
She loved them most.

OTHELLO. – And so she did.

IAGO. – Why, go to, then.
She that so young could give out such a seeming,
To seel her father's eyes up close as oak,
He thought 'twas witchcraft! But I am much to blame.
I humbly do beseech you of your pardon
For too much loving you.

OTHELLO. – I am bound to thee for ever.

IAGO. – I see this hath a little dashed your spirits.

OTHELLO. – Not a jot, not a jot.

IAGO. – I'faith, I fear it has.
I hope you will consider what is spoke
Comes from my love. But I do see you're moved.
I am to pray you not to strain my speech
To grosser issues, nor to larger reach
Than to suspicion.

---

184 once] *Q*; *pas dans F.* **186 blowed]** *F*; blowne *Q.* **189 well]** *Q*; *pas dans F.* **206 God]** *Q*; Heaven *F.* **207 not]** *F*; *pas dans Q.* **208 leave't]** *F*; leave *Q.* **208 keep't]** *Q2* (kept *F*); keepe *Q.* **219 I'faith]** *Q*; Trust me *F.* **221 my]** *Q*; your *F.*

Et il faut en avoir le cœur net. Troque-moi contre un bouc,
Le jour où j'irai chercher, pour m'occuper l'âme,
Pareilles suppositions, enflées, intumescentes[1]
Comme tes déductions. Je ne suis pas jaloux si l'on dit
Que ma femme est belle, aime la compagnie, la bonne chère,
Parle hardiment, joue, chante et danse bien.
Ce sont là d'autres vertus pour qui est vertueuse.
Et je ne trouverai en mes faibles mérites
Ni crainte ni soupçon qu'elle me soit infidèle,
Car elle avait des yeux et m'a choisi. Non, Iago,
Pas de soupçons sans voir, et mes soupçons, j'en veux la preuve.
Et la preuve acquise, ce qui me reste à faire
Est d'en finir avec amour et jalousie.

IAGO. – J'en suis bien aise, car maintenant j'aurai lieu
De vous montrer l'amour et le respect que je vous porte,
Sans arrière-pensée. Puisque donc je le dois,
Écoutez-moi. Je parle sans donner encore de preuve.
Veillez sur votre femme. Observez-la bien avec Cassio.
Ayez l'œil ainsi : ni soupçon[2], ni confiance.
Il me déplairait que votre nature franche et noble
Soit abusée par sa propre bonté. Veillez-y.
Le tempérament de chez nous, je le connais bien.
Les Vénitiennes découvrent à Dieu les frasques
Qu'elles n'osent dévoiler aux maris ; on met son honneur
Non dans le refus, mais dans le secret.

OTHELLO. – Vraiment ?

IAGO. – Elle a trompé son père en vous épousant[3],
Et quand elle semblait trembler, redouter votre vue,
C'est alors qu'elle vous aimait le mieux.

OTHELLO. – C'est vrai.

IAGO. – Vous voyez bien !
Celle qui a pu, si jeune, ainsi donner le change,
Ciller[4] serré comme bois de chêne les yeux de son père
Qui s'est cru ensorcelé ! Mais j'ai grand tort,
Et humblement vous supplie de me pardonner
Si je vous aime trop.

OTHELLO. – Je te suis obligé à jamais.

IAGO. – Ceci, je vois, a un peu assombri vos esprits.

OTHELLO. – Pas du tout, pas du tout.

IAGO. – Ma foi, je le crains bien.
Vous n'oublierez pas, j'espère, que mon discours
Vient de mon affection. Mais je vous vois troublé,
Et je dois vous prier de ne point fausser mes propos,
Pour en tirer des conclusions plus crues, ni d'aller
Plus loin que le soupçon.

---

1. *exsufflicate.* C'est un hapax ; le sens probable est donné implicitement par le contexte. Il existait aussi le substantif « exsufflation » (désignant le fait de souffler, de gonfler). 2. Voir vers 152 et la note. 3. Iago reprend la remarque de Brabantio (I,3,290-291). 4. *seel.* Voir I,3,267 note.

OTHELLO. – I will not.
IAGO. – Should you do so, my lord,
My speech should fall into such vile success
Which my thoughts aimed not. Cassio's my worthy friend.
My lord, I see you're moved.
OTHELLO. – No, not much moved.
I do not think but Desdemona's honest.
IAGO. – Long live she so, and long live you to think so!
OTHELLO. – And yet how nature, erring from itself –
IAGO. – Ay, there's the point; as, to be bold with you,
Not to affect many proposèd matches
Of her own clime, complexion, and degree,
Whereto we see in all things nature tends.
Foh, one may smell in such a will most rank,
Foul disproportions, thoughts unnatural!
But pardon me. I do not in position
Distinctly speak of her, though I may fear
Her will, recoiling to her better judgement,
May fall to match you with her country forms
And happily repent.
OTHELLO. – Farewell, farewell.
If more thou dost perceive, let me know more.
Set on thy wife to observe. Leave me, Iago.
IAGO (*going*). – My lord, I take my leave.
OTHELLO. – Why did I marry? This honest creature doubtless
Sees and knows more, much more, than he unfolds.
IAGO (*returning*). – My lord, I would I might entreat your honour
To scan this thing no farther. Leave it to time.
Although 'tis fit that Cassio have his place –
For sure he fills it up with great ability –
Yet, if you please to hold him off a while,
You shall by that perceive him and his means.
Note if your lady strain his entertainment
With any strong or vehement importunity.
Much will be seen in that. In the mean time,
Let me be thought too busy in my fears –
As worthy cause I have to fear I am –
And hold her free, I do beseech your honour.
OTHELLO. – Fear not my government.
IAGO. – I once more take my leave. *Exit*
OTHELLO. – This fellow's of exceeding honesty,
And knows all qualities with a learned spirit
Of human dealings. If I do prove her haggard,
Though that her jesses were my dear heart-strings

---

227 vile] *F* (vilde). 228 Which ... not] *F*; As my thoughts aime not at *Q*. 228 worthy] *F*; trusty *Q*. 237 Foh, one] *F*; Fie we *Q*. 243 farewell] *F*; *pas dans Q*. 255 his] *F*; her *Q*. 263 qualities] *Q*; Quantities *F*.

OTHELLO. – Non, certes.
IAGO. – Sinon, monseigneur, mes propos auraient
Un odieux résultat, fort éloigné
De ma pensée. Cassio est mon noble ami.
Monseigneur, je vous vois troublé.
OTHELLO. – Non, fort peu troublé.
Je n'en puis douter, Desdémone est honnête.
IAGO. – Qu'elle vive ainsi longtemps, et vous longtemps pour le croire !
OTHELLO. – Et pourtant, comment la nature, déviant d'elle-même –
IAGO. – Oui, c'est le hic ; tout comme – excusez mon audace –
Dédaigner tant de prétendants parmi ceux
De son propre pays, de son teint, de son rang,
Vers qui l'on voit toujours nous porter la nature[1] :
Pouah ! On peut flairer là désir[2] vicié,
Perversité hideuse, pensées contre nature !
Mais pardonnez-moi. Je n'affirme rien
D'elle en particulier, craignant toutefois, peut-être,
Que son désir revenu à un meilleur jugement,
Aille vous comparer – qui sait – aux hommes de son pays,
Et peut-être se repentir.
OTHELLO. – Adieu, Adieu.
Si tu en apprends plus, dis-m'en plus. Fais-la
Surveiller par ta femme. Iago, laisse-moi.
IAGO (*s'éloignant*). – Je prends congé, monseigneur.
OTHELLO. – Pourquoi m'être marié ? Cet honnête garçon, certes,
En sait plus, beaucoup plus qu'il n'en dévoile.
IAGO (*revenant*). – Monseigneur, qu'il me soit permis d'implorer Votre [Honneur
De ne pas aller plus loin en cette affaire. Le temps
Y pourvoira. S'il est bon de rendre à Cassio sa fonction –
Car il s'en acquitte, certes, avec un grand talent –
S'il vous plaisait pourtant de le faire attendre un peu,
Vous jugerez par là et lui et ses façons.
Voyez si votre femme met à le recommander
Une importunité pressante, véhémente.
Cela en dira long. En attendant, pensez
Que mes inquiétudes m'ont rendu trop zélé,
Comme j'ai toute raison de le craindre –
Et tenez-la pour innocente, j'en supplie Votre Honneur.
OTHELLO. – Je me dominerai, sois tranquille.
IAGO. – Je prends encore congé. *Il sort*
OTHELLO. – Ce garçon est honnête à l'extrême. Et son esprit savant
Connaît bien la nature des actions humaines.
Si j'ai la preuve qu'elle soit ce faucon libertin,
Ses jets seraient-ils les précieux cordons de mon cœur,

1. C'était aussi l'argumentation de Brabantio (voir I,2,65-72). Othello ne s'offusque pas du caractère raciste des propos d'Iago. Voir l'Introduction, p. 47. 2. *will.* Ambigu : à la fois « désir », « volonté », « appétit » (avec des connotations sexuelles).

I'd whistle her off and let her down the wind
To prey at fortune. Haply for I am black,
And have not those soft parts of conversation
That chamberers have; or for I am declined
Into the vale of years – yet that's not much –
She's gone. I am abused, and my relief
Must be to loathe her. O curse of marriage,
That we can call these delicate creatures ours
And not their appetites! I had rather be a toad
And live upon the vapour of a dungeon
Than keep a corner in the thing I love
For others' uses. Yet 'tis the plague of great ones;
Prerogatived are they less than the base.
'Tis destiny unshunnable, like death.
Even then this forkèd plague is fated to us
When we do quicken.

Enter Desdemona and Emilia

Look where she comes.
If she be false, O then heaven mocks itself!
I'll not believe't.

DESDEMONA. – How now, my dear Othello?
Your dinner, and the generous islanders
By you invited, do attend your presence.

OTHELLO. – I am to blame.

DESDEMONA. – Why do you speak so faintly? Are you not well?

OTHELLO. – I have a pain upon my forehead here.

DESDEMONA. – Faith, that's with watching. 'Twill away again.
Let me but bind it hard, within this hour
It will be well.

OTHELLO. – Your napkin is too little.

He puts the napkin from him. It drops.

Let it alone. Come, I'll go in with you.

DESDEMONA. – I am very sorry that you are not well.

Exeunt Othello and Desdemona

EMILIA (*taking up the napkin*). – I am glad I have found this napkin.
This was her first remembrance from the Moor.
My wayward husband hath a hundred times
Wooed me to steal it, but she so loves the token –
For he conjured her she should ever keep it –
That she reserves it evermore about her
To kiss and talk to. I'll ha' the work ta'en out,

---

270 vale] *F*; valt *Q*. 275 of] *F*; in *Q*. 281 Look where she] *F*; *Desdemona Q*. 282 O ... mocks] *Q*; Heaven mock'd *F*. 289 Faith] *Q*; Why *F*. 290 it hard] *F*; your head *Q*.

---

1. Métaphores de fauconnerie*. Le faucon « libertin » est celui qui s'écarte et ne revient pas ; *let down the wind* (traduit ici littéralement) signifie « aller à l'essor », c.-à-d. s'écarter au lieu de revenir sur le poing ; les « jets » sont les entraves que l'on met aux pattes d'un oiseau. On croyait que le cœur était soutenu par des ligaments. 2. Sens incertain ; peut signifier que les puissants ont moins que les humbles le privilège de cacher leur infortune

Je siffle, je la chasse, et la laisse filer au vent
Chasser à l'aventure[1]. Parce que je suis noir, peut-être,
Et ne suis pas de commerce agréable
Comme un godelureau ; ou que je descends la pente
Dans la vallée des ans – si peu, toutefois –
Je l'ai perdue. Je suis trahi. Et pour consolation
Il me faut la haïr. Ô malédiction du mariage :
Pouvoir déclarer nôtres ces êtres graciles
Et non leurs appétits ! Plutôt être un crapaud,
Me repaître de miasmes en un cul de basse fosse,
Que de réserver un coin de mon amour
Pour l'usage d'autrui. Mais c'est le fléau des grands :
Ils n'ont pas les privilèges du vulgaire[2].
Ce destin-là est inéluctable, comme la mort.
Nous sommes voués à ce fléau du cornuage
Dès notre premier souffle.

Entrent Desdémone et Émilie

La voici ; elle approche.
Si elle est infidèle, le ciel se bafoue lui-même.
Je ne veux pas le croire.

DESDÉMONE. – Eh bien, mon cher Othello ?
Votre déjeuner et les nobles habitants de l'île,
Vos invités, attendent votre présence.

OTHELLO. – Je suis en faute.

DESDÉMONE. – Pourquoi cette voix faible ? Êtes-vous souffrant ?

OTHELLO. – J'ai mal au front, ici.

DESDÉMONE. – Eh ! c'est d'avoir veillé. Mais cela passera.
Laissez-moi mettre un bandage serré, et dans l'heure
C'est guéri.

OTHELLO. – Votre mouchoir[3] est trop petit.

Il écarte le mouchoir, qui tombe

Laissez. Allons, je rentre avec vous.

DESDÉMONE. – Je suis bien fâchée de vous voir souffrant.

Othello et Desdémone sortent

ÉMILIE (*ramassant le mouchoir*). – Je suis contente d'avoir trouvé ce mouchoir.
C'est le premier souvenir qu'elle tienne du Maure.
Mon capricieux mari cent fois m'a demandé
De le voler[4], mais ce gage elle y tient tellement –
Car il l'a adjurée de le garder toujours –
Qu'elle le porte sur elle constamment.
Pour l'embrasser, lui parler. J'en ferai copier le motif

---

conjugale, ou qu'ils y sont plus exposés. 3. *napkin.* Désigne à l'époque soit une serviette de table, soit un mouchoir, qui est le seul sens chez Sh. 4. Logiquement impossible (le mariage d'Othello et le plan d'Iago sont beaucoup trop récents). Il y a deux systèmes temporels dans la pièce (phénomène dit du double temps) : le temps événementiel, qui a ses exigences propres (vraisemblance), et le temps tragique qui, appartenant à un autre ordre d'expérience, ignore ces contraintes. Desdémone n'aurait pas eu la possibilité matérielle d'être infidèle ; de même la relation Cassio/Bianca s'inscrit, d'après le dialogue, dans la durée, alors que Cassio vient d'arriver à Chypre.

And give't Iago. What he will do with it,
Heaven knows, not I.
I nothing, but to please his fantasy.

Enter Iago

IAGO. – How now, what do you here alone?
EMILIA. – Do not you chide. I have a thing for you.
IAGO. – You have a thing for me? It is a common thing.
EMILIA. – Ha?
IAGO. – To have a foolish wife.
EMILIA. – O, is that all? What will you give me now
For that same handkerchief?
IAGO. – What handkerchief?
EMILIA. – What handkerchief?
Why, that the Moor first gave to Desdemona,
That which so often you did bid me steal.
IAGO. – Hast stol'n it from her?
EMILIA. – No, faith, she let it drop by negligence,
And to th'advantage I, being here, took't up.
Look, here 'tis.
IAGO. – A good wench! Give it me.
EMILIA. – What will you do with it, that you have been so earnest
To have me filch it?
IAGO. – Why, what is that to you?

He takes the napkin

EMILIA. – If it be not for some purpose of import,
Give't me again. Poor lady, she'll run mad
When she shall lack it.
IAGO. – Be not acknown on't. I have use for it. Go, leave me.

Exit Emilia

I will in Cassio's lodging lose this napkin,
And let him find it. Trifles light as air
Are to the jealous confirmations strong
As proofs of holy writ. This may do something.
The Moor already changes with my poison.
Dangerous conceits are in their natures poisons,
Which at the first are scarce found to distaste,
But, with a little act upon the blood,
Burn like the mines of sulphur.

Enter Othello

I did say so.
Look where he comes. Not poppy nor mandragora
Nor all the drowsy syrups of the world
Shall ever medicine thee to that sweet sleep
Which thou owedst yesterday.

308 wife] *F*; thing *Q*. **316** faith] *Q*; but *F*. **324** acknown] *F*; you knowne *Q*. **329** The ... poison] *F*; *pas dans Q*. **332** act] *F*; art *Q*. **333** mines] *F*; mindes *Q*.

1. *thing.* Le terme ayant des connotations sexuelles, Iago introduit des sous-entendus

Et le donnerai à Iago. Ce qu'il compte en faire
Dieu seul le sait. Pas moi.
Je ne veux rien que satisfaire sa lubie.

Entre Iago

IAGO. – Eh bien, que faites-vous seule ici ?
ÉMILIE. – Ne vous fâchez pas. J'ai quelque chose pour vous.
IAGO. – Quelque chose pour moi[1] ? C'est chose banale...
ÉMILIE. – Hein ?
IAGO. – D'avoir une sotte pour femme.
ÉMILIE. – Quoi, c'est tout ? Bon. Que me donnerez-vous
Pour ce fameux mouchoir ?
IAGO. – Quel mouchoir ?
ÉMILIE. – Quel mouchoir ?
Mais ce premier cadeau du Maure à Desdémone. Celui
Que vous m'avez tant de fois ordonné de voler.
IAGO. – Vous le lui avez pris ?
ÉMILIE. – Non, ma foi. Elle l'a laissé tomber par mégarde,
Et j'en ai profité – j'étais là – pour le ramasser.
Tenez, le voici.
IAGO. – Brave fille ! Donnez-le-moi.
ÉMILIE. – Que voulez-vous en faire, pour m'avoir si instamment
Demandé de le subtiliser ?
IAGO. – Eh, que vous importe !

Il prend le mouchoir

ÉMILIE. – Si ce n'est pas pour quelque usage d'importance,
Rendez-le-moi. La pauvre, elle deviendra folle
De ne plus le trouver.
IAGO. – J'en ai besoin. Vous ne savez rien. Allez laissez-moi. *Émilie sort*
Je vais perdre ce mouchoir chez Cassio,
Et je ferai en sorte qu'il le trouve. Ces riens,
Ces bulles d'air, sont au jaloux preuves solides
Comme paroles d'Évangile. Ce peut être efficace.
Mon poison a déjà opéré sur le Maure.
Les pensées dangereuses sont des poisons naturels :
Tout juste si d'abord ils inspirent le dégoût,
Mais à peine ont-ils agi sur le sang
Qu'ils brûlent comme mines de soufre[2].

Entre Othello

C'est dit.
Le voici. Ni le pavot ni la mandragore[3]
Ni aucun élixir hypnotique au monde
Ne te rendront jamais ce doux sommeil
Que tu goûtais hier.

---

dans une réplique innocente. Double sens aussi de *common*, à la fois « courant » et « public » (comme dans « fille publique »). La remarque est donc insultante, d'où la réaction d'Émilie. **2.** Les mines de soufre, que Pline situait dans les îles Éoliennes (ou Lipari) « entre l'Italie et la Sicile » (Pline, 35,15). **3.** Le pavot (l'opium) et la mandragore sont des narcotiques.

OTHELLO. – Ha, ha, false to me?
IAGO. – Why, how now, general? No more of that.
OTHELLO. – Avaunt, be gone. Thou hast set me on the rack.
I swear 'tis better to be much abused
Than but to know't a little.
IAGO. – How now, my lord?
OTHELLO. – What sense had I of her stol'n hours of lust?
I saw't not, thought it not; it harmed not me.
I slept the next night well, fed well, was free and merry.
I found not Cassio's kisses on her lips.
He that is robbed, not wanting what is stol'n,
Let him not know't and he's not robbed at all.
IAGO. – I am sorry to hear this.
OTHELLO. – I had been happy if the general camp,
Pioneers and all, had tasted her sweet body,
So I had nothing known. O, now for ever
Farewell the tranquil mind, farewell content,
Farewell the plumèd troops and the big wars
That makes ambition virtue! O, farewell,
Farewell the neighing steed and the shrill trump,
The spirit-stirring drum, th'ear-piercing fife,
The royal banner, and all quality,
Pride, pomp, and circumstance of glorious war!
And O, you mortal engines whose rude throats
Th'immortal Jove's dread clamours counterfeit,
Farewell! Othello's occupation's gone.
IAGO. – Is't possible, my lord?
OTHELLO [*taking Iago by the throat*]. – Villain, be sure thou prove my love [a whore.
Be sure of it. Give me the ocular proof,
Or, by the worth of mine eternal soul,
Thou hadst been better have been born a dog
Than answer my waked wrath.
IAGO. – Is't come to this?
OTHELLO. – Make me to see't, or at the least so prove it
That the probation bear no hinge nor loop
To hang a doubt on, or woe upon thy life.
IAGO. – My noble lord.
OTHELLO. – If thou dost slander her and torture me,
Never pray more; abandon all remorse,
On horror's head horrors accumulate,
Do deeds to make heaven weep, all earth amazed,
For nothing canst thou to damnation add
Greater than that.

345 fed well] *F*; *pas dans Q*. **360** rude] *F*; wide *Q*. **361** dread clamours] *F*; great clamor *Q*. **366** mine] *F*; mans *Q*.

1. Soldats employés aux travaux de terrassement; considérés comme particulièrement

OTHELLO. – Ah ! ah ! me tromper ? moi ?
IAGO. – Comment, général, voyons ! N'y pensez plus.
OTHELLO. – Arrière. Va-t'en. Tu m'as mis au supplice.
Mieux vaut, je le jure, être trompé beaucoup
Que le savoir même un peu.
IAGO. – Mais voyons, monseigneur !
OTHELLO. – Que me faisaient ses heures de luxure volées ?
Je ne les voyais pas, n'y pensais pas, n'en souffrais pas,
Dormais bien la nuit d'après, je dînais bien, léger, content.
Je ne trouvais pas les baisers de Cassio sur ses lèvres.
Celui qu'on a volé, s'il ne sent pas le manque
Et qu'il n'en sache rien, on ne l'a pas volé.
IAGO. – Je suis peiné de vous entendre.
OTHELLO. – J'aurais été heureux si le camp tout entier,
Pionniers[1] compris, eût goûté de son corps délicieux
Pour peu que je n'en aie rien su. Ah ! désormais,
Adieu tranquillité, adieu contentement,
Adieu cohortes empanachées, guerres puissantes,
Qui font d'ambition vertu ! Oh ! adieu !
Adieu le coursier hennissant, l'aigre trompette,
L'ivresse du tambour, la stridence du fifre,
La royale bannière, et tous les attributs — l'éclat,
La pompe, l'appareil — de la guerre glorieuse !
Ah ! et vous, mortels engins dont le rude gosier
Imite la clameur terrible de l'immortel
Jupiter[2], adieu ! La mission d'Othello est finie.
IAGO. – Est-ce possible, monseigneur ?
OTHELLO [*saisissant Iago à la gorge*]. – Misérable ! prouve-moi, oui, prouve [que mon amour
Est une catin. Fais-le ! Donne-m'en la preuve
Visible. Ou, sur le salut de mon âme immortelle,
Il aurait mieux valu pour toi naître chien
Que d'encourir ma fureur déchaînée.
IAGO. – On en est là !
OTHELLO. – Fais en sorte que je voie, ou, au moins, prouve-le,
Et qu'il n'y ait à cette preuve ni pivot ni anneau[3]
Où fixer un doute, sinon, malheur à toi !
IAGO. – Mon noble seigneur !
OTHELLO. – Si tu la calomnies et que tu me tortures,
Renonce à prier ; oublie toute pitié[4],
Accumule les horreurs, et commets de ces actes
Qui font pleurer le ciel et consternent la terre,
Car tu ne peux, pour te damner, rien ajouter de pire
A ce que tu as fait.

---

frustes. 2. C.-à-d. le tonnerre. 3. Image obscure : *hinge* (« charnière » ou « pivot ») peut, au sens de « charnière », désigner un gond rudimentaire comprenant un crochet, ce qui expliquerait *loop*, « la boucle », « l'anneau » (Ridley) ; ou alors il s'agit de deux pièces différentes sur lesquelles peut se fixer le doute. 4. *remorse*. Deux sens : « remords », mais aussi « pitié ».

IAGO. – O grace, O heaven forgive me!
Are you a man? Have you a soul or sense?
God buy you, take mine office. O wretched fool,
That lov'st to make thine honesty a vice!
O monstrous world, take note, take note, O world,
To be direct and honest is not safe!
I thank you for this profit, and from hence
I'll love no friend, sith love breeds such offence.
OTHELLO. – Nay, stay. Thou shouldst be honest.
IAGO. – I should be wise, for honesty's a fool,
And loses that it works for.
OTHELLO. – By the world,
I think my wife be honest, and think she is not.
I think that thou art just, and think thou art not.
I'll have some proof. My name, that was as fresh
As Dian's visage, is now begrimed and black
As mine own face. If there be cords, or knives,
Poison, or fire, or suffocating streams,
I'll not endure it. Would I were satisfied!
IAGO. – I see, sir, you are eaten up with passion.
I do repent me that I put it to you.
You would be satisfied?
OTHELLO. – Would? Nay, and I will.
IAGO. – And may. But how, how satisfied, my lord?
Would you, the supervisor, grossly gape on,
Behold her topped?
OTHELLO. – Death and damnation! O!
IAGO. – It were a tedious difficulty, I think,
To bring them to that prospect. Damn them then
If ever mortal eyes do see them bolster
More than their own! What then, how then?
What shall I say? Where's satisfaction?
It is impossible you should see this,
Were they as prime as goats, as hot as monkeys,
As salt as wolves in pride, and fools as gross
As ignorance made drunk. But yet I say,
If imputation, and strong circumstances
Which lead directly to the door of truth,
Will give you satisfaction, you might ha't.
OTHELLO. – Give me a living reason she's disloyal.
IAGO. – I do not like the office,
But sith I am entered in this cause so far,
Pricked to't by foolish honesty and love,
I will go on. I lay with Cassio lately,
And being troubled with a raging tooth,

---

378 forgive] *F*; defend *Q*. **381** lov'st] *F*; livest *Q*. **388-395** OTHELLO ... satisfied] *F*; *pas dans Q*. **391** My] *F*; Her *Q2*. **400** supervisor] *Q*; super-vision *F*. **404** do] *F*; did *Q*. **413** might] *F*; may *Q*.

IAGO. – Ô Dieu ! ô ciel ! pardonnez-moi !
N'êtes-vous pas un homme ? Avez-vous âme ou sens ?
Dieu vous garde ! retirez-moi mon poste. Ah ! pauvre sot !
Ton amour fait de ton honnêteté un crime !
Ô monstruosité du monde ! Note-le bien ! Ô monde !
Être franc et honnête est se mettre en péril.
Merci de la leçon. Je renonce à aimer mon ami
Désormais, puisque aimer me vaut cette avanie.
OTHELLO. – Non, reste. Tu devrais, je crois[1], être honnête.
IAGO. – Je devrais être sage ; car il y a de la sottise
A être honnête : on y perd l'objet de ses peines.
OTHELLO. – Terre entière !
Je crois ma femme honnête et crois qu'elle ne l'est pas.
Je te crois juste et je crois le contraire.
Il me faut quelque preuve. Mon nom, naguère pur
Comme le visage de Diane[2], est à présent souillé, noir
Comme mon visage. S'il y a corde ou couteau,
Poison ou flamme, ou flots suffocants[3], je ne veux pas
Le supporter. Que ne suis-je fixé !
IAGO. – Je vois, monsieur, que la passion vous dévore.
Je me repens d'en avoir été cause. Vous voulez
Être fixé ?
OTHELLO. – Si je le veux ? Oui, et je le serai.
IAGO. – Peut-être[4]. Mais voilà ! fixé comment, monseigneur ?
Allez-vous rester là, bouche bée, en spectateur balourd,
La voir se faire monter ?
OTHELLO. – Mort et damnation ! Oh !
IAGO. – La difficulté serait rude, je crois,
De les amener à s'offrir en spectacle. Du diable
Si d'autres yeux mortels que les leurs les voient jamais
Sur l'oreiller. Mais alors, comment ? oui, comment ?
Que vous dirai-je ? Être fixé, mais comment faire ?
Les voir à l'œuvre ? Impossible, quand bien même ils seraient
Aussi ardents que boucs, libidineux comme singes,
Lubriques comme loups en rut, aussi stupides
Que l'ignorance épaisse, cuvant son vin. Si pourtant,
Je l'affirme, un jugement étayé par des faits éloquents
Menant tout droit aux portes de la vérité
Peut vous fixer, cela ne tient qu'à vous.
OTHELLO. – Montre-moi un signe criant de sa trahison.
IAGO. – La tâche me répugne,
Mais puisque je me suis engagé si avant dans l'affaire,
Poussé par une honnêteté, une affection stupides,
Je continue. J'étais, l'autre nuit, couché avec Cassio,
Et souffrant d'une rage de dents

1. *shouldst.* Sens ici de « tout porte à croire ». 2. Déesse de la chasteté. 3. Moyens par lesquels on peut se suicider ou se venger. 4. *And may.* Ambigu ; *may* peut être aussi l'équivalent du « can » moderne ; le sens serait alors : « et vous le pouvez ».

I could not sleep. There are a kind of men
So loose of soul that in their sleeps
Will mutter their affairs. One of this kind is Cassio.
In sleep I heard him say "Sweet Desdemona,
Let us be wary, let us hide our loves",
And then, sir, would he grip and wring my hand,
Cry "O, sweet creature!", then kiss me hard,
As if he plucked up kisses by the roots,
That grew upon my lips, lay his leg o'er my thigh,
And sigh, and kiss, and then cry "Cursèd fate,
That gave thee to the Moor!"
OTHELLO. – O, monstrous, monstrous!
IAGO. – Nay, this was but his dream.
OTHELLO. – But this denoted a foregone conclusion.
IAGO. – 'Tis a shrewd doubt, though it be but a dream,
And this may help to thicken other proofs
That do demonstrate thinly.
OTHELLO. – I'll tear her all to pieces.
IAGO. – Nay, yet be wise; yet we see nothing done.
She may be honest yet. Tell me but this:
Have you not sometimes seen a handkerchief
Spotted with strawberries in your wife's hand?
OTHELLO. – I gave her such a one. 'Twas my first gift.
IAGO. – I know not that, but such a handkerchief –
I am sure it was your wife's – did I today
See Cassio wipe his beard with.
OTHELLO. – If it be that –
IAGO. – If it be that, or any that was hers,
It speaks against her with the other proofs.
OTHELLO. – O that the slave had forty thousand lives!
One is too poor, too weak for my revenge.
Now do I see 'tis true. Look here, Iago.
All my fond love thus do I blow to heaven – 'tis gone.
Arise, black vengeance, from the hollow hell.
Yield up, O love, thy crown and hearted throne
To tyrannous hate! Swell, bosom, with thy freight,
For 'tis of aspics' tongues.
IAGO. – Yet be content.
OTHELLO. – O, blood, blood, blood!
IAGO. – Patience, I say. Your mind may change.
OTHELLO. – Never, Iago. Like to the Pontic Sea,
Whose icy current and compulsive course
Ne'er knows retiring ebb, but keeps due on
To the Propontic and the Hellespont,

---

424 wary] *F;* merry *Q.* 426 O] *F*; out *Q.* 428 lay] *Rowe (1709)*; laid *F*; then layed *Q.* 429 sigh ... kiss ... cry] *F*; sigh'd ... kissed ... Cried *Q.* 433 denoted] *F*; devoted *Q.* 434 IAGO ... dream,] *Q*; *encore* OTHELLO *dans F.* 445 that was] *Malone (1790)*; it was *F Q.* 449 true] F; time *Q.* 451 the hollow hell] *F*; thy hollow Cell *Q.* 453 freight] *F et Q* (fraught). 454 Yet] *F*; Pray *Q.* 455 blood, blood, blood] *F*; blood, *Iago,* blood

Je ne pouvais dormir. Il est de ces hommes
Dont l'âme est si dissolue qu'en leur sommeil
Il leur faut raconter leurs histoires. Tel est Cassio.
Dans son sommeil je l'entendais dire : « Chère Desdémone,
Soyons prudents et cachons nos amours. »
Alors, monsieur, il me serrait la main à la tordre,
Criant « Ô ma chérie ! », et il m'embrassait, fort,
Comme s'il déracinait des baisers plantés
Sur mes lèvres ; et le voilà qui met sa jambe sur ma cuisse,
Et soupire, et m'embrasse et puis s'écrie : « Sort maudit
Qui t'a donnée au Maure ! »

OTHELLO. – Oh ! monstrueux ! monstrueux !

IAGO. – Non pas ; ce n'était que son rêve.

OTHELLO. – Mais dénonçant le fait accompli.

IAGO. – Ce n'est qu'un rêve, et pourtant c'est une présomption sérieuse,
Et cela peut donner du corps à d'autres preuves
D'une force douteuse.

OTHELLO. – Je la mettrai en pièces !

IAGO. – Pas encore ! prudence ! Nous ne voyons rien encore !
Elle peut encore être honnête. Dites-moi seulement,
Avez-vous parfois vu un mouchoir
Brodé de fraises aux mains de votre femme ?

OTHELLO. – Je lui en ai donné un tout pareil. Mon premier présent.

IAGO. – Ça, je l'ignore. Mais avec un mouchoir ainsi fait –
Appartenant, j'en suis sûr, à votre femme – j'ai vu
Aujourd'hui Cassio s'essuyer la barbe.

OTHELLO. – Si c'est celui-là –

IAGO. – Celui-là ou tout autre lui appartenant –
Cela parle contre elle, avec les autres preuves.

OTHELLO. – Oh ! s'il avait quarante mille vies, l'infâme !
Une seule est trop peu, trop chétive pour ma vengeance.
C'est vrai. Maintenant je le vois. Tiens, Iago,
D'un souffle je jette aux cieux mon fol amour – envolé !
Surgis du creux de l'enfer, noire vengeance !
Ô amour, cède ta couronne et ton trône en mon cœur
A la haine tyrannique ! Gonfle-toi, ô ma poitrine,
Sous le poids de ces langues de serpents !

IAGO. – Dominez-vous encore.

OTHELLO. – Oh ! du sang ! du sang ! du sang !

IAGO. – Patience ! vous dis-je. Vous pouvez encore changer d'avis.

OTHELLO. – Jamais, Iago, comme la mer Pontique
Dont le courant glacé, le flot inexorable
Ignore le reflux des marées pour avancer toujours
Jusqu'à la Propontide et jusqu'à l'Hellespont[1],

Q. **455** mind] *F* ; mind perhaps *Q.* **456-463** Iago ... heaven] *F* ; *pas dans Q.* **458** knows] *White (1857-1866)* ; keepes *F* ; feels *Q2.*

---

1. La mer Pontique : le Pont-Euxin (la mer Noire). La Propontide : la mer de Marmara. L'Hellespont : le détroit des Dardanelles.

Even so my bloody thoughts with violent pace
Shall ne'er look back, ne'er ebb to humble love,
Till that a capable and wide revenge
Swallow them up.
[*He kneels*]
Now, by yon marble heaven,
In the due reverence of a sacred vow
I here engage my words.
IAGO. – Do not rise yet.
Iago kneels
Witness you ever-burning lights above,
You elements that clip us round about,
Witness that here Iago doth give up
The execution of his wit, hands, heart
To wronged Othello's service. Let him command,
And to obey shall be in me remorse,
What bloody business ever.
[*They rise*]
OTHELLO. – I greet thy love,
Not with vain thanks, but with acceptance bounteous,
And will upon the instant put thee to't.
Within these three days let me hear thee say
That Cassio's not alive.
IAGO. – My friend is dead.
'Tis done at your request; but let her live.
OTHELLO. – Damn her, lewd minx! O, damn her, damn her!
Come, go with me apart. I will withdraw
To furnish me with some swift means of death
For the fair devil. Now art thou my lieutenant.
IAGO. – I am your own for ever. *Exeunt*

III, 4 *Enter Desdemona, Emilia, and the Clown*

DESDEMONA. – Do you know, sirrah, where Lieutenant Cassio lies?
CLOWN. – I dare not say he lies anywhere.
DESDEMONA. – Why, man?
CLOWN. – He's a soldier, and for me to say a soldier lies, 'tis stabbing.
DESDEMONA. – Go to. Where lodges he?
CLOWN. – To tell you where he lodges is to tell you where I lie.
DESDEMONA. – Can anything be made of this?
CLOWN. – I know not where he lodges, and for me to devise a lodging and

---

469 execution] *F*; excellency *Q*. **471** in me] *F*; *pas dans Q*. **472** business] *F*; worke so *Q*. **477** at your] *F*; as you *Q*. **478** damn her] *F*; *non répété dans Q*. **III,4** **4** CLOWN] *F*; *pas dans Q*. **4** me] *F*; one *Q*. **6-7** CLOWN ... this] *F*; *pas dans Q*.

---

1. *marble*. A la fois « brillant » ou « marbré » (à cause des nuages), « immuable » et

Ainsi mes pensers sanguinaires en leur marche impétueuse
Ne se retourneront jamais, jamais ne reflueront
Vers l'humble amour, avant d'aller s'engloutir
Dans l'immensité dévorante de ma vengeance.

[Il s'agenouille]

Oui, par ce ciel
De marbre[1], avec le respect dû à un serment sacré,
J'engage ici ma parole.

IAGO. – Attendez ! ne vous relevez pas[2].

Iago s'agenouille

Soyez témoins, splendeurs célestes au flamboiement éternel,
Et vous, éléments dont la présence nous enserre[3],
Témoins que Iago voue ici les efforts
De son esprit, de son bras, de son cœur,
Au service d'Othello outragé. Qu'il commande
Et je ne connaîtrai d'autre devoir que l'obéissance[4],
Quelle que soit l'œuvre de sang !

[Ils se relèvent]

OTHELLO. – J'accueille ton amour
Non par de vains remerciements, mais d'une acceptation
Sans réserve[5]. Et je te mets sur-le-champ à l'épreuve.
D'ici trois jours je veux apprendre de toi
Que Cassio n'est plus.

IAGO. – Mon ami est mort.
C'est à votre requête. Mais elle, qu'elle vive !

OTHELLO. – Qu'elle soit damnée, cette garce vicieuse ! Ô damnée ! damnée !
Viens, éloignons-nous. Je vais me retirer
Et aviser de quelque prompte mort
Pour ma belle diablesse. Tu es désormais mon lieutenant.

IAGO. – Je suis vôtre à jamais. *Ils sortent*

Entrent Desdémone, Émilie et le Bouffon[6] III, 4

DESDÉMONE. – Drôle, peux-tu m'indiquer la retraite du lieutenant Cassio ?

LE BOUFFON. – La retraite ? Je n'ose pas le dire.

DESDÉMONE. – Et pourquoi, mon garçon ?

LE BOUFFON. – C'est un militaire, et parler de battre en retraite à propos d'un militaire, c'est pour moi la mort.

DESDÉMONE. – Allons donc ! Où loge-t-il ?

LE BOUFFON. – Je ne peux dire où il loge sans déloger moi-même.

DESDÉMONE. – Mais qu'est-ce que ça veut dire ?

LE BOUFFON. – Ne sachant pas où il loge je ne peux que mentir, et dire

---

aussi « insensible ». **2.** Symbolique de la gestuelle : ils s'agenouillent l'un et l'autre, acte d'allégeance réciproque. Voir l'Introduction, p. 50. **3.** *ever-burning lights.* Ce sont les luminaires, c.-à-d. les étoiles ; *You elements that clip us* sont ou les sphères célestes (voir Macrocosme*), ou les éléments* constitutifs du monde sublunaire. **4.** *remorse.* Ici « solennelle obligation de conscience » (Onions). **5.** Extension du sens habituel de *bounteous* (« généreux »). **6.** Lieu : une rue de Chypre.

say he lies here, or he lies there, were to lie in mine own throat.

DESDEMONA. – Can you enquire him out, and be edified by report?

CLOWN. – I will catechize the world for him; that is, make questions, and by them answer.

DESDEMONA. – Seek him, bid him come hither, tell him I have moved my lord on his behalf, and hope all will be well.

CLOWN. – To do this is within the compass of man's wit, and therefore I will attempt the doing it. *Exit*

DESDEMONA. – Where should I lose the handkerchief, Emilia?

EMILIA. – I know not, madam.

DESDEMONA. – Believe me, I had rather have lost my purse
Full of crusadoes, and but my noble Moor
Is true of mind, and made of no such baseness
As jealous creatures are, it were enough
To put him to ill thinking.

EMILIA. – Is he not jealous?

DESDEMONA. – Who, he? I think the sun where he was born
Drew all such humours from him.

Enter Othello

EMILIA. – Look where he comes.

DESDEMONA. – I will not leave him now till Cassio
Be called to him. How is't with you, my lord?

OTHELLO. – Well, my good lady. (*Aside*) O hardness to dissemble!
How do you, Desdemona?

DESDEMONA. – Well, my good lord.

OTHELLO. – Give me your hand. This hand is moist, my lady.

DESDEMONA. – It hath felt no age, nor known no sorrow.

OTHELLO. – This argues fruitfulness and liberal heart.
Hot, hot and moist – this hand of yours requires
A sequester from liberty; fasting, and prayer,
Much castigation, exercise devout,
For here's a young and sweating devil here
That commonly rebels. 'Tis a good hand,
A frank one.

DESDEMONA. – You may indeed say so,
For 'twas that hand that gave away my heart.

OTHELLO. – A liberal hand. The hearts of old gave hands,
But our new heraldry is hands, not hearts.

DESDEMONA. – I cannot speak of this. Come now, your promise.

OTHELLO. – What promise, chuck?

DESDEMONA. – I have sent to bid Cassio come speak with you.

---

9 here ... lies] *F*; *pas dans Q.* **15** man's wit] *F*; a man *Q.* **19** have lost] *F*; loose *Q.*

---

1. Jeux de mots difficilement traduisibles sur « to lie » : « loger », « se trouver » et aussi « mentir ». Double sens : 1) si je lui invente un logement ce serait pour moi être un menteur, et 2) je ne peux dire impunément que Cassio ment (4), et je mentirais moi-même si je donnais un renseignement faux (6-9). **2.** Pièces d'or portugaises. **3.** Signifie que il loge ici ou il loge là serait pour moi déroger, c'est-à-dire déloger[1].

DESDÉMONE. – Ne peux-tu demander où il habite et te faire renseigner par les gens ?

LE BOUFFON. – Je m'en vais faire réciter le catéchisme au monde ; c'est-à-dire poser des questions, et mes questions feront la réponse.

DESDÉMONE. – Cherche-le ; dis-lui de venir ici. Dis-lui que j'ai plaidé sa cause auprès de mon seigneur et j'espère que tout ira bien.

LE BOUFFON. – Voilà qui est à la portée des facultés humaines ; je vais donc tâcher de m'en charger. *Il sort*

DESDÉMONE. – Où ai-je bien pu perdre ce mouchoir, Émilie ?

ÉMILIE. – Je ne sais pas, madame.

DESDÉMONE. – Crois-moi, j'aurais préféré perdre ma bourse
Pleine de cruzades[2], et n'était que mon noble Maure
Est d'un esprit loyal, sans rien de la bassesse
Propre aux jaloux, cela suffirait à lui donner
De mauvaises pensées.

ÉMILIE. – Il n'est donc pas jaloux ?

DESDÉMONE. – Qui ? lui ? Je crois que le soleil de son pays natal
A dû assécher en lui toute humeur de ce genre[3].

Entre Othello

ÉMILIE. – Le voici.

DESDÉMONE. – Et maintenant, je ne le lâche pas avant qu'il n'ait
Rappelé Cassio. Comment allez-vous, monseigneur ?

OTHELLO. – Bien, chère femme. (*A part*) Oh ! qu'il est dur de dissimuler !
Comment allez-vous, Desdémone ?

DESDÉMONE. – Bien, mon bon seigneur.

OTHELLO. – Donnez-moi la main. Cette main est moite, madame[4].

DESDÉMONE. – Elle ne connaît ni l'âge ni le chagrin.

OTHELLO. – C'est signe de largesse et d'un cœur généreux.
Chaude, chaude et moite — cette main-là requiert
Privation de liberté, abstinence et prière,
Force macérations, exercices dévots,
Car voici une jeune diablesse échauffée,
Indocile souvent. C'est une bonne main,
Une main libérale[5].

DESDÉMONE. – Vous pouvez, en vérité, le dire,
Car c'est la main qui donna mon cœur.

OTHELLO. – Une main généreuse. Le cœur, jadis, donnait la main.
Mais sur nos nouveaux blasons figure la main, pas le cœur[6].

DESDÉMONE. – Je n'entends rien à ceci. Allons, votre promesse.

OTHELLO. – Quelle promesse, ma poulette ?

DESDÉMONE. – J'ai fait dire à Cassio qu'il vienne vous parler.

---

le soleil a dû lui assécher la bile, dont l'excès, selon la théorie des humeurs de l'époque, provoque la jalousie. (Voir Humeurs*). Il semble bien, toutefois, que Desdémone se trompe (Ross) : le soleil, en accroissant la chaleur et la « siccité » aurait dû rendre Othello naturellement jaloux. **4.** Une main chaude et humide était signe de lascivité. **5.** *frank.* « Franc », mais aussi « libéral », « généreux », avec des sous-entendus libertins. **6.** On peut s'en tenir au sens littéral. Allusion politique possible, mais controversée, aux nouveaux baronets créés par Jacques* Ier.

OTHELLO. – I have a salt and sorry rheum offends me.
Lend me thy handkerchief.
DESDEMONA (*offering a handkerchief*). – Here, my lord.
OTHELLO. – That which I gave you.
DESDEMONA. – I have it not about me.
OTHELLO. – Not?
DESDEMONA. – No, faith, my lord.
OTHELLO. – That's a fault. That handkerchief
Did an Egyptian to my mother give.
She was a charmer, and could almost read
The thoughts of people. She told her, while she kept it
'Twould make her amiable, and subdue my father
Entirely to her love; but if she lost it,
Or made a gift of it, my father's eye
Should hold her loathèd, and his spirits should hunt
After new fancies. She, dying, gave it me,
And bid me, when my fate would have me wived,
To give it her. I did so, and take heed on't.
Make it a darling, like your precious eye.
To lose't or give't away were such perdition
As nothing else could match.
DESDEMONA. – Is't possible?
OTHELLO. – 'Tis true. There's magic in the web of it.
A sibyl that had numbered in the world
The sun to course two hundred compasses
In her prophetic fury sewed the work.
The worms were hallowed that did breed the silk,
And it was dyed in mummy, which the skilful
Conserved of maidens' hearts.
DESDEMONA. – I'faith, is't true?
OTHELLO. – Most veritable. Therefore look to't well.
DESDEMONA. – Then would to God that I had never seen it!
OTHELLO. – Ha, wherefore?
DESDEMONA. – Why do you speak so startingly and rash?
OTHELLO. – Is't lost? Is't gone? Speak, is't out o'th' way?
DESDEMONA. – Heaven bless us!
OTHELLO. – Say you?
DESDEMONA. – It is not lost, but what an if it were?
OTHELLO. – How?
DESDEMONA. – I say it is not lost.
OTHELLO. – Fetch't, let me see't.
DESDEMONA. – Why, so I can, sir, but I will not now.
This is a trick to put me from my suit.
Pray you let Cassio be received again.

45 sorry] *F*; sullen *Q*. **49** faith] *Q*; indeed *F*. **56** loathed] *F*; lothely *Q*. **65** course] *F*; make *Q*. **68-69** which ... Conserved] *F*; with ... Conserves *Q*. **69** I'faith] *Q*; Indeed *F*. **71** God] *Q*; Heaven *F*. **73** rash] *F*; rashly *Q*. **75** Heaven] *Q*; *pas dans F*. **78** How?] *F*; Ha. *Q*. **80** sir] *Q*; *pas dans F*.

OTHELLO. – J'ai un mauvais rhume[1] qui coule et qui me gêne.
Prête-moi ton mouchoir.
DESDÉMONE (*donnant un mouchoir*). – Tenez, monseigneur.
OTHELLO. – Celui que je vous ai donné.
DESDÉMONE. – Je ne l'ai pas sur moi.
OTHELLO. – Non ?
DESDÉMONE. – Ma foi non, monseigneur.
OTHELLO. – C'est un tort. Ce mouchoir
Fut donné à ma mère par une Égyptienne.
C'était une magicienne, qui lisait — ou presque —
Dans les pensées. Tant qu'elle le garderait,
Lui dit-elle, il la rendrait désirable, et mon père
Soumis entièrement à son amour ; mais si
Elle le perdait ou le donnait, elle deviendrait
Odieuse aux yeux de mon père, dont le cœur chercherait
De nouvelles conquêtes. Elle, en mourant, me le donna,
M'enjoignant, quand mon destin me ferait prendre femme,
De le lui donner. Je l'ai fait. Prenez-en soin,
Chérissez-le comme la prunelle de vos yeux ;
Le perdre ou s'en défaire serait une malédiction
A nulle autre pareille.
DESDÉMONE. – Est-ce possible ?
OTHELLO. – Cela est vrai. Il y a dans ses fils[2] un sortilège.
Une sibylle[3] qui avait, en ce monde, compté
Deux cents révolutions accomplies par le soleil[4],
En sa fureur prophétique fit l'ouvrage.
Les vers étaient sacrés, qui en filèrent la soie,
Et la teinture extraite de cœurs momifiés
De jeunes filles, embaumés avec art[5].
DESDÉMONE. – Mon Dieu ! est-ce vrai ?
OTHELLO. – Tout à fait véridique. Aussi, prenez-en grand soin.
DESDÉMONE. – Plût au ciel alors que je ne l'aie jamais vu !
OTHELLO. – Hein ? pourquoi ?
DESDÉMONE. – Pourquoi ces propos désordonnés, hâtifs ?
OTHELLO. – Il est perdu ? Il a disparu ? Parle ! Il est égaré ?
DESDÉMONE. – Le ciel nous protège !
OTHELLO. – Que dites-vous ?
DESDÉMONE. – Il n'est pas perdu, mais si cela était ?
OTHELLO. – Quoi ?
DESDÉMONE. – Il n'est pas perdu, dis-je.
OTHELLO. – Allez le chercher. Je veux le voir.
DESDÉMONE. – Eh ! je le peux, monsieur. Mais je ne veux pas maintenant.
C'est une feinte pour esquiver ma requête.
S'il vous plaît, laissez revenir Cassio.

---

1. *salt.* Ambigu ; connote à la fois l'écoulement des humeurs et la lubricité. **2.** *web.* Voir II,1,169 et la note, et l'Introduction, p. 53. **3.** Les sibylles étaient des prophétesses. La plus célèbre était, chez les Romains, la sibylle de Cumes. **4.** Une révolution complète, c.-à-d. une année. **5.** *mummy.* Baume extrait des momies, doué de propriétés magiques.

OTHELLO. – Fetch me the handkerchief. My mind misgives.
DESDEMONA. – Come, come, you'll never meet a more sufficient man.
OTHELLO. – The handkerchief.
DESDEMONA. – I pray, talk me of Cassio.
OTHELLO. – The handkerchief.
DESDEMONA. – A man that all his time
Hath founded his good fortunes on your love,
Shared dangers with you –
OTHELLO. – The handkerchief.
DESDEMONA. – I'faith, you are to blame.
OTHELLO. – 'Swounds ! *Exit*
EMILIA. – Is not this man jealous ?
DESDEMONA. – I ne'er saw this before.
Sure there's some wonder in this handkerchief.
I am most unhappy in the loss of it.
EMILIA. – 'Tis not a year or two shows us a man.
They are all but stomachs, and we all but food.
They eat us hungrily, and when they are full,
They belch us.

Enter Iago and Cassio

Look you, Cassio and my husband.
IAGO (*to Cassio*). – There is no other way. 'Tis she must do't,
And lo, the happiness ! Go and importune her.
DESDEMONA. – How now, good Cassio ? What's the news with you ?
CASSIO. – Madam, my former suit. I do beseech you
That by your virtuous means I may again
Exist and be a member of his love
Whom I, with all the office of my heart,
Entirely honour. I would not be delayed.
If my offence be of such mortal kind
That nor my service past, nor present sorrows,
Nor purposed merit in futurity
Can ransom me into his love again,
But to know so must be my benefit.
So shall I clothe me in a forced content,
And shut myself up in some other course
To fortune's alms.
DESDEMONA. – Alas, thrice-gentle Cassio !
My advocation is not now in tune.
My lord is not my lord, nor should I know him
Were he in favour as in humour altered.
So help me every spirit sanctified
As I have spoken for you all my best,
And stood within the blank of his displeasure
For my free speech ! You must a while be patient.
What I can do I will, and more I will

85-86 DESDEMONA ... handkerchief] *Q* ; *pas dans F.* **90** I'faith] *Q* ; Insooth *F.* **91** 'Swounds] *Q* (Zouns) ; Away *F.* **105** office] *F* ; duty *Q.*

OTHELLO. – Allez me chercher ce mouchoir. Je suis inquiet.
DESDÉMONE. – Allons, allons ! vous n'aurez jamais d'homme plus compétent.
OTHELLO. – Le mouchoir !
DESDÉMONE. – S'il vous plaît, parlez-moi de Cassio.
OTHELLO. – Le mouchoir !
DESDÉMONE. – Un homme qui jamais
N'eut d'autre fortune que votre affection ;
Qui a partagé vos périls –
OTHELLO. – Le mouchoir !
DESDÉMONE. – Mon Dieu ! vous avez tort !
OTHELLO. – Sang-dieu ! *Il sort*
ÉMILIE. – Pas jaloux, cet homme[1] ?
DESDÉMONE. – Jamais je ne l'ai vu ainsi.
Il faut que ce mouchoir ait un pouvoir magique.
Je suis bien malheureuse de l'avoir perdu.
ÉMILIE. – Un homme, il faut plus d'un an ou deux pour le connaître.
Tous ne sont que ventres, et nous leur nourriture.
Les goinfres nous dévorent ; et quand ils sont repus,
Ils nous vomissent.

Entrent Iago et Cassio

Voici Cassio et mon mari.
IAGO (*à Cassio*). – Il n'y pas d'autre moyen. C'est à elle d'agir.
Et tenez ! quelle chance ! Allez la supplier.
DESDÉMONE. – Eh bien, mon cher Cassio, quelles nouvelles ?
CASSIO. – Madame, toujours ma requête. Je vous en conjure,
Que par votre efficace entremise je puisse
Renaître, recouvrer l'affection de celui
Que pleinement, de tout le zèle de mon cœur, j'honore.
Je voudrais qu'on ne me fît point languir.
Si mon crime est de nature si funeste
Que ni mes services passés, ni ma douleur présente,
Ni ce que je promets de mérites futurs
Ne puissent me racheter, me rendre son amour,
Le savoir seulement me sera une grâce.
Ainsi, j'endosserai un consentement forcé,
Et m'enfermerai dans quelque autre état, pour vivre
Des aumônes de la fortune.
DESDÉMONE. – Hélas ! très aimable Cassio,
Mon plaidoyer porte à faux à cette heure. Mon seigneur
N'est plus lui-même, et je ne le reconnaîtrais pas
S'il était changé de visage autant que d'humeur.
Puissent tous les esprits bienheureux m'assister
Avec le zèle que j'ai mis à plaider pour vous,
Devenant la cible de son courroux, pour prix
De mon franc-parler. Il vous faut patienter un peu.
Ce que je peux, je le ferai ; et j'oserai plus,

1. Réponse implicite à l'affirmation de Desdémone sur l'absence de jalousie d'Othello (III,4,20-25).

Than for myself I dare. Let that suffice you.
IAGO. – Is my lord angry ?
EMILIA. – He went hence but now,
And certainly in strange unquietness.
IAGO. – Can he be angry ? I have seen the cannon
When it hath blown his ranks into the air,
And, like the devil, from his very arm
Puffed his own brother ; and is he angry ?
Something of moment then. I will go meet him.
There's matter in't indeed, if he be angry.
DESDEMONA. – I prithee do so. *Exit Iago*
Something sure of state,
Either from Venice or some unhatched practice
Made demonstrable here in Cyprus to him,
Hath puddled his clear spirit ; and in such cases
Men's natures wrangle with inferior things,
Though great ones are their object. 'Tis even so ;
For let our finger ache and it indues
Our other, healthful members even to a sense
Of pain. Nay, we must think men are not gods,
Nor of them look for such observancy
As fits the bridal. Beshrew me much, Emilia,
I was — unhandsome warrior as I am —
Arraigning his unkindness with my soul ;
But now I find I had suborned the witness,
And he's indicted falsely.
EMILIA. – Pray heaven it be
State matters, as you think, and no conception
Nor no jealous toy concerning you.
DESDEMONA. – Alas the day, I never gave him cause.
EMILIA. – But jealous souls will not be answered so.
They are not ever jealous for the cause,
But jealous for they're jealous. It is a monster
Begot upon itself, born on itself.
DESDEMONA. – Heaven keep the monster from Othello's mind.
EMILIA. – Lady, amen.
DESDEMONA. – I will go seek him. Cassio, walk here about.
If I do find him fit I'll move your suit,
And seek to effect it to my uttermost.
CASSIO. – I humbly thank your ladyship.
Exeunt Desdemona and Emilia

Enter Bianca

BIANCA. – Save you, friend Cassio.
CASSIO. – What make you from home ?
How is't with you, my most fair Bianca ?
I'faith, sweet love, I was coming to your house.
BIANCA. – And I was going to your lodging, Cassio.

---

139 a] *F* ; that *Q*. **141** observancy] *F* ; observances *Q*. **162** I'faith] *Q* ; Indeed *F*.

Certes, que pour moi. Que cela vous suffise.
IAGO. – Monseigneur est fâché ?
ÉMILIE. – Il vient de sortir,
Étrangement agité, c'est certain.
IAGO. – Lui ? fâché ? est-ce possible ! J'ai vu le canon
Faire voler ses soldats dans les airs,
Et, diaboliquement, souffler à son côté
Son propre frère ; et il serait fâché ? lui ?
C'est donc bien grave. Je vais le retrouver.
Le motif n'est pas mince s'il est fâché.
DESDÉMONE. – Je t'en prie, vas-y. *Iago sort*
Une affaire d'État, sûrement,
Un message de Venise, ou alors quelque intrigue occulte,
Dont il a eu révélation ici à Chypre,
Ont troublé son esprit serein. En pareil cas,
Les hommes, par nature, chicanent sur des vétilles
Quand l'important est en jeu. Oui, c'est cela ;
Il suffit d'avoir mal à un doigt, et la douleur
Se fait sentir dans tous les membres sains.
Non, il ne faut pas prendre les hommes pour des dieux,
Ni attendre d'eux les mêmes prévenances
Qu'au jour de leurs noces. Fi donc, Émilie !
Je l'accusais ici — pitoyable guerrière[1] —
De dureté, sur la foi de mon âme. Mais je le vois
Maintenant, ce témoin, je l'avais suborné ;
Le procès est injuste.
ÉMILIE. – Plaise au ciel qu'il s'agisse
D'affaires d'État comme vous le pensez, et non
Des soupçons, des lubies d'un jaloux à votre sujet !
DESDÉMONE. – Miséricorde ! Jamais il n'en a eu cause !
ÉMILIE. – Ce n'est pas pour un jaloux une réponse.
A un jaloux peu importe la cause,
La jalousie cause sa jalousie. Elle est un monstre
Qui s'engendre lui-même, et qui naît de lui-même.
DESDÉMONE. – Le ciel éloigne ce monstre de l'esprit d'Othello !
ÉMILIE. – Ainsi soit-il, madame !
DESDÉMONE. – Je vais à sa recherche. Restez par ici, Cassio.
S'il est bien disposé, je plaiderai pour vous,
Et je ferai de mon mieux pour réussir.
CASSIO. – Humblement je remercie Votre Grâce.
Desdémone et Émilie sortent

Entre Bianca

BIANCA. – Dieu vous garde, ami Cassio.
CASSIO. – Que faites-vous en ville ?
Comment allez-vous, Bianca, ma toute belle ?
Ma foi, mon cher amour, j'allais chez vous.
BIANCA. – Et moi j'allais à votre appartement, Cassio.

1. Cf. « ma belle guerrière » (II,1,178).

What, keep a week away? Seven days and nights,
Eightscore-eight hours, and lovers' absent hours
More tedious than the dial eightscore times!
O weary reckoning!
CASSIO. – Pardon me, Bianca,
I have this while with leaden thoughts been pressed,
But I shall in a more continuate time
Strike off this score of absence. Sweet Bianca,
Take me this work out.

He gives her Desdemona's napkin

BIANCA. – O Cassio, whence came this?
This is some token from a newer friend.
To the felt absence now I feel a cause.
Is't come to this? Well, well.
CASSIO. – Go to, woman.
Throw your vile guesses in the devil's teeth,
From whence you have them. You are jealous now
That this is from some mistress, some remembrance.
No, by my faith, Bianca.
BIANCA. – Why, whose is it?
CASSIO. – I know not, neither. I found it in my chamber.
I like the work well. Ere it be demanded –
As like enough it will – I would have it copied.
Take it, and do't, and leave me for this time.
BIANCA. – Leave you? Wherefore?
CASSIO. – I do attend here on the general,
And think it no addition, nor my wish,
To have him see me womaned.
BIANCA. – Why, I pray you?
CASSIO. – Not that I love you not.
BIANCA. – But that you do not love me.
I pray you bring me on the way a little,
And say if I shall see you soon at night.
CASSIO. – 'Tis but a little way that I can bring you,
For I attend here; but I'll see you soon.
BIANCA. – 'Tis very good. I must be circumstanced. *Exeunt*

IV, 1

Enter Iago and Othello

IAGO. – Will you think so?
OTHELLO. – Think so, Iago?
IAGO. – What, to kiss in private?
OTHELLO. – An unauthorized kiss.
IAGO. – Or to be naked with her friend in bed
An hour or more, not meaning any harm?

---

168 leaden] *F*; laden *Q*. **169** continuate] *F*; convenient *Q*. **174** Well, well] *F*; *pas dans Q*. **175** vile] *F* (vilde). **178** by my faith] *Q*; in good troth *F*. **179** neither] *F*; sweete *Q*. **186-187** BIANCA ... not] *F*; *pas dans Q*. **IV,1 3, 5** in bed] *F*; abed *Q*.

Quoi ! disparaître une semaine. Sept jours et sept nuits.
Cent soixante et huit heures[1], et des heures où l'aimé est absent !
Cent soixante fois plus longues qu'à l'horloge !
Oh ! l'ennuyeux calcul !

CASSIO. – Pardonnez-moi, Bianca.
Tout ce temps-là, des pensers de plomb m'ont oppressé.
Mais dès que j'aurai plus de temps devant moi,
J'acquitterai cette dette d'absence. Chère Bianca,
Copiez-moi ce motif.

Il lui donne le mouchoir de Desdémone

BIANCA. – Oh ! Cassio, d'où vient ceci ?
C'est quelque gage d'une nouvelle amie.
J'ai tâté de l'absence, j'en tâte à cette heure la cause.
En sommes-nous donc là ? Eh bien –

CASSIO. – Voyons, ma belle,
Jetez-moi ces vilains soupçons au nez du diable
De qui vous les tenez. Soupçonner à présent
Que c'est là un cadeau ! d'une maîtresse ! un souvenir !
Non, sur ma foi, Bianca.

BIANCA. – Alors, à qui est-il ?

CASSIO. – Je n'en sais rien non plus. Je l'ai trouvé chez moi.
J'aime bien ce motif ; avant qu'on le réclame –
Ce qui ne peut manquer – je veux le faire copier.
Prenez-le, copiez-le, et laissez-moi pour l'instant.

BIANCA. – Vous laisser ? et pourquoi ?

CASSIO. – Je suis ici de service auprès du général.
Je n'ai pas intérêt – d'ailleurs je n'y tiens pas –
A me montrer avec une femme.

BIANCA. – Et pourquoi, je vous prie ?

CASSIO. – Non que je ne vous aime point.

BIANCA. – Mais vous ne m'aimez pas.
S'il vous plaît, accompagnez-moi un peu,
Et dites si ce soir vous viendrez de bonne heure.

CASSIO. – Je vous accompagne, mais un peu seulement, car je suis
De service ici. Mais je viendrai de bonne heure.

BIANCA. – Fort bien. Je n'ai guère le choix. *Ils sortent*

Entrent Iago et Othello[2] **IV, 1**

IAGO. – Vous tenez à le croire ?

OTHELLO. – Si je le crois, Iago ?

IAGO. – Quoi ? Des baisers en secret !

OTHELLO. – Un baiser illicite.

IAGO. – Ou être nue au lit avec son ami,
Une heure et plus, sans penser à mal ?

---

1. Sept jours, soit 168 heures ; *Eightscore* (8 fois 20 = 160) + *eight* (8) ; le calcul de Bianca est exact. 2. Lieu : un endroit indéterminé (devant le château ? dans une des salles ?).

OTHELLO. – Naked in bed, Iago, and not mean harm?
It is hypocrisy against the devil.
They that mean virtuously and yet do so,
The devil their virtue tempts, and they tempt heaven.
IAGO. – If they do nothing, 'tis a venial slip.
But if I give my wife a handkerchief –
OTHELLO. – What then?
IAGO. – Why then, 'tis hers, my lord, and being hers,
She may, I think, bestow't on any man.
OTHELLO. – She is protectress of her honour, too.
May she give that?
IAGO. – Her honour is an essence that's not seen.
They have it very oft that have it not.
But for the handkerchief –
OTHELLO. – By heaven, I would most gladly have forgot it.
Thou said'st – O, it comes o'er my memory
As doth the raven o'er the infectious house,
Boding to all! – he had my handkerchief.
IAGO. – Ay, what of that?
OTHELLO. – That's not so good now.
IAGO. – What if I had said I had seen him do you wrong,
Or heard him say – as knaves be such abroad,
Who having by their own importunate suit
Or voluntary dotage of some mistress
Convincèd or supplied them, cannot choose
But they must blab –
OTHELLO. – Hath he said anything?
IAGO. – He hath, my lord. But, be you well assured,
No more than he'll unswear.
OTHELLO. – What hath he said?
IAGO. – Faith, that he did – I know not what he did.
OTHELLO. – What, what?
IAGO. – Lie –
OTHELLO. – With her?
IAGO. – With her, on her, what you will.
OTHELLO. – Lie with her? Lie on her? We say "lie on her" when they belie her. Lie with her? 'Swounds, that's fulsome! Handkerchief – confessions – handkerchief. To confess and be hanged for his labour. First to be hanged and then to confess! I tremble at it. Nature would not invest herself in such shadowing passion without some instruction. It is not words that shakes me thus. Pish! Noses, ears, and lips! Is't possible? Confess?

---

9 If] *F*; So *Q*. 21 infectious] *F*; infected *Q*. 32 Faith] *Q*; Why *F*. 35 'Swounds] *Q* (Zouns); *pas dans F*. 36-40 To ... devil] *F*; *pas dans Q*.

---

1. Ils trompent le diable en lui laissant espérer des turpitudes qu'ils n'ont pas l'intention de commettre. Mais c'est jouer avec le feu (le démon risque de tenter leur vertu), et tenter le ciel (en provoquant son courroux et en escomptant sa miséricorde pour un péché commis délibérément); tenter le ciel est un péché (*Deutéronome*, 6,16). 2. Le corbeau, oiseau funèbre et de mauvais augure, propageant les miasmes et la contagion. Sh, comme en général

OTHELLO. – Nue au lit, Iago, et sans penser à mal ?
C'est une hypocrisie à tromper le diable.
Ceux qui croient, ce faisant, vertu garder, ils laissent
Le diable tenter leur vertu, et eux tentent le ciel[1].
IAGO. – S'ils ne font rien, la faute est vénielle.
Mais si je donne à ma femme un mouchoir —
OTHELLO. – Eh bien ?
IAGO. – Eh bien, il est à elle, monseigneur, et s'il est à elle,
Elle peut le donner, je pense, à l'homme qu'il lui plaît.
OTHELLO. – Elle est dépositaire aussi de son honneur.
Peut-elle le donner ?
IAGO. – Son honneur est d'essence invisible.
Telles l'ont bien souvent qui ne l'ont plus.
Mais quant à ce mouchoir —
OTHELLO. – Par le ciel ! je l'aurais volontiers oublié.
Tu disais — Oh ! cela plane sur ma mémoire
Comme le corbeau sur la maison pestiférée,
Portant malheur à tous[2] — il avait mon mouchoir !
IAGO. – Oui, et alors ?
OTHELLO. – Mauvais signe à présent.
IAGO. – Et si je vous disais que je l'ai vu vous nuire,
Ou entendu dire — car on en voit de ces gredins
Qui, grâce à leurs propres assiduités,
Ou l'engouement spontané de quelque dame,
L'ont séduite ou comblée, et ne peuvent ensuite
Tenir leur langue —
OTHELLO. – Il a dit quelque chose ?
IAGO. – Oui, monseigneur. Mais rien, soyez-en assuré,
Qu'il ne niera sous le serment.
OTHELLO. – Qu'est-ce qu'il a dit ?
IAGO. – Ma foi, qu'il avait — je ne sais ce qu'il avait fait.
OTHELLO. – Quoi ? quoi ?
IAGO. – Couché —
OTHELLO. – Avec elle ?
IAGO. – Avec elle, ou qu'il s'était
[vanté, comme vous voudrez.
OTHELLO. – Coucher avec elle ? Se vanter ? Mais on dit « se vanter » quand on n'a rien obtenu. Coucher avec elle[3] ? Sang-dieu ! c'est abominable ! Mouchoir — confessions — mouchoir. Qu'il avoue et qu'on le pende pour sa peine ! Non, pendu d'abord et les aveux ensuite ! J'en tremble. La nature ne céderait pas à cette violence de ténèbres sans quelque raison[4]. Ce ne sont pas des mots qui me secouent ainsi. Pouah ! Nez, oreilles, lèvres !

---

les Élisabéthains, ne retient ici que l'aspect négatif de cet oiseau au symbolisme contradictoire. **3.** Enchevêtrement de sens et de sous-entendus : « to lie », « coucher » et « mentir » ; « to lie with », « coucher avec » et aussi « mentir » (équivalent de « to lie to »), mais il est douteux que ce soit le sens qu'y voit Othello ; « to lie on », « mentir sur » et « être couché sur » ; « to belie », « calomnier ». **4.** La violence de l'émotion ressentie par Othello est pour lui une preuve de la culpabilité de Desdémone. Argument spécieux témoignant de la perversion de son jugement. Voir l'Introduction, p. 49-50.

Handkerchief? O devil!
He falls down in a trance
IAGO. – Work on; my medicine works. Thus credulous fools are caught,
And many worthy and chaste dames even thus,
All guiltless, meet reproach. What ho, my lord!
My lord, I say. Othello!
Enter Cassio
How now, Cassio?
CASSIO. – What's the matter?
IAGO. – My lord is fall'n into an epilepsy.
This is his second fit. He had one yesterday.
CASSIO. – Rub him about the temples.
IAGO. – No, forbear.
The lethargy must have his quiet course.
If not, he foams at mouth, and by and by
Breaks out to savage madness. Look, he stirs.
Do you withdraw yourself a little while,
He will recover straight. When he is gone
I would on great occasion speak with you. *Exit Cassio*
How is it, general? Have you not hurt your head?
OTHELLO. – Dost thou mock me?
IAGO. – I mock you not, by heaven.
Would you would bear your fortune like a man.
OTHELLO. – A hornèd man's a monster and a beast.
IAGO. – There's many a beast then in a populous city,
And many a civil monster.
OTHELLO. – Did he confess it?
IAGO. – Good sir, be a man.
Think every bearded fellow that's but yoked
May draw with you. There's millions now alive
That nightly lie in those unproper beds
Which they dare swear peculiar. Your case is better.
O, 'tis the spite of hell, the fiend's arch-mock,
To lip a wanton in a secure couch
And to suppose her chaste! No, let me know,
And knowing what I am, I know what she shall be.
OTHELLO. – O, thou art wise, 'tis certain.
IAGO. – Stand you a while apart.
Confine yourself but in a patient list.
Whilst you were here, o'erwhelmèd with your grief –
A passion most unsuiting such a man –
Cassio came hither. I shifted him away,
And laid good 'scuse upon your ecstasy,
Bade him anon return and here speak with me,

---

41 on ... works] *F*; on my medicine, worke : *Q*. **41-43** *vers*] *F*; *prose Q*. **48** No, forbear] *Q*; *pas dans F*. **56** you not]; you? no *Q*. **68** couch] *F* (Cowch); Coach *Q*. **73** o'erwhelmed] *F*; ere while, mad *Q*. **74** unsuiting] *Qcorr*; unfitting *Q*; resulting *F*. **77** Bade ... return] *F*; Bid ... retire *Q*.

Est-ce possible ? Avouer ? Mouchoir ? Oh ! démon !

Il tombe en syncope

IAGO. – Agis, va ! Il agit, mon élixir[1]. Ainsi les jobards
Se font prendre, et ainsi, bien des vertus respectables,
Immaculées, trouvent censeurs. Holà ! Ho ! monseigneur !
Monseigneur ! voyons ! Othello !

Entre Cassio

Eh bien, Cassio ?

CASSIO. – Qu'arrive-t-il ?

IAGO. – Monseigneur est tombé du haut-mal.
C'est sa deuxième crise. L'autre c'était hier.

CASSIO. – Frictionnez-lui les tempes.

IAGO. – Non, surtout pas !
La léthargie doit suivre tranquillement son cours.
Sinon il écume, et une frénésie sauvage
Le saisit aussitôt. Tenez, il remue.
Éloignez-vous un moment ; il ne tardera pas
A revenir à lui. Quand il sera parti,
Je voudrais vous parler d'une affaire importante. *Cassio sort*
Ça va, général ? N'êtes-vous pas blessé à la tête ?

OTHELLO. – Tu te moques ?

IAGO. – Me moquer de vous ? Non, ciel !
Je voudrais vous voir supporter en homme votre sort.

OTHELLO. – Un homme à cornes est un monstre et une bête.

IAGO. – Alors il y a, dans les cités populeuses,
Plus d'une bête et plus d'un monstre citoyen.

OTHELLO. – Il a avoué ?

IAGO. – Mon bon monsieur, soyez un homme ! Songez
Que tout homme fait, attelé sous le joug[2],
Peut tirer avec vous. Ils sont bien des millions
A entrer chaque soir dans un lit partagé[3],
Prêts à jurer qu'il est privé. Vous êtes mieux loti.
Oh ! cruauté de l'enfer, suprême ironie du malin :
Embrasser une catin dans un lit respectable
Et la croire chaste ! Non, moi, je veux savoir,
Et je sais, sachant qui je suis, ce qui lui adviendra.

OTHELLO. – Oh ! tu es un sage, c'est sûr !

IAGO. – Écartez-vous un instant.
Enfermez-vous dans les limites de la patience.
Lorsque vous étiez là, terrassé par votre douleur –
Folie tout à fait indigne de qui vous êtes –
Cassio est arrivé. Je l'ai congédié,
En donnant une bonne excuse à votre accès ;
Je l'ai prié de revenir, sans tarder, me parler

---

1. *medicine.* Pris ironiquement au sens de « poison ». 2. *yoked.* A la fois le joug du mariage et le poids de l'offense subie (Sanders). 3. *unproper.* Qui appartient à tous.

The which he promised. Do but encave yourself,
And mark the fleers, the gibes and notable scorns
That dwell in every region of his face.
For I will make him tell the tale anew,
Where, how, how oft, how long ago, and when
He hath and is again to cope your wife.
I say, but mark his gesture. Marry, patience,
Or I shall say you're all-in-all in spleen,
And nothing of a man.

OTHELLO. – Dost thou hear, Iago?
I will be found most cunning in my patience,
But – dost thou hear? – most bloody.

IAGO. – That's not amiss,
But yet keep time in all. Will you withdraw?

Othello stands apart

Now will I question Cassio of Bianca,
A hussy that by selling her desires
Buys herself bread and cloth. It is a creature
That dotes on Cassio – as 'tis the strumpet's plague
To beguile many and be beguiled by one.
He, when he hears of her, cannot restrain
From the excess of laughter.

Enter Cassio

Here he comes.
As he shall smile, Othello shall go mad;
And his unbookish jealousy must conster
Poor Cassio's smiles, gestures, and light behaviours
Quite in the wrong. How do you now, lieutenant?

CASSIO. – The worser that you give me the addition
Whose want even kills me.

IAGO. – Ply Desdemona well and you are sure on't.
Now, if this suit lay in Bianca's power,
How quickly should you speed!

CASSIO (*laughing*). – Alas, poor caitiff!

OTHELLO (*aside*). – Look how he laughs already.

IAGO. – I never knew a woman love man so.

CASSIO. – Alas, poor rogue! I think i'faith she loves me.

OTHELLO (*aside*). – Now he denies it faintly, and laughs it out.

IAGO. – Do you hear, Cassio?

OTHELLO (*aside*). – Now he importunes him
To tell it o'er. Go to, well said, well said.

IAGO. – She gives it out that you shall marry her.
Do you intend it?

CASSIO. – Ha, ha, ha!

---

79 fleers] *F*; geeres *Q*; Ieeres *Qcorr.* **91** hussy] *Q et F* (huswife). **92** cloth] *F* (Cloath); cloathes *Q*. **95** restrain] *F*; refraine *Q*. **98** conster] *Q*; conserve *F*. **104** power] *Q*; dowre *F*. **109** i'faith] *Q*; indeed *F*.

---

1. *spleen.* La rate, siège en particulier de l'atrabile ou humeur* noire, dont l'excès

Ici. Il l'a promis. Cachez-vous bien et observez
Les rires, les sarcasmes, et l'évident mépris
Marqué dans tous les plis de son visage.
Car je m'en vais lui faire à nouveau raconter
Où, comment, combien de fois, depuis quand, et quand, il a
Fricoté avec votre femme et compte recommencer.
Oui. Surveillez sa mimique. Du calme, morbleu !
Ou je vous déclare esclave en tous points de vos humeurs[1],
Et nullement un homme.

OTHELLO. – Tu m'entends, Iago ?
On me verra infiniment patient dans la ruse,
Mais – tu m'entends ? – infiniment sanguinaire.

IAGO. – Fort bien.
Mais gardez mesure en tout[2]. Veuillez vous écarter.

Othello s'écarte

Et maintenant, faisons parler Cassio sur Bianca,
Une drôlesse[3], qui monnaie ses désirs
Pour payer son pain et ses robes. La fille
Est folle de Cassio. – C'est le malheur des putes :
Ça enjôle les hommes, et puis un homme les enjôle.
Lui, quand on lui parle d'elle, il ne peut s'empêcher
De s'esclaffer.

Entre Cassio

Le voici. Ses sourires
Vont enrager Othello, dont l'ignorante jalousie
Ne peut manquer de lire à contresens les sourires,
Les gestes et les airs dégagés de ce pauvre Cassio[4].
Comment allez-vous, à présent, lieutenant ?

CASSIO. – D'autant plus mal que vous me donnez ce titre
Dont l'absence justement me tue.

IAGO. – Insistez auprès de Desdémone, et c'est fait.
Ah ! si votre requête ne tenait qu'à Bianca,
Cela ne traînerait pas !

CASSIO (*riant*). – Hélas, pauvre malheureuse !

OTHELLO (*à part*). – Voilà qu'il rit déjà !

IAGO. – Je n'ai jamais vu femme aimer si fort un homme.

CASSIO. – Hélas ! pauvre friponne ! ma foi, je crois qu'elle m'aime.

OTHELLO (*à part*). – Voilà qu'il nie mollement ; il s'en tire en riant.

IAGO. – Vous entendez, Cassio ?

OTHELLO (*à part*). – Voilà qu'il insiste
Pour le faire parler. Va ! c'est bien ! c'est bien !

IAGO. – Elle raconte partout que vous allez l'épouser.
Est-ce votre intention ?

CASSIO. – Ha ! ha ! ha !

---

provoque la mélancolie* et la mauvaise humeur. Par ailleurs, le mot signifie souvent chez Sh « emportement » ; il connote aussi l'idée de caprice. **2.** *keep time.* Métaphore musicale (garder la mesure). **3.** *hussy.* Sens (courant à l'époque) de « dévergondée » ; *her desires :* ceux qu'elle inspire, ou aussi les siens. **4.** Image shakespearienne récurrente : le personnage se lit comme un texte écrit (cf. IV,2,73-74, ou aussi *Troïlus et Cresside,* IV,6,54-64).

OTHELLO (*aside*). – Do ye triumph, Roman, do you triumph ?

CASSIO. – I marry ! What, a customer ? Prithee, bear some charity to my wit — do not think it so unwholesome. Ha, ha, ha !

OTHELLO (*aside*). – So, so, so, so. They laugh that wins.

IAGO. – Faith, the cry goes that you marry her.

CASSIO. – Prithee, say true.

IAGO. – I am a very villain else.

OTHELLO (*aside*). – Ha' you scored me ? Well.

CASSIO. – This is the monkey's own giving out. She is persuaded I will marry her out of her own love and flattery, not out of my promise.

OTHELLO (*aside*). – Iago beckons me. Now he begins the story.

Othello draws closer

CASSIO. – She was here even now. She haunts me in every place. I was the other day talking on the sea-bank with certain Venetians, and thither comes the bauble, and falls me thus about my neck.

OTHELLO (*aside*). – Crying "O dear Cassio !" as it were. His gesture imports it.

CASSIO. – So hangs and lolls and weeps upon me, so shakes and pulls me — ha, ha, ha !

OTHELLO (*aside*). – Now he tells how she plucked him to my chamber. O, I see that nose of yours, but not that dog I shall throw it to !

CASSIO. – Well, I must leave her company.

Enter Bianca

IAGO. – Before me, look where she comes.

CASSIO. – 'Tis such another fitchew ! Marry, a perfumed one. (*To Bianca*) What do you mean by this haunting of me ?

BIANCA. – Let the devil and his dam haunt you. What did you mean by that same handkerchief you gave me even now ? I was a fine fool to take it. I must take out the whole work — a likely piece of work, that you should find it in your chamber and know not who left it there. This is some minx's token, and I must take out the work. There, give it your hobby-horse. (*Giving Cassio the napkin*) Wheresoever you had it, I'll take out no work on't.

CASSIO. – How now, my sweet Bianca, how now, how now ?

OTHELLO (*aside*). – By heaven, that should be my handkerchief.

BIANCA. – An you'll come to supper tonight, you may. An you will not, come when you are next prepared for. *Exit*

IAGO. – After her, after her.

---

116 marry ... customer ?] *F* ; marry her ? I *Q*. **118** They] *F* ; *pas dans Q*. **119** Faith] *Q* ; Why *F*. **119** that you] *F* ; you shall *Q*. **122** scored me ? Well] *F* ; stor'd me well *Q*. **123-124** *prose*] *Q* ; *vers F*. **125** beckons] *Q* ; becomes *F*. **128** and falls me] *F* ; by this hand she fals *Q*. **131-132** *prose*] *Q* ; *vers F*. **131** shakes] *F* ; hales *Q*. **133-134** *prose*] *F* ; *vers Q*. **133** O] *F* ; *pas dans Q*. **137** CASSIO] *F* ; *pas dans Q (137-138 encore* IAGO*)*. **141** whole] *Q* ; *pas dans F*. **143** your] *F* ; the *Q*. **148** An ... An] *Q* ; If ... If *F*.

OTHELLO (*à part*). – Vous triomphez, Romain[1], vous triomphez !

CASSIO. – Moi, l'épouser ? Quoi ! une gourgandine ? De grâce, un peu de charité pour mon esprit — ne le crois pas si malade. Ha ! ha ! ha !

OTHELLO (*à part*). – Bien, bien, bien, bien. Rira bien qui rira le dernier.

IAGO. – Sur ma foi, le bruit court que vous l'épousez.

CASSIO. – De grâce, pas de plaisanteries.

IAGO. – Ou alors, je suis un coquin fieffé.

OTHELLO (*à part*). – Vous m'avez eu[2]. C'est bon.

CASSIO. – C'est ce qu'elle raconte, cette babouine. Elle est persuadée que je vais l'épouser, mais c'est l'effet de son amour et de ses illusions ; pas de mes promesses.

OTHELLO (*à part*). – Iago me fait signe. Voilà qu'il commence l'histoire.

Othello se rapproche

CASSIO. – Elle était ici à l'instant. Elle me poursuit partout. Je parlais l'autre jour sur le rivage avec des Vénitiens, et voilà qu'arrive cette bécasse[3] qui se pend à mon cou — comme ceci.

OTHELLO (*à part*). – En criant « Ô mon cher Cassio ! » on dirait. Le geste est éloquent.

CASSIO. – Et qui s'accroche, et qui se serre contre moi, et qui m'inonde de larmes, et me harcèle, et me tiraille — Ha ! ha ! ha !

OTHELLO (*à part*). – Le voilà qui raconte comment elle l'a entraîné dans ma chambre. Ah ! je le vois ton nez — en attendant de voir le chien à qui je vais le jeter !

CASSIO. – Bon ; il me faudra rompre avec elle.

Entre Bianca

IAGO. – Cristi[4] ! Justement ! la voici !

CASSIO. – Encore un joli putois[5], celle-là ! mais parfumée, par exemple ! (*A Bianca*) Qu'est-ce qui vous prend d'être toujours à me tenir aux chausses ?

BIANCA. – Je vous y mettrai le diable et son train[6] aux chausses, moi ! Et ce mouchoir, qu'est-ce qui vous a pris de me le donner tout à l'heure ? J'ai été joliment bête de le prendre. Me faire copier tout le motif ! Il est vraisemblable, votre motif ! C'était chez vous et vous ne savez pas qui l'y a laissé ! Le cadeau de quelque garce, oui ; et c'est à moi de copier le motif ! Tenez, donnez-le à votre pouffiasse[7]. (*Donnant le mouchoir à Cassio*) Peu m'importe d'où il sort : moi, le motif, je ne le copie pas.

CASSIO. – Voyons, Bianca, ma douce ; allons ! voyons !

OTHELLO (*à part*). – Par le ciel ! ce doit être mon mouchoir.

BIANCA. – Si vous voulez venir souper ce soir, vous pouvez ; et si vous ne voulez pas, venez quand on sera disposé à vous recevoir. *Elle sort*

IAGO. – Suivez-la ! suivez-la !

---

1. *Roman.* Sens obscur ; terme vraisemblablement suggéré par l'association avec « triomphe ». 2 *scored.* Obscur. Plusieurs sens possibles : « entailler », « entamer », « battre » (sens propre ou sens figuré) ; « marquer un point ». 3. *bauble.* Désigne également un objet de peu de valeur avec lequel on s'amuse (babiole, hochet). 4. *Before me.* Forme atténuée de « before God ». 5. Le putois sent mauvais, d'où la nécessité du parfum. Le putois est aussi un emblème de lubricité. 6. *the devil and his dam.* Littéralement : « le diable et sa mère ». 7. *hobby-horse.* Au sens propre, déguisement représentant un cheval, très répandu jadis dans le folklore européen. Le mot est employé ici au sens figuré pour désigner une femme de mauvaise vie. Voir *Hamlet,* III,2,114 note.

CASSIO. – Faith, I must, she'll rail in the streets else.

IAGO. – Will you sup there ?

CASSIO. – Faith, I intend so.

IAGO. – Well, I may chance to see you, for I would very fain speak with you.

CASSIO. – Prithee, come, will you ?

IAGO. – Go to, say no more. *Exit Cassio*

OTHELLO. – How shall I murder him, Iago ?

IAGO. – Did you perceive how he laughed at his vice ?

OTHELLO. – O Iago !

IAGO. – And did you see the handkerchief ?

OTHELLO. – Was that mine ?

IAGO. – Yours, by this hand. And to see how he prizes the foolish woman your wife. She gave it him, and he hath given it his whore.

OTHELLO. – I would have him nine years a-killing. A fine woman, a fair woman, a sweet woman.

IAGO. – Nay, you must forget that.

OTHELLO. – Ay, let her rot and perish, and be damned tonight, for she shall not live. No, my heart is turned to stone ; I strike it, and it hurts my hand. O, the world hath not a sweeter creature ! She might lie by an emperor's side, and command him tasks.

IAGO. – Nay, that's not your way.

OTHELLO. – Hang her, I do but say what she is – so delicate with her needle, an admirable musician. O, she will sing the savageness out of a bear ! Of so high and plenteous wit and invention.

IAGO. – She's the worse for all this.

OTHELLO. – O, a thousand, a thousand times ! And then of so gentle a condition.

IAGO. – Ay, too gentle.

OTHELLO. – Nay, that's certain. But yet the pity of it, Iago. O, Iago, the pity of it, Iago !

IAGO. – If you are so fond over her iniquity, give her patent to offend ; for if it touch not you, it comes near nobody.

OTHELLO. – I will chop her into messes. Cuckold me !

IAGO. – O, 'tis foul in her.

OTHELLO. – With mine officer.

IAGO. – That's fouler.

OTHELLO. – Get me some poison, Iago, this night. I'll not expostulate with her, lest her body and beauty unprovide my mind again. This night, Iago.

IAGO. – Do it not with poison. Strangle her in her bed, even the bed she hath contaminated.

OTHELLO. – Good, good, the justice of it pleases, very good.

IAGO. – And for Cassio, let me be his undertaker. You shall hear more by midnight.

---

151 Faith] *Q* ; *pas dans F.* **153** Faith] *Q* ; Yes *F.* **163-164** IAGO ... whore] *F* ; *pas dans Q mais « Iag. » est la réclame du bas de la page précédente.* **165-166** *prose*] *Q* ; *vers F.* **168** Ay] *F* (I) ; And *Q.* **177** O] *F* ; *pas dans Q.* **180-181** *prose*] *Q* ; *vers F.* **180** Nay] *F* ; I (= Ay) *Q.* **180-181** O ... Iago !] *F* ; the pitty. *Q.* **190-191** *prose*] *Q* ; *vers F.*

CASSIO. – Il le faut bien, ma foi. Sinon elle va faire un esclandre dans les rues.

IAGO. – Irez-vous souper chez elle ?

CASSIO. – Ma foi, j'y compte bien.

IAGO. – Bon, j'irai peut-être vous voir, car je tiens beaucoup à vous parler.

CASSIO. – De grâce, venez, n'est-ce pas ?

IAGO. – Allez, c'est dit. *Cassio sort*

OTHELLO. – Comment le tuer, Iago ?

IAGO. – Vous l'avez vu rire de sa turpitude ?

OTHELLO. – Oh ! Iago !

IAGO. – Et vous avez vu le mouchoir ?

OTHELLO. – C'était le mien ?

IAGO. – Le vôtre, par cette main que voici. Voyez un peu comme il fait cas de votre femme, cette sotte. Elle lui en fait cadeau, et lui, il va le donner à sa catin.

OTHELLO. – Ah ! mettre neuf ans à le faire mourir ! Une femme charmante ! une femme ravissante ! une femme exquise !

IAGO. – Mais non, il n'y faut plus penser.

OTHELLO. – Oui, qu'elle pourrisse et crève, et qu'elle soit damnée dès ce soir, car il faut qu'elle meure ! Non, mon cœur est devenu de pierre ; je le frappe et ma main s'y meurtrit. Oh ! il n'y a pas au monde créature plus exquise ! Elle pourrait partager le lit d'un empereur et le mettre à ses ordres.

IAGO. – Mais non ! je ne vous reconnais plus.

OTHELLO. – Le diable l'emporte ! Je la décris, c'est tout : si habile à l'aiguille, musicienne admirable. Oh ! son chant attendrirait la férocité de l'ours ! Un jugement, une imagination si éminents, si fertiles !

IAGO. – Elle en est d'autant plus coupable.

OTHELLO. – Oh ! mille et mille fois ! Et puis, d'un sang[1] si généreux !

IAGO. – Ça oui ! trop généreux[2] !

OTHELLO. – Oui, c'est certain ! Mais quelle pitié, Iago ! Oh ! Iago ! quelle pitié, Iago !

IAGO. – Si vous avez tant de complaisance pour son iniquité, donnez-lui licence de faire le mal ; car si vous n'en êtes point affecté, cela ne dérange personne.

OTHELLO. – Je la hacherai menu. Me faire cocu ! moi !

IAGO. – Oh ! c'est une infamie de sa part !

OTHELLO. – Avec mon second !

IAGO. – Encore plus infâme.

OTHELLO. – Trouve-moi du poison, Iago, dès ce soir. Je n'irai pas lui faire de reproches, de peur que son corps et sa beauté ne désarment à nouveau ma raison. Dès ce soir, Iago.

IAGO. – N'employez pas le poison. Étranglez-la dans son lit, ce lit même qu'elle a souillé.

OTHELLO. – Bien, bien ; la justice du procédé me plaît. Excellent !

IAGO. – Quant à Cassio, je m'en charge. Vous en saurez plus long d'ici minuit.

---

1. *condition*. Double sens : « condition sociale » et « tempérament ». **2.** *gentle*. Othello emploie « généreux » au sens (classique) de « noble » ; Iago feint de comprendre que Desdémone est « douce » et, par cela même, complaisante à l'excès.

OTHELLO. – Excellent good.

A trumpet

What trumpet is that same?

IAGO. – I warrant, something from Venice.

Enter Lodovico, Desdemona, and attendants

'Tis Lodovico. This comes from the Duke. See, your wife's with him.

LODOVICO. – God save the worthy general.

OTHELLO. – With all my heart, sir.

LODOVICO (*giving Othello a letter*). – The Duke and the senators of Venice greet you.

OTHELLO. – I kiss the instrument of their pleasures.

He reads the letter

DESDEMONA. – And what's the news, good cousin Lodovico?

IAGO (*to Lodovico*). – I am very glad to see you, signor. Welcome to Cyprus.

LODOVICO. – I thank you. How does Lieutenant Cassio?

IAGO. – Lives, sir.

DESDEMONA. – Cousin, there's fall'n between him and my lord
An unkind breach. But you shall make all well.

OTHELLO. – Are you sure of that?

DESDEMONA. – My lord.

OTHELLO (*reads*). – "This fail you not to do as you will" –

LODOVICO. – He did not call, he's busy in the paper.
Is there division 'twixt my lord and Cassio?

DESDEMONA. – A most unhappy one. I would do much
T'atone them, for the love I bear to Cassio.

OTHELLO. – Fire and brimstone!

DESDEMONA. – My lord?

OTHELLO. – Are you wise?

DESDEMONA. – What, is he angry?

LODOVICO. – Maybe the letter moved him,
For, as I think, they do command him home,
Deputing Cassio in his government.

DESDEMONA. – By my troth, I am glad on't.

OTHELLO. – Indeed!

DESDEMONA. – My lord?

OTHELLO (*to Desdemona*). – I am glad to see you mad.

DESDEMONA. – Why, sweet Othello!

OTHELLO. – Devil!

He strikes her

DESDEMONA. – I have not deserved this.

LODOVICO. – My lord, this would not be believed in Venice,
Though I should swear I saw't. 'Tis very much.

197-198 *prose*] *Oxford*; *vers F Q.* **198** This] *F*; *pas dans Q.* **199** God save the] *Q*; Save you *F.* **214** 'twixt my] *F*; betweene thy *Q.* **221** By my troth] *Q*; Trust me *F.*

---

1. Sous-entendu, « pour le moment » (double sens à l'intention d'Othello). 2. Expression

OTHELLO. – Parfait !

Une trompette sonne

Quelle est cette trompette ?

IAGO. – Quelque message de Venise, sans aucun doute.

Entrent Lodovico, Desdémone et leur suite

Voici Lodovico. C'est une ambassade du doge. Tenez, votre femme l'accompagne.

LODOVICO. – Dieu garde l'auguste général !

OTHELLO. – Merci de tout cœur, monsieur.

LODOVICO (*donnant une lettre à Othello*). – Le doge et les sénateurs de Venise vous saluent.

OTHELLO. – Je baise l'instrument de leur bon plaisir.

Il lit la lettre

DESDÉMONE. – Quoi de nouveau, mon bon cousin Lodovico ?

IAGO (*à Lodovico*). – Je suis fort heureux de vous voir, signor.
Bienvenue à Chypre.

LODOVICO. – Je vous remercie. Comment va le lieutenant Cassio ?

IAGO. – Toujours en vie, monsieur[1].

DESDÉMONE. – Cousin, il s'est produit entre mon seigneur et lui
Une fâcheuse brouille. Mais vous arrangerez tout.

OTHELLO. – En êtes-vous sûre ?

DESDÉMONE. – Monseigneur...

OTHELLO (*il lit*). – « Ceci, n'y manquez point, à votre convenance » –

LODOVICO. – Il ne nous parlait pas. Cette lettre l'absorbe.
Y a-t-il un différend entre monseigneur et Cassio ?

DESDÉMONE. – Et bien pénible. Je ferais beaucoup
Pour les réconcilier, tant j'aime Cassio.

OTHELLO. – Feu et soufre[2] !

DESDÉMONE. – Monseigneur ?

OTHELLO. – Vous êtes folle ?

DESDÉMONE. – Quoi ? est-il fâché ?

LODOVICO. – Cette lettre l'aura contrarié,
Car, je crois bien, on le rappelle et Cassio
Est nommé gouverneur à sa place.

DESDÉMONE. – Ma foi, j'en suis bien contente.

OTHELLO. – Vraiment !

DESDÉMONE. – Monseigneur ?

OTHELLO (*à Desdémone*). – Je suis content de voir votre folie[3].

DESDÉMONE. – Voyons, cher Othello.

OTHELLO. – Démon !

Il la frappe

DESDÉMONE. – Je n'ai pas mérité ceci.

LODOVICO. – Monseigneur, personne à Venise ne le croirait
Même si je jurais l'avoir vu. C'en est trop.

---

biblique désignant les tourments infernaux ; voir *Apocalypse,* 14,10. 3. Sens incertain. On peut comprendre qu'Othello se réjouit (ironiquement) d'avoir une nouvelle confirmation de ses soupçons.

Make her amends, she weeps.
OTHELLO. – O, devil, devil!
If that the earth could teem with woman's tears,
Each drop she falls would prove a crocodile.
Out of my sight!
DESDEMONA (*going*). – I will not stay to offend you.
LODOVICO. – Truly, an obedient lady.
I do beseech your lordship call her back.
OTHELLO. – Mistress!
DESDEMONA (*returning*). – My lord?
OTHELLO (*to Lodovico*). – What would you with her, sir?
LODOVICO. – Who, I, my lord?
OTHELLO. – Ay, you did wish that I would make her turn.
Sir, she can turn and turn, and yet go on
And turn again, and she can weep, sir, weep,
And she's obedient, as you say, obedient,
Very obedient. ((*To Desdemona*) Proceed you in your tears.
(*To Lodovico*) Concerning this, sir — (*To Desdemona*) O well painted passion!
(*To Lodovico*) I am commanded home. (*To Desdemona*) Get you away.
I'll send for you anon. (*To Lodovico*) Sir, I obey the mandate,
And will return to Venice. (*To Desdemona*) Hence, avaunt!
Exit Desdemona
(*To Lodovico*) Cassio shall have my place, and, sir, tonight
I do entreat that we may sup together.
You are welcome, sir, to Cyprus. Goats and monkeys! *Exit*
LODOVICO. – Is this the noble Moor whom our full senate
Call all-in-all sufficient? Is this the nature
Whom passion could not shake, whose solid virtue
The shot of accident nor dart of chance
Could neither graze nor pierce?
IAGO. – He is much changed.
LODOVICO. – Are his wits safe? Is he not light of brain?
IAGO. – He's that he is. I may not breathe my censure
What he might be. If what he might he is not,
I would to heaven he were.
LODOVICO. – What, strike his wife!
IAGO. – Faith, that was not so well. Yet would I knew
That stroke would prove the worst.
LODOVICO. – Is it his use,
Or did the letters work upon his blood
And new-create his fault?
IAGO. – Alas, alas.
It is not honesty in me to speak

246 home] *F*; here *Q*. 253 Is this the] *F*; This the noble *Q*. 259 If what]; if as *Q*.

1. L'urbanité de Lodovico, perceptible dans la modération de son langage, contraste avec la folie primitive, élémentaire d'Othello. 2. Gestuelle implicite dans le texte : il montre Desdémone. 3. Les larmes du crocodile (qui, croyait-on, lui permettaient de tromper et

Faites-lui des excuses[1], elle pleure.

OTHELLO. – Oh ! démon ! démon !
Si les larmes des femmes engrossaient la terre,
Chaque pleur qu'elle verse[2] serait un crocodile[3].
Disparaissez !

DESDÉMONE (*partant*). – Je pars, pour ne point vous offenser.

LODOVICO. – Une bien obéissante épouse, vraiment[4].
Je supplie Votre Grâce de la rappeler.

OTHELLO. – Holà, ma fille[5] !

DESDÉMONE (*revenant*). – Monseigneur ?

OTHELLO (*à Lodovico*). – Que lui voulez-vous, monsieur ?

LODOVICO. – Qui ? moi, monseigneur ?

OTHELLO. – Oui, vous vouliez que je la fasse pirouetter[6].
Les cabrioles, elle s'y entend, monsieur, — ça cabriole
Mais ça va de l'avant ; les larmes aussi elle s'y entend,
Monsieur, et elle est, comme vous dites, obéissante, oh ! oui !
Très obéissante. (*A Desdémone*) Allez ! pleurez donc !
(*A Lodovico*) Quant à ceci, monsieur[7] — (*A Desdémone*) Oh ! douleur bien [jouée !
(*A Lodovico*) On me rappelle. (*A Desdémone*) Allez-vous-en. Je vous ferai
Venir tantôt. (*A Lodovico*) Monsieur, j'obéis à cet ordre,
Et je rentre à Venise. (*A Desdémone*) Allez, ouste ! *Desdémone sort*
(*A Lodovico*) Cassio prendra ma place ; et pour ce soir, monsieur,
Je vous prie de bien vouloir souper avec moi.
Vous êtes le bienvenu, monsieur, à Chypre. Singes et boucs[8] ! *Il sort*

LODOVICO. – Est-ce le noble Maure à qui le Sénat unanime
Prête tous les talents[9] ? Ce caractère que les passions
Ne pouvaient ébranler ? dont les traits du hasard
Ni les flèches du sort ne pouvaient entamer, blesser
L'inaltérable vertu ?

IAGO. – Il est bien changé.

LODOVICO. – Est-il dans son bon sens ? N'a-t-il pas perdu l'esprit ?

IAGO. – Il est ce qu'il est. Je n'ai pas à juger
De ce qu'il pourrait être. S'il n'est pas tel qu'il pourrait être,
Plût au ciel qu'il le fût.

LODOVICO. – Eh quoi ! frapper sa femme !

IAGO. – Certes, il eût pu mieux faire. Pourtant, je voudrais être sûr
Que ce coup soit le pire.

LODOVICO. – Est-ce une habitude ?
Ou ces lettres lui ont-elles échauffé le sang
Et entraîné cette première faute ?

IAGO. – Hélas !
Hélas ! Il serait malséant pour moi de rapporter

---

de dévorer ses victimes) étaient déjà à l'époque une représentation métaphorique de l'hypocrisie. **4.** Référence implicite à Grisélidis, épouse soumise et archétype de la patience (héroïne du *Décaméron* de Boccace, puis de Chaucer, et de Dekker*). **5.** *Mistress.* Appliqué à Desdémone, le terme est insultant ; voir I,3,177 note. **6.** *turn.* 1) « tourner », « revenir sur ses pas » ; 2) « être inconstante » ; 3) « turn to » est connoté sexuellement. **7.** Il montre la lettre. **8.** Cf. III,3,408. **9.** *sufficient.* « Compétent ».

What I have seen and known. You shall observe him,
And his own courses will denote him so
That I may save my speech. Do but go after,
And mark how he continues.
LODOVICO. – I am sorry that I am deceived in him. *Exeunt*

IV, 2 *Enter Othello and Emilia*

OTHELLO. – You have seen nothing then?
EMILIA. – Nor ever heard, nor ever did suspect.
OTHELLO. – Yes, you have seen Cassio and she together.
EMILIA. – But then I saw no harm, and then I heard
Each syllable that breath made up between 'em.
OTHELLO. – What, did they never whisper?
EMILIA. – Never, my lord.
OTHELLO. – Nor send you out o'th' way?
EMILIA. – Never.
OTHELLO. – To fetch her fan, her gloves, her mask, nor nothing?
EMILIA. – Never, my lord.
OTHELLO. – That's strange.
EMILIA. – I durst, my lord, to wager she is honest,
Lay down my soul at stake. If you think other,
Remove your thought; it doth abuse your bosom.
If any wretch ha' put this in your head,
Let heaven requite it with the serpent's curse,
For if she be not honest, chaste, and true,
There's no man happy; the purest of their wives
Is foul as slander.
OTHELLO. – Bid her come hither. Go. *Exit Emilia*
She says enough, yet she's a simple bawd
That cannot say as much. This is a subtle whore,
A closet lock and key of villainous secrets,
And yet she'll kneel and pray – I ha' seen her do't.
Enter Desdemona and Emilia
DESDEMONA. – My lord, what is your will?
OTHELLO. – Pray you, chuck, come hither.
DESDEMONA. – What is your pleasure?
OTHELLO. – Let me see your eyes.
Look in my face.
DESDEMONA. – What horrible fancy's this?
OTHELLO (*to Emilia*). – Some of your function, mistress.
Leave procreants alone, and shut the door,
Cough or cry "Hem" if anybody come.
Your mystery, your mystery – nay, dispatch. *Exit Emilia*
DESDEMONA. – Upon my knees, what doth your speech import?

---

17 heaven] *F*; heavens *Q*. 19 their wives] *F*; her Sex *Q*. 22 subtle] *F* (subtile).

---

1. Lieu : une salle du château. 2. Voir *Genèse,* 3,14 ; le serpent instigateur du péché

Ce que j'ai vu et appris. Mais vous l'observerez.
Et ses agissements le montreront si bien
Que je puis me passer de discours. Suivez-le donc,
Et voyez la suite.

LODOVICO. – Je regrette de m'être trompé sur son compte. *Ils sortent*

Entrent Othello et Émilie[1] **IV, 2**

OTHELLO. – Alors vous n'avez rien vu ?

ÉMILIE. – Ni rien entendu jamais, ni soupçonné, jamais.

OTHELLO. – Si, vous les avez vus, Cassio et elle ensemble.

ÉMILIE. – Oui, mais sans rien voir de mal, et puis j'ai entendu
Les moindres syllabes que leur souffle échangeait.

OTHELLO. – Quoi, ils ne chuchotaient jamais ?

ÉMILIE. – Jamais, monseigneur.

OTHELLO. – Ils ne vous renvoyaient pas ?

ÉMILIE. – Jamais.

OTHELLO. – Chercher son éventail, ses gants, son masque ? rien ?

ÉMILIE. – Jamais, monseigneur.

OTHELLO. – C'est étrange.

ÉMILIE. – J'oserais, monseigneur, parier qu'elle est honnête,
Au péril de mon âme. Si vous pensez autrement,
Chassez cette pensée : c'est abuser votre cœur.
Cela, si quelque misérable vous l'a mis en tête,
Que pour cela il soit maudit du ciel, tel le serpent[2].
Car si elle n'est pas honnête, chaste, fidèle,
Il n'y a pas d'homme heureux ; l'épouse la plus pure
Est immonde comme la calomnie.

OTHELLO. – Dis-lui de venir. Va. *Émilie sort*
Ce qu'elle dit suffit, mais bien naïve la maquerelle
Qui n'en dirait autant. La putain est rusée ;
Un coffre, cadenassé sur d'infâmes secrets ;
Et pourtant elle prie à genoux – je l'ai vue faire.

Entrent Desdémone et Émilie

DESDÉMONE. – Monseigneur, vous voulez ?

OTHELLO. – Par ici, poulette, je vous prie.

DESDÉMONE. – Quel est votre désir ?

OTHELLO. – Montrez-moi vos yeux.
Regardez-moi en face.

DESDÉMONE. – Quel est cet horrible caprice ?

OTHELLO (*à Émilie*). – Faites votre travail[3], ma fille.
Laissez les gens procréer seuls, et fermez la porte ;
Toussez ou faites « hem » si l'on vient.
Du métier ! du métier ! Allez, filez. *Émilie sort*

DESDÉMONE. – A deux genoux – que veut dire ce discours ?

---

originel est condamné à ramper et à avoir la tête écrasée par la femme. 3. Celui de la tenancière du bordel.

I understand a fury in your words,
But not the words.
OTHELLO. – Why, what art thou?
DESDEMONA. – Your wife, my lord, your true and loyal wife.
OTHELLO. – Come, swear it, damn thyself,
Lest, being like one of heaven, the devils themselves
Should fear to seize thee. Therefore be double-damned :
Swear thou art honest.
DESDEMONA. – Heaven doth truly know it.
OTHELLO. – Heaven truly knows that thou art false as hell.
DESDEMONA. – To whom, my lord? With whom? How am I false?
OTHELLO (*weeping*). – Ah, Desdemon, away, away, away!
DESDEMONA. – Alas, the heavy day! Why do you weep?
Am I the motive of these tears, my lord?
If haply you my father do suspect
An instrument of this your calling back,
Lay not your blame on me. If you have lost him,
I have lost him too.
OTHELLO. – Had it pleased God
To try me with affliction; had He rained
All kind of sores and shames on my bare head,
Steeped me in poverty to the very lips,
Given to captivity me and my utmost hopes,
I should have found in some place of my soul
A drop of patience. But, alas, to make me
The fixèd figure for the time of scorn
To point his slow and moving finger at –
Yet could I bear that too, well, very well.
But there where I have garnered up my heart,
Where either I must live or bear no life,
The fountain from the which my current runs
Or else dries up – to be discarded thence,
Or keep it as a cistern for foul toads
To knot and gender in! Turn thy complexion there,
Patience, thou young and rose-lipped cherubin,
Ay, here look grim as hell.
DESDEMONA. – I hope my noble lord esteems me honest.
OTHELLO. – O, ay – as summer flies are in the shambles,
That quicken even with blowing. O thou weed,
Who art so lovely fair, and smell'st so sweet,
That the sense aches at thee – would thou hadst ne'er been born!
DESDEMONA. – Alas, what ignorant sin have I committed?
OTHELLO. – Was this fair paper, this most goodly book,
Made to write "whore" upon? What committed?

---

35 But not the words] *Q*; *pas dans F.* **37-40** *vers*] *Q*; *prose F.* **43** Ah] *F*; O *Q.* **45** motive of these] *F*; occasion of those *Q.* **48-49** lost ... lost] *F*; left ... left *Q.* **49** God] *Oxford*; heaven *F Q.* **50** He] *Q* (he); they *F.* **53** utmost] *F*; *pas dans Q.* **54** place] *F*; part *Q.* **57** and ... at–] *F*; unmoving fingers at -- oh, oh, *Q.* **69** weed] *F*; blacke weede *Q.* **70** Who ... and] *F*; why ... faire? / Thou *Q.*

Je vois bien la fureur dans vos paroles,
Mais le sens de ces paroles, non.
OTHELLO. – Dis-moi, qui es-tu ?
DESDÉMONE. – Votre femme, monseigneur, fidèle et loyale, votre femme.
OTHELLO. – Allons, jure-le et damne-toi, de peur que les démons
Eux-mêmes, te voyant pareille aux êtres célestes,
N'osent s'emparer de toi. Alors, damne-toi deux fois :
Jure que tu es honnête.
DESDÉMONE. – Le ciel, en vérité, le sait.
OTHELLO. – Le ciel, en vérité, te sait fausse comme l'enfer.
DESDÉMONE. – Envers qui, monseigneur ? Avec qui ? En quoi suis-je fausse ?
OTHELLO (*pleurant*). – Ah ! Desdémone, va-t'en, va-t'en, va-t'en !
DESDÉMONE. – Hélas ! jour de douleur ! Pourquoi pleurez-vous ?
Suis-je la cause de ces larmes, monseigneur ?
Si par hasard vous soupçonnez mon père
D'avoir contribué à vous faire rappeler,
Ne m'en blâmez pas. Si vous avez perdu son affection,
Je l'ai perdue aussi.
OTHELLO. – Si Dieu avait voulu
M'accabler d'épreuves ; si sur ma tête nue
Il avait fait pleuvoir calamités, opprobres,
S'il m'eût plongé dans la misère jusques aux lèvres,
Tenu captif, moi et mes plus vastes espoirs,
J'eus trouvé en quelque recoin de mon âme
Une goutte de patience[1]. Mais faire, hélas ! de moi
Ce chiffre immobile, que les heures du mépris[2]
Indiquent de leur lente et traînante aiguille —
Même cela je pourrais aussi l'endurer, oui, fort bien.
Mais ce lieu où j'ai engrangé mon cœur,
Où je dois vivre ou bien être privé de vie,
La fontaine où mon cours prend sa source
Ou alors se tarit — en être chassé, ou la voir
Changée en un cloaque où d'immondes crapauds
S'enchevêtrent pour procréer ! Pâlis à cette vue[3],
Patience, tendre chérubin aux lèvres de rose,
Oui, et prends le visage sinistre de l'enfer.
DESDÉMONE. – Mon noble seigneur me croit honnête, j'espère.
OTHELLO. – Oh ! oui — comme mouches d'été sur un charnier[4],
Larves sitôt écloses[5] ! Ô herbe folle !
Si belle et si suave, et au parfum si doux
Que tu meurtris les sens — pourquoi es-tu née !
DESDÉMONE. – Hélas ! quel péché ai-je commis à mon insu ?
OTHELLO. – Ce riche papier, ce livre incomparable, fallait-il
Qu'on y écrivît « putain » ? Qu'as-tu commis[6] ?

1. Allusion biblique implicite aux malheurs de Job. 2. *time of scorn.* Sens incertain ; parfois compris comme « scornful world » (monde de mépris). 3. Controversé. Pourrait aussi signifier « tourne ton visage par ici ». 4. *shambles.* « Abattoir » ou « boucherie », sens ancien de « charnier ». 5. *blowing.* La ponte d'un insecte. 6. *committed.* Le verbe « to commit » s'employait aussi absolument au sens de « commettre l'adultère » (cf. *Lear*, III,4,71).

Committed? O thou public commoner,
I should make very forges of my cheeks,
That would to cinders burn up modesty,
Did I but speak thy deeds. What committed?
Heaven stops the nose at it, and the moon winks;
The bawdy wind, that kisses all it meets,
Is hushed within the hollow mine of earth
And will not hear't. What committed?

DESDEMONA. – By heaven, you do me wrong.

OTHELLO. – Are not you a strumpet?

DESDEMONA. – No, as I am a Christian.
If to preserve this vessel for my lord
From any other foul unlawful touch
Be not to be a strumpet, I am none.

OTHELLO. – What, not a whore?

DESDEMONA. – No, as I shall be saved.

OTHELLO. – Is't possible?

DESDEMONA. – O heaven forgive us!

OTHELLO. – I cry you mercy then.
I took you for that cunning whore of Venice
That married with Othello. (*Calling*) You, mistress,
That have the office opposite to Saint Peter
And keeps the gate of ıell,

Enter Emilia

you, you, ay, you.
We ha' done our course. (*Giving money*) There's money for your pains.
I pray you, turn the key and keep our counsel. *Exit*

EMILIA. – Alas, what does this gentleman conceive?
How do you, madam? How do you, my good lady?

DESDEMONA. – Faith, half asleep.

EMILIA. – Good madam, what's the matter with my lord?

DESDEMONA. – With who?

EMILIA. – Why, with my lord, madam.

DESDEMONA. – Who is thy lord?

EMILIA. – He that is yours, sweet lady.

DESDEMONA. – I ha' none. Do not talk to me, Emilia.
I cannot weep, nor answers have I none
But what should go by water. Prithee tonight
Lay on my bed my wedding sheets, remember.
And call thy husband hither.

EMILIA. – Here's a change indeed. *Exit*

DESDEMONA. – 'Tis meet I should be used so, very meet.
How have I been behaved, that he might stick
The small'st opinion on my least misuse?

75-78 Committed ... committed] *F*; *pas dans Q.* **82** committed?] *F*; committed, – impudent strumpet. *Q.* **87** other] *F*; hated *Q.* **91** forgive us] *F*; forgivenesse *Q.* **92** then] *F*; *pas dans Q.* **104** DESDEMONA ... lady] *F*; *pas dans Q.* **108** my] *F*; our *Q.* **110** very meet] *F*; very well *Q.* **112** least misuse] *Fcorr*; greatest abuse *Q.*

Commis ? Toi, ô fille publique ! Je ferais
De mes joues deux vrais brasiers de forge
Capables de réduire en cendre la pudeur
Si je disais tes méfaits. Commis ? Devant cela
Le ciel se bouche le nez, la lune ferme les yeux[1],
Et le vent lascif, cet embrasseur universel,
Se tient coi, au creux des antres de la terre,
Pour ne pas entendre. Qu'as-tu commis ?
DESDÉMONE. – Par le ciel, vous me faites injure.
OTHELLO. – N'êtes-vous pas une catin ?
DESDÉMONE. – Non, aussi vrai que je suis chrétienne.
Si préserver pour mon seigneur ce calice[2]
De tout autre contact impur, illégitime,
C'est là ne pas être une catin, je n'en suis pas une.
OTHELLO. – Quoi ? vous n'êtes pas une pute ?
DESDÉMONE. – Non, sur mon salut.
OTHELLO. – Est-ce possible ?
DESDÉMONE. – Oh ! que le ciel nous fasse miséricorde !
OTHELLO. – Veuillez me pardonner, alors.
Je vous prenais pour cette adroite pute de Venise
Qui a épousé Othello. (*Appelant*) Et vous, ma fille,
Qui avez la charge inverse de saint Pierre
Et gardez la porte de l'enfer,

Entre Émilie

vous. Vous, oui, vous.
Nous avons fini notre affaire. (*Donnant de l'argent*) Voici votre pourboire.
Déverrouillez la porte, je vous prie, et soyez discrète. *Il sort*
ÉMILIE. – Hélas ! qu'est-ce qu'il s'est mis dans la tête, cet homme ?
Comment vous sentez-vous, madame ? Dites, chère maîtresse ?
DESDÉMONE. – Ma foi, toute ensommeillée[3].
ÉMILIE. – Bonne madame, qu'a donc monseigneur ?
DESDÉMONE. – Qui ?
ÉMILIE. – Mais, monseigneur, madame.
DESDÉMONE. – Qui est ton seigneur ?
ÉMILIE. – Mais, le vôtre, ma douce maîtresse.
DESDÉMONE. – Je n'en ai pas. Ne me dis rien, Émilie.
Je ne peux pas pleurer, et n'ai d'autre réponse
Que ces larmes qu'il me faudrait verser. Je t'en prie, ce soir,
Mets à mon lit mes draps de noces. N'oublie pas.
Et appelle-moi ton mari.
ÉMILIE. – En voilà du changement ! *Elle sort*
DESDÉMONE. – Il est juste de me traiter ainsi. Très juste.
Qu'ai-je donc fait, pour qu'il puisse infliger
Le plus léger blâme à la moindre de mes fautes ?

1. La lune, symbole de chasteté (Diane/Artémis). 2. *vessel.* Emploi biblique du mot pour désigner le corps, réceptacle de l'âme. 3. *asleep.* Suggère un mauvais rêve.

Enter Iago and Emilia

IAGO. – What is your pleasure, madam? How is't with you?
DESDEMONA. – I cannot tell. Those that do teach young babes
Do it with gentle means and easy tasks.
He might ha' chid me so, for, in good faith,
I am a child to chiding.
IAGO. – What is the matter, lady?
EMILIA. – Alas, Iago, my lord hath so bewhored her,
Thrown such despite and heavy terms upon her,
That true hearts cannot bear it.
DESDEMONA. – Am I that name, Iago?
IAGO. – What name, fair lady?
DESDEMONA. – Such as she said my lord did say I was.
EMILIA. – He called her whore. A beggar in his drink
Could not have laid such terms upon his callet.
IAGO. – Why did he so?
DESDEMONA. – I do not know. I am sure I am none such.
IAGO. – Do not weep, do not weep. Alas the day!
EMILIA. – Hath she forsook so many noble matches,
Her father and her country and her friends,
To be called whore? Would it not make one weep?
DESDEMONA. – It is my wretched fortune.
IAGO. – Beshrew him for't.
How comes this trick upon him?
DESDEMONA. – Nay, heaven doth know.
EMILIA. – I will be hanged if some eternal villain,
Some busy and insinuating rogue,
Some cogging, cozening slave, to get some office,
Have not devised this slander. I will be hanged else.
IAGO. – Fie, there is no such man. It is impossible.
DESDEMONA. – If any such there be, heaven pardon him.
EMILIA. – A halter pardon him, and hell gnaw his bones!
Why should he call her whore? Who keeps her company?
What place, what time, what form, what likelihood?
The Moor's abused by some most villainous knave,
Some base, notorious knave, some scurvy fellow.
O heaven, that such companions thou'dst unfold,
And put in every honest hand a whip
To lash the rascals naked through the world,
Even from the east to th' west!
IAGO. – Speak within door.
EMILIA. – O, fie upon them. Some such squire he was
That turned your wit the seamy side without,
And made you to suspect me with the Moor.
IAGO. – You are a fool. Go to.

117 to] *F*; at *Q*. **123** said] *F*; sayes *Q*. **143** most villainous] *F*; outragious *Q*. **145** heaven] *Q*; Heavens *F*. **149** them] *F*; him *Q*.

Entrent Iago et Émilie

IAGO. – Quel est votre désir, madame ? Comment allez-vous ?
DESDÉMONE. – Je ne peux dire. Ceux qui instruisent les petits
Usent de douceur et de tâches faciles.
Il aurait pu me gronder ainsi car, en vérité,
Je suis un enfant quand on me gronde.
IAGO. – Qu'y a-t-il, madame ?
ÉMILIE. – Hélas ! Iago, monseigneur l'a si bien traitée de pute,
Accablée de tant de mépris et de grossièretés,
Qu'un cœur loyal n'y résisterait pas.
DESDÉMONE. – Je mérite ce nom, Iago ?
IAGO. – Quel nom, gracieuse dame ?
DESDÉMONE. – Celui dont elle dit que mon seigneur m'appelle.
ÉMILIE. – Il l'a traitée de pute. Un gueux pris de boisson
N'aurait pas ainsi injurié sa ribaude.
IAGO. – Pourquoi a-t-il fait ça ?
DESDÉMONE. – Je n'en sais rien. Je ne suis rien de tel, c'est sûr.
IAGO. – Ne pleurez pas ! ne pleurez pas ! Jour de douleur !
ÉMILIE. – A-t-elle rejeté tant de nobles partis,
Son père et son pays et ses amis pour être
Traitée de pute ? Qui n'en pleurerait pas ?
DESDÉMONE. – C'est mon misérable sort.
IAGO. – Qu'il aille au diable, cet homme !
Mais qu'est-ce qui lui a pris ?
DESDÉMONE. – Ah ! Dieu seul le sait.
ÉMILIE. – Qu'on me pende si quelque scélérat maudit,
Un vaurien intrigant qui faisait l'empressé,
Un fourbe, un artificieux coquin pour une place
N'a pas forgé ce mensonge. Ou alors, qu'on me pende !
IAGO. – Fi ! un tel homme n'existe pas. C'est impossible !
DESDÉMONE. – S'il en est un, que le ciel lui pardonne !
ÉMILIE. – La potence, oui ! Et que l'enfer lui ronge les os !
Pourquoi la traiter de putain ? Qui vient la voir ?
Le lieu ? l'heure ? la façon ? les présomptions ?
Le Maure est abusé par quelque sinistre gredin,
Quelque gredin notoire, ignoble, quelque fripouille.
Ne vas-tu pas, ô ciel, démasquer de tels drôles,
Et armer d'un fouet toutes les mains honnêtes
Pour les traîner tout nus sous les coups, ces vauriens,
Partout, d'orient en occident ?
IAGO. – Moins fort !
ÉMILIE. – Quelle honte ! C'est quelque individu de leur espèce
Qui vous avait mis la tête à l'envers
Quand vous me soupçonniez avec le Maure[1].
IAGO. – Ça suffit ! vous n'êtes qu'une sotte.

1. Cf. I,3,359-360 et II,1,273-274.

DESDEMONA. – O God, Iago,
What shall I do to win my lord again?
Good friend, go to him; for by this light of heaven,
I know not how I lost him.
She kneels
Here I kneel.
If e'er my will did trespass 'gainst his love,
Either in discourse of thought or actual deed,
Or that mine eyes, mine ears, or any sense
Delighted them in any other form,
Or that I do not yet, and ever did,
And ever will – though he do shake me off
To beggarly divorcement – love him dearly,
Comfort forswear me. Unkindness may do much,
And his unkindness may defeat my life,
But never taint my love.
[She rises]
I cannot say "whore".
It does abhor me now I speak the word.
To do the act that might the addition earn,
Not the world's mass of vanity could make me.

IAGO. – I pray you, be content. 'Tis but his humour.
The business of the state does him offence,
And he does chide with you.

DESDEMONA. – If 'twere no other!

IAGO. – It is but so, I warrant.
Flourish within
Hark how these instruments summon you to supper.
The messengers of Venice stays the meat.
Go in, and weep not. All things shall be well.
Exeunt Desdemona and Emilia
Enter Roderigo
How now, Roderigo?

RODERIGO. – I do not find that thou deal'st justly with me.

IAGO. – What in the contrary?

RODERIGO. – Every day thou daff'st me with some device, Iago, and rather, as it seems to me now, keep'st from me all conveniency than suppliest me with the least advantage of hope. I will indeed no longer endure it, nor am I yet persuaded to put up in peace what already I have foolishly suffered.

IAGO. – Will you hear me, Roderigo?

RODERIGO. – Faith, I have heard too much, for your words and performances are no kin together.

---

152 O God] *Alexander (1951)*; Alas *F*; O Good *Q*. **155-168** Here ... me] *F*; *pas dans Q*. **159** them in] *Q2*; them : or *F*. **171** And ... you] *Q*; *pas dans F*. **175** The ... meat.] *F*; And the great Messengers of *Venice* stay, *Q*. **180-187***prose*] *F*; *vers Q*. **181** now] *F*; thou *Q*. **186** Faith, I ... for ... and] *Q*; I ... and ... and *Fcorr*; And hell gnaw his bones *F (ces mots sont la deuxième moitié de IV,2,140).*

DESDÉMONE. – Ô mon Dieu, Iago !
Que faire pour reconquérir mon seigneur ? Mon bon ami,
Allez le voir : par cette lumière du ciel, je ne sais
Comment je l'ai perdu.

Elle s'agenouille

Je tombe ici à genoux.
Si jamais mon désir a péché contre son amour,
Soit en pensée ou en actes véritables,
Ou si mes yeux, mes oreilles, ou tout autre de mes sens
Ont pris leur plaisir en quelque autre que lui,
Et si en ce moment comme dans le passé, toujours,
Et dans l'avenir – dût-il me chasser, me répudier
Et m'envoyer mendier – je ne l'aime tendrement,
Que toute joie m'abandonne. La cruauté
Peut beaucoup, et sa cruauté peut détruire ma vie
Mais jamais dégrader mon amour.

[*Elle se relève*]

Je ne peux dire
« Putain ». Le mot, à peine prononcé, me fait horreur[1].
Commettre l'acte qui me vaudrait ce nom,
Tous les fastes du monde ne m'y pousseraient pas.

IAGO. – De grâce, calmez-vous. Ce n'est qu'un caprice.
Les affaires de l'État le contrarient
Et il s'en prend à vous.

DESDÉMONE. – S'il n'y avait que cela !

IAGO. – C'est bien cela, je vous le garantis.

Sonnerie de trompettes à l'intérieur

Écoutez ! cette sonnerie vous appelle au souper.
Les envoyés de Venise attendent de passer à table[2].
Rentrez, et ne pleurez plus. Tout va s'arranger.

Desdémone et Émilie sortent

Entre Roderigo

Eh bien, Roderigo ?

RODERIGO. – Je ne te trouve pas correct avec moi.

IAGO. – Qu'avez-vous à redire ?

RODERIGO. – Tu inventes tous les jours quelque chose pour me faire lanterner, Iago, et, à ce qu'il me semble à présent, tu me prives de toute faveur au lieu de me fournir la moindre occasion d'espérer. Vrai, je ne le supporterai pas plus longtemps ; et je ne suis pas non plus d'humeur à prendre en patience ce que j'ai déjà eu la sottise de souffrir.

IAGO. – Voulez-vous m'entendre, Roderigo ?

RODERIGO. – Ma foi, je n'en ai que trop entendu, car entre vos paroles et vos actes, il n'y a guère de parenté.

---

1. *abhor.* Il s'y ajoute ici un effet d'écho avec *whore,* « putain », au vers précédent et dans toute la scène. 2. *meat.* Comme très souvent, au sens général de « nourriture » ; *meat* a aussi le sens plus précis de « meal » (repas).

IAGO. – You charge me most unjustly.

RODERIGO. – With naught but truth. I have wasted myself out of my means. The jewels you have had from me to deliver Desdemona would half have corrupted a votarist. You have told me she hath received 'em, and returned me expectations and comforts of sudden respect and acquaintance, but I find none.

IAGO. – Well, go to, very well.

RODERIGO. – "Very well", "go to"! I cannot go to, man, nor 'tis not very well. Nay, I think it is scurvy, and begin to find myself fopped in it.

IAGO. – Very well.

RODERIGO. – I tell you 'tis not very well. I will make myself known to Desdemona. If she will return me my jewels, I will give over my suit and repent my unlawful solicitation. If not, assure yourself I will seek satisfaction of you.

IAGO. – You have said now.

RODERIGO. – Ay, and said nothing but what I protest intendment of doing.

IAGO. – Why, now I see there's mettle in thee, and even from this instant do build on thee a better opinion than ever before. Give me thy hand, Roderigo. Thou hast taken against me a most just exception, but yet I protest I have dealt most directly in thy affair.

RODERIGO. – It hath not appeared.

IAGO. – I grant, indeed, it hath not appeared, and your suspicion is not without wit and judgement. But, Roderigo, if thou hast that in thee indeed which I have greater reason to believe now than ever – I mean purpose, courage, and valour – this night show it. If thou the next night following enjoy not Desdemona, take me from this world with treachery, and devise engines for my life.

RODERIGO. – Well, what is it? Is it within reason and compass?

IAGO. – Sir, there is especial commission come from Venice to depute Cassio in Othello's place.

RODERIGO. – Is that true? Why then, Othello and Desdemona return again to Venice.

IAGO. – O no, he goes into Mauritania, and takes away with him the fair Desdemona, unless his abode be lingered here by some accident, wherein none can be so determinate as the removing of Cassio.

RODERIGO. – How do you mean "removing" of him?

IAGO. – Why, by making him uncapable of Othello's place – knocking out his brains.

RODERIGO. – And that you would have me to do.

IAGO. – Ay, if you dare do yourself a profit and a right. He sups tonight with a harlotry, and thither will I go to him. He knows not yet of his honourable fortune. If you will watch his going thence, which I will fashion

---

189 With ... truth] *F*; *pas dans Q*. **192** acquaintance] *F*; acquittance *Q*. **194** very well] *F*; very good *Q*. **196** Nay ... is] *F*; by this hand, I say tis very *Q*. **204** instant] *F*; time *Q*. **206** exception] *F*; conception *Q*. **213** enjoy] *F*; enjoyest *Q*. **215** what is it] *F*; *pas dans Q*. **216-225** *prose*] *F*; *vers Q*. **216** commission] *F*; command *Q*. **228** harlotry] *F*; harlot *Q*.

IAGO. – Vous m'accusez fort injustement.

RODERIGO. – C'est la stricte vérité. Je me suis ruiné. Les bijoux que vous avez reçus de moi pour les donner à Desdémone auraient quasiment corrompu une nonne. Vous m'avez dit qu'elle les avait pris, et m'envoyait en retour l'espoir et la promesse d'une intimité et de bontés prochaines, mais je ne vois rien venir.

IAGO. – Bon ! allez-y[1] ! parfait !

RODERIGO. – « Parfait ! » « Allez-y ! » Y aller, c'est impossible justement, mon garçon, et c'est loin d'être parfait. Je trouve même cela indigne, et je commence à croire que j'ai été berné.

IAGO. – Parfait.

RODERIGO. – Ce n'est pas parfait, vous dis-je. Je me ferai connaître de Desdémone. Si elle accepte de me rendre les bijoux, je renonce à mes importunités et me repens de mes coupables avances. Sinon, soyez assuré que je vous en demanderai réparation.

IAGO. – Voilà qui est bien dit.

RODERIGO. – Oui, et je n'ai rien dit que je ne me déclare résolu à faire.

IAGO. – Allons, je vois à présent que tu as du cœur, et à partir de cet instant, je forme de toi une meilleure opinion que je n'en eus jamais. Donne-moi la main, Roderigo. Tu m'adresses là des reproches parfaitement justes, et pourtant, je le déclare, j'ai agi on ne peut plus loyalement dans ton affaire.

RODERIGO. – On ne le dirait guère.

IAGO. – Certes, on ne le dirait pas, je vous l'accorde ; et vos soupçons ne manquent ni de bon sens ni de jugement. Mais, Roderigo, s'il y a véritablement en toi ce que j'ai, à présent, lieu de penser plus que jamais — à savoir détermination, courage et vaillance — dès ce soir, montre-le. Si la nuit prochaine tu ne jouis pas de Desdémone, expédie-moi par traîtrise dans l'autre monde, et cherche des traquenards où prendre ma vie.

RODERIGO. – Bon ! de quoi s'agit-il ? Est-ce raisonnable et faisable ?

IAGO. – Monsieur, il est arrivé de Venise un décret exprès, déléguant Cassio dans les fonctions d'Othello.

RODERIGO. – Est-ce vrai ? Mais alors, Othello et Desdémone rentrent à Venise.

IAGO. – Que non ! il part pour la Maurétanie[2] et emmène avec lui la belle Desdémone, à moins que son séjour ici ne soit prolongé par quelque événement : et là, rien de plus radical que d'éliminer Cassio.

RODERIGO. – Comment cela, « l'éliminer » ?

IAGO. – Eh bien, le mettre hors d'état de prendre la place d'Othello — lui fracasser le crâne.

RODERIGO. – Et ça, vous voudriez que je m'en charge.

IAGO. – Oui, si vous avez suffisamment d'audace pour défendre votre intérêt et votre droit. Cassio va souper ce soir chez une fille et j'irai le rejoindre. Il ignore encore l'honneur qui lui échoit. Si vous voulez guetter son départ

---

1. *go to.* Sens courant : « allons donc ! » (exprime l'incrédulité ou la désapprobation) ; il peut s'y ajouter, comme ici, des connotations sexuelles. 2. Nom donné par les Romains à la région d'Afrique du Nord correspondant au Maroc et à une partie de l'Algérie.

to fall out between twelve and one, you may take him at your pleasure. I will be near, to second your attempt, and he shall fall between us. Come, stand not amazed at it, but go along with me. I will show you such a necessity in his death that you shall think yourself bound to put it on him. It is now high supper-time, and the night grows to waste. About it.

RODERIGO. – I will hear further reason for this.

IAGO. – And you shall be satisfied. *Exeunt*

IV, 3 *Enter Othello, Desdemona, Lodovico, Emilia, and attendants*

LODOVICO. – I do beseech you, sir, trouble yourself no further.

OTHELLO. – O, pardon me, 'twill do me good to walk.

LODOVICO (*to Desdemona*). – Madam, good night. I humbly thank your [ladyship.

DESDEMONA. – Your honour is most welcome.

OTHELLO. – Will you walk, sir?
O, Desdemona!

DESDEMONA. – My lord?

OTHELLO. – Get you to bed on th'instant. I will be returned forthwith. Dismiss your attendant there. Look't be done.

DESDEMONA. – I will, my lord. *Exeunt Othello, Lodovico, and attendants*

EMILIA. – How goes it now? He looks gentler than he did.

DESDEMONA. – He says he will return incontinent.
He hath commanded me to go to bed,
And bid me to dismiss you.

EMILIA. – Dismiss me?

DESDEMONA. – It was his bidding. Therefore, good Emilia,
Give me my nightly wearing, and adieu.
We must not now displease him.

EMILIA. – I would you had never seen him.

DESDEMONA. – So would not I. My love doth so approve him
That even his stubbornness, his checks, his frowns –
Prithee unpin me – have grace and favour in them.

Emilia helps Desdemona to undress

EMILIA. – I have laid those sheets you bade me on the bed.

DESDEMONA. – All's one. Good faith, how foolish are our minds!
If I do die before thee, prithee shroud me
In one of these same sheets.

EMILIA. – Come, come, you talk.

DESDEMONA. – My mother had a maid called Barbary.
She was in love, and he she loved proved mad
And did forsake her. She had a song of willow.

---

8 Dismiss] *F*; dispatch *Q*. 12 He] *Q*; And *F*. 13 bid] *F*; bad *Q*. 20 in them] *Q*; *pas dans F*. 22 faith] *Q*; Father *F*. 23 thee] *Q*; *pas dans F*. 27 had] *F*; has *Q*.

---

1. *waste*. On peut comprendre aussi : « nous gaspillons ces heures ». 2. Lieu : une salle du château, puis la chambre de Desdémone. 3. Dans sa coiffure ou ses vêtements.

de là-bas – et je m'arrangerai pour qu'il ait lieu entre minuit et une heure – vous pouvez l'avoir à votre merci. Je serai à côté pour vous prêter main forte et, à deux, nous lui réglerons son compte. Allons, ne restez pas là, hébété ; mais suivez-moi. Je vous démontrerai si bien la nécessité de sa mort que vous vous estimerez tenu d'y pourvoir. Il est largement l'heure de souper et la soirée touche à sa fin[1]. A l'œuvre !

RODERIGO. – Il me faut d'autres raisons pour me décider.

IAGO. – Et vous aurez satisfaction. *Ils sortent*

Entrent Othello, Desdémone, Lodovico, Émilie et leur suite[2] **IV, 3**

LODOVICO. – De grâce, monsieur, ne vous dérangez pas davantage.

OTHELLO. – Oh ! je vous en prie ! Marcher va me faire du bien.

LODOVICO (*à Desdémone*). – Madame, bonne nuit. Mon humble merci à Votre [Grâce.

DESDÉMONE. – Votre Honneur est le bienvenu.

OTHELLO. – Venez-vous, monsieur ?
Ah ! Desdémone !

DESDÉMONE. – Monseigneur ?

OTHELLO. – Couchez-vous sans attendre. Je reviens à l'instant. Renvoyez votre suivante. N'y manquez pas.

DESDÉMONE. – Oui, monseigneur. *Othello, Lodovico et leur suite sortent*

ÉMILIE. – Alors, où en est-on ? Il semble radouci.

DESDÉMONE. – Il dit qu'il ne va pas tarder à revenir.
Il m'a donné l'ordre de me coucher
Et il veut que je vous renvoie.

ÉMILIE. – Me renvoyer ?

DESDÉMONE. – Il le veut. Aussi, ma bonne Émilie,
Donnez-moi mes vêtements de nuit, et adieu.
Il nous faut éviter maintenant de lui déplaire.

ÉMILIE. – J'aurais préféré que vous ne l'ayez jamais connu.

DESDÉMONE. – Pas moi. Mon amour pour lui est si profond
Que sa dureté même, et ses reproches, ses colères –
Ôte ces épingles[3], veux-tu – me sont séduisants et doux.
Émilie aide Desdémone à se déshabiller

ÉMILIE. – J'ai mis à votre lit les draps que vous m'aviez dit.

DESDÉMONE. – Peu importe. Ma parole ! Faut-il que nous soyons sottes !
Si je meurs avant toi, mets-moi comme linceul,
Je t'en prie, un de ces draps.

ÉMILIE. – Allons ! comme vous parlez !

DESDÉMONE. – Ma mère avait une servante appelée Barbara[4].
Elle aimait, et celui qu'elle aimait fut infidèle
Et la quitta. Elle savait une complainte, « Le Saule[5] »,

Les fixations se faisaient de différentes façons (lacets, boutons, agrafes, et parfois épingles). **4.** *Barbary.* Variante de Barbara ; rappel oblique de l'opposition barbarie/civilisation, qui se trouve au centre de la thématique d'*Othello.* Voir l'Introduction, p. 48. **5.** Le saule, arbre funéraire, est l'emblème de l'amour malheureux (cf. *Hamlet,* IV,7,137). Sh reprend ici une chanson* populaire, dans laquelle un homme se lamentait de l'infidélité de sa bien-aimée.

An old thing 'twas, but it expressed her fortune,
And she died singing it. That song tonight
Will not go from my mind. I have much to do
But to go hang my head all at one side
And sing it, like poor Barbary. Prithee, dispatch.

EMILIA. – Shall I go fetch your nightgown?

DESDEMONA. – No. Unpin me here.
This Lodovico is a proper man.

EMILIA. – A very handsome man.

DESDEMONA. – He speaks well.

EMILIA. – I know a lady in Venice would have walked barefoot to Palestine for a touch of his nether lip.

DESDEMONA (*sings*). – "The poor soul sat sighing by a sycamore tree,
Sing all a green willow.
Her hand on her bosom, her head on her knee,
Sing willow, willow, willow.
The fresh streams ran by her and murmured her moans,
Sing willow, willow, willow.
Her salt tears fell from her and softened the stones,
Sing willow" –
Lay by these. –
"willow, willow."
Prithee, hie thee. He'll come anon.
"Sing all a green willow must be my garland.

"Let nobody blame him, his scorn I approve" –
Nay, that's not next. Hark, who is 't that knocks?

EMILIA. – It's the wind.

DESDEMONA (*sings*). – "I called my love false love, but what said he then?
Sing willow, willow, willow.
If I court more women, you'll couch with more men."
So, get thee gone. Good night. Mine eyes do itch.
Doth that bode weeping?

EMILIA. – 'Tis neither here nor there.

DESDEMONA. – I have heard it said so. O, these men, these men!
Dost thou in conscience think – tell me, Emilia –
That there be women do abuse their husbands
In such gross kind?

EMILIA. – There be some such, no question.

DESDEMONA. – Wouldst thou do such a deed for all the world?

EMILIA. – Why, would not you?

DESDEMONA. – No, by this heavenly light.

30-51 I ... next] *F*; *pas dans Q*. **38** sighing] *Q2*; *sining F*; singing *Fcorr.* **53-55** I ... men] *F*; *pas dans Q*. **55** more ... more] *F* (*mo* ... *mo*). **58-61** DESDEMONA ... question] *F*; *pas dans Q*.

---

1. *nightgown*. Sorte de robe de chambre ; voir *Macbeth*, II,2,68 et V,1,4. 2. *proper*.

Très ancienne, mais qui décrivait bien son sort,
Et elle est morte en la chantant. Sa complainte, ce soir,
Me trotte dans l'esprit, et j'ai beaucoup de mal
A ne pas la chanter, tête penchée de côté,
Comme la pauvre Barbara. Je t'en prie, dépêche-toi.

ÉMILIE. – Vous faut-il votre robe de nuit[1] ?

DESDÉMONE. – Non. Ôte cette épingle.
Il a du charme, ce Lodovico[2].

ÉMILIE. – Un bien bel homme.

DESDÉMONE. – Il parle bien.

ÉMILIE. – Je connais une dame à Venise qui aurait marché pieds nus jusqu'en Palestine pour un seul frôlement de sa lèvre[3].

DESDÉMONE (*elle chante*). – « Auprès d'un sycomore[4] elle était tout en pleurs,
Le saule vert, chantez le saule,
Le front sur les genoux et la main sur le cœur,
Saule, saule, chantez le saule,
Les eaux vives couraient, murmurant sa douleur,
Saule, saule, chantez le saule.
Tombaient ses pleurs amers, attendrissant les pierres.
Saule, saule — ».
Tiens, range-moi ça —
« chantez le saule ».
Je t'en prie, hâte-toi. Il va venir bientôt.
« Chantez le saule vert qui fera ma guirlande[5].

N'allez pas le blâmer, car j'aime ses mépris — »
Non, ce n'est pas la suite. Écoute ! qui frappe ?

ÉMILIE. – C'est le vent.

DESDÉMONE (*elle chante*). – « Quand je l'appelle perfide, mon amoureux me [répond :
Saule, saule, chantez le saule.
Si je cours après d'autres filles, couche avec d'autres garçons. »
Allons, va ! Bonne nuit. Les yeux me piquent.
N'est-ce pas signe de larmes ?

ÉMILIE. – Cela n'a rien à voir.

DESDÉMONE. – On me l'a dit pourtant. Oh ! les hommes ! les hommes !
Là, franchement dis-moi, Émilie, existe-t-il,
Crois-tu, des femmes qui trompent leur mari
Aussi grossièrement ?

ÉMILIE. – Il en existe, n'en doutez pas.

DESDÉMONE. – Voudrais-tu, pour tout l'empire du monde, agir ainsi ?

ÉMILIE. – Eh bien, pas vous ?

DESDÉMONE. – Non ! par cette lumière céleste[6].

« Beau », « séduisant », avec aussi des connotations morales. 3. *nether lip.* Exactement « lèvre inférieure ». 4. Arbre sacré des Égyptiens. Associé par Sh aux peines d'amour (*Roméo et Juliette,* I,1,109 ; *Peines d'amour perdues,* V,2,89). 5. Ophélie aussi tresse des guirlandes de fleurs au pied d'un saule (*Hamlet,* IV,7,137-140). C'est également ici une image sacrificielle (la victime dépouillée de ses vêtements, parée de guirlandes, le lit/autel recouvert d'un drap rituel, ici les draps de noce). 6. La lune, symbole de chasteté.

EMILIA. – Nor I neither, by this heavenly light. I might do't as well i'th' dark.

DESDEMONA. – Wouldst thou do such a deed for all the world?

EMILIA. – The world's a huge thing. It is a great price for a small vice.

DESDEMONA. – In truth, I think thou wouldst not.

EMILIA. – In truth, I think I should, and undo't when I had done. Marry, I would not do such a thing for a joint ring, nor for measures of lawn, nor for gowns, petticoats, nor caps, nor any petty exhibition; but for all the whole world? Ud's pity, who would not make her husband a cuckold to make him a monarch? I should venture purgatory for't.

DESDEMONA. – Beshrew me if I would do such a wrong
For the whole world.

EMILIA. – Why, the wrong is but a wrong i'th' world, and having the world for your labour, 'tis a wrong in your own world, and you might quickly make it right.

DESDEMONA. – I do not think there is any such woman.

EMILIA. – Yes, a dozen, and as many
To th' vantage as would store the world they played for.
But I do think it is their husbands' faults
If wives do fall. Say that they slack their duties,
And pour our treasures into foreign laps,
Or else break out in peevish jealousies,
Throwing restraint upon us; or say they strike us,
Or scant our former having in despite:
Why, we have galls; and though we have some grace,
Yet have we some revenge. Let husbands know
Their wives have sense like them. They see, and smell,
And have their palates both for sweet and sour,
As husbands have. What is it that they do
When they change us for others? Is it sport?
I think it is. And doth affection breed it?
I think it doth. Is't frailty that thus errs?
It is so, too. And have not we affections,
Desires for sport, and frailty, as men have?
Then let them use us well, else let them know
The ills we do, their ills instruct us so.

DESDEMONA. – Good night, good night. God me such uses send
Not to pick bad from bad, but by bad mend! *Exeunt*

V, 1 *Enter Iago and Roderigo*

IAGO. – Here, stand behind this bulk. Straight will he come.
Wear thy good rapier bare, and put it home.
Quick, quick, fear nothing. I'll be at thy elbow.
It makes us or it mars us. Think on that,

---

66 deed] *F*; thing *Q*. **68** In truth] *F* (Introth); Good troth *Q*. **69** In truth] *F* (Introth); By my troth *Q*. **71** petty] *F*; such *Q*. **71** all] *F*; *pas dans Q*. **72** Ud's pity] *Q*; why *F*. **82-99** But ... so] *F*; *pas dans Q*. **100** God] *Q*; Heaven *F*. **100** uses] *F*; usage *Q*. **V,1 1** bulk] *Q*; Barke *F*.

ÉMILIE. – Et moi, par cette céleste lumière pas davantage. Je pourrais le faire aussi bien dans le noir.

DESDÉMONE. – Voudrais-tu, pour tout l'empire du monde, agir ainsi ?

ÉMILIE. – C'est vaste, l'empire du monde. C'est un bien grand prix pour une petite faute.

DESDÉMONE. – En toute bonne foi, tu n'en ferais rien, je crois.

ÉMILIE. – En toute bonne foi, je le ferais, je crois, pour, sitôt fait, le défaire. Dame ! je ne ferais pas ça pour une bague double[1], ni pour des aunes de linon[2], ni des robes, des jupons, des bonnets ou quelque menu présent ; mais pour tout l'empire du monde ? Miséricorde ! qui ne ferait son mari cocu pour en faire un prince ? J'y risquerais le purgatoire.

DESDÉMONE. – Fi donc ! moi ! pour tout l'empire du monde
Commettre un tel crime !

ÉMILIE. – Bah ! ce crime n'est crime qu'aux yeux du monde et si le monde vous échoit pour votre peine, c'est un crime dans un empire qui vous appartient et vous aurez vite fait d'y mettre bon ordre.

DESDÉMONE. – Je ne crois pas que pareille femme existe.

ÉMILIE. – Si fait, à la douzaine, et autant de surcroît
Qu'il en faut pour peupler le monde gagné à ce jeu.
Mais c'est, à mon avis, la faute des maris si les femmes
Succombent. S'ils manquent, disons, à leur devoir,
Déposent notre bien dans le giron d'une autre,
Ou, cédant à des accès de sotte jalousie,
Nous mettent en tutelle ; ou, disons, s'ils nous battent,
Ou réduisent — les grincheux — nos dépenses coutumières,
Eh bien, notre bile s'échauffe ; nous savons être bonnes,
Mais aussi nous venger. Que les maris se le disent.
Leurs femmes ont, comme eux, des sens. Des yeux, un odorat,
Un palais pour goûter et le doux et l'amer
Tout comme les maris. Et eux donc, que font-ils
Quand ils nous laissent pour une autre ? Cherchent-ils leur plaisir ?
Je le crois bien. L'amour en est la cause ?
Je le crois bien. Leur faiblesse s'égare ?
Oui encore. Et nous ne connaissons pas l'amour, nous autres ?
La quête du plaisir, la faiblesse comme un homme ?
Bref, qu'ils nous traitent bien, ou alors ils verront,
S'ils nous montrent le mal, le mal que nous faisons.

DESDÉMONE. – Bonne nuit, bonne nuit. Dieu me donne d'user
Du mal non pour le mal, mais pour m'en détourner. *Elles sortent*

Entrent Iago et Roderigo[3] **V, 1**

IAGO. – Là, poste-toi derrière cette échoppe[4]. Il vient.
Sors ta bonne rapière, et frappe au cœur.
Allez ! vite ! Ne crains rien. Je suis à deux pas.
Nous jouons notre va-tout. Penses-y bien ;

1. Bague composée de deux anneaux séparables. 2. Toile de lin très fine. 3. Lieu : une rue de Chypre. 4. *bulk*. L'avancée d'une boutique, formant étal dans la rue.

And fix most firm thy resolution.
RODERIGO. – Be near at hand. I may miscarry in't.
IAGO. – Here at thy hand. Be bold, and take thy stand.
RODERIGO (*aside*). – I have no great devotion to the deed,
And yet he hath given me satisfying reasons.
'Tis but a man gone. Forth my sword – he dies!
IAGO (*aside*). – I have rubbed this young quat almost to the sense,
And he grows angry. Now, whether he kill Cassio
Or Cassio him, or each do kill the other,
Every way makes my gain. Live Roderigo,
He calls me to a restitution large
Of gold and jewels that I bobbed from him
As gifts to Desdemona.
It must not be. If Cassio do remain,
He hath a daily beauty in his life
That makes me ugly; and besides, the Moor
May unfold me to him – there stand I in much peril.
No, he must die. But so, I hear him coming.

Enter Cassio

RODERIGO. – I know his gait, 'tis he. (*Attacking Cassio*) Villain, thou diest.
CASSIO. – That thrust had been mine enemy indeed,
But that my coat is better than thou know'st.
I will make proof of thine.

He stabs Roderigo, who falls

RODERIGO. – O, I am slain!

Iago wounds Cassio in the leg from behind. *Exit Iago*

CASSIO (*falling*). – I am maimed for ever. Help, ho, murder, murder!

Enter Othello [*above*]

OTHELLO. – The voice of Cassio. Iago keeps his word.
RODERIGO. – O, villain that I am!
OTHELLO. – It is even so.
CASSIO. – O, help, ho! Light, a surgeon!
OTHELLO. – 'Tis he. O brave Iago, honest and just,
That hast such noble sense of thy friend's wrong –
Thou teachest me. Minion, your dear lies dead,
And your unblessed fate hies. Strumpet, I come.
Forth of my heart those charms, thine eyes, are blotted.
Thy bed, lust-stained, shall with lust's blood be spotted. *Exit*

Enter Lodovico and Graziano

CASSIO. – What ho, no watch, no passage? Murder, murder!

---

7 stand] *F*; sword *Q*. **8** deed] *F*; dead *Q*. **11** quat] *F*; gnat *Q*. **14** gain] *F*; game *Q*. **21** much] *F*; *pas dans Q*. **22** die. But] *F*; die, be't *Q*. **22** hear] *Q*; heard *F*. **25** know'st] *F*; think'st *Q*. **27** Help] *F*; light *Q*. **30** It is] *F*; Harke tis *Q*. **35** unblessed fate hies] *F*; fate hies apace *Q*.

---

1. *quat.* « Furoncle » ou « pustule ». **2.** Sur la signification de cette image et sur les motivations d'Iago voir l'Introduction, p. 46. **3.** Ce peut être une plaisanterie (le tissu

Et résolument affermis ton cœur.
RODERIGO. – Reste tout près. Je peux ne pas réussir.
IAGO. – Oui, tout près de toi. Courage ! et à ton poste.
RODERIGO (*à part*). – Voilà une action qui ne m'inspire guère,
Pourtant il m'a donné des raisons convaincantes.
Ce n'est qu'un homme en moins. Hardi mon épée ! — Il mourra.
IAGO (*à part*). – Ce petit chancre[1], je vous l'ai gratté presque à vif,
Et il commence à s'enflammer. Or, qu'il tue Cassio
Ou que Cassio le tue, ou bien qu'ils s'entre-tuent,
Dans tous les cas, j'y gagne. Si Roderigo reste en vie,
Il me réclame restitution — et en totalité —
De l'or et des bijoux que je lui ai extorqués
Pour les offrir, soi-disant, à Desdémone.
Ça, pas question. Si c'est Cassio qui reste,
Il y a dans sa vie, à chaque instant, une beauté
Qui me rend laid[2] ; et, de surcroît, le Maure
Pourrait me démasquer à lui : trop dangereux pour moi !
Non, il doit mourir. Allons, le voici : je l'entends.

Entre Cassio

RODERIGO. – Je reconnais son pas. C'est lui ! (*Attaquant Cassio*) Scélérat ! [meurs.
CASSIO. – Cette botte m'eût été fatale, à coup sûr,
Si ma tunique n'était meilleure que tu ne crois[3].
Je m'en vais éprouver la tienne.

Il transperce Roderigo, qui tombe

RODERIGO. – Ah ! je suis mort !

Iago blesse Cassio à la jambe par derrière. *Iago sort*[4]

CASSIO (*tombant*). – Je suis estropié à vie. A l'aide ! Ho ! Au meurtre ! au [meurtre !

Entre Othello [en haut]

OTHELLO. – La voix de Cassio. Iago tient sa parole.
RODERIGO. – Oh ! scélérat que je suis !
OTHELLO. – C'est bien ça.
CASSIO. – Oh ! à l'aide ! oh ! des lumières ! un médecin !
OTHELLO. – C'est lui. Ah ! brave Iago, honnête et juste ; si noble
Et sensible à l'injure faite à ton ami —
Tu m'apprends ma leçon ! Garce ! il est mort votre amant,
Et votre heure maudite[5] approche. Catin, je viens [6]. Tes yeux,
Ces maléfices, s'effacent de mon cœur. Ton lit, souillé
Par la luxure, sera taché du sang de la luxure. *Il sort*

Entrent Lodovico et Gratiano

CASSIO. – Holà ! quoi ? point de guet ? personne ? Au meurtre ! au meurtre !

---

est résistant) ; il peut s'agir aussi d'un pourpoint renforcé de cuir et de métal, équivalent d'un moderne gilet pare-balles, ou d'une cotte de mailles (privy coat) : les rues la nuit ne sont pas sûres. **4.** Triple scélératesse du personnage qui attaque de nuit, par derrière, et s'enfuit. **5.** Cf. II,1,237. **6.** Réponse ironique à l'attente impatiente de Desdémone (IV,3,11 et 48).

GRAZIANO. – 'Tis some mischance. The voice is very direful.
CASSIO. – O, help!
LODOVICO. – Hark.
RODERIGO. – O wretched villain!
LODOVICO. – Two or three groan. 'Tis heavy night.
These may be counterfeits. Let's think't unsafe
To come into the cry without more help.
RODERIGO. – Nobody come? Then shall I bleed to death.

Enter Iago with a light

LODOVICO. – Hark.
GRAZIANO. – Here's one comes in his shirt, with light and weapons.
IAGO. – Who's there? Whose noise is this that cries on murder?
LODOVICO. – We do not know.
IAGO. – Do not you hear a cry?
CASSIO. – Here, here. For heaven's sake, help me.
IAGO. – What's the matter?
GRAZIANO (*to Lodovico*). – This is Othello's ensign, as I take it.
LODOVICO. – The same indeed, a very valiant fellow.
IAGO (*to Cassio*). – What are you here that cry so grievously?
CASSIO. – Iago — O, I am spoiled, undone by villains.
Give me some help.
IAGO. – O me, lieutenant, what villains have done this?
CASSIO. – I think that one of them is hereabout
And cannot make away.
IAGO. – O treacherous villains!
(*To Lodovico and Graziano*) What are you there? Come in and give some [help.
RODERIGO. – O, help me there!
CASSIO. – That's one of 'em.
IAGO (*stabbing Roderigo*). – O murderous slave! O villain!
RODERIGO. – O damned Iago! O inhuman dog!
IAGO. – Kill men i'th' dark? Where be these bloody thieves?
How silent is this town! Ho, murder, murder!
(*To Lodovico and Graziano*) What may you be? Are you of good or evil?
LODOVICO. – As you shall prove us, praise us.
IAGO. – Signor Lodovico.
LODOVICO. – He, sir.
IAGO. – I cry you mercy. Here's Cassio hurt by villains.
GRAZIANO. – Cassio?
IAGO. – How is't, brother?
CASSIO. – My leg is cut in two.
IAGO. – Marry, heaven forbid!
Light, gentlemen. I'll bind it with my shirt.

Enter Bianca

BIANCA. – What is the matter, ho? Who is't that cried?

---

39 voice] *F*; cry *Q*. **50** We] *F*; I *Q*. **50** Do] *F*; Did *Q*. **51** heaven's] *Q* (heavens); heaven *F*. **57** me,] *F*; my *Q*. **64** dog!] *F*; dog, - o, o, o. *Q*. **65** men] *F*; him *Q*.

GRATIANO. – Ce sera quelque malheur. Ce cri, vraiment, est effroyable.
CASSIO. – Oh ! à l'aide !
LODOVICO. – Écoutez !
RODERIGO. – Ô misérable traître !
LODOVICO. – On gémit. Ils sont deux ou trois. Il fait nuit noire.
Ce peut être une feinte. Disons qu'il serait imprudent
De nous risquer jusqu'à l'endroit des cris sans renfort.
RODERIGO. – Personne ? Alors je vais perdre tout mon sang.

Entre Iago avec un flambeau

LODOVICO. – Écoutez.
GRATIANO. – On vient avec un flambeau. Un homme en chemise et armé.
IAGO. – Qui est là ? qui donc appelle et crie au meurtre ?
LODOVICO. – Nous l'ignorons.
IAGO. – Vous n'entendez pas des cris ?
CASSIO. – Par ici ! par ici ! Au nom du ciel, à moi !
IAGO. – Qu'y a-t-il ?
GRATIANO (*à Lodovico*). – C'est l'enseigne d'Othello, il me semble.
LODOVICO. – C'est bien lui ; un garçon fort valeureux.
IAGO (*à Cassio*). – Qui êtes-vous, qui poussez ces cris pitoyables ?
CASSIO. – Iago ! — Oh ! je suis perdu[1] — assassiné par des traîtres.
Porte-moi secours.
IAGO. – Oh ! mon Dieu, lieutenant ! quels traîtres ont pu faire ça ?
CASSIO. – L'un d'eux est encore par ici, je crois,
Et hors d'état de fuir.
IAGO. – Ah ! scélérats ! traîtres !
(*A Lodovico et à Gratiano*) Qui êtes-vous, vous autres ? Venez porter secours.
RODERIGO. – Oh ! vous ! à l'aide !
CASSIO. – Celui-là en était.
IAGO (*poignardant Roderigo*). – Ah ! misérable assassin ! ah ! traître !
RODERIGO. – Ah ! Iago maudit ! Ah ! chien sans cœur !
IAGO. – Tuer dans le noir ? Où sont-ils ces bandits sanguinaires ?
Quel silence dans la ville ! Holà ! au meurtre ! au meurtre !
(*A Lodovico et à Gratiano*) Qui donc êtes-vous ? Hommes de bien ou [vauriens ?
LODOVICO. – Jugez-nous à l'œuvre.
IAGO. – Signor Lodovico.
LODOVICO. – Lui-même, monsieur.
IAGO. – Mille pardons ! Voyez, Cassio blessé par des coquins.
GRATIANO. – Cassio ?
IAGO. – Qu'avez-vous, frère ?
CASSIO. – J'ai la jambe coupée en deux.
IAGO. – Peste ! A Dieu ne plaise ! Messieurs,
Éclairez-moi. Je vais la bander avec ma chemise.

Entre Bianca

BIANCA. – Qu'y a-t-il donc ? Holà ! qui a crié ?

---

1. *spoiled.* Du sens habituel de « dépouillé » on passe à celui de « ruiné », « détruit ».

IAGO. – Who is't that cried?
BIANCA. – O my dear Cassio,
My sweet Cassio, O, Cassio, Cassio!
IAGO. – O notable strumpet! Cassio, may you suspect
Who they should be that have thus mangled you?
CASSIO. – No.
GRAZIANO. – I am sorry to find you thus. I have been to seek you.
IAGO. – Lend me a garter. So. O for a chair,
To bear him easily hence!
BIANCA. – Alas, he faints. O, Cassio, Cassio, Cassio!
IAGO. – Gentlemen all, I do suspect this trash
To be a party in this injury.
Patience a while, good Cassio. Come, come,
Lend me a light. (*Going to Roderigo* Know we this face or no?
Alas my friend, and my dear countryman.
Roderigo? No — yes, sure — O heaven, Roderigo!
GRAZIANO. – What, of Venice?
IAGO. – Even he, sir. Did you know him?
GRAZIANO. – Know him? Ay.
IAGO. – Signor Graziano, I cry your gentle pardon.
These bloody accidents must excuse my manners
That so neglected you.
GRAZIANO. – I am glad to see you.
IAGO. – How do you, Cassio? O, a chair, a chair!
GRAZIANO. – Roderigo.
IAGO. – He, he, 'tis he.

Enter attendants with a chair

O, that's well said, the chair!
Some good man bear him carefully from hence.
I'll fetch the general's surgeon. (*To Bianca*) For you, mistress,
Save you your labour. He that lies slain here, Cassio,
Was my dear friend. What malice was between you?
CASSIO. – None in the world, nor do I know the man.
IAGO (*to Bianca*). – What, look you pale? (*To attendants*) O, bear him out o' [th' air.
(*To Lodovico and Graziano*) Stay you, good gentlemen.

Exeunt attendants with Cassio in the chair [and with Roderigo's body]

(*To Bianca*) Look you pale, mistress?
(*To Lodovico and Graziano*) Do you perceive the ghastness of her eye?
(*To Bianca*) Nay, an you stare we shall hear more anon.
(*To Lodovico and Graziano*) Behold her well; I pray you look upon her.
Do you see, gentlemen? Nay, guiltiness

---

78 Cassio, Cassio] *Q*; Cassio, Cassio, Cassio *F*. **83-84** IAGO ... hence] *F*; *pas dans Q*. **87** be ... injury] *F*; beare a part in this *Q*. **88** Come, come] *F*; *pas dans Q*. **91** O heaven] *Q*; Yes, 'tis *F*. **106** out] *Q*; *pas dans F*. **107** gentlemen] *F*; Gentlewoman *Q*. **108** ghastness] *F*; jeastures *Q*. **109** an] *Q*; if *F*. **109** stare ... hear] *F*; stirre ... have *Q*.

IAGO. – Qui a crié[1] ?
BIANCA. – Oh ! mon cher Cassio !
Mon petit Cassio. Oh ! Cassio ! Cassio !
IAGO. – Oh ! l'insigne catin ! Cassio, pouvez-vous deviner
Qui a bien pu vous estropier ainsi ?
CASSIO. – Non.
GRATIANO. – Désolé de vous voir en cet état. Je vous cherchais.
IAGO. – Donnez-moi une jarretière ! Bien. Ah ! si j'avais
Une chaise pour le transporter doucement !
BIANCA. – Mon Dieu ! il se trouve mal ! Oh ! Cassio ! Cassio ! Cassio !
IAGO. – Messieurs, vous tous, je soupçonne cette traînée
D'être complice dans ce crime.
Un peu de patience, mon cher Cassio. Allez, venez.
Éclairez-moi. (*Allant à Roderigo*) Ce visage nous est-il connu ou non ?
Hélas ! mon ami ! mon cher compatriote !
Roderigo ? Non — Oui, c'est sûr — Ô ciel, Roderigo !
GRATIANO. – Comment ? le Vénitien ?
IAGO. – Lui-même, monsieur. Vous le connaissiez ?
GRATIANO. – Si je le connais ? Mais oui !
IAGO. – Signor Gratiano. Ayez, je vous prie, la bonté
De me pardonner. En ces événements sanglants, voyez
La raison de ce manque d'égards.
GRATIANO. – Heureux de vous voir.
IAGO. – Comment vous sentez-vous, Cassio ? Oh ! une chaise ! une chaise !
GRATIANO. – Roderigo !
IAGO. – C'est lui ! c'est bien lui !

Entrent des domestiques avec une chaise

Oui, c'est ça ! la chaise.
Que quelqu'un ait la bonté de l'emmener doucement.
Je vais chercher le médecin du général. (*A Bianca*) Vous, ma fille,
Épargnez votre peine[2]. Cet homme ici assassiné,
Cassio, était mon ami cher. Quelle était votre querelle ?
CASSIO. – Pas la moindre. Cet homme, je ne le connais pas.
IAGO (*à Bianca*). – Eh bien ? vous pâlissez ? (*Aux domestiques*) Allons, faites [rentrer cet homme[3].
(*A Lodovico et à Gratiano*) Et vous, restez, mes bons messieurs.

Les domestiques sortent portant Cassio sur sa chaise [et le corps de Roderigo]

(*A Bianca*) Vous pâlissez, ma fille ?
(*A Lodovico et à Gratiano*) Remarquez-vous cet œil égaré ?
(*A Bianca*) Oh ! si vous faites ces yeux-là, nous allons vite en savoir plus !
(*A Lodovico et à Gratiano*) Observez-la de près ; regardez-la bien, de grâce.
Vous la voyez, messieurs ? Ah ! conscience coupable

1. Certains commentateurs s'étonnent de la redite et soupçonnent une erreur de transcription. Ce peut être aussi bien un effet d'écho destiné à accroître la confusion, ou une imitation sarcastique par Iago des intonations de Bianca, ou encore une accusation voilée d'hypocrisie, précédant les attaques explicites (86-87). 2. Jeux de scène indiqués dans le texte : Bianca s'affaire auprès de Cassio. 3. La médecine de l'époque déconseille d'exposer les blessés et les malades au grand air (voir Tilley A93).

Will speak, though tongues were out of use.
Enter Emilia

EMILIA. – Alas, what is the matter? What is the matter, husband?
IAGO. – Cassio hath here been set on in the dark
By Roderigo and fellows that are scaped.
He's almost slain, and Roderigo dead.
EMILIA. – Alas, good gentleman! Alas, good Cassio!
IAGO. – This is the fruits of whoring. Prithee, Emilia,
Go know of Cassio where he supped tonight.
(*To Bianca*) What, do you shake at that?
BIANCA. – He supped at my house, but I therefore shake not.
IAGO. – O, did he so? I charge you go with me.
EMILIA (*to Bianca*). – O, fie upon thee, strumpet!
BIANCA. – I am no strumpet, but of life as honest
As you that thus abuse me.
EMILIA. – As I? Fough, fie upon thee!
IAGO. – Kind gentlemen, let's go see poor Cassio dressed.
(*To Bianca*) Come, mistress, you must tell's another tale.
Emilia, run you to the citadel
And tell my lord and lady what hath happed.
Will you go on afore? *Exit Emilia*
(*Aside*) This is the night
That either makes me or fordoes me quite. *Exeunt*

V, 2 *Enter Othello with a light.* [*He draws back a curtain, revealing*] *Desdemona asleep in her bed*

OTHELLO. – It is the cause, it is the cause, my soul.
Let me not name it to you, you chaste stars.
It is the cause. Yet I'll not shed her blood,
Nor scar that whiter skin of hers than snow,
And smooth as monumental alabaster.
Yet she must die, else she'll betray more men.
Put out the light, and then put out the light.
If I quench thee, thou flaming minister,
I can again thy former light restore
Should I repent me; but once put out thy light,
Thou cunning'st pattern of excelling nature,
I know not where is that Promethean heat
That can thy light relume. When I have plucked thy rose
I cannot give it vital growth again.
It needs must wither. I'll smell thee on the tree.

116 dead] *Q*; quite dead *F*. **125** Fough] *Q*; *pas dans F*. **130** afore] *F*; I pray *Q*. **131** makes] *F*; markes *Q*. **V,2 10** thy light] *F*; thine *Q*. **11** cunning'st] *F*; cunning *Q*. **13** relume] *F*; returne *Q*. **13** thy rose] *F*; the rose *Q*. **15** thee] *F*; it *Q*.

1. Lieu : la chambre de Desdémone. 2. Sous-entendu : l'infidélité est la cause de sa

N'a nul besoin de langue pour parler.
Entre Émilie

ÉMILIE. – Mon Dieu ! Qu'y a-t-il ? qu'y a-t-il, mon mari ?
IAGO. – Cassio vient d'être attaqué dans le noir
Par Roderigo et des hommes qui ont décampé.
Tout juste s'il n'est pas tué ; Roderigo est mort.
ÉMILIE. – Hélas ! ce bon monsieur ! Hélas ! ce bon Cassio !
IAGO. – Voilà ce qu'il advient à courir les putes. Émilie,
Va donc, je te prie, demander à Cassio
Où il a soupé ce soir. (*A Bianca*) Tiens ! cela vous fait trembler ?
BIANCA. – Il a soupé chez moi, mais je n'ai pas lieu de trembler.
IAGO. – Ah ! chez vous ? Je vous enjoins de venir avec moi.
ÉMILIE (*à Bianca*). – Oh ! tu n'as pas honte, catin ?
BIANCA. – Une catin, moi ? Non. Je vis aussi honnêtement
Que vous, qui m'insultez.
ÉMILIE. – Que moi ? Pouah ! tu n'as pas honte ?
IAGO. – Mes bons messieurs, allons veiller à ce qu'on panse
Le pauvre Cassio. (*A Bianca*) Vous, ma fille, il vous faudra conter
Une autre histoire. Émilie, courez à la citadelle,
Mettre au courant de tout monseigneur et madame.
Précédez-nous, s'il vous plaît. *Émilie sort*
(*A part*) Cette nuit, certes,
Va décider de ma fortune ou de ma perte. *Ils sortent*

Entre Othello avec une lumière. [Il ouvre un rideau découvrant] Desdémone endormie dans son lit[1] V, 2

OTHELLO. – Voilà la cause, mon âme, voilà la cause[2].
Je ne la dirai pas à vous, chastes étoiles.
Voilà la cause. Pourtant, je ne vais pas verser son sang,
Ni marquer sa peau, plus blanche que la neige,
Et lisse comme l'albâtre des tombeaux.
Pourtant, il faut qu'elle meure ; sinon elle en trahira d'autres.
Éteins cette flamme ; éteins cette autre flamme[3].
Si je t'obscurcis, toi, instrument de lumière,
Et que je m'en repente, je peux toujours
Te rendre ta clarté première ; mais si je t'éteins,
Toi, le plus habile chef-d'œuvre de l'artiste nature,
Je ne sais où trouver ce feu prométhéen[4]
Qui peut rallumer ta lumière. Et, ta rose cueillie,
Je ne pourrai lui rendre cet élan de la vie.
Il lui faut se faner. Je veux te respirer sur la tige.

---

mort. Mais « la cause » demeure informulée (de même au vers suivant « Je ne la dirai pas »). Ceci démontre la perversion du jugement d'Othello et définit le tragique : la cause ne peut se dire car elle n'existe pas ; la mise à mort n'est ni châtiment ni vengeance mais absurdité pure. **3.** La première flamme est celle du flambeau ; l'autre désigne métaphoriquement la vie de Desdémone ; la gestuelle porte ici le sens du texte. **4.** Le feu divin, dérobé au char du soleil par le Titan Prométhée, qui en fit présent aux hommes.

[He kisses her]

O balmy breath, that dost almost persuade
Justice to break her sword! One more, one more.
Be thus when thou art dead, and I will kill thee
And love thee after. One more, and that's the last.

He kisses her

So sweet was ne'er so fatal. I must weep,
But they are cruel tears. This sorrow's heavenly,
It strikes where it doth love. She wakes.

DESDEMONA. – Who's there? Othello?
OTHELLO. – Ay, Desdemona.
DESDEMONA. – Will you come to bed, my lord?
OTHELLO. – Have you prayed tonight, Desdemon?
DESDEMONA. – Ay, my lord.
OTHELLO. – If you bethink yourself of any crime
Unreconciled as yet to heaven and grace,
Solicit for it straight.
DESDEMONA. – Alack, my lord, what may you mean by that?
OTHELLO. – Well, do it, and be brief. I will walk by.
I would not kill thy unpreparèd spirit.
No, heavens forfend! I would not kill thy soul.
DESDEMONA. – Talk you of killing?
OTHELLO. – Ay, I do.
DESDEMONA. – Then heaven
Have mercy on me.
OTHELLO. – Amen, with all my heart.
DESDEMONA. – If you say so, I hope you will not kill me.
OTHELLO. – Hum!
DESDEMONA. – And yet I fear you, for you're fatal then
When your eyes roll so. Why I should fear I know not,
Since guiltiness I know not, but yet I feel I fear.
OTHELLO. – Think on thy sins.
DESDEMONA. – They are loves I bear to you.
OTHELLO. – Ay, and for that thou diest.
DESDEMONA. – That death's unnatural that kills for loving.
Alas, why gnaw you so your nether lip?
Some bloody passion shakes your very frame.
These are portents, but yet I hope, I hope
They do not point on me.
OTHELLO. – Peace, and be still.
DESDEMONA. – I will so. What's the matter?
OTHELLO. – That handkerchief

16 O ... dost] ***F*** **; A ... doth** ***Q.*** **17 to ... more.]** ***F*** **; her selfe to breake her sword once more,** ***Q.*** **22 where]** ***F*** **; when** ***Q.*** **34 heavens]** ***F*** **; heaven** ***Q.*** **37 so]** ***Q*** **;** ***pas dans F.*** **44 Ay]** ***F*** **(I) ;** ***pas dans Q.***

1. Illusion tragique d'Othello qui confond justice et vengeance. 2. « Céleste », car

[*Il l'embrasse*]

Ô souffle suave, qui persuaderait presque
La justice de briser son glaive[1]. Encore un ! encore !
Sois ainsi quand tu seras morte, et je te tuerai,
Et puis je t'aimerai. Encore un, le dernier !

Il l'embrasse

Jamais rien de si doux ne fut aussi funeste. Je pleure.
Il le faut. Mais ces larmes sont cruelles. Douleur
Céleste[2], qui frappe ce qu'elle aime. Elle s'éveille.

DESDÉMONE. – Qui est là ? Othello ?
OTHELLO. – Oui, Desdémone.
DESDÉMONE. – Venez-vous vous coucher, monseigneur ?
OTHELLO. – Avez-vous dit vos prières, ce soir, Desdémone ?
DESDÉMONE. – Oui, monseigneur.
OTHELLO. – S'il vous souvient de quelque crime dont jusqu'ici
Vous n'ayez pas reçu, par la grâce divine, absolution,
Demandez-la sans tarder.
DESDÉMONE. – Hélas ! monseigneur, que voulez-vous dire par là ?
OTHELLO. – Bien. Fais-le et sois brève. Je vais faire un tour.
Je ne voudrais pas tuer ton âme en état de péché.
Non ! à Dieu ne plaise ! Je ne voudrais pas tuer ton âme[3].
DESDÉMONE. – Vous parlez de tuer ?
OTHELLO. – Oui, certes.
DESDÉMONE. – Alors, le ciel
Ait pitié de moi !
OTHELLO. – Amen, de tout mon cœur.
DESDÉMONE. – Si vous parlez ainsi, vous n'allez pas me tuer, j'espère.
OTHELLO. – Hum !
DESDÉMONE. – Et pourtant, vous me faites peur, car vous êtes funeste
Quand vous roulez ainsi les yeux. Pourquoi peur, je ne sais :
Car je n'ai commis aucune faute ; mais j'ai peur.
OTHELLO. – Songe à tes péchés.
DESDÉMONE. – Je n'en ai d'autres que mon amour pour vous.
OTHELLO. – Oui, et c'est pourquoi tu meurs.
DESDÉMONE. – C'est une mort contraire à la nature[4], celle qui tue
Pour avoir aimé. Hélas ! pourquoi vous mordre ainsi
La lèvre[5] ? Une furie sanguinaire
Vous secoue tout entier. Présages de malheur, mais j'espère,
J'espère, pas pour moi.
OTHELLO. – Tais-toi ! cesse de t'agiter.
DESDÉMONE. – J'obéis. Que me voulez-vous ?
OTHELLO. – Ce mouchoir que j'aimais tant,

Othello se croit l'instrument de la colère divine ; voir note précédente. **3.** Ce scrupule est cohérent avec l'attitude d'Othello qui se voit en justicier, non en vengeur. Cf. *Hamlet,* III,3,74-87 (situation inversée : Hamlet se refuse à tuer Claudius en prières pour qu'il soit damné et que la vengeance soit complète). **4.** *unnatural.* Dans l'univers élisabéthain, le signe du mal absolu (la nature est l'agent des desseins de la Providence). **5.** *nether lip.* La lèvre inférieure.

Which I so loved and gave thee, thou gav'st to Cassio.
DESDEMONA. – No, by my life and soul. Send for the man
And ask him.
OTHELLO. – Sweet soul, take heed, take heed of perjury.
Thou art on thy deathbed.
DESDEMONA. – Ay, but not yet to die.
OTHELLO. – Presently.
Therefore confess thee freely of thy sin,
For to deny each article with oath
Cannot remove nor choke the strong conception
That I do groan withal. Thou art to die.
DESDEMONA. – Then Lord have mercy on me.
OTHELLO. – I say amen.
DESDEMONA. – And have you mercy, too. I never did
Offend you in my life, never loved Cassio
But with such general warranty of heaven
As I might love. I never gave him token.
OTHELLO. – By heaven, I saw my handkerchief in's hand.
O perjured woman! Thou dost stone my heart,
And makes me call what I intend to do
A murder, which I thought a sacrifice.
I saw the handkerchief.
DESDEMONA. – He found it, then.
I never gave it him. Send for him hither.
Let him confess a truth.
OTHELLO. – He hath confessed.
DESDEMONA. – What, my lord?
OTHELLO. – That he hath usèd thee.
DESDEMONA. – How, unlawfully?
OTHELLO. – Ay.
DESDEMONA. – He will not say so.
OTHELLO. – No, his mouth is stopped.
Honest Iago hath ta'en order for't.
DESDEMONA. – O, my fear interprets! What, is he dead?
OTHELLO. – Had all his hairs been lives, my great revenge
Had stomach for 'em all.
DESDEMONA (*weeping*). – Alas, he is betrayed, and I undone.
OTHELLO. – Out, strumpet! Weep'st thou for him to my face?
DESDEMONA. – O, banish me, my lord, but kill me not.
OTHELLO (*attacking her*). – Down, strumpet.
DESDEMONA. – Kill me tomorrow; let me live tonight.
OTHELLO. – Nay, an you strive –
DESDEMONA. – But half an hour.
OTHELLO. – Being done, there is no pause.
DESDEMONA. – But while I say one prayer.

---

60 conception] *F*; conceit *Q*. **62** Then Lord] *Q*; O Heaven *F*. **68** my] *F*; thy *Q*. **69** makes] *F*; makest *Q*. **74** used thee] *F*; —uds death *Q*. **80** O, ... interprets!] *F*; My feare interprets then, *Q*. **84** Out] *F*; O *Q*. **88** an] *Q*; if *F*. **90** OTHELLO ... pause] *F*; *pas dans Q*.

Que je t'avais donné, tu l'as donné à Cassio.
DESDÉMONE. – Non ! sur ma vie, sur mon âme ! Faites venir cet homme
Et demandez-lui.
OTHELLO. – Chère âme, prends garde ! prends garde au parjure.
Tu es sur ton lit de mort.
DESDÉMONE. – Oui, mais pas pour mourir, pas encore !
OTHELLO. – A l'instant !
Alors confesse ton péché, sois franche,
Car nier sous le serment chaque point
Ne peut ôter ni étouffer la conviction puissante
Qui cause mes douleurs[1]. Tu vas mourir.
DESDÉMONE. – Alors le Seigneur ait pitié de moi !
OTHELLO. – Et je dis « Amen ».
DESDÉMONE. – Ayez pitié, vous aussi. Jamais je ne vous ai
Offensé de ma vie ; jamais aimé Cassio, sinon
De cette affection licite que le ciel permet
A tous. Jamais je ne lui ai donné de gage.
OTHELLO. – Par le ciel ! j'ai vu mon mouchoir entre ses mains,
Ô femme parjure ! Tu pétrifies mon cœur
Et m'obliges à nommer l'acte que je projette
Meurtre, et non — comme je le pensais — sacrifice.
Je l'ai vu, ce mouchoir.
DESDÉMONE. – Il l'a trouvé, alors.
Jamais je ne le lui ai donné. Faites-le venir,
Et qu'il avoue la vérité.
OTHELLO. – Il a avoué.
DESDÉMONE. – Quoi, monseigneur ?
OTHELLO. – Ses relations avec toi.
DESDÉMONE. – Comment ? criminelles ?
OTHELLO. – Oui.
DESDÉMONE. – Il ne dira rien de tel.
OTHELLO. – Non, sa bouche est scellée.
L'honnête Iago a fait le nécessaire.
DESDÉMONE. – Oh ! ma peur m'explique tout[2] ! Quoi ! il est mort ?
OTHELLO. – Eût-il eu autant de vies que de cheveux,
Ma puissante vengeance[3] les eût englouties toutes.
DESDÉMONE (*pleurant*). – Hélas ! il est trahi, et moi je suis perdue.
OTHELLO. – Ah ça, catin ! tu oses le pleurer devant moi ?
DESDÉMONE. – Oh ! chassez-moi, monseigneur, mais ne me tuez pas !
OTHELLO (*se jetant sur elle*). – Meurs, catin !
DESDÉMONE. – Tuez-moi demain. Laissez-moi vivre ce soir !
OTHELLO. – Ah ! si tu te débats —
DESDÉMONE. – Rien qu'une demi-heure !
OTHELLO. – Sur chose faite on ne revient plus.
DESDÉMONE. – Le temps de dire une seule prière !

1. Métaphore implicite d'enfantement dérivée de *conception* (l'idée, ou conception de l'esprit) au vers précédent. 2. Sens incertain. 3. Nouveau glissement de la justice à la vengeance. Lapsus, aveu, ou désarroi mental ?

OTHELLO. – It is too late.

He smothers her

DESDEMONA. – O Lord, Lord, Lord!

Emilia at the door

EMILIA (*within*). – My lord, my lord, what ho, my lord, my lord!

OTHELLO. – What noise is this? Not dead? Not yet quite dead?
I that am cruel am yet merciful.
I would not have thee linger in thy pain.
So, so.

EMILIA (*within*). – What ho, my lord, my lord!

OTHELLO. – Who's there?

EMILIA (*within*). – O, good my lord, I would speak a word with you.

OTHELLO (*calling*). – Yes. — 'Tis Emilia. (*Calling*) By and by! — She's dead.
'Tis like she comes to speak of Cassio's death.
The noise was high. Ha! No more moving.
Still as the grave. Shall she come in? Were't good?
I think she stirs again. No. What's best to do?
If she come in, she'll sure speak to my wife.
My wife, my wife! What wife? I ha' no wife.
O insupportable, O heavy hour!
Methinks it should be now a huge eclipse
Of sun and moon, and that th'affrighted globe
Should yawn at alteration.

EMILIA (*within*). – I do beseech you
That I may speak with you. O, good my lord!

OTHELLO. – I had forgot thee. — O, come in, Emilia. —
Soft, by and by. Let me the curtains draw.

He closes the bed-curtains

Where art thou?

He opens the door. Enter Emilia

What's the matter with thee now?

EMILIA. – O my good lord, yonder's foul murder's done.

OTHELLO. – What, now?

EMILIA. – But now, my lord.

OTHELLO. – It is the very error of the moon,
She comes more nearer earth than she was wont,
And makes men mad.

EMILIA. – Cassio, my lord, hath killed a young Venetian

---

93 DESDEMONA ... Lord!] *Q*; *pas dans F.* **95** noise] *F*; voyce *Q.* **102** high] *F*; here *Q.* **106** wife! What wife?] *F*; wife, my wife; *Q.* **110** Should] *Q*; Did *F.* **111** O] *F*; *pas dans Q.* **115** murder's] *Oxford*; murders *F Q (conservé par la plupart des éditions)*; murder *Theobald (1733).* **119** nearer] *F*; neere the *Q.*

---

1. On s'est inquiété, arguments médicaux à l'appui, des invraisemblances : Desdémone retrouve le souffle à deux reprises et, après une mort par suffocation, son visage est pâle. Pour résoudre ces difficultés, Desdémone, au XVIIIe siècle, était d'abord étouffée (ou

OTHELLO. – C'est trop tard.

Il l'étouffe

DESDÉMONE. – Ô Seigneur ! Seigneur ! Seigneur !

Émilie à la porte

ÉMILIE (*à l'intérieur*). – Monseigneur ! monseigneur ! Holà ! monseigneur !
[monseigneur !

OTHELLO. – Quel est ce bruit ? Elle n'est pas morte ? Pas morte tout à fait ?
Je suis implacable, mais miséricordieux aussi.
Je ne voudrais pas prolonger ta souffrance.
Là ! là[1] !

ÉMILIE (*à l'intérieur*). – Holà ! monseigneur ! monseigneur !

OTHELLO. – Qui va là ?

ÉMILIE (*à l'intérieur*). – Ô mon cher seigneur ! J'ai deux mots à vous dire.

OTHELLO (*appelant*). – Oui. — C'est Émilie. (*Appelant*) Un instant ! – Elle est
[morte.
Elle doit venir annoncer la mort de Cassio.
Il y a eu du tapage[2]. Hein ? Elle ne bouge plus.
Muette comme la tombe. La ferai-je entrer ? Est-ce bien ?
Elle bouge encore, je crois. Non. Que faire ?
Si elle entre, elle va parler, c'est sûr, à ma femme.
Ma femme..., ma femme ! Quelle femme ? Je n'ai pas de femme.
Oh ! insoutenable ! Oh ! heure d'accablement ! Il me semble
Qu'il faudrait à présent une éclipse immense
De soleil et de lune, et que, devant le cataclysme,
Le globe épouvanté s'entrouvre[3].

ÉMILIE (*à l'intérieur*). – Souffrez, de grâce,
Que je vous dise un mot. Oh ! mon bon seigneur !

OTHELLO. – Je t'avais oubliée. — Entre donc, Émilie. —
Doucement. Un instant. Attends, je tire ces rideaux.

Il ferme les rideaux du lit

Où es-tu ?

Il ouvre la porte. Entre Émilie

Eh bien, qu'as-tu donc ?

ÉMILIE. – Ô mon cher seigneur, il y a eu là-bas un meurtre odieux.

OTHELLO. – Quoi ? maintenant ?

ÉMILIE. – A l'instant même, monseigneur.

OTHELLO. – Ce sont les divagations de la lune,
Elle s'approche de la terre plus qu'à l'habitude,
Et rend les hommes fous[4].

ÉMILIE. – Cassio, monseigneur, a tué un jeune Vénitien

étranglée) puis poignardée (au vers 95), ce qui est incompatible avec la blancheur de sa chemise (279-280). En fait, la symbolique de cette mise à mort importe plus que les détails techniques. Voir l'Introduction, p. 53. **2.** Soit le vacarme dans la rue, soit les coups frappés par Émilie. **3.** Éclipses, tremblements de terre et autres événements considérés comme prodigieux traduisent un dérèglement cosmique, lié à des bouleversements dans l'univers moral et politique : cf. la nuit du meurtre de Duncan (*Macbeth,* II,3,46-53) et la nuit des ides de mars (*Jules César,* II,2,17-31). **4.** Voir note précédente. L'influence de la lune, astre changeant, est, de surcroît, responsable des égarements de la raison humaine.

Called Roderigo.
OTHELLO. – Roderigo killed
And Cassio killed?
EMILIA. – No, Cassio is not killed.
OTHELLO. – Not Cassio killed? Then murder's out of tune,
And sweet revenge grows harsh.
DESDEMONA. – O, falsely, falsely murdered!
EMILIA. – O Lord, what cry is that?
OTHELLO. – That? What?
EMILIA. – Out and alas, that was my lady's voice!
[*She opens the bed-curtains*]
Help, help, ho, help! O lady, speak again!
Sweet Desdemona, O sweet mistress, speak!
DESDEMONA. – A guiltless death I die.
EMILIA. – O, who hath done this deed?
DESDEMONA. – Nobody, I myself. Farewell.
Commend me to my kind lord. O, farewell! *She dies*
OTHELLO. – Why, how should she be murdered?
EMILIA. – Alas, who knows?
OTHELLO. – You heard her say herself it was not I.
EMILIA. – She said so, I must needs report the truth.
OTHELLO. – She's like a liar gone to burning hell.
'Twas I that killed her.
EMILIA. – O, the more angel she, and you the blacker devil!
OTHELLO. – She turned to folly, and she was a whore.
EMILIA. – Thou dost belie her, and thou art a devil.
OTHELLO. – She was false as water.
EMILIA. – Thou art rash as fire
To say that she was false. O, she was heavenly true!
OTHELLO. – Cassio did top her. Ask thy husband else.
O, I were damned beneath all depth in hell
But that I did proceed upon just grounds
To this extremity! Thy husband knew it all.
EMILIA. – My husband?
OTHELLO. – Thy husband.
EMILIA. – That she was false to wedlock?
OTHELLO. – Ay, with Cassio. Had she been true,
If heaven would make me such another world
Of one entire and perfect chrysolite
I'd not have sold her for it.
EMILIA. – My husband?
OTHELLO. – Ay, 'twas he that told me on her first.
An honest man he is, and hates the slime
That sticks on filthy deeds.

---

127 O Lord] *Q*; Alas *F*. **129** that was] *F*; it is *Q*. **136** heard] *Q*; heare *F*. **143** art] *F*; as *Q*. **150** Had] *F*; nay, had *Q*. **154** on her] *F*; *pas dans Q*.

Du nom de Roderigo.
OTHELLO. – Roderigo tué ?
Et Cassio tué ?
ÉMILIE. – Non, Cassio n'est pas tué.
OTHELLO. – Pas tué, Cassio ? Alors le meurtre sonne faux,
Et la suave vengeance perd sa douceur[1].
DESDÉMONE. – Oh ! l'injuste, l'injuste meurtre !
ÉMILIE. – Seigneur ! quel est ce cri ?
OTHELLO. – Ce cri ? Comment ?
ÉMILIE. – Miséricorde, c'était la voix de ma maîtresse !
[*Elle ouvre les rideaux du lit*]
A l'aide ! à l'aide ! ho ! à l'aide ! Ô madame, parlez encore !
Chère Desdémone ! Ô ma chère maîtresse, parlez !
DESDÉMONE. – Je meurs innocente.
ÉMILIE. – Oh ! qui a commis ce crime ?
DESDÉMONE. – Personne. Moi-même. Adieu.
Rappelle-moi à mon cher seigneur. Oh ! adieu ! *Elle meurt*
OTHELLO. – Quoi ? assassinée, mais comment ?
ÉMILIE. – Hélas ! qui le sait ?
OTHELLO. – Tu l'as entendue elle-même : ce n'est pas moi.
ÉMILIE. – Oui, certes ; il me faut dire la vérité.
OTHELLO. – Elle est partie sur un mensonge dans le feu de l'enfer :
C'est moi qui l'ai tuée.
ÉMILIE. – Oh ! c'est un ange, d'autant plus, vous un plus noir démon.
OTHELLO. – Elle s'est dévergondée ; elle a fait la putain.
ÉMILIE. – Tu la calomnies et tu es un démon.
OTHELLO. – Elle était perfide comme l'eau.
ÉMILIE. – Et toi emporté comme le feu
De la dire perfide. Oh ! elle était divinement loyale !
OTHELLO. – Elle se faisait sauter par Cassio. Demande à ton mari
Plutôt. Oh ! je serais damné au tréfonds de l'enfer
Si je m'étais porté sans de justes motifs
A cette extrémité ! Ton mari savait tout.
ÉMILIE. – Mon mari ?
OTHELLO. – Ton mari.
ÉMILIE. – Qu'elle avait trahi sa foi ?
OTHELLO. – Oui. Avec Cassio. Si elle eût été loyale,
Et que le ciel m'eût offert une réplique du monde
Taillée dans une seule et parfaite chrysolite[2],
Je n'eus pas fait l'échange.
ÉMILIE. – Mon mari ?
OTHELLO. – Oui ; c'est lui qui m'a tout d'abord averti.
Il est honnête, lui ; il hait la fange qui s'attache
Aux actions ignobles.

1. La métaphore musicale et l'utilisation paradoxale des adjectifs *sweet* et *harsh* traduisent l'inversion des valeurs dans l'univers mental d'Othello. 2. Terme générique désignant certaines pierres précieuses de couleur dorée (corindon, topaze). La topaze est emblème de fidélité, d'amour et de sagesse.

EMILIA. – My husband?
OTHELLO. – What needs this iterance? Woman, I say thy husband.
EMILIA. – O mistress, villainy hath made mocks with love.
My husband say she was false?
OTHELLO. – He, woman.
I say thy husband. Dost understand the word?
My friend, thy husband, honest, honest Iago.
EMILIA. – If he say so, may his pernicious soul
Rot half a grain a day. He lies to th' heart.
She was too fond of her most filthy bargain.
OTHELLO. – Ha?
EMILIA. – Do thy worst.
This deed of thine is no more worthy heaven
Than thou wast worthy her.
OTHELLO. – Peace, you were best.
EMILIA. – Thou hast not half that power to do me harm
As I have to be hurt. O gull, O dolt,
As ignorant as dirt! Thou hast done a deed –
I care not for thy sword, I'll make thee known
Though I lost twenty lives. Help, help, ho! Help!
The Moor hath killed my mistress. Murder, murder!
Enter Montano, Graziano, and Iago
MONTANO. – What is the matter? How now, general?
EMILIA. – O, are you come, Iago? You have done well,
That men must lay their murders on your neck.
GRAZIANO. – What is the matter?
EMILIA (*to Iago*). – Disprove this villain if thou beest a man.
He says thou told'st him that his wife was false.
I know thou didst not. Thou'rt not such a villain.
Speak, for my heart is full.
IAGO. – I told him what I thought, and told no more
Than what he found himself was apt and true.
EMILIA. – But did you ever tell him she was false?
IAGO. – I did.
EMILIA. – You told a lie, an odious, damnèd lie,
Upon my soul a lie, a wicked lie.
She false with Cassio? Did you say with Cassio?
IAGO. – With Cassio, mistress. Go to, charm your tongue.
EMILIA. – I will not charm my tongue. I am bound to speak.
My mistress here lies murdered in her bed.
[MONTANO *and* GRAZIANO]. – O heavens forfend!
EMILIA (*to Iago*). – And your reports have set the murder on.
OTHELLO. – Nay, stare not, masters. It is true indeed.
GRAZIANO. – 'Tis a strange truth.
MONTANO. – O monstrous act!

157 iterance] *F*; iteration *Q*. **158-161 EMILIA ... Iago]** *F*; *pas dans Q*. **172 known]** *F*; know *Q*. **173 ho]** *F* (hoa); O *Q*. **178 GRAZIANO]** *F*; *All. Q*. **192-200 My ... villainy !]** *F*; *pas dans Q*.

ÉMILIE. – Mon mari ?
OTHELLO. – Qu'as-tu à répéter, femme ? Oui, ton mari.
ÉMILIE. – Ô ma maîtresse ! L'infamie a tourné l'amour
En dérision. Mon mari la dire infidèle ?
OTHELLO. – Lui-même,
Femme. Oui, ton mari. Comprends-tu ce mot ?
Mon ami, ton mari, l'honnête, oui, l'honnête Iago.
ÉMILIE. – Si c'est lui, que son âme mauvaise pourrisse
Un tantinet chaque jour[1] ! C'est un mensonge éhonté !
Elle tenait bien trop à son ignoble conquête.
OTHELLO. – Hein ?
ÉMILIE. – Déchaîne-toi.
Pour prix de ton acte tu mérites le ciel aussi peu
Que tu la méritais, elle !
OTHELLO. – Tais-toi, tu ferais mieux.
ÉMILIE. – Tout le mal que tu pourrais me faire, moi je peux
En supporter deux fois plus. Ah ! la dupe ! la buse !
D'une ignorance crasse ! Tu as commis un crime –
Ton épée, je m'en moque ; je te dénoncerai,
Dussé-je en mourir vingt fois. Au secours ! au secours ! à l'aide !
Ho ! le Maure a tué ma maîtresse ! Au meurtre ! au meurtre !

Entrent Montano, Gratiano et Iago

MONTANO. – Que se passe-t-il ? Eh bien, général ?
ÉMILIE. – Ah ! vous voici, Iago ? Mes compliments.
Les gens vous mettent leurs meurtres sur le dos, à présent.
GRATIANO. – Que se passe-t-il ?
ÉMILIE (*à Iago*). – Dis à ce scélérat qu'il ment, si tu es un homme.
Tu lui as dit que sa femme le trompait,
Paraît-il. Tu n'as pas fait ça, je le sais. Tu n'es pas
Scélérat à ce point. Parle. Mon cœur éclate.
IAGO. – Je lui ai dit ma pensée, sans lui dire rien d'autre
Qu'il n'ait lui-même reconnu comme plausible et vrai.
ÉMILIE. – Mais lui avez-vous jamais dit qu'elle le trompait ?
IAGO. – Oui.
ÉMILIE. – C'est un mensonge odieux, diabolique.
Sur mon âme, un mensonge, un mensonge infernal !
Elle ! le tromper avec Cassio ? Cassio, c'est bien ça ?
IAGO. – Avec Cassio. Oui, ma fille. Tenez donc votre langue.
ÉMILIE. – Je ne la tiendrai pas, ma langue. Il faut que je parle.
Ma maîtresse est ici, assassinée dans son lit.
[MONTANO *et* GRATIANO]. – A Dieu ne plaise !
ÉMILIE (*à Iago*). – Et vos dires sont cause de ce meurtre.
OTHELLO. – Ne faites donc pas ces yeux-là, messieurs. C'est bien vrai.
GRATIANO. – Vérité stupéfiante !
MONTANO. – Oh ! l'acte monstrueux !

1. *grain*. La plus petite mesure de poids de l'époque (employée en joaillerie) ; ici, sens figuré (quantité infime).

EMILIA. – Villainy, villainy, villainy!
I think upon't, I think. I smell't. O villainy!
I thought so then. I'll kill myself for grief.
O villainy, villainy!
IAGO. – What, are you mad? I charge you get you home.
EMILIA. – Good gentlemen, let me have leave to speak.
'Tis proper I obey him, but not now.
Perchance, Iago, I will ne'er go home.
OTHELLO. – O, O, O!

Othello falls on the bed

EMILIA. – Nay, lay thee down and roar,
For thou hast killed the sweetest innocent
That e'er did lift up eye.
OTHELLO [*rising*]. – O, she was foul!
(*To Graziano*) I scarce did know you, uncle. There lies your niece,
Whose breath indeed these hands have newly stopped.
I know this act shows horrible and grim.
GRAZIANO. – Poor Desdemon, I am glad thy father's dead.
Thy match was mortal to him, and pure grief
Shore his old thread in twain. Did he live now
This sight would make him do a desperate turn,
Yea, curse his better angel from his side,
And fall to reprobance.
OTHELLO. – 'Tis pitiful. But yet Iago knows
That she with Cassio hath the act of shame
A thousand times committed. Cassio confessed it,
And she did gratify his amorous works
With that recognizance and pledge of love
Which I first gave her. I saw it in his hand.
It was a handkerchief, an antique token
My father gave my mother.
EMILIA. – O God! O heavenly God!
IAGO. – 'Swounds, hold your peace!
EMILIA. – 'Twill out, 'twill out. I peace?
No, I will speak as liberal as the north.
Let heaven, and men, and devils, let 'em all,
All, all cry shame against me, yet I'll speak.
IAGO. – Be wise and get you home.
EMILIA. – I will not.

Iago draws his sword

GRAZIANO (*to Iago*). – Fie, your sword upon a woman?
EMILIA. – O thou dull Moor, that handkerchief thou speak'st of
I found by fortune and did give my husband,
For often, with a solemn earnestness –

---

210 horrible] *F*; terrible *Q*. **216** reprobance] *F*; reprobation *Q*. **224** God ... God] *Q*; Heaven ... Powres *F*. **225** 'Swounds] *Q* (Zouns); Come *F*. **225-226** out. I ... north] *F*; I hold my peace sir, no, / I'le be in speaking, liberall as the ayre *Q*.

ÉMILIE. – Perfidie, perfidie, perfidie !
Je m'en souviens, j'y pense. Je la sens ! Ô perfidie !
Je l'ai senti sur le moment[1]. Je me tuerai de chagrin.
Ô perfidie, perfidie !
IAGO. – Mais vous êtes folle ? Rentrez à la maison. C'est un ordre.
ÉMILIE. – Mes bons messieurs, permettez que je parle.
Je dois lui obéir, mais pas maintenant. Iago,
Je ne rentrerai plus jamais, peut-être, à la maison.
OTHELLO. – Oh ! – Oh ! – Oh !

Othello tombe sur le lit

ÉMILIE. – C'est ça ! couche-toi et hurle !
Car tu as assassiné la plus tendre innocente
Qui ait jamais levé les yeux[2].
OTHELLO [*se relevant*]. – Oh ! elle était infâme !
(*A Gratiano*) Tiens, c'est vous, mon oncle ? Voilà votre nièce :
Ces mains que voici viennent de lui ôter le souffle.
Cet acte, je le sais, semble horrible, féroce.
GRATIANO. – Pauvre Desdémone ; je me réjouis que ton père soit mort.
Ton mariage lui a été fatal, et c'est bien la douleur
Qui a tranché ce fil usé[3]. S'il vivait aujourd'hui,
Te voir le pousserait à un acte désespéré,
Oui, à maudire et chasser son ange tutélaire[4],
Pour se précipiter parmi les réprouvés.
OTHELLO. – C'est grand-pitié ; mais Iago le sait bien,
Elle avait avec Cassio mille fois commis
L'acte de honte[5]. Cassio l'a confessé,
Et elle a récompensé ses travaux amoureux
De ce témoignage, de ce signe d'amour
Qui fut mon premier présent. Je l'ai vu entre les mains
De Cassio : un mouchoir, antique gage
Donné par mon père à ma mère[6].
ÉMILIE. – Ô Dieu ! ô Dieu du ciel !
IAGO. – Sang-dieu, vas-tu te taire ?
ÉMILIE. – Je vais tout dire. Tout. Moi, me taire ?
Non, je parlerai, libre comme la bise.
Ciel, hommes, démons, tous, tous, oui tous, qu'ils se liguent
Pour ma honte, je parlerai quand même.
IAGO. – Méfie-toi et rentre.
ÉMILIE. – Non.

Iago tire son épée

GRATIANO (*à Iago*). – Fi ! tirer l'épée contre une femme !
ÉMILIE. – Ô Maure stupide ! Ce mouchoir dont tu parles,
C'est moi qui l'ai trouvé par hasard, et donné
A mon mari, car bien souvent, avec une insistance

1. Voir IV,2,134-137. 2. Attitude codée de la prière (lever les yeux au ciel). 3. Métaphore classique du fil des destinées humaines tranché par la Parque. 4. Allusion à l'ange gardien de la croyance populaire. 5. Voir III,3,296 et la note. 6. Contredit III,4,49-59. Voir Introduction, page 52, note 2.

More than indeed belonged to such a trifle –
He begged of me to steal't.

IAGO. – Villainous whore!

EMILIA. – She give it Cassio? No, alas, I found it,
And I did give't my husband.

IAGO. – Filth, thou liest.

EMILIA. – By heaven I do not, I do not, gentlemen.
O murderous coxcomb! What should such a fool
Do with so good a wife?

OTHELLO. – Are there no stones in heaven
But what serves for the thunder? Precious villain!

The Moor runs at Iago. Montano disarms Othello. Iago wounds his wife

GRAZIANO. – The woman falls. Sure he hath killed his wife.

EMILIA. – Ay, ay. O, lay me by my mistress' side! *Exit Iago*

GRAZIANO. – He's gone, but his wife's killed.

MONTANO. – 'Tis a notorious villain. Take you this weapon
Which I have here recovered from the Moor.
Come, guard the door without. Let him not pass,
But kill him rather. I'll after that same villain,
For 'tis a damnèd slave. *Exeunt Montano and Graziano*

OTHELLO. – I am not valiant neither,
But every puny whipster gets my sword.
But why should honour outlive honesty?
Let it go all.

EMILIA. – What did thy song bode, lady?
Hark, canst thou hear me? I will play the swan,
And die in music. (*Sings*) "Willow, willow, willow." –
Moor, she was chaste. She loved thee, cruel Moor.
So come my soul to bliss as I speak true.
So, speaking as I think, alas, I die. *She dies*

OTHELLO. – I have another weapon in this chamber.
It was a sword of Spain, the ice-brook's temper.
O, here it is. (*Calling*) Uncle, I must come forth.

GRAZIANO (*within*). – If thou attempt it, it will cost thee dear.
Thou hast no weapon, and perforce must suffer.

OTHELLO. – Look in upon me then, and speak with me,
Or, naked as I am, I will assault thee.

Enter Graziano

GRAZIANO. – What is the matter?

OTHELLO. – Behold, I have a weapon;
A better never did itself sustain
Upon a soldier's thigh. I have seen the day

---

237 give] *F*; gave *Q*. **241** wife] *F*; woman *Q*. **253-255** What ... willow."–] *F*; *pas dans Q*. **258** alas] *F*; I die *Q*. **260** was] *F*; is *Q*.

---

1. *coxcomb*. Le chapeau du Fou. On passe ensuite au sens de « sot », « frelu-

Pressante – plus qu'il ne convient pour un colifichet –
Il m'avait priée de le voler.

IAGO. – Misérable pute !

ÉMILIE. – Elle ? le donner à Cassio ? Non, hélas ! c'est moi
Qui l'ai trouvé, et donné à mon mari.

IAGO. – Tu mens, salope !

ÉMILIE. – Non, par le ciel, je ne mens pas, messieurs.
Ô crétin meurtrier[1] ! Mais qu'est-ce que cet imbécile
Avait à faire d'une femme si parfaite ?

OTHELLO. – N'y a-t-il
De pierres au ciel que pour la foudre[2] ? Scélérat odieux[3] !

Le Maure se jette sur Iago. Montano désarme Othello. Iago blesse sa femme

GRATIANO. – Elle tombe. C'est sûr, il a tué sa femme.

ÉMILIE. – Oui, oui ! oh ! couchez-moi auprès de ma maîtresse. *Iago sort*

GRATIANO. – Il s'est enfui, mais sa femme est tuée.

MONTANO. – C'est un fieffé scélérat. Prenez-moi cette arme
Que je viens d'enlever au Maure. Allons,
Montez la garde dehors. Empêchez qu'il ne sorte :
Tuez-le plutôt. Je vais rattraper ce scélérat,
Car c'est un coquin diabolique. *Montano et Gratiano sortent*

OTHELLO. – Ma vaillance n'est plus.
Le moindre petit freluquet me désarme.
Mais pourquoi l'honneur survivrait-il à l'honnêteté ?
Laissons.

ÉMILIE. – Que présageait ton chant, ma maîtresse ?
Écoute. Tu m'entends ? Je vais faire le cygne
Et mourir en musique. (*Elle chante*) « Saule, saule, saule » –
Maure, elle était chaste. Elle t'aimait, Maure cruel.
Et que mon âme aille en paradis, comme je dis vrai.
Et ainsi, disant comme je pense, hélas ! je meurs. *Elle meurt*

OTHELLO. – Il me reste une arme dans cette chambre. C'est
Une épée d'Espagne, trempée dans un ruisseau glacé[4].
Ah ! la voici ! (*Appelant*) Mon oncle, il faut que je sorte.

GRATIANO (*à l'intérieur*). – Si tu essayes tu vas le payer cher.
Tu n'as pas d'arme : tu dois, par force, t'incliner.

OTHELLO. – Alors viens me parler en face. Sinon,
Tout désarmé que je suis, j'attaque.

Entre Gratiano

GRATIANO. – Que me veux-tu ?

OTHELLO. – Voyez, j'ai une arme ;
Jamais il ne s'en trouva de meilleure
Battant la cuisse d'un soldat. Il fut un temps

---

quet ». **2.** *stone.* Sh dissocie le mot « thunderstone » (voir *Jules César,* I,3,49), synonyme de « thunderbolt » (foudre) ; on pensait que la foudre projetait, tels des boulets, des « pierres de tonnerre ». **3.** *Precious* est un intensif. **4.** Les meilleures épées étaient faites en acier de Tolède. La solidité de la lame dépend en partie de la température de l'eau où l'acier est trempé.

That, with this little arm and this good sword,
I have made my way through more impediments
Than twenty times your stop. But O, vain boast!
Who can control his fate? 'Tis not so now.
Be not afraid, though you do see me weaponed.
Here is my journey's end, here is my butt
And very sea-mark of my utmost sail.
Do you go back dismayed? 'Tis a lost fear.
Man but a rush against Othello's breast
And he retires. Where should Othello go?
(*To Desdemona*) Now, how dost thou look now? O ill-starred wench,
Pale as thy smock! When we shall meet at count
This look of thine will hurl my soul from heaven,
And fiends will snatch at it.
[*He touches her*]
Cold, cold, my girl,
Even like thy chastity. O cursèd, cursèd slave!
Whip me, ye devils,
From the possession of this heavenly sight.
Blow me about in winds, roast me in sulphur,
Wash me in steep-down gulfs of liquid fire!
O Desdemon! Dead Desdemon! Dead! O! O!

Enter Lodovico, Montano, Iago guarded by officers, with Cassio in a chair

LODOVICO. – Where is this rash and most unfortunate man?
OTHELLO. – That's he that was Othello. Here I am.
LODOVICO. – Where is that viper? Bring the villain forth.
OTHELLO. – I look down towards his feet, but that's a fable.
(*To Iago*) If that thou beest a devil I cannot kill thee.
He wounds Iago
LODOVICO. – Wrench his sword from him.
Officers disarm Othello
IAGO. – I bleed, sir, but not killed.
OTHELLO. – I am not sorry, neither. I'd have thee live,
For in my sense 'tis happiness to die.
LODOVICO. – O thou Othello, that was once so good,
Fall'n in the practice of a cursèd slave,
What shall be said to thee?
OTHELLO. – Why, anything;
An honourable murderer, if you will,
For naught I did in hate, but all in honour.
LODOVICO. – This wretch hath part confessed his villainy.
Did you and he consent in Cassio's death?
OTHELLO. – Ay.

273-279 Be ... wench] *F*; *pas dans Q*. **280** count] *F* (compt). **283** cursèd, cursèd] *F*; cursed *Q*. **288** Dead Desdemon] *F*; *Desdemona Q*. **289** unfortunate] *F*; infortunate *Q*. **294** Wrench] *F*; Wring *Q*. **297** was] *F*; wert *Q*. **298** cursèd] *F*; damned *Q*. **299** shall] *F*; should *Q*.

Où ce modeste bras et cette bonne lame
Me frayaient un chemin à travers des obstacles
Vingt fois plus forts que vous. Mais, ô vaines bravades !
Qui peut maîtriser son destin ? Ce temps est révolu.
Vous me voyez armé : pourtant, n'ayez pas peur.
Voici la fin de mon voyage ; voici mon port ;
La balise fixée au terme de ma course.
Vous reculez d'effroi ? Peur inutile. Visez seulement
D'un roseau le cœur d'Othello et il recule. Où donc
Irait Othello ? (*A Desdémone*) Comment est-il, ton visage, à présent[1] ?
Ah ! pauvre enfant, née sous une triste étoile ! Pâle
Comme ta chemise ! Quand nous nous reverrons au Jugement,
Ce visage, il précipitera mon âme
Du haut du ciel et les démons la saisiront au vol.

[Il la touche]

Froide, ma petite,
Froide, comme ta chasteté. Ô coquin maudit,
Maudit ! Que vos fouets, démons,
M'arrachent la possession de cette divine image !
Malmenez-moi dans les bourrasques, grillez-moi dans le soufre,
Plongez-moi dans des gouffres à pic de feu liquide !
Ô Desdémone ! morte ! morte ! Desdémone ! oh ! – oh –

Entrent Lodovico, Montano, Iago gardé par des officiers, et Cassio porté sur une chaise

LODOVICO. – Où est cet emporté, cet homme infortuné entre tous ?
OTHELLO. – C'est celui qui fut Othello. Me voici.
LODOVICO. – Où est cette vipère ? Amenez-moi le traître.
OTHELLO. – J'ai beau regarder ses pieds : c'est une fable[2].
(*A Iago*) Et si tu es un démon, je ne puis te tuer.

Il blesse Iago

LODOVICO. – Son épée, vite !

Des officiers désarment Othello

IAGO. – Je saigne, mais ne suis pas tué, monsieur.
OTHELLO. – Je n'en suis pas autrement fâché. Je veux que tu vives,
Car, à mon sens, mourir est un bonheur.
LODOVICO. – Ô toi, Othello, qui fus jadis si bon,
Tombé au piège d'un coquin maudit,
Quel nom te donner ?
OTHELLO. – Peu importe ;
« Meurtrier honorable », si vous voulez,
Car je n'eus point la haine pour mobile, mais l'honneur.
LODOVICO. – Ce gueux a confessé en partie son forfait.
Avez-vous ensemble tramé la mort de Cassio ?
OTHELLO. – Oui.

---

1. Polysémie de *look* : ici le verbe signifie « avoir un aspect » et indique l'apparence, tandis que le substantif (281) signifie à la fois « apparence » et « regard ». 2. La croyance populaire attribuait au diable des pieds fourchus, attribut permanent quels que soient, par ailleurs, ses déguisements.

CASSIO. – Dear general, I never gave you cause.
OTHELLO. – I do believe it, and I ask your pardon.
Will you, I pray, demand that demi-devil
Why he hath thus ensnared my soul and body?
IAGO. – Demand me nothing. What you know, you know.
From this time forth I never will speak word.
LODOVICO (*to Iago*). – What, not to pray?
GRAZIANO (*to Iago*). – Torments will ope your lips.
OTHELLO. – Well, thou dost best.
LODOVICO. – Sir, you shall understand what hath befall'n,
Which as, I think, you know not. Here is a letter,
Found in the pocket of the slain Roderigo,
And here another. The one of them imports
The death of Cassio, to be undertook
By Roderigo.
OTHELLO. – O villain!
CASSIO. – Most heathenish and most gross.
LODOVICO. – Now here's another discontented paper
Found in his pocket too, and this it seems
Roderigo meant to've sent this damnèd villain,
But that, belike, Iago in the interim
Came in and satisfied him.
OTHELLO (*to Iago*). – O thou pernicious caitiff!
How came you, Cassio, by that handkerchief
That was my wife's?
CASSIO. – I found it in my chamber,
And he himself confessed it, but even now,
That there he dropped it for a special purpose
Which wrought to his desire.
OTHELLO. – O fool, fool, fool!
CASSIO. – There is besides in Roderigo's letter
How he upbraids Iago, that he made him
Brave me upon the watch, whereon it came
That I was cast; and even but now he spake
After long seeming dead, Iago hurt him,
Iago set him on.
LODOVICO (*to Othello*). – You must forsake this room and go with us.
Your power and your command is taken off,
And Cassio rules in Cyprus. For this slave,
If there be any cunning cruelty
That can torment him much and hold him long,
It shall be his. You shall close prisoner rest
Till that the nature of your fault be known
To the Venetian state. (*To officers*) Come, bring away.
OTHELLO. – Soft you, a word or two before you go.
I have done the state some service, and they know't.
No more of that. I pray you, in your letters,

325 interim] *F*; nicke *Q*. 327 thou] *F*; the *Q*. 330 but] *F*; *pas dans Q*. 347 before you go] *F*; *pas dans Q*.

CASSIO. – Cher général, sans la moindre raison, jamais.
OTHELLO. – Je le crois. Veuillez me pardonner.
Demandez, voulez-vous, à ce demi-diable
Pourquoi il m'a ainsi pris aux rets, corps et âme.
IAGO. – Ne me demandez rien. Vous savez ce que vous savez.
Dorénavant, je ne soufflerai mot.
LODOVICO (*à Iago*). – Pas même pour prier ?
GRATIANO (*à Iago*). – La torture va vous faire parler.
OTHELLO. – Oui, tu fais bien de te taire.
LODOVICO. – Monsieur, vous comprendrez ce qui s'est passé,
Car vous l'ignorez, il me semble. Voici une lettre
Trouvée sur le corps de Roderigo, dans une poche,
Et en voici une autre. L'une d'elle révèle
Que Roderigo devait se charger
D'assassiner Cassio.
OTHELLO. – Ah ! traître !
CASSIO. – Abominable ! Monstrueux vraiment !
LODOVICO. – Bien. Voici un autre mot de protestation,
Aussi trouvé sur lui, et que, semblait-il,
Roderigo comptait envoyer à ce traître maudit,
N'était qu'apparemment Iago, entre-temps,
Est arrivé pour l'apaiser.
OTHELLO (*à Iago*). – Ah ! l'odieuse fripouille !
Comment avez-vous eu, Cassio, ce mouchoir
Appartenant à ma femme ?
CASSIO. – Je l'ai trouvé chez moi,
Et Iago vient lui-même, à l'instant, d'avouer
Qu'il l'y avait laissé tomber dans un dessein précis
Pour atteindre son but.
OTHELLO. – Ô triple buse !
CASSIO. – En outre, on lit dans la lettre de Roderigo
Ses reproches à Iago, pour l'avoir incité
A me braver au corps de garde, ce qui causa
Ma disgrâce ; et il vient de déclarer —
On l'a cru mort longtemps — que Iago l'avait blessé,
Et que Iago l'avait poussé au crime.
LODOVICO (*à Othello*). – Il vous faut quitter cette pièce et nous suivre.
Autorité, commandement vous sont retirés
Et Cassio gouverne à Chypre. Quant à ce gueux,
S'il existe quelque supplice raffiné
Susceptible de bien le torturer, à petit feu,
Il est pour lui. Vous, vous demeurez sous bonne garde,
Jusqu'à ce que l'État vénitien apprenne
La nature de votre faute. (*Aux officiers*) Allez, qu'on les emmène.
OTHELLO. – Doucement. Un mot ou deux avant votre départ.
J'ai rendu à l'État quelque service, et il le sait.
N'en parlons plus. De grâce, dans vos lettres,

When you shall these unlucky deeds relate,
Speak of me as I am. Nothing extenuate,
Nor set down aught in malice. Then must you speak
Of one that loved not wisely but too well,
Of one not easily jealous but, being wrought,
Perplexed in the extreme; of one whose hand,
Like the base Indian, threw a pearl away
Richer than all his tribe; of one whose subdued eyes,
Albeit unusèd to the melting mood,
Drops tears as fast as the Arabian trees
Their medicinable gum. Set you down this,
And say besides that in Aleppo once,
Where a malignant and a turbaned Turk
Beat a Venetian and traduced the state,
I took by th' throat the circumcisèd dog
And smote him thus.

He stabs himself

LODOVICO. – O bloody period!

GRAZIANO. – All that is spoke is marred.

OTHELLO (*to Desdemona*). – I kissed thee ere I killed thee. No way but this:
Killing myself, to die upon a kiss.

He kisses Desdemona and dies

CASSIO. – This did I fear, but thought he had no weapon,
For he was great of heart.

LODOVICO (*to Iago*). – O Spartan dog,
More fell than anguish, hunger, or the sea,
Look on the tragic loading of this bed.
This is thy work. The object poisons sight.
Let it be hid.

[*They close the bed-curtains*]

Graziano, keep the house,
And seize upon the fortunes of the Moor,
For they succeed on you. (*To Cassio*) To you, Lord Governor,
Remains the census of this hellish villain.
The time, the place, the torture, O, enforce it!
Myself will straight aboard, and to the state
This heavy act with heavy heart relate.

Exeunt [*with Emilia's body*]

---

351 me as I am] *F*; them as they are *Q*. 356 Indian] *Q*; Judean *F*. 360 medicinable] *F*; medicinall *Q*. 373 loading] *F*; lodging *Q*.

---

1. *Indian*. Peut-être *Judean* (voir Variantes). Controversé. On a évoqué la trahison de

En relatant ces faits malheureux, décrivez-moi
Tel que je suis. N'atténuez rien ; parlez sans haine
Aussi. Faites de moi un homme qui aima
Non point avec discernement, mais à l'excès ;
Peu enclin à la jalousie, mais, une fois entraîné,
Égaré à l'extrême ; un homme qui, de sa main,
Comme le vil Indien[1], rejeta une perle
Valant plus que toute sa tribu ; un homme dont les yeux,
Accablés, peu accoutumés pourtant à s'attendrir,
Versent des larmes aussi abondamment
Que les arbres d'Arabie leur gomme balsamique[2].
Écrivez tout ceci. Ajoutez que jadis, à Alep[3],
Où un misérable Turc enturbanné
Rossait un Vénitien en insultant l'État,
Je saisis à la gorge ce chien de circoncis
Et le frappai ainsi.

Il se poignarde

LODOVICO. – Ô conclusion sanglante !
GRATIANO. – Tout discours est vain.
OTHELLO (*à Desdémone*). – Je te donnai un baiser avant de te tuer.
En me tuant, il me faut mourir sur un baiser.

Il embrasse Desdémone et meurt

CASSIO. – Cela, je le craignais, mais le croyais sans arme :
Il avait le cœur grand.
LODOVICO (*à Iago*). – Ô chien de Sparte[4] !
Plus cruel que l'angoisse, ou la faim, ou la mer,
Vois le fardeau tragique de ce lit.
C'est là ton œuvre. Ce spectacle empoisonne la vue.
Cachez-le.

[*On referme les rideaux du lit*]

Gratiano, veillez à cette maison,
Et saisissez les biens du Maure : c'est à vous
Qu'ils échoient. (*A Cassio*) De vous, monsieur le gouverneur,
Dépend le jugement de ce traître d'enfer,
L'heure, le lieu, le supplice. Oh ! veillez-y ! Pour moi,
Je vais, le cœur navré, m'embarquer sur-le-champ,
Pour informer l'État de cet acte navrant.

Ils sortent [*en portant le corps d'Émilie*]

Judas. Il peut s'agir d'une allusion aux multiples anecdotes des récits de voyage contemporains, illustrant l'ignorance et la naïveté des « sauvages ». **2.** La résine coulant des incisions faites aux troncs de certains arbres. On attribuait en particulier à la myrrhe des propriétés bienfaisantes. **3.** Ville de Syrie ; à l'époque, principal marché du Levant. **4.** Particulièrement féroces ; Sparte connote la rudesse.

TIMON D'ATHÈNES
(*Timon of Athens*)

de William Shakespeare et Thomas Middleton

Présenté et traduit par
Victor Bourgy

INTRODUCTION

Synopsis

I,1. – Divers parasites (dont un Poète et un Peintre) guettent Timon pour lui offrir leurs œuvres ou services. Devant l'adulation générale, le Poète rappelle l'instabilité de la Fortune. Timon arrive, entouré de solliciteurs, et il manifeste d'emblée sa libéralité en dotant généreusement un de ses serviteurs (amoureux de la fille d'un riche Athénien). Toute la scène illustre le prestige et la magnificence de Timon. Seul le bourru Apémantus voit là l'exploitation d'un naïf par des flagorneurs. **2.** – Scène du premier banquet. Entrée princière de Timon, accompagné du capitaine Alcibiade, de Sénateurs et de Seigneurs. Il refuse que Ventidius (qu'il a sorti de prison et qui est désormais riche) le rembourse. A nouveau, Apémantus dénonce l'hypocrisie, cependant que tout ce beau monde festoie et fait assaut de bons sentiments. L'apothéose du banquet est l'arrivée d'un personnage déguisé en Cupidon, précédant des dames masquées : des « Amazones » venues pour glorifier Timon et le remercier de ses largesses en lui offrant un divertissement de Cour (un masque*). Elles jouent du luth et dansent, et les Seigneurs se lèvent de table pour se joindre à leur danse. Timon fait des cadeaux, mais son intendant Flavius nous révèle que cette libéralité a conduit son maître à la ruine.

II,1. – Estimant proche la ruine de Timon, un Sénateur d'Athènes envoie un serviteur lui réclamer le remboursement immédiat de ce qui lui est dû. **2.** – Flavius est harcelé par trois serviteurs dépêchés par divers créanciers. Timon s'offusque de telles importunités et demande des comptes à son intendant. En leur absence, un intermède humoristique oppose Apémantus et un Bouffon aux trois serviteurs. Flavius revient, justifiant sa gestion et expliquant à Timon qu'il est ruiné. Timon envoie ses serviteurs demander un prêt à trois seigneurs de ses amis. Flavius lui révèle qu'il a en vain sollicité le Sénat en son nom, mais Timon se croit toujours « riche » de ses amis.

III,1. – Un premier serviteur (Flaminius) est éconduit par le seigneur Lucullus, mais il refuse l'argent qui lui est offert pour dire à son maître que Lucullus était absent. **2.** – Le seigneur Lucius se dit choqué que

Lucullus ait refusé le prêt demandé, mais quand arrive le second serviteur (Servilius) il se prétend sans disponibilités et regrette hypocritement de ne pouvoir aider Timon. Trois témoins (anonymes) de la scène commentent cette ingratitude. **3.** – Sollicité par le troisième serviteur, le seigneur Sempronius feint d'être vexé qu'on le contacte après les autres et il refuse toute aide à son tour. **4.** – Les serviteurs de ses multiples créanciers font le siège de la maison de Timon. Flavius tente d'en sortir incognito ; en vain : il s'ensuit une altercation. Surgit Timon, exaspéré et désespéré. **5.** – Timon dit à Flavius de convier à un ultime repas tous ses faux amis. **6.** – Le capitaine Alcibiade demande en vain au Sénat la grâce pour un de ses soldats, coupable d'homicide. La scène tourne à l'affrontement. Alcibiade est banni ; il décide de se venger d'Athènes. **7.** – Scène du second banquet. Les faux amis de Timon croient qu'il a seulement voulu les mettre à l'épreuve en se disant dans le besoin. Ils prennent place et, en guise de bénédicité, Timon dénonce l'hypocrisie et la cupidité des Athéniens ; puis il révèle à ses invités que pour tout festin il n'y a que de l'eau et des pierres. Il les insulte, les bat et les chasse.

IV,1. – Timon, quittant Athènes pour toujours, la maudit : puissent la corruption des mœurs, l'anarchie et les épidémies la détruire ! **2.** – Les serviteurs de Timon, au moment de se disperser, réaffirment leur attachement à leur maître. **3.** – Timon, à moitié nu, sort de sa caverne dans les bois pour clamer sa haine de l'humanité. Cherchant à manger, il trouve de l'or et en dénonce le pouvoir corrupteur. Suit une série de confrontations avec divers personnages : a) Alcibiade qui marche contre Athènes avec sa troupe, accompagné de deux prostituées que Timon paie pour qu'elles corrompent la société des hommes (48-175) ; b) Apémantus, plus sarcastique que jamais, mais dont Timon dénonce l'étroitesse d'esprit (197-384) ; c) des bandits que Timon encourage à détruire la société (385-440) ; d) l'intendant Flavius, irréprochable serviteur que Timon tente à présent de corrompre (441-518).

V,1. – Timon passant pour riche, le Poète et le Peintre reviennent à lui pour l'exploiter, mais il leur dit leurs quatre vérités. **2.** – Dépêchés par Athènes et guidés par Flavius, deux Sénateurs font officiellement amende honorable et demandent à Timon son aide contre Alcibiade. Il refuse et se dit indifférent désormais au sort des Athéniens. Il se déclare proche de la mort. **3.** – Le Sénat apprend qu'il n'y a rien à espérer de Timon. **4.** – Un soldat d'Alcibiade découvre la tombe de Timon et en copie l'inscription à l'intention de son capitaine. **5.** – Les Sénateurs implorent Alcibiade d'épargner la ville. Il accepte, à ses conditions. Il lit les deux épitaphes (contradictoires) copiées sur la tombe de Timon et rend hommage au disparu.

Date et texte

Timon d'Athènes fut imprimé pour la première fois dans l'in-folio * de 1623 sous le titre *THE LIFE OF TYMON OF ATHENS* ; une liste des personnages est donnée à la fin de la pièce. Il n'y a aucune division en actes * (simplement *« Actus Primus, Scoena Prima. »*) et la pièce fut divisée en actes et en scènes * par les éditeurs du XVIIIe siècle. Il n'est pas sûr que Heminges * et Condell * aient eu, au départ, l'intention d'inclure cette pièce dans l'in-folio. Il est établi que *Roméo et Juliette* devait être suivi par *Troïlus et Cresside* et que des problèmes relatifs au copyright de *Troïlus* en interrompirent l'impression. Il fallait remplir l'intervalle entre *Roméo et Juliette* et *Jules César* ; in extremis, on substitua *Timon* à *Troïlus*. *Timon d'Athènes* figure donc parmi les tragédies * mais, à la différence des autres pièces de cette section de l'in-folio, le mot « tragedy » ne figure pas dans le titre. Nous ne connaissons aucune référence à la pièce avant son inscription sur le Registre des Libraires * le 8 novembre 1623. Nous ne savons rien de représentations du vivant de Shakespeare, mais il y en eut peut-être. On est donc obligé, pour dater la pièce, de se fonder sur des indices internes (vocabulaire, style, versification, thèmes) fournis par le texte lui-même.

Ce texte soulève beaucoup de problèmes. Il est certain que la copie de l'imprimeur fut un brouillon d'auteur et non la transcription utilisée par le souffleur * (si tant est qu'une telle transcription ait existé pour *Timon*) ; en effet, certaines indications * scéniques sont fautives ou peu utiles pour une mise en scène de la pièce. Ainsi, après I,2,108, l'in-folio indique l'entrée de Cupidon avec les danseuses du masque mais il est clair, d'après le texte, que Cupidon entre seul et ressort huit vers plus loin avant de revenir avec les danseuses. Le texte de *Timon* contient aussi des anomalies stylistiques ; une des répliques d'Apémantus (I,2,37-49), commence en prose *, continue avec un vers * blanc et deux vers rimés, revient à la prose et se termine par deux vers rimés. Semblable mélange ne se trouve pas ailleurs chez Shakespeare. Les vers eux-mêmes sont parfois irréguliers (voir III,6,40-58 et IV,2,30-51) et non conformes à la pratique shakespearienne habituelle. On note des différences dans la versification d'une scène à l'autre : moins de 1 % des pentamètres sont rimés dans I,1, mais plus de 24 % le sont dans I,2.

Étant donné l'état du texte, certains critiques du XIXe siècle émirent l'hypothèse d'une révision par un autre dramaturge d'un brouillon de Shakespeare, ou d'une révision par Shakespeare de la pièce d'un autre auteur. Cette thèse fut ensuite abandonnée au profit de celle de l'inachèvement : le texte que nous avons serait tout entier de Shakespeare mais ce serait un brouillon, certains passages étant restés à l'état d'ébauche. Il y a , par exemple, deux épitaphes sur la tombe de Timon (voir V,5,71-78 et la note), et elles se contredisent : « Seek not my name » (« Mon nom n'est pas votre affaire ») et « Here lie I, Timon » (« Timon repose ici en terre »).

Toutefois, le texte que nous avons peut fort bien, d'une part, être l'œuvre de deux auteurs et, d'autre part, ne pas avoir fait l'objet d'une mise au point définitive. Les deux thèses ne s'opposent pas mais peuvent se compléter. L'édition d'Oxford estime que la pièce est le fruit d'une collaboration entre Shakespeare et Thomas Middleton *. Beaucoup de pièces de cette période furent, en effet, écrites en collaboration par deux ou même parfois trois auteurs. Il est probable que Shakespeare collabora avec d'autres dramaturges pour les trois parties d'*Henri VI* en début de carrière, pour *Sir Thomas More* vers 1603-1604 et pour *Henri VIII* en fin de carrière. La thèse de la collaboration avec Middleton, avancée par W. Wells (1920) et H. D. Sykes (1924), a été considérablement renforcée par les travaux récents de D. J. Lake et MacD. P. Jackson[1]. Ceux-ci ont examiné la répartition dans *Timon* de certaines formes verbales (has/hath, does/doth) et de certaines élisions (h'as, h'ad, 'tas, 'em, I'm, etc.), pour lesquelles l'usage de Shakespeare diffère de celui de Middleton. Ainsi, Shakespeare emploie plutôt « hath » que « has » et « them » que « 'em », tandis que Middleton fait l'inverse. De même Shakespeare n'emploie « I'm » que trois fois après 1604 (si l'on exclut *Henri VIII*, écrit en collaboration) alors que Middleton s'en sert beaucoup. Les conclusions de Lake et Jackson recoupent celles de Wells et Sykes ; les scènes complètes qu'on peut attribuer à Middleton sont I,2 et III,1 à 6 [2]. D'autres indices confirment ces attributions, par exemple la curieuse indication scénique au début de I, 2. L'un des personnages qui entrent est *« Ventigius which Timon redeem'd from prison »* (Ventigius que Timon a sorti de prison). Notons d'abord que le nom est « Ventidius » (comme un personnage d'*Antoine et Cléopâtre*) dans I,1 et II,2 (deux scènes attribuées à Shakespeare), mais « Ventigius » dans I,2 et « Ventidgius » dans III,3 (deux scènes attribuées à Middleton) ; le plus intéressant, cependant, est le rappel du geste généreux de Timon à la scène précédente. On ne comprend ce rappel que si l'auteur de I,2 n'avait pas lui-même écrit la scène précédente. On peut aussi noter que « so many talents » (« tant de talents » ; voir III,2,9 et la note), employé trois fois dans III,2 (scène attribuée à Middleton), semble être une expression provisoire due au fait que l'auteur n'était pas sûr de la valeur du talent, alors que l'auteur de I,1 savait qu'un talent était une somme importante et parle de cinq et de trois talents (I,1,97 et 145) ; l'expression bizarre « fifty-five hundred talents » (voir III,2,31 et la note) traduit peut-être une hésitation entre 5, 50 et 500.

Reste le problème de la date de la pièce. Si *Timon d'Athènes* fut bien écrit par Shakespeare et Middleton, nous ne savons rien des circonstances de cette collaboration, mais Middleton ne semble pas avoir écrit pour le théâtre avant 1602. Shakespeare a peut-être été influencé par le *Timon* anonyme sans doute représenté dans un des collèges de Droit * vers 1602. Le thème central de *Timon*, l'ingratitude, est aussi celui de *Lear* (1605-1606) et de *Coriolan* (1608). Dans la mesure où le thème est dramatisé de façon plus élaborée et plus profonde dans *Le Roi Lear* et dans *Coriolan*, il est difficile d'imaginer Shakespeare le

1. *The Canon of Thomas Middleton's Plays* (Cambridge U.P., 1975), et *Studies in Attribution : Middleton and Shakespeare* (Salzbourg, 1979). Voir aussi R. V. Holdsworth, « Biblical Allusions in *Timon of Athens* and Thomas Middleton », *Notes and Queries*, NS 37 (1990), 188-192.

2. *Oxford* lui attribue aussi, avec plus ou moins de certitude, certaines parties de scène : I,1,272-282 (?), II,2,1-44 (?), III,7,1-30 (?) et 90-98, IV,2,1-29 (??) et 30-51, IV,3,441-518. Il semble y avoir des traces de Middleton dans II,2,108-221.

reprenant dans *Timon* après avoir écrit ces deux pièces. Par ailleurs, la fréquence d'emploi des formes élidées dans les vers situe les parties shakespeariennes de *Timon* entre *Tout est bien* (1604-1605) et *Macbeth* (1606) [1]. Ces divers éléments conduisent donc à la date probable de 1605.

Sources

Timon est un personnage historique qui vécut à Athènes au temps de la guerre contre Sparte (fin du ve siècle av. J.-C.) et dont la misanthropie proverbiale — tenue pour critiquable — était célèbre dès avant la Renaissance.

C'est l'historien et moraliste grec Plutarque * qui fit sa renommée en le mentionnant dans ses *Vies parallèles*, ouvrage que Shakespeare connaissait grâce à la traduction en anglais que Sir Thomas North * avait faite, en 1579 [2], d'une traduction antérieure, en français, par Jacques Amyot. Ces *Vies parallèles* sont à la source de quatre tragédies de Shakespeare, dont la présente.

Étrangement, ce n'est pas la « Vie d'Alcibiade » qui est ici essentielle, sauf certes pour ce qui touche Alcibiade, personnage secondaire de la pièce ; et encore Shakespeare a-t-il inventé l'épisode du compagnon anonyme, condamné à mort et qui vaut au capitaine d'être exilé. En fait, dans ce récit de Plutarque, le héros de la tragédie est tout juste mentionné : « Timon, celuy qui fut surnommé *Misanthrope*, comme qui diroit Loup-garou ou haïssant les hommes » (Amyot, XXIX).

Ce que Shakespeare savait de lui, c'est à un autre récit de Plutarque qu'il le devait : la « Vie de Marc Antoine », à l'occasion d'une digression de deux pages où se trouvent une esquisse de sa vie et de son caractère, ainsi que divers éléments dont le dramaturge allait faire son profit : l'amitié avec Alcibiade, les rapports aigres-doux avec Apémantus et la communauté de tempérament entre ces deux personnages, la suggestion que l'ingratitude des hommes est à l'origine de la misanthropie du héros, l'allusion à un sermon où ce dernier enjoignit aux Athéniens d'aller se pendre à l'un de ses figuiers tant qu'il était debout (voir V,2,90-97). Si on ajoute les deux épitaphes trouvées sur la tombe de Timon et quelques noms propres comme Ventidius, Flavius, Philotus (des noms latins que l'auteur transporte hardiment dans l'Athènes du ve siècle avant J.-C. !), on aura à peu près fait l'inventaire de ce que le dramaturge a puisé dans Plutarque. Rien que l'on puisse appeler une intrigue. Ce Timon-là ne quittait même pas la société des hommes pour la solitude des forêts.

La destinée exemplaire d'un philanthrope immensément riche, ruiné par sa générosité même, ulcéré par l'ingratitude de ses soi-disant amis au point de sombrer dans la misanthropie, et qui se retire dans les bois... où il déterre un nouveau trésor, mais qui cette fois chasse tous les parasites attirés à nouveau par son or, pour mourir dans la solitude,

1. Voir *Textual Companion,* p. 101-106 et 128.
2. Voir Bullough, vol. 6, p. 251-263, qui donne aussi d'autres sources possibles.

c'est peut-être au dialogue intitulé *Timon ou le Misanthrope*, de Lucien de Samosate (IIe siècle apr. J.-C.) que Shakespeare la doit. Cette œuvre, traduite du grec dans de nombreuses langues, était très populaire au XVIe siècle et à défaut de traduction anglaise en était disponible une version française due à Filbert Bretin (1582-1583). Le dramaturge pouvait même y trouver (quitte à les adapter) certains incidents mineurs, comme l'histoire de ce Ventidius que Timon arrache à la prison pour dette (voir I,1, 96-110) et celle du serviteur amoureux qu'il dote richement (voir I,1,112-155). Cette familiarité avec l'œuvre de Lucien n'a jamais pu être totalement établie, mais elle ne rendrait que plus remarquable la modification que Shakespeare y aurait introduite : au lieu de finir ses jours égoïstement, en riche solitaire, dans une tour qu'il s'est fait construire, son Timon dénonce le pouvoir corrupteur de l'or, enfouit dans le sol le trésor qu'il a trouvé et choisit de finir ses jours dans le dénuement. Il y a là comme un renoncement radical aux fausses valeurs, sinon à la vie même, qui confère au personnage une réelle grandeur.

Comment ne pas être tenté de penser que Shakespeare, armé de son sens dramatique, fut l'inventeur de cette fin cohérente et digne ? Il est malheureusement impossible d'en être sûr, car il nous est parvenu sous forme manuscrite une comédie anonyme, intitulée *Timon*, manifestement inspirée par le dialogue de Lucien, et dont on estime qu'elle est antérieure à notre tragédie. Or le héros enterre là aussi l'or qu'il a trouvé dans les bois, et il convie lui aussi ses faux amis à un ultime banquet... où il leur jette des pierres peintes comme des artichauts ; pour couronner le tout, ce Timon-là a aussi un intendant dévoué qui reste à son service jusqu'au bout (sous un déguisement, à la façon de Kent dans *Le Roi Lear*). A ce niveau de correspondances, la coïncidence devient évidemment improbable ! Parce que la tragédie de Shakespeare ne fut publiée qu'en 1623, dans l'in-folio *, alors que l'autre pièce, la comédie de *Timon*, semble avoir été jouée vers 1602-1603 dans l'un des collèges de droit * (Inns of Court), il n'est pas impossible que Shakespeare ait eu connaissance de cette pièce – et peut-être même l'avait-il vue – et qu'il s'en soit servi...

Quelles qu'aient été exactement les sources du poète, il faut bien voir qu'elles ne lui ont fourni qu'un canevas, fait de divers incidents qu'il a retenus et adaptés. Mais l'essentiel restait à faire : lier le tout par la création d'une personnalité surprise au moment où elle bascule de la plus extravagante philanthropie dans la haine presque pathologique des hommes.

Pour tout dire, la question des sources de *Timon d'Athènes* n'est qu'un aspect d'un problème plus vaste qui touche à la place de cette tragédie dans l'œuvre de Shakespeare : il y a des similitudes évidentes entre Timon et Lear, comme entre Alcibiade et Coriolan, mais comment savoir si *Timon* est une « réverbération » (S.T. Coleridge) ou au contraire une « ébauche » (Sir Walter Ralegh) du *Roi Lear ?* Toute interprétation achoppe sur la question (peut-être insoluble) de la date de composition.

Commentaire

Timon d'Athènes est une pièce si singulière et (osons le dire) imparfaite, qu'on la tient généralement aujourd'hui pour inachevée. Non pas incomplète, car la tragédie va jusqu'à son terme (la mort de Timon, à l'acte V) et les épisodes dont elle est faite constituent une trame non fragmentaire et, pour l'essentiel, cohérente ; elle est « inachevée » comme peut l'être un brouillon. On a longtemps soupçonné que pour des raisons qui nous échappent Shakespeare dut interrompre son travail, ou bien qu'il s'en lassa. On pense plutôt désormais que la pièce est le fruit d'une collaboration quelque peu chaotique avec un autre dramaturge qu'on a identifié avec Thomas Middleton *.

Ce caractère d'inachèvement est perceptible à de nombreux indices. Qu'on en juge plutôt...

Au moment où la ruine de Timon est consommée (III,5) et juste avant le « banquet » où il va confondre ses faux amis (III,7), une scène forte et fermement écrite interrompt toute l'affaire pour opposer des Sénateurs à Alcibiade (personnage jusqu'alors très secondaire) à propos d'un homicide commis par un de ses hommes. Rien ne nous a préparés à cet épisode et l'identité du soldat, pas plus que les circonstances exactes du drame, ne sera jamais révélée. La pertinence de l'incident tient apparemment à une certaine similitude de destins entre Timon et Alcibiade, puisque le Sénat fait preuve d'ingratitude envers l'un et l'autre (voir, pour Timon : II,2,184-187 et 202-203 ; IV,3,92-95 ; V,2,28-40 ; et pour Alcibiade : III,6,91-94 et V,5,14-27). Mais ce rapport entrevu un instant entre les deux victimes va se distendre par la suite : Timon renonce à la société des hommes, cependant qu'Alcibiade s'acharne à tirer vengeance d'Athènes ; cette différence est-elle essentielle au dessein shakespearien ? Sur la fin en tout cas, la campagne d'Alcibiade semble en passe de supplanter la tragique aventure du héros, puisque c'est désormais le sort d'Athènes qui est en jeu et que la mort de Timon nous est simplement annoncée, avec les regrets et condoléances d'usage, une fois réglées les conditions de la paix sociale. Et quelle mort surprenante, au demeurant ! Elle ne nous est pas montrée, elle reste mystérieuse (qui met le cadavre dans la tombe ?) et elle donne lieu à deux épitaphes contradictoires et pourtant juxtaposées sur la pierre tombale (voir V,5,71 et 75). Le héros appartient désormais à la nature et pour le rappeler à la mémoire des hommes (en cette dernière scène où c'est plutôt la conquête du pouvoir qui retient l'attention) il a fallu inventer qu'un soldat a copié les épitaphes (car il ne sait pas lire !) et qu'à son retour de mission il les donne à déchiffrer à Alcibiade, le nouveau maître d'Athènes (voir V,5,68-70). Ce transfert d'intérêt où le compromis entre hommes corrompus prend le pas sur le rejet sans compromission de la société humaine ne va-t-il pas à contre-courant de la tragédie, puisqu'il se fait au détriment du héros lui-même ?

Encore n'est-ce là qu'un exemple parmi bien d'autres ! Que vient faire, en II,2, ce bouffon qui n'est en scène que quelques instants et qu'on ne reverra plus ? Pourquoi Apémantus annonce-t-il la venue du Poète et du Peintre en IV,3,339, alors qu'ils ne font leur entrée qu'en V,1 ? Comment expliquer l'incertitude sur l'orthographe de certains noms, ou sur le nombre des gens en scène (voir IV,2 : « Entre Flavius, avec deux ou trois Serviteurs ») ? Et surtout sur la valeur du « talent » (voir les notes à III,2,9 et 31) ?

L'écriture elle-même oscille librement, et presque de façon anarchique parfois, entre le vers * et la prose *, comme si certains passages, notés hâtivement, étaient restés à l'état de premier jet. On peut penser que l'auteur aurait résorbé les inconséquences, gommé les flottements, régularisé la formulation, s'il en avait eu le temps ou l'envie. Ce ne fut pas le cas et l'œuvre parvint donc sans doute entre les mains de l'imprimeur dans l'état d'inachèvement que nous voyons.

On peut le regretter, mais une ébauche est irremplaçable pour éclairer le travail d'un artiste et nous allons voir que tout imparfaite qu'elle est la tragédie de *Timon* présente un intérêt considérable, en raison précisément des questions qu'elle soulève.

La structure en paraît simple et même un peu schématique. *Timon* reste fidèle à l'esprit de la tragédie médiévale en présentant l'histoire de la chute d'un homme éminent. Nous le voyons d'abord au temps de sa splendeur (acte I), puis éclate la crise financière (acte II) dont il sort brisé (acte III) ; suivent alors le rejet de la société et de l'or (acte IV) et l'aspiration à la mort (acte V). En fait, la division en actes * (et même en scènes *) n'est pas de Shakespeare et la description qui précède ne rend pas tout à fait justice à l'organisation de la tragédie en deux grandes parties contrastées, correspondant aux deux philosophies successives du héros : Timon philanthrope, puis Timon misanthrope.

Rien de plus évident en effet que le recours dans cette pièce à des épisodes antithétiques, illustrant le plus souvent ces deux temps de l'œuvre. Le Peintre et le Poète, dont la suffisance et la fausseté échappent à Timon dans la scène initiale, reviennent en V,1 pour être ses dupes, à leur tour. La libéralité gratuite de Timon en I,2 (comme lors du présent d'un cheval, voir 199 sqq.) fait contraste avec sa générosité conditionnelle en IV,3 (ceux à qui il donne de l'or à présent ont mission de saper les fondements de la société). Au banquet fastueux du premier acte correspond le banquet illusoire qui clôt l'acte III, et au bénédicité d'Apémantus (I,2,58-67) fait écho celui de Timon (III,7,59-69). Apémantus, qui disait sa fierté de ne pas être Timon (I,1,192-193) découvre plus tard que Timon met sa fierté à ne pas être Apémantus (IV,3,277-278), etc.

L'aspect le plus saisissant du caractère délibéré de cette structure se trouve dans les scènes 1, 2 et 3 de l'acte III, où la même situation se répète : un serviteur de Timon, dépêché auprès d'un Seigneur de ses amis pour en obtenir un prêt, essuie un refus. Ce qui différencie ces trois scènes similaires et successives, c'est d'abord le traitement de l'incident (les prétextes invoqués par les trois Seigneurs pour se dérober sont de plus en plus outrageusement mensongers, mais Shakespeare dose de façon variable les bonnes paroles et la mauvaise foi, le franc-parler et l'échappatoire, l'indifférence et la passion) ; c'est ensuite l'écriture de ces trois épisodes (le premier est en prose pour l'essentiel ; le deuxième est marqué par le passage progressif de la prose au vers, à mesure que la feinte bonhomie fait place au sérieux ; le troisième est pour l'essentiel en vers) ; enfin, au cœur de ces trois scènes, Shakespeare donne la parole à trois inconnus qu'on ne reverra plus ensuite, qui pourraient bien être trois simples citoyens, mais dont la dénonciation de l'ingratitude et la louange de Timon ont pleinement valeur chorique. Nous tenons là un bel exemple dramatique de variations sur un même thème.

Timon présente à la fois le même homme dans deux situations opposées (le seigneur philanthrope entouré d'une véritable cour, puis le misanthrope ruiné, vivant en ermite) et deux hommes réagissant de façon inverse à une même situation (deux bienfaiteurs, ulcérés par l'ingratitude de leurs obligés, dont l'un — Timon — rejette la société, alors que l'autre — Alcibiade — la combat). Des correspondances aussi subtilement organisées seraient-elles fortuites ?

La répartition des rôles et la présentation même des personnages (car on n'ose parler de « peinture ») se caractérisent elles aussi par un certain schématisme. A commencer par Timon, qui est probablement, de tous les héros tragiques de Shakespeare, celui dont nous savons le moins de choses. « La vie de Timon d'Athènes » — tel est le titre de la pièce — est tout sauf une biographie : nous ignorons tout de son âge (même approximatif), de sa famille, de son statut réel dans Athènes, et jusqu'à la nature des services (si importants) qu'il a rendus (jadis ? naguère ?) à la Cité et qui font de l'ingratitude du Sénat un véritable crime. Sa vie dramatique commence la veille de sa chute et il ne survit que peu de temps à sa ruine. Il possède aussi peu de traits de caractère que possible, mis à part une immense bonté qui dit sa soif d'absolu. Shakespeare, qui est justement renommé pour son aptitude à étoffer ses personnages au-delà de ce que réclame strictement leur rôle, a laissé Timon à l'état d'épure. Alcibiade même est plus complexe que lui !

Cet aspect insolite de la pièce se renforce quand on considère les comparses. L'acte I s'ouvre sur l'entrée de quelques artistes et artisans, dont un Mercier qui n'aura jamais la parole. Cela pourrait passer pour une simple omission si la multiplicité des groupes anonymes dans la suite ne posait une question de méthode. Nous aurons d'abord « deux Seigneurs » qui se frottent à Apémantus (I,1), puis trois Seigneurs qui flattent Timon lors du grand banquet (I,2,77, 96 et 99). Sont-ce les mêmes gens ? Quand trois Serviteurs viennent plus tard apporter divers messages à Timon (I,2,163, 171 et 176), il est clair que les trois Seigneurs précédents ne sont pas à confondre avec des Sénateurs, ni avec Lucius ou Lucullus. Ces deux derniers, auxquels s'ajoute maintenant Sempronius, constituent un groupe d'amis particulièrement proches (et peut-être sont-ils, pour cette même raison, nommés) à qui Timon croit pouvoir emprunter. A son tour, Alcibiade est trahi par « trois Sénateurs » (III,6). Parmi les Seigneurs qui se rendent au second banquet, Lucius, Lucullus et Sempronius sont évidemment présents, mais si leurs discours permettent en partie de les identifier ils ne sont pas ici appelés par leurs noms (III,7). Après le départ de Timon, Flavius fait ses adieux à des Serviteurs anonymes (IV,2) parmi lesquels il y a forcément les trois émissaires antérieurs, dont deux avaient un nom (voir II,2,174). Dans les bois, Timon aura affaire à des « Bandits » (impossible de savoir combien ils sont, mais il y en a trois qui parlent), puis à « deux Sénateurs » amenés par Flavius (V,2). Ce sont à nouveau deux Sénateurs qui parlementent avec Alcibiade (V,5). Sont-ce les mêmes ? Ce ne sont évidemment pas ceux de la querelle (III,6) ! Si on ajoute les « trois Étrangers » à fonction chorique de III,2, il devient évident que cette pièce, qui ne prend pas la peine d'identifier clairement la majorité de ses participants, ne les utilise pas non plus dans des rôles individualisés. On pourrait dire que tous ces gens-là sont présents, parlent et agissent ès qualités. Ce n'est jamais le sénateur Untel, mais un représentant du Sénat, que nous entendons, et la confusion entre tous les « Seigneurs » montre bien – même si trois d'entre eux sont passagèrement individualisés à la façon coutumière – qu'ils sont avant tout des membres de l'aristocratie athénienne. Cette dépersonnalisation des figures, fût-elle une négligence du dramaturge, a pour effet de donner à *Timon* un caractère théorique. Pour mesurer cette particularité, il suffit de penser à *Coriolan*, qui met en scène également un homme en conflit avec la société qui l'entoure, mais où amis et adversaires sont réellement individualisés. *Timon* va bien plus loin que *Coriolan* dans la réduction d'une histoire singulière à un cas général : on dirait que Shakespeare examine ici en priorité des comportements sociaux.

Il s'ensuit chez toutes ces figures une exemplarité des attitudes et des discours susceptibles peut-être de justifier la succession d'épisodes qui tient pratiquement lieu d'intrigue. La bonté de Timon, l'ingratitude des hommes et la haine qu'elle provoque chez lui nous sont abondamment illustrées par des exemples successifs que l'on est tenté de considérer comme répétitifs. Or l'étude des sources révèle qu'il s'agit d'éléments adaptés par Shakespeare (ainsi la caution versée pour élargir Ventidius ou la dotation du serviteur Lucilius), voire inventés par lui (c'est le cas de toutes les confrontations de la seconde partie). L'analyse peut-elle rendre compte de ces choix du dramaturge ?

On peut estimer, par exemple, que Timon illustre les vraies valeurs dans la première scène, où il vole au secours d'un ami, marque sa gratitude à son propre serviteur et récuse les faux-semblants (160-164 et 170-172). Peut-être ne sombre-t-il dans l'erreur que dans la scène suivante, où se trouvent l'excès de générosité, le spectacle faussement improvisé et les présents somptueux ? Les deux scènes semblent s'enchaîner, mais entre-temps Ventidius a perdu son père et hérité de sa fortune (I,2,1-7) et même si l'intervalle de temps est minime il peut suffire à marquer une véritable progression entre les deux épisodes.

Une distinction est imaginable de même entre les rencontres non consécutives de IV,3 et de V,1 et 2. Les premières sont avant tout des vociférations où le héros est confronté à des gens qui ne lui ont pas fait de mal et dont le seul tort est d'être des hommes. A tous (Apémantus excepté) il offre de l'or pour qu'ils détruisent la société. C'est peine perdue : ils n'en ont pas besoin pour le faire, ou ils n'en feront rien. Ces confrontations de l'acte IV illustrent donc autant la stérilité que la violence de la haine qui possède maintenant Timon. Celles de l'acte V, qui surviennent quelque temps plus tard, nous le présentent se jouant des deux artistes, puis des envoyés du Sénat, et il s'en faut de peu qu'elles constituent des scènes de comédie où le héros, avec un humour grinçant, règle enfin ses comptes.

On voit que tous ces épisodes à valeur illustrative ne sont pas simplement répétitifs, pour peu qu'on s'interroge sur le dessein qui a pu présider à leur agencement. Ils sont en cela bien représentatifs d'une œuvre où la structure, comme le traitement des personnages, relève d'un schématisme qui ne prend tout son sens que si on ne le compte pas péremptoirement pour une négligence, mais pour un choix. La singularité de *Timon* dans le corpus des tragédies* tient au fait que cette pièce offre moins des conflits de personnes ou des tourments intérieurs que des contrastes : entre personnages, entre épisodes, entre discours. La technique dramatique relève ici, à l'évidence, du contrepoint.

Cet aspect systématique de l'organisation dans *Timon*, joint à la dépersonnalisation des figures, a valu à la pièce d'être considérée comme une sorte de parabole illustrant le chemin du prodigue. Certains ont même estimé que Shakespeare avait écrit là une moralité, plutôt qu'une tragédie. En fait les historiens modernes ont montré que *Timon* appartient très étroitement à son époque. On ne saurait parler de réalisme, mais il y a, dans la littérature anglaise écrite au tournant du XVIIe siècle — et en particulier dans le théâtre —, une telle récurrence des mêmes thèmes (la cupidité, le faste insolent et ruineux, avec leur cortège de duplicité, de naïveté, de faux-semblant) qu'il est impossible de ne pas y voir une image critique de la société à l'aube d'un premier capitalisme. D'une certaine façon, *Timon* appartient à ce mouvement, encore qu'il soit bien délicat de déterminer à quel titre.

Il est douteux que Shakespeare se soit risqué à faire, fût-ce indirectement, la satire de la cour d'Angleterre. Le masque* que Timon offre à ses invités (I,2) renvoie-t-il aux spectacles fastueux qu'affectionnait Jacques* Ier ? L'argument postule une date de composition tardive et c'était un bien gros risque à prendre, pour des acteurs en passe de devenir les Comédiens du Roi*...

Il n'est pas certain non plus que Shakespeare ait écrit *Timon* pour dénoncer (à la manière d'un Ben Jonson*) l'avidité et l'usure. Les exploiteurs de la générosité de Timon y sont certes vilipendés et les images de rapacité, agression, corruption qui caractérisent l'œuvre font bien de la cupidité un thème dominant, mais c'est la victime qui est ici au centre de la pièce et l'intérêt se porte plutôt sur la nature et les limites de la bonté de Timon que sur la rouerie de ses prétendus amis.

La suggestion la plus intéressante, touchant la pertinence historique de la pièce, est que Shakespeare semble y constater (avec une certaine nostalgie, peut-être) le déclin des grandes maisons aristocratiques et par voie de conséquence celui des prestigieuses valeurs féodales dans un monde où l'appât du gain l'emporte désormais sur la générosité, et le paraître sur l'authentique. Par sa libéralité et sa loyauté, Timon devient alors l'incarnation de la vraie noblesse – telle que l'aristocratie anglaise en avait tant bien que mal préservé l'image (hospitalité, mécénat, etc.) sous Élisabeth* – face à l'assaut des arrivistes (marchands, usuriers, « bourgeois » pour tout dire) sous Jacques Ier...

Cette interprétation, qui a la caution des historiens, fait de Shakespeare un témoin exceptionnellement lucide de son temps. La chose n'est pas impossible. Mais elle fait aussi de Timon un idéal, ce qui est plus discutable car elle escamote la transformation du personnage et toute la seconde moitié de la pièce. Surtout, elle réduit à l'état d'un document somme toute assez simple un ouvrage où coexistent une tragédie personnelle (avec ce que le terme implique de responsabilité), une satire toute classique du pouvoir corrupteur de l'argent (avec la nostalgie d'un âge d'or perdu, que ce thème entraîne) et une réflexion courageuse sur les fondements de la vie en société. Il ne semble pas que Shakespeare soit parvenu à fusionner le tout et l'impasse tragique où se trouve Timon (incapable d'instaurer une société idéale et incapable de survivre en société à son idéal) est peut-être d'une certaine façon celle de l'artiste, incapable de concilier les divergences de son projet. Où est donc, en définitive, l'obstacle ?

Le tragique de Timon est difficile à cerner et à décrire, car la pièce, par le chatoiement des contrastes qu'elle met en jeu, se dérobe aux jugements simplistes et réducteurs qu'elle sollicite pourtant. Est-il possible de mettre un peu d'ordre dans ce foisonnement ?

Timon n'est pas purement victime. S'il est vrai que sa ruine est pratiquement consommée quand la pièce commence, on peut penser que la dénonciation des flatteurs – telle qu'Apémantus la pratique devant nous – n'est pas chose nouvelle ; mais Timon n'a pas voulu l'entendre (voir I,2,38-40), de même qu'il ne s'est jamais prêté à l'examen des comptes que sollicitait Flavius (voir II,2,116-131). En outre, on pressent dans la générosité de Timon comme une émulation insensée qui confine à l'orgueil et incite les autres à en profiter (voir I,2,8-12 et II,1,5-10). Il y a donc bien errement chez Timon, même si son envolée sur le caractère divin de l'amitié et de l'entraide a de quoi séduire (voir I, 2, 80-94). On notera d'ailleurs que Shakespeare prend soin de mettre les choses immédiatement à distance, grâce aux quolibets d'Apémantus. Flavius ne fait donc pas un diagnostic juste quand il déclare son maître ruiné par son bon cœur (voir IV,2,37-41) : il y avait de l'aveuglement dans cette bonté.

Pourtant, Timon n'est pas non plus purement condamnable. Il a le sens de l'amitié (il sort Ventidius de prison sans hésitation, sans garantie), le sens de la gratitude (il dote son propre serviteur), de l'hospitalité (il accueille même Apémantus à sa table), du mécénat (il paie richement les artistes). L'affection que lui vouent ses serviteurs, leur fierté d'appartenir à sa maison, leur solidarité dans la ruine même en disent long sur les qualités de ce maître (voir IV,2). Les trois figures choriques de la scène centrale (III, 2) semblent introduites uniquement pour chanter sa louange à l'heure où tous ses amis l'abandonnent. On ne saurait donc dire que la ruine de Timon est un châtiment et Apémantus lui-même, qui ne le ménage pas d'ordinaire, le compare implicitement au Christ, renié lui aussi et trahi par ses proches (voir I,2,44-46). Alcibiade pour sa part dénoncera l'ingratitude d'Athènes envers Timon (voir IV,3, 92-95) et le Sénat reconnaît finalement sa faute et offre réparation (voir V,2,23-40). Les erreurs de Timon dans sa vie privée s'estompent étrangement derrière les torts qu'il a subis en tant que figure publique.

Où donc est la faute ? Dans la générosité aveugle de Timon ou dans l'ingratitude sordide des hommes ? La pièce — peut-être parce qu'elle mêle imprudemment le privé et le public — ne permet pas de répondre clairement à la question qu'elle pose pourtant : peut-il y avoir excès de bonté ?

Encore n'est-ce là qu'une partie du problème, car se demander en quoi Timon est innocent ou coupable c'est ne considérer que la première moitié de la pièce : l'usage qu'il a fait de ses « talents » (entendons : sa fortune, mais aussi ses capacités, qu'on nous décrit comme héroïques). Reste pourtant la seconde moitié : ce rejet de la société et cette haine des hommes où il s'enferme. Le misanthrope procède du philanthrope comme l'effet suit la cause. On n'aura qu'une vue partielle et fausse de *Timon* si on néglige le second panneau du diptyque, mais là encore le contrepoint interdit toute vision simple des choses.

La confrontation avec Apémantus a pour effet de préserver la stature du misanthrope, car c'est le cynique cette fois qui est en défaut : il n'est pas vrai que Timon soit prêt à recommencer les erreurs passées, comme l'en accuse son adversaire (voir IV,3,217-218), puisque nous l'avons vu remettre en terre l'or qu'il avait trouvé et qu'il en reconnaît maintenant les méfaits ; il n'est pas vrai non plus que Timon copie Apémantus : celui-ci est un pur égoïste, Diogène sans tonneau, qui n'a aucun sens des valeurs sociales (voir son bénédicité : I,2,58-67 et note), alors que l'autre, au cœur de sa malédiction, réaffirme toutes les valeurs qui fondent à ses yeux la vie en société (voir IV,1,15-21). La haine de Timon ne s'explique que par sa désillusion, elle est à la mesure de son idéalisme trahi, elle est finalement plus attachante que l'indifférence stérile et commode de celui qui n'a rien tenté (et n'a certes rien perdu). La réalisation de cette scène (IV,3,197-384) n'est pas à la hauteur de sa conception, mais elle reste essentielle pour juger notre misanthrope. Le cynique, lui, peut désormais disparaître : il ne sert plus à rien.

Mais Timon n'a pas raison pour autant et la confrontation avec Flavius, son loyal intendant, ne laisse aucun doute à ce sujet. Elle est la dernière des trois rencontres où le misanthrope-ermite soudoie ses visiteurs pour qu'ils détruisent la société. Vaines injonctions d'ailleurs, car le capitaine factieux (voir III,6,110-115), les putains et les bandits n'attendent ni l'or ni les ordres de Timon pour exercer leurs talents. On pourrait même penser que Shakespeare s'en amuse, puisque les paroles de Timon découragent presque les bandits (voir IV,3,434-440) ! Il n'en va pas de même lorsqu'il tente de corrompre l'honnête Flavius : l'épisode évoque le Dom Juan de Molière, qui offre un louis d'or à un pauvre, s'il consent à jurer. Ici le séducteur, presque diabolique, s'aliène à coup sûr notre sympathie.

Le Timon que nous présente la seconde partie est ainsi un personnage qui ne manque pas de stature, mais qui tient tout entier dans une attitude de négation stérile, et dont la grandeur est exclusivement de l'ordre de l'imprécation. Il est habituel de le comparer au roi Lear, cette autre grande figure shakespearienne de la désillusion, et c'est inévitablement pour constater ce qui fait défaut chez Timon. Alors que Lear comprend son erreur et sort spirituellement grandi de l'épreuve (il découvre l'humilité, le devoir de solidarité, l'exigence de justice), Timon reste à ses propres yeux un bienfaiteur injustement trahi et il se durcit dans la certitude qu'il a raison contre les autres. Aucun progrès spirituel ici, puisque l'invective lui interdit tout repentir. En ce sens, Apémantus est dans le vrai quand il dit que Timon est encore le même homme, qui a seulement basculé dans l'extrême inverse (voir IV,3,299-300).

Pour inévitable qu'elle soit, la comparaison avec *Lear* reste un outil dangereux pour juger *Timon*. Pourtant elle est peut-être susceptible d'aider l'analyse par les différences mêmes qu'elle met en lumière. En effet, le destin de Lear, qui s'éclaire par le contraste avec Gloucester, apparaît comme l'itinéraire spirituel d'un individu d'exception, alors que celui de Timon, qui s'évalue de même par référence à un faire-valoir Alcibiade, semble plutôt concerner le rapport entre l'individu d'exception et la société. La misanthropie de Timon (qui correspond à la transformation de Lear) est, par nature, une position sociale – puisque le voilà asocial – et sa philanthropie antérieure (qui correspond à l'erreur initiale de Lear) était déjà elle aussi un comportement social (atypique).

Tout se passe comme si les vertus de Timon le disqualifiaient pour la vie en société, et c'est là que le contraste avec Alcibiade joue en un sens contre lui, car Alcibiade – figure bien moins attrayante – est au contraire un « politique », parfaitement adaptable. Alors que Timon refuse qu'on lui fasse réparation (voir V,2) et choisit de mourir solitaire et oublié, en clamant une dernière fois dans ses épitaphes sa haine ou son mépris de l'homme, Alcibiade, animé par un grief qui tient un peu du prétexte, parvient à corriger (partiellement et temporairement) la société. Ceci ne veut sûrement pas dire que Shakespeare estimait Alcibiade au-dessus de l'idéaliste trahi, mais sans doute avait-il deviné que toute société qui repose sur un partage des pouvoirs (comme la « démocratie » d'Athènes dans *Timon*) ne continue qu'en se réformant, et ne se réforme qu'au prix de certains compromis. En termes de réalisme, c'est Timon qui est ici le faire-valoir d'Alcibiade.

Il est vain de regretter que Timon soit incapable d'accommodements, mais tolérance n'est pas compromission et il manque justement au philanthrope la vertu sociale de tolérance. Une ironie qui laisse un goût d'amertume fait que – comme dans *Antoine et Cléopâtre* et *Coriolan* – c'est l'homme de moindre valeur qui l'emporte, qui survit et qui fait la louange posthume de celui qui valait mieux que lui. Mais telle est précisément l'impasse où la misanthropie de Timon a enfermé Shakespeare : son héros voulant une mort obscure et solitaire, c'est forcément Alcibiade qui a le dernier mot.

Est-ce un hasard si *Le Roi Lear* est consacré à la souffrance d'un individu désemparé devant l'ingratitude de ses proches – comme l'est Timon –, et si *Coriolan* dépeint la hargne où l'ingratitude publique peut conduire un soldat exaspéré – comme l'est Alcibiade ? On dirait que ces deux tragédies abordent séparément ce qui dans *Timon* est réuni mais imparfaitement fusionné. Qui sait si l'inachèvement de la pièce ne vient pas du sentiment que le dramaturge a pu avoir de cette impasse ?

Éditions modernes citées dans les Notes et l'apparat de Variantes

DANCHIN : texte traduit et présenté par F.-C. Danchin, Collection Shakespeare, 1944.

HIBBARD : texte établi et présenté par G. R. Hibbard, New Penguin Shakespeare, 1970.

WILSON : texte établi et présenté par J. Dover Wilson et J. C. Maxwell, The New Shakespeare, 1957.

THE PERSONS OF THE PLAY

TIMON of Athens
A POET
A PAINTER
A JEWELLER
A MERCHANT
A mercer
LUCILIUS, one of Timon's servants
An OLD ATHENIAN
LORDS and SENATORS of Athens
VENTIDIUS, one of Timon's false friends
ALCIBIADES, an Athenian captain
APEMANTUS, a churlish philosopher
One dressed as CUPID in the masque
LADIES dressed as Amazons in the masque
FLAVIUS, Timon's steward

FLAMINIUS, SERVILIUS } Timon's servants

Other SERVANTS of Timon

A FOOL
A PAGE
CAPHIS, ISIDORE'S SERVANT, Two of VARRO'S SERVANTS } servants to Timon's creditors
LUCULLUS, LUCIUS, SEMPRONIUS } flattering lords
LUCULLUS' SERVANT
LUCIUS' SERVANT
Three STRANGERS, one called Hostilius
TITUS' SERVANT, HORTENSIUS' SERVANT, PHILOTUS' SERVANT } other servants to Timon's creditors
PHRYNIA, TIMANDRA } whores with Alcibiades
The banditti, THIEVES
SOLDIER of Alcibiades' army
Messengers, attendants, soldiers

Alcibiades [ˌælsɪ'baɪədi:z] Apemantus [ˌæpɪ'mæntəs] Athens ['æθɪnz] Caphis ['keɪfɪs] Cupid ['kju:pɪd] Flaminius [flə'mɪnjəs] Flavius ['fleɪvjəs] Hortensius [hɔ:'tensjəs] Hostilius [hɒs'tɪljəs] Isidore ['ɪzɪdɔ:] Lucius ['lu:sjəs] Lucilius [lu:'sɪljəs] Lucullus [lu:'kʌləs] Philotus [fɪ'ləʊtəs] Phrynia ['frɪnjə] Sempronius [sem'prəʊnjəs] Servilius [sɜ:'vɪljəs] Timandra [tɪ'mændrə] Timon ['taɪmən] Titus ['taɪtəs] Varro ['værəʊ] Ventidius [ven'tɪdjəs]

PERSONNAGES

TIMON d'Athènes
Un POÈTE
Un PEINTRE
Un JOAILLIER
Un MARCHAND
Un mercier
LUCILIUS, un des serviteurs de Timon
Un VIEIL ATHÉNIEN
SEIGNEURS et SÉNATEURS d'Athènes
VENTIDIUS, un des faux amis de Timon
ALCIBIADE, capitaine athénien
APÉMANTUS, philosophe hargneux
Personnage habillé en CUPIDON dans le masque
DAMES habillées en Amazones dans le masque
FLAVIUS, intendant de Timon
FLAMINIUS, SERVILIUS } serviteurs de Timon
D'autres SERVITEURS de Timon
Un FOU
Un PAGE
CAPHIS, Un SERVITEUR d'ISIDORE, Deux SERVITEURS DE VARRON } serviteurs des créanciers de Timon
LUCULLUS, LUCIUS, SEMPRONIUS } seigneurs flagorneurs
Le SERVITEUR DE LUCULLUS
Le SERVITEUR DE LUCIUS
Trois ÉTRANGERS, l'un nommé Hostilius
Le SERVITEUR DE TITUS, Le SERVITEUR D'HORTENSIUS, Le SERVITEUR DE PHILOTUS } serviteurs d'autres créanciers de Timon
PHRYNIA, TIMANDRA } putains amies d'Alcibiade
Les bandits, VOLEURS
Un SOLDAT de l'armée d'Alcibiade
Des messagers, des suivants, des soldats

The Life of Timon of Athens

I, 1 *Enter Poet [at one door], Painter carrying a picture [at another door], [followed by] Jeweller, Merchant, and Mercer, at several doors*

POET. – Good day, sir.
PAINTER. – I am glad you're well.
POET. – I have not seen you long. How goes the world ?
PAINTER. – It wears, sir, as it grows.
POET. – Ay, that's well known.
But what particular rarity, what strange,
Which manifold record not matches ? – See,
Magic of bounty, all these spirits thy power
Hath conjured to attend.

[Merchant and Jeweller meet. Mercer passes over the stage, and exits]

I know the merchant.
PAINTER. – I know them both. Th'other's a jeweller.
MERCHANT (*to Jeweller*). – O, 'tis a worthy lord !
JEWELLER. – Nay, that's most fixed.
MERCHANT. – A most incomparable man, breathed, as it were,
To an untirable and continuate goodness.
He passes.
JEWELLER (*showing a jewel*). – I have a jewel here.
MERCHANT. – O, pray, let's see't. For the Lord Timon, sir ?
JEWELLER. – If he will touch the estimate. But for that –
POET (*to himself*). – "When we for recompense have praised the vile,
It stains the glory in that happy verse
Which aptly sings the good."
MERCHANT (*to Jeweller*). – 'Tis a good form.
JEWELLER. – And rich. Here is a water, look ye.
PAINTER (*to Poet*). – You are rapt, sir, in some work, some dedication
To the great lord.

---

15 vile] *F* (vild). **19-20** *vers*] *prose F.*

---

1. Lieu : l'antichambre dans le palais de Timon. **2.** Le Poète veut-il du nouveau ou bien, désabusé, reconnaît-il qu'on a déjà tout vu ? **3.** Ceci peut viser les évaluations

La Vie de Timon d'Athènes

Entrent [par une porte] le Poète, [par une autre] le Peintre porteur d'un tableau, [et à leur suite] le Joaillier, le Marchand, et le Mercier, par une porte ou une autre[1] I, 1

LE POÈTE. – Bonjour, monsieur.
LE PEINTRE. – Ravi de vous trouver si bien.
LE POÈTE. – On ne s'est vu de longtemps. Comment va le monde ?
LE PEINTRE. – Il s'use en vieillissant, monsieur.
LE POÈTE. – Oui, c'est connu.
Mais quoi de singulier, d'étrange, dont les annales
Ne regorgent d'exemples[2] ? Magie de la largesse,
Ton pouvoir fait surgir ici tous ces esprits
A ton service. Voyez !

[Le Marchand et le Joaillier s'abordent. Le Mercier traverse la scène, et sort]

Je connais ce marchand.
LE PEINTRE. – Je les connais tous deux. L'autre est un joaillier.
LE MARCHAND (*au Joaillier*). – Ah ! quel noble seigneur c'est là !
LE JOAILLIER. – Oui, sans conteste.
LE MARCHAND. – Un homme incomparable, exercé (dirait-on)
A une bonté inlassable et continue.
Il n'a pas son pareil.
LE JOAILLIER (*lui montrant un bijou*). – J'ai ici un joyau.
LE MARCHAND. – Oh ! montrez ! je vous prie. Pour le seigneur Timon ?
LE JOAILLIER. – S'il va jusqu'au prix qu'on l'estime. Mais pour cela –
LE POÈTE (*se parlant à lui-même*). – « Louer ce qui est vil, dans un dessein [cupide,
Ternit l'éclat des vers heureux faits pour chanter
Justement le mérite[3]. »
LE MARCHAND (*au Joaillier*). – La taille en est très belle.
LE JOAILLIER. – Et sa richesse donc ? Regardez-moi cette eau !
LE PEINTRE (*au Poète*). – Vous mûrissez, monsieur, quelque œuvre ou dédicace
Pour le grand homme ?

---

excessives du Joaillier (si le Poète a entendu ce qu'il a dit au Marchand), mais *Oxford* le met entre guillemets comme s'il s'agissait d'une citation. Le Poète serait-il en train de composer (voir 19-20) ?

POET. – A thing slipped idly from me.
Our poesy is as a gum which oozes
From whence 'tis nourished. The fire i'th' flint
Shows not till it be struck ; our gentle flame
Provokes itself, and like the current flies
Each bound it chafes. What have you there ?
PAINTER. – A picture, sir. When comes your book forth ?
POET. – Upon the heels of my presentment, sir.
Let's see your piece.
PAINTER (*showing the picture*). – 'Tis a good piece.
POET. – So 'tis. This comes off well and excellent.
PAINTER. – Indifferent.
POET. – Admirable. How this grace
Speaks his own standing ! What a mental power
This eye shoots forth ! How big imagination
Moves in this lip ! To th' dumbness of the gesture
One might interpret.
PAINTER. – It is a pretty mocking of the life.
Here is a touch ; is't good ?
POET. – I will say of it,
It tutors nature. Artificial strife
Lives in these touches livelier than life.

Enter certain Senators

PAINTER. – How this lord is followed !
POET. – The senators of Athens. Happy man !
PAINTER. – Look, more.

[*The Senators pass over the stage, and exeunt*]

POET. – You see this confluence, this great flood of visitors.
I have in this rough work shaped out a man
Whom this beneath world doth embrace and hug
With amplest entertainment. My free drift
Halts not particularly, but moves itself
In a wide sea of tax. No levelled malice
Infects one comma in the course I hold,
But flies an eagle flight, bold and forth on,
Leaving no tract behind.
PAINTER. – How shall I understand you ?
POET. – I will unbolt to you.
You see how all conditions, how all minds,
As well of glib and slipp'ry creatures as
Of grave and austere quality, tender down

---

21 gum which oozes] *Johnson (1765)* ; Gowne, which uses *F*. **23** struck] *F* (strooke). **25** chafes] *Theobald (1733)* ; chases *F*. **40** man] *Theobald (1733)* ; men *F*. **41** more] *F* (moe). **47** tax] *Alexander (1951)* ; wax *F*.

---

1. La poésie est affaire d'inspiration, non de travail (*idly* : sans effort) ; *slipped... from me* (m'a échappé) renvoie peut-être à ce qui précède (15-17), mais le Peintre n'a pas pu

LE POÈTE. – Cela vient à l'esprit tout seul[1].
La poésie en nous est baume qui distille
De l'arbre nourricier. L'étincelle ne jaillit
Qu'en frappant le silex ; mais notre noble flamme
S'allume seule et, tel le torrent, fuit ce qui
Entrave sa fureur[2]. Et vous, qu'avez-vous là ?
LE PEINTRE. – C'est un tableau, monsieur. Quand paraît votre livre ?
LE POÈTE. – Monsieur, aussitôt que j'en aurai fait l'hommage.
Montrez un peu votre œuvre.
LE PEINTRE (*montrant le tableau*). – C'est une œuvre de choix.
LE POÈTE. – C'est vrai. Ceci est fort bien venu. Excellent !
LE PEINTRE. – Pas trop mal.
LE POÈTE. – Admirable. Que cet air plein de grâce
Dit le rang de cet homme[3] ! Et quelle intelligence
Brille dans ce regard ! Que d'imagination
Se lit sur cette lèvre ! Et ce geste muet
Parle à qui l'interroge.
LE PEINTRE. – C'est une image assez réussie du modèle.
Voyez-moi cette touche. Vous l'aimez ?
LE POÈTE. – Je dirai
Qu'elle instruit la nature. L'art ici dispensé
Vit dans ces touches, où la vie même est surpassée[4].

Entrent certains Sénateurs

LE PEINTRE. – Que ce seigneur est courtisé !
LE POÈTE. – Les Sénateurs d'Athènes. Ah ! l'heureux homme !
LE PEINTRE. – Tenez : d'autres encore.

[*Les Sénateurs traversent la scène et sortent*]

LE POÈTE. – Vous voyez cet afflux, ce flot de visiteurs.
J'ai figuré, dans cette œuvre imparfaite, un homme
Que ce bas monde embrasse et serre sur son cœur
Avec un large empressement. Mon propos libre
Ne s'arrête au particulier ; ma censure vogue
Au large sur la mer. Nulle haine personnelle[5]
N'infecte un seul détail dans l'essor qui est mien ;
Mes vers[6] vont comme l'aigle, hardiment et tout droit,
Sans laisser nulle trace.
LE PEINTRE. – Je ne saisis pas bien.
LE POÈTE. – Je vais vous expliquer.
Vous voyez : tous esprits et tous tempéraments,
Beaux parleurs et filous autant que gens d'austère
Et grave qualité, présentent leurs respects

---

l'entendre, le Poète se parlant alors à lui-même. **2.** L'inspiration fuit celui qui travaille avec application, comme le torrent rejaillit loin des berges (*bound* : bord) auxquelles il se heurte (*chafes* : se frotte). **3.** Sans doute un portrait de Timon. Le Poète connaît manifestement le modèle et son éloge touche autant l'homme que le tableau. **4.** La théorie de l'imitation courante à la Renaissance décrivait l'art comme rival de la nature et aspirant à la création d'un modèle idéal. **5.** *levelled.* Visant (quelqu'un). **6.** Ellipse : le sujet de *flies* (vole) est en fait *the course I hold* (la démarche que je suis).

Their service to Lord Timon. His large fortune,
Upon his good and gracious nature hanging,
Subdues and properties to his love and tendance
All sorts of hearts ; yea, from the glass-faced flatterer
To Apemantus, that few things loves better
Than to abhor himself ; even he drops down
The knee before him, and returns in peace,
Most rich in Timon's nod.

PAINTER. – I saw them speak together.

POET. – Sir, I have upon a high and pleasant hill
Feigned Fortune to be throned. The base o'th' mount
Is ranked with all deserts, all kind of natures
That labour on the bosom of this sphere
To propagate their states. Amongst them all
Whose eyes are on this sovereign lady fixed
One do I personate of Lord Timon's frame,
Whom Fortune with her ivory hand wafts to her,
Whose present grace to present slaves and servants
Translates his rivals.

PAINTER. – 'Tis conceived to scope.
This throne, this Fortune, and this hill, methinks,
With one man beckoned from the rest below,
Bowing his head against the steepy mount
To climb his happiness, would be well expressed
In our condition.

POET. – Nay, sir, but hear me on.
All those which were his fellows but of late,
Some better than his value, on the moment
Follow his strides, his lobbies fill with tendance,
Rain sacrificial whisperings in his ear,
Make sacred even his stirrup, and through him
Drink the free air.

PAINTER. – Ay, marry, what of these ?

POET. – When Fortune in her shift and change of mood
Spurns down her late belovèd, all his dependants,
Which laboured after him to the mountain's top
Even on their knees and hands, let him fall down,
Not one accompanying his declining foot.

PAINTER. – 'Tis common.
A thousand moral paintings I can show
That shall demonstrate these quick blows of Fortune's
More pregnantly than words. Yet you do well
To show Lord Timon that mean eyes have seen
The foot above the head.

---

56 service] *Pope (1723-1725)* ; services *F.* **88 hands]** *F2* ; hand *F.* **88 fall]** *Sisson (1954)* ; sit *F.* **92 Fortune's]** *F* (Fortunes).

A monseigneur Timon. Son immense fortune,
Parure de son bon et gracieux naturel,
Lui vaut l'affection de tous et à le servir
Les dispose[1] ; du flatteur, à face de miroir,
Jusqu'à Apémantus dont le plus grand plaisir
Est de se détester, mais qui fléchit lui-même
Le genou devant lui et part rasséréné,
Ravi que Timon ait souri.

LE PEINTRE. – Je les ai vus causer.

LE POÈTE. – Monsieur, sur une haute et riante colline,
J'ai peint Fortune sur son trône. Au pied du mont,
Des gens divers, au mérite inégal, se pressent,
Qui sur le sein de notre globe s'évertuent
A multiplier leurs richesses. Dans cette foule
Aux yeux fixés sur cette souveraine dame,
J'en figure un, qui ressemble au seigneur Timon
Et que Fortune appelle avec sa main d'ivoire.
Cette instante faveur transforme dans l'instant[2]
Ses rivaux en larbins, en esclaves.

LE PEINTRE. – Bien trouvé !
Ce trône, à mon avis, ce mont, cette Fortune,
Cet homme ainsi choisi parmi la foule, en bas,
Et qui penche le front sur la pente escarpée,
A l'escalade du bonheur, diraient fort bien
L'humaine condition.

LE POÈTE. – Mais, monsieur, attendez !
Ceux qui naguère étaient ses compagnons, valant
Parfois même plus que lui, s'attachent à ses pas
Sur-le-champ, de leur zèle encombrent sa demeure,
Inondent son oreille d'offrandes murmurées,
Vénèrent son étrier même, à lui seul doivent
L'air qu'on respire gratis.

LE PEINTRE. – Oui, ma foi, et alors ?

LE POÈTE. – Quand la Fortune, cette inconstante, vient à changer
Et repousse du pied son récent favori,
Ses clients, qui peinaient après lui vers la cime,
Certains à quatre pattes, le laissent culbuter
Sans que nul ne le suive dans sa dégringolade.

LE PEINTRE. – C'est banal.
J'en connais un millier, de ces allégories
Illustrant les revers dont la Fortune est grosse[3],
Mieux que ne font les mots. Vous faites pourtant bien
De montrer au seigneur Timon qu'un œil vulgaire
A parfois vu le pied plus haut que n'est la tête.

---

1. Mot à mot : « soumet et dispose à l'aimer et le servir toutes sortes de cœurs ». 2. Jeu sur deux sens de *present* : 1) présent, 2) immédiat. 3. Jeu sur *quick* : 1) rapide, 2) enceinte) et « pregnant » (enceinte).

Trumpets sound. Enter Timon [wearing a rich jewel], with a Messenger from Ventidius; Lucilius [and other Servants] attending. Timon addresses himself courteously to every suitor, then speaks to the Messenger

TIMON. – Imprisoned is he, say you?
MESSENGER. – Ay, my good lord. Five talents is his debt,
His means most short, his creditors most strait.
Your honourable letter he desires
To those have shut him up, which failing,
Periods his comfort.
TIMON. – Noble Ventidius! Well,
I am not of that feather to shake off
My friend when he must need me. I do know him
A gentleman that well deserves a help,
Which he shall have. I'll pay the debt and free him.
MESSENGER. – Your lordship ever binds him.
TIMON. – Commend me to him. I will send his ransom;
And, being enfranchised, bid him come to me.
'Tis not enough to help the feeble up,
But to support him after. Fare you well.
MESSENGER. – All happiness to your honour. *Exit*

Enter an Old Athenian

OLD ATHENIAN. – Lord Timon, hear me speak.
TIMON. – Freely, good father.
OLD ATHENIAN. – Thou hast a servant named Lucilius.
TIMON. – I have so. What of him?
OLD ATHENIAN. – Most noble Timon, call the man before thee.
TIMON. – Attends he here or no? Lucilius!
LUCILIUS (*coming forward*). – Here at your lordship's service.
OLD ATHENIAN. – This fellow here, Lord Timon, this thy creature,
By night frequents my house. I am a man
That from my first have been inclined to thrift,
And my estate deserves an heir more raised
Than one which holds a trencher.
TIMON. – Well, what further?
OLD ATHENIAN. – One only daughter have I, no kin else
On whom I may confer what I have got.
The maid is fair, o'th' youngest for a bride,
And I have bred her at my dearest cost
In qualities of the best. This man of thine
Attempts her love. I prithee, noble lord,
Join with me to forbid him her resort.
Myself have spoke in vain.
TIMON. – The man is honest.
OLD ATHENIAN. – Therefore he will be, Timon.
His honesty rewards him in itself;
It must not bear my daughter.

Sonnerie de trompettes. Entre Timon [portant un riche bijou], avec un Messager envoyé par Ventidius ; Lucilius [et d'autres Serviteurs] à leur suite. Timon salue courtoisement chaque solliciteur, puis il s'adresse au Messager

TIMON. – Emprisonné, avez-vous dit ?

LE MESSAGER. – Eh oui, mon bon seigneur. Pour devoir cinq talents,
Avec peu de moyens, mais de durs créanciers.
Il désire de Votre Honneur un mot pour ceux
Qui l'ont fait enfermer. Que votre aide lui manque
Et son bonheur prend fin.

TIMON. – Noble Ventidius ! Va,
Je ne suis pas du genre à lâcher un ami
Alors qu'il a besoin de moi. Je le tiens pour
Un gentilhomme amplement digne de secours.
Il l'aura. Je paierai la dette. Il sera libre.

LE MESSAGER. – Monseigneur à jamais s'en fait un obligé[1].

TIMON. – Fais-lui mes compliments. J'enverrai sa rançon ;
Aussitôt élargi, qu'il vienne me trouver.
Il n'est pas suffisant de relever le faible,
Il faut le soutenir ensuite. Les dieux vous gardent !

LE MESSAGER. – Tous nos vœux de bonheur à Votre Seigneurie. *Il sort*

Entre un Vieil Athénien

LE VIEIL A. – Seigneur Timon, écoute.

TIMON. – Volontiers, bon vieillard.

LE VIEIL A. – Tu as un serviteur du nom de Lucilius.

TIMON. – Oui. Et alors ?

LE VIEIL A. – Très noble Timon, fais venir ici cet homme.

TIMON. – Est-il là, ou bien non ? Lucilius !

LUCILIUS (*s'avançant*). – Ici, monseigneur, à votre service.

LE VIEIL A. – Ce lascar-ci, seigneur Timon, ta créature,
Fréquente ma maison nuitamment. Je suis homme
Enclin depuis toujours à économiser ;
Ma fortune mérite un héritier moins humble
Qu'un gaillard qui porte les plats.

TIMON. – Bon. Quoi encore ?

LE VIEIL A. – J'ai une fille unique, et pas d'autre famille
A qui je peux léguer ce que j'ai amassé.
L'enfant est belle, mais, pour se marier, jeune encore ;
Je l'ai fait élever sans compter la dépense,
Aussi bien qu'il se peut. Cet homme à ton service
Cherche à s'en faire aimer. Noble seigneur, de grâce,
Joins tes efforts aux miens : défends-lui de la voir.
Tout ce que j'ai pu dire est vain.

TIMON. – L'homme est honnête.

LE VIEIL A. – Alors il va l'être, Timon.
Son honorabilité même est récompense,
Sans lui valoir ma fille.

---

1. Jeu sur *free* (libre) et *binds* (lie, oblige).

TIMON. – Does she love him ?
OLD ATHENIAN. – She is young and apt.
Our own precedent passions do instruct us
What levity's in youth.
TIMON (*to Lucilius*). – Love you the maid ?
LUCILIUS. – Ay, my good lord, and she accepts of it.
OLD ATHENIAN. – If in her marriage my consent be missing,
I call the gods to witness, I will choose
Mine heir from forth the beggars of the world,
And dispossess her all.
TIMON. – How shall she be endowed
If she be mated with an equal husband ?
OLD ATHENIAN. – Three talents on the present ; in future, all.
TIMON. – This gentleman of mine hath served me long.
To build his fortune I will strain a little,
For 'tis a bond in men. Give him thy daughter.
What you bestow in him I'll counterpoise,
And make him weigh with her.
OLD ATHENIAN. – Most noble lord,
Pawn me to this your honour, she is his.
TIMON. – My hand to thee ; mine honour on my promise.
LUCILIUS. – Humbly I thank your lordship. Never may
That state or fortune fall into my keeping
Which is not owed to you. *Exeunt Lucilius and Old Athenian*
POET (*presenting a poem to Timon*). – Vouchsafe my labour, and long live your [lordship !
TIMON. – I thank you. You shall hear from me anon.
Go not away. (*To Painter*) What have you there, my friend ?
PAINTER. – A piece of painting, which I do beseech
Your lordship to accept.
TIMON. – Painting is welcome.
The painting is almost the natural man ;
For since dishonour traffics with man's nature,
He is but outside ; these pencilled figures are
Even such as they give out. I like your work,
And you shall find I like it. Wait attendance
Till you hear further from me.
PAINTER. – The gods preserve ye !
TIMON. – Well fare you, gentleman. Give me your hand.
We must needs dine together. (*To Jeweller*) Sir, your jewel
Hath suffered under praise.
JEWELLER. – What, my lord, dispraise ?
TIMON. – A mere satiety of commendations.
If I should pay you for't as 'tis extolled
It would unclew me quite.

138 levity's] *F* (levities).

1. *owed to you.* Dus à vous. Soit : « obtenus grâce à vous », soit : « votre

TIMON. – Mais l'aime-t-elle ?
LE VIEIL A. – Elle est jeune et impressionnable.
Nos propres passions de jadis nous disent bien
Que jeunesse est légère.
TIMON (*à Lucilius*). – Aimez-vous cette enfant ?
LUCILIUS. – Oui, monseigneur, et elle me trouve à son gré.
LE VIEIL A. – Si elle se marie sans mon consentement,
Les dieux me sont témoins que j'irai me choisir
Un légataire entre tous les mendiants du monde,
Pour la déshériter.
TIMON. – Quelle sera sa dot
Si elle épouse un homme de condition égale ?
LE VIEIL A. – Trois talents dans l'instant et plus tard tout le reste.
TIMON. – Depuis longtemps ce digne homme est à mon service.
Je veux bien faire effort pour fonder sa fortune :
L'homme le doit à l'homme. Accorde-lui ta fille.
Je le dote à l'égal de ce que tu alloues,
Il vaudra autant qu'elle.
LE VIEIL A. – Mon très noble seigneur,
Si vous vous engagez sur l'honneur, elle est sienne.
TIMON. – Voici ma main ; sur l'honneur j'en fais la promesse.
LUCILIUS. – Humblement je vous remercie, seigneur. Puissé-je
N'avoir jamais ni biens ni fortune en ma garde
Qui ne soient vôtres[1]. *Lucilius et le Vieil Athénien sortent*
LE POÈTE (*offrant un poème à Timon*). – Agréez mon labeur. Longue vie à [Timon !
TIMON. – Merci. Vous recevrez bientôt de mes nouvelles.
Ne partez pas. (*Au Peintre*) Vous, mon ami, qu'avez-vous là ?
LE PEINTRE. – C'est un tableau et je prie Votre Seigneurie
De l'accepter.
TIMON. – La peinture est la bienvenue.
L'homme en peinture, c'est presque l'homme au naturel ;
Car depuis que le vice pervertit sa nature
L'homme n'est qu'apparence ; ces figures-ci, peintes[2],
Au moins sont ce qu'elles semblent. J'aime votre travail
Et vous prouverai que je l'aime. Ne partez pas
Sans avoir eu de mes nouvelles.
LE PEINTRE. – Les dieux vous gardent !
TIMON. – A bientôt, monsieur. Donnez-moi la main. Il faut
Que nous dînions ensemble. (*Au Joaillier*) Votre bijou, monsieur,
A souffert sous l'estime.
LE JOAILLIER. – Quoi ? On le sous-estime[3] ?
TIMON. – Ce ne furent qu'éloges, et jusqu'à satiété.
S'il fallait le payer au prix de la louange,
Mais ce serait ma ruine[4] !

---

propriété ». 2. Le mot « pencil » signifiait « pinceau ». 3. Quiproquo : Timon plaisante, mais le Joaillier entend *under praise* comme si c'était « underprize » (sous-évaluer). 4. *unclew*. Dérouler (comme une pelote de laine).

JEWELLER. – My lord, 'tis rated
As those which sell would give; but you well know
Things of like value differing in the owners
Are prizèd by their masters. Believe't, dear lord,
You mend the jewel by the wearing it.
TIMON. – Well mocked.
MERCHANT. – No, my good lord, he speaks the common tongue
Which all men speak with him.

Enter Apemantus

TIMON. – Look who comes here.
Will you be chid?
JEWELLER. – We will bear, with your lordship.
MERCHANT. – He'll spare none.
TIMON. – Good morrow to thee, gentle Apemantus.
APEMANTUS. – Till I be gentle, stay thou for thy good morrow –
When thou art Timon's dog, and these knaves honest.
TIMON. – Why dost thou call them knaves? Thou know'st them not.
APEMANTUS. – Are they not Athenians?
TIMON. – Yes.
APEMANTUS. – Then I repent not.
JEWELLER. – You know me, Apemantus?
APEMANTUS. – Thou know'st I do. I called thee by thy name.
TIMON. – Thou art proud, Apemantus!
APEMANTUS. – Of nothing so much as that I am not like Timon.
TIMON. – Whither art going?
APEMANTUS. – To knock out an honest Athenian's brains.
TIMON. – That's a deed thou'lt die for.
APEMANTUS. – Right, if doing nothing be death by th' law.
TIMON. – How likest thou this picture, Apemantus?
APEMANTUS. – The best for the innocence.
TIMON. – Wrought he not well that painted it?
APEMANTUS. – He wrought better that made the painter, and yet he's but a filthy piece of work.
PAINTER. – You're a dog.
APEMANTUS. – Thy mother's of my generation. What's she, if I be a dog?
TIMON. – Wilt dine with me, Apemantus?
APEMANTUS. – No, I eat not lords.
TIMON. – An thou shouldst, thou'dst anger ladies.
APEMANTUS. – O, they eat lords. So they come by great bellies.
TIMON. – That's a lascivious apprehension.
APEMANTUS. – So thou apprehend'st it; take it for thy labour.
TIMON. – How dost thou like this jewel, Apemantus?
APEMANTUS. – Not so well as plain dealing, which will not cost a man a doit.

---

181 We will] *Steevens (1778)*; Wee'l *F*. **196** thou'lt] *F* (thou't). **212** cost] *F3*; cast *F*.

---

1. *by*. Veut dire « selon ». **2.** Il ne s'agit pas de moquerie, mais de compliment. Timon n'est pas dupe. **3.** Ellipse du verbe : (are) *honest*. **4.** Le sarcasme porte sur *honest* (comme

LE JOAILLIER. – Seigneur, sa valeur, c'est
Ce qu'en donnerait le vendeur ; mais, on sait bien
Qu'objets de même prix, selon qui les possède,
Valent plus ou moins cher[1]. Croyez-moi, cher seigneur,
Le bijou renchérit d'être porté par vous.

TIMON. – Subtile flatterie[2].

LE MARCHAND. – Non, mon bon seigneur, c'est le langage ordinaire ;
Tous parlent comme lui.

Entre Apémantus

TIMON. – Regardez qui vient là.
Vous êtes prêts pour les sarcasmes ?

LE JOAILLIER. – Nous les supporterons avec vous, monseigneur.

LE MARCHAND. – Il n'épargne jamais personne.

TIMON. – Bonjour à toi, aimable Apémantus.

APÉMANTUS. – Je te dirai bonjour quand je serai aimable —
Quand tu seras ton chien, et ces coquins honnêtes[3].

TIMON. – Pourquoi dis-tu « coquins » ? Tu ne les connais pas.

APÉMANTUS. – Ils ne sont pas d'Athènes ?

TIMON. – Si.

APÉMANTUS. – Alors, je ne retire rien.

LE JOAILLIER. – Moi, vous me connaissez, Apémantus ?

APÉMANTUS. – Tu vois que oui, puisque je t'ai donné ton nom.

TIMON. – Tu es bien fier, Apémantus !

APÉMANTUS. – Fier surtout de ne pas ressembler à Timon.

TIMON. – Où vas-tu ?

APÉMANTUS. – Décerveler un citoyen d'Athènes honnête[4].

TIMON. – Un tel acte va te coûter la vie.

APÉMANTUS. – Oui, si la loi punit de mort l'acte impossible.

TIMON. – Que penses-tu de ce tableau, Apémantus ?

APÉMANTUS. – Il me plaît : il est sans malice.

TIMON. – Mais celui qui l'a peint n'a-t-il pas bien œuvré ?

APÉMANTUS. – Celui qui fit le peintre a œuvré mieux encore, et pourtant c'est une créature répugnante.

LE PEINTRE. – Chien[5] que vous êtes !

APÉMANTUS. – Ta mère est de ma race. Qu'est-elle donc si je suis chien ?

TIMON. – Veux-tu un repas de Timon, Apémantus ?

APÉMANTUS. – Je ne consomme pas du seigneur. Non !

TIMON. – Sinon[6], tu mécontenterais les dames.

APÉMANTUS. – Oui, elles en consomment, et c'est ainsi qu'elles attrapent le gros ventre.

TIMON. – Voilà prendre la chose de façon lascive.

APÉMANTUS. – Toi qui la prends ainsi, garde-la pour ta peine.

TIMON. – Mais ce bijou, tu l'aimes, Apémantus ?

APÉMANTUS. – Moins que la franchise, qui ne coûte rien à personne.

---

au vers 185) et *brains* (cerveau) : on ne peut décerveler un être sans cervelle. Selon lui, c'est donc la chose impossible : *doing nothing* (ne rien faire, 197). **5.** Apémantus est un cynique, terme dérivé du mot grec signifiant « chien ». **6.** Le mot « an » veut dire « si ». *An thou shouldst* : si tu (le) faisais.

TIMON. – What dost thou think 'tis worth ?

APEMANTUS. – Not worth my thinking.
How now, poet ?

POET. – How now, philosopher ?

APEMANTUS. – Thou liest.

POET. – Art not one ?

APEMANTUS. – Yes.

POET. – Then I lie not.

APEMANTUS. – Art not a poet ?

POET. – Yes.

APEMANTUS. – Then thou liest. Look in thy last work, where thou hast feigned him a worthy fellow.

POET. – That's not feigned, he is so.

APEMANTUS. – Yes, he is worthy of thee, and to pay thee for thy labour. He that loves to be flattered is worthy o'th' flatterer. Heavens, that I were a lord !

TIMON. – What wouldst do then, Apemantus ?

APEMANTUS. – E'en as Apemantus does now : hate a lord with my heart.

TIMON. – What, thyself ?

APEMANTUS. – Ay.

TIMON. – Wherefore ?

APEMANTUS. – That I had no augury but to be a lord. – Art not thou a merchant ?

MERCHANT. – Ay, Apemantus.

APEMANTUS. – Traffic confound thee, if the gods will not !

MERCHANT. – If traffic do it, the gods do it.

APEMANTUS. – Traffic's thy god, and thy god confound thee !

Trumpet sounds. Enter a Messenger

TIMON. – What trumpet's that ?

MESSENGER. – 'Tis Alcibiades, and some twenty horse
All of companionship.

TIMON (*to Servants*). – Pray entertain them. Give them guide to us.

[*Exit one or more Servants*]

[*To Jeweller*] You must needs dine with me.
[*To Poet*] Go not you hence
Till I have thanked you. [*To Painter*] When dinner's done
Show me this piece. [*To all*] I am joyful of your sights.

Enter Alcibiades with [his horsemen]

Most welcome, sir !

APEMANTUS [*aside*]. – So, so, there.
Aches contract and starve your supple joints !
That there should be small love 'mongst these sweet knaves,
And all this courtesy ! The strain of man's bred out

---

234 augury but] *Oxford* ; angry wit *F.* **248-252** *vers*] *prose F.* **250** 'mongst] *Capell (1767-1768)* ; amongest *F.*

---

1. L'argument remonte à Platon : tout poète est menteur, puisqu'il invente et raconte

TIMON. – Combien crois-tu qu'il vaut ?

APÉMANTUS. – Pas la peine que j'y pense.
Alors, le poète ?

LE POÈTE. – Alors, le philosophe ?

APÉMANTUS. – Tu mens.

LE POÈTE. – Tu n'es pas philosophe ?

APÉMANTUS. – Si.

LE POÈTE. – Alors je ne mens pas.

APÉMANTUS. – Tu n'es pas poète ?

LE POÈTE. – Si.

APÉMANTUS. – Alors tu mens[1]. Regarde ta dernière œuvre, où tu as feint de voir en lui un homme digne.

LE POÈTE. – Ce n'est pas feint : il l'est.

APÉMANTUS. – Oui, digne de toi, et de te payer pour ta peine. Qui aime qu'on le flatte est digne du flatteur. Ah ! dieux, si seulement j'étais seigneur !

TIMON. – Et alors, que ferais-tu, Apémantus ?

APÉMANTUS. – Mais, ce qu'Apémantus fait à présent : détester tout seigneur du fond du cœur.

TIMON. – Comment ? Te détester toi-même ?

APÉMANTUS. – Oui.

TIMON. – Pour quel motif ?

APÉMANTUS. – Pour n'avoir eu que la destinée[2] d'un seigneur. Tu n'es pas marchand, toi ?

LE MARCHAND. – Si, Apémantus.

APÉMANTUS. – Le commerce te perde, si les dieux ne le font !

LE MARCHAND. – Mais s'il le fait, c'est que les dieux le veulent bien.

APÉMANTUS. – Le commerce est ton dieu ; que ce dieu soit ta perte !

Sonnerie de trompette. Entre un Messager

TIMON. – Quelle trompette est-ce là ?

LE MESSAGER. – C'est celle d'Alcibiade, avec vingt cavaliers,
Tous de sa société.

TIMON (*aux Serviteurs*). – Veuillez les accueillir. Conduisez-les ici.

[*Un ou plusieurs Serviteurs sortent*]

[*Au Joaillier*] Il vous faut rester à dîner.
[*Au Poète*] Ne partez pas
Sans que je vous aie remercié. [*Au Peintre*] Après dîner
Nous verrons ce tableau. [*A tous*] Je suis ravi de vous voir tous.

Entre Alcibiade avec [ses cavaliers]

Soyez le bienvenu, monsieur !

APÉMANTUS [*à part*]. – Voyez-moi ça !
Flétris soient vos jarrets perclus de rhumatismes[3] !
Ces exquises fripouilles ne peuvent se sentir,
Et voyez leurs courbettes ! L'homme a dégénéré

---

des histoires : non le vrai, mais le fictif (d'où *feigned,* 223). **2.** Texte corrompu. La leçon (nouvelle) d'*Oxford* reste obscure ; *augury* : ce qui permet de prophétiser. Apémantus se détesterait pour n'avoir hérité que d'une condition minable (?). **3.** Mot à mot : « Que les maux raidissent et rongent vos souples articulations ! »

Into baboon and monkey.
ALCIBIADES (*to Timon*). – Sir, you have saved my longing, and I feed
Most hungrily on your sight.
TIMON. – Right welcome, sir!
Ere we depart, we'll share a bounteous time
In different pleasures. Pray you, let us in. *Exeunt all but Apemantus*

Enter two Lords

1 LORD. – What time o' day is't, Apemantus?
APEMANTUS. – Time to be honest.
1 LORD. – That time serves still.
APEMANTUS. – The most accursèd thou, that still omitt'st it.
2 LORD. – Thou art going to Lord Timon's feast?
APEMANTUS. – Ay, to see meat fill knaves, and wine heat fools.
2 LORD. – Fare thee well, fare thee well.
APEMANTUS. – Thou art a fool to bid me farewell twice.
2 LORD. – Why, Apemantus?
APEMANTUS. – Shouldst have kept one to thyself, for I mean to give thee none.
1 LORD. – Hang thyself!
APEMANTUS. – No, I will do nothing at thy bidding. Make thy requests to thy friend.
2 LORD. – Away, unpeaceable dog, or I'll spurn thee hence.
APEMANTUS. – I will fly, like a dog, the heels o'th' ass. *Exit*
1 LORD. – He's opposite to humanity. Come, shall we in,
And taste Lord Timon's bounty? He outgoes
The very heart of kindness.
2 LORD. – He pours it out. Plutus the god of gold
Is but his steward; no meed but he repays
Sevenfold above itself; no gift to him
But breeds the giver a return exceeding
All use of quittance.
1 LORD. – The noblest mind he carries
That ever governed man.
2 LORD. – Long may he live in fortunes! Shall we in?
[1 LORD]. – I'll keep you company. *Exeunt*

I, 2 *Hautboys playing loud music. A great banquet served in,* [*Flavius and Servants attending*]*; and then enter Timon, Alcibiades, the Senators, the Athenian Lords, and Ventidius which Timon redeemed from prison. Then comes, dropping after all, Apemantus, discontentedly, like himself*

VENTIDIUS. – Most honoured Timon, it hath pleased the gods to remember
My father's age and call him to long peace.

268-270 *prose*] *vers F.* **272** Come] *F2*; Comes *F.* **273** taste] *F2*; raste *F.* **282** FIRST LORD] *Capell (1767-1768)*; *encore* SECOND LORD *dans F.*

---

1. Jeu sur *opposite to* : 1) contraire de, 2) opposé à. **2.** Le pronom *it* peut renvoyer à *kindness,* mais il est tentant d'y voir un indéfini, comme dans « to lord it » (jouer au

Et l'espèce retourne au babouin et au singe.

ALCIBIADE (*à Timon*). – Vous prévenez ma faim, monsieur, et je repais
De vous mon œil avide.

TIMON. – Monsieur, la bienvenue !
Passons ensemble quelques moments délicieux
En des plaisirs variés. Entrons, je vous en prie.

Tous sortent sauf Apémantus

Entrent deux Seigneurs

1er SEIGNEUR. – Quelle heure est-il, Apémantus ?

APÉMANTUS. – L'heure d'être honnête.

1er SEIGNEUR. – C'est toujours l'heure de l'être.

APÉMANTUS. – Sois infâme entre tous, toi qui toujours l'oublies.

2e SEIGNEUR. – Tu vas au banquet du seigneur Timon ?

APÉMANTUS. – Oui, pour voir des gueux s'empiffrer, et le vin échauffer les [sots.

2e SEIGNEUR. – Au revoir, au revoir.

APÉMANTUS. – Tu n'es qu'un sot de me donner deux « au revoir ».

2e SEIGNEUR. – Pourquoi, Apémantus ?

APÉMANTUS. – Mieux valait en garder un pour toi, car tu n'en auras pas de moi.

1er SEIGNEUR. – Va te faire pendre !

APÉMANTUS. – Non. Je ne ferai rien à ta demande : adresse tes requêtes à ton ami.

2e SEIGNEUR. – Va-t'en d'ici, roquet hargneux, ou du pied je te chasse.

APÉMANTUS. – J'esquive, comme un chien, le sabot du baudet. *Il sort*

1er SEIGNEUR. – A l'humanité il s'oppose[1]. Bon, entrons-nous
Savourer les faveurs de Timon ? Il surpasse
L'essence de la bonté même.

2e SEIGNEUR. – Il la déverse[2] à flots. Plutus, le dieu de l'or,
N'est que son intendant. Tout service est payé
Au septuple par lui. Tout présent qu'on lui fait
Rapporte au donateur, à un taux d'intérêt
Supérieur aux usages[3].

1er SEIGNEUR. – Jamais esprit plus noble
Ne fut guide d'un homme.

2e SEIGNEUR. – Qu'il vive longtemps fortuné ! Entrerons-nous ?

[1er SEIGNEUR]. – Je vous tiens compagnie. *Ils sortent*

Bruyante musique de hautbois. Un banquet somptueux est disposé, **I, 2**
[Flavius et les Serviteurs sont à leur poste] ; entrent alors Timon,
Alcibiade, les Sénateurs, les Seigneurs athéniens, et Ventidius que Timon
a sorti de prison. Vient enfin, après tous les autres, sans se presser,
Apémantus, l'air renfrogné, en tenue de tous les jours[4]

VENTIDIUS. – Très honoré Timon, les dieux ont jugé bon,
Vu son âge, d'appeler à la paix éternelle

---

seigneur). **3.** Jeu sur *use* : 1) usage, 2) intérêt ; *use of quittance*, c'est « la façon usuelle de s'acquitter » (la gratitude), et aussi « l'intérêt dû pour qu'on soit quitte ». **4.** Lieu : la salle des banquets chez Timon.

He is gone happy, and has left me rich.
Then, as in grateful virtue I am bound
To your free heart, I do return those talents,
Doubled with thanks and service, from whose help
I derived liberty.

TIMON. – O, by no means,
Honest Ventidius. You mistake my love.
I gave it freely ever, and there's none
Can truly say he gives if he receives.
If our betters play at that game, we must not dare
To imitate them. Faults that are rich are fair.

VENTIDIUS. – A noble spirit !

[The Lords stand with ceremony]

TIMON. – Nay, my lords,
Ceremony was but devised at first
To set a gloss on faint deeds, hollow welcomes,
Recanting goodness, sorry ere 'tis shown ;
But where there is true friendship, there needs none.
Pray sit. More welcome are ye to my fortunes
Than my fortunes to me.

[They sit]

I LORD. – My lord, we always have confessed it.

APEMANTUS. – Ho, ho, confessed it ? Hanged it, have you not ?

TIMON. – O, Apemantus ! You are welcome.

APEMANTUS. – No,
You shall not make me welcome.
I come to have thee thrust me out of doors.

TIMON. – Fie, thou'rt a churl. Ye've got a humour there
Does not become a man ; 'tis much to blame.
They say, my lords, *Ira furor brevis est*,
But yon man is ever angry.
Go, let him have a table by himself,
For he does neither affect company
Nor is he fit for't, indeed.

APEMANTUS. – Let me stay at thine apperil, Timon.
I come to observe, I give thee warning on't.

TIMON. – I take no heed of thee ; thou'rt an Athenian,
Therefore welcome. I myself would have no power :
Prithee, let my meat make thee silent.

APEMANTUS. – I scorn thy meat. 'Twould choke me, for I should ne'er flatter thee. O you gods, what a number of men eats Timon, and he sees 'em not ! It grieves me to see so many dip their meat in one man's blood ;

---

25 Ye've] *F* (ye'have). **28** ever] *Rowe (1709)* ; verie *F*. **34-36** *vers*] *prose F*.

---

1. La traduction perd l'opposition entre *bound* (obligé) et *free* (libre, libéral). **2.** Ventidius va plus tard refuser son secours à Timon. Il est donc important de comprendre *service* non comme une formule banale (je suis votre serviteur), mais bien comme un engagement (à charge de revanche). **3.** *faint.* Froid, sans empressement. **4.** Jeu sur *welcome*

Mon vieux père. Il est mort heureux, et je suis riche.
Reconnaissant de votre libéralité
Comme il se doit[1], je rembourse donc ces talents
Dont l'aide m'a fait libre. De plus, je vous rends grâce
Et reste à votre dévotion[2].

TIMON. – Ah ! certes non,
Honnête Ventidius ! C'est bien mal me connaître.
Mon amitié en fit don à jamais. Nul homme
Ne peut dire vraiment qu'il donne, s'il reprend.
Si de plus grands jouent à ce jeu, gardons-nous bien
D'une faute semblable : aux riches elle convient.

VENTIDIUS. – Quel noble esprit !

[*Les Seigneurs attendent debout, respectueusement*]

TIMON. – Voyons, mes chers seigneurs,
Le protocole n'est fait que pour donner du lustre
A des actes mesquins[3] : un accueil sans chaleur,
Un bienfait réticent, d'avance regretté.
La véritable amitié s'en dispense. De grâce,
Asseyez-vous. Et disposez de ma fortune ;
Moi, elle m'indispose[4] un peu.

[*Ils s'assoient*]

1er SEIGNEUR. – Monseigneur, de tout temps nous avons cru cela.

APÉMANTUS. – Comment ? Ils y ont cru ? Voilà pourquoi c'est cuit[5] !

TIMON. – Oh ! bienvenue à vous, Apémantus !

APÉMANTUS. – Non pas !
Je n'entends pas être bienvenu parmi vous.
Je viens ici pour que tu me flanques dehors.

TIMON. – Va, rustre que tu es ! Voilà bien une humeur[6]
Très indigne d'un homme. Elle est fort à blâmer.
Comme on dit, messieurs : *Ira furor brevis est*[7],
Mais ce gaillard est toujours en colère.
Eh bien donc, qu'on lui donne une table à lui seul,
Puisqu'il n'apprécie pas la société des hommes,
Et vraiment il n'en est pas digne.

APÉMANTUS. – Timon, je reste, mais à tes risques et périls.
Je viens vous observer : te voilà averti.

TIMON. – Je n'ai cure de toi ; tu es un Athénien :
Bienvenue, donc ! Laisse, je te prie, ma nourriture
Te clouer le bec. Moi, je ne pourrais le faire.

APÉMANTUS. – Je me fiche bien de ta nourriture : elle m'étoufferait car je ne saurais te payer de flatteries. Ô dieux ! Quelle multitude se repaît de Timon sans même qu'il s'en aperçoive ! Cela m'attriste de voir tant de gens tremper leur nourriture dans le sang d'un seul homme ; et le comble

(bienvenu), à la faveur de l'ellipse de « are welcome » (19). Timon exagère un peu son détachement. 5. Le proverbe « Confess and be hanged » (Avoue et tu seras pendu) est appliqué ici, sans réelle pertinence ; mais il fournit à Apémantus l'occasion d'un jeu de mots. 6. Conformément à la théorie des quatre humeurs* cardinales, il s'agit de tempérament et non d'une attitude passagère. Le relatif (which) est sous-entendu (26). 7. Citation d'Horace : « La colère est une brève démence » (*Épîtres,* I, II, 62).

and all the madness is, he cheers them up, too.
I wonder men dare trust themselves with men.
Methinks they should invite them without knives :
Good for their meat, and safer for their lives.
There's much example for't. The fellow that sits next him, now parts bread with him, pledges the breath of him in a divided draught, is the readiest man to kill him. 'T'as been proved. If I were a huge man, I should fear to drink at meals,
Lest they should spy my windpipe's dangerous notes.
Great men should drink with harness on their throats.

TIMON (*drinking to a Lord*). – My lord, in heart ; and let the health go round.

2 LORD. – Let it flow this way, my good lord.

APEMANTUS. – "Flow this way" ? A brave fellow ; he keeps his tides well.
Those healths will make thee and thy state look ill, Timon.
Here's that which is too weak to be a sinner :
Honest water, which ne'er left man i'th' mire.
This and my food are equals ; there's no odds.
Feasts are too proud to give thanks to the gods.

Apemantus' grace

Immortal gods, I crave no pelf.
I pray for no man but myself.
Grant I may never prove so fond
To trust man on his oath or bond,
Or a harlot for her weeping,
Or a dog that seems a-sleeping,
Or a keeper with my freedom,
Or my friends if I should need 'em.
Amen. So fall to't.
Rich men sin, and I eat root.

[*He eats*]

Much good dich thy good heart, Apemantus.

TIMON. – Captain Alcibiades, your heart's in the field now.

ALCIBIADES. – My heart is ever at your service, my lord.

TIMON. – You had rather be at a breakfast of enemies than a dinner of friends.

ALCIBIADES. – So they were bleeding new, my lord ; there's no meat like 'em. I could wish my best friend at such a feast.

48-49 *vers*] *prose F.*

---

1. A l'époque de Sh, les invités apportaient leurs couteaux. **2.** Ellipse de « It would be » (ce serait, 43) ; *their* désigne dans les deux cas ceux qui invitent. La traduction distingue entre « on » (ceux qui invitent) et « ils » (les invités). **3.** Allusion au toast où circule une coupe dans laquelle chacun trempe les lèvres ; *divided draught* : boisson partagée. Ce passage évoque la Cène où Judas Iscariote partage le repas de Jésus, avant de le trahir. **4.** Très elliptique ; *windpipe* : gosier ; *notes* : 1) marques reconnaissables, 2) notes de musique. L'idée est claire, mais *notes* reste obscur. Mot à mot : « De crainte qu'on

de la folie, c'est que lui-même les y encourage.
Je suis surpris que l'on ose se fier aux hommes.
On devrait inviter des hôtes sans couteaux[1] :
Ils dévoreraient moins, on sauverait sa peau[2].
Il n'en manque pas d'exemples : le compagnon qui est assis près de lui, qui à cet instant même rompt le pain avec lui et boit à sa santé à la même coupe[3], est le plus disposé à le tuer. C'est un fait attesté. Si j'étais quelqu'un d'important, j'aurais peur de me désaltérer à table,
D'exposer mon gosier au risque du tranchoir[4].
Les grands devraient porter des gorgerins, pour boire.

TIMON (*portant un toast à un Seigneur*). – Monseigneur, de tout cœur ! Que [la coupe circule !

2e SEIGNEUR. – Par ici, et à flots, mon bon seigneur.

APÉMANTUS. – « Par ici et à flots » ? Voilà un fameux gaillard. Il sait profiter de la marée[5]. A boire ainsi à leur santé, Timon, ta fortune et toi, vous allez avoir mauvaise mine.
Voici boisson trop faible pour être pécheresse :
L'eau pure, qui jamais ne met dans la détresse.
Mon repas et cette eau se valent tous les deux[6].
Les festins sont trop fiers pour rendre grâce aux dieux.

Le bénédicité d'Apémantus

Dieux immortels, je ne veux pas d'argent.
Je prie pour moi, pas pour les autres gens.
Épargnez-moi de jamais m'oublier
A croire un homme sur serment ou billet,
Me fier à putain qui veut m'émouvoir,
Au chien qui dort mais garde un œil pour voir,
Confier ma liberté à l'argousin
Ou espérer du secours d'un cousin.
Ainsi soit-il[7] ! Attaque, hardi !
Les riches ont leurs péchés, j'ai mes radis.

[*Il mange*]

Et grand bien fasse[8] à ton bon cœur, Apémantus !

TIMON. – Capitaine Alcibiade, votre cœur est au champ de bataille à cette heure.

ALCIBIADE. – Seigneur, mon cœur est toujours à votre service.

TIMON. – Vous aimez mieux bouffer[9] de l'ennemi que dîner avec des amis.

ALCIBIADE. – Oui, seigneur, si on vient de le saigner ; il n'y a pas viande comparable. A mon meilleur ami je souhaite pareil festin.

---

découvre les notes vulnérables de mon gosier ». 5. Jeu sur *flow* : 1) couler, 2) flux, marée montante, pour suggérer que l'autre sait mener sa barque ; *tides* : 1) marées, 2) moments opportuns. 6. Apémantus dit deux fois la même chose ; *there's no odds* : « il n'y a pas de différence » (entre eux). 7. Ce bénédicité est un credo qui dépeint le cynique : désintéressé, indépendant, désabusé (sans illusions sur quiconque ; il ne croit ni aux promesses ni aux sentiments, ni à la loi ni à l'entraide). La traduction explicite ou adapte au prix de quelque infidélité, mais il fallait préserver le panache de ce défi à la société. 8. *dich.* Semble être une corruption (dialectale ?) de « do it », pour dire : « May it do » (Puisse-t-il faire...). 9. L'opposition entre *breakfast* (petit déjeuner) et *dinner* (dîner) n'est pas essentielle. Il s'agit de décrire Alcibiade comme un baroudeur.

APEMANTUS. – Would all those flatterers were thine enemies then,
That thou mightst kill 'em and bid me to 'em.

1 LORD (*to Timon*). – Might we but have that happiness, my lord, that you would once use our hearts, whereby we might express some part of our zeals, we should think ourselves for ever perfect.

TIMON. – O, no doubt, my good friends, but the gods themselves have provided that I shall have much help from you. How had you been my friends else ? Why have you that charitable title from thousands, did not you chiefly belong to my heart ? I have told more of you to myself than you can with modesty speak in your own behalf ; and thus far I confirm you. "O you gods," think I, "what need we have any friends if we should ne'er have need of 'em ? They were the most needless creatures living, should we ne'er have use for 'em, and would most resemble sweet instruments hung up in cases, that keeps their sounds to themselves." Why, I have often wished myself poorer, that I might come nearer to you. We are born to do benefits ; and what better or properer can we call our own than the riches of our friends ? O, what a precious comfort 'tis to have so many like brothers commanding one another's fortunes ! O, joy's e'en made away ere't can be born : mine eyes cannot hold out water, methinks. To forget their faults, I drink to you.

APEMANTUS. – Thou weep'st to make them drink, Timon.

2 LORD (*to Timon*). – Joy had the like conception in our eyes,
And at that instant like a babe sprung up.

APEMANTUS. – Ho, ho, I laugh to think that babe a bastard.

3 LORD (*to Timon*). – I promise you, my lord, you moved me much.

APEMANTUS. – Much !

A tucket sounds within

TIMON. – What means that trump ?

Enter a Servant

How now ?

SERVANT. – Please you, my lord, there are certain ladies most desirous of admittance.

TIMON. – Ladies ? What are their wills ?

SERVANT. – There comes with them a forerunner, my lord, which bears that office to signify their pleasures.

TIMON. – I pray let them be admitted.

Enter one as Cupid

CUPID. – Hail to thee, worthy Timon, and to all
That of his bounties taste ! The five best senses
Acknowledge thee their patron, and come freely
To gratulate thy plenteous bosom. Th'ear,

75-76 *vers*] *prose F.* 76 thou] *Pope (1728)* ; then thou *F.* 92 joy's] *F* (joyes). 109-110 *vers*] *prose F.* 112 Th'ear,] *F* (There).

---

1. La joie de Timon semble s'abolir dans les larmes (normalement signe de tristesse). 2. Sarcasme ambigu. Sans doute : « tes pleurs auront eu pour effet de... », plutôt

APÉMANTUS. – Qu'attends-tu pour tuer ces flatteurs exécrés
Et m'offrir en pâture qui tu as massacré ?

1er SEIGNEUR (*à Timon*). – Si seulement nous pouvions avoir cette joie, monseigneur, que vous mettiez une fois notre cœur à l'épreuve et nous offriez l'occasion d'exprimer en partie notre zèle envers vous, nous serions à jamais au comble du bonheur.

TIMON. – Oh ! à n'en pas douter, mes bons amis, les dieux eux-mêmes ont prévu que vous me serez d'un grand secours ! Pourquoi seriez-vous devenus mes amis, sinon ? A quoi bon ce titre affectueux qui vous distingue de milliers d'hommes, si vous n'apparteniez tout spécialement à mon cœur ? Je me suis fait plus de compliments à votre sujet que vous ne pourriez, en toute modestie, m'en dire vous-mêmes, et c'est en qualité d'amis que je vous donne la confirmation. « Ô dieux, me dis-je, quel besoin avons-nous d'amis, si c'est pour n'en avoir jamais besoin ? Ce seraient les plus inutiles créatures du monde si nous n'en avions jamais l'usage, et ils ressembleraient à de mélodieux instruments préservés dans leurs étuis et qui gardent leur musique pour eux-mêmes. » Tenez, j'ai souvent souhaité d'être plus pauvre, pour avoir l'occasion d'être plus proche de vous. Nous naissons pour faire le bien et que pouvons-nous plus justement, plus exactement appeler nôtres que les richesses de nos amis ? Ah ! précieuse satisfaction que d'être ainsi nombreux à jouir en frères de notre fortune aux uns et aux autres ! Ah ! joie qui se dément avant même que de naître[1] ! Mes yeux, semble-t-il, ne peuvent contenir leurs larmes. Pour oublier cette faiblesse, je bois à votre santé.

APÉMANTUS. – Toi, tu verses des larmes, Timon, et eux, ils boivent[2].

2e SEIGNEUR (*à Timon*). – La joie a dans nos yeux conçu également,
Et dans le même instant le bébé a jailli[3].

APÉMANTUS. – Laissez-moi rire ! Ce bébé-là n'est qu'un bâtard.

3e SEIGNEUR (*à Timon*). – Je suis ému, seigneur ; puissamment, croyez-le.

APÉMANTUS. – Tu parles !

Courte fanfare d'annonce à l'intérieur

TIMON. – Que veut cette trompette ?

Entre un Serviteur

Qu'y a-t-il donc ?

LE SERVITEUR. – S'il vous plaît, monseigneur, ce sont des dames qui désirent ardemment être reçues.

TIMON. – Des dames ? Que nous veulent-elles ?

LE SERVITEUR. – Elles sont précédées d'un messager, monseigneur, dont la fonction est d'expliquer leurs intentions.

TIMON. – Faites-les entrer, je vous prie.

Entre un personnage habillé en Cupidon

CUPIDON. – Salut à toi, digne Timon, comme à tous ceux
Que comblent de plaisir ses bontés ! Les cinq sens
Te prennent pour patron et de leur plein gré viennent
Rendre grâce à ton cœur généreux. Goût, ouïe,

---

que « tu pleures afin de... » 3. Image parodique de ce qu'a dit Timon : leur joie a conçu des larmes et le bébé jaillit de leurs paupières !

Taste, touch, smell, all, pleased from thy table rise.
They only now come but to feast thine eyes.
TIMON. – They're welcome all. Let 'em have kind admittance.
Music make their welcome! *Exit Cupid*
[1 LORD]. – You see, my lord, how ample you're beloved.

Music. Enter a masque of Ladies as Amazons, with lutes in their hands, dancing and playing

APEMANTUS. – Hey-day, what a sweep of vanity comes this way!
They dance? They are madwomen.
Like madness is the glory of this life
As this pomp shows to a little oil and root.
We make ourselves fools to disport ourselves,
And spend our flatteries to drink those men
Upon whose age we void it up again
With poisonous spite and envy.
Who lives that's not depravèd or depraves?
Who dies that bears not one spurn to their graves
Of their friends' gift?
I should fear those that dance before me now
Would one day stamp upon me. 'T'as been done.
Men shut their doors against a setting sun.

The Lords rise from table with much adoring of Timon; and to show their loves each singles out an Amazon, and all dance, men with women, a lofty strain or two to the hautboys; and cease

TIMON. – You have done our pleasures much grace, fair ladies,
Set a fair fashion on our entertainment,
Which was not half so beautiful and kind.
You have added worth unto't and lustre,
And entertained me with mine own device.
I am to thank you for't.
1 [LADY]. – My lord, you take us even at the best.
APEMANTUS. – Faith; for the worst is filthy, and would not hold taking,
I doubt me.
TIMON. – Ladies, there is an idle banquet 'tends you.
Please you to dispose yourselves.
ALL LADIES. – Most thankfully, my lord. *Exeunt Ladies*
TIMON. – Flavius.
FLAVIUS. – My lord.
TIMON. – The little casket bring me hither.

---

113 smell] *Steevens-Reed (1793)*; *pas dans F.* **117** FIRST LORD] *Capell (1767-1768)*; *attribué à « Luc. » dans F.* **138** FIRST [LADY] *Steevens (1773)*; *attribué à* FIRST LORD *dans F.* **141** 'tends] *Oxford*; attends *F.*

---

1. L'épisode qui suit est une adaptation scénique du masque* de Cour. L'incertitude textuelle est source d'ambiguïté : si les cinq sens viennent remercier Timon, on s'attend à cinq figures allégoriques, or Cupidon en cite quatre, à l'exception de la vue ; mais les personnages qu'il annonce viennent précisément réjouir la vue... Par ailleurs, l'indication

Toucher, odorat, tous quittent charmés ta table.
C'est la vue qu'elles viennent ravir, délectables[1].

TIMON. – Elles sont les bienvenues. Que gracieux soit l'accueil !
Musique, salue leur entrée ! *Cupidon sort*

[1er SEIGNEUR]. – Voyez quelle affection vous entoure, monseigneur.

Musique. Entre un ballet de Dames déguisées en Amazones, tenant un luth à la main, et qui dansent en en jouant

APÉMANTUS. – Olé ! Quel tourbillon de vanité voilà !
Elles dansent ? Ce sont des folles.
Folle de même est cette splendeur. Mes radis,
Un peu d'huile montrent bien[2] que ce faste est folie.
Nous nous rendons bouffons afin de nous distraire ;
Prodiguant les flatteries, nous buvons à[3] des gens
Sur qui, l'âge venu, nous recrachons ce vin
Empoisonné par la jalousie, le dépit.
Qui vit sans répandre ou subir la calomnie ?
Qui meurt sans emporter sous terre une avanie,
Cadeau de ses amis ?
J'aurais peur que ceux qui dansent là devant moi
Me piétinent un jour. Il est des précédents.
On renie le soleil qui sombre à l'occident.

Les Seigneurs se lèvent de table avec force marques de vénération pour Timon ; et pour lui signifier son attachement, chacun se choisit une Amazone, et tous dansent, les hommes avec les femmes ; le temps d'un air noble ou deux sur les hautbois, puis tout s'arrête

TIMON. – Vous avez mis bien de la grâce à nous ravir,
Belles dames, et donné du lustre à notre fête,
En en rehaussant la beauté et l'agrément.
Son éclat, sa splendeur vous sont dus pour beaucoup ;
Et j'ai pris du plaisir à ma propre invention[4].
Je tiens à vous en remercier.

1re [DAME]. – C'est là prendre, seigneur, le bon côté des choses.

APÉMANTUS. – Parbleu ! Leurs choses sont tellement avariées du mauvais côté, qu'on ne saurait les prendre, je le crains.

TIMON. – Il y a un petit dessert qui vous attend,
Mesdames. Si vous voulez bien prendre place...

TOUTES LES DAMES. – Avec grand plaisir, monseigneur.

Les Dames sortent

TIMON. – Flavius !

FLAVIUS. – Monseigneur ?

TIMON. – Le petit coffret : tu l'apportes !

---

qui suit 131 suggère qu'il y a bien plus de cinq Amazones. *They* (114) est traduit par un féminin puisque ce sont des dames (non les cinq sens) qui arrivent. **2.** *to.* Comparé à (son huile et ses radis). **3.** Jeu sur *drink* : 1) boire à la santé de, 2) consommer (comme plus haut : « se repaître de », I,2,38). **4.** Timon semble admettre soudain qu'il avait lui-même organisé le masque à l'intention de ses amis et qu'il en est ravi au-delà de ses espérances. Il feignait donc l'étonnement à l'arrivée des dames (105). Où s'arrête son *invention* ? A-t-il aussi prévu le compliment à sa propre gloire, dit par Cupidon ?

FLAVIUS. – Yes, my lord. (*Aside*) More jewels yet?
There is no crossing him in's humour,
Else I should tell him well, i'faith I should.
When all's spent, he'd be crossed then, an he could.
'Tis pity bounty had not eyes behind,
That man might ne'er be wretched for his mind. *Exit*

1 LORD. – Where be our men?

SERVANT. – Here, my lord, in readiness.

2 LORD. – Our horses. *[Exit Servant]*

Enter Flavius with the casket. He gives it to Timon, [and exits]

TIMON. – O my friends, I have one word to say to you.
Look you, my good lord,
I must entreat you honour me so much
As to advance this jewel. Accept and wear it,
Kind my lord.

1 LORD. – I am so far already in your gifts.

ALL LORDS. – So are we all.

[Timon gives them jewels.]
Enter a Servant

1 SERVANT. – My lord, there are certain nobles of the senate newly alighted and come to visit you.

TIMON. – They are fairly welcome. *Exit Servant*

Enter Flavius

FLAVIUS. – I beseech your honour, vouchsafe me a word; it does concern you near.

TIMON. – Near? Why then, another time I'll hear thee.
I prithee, let's be provided to show them entertainment.

FLAVIUS. – I scarce know how.

Enter a Second Servant

2 SERVANT. – May it please your honour, Lord Lucius
Out of his free love hath presented to you
Four milk-white horses trapped in silver.

TIMON. – I shall accept them fairly. Let the presents
Be worthily entertained. *Exit Servant*

Enter a Third Servant

How now, what news?

3 SERVANT. – Please you, my lord, that honourable gentleman Lord Lucullus entreats your company tomorrow to hunt with him, and has sent your honour two brace of greyhounds.

TIMON. – I'll hunt with him, and let them be received
Not without fair reward. *Exit Servant*

FLAVIUS (*aside*). – What will this come to?
He commands us to provide and give great gifts,

---

159 Accept] *F2*; accept it *F.*

---

1. Jeu sur *cross* : 1) contrarier (148), 2) rayer, annuler la dette de (150) ; *an* = if (« s'il

FLAVIUS. – Bien, monseigneur. (*A part*) Des bijoux encore ?
Impossible de le barrer dans cette humeur,
Sinon je lui dirais tout net — oui, je devrais.
L'or parti, il voudra barrer sa dette. En vain[1].
Si la bonté avait des yeux pour voir derrière,
Bon cœur ne réduirait nul être à la misère[2]. *Il sort*

1er SEIGNEUR. – Où sont nos gens ?

LE SERVITEUR. – Nous voici, seigneur, à vos ordres.

2e SEIGNEUR. – Nos chevaux ! [*Le Serviteur sort*]

Entre Flavius avec le coffret. Il le donne à Timon, [*et sort*]

TIMON. – Ô mes amis, je souhaite vous dire un mot !
Tenez, mon bon seigneur,
Je dois vous demander de me faire l'honneur
D'ennoblir ce bijou[3]. Prenez-le, portez-le,
Mon aimable seigneur.

1er SEIGNEUR. – Vous m'avez tant donné déjà !

TOUS LES SEIGNEURS. – Ainsi qu'à nous.

[*Timon leur donne des bijoux.*]
Entre un Serviteur

1er SERVITEUR. – Monseigneur, il y a là certains nobles du Sénat qui descendent à l'instant de cheval pour vous rendre visite.

TIMON. – Ils sont bienvenus de tout cœur. *Le Serviteur sort*

Entre Flavius

FLAVIUS. – Je supplie Votre Honneur de m'accorder un mot ; l'affaire vous concerne de près.

TIMON. – Moi ? Eh bien alors, cela peut attendre.
Fais ce qu'il faut, veux-tu, pour bien les recevoir.

FLAVIUS. – Je ne sais trop comment.

Entre un Deuxième Serviteur

2e SERVITEUR. – S'il plaît à Votre Honneur, le seigneur Lucius
En gage d'affection vous offre des chevaux.
Quatre, blancs comme lait, et harnachés d'argent.

TIMON. – Je les accepte de tout cœur. Que ce cadeau
Soit reçu comme il faut. *Le Serviteur sort*

Entre un Troisième Serviteur

Et toi, quelles nouvelles ?

3e SERVITEUR. – S'il vous plaît, monseigneur, ce noble gentilhomme, le seigneur Lucullus, sollicite votre compagnie pour chasser avec lui demain et il envoie à Votre Honneur deux couples de lévriers.

TIMON. – J'irai. Accueillez ces bêtes et qu'un don précieux
Lui soit fait en retour. *Le Serviteur sort*

FLAVIUS (*à part*). – Où ceci conduit-il ?
Il nous enjoint de trouver de riches cadeaux

---

le pouvait »). 2. Il verrait comme on rit de lui quand il a le dos tourné. Ou encore : il verrait la misère s'attacher à ses pas. 3. Comparer l'attitude de Timon en I,1,176-177.

And all out of an empty coffer;
Nor will he know his purse, or yield me this:
To show him what a beggar his heart is,
Being of no power to make his wishes good.
His promises fly so beyond his state
That what he speaks is all in debt, he owes
For every word. He is so kind that he now
Pays interest for't. His land's put to their books.
Well, would I were gently put out of office
Before I were forced out.
Happier is he that has no friend to feed
Than such that do e'en enemies exceed.
I bleed inwardly for my lord. *Exit*

TIMON (*to the Lords*). – You do yourselves
Much wrong, you bate too much of your own merits.
(*To Second Lord*) Here, my lord, a trifle of our love.

2 LORD. – With more than common thanks I will receive it.

3 LORD. – O, he's the very soul of bounty!

TIMON (*to First Lord*). – And now I remember, my lord, you gave good words the other day of a bay courser I rode on. 'Tis yours, because you liked it.

1 LORD. – O I beseech you pardon me, my lord, in that.

TIMON. – You may take my word, my lord, I know no man
Can justly praise but what he does affect.
I weigh my friends' affection with mine own.
I'll tell you true, I'll call to you.

ALL LORDS. – O, none so welcome.

TIMON. – I take all and your several visitations
So kind to heart, 'tis not enough to give.
Methinks I could deal kingdoms to my friends,
And ne'er be weary. Alcibiades,
Thou art a soldier, therefore seldom rich.
[*Giving a present*] It comes in charity to thee, for all thy living
Is 'mongst the dead, and all the lands thou hast
Lie in a pitched field.

ALCIBIADES. – Ay, defiled land, my lord.

1 LORD. – We are so virtuously bound –

TIMON. – And so am I to you.

2 LORD. – So infinitely endeared –

TIMON. – All to you. Lights, more lights!

1 LORD. – The best of happiness, honour, and fortunes
Keep with you, Lord Timon.

TIMON. – Ready for his friends. *Exeunt all but Timon and Apemantus*

APEMANTUS. – What a coil's here,

203-206 *vers*] *prose F;* **222-225** *vers*] *prose F.*

---

1. *put to their books.* Répertoriée dans leurs livres de comptes. **2.** Ellipse : *Than* (he that has to feed) *such that...* (Que celui qui a à nourrir des gens qui...). **3.** Deux sens

En puisant dans un coffre vide ;
Il ne veut connaître sa bourse ni me permettre
De lui montrer quel gueux son cœur est devenu,
Puisqu'il n'a plus de quoi donner corps à ses vœux.
Ses promesses outrepassent à tel point sa fortune
Que ce qu'il dit n'est plus que dette, et il doit plus
A chaque mot. Telle est sa bonté qu'à présent
Il en paie l'intérêt. Sa terre est toute en gage[1].
Hélas ! que ne suis-je aimablement congédié
Avant que de force on me chasse !
Mieux vaut n'avoir à régaler aucun ami,
Plutôt que des gens qui sont pires que des ennemis[2].
Le cœur me saigne pour mon maître. *Il sort*

TIMON (*aux Seigneurs*). – Vous vous faites
Tort à vous-mêmes, vous rabaissez trop vos mérites.
(*Au Deuxième Seigneur*) Tenez, seigneur, ce petit gage d'affection.

2e SEIGNEUR. – Sans égale est ma gratitude en l'acceptant.

3e SEIGNEUR. – Oh ! c'est la libéralité faite homme !

TIMON (*au Premier Seigneur*). – Et tenez, il me revient, seigneur, que vous avez l'autre jour fait l'éloge du cheval bai que je montais. Il est à vous, puisqu'il vous a plu.

1er SEIGNEUR. – Oh ! pardon, monseigneur, je ne puis accepter !

TIMON. – Croyez-en ma parole, seigneur, je sais que nul
Ne peut bien glorifier que ce qu'il affectionne.
L'engouement d'un ami vaut le mien. Soyez sûr,
J'irai vous voir[3].

TOUS LES SEIGNEURS. – Ah ! nul plus bienvenu que vous !

TIMON. – Votre visite, à tous comme à chacun, me touche
Si fort que je trouve insuffisant de donner.
Aux amis, je pourrais dispenser des royaumes
Sans jamais me lasser, il me semble. Alcibiade,
Tu es soldat ; et soldat n'est pas souvent riche.
[*Offrant un présent*] La charité te doit ceci : ta vie[4] se gagne
Parmi les morts, et pour toute terre tu as
Le champ d'honneur.

ALCIBIADE. – Champ d'horreurs[5], plutôt, monseigneur.

1er SEIGNEUR. – La gratitude qui nous lie –

TIMON. – A vous aussi je suis lié.

2e SEIGNEUR. – Nous vous sommes si redevables –

TIMON. – Et moi tout à vous. Des flambeaux ! D'autres flambeaux !

1er SEIGNEUR. – Le bonheur le plus pur, seigneur Timon, soit vôtre,
Avec l'honneur et la fortune !

TIMON. – A la disposition de ses amis.

Tous sortent sauf Timon et Apémantus

APÉMANTUS. – Que de manières !

---

possibles : 1) (probablement) je vous rendrai visite, 2) je ferai appel à vous. **4.** Jeu sur *living* : 1) de quoi vivre (tu gagnes ta vie), 2) existence (tu sauves ta peau). **5.** Jeu sur *pitched* : 1) fixé, organisé (« pitched battle » : bataille rangée), 2) enduit de poix ; d'où *defiled* : souillé.

Serving of becks and jutting-out of bums!
I doubt whether their legs be worth the sums
That are given for 'em. Friendship's full of dregs.
Methinks false hearts should never have sound legs.
Thus honest fools lay out their wealth on curtseys.

TIMON. – Now, Apemantus, if thou wert not sullen
I would be good to thee.

APEMANTUS. – No, I'll nothing; for if I should be bribed too, there would be none left to rail upon thee, and then thou wouldst sin the faster. Thou giv'st so long, Timon, I fear me thou wilt give away thyself in paper shortly. What needs these feasts, pomps, and vainglories?

TIMON. – Nay, an you begin to rail on society once, I am sworn not to give regard to you.
Farewell, and come with better music. *Exit*

APEMANTUS. – So.
Thou wilt not hear me now, thou shalt not then.
I'll lock thy heaven from thee. O, that men's ears should be
To counsel deaf, but not to flattery! *Exit*

II, 1 *Enter a Senator* [*with bonds*]

SENATOR. – And late five thousand. To Varro and to Isidore
He owes nine thousand, besides my former sum,
Which makes it five-and-twenty. Still in motion
Of raging waste! It cannot hold, it will not.
If I want gold, steal but a beggar's dog
And give it Timon, why, the dog coins gold.
If I would sell my horse and buy twenty more
Better than he, why, give my horse to Timon –
Ask nothing, give it him – it foals me straight,
And able horses. No porter at his gate,
But rather one that smiles and still invites
All that pass by. It cannot hold. No reason
Can sound his state in safety. Caphis ho!
Caphis, I say!

Enter Caphis

CAPHIS. – Here, sir. What is your pleasure?

SENATOR. – Get on your cloak and haste you to Lord Timon.
Importune him for my moneys. Be not ceased
With slight denial, nor then silenced when
"Commend me to your master", and the cap
Plays in the right hand, thus; but tell him
My uses cry to me, I must serve my turn

236-238 *vers*] *prose F.* **II,1** 7 more] *F* (moe).

---

1. L'exclamatif *What* (Que de...) porte sur *coil* (chichis), *Serving* (étalage de...) et *jutting-out* (le fait de projeter en arrière). **2.** *legs.* 1) jambes, 2) révérences. L'anglais

On se fait des courbettes, on arrondit les fesses[1] !
Ces ronds de jambes[2] ne valent pas, je le professe,
Les sommes qu'on les paie. L'amitié n'est que lie.
A cœurs fourbes il ne faut, je trouve, jambes qui plient.
Pour une révérence l'honnête sot se ruine.

TIMON. – Écoute, Apémantus, si tu n'étais grincheux
Je serais bon pour toi.

APÉMANTUS. – Non, je ne veux rien ; si on pouvait m'acheter moi aussi, il ne resterait personne pour te railler et tu pécherais plus vite encore. Tu es allé si loin dans la dépense, Timon, que tu es près, j'en ai peur, de te dépenser toi-même en billets à ordre. A quoi bon ces festins, ces pompes, et toute cette vaine gloire ?

TIMON. – Ah non ! Si maintenant tu te mets à railler la société, je jure de ne plus te prêter attention.
Adieu, reviens avec un air plus plaisant. *Il sort*

APÉMANTUS. – Soit !
Tu ne veux pas m'entendre ? Tu ne m'entendras plus.
Je te ferme le ciel. Hélas ! l'homme a l'oreille
Grande ouverte à la flatterie, sourde au conseil ! *Il sort*

Entre un Sénateur [*tenant des billets à ordre*][3] **II, 1**

LE SÉNATEUR. – Et récemment cinq mille[4]. Débiteur pour neuf mille
D'Isidore et Varron, plus mon prêt antérieur,
Ce qui fait vingt-cinq mille. Gaspillage insensé
Et sans répit ! Qui n'aura qu'un temps, c'est fatal.
J'ai besoin d'or ? C'est simple : je vole un chien de gueux,
Je l'offre à Timon ; hop ! ce chien me bat monnaie.
Je veux vendre un cheval et m'en acheter vingt
Meilleurs que lui ? Hop ! j'offre à Timon ce cheval —
Je ne veux rien : je l'offre — il pouline illico,
Et de fort belles bêtes. Nul cerbère à sa porte,
Mais un gardien qui sourit et toujours invite
Tout passant à entrer. Cela n'aura qu'un temps.
La raison ne peut l'estimer solvable[5]. Caphis !
Holà ! Caphis !

Entre Caphis

CAPHIS. – Voilà. Que désire monsieur ?

LE SÉNATEUR. – Mettez votre manteau et courez chez Timon
Réclamer mon argent. Ne vous arrêtez pas
Au refus dédaigneux. Tenez bon s'il vous fait
Ses « compliments au maître », décrivant de la main
Un grand cercle avec son chapeau, ainsi. Mais dites
Que mes besoins sont criants, que mon propre argent

---

dit « je doute que », mais il y a une rime. **3.** Lieu : chez un sénateur. **4.** Peut-être des couronnes (voir III,4,32 et 88). **5.** Peut-être un jeu sur *sound* : 1) sonder, 2) proclamer. Si on sonde l'état de sa fortune, on ne pourra pas la déclarer solide (*in safety* : en sécurité).

Out of mine own, his days and times are past,
And my reliances on his fracted dates
Have smit my credit. I love and honour him,
But must not break my back to heal his finger.
Immediate are my needs, and my relief
Must not be tossed and turned to me in words,
But find supply immediate. Get you gone.
Put on a most importunate aspect,
A visage of demand, for I do fear
When every feather sticks in his own wing
Lord Timon will be left a naked gull,
Which flashes now a phoenix. Get you gone.

CAPHIS. – I go, sir.

SENATOR [*giving him bonds*]. – Take the bonds along with you,
And have the dates in count.

CAPHIS. – I will, sir.

SENATOR. – Go. *Exeunt* [*severally*]

II, 2 *Enter Flavius, with many bills in his hand*

FLAVIUS. – No care, no stop; so senseless of expense
That he will neither know how to maintain it
Nor cease his flow of riot, takes no account
How things go from him, nor resumes no care
Of what is to continue. Never mind
Was to be so unwise to be so kind.
What shall be done? He will not hear till feel.

[*A sound of horns within*]

I must be round with him, now he comes from hunting.
Fie, fie, fie, fie!

Enter Caphis [*at one door*] *and Servants of Isidore and Varro* [*at another door*]

CAPHIS. – Good even, Varro. What, you come for money?

VAR. SERV. – Is't not your business too?

CAPHIS. – It is; and yours too, Isidore?

ISID. SERV. – It is so.

CAPHIS. – Would we were all discharged.

VAR. SERV. – I fear it.

CAPHIS. – Here comes the lord.

Enter Timon and his train, amongst them Alcibiades, [*as from hunting*]

TIMON. – So soon as dinner's done we'll forth again,

---

33 Take] *Dyce (1857)*; *Sen[ator].* I go sir ? / Take *F.* II,2 3 account] *F* (accompt). 4 resumes] *Rowe (1709)*; resume *F.*

---

1. L'image sous-jacente dans « toss » (lancer) et « turn » (renvoyer) est celle de la balle de tennis. 2. Timon parade sous des plumes d'emprunt ; quand chacun aura retrouvé son

Doit servir à mes fins, que le terme est échu,
Que comptant sur ses paiements sans fin reportés
J'ai lésé mon crédit. Je l'aime et je l'honore
Mais pour guérir son doigt faut-il que je me brise
Les reins ? Mes besoins sont urgents et le secours,
Ce n'est pas les mots qu'il me renvoie comme balle[1],
Mais un remboursement d'urgence. Allez, en route !
Donnez-vous l'air le plus intraitable possible,
Ayez le visage exigeant, car – je le crains –
Quand chaque plume aura fait retour à son aile,
Timon, qui maintenant se pavane en phénix,
Ne sera plus qu'un pigeon plumé[2]. Allez, vite !

CAPHIS. – J'y vais, monsieur.

LE SÉNATEUR [*lui remettant des billets*]. – Prenez avec vous les billets,
Et veillez bien aux dates.

CAPHIS. – Oui, monsieur.

LE SÉNATEUR. – Allez donc ! *Ils sortent* [*séparément*]

Entre Flavius, une liasse de factures à la main[3] II, 2

FLAVIUS. – Ni souci, ni répit ; insensible aux dépenses,
Il ne veut ni savoir comment tenir ce train
Ni endiguer sa démesure ; peu lui importe
Que tout lui file entre les doigts ; il n'a souci
De ce qu'il restera demain[4]. Et nul jamais,
En se voulant si bon, ne se montra si niais.
Mais qu'y faire ? Il ne m'écoutera que s'il souffre.

[*Sonnerie de trompes de chasse à l'intérieur*]

Je vais lui parler net : il revient de la chasse.
Ah ! quelle honte !

Entrent Caphis [*par une porte*] *et les Serviteurs d'Isidore et de Varron* [*par une autre*]

CAPHIS. – Bonjour, Varron[5]. Alors, on vient pour de l'argent ?

LE SERV. DE VAR. – Ne venez-vous pas pour cela vous-même ?

CAPHIS. – Mais si. Et vous aussi, Isidore ?

LE SERV. D'ISI. – Oui, bien sûr.

CAPHIS. – Dieu veuille qu'il nous rembourse !

LE SERV. DE VAR. – J'en doute.

CAPHIS. – Le voici.

Entre Timon avec sa suite, dont Alcibiade, [*comme de retour de la chasse*]

TIMON. – Dès le repas fini, nous allons repartir,

---

bien, il sera tout nu ; *gull* : 1) oisillon non encore emplumé, 2) nigaud crédule. **3.** Lieu : dans la rue puis dans le palais de Timon. **4.** Soit : « de ce qu'il reste pour tenir bon », soit : « de ce qui va s'ensuivre ». La double négation *(nor...no)* est courante à l'époque. **5.** Les Serviteurs s'interpellent par le nom de leur maître. On disait « good even » (bonsoir) une fois passé midi ; comme Timon va repartir à la chasse après le repas, on n'est qu'au début de l'après-midi.

My Alcibiades.

Caphis meets Timon

With me ? What is your will ?

CAPHIS. – My lord, here is a note of certain dues.

TIMON. – Dues ? Whence are you ?

CAPHIS. – Of Athens here, my lord.

TIMON. – Go to my steward.

CAPHIS. – Please it your lordship, he hath put me off,
To the succession of new days, this month.
My master is awaked by great occasion
To call upon his own, and humbly prays you
That with your other noble parts you'll suit
In giving him his right.

TIMON. – Mine honest friend,
I prithee but repair to me next morning.

CAPHIS. – Nay, good my lord.

TIMON. – Contain thyself, good friend.

VAR. SERV. – One Varro's servant, my good lord.

ISID. SERV. (*to Timon*). – From Isidore. He humbly prays your speedy payment.

CAPHIS (*to Timon*). – If you did know, my lord, my master's wants —

VAR. SERV. (*to Timon*). – 'Twas due on forfeiture, my lord, six weeks and [past.

ISID. SERV. (*to Timon*). – Your steward puts me off, my lord, and I
Am sent expressly to your lordship.

TIMON. – Give me breath. —
I do beseech you, good my lords, keep on.
I'll wait upon you instantly. *Exeunt Alcibiades and Timon's train*
(*To Flavius*) Come hither. Pray you,
How goes the world, that I am thus encountered
With clamorous demands of broken bonds
And the detention of long-since-due debts,
Against my honour ?

FLAVIUS (*to Servants*). – Please you, gentlemen,
The time is unagreeable to this business ;
Your importunacy cease till after dinner,
That I may make his lordship understand
Wherefore you are not paid.

TIMON (*to Servants*). – Do so, my friends.
(*To Flavius*) See them well entertained. *Exit*

FLAVIUS. – Pray draw near. *Exit*

Enter Apemantus and Fool

CAPHIS. – Stay, stay, here comes the fool with Apemantus.
Let's ha' some sport with 'em.

VAR. SERV. – Hang him, he'll abuse us.

ISID. SERV. – A plague upon him, dog !

---

37 broken] *Hanmer (1744)* ; debt, broken *F.*

Alcibiade, mon cher.

Caphis s'avance vers Timon

Pour moi ? Que voulez-vous ?

CAPHIS. – Seigneur, j'ai là un relevé de sommes dues.
TIMON. – Dues ? Mais d'où venez-vous ?
CAPHIS. – D'ici, seigneur, d'Athènes.
TIMON. – Voyez mon intendant.
CAPHIS. – Seigneur, ne vous déplaise, il remet à plus tard,
De jour en jour, depuis un mois. Or mon patron
Se découvre contraint par le plus grand besoin
De rentrer dans ses fonds et vous prie humblement
D'agir ainsi qu'il sied[1] à vos autres vertus
En lui rendant ce qui est dû.
TIMON. – Mon cher ami,
Je te prie de venir me voir demain matin.
CAPHIS. – Non, mon bon seigneur.
TIMON. – Calme-toi, mon bon ami.
LE SERV. DE VAR. – Je suis serviteur de Varron, mon bon seigneur.
LE SERV. D'ISI. (*à Timon*). – Moi, d'Isidore. Il vous prie humblement de le [rembourser vite.
CAPHIS (*à Timon*). – Si vous saviez, seigneur, le besoin qu'a mon maître.
LE SERV. DE VAR. (*à Timon*). – Seigneur, deux mois bientôt que c'est dû sous [peine de saisie.
LE SERV. D'ISI. (*à Timon*). – Seigneur, votre intendant atermoie. C'est à vous
Qu'on m'envoie tout exprès.
TIMON. – Laissez-moi respirer —
Mes chers seigneurs, avancez sans moi, je vous prie.
Je vous joins à l'instant. *Alcibiade et la suite de Timon sortent*
(*A Flavius*) Approchez. S'il vous plaît,
Que se passe-t-il donc, que je suis assailli
D'insistantes requêtes pour billets en souffrance
Et dettes impayées, mais depuis longtemps dues,
A mon grand déshonneur ?
FLAVIUS (*aux Serviteurs*). – Messieurs, je vous en prie,
L'heure est inopportune pour régler cette affaire.
Suspendez vos requêtes jusqu'après le repas,
Que j'aie le temps de faire comprendre à Son Honneur
Pourquoi vous n'êtes pas payés.
TIMON (*aux Serviteurs*). – Oui, mes amis.
(*A Flavius*). – Qu'on soit aux petits soins pour eux. *Il sort*
FLAVIUS. – Veuillez me suivre. *Il sort*

Entrent Apémantus et le Fou

CAPHIS. – Minute ! Voici le fou avec Apémantus.
Si on s'amusait un peu avec eux ?
LE SERV. DE VAR. – Ce gibier de potence ? Il va nous insulter.
LE SERV. D'ISI. – Il peut crever, ce chien !

---

1. *suit.* Agir en conformité avec.

VAR. SERV. – How dost, fool ?

APEMANTUS. – Dost dialogue with thy shadow ?

VAR. SERV. – I speak not to thee.

APEMANTUS. – No, 'tis to thyself. (*To Fool*) Come away.

ISID. SERV. (*to Varro's Servant*). – There's the fool hangs on your back already.

APEMANTUS. – No, thou stand'st single : thou'rt not on him yet.

CAPHIS (*to Isidore's Servant*). – Where's the fool now ?

APEMANTUS. – He last asked the question. Poor rogues' and usurers' men, bawds between gold and want.

ALL SERVANTS. – What are we, Apemantus ?

APEMANTUS. – Asses.

ALL SERVANTS. – Why ?

APEMANTUS. – That you ask me what you are, and do not know yourselves. Speak to 'em, fool.

FOOL. – How do you, gentlemen ?

ALL SERVANTS. – Gramercies, good fool. How does your mistress ?

FOOL. – She's e'en setting on water to scald such chickens as you are. Would we could see you at Corinth.

APEMANTUS. – Good ; gramercy.

Enter Page with two letters

FOOL. – Look you, here comes my mistress' page.

PAGE. – Why, how now, captain ? What do you in this wise company ? How dost thou, Apemantus ?

APEMANTUS. – Would I had a rod in my mouth, that I might answer thee profitably.

PAGE. – Prithee, Apemantus, read me the superscription of these letters. I know not which is which.

APEMANTUS. – Canst not read ?

PAGE. – No.

APEMANTUS. – There will little learning die then that day thou art hanged. This is to Lord Timon, this to Alcibiades. Go, thou wast born a bastard, and thou'lt die a bawd.

PAGE. – Thou wast whelped a dog, and thou shalt famish a dog's death. Answer not ; I am gone. *Exit*

APEMANTUS. – E'en so thou outrunn'st grace. Fool, I will go with you to Lord Timon's.

FOOL. – Will you leave me there ?

APEMANTUS. – If Timon stay at home. (*To Servants*) You three serve three usurers ?

---

68 mistress'] *Theobald (1733)* ; Masters *F*. **79** thou'lt] *F* (thou't). **85-86** et **88** *prose*] *vers F*.

---

1. Sous les quolibets d'Apémantus, les trois serviteurs vont être ridiculisés tour à tour et comme affublés du dossard « Fou ». 2. *Gramercies.* Vient de « grand merci », mais ne constitue pas une réponse à la question. 3. Allusion à deux coutumes : 1) on échaude

LE SERV. DE VAR. – Ça va, le fou ?

APÉMANTUS. – Tu t'adresses à ton ombre ?

LE SERV. DE VAR. – Toi, je ne t'ai pas parlé.

APÉMANTUS. – Non, c'est à toi que tu parlais. (*Au Fou*) Allez, viens !

LE SERV. D'ISI. (*au Serviteur de Varron*). – Tu vois, te voilà déjà avec « le fou » sur le dos[1].

APÉMANTUS. – Mais non, tu es sur tes pattes, tu n'es pas encore sur son dos.

CAPHIS (*au Serviteur d'Isidore*). – Où il est, « le fou », maintenant ?

APÉMANTUS. – C'est celui qui a parlé en dernier. Pauvres larbins de crapules et d'usuriers, entremetteurs entre l'or et la misère !

TOUS LES SERVITEURS. – Qu'est-ce que nous sommes, Apémantus ?

APÉMANTUS. – Des ânes.

TOUS LES SERVITEURS. – Pourquoi ?

APÉMANTUS. – Parce que vous me demandez ce que vous êtes et que vous ne le savez pas vous-mêmes. Parle-leur, fou.

LE FOU. – Comment allez-vous, messieurs ?

TOUS LES SERVITEURS. – Ça va, merci[2], brave fou. Et vous, comment va votre maîtresse ?

LE FOU. – Elle met de l'eau à chauffer pour échauder la poulaille de votre espèce. Je donnerais cher pour vous voir au boxon[3].

APÉMANTUS. – Très bon. Merci beaucoup.

Entre un Page portant deux lettres

LE FOU. – Tenez, voici le page de ma maîtresse.

LE PAGE. – Alors quoi, mon capitaine ? Qu'est-ce que vous faites en compagnie des sages ? Comment va, Apémantus ?

APÉMANTUS. – Dommage que je n'ai pas un martinet dans la bouche, je te répondrais pour ton bien.

LE PAGE. – Je t'en prie, Apémantus, lis-moi l'adresse de ces lettres. Je ne sais plus laquelle est laquelle.

APÉMANTUS. – Tu ne sais pas lire ?

LE PAGE. – Non.

APÉMANTUS. – Alors, il n'y aura pas grand savoir à disparaître, le jour où tu seras pendu. Celle-ci est pour le seigneur Timon, celle-là pour Alcibiade. Allez, va ! Tu es né bâtard et tu mourras maquereau.

LE PAGE. – Tandis que toi, c'est une chienne qui t'a mis bas, et tu crèveras comme un chien. Pas la peine de répondre : je suis parti. *Il sort*

APÉMANTUS. – Mal parti[4], car la grâce ne peut plus te toucher. Fou, je vous accompagne chez le seigneur Timon.

LE FOU. – Et là-bas, vous me laisserez ?

APÉMANTUS. – Si Timon reste chez lui[5]. (*Aux Serviteurs*) Vous trois, là, vous servez trois usuriers ?

---

certaines volailles avant de les plumer ; 2) les bains de vapeur servaient à soigner les maladies vénériennes. Les prostituées entretenaient parfois un « fou » pour leur divertissement. Le bouffon suggère ici aux serviteurs de venir chez sa maîtresse : Corinthe passait dans l'Antiquité pour une ville aux nombreuses prostituées. **4.** *gone.* 1) parti, 2) fichu. **5.** Soit : Timon étant fou, le « bouffon » sera chez lui aussi longtemps que Timon y sera, soit : Apémantus laissera le Fou discuter avec Timon.

ALL SERVANTS. – Ay. Would they served us.

APEMANTUS. – So would I : as good a trick as ever hangman served thief.

FOOL. – Are you three usurers' men ?

ALL SERVANTS. – Ay, fool.

FOOL. – I think no usurer but has a fool to his servant. My mistress is one, and I am her fool. When men come to borrow of your masters they approach sadly and go away merry, but they enter my mistress's house merrily and go away sadly. The reason of this ?

VAR. SERV. – I could render one.

APEMANTUS. – Do it then, that we may account thee a whoremaster and a knave, which notwithstanding thou shalt be no less esteemed.

VAR. SERV. – What is a whoremaster, fool ?

FOOL. – A fool in good clothes, and something like thee. 'Tis a spirit ; sometime 't appears like a lord, sometime like a lawyer, sometime like a philosopher with two stones more than 's artificial one. He is very often like a knight ; and generally in all shapes that man goes up and down in from fourscore to thirteen, this spirit walks in.

VAR. SERV. – Thou art not altogether a fool.

FOOL. – Nor thou altogether a wise man. As much foolery as I have, so much wit thou lack'st.

APEMANTUS. – That answer might have become Apemantus.

Enter Timon and Flavius

ALL SERVANTS. – Aside, aside, here comes Lord Timon.

APEMANTUS. – Come with me, fool, come.

FOOL. – I do not always follow lover, elder brother, and woman : sometime the philosopher. *Exeunt Apemantus and Fool*

FLAVIUS (*to Servants*). – Pray you, walk near. I'll speak with you anon.
Exeunt Servants

TIMON. – You make me marvel wherefore ere this time
Had you not fully laid my state before me,
That I might so have rated my expense
As I had leave of means.

FLAVIUS. – You would not hear me.
At many leisures I proposed –

TIMON. – Go to.
Perchance some single vantages you took,

---

93 mistress's] *Theobald (1733)* ; Masters *F.* **101** more] *F* (moe). **117** proposed] *F2* ; propose *F.*

---

1. Apémantus dit *So would I* (Je le voudrais aussi) en écho à *Ay. Would...* (Oui. Plût aux dieux que...) ; *I* et *Ay* ont la même prononciation. « To serve somebody a trick » : jouer un tour à quelqu'un. 2. A savoir : ils ont dépensé leurs sous et attrapé la maladie. Le sous-entendu du Fou était plus égrillard. 3. La pierre philosophale était censée changer le métal en or. Les autres « pierres » sont les testicules *(stones)*. 4. Trois personnages

TOUS LES SERVITEURS. – Oui. Si seulement ils nous servaient, à leur tour !

APÉMANTUS. – Et comment[1] ! Et qu'ils vous jouent le tour pendable que le bourreau fait au voleur !

LE FOU. – Vos maîtres sont des usuriers, à tous les trois ?

TOUS LES SERVITEURS. – Oui, fou.

LE FOU. – Je pense qu'il n'y a pas d'usurier qui n'ait un fou pour serviteur. Ma maîtresse se prête à usure et je suis son fou. Quand des hommes viennent emprunter à vos maîtres, ils arrivent tristes et ressortent gais, mais chez ma maîtresse, ils pénètrent gais et ressortent tristes. Vous en savez la raison ?

LE SERV. DE VAR. – Moi, j'en ai une à proposer[2].

APÉMANTUS. – Vas-y donc, qu'on puisse dire de toi que tu es un homme à putes autant qu'une fripouille, en dépit de quoi tu n'en seras pas moins estimé.

LE SERV. DE VAR. – Fou, qu'est-ce qu'un homme à putes ?

LE FOU. – Un fou bien fringué et un peu dans ton genre. C'est un esprit : des fois il apparaît sous la forme d'un grand seigneur, des fois comme un homme de loi, des fois comme un alchimiste qui a dans la bourse deux pierres de plus que la philosophale[3]. Très souvent il a l'aspect d'un chevalier ; et de façon générale sous toutes les formes que prend l'homme qui va et qui vient, entre treize et quatre-vingts ans, cette apparition fait son entrée.

LE SERV. DE VAR. – Tu n'es pas si fou que ça.

LE FOU. – Ni toi si sage que ça. Autant j'ai de folie, autant tu manques d'esprit.

APÉMANTUS. – Voilà une réponse digne d'Apémantus.

Entrent Timon et Flavius

TOUS LES SERVITEURS. – Écartons-nous, écartons-nous, voici le seigneur Timon.

APÉMANTUS. – Viens avec moi, fou, viens.

LE FOU. – Je n'emboîte pas toujours le pas à l'amant, au fils aîné et à la femme[4] ; à l'occasion, c'est au philosophe.

Apémantus et le Fou sortent

FLAVIUS (*aux Serviteurs*). – Un instant, s'il vous plaît. Je vous rejoins[5] tantôt.

Les Serviteurs sortent

TIMON. – Je m'étonne que vous ne m'ayez jamais encore
Exposé pleinement l'état de ma fortune,
En sorte que j'aurais pu régler ma dépense
Selon mes moyens.

FLAVIUS. – Vous ne vouliez pas m'entendre.
J'ai souvent tenté, quand vous étiez libre –

TIMON. – Allons !
Vous avez pu saisir parfois quelque occasion[6]

---

que le Fou avait intérêt à fréquenter pour les exploiter. 5. *walk near.* « Allez faire un petit tour sans trop vous éloigner. » Il ne semble pas que Flavius tienne sa promesse. 6. *vantages.* Occasions favorables ; *single* peut avoir deux sens : 1) séparé, 2) isolément (et par hypallage le sens devient : des moments que vous seul estimiez favorables).

When my indisposition put you back,
And that unaptness made your minister
Thus to excuse yourself.
FLAVIUS. – O my good lord,
At many times I brought in my accounts,
Laid them before you ; you would throw them off
And say you summed them in mine honesty.
When for some trifling present you have bid me
Return so much, I have shook my head and wept,
Yea, 'gainst th'authority of manners prayed you
To hold your hand more close. I did endure
Not seldom nor no slight checks when I have
Prompted you in the ebb of your estate
And your great flow of debts. My lovèd lord –
Though you hear now too late, yet now's a time –
The greatest of your having lacks a half
To pay your present debts.
TIMON. – Let all my land be sold.
FLAVIUS. – 'Tis all engaged, some forfeited and gone,
And what remains will hardly stop the mouth
Of present dues. The future comes apace.
What shall defend the interim, and at length
How goes our reck'ning ?
TIMON. – To Lacedaemon did my land extend.
FLAVIUS. – O my good lord, the world is but a word.
Were it all yours to give it in a breath,
How quickly were it gone.
TIMON. – You tell me true.
FLAVIUS. – If you suspect my husbandry or falsehood,
Call me before th'exactest auditors
And set me on the proof. So the gods bless me,
When all our offices have been oppressed
With riotous feeders, when our vaults have wept
With drunken spilth of wine, when every room
Hath blazed with lights and brayed with minstrelsy,
I have retired me to a wasteful cock,
And set mine eyes at flow.
TIMON. – Prithee, no more.
FLAVIUS. – "Heavens," have I said, "the bounty of this lord !
How many prodigal bits have slaves and peasants
This night englutted ! Who is not Timon's ?

---

124 summed] *Oxford* ; sound *F* ; found *F2*

---

1. Le sens est « indisponibilité » et non « indisposition », et sans doute même « non disposé (à) » plutôt qu'« indisponible », car *unaptness* (120) veut dire « répugnance ». **2.** *minister.* Instrument, serviteur ; *that unaptness* est complément de (you) *made* : vous faisiez de... **3.** « To sum » : faire le total. **4.** *present.* A payer tout de suite (indépendamment des échéances à venir). **5.** Autre nom de Sparte, à plus de 100 km

Inopportune[1] et où j'ai dû vous éconduire,
Mon peu d'empressement vous servant de prétexte
Pour vous disculper[2], comme on voit.

FLAVIUS. – Ah ! mon bon maître,
Que de fois suis-je venu avec mes registres
Pour vous les présenter ! Mais vous les écartiez,
Disant que ma probité valait tous les comptes[3].
Quand pour un piètre cadeau il me fallait rendre
Tant et tant, je hochais la tête et je pleurais.
Je vous ai prié même, dérogeant aux usages,
De mieux fermer la main. J'ai subi vos reproches
Sévères et fréquents, lorsque je vous soufflais
Que votre fortune baissait, et que montait
La marée de vos dettes. Mon maître bien-aimé —
Vous m'écoutez trop tard, mais voici l'occasion —
Au mieux, tout votre avoir paie juste la moitié
De vos dettes échues[4].

TIMON. – Vendez toutes mes terres.

FLAVIUS. – Tout est sous hypothèque ; une part, aliénée
Et perdue ; et le reste à peine clouera le bec
A l'exigible. Demain d'autres créances accourent.
Comment défendre l'intérim ? Et à la fin
Quel solde pour ce compte ?

TIMON. – Mes terres s'étendaient jusqu'à Lacédémone[5].

FLAVIUS. – Hélas ! mon bon seigneur, le monde n'est qu'un mot :
S'il tenait à vous d'en disposer dans un souffle,
Qu'il partirait donc vite !

TIMON. – Ce que vous dites est vrai.

FLAVIUS. – Si ma gestion ou ma probité sont suspectes[6],
Citez-moi devant les plus rigoureux arbitres,
Mettez-moi à l'épreuve. J'en atteste les dieux[7],
Lorsque tous nos offices peinaient sous la demande
De bâfreurs[8] éméchés, que nos caveaux pleuraient
Du vin[9] qu'y répandait l'ivresse, que chaque salle
Regorgeait de lumières, de musiques braillardes,
Tapi derrière un fût au robinet prodigue,
J'ai joint mes pleurs à son débit.

TIMON. – De grâce, arrête !

FLAVIUS. – « Dieux, me disais-je, que ce seigneur est généreux !
Quelle profusion de mets ont englouti ce soir
Ces esclaves et ces rustres ! Qui n'est tout à Timon ?

---

d'Athènes. **6.** Le verbe *suspect* a deux compléments et même deux sens : douter de (la gestion) et subodorer (la fraude). Pour n'avoir (comme en anglais) qu'un mot pour *suspect, falsehood* est traduit par son contraire (probité). **7.** Mot à mot : « Veuillent les dieux me bénir » (dans la mesure où je dis vrai). **8.** *feeders.* Deux sens : 1) serviteurs (nourris par leur maître), 2) gloutons. Puisque Flavius dénonce le gâchis, le second sens est le plus pertinent. **9.** C'est le vin répandu qui constitue les pleurs du caveau (comme on dit : pleurer des larmes amères).

What heart, head, sword, force, means, but is Lord Timon's ?
Great Timon, noble, worthy, royal Timon !
Ah, when the means are gone that buy this praise,
The breath is gone whereof this praise is made.
Feast won, fast lost ; one cloud of winter show'rs,
These flies are couched."

TIMON. – Come, sermon me no further.
No villainous bounty yet hath passed my heart.
Unwisely, not ignobly, have I given.
Why dost thou weep ? Canst thou the conscience lack
To think I shall lack friends ? Secure thy heart.
If I would broach the vessels of my love
And try the argument of hearts by borrowing,
Men and men's fortunes could I frankly use
As I can bid thee speak.

FLAVIUS. – Assurance bless your thoughts !

TIMON. – And in some sort these wants of mine are crowned
That I account them blessings, for by these
Shall I try friends. You shall perceive how you
Mistake my fortunes. I am wealthy in my friends. –
Within there, Flaminius, Servilius !

Enter Flaminius, Servilius, and a Third Servant

ALL SERVANTS. – My lord, my lord.

TIMON. – I will dispatch you severally,
(*To Servilius*) You to Lord Lucius,
(*To Flaminius*) to Lord Lucullus you –
I hunted with his honour today –
(*To Third Servant*) You to Sempronius. Commend me to their loves,
And I am proud, say, that my occasions have
Found time to use 'em toward a supply of money.
Let the request be fifty talents.

FLAMINIUS. – As you have said, my lord. *Exeunt Servants*

FLAVIUS. – Lord Lucius and Lucullus ? Hmh !

TIMON. – Go you, sir, to the senators,
Of whom, even to the state's best health, I have
Deserved this hearing. Bid 'em send o'th' instant
A thousand talents to me.

FLAVIUS. – I have been bold,
For that I knew it the most general way,
To them, to use your signet and your name ;
But they do shake their heads, and I am here
No richer in return.

TIMON. – Is't true ? Can't be ?

FLAVIUS. – They answer in a joint and corporate voice

---

174 Flaminius] *Rowe (1709)* ; *Flavius F.* 175-181 *vers*] *prose F.*

---

1. Opposition entre *won* (gagné) et *lost* (perdu), et entre *feast* (festin) et *fast* (jeûne). Mais *fast* veut aussi dire « rapidement ». L'idée est : l'ami que l'on se fait à table est perdu

Qui ne lui voue esprit, cœur, épée, force, argent ?
Au grand Timon ! Noble, digne, royal Timon !
Quand est perdu l'argent qui paie cette louange,
Se perd aussi le souffle, hélas ! dont elle est faite.
Ripaille ne fait ami qui vaille[1]. Une averse d'hiver
Et mouches sont chassées. »

TIMON. – Plus de sermons, veux-tu ?
Mon cœur n'a pas commis de bonté infamante.
J'ai donné follement, mais non ignoblement.
Pourquoi ces larmes ? Manquerais-tu de jugement,
Pour penser que je manquerai d'amis ? N'aie crainte.
Si je mettais en perce le vin de l'amitié,
Et sondais par l'emprunt le contenu des cœurs,
Je pourrais disposer de gens et de fortunes
Comme quand je te dis « parle ! ».

FLAVIUS. – Puissiez-vous dire vrai[2] !

TIMON. – C'est en un sens un besoin royal que le mien
Et je le tiens pour un bienfait : je vais par là
Éprouver mes amis. Vous verrez votre erreur
Sur ma fortune. Je suis riche de mes amis. –
Holà ! Flaminius ! Servilius !

Entrent Flaminius, Servilius, et un Troisième Serviteur

LES TROIS SERVITEURS. – Oui, monseigneur ?

TIMON. – Je vous dépêche séparément,
(*A Servilius*) Vous chez le seigneur Lucius,
(*A Flaminius*) vous chez Lucullus –
Je chassais avec Son Honneur aujourd'hui même –
(*Au Troisième Serviteur*) Et vous, chez Sempronius. Faites mes amitiés à tous.
Dites que je suis fier que mes besoins m'amènent
A recourir à eux pour une aide en argent.
Demandez cinquante talents.

FLAMINIUS. – Ce sera fait, seigneur. *Les Serviteurs sortent*

FLAVIUS. – Aux seigneurs Lucius et Lucullus ? Hum !

TIMON. – Vous, monsieur, allez voir les Sénateurs :
J'ai part à la santé de l'État[3] et mérite
Qu'en ceci ils m'écoutent. Demandez qu'on m'envoie
Sur-le-champ mille talents.

FLAVIUS. – J'ai pris la liberté,
Sachant qu'ainsi d'un coup on les touche en grand nombre,
D'user de votre sceau, de votre nom, près d'eux.
Mais ils hochent la tête et je ne suis ici
Pas plus riche en retour.

TIMON. – C'est vrai ? Est-ce possible ?

FLAVIUS. – Tous en chœur, d'une voix unanime[4] ils répondent

---

dès qu'il a à nouveau le ventre creux. 2. Mot à mot : « Puisse votre assurance porter bonheur à vos pensées ! » 3. Passage controversé, selon le sens donné à *to* : 1) « (œuvrant) à la plus grande prospérité de l'État », 2) « (en allant) aussi loin que (le permet) la prospérité de l'État ». Timon attendant un juste retour des choses, le premier sens est plus plausible. 4. *corporate*. En tant que corps constitué.

That now they are at fall, want treasure, cannot
Do what they would, are sorry, you are honourable,
But yet they could have wished – they know not –
Something hath been amiss – a noble nature
May catch a wrench – would all were well – 'tis pity ;
And so, intending other serious matters,
After distasteful looks and these hard fractions,
With certain half-caps and cold moving nods
They froze me into silence.

TIMON. – You gods reward them !
Prithee, man, look cheerly. These old fellows
Have their ingratitude in them hereditary.
Their blood is caked, 'tis cold, it seldom flows.
'Tis lack of kindly warmth they are not kind ;
And nature as it grows again toward earth
Is fashioned for the journey dull and heavy.
Go to Ventidius. Prithee, be not sad.
Thou art true and honest – ingenuously I speak –
No blame belongs to thee. Ventidius lately
Buried his father, by whose death he's stepped
Into a great estate. When he was poor,
Imprisoned, and in scarcity of friends,
I cleared him with five talents. Greet him from me.
Bid him suppose some good necessity
Touches his friend, which craves to be remembered
With those five talents. That had, give't these fellows
To whom 'tis instant due. Ne'er speak or think
That Timon's fortunes 'mong his friends can sink.

FLAVIUS. – I would I could not think it. That thought is bounty's foe :
Being free itself, it thinks all others so.

Exeunt [severally]

III, 1 *Enter Flaminius, with a box under his cloak, waiting to speak with Lucullus. From his master, enters a Servant to him*

LUC. SERV. – I have told my lord of you. He is coming down to you.

FLAMINIUS. – I thank you, sir.

Enter Lucullus

LUC. SERV. – Here's my lord.

LUCULLUS (*aside*). – One of Lord Timon's men ? A gift, I warrant. Why, this hits right ; I dreamt of a silver basin and ewer tonight. – Flaminius, honest Flaminius, you are very respectively welcome, sir. (*To his Servant*) Fill me some wine. *Exit Servant*

---

1. Toutes ces échappatoires dépendent du verbe initial, mais Flavius fait moins un récit qu'une imitation et il parle ensuite de discours fragmentaire (199). 2. Jeu sur les deux adjectifs *kindly* (naturel, et donc « corporel ») et *kind* (généreux, et donc « qui a de la chaleur humaine »). Comprendre : « C'est par manque de... que... ». 3. La générosité

Que les fonds sont justement bas, le trésor vide,
Qu'on ne fait pas ce qu'on voudrait, ils le regrettent,
Vous êtes honorable... Ils auraient tant aimé —
Ils ne savent — une erreur — une noble nature
Peut gauchir — ils veulent espérer — c'est pitié[1] !
Et ainsi, prétextant d'autres affaires sérieuses,
L'air agacé, sur ce malveillant bredouillage,
Esquissant un salut, hochant la tête avec froideur,
Ils m'ont glacé la langue.

TIMON. – Dieux, récompensez-les !
De grâce, ami, courage ! Chez tous ces vieux bonshommes
L'ingratitude est comme un mal héréditaire.
Leur sang se caille, il est froid, il circule à peine.
Le manque de chaleur naturelle les dénature[2].
Leur être qui tend à retourner à la terre
Se fait, pour ce voyage, inerte et lourd comme elle.
Va trouver Ventidius. De grâce, ne sois pas triste.
Tu es loyal et probe — je parle franchement —
Tu n'es pas à blâmer. Ventidius récemment
A enterré son père ; par sa mort, il hérite
D'une grande fortune. Alors qu'il était pauvre,
Emprisonné, à court d'amis, je l'ai sorti
De là pour cinq talents. Salue-le de ma part,
Donne-lui à entendre qu'un besoin honorable
Qui touche son ami voudrait qu'il s'en souvienne
Au prix des cinq talents. Les ayant, remets-les
A ces types, qui réclament. Ne dis pas, ni ne pense
Que je sombre — ayant tant d'amis ! — dans l'indigence.

FLAVIUS. – Comment ne pas le croire ? Bonté à soi-même fatale,
Qui croit que tous sont bons, tant elle est libérale[3] !

Ils sortent [séparément]

Entre Flaminius, tenant un coffret sous son manteau, dans l'attente d'être reçu par Lucullus. Envoyé par son maître, un Serviteur vient à lui[4] III, 1

LE SERV. DE LUC. – J'ai parlé de vous à mon maître. Il descend pour vous voir.

FLAMINIUS. – Je vous en remercie, monsieur.

Entre Lucullus

LE SERV. DE LUC. – Voici mon maître.

LUCULLUS (*à part*). – Un des serviteurs du seigneur Timon ? Un cadeau, je parie. Eh bien, voilà qui vient à point ; j'ai rêvé cette nuit d'un bassin et d'une aiguière en argent. — Flaminius ! honnête Flaminius, vous êtes ici très respectueusement le bienvenu, monsieur. (*A son Serviteur*) Apportez-moi du vin. *Le Serviteur sort*

de Timon, qui s'illusionne sur autrui (221), est suicidaire (220) puisqu'elle le mène à la ruine, contrairement à ce qu'il pense (218-219). Flavius n'en croit pas un mot (221). **4.** Lieu : chez le seigneur Lucullus.

And how does that honourable, complete, free-hearted gentleman of Athens, thy very bountiful good lord and master ?

FLAMINIUS. – His health is well, sir.

LUCULLUS. – I am right glad that his health is well, sir. And what hast thou there under thy cloak, pretty Flaminius ?

FLAMINIUS. – Faith, nothing but an empty box, sir, which in my lord's behalf I come to entreat your honour to supply, who, having great and instant occasion to use fifty talents, hath sent to your lordship to furnish him, nothing doubting your present assistance therein.

LUCULLUS. – La, la, la, la, "nothing doubting" says he ? Alas, good lord ! A noble gentleman 'tis, if he would not keep so good a house. Many a time and often I ha' dined with him and told him on't, and come again to supper to him of purpose to have him spend less ; and yet he would embrace no counsel, take no warning by my coming. Every man has his fault, and honesty is his. I ha' told him on't, but I could ne'er get him from't.

Enter Servant, with wine

SERVANT. – Please your lordship, here is the wine.

LUCULLUS. – Flaminius, I have noted thee always wise. (*Drinking*) Here's to thee !

FLAMINIUS. – Your lordship speaks your pleasure.

LUCULLUS. – I have observed thee always for a towardly prompt spirit, give thee thy due, and one that knows what belongs to reason ; and canst use the time well if the time use thee well. (*Drinking*) Good parts in thee ! (*To his Servant*) Get you gone, sirrah. *Exit Servant*
Draw nearer, honest Flaminius. Thy lord's a bountiful gentleman ; but thou art wise, and thou know'st well enough, although thou com'st to me, that this is no time to lend money, especially upon bare friendship without security. (*Giving coins*) Here's three solidares for thee. Good boy, wink at me, and say thou saw'st me not. Fare thee well.

FLAMINIUS. – Is't possible the world should so much differ,
And we alive that lived ?

He throws the coins at Lucullus

Fly, damnèd baseness,
To him that worships thee.

LUCULLUS. – Ha ! Now I see thou art a fool, and fit for thy master. *Exit*

FLAMINIUS. – May these add to the number that may scald thee.
Let molten coin be thy damnation,
Thou disease of a friend, and not himself.
Has friendship such a faint and milky heart
It turns in less than two nights ? O you gods,
I feel my master's passion ! This slave

---

1. Jeu sur *use* : 1) faire usage de (profiter de), 2) en user (bien ou mal) avec (quelqu'un). 2. Les *solidares* sont une monnaie inconnue, mais le mot semble inspiré du latin « solidus » qui a donné « sou ». 3. *wink at me*. 1) ferme les yeux (sur notre rencontre ?) ; 2) fais-moi un clin d'œil. Il y a appel à la connivence. 4. Il y a trois optatifs

Mais comment va cet honorable, accompli et libéral gentilhomme d'Athènes, ton si généreux seigneur et maître ?

FLAMINIUS. – La santé est bonne, monsieur.

LUCULLUS. – Je suis bien aise que sa santé soit bonne, mon ami. Mais que caches-tu là sous ton manteau, charmant Flaminius ?

FLAMINIUS. – Ma foi, rien qu'un coffret vide, monsieur, que je viens de la part de mon maître supplier Votre Honneur de garnir ; car il a grand besoin, et pressant, de cinquante talents, et il m'a envoyé à Votre Seigneurie pour les lui fournir, ne doutant pas de votre aide immédiate, en l'occurrence.

LUCULLUS. – Oh ! là là ! « Ne doutant pas », dit-il ? Hélas ! le cher seigneur ! C'est un noble gentilhomme, mais si seulement il n'avait pas une table aussi accueillante ! J'ai bien des fois dîné chez lui et le lui ai dit, et je revenais même souper avec lui tout exprès pour l'inciter à dépenser moins, mais il n'a pas voulu accepter de conseils ni recevoir avertissement de mes visites. Chacun a son défaut, et le sien c'est la libéralité. Je le lui ai dit, sans jamais parvenir à l'en détourner.

Entre le Serviteur, apportant du vin

LE SERVITEUR. – S'il vous plaît, monseigneur, voici le vin.

LUCULLUS. – Flaminius, j'ai remarqué que tu te conduis toujours sagement. (*Il boit*) A ta santé !

FLAMINIUS. – S'il plaît à Votre Honneur de le dire.

LUCULLUS. – J'ai toujours noté chez toi un esprit disponible et subtil, je le dis en toute justice, quelqu'un qui sait ce qui est raisonnable ; tu ne passes pas à côté d'une occasion si la chance vient de ton côté[1]. (*Il boit*) Ce sont des qualités précieuses chez toi ! (*A son Serviteur*) Allez-vous-en, drôle ! *Le Serviteur sort*

Approche, honnête Flaminius. Ton maître est un gentilhomme au grand cœur ; mais toi, tu es un sage, tu sais pertinemment, bien que tu viennes ici quémander, que ce n'est pas le moment de prêter de l'argent, surtout par pure amitié et sans garantie. (*Lui donnant la pièce*) Voici trois sous[2] pour toi. Brave garçon, ferme l'œil[3] : tu diras que tu ne m'as pas vu. Adieu.

FLAMINIUS. – Est-il possible que le monde ait tant changé,
Et de notre vivant ?

Il jette les pièces à Lucullus

Maudite corruption,
Retourne à ton adorateur.

LUCULLUS. – Ah ! je vois à présent que tu n'es qu'un sot, et digne de ton maître ! *Il sort*

FLAMINIUS. – Que ces pièces s'ajoutent au métal en fusion
Par quoi ton corps damné soit rongé à jamais[4],
Toi, le simulacre abâtardi de l'ami !
L'amitié aurait-elle un cœur de lait, si faible
Qu'elle tourne en moins de deux nuits ? Dieux souverains,
Je sens ce que mon seigneur souffre ! A cet instant,

(*May, may, let* : puisse) mais deux vœux seulement, que la traduction combine ; *scald* : ébouillanter.

Unto this hour has my lord's meat in him.
Why should it thrive and turn to nutriment,
When he is turned to poison?
O, may diseases only work upon't;
And when he's sick to death, let not that part of nature
Which my lord paid for be of any power
To expel sickness, but prolong his hour. *Exit*

III, 2 *Enter Lucius, with three Strangers*

LUCIUS. – Who, the Lord Timon? He is my very good friend, and an honourable gentleman.

1 STRANGER. – We know him for no less, though we are but strangers to him. But I can tell you one thing, my lord, and which I hear from common rumours: now Lord Timon's happy hours are done and past, and his estate shrinks from him.

LUCIUS. – Fie, no, do not believe it. He cannot want for money.

2 STRANGER. – But believe you this, my lord, that not long ago one of his men was with the Lord Lucullus to borrow so many talents – nay, urged extremely for't, and showed what necessity belonged to't, and yet was denied.

LUCIUS. – How?

2 STRANGER. – I tell you, denied, my lord.

LUCIUS. – What a strange case was that! Now before the gods, I am ashamed on't. Denied that honourable man? There was very little honour showed in't. For my own part, I must needs confess I have received some small kindnesses from him, as money, plate, jewels, and suchlike trifles – nothing comparing to his; yet had he not mistook him and sent to me, I should ne'er have denied his occasion so many talents.

Enter Servilius

SERVILIUS (*aside*). – See, by good hap yonder's my lord. I have sweat to see his honour. (*To Lucius*) My honoured lord!

[LUCIUS]. – Servilius! You are kindly met, sir. Fare thee well. Commend me to thy honourable virtuous lord, my very exquisite friend.

SERVILIUS. – May it please your honour, my lord hath sent –

LUCIUS. – Ha! What has he sent? I am so much endeared to that lord, he's ever sending. How shall I thank him, think'st thou? And what has he sent now?

SERVILIUS. – He's only sent his present occasion now, my lord, requesting

---

47 this hour] *Pope (1723-1725)*; his Honor *F.* **III,2 18** not] *Oxford*; *pas dans F.* **22, 30, 49** LUCIUS] *F2*; *attribué à « Lucil[ius]. » dans F.* **28** He's] *F* (Has).

---

1. *work upon.* Agir sur. *'t* (= it) renvoie à *meat* (47). Le corps élabore les aliments en nourriture (48), mais chez Lucullus qui est tout poison (49) seules les maladies opéreront

Cet infâme est gorgé des viandes de mon maître.
Pourquoi deviendraient-elles aliment bénéfique,
Alors que lui est devenu poison ?
Oh ! que les maladies seules aient effet sur elles[1] !
Dans son corps gangrené, moribond, que ce qui
Fut payé par mon maître à la santé dénie
Tout secours, mais plutôt prolonge l'agonie ! *Il sort*

Entre Lucius, avec trois Étrangers[2] III, 2

LUCIUS. – Qui ? le seigneur Timon ? C'est un très bon ami à moi, un honorable gentilhomme.

1er ÉTRANGER. – C'est bien ce que nous savons de lui, quoique nous lui soyons inconnus. Mais je peux vous dire une chose, monseigneur, que je tiens de la rumeur publique : passés et révolus sont aujourd'hui les jours heureux du seigneur Timon et sa fortune lui échappe.

LUCIUS. – Mais non, ne croyez pas ça. Il n'est pas près de manquer d'argent.

2e ÉTRANGER. – Pourtant, vous pouvez m'en croire, monseigneur, il n'y a pas longtemps un de ses serviteurs était chez le seigneur Lucullus pour emprunter tant[3] de talents — pire encore ! il a supplié instamment en faisant valoir le besoin qu'en avait son maître ; mais il a essuyé un refus.

LUCIUS. – Quoi ?

2e ÉTRANGER. – C'est comme je vous le dis : un refus, monseigneur.

LUCIUS. – Quelle étrange affaire ! Alors là, j'en atteste les dieux, j'ai honte. Un refus à cet homme honorable ? C'est manquer grandement à l'honneur. Pour ma part, je dois l'avouer, j'ai reçu de lui quelques petites faveurs, comme de l'argent, de l'argenterie, des bijoux et autres babioles — rien en comparaison de Lucullus ; pourtant, s'il ne s'était trompé sur son compte et qu'il se fût adressé à moi, pour rien au monde je ne lui aurais refusé tant de talents, dans le besoin où il est.

Entre Servilius

SERVILIUS (*à part*). – Ah ! quelle chance ! J'aperçois monseigneur. Je suis tout en sueur d'avoir cherché Son Honneur. (*A Lucius*) Mon honoré seigneur !

[LUCIUS]. – Servilius ! Ravi de la rencontre, mon ami. Tous mes vœux ! Fais mes compliments à ton honorable et vertueux maître, mon très distingué ami.

SERVILIUS. – Si Votre Honneur me permet, mon maître vous envoie —

LUCIUS. – Ah ! qu'est-ce qu'il envoie ? Je suis déjà si redevable à ce seigneur ; il n'arrête pas d'envoyer. Comment puis-je le remercier, dis-moi ? Mais qu'est-ce qu'il envoie cette fois-ci ?

SERVILIUS. – Il m'envoie seulement vous faire part du besoin urgent où il

sur eux (50). **2.** Lieu : chez le seigneur Lucius. **3.** Il faudrait un nombre précis (de même en 19 et 29), mais on pense que l'auteur (Middleton ?), incertain quant à la valeur d'un talent, laissa la somme en attente et écrivit *so many* comme on dit « tant pour cent ». Ceci renvoie au caractère inachevé de cette pièce. Le flottement est évident : cinq talents suffisent pour sortir Ventidius de prison (I,1,97), Timon en demande cinquante à chacun de ses amis (II,2,181) et mille au Sénat (II,2,187). Voir aussi plus loin : III,2,31 et note.

your lordship to supply his instant use with so many talents.

[LUCIUS]. – I know his lordship is but merry with me.
He cannot want fifty-five hundred talents.

SERVILIUS. – But in the mean time he wants less, my lord.
If his occasion were not virtuous
I should not urge it half so faithfully.

LUCIUS. – Dost thou speak seriously, Servilius ?

SERVILIUS. – Upon my soul, 'tis true, sir.

LUCIUS. – What a wicked beast was I to disfurnish myself against such a good time when I might ha' shown myself honourable ! How unluckily it happened that I should purchase the day before a little part, and undo a great deal of honour ! Servilius, now before the gods I am not able to do, the more beast I, I say. I was sending to use Lord Timon myself — these gentlemen can witness — but I would not for the wealth of Athens I had done't now. Commend me bountifully to his good lordship ; and I hope his honour will conceive the fairest of me because I have no power to be kind. And tell him this from me : I count it one of my greatest afflictions, say, that I cannot pleasure such an honourable gentleman. Good Servilius, will you befriend me so far as to use mine own words to him ?

SERVILIUS. – Yes, sir, I shall.

[LUCIUS]. – I'll look you out a good turn, Servilius. *Exit Servilius*
True as you said : Timon is shrunk indeed ;
And he that's once denied will hardly speed. *Exit*

1 STRANGER. – Do you observe this, Hostilius ?

2 STRANGER. – Ay, too well.

1 STRANGER. – Why, this is the world's soul, and just of the same piece
Is every flatterer's spirit. Who can call him his friend
That dips in the same dish ? For, in my knowing,
Timon has been this lord's father
And kept his credit with his purse,
Supported his estate ; nay, Timon's money
Has paid his men their wages. He ne'er drinks,
But Timon's silver treads upon his lip ;
And yet — O see the monstrousness of man
When he looks out in an ungrateful shape ! —
He does deny him, in respect of his,
What charitable men afford to beggars.

3 STRANGER. – Religion groans at it.

1 STRANGER. – For mine own part,
I never tasted Timon in my life,

---

31 fifty-five] *F* (fifty five). **39** before] *Hanmer (1744)* ; before for *F.* **41** I, I] *Collier (1853)* ; I *F.* **54** spirit] *Theobald (1733)* ; sport *F.*

---

1. Compte tenu de l'incertitude sur la valeur du talent (voir III,2,9 note), le *fifty five hundred* de *F* peut être un nouvel exemple de flottement (« cinquante [ou] cinq cents » : une différence de un à dix) ou un bafouillage (« cinquante-cinq cents » formulation étrange pour : cinq mille cinq cents). A noter qu'aucune somme précise n'a été demandée à Lucius. Tâte-t-il le terrain (cinquante ? cinq cents talents ?) ? Rationaliser le texte (cinq mille cinq

est, monseigneur, en priant Votre Seigneurie de mettre à sa disposition sans tarder tant de talents.

[LUCIUS]. – Son Honneur ne veut que me taquiner, je sais.
Pourquoi lui faudrait-il cinquante, cinq cents[1] talents ?

SERVILIUS. – Mais, seigneur, il lui en faut moins, dans l'immédiat.
Si son besoin n'était l'effet de sa vertu
Je n'insisterais pas avec tant de ferveur.

LUCIUS. – C'est sérieux, ce que tu me dis là, Servilius ?

SERVILIUS. – Sur mon âme, c'est la vérité, monsieur.

LUCIUS. – Quelle vilaine bête je suis, de m'être démuni quand[2] s'offre une si belle occasion de me montrer à mon avantage ! Quelle malchance que d'avoir fait la veille une acquisition qui n'ajoute guère à mon honneur[3], et de manquer ce qui m'en aurait valu tant ! Servilius, les dieux m'en sont témoins, je ne suis pas en mesure, bête que je suis, je le répète. J'allais juste envoyer quelqu'un pour emprunter moi-même au seigneur Timon — ces messieurs peuvent le confirmer — mais je ne voudrais pas pour tout l'or d'Athènes avoir maintenant à me le reprocher. Prodiguez mes compliments à votre bon seigneur ; et j'espère que Son Honneur gardera malgré tout la meilleure opinion de moi, car je suis dans l'impossibilité de lui porter secours. Et dites-lui ceci de ma part : je tiens pour l'un de mes plus grands malheurs, dites-le bien, de ne pouvoir obliger un gentilhomme si honorable. Bon Servilius, faites-moi l'amitié de lui répéter mes propres paroles.

SERVILIUS. – Oui, monsieur, je n'y manquerai pas.

[LUCIUS]. – Servilius, je verrai à vous le revaloir. *Servilius sort*
Timon est mal en point vraiment ! Vous l'avez dit.
Et tout va mal pour qui a perdu son crédit[4]. *Il sort*

1er ÉTRANGER. – Vous avez vu ça, Hostilius ?

2e ÉTRANGER. – Eh oui ! Trop bien.

1er ÉTRANGER. – Ah ! c'est l'âme du monde, et de la même étoffe
Est l'esprit du flatteur. Qui peut dire qu'est ami
Celui qui mange au même plat ? Car, sauf erreur,
Pour ce seigneur, Timon s'est conduit comme un père,
Soutenant son crédit de ses propres deniers,
Préservant sa fortune. Mieux, Timon a payé
Les gages de ses gens. Et c'est l'argenterie
De Timon, qu'en buvant il presse sur sa lèvre ;
Et pourtant — ah ! quel monstre que l'homme, on le voit,
Quand il apparaît sous la forme d'un ingrat ! —
Vu sa fortune, ce qu'il refuse représente
L'aumône qu'on fait au mendiant par charité.

3e ÉTRANGER. – La religion gémit devant cela.

1er ÉTRANGER. – Pour moi,
Je n'ai jamais goûté les bienfaits de Timon

---

cents) serait l'édulcorer arbitrairement. 2. *against.* En prévision de. Lucius ne pouvait pas prévoir, mais il regrette d'être sans provision. 3. Texte controversé. Après *a little part* (un peu), « of honour » (d'honneur) semble sous-entendu. 4. Mot à mot : « Et celui à qui on a une fois dit non ne risque guère de prospérer. »

Nor came any of his bounties over me
To mark me for his friend ; yet I protest,
For his right noble mind, illustrious virtue,
And honourable carriage,
Had his necessity made use of me
I would have put my wealth into donation
And the best half should have returned to him,
So much I love his heart. But I perceive
Men must learn now with pity to dispense,
For policy sits above conscience. *Exeunt*

III, 3 *Enter Timon's Third Servant, with Sempronius, another of Timon's friends*

SEMPRONIUS. – Must he needs trouble me in't ? Hmh ! 'Bove all others ?
He might have tried Lord Lucius or Lucullus ;
And now Ventidius is wealthy too,
Whom he redeemed from prison. All these
Owes their estates unto him.

SERVANT. – My lord,
They have all been touched and found base metal,
For they have all denied him.

SEMPRONIUS. – How, have they denied him ?
Has Ventidius and Lucullus denied him,
And does he send to me ? Three ? Hmh !
It shows but little love or judgement in him.
Must I be his last refuge ? His friends, like physicians,
Thrive, give him over ; must I take th' cure upon me ?
He's much disgraced me in't. I'm angry at him,
That might have known my place. I see no sense for't
But his occasions might have wooed me first,
For, in my conscience, I was the first man
That e'er receivèd gift from him.
And does he think so backwardly of me now
That I'll requite it last ? No.
So it may prove an argument of laughter
To th' rest, and I 'mongst lords be thought a fool.
I'd rather than the worth of thrice the sum
He'd sent to me first, but for my mind's sake.
I'd such a courage to do him good. But now return,
And with their faint reply this answer join :
Who bates mine honour shall not know my coin. *Exit*

SERVANT. – Excellent. Your lordship's a goodly villain. The devil knew not

---

13 He's] *F* (Has). 21 I] *Delius (1854)* ; *pas dans F.* 23 He'd] *F* (Had).

---

1. Sens controversé. La traduction rend l'interprétation la plus courante. 2. *policy*. Pouvait avoir à l'époque une forte connotation de machiavélisme* ; c'est l'absence de scrupules dans la recherche de son propre intérêt. 3. Lieu : chez Sempronius. 4. *Owes.*

Et nul présent ne m'est venu de lui pour dire
Que je suis son ami ; pourtant, je le déclare,
Son illustre vertu, sa noblesse d'esprit
Et son honorable comportement
Font que, s'il m'avait sollicité dans la gêne,
J'aurais tenu mes biens pour un don de sa part[1]
Et fait restitution de plus de la moitié,
Tant sa bonté me tient à cœur. Mais je le vois :
Il faut que de pitié les hommes se dispensent ;
Désormais l'égoïsme[2] prévaut sur la conscience. *Ils sortent*

Entrent le Troisième Serviteur de Timon et Sempronius, un autre des amis de Timon[3] **III, 3**

SEMPRONIUS. – Pourquoi s'en prend-il à moi, hein ? plutôt qu'aux autres ?
Que n'essaie-t-il le seigneur Lucius ? Lucullus ?
Et désormais Ventidius lui aussi est riche,
Lui qu'il a sorti de prison. Tous ceux-là sont
Redevables[4] de leur fortune à lui.
LE SERVITEUR. – Seigneur,
A l'épreuve[5] tous se sont révélés vil métal ;
Car tous l'ont éconduit.
SEMPRONIUS. – Comment ? Eux, l'éconduire ?
Ventidius l'aurait éconduit, et Lucullus,
Et voilà qu'il s'adresse à moi ? Tous les trois ? Diable !
Il montre là peu d'amitié ou de cervelle.
Serais-je son dernier refuge ? Tels des médecins,
Ses amis l'ont saigné[6], puis l'abandonnent. A moi
De le guérir ! C'est insultant. Je suis furieux
Qu'il n'ait pas reconnu mon rang. Au nom de quoi
N'aurais-je été son premier recours dans la gêne ?
Car, en conscience, c'est moi qui fus le tout premier
A jamais recevoir un cadeau de Timon.
Et me tient-il à présent en si piètre estime
Que je sois le dernier à payer de retour ?
Non. Ce serait prêter le flanc à la risée
De tous, et les seigneurs me prendraient pour un sot.
J'aurais donné trois fois la somme pour qu'il m'approche
Le premier, en hommage à mes bons sentiments.
J'avais tant à cœur de l'aider ! Mais tiens, repars !
Aux refus[7] des trois autres tu peux joindre le mien :
Qui touche à mon honneur de moi n'obtiendra rien. *Il sort*
LE SERVITEUR. – C'est du propre ! Votre Seigneurie est une belle canaille.

Le -s final est une ancienne désinence de la 3e personne du pluriel, au présent de l'indicatif. 5. On frottait un métal réputé précieux sur la pierre de touche pour en vérifier la nature et la valeur ; *touched* : testés. 6. *Thrive*. Prospèrent (à ses dépens). 7. *faint reply*. Réponse qui est dérobade ; voir aussi I,2,15 note.

what he did when he made man politic — he crossed himself by't, and I cannot think but in the end the villainies of man will set him clear. How fairly this lord strives to appear foul! Takes virtuous copies to be wicked, like those that under hot ardent zeal would set whole realms on fire; of such a nature is his politic love.
This was my lord's best hope. Now all are fled
Save only the gods. Now his friends are dead.
Doors that were ne'er acquainted with their wards
Many a bounteous year must be employed
Now to guard sure their master;
And this is all a liberal course allows:
Who cannot keep his wealth must keep his house. *Exit*

III, 4 *Enter Varro's two Servants, meeting others, all Servants of Timon's creditors, to wait for his coming out. Then enter* [*Servants of*] *Lucius, Titus, and Hortensius*

VARRO'S [1] SERV. – Well met; good morrow, Titus and Hortensius.
TIT. SERV. – The like to you, kind Varro.
HORT. SERV. – Lucius, what, do we meet together?
LUCIUS' SERV. – Ay, and I think one business does command us all,
For mine is money.
TIT. SERV. – So is theirs and ours.

Enter [*a Servant of*] *Philotus*

LUCIUS' SERV. – And Sir Philotus too!
PHIL. SERV. – Good day at once.
LUCIUS' SERV. – Welcome, good brother. What do you think the hour?
PHIL. SERV. – Labouring for nine.
LUCIUS' SERV. – So much?
PHIL. SERV. – Is not my lord seen yet?
LUCIUS' SERV. – Not yet.
PHIL. SERV. – I wonder on't; he was wont to shine at seven.
LUCIUS' SERV. – Ay, but the days are waxed shorter with him.
You must consider that a prodigal course
Is like the sun's,
But not, like his, recoverable. I fear
'Tis deepest winter in Lord Timon's purse; that is,
One may reach deep enough, and yet find little.
PHIL. SERV. – I am of your fear for that.
TIT. SERV. – I'll show you how t'observe a strange event.
Your lord sends now for money?
HORT. SERV. – Most true, he does.

17-18 *vers*] *prose F.*

1. *wards.* Gorges (de serrure) ne laissant pénétrer que la clef qui convient. Ici : la serrure même. **2.** Pour empêcher que le maître, s'il sort, soit arrêté pour dettes. **3.** Le texte

Le diable ne savait pas ce qu'il faisait quand il a rendu l'homme retors – par le même fait, il s'est contrecarré lui-même et j'en suis réduit à croire qu'en fin de compte les canailleries de l'homme le feront paraître, lui, innocent. Que de beaux efforts ce seigneur déploie pour nous révéler sa laideur ! Il prend modèle sur la vertu pour donner cours au vice, comme ceux qui, prétextant un zèle brûlant, sont prêts à mettre le feu à des royaumes entiers. Du même ordre est son amitié artificieuse.
Lui, le meilleur espoir de mon maître ! Tous ont fui
A présent ; il reste les dieux. Plus un ami !
Les portes qui jamais n'ont connu le verrou[1]
Aux temps de l'abondance doivent servir pour l'heure
A tenir leur maître en sécurité[2].
Ainsi finit libéralité sans raison[3].
Qui ne garde son or doit garder[4] la maison. *Il sort*

Entrent deux Serviteurs de Varron, qui en rencontrent d'autres, tous au service de créanciers de Timon, pour guetter sa sortie. Entrent ensuite [les Serviteurs de] Lucius, Titus et Hortensius[5] III, 4

[1er] SERV. DE VAR. – La bonne surprise ! Bonjour, Titus et Hortensius.
LE SERV. DE TIT. – Bonjour à vous, mon cher Varron.
LE SERV. D'HORT. – Lucius ! Comment, nous sommes tous là ?
LE SERV. DE LUCIUS. – Eh oui, et c'est tous pour la même affaire, je crois.
Je viens pour de l'argent.
LE SERV. DE TIT. – Eux aussi ; nous de même.
Entre [un Serviteur de] Philotus
LE SERV. DE LUCIUS. – Et Maître Philotus aussi !
LE SERV. DE PHIL. – Bonjour à tous.
LE SERV. DE LUCIUS. – Bienvenue, cher confrère. Quelle heure, à votre avis ?
LE SERV. DE PHIL. – On va sur les neuf heures.
LE SERV. DE LUCIUS. – Déjà ?
LE SERV. DE PHIL. – Monseigneur n'a pas paru encore ?
LE SERV. DE LUCIUS. – Toujours pas.
LE SERV. DE PHIL. – Je m'étonne : il brillait d'habitude à sept heures.
LE SERV. DE LUCIUS. – Oui, mais les jours sont devenus plus courts pour [lui.
Il faut savoir que le prodigue a un parcours
Semblable à celui du soleil,
Mais sans le même renouveau. Timon, je crains,
A la bourse au creux de l'hiver ; donc, si profond
Qu'on y plonge la main, c'est pour bien peu de chose.
LE SERV. DE PHIL. – Je partage vos craintes à cet égard.
LE SERV. DE TIT. – J'offre à votre examen un phénomène étrange.
Votre maître veut de l'argent ?
LE SERV. D'HORT. – Oui, c'est exact.

semble condamner toute conduite libérale. En fait, c'est l'excès de libéralité qui est visé. La traduction explicite ce point pour préserver la rime. 4. Jeu sur *keep* : 1) sauvegarder, 2) ne pas quitter (comme dans : garder la chambre). 5. Lieu : devant le palais de Timon.

TIT. SERV. – And he wears jewels now of Timon's gift,
For which I wait for money.
HORT. SERV. – It is against my heart.
LUCIUS' SERV. – Mark how strange it shows.
Timon in this should pay more than he owes,
And e'en as if your lord should wear rich jewels
And send for money for 'em.
HORT. SERV. – I'm weary of this charge, the gods can witness.
I know my lord hath spent of Timon's wealth,
And now ingratitude makes it worse than stealth.
VARRO'S 1 SERV. – Yes ; mine's three thousand crowns. What's yours ?
LUCIUS' SERV. – Five thousand, mine.
VARRO'S 1 SERV. – 'Tis much deep, and it should seem by th' sum
Your master's confidence was above mine,
Else surely his had equalled.

Enter Flaminius

TIT. SERV. – One of Lord Timon's men.
LUCIUS' SERV. – Flaminius ! Sir, a word. Pray, is my lord
Ready to come forth ?
FLAMINIUS. – No, indeed he is not.
TIT. SERV. – We attend his lordship.
Pray signify so much.
FLAMINIUS. – I need not tell
Him that ; he knows you are too diligent.

Enter Flavius, muffled in a cloak

LUCIUS' SERV. – Ha, is not that his steward muffled so ?
He goes away in a cloud. Call him, call him.
TIT. SERV. (*to Flavius*). – Do you hear, sir ?
VARRO'S 2 SERV. (*to Flavius*). – By your leave, sir.
FLAVIUS. – What do ye ask of me, my friend ?
TIT. SERV. – We wait for certain money here, sir.
FLAVIUS. – Ay,
If money were as certain as your waiting,
'Twere sure enough.
Why then preferred you not your sums and bills
When your false masters ate of my lord's meat ?
Then they could smile and fawn upon his debts,
And take down th'int'rest into their glutt'nous maws.
You do yourselves but wrong to stir me up.
Let me pass quietly.
Believe't, my lord and I have made an end.
I have no more to reckon, he to spend.

---

1. Jeu sur *cloud* : 1) nuage (caché sous son manteau, Flavius disparaît comme « dans un nuage »), 2) abattement (il s'enfuit, « la mine rembrunie »). 2. *fawn.* Décrit le comportement du chien qui se trémousse, se couche par terre devant son maître pour en obtenir quelque chose. La servilité entraîne automatiquement cette image chez Sh. 3. Ce qu'ils dévoraient n'était que l'intérêt de la dette contractée par Timon. La dette restait

LE SERV. DE TIT. – Et il porte à cette heure des bijoux que Timon
Lui offrit, dont j'attends l'argent.
LE SERV. D'HORT. – Je fais violence à mon cœur.
LE SERV. DE LUCIUS. – Que la chose est étrange, on le voit :
Timon dans cette affaire payerait plus qu'il ne doit ;
Et tout se passe comme si, portant riches joyaux,
Votre maître en voulait l'argent.
LE SERV. D'HORT. – Les dieux me sont témoins, cette charge me pèse.
Mon maître a eu, je sais, sa part du gaspillage,
Et cette ingratitude en fait un vrai pillage.
1er SERV. DE VAR. – Oui. Moi, c'est trois mille couronnes. Et vous ?
LE SERV. DE LUCIUS. – Moi, cinq mille.
1er SERV. DE VAR. – C'est une énorme somme et qui tend à prouver
Que votre maître était plus confiant que le mien,
Sinon ça se vaudrait.

Entre Flaminius

LE SERV. DE TIT. – Un des hommes de Timon.
LE SERV. DE LUCIUS. – C'est Flaminius ! Un mot, monsieur. Je vous en prie :
Monseigneur est-il près de paraître ?
FLAMINIUS. – Non, assurément pas.
LE SERV. DE TIT. – Nous attendons Sa Seigneurie.
Veuillez l'en avertir, s'il vous plaît.
FLAMINIUS. – Nul besoin
De le lui dire. Il connaît votre zèle extrême.

Entre Flavius, qui se dissimule sous son manteau

LE SERV. DE LUCIUS. – Eh ! n'est-ce pas là son intendant emmitouflé ?
Il file, il se défile[1]. Appelez-le ! Appelez-le !
LE SERV. DE TIT. (*à Flavius*). – Dites-moi, monsieur !
2e SERV. DE VAR. (*à Flavius*). – S'il vous plaît, monsieur !
FLAVIUS. – Que voulez-vous de moi, mon ami ?
LE SERV. DE TIT. – On attend là, monsieur, certain argent.
FLAVIUS. – Ah ! oui ?
Si l'argent était aussi sûr que votre attente,
Il serait en effet certain.
Pourquoi donc n'avoir pas sorti billets et notes
Quand vos maîtres, ces fourbes, mangeaient chez Monseigneur ?
Ils souriaient, ils frétillaient[2] devant ses dettes,
Gonflant des intérêts[3] leurs panses de gloutons.
Vous aggravez votre cas en m'exaspérant.
Laissez-moi passer mon chemin.
Croyez-le, pour mon maître et moi, c'en est assez[4].
Je n'ai plus à compter, ni lui à dépenser[5].

---

entière. **4.** Le sens est « c'en est fini » (de cette aventure). Les autres comprennent qu'il est congédié (61 et 63), mais en fait Flavius et Timon se retrouvent dans la scène suivante. **5.** Ellipse : *he* (has no more) *to spend,* avec changement de sens : « il n'a plus de quoi dépenser ».

LUCIUS' SERV. – Ay, but this answer will not serve.

FLAVIUS. – If 'twill not serve 'tis not so base as you,
For you serve knaves. *Exit*

VARRO'S 1 SERV. – How? What does his cashiered worship mutter?

VARRO'S 2 SERV. – No matter what; he's poor, and that's revenge enough. Who can speak broader than he that has no house to put his head in? Such may rail against great buildings.

Enter Servilius

TIT. SERV. – O, here's Servilius. Now we shall know some answer.

SERVILIUS. – If I might beseech you, gentlemen, to repair some other hour, I should derive much from't; for, take't of my soul, my lord leans wondrously to discontent. His comfortable temper has forsook him. He's much out of health, and keeps his chamber.

LUCIUS' SERV. – Many do keep their chambers are not sick,
And if it be so far beyond his health
Methinks he should the sooner pay his debts
And make a clear way to the gods.

SERVILIUS. – Good gods!

TIT. SERV. – We cannot take this for an answer, sir.

FLAMINIUS (*within*). – Servilius, help! My lord, my lord!

Enter Timon in a rage

TIMON. – What, are my doors opposed against my passage?
Have I been ever free, and must my house
Be my retentive enemy, my jail?
The place which I have feasted, does it now,
Like all mankind, show me an iron heart?

LUCIUS' SERV. – Put in now, Titus.

TIT. SERV. – My lord, here is my bill.

LUCIUS' SERV. – Here's mine.

[HORT. SERV.]. – And mine, my lord.

VARRO'S [1 *and*] 2 SERV. – And ours, my lord.

PHIL. SERV. – All our bills.

TIMON. – Knock me down with 'em, cleave me to the girdle.

LUCIUS' SERV. – Alas, my lord.

TIMON. – Cut my heart in sums.

TIT. SERV. – Mine fifty talents.

TIMON. – Tell out my blood.

LUCIUS' SERV. – Five thousand crowns, my lord.

TIMON. – Five thousand drops pays that. What yours? And yours?

VARRO'S 1 SERV. – My lord —

VARRO'S 2 SERV. – My lord —

TIMON. – Tear me, take me, and the gods fall upon you. *Exit*

---

59 If] *F4*; If't *F.* **74** an] *Rowe (1709)*; *pas dans F.* **82** HORTENSIUS' SERVANT] *Capell (1767-1768)*; *attribué à « I. Var[ro]. » dans F.* **82** FIRST *and*] *Malone (1790)*; *pas dans F.*

---

1. Jeu sur *bill* : 1) billet à ordre, 2) hallebarde. Avec sa hallebarde un soldat pouvait

LE SERV. DE LUCIUS. – Oui, mais cette réponse ne sert à rien.

FLAVIUS. – Ne servant pas, elle est moins abjecte que vous,
Qui servez des fripouilles. *Il sort*

1er SERV. DE VAR. – Quoi ? Qu'est-ce que monsieur le Congédié nous marmonne là ?

2e SERV. DE VAR. – Peu importe : il est pauvre et c'est une vengeance suffisante. Qui peut parler plus librement que celui qui n'a pas un toit pour abriter sa tête ? Des vagabonds peuvent bien railler les nobles édifices.

Entre Servilius

LE SERV. DE TIT. – Tiens, voilà Servilius. Nous allons cette fois avoir une réponse.

SERVILIUS. – Si je puis vous prier, messieurs, de revenir à quelque autre moment, cela me rendrait bien service ; car, vous pouvez m'en croire, mon seigneur sombre étrangement dans la mélancolie. Son humeur joviale l'a abandonné. Il est très souffrant et garde la chambre.

LE SERV. DE LUCIUS. – Beaucoup gardent la chambre et ne sont pas malades.
Si son état est à ce point désespéré,
Je crois qu'il devrait au plus tôt payer ses dettes
Pour s'aplanir la voie qui mène aux dieux.

SERVILIUS. – Grands dieux !

LE SERV. DE TIT. – Monsieur, ce n'est pas là une réponse.

FLAMINIUS (*à l'intérieur*). – Servilius, au secours ! Monseigneur ! monseigneur !

Entre Timon en fureur

TIMON. – Quoi ! on ferme les portes pour me barrer la route ?
J'ai toujours été libre : faut-il que ma maison,
Inflexible geôlière, devienne mon cachot ?
Ce lieu que j'ai comblé de fêtes, va-t-il donc
Comme les hommes avoir pour moi un cœur de pierre ?

LE SERV. DE LUCIUS. – Allez, vas-y, Titus.

LE SERV. DE TIT. – Seigneur, voici ma traite.

LE SERV. DE LUCIUS. – Voici la mienne.

[LE SERV. D'HORT.]. – La mienne, seigneur !

[1er *et*] 2e SERV. DE VAR. – Seigneur, les nôtres !

LE SERV. DE PHIL. – Toutes nos traites !

TIMON. – Des traites pour me mettre à mal ? Maltraitez-moi[1] !

LE SERV. DE LUCIUS. – Hélas ! seigneur.

TIMON. – Découpez mon cœur selon votre dû.

LE SERV. DE TIT. – Moi, cinquante talents.

TIMON. – Comptez les gouttes de mon sang.

LE SERV. DE LUCIUS. – Seigneur, cinq mille couronnes.

TIMON. – Cinq mille gouttes en paiement. Et vous, combien ? Et vous ?

1er SERV. DE VAR. – Seigneur —

2e SERV. DE VAR. – Seigneur —

TIMON. – Déchirez-moi, prenez ! Que les dieux vous écrasent ! *Il sort*

---

renverser son adversaire (*Knock... down*) et lui porter un coup de hache (*cleave me to the girdle :* « fendez-moi en deux jusqu'à la ceinture »). Timon consent à sa mise à mort.

HORT. SERV. – Faith, I perceive our masters may throw their caps at their money. These debts may well be called desperate ones, for a madman owes 'em. *Exeunt*

III, 5

Enter Timon and Flavius

TIMON. – They have e'en put my breath from me, the slaves.
Creditors? Devils!
FLAVIUS. – My dear lord –
TIMON. – What if it should be so?
FLAVIUS. – My lord –
TIMON. – I'll have it so. My steward!
FLAVIUS. – Here, my lord.
TIMON. – So fitly? Go bid all my friends again:
Lucius, Lucullus, and Sempronius – all luxors, all.
I'll once more feast the rascals.
FLAVIUS. – O my lord,
You only speak from your distracted soul.
There is not so much left to furnish out
A moderate table.
TIMON. – Be it not in thy care.
Go, I charge thee, invite them all. Let in the tide
Of knaves once more. My cook and I'll provide. *Exeunt [severally]*

III, 6

Enter three Senators at one door

1 SENATOR. – My lords, you have my voice to't. The fault's bloody.
'Tis necessary he should die.
Nothing emboldens sin so much as mercy.
2 SENATOR. – Most true; the law shall bruise 'im.
[*Enter Alcibiades at another door, with attendants*]
ALCIBIADES. – Honour, health, and compassion to the senate!
1 SENATOR. – Now, captain.
ALCIBIADES. – I am an humble suitor to your virtues;
For pity is the virtue of the law,
And none but tyrants use it cruelly.
It pleases time and fortune to lie heavy
Upon a friend of mine, who in hot blood
Hath stepped into the law, which is past depth
To those that without heed do plunge into't.
He is a man, setting his feat aside,
Of comely virtues;

---

8 all luxors] *Oxford*; *Vllorxa F.* 9-12 *vers*] *prose F.* 11 There is] *Capell (1767-1768)*; there's *F.* III,6 1 lords] *Dyce (1864-1867)*; Lord *F.* 4 'im] *F* ('em).

---

1. *throw their caps at.* Jeter leur casquette en direction de. C'était un signe d'abandon. 2. Lieu : quelque part dans Athènes. 3. Timon, absorbé par ses pensées,

LE SERV. D'HORT. – Ma foi, j'ai l'impression que nos maîtres peuvent faire une croix[1] sur leur argent : on peut bien dire que pour ces dettes il n'y a plus d'espoir, car le débiteur est un cas désespéré. *Ils sortent*

Entrent Timon et Flavius[2] **III, 5**

TIMON. – Ils m'ont bel et bien coupé le souffle, les gueux !
Des créanciers ? Des diables, oui !
FLAVIUS. – Mon cher seigneur –
TIMON. – Et si je faisais ce coup-là ?
FLAVIUS. – Monseigneur –
TIMON. – Je vais le faire. Intendant !
FLAVIUS. – Ici, monseigneur !
TIMON. – Si à propos[3] ? Va inviter tous mes amis :
Lucius, Lucullus, Sempronius, tous les jouisseurs[4], tous.
Encore un coup régalons ces canailles.
FLAVIUS. – Seigneur,
C'est votre âme égarée qui dicte vos propos.
Il ne vous reste plus même de quoi garnir
Une table modeste.
TIMON. – Ne te soucie de rien.
Va, dis-je, et convie-les ! Qu'affluent tous ces larrons :
Mon cuisinier et moi, nous les régalerons. *Ils sortent [séparément]*

Entrent trois Sénateurs par une porte[5] **III, 6**

1er SÉNATEUR. – Seigneurs, ma voix vous est acquise. Il y a sang,
Et la faute exige qu'il meure.
Rien n'enhardit autant le mal que la clémence.
2e SÉNATEUR. – Tout à fait vrai. La loi doit le broyer.
[*Entre Alcibiade par une autre porte, avec une suite*]
ALCIBIADE. – Je souhaite au Sénat gloire, santé, compassion !
1er SÉNATEUR. – Allons[6], capitaine !
ALCIBIADE. – Je fais appel humblement à votre vertu ;
Car dans la pitié est la vertu de la loi.
Seuls, les tyrans l'appliquent dans toute sa rigueur.
L'occasion, la fortune ont choisi de peser
Sur un de mes amis que son emportement
A fait transgresser la loi, et n'ont pas pied ceux
Qui par étourderie s'y sont précipités.
Si on met de côté cet éclat, c'est un homme
Aux vertus attrayantes,

ne sait plus que Flavius est à ses côtés et il ne l'a pas entendu (3 et 5). **4.** Le texte est corrompu ; *luxors* suggère « luxurious ones » : débauchés, luxurieux. Le mot (orthographié « luxur ») se trouve chez Middleton*. **5.** Lieu : au Sénat. **6.** *Now.* Sens incertain. En principe, interjection (à valeur de salut) exprimant la surprise ou la curiosité (voir IV,3,397 note). Il est étonnant qu'un seul Sénateur salue le capitaine. Peut-être est-il surpris par l'étrange entrée en matière d'Alcibiade.

Nor did he soil the fact with cowardice –
An honour in him which buys out his fault –
But with a noble fury and fair spirit,
Seeing his reputation touched to death,
He did oppose his foe;
And with such sober and unnoted passion
He did behave his anger, ere 'twas spent,
As if he had but proved an argument.
1 SENATOR. – You undergo too strict a paradox,
Striving to make an ugly deed look fair.
Your words have took such pains as if they laboured
To bring manslaughter into form, and set quarrelling
Upon the head of valour – which indeed
Is valour misbegot, and came into the world
When sects and factions were newly born.
He's truly valiant that can wisely suffer
The worst that man can breathe, and make his wrongs his outsides
To wear them like his raiment carelessly,
And ne'er prefer his injuries to his heart
To bring it into danger.
If wrongs be evils and enforce us kill,
What folly 'tis to hazard life for ill!
ALCIBIADES. – My lord –
1 SENATOR. – You cannot make gross sins look clear.
To revenge is no valour, but to bear.
ALCIBIADES. – My lords, then, under favour, pardon me
If I speak like a captain.
Why do fond men expose themselves to battle,
And not endure all threats, sleep upon't,
And let the foes quietly cut their throats
Without repugnancy? If there be
Such valour in the bearing, what make we
Abroad? Why then, women are more valiant
That stay at home if bearing carry it,
And the ass more captain than the lion, the felon
Loaden with irons wiser than the judge,
If wisdom be in suffering. O my lords,
As you are great, be pitifully good.
Who cannot condemn rashness in cold blood?

---

17 An] *Johnson (1765)*; And *F.* **22** behave] *Rowe (1709)*; behoove *F.* **49** felon] *Johnson (1765)*; fellow *F.*

---

1. Argumentation spécieuse : l'homme a d'abord cédé à l'emportement, mais il a maîtrisé sa colère au point de paraître calmé, jusqu'à l'heure de la vengeance. Cela ressemble à de la préméditation. **2.** *undergo.* Non « subir », mais « prendre sur soi », donc « entreprendre ». **3.** *form.* L'idée est moins « traiter de façon formelle » l'homicide que le « justifier en bonne et due forme ». **4.** *head.* Imprécis : 1) titre (les querelles personnelles ont place dans le chapitre de la valeur) ; 2) couronnement (elles sont la forme achevée

Et dont l'acte n'est pas entaché de couardise –
C'est chez lui un honneur qui rachète la faute.
Avec une noble fureur, un beau courage,
Voyant son renom mis à mal par l'adversaire,
Il fit face ; mais dans sa passion,
Mesurée au point de passer inaperçue[1],
Il sut dompter sa rage, avant qu'elle n'explose,
Comme on est maître de l'argument qu'on expose.

1er SÉNATEUR. – Vous donnez[2] dans un paradoxe bien forcé
En voulant qu'un acte horrible ait belle apparence.
Votre discours s'est mis en grands frais pour donner
Forme légale[3] à l'homicide, à la querelle
Tout le crédit[4] de la valeur – alors qu'en fait
Il s'agit de valeur bâtarde, qui n'apparut
Que suite à la naissance des factions et des sectes.
La vraie valeur consiste à essuyer en sage
Les injures les pires, à tenir les griefs
Pour extérieurs, tels l'habit qu'on porte, insouciant,
A ne jamais ouvrir son cœur aux doléances,
De peur de le mettre en péril.
Si un tort est un mal que la mort doit venger[5],
C'est folie, pour ce mal, d'encourir un danger.

ALCIBIADE. – Seigneur –

1er SÉNATEUR. – Vous ne sauriez laver si grave outrage.
Subir sans se venger, voilà le vrai courage.

ALCIBIADE. – Alors, seigneurs, sauf votre respect, laissez-moi
Parler en capitaine.
Pourquoi stupidement s'exposer à combattre,
Au lieu de subir les menaces en somnolant
Et de laisser l'adversaire vous trancher la gorge
En paix, sans résistance ? S'il est si valeureux
De supporter, que fait le soldat en campagne[6] ?
Car si « porter »... l'emporte[7], alors les femmes sont
Plus vaillantes que nous en restant au logis ;
L'âne est plus capitaine que le lion ; félon
Chargé de fers a plus de sagesse que son juge,
S'il est si sage de subir. Oh ! messeigneurs,
Vous êtes grands, montrez-vous bons, soyez cléments !
L'âme en repos, qui ne condamne l'emportement[8] ?

---

de la valeur). 5. Mot à mot : « qui nous contraignent à tuer ». 6. *Abroad.* Au dehors, à l'étranger ; s'oppose à *at home* (à la maison, au pays). 7. Jeu entre *bearing* (supportant) et *carry* (emporter) mais aussi sur « bear » : 1) endurer, 2) porter un enfant (dans son ventre), 3) supporter (le corps de l'amant dans l'étreinte). 8. Sens très incertain ; *rashness in cold blood* (emportement de sang-froid) est contradictoire, mais conforme au plaidoyer spécieux d'Alcibiade (voir 21-22 et note) ; *condemn... in cold blood* (condamner... de sang-froid) n'est guère plus satisfaisant : aucune sentence ne doit se rendre dans la passion, et il est risqué de reprocher aux Sénateurs leur sérénité de juges. Alcibiade est en plein illogisme.

To kill, I grant, is sin's extremest gust,
But in defence, by mercy, 'tis most just.
To be in anger is impiety,
But who is man that is not angry?
Weigh but the crime with this.
2 SENATOR. – You breathe in vain.
ALCIBIADES. – In vain?
His service done at Lacedaemon and Byzantium
Were a sufficient briber for his life.
1 SENATOR. – What's that?
ALCIBIADES. – Why, I say, my lords, he's done fair service,
And slain in fight many of your enemies.
How full of valour did he bear himself
In the last conflict, and made plenteous wounds!
2 SENATOR. – He has made too much plenty with 'em.
He's a sworn rioter; he has a sin
That often drowns him and takes his valour prisoner.
If there were no foes, that were enough
To overcome him. In that beastly fury
He has been known to commit outrages
And cherish factions. 'Tis inferred to us
His days are foul and his drink dangerous.
1 SENATOR. – He dies.
ALCIBIADES. – Hard fate! He might have died in war.
My lords, if not for any parts in him –
Though his right arm might purchase his own time
And be in debt to none – yet more to move you,
Take my deserts to his and join 'em both.
And for I know
Your reverend ages love security,
I'll pawn my victories, all my honour to you
Upon his good returns.
If by this crime he owes the law his life,
Why, let the war receive't in valiant gore,
For law is strict, and war is nothing more.
1 SENATOR. – We are for law; he dies. Urge it no more,
On height of our displeasure. Friend or brother,
He forfeits his own blood that spills another.
ALCIBIADES. – Must it be so? It must not be.
My lords, I do beseech you know me.
2 SENATOR. – How?
ALCIBIADES. – Call me to your remembrances.
3 SENATOR. – What?
ALCIBIADES. – I cannot think but your age has forgot me.

61 I] *F2*; **I** *pas dans F.* **61 he's]** *F* **(ha's). 65 'em]** *F2*; **him** *F.*

1. Voir II,2,140 note. **2.** *briber.* Pot de vin, ce qui soudoie quelqu'un. Le mot est

L'homicide est, je sais, la violence ultime,
Mais la pitié tient se défendre pour légitime.
Vivre dans la colère est impiété,
Mais quel est l'homme qui n'est jamais irrité ?
Voyez son crime sous ce jour.

2e SÉNATEUR. – Vain discours !

ALCIBIADE. – Vain ?
Ses exploits devant Lacédémone[1] et Byzance
Suffiraient à payer grassement[2] sa rançon.

1er SÉNATEUR. – Quoi ?

ALCIBIADE. – Mais, je dis, seigneurs, glorieux sont ses services,
Au combat il vous a tué bien des ennemis.
Héroïque a été, dans le dernier conflit,
Sa conduite ; il a infligé plein de blessures !

2e SÉNATEUR. – Et il n'a que trop fait le plein[3] en leur honneur.
C'est un noceur invétéré, et ce travers
Souvent noie sa raison, tient sa valeur captive.
A défaut d'adversaires, cela seul suffirait
Pour en venir à bout. Dans sa fureur bestiale
On l'a vu perpétrer des horreurs, soutenir
La sédition. Tous les rapports nous le confirment :
Sa vie est un scandale, son ivresse un danger.

1er SÉNATEUR. – Il meurt !

ALCIBIADE. – Cruel destin ! Il pouvait mourir au combat.
Seigneurs, si ce n'est pour ses qualités – quoique
Son bras pût lui valoir de mourir à son heure[4]
Sans rien devoir à d'autres – tiens, pour mieux vous toucher,
Ajoutez mon mérite au sien, n'en faites qu'un.
Et parce que, je sais,
Vos âges vénérables apprécient la sûreté[5],
Je vous donne en gage mes victoires, tout mon honneur,
Qu'en retour il va s'amender.
Si la loi veut qu'il paie ce crime de sa vie,
Eh bien, qu'il meure en brave, tout en sang, au combat.
Car si la loi est dure, la guerre ne l'est-elle pas ?

1er SÉNATEUR. – Nous sommes pour la loi. Il meurt. N'insistez pas,
Sous peine de déplaisir extrême. Frère ou ami,
Le sang est dû pour le meurtre qu'on a commis.

ALCIBIADE. – Doit-il en être ainsi ? Non, cela ne doit pas.
Seigneurs, je vous prierai de voir qui je suis.

2e SÉNATEUR. – Hein ?

ALCIBIADE. – Qui suis-je ? Rassemblez vos souvenirs.

3e SÉNATEUR. – Comment ?

ALCIBIADE. – Vous m'avez oublié, je crois bien, avec l'âge.

---

insultant. 3. Le mot *plenteous* (nombreux, 64) fournit l'occasion de ce *plenty* (plein, ici substantif : bombance, et particulièrement soûlographie). 4. C.-à-d. de mort naturelle. 5. Au double sens de : 1) être rassuré, 2) avoir des garanties (fiduciaires). Il sous-entend qu'ils sont usuriers.

It could not else be I should prove so base
To sue and be denied such common grace.
My wounds ache at you.

1 SENATOR. – Do you dare our anger?
'Tis in few words, but spacious in effect:
We banish thee for ever.

ALCIBIADES. – Banish me?
Banish your dotage, banish usury
That makes the senate ugly.

1 SENATOR. – If after two days' shine
Athens contain thee, attend our weightier judgement;
And, not to swell your spirit, he shall be
Executed presently.

Exeunt Senators [and attendants]

ALCIBIADES. – Now the gods keep you old enough that you may live
Only in bone, that none may look on you!
I'm worse than mad. I have kept back their foes
While they have told their money and let out
Their coin upon large interest — I myself,
Rich only in large hurts. All those for this?
Is this the balsam that the usuring senate
Pours into captains' wounds? Banishment!
It comes not ill; I hate not to be banished.
It is a cause worthy my spleen and fury,
That I may strike at Athens. I'll cheer up
My discontented troops, and lay for hearts.
'Tis honour with most lands to be at odds.
Soldiers should brook as little wrongs as gods. *Exit*

III, 7 *Enter divers of Timon's friends, [amongst them Lucullus, Lucius, Sempronius, and other Lords and Senators,] at several doors*

1 LORD. – The good time of day to you, sir.

2 LORD. – I also wish it to you. I think this honourable lord did but try us this other day.

1 LORD. – Upon that were my thoughts tiring when we encountered. I hope it is not so low with him as he made it seem in the trial of his several friends.

2 LORD. – It should not be, by the persuasion of his new feasting.

1 LORD. – I should think so. He hath sent me an earnest inviting, which many my near occasions did urge me to put off, but he hath conjured me beyond them, and I must needs appear.

2 LORD. – In like manner was I in debt to my importunate business, but he would not hear my excuse. I am sorry when he sent to borrow of me

---

100 your] *Capell (1767-1768)*; our *F.*

---

1. *worthy.* Digne de. L'injustice mérite (et légitime) son ressentiment. **2.** Dans sa folie

Sinon, je n'éprouverais pas le déshonneur
D'implorer vainement si banale faveur.
Vous rouvrez mes blessures.

1er SÉNATEUR. – Vous osez nous braver ?
Notre colère est laconique, mais porte loin :
Nous te bannissons à jamais.

ALCIBIADE. – Me bannir, moi ?
Bannissez votre radotage, et puis l'usure
Qui défigure le Sénat.

1er SÉNATEUR. – Si dans trois jours
On te voit dans Athènes, attends-toi à plus grave.
Pour l'autre, afin de vous rabaisser le caquet,
On va l'exécuter sur-le-champ.

Les Sénateurs sortent [avec toute leur suite]

ALCIBIADE. – Puissiez-vous vivre assez longtemps pour n'avoir plus
Que le squelette, et que tous de vous se détournent !
J'écume de rage. J'ai contenu leurs ennemis
Pendant qu'ils comptaient leur argent, prêtaient leur or
A des taux élevés – moi qui ne suis que riche
De mes grandes blessures. Tout cela, pour ceci ?
Nos usuriers de Sénateurs croient-ils panser
Les plaies des capitaines avec ce baume ? Banni !
Ce n'est pas malvenu. Je ne hais pas l'exil.
C'est un bon[1] motif de hargne et de rage, pour moi
Qui peux frapper Athènes. Je vais ragaillardir
Mes soldats mécontents, et capter d'autres cœurs.
L'honneur veut qu'à tant d'ennemis[2] on fasse front.
Soldats ni dieux ne sauraient tolérer l'affront. *Il sort*

III, 7

Entrent divers amis de Timon, [parmi lesquels Lucullus, Lucius, Sempronius, avec d'autres Seigneurs et Sénateurs,] par des portes différentes[3]

1er SEIGNEUR. – Je vous souhaite le bonjour, monsieur.

2e SEIGNEUR. – Bonjour à vous de même. Je pense que l'honorable seigneur n'a voulu que nous mettre à l'épreuve l'autre jour.

1er SEIGNEUR. – C'est la pensée que mon esprit remâchait[4] à l'instant même. J'espère que ses affaires ne sont pas aussi mal en point qu'il l'a fait croire dans cette mise à l'épreuve de ses divers amis.

2e SEIGNEUR. – Cela ne devrait pas, à en juger par ce nouveau banquet.

1er SEIGNEUR. – Je le pense aussi. Il m'a envoyé une pressante invitation que mes nombreuses obligations personnelles me poussaient à décliner, mais ses prières ont prévalu sur elles et il m'a fallu à toute force venir.

2e SEIGNEUR. – De la même façon j'étais tenu par des affaires qui ne me laissent aucun répit, mais il n'a pas voulu entendre mes excuses. Je regrette

---

guerrière, Alcibiade se voit en lutte contre « la plupart des pays ». Mais le texte est ici suspect. **3.** Lieu : la salle des banquets chez Timon. **4.** En fauconnerie*, « to tire » décrit la façon dont l'oiseau tire sur la viande avec son bec pour la déchiqueter.

that my provision was out.

1 LORD. – I am sick of that grief too, as I understand how all things go.

2 LORD. – Every man hears so. What would he have borrowed of you?

1 LORD. – A thousand pieces.

2 LORD. – A thousand pieces?

1 LORD. – What of you?

2 LORD. – He sent to me, sir —

[Loud music.] Enter Timon and attendants

Here he comes.

TIMON. – With all my heart, gentlemen both; and how fare you?

1 LORD. – Ever at the best, hearing well of your lordship.

2 LORD. – The swallow follows not summer more willing than we your lordship.

TIMON (*aside*). – Nor more willingly leaves winter, such summer birds are men. — Gentlemen, our dinner will not recompense this long stay. Feast your ears with the music a while, if they will fare so harshly o'th' trumpets' sound; we shall to't presently.

1 LORD. – I hope it remains not unkindly with your lordship that I returned you an empty messenger.

TIMON. – O sir, let it not trouble you.

2 LORD. – My noble lord —

TIMON. – Ah, my good friend, what cheer?

[A table and stools are] brought in

2 LORD. – My most honourable lord, I am e'en sick of shame that when your lordship this other day sent to me I was so unfortunate a beggar.

TIMON. – Think not on't, sir.

2 LORD. – If you had sent but two hours before —

TIMON. – Let it not cumber your better remembrance. — Come, bring in all together.

[Enter Servants with covered dishes]

2 LORD. – All covered dishes.

1 LORD. – Royal cheer, I warrant you.

3 LORD. – Doubt not that, if money and the season can yield it.

1 LORD. – How do you? What's the news?

3 LORD. – Alcibiades is banished. Hear you of it?

1 *and* 2 LORDS. – Alcibiades banished?

3 LORD. – 'Tis so, be sure of it.

1 LORD. – How, how?

2 LORD. – I pray you, upon what?

TIMON. – My worthy friends, will you draw near?

---

1. C'était le prétexte invoqué par Lucius en III,2, mais cela ne prouve pas que ces 1er, 2e et 3e Seigneurs sont Lucullus, Lucius et Sempronius (voir III,1,2-3), car il ne leur est pas demandé une somme précise, et les cinquante talents attendus des trois autres (voir II,2,181) ne sont pas forcément les mille pièces qu'évoque ici le 1er Seigneur (16). 2. Servir la nourriture sous des couvercles était signe de qualité.

de m'être trouvé sans disponibilités[1] quand son messager est venu pour un emprunt.

1er SEIGNEUR. – Je suis malade de chagrin, moi aussi, maintenant que je comprends comment vont les choses.

2e SEIGNEUR. – Tout le monde l'entend ainsi. Combien voulait-il vous emprunter ?

1er SEIGNEUR. – Mille pièces.

2e SEIGNEUR. – Mille pièces ?

1er SEIGNEUR. – Et à vous ?

2e SEIGNEUR. – Il m'a pressenti, monsieur —

[Bruyante musique.] Entre Timon avec une suite

Mais le voici.

TIMON. – Cordialement vôtre, mes deux nobles amis ; et comment allez-vous ?

1er SEIGNEUR. – Toujours le mieux du monde, quand nous avons de bonnes nouvelles de Votre Seigneurie.

2e SEIGNEUR. – L'hirondelle ne recherche pas l'été plus volontiers que nous Votre Seigneurie.

TIMON (*à part*). – Et ne fuit pas l'hiver plus volontiers non plus, tant les hommes sont oiseaux d'été. — Messieurs, notre dîner ne vous dédommagera pas de cette longue attente. Régalez vos oreilles de cette musique un moment, si le timbre criard des trompettes est menu à leur goût. Nous passerons à table bientôt.

1er SEIGNEUR. – J'espère que Votre Seigneurie ne me tient pas rigueur de lui avoir renvoyé son messager les mains vides.

TIMON. – Oh ! monsieur, que cela ne vous tourmente pas !

2e SEIGNEUR. – Mon noble seigneur —

TIMON. – Oui, mon bon ami, vous allez bien ?

On apporte [une table et des tabourets]

2e SEIGNEUR. – Mon très honorable seigneur, je suis littéralement malade de honte, à la pensée que quand Votre Seigneurie m'a sollicité l'autre jour j'avais la malchance d'être comme un mendiant.

TIMON. – N'y pensez plus, monsieur.

2e SEIGNEUR. – Si seulement vous aviez envoyé votre homme deux heures plus tôt —

TIMON. – Il ne faut pas que cela gâche vos meilleurs souvenirs — Allons, qu'on apporte tout en une fois.

[Entrent des Serviteurs porteurs de plats couverts]

2e SEIGNEUR. – Tous des plats couverts[2].

1er SEIGNEUR. – Une chère de roi, je vous le garantis.

3e SEIGNEUR. – N'en doutez pas : ce que l'argent et la saison peuvent offrir de mieux.

1er SEIGNEUR. – Comment allez-vous ? Quelles sont les nouvelles ?

3e SEIGNEUR. – Alcibiade est banni. Vous êtes au courant ?

1er *et* 2e SEIGNEURS. – Alcibiade banni ?

3e SEIGNEUR. – Oui, soyez-en sûrs.

1er SEIGNEUR. – Comment cela ? Comment ?

2e SEIGNEUR. – Le motif, je vous prie ?

TIMON. – Mes dignes amis, voulez-vous approcher ?

3 LORD. – I'll tell you more anon. Here's a noble feast toward.
2 LORD. – This is the old man still.
3 LORD. – Will't hold, will't hold?
2 LORD. – It does; but time will — and so —
3 LORD. – I do conceive.
TIMON. – Each man to his stool with that spur as he would to the lip of his mistress. Your diet shall be in all places alike. Make not a city feast of it, to let the meat cool ere we can agree upon the first place. Sit, sit. The gods require our thanks.

They sit

You great benefactors, sprinkle our society with thankfulness. For your own gifts make yourselves praised; but reserve still to give, lest your deities be despised. Lend to each man enough that one need not lend to another; for were your godheads to borrow of men, men would forsake the gods. Make the meat be beloved more than the man that gives it. Let no assembly of twenty be without a score of villains. If there sit twelve women at the table, let a dozen of them be as they are. The rest of your foes, O gods — the senators of Athens, together with the common tag of people — what is amiss in them, you gods, make suitable for destruction. For these my present friends, as they are to me nothing, so in nothing bless them; and to nothing are they welcome. — Uncover, dogs, and lap.

The dishes are uncovered, and seen to be full of steaming water [and stones]

SOME LORDS. – What does his lordship mean?
OTHER LORDS. – I know not.
TIMON. – May you a better feast never behold,
You knot of mouth-friends. Smoke and lukewarm water
Is your perfection. This is Timon's last,
Who, stuck and spangled with your flattery,
Washes it off, and sprinkles in your faces
Your reeking villainy.

[He throws water in their faces]

Live loathed and long,
Most smiling, smooth, detested parasites,
Courteous destroyers, affable wolves, meek bears,
You fools of fortune, trencher-friends, time's flies,
Cap-and-knee slaves, vapours, and minute-jacks!
Of man and beast the infinite malady
Crust you quite o'er.

---

65 foes] *Warburton (1747)*; *Fees F.* **66** tag] *Collier (1853)*; *legge F.* **75** with your] *Warburton (1747)*; you with *F.* **75** flattery] *Dyce (1864-1867)*; Flatteries *F.*

---

1. *mouth-friends.* Sous-entend aussi bien « parasites » (Timon va dire bientôt « amis d'assiette »), mais le contexte immédiat suggère plutôt la superficialité : leurs sentiments sont tièdes, leurs promesses sont fumée. 2. Ils sont le jouet de la Fortune* (voir *Roméo et Juliette,* III,1,127). 3. Timon semble se rappeler ce qu'a dit Flavius en II,2,160-

3e SEIGNEUR. – Je vous en dirai plus tout à l'heure. Voilà un beau festin qui s'offre à nous.

2e SEIGNEUR. – C'est bien là notre ami de toujours.

3e SEIGNEUR. – Cela tiendra-t-il ? Cela tiendra-t-il ?

2e SEIGNEUR. – Cela tient ; le temps dira – et voilà !

3e SEIGNEUR. – Je comprends.

TIMON. – Que chacun prenne un siège, avec la même ardeur que s'il volait aux lèvres de sa maîtresse. Le menu sera le même pour tous, quelles que soient vos places. N'en faites pas un banquet officiel en laissant refroidir les mets tandis qu'on discute des préséances. Assis ! assis ! Les dieux exigent qu'on leur rende grâce.

Ils s'assoient

Ô grands bienfaiteurs, faites pleuvoir la gratitude sur notre compagnie. Pour les dons que vous nous accordez, recevez nos louanges ; mais gardez toujours quelque chose en réserve, de peur que soit méprisée votre divinité. Prêtez assez à chaque homme pour que nul n'ait besoin de prêter à autrui ; car si vos déités devaient emprunter aux hommes, les hommes abandonneraient les dieux. Faites que la nourriture soit aimée plus que celui qui la donne. Qu'il n'y ait assemblée de vingt personnes qui ne compte deux dizaines de gredins. Et si douze femmes prennent place à table, qu'une douzaine d'entre elles soient... ce qu'elles sont. Quant au reste de vos ennemis, ô dieux — les Sénateurs d'Athènes aussi bien que la commune racaille — ce qu'il y a de mauvais en eux, dieux, préparez-le à la destruction. Pour ceux-ci, mes amis présents, puisqu'ils ne sont rien pour moi, ne les bénissez en rien ; ils ne sont les bienvenus à rien. — Ôtez les couvercles et lapez, chiens que vous êtes !

Les couvercles ôtés, il apparaît que les plats ne contiennent que de l'eau chaude [et des pierres]

CERTAINS SEIGNEURS. – Que veut dire Son Honneur ?

D'AUTRES. – Je n'en sais rien.

TIMON. – Puisse votre clique ne jamais voir meilleur festin,
Amis du bout des lèvres[1]. Eau tiédasse et fumée
Sont ce qui vous convient. Ainsi finit Timon :
Les clinquants oripeaux de vos flagorneries,
Timon s'en purifie et vous lance à la face
Vos fétides bassesses.

[Il leur jette de l'eau au visage]

Vivez longtemps haïs,
Parasites amènes, doucereux, détestables,
Pillards courtois, affables loups, ours pleins d'onction,
Bouffons du sort[2], amis d'assiette, mouches d'été[3],
Ignobles courbe-échine[4], chimères, girouettes[5] !
Que les maux infinis de l'homme et de la bête
Vous couvrent tout entiers de croûtes !

---

161. **4.** *cap-and-knee.* (Chapeau et genou) suggère l'obséquiosité des courbettes où l'inférieur se découvre et fléchit le genou devant un supérieur. **5.** *minute-jacks.* Jaquemarts, automates d'horloges, qui changent de position de minute en minute.

[*A Lord is going*]

What, dost thou go?
Soft, take thy physic first. Thou too, and thou.

[*He beats them*]

Stay, I will lend thee money, borrow none.

Exeunt Lords, leaving caps and gowns

What, all in motion? Henceforth be no feast
Whereat a villain's not a welcome guest.
Burn house! Sink Athens! Henceforth hated be
Of Timon man and all humanity! *Exit*

Enter the Senators and other Lords

1 LORD. – How now, my lords?
2 LORD. – Know you the quality of Lord Timon's fury?
3 LORD. – Push! Did you see my cap?
4 LORD. – I have lost my gown.
1 LORD. – He's but a mad lord, and naught but humours sways him. He gave me a jewel th'other day, and now he has beat it out of my hat. Did you see my jewel?
[3] LORD. – Did you see my cap?
[2] LORD. – Here 'tis.
4 LORD. – Here lies my gown.
1 LORD. – Let's make no stay.
2 LORD. – Lord Timon's mad.
3 LORD. – I feel't upon my bones.
4 LORD. – One day he gives us diamonds, next day stones.

Exeunt

IV, 1 *Enter Timon*

TIMON. – Let me look back upon thee. O thou wall
That girdles in those wolves, dive in the earth,
And fence not Athens! Matrons, turn incontinent!
Obedience fail in children! Slaves and fools,
Pluck the grave wrinkled senate from the bench
And minister in their steads! To general filths
Convert o'th' instant, green virginity!
Do't in your parents' eyes. Bankrupts, hold fast!
Rather than render back, out with your knives,
And cut your trusters' throats. Bound servants, steal!
Large-handed robbers your grave masters are,
And pill by law. Maid, to thy master's bed!
Thy mistress is o'th' brothel. Son of sixteen,
Pluck the lined crutch from thy old limping sire;
With it beat out his brains! Piety and fear,

95-96 THIRD ... SECOND] *Capell (1767-1768)*; 2 ... 3 *F*. **IV,1,13** Son] *F2*; Some *F*.

[Un Seigneur se lève pour partir]

Quoi ? tu t'en vas ?
Tiens, prends d'abord ta purge. Ainsi que toi, et toi.

[Il les bat]

Attends ! Je veux te prêter et non t'emprunter.

Les Seigneurs sortent, abandonnant bonnets et toges

Quoi ! tous en fuite ? Puisse-t-il n'y avoir de ripaille
Désormais où ne soit bienvenue la canaille !
Brûle, maison ! Que sombre Athènes ! Soient détestés
De Timon, désormais, l'homme et l'humanité ! *Il sort*

Entrent les Sénateurs et d'autres Seigneurs

1er SEIGNEUR. – Qu'en dites-vous, messeigneurs ?
2e SEIGNEUR. – Sait-on la cause de cette furie chez Timon ?
3e SEIGNEUR. – Fichtre ! Qui a vu mon bonnet ?
4e SEIGNEUR. – J'ai perdu ma toge.
1er SEIGNEUR. – Il est fou, voilà tout, et ce sont ses lubies qui le gouvernent.
Il m'a donné un bijou l'autre jour et voilà que ses coups l'ont fait sauter de mon chapeau.
Qui a vu mon bijou ?
[3e] SEIGNEUR. – Qui a vu mon bonnet ?
[2e] SEIGNEUR. – Le voici.
4e SEIGNEUR. – Voici ma toge, par terre.
1er SEIGNEUR. – Ne nous attardons pas.
2e SEIGNEUR. – Timon est fou.
3e SEIGNEUR. – Je le sens à mes os, derrière.
4e SEIGNEUR. – Il jette un jour de l'or, le lendemain des pierres.

Ils sortent

IV, 1

Entre Timon[1]

TIMON. – Un dernier regard en arrière. Ô muraille, toi
Qui tiens parqués ces loups, rentre sous terre et laisse
Athènes sans défense ! Matrones, à la débauche !
Enfants, rebellez-vous ! Esclaves et benêts,
Chassez l'austère Sénat flétri de son banc,
Gouvernez à sa place ! Vierges tout ingénues,
Devenez dans l'instant filles publiques ! Faites ça
Sous l'œil de vos parents. Tenez bon, les faillis !
Ne rendez rien, sortez vos couteaux, égorgez
Vos créanciers. Serviteurs sous contrat, volez !
Vos patrons, graves forbans, ont la main experte
Et pillent dans les règles. Boniche, au lit du maître !
Madame tapine. Toi, le fils de seize ans, arrache
Au vieux perclus, ton père, sa béquille rembourrée ;
Fends-lui le crâne avec ! Égards et révérence,

1. Lieu : devant les remparts d'Athènes.

Religion to the gods, peace, justice, truth,
Domestic awe, night rest, and neighbourhood,
Instruction, manners, mysteries, and trades,
Degrees, observances, customs, and laws,
Decline to your confounding contraries,
And let confusion live! Plagues incident to men,
Your potent and infectious fevers heap
On Athens, ripe for stroke! Thou cold sciatica,
Cripple our senators, that their limbs may halt
As lamely as their manners! Lust and liberty,
Creep in the minds and marrows of our youth,
That 'gainst the stream of virtue they may strive
And drown themselves in riot! Itches, blains,
Sow all th'Athenian bosoms, and their crop
Be general leprosy! Breath infect breath,
That their society, as their friendship, may
Be merely poison!

[*He tears off his clothes*]

Nothing I'll bear from thee
But nakedness, thou detestable town;
Take thou that too, with multiplying bans.
Timon will to the woods, where he shall find
Th'unkindest beast more kinder than mankind.
The gods confound – hear me you good gods all –
Th'Athenians, both within and out that wall;
And grant, as Timon grows, his hate may grow
To the whole race of mankind, high and low.
Amen. *Exit*

IV, 2 *Enter Flavius, with two or three Servants*

1 SERVANT. – Hear you, master steward, where's our master?
Are we undone, cast off, nothing remaining?
FLAVIUS. – Alack, my fellows, what should I say to you?
Let me be recorded: by the righteous gods,
I am as poor as you.
1 SERVANT. – Such a house broke,
So noble a master fall'n? All gone, and not
One friend to take his fortune by the arm
And go along with him?
2 SERVANT. – As we do turn our backs
From our companion thrown into his grave,
So his familiars to his buried fortunes

---

21 let] *Hanmer (1744)*; yet *F.*

---

1. Le mot anglais vient du latin médiéval « misterium » (profession), forme altérée de « ministerium ». **2.** Jeu diffus sur « kind » : 1) espèce, 2) bon. Voir II,2,205 et la note.

Vénération des dieux, paix, justice, vérité,
Respect des siens, repos des nuits, bon voisinage,
Éducation, manières, ministères[1], métiers,
Échelons, rituels, lois, règles coutumières,
Déclinez, abolissez-vous dans vos contraires,
Vive le chaos ! Fléaux dévolus aux humains,
Accablez du feu de vos fièvres infectieuses
L'apoplectique Athènes ! Toi, froide sciatique,
Paralyse nos Sénateurs, fais-leur les membres
Boiteux comme leurs mœurs ! Vous, luxure et licence,
Corrompez l'âme et jusqu'à la moelle de nos jeunes,
Pour qu'à contre-courant de la vertu ils nagent
Et dans leur débauche se noient ! Gales, pustules,
Ensemencez les cœurs d'Athènes, que la moisson
Soit la lèpre pour tous ! Et l'haleine épandant
Les germes, que les rapports sociaux, l'amitié même,
Soient pur poison !

[Il arrache ses vêtements]

Je n'emporterai rien de toi,
Hormis ma nudité, ô cité détestable !
Et même : à toi mon dénuement, cent fois maudite !
Timon va dans les bois, pour constater demain
Qu'il n'est pas d'animal plus bestial[2] que l'humain.
Dieux, écoutez-moi tous : ô dieux bons, abattez
Les Athéniens, hors les murs et dans la cité !
Accordez à Timon que s'accroisse sa rage
Contre tous les humains, grands, petits, avec l'âge.
Ainsi soit-il. *Il sort*

Entre Flavius, avec deux ou trois Serviteurs[3] **IV, 2**

1er SERVITEUR. – Écoutez donc, notre intendant : où est le maître ?
Tout est perdu ? Et nous voilà ruinés, chassés ?
FLAVIUS. – Hélas ! chers compagnons, que pourrais-je vous dire ?
Devant les justes dieux qui m'entendent, je le jure :
Comme vous je suis pauvre.
1er SERVITEUR. – Tombée, cette maison ?
Un si noble maître, déchu ? Plus rien ! Pas même
Un ami pour lui tendre la main et l'aider
Dans son malheur[4] ?
2e SERVITEUR. – De même qu'on tourne le dos
Au camarade mort qu'on a mis dans la tombe,
Les proches de sa fortune engloutie, de même,

L'animal le plus cruel (*unkindest* : le moins bon) a plus le respect de son espèce (*kinder*) que l'homme. Le double comparatif est courant en anglais élisabéthain. **3.** Lieu : sans doute devant le palais de Timon. **4.** *fortune*. Désigne ici le sort (en l'occurrence : « infortune »).

Slink all away, leave their false vows with him
Like empty purses picked ; and his poor self,
A dedicated beggar to the air,
With his disease of all-shunned poverty,
Walks like contempt alone.

Enter other Servants

More of our fellows.

FLAVIUS. – All broken implements of a ruined house.

3 SERVANT. – Yet do our hearts wear Timon's livery.
That see I by our faces. We are fellows still,
Serving alike in sorrow. Leaked is our barque,
And we, poor mates, stand on the dying deck
Hearing the surges' threat. We must all part
Into this sea of air.

FLAVIUS. – Good fellows all,
The latest of my wealth I'll share amongst you.
Wherever we shall meet, for Timon's sake
Let's yet be fellows. Let's shake our heads and say,
As 'twere a knell unto our master's fortunes,
"We have seen better days."

He gives them money

Let each take some.
Nay, put out all your hands. Not one word more.
Thus part we rich in sorrow, parting poor.

They embrace, and the Servants part several ways

O, the fierce wretchedness that glory brings us !
Who would not wish to be from wealth exempt,
Since riches point to misery and contempt ?
Who would be so mocked with glory, or to live
But in a dream of friendship,
To have his pomp and all what state compounds
But only painted like his varnished friends ?
Poor honest lord, brought low by his own heart,
Undone by goodness ! Strange, unusual blood
When man's worst sin is he does too much good !
Who then dares to be half so kind again ?
For bounty, that makes gods, does still mar men.
My dearest lord, blessed to be most accursed,
Rich only to be wretched, thy great fortunes
Are made thy chief afflictions. Alas, kind lord !
He's flung in rage from this ingrateful seat
Of monstrous friends ;
Nor has he with him to supply his life,

---

41 does] *F4* ; do *F.*

---

1. *latest.* Forme superlative de « late » (récent), ici employé substantivement pour « last » (la fin). **2.** Métaphore étrange : *blood* (le sang) suggère « disposition, constitution » (et

S'esquivent tous, lui laissant leurs fausses promesses,
Bourses qu'un voleur a vidées ; et lui, le pauvre,
Comme un mendiant voué à la vie en plein air,
Atteint de ce mal qui fait fuir : le dénuement,
S'en va seul, tel l'opprobre.

Entrent d'autres Serviteurs

Voici venir des frères.

FLAVIUS. – Tous, les outils brisés d'une maison ruinée !

3e SERVITEUR. – Mais nos cœurs ont gardé la livrée de Timon.
Je le lis sur nos traits. Nous sommes frères encore,
Tous égaux dans la peine. L'embarcation fait eau ;
Pauvres marins, nous écoutons les flots rugir,
Sur le pont qui s'enfonce. Il faut nous disperser
Dans l'océan du monde.

FLAVIUS. – Braves gens que vous êtes,
Je veux vous répartir le peu[1] que j'ai encore.
Où que l'on se revoie, pour l'amour de Timon,
Restons toujours des frères. Disons, hochant la tête,
Tel un glas tintant pour sa fortune engloutie :
« Nous eûmes des jours fastes. »

Il leur donne de l'argent

Prenez un peu, chacun.
Si ! Tendez les mains, tous. Et plus un mot, pour l'heure :
Pauvres nous nous quittons, mais riches de douleur.

Ils s'étreignent, et les Serviteurs se dispersent

Oh ! le cruel malheur que la gloire nous réserve !
Qui ne voudrait vivre à l'écart de l'opulence,
Si misère et mépris font suite à l'abondance ?
Qui veut être ainsi berné par la gloire, ou vivre
Dans un mirage d'amitié,
Pour voir que le faste et ce qu'on met dans « fortune »
Sont, tels ses faux-semblants d'amis, pur trompe-l'œil ?
Pauvre honnête seigneur, que son cœur a perdu !
Ruiné parce que bon ! Sort[2] rare, inusité,
Où la plus grande faute est l'excès de bonté !
Qui à des bontés moindres va se risquer demain,
Si la largesse, qui fait le dieu, défait[3] l'humain ?
Mon cher seigneur, béni pour finir réprouvé,
Riche afin seulement d'être gueux, ta fortune
Devient ta plus grande affliction. Ah ! mon bon maître !
Il s'est enfui, furieux, de ce repaire ingrat
De monstrueux amis.
Il n'a pas emporté de quoi rester en vie,

la bonté serait paradoxalement un défaut), mais *sin* (péché) dénote une faute commise plutôt qu'un défaut hérité. C'est le destin de Timon que Flavius décrit : sa générosité lui a été fatale, d'où « sort » en français. 3. L'opposition « make » – « mar » (faire – démolir) est traditionnelle.

Or that which can command it.
I'll follow and enquire him out.
I'll ever serve his mind with my best will.
Whilst I have gold I'll be his steward still. *Exit*

IV, 3 *Enter Timon [from his cave] in the woods, [half naked, and with a spade]*

TIMON. – O blessèd breeding sun, draw from the earth
Rotten humidity; below thy sister's orb
Infect the air. Twinned brothers of one womb,
Whose procreation, residence, and birth
Scarce is dividant, touch them with several fortunes,
The greater scorns the lesser. Not nature,
To whom all sores lay siege, can bear great fortune
But by contempt of nature.
It is the pasture lards the brother's sides,
The want that makes him lean.
Raise me this beggar and demit that lord,
The senator shall bear contempt hereditary,
The beggar native honour. Who dares, who dares
In purity of manhood stand upright
And say "This man's a flatterer"? If one be,
So are they all, for every grece of fortune
Is smoothed by that below. The learnèd pate
Ducks to the golden fool. All's obliquy;
There's nothing level in our cursèd natures
But direct villainy. Therefore be abhorred
All feasts, societies, and throngs of men.
His semblable, yea, himself, Timon disdains.
Destruction fang mankind. Earth, yield me roots.
He digs
Who seeks for better of thee, sauce his palate
With thy most operant poison.
He finds gold
What is here?
Gold? Yellow, glittering, precious gold?
No, gods, I am no idle votarist:
Roots, you clear heavens. Thus much of this will make
Black white, foul fair, wrong right,
Base noble, old young, coward valiant.

9-10, 11-13 It... lean. Raise ... honour.] *Oxford*; Raise ... Honor. It ... leave : *F.* **10** lean] *F3*; leave *F.* **11** demit] *Oxford*; deny't *F.* **12** senator] *Rowe (1709)*; Senators *F.* **16** grece] *F* (grize). **23** fang] *F* (phang).

1. Diane, déesse de la lune, est sœur d'Apollon, dieu du soleil. Le soleil bienfaisant, source

Ni ce qui pourrait le lui procurer.
Suivant sa trace, je vais le dénicher.
Je reste à son service, fidèle et diligent.
Intendant je demeure, tant que j'ai quelque argent. *Il sort*

Entre Timon [sortant de sa caverne] dans les bois, [à demi nu, une pelle à la main] IV, 3

TIMON. – Ô divin soleil qui fécondes, tire du sol
Un brouillard délétère ; sous l'orbe de ta sœur[1],
Infecte l'air. Soient deux jumeaux du même sein,
Que procréation, habitat, naissance n'ont faits
Qu'à peine distincts : si leur fortune est différente,
Le grand méprise le petit. Nulle nature,
En butte à tous les maux, ne tolère l'opulence,
Sauf au mépris de la nature[2].
Le pacage est ce qui donne à l'un le flanc gras,
Son manque, ce qui rend efflanqué le frère.
Grandissez-moi tel gueux, rabaissez tel seigneur :
Le sénateur hérite du mépris voué aux pauvres,
Le gueux, des honneurs dus au sang. Qui ose, qui ose,
En qualité d'homme sans tache, se dresser, droit,
Pour dire : « Un tel n'est qu'un flatteur » ? Si un seul l'est,
Tous le sont ; devant tout degré[3] de la fortune
S'abaisse celui d'en dessous. Et le savant
Rend hommage au sot plein d'or. Tout est de travers[4].
Dans nos êtres déchus, rien n'est droit si ce n'est
Qu'ils sont carrément vils. Pour cela, honnis soient
Les festins et les foules, la société des hommes.
Timon vomit son semblable et jusqu'à lui-même.
Mort à l'humanité ! Terre, donne-moi tes racines.
Il creuse
Qui de toi plus réclame, chatouille son palais
De ton poison le plus nocif.
Il trouve de l'or
Que vois-je ici ?
De l'or ? De l'or, jaune, brillant, précieux ?
Non, dieux, mon serment n'est pas vain :
Ô cieux radieux, non ! des racines ! Voici de quoi
Rendre blanc le noir, beau le laid, juste le faux,
Noble le vil, jeune le vieux, vaillant le lâche.

---

de vie, est ici appelé à contaminer l'univers sublunaire. **2.** Ambigu : l'être humain, vulnérable, ne peut résister à l'épreuve de la richesse, sauf 1) à se nier soi-même (par l'ascétisme), ou (plutôt) 2) en méprisant autrui. **3.** *grece*. Marche (d'un escalier). Image hardie : chaque marche inférieure semble s'être abaissée – par flatterie et servilité (*smoothed*) – devant celle du dessus. **4.** *obliquy*. Semble un mot-valise forgé à partir de « obloquy » (souillure morale) et « oblique » (que prolongent *level* : de niveau, et *direct* : droit).

Ha, you gods ! Why this, what, this, you gods ? Why, this
Will lug your priests and servants from your sides,
Pluck stout men's pillows from below their heads.
This yellow slave
Will knit and break religions, bless th'accursed,
Make the hoar leprosy adored, place thieves,
And give them title, knee, and approbation
With senators on the bench. This is it
That makes the wappered widow wed again.
She whom the spittle house and ulcerous sores
Would cast the gorge at, this embalms and spices
To th'April day again. Come, damnèd earth,
Thou common whore of mankind, that puts odds
Among the rout of nations ; I will make thee
Do thy right nature.

March afar off

Ha, a drum ! Thou'rt quick ;
But yet I'll bury thee.

He buries gold

Thou'lt go, strong thief,
When gouty keepers of thee cannot stand.

He keeps some gold

Nay, stay thou out for earnest.

Enter Alcibiades, with soldiers playing drum and fife, in warlike manner ; and Phrynia and Timandra

ALCIBIADES. – What art thou there ? Speak.
TIMON. – A beast, as thou art. The canker gnaw thy heart
For showing me again the eyes of man.
ALCIBIADES. – What is thy name ? Is man so hateful to thee
That art thyself a man ?
TIMON. – I am Misanthropos, and hate mankind.
For thy part, I do wish thou wert a dog,
That I might love thee something.
ALCIBIADES. – I know thee well,
But in thy fortunes am unlearned and strange.
TIMON. – I know thee too, and more than that I know thee
I not desire to know. Follow thy drum.
With man's blood paint the ground gules, gules.
Religious canons, civil laws, are cruel ;
Then what should war be ? This fell whore of thine
Hath in her more destruction than thy sword,
For all her cherubin look.

---

39 wappered] *Singer (1856)* ; wappen'd *F.* **46** Thou'lt] *F* (Thou't).

---

1. On hâte la mort de l'agonisant si on lui enlève l'oreiller sous la tête. L'or, dit Timon, inciterait à traiter de la sorte des hommes même en bonne santé (*stout :* robuste). **2.** Pour Timon, l'or est par nature corrupteur. Enterré il était inoffensif. Timon va le rendre à son

Ah ! dieux ! Pourquoi ceci ? Dieux ! Qu'est-ce que... ? Mais ceci
Peut détourner de vous vos serviteurs, vos prêtres,
Et priver de secours[1] qui, bien portant, suffoque.
Cet esclave au teint jaune
Noue et dénoue les sectes, fait bénir les maudits,
Aimer la lèpre blanche, promouvoir les voleurs
En leur accordant titres, déférence et crédit
Comme aux Sénateurs quand ils siègent. C'est lui encore
Qui fait que la veuve harassée se remarie.
Celle que l'hôpital aux ulcères suintants
Ne voit pas sans vomir, ce baume aromatique
En fait un jour d'avril. Viens, maudite poussière,
Putain commune à tous les hommes, qui mets la brouille
Parmi la horde des nations, je vais te rendre
A ta vraie fonction[2].

Une marche militaire au loin

Oh ! un tambour ! Tu es vif,
Mais je t'enterre.

Il enterre de l'or

Tu fileras, fieffé coquin,
Quand tes gardiens goutteux ne tiendront plus debout.

Il garde un peu d'or en réserve

Non, toi, tu restes en gage[3].

Entre Alcibiade, avec des soldats, au son du tambour et du fifre, d'un pas martial ; suivent Phrynia et Timandra

ALCIBIADE. – Qu'es-tu, toi, là ? Réponds !
TIMON. – Comme toi : une bête. Que le chancre te ronge
Le cœur, puisque tu m'auras fait revoir un homme !
ALCIBIADE. – Quel est ton nom ? L'homme t'est-il si haïssable,
A toi qui en es un ?
TIMON. – Je suis Misanthropos, celui qui hait les hommes.
Quant à toi, je regrette que tu ne sois pas chien,
Pour t'aimer tant soit peu.
ALCIBIADE. – Je sais bien qui tu es,
Mais ton histoire m'est inconnue et étrangère.
TIMON. – Je te connais aussi, mais savoir qui tu es
M'ôte l'envie d'en savoir plus. Suis ton tambour.
Du sang des hommes peins le sol, gueules sur gueules[4].
Cruels sont le droit canon et les lois civiles :
La guerre serait donc autre ? Ta furie de putain,
Ici, est dévastatrice plus que ton épée,
Malgré sa beauté d'ange.

---

usage normal : la corruption. 3. Jeu de scène incertain (45-48) : 1) Au bruit du tambour, le réflexe de Timon est de cacher son or. L'or « vit » (*quick* : a) vif, b) vivant, c) en état de grossesse), mais il va l'enterrer quand même. 2) Les vieillards qui thésaurisent sont goutteux, mais l'or (qui est un fieffé voleur, *strong*) doit circuler, et Timon le lui promet. 3) Il en garde tout de même un peu pour preuve de sa richesse retrouvée. 4. *gules*. Désigne le rouge en héraldique.

PHRYNIA. – Thy lips rot off!
TIMON. – I will not kiss thee; then the rot returns
To thine own lips again.
ALCIBIADES. – How came the noble Timon to this change?
TIMON. – As the moon does, by wanting light to give.
But then renew I could not like the moon;
There were no suns to borrow of.
ALCIBIADES. – Noble Timon, what friendship may I do thee?
TIMON. – None but to maintain my opinion.
ALCIBIADES. – What is it, Timon?
TIMON. – Promise me friendship, but perform none. If thou wilt promise, the gods plague thee, for thou art a man. If thou dost not perform, confound thee, for thou art a man.
ALCIBIADES. – I have heard in some sort of thy miseries.
TIMON. – Thou saw'st them when I had prosperity.
ALCIBIADES. – I see them now; then was a blessèd time.
TIMON. – As thine is now, held with a brace of harlots.
TIMANDRA. – Is this th'Athenian minion, whom the world
Voiced so regardfully?
TIMON. – Art thou Timandra?
TIMANDRA. – Yes.
TIMON. – Be a whore still. They love thee not that use thee.
Give them diseases, leaving with thee their lust.
Make use of thy salt hours: season the slaves
For tubs and baths, bring down rose-cheeked youth
To the tub-fast and the diet.
TIMANDRA. – Hang thee, monster!
ALCIBIADES. – Pardon him, sweet Timandra, for his wits
Are drowned and lost in his calamities.
I have but little gold of late, brave Timon,
The want whereof doth daily make revolt
In my penurious band. I have heard and grieved
How cursèd Athens, mindless of thy worth,
Forgetting thy great deeds, when neighbour states
But for thy sword and fortune trod upon them –
TIMON. – I prithee, beat thy drum and get thee gone.
ALCIBIADES. – I am thy friend, and pity thee, dear Timon.
TIMON. – How dost thou pity him whom thou dost trouble?
I had rather be alone.
ALCIBIADES. – Why, fare thee well.
Here is some gold for thee.
TIMON. – Keep it. I cannot eat it.
ALCIBIADES. – When I have laid proud Athens on a heap –
TIMON. – Warr'st thou 'gainst Athens?

73-74 promise ... not perform] *Hibbard (1970)*; not promise ... performe *F.* **83-87** *vers*] *prose F.* **87** tub-fast] *Theobald (1733)*; Fubfast *F.*

---

1. *salt.* Salaces; *tubs* : hautes cuves servant d'étuves, où les malades de la vérole étaient

PHRYNIA. – Que pourries soient tes lèvres !
TIMON. – Je ne veux pas de ton baiser ; la pourriture
Revient donc à tes lèvres.
ALCIBIADE. – Comment le grand Timon vint-il à ce déclin ?
TIMON. – Comme fait la lune, privée de lumière à donner.
Mais je n'ai pas pu me renouveler comme elle,
Sans soleils à qui emprunter.
ALCIBIADE. – Noble Timon, quelle amitié puis-je te faire ?
TIMON. – Aucune, sauf confirmer mon opinion.
ALCIBIADE. – Quelle est-elle, Timon ?
TIMON. – Promets-moi ton amitié, mais sans donner suite. Si tu tiens à promettre, que les dieux te tourmentent puisque tu es un homme. Si tu ne donnes suite, cours à ta perte puisque tu es un homme.
ALCIBIADE. – J'ai un peu entendu parler de tes malheurs.
TIMON. – C'est quand j'étais prospère que ton œil les a vus.
ALCIBIADE. – Je les vois à présent ; alors, tout allait bien.
TIMON. – Comme à présent pour toi, pris entre ces deux garces.
TIMANDRA. – Alors c'est là le favori d'Athènes, dont tous
Chantaient tant les louanges ?
TIMON. – Serais-tu Timandra ?
TIMANDRA. – Oui.
TIMON. – Reste putain. Ceux qui t'emploient ne t'aiment pas.
Donne-leur la maladie, ils t'infusent leur luxure.
Sers-toi de tes chaleurs[1] : assaisonne la racaille
Pour l'étuve et les bains ; la jeunesse aux joues roses,
Réduis-la à la diète[2], au régime !
TIMANDRA. – Crève, monstre !
ALCIBIADE. – Pardonne-lui, ma Timandra, car ses esprits
Se sont perdus, noyés dans les calamités.
Vaillant Timon, ces temps-ci je n'ai que peu d'or,
Et ce manque est sujet quotidien de révolte
Dans ma troupe affamée. Je sais — cela m'afflige —
Qu'Athènes la maudite, méprisant ta valeur,
Oubliant tes exploits quand les États voisins
Sans ton épée, sans ton or, l'eussent piétinée —
TIMON. – Fais battre le tambour, je t'en prie, et va-t'en !
ALCIBIADE. – Cher Timon, je suis ton ami et j'ai pitié.
TIMON. – Tu as pitié de celui que tu importunes ?
Je préfère être seul.
ALCIBIADE. – Eh bien, porte-toi bien.
Tiens : un peu d'or.
TIMON. – Garde-le. Je n'en mange pas.
ALCIBIADE. – Quand l'orgueilleuse Athènes ne sera plus que ruines —
TIMON. – Tu marches contre Athènes ?

---

traités par sudation (*baths* : bains de vapeur). Mais le sel (salt) étant répandu sur la viande que l'on garde en pot, le tonneau de l'étuve est assimilable à un saloir (d'où *season* : assaisonner). 2. Le temps de la cure à l'étuve (*tub*), le jeûne (*fast*) était de rigueur.

ALCIBIADES. – Ay, Timon, and have cause.
TIMON. – The gods confound them all in thy conquest,
And thee after, when thou hast conquerèd.
ALCIBIADES. – Why me, Timon ?
TIMON. – That by killing of villains
Thou wast born to conquer my country.
Put up thy gold.
He gives Alcibiades gold
Go on ; here's gold ; go on.
Be as a planetary plague when Jove
Will o'er some high-viced city hang his poison
In the sick air. Let not thy sword skip one.
Pity not honoured age for his white beard ;
He is an usurer. Strike me the counterfeit matron ;
It is her habit only that is honest,
Herself's a bawd. Let not the virgin's cheek
Make soft thy trenchant sword ; for those milk paps
That through the window-bars bore at men's eyes
Are not within the leaf of pity writ ;
But set them down horrible traitors. Spare not the babe
Whose dimpled smiles from fools exhaust their mercy.
Think it a bastard whom the oracle
Hath doubtfully pronounced thy throat shall cut,
And mince it sans remorse. Swear against objects.
Put armour on thine ears and on thine eyes
Whose proof nor yells of mothers, maids, nor babes,
Nor sight of priests in holy vestments bleeding,
Shall pierce a jot. There's gold to pay thy soldiers.
Make large confusion, and, thy fury spent,
Confounded be thyself. Speak not. Be gone.
ALCIBIADES. – Hast thou gold yet ? I'll take the gold thou giv'st me,
Not all thy counsel.
TIMON. – Dost thou or dost thou not, heaven's curse upon thee !
PHRYNIA *and* TIMANDRA. – Give us some gold, good Timon. Hast thou [more ?
TIMON. – Enough to make a whore forswear her trade,
And to make wholesomeness a bawd. Hold up, you sluts,
Your aprons mountant.
[*He throws gold into their aprons*]
You are not oathable,
Although I know you'll swear, terribly swear,
Into strong shudders and to heavenly agues

116 bars] *Steevens (1773)* ; Barne *F.* 121 thy] *Pope (1723-1725)* ; the *F.* 134 wholesomeness] *Oxford* ; Whores *F.*

1. *window-bars.* Soit la croisée d'une fenêtre, soit les lacets croisés d'un corsage. 2. *ob-*

ALCIBIADE. – Oui, Timon, non sans cause.
TIMON. – Veuillent les dieux la détruire toute, par ta victoire,
Et puis toi-même après, quand tu auras vaincu !
ALCIBIADE. – Pourquoi moi, Timon ?
TIMON. – C'est que, tuant la canaille,
Tu avais pour destin de vaincre ma patrie.
Garde ton or.

Il donne de l'or à Alcibiade

En route ! En voici de l'or. Va !
Sois comme une planète néfaste, quand Jupiter
Sur quelque ville dissolue suspend son poison
Dans l'air vicié ! Que ton glaive n'oublie personne !
Tant pis pour le digne vieillard à barbe blanche :
Un usurier ! Tue-moi la matrone hypocrite :
Chez elle, il n'est que le costume qui soit chaste,
La maquerelle ! Ne laisse pas la joue de la vierge
Attendrir ton glaive tranchant, car ces tétons,
Qui derrière la croisée[1] crèvent les yeux des hommes,
Ne sont pas mentionnés au livre de pitié ;
Tiens-les pour d'affreux traîtres. Le bébé souriant
Dont la fossette arrache à un sot la clémence,
Vois en lui un bâtard dont l'oracle a prédit,
A mots couverts, qu'un jour il tranchera ta gorge.
Hache-le sans pitié. Jure d'être inflexible[2]
Cuirasse-toi d'airain les oreilles et les yeux
Pour que les cris des mères, des vierges, des bambins,
La vue de prêtres en sang dans leurs robes sacrées
Ne puissent les atteindre[3]. Paie tes soldats : voici
De l'or. Fais un vaste carnage. Puis, ta fureur
Passée, massacre-toi toi-même. Plus un mot : pars !
ALCIBIADE. – Il te reste de l'or ? Je prends l'or que tu m'offres,
Mais pas tous tes conseils.
TIMON. – Que tu les suives ou non, que le ciel te maudisse !
PHRYNIA *et* TIMANDRA. – Donne-nous un peu d'or, bon Timon. Il t'en reste ?
TIMON. – Assez pour que la pute lâche le métier, pour faire
De la vertu une maquerelle. Levez, salopes,
Vos tabliers troussables[4].

[*Il jette de l'or dans leurs tabliers*]

Nulle est votre parole,
Pourtant, je sais, vous jurez, vous jurez si fort
Que les dieux qui entendent sont saisis des frissons

---

jects. Objections. **3.** Mot à mot : « dont ni les cris... ni la vue... ne puissent traverser le moins du monde (*pierce a jot*) la protection (*proof*) ». **4.** *mountant.* Signifie « montants » et est forgé sur le modèle de « rampant » ou « couchant » (adjectifs utilisés en héraldique, et toujours postposés), comme pour suggérer que les putains ont pour armoiries un tablier relevé.

Th'immortal gods that hear you. Spare your oaths ;
I'll trust to your conditions. Be whores still,
And he whose pious breath seeks to convert you,
Be strong in whore, allure him, burn him up.
Let your close fire predominate his smoke ;
And be no turncoats. Yet may your pain-sick months
Be quite contrary, and thatch your poor thin roofs
With burdens of the dead – some that were hanged,
No matter. Wear them, betray with them ; whore still ;
Paint till a horse may mire upon your face.
A pox of wrinkles !

PHRYNIA *and* TIMANDRA. – Well, more gold ; what then ?
Believe't that we'll do anything for gold.

TIMON. – Consumptions sow
In hollow bones of man, strike their sharp shins,
And mar men's spurring. Crack the lawyer's voice,
That he may never more false title plead
Nor sound his quillets shrilly. Hoar the flamen
That scolds against the quality of flesh
And not believes himself. Down with the nose,
Down with it flat ; take the bridge quite away
Of him that his particular to foresee
Smells from the general weal. Make curled-pate ruffians bald,
And let the unscarred braggarts of the war
Derive some pain from you. Plague all,
That your activity may defeat and quell
The source of all erection. There's more gold.
Do you damn others, and let this damn you ;
And ditches grave you all !

PHRYNIA *and* TIMANDRA. – More counsel with more money, bounteous [Timon.

TIMON. – More whore, more mischief first ; I have given you earnest.

ALCIBIADES. – Strike up the drum towards Athens. Farewell, Timon.
If I thrive well, I'll visit thee again.

TIMON. – If I hope well, I'll never see thee more.

ALCIBIADES. – I never did thee harm.

TIMON. – Yes, thou spok'st well of me.

ALCIBIADES. – Call'st thou that harm ?

TIMON. – Men daily find it. Get thee away,

---

143 pain-sick] *Oxford* ; paines six *F.* **155** scolds] *Rowe (1709)* ; scold'st *F.* **166-169** *vers*] *prose F.*

---

1. Si leurs jurons sont horribles, leurs serments ne valent rien, et dans tous les cas leur métier fera l'affaire. **2.** Le « feu secret », c'est l'ardeur sexuelle et peut-être la maladie vénérienne. La « fumée », ce sont les vains discours et peut-être les vapeurs de l'étuve (où on soignait la vérole). **3.** Texte controversé et sens incertain ; *pain-sick months* : mois de douleurs nauséeuses. *Yet may* peut se comprendre comme un souhait (« Puissent pourtant... »), ou comme une éventualité (« Il se peut certes que... »). Timon incite les deux putains à poursuivre leur tâche, même souffrantes et décaties. **4.** La syphilis

D'une fièvre céleste. Épargnez vos serments[1] ;
Je m'en remets à vos natures. Restez putains,
Et l'homme au souffle pieux qui veut vous convertir,
Allumez-le, en vraies putains, consumez-le.
Que votre feu secret triomphe de sa fumée[2] ;
Ne tournez pas casaque. Si gênants soient vos mois
De souffrances[3], et qu'il faille couvrir vos pauvres crânes
Pelés d'un toit de cheveux pris à des pendues[4],
Tant pis ! Portez-les pour séduire : à jamais, putes !
Fardez vos joues à y embourber un cheval.
La peste soit des rides[5] !

PHRYNIA *et* TIMANDRA. – Allez, plus d'or ! quoi d'autre ?
Nous ferons, crois-le bien, tout pour avoir de l'or.

TIMON. – Implantez la nécrose
Au creux des os, que l'homme ait les tibias noueux[6],
Gâchez-leur toute monte[7]. Enrouez l'avocat —
Et finis à jamais ses plaidoyers spécieux[8],
Ses distinguos stridents ! Couvrez de lèpre pâle[9]
Le flamine qui vitupère le plaisir charnel
Mais n'en croit pas un mot. Adieu le nez ! Rongé
Ras le visage ! Ôtez-moi tout ce cartilage[10]
Chez qui, chassant pour soi, s'écarte de la piste[11]
Du bien commun. Filez la pelade aux crapules
Bouclées ; aux planqués[12] qui jouent les foudres de guerre
Apprenez la souffrance. Infectez tout le monde,
Pour que par votre action soit détruite et tarie
La source de toute érection. Tenez : plus d'or.
D'autrui soyez la perte ; ceci soit votre perte,
Et crevez tous dans des fossés !

PHRYNIA *et* TIMANDRA. – Des conseils avec plus d'or, généreux Timon !

TIMON. – Plus d'efforts avec plus d'effets ! Ce sont vos arrhes.

ALCIBIADE. – Battez, tambours ! Vers Athènes, en avant ! Adieu,
Timon. Si je prospère, je reviendrai te voir.

TIMON. – Et moi, j'espère, je ne te verrai plus.

ALCIBIADE. – Je ne t'ai jamais fait de mal.

TIMON. – Si, tu as dit du bien de moi.

ALCIBIADE. – Et tu dis que c'est mal ?

TIMON. – On le voit tous les jours. Allez, va-t'en. Emmène

---

provoquant la calvitie, les malades portaient des perruques faites avec les cheveux des suppliciées. **5.** *pox.* Vérole. *A pox of* : imprécation vulgaire (« Que la vérole saisisse... »). **6.** *sharp.* Soit : effilé (et donc « cassant »), soit : rugueux (à cause des nodosités). Il n'est pas impossible que « shin » ait signifié également : pénis. **7.** « To spur » : éperonner (la bête que l'on chevauche). Sous-entendu obscène. **8.** *false title.* Titre (de propriété) faux. **9.** *Hoar.* Signifie « blanchir » et se prononce comme « whore » (putain). **10.** La destruction du cartilage nasal (*bridge* : arête du nez) est l'un des stigmates de la syphilis. **11.** *nose.* Le « nez » induit l'image du chien qui poursuit, en quittant la meute, un gibier pour lui seul. Mot à mot : « celui qui, ayant en vue son (intérêt) particulier, flaire (une piste) à l'écart du bien collectif ». **12.** *unscarred.* Sans cicatrices (car ils n'ont jamais combattu).

And take thy beagles with thee.
ALCIBIADES. – We but offend him. Strike!
Exeunt [to drum and fife] all but Timon
TIMON. – That nature, being sick of man's unkindness,
Should yet be hungry!
He digs the earth
Common mother – thou
Whose womb unmeasurable and infinite breast
Teems and feeds all, whose selfsame mettle
Whereof thy proud child, arrogant man, is puffed
Engenders the black toad and adder blue,
The gilded newt and eyeless venomed worm,
With all th'abhorrèd births below crisp heaven
Whereon Hyperion's quick'ning fire doth shine –
Yield him who all thy human sons do hate
From forth thy plenteous bosom, one poor root.
Ensear thy fertile and conceptious womb;
Let it no more bring out ingrateful man.
Go great with tigers, dragons, wolves, and bears;
Teem with new monsters whom thy upward face
Hath to the marbled mansion all above
Never presented.
He finds a root
O, a root! Dear thanks.
Dry up thy marrows, vines, and plough-torn leas,
Whereof ingrateful man with liquorish draughts
And morsels unctuous greases his pure mind,
That from it all consideration slips! –
Enter Apemantus
More man? Plague, plague!
APEMANTUS. – I was directed hither. Men report
Thou dost affect my manners, and dost use them.
TIMON. – 'Tis then because thou dost not keep a dog
Whom I would imitate. Consumption catch thee!
APEMANTUS. – This is in thee a nature but infected,
A poor unmanly melancholy, sprung
From change of fortune. Why this spade, this place,
This slave-like habit, and these looks of care?
Thy flatterers yet wear silk, drink wine, lie soft,
Hug their diseased perfumes, and have forgot
That ever Timon was. Shame not these woods
By putting on the cunning of a carper.

---

185 thy] *Pope (1723-1725)*; the *F.* **204** fortune] *Rowe (1709)*; future *F.*

---

1. *beagles.* Petits chiens courants. **2.** L'orvet (blindworm) passait à l'époque pour venimeux; *worm* pouvait désigner la vipère. **3.** *crisp.* Soit : lumineux, soit : ourlé de nuages. **4.** Le dieu du soleil, dans la mythologie* grecque. **5.** Les palais « tout là-haut »

Avec toi tes levrettes[1].
ALCIBIADE. – Nous l'irritons. Tambours !
Tous sortent [au son du tambour et du fifre] sauf Timon
TIMON. – Dire que le corps, gorgé d'ingratitude humaine,
Ressent pourtant la faim !
Il creuse la terre
Ô notre mère à tous –
Dont l'insondable flanc, le sein inépuisable
Donne vie et nourrit, dont la même substance
Qui bouffit d'orgueil l'homme, ton arrogant enfant,
Engendre la vipère bleue, le noir crapaud,
Le triton d'or, le ver[2] aveugle et venimeux,
Et tout ce qui vit et répugne sous le ciel clair[3],
Sur qui luit Hypérion[4] au feu procréateur –
Veuille accorder, à celui qui hait tous tes fils,
Une pauvre racine, de tes riches entrailles.
Rends stérile ton flanc fertile et prolifique,
Pour que ne vienne plus au monde l'homme ingrat.
Sois grosse de dragons, de tigres, de loups et d'ours ;
Grouille de monstres nouveaux, que les immortels[5]
Dans leurs palais de marbre n'ont jamais vus encore
A ta surface.
Il trouve une racine
Ah ! une racine ! Merci beaucoup.
Dans tes vignes et tes labours, taris la sève[6],
Source de boissons délectables, de mets exquis
Dont l'homme ingrat engraisse tant son pur esprit
Que la raison n'y a plus prise ! –
Entre Apémantus
De l'homme encore ? La peste ! la peste !
APÉMANTUS. – On m'a dit où tu te trouvais. Il court le bruit
Que tu affectes mes façons et les fais tiennes.
TIMON. – Cela tient donc au fait que tu n'as pas de chien
Que je puisse imiter. La nécrose te ronge !
APÉMANTUS. – Chez toi, ceci n'est qu'infection[7] de la nature,
Simple humeur noire, indigne d'un homme et qui vient
D'un coup du sort. Pourquoi cette pelle, en ce lieu ?
Cet accoutrement d'esclave ? Ces airs tourmentés ?
Tes flatteurs ont habit de soie, vin, lit douillet ;
Ils baisent leurs parfums vérolés[8]. Nul ne sait
Qu'il vécut un certain Timon. N'insulte pas
Ce bois, en t'arrogeant l'expertise du censeur.

(*all above*) sont la résidence des dieux. **6.** *marrows.* Signifie « moelles » et désigne ce qui est profitable dans les vignes et les cultures (*plough-torn leas* : champs déchirés par la charrue). **7.** Un mal accidentel, non un tempérament. « To infect » (infecter) a parfois dans Sh le sens de « to affect » (affecter ; voir 199). **8.** *diseased perfumes.* Maîtresses parfumées et syphilitiques.

Be thou a flatterer now, and seek to thrive
By that which has undone thee. Hinge thy knee,
And let his very breath whom thou'lt observe
Blow off thy cap. Praise his most vicious strain,
And call it excellent. Thou wast told thus.
Thou gav'st thine ears like tapsters that bade welcome
To knaves and all approachers. 'Tis most just
That thou turn rascal. Hadst thou wealth again,
Rascals should have't. Do not assume my likeness.

TIMON. – Were I like thee, I'd throw away myself.

APEMANTUS. – Thou hast cast away thyself being like thyself –
A madman so long, now a fool. What, think'st
That the bleak air, thy boisterous chamberlain,
Will put thy shirt on warm? Will these mossed trees
That have outlived the eagle page thy heels
And skip when thou point'st out? Will the cold brook,
Candied with ice, caudle thy morning taste
To cure thy o'ernight's surfeit? Call the creatures
Whose naked natures live in all the spite
Of wreakful heaven, whose bare unhousèd trunks
To the conflicting elements exposed
Answer mere nature; bid them flatter thee.
O, thou shalt find –

TIMON. – A fool of thee! Depart.

APEMANTUS. – I love thee better now than e'er I did.

TIMON. – I hate thee worse.

APEMANTUS. – Why?

TIMON. – Thou flatter'st misery.

APEMANTUS. – I flatter not, but say thou art a caitiff.

TIMON. – Why dost thou seek me out?

APEMANTUS. – To vex thee.

TIMON. – Always a villain's office, or a fool's.
Dost please thyself in't?

APEMANTUS. – Ay.

TIMON. – What, a knave too?

APEMANTUS. – If thou didst put this sour cold habit on
To castigate thy pride, 'twere well; but thou
Dost it enforcèdly. Thou'dst courtier be again
Wert thou not beggar. Willing misery
Outlives incertain pomp, is crowned before.
The one is filling still, never complete;
The other at high wish. Best state, contentless,
Hath a distracted and most wretched being,
Worse than the worst, content.
Thou shouldst desire to die, being miserable.

---

223 mossed] *Hanmer (1744)*; moyst *F.*

---

1. *rascal.* 1) vaurien, 2) cerf né tardivement, maigre et sans valeur. Se disait aussi d'un

Fais-toi flatteur à ton tour, vise à prospérer
Par ce qui t'a ruiné. Ploie le genou, accepte
Que le seul souffle de celui que tu courtises
Emporte ton bonnet. Vante comme excellent
Son plus mauvais penchant. C'est ce qu'on te disait.
Tel l'aubergiste accueillant, tu prêtais l'oreille
Aux vauriens, aux premiers venus. Aussi, fais-toi
Chien[1] : ce n'est que justice. Tu redeviendrais riche,
Les chiens te prendraient tout. Ne singe pas mon style.

TIMON. – Si je te ressemblais, je me supprimerais.

APÉMANTUS. – Mais tu t'es liquidé, rien qu'en étant toi-même —
Fou si longtemps, à présent idiot. Tu crois donc
Que l'air vif, ton fougueux chambellan, va chauffer
Ta chemise à l'avance ? Ces troncs moussus vont-ils,
Eux qui survivent à l'aigle, être à ta botte[2], bondir
A ton signal ? Le froid ruisseau, confit de glace,
Est-il un grog[3] pour guérir ta fétide haleine
Après les excès de la veille ? Convoque les êtres
Que l'existence expose à toutes les rigueurs
Du ciel vengeur, dont le corps nu et sans abri,
Livré aux éléments en lutte, doit tenir tête
A la nature brute — dis-leur de te flatter.
Ah ! tu vas découvrir —

TIMON. – Quel sot tu es ! Va-t'en.

APÉMANTUS. – Je t'aime aujourd'hui mieux que je n'ai jamais fait.

TIMON. – Je te hais plus.

APÉMANTUS. – Pourquoi ?

TIMON. – Tu flattes la misère.

APÉMANTUS. – Flatter ? Non, mais je dis que tu n'es qu'un minable.

TIMON. – Pourquoi m'as-tu déniché ?

APÉMANTUS. – Pour te tourmenter.

TIMON. – Toujours un rôle de scélérat, ou de bouffon.
Et tu y prends du plaisir ?

APÉMANTUS. – Oui.

TIMON. – Vicieux, en plus ?

APÉMANTUS. – Si tu avais endossé cette aigreur[4] glaciale
Pour châtier ton orgueil, très bien ! mais tu le fais
Sous la contrainte. Tu referais le courtisan
Si tu n'étais pas gueux. La misère acceptée
Survit à la splendeur précaire et la devance.
Celle-ci fait le plein, toujours, sans être comble.
Celle-là est comblée. Le riche insatisfait,
Dont les tracas gâchent la vie, est moins heureux
Que le plus indigent, satisfait de son sort.
Tu devrais vouloir mourir, étant misérable.

---

chien laid et famélique. Voir plus loin V,1,108. **2.** Comme un page suit son maître. **3.** *caudle.* Boisson chaude, contenant du vin et de la bière. **4.** *habit.* 1) habit, 2) habitude.

TIMON. – Not by his breath that is more miserable.
Thou art a slave whom fortune's tender arm
With favour never clasped, but bred a dog.
Hadst thou like us from our first swathe proceeded
The sweet degrees that this brief world affords
To such as may the passive drudges of it
Freely command, thou wouldst have plunged thyself
In general riot, melted down thy youth
In different beds of lust, and never learned
The icy precepts of respect, but followed
The sugared game before thee. But myself,
Who had the world as my confectionary,
The mouths, the tongues, the eyes and hearts of men
At duty, more than I could frame employment,
That numberless upon me stuck, as leaves
Do on the oak, have with one winter's brush
Fell from their boughs, and left me open, bare
For every storm that blows – I to bear this,
That never knew but better, is some burden.
Thy nature did commence in sufferance, time
Hath made thee hard in't. Why shouldst thou hate men?
They never flattered thee. What hast thou given?
If thou wilt curse, thy father, that poor rag,
Must be thy subject, who in spite put stuff
To some she-beggar and compounded thee
Poor rogue hereditary. Hence, be gone.
If thou hadst not been born the worst of men
Thou hadst been a knave and flatterer.
APEMANTUS. – Art thou proud yet?
TIMON. – Ay, that I am not thee.
APEMANTUS. – I that I was
No prodigal.
TIMON. – I that I am one now.
Were all the wealth I have shut up in thee
I'd give thee leave to hang it. Get thee gone.
That the whole life of Athens were in this!
Thus would I eat it.

He bites the root

APEMANTUS [*offering food*]. – Here, I will mend thy feast.
TIMON. – First mend my company: take away thyself.
APEMANTUS. – So I shall mend mine own by th' lack of thine.
TIMON. – 'Tis not well mended so, it is but botched;
If not, I would it were.

---

254 drudges] *F* (drugges). 255 command] *Rowe (1709)*; command'st *F*. 285 my] *Rowe (1709)*; thy *F*.

---

1. *from our first swathe* : « Dès notre premier maillot ». 2. Jeu sur *degrees* : 1) marches

TIMON. – Pas sur l'injonction d'un plus misérable encore !
D'un esclave que la fortune n'a pas choyé
Tendrement sur son cœur, mais qu'elle a créé chien.
Si tu avais gravi comme nous, dès l'enfance[1],
Les suaves degrés[2] qu'offre ce monde bref
A ceux qui y ont liberté de commander
Aux esclaves soumis, tu te serais plongé
Dans la folle débauche ; ta jeunesse eût fondu
Dans des lits de luxure, sans apprendre jamais
Les froides lois de la réserve, à la poursuite
D'une alléchante proie, en vue. Tandis que moi,
Pour qui le monde entier était confiserie,
J'ai régenté la bouche, la langue, les yeux, le cœur
Des hommes — plus que je ne pouvais en faire usage.
Foule innombrable, à moi attachée, telles des feuilles
Sur le chêne, que le premier assaut de l'hiver
Fit choir de l'arbre, pour me laisser nu, exposé
A la fureur des vents — supporter cela, moi,
Qui n'avais connu que le meilleur... quel fardeau !
Ta nature apprit tôt la souffrance, et le temps
T'a endurci au mal. Pourquoi hais-tu les hommes ?
Ils ne t'ont pas flatté. Que leur as-tu donné ?
Si tu dois t'en prendre à quelqu'un, maudis ton père,
Pauvre miséreux qui, de dépit, enfila
Quelque mendiante et engendra le pauvre bougre
Héréditaire que tu fais. Ouste ! Va-t'en.
Si tu n'étais né le plus vil de tous les hommes,
Tu serais devenu flatteur et scélérat.
APÉMANTUS. – Tu es bien fier encore !
TIMON. – Oui, de n'être pas toi.
APÉMANTUS. – Et moi[3] de n'avoir pas été
Prodigue, comme toi.
TIMON. – Et moi, de l'être encore.
Si toute ma richesse se résumait à toi,
Il m'importerait peu que tu la pendes. Va-t'en.
Ah ! si la vie d'Athènes tenait toute en ceci,
J'y mordrais ainsi !

Il mord dans la racine

APÉMANTUS [*lui offrant à manger*]. – Tiens, améliore ton menu.
TIMON. – Améliore tout d'abord ma compagnie : décampe !
APÉMANTUS. – La mienne aussi, je l'améliore en te laissant.
TIMON. – Ce n'est pas amélioration, mais ravaudage.
J'en fais le vœu quand même[4].

(d'un escalier), 2) diplômes universitaires. « To proceed » : 1) aller de l'avant, 2) obtenir un diplôme universitaire conférant titre et statut (comme on dit : « sortir » agrégé). **3.** *I*. Même prononciation que *Ay* (Oui, 278). **4.** Très obscur. Peut-être : si ta compagnie est si minable qu'elle ne puisse même être ravaudée par mon éloignement, je te le souhaite pourtant, puisque cela me permettrait au moins de ne plus te voir.

APEMANTUS. – What wouldst thou have to Athens ?

TIMON. – Thee thither in a whirlwind. If thou wilt,
Tell them there I have gold. Look, so I have.

APEMANTUS. – Here is no use for gold.

TIMON. – The best and truest,
For here it sleeps and does no hirèd harm.

APEMANTUS. – Where liest a-nights, Timon ?

TIMON. – Under that's above me. Where feed'st thou a-days, Apemantus ?

APEMANTUS. – Where my stomach finds meat ; or rather, where I eat it.

TIMON. – Would poison were obedient, and knew my mind !

APEMANTUS. – Where wouldst thou send it ?

TIMON. – To sauce thy dishes.

APEMANTUS. – The middle of humanity thou never knewest, but the extremity of both ends. When thou wast in thy gilt and thy perfume, they mocked thee for too much curiosity ; in thy rags thou know'st none, but art despised for the contrary. There's a medlar for thee ; eat it.

TIMON. – On what I hate I feed not.

APEMANTUS. – Dost hate a medlar ?

TIMON. – Ay, though it look like thee.

APEMANTUS. – An thou'dst hated meddlers sooner, thou shouldst have loved thyself better now. What man didst thou ever know unthrift that was beloved after his means ?

TIMON. – Who, without those means thou talk'st of, didst thou ever know beloved ?

APEMANTUS. – Myself.

TIMON. – I understand thee : thou hadst some means to keep a dog.

APEMANTUS. – What things in the world canst thou nearest compare to thy flatterers ?

TIMON. – Women nearest ; but men, men are the things themselves. What wouldst thou do with the world, Apemantus, if it lay in thy power ?

APEMANTUS. – Give it the beasts, to be rid of the men.

TIMON. – Wouldst thou have thyself fall in the confusion of men, and remain a beast with the beasts ?

APEMANTUS. – Ay, Timon.

TIMON. – A beastly ambition, which the gods grant thee t'attain to. If thou wert the lion, the fox would beguile thee. If thou wert the lamb, the fox would eat thee. If thou wert the fox, the lion would suspect thee when peradventure thou wert accused by the ass. If thou wert the ass, thy dullness would torment thee, and still thou lived'st but as a breakfast to the wolf. If thou wert the wolf, thy greediness would afflict thee, and oft thou shouldst hazard thy life for thy dinner. Wert thou the unicorn, pride and wrath would confound thee, and make thine own self the conquest of thy fury. Wert thou a bear, thou wouldst be killed by the horse. Wert thou a horse, thou wouldst be seized by the leopard. Wert thou a leopard,

---

1. Jeu sur *have to* : 1) transmettre à (288), 2) emporter vers (289, où *thee* est complément de « have » élidé). **2.** La nèfle se mange blette. L'homophonie avec « meddler » (fricoteur) est source de sous-entendus. **3.** *after.* D'après et non « après ». L'affection des gens pour

APÉMANTUS. – Et que lui veux-tu, à Athènes[1] ?

TIMON. – Que tu y files comme le vent. Si ça te chante,
Dis-leur là-bas que j'ai de l'or. Tu vois, j'en ai.

APÉMANTUS. – Ici, tu n'en as pas l'usage.

TIMON. – Si, le meilleur ;
Car ici il sommeille et ne paie rien de mal.

APÉMANTUS. – Et la nuit, Timon, où couches-tu ?

TIMON. – Sous ce toit, au-dessus de ma tête. Et le jour, Apémantus, où manges-tu ?

APÉMANTUS. – Là où mon estomac trouve à manger ; ou plutôt : là où je le mange.

TIMON. – Je voudrais que le poison sache ma pensée et s'y conforme.

APÉMANTUS. – Où l'enverrais-tu ?

TIMON. – Assaisonner tes plats.

APÉMANTUS. – La condition moyenne t'est inconnue : tu n'as jamais été qu'aux deux extrêmes. Au temps de tes dorures et tes parfums, on se moquait de toi pour ton raffinement sans mesure. Dans tes haillons, tu l'as tout perdu, mais on te méprise pour l'excès inverse. Tiens, voilà une nèfle ; mange-la.

TIMON. – Ce que je déteste, je n'en mange pas.

APÉMANTUS. – Tu détestes la nèfle ?

TIMON. – Oui, bien qu'elle ait l'air pourri[2], comme toi.

APÉMANTUS. – Si tu avais détesté les pourris plus tôt, tu aurais de quoi t'en féliciter aujourd'hui. As-tu jamais vu aimer un prodigue à la mesure de ses moyens[3] ?

TIMON. – Et sans les moyens dont tu parles, as-tu jamais vu aimer quiconque ?

APÉMANTUS. – Moi.

TIMON. – Je comprends : tu avais les moyens d'entretenir un chien[4].

APÉMANTUS. – Qu'est-ce qu'il y a au monde de plus ressemblant à tes flatteurs, d'après toi ?

TIMON. – Les femmes sont les plus ressemblantes ; mais les hommes, oui, les hommes sont la flatterie même. Que ferais-tu du monde, Apémantus, si tu l'avais en ton pouvoir ?

APÉMANTUS. – Je le donnerais aux bêtes, pour être débarrassé des hommes.

TIMON. – Tu consentirais à sombrer toi-même dans cette défaite des hommes, pour ne survivre que comme bête parmi les bêtes ?

APÉMANTUS. – Oui, Timon.

TIMON. – Ambition de bête, que je souhaite que les dieux exaucent ! Si tu devenais lion, le renard te filouterait. Si c'était agneau, le renard te dévorerait. Si tu étais renard, le lion te soupçonnerait pour peu que l'âne t'accuse. Si tu étais âne, ta bêtise te donnerait du tourment et tu ne serais toujours qu'un déjeuner pour le loup. Si tu étais loup, ta voracité t'affligerait et tu hasarderais souvent ta vie pour un dîner. Serais-tu licorne, que l'orgueil et la colère causeraient ta perte et feraient de toi la victime de ta propre furie. Serais-tu ours, que tu serais tué par le cheval. Cheval, que tu serais saisi par le léopard. Léopard, tu serais cousin du lion et

---

le prodigue est surfaite car ils le croient plus riche qu'il n'est. **4.** C.-à-d. Apémantus lui-même.

thou wert german to the lion, and the spots of thy kindred were jurors on thy life; all thy safety were remotion, and thy defence absence. What beast couldst thou be that were not subject to a beast? And what a beast art thou already, that seest not thy loss in transformation!

APEMANTUS. – If thou couldst please me with speaking to me, thou mightst have hit upon it here. The commonwealth of Athens is become a forest of beasts.

TIMON. – How, has the ass broke the wall, that thou art out of the city?

APEMANTUS. – Yonder comes a poet and a painter. The plague of company light upon thee! I will fear to catch it, and give way. When I know not what else to do, I'll see thee again.

TIMON. – When there is nothing living but thee, thou shalt be welcome. I had rather be a beggar's dog than Apemantus.

APEMANTUS. – Thou art the cap of all the fools alive.

TIMON. – Would thou wert clean enough to spit upon.

APEMANTUS. – A plague on thee! Thou art too bad to curse.

TIMON. – All villains that do stand by thee are pure.

APEMANTUS. – There is no leprosy but what thou speak'st.

TIMON. – If I name thee.
I'd beat thee, but I should infect my hands.

APEMANTUS. – I would my tongue could rot them off.

TIMON. – Away, thou issue of a mangy dog!
Choler does kill me that thou art alive.
I swoon to see thee.

APEMANTUS. – Would thou wouldst burst!

TIMON. – Away, thou tedious rogue!

[He throws a stone at Apemantus]

I am sorry I shall lose a stone by thee.

APEMANTUS. – Beast!

TIMON. – Slave!

APEMANTUS. – Toad!

TIMON. – Rogue, rogue, rogue!
I am sick of this false world, and will love naught
But even the mere necessities upon't.
Then, Timon, presently prepare thy grave.
Lie where the light foam of the sea may beat
Thy gravestone daily. Make thine epitaph,
That death in me at others' lives may laugh.

He looks on the gold

O, thou sweet king-killer, and dear divorce
'Twixt natural son and sire; thou bright defiler
Of Hymen's purest bed; thou valiant Mars;

335-337 *prose*] *vers F.* **339-343** *prose*] *vers F.* **350** I'd] *Hanmer (1744)*; Ile *F.* **354** swoon] *F* (swoond). **369** son and sire] *Rowe (1709)*; Sunne and fire *F.*

---

1. Jeu sur : 1) taches de couleur (la robe du léopard), 2) taches morales (la cruauté du

les taches[1] de ta parenté même seraient autant de jurés hostiles à ta vie ; tu n'aurais de sécurité que dans l'éloignement, de défense que dans l'absence. Quelle bête pourrais-tu être, qui ne soit sujette d'une autre bête ? Et quelle bête n'es-tu pas déjà pour ne pas voir ce que tu perdrais à la transformation !

APÉMANTUS. – S'il était possible que je trouve plaisir à tes paroles, ce discours-là m'aurait ravi : la république d'Athènes est devenue une jungle.

TIMON. – Voyons, l'âne a donc franchi les remparts, pour que tu sois hors les murs ?

APÉMANTUS. – Voici venir un poète et un peintre[2]. Que le fléau de la compagnie des hommes s'abatte sur toi ! De peur d'attraper cette peste, je m'en vais. Quand j'aurai du temps à perdre, je reviendrai te voir.

TIMON. – Quand il n'y aura plus que toi de vivant, tu seras le bienvenu. J'aimerais mieux être le chien d'un mendiant qu'Apémantus.

APÉMANTUS. – De tous les idiots qui existent, à toi le pompon !

TIMON. – Tu n'es pas assez propre pour qu'on te crache dessus.

APÉMANTUS. – La peste soit de toi, trop vil pour les insultes !

TIMON. – Auprès de toi, toute crapule semble innocente.

APÉMANTUS. – La vraie lèpre est ce qui s'échappe de ta bouche.

TIMON. – Oui, si je dis ton nom.
Je te battrais, mais je crains d'infecter mes mains.

APÉMANTUS. – Puissent mes insultes les faire tomber en pourriture !

TIMON. – Va, corniaud mâtiné de galeux que tu es !
De fureur je suffoque, à te savoir en vie.
Ta vue me soulève le cœur.

APÉMANTUS. – Qu'il s'enfle à en crever !

TIMON. – Va-t'en, canaille ! Tu n'es pas drôle.

[*Il jette une pierre à Apémantus*]

Tu ne mérites même pas la pierre que je te lance.

APÉMANTUS. – Animal !

TIMON. – Esclave !

APÉMANTUS. – Crapaud !

TIMON. – Crapule ! Triple crapule !
Je suis las de ce monde menteur, et pour moi
Ne comptent plus que les besoins élémentaires.
Donc, Timon, il est temps de préparer ta tombe.
Repose où l'embrun léger cinglera ta dalle
Journellement. Ton épitaphe est à écrire ;
Qu'à travers moi la mort, des vivants puisse rire !

Il regarde son or

Ô toi, doux régicide, chère brouille entre fils
Légitime[3] et son père ; toi, fier profanateur
Du lit conjugal[4] le plus chaste ; vaillant dieu Mars ;

---

lion, retenue à charge contre le léopard). 2. Ces personnages n'entrent en fait qu'à la scène suivante. Sur cette inconséquence, voir le Commentaire. 3. *natural.* « Légitime » par les liens naturels du sang. Voir *Lear,* II,1,82 note. 4. *Hymen.* Divinité du mariage, dans l'Antiquité.

Thou ever young, fresh, loved, and delicate wooer,
Whose blush doth thaw the consecrated snow
That lies on Dian's lap ; thou visible god,
That sold'rest close impossibilities
And mak'st them kiss, that speak'st with every tongue
To every purpose ; O thou touch of hearts :
Think thy slave man rebels, and by thy virtue
Set them into confounding odds, that beasts
May have the world in empire.

APEMANTUS. – Would 'twere so,
But not till I am dead. I'll say thou'st gold.
Thou wilt be thronged to shortly.

TIMON. – Thronged to ?

APEMANTUS. – Ay.

TIMON. – Thy back, I prithee.

APEMANTUS. – Live, and love thy misery.

TIMON. – Long live so, and so die. I am quit.

Enter the Banditti, thieves

APEMANTUS. – More things like men. Eat, Timon, and abhor them.

Exit

1 THIEF. – Where should he have this gold ? It is some poor fragment, some slender ort of his remainder. The mere want of gold and the falling-from of his friends drove him into this melancholy.

2 THIEF. – It is noised he hath a mass of treasure.

3 THIEF. – Let us make the assay upon him. If he care not for't, he will supply us easily. If he covetously reserve it, how shall 's get it ?

2 THIEF. – True, for he bears it not about him ; 'tis hid.

1 THIEF. – Is not this he ?

OTHER THIEVES. – Where ?

2 THIEF. – 'Tis his description.

3 THIEF. – He, I know him.

ALL THIEVES (*coming forward*). – Save thee, Timon.

TIMON. – Now, thieves.

ALL THIEVES. – Soldiers, not thieves.

TIMON. – Both, too, and women's sons.

ALL THIEVES. – We are not thieves, but men that much do want.

TIMON. – Your greatest want is, you want much of meat.
Why should you want ? Behold, the earth hath roots.
Within this mile break forth a hundred springs.
The oaks bear mast, the briars scarlet hips.
The bounteous housewife nature on each bush
Lays her full mess before you. Want ? Why want ?

---

381 to ... to] *F* (too ... too). **384** More] *F* (Mo). **384** them] *Rowe (1709)* ; then *F.* **403** hips] *F* (Heps).

---

1. Jeu sur *blush* : 1) rougeur (des joues de l'amant), 2) brillant (de l'or). **2.** Déesse vierge, patronne de la chasteté, dans l'Antiquité. **3.** Timon se croit débarrassé, mais

Séducteur toujours jeune, aimé, frais, délicat,
Dont l'éclat[1] fait, dans le giron de Diane[2] même,
Fondre les neiges consacrées ; toi, dieu visible,
Qui dans un baiser unis les incompatibles
Et à jamais les soudes ; qui sers tous les desseins,
En toutes langues ; ô toi, la pierre de touche des cœurs,
Dis-toi que ton esclave, l'homme, renâcle, et suscite
Par ta vertu les dissensions fatales, et que règnent
Les bêtes sur le monde entier.

APÉMANTUS. – Ainsi soit-il !
Mais pas tant que je vis. Tu as de l'or, je vais
Le dire. Et demain il y aura foule.

TIMON. – Foule ?

APÉMANTUS. – Oui.

TIMON. – File, par pitié !

APÉMANTUS. – Vis, et jouis de ta misère.

TIMON. – Vis longtemps miséreux, et puis crève ! Enfin quitte[3] !

Entrent les Bandits, des voleurs

APÉMANTUS. – De l'homme encore, Timon ! Mange et puis vomis-les !

Il sort

1er VOLEUR. – D'où peut-il tenir cet or ? C'est quelque maigre débris, de pauvres miettes de ce qui lui est resté. C'est justement le manque d'or et l'abandon de ses amis qui l'ont réduit à cette humeur noire.

2e VOLEUR. – Le bruit court qu'il a tout un trésor.

3e VOLEUR. – Mettons-le à l'épreuve. S'il ne s'en soucie plus, il nous en donnera facilement. S'il le garde jalousement, comment qu'on fera pour l'avoir ?

2e VOLEUR. – Ben oui, parce qu'il l'a pas sur lui : il l'a planqué.

1er VOLEUR. – Ça serait pas lui, là-bas ?

LES AUTRES VOLEURS. – Où ça ?

2e VOLEUR. – C'est son signalement.

3e VOLEUR. – C'est lui : je le reconnais.

TOUS LES VOLEURS (*en s'avançant*). – Salut[4], Timon !

TIMON. – Comment va[5], les voleurs ?

TOUS LES VOLEURS. – Soldats, pas voleurs !

TIMON. – Si ! les deux, et nés de femmes[6].

TOUS LES VOLEURS. – On n'est pas des voleurs, mais des gars dans le besoin.

TIMON. – Vous avez surtout besoin[7] de beaucoup manger.
Dans le besoin ? Voyez : la terre a des racines.
Dans un rayon d'un mille, l'eau naît de cent fontaines.
Le chêne porte des glands, l'églantier des baies rouges.
Nature, mère prodigue, offre sur les buissons
Tout un menu pour vous. Le besoin ? Quel besoin ?

Apémantus aperçoit les Bandits et de loin il lui annonce leur venue. 4. *Save thee.* Le sujet implicite est « the gods » : « Que les dieux te gardent ! » 5. *Now.* C'est un salut (équivalant à « How now ? » : Comment ça va ?) auquel ils réagissent. 6. Circonstance aggravante, comme si le Mal venait de la mère. Voir plus loin 476. 7. Jeu sur *want* : 1) manquer de (399 et 401), 2) avoir besoin de (400).

1 THIEF. – We cannot live on grass, on berries, water,
As beasts and birds and fishes.
TIMON. – Nor on the beasts themselves, the birds and fishes;
You must eat men. Yet thanks I must you con
That you are thieves professed, that you work not
In holier shapes; for there is boundless theft
In limited professions. (*Giving gold*) Rascal thieves,
Here's gold. Go suck the subtle blood o'th' grape
Till the high fever seethe your blood to froth,
And so scape hanging. Trust not the physician;
His antidotes are poison, and he slays
More than you rob. Take wealth and lives together.
Do villainy; do, since you protest to do't,
Like workmen. I'll example you with thievery.
The sun's a thief, and with his great attraction
Robs the vast sea. The moon's an arrant thief,
And her pale fire she snatches from the sun.
The sea's a thief, whose liquid surge resolves
The moon into salt tears. The earth's a thief,
That feeds and breeds by a composture stol'n
From gen'ral excrement. Each thing's a thief.
The laws, your curb and whip, in their rough power
Has unchecked theft. Love not yourselves. Away,
Rob one another. There's more gold. Cut throats;
All that you meet are thieves. To Athens go,
Break open shops; nothing can you steal
But thieves do lose it. Steal no less for this I give you,
And gold confound you howsoe'er. Amen.
3 THIEF. – He's almost charmed me from my profession by persuading me to it.
1 THIEF. – 'Tis in the malice of mankind that he thus advises us, not to have us thrive in our mystery.
2 THIEF. – I'll believe him as an enemy, and give over my trade.
1 THIEF. – Let us first see peace in Athens. There is no time so miserable but a man may be true. *Exeunt Thieves*

Enter Flavius to Timon

FLAVIUS. – O you gods!
Is yon despised and ruinous man my lord,
Full of decay and failing? O monument
And wonder of good deeds evilly bestowed!
What an alteration of honour has desp'rate want made!

---

417 More] *F* (Moe). **418** villainy] *Rowe (1709)*; Villaine *F*. **432** no] *Collier (1853)*; *pas dans F*. **434** et **452** He's] *F* (Has).

---

1. *limited.* Signifie « contingenté », s'oppose à *boundless* (sans limite). Il s'agit de professions réservées à des praticiens qui se donnent de faux airs d'honnêteté (le médecin : 415 ; le juge : 427) ; mais il peut s'agir simultanément de professions (au sens de déclarations publiques) assorties de clauses de réserve (les Bandits, eux, s'avouent franchement tels :

1er VOLEUR. – Nous ne pouvons pas vivre d'herbe, de baies et d'eau,
Tels le bétail, les oiseaux, les poissons.
TIMON. – Ni vivre de bétail, d'oiseaux ou de poissons ;
A vous, il faut de l'homme. Mais grâce il faut vous rendre,
D'être de francs voleurs, de ne pas opérer
Sous de pieux airs ; car le vol se fait sans réserve
Dans les professions sous réserve[1]. (*Il donne de l'or*) Fieffés voleurs,
Voici de l'or. Sucez le sang trompeur des vignes :
Que le vôtre bouillonne et mousse sous l'ivresse,
Vous épargnant la corde[2] ! Méfiez-vous du médecin :
C'est poison que ses antidotes et il tue plus
Que vous ne volez. Prenez la bourse et la vie[3] ;
Faites le mal ; c'est votre profession[4] : faites-le
Comme un métier. Sachez[5] que tout au monde est vol.
Voleur est le soleil dont la puissance dérobe
L'eau de la vaste mer. La lune au pâle feu
Extorqué au soleil est insigne voleuse.
L'océan est voleur, dont la houle liquide
Dissout la lune en pleurs de sel. Voleuse, la terre
Qu'un fumier dérobé aux excréments de tous
Nourrit et fertilise. En toute chose : le vol.
La loi qui vous bride et vous fouette avec rigueur
Vole tout à loisir. Détestez-vous. Allez,
Détroussez-vous[6]. Voici de l'or. Coupez les gorges :
Vous ne croisez que des voleurs. Vite, à Athènes !
Cambriolez les magasins ; rien n'est du vol :
C'est pris à des voleurs. Ne perdez pas la main
Suite à ce don. Qu'enfin l'or vous détruise ! Amen.
3e VOLEUR. – Il m'a presque dégoûté de la profession en me la recommandant.
1er VOLEUR. – C'est par haine de l'humanité qu'il nous conseille ainsi, pas pour que nous soyons prospères dans notre métier[7].
2e VOLEUR. – Je lui fais confiance comme à un ennemi, et je renonce à mon occupation.
1er VOLEUR. – Attendons de voir Athènes en paix. Il est encore temps de devenir honnête quand les choses vont mal[8]. *Les Voleurs sortent*

Entre Flavius, qui se dirige vers Timon

FLAVIUS. – Ô dieux !
Cet homme honni, délabré, serait-ce mon maître,
Tout décrépit, tout abattu ? ô mémorial
Étonnant[9] d'actes de bonté mal dispensée !
Quel déclin de splendeur le cruel besoin a causé !

---

410). **2.** S'ils meurent en état d'ivresse, c'est qu'ils ne mourront pas pendus ! **3.** D'habitude c'est « la bourse ou la vie ! ». **4.** *protest.* Faire profession de (voir 412 note). **5.** *example.* Fournir des exemples. **6.** Impossible ici de distinguer entre le pronom réfléchi (*Love not yourselves* : soyez sans complaisance pour vous-mêmes) et le réciproque (*Rob one another* : détroussez-vous les uns les autres). **7.** Voir IV,1,18 note. **8.** A savoir : quand la paix civile règne et que les choses vont mal pour les voleurs. **9.** Timon n'a plus rien de sa splendeur et *wonder* suggère donc « surprise » plutôt que « merveille ».

What viler thing upon the earth than friends,
Who can bring noblest minds to basest ends!
How rarely does it meet with this time's guise,
When man was wished to love his enemies!
Grant I may ever love and rather woo
Those that would mischief me than those that do!

Timon sees him

He's caught me in his eye. I will present
My honest grief unto him, and as my lord
Still serve him with my life. – My dearest master.

TIMON. – Away! What art thou?

FLAVIUS. – Have you forgot me, sir?

TIMON. – Why dost ask that? I have forgot all men;
Then if thou grant'st thou'rt man, I have forgot thee.

FLAVIUS. – An honest poor servant of yours.

TIMON. – Then I know thee not. I never had
Honest man about me; ay, all I kept were knaves,
To serve in meat to villains.

FLAVIUS. – The gods are witness,
Ne'er did poor steward wear a truer grief
For his undone lord than mine eyes for you.

TIMON. – What, dost thou weep? Come nearer then; I love thee
Because thou art a woman, and disclaim'st
Flinty mankind whose eyes do never give
But thorough lust and laughter. Pity's sleeping.
Strange times, that weep with laughing, not with weeping!

FLAVIUS. – I beg of you to know me, good my lord,
T'accept my grief,

[*He offers his money*]

and whilst this poor wealth lasts
To entertain me as your steward still.

TIMON. – Had I a steward
So true, so just, and now so comfortable?
It almost turns my dangerous nature mild.
Let me behold thy face. Surely this man
Was born of woman.
Forgive my general and exceptless rashness,
You perpetual sober gods! I do proclaim
One honest man – mistake me not, but one,
No more, I pray – and he's a steward.
How fain would I have hated all mankind,
And thou redeem'st thyself! But all save thee
I fell with curses.

---

446 viler] *F* (vilder). **452-454** *vers*] *prose F.* **457** grant'st thou'rt] *Steevens-Reed (1793)*; grunt'st, th'art a *F.* **474** mild] *Hanmer (1744)*; wilde *F.*

---

1. *rarely.* Excellemment (et non « rarement »). Amèrement ironique : le précepte chrétien

Existe-t-il sur terre plus vil que ces amis
De qui si noble cœur reçoit tant d'infamie ?
Aux mœurs de notre temps, qu'il est approprié[1]
D'aimer ses ennemis, comme on en est prié !
Puissé-je être toujours ami et partisan
Du méchant[2], plus que de qui m'aime en me nuisant !

Timon le découvre

Son œil m'a aperçu. Je vais lui exprimer
Ma loyale tristesse, et comme à mon seigneur
Mettre ma vie à son service. Mon maître aimé –

TIMON. – Fichtre ! Qui es-tu ?

FLAVIUS. – M'avez-vous oublié, monsieur ?

TIMON. – Pourquoi ta question ? J'ai oublié tous les hommes ;
Si tu te déclares homme, je t'ai donc oublié.

FLAVIUS. – Un pauvre et loyal serviteur à vous.

TIMON. – Alors je ne te connais pas. Jamais je n'eus
D'homme loyal chez moi. Que des coquins, oui, tous,
Servant à manger aux crapules.

FLAVIUS. – Les dieux me jugent !
Jamais pauvre intendant n'eut chagrin plus sincère
Pour son maître ruiné. Ces larmes[3] sont pour vous.

TIMON. – Comment ? Tu pleures ? Approche un peu, alors ; je t'aime
Parce que tu es femme et que tu désavoues
L'engeance au cœur de pierre dont rien n'embue les yeux
Que luxure et que rire[4]. La compassion somnole.
Folle époque où qui rit pleure, non qui se désole !

FLAVIUS. – Mon bon seigneur, je vous prie de me reconnaître,
D'accepter mon chagrin,

[*Il offre son argent*]

tant que ce peu d'argent
Durera, de m'avoir pour intendant encore.

TIMON. – Avais-je un intendant
Aussi fidèle et juste, et puis si secourable ?
Cela désarme presque ma nature enragée.
Montre-moi ton visage. Assurément cet homme
Est né d'une femme.
Dieux immortels, sereins, pardonnez à ma fougue
Hostile à tous, sans exception ! Je le proclame :
Il est un honnête homme – entendez-moi, de grâce :
Un seul, pas un de plus – et c'est un intendant.
J'aurais vraiment aimé détester tous les hommes,
Mais toi, tu te rachètes ! A part toi, tous les autres,
Je les écrase sous l'anathème.

---

(449) est vraiment d'actualité (448) ! **2.** Formulation elliptique : « Ceux qui me veulent du mal (peut-être sans m'en faire) plutôt que ceux qui m'en font (sans le vouloir) ». **3.** Ellipse : « chagrin plus sincère... que (celui que) mes yeux (prouvent ici par leurs larmes) pour vous ». **4.** *thorough.* Doublet de « through » : 1) à travers, 2) à cause de.

Methinks thou art more honest now than wise,
For by oppressing and betraying me
Thou mightst have sooner got another service ;
For many so arrive at second masters
Upon their first lord's neck. But tell me true –
For I must ever doubt, though ne'er so sure –
Is not thy kindness subtle, covetous,
A usuring kindness, and, as rich men deal gifts,
Expecting in return twenty for one ?

FLAVIUS. – No, my most worthy master, in whose breast
Doubt and suspect, alas, are placed too late.
You should have feared false times when you did feast.
Suspect still comes where an estate is least.
That which I show, heaven knows, is merely love,
Duty and zeal to your unmatchèd mind,
Care of your food and living ; and, believe it,
My most honoured lord,
For any benefit that points to me,
Either in hope or present, I'd exchange
For this one wish : that you had power and wealth
To requite me by making rich yourself.

TIMON. – Look thee, 'tis so. Thou singly honest man,
[He gives Flavius gold]
Here, take. The gods, out of my misery,
Has sent thee treasure. Go, live rich and happy,
But thus conditioned : thou shalt build from men,
Hate all, curse all, show charity to none,
But let the famished flesh slide from the bone
Ere thou relieve the beggar. Give to dogs
What thou deniest to men. Let prisons swallow 'em,
Debts wither 'em to nothing ; be men like blasted woods,
And may diseases lick up their false bloods.
And so farewell, and thrive.

FLAVIUS. – O, let me stay
And comfort you, my master.

TIMON. – If thou hat'st curses,
Stay not. Fly whilst thou art blest and free.
Ne'er see thou man, and let me ne'er see thee.

Exeunt [Timon into his cave, Flavius another way]

V, 1 *Enter Poet and Painter*

PAINTER. – As I took note of the place, it cannot be far where he abides.

POET. – What's to be thought of him ? Does the rumour hold for true that he's so full of gold ?

---

491 A] *Pope (1723-1725)* ; If not a *F.* V,1 2-32 *prose*] *vers (souvent courts) F.*

---

1. *covetous.* Inspiré par l'appât du gain. 2. *feared.* Normalement « craint », mais l'idée

Tu m'apparais d'ailleurs plus honnête que sage,
Car en me rabaissant et en me trahissant
Tu aurais pu retrouver plus tôt du service ;
C'est ainsi que beaucoup se trouvent un second maître
Sur le dos du premier. Dis-moi la vérité –
Car il faut que je doute, même quand j'ai des preuves –
Ta bonté n'est donc pas un calcul[1] hypocrite,
Usuraire bonté, tel un cadeau de riche
Qui escompte en retour un gain de vingt pour un ?

FLAVIUS. – Mais non, mon très vénéré maître, au cœur de qui
Le doute et le soupçon, hélas ! naissent trop tard.
Il fallait flairer[2] l'imposture au temps des fêtes.
La suspicion vient toujours après la défaite.
Ce que je montre ici, par le ciel, n'est qu'amour,
Zèle et respect pour votre esprit inégalé,
Souci de vos repas et de votre bien-être.
Croyez-moi, maître très honoré,
Tout bienfait qu'aujourd'hui ou demain ont pour moi
En réserve, je le donnerais pour satisfaire
Ce seul souhait : vous voir, puissant et fortuné,
Me remercier en devenant riche vous-même.

TIMON. – Tiens, vois : c'est chose faite. Toi, le seul honnête homme,
[Il donne de l'or à Flavius]
Prends ceci. Les dieux ont tiré de ma misère
Un trésor qu'ils t'envoient. Va, sois riche et heureux,
A cette condition : vis à l'écart des hommes,
Hais-les, maudis-les tous ; ne sois pas charitable ;
Tant qu'il n'a pas la chair décollée de ses os,
Nul secours au mendiant famélique ! Donne aux chiens
Quand tu dis non aux hommes. La geôle les engloutisse !
Leurs dettes les dessèchent ! Tels des bois dévastés,
Que la lèpre en eux ronge tout leur sang détesté !
Sur ce, adieu ! Bonne chance !

FLAVIUS. – Oh ! mon maître, gardez-moi
Pour vous réconforter !

TIMON. – Tu hais l'exécration ?
Va-t'en. Tu es heureux et libre : pars d'ici !
Libère-toi des hommes et libère-moi aussi.

Ils sortent [Timon vers sa caverne, Flavius par une autre issue]

Entrent le Poète et le Peintre [3] **V, 1**

LE PEINTRE. – Si j'ai pris bonne note de l'endroit où il habite, ce ne doit pas être loin d'ici.

LE POÈTE. – Qu'est-ce qu'il faut en penser ? La rumeur est-elle confirmée qu'il soit cousu d'or ?

---

est peut-être « subodorer » plutôt que « redouter ». 3. Lieu : devant la caverne de Timon dans les bois.

PAINTER. – Certain. Alcibiades reports it. Phrynia and Timandra had gold of him. He likewise enriched poor straggling soldiers with great quantity. 'Tis said he gave unto his steward a mighty sum.

POET. – Then this breaking of his has been but a try for his friends?

PAINTER. – Nothing else. You shall see him a palm in Athens again, and flourish with the highest. Therefore 'tis not amiss we tender our loves to him in this supposed distress of his. It will show honestly in us, and is very likely to load our purposes with what they travail for, if it be a just and true report that goes of his having.

POET. – What have you now to present unto him?

PAINTER. – Nothing at this time, but my visitation; only I will promise him an excellent piece.

POET. – I must serve him so too, tell him of an intent that's coming toward him.

PAINTER. – Good as the best.

[*Enter Timon from his cave, unobserved*]

Promising is the very air o'th' time; it opens the eyes of expectation. Performance is ever the duller for his act, and but in the plainer and simpler kind of people the deed of saying is quite out of use. To promise is most courtly and fashionable. Performance is a kind of will or testament which argues a great sickness in his judgement that makes it.

TIMON (*aside*). – Excellent workman, thou canst not paint a man so bad as is thyself.

POET (*to Painter*). – I am thinking what I shall say I have provided for him. It must be a personating of himself, a satire against the softness of prosperity, with a discovery of the infinite flatteries that follow youth and opulency.

TIMON (*aside*). – Must thou needs stand for a villain in thine own work? Wilt thou whip thine own faults in other men? Do so; I have gold for thee.

POET (*to Painter*). – Nay, let's seek him.
Then do we sin against our own estate
When we may profit meet and come too late.

PAINTER. – True.
When the day serves, before black-cornered night,
Find what thou want'st by free and offered light.
Come.

TIMON (*aside*). – I'll meet you at the turn. What a god's gold,
That he is worshipped in a baser temple
Than where swine feed!
'Tis thou that rigg'st the barque and plough'st the foam,

---

4 Phrynia] *Rowe (1714)*; *Phrinica F.* 4 Timandra] *F2*; *Timandylo F.*

---

1. Emprunt à la Bible * : « le juste prospérera comme le palmier » (*Psaumes*, 92,12). 2. Mot à mot : « le fait du dit ». 3. Peut-être : inutile d'attendre qu'il fasse noir

LE PEINTRE. – Certain. Alcibiade le raconte, Phrynia et Timandra ont reçu de l'or de lui. Il a de même richement doté de pauvres soldats vagabonds. On dit qu'il a donné à son intendant une somme considérable.

LE POÈTE. – Mais alors, sa banqueroute n'aura été qu'une feinte pour éprouver ses amis ?

LE PEINTRE. – Rien d'autre. Vous le verrez dressé à nouveau comme le palmier[1] dans Athènes et prospère parmi les plus grands. C'est pourquoi il n'est pas mauvais que nous lui témoignions notre attachement dans sa détresse supposée d'à présent. Cela paraîtra honnête de notre part et il y a de bonnes chances pour que nos desseins se retrouvent lestés de ce qui est précisément leur recherche, si ce qu'on raconte sur son avoir est fondé et exact.

LE POÈTE. – Qu'avez-vous à lui offrir aujourd'hui ?

LE PEINTRE. – Rien cette fois que ma présence. Mais je vais lui promettre un excellent tableau.

LE POÈTE. – Il me faut le traiter de même, lui parler d'un projet qui lui est destiné.

LE PEINTRE. – Rien de mieux.

[*Entre Timon, sortant de sa caverne, sans être remarqué*]

Promettre, c'est très exactement l'air du temps. Cela fait que l'attente a les yeux grands ouverts. Toujours, l'exécution est perdante à agir ; sauf chez les simples et les naïfs faire ce qu'on a dit[2], c'est parfaitement vieux jeu. Promettre est tout à fait de bon ton, et en vogue. Exécuter, c'est comme un testament qui dit à quel point est malade le jugement de qui le fait.

TIMON (*à part*). – Suprême artiste, tu ne saurais peindre un homme aussi vil que tu l'es.

LE POÈTE (*au Peintre*). – Je réfléchis à ce que je vais dire que j'ai en préparation pour lui. Il y faut une représentation de lui-même, une satire contre le laisser-aller de la prospérité, avec la mise en lumière des flatteries sans fin qui escortent la jeunesse et l'opulence.

TIMON (*à part*). – Faudra-t-il voir ta scélératesse servir de modèle à ton propre poème ? Vas-tu fustiger tes propres fautes en la personne d'autrui ? Fais-le : j'ai de l'or pour toi.

LE POÈTE (*au Peintre*). – Voyons plutôt où est notre homme.
De son propre intérêt c'est vraiment faire fi
Que d'arriver trop tard où attend le profit.

LE PEINTRE. – Exact.
Tant qu'on voit dans les coins qu'obscurcira la nuit,
Cherche ce qui te manque, car le jour est gratuit[3].
Allons-y.

TIMON (*à part*). – Je vais vous avoir au tournant. Quel dieu que l'or,
Pour qu'on lui rende hommage en un temple[4] plus vil
Qu'une soue à cochons !
C'est toi qui grées l'embarcation et fends l'écume,

---

pour tirer ce qu'on veut de Timon, car cela peut se faire de jour tant il est naïf. **4.** Le corps humain. On voue un culte au riche, pour son or.

Settlest admirèd reverence in a slave.
To thee be worship, and thy saints for aye
Be crowned with plagues, that thee alone obey.
Fit I meet them.

He comes forward to them

POET. – Hail, worthy Timon!
PAINTER. – Our late noble master!
TIMON. – Have I once lived to see two honest men?
POET. – Sir, having often of your open bounty tasted,
Hearing you were retired, your friends fall'n off,
Whose thankless natures, O abhorrèd spirits,
Not all the whips of heaven are large enough –
What, to you,
Whose star-like nobleness gave life and influence
To their whole being! I am rapt, and cannot cover
The monstrous bulk of this ingratitude
With any size of words.
TIMON. – Let it go naked; men may see't the better.
You that are honest, by being what you are
Make them best seen and known.
PAINTER. – He and myself
Have travelled in the great show'r of your gifts,
And sweetly felt it.
TIMON. – Ay, you are honest men.
PAINTER. – We are hither come to offer you our service.
TIMON. – Most honest men. Why, how shall I requite you?
Can you eat roots and drink cold water? No.
POET *and* PAINTER. – What we can do we'll do to do you service.
TIMON. – You're honest men. You've heard that I have gold,
I am sure you have. Speak truth; you're honest men.
PAINTER. – So it is said, my noble lord, but therefor
Came not my friend nor I.
TIMON. – Good honest men. (*To Painter*) Thou draw'st a counterfeit
Best in all Athens; thou'rt indeed the best;
Thou counterfeit'st most lively.
PAINTER. – So so, my lord.
TIMON. – E'en so, sir, as I say. (*To Poet*) And for thy fiction,
Why, thy verse swells with stuff so fine and smooth
That thou art even natural in thine art.
But for all this, my honest-natured friends,
I must needs say you have a little fault.
Marry, 'tis not monstrous in you, neither wish I
You take much pains to mend.
POET *and* PAINTER. – Beseech your honour
To make it known to us.

---

45 worship] *Rowe (1709)*; **worshipt** *F.* **63 men]** *F2*; **man** *F.*

---

1. Jeu possible sur *size* : 1) taille, 2) apprêt (qu'on applique avant de peindre). 2. *them.*

Et à l'esclave inspires un respect religieux.
Sois adoré ; que la peste à jamais saisisse
Tes saints zélateurs qui à toi seul obéissent !
Il est temps de faire face.

Il s'avance vers eux.

LE POÈTE. – Salut, digne Timon !
LE PEINTRE. – Hier encore noble maître !
TIMON. – M'est-il vraiment donné de voir deux hommes probes ?
LE POÈTE. – Monsieur, pour avoir souvent goûté vos largesses,
Vous sachant retiré, lâché par vos amis,
Dont la nature ingrate – ah ! quels esprits odieux !
Le ciel n'a pas de fouet qui soit assez grand pour –
Comment ? à vous dont la noblesse,
Influente ainsi qu'un astre, insufflait la vie
A tout leur être ! Je suis outré et je n'ai pas
De mots d'un gabarit[1] à habiller la masse
De cette monstrueuse ingratitude.
TIMON. – Qu'elle aille nue, et on ne la verra que mieux.
Rien qu'en étant vous-mêmes, vous – qui êtes intègres –
Faites voir et savoir qui ils[2] sont.
LE PEINTRE. – Lui et moi
Avons fait route sous le déluge de vos dons
Et connu leur douceur.
TIMON. – Oui, vous êtes intègres.
LE PEINTRE. – Nous sommes venus ici vous offrir nos services.
TIMON. – Très intègres. Ah ! comment vous payer en retour ?
Mange-t-on des racines ? Boit-on l'eau froide ? Non.
LE POÈTE *et* LE PEINTRE. – Tout ce qu'on peut, on le fera pour vous servir.
TIMON. – Intègres, oui. On vous a dit que j'ai de l'or,
J'en suis sûr. Avouez, vous qui êtes intègres.
LE PEINTRE. – On le dit, mon noble seigneur, mais mon ami
Et moi ne venons pas pour ça.
TIMON. – Braves gens, et intègres. (*Au Peintre*) Nul peintre dans Athènes
N'imite[3] mieux que toi. Tu es bien le meilleur.
Tu imites à merveille.
LE PEINTRE. – Bah ! monseigneur, ça passe.
TIMON. – Non, monsieur, je dis vrai. (*Au Poète*) Quant à ton invention,
Oui, tes vers sont remplis de trouvailles si subtiles,
Si flatteuses, que tu restes nature[4] dans l'art même.
Malgré tout, mes amis à la nature intègre,
Vous avez un petit défaut, je dois le dire.
Ma foi, rien de bien monstrueux. Je ne veux pas
Que vous tâchiez de l'amender.
LE POÈTE *et* LE PEINTRE. – Peut-on savoir
Ce que c'est, Votre Honneur ?

Renvoie à *friends* (51). **3.** Le mot « counterfeit » est un nom (72), puis un verbe (74) avec un double sens : 1) feindre, 2) représenter en peinture. Timon en joue. **4.** Chez le poète aussi tout est faux (*fiction*, 75) : il est pleinement lui-même dans l'artifice.

TIMON. – You'll take it ill.
POET *and* PAINTER. – Most thankfully, my lord.
TIMON. – Will you indeed?
POET *and* PAINTER. – Doubt it not, worthy lord.
TIMON. – There's never a one of you but trusts a knave
That mightily deceives you.
POET *and* PAINTER. – Do we, my lord?
TIMON. – Ay, and you hear him cog, see him dissemble,
Know his gross patchery, love him, feed him,
Keep in your bosom; yet remain assured
That he's a made-up villain.
PAINTER. – I know none such, my lord.
POET. – Nor I.
TIMON. – Look you, I love you well. I'll give you gold,
Rid me these villains from your companies.
Hang them or stab them, drown them in a draught,
Confound them by some course, and come to me,
I'll give you gold enough.
POET *and* PAINTER. – Name them, my lord, let's know them.
TIMON. – You that way and you this — but two in company —
Each man apart, all single and alone,
Yet an arch-villain keeps him company.
[*To Painter*] If where thou art two villains shall not be,
Come not near him. [*To Poet*] If thou wouldst not reside
But where one villain is, then him abandon.
Hence; pack! [*Striking him*] There's gold. You came for gold, ye slaves.
[*Striking Painter*] You have work for me; there's payment. Hence!
[*Striking Poet*] You are an alchemist; make gold of that.
Out, rascal dogs!
Exeunt [*Poet and Painter one way, Timon into his cave*]

V, 2 *Enter Flavius and two Senators*

FLAVIUS. – It is in vain that you would speak with Timon,
For he is set so only to himself
That nothing but himself which looks like man
Is friendly with him.
1 SENATOR. – Bring us to his cave.
It is our part and promise to th'Athenians
To speak with Timon.
2 SENATOR. – At all times alike
Men are not still the same. 'Twas time and griefs
That framed him thus. Time with his fairer hand
Offering the fortunes of his former days,
The former man may make him. Bring us to him,
And chance it as it may.

---

100 apart] *F3*; a part *F.* **V,2 1 in]** *F3*; *pas dans F.* **11 chance]** *F3*; chanc'd *F.*

TIMON. – Mais vous le prendrez mal.
LE POÈTE *et* LE PEINTRE. – Avec gratitude, monseigneur.
TIMON. – Vous croyez, vraiment ?
LE POÈTE *et* LE PEINTRE. – N'en doutez pas, noble seigneur.
TIMON. – Nul d'entre vous qui n'ait confiance en un gredin
Qui vous abuse sans vergogne.
LE POÈTE *et* LE PEINTRE. – Vraiment, seigneur ?
TIMON. – Oui, et vous l'entendez mentir, le voyez feindre ;
Vous savez quel vil coquin c'est, mais vous l'aimez,
Le nourrissez, le chérissez, sûrs que vous êtes
Pourtant que c'est un fieffé scélérat.
LE PEINTRE. – Je ne connais personne de ce genre, monseigneur.
LE POÈTE. – Ni moi.
TIMON. – Dites, je vous aime bien. Et j'ai de l'or pour vous.
Chassez-moi ces gredins de votre compagnie,
Pendez-les, tuez-les, noyez-les dans la fosse[1],
Tout moyen sera bon[2] ; au retour, il y a
Plein d'or pour vous.
LE POÈTE *et* LE PEINTRE. – Leurs noms, seigneur ? Peut-on savoir ?
TIMON. – Vous : par ici ; vous : là. Cela fait deux, ensemble.
Mais chacun de son bord, tout seul et isolé,
D'un gredin accompli est bien en compagnie.
[*Au Peintre*] Si, où tu es, tu ne veux pas voir deux gredins,
N'approche pas de lui. [*Au Poète*] Si tu veux résider
Où il n'y a qu'un seul gredin, renonce à lui.
File ! ouste ! [*En le battant*] Vous vouliez de l'or : en voici, esclaves !
[*En battant le Peintre*] Prenez ceci, c'est pour votre tableau. Filez !
[*En battant le Poète*] Vous, l'alchimiste, faites donc de l'or de ceci.
Ouste ! Chiens que vous êtes !
Ils sortent [le Poète et le Peintre d'un côté, Timon regagnant sa caverne]

Entrent Flavius et deux Sénateurs[3] V, 2

FLAVIUS. – C'est en vain que vous comptez parler à Timon,
Car il est si replié sur lui-même
Qu'à part lui, rien de ce qui ressemble à un homme
Ne lui est agréable.
1er SÉNATEUR. – Conduis-nous à sa grotte.
C'est notre rôle, notre promesse aux Athéniens,
De parler à Timon.
2e SÉNATEUR. – Immuable à jamais
Nul ne demeure. Il doit au sort, à ses malheurs,
D'être ainsi disposé. Un sort plus généreux,
En lui restituant sa splendeur de naguère,
Peut recréer l'homme de naguère. Conduis-nous donc.
Advienne que pourra.

1. *draught*. Fosse d'aisances. 2. Mot à mot : « Venez-en à bout par quelque moyen. » 3. Lieu : comme précédemment.

FLAVIUS. – Here is his cave.
(*Calling*) Peace and content be here ! Lord Timon, Timon,
Look out and speak to friends. Th'Athenians
By two of their most reverend senate greet thee.
Speak to them, noble Timon.

Enter Timon out of his cave

TIMON. – Thou sun that comforts, burn ! Speak and be hanged.
For each true word a blister, and each false
Be as a cantherizing to the root o'th' tongue,
Consuming it with speaking.

1 SENATOR. – Worthy Timon –

TIMON. – Of none but such as you, and you of Timon.

1 SENATOR. – The senators of Athens greet thee, Timon.

TIMON. – I thank them, and would send them back the plague
Could I but catch it for them.

1 SENATOR. – O, forget
What we are sorry for, ourselves in thee.
The senators with one consent of love
Entreat thee back to Athens, who have thought
On special dignities which vacant lie
For thy best use and wearing.

2 SENATOR. – They confess
Toward thee forgetfulness too general-gross,
Which now the public body, which doth seldom
Play the recanter, feeling in itself
A lack of Timon's aid, hath sense withal
Of it own fail, restraining aid to Timon ;
And send forth us to make their sorrowed render,
Together with a recompense more fruitful
Than their offence can weigh down by the dram ;
Ay, even such heaps and sums of love and wealth
As shall to thee blot out what wrongs were theirs,
And write in thee the figures of their love,
Ever to read them thine.

TIMON. – You witch me in it,
Surprise me to the very brink of tears.
Lend me a fool's heart and a woman's eyes,
And I'll beweep these comforts, worthy senators.

1 SENATOR. – Therefore so please thee to return with us,
And of our Athens, thine and ours, to take
The captainship, thou shalt be met with thanks,
Allowed with absolute power, and thy good name
Live with authority. So soon we shall drive back

---

18 cantherizing] *F* ; Catherizing *F2* ; cauterizing *Rowe (1709).* 32 sense] *Rowe (1709)* ; since *F.* 33 fail] *Capell (1767-1768)* ; fall *F.*

---

1. Mot à mot : « Parlez et allez vous faire pendre ailleurs. » Timon récuse d'avance

FLAVIUS. – La voici, sa caverne.
(*Appelant*) Paix et joie en ces lieux ! Seigneur Timon ! Timon !
Venez parler à des amis. Les Athéniens,
Par deux des Sénateurs les plus dignes, te saluent.
Viens leur parler, noble Timon.

Entre Timon, sortant de sa caverne

TIMON. – Ô brûle, soleil qui réconfortes ! Pas de parlottes[1].
Pour tout mot vrai : une pustule ! Que tout mensonge
Soit un cautère à la racine de la langue,
Une parole qui la consume !
1er SÉNATEUR. – Digne Timon –
TIMON. – Digne de vous uniquement ; et vous, de moi.
1er SÉNATEUR. – Timon, les Sénateurs d'Athènes te saluent.
TIMON. – Merci à eux. Je leur renverrais bien la peste
Si je pouvais l'attraper pour eux.
1er SÉNATEUR. – Ah ! oublie
Notre conduite envers[2] toi, que nous regrettons.
Les Sénateurs, dans un même élan d'affection,
T'adjurent de rejoindre Athènes. Ils ont en tête
De très hautes fonctions sans titulaires, qui s'offrent
A ta gloire et à tes talents.
2e SÉNATEUR. – Ils reconnaissent
Qu'envers toi manifeste fut leur ingratitude.
Mais aujourd'hui l'État, peu enclin d'ordinaire
A se repentir, sent que ton aide lui manque,
Et par le fait il se rend compte qu'il manqua
A lui-même, en retenant son aide à Timon.
On nous envoie pour te faire amende honorable
Et pour t'offrir réparation très au-delà
De cette injure, si sévèrement[3] qu'on la juge :
Des marques, oui, des sommes, d'affection et d'argent[4],
De nature à gommer pour toi leurs torts passés
Et inscrire en toi pour toujours, à ton crédit,
Les chiffres de leur affection[5].
TIMON. – Vous m'envoûtez,
Et la surprise fait que je suis au bord des larmes.
Qu'on me prête le cœur d'un sot, des yeux de femme,
Et, dignes Sénateurs, je fonds devant ces grâces.
1er SÉNATEUR. – C'est pourquoi, s'il te plaît de rentrer avec nous,
Pour devenir le commandant d'Athènes, ta ville,
La nôtre, tu seras reçu avec gratitude,
Tu auras le pouvoir absolu, ton grand nom
Fera autorité. Nous repousserons vite

---

tout discours et souhaite que le soleil couvre les Sénateurs de stigmates, quoi qu'ils disent. **2.** *in.* Contre, envers. **3.** *by the dram.* (Même en pesant) au gramme près. **4.** Il faut comprendre *heaps of love* (des tas de mamours) et *sums of wealth* (quantité de richesses). **5.** Le vocabulaire de banquier montre que pour les Sénateurs l'affection est une valeur marchande.

Of Alcibiades th'approaches wild,
Who, like a boar too savage, doth root up
His country's peace.

2 SENATOR. – And shakes his threat'ning sword
Against the walls of Athens.

1 SENATOR. – Therefore, Timon –

TIMON. – Well, sir, I will ; therefore I will, sir, thus.
If Alcibiades kill my countrymen,
Let Alcibiades know this of Timon :
That Timon cares not. But if he sack fair Athens,
And take our goodly agèd men by th' beards,
Giving our holy virgins to the stain
Of contumelious, beastly, mad-brained war,
Then let him know, and tell him Timon speaks it
In pity of our agèd and our youth,
I cannot choose but tell him that I care not ;
And – let him take't at worst – for their knives care not
While you have throats to answer. For myself,
There's not a whittle in th'unruly camp
But I do prize it at my love before
The reverend'st throat in Athens. So I leave you
To the protection of the prosperous gods,
As thieves to keepers.

FLAVIUS (*to Senators*). – Stay not ; all's in vain.

TIMON. – Why, I was writing of my epitaph.
It will be seen tomorrow. My long sickness
Of health and living now begins to mend,
And nothing brings me all things. Go ; live still.
Be Alcibiades your plague, you his,
And last so long enough.

1 SENATOR. – We speak in vain.

TIMON. – But yet I love my country, and am not
One that rejoices in the common wrack
As common bruit doth put it.

1 SENATOR. – That's well spoke.

TIMON. – Commend me to my loving countrymen –

1 SENATOR. – These words become your lips as they pass through them.

2 SENATOR. – And enter in our ears like great triumphers
In their applauding gates.

TIMON. – Commend me to them,
And tell them that to ease them of their griefs,
Their fears of hostile strokes, their aches, losses,
Their pangs of love, with other incident throes
That nature's fragile vessel doth sustain
In life's uncertain voyage, I will some kindness do them.

---

67 reverend'st] *F2* ; **reverends** *F.* **80 through]** *F* **(thorow).**

Les sauvages assauts d'Alcibiade qui veut,
Ce sanglier féroce, arracher les racines
De notre paix civile.
2e SÉNATEUR. – De son épée brandie,
Il menace les murs d'Athènes.
1er SÉNATEUR. – Ainsi, Timon —
TIMON. – Eh bien, soit, monsieur. Donc, faisons ainsi, monsieur.
Si Alcibiade veut tuer mes compatriotes,
Qu'Alcibiade sache bien ce que Timon en pense :
Timon s'en fiche. Mais s'il saccage la belle Athènes,
S'il saisit par la barbe nos vieillards vénérables,
S'il livre à la souillure du soudard insolent,
Bestial et déchaîné, nos vierges consacrées,
Qu'il sache — et dites-lui que Timon parle ici
Plein de pitié pour nos vieux comme pour nos jeunes —
Que j'en suis venu à lui dire que je m'en fiche
Et — dût-il se vexer — ne crains pas ses[1] couteaux
Tant que votre gorge à vous est offerte. Pour moi,
Le moindre canif dans le camp des insurgés
Est plus cher à mon cœur que ne l'est dans Athènes
La gorge la plus vénérable. Donc je vous laisse
A la garde des dieux propices, tels des voleurs
Aux mains de leurs gardiens.
FLAVIUS (*aux Sénateurs*). – Partons ; tout est en vain.
TIMON. – Voyons, j'étais à composer mon épitaphe.
On la verra demain. Ma longue maladie
De vie et de santé semble vouloir guérir,
Et le néant me comble en tout. Allez ; restez en vie.
Qu'Alcibiade soit votre fléau, et vous le sien !
Et qu'il en aille ainsi longtemps !
1er SÉNATEUR. – Vains sont les mots.
TIMON. – Et pourtant j'aime mon pays et ne suis pas
Homme à me réjouir de la ruine publique,
Quoi que dise la rumeur publique.
1er SÉNATEUR. – C'est bien parlé.
TIMON. – Saluez mes affectueux concitoyens.
1er SÉNATEUR. – Il sied que de tels mots vous viennent sur les lèvres.
2e SÉNATEUR. – Ils entrent dans l'oreille comme des triomphateurs
Qu'à leur retour le peuple acclame[2].
TIMON. – Saluez-les
Et dites-leur que pour soulager leurs chagrins,
Leur peur des coups de l'ennemi, leurs maux, leurs pertes,
Les affres de l'amour et les tourments annexes
Que fait subir au frêle vaisseau de la nature
La vie, douteux périple, je leur fais une grâce :

1. *their knives.* Les couteaux des soldats d'Alcibiade. 2. Ellipse : « comme de grands triomphateurs (franchissent) les portes (de leur ville) sous les vivats ».

I'll teach them to prevent wild Alcibiades' wrath.
1 SENATOR (*aside*). – I like this well; he will return again.
TIMON. – I have a tree which grows here in my close
That mine own use invites me to cut down,
And shortly must I fell it. Tell my friends,
Tell Athens, in the sequence of degree
From high to low throughout, that whoso please
To stop affliction, let him take his haste,
Come hither ere my tree hath felt the axe,
And hang himself. I pray you do my greeting.
FLAVIUS (*to Senators*). – Trouble him no further. Thus you still shall find him.
TIMON. – Come not to me again, but say to Athens,
Timon hath made his everlasting mansion
Upon the beachèd verge of the salt flood,
Who once a day with his embossèd froth
The turbulent surge shall cover. Thither come,
And let my gravestone be your oracle.
Lips, let four words go by, and language end.
What is amiss, plague and infection mend.
Graves only be men's works, and death their gain.
Sun, hide thy beams. Timon hath done his reign.
Exit [*into his cave*]
1 SENATOR. – His discontents are unremovably
Coupled to nature.
2 SENATOR. – Our hope in him is dead. Let us return,
And strain what other means is left unto us
In our dear peril.
1 SENATOR. – It requires swift foot. *Exeunt*

V, 3 *Enter two other Senators, with a Messenger*

[3] SENATOR. – Thou hast painfully discovered. Are his files
As full as thy report?
MESSENGER. – I have spoke the least.
Besides, his expedition promises
Present approach.
[4] SENATOR. – We stand much hazard if they bring not Timon.
MESSENGER. – I met a courier, one mine ancient friend,
Whom, though in general part we were opposed,
Yet our old love made a particular force
And made us speak like friends. This man was riding
From Alcibiades to Timon's cave
With letters of entreaty which imported
His fellowship i'th' cause against your city,
In part for his sake moved.

---

1 et 13 THIRD] *Sisson (1954)*; *attribué à «* I *» dans F.* **5 FOURTH]** *Sisson (1954)*; *attribué à «* **2** *» dans F.*

Comment contrer la rage du féroce Alcibiade.
1er SÉNATEUR (*à part*). – Voilà qui me ravit. Il va nous revenir.
TIMON. – Il est un arbre ici, poussant dans mon enclos,
Que ma commodité m'incite à jeter bas ;
Je dois sous peu l'abattre. Dites à mes amis,
Aux citoyens d'Athènes, par ordre hiérarchique
Du plus noble au plus humble, que quiconque a envie
De mettre un terme à ses malheurs s'en vienne ici
En hâte, et avant que l'arbre ait senti la hache,
Qu'il s'y pende. Je vous prie : saluez-les pour moi.
FLAVIUS (*aux Sénateurs*). – Ne l'importunez plus. Il ne cédera pas.
TIMON. – Ne revenez jamais. Dites bien à Athènes
Que Timon s'est construit sa demeure éternelle
Sur la plage, en bordure de l'étendue salée,
Où chaque jour verra la houle turbulente
La couvrir de sa bave[1] d'écume. Venez-y.
Que la pierre du tombeau soit pour vous un oracle !
Quelques mots encore et puis taisez-vous, mes lèvres.
Ce qui va mal, guérissez-le, pestes et fièvres.
Puisse l'homme n'œuvrer qu'à sa tombe, la mort l'attend[2].
Soleil, éteins tes feux. Timon a fait son temps.
Il sort [en entrant dans sa caverne]
1er SÉNATEUR. – Ses doléances sont inextricablement
Mariées à sa nature.
2e SÉNATEUR. – Tout notre espoir en lui est perdu. Repartons,
Recourons à tout autre moyen qui nous reste
En ce péril extrême.
1er SÉNATEUR. – Il nous faut faire vite. *Ils sortent*

Entrent deux autres Sénateurs avec un Messager [3] V, 3

[3e] SÉNATEUR. – Ce que tu rapportes est pénible. A-t-il des hommes
Autant que tu l'as dit ?
LE MESSAGER. – J'ai parlé au bas mot.
En outre sa célérité conduit à craindre
Une attaque prochaine.
[4e] SÉNATEUR. – Le risque est grand s'ils ne ramènent pas Timon.
LE MESSAGER. – J'ai croisé un courrier, un de mes vieux amis.
Bien qu'au plan politique nous soyons adversaires,
Notre vieille amitié s'exerçant en privé,
Fraternel fut l'échange. Envoyé d'Alcibiade,
Ce cavalier allait voir Timon en sa grotte,
Porteur d'une requête visant à obtenir
Son ralliement à l'expédition contre Athènes,
Dont il est en partie la cause.

1. *embossed.* « Bavant », se disait d'un animal (poursuivi et) épuisé par l'effort. 2. Mot à mot : « (puisse) la mort (être) leur (seul) gain. » 3. Lieu : à Athènes (au Sénat ?).

Enter the other Senators

[3] SENATOR. – Here come our brothers.
[1] SENATOR. – No talk of Timon ; nothing of him expect.
The enemy's drum is heard, and fearful scouring
Doth choke the air with dust. In, and prepare.
Ours is the fall, I fear, our foe's the snare. *Exeunt*

V, 4 *Enter a Soldier, in the woods, seeking Timon*

SOLDIER. – By all description, this should be the place.
Who's here ? Speak, ho ! No answer ?
[He discovers a gravestone]
What is this ?
Dead, sure, and this his grave. What's on this tomb
I cannot read. The character I'll take with wax.
Our captain hath in every figure skill,
An aged interpreter, though young in days.
Before proud Athens he's set down by this,
Whose fall the mark of his ambition is. *Exit*

V, 5 *Trumpets sound. Enter Alcibiades with his powers, before Athens*

ALCIBIADES. – Sound to this coward and lascivious town
Our terrible approach.
A parley sounds. The Senators appear upon the walls
Till now you have gone on and filled the time
With all licentious measure, making your wills
The scope of justice. Till now myself and such
As slept within the shadow of your power
Have wandered with our traversed arms, and breathed
Our sufferance vainly. Now the time is flush
When crouching marrow, in the bearer strong,
Cries of itself "No more" ; now breathless wrong
Shall sit and pant in your great chairs of ease,
And pursy insolence shall break his wind
With fear and horrid flight.
1 SENATOR. – Noble and young,
When thy first griefs were but a mere conceit,
Ere thou hadst power or we had cause of fear,
We sent to thee to give thy rages balm,

---

14 FIRST] *Sisson (1954)* ; *attribué à « 3 » dans F.* **V,4 2** this ?] *Oxford* ; this ? / *Tymon* is dead, who hath out-stretcht his span, / Some Beast reade this ; There do's not live a Man. *F (voir Notes).*

---

1. *fall.* Chute. **2.** L'in-folio * donne ici une épitaphe (voir Variantes. « Timon est mort, rendu au bout de la carrière. / Lisez ceci, les bêtes ! Il n'est plus d'homme sur terre. »). Les éditeurs la conservent souvent en expliquant que le Soldat peut la lire car elle est dans sa propre langue, alors qu'il ne peut lire celles dont il prend l'empreinte. *Oxford* pense

Entrent les autres Sénateurs

[3e] SÉNATEUR. – Voici nos frères.
[1er] SÉNATEUR. – Pas un mot sur Timon : n'attendons rien de lui.
L'ennemi bat tambour et son terrible assaut
Charge l'air de poussière. Soyons prêts pour le siège.
Nous sommes le gibier [1], je crains ; et lui, le piège. *Ils sortent*

Entre un Soldat, dans les bois, à la recherche de Timon V, 4

LE SOLDAT. – Tous les détails concordent : ce devrait être ici.
Quelqu'un est là ? Hé ! parlez ! Pas un mot ?
[*Il découvre une pierre tombale*]
Que vois-je [2] ?
Mort, oui ; et c'est sa tombe. Ces écrits sur la pierre
M'échappent. Je vais à la cire en prendre l'empreinte.
Le capitaine, lui, déchiffre tous les signes :
Il est jeune, mais c'est un interprète éprouvé.
Pour l'heure, il est devant Athènes, prêt à l'action ;
Abattre l'orgueilleuse, telle [3] est son ambition. *Il sort*

Sonnerie de trompettes. Entre Alcibiade avec ses troupes, devant Athènes V, 5

ALCIBIADE. – Signifiez à cette cité lâche et lascive
Notre terrible assaut.
Sonnerie parlementaire. Les Sénateurs apparaissent sur les remparts
Jusqu'ici vous avez toujours passé le temps
En débauches sans frein, faisant de vos désirs
La mesure du droit. Jusqu'ici, moi et ceux
Qui somnolaient à l'ombre de votre pouvoir
Avons erré, bras croisés[4], exprimant en vain
Nos doléances. Mais désormais la coupe est pleine
Car l'audace[5] prostrée dans le cœur du vaillant
Crie d'elle-même « Assez ! » ; l'abus[6] va désormais
Frémir sans voix sur vos grands sièges indolents
Et l'arrogance obèse[7] suffoquer de frayeur
Dans sa fuite éperdue.
1er SÉNATEUR. – Noble et jeune Alcibiade,
Quand tes premiers griefs n'étaient qu'imaginaires,
Avant que tu sois fort ou que nous prenions peur,
Nos envoyés voulaient mettre un baume à ta rage,

---

que Sh plaça d'abord l'épitaphe de Timon ici, puis décida d'en transférer la lecture à la fin (V,5,71-78) en reprenant le texte de Plutarque *. Il fallut donc inventer la prise d'empreinte, mais le poète aurait omis de rayer cette première version (V,4,2-3). **3.** *mark*. Cible. **4.** Ou encore : « nos armes en position transversale » (et donc : non dirigées vers un ennemi), que ce soit portées sur l'épaule ou tenues à la main. **5.** La moelle (*marrow*) passait pour être source du courage et de l'énergie. **6.** L'abstrait pour le concret ; renvoie aux sénateurs (coupables d'abus de pouvoir) et non au peuple victime de ces abus. **7.** *pursy*. Corpulent et poussif.

To wipe out our ingratitude with loves
Above their quantity.
2 SENATOR. – So did we woo
Transformèd Timon to our city's love
By humble message and by promised means.
We were not all unkind, nor all deserve
The common stroke of war.
1 SENATOR. – These walls of ours
Were not erected by their hands from whom
You have received your grief; nor are they such
That these great tow'rs, trophies, and schools should fall
For private faults in them.
2 SENATOR. – Nor are they living
Who were the motives that you first went out.
Shame that they wanted cunning, in excess,
Hath broke their hearts. March, noble lord,
Into our city with thy banners spread.
By decimation and a tithèd death,
If thy revenges hunger for that food
Which nature loathes, take thou the destined tenth,
And by the hazard of the spotted die
Let die the spotted.
1 SENATOR. – All have not offended.
For those that were, it is not square to take,
On those that are, revenges. Crimes like lands
Are not inherited. Then, dear countryman,
Bring in thy ranks, but leave without thy rage.
Spare thy Athenian cradle and those kin
Which, in the bluster of thy wrath, must fall
With those that have offended. Like a shepherd
Approach the fold and cull th'infected forth,
But kill not all together.
2 SENATOR. – What thou wilt,
Thou rather shalt enforce it with thy smile
Than hew to't with thy sword.
1 SENATOR. – Set but thy foot
Against our rampired gates and they shall ope,
So thou wilt send thy gentle heart before
To say thou'lt enter friendly.
2 SENATOR. – Throw thy glove,
Or any token of thine honour else,

37 revenges] *Steevens (1778)*; Revenge *F*. **44** all together] *F* (altogether). **49** thou'lt] *F* (thou't).

1. Ou « eux », car *their* (leur) peut renvoyer aux griefs (14, « grievances » en anglais moderne) aussi bien qu'à la rage (*rages* au pluriel, 16). **2.** *means.* Soit des conditions de paix, soit de l'argent. **3.** Les mots *they* (24) et *them* (26) ont le même référent que *their*

Effacer notre ingratitude par des avances
En excédent sur elle[1].
2e SÉNATEUR. – Et nous avons prié
Timon, régénéré, d'être à nouveau des nôtres,
Par une humble ambassade et l'offre de moyens[2].
Tous ne sont pas ingrats et n'ont pas mérité
Le commun couperet de la guerre.
1er SÉNATEUR. – Ces remparts
N'ont pas été élevés par les mains de qui
Vous a fait tort ; et les fautifs[3] ne sont pas tels
Que ces hautes tours, palais, édifices tombent
Pour châtier des fautes privées.
2e SÉNATEUR. – Et ils sont morts,
Ceux qui ont été l'instrument de votre exil.
La honte de leur bévue fut si accablante
Que leur cœur s'est brisé. Noble seigneur, pénètre
Dans la ville, en cortège, bannières déployées.
Par la dîme[4] fatale de la décimation –
Si ta faim de vengeance réclame une pâture
Odieuse à la nature – que le dixième tombe[5] !
Que des signes, au hasard, sur les dés que tu lances
Désignent... qui on balance[6] !
1er SÉNATEUR. – Tous ne sont pas coupables.
Il n'est pas bien de se venger de ceux qui furent
Sur ceux qui sont. Le crime n'est pas, comme la terre,
Sujet à héritage. Donc, cher citoyen,
Entre avec tes soldats, mais laisse là ta rage.
Épargne ton berceau : Athènes, et tous ces frères
Qui dans l'ardeur de ta colère doivent tomber
Avec les vrais coupables. Ainsi que le berger,
Viens au bercail et sors-en les bêtes malades,
Sans massacrer tout le troupeau.
2e SÉNATEUR. – Ce que tu veux,
Ton sourire l'obtiendra plus aisément que si
Tu le découpes au glaive.
1er SÉNATEUR. – Mets seulement le pied
Contre nos portes fortifiées, et elles s'ouvrent,
Pour peu qu'en avant tu envoies ton noble cœur
Dire que tu viens en ami.
2e SÉNATEUR. – Jette ton gant
Ou bien tout autre gage attestant sur l'honneur

---

(23). Il ne s'agit pas des remparts. **4.** Vers pléonastique ; *tithe* : dîme (le dixième). **5.** *destined.* Désigné par le destin, ou destiné à mourir. **6.** Double jeu sur *spotted* : 1) mouchetés, 2) coupables, et *die* : 1) dé (à jouer ; pluriel « dice »), 2) mourir. Complaisant et gratuit, car la décimation (mise à mort d'une personne sur dix, en prenant toujours le dixième individu dans une foule que l'on recense) n'a rien à voir (sauf métaphoriquement) avec le coup de dés, qui ne peut pas non plus (sauf si les dieux s'en mêlent) désigner des « coupables » !

That thou wilt use the wars as thy redress,
And not as our confusion. All thy powers
Shall make their harbour in our town till we
Have sealed thy full desire.

ALCIBIADES [*throwing up a glove*]. – Then there's my glove.
Descend, and open your unchargèd ports.
Those enemies of Timon's and mine own
Whom you yourselves shall set out for reproof
Fall, and no more ; and to atone your fears
With my more noble meaning, not a man
Shall pass his quarter or offend the stream
Of regular justice in your city's bounds
But shall be remedied to your public laws
At heaviest answer.

BOTH SENATORS. – 'Tis most nobly spoken.

ALCIBIADES. – Descend, and keep your words.

[*Trumpets sound. Exeunt Senators from the walls.*]
Enter Soldier, with a tablet of wax

SOLDIER. – My noble general, Timon is dead,
Entombed upon the very hem o'th' sea ;
And on his gravestone this insculpture, which
With wax I brought away, whose soft impression
Interprets for my poor ignorance.

Alcibiades reads the epitaph

ALCIBIADES. – "Here lies a wretched corpse,
Of wretched soul bereft.
Seek not my name. A plague consume
You wicked caitiffs left !
Here lie I, Timon, who alive
All living men did hate.
Pass by and curse thy fill, but pass
And stay not here thy gait."
These well express in thee thy latter spirits.
Though thou abhorred'st in us our human griefs,
Scorned'st our brains' flow and those our droplets which
From niggard nature fall, yet rich conceit
Taught thee to make vast Neptune weep for aye
On thy low grave, on faults forgiven. Dead
Is noble Timon, of whose memory
Hereafter more.

[*Enter Senators through the gates*]

Bring me into your city,

---

55 Descend] *F2* (Desend) ; Defend *F.* **66** SOLDIER] *Theobald (1733)* ; *attribué à « Mes[senger]. » dans F.*

---

1. Construction trop elliptique pour être préservée dans la traduction. **2.** « To remedy » : porter remède à. De « corriger », on passe à « envoyer pour correction ». **3.** Mot à mot :

Que tu ne fais la guerre qu'en redresseur de torts,
Et non pour nous détruire. Et ton armée entière
Fera escale en la cité, le temps que soient
Satisfaits tes désirs.

ALCIBIADE [*leur lançant un gant*]. – Eh bien, voici mon gant.
Descendez et ouvrez-moi vos portes intactes.
Parmi les ennemis de Timon et les miens,
Ceux que vous enverrez vous-mêmes au châtiment
Tomberont, et eux seuls. Calmez vos craintes : sachez[1]
Que noble est mon dessein ; je veux que tout soldat
Sortant de son quartier ou transgressant la loi
Communément en application dans vos murs
Soit déféré[2] devant vos tribunaux publics
Pour en répondre sur sa vie.

LES DEUX SÉNATEURS. – Voilà très noblement parler.

ALCIBIADE. – Descendez et tenez parole.

[*Sonnerie de trompettes. Les Sénateurs quittent les remparts*]
Entre un soldat, tenant une tablette de cire

LE SOLDAT. – Mon noble général, Timon est mort ;
Il est dans un tombeau tout au bord de la mer
Et sur la dalle est gravée cette inscription, que
J'ai relevée avec la cire ; sa molle empreinte
Doit être l'interprète de mon humble ignorance.

Alcibiade lit l'épitaphe

ALCIBIADE. – « Ici repose un pauvre hère
Qui de sa pauvre âme est privé.
Mais mon nom n'est pas votre affaire.
Salauds, si vous pouviez crever[3] !
Timon repose ici en terre,
Qui détesta l'humanité.
Passe ; tant que tu veux, déblatère,
Mais passe ! Pas d'importunités[4] ! »
Ceci exprime bien tes derniers sentiments.
Tu avais en horreur nos chagrins de mortels,
Tu méprisais ce flux du cerveau et ces gouttes
Que verse la nature avare ; mais ton esprit
Fertile a fait que le grand Neptune[5] à jamais
Pleure sur l'humble tombe, les fautes pardonnées[6].
Mort est le noble Timon. Nous reparlerons
De sa mémoire.

[*Entrent les Sénateurs aux portes de la ville*]

Conduisez-moi dans la cité,

« La peste vous ronge, misérables crapules qui restez (après moi) ! » Une seule épitaphe a été annoncée (70,IS), mais après une première épitaphe anonyme la seconde va nommer Timon. **4.** Mot à mot : « passe ton chemin et n'arrête pas ici ta course ». **5.** Dieu de la mer, dans l'Antiquité. **6.** Les fautes de qui ? Timon n'a rien pardonné. S'agit-il de ses fautes à lui, que sa mort aurait effacées ?

And I will use the olive with my sword,
Make war breed peace, make peace stint war, make each
Prescribe to other as each other's leech.
Let our drums strike.

[Drums.] Exeunt [through the gates]

1. *stint.* Signifie « mettre un terme à » et est opposé à « breed » (mettre au monde).
2. *leech.* Médecin. La guerre trouve sa guérison dans la paix, mais pour un Élisabéthain

Où je veux brandir l'olivier avec le glaive,
Que guerre engendre paix, qui en est le remède[1],
Les deux trouvant la guérison dans leur entraide[2].
Que battent nos tambours !

[*Tambours.*] *Ils sortent* [*par les portes de la ville*]

---

elle-même guérissait l'abcès propre à la paix : le relâchement des mœurs (voir *Hamlet*, Passage additionnel J, vers 18).

LE ROI LEAR

(*King Lear*)

Présenté et traduit par
Gilles Monsarrat

INTRODUCTION

Synopsis

I,1. – A la cour du roi Lear, le comte de Gloucester présente son fils bâtard, Edmond, au comte de Kent. Le vieux roi arrive avec sa suite ; il déclare qu'il renonce au pouvoir et va partager son royaume entre ses trois filles, promettant la plus belle part à celle qui l'aime le plus. Les deux aînées, Régane (épouse du duc de Cornouailles) et Goneril (épouse du duc d'Albany), proclament hypocritement leur amour et obtiennent chacune un tiers. Cordélie, la plus jeune et la préférée de Lear, se refuse à exhiber ses sentiments et le roi, frustré et fou de colère, la déshérite. Il donne sa part aux deux aînées, chez qui il séjournera (à tour de rôle) avec une suite de cent personnes. Kent essaye de s'entremettre mais Lear le bannit. Parce que Cordélie n'a plus de dot, le duc de Bourgogne refuse de l'épouser, mais le roi de France fait son éloge et la prend pour femme ; elle part avec lui. **2.** – Chez son père Gloucester, Edmond projette de prendre l'héritage de son demi-frère Edgar, le fils légitime. Grâce à une lettre qui est un faux, il fait croire à Gloucester qu'Edgar complote contre lui, et à Edgar que leur père lui veut du mal. **3.** – Goneril, chez elle, se plaint des frasques des gens de Lear ; elle ordonne à Oswald, son intendant, d'être désobligeant à l'égard du roi et de sa suite. **4.** – Même lieu. Kent (déguisé jusqu'en V, 3) se met au service de Lear et punit l'insolence d'Oswald en le faisant tomber à terre. Goneril reproche à son père les esclandres de sa suite et lui enjoint de la réduire de moitié. Furieux, Lear maudit Goneril et décide de partir avec ses gens chez Régane, à qui Goneril envoie une lettre par Oswald. (Commentaires sarcastiques, plaisanteries et chansons du bouffon, qui apparaît pour la première fois dans cette scène.) **5.** – Sur le point de quitter la demeure de Goneril, Lear fait porter une lettre à Gloucester, et en remet une autre à Kent pour Régane. Le bouffon raille implicitement la conduite de Lear, qui craint de devenir fou.

II,1. – Toujours chez son père Gloucester, Edmond fait d'abord croire à Edgar que sa vie est en danger (et ce dernier s'enfuit), puis à Gloucester qu'Edgar voulait l'assassiner. Régane et Cornouailles arrivent ; tout sera fait pour arrêter et exécuter Edgar. Edmond entre au service de Cornouailles. **2.** – Oswald et Kent (qui ont suivi Régane après lui avoir remis leurs lettres) arrivent devant chez Gloucester et se querellent. Kent est impertinent avec Cornouailles qui le fait mettre aux ceps, malgré les protestations de Gloucester. Kent (seul en scène) a reçu une lettre de Cordélie ; elle va secourir son père. Kent s'endort et Edgar arrive ; pour ne pas être pris, il se déguisera en mendiant fou (appelé Tom) et repart sans avoir aperçu Kent. Lear entre avec son bouffon et un gentilhomme ; il enrage de voir son messager aux ceps et envoie chercher Régane. Après avoir prétexté la fatigue pour ne pas le voir, Régane et Cornouailles viennent accueillir Lear ; Kent est libéré. Lear se plaint de Goneril, mais Régane défend sa sœur ; elle conseille à son père de retourner chez Goneril et de lui demander pardon. Sur ce, Goneril arrive, Lear souhaite s'installer chez Régane mais elle ne veut plus accepter qu'une suite de vingt-cinq personnes. Finalement les deux sœurs affirment que Lear n'a pas besoin d'avoir une suite. Fou de chagrin et de rage, Lear s'en va tandis qu'on entend gronder un orage terrible. (Commentaires et chansons du bouffon.)

III,1. – Au-dehors, sous l'orage, Kent apprend à un gentilhomme qu'Albany et Cornouailles ne s'entendent pas et qu'ils sont espionnés par le roi de France. Il lui donne une bague pour Cordélie. **2.** – Exposé à l'orage, Lear, seul avec son bouffon, défie les éléments déchaînés : ils se sont ligués contre lui avec ses filles. Il invoque la vengeance divine contre tous les hypocrites. Kent le rejoint et persuade Lear (qui sent vaciller sa raison) d'aller s'abriter dans une cabane. (Chanson, commentaires satiriques et prophétie du bouffon). **3.** – Chez lui, Gloucester se lamente, devant Edmond, du traitement infligé à Lear. Il lui confie qu'il a reçu une lettre l'informant qu'une armée se prépare à venger Lear et qu'il a l'intention d'aider le vieux roi. Edmond décide de trahir son père. **4.** – Toujours sous l'orage, Lear est torturé par l'ingratitude de ses filles et souffre plus de la tempête de ses passions que de la violence de l'orage. Il compatit aux souffrances des pauvres malheureux exposés aux intempéries. Tom-Edgar sort de la cabane et, à sa vue, Lear se met à délirer et à philosopher, se prenant d'affection pour ce compagnon de misère. Gloucester (qui dit que le chagrin trouble sa raison) les emmène se mettre à l'abri. (Chanson du bouffon.) **5.** – Dans la demeure même de son père, Edmond trahit celui-ci et remet la lettre compromettante à Cornouailles, qui le fait comte de Gloucester. **6.** – Lear converse d'une manière à la fois délirante et perspicace avec Tom-Edgar dans une dépendance de la demeure de Gloucester, puis il s'endort. Kent l'emporte dans ses bras pour le conduire à Douvres. (Dernière apparition du bouffon.) **7.** – Chez Gloucester. Goneril (accompagnée d'Edmond) part dire à Albany de préparer son armée. Cornouailles et Régane accusent Gloucester de trahison. On l'attache sur une chaise ; Régane le brutalise et Cornouailles lui arrache un œil. Un serviteur veut s'interposer ; il blesse Cornouailles mais est tué par Régane. Cornouailles arrache l'autre œil de Gloucester, qu'on jette hors de chez lui. Cornouailles semble sérieusement blessé.

IV,1. – Dans la campagne non loin de chez lui, Gloucester (aveugle et d'abord guidé par un vieillard) demande à Tom-Edgar (horrifié de voir son père sans yeux) de le conduire au bord de la falaise de Douvres. **2**. – Venant de chez Gloucester, Goneril revient chez elle avec Edmond ; elle lui remet une faveur comme gage d'amour, puis elle l'envoie auprès de Cornouailles hâter les préparatifs militaires. Albany la rejoint et Goneril le taxe de lâcheté ; il la traite de démon. Un messager leur annonce la mort de Cornouailles et la double énucléation de Gloucester. Albany promet de le venger. **3**. – Aux environs de Douvres, Cordélie (à la tête d'une armée envoyée par son mari le roi de France) fait rechercher Lear ; il a été vu errant et divaguant dans la campagne. On annonce l'arrivée de l'armée britannique. **4**. – (Chez Gloucester ou bien chez Régane), Oswald refuse de montrer à Régane la lettre de Goneril qu'il doit remettre à Edmond. Elle lui dit que, étant veuve, elle compte épouser Edmond et lui demande de tuer Gloucester s'il le rencontre. **5**. – Arrivé près de Douvres avec son père, Tom-Edgar lui fait croire qu'ils sont au bord de la falaise. Après avoir prié, Gloucester croit sauter dans le vide pour se suicider. Edgar (feignant d'être un paysan) prétend alors l'avoir vu tomber du haut de la falaise et l'aide à se relever. Lear entre, couronné d'herbes folles et ayant perdu la raison ; il prend Gloucester pour Goneril avec une barbe blanche. Conversation mi-délirante mi-sensée de Lear avec Gloucester. Les gens de Cordélie arrivent à la recherche de Lear, qui s'enfuit en courant. La bataille est imminente et Edgar veut mettre son père à l'abri. Oswald les aperçoit et essaye de tuer Gloucester, mais il est tué par Edgar. Avant de mourir, Oswald confie la lettre à Edgar, qui la lit : Goneril demandait à Edmond de tuer son mari afin de pouvoir l'épouser. **6**. – Dans le camp français près de Douvres, Cordélie remercie Kent du soin qu'il a pris de son père. Lear se réveille d'un sommeil réparateur ; d'abord désorienté, il reconnaît Cordélie et lui demande pardon.

V,1. – Edmond arrive aux environs de Douvres avec Régane et ses troupes ; il lui jure qu'il n'a pas couché avec Goneril. Cette dernière entre avec Albany et leurs troupes. Edgar (toujours déguisé en paysan) remet à Albany la lettre que portait Oswald ; il promet que, si Albany est vainqueur, un champion prouvera par les armes la véracité de cette lettre. Resté seul sur scène, Edmond se dit aimé des deux sœurs et souhaite que Goneril se débarrasse de son mari. **2**. – Non loin du champ de bataille, Edgar (toujours déguisé) annonce à Gloucester la défaite de Cordélie et Lear. **3**. – Lear et Cordélie sont prisonniers ; Edmond les fait emmener et donne des instructions sur leur sort à un capitaine. Albany, accompagné de Goneril et Régane, vient réclamer les prisonniers et rappelle à Edmond qu'il est son subordonné. Mais Régane confère ses propres prérogatives à Edmond, qu'elle veut épouser. Sur quoi Albany dit qu'Edmond devait épouser sa femme et il l'accuse de trahison. Régane se trouve mal et on l'emmène. Après l'appel d'un héraut, Edgar apparaît (revêtu d'une armure qui masque son identité) et Edmond relève son défi. Ils se battent ; Edmond est mortellement blessé. Albany brandit la lettre adressée à Edmond par Goneril, qui s'en va, aux abois. Edgar enlève son heaume ; il raconte comment il s'est occupé de son père, mort peu après qu'Edgar lui a révélé son identité. Un gentilhomme surgit avec un couteau ensanglanté : Régane est morte, empoisonnée par Goneril, qui s'est suicidée. On apporte leurs corps. Kent arrive, ayant abandonné son déguisement ; il est à la recherche de Lear. Pris de remords, Edmond essaye de faire annuler l'ordre de pendre Cordélie. Tandis qu'on emmène Edmond mourant, Lear entre, portant Cordélie morte dans ses bras. On annonce la mort d'Edmond et Lear meurt en regardant les lèvres de Cordélie. Il semble qu'Edgar gouvernera le royaume.

Date et texte

Le problème de la date de la pièce est étroitement lié à celui de l'établissement du texte[1]. Celui-ci nous est parvenu dans deux états sensiblement différents. La pièce parut d'abord en 1608 dans un in-quarto* (*Q*) dont la page de titre est :

> M. William Shak-speare : *HIS* True Chronicle Historie of the life and death of King LEAR and his three Daughters. *With the vnfortunate life of* Edgar, *sonne* and heire to the Earle of Gloster, and his sullen and assumed humor of TOM of Bedlam : *As it was played before the Kings Maiestie at Whitehall vpon S.* Stephans *night in Christmas Hollidayes*. By his Maiesties seruants playing vsually at the Gloabe on the Bancke-side. *LONDON*, Printed for *Nathaniel Butter*, and are to be sold at his shop in *Pauls* Church-yard at the signe of the Pide Bull neere St. *Austins* Gate. 1608.

Elle avait été inscrite sur le Registre des Libraires* le 26 novembre 1607 ; l'inscription indique que *Lear* avait été joué devant le roi « uppon St. Stephans night at Christmas Last », donc le 26 décembre 1606.

Il existe un second in-quarto (*Q2*) dont la page de titre porte 1608 mais qui fut imprimé, en même temps que d'autres pièces de Shakespeare, par William Jaggard* en 1619. C'est une réimpression du premier in-quarto avec quelques variantes et de nouvelles erreurs, mais surtout avec des corrections de l'orthographe et de la ponctuation*.

Sous le titre *THE TRAGEDIE OF KING LEAR*, l'in-folio* de 1623

1. Sur ces problèmes, on pourra consulter, outre le *Textual Companion* (p. 509-511 et 529-532), les ouvrages suivants (et les articles qu'ils citent) : P. W. K. Stone, *The Textual History of KING LEAR* (Londres, 1980) ; Steven Urkowitz, *Shakespeare's Revision of « King Lear »* (Princeton, 1980) ; Gary Taylor et Michael Warren, éd., *The Division of the Kingdoms : Shakespeare's Two Versions of « King Lear »* (Oxford, 1983), qui contient douze études et une bibliographie ; W. Shakespeare, *The Parallel King Lear 1608-1623*, éd. par Michael Warren (Berkeley, 1989), qui donne les deux textes en parallèle et contient une bibliographie annotée pour la période 1885-1986 ; l'édition de J. L. Halio de *The Tragedy of King Lear* (The New Cambridge Shakespeare, 1992), p. 58-89 et 265-291, et son édition du texte de l'in-quarto (Cambridge, 1994).

publia un texte présentant des différences importantes par rapport à celui du premier in-quarto : d'une part, environ 300 lignes du premier in-quarto (dont une scène entière ; voir Passage additionnel nº 17) ne figurent pas dans l'in-folio, mais, d'autre part, ce dernier donne environ 100 lignes ne figurant pas dans l'in-quarto. Il y a en outre plus de 850 variantes. Enfin l'in-folio est mieux imprimé et contient des indications* scéniques plus complètes.

Deux questions se posent. Quelle est la nature de la copie ayant servi à l'impression de chacune des trois éditions ? Quelle est la raison des différences entre les textes de 1608 et de 1623 ? Ces questions soulèvent des problèmes complexes et nous ne pouvons donner ici qu'un aperçu très succinct des réponses qui ont été apportées, notamment depuis 1980.

Sans faire partie de ce qu'on appelle les « mauvais » in-quartos, le texte de 1608 n'est pas bon. Les vers* sont souvent imprimés comme de la prose*, certains mots ou expressions ne veulent rien dire (« accent teares » [I,4,238], « flechuent » [II,2,107]) et certaines leçons erronées indiquent qu'il y a eu une transmission au moins partiellement orale du texte (« in sight » au lieu de « incite » [IV,3,27], « a dogge, so bade » au lieu de « a Dogg's obey'd » dans l'in-folio [IV,5,145]). Une autre particularité du texte est qu'il y a eu beaucoup de corrections en cours d'impression et que les douze exemplaires connus comportent plus de 150 variantes. Il est évident que la copie était difficile à lire. Parfois le typographe a dû renoncer à déchiffrer un mot. Par exemple, il a imprimé « I would deuose me from thy mothers fruit » ; le troisième et le dernier mot sont suspects. Il a corrigé en mettant « I would diuorse me from thy mothers tombe » et a donc renoncé à déchiffrer le dernier mot, puisqu'il lui a substitué un mot plausible (tombe) qui ne peut être celui qui avait d'abord été lu « fruit » (voir II,2,285 et la note). Plusieurs hypothèses ont été avancées sur la nature de la copie ayant servi à l'impression du premier in-quarto ; il semble probable que c'était un brouillon de Shakespeare, parfois difficile à lire.

L'in-quarto de 1619 n'est qu'une réimpression de celui de 1608, avec des corrections de bon sens faites sans consulter un manuscrit.

Pendant longtemps on a considéré que la copie ayant servi pour l'impression de l'in-folio était un exemplaire du premier in-quarto qu'on avait corrigé d'après le manuscrit du souffleur*, en la possession de la troupe des Comédiens du Roi*. Les études récentes ont montré l'influence du second in-quarto sur l'in-folio et il est possible que ce soit un exemplaire de celui-ci, corrigé d'après le manuscrit du souffleur, ou peut-être retranscrit après correction, qui a servi de copie. L'important est que ce manuscrit[1] (dont se servaient les comédiens) a servi à la préparation de la copie du texte de l'in-folio.

Reste le problème des différences importantes entre les textes de 1608 et de 1623. Le premier éditeur à tenir compte des deux textes fut

1. On suppose qu'il y eut d'abord un manuscrit du souffleur basé sur la première version du texte (comme *Q*), puis une nouvelle version de ce manuscrit prenant en compte les révisions faites par Shakespeare.

Alexander Pope (1723). Il prit l'in-folio comme texte de base ; il y intégra environ la moitié des lignes propres à l'in-quarto et supprima quelques lignes propres à l'in-folio. Lewis Theobald (1733) prit aussi l'in-folio comme texte de base et y ajouta les passages qui ne se trouvent que dans l'in-quarto, corrigeant les deux textes l'un par l'autre pour se rapprocher du texte unique de Shakespeare. La thèse implicite qui justifie une telle méthode est que les deux textes qui nous sont parvenus représentent chacun une forme imparfaite d'un unique texte shakespearien qu'il faut reconstituer. Cette thèse fut à la base de toutes les éditions de la pièce publiées pendant les deux siècles et demi suivants.

Mais il y a une autre possibilité, suggérée dès 1927 par Harley Granville-Barker : Shakespeare aurait révisé *King Lear.* L'in-quarto nous donnerait une première rédaction de la pièce et l'in-folio une version révisée. Il conviendrait donc d'éditer séparément les deux versions de *King Lear* et non pas de les combiner en un seul texte. Les éditeurs du XVIIIe siècle, en particulier Samuel Johnson (1765-1768), s'étaient déjà aperçus que, outre les passages propres à chaque texte, il y en a qui semblent correspondre à deux rédactions difficiles à combiner. C'est le cas, par exemple, du passage situé à III,1,13-20 dans l'in-folio et de celui qui lui correspond dans l'in-quarto (scène 8, vers 21-33 ; voir Passage additionnel nº 9).

La thèse d'une révision de *King Lear* par Shakespeare lui-même, formulée de façon explicite par Michael Warren en 1976, a reçu un assez large assentiment au cours des années quatre-vingt, sans toutefois faire l'unanimité. L'édition d'Oxford (1986) est basée sur cette thèse. En conséquence, et pour la première fois, l'*Oxford Shakespeare* a édité séparément les deux textes de *Lear : The History of King Lear* (in-quarto de 1608) et *The Tragedy of King Lear* (in-folio de 1623). Comme le second texte semble donner la pièce telle que Shakespeare la révisa, c'est celui-ci que nous présentons en édition bilingue[1]. Les variantes importantes de moins d'une ligne sont signalées dans l'Apparat de variantes et les passages de plus d'une ligne qui se trouvent uniquement dans l'in-quarto sont donnés sous forme de vingt-sept Passages additionnels, placés après le texte de l'in-folio avec leur traduction. On trouvera une brève analyse des différences entre les deux versions de la pièce à la fin de cette introduction.

Il y a donc un double problème de date, celle de chacune des deux versions. Comme nous l'avons vu, la pièce fut jouée à la cour le 26 décembre 1606 ; elle ne peut donc guère avoir été composée après le milieu de 1606. Une des sources de la pièce est un ouvrage de Samuel Harsnet (voir ci-dessous p. 381) qui fut publié en 1603 et inscrit sur le Registre des Libraires le 16 mars de la même année ; la pièce est donc nécessairement postérieure à cette date. Si les « récentes éclipses »

1. C'est ce texte qui fut joué au Royal Shakespeare Theatre, à Stratford-upon-Avon*, en 1990.

dont parle Edmond (I,2,85) sont bien celles de septembre et octobre 1605, Shakespeare aurait pu écrire sa première version pendant l'hiver 1605-1606, date qui paraît confirmée par d'autres indices.

Quand Shakespeare révisa-t-il sa pièce ? Gary Taylor a présenté une argumentation très détaillée en faveur de 1609-1610[1]. En premier lieu le texte de l'in-folio a subi l'influence (directe ou indirecte) de l'in-quarto de 1608 ; il ne peut donc provenir d'un manuscrit antérieur à celui-ci. De plus, le vocabulaire nouveau de la version de l'in-folio correspond à celui des dernières tragicomédies*, *Le Conte d'hiver* (1609), *Cymbelin* (1610) et *La Tempête* (1611).

Sources

Le Roi Lear est une pièce complexe pour laquelle Shakespeare s'est servi de sources* multiples et hétérogènes. On peut, pour simplifier, distinguer d'abord celles de l'intrigue principale (le roi Lear et ses trois filles) et celles de l'intrigue subordonnée (le comte de Gloucester et ses deux fils)[2].

L'histoire de Lear remonte au moins à Geoffroy de Monmouth (XIIe siècle) et fut reprise au XVIe siècle tant par des chroniqueurs que par des poètes. Il en existe plus d'une cinquantaine de versions pré-shakespeariennes. La source principale de Shakespeare fut une pièce anonyme, *The True Chronicle History of King Leir*, inscrite sur le Registre des Libraires* le 8 mai 1605 et publiée la même année ; la page de titre précise qu'elle avait été jouée récemment à plusieurs reprises. Il semble que cette pièce (médiocre) était déjà ancienne. En effet, Henslowe* nota deux représentations d'un « kinge leare » en avril 1594 ; de plus, à la date du 14 mai 1594, le Registre des Libraires contient une inscription pour « the moste famous chronicle historye of Leire Kinge of England and his Three Daughters ». S'il y eut une édition en 1594, on n'en connaît pas d'exemplaire.

Au début de *Leir*, le vieux roi veut éprouver l'amour et l'obéissance de ses trois filles pour leur faire épouser trois rois. Les deux aînées, Gonorill et Ragan, flattent leur père et épousent les rois de Cornouailles et du pays de Galles (« Cambria ») ; Cordella (qui veut faire un mariage d'amour) refuse de clamer ses sentiments filiaux. Elle est déshéritée et le royaume est partagé entre ses sœurs. Leir, qui s'est donc dépossédé au profit de ses deux aînées, part vivre chez Gonorill, qui le traite fort mal. A la différence du Lear shakespearien, le vieux Leir est d'une patience exemplaire et accepte les avanies sans broncher. Cependant, il s'en va chez Ragan, accompagné du fidèle Perillus. Ragan soudoie

1. *The Division of the Kingdoms*, p. 351-468. Halio (p. 76-79 et 288-289) pense aussi que les principales modifications furent introduites vers cette date, tout en avançant que le processus de révision a pu se dérouler en plusieurs étapes entre 1606 et 1623, certaines modifications n'étant peut-être pas dues à Shakespeare lui-même.

2. Voir Bullough, vol. 7, p. 267-420, qui donne le texte de *Leir* et des principales autres sources ; K. Muir, *The Sources of Shakespeare's Plays*, p. 196-208, et son édition de *King Lear*, p. XXIV-XXXIX et les appendices 1 à 7.

le messager de sa sœur pour qu'il assassine Leir et Perillus mais, effrayé par le tonnerre et des éclairs (signes de la colère divine), l'assassin leur laisse la vie sauve. Entre-temps, Cordella (sans dot) a épousé le roi de Gaule (« Gallia »). Leir, se repentant amèrement de sa conduite envers elle, traverse la Manche et retrouve Cordella, qui lui a pardonné ; tous deux s'agenouillent en se réconciliant (voir *Lear*, IV,6,50-52). Le roi de Gaule, à la tête d'une armée et avec Cordella et Leir, débarque en Angleterre ; les filles aînées et leurs maris, abandonnés par leurs soldats, sont défaits et s'enfuient. Leir retrouve son trône. Il y a donc un dénouement heureux et personne ne meurt ; de plus, il n'y a ni bouffon*, ni folie du roi. L'action se déroule dans un contexte chrétien (Leir se repent de ses péchés et Cordella va à l'église pour prier son sauveur) : une bienveillante providence semble protéger la vertu. Nous sommes très loin des dieux absents du *Roi Lear*.

Shakespeare s'est probablement servi du texte imprimé de *Leir*[1], mais il est possible que ses emprunts ne reflètent que les souvenirs d'une représentation ancienne (1594) ou récente. S'il y a des différences importantes entre *Leir* et *Lear*, il y a aussi beaucoup de petits points communs. Perillus est l'original de Kent, tandis qu'Oswald provient d'un conseiller malfaisant (Skalliger) et du messager chargé de tuer Leir (comme Oswald doit tuer Gloucester). Parfois Shakespeare semble reprendre un mot ou une expression. Outre « young bones » (voir II,2,318 et la note), on peut remarquer que les paroles de Lear (« Kent, on thy life, no more ! », I,1,148) sont très proches de celles de Leir s'adressant à Perillus (« Urge this no more, and if thou love thy life », 569). De même les reproches que Perillus adresse à Ragan (« Nay, peace thou monster, shame unto thy sex : / Thou fiend in likeness of a human creature », 2581-82) semblent avoir inspiré ceux qu'Albany adresse à Goneril (voir « fiend », IV,2,35-37 ; « shame », « Bemonster », Passage additionnel n° 16, 61-66).

Mais Shakespeare consulta aussi d'autres sources, notamment Holinshed*, Spenser*, le poème de John Higgins qui parut dans le *Miroir pour les magistrats** (éd. de 1574) et William Warner, *Albion's England* (voir I,4,123 note). Il emprunta tantôt à l'un, tantôt à l'autre. Il doit sans doute à Spenser (*The Faerie Queene*, II,x,27-33) la forme « Cordelia » (au lieu de Cordell, Cordilla, etc.). Comme dans Holinshed (et Monmouth), les maris des filles aînées sont des ducs (et non des rois) ; comme dans Higgins et Spenser, Goneril (et non Regan) est l'épouse d'Albany.

Leir est une tragicomédie et se termine par la victoire du bien, mais Shakespeare put lire dans ses autres sources que Cordélie régna cinq ans après la mort de son père puis fut détrônée par ses neveux et se tua en prison (en se pendant selon Spenser ; voir *Lear*, V,3,226-229). Shakespeare, fidèle à la fin tragique de Cordélie dans les chroniques, abrégea ces événements en changeant la victoire de Cordélie en défaite,

1. Si *Leir* ne fut publié qu'après les premières représentations du *Roi Lear*, pour tirer profit de son succès, Shakespeare aurait pu utiliser un manuscrit de *Leir*.

puis il ajouta au tragique en donnant au vieux Lear le spectacle de la mort de sa fille avant de mourir lui-même.

L'intrigue subordonnée (Gloucester et ses fils) vient du second livre de l'*Arcadie* (1590) de Sir Philip Sidney*. Le chapitre x rapporte l'histoire du vieux roi de Paphlagonie et de ses deux fils, l'un légitime et vertueux (Leonatus), l'autre un bâtard plein de méchanceté (Plexirtus). Ce dernier réussit à retourner son père contre Leonatus qui, échappant de peu à la mort, s'exile. Plexirtus détrône ensuite son père, lui crève les yeux et le jette dehors. Leonatus revient s'occuper de son père ; ils errent misérablement et le vieux roi, fou de chagrin, voudrait que son fils le conduise en haut d'un rocher pour qu'il puisse se tuer (de même, Gloucester demande à Edgar de le conduire au bord de la falaise de Douvres). Mais finalement le bâtard est défait et le vieux roi aveugle couronne Leonatus avant que son cœur ne se brise, écartelé entre le chagrin et la joie (voir *Lear*, V,3,188-190). Plexirtus feint de se repentir et les deux frères sont réconciliés. Shakespeare s'est aussi servi du chapitre xv : la seconde femme du roi d'Ibérie réussit à faire croire à celui-ci (comme Edmond avec Gloucester) que son fils (vertueux mais crédule) complote contre lui et veut le renverser ; le fils doit s'exiler pour avoir la vie sauve.

Edgar se prétend possédé par des démons et Shakespeare a utilisé un ouvrage fort différent des autres sources : *Une description de grossières impostures papistes (A Declaration of Egregious Popish Impostures)*, publié en 1603 (réédité en 1604 et 1605) par Samuel Harsnet (un des aumôniers de l'évêque de Londres, plus tard archevêque d'York). Lui-même sceptique en matière de sorcellerie*, Harsnet avait publié en 1599 un ouvrage contre un exorciste puritain*, John Darrel, qui avait été condamné par un tribunal ecclésiastique. Sa *Description* s'en prend aux exorcismes pratiqués par le jésuite William Weston et des prêtres séculiers catholiques en 1585-1586. Le livre, écrit avec humour et ironie, développe tout au long la métaphore théâtrale : il s'agit d'une « sainte comédie », d'une « comédie tragique », dont les personnages sont des « acteurs » et le « théâtre principal » la maison de Sir George Peckham. Shakespeare emprunta à Harsnet les noms des démons d'Edgar (III,4,96, 117, 120, etc.), ainsi que divers mots et expressions, notamment en rapport avec l'orage[1].

Il faut mentionner aussi une affaire qui présente de curieuses analogies avec *Lear*. Sir Brian Annesley, un riche courtisan, avait trois filles, la plus jeune s'appelant Cordell. La fille aînée, Lady Wildgoose (cf. « wild geese », II,2,208), demanda que son père soit mis sous tutelle pour sénilité mais Cordell (à qui revint l'essentiel de l'héritage à la mort du père en juillet 1604) réussit à faire échec aux démarches de sa sœur.

Il y a enfin le problème de l'influence de la traduction des *Essais* de Montaigne par John Florio* (1603). Elle est avérée pour *La Tempête* (1611), mais déjà probable pour *Hamlet* (1600-1601). Elle est presque certaine dans *Lear* mais n'est pas aisée à cerner et, faute de pouvoir indiquer un seul emprunt indubitable, il faut se contenter d'une pluralité

1. Voir K. Muir, *The Sources of Shakespeare's Plays*, p. 202-206, et son édition, Appendice 7.

d'emprunts probables, aussi bien linguistiques que thématiques[1]. Tout d'abord, on trouve dans Florio une centaine de mots que Shakespeare n'emploie pas avant *Lear,* ou qu'il y emploie en un sens nouveau : « affectionate », « amplify », « auricular », « bastardizing », « bellyful », etc. (voir l'édition de Muir, p. 235-236). Il y a ensuite de nombreux passages de la pièce qui, par l'emploi d'un ou de plusieurs mots, rappellent une phrase de Montaigne[2]. Enfin, l'essai intitulé « De l'affection des peres aux enfans » (II,VIII) contient des idées et du vocabulaire qu'on retrouve dans *Lear,* mais c'est surtout avec l'« Apologie de Raimond Sebond » (II,XII) que les rapprochements sont les plus fructueux. Montaigne y examine notamment le rôle des sens dans la connaissance et il explique que « Nos sens sont non seulement alterez, mais souvent hebetez du tout par les passions de l'ame »[3]. Lear déclare que son chagrin l'empêche de sentir l'orage (III,4,12-14) ; Edgar dit à Gloucester que ses autres sens sont affectés par la souffrance de ses yeux (IV,5,4-6). Sans être strictement identiques, les pensées sont proches. Montaigne décrit le phénomène du vertige et rapporte tout de suite après qu'un philosophe s'arracha les yeux pour ne pas être distrait par eux et mieux se consacrer à la philosophie[4]. Devant son père aveugle (qui trouvera finalement la sagesse après avoir perdu ses yeux), Edgar décrit son vertige au bord de la falaise (IV,5,11-24). Un des thèmes principaux de l'« Apologie », c'est la faiblesse de l'homme et l'impuissance de sa raison : « Qui ne sçait combien est imperceptible le voisinage d'entre la folie avecq les gaillardes elevations d'un esprit libre ? »[5] Ou encore : « N'y a il point de la hardiesse à la philosophie d'estimer des hommes qu'ils produisent leurs plus grands effects et plus approchans de la divinité, quand ils sont hors d'eux et furieux et insensez ? »[6] Comment ne pas songer à Lear qui atteint à la lucidité et à la sagesse dans son délire ? Quand Montaigne affirme que « la foiblesse de nostre jugement nous y [la vérité] aide plus que la force, et nostre aveuglement plus que nostre clervoyance »[7], comment ne pas songer à Lear et à Gloucester ? Certes, tout ceci ne constitue pas une preuve décisive mais, étant donné la multiplicité des convergences, il paraît « déraisonnable », comme le dit Kenneth Muir, de nier l'influence de Montaigne sur *Le Roi Lear.*

---

1. Voir G. C. Taylor, *Shakespeare's Debt to Montaigne* (1925) ; W. B. D. Henderson, « Montaigne's *Apologie of Raymond Sebond,* and *King Lear* », *Shakespeare Association Bulletin,* 14 (1939), 209-26, et 15 (1940), 40-54 ; l'édition de Muir, Appendice 6 ; Leo Salingar, « *King Lear,* Montaigne and Harsnett », dans *Dramatic Form in Shakespeare and the Jacobeans* (Cambridge, 1986). Aussi R. Ellrodt, « Self-consciousness in Montaigne and Shakespeare », *Shakespeare Survey,* 28 (1975), 37-50.

2. Nous donnons en note les plus significatifs. Voir I,2,89 et 107 ; I,4,109 ; II,2,366 et 407 ; III,4,91 ; IV,1,12 et 38 ; IV,5,64, 114, 137, 145 et 154. Tous, avec d'autres, sont signalés par Muir. Éditions citées : pour Florio, Everyman's Library (Londres, 3 vol., 1910) et pour les *Essais,* Bibliothèque de la Pléiade (Paris, 1962).

3. Pléiade, p. 580 ; EL, vol. 2, p. 317.

4. Pléiade, p. 579 ; EL, vol. 2, p. 315.

5. Pléiade, p. 471 ; EL, vol. 2, p. 191.

6. Pléiade, p. 551 ; EL, vol. 2, p. 283.

7. Pléiade, p. 480 ; Florio : « The weakness of our judgement helps us more than our strength to compass the same [truth], and our blindness more than our clear-sighted eyes » (EL, vol. 2, p. 201).

Shakespeare créa une pièce diverse et multiple à partir de sources variées qui témoignent de ses nombreuses lectures.

Commentaire

Il est difficile d'accepter la mort de Cordélie ; elle bouleverse d'autant plus le spectateur que les retrouvailles avec son père (IV,6), la défaite d'Edmond et la mort de Régane et Goneril semblaient présager une fin heureuse. C'est pourquoi, de 1681 à 1838, on joua *Lear* presque toujours dans la version de Nahum Tate (parfois modifiée), et la tragédie devint un mélodrame romanesque : Edgar et Albany sauvent Lear et Cordélie ; celle-ci sera reine et épousera Edgar, dont le père, Gloster, est encore en vie[1]. La mise en scène du texte de Shakespeare a parfois suscité le scepticisme et, au début du XXe siècle, l'éminent critique A. C. Bradley estimait que, tout en étant la plus grande des œuvres de Shakespeare, *Le Roi Lear* n'est pas sa meilleure pièce. Il la trouvait « trop immense (huge) pour la scène » et pensait (comme Charles Lamb au début du XIXe siècle) qu'elle exigeait une réalisation « purement imaginative[2] ». Cependant, au cours des dernières décennies, en particulier depuis la fin de la Seconde Guerre mondiale, le théâtre a souvent démontré que *Le Roi Lear* trouve sa réalisation sur scène, comme les autres pièces du dramaturge.

Lear est la seule des tragédies* à comporter une intrigue subordonnée : l'histoire du comte de Gloucester et de ses deux fils, Edmond et Edgar. Celle-ci ne forme pas un contraste avec l'intrigue principale, comme souvent dans les comédies*, mais en est, au contraire, très proche. De même que Lear choisit ses deux mauvaises filles et rejette la bonne (I,1), de même Gloucester choisit le mauvais fils et rejette le bon (I,2 et II,1) ; l'un et l'autre sont sauvés par l'enfant qu'ils ont rejeté.

Comme dans une moralité, la majorité des personnages peuvent être divisés, sans artifice, en bons et méchants. Parmi ces derniers se trouvent tout d'abord les deux filles aînées, Goneril et Régane. Si le spectateur les différencie par leur physique, le lecteur tend d'abord à les confondre tant elles se ressemblent par leurs traits de caractère ; comme le dit Régane, elles sont « d'une même étoffe » (I,1,63). Réalistes et opportunistes, elles deviennent rapidement dures et cruelles, s'accordant pour supprimer la suite du roi et pour le laisser partir sous l'orage (fin de II,2). Lear se rend compte trop tard qu'elles sont toutes deux des « furies dénaturées » (II,2,434). Régane ironise sur Gloucester éborgné et suggère d'arracher l'autre œil, afin qu'un côté du visage ne se moque pas de l'autre (III,7,68), mais c'est Goneril qui avait eu l'idée du châtiment infligé à Gloucester (III,7,4), alors que Régane voulait le pendre. Elles tombent ensemble amoureuses d'Edmond ; rivales parce que semblables, la même libido qui les pousse vers Edmond les amène

1. Sur *Lear* à la scène avant le XXe siècle, voir par exemple l'introduction de Halio, p. 35-42.
2. *Shakespearean Tragedy*, p. 202.

à s'entre- et s'auto-détruire. Goneril est sans doute la plus malfaisante des deux. Elle empoisonne Régane parce que celle-ci, étant veuve, risque de la prendre de vitesse en épousant Edmond ; de plus, elle donne l'ordre, conjointement avec ce dernier, de pendre Cordélie (V,3,226-227). Femme de caractère, elle est capable d'ironie envers elle-même alors même que son mari démasque sa duplicité (V,3,82). Ce qui les distingue surtout, ce sont leurs maris. Cornouailles, le mari de Régane, est un homme dur, « irascible » et « inflexible » (II,2,248-249) ; cruel, il semble prendre plaisir à arracher les yeux de Gloucester. Les époux sont plus unis dans cet acte barbare que ne le sont Macbeth et sa femme dans le meurtre du vieux roi Duncan. Albany est presque l'antithèse de Cornouailles, et sa femme le méprise ; elle aimerait qu'Edmond la débarrasse de son mari (IV,5,249-250). Quand éclate le différend entre Goneril et son père (I,4), Albany déclare ne pas en connaître la raison et semble plutôt faible, comme soumis à une femme qu'il aime (I,4,266) ; elle lui reproche sa nature « aussi douce que le lait » (I,4,295). Il n'assiste pas à la terrible confrontation entre Lear et ses filles (II,2,343-441) et ne revient sur scène qu'en IV,2. Son caractère s'est affermi : il tient tête à sa femme et la traite de « démon » (IV,2,35)[1]. Apprenant le sort de Gloucester, il jure de venger ses yeux. Il sait manier l'insulte (IV,2,35, V,3,73) et le sarcasme (V,3,81-82). Moralement, Albany est un des bons, mais politiquement il agit avec les méchants ; d'une part, il veut remercier Gloucester d'avoir aidé le roi (IV,2,62-63) et semble comprendre les raisons des partisans de celui-ci (V,1,18-19), mais, d'autre part, il commande l'armée britannique et s'oppose donc à ceux qui veulent rétablir Lear dans ses droits[2]. Toutefois, il combat l'armée de Cordélie avec l'intention d'être un vainqueur clément (V,1,56-57) et il finit par se ranger clairement du côté des bons en s'opposant aux deux sœurs et à Edmond (V,3), tout en intervenant trop tard pour empêcher le meurtre de Cordélie et donc la mort de Lear. C'est peut-être cette part de responsabilité, ou bien la faiblesse de caractère dont l'accusait Goneril, qui, à la fin de la pièce, le conduit à s'effacer au profit d'Edgar au lieu d'assumer le pouvoir suprême qui lui reviendrait de droit.

Afin d'obtenir l'héritage de son demi-frère, Edmond le diffame et le fait condamner à mort ; afin d'obtenir le titre et les biens de son père, il trahit sa confiance et le livre à ses bourreaux ; afin d'obtenir le pouvoir, il donne l'ordre de pendre Cordélie. Dès les premières répliques de la pièce, nous apprenons que c'est un bâtard et cette condition lui donne le sentiment d'être un paria ; éloigné du domicile paternel depuis neuf ans, il va devoir repartir (I,1,25-26). Enfant naturel, Edmond est un individualiste habile et ambitieux. Albany lui-même ne peut que rendre

1. Mais le texte de l'in-folio, en supprimant l'essentiel des passages où il vitupère sa femme (Passages additionnels n°s 14 et 16), réduit son importance.

2. Dans l'in-quarto (Passage additionnel n° 24) il veut s'opposer à une invasion de son pays par le roi de France, ce qui justifie et explique son action. En éliminant plusieurs références à la France (voir ci-dessous, p. 393), l'in-folio tend à absoudre Cordélie du péché d'invasion étrangère, mais du même coup rend plus délicate la position morale d'Albany.

hommage à ses vertus militaires après la bataille, où Edmond semble avoir joué un rôle déterminant. Alors que Goneril et Régane ne font que profiter de la vanité sénile de leur père, Edmond piège et trompe son frère et son père. Il arrive que Shakespeare associe la bâtardise à la perversion morale (par exemple dans *Beaucoup de bruit pour rien*) mais le lien entre les deux n'est pas nécessaire et le fils bâtard de Richard Cœur de Lion (*Le Roi Jean*) est un homme droit et vertueux. La malfaisance d'Edmond est différente de celle de Goneril et Régane ; il s'agit chez celles-ci d'une méchanceté foncière et inexplicable. Elles sont naturellement ingrates et cruelles, rendant à leur père le mal pour le bien. Edmond, au contraire, réagit contre ce qu'il considère comme une injustice sociale. C'est un écorché vif. Son père a beau dire qu'il l'aime autant qu'Edgar (I,1,14-15), ses deux fils n'ont pas été traités de la même façon et Edmond prête à Edgar des paroles qui montrent bien comment il ressent sa condition de bâtard (II,1,65-68). Auprès de Goneril et de Régane, il croit avoir trouvé l'amour dont il a manqué (V,3,214-215) mais semble lui-même incapable d'un amour véritable (V,1,46-49). N'étant pas foncièrement mauvais, il se repent in extremis et veut sauver Cordélie alors qu'il est lui-même blessé à mort.

Oswald n'est que l'homme de confiance de Goneril ; il exécute les ordres de sa maîtresse et, pour bien montrer de quel côté il se trouve, il est prêt à tuer Gloucester aveugle. Mais sa servilité ambitieuse s'accompagne de fidélité ; malgré l'insistance de Régane, il se refuse à trahir la confiance de Goneril (IV,4) et son dernier souci avant de mourir est l'accomplissement de sa mission (IV,5,234-237).

C'est précisément la fidélité qui est le trait commun des bons personnages : Kent, le bouffon, Edgar, Cordélie et le Vieillard qui vient au secours de Gloucester (IV,1). Kent (qui dit avoir quarante-huit ans mais est peut-être plus âgé) est l'incarnation de la franchise véridique (son rejet a donc une valeur symbolique) et du dévouement sans limites à un maître toujours aimé et vénéré bien qu'il l'ait banni. Avec courage, il s'élève, seul, contre l'emportement rageur de Lear dans la première scène. Mais c'est un impulsif maladroit et sa franchise n'arrange rien, pas plus que son inutile agressivité envers Oswald (début de II,2). Il nous rappelle l'existence de Cordélie (II,2,144 ; III,1,24), dont il est le seul à prononcer le nom entre I,4 et IV,3. C'est une présence secourable et discrète quand Lear fait face à l'orage et sombre dans la folie (III,2, III,4 et III,6), mais son rôle s'estompe quand Gloucester s'active pour aider Lear, et perd ses yeux. Kent, à vrai dire, ne fait plus rien après III,6 ; on ne comprend pas pourquoi il garde son déguisement et nous ignorons quel est le « dessein » dont il fait part à Cordélie (IV,6,9). Après cette éclipse, il ne reparaît que pour, semble-t-il, suivre Lear dans la mort (V,3,296-297).

Fidèle, aussi, le bouffon, compagnon de son maître dans le malheur et la déchéance ; il est seul avec Lear quand celui-ci apparaît sous l'orage pour la première fois (III,2). Il a une fonction, pas une personnalité : il doit divertir le roi et il lui arrive de le faire rire (I,5,10), mais ses questions, ses remarques et ses chansons soulignent surtout la folle erreur de jugement de Lear et la méchanceté de ses filles aînées. C'est une parole de bon sens (parfois comique) que Lear se refuse d'abord à entendre (menaçant même de le faire fouetter) avant d'en voir la cruelle vérité. Homme simple, enfant du peuple, le bouffon s'exprime par des images tirées de la vie quotidienne (les deux « couronnes » d'un œuf, la cosse de pois vide, le moineau et le coucou, l'escargot et sa coquille, etc.) ; pour lui, la pluie d'orage n'a pas la dimension métaphysique que lui attribue Lear, mais elle mouille et il veut donc se mettre à l'abri (III,2,10-12). Bien que Lear et son bouffon s'appellent « mon garçon » et « tonton » (nuncle), il n'est pas évident que le bouffon soit jeune et le rôle fut peut-être tenu par Robert Armin*. Mais il est bien possible qu'il ait été tenu par le garçon qui jouait le rôle de Cordélie. Un chevalier souligne l'affection du bouffon pour Cordélie (I,4,59-60) et il y a entre eux un rapport ambigu : le bouffon n'apparaît qu'après le départ de Cordélie et il disparaît de la scène, après des paroles énigmatiques (III,6,38)[1], avant que Cordélie ne reparaisse quatre scènes plus loin. On a le sentiment que, en l'absence de Cordélie, Lear reporte son amour sur son bouffon ; d'ailleurs, aux derniers instants de sa vie, il semble confondre son « garçon » et sa fille cadette (V,3,280).

Edgar paraît d'abord bien naïf, et même sot, de se laisser tromper aussi facilement par Edmond. Après un bref monologue explicatif (II,2), il se déguise pour échapper à ses poursuivants et devient Tom le Fou ; il nous est donc masqué par Tom pendant toute une partie de la pièce. Quand il aperçoit son père avec ses orbites saignantes et vides, il a le plus grand mal à ne pas se faire connaître ; s'il demeure déguisé ce n'est plus pour sauver sa propre vie mais pour aider le père qui l'a fait pourchasser. Ses descriptions du vertige au bord de la falaise puis de la chute (imaginaire) de Gloucester lui permettent de sauver son père du désespoir et de le réconcilier avec son sort. Ses traits se précisent donc dans cette scène du suicide manqué de Gloucester (IV,5). Homme pieux, il lui prêche la patience et la soumission à la volonté divine (IV,5,80 et V,2,9-11) et c'est sans doute sa piété qui explique son énergie résolument optimiste. Tandis que Kent s'efface, Edgar s'affirme : il tue Oswald – bâton contre épée – pour défendre son père, il avertit Albany du complot qui se trame contre lui, il vient défier Edmond, alors que celui-ci a gagné la bataille, et le tue en combat singulier. Son courage et sa vertu lui vaudront, semble-t-il, l'honneur d'assumer le pouvoir suprême dans le royaume.

Il est rare qu'un personnage joue un rôle aussi crucial que Cordélie tout en étant si rarement sur scène et en parlant aussi peu. On ne la voit que dans la première scène, puis dans deux courtes scènes de l'acte quatre, et enfin, après une réplique au début de V,3, elle réapparaît morte, portée par Lear. Qu'elle soit parmi les bons ne saurait faire de doute ;

1. Il ne sera plus question du bouffon ; comme Lear est devenu lucide, sa fonction principale est devenue caduque. Dans les mises en scène modernes, on le fait parfois mourir à la fin de III,6.

elle est aimante et fidèle envers son père, et le roi de France est trop heureux d'épouser sans dot une jeune femme qui a tant de vertus. Elle laissera même son mari et son nouveau royaume pour essayer de sauver des griffes de ses sœurs le père qui l'avait déshéritée. Son armée ayant été battue, elle sait que sa cause est juste et ne craint pas l'adversité (V,3,3-6). A en croire le Premier Gentilhomme, elle serait, en quelque sorte, la rédemptrice de la nature humaine (IV,5,191-193). Mais cette perfection morale de Cordélie n'a-t-elle pas son revers ? Il y a chez elle de la raideur, de l'intransigeance, un orgueil pareil à celui de son père, ou peut-être seulement une excessive réserve (I,1,85-86), mais en tout cas un trait de caractère qui déclenche la tragédie. Le scénario imaginé par Lear au début de la pièce témoigne de sa vanité et de son aveuglement, mais le « rien » si sec de Cordélie est comme une gifle publique ; une telle réponse ne peut que heurter les sentiments paternels et l'orgueil du monarque puisque Cordélie réduit ses projets à néant. Incapable d'exprimer l'amour qu'elle porte à son père, elle sait être éloquente pour énumérer les défauts qu'elle n'a pas (I,1,217-227) et il n'est pas surprenant que son personnage ait parfois irrité.

Lear et Gloucester forment un troisième groupe, celui des victimes – de la malfaisance des autres mais aussi, et peut-être surtout, de leurs propres fautes. Le comte de Gloucester nous est présenté d'abord comme un bon vivant auquel la liaison dont Edmond est le fruit a laissé d'excellents souvenirs. Absent quand Lear déshérite Cordélie et bannit Kent, il ne dit rien après son retour sur scène ; mais tout ceci l'inquiète et il attribue à l'influence des astres les désordres dans l'État et les familles (tout père de bâtard qu'il soit). Trop crédule (I,2,139), il se laisse berner par Edmond mais essaie d'empêcher Cornouailles de mettre Kent aux ceps et s'efforce d'arranger les choses entre Lear, Régane et Cornouailles (II,2,274). C'est un homme d'ordre et de paix, mais il est, lui aussi, fidèle à son roi et, lorsque deux camps commencent à se former, il n'hésite pas à choisir celui de Lear tout en sachant bien qu'il risque sa vie (III,3,13). Alors qu'il est ligoté et à la merci de Régane, il dénonce sa cruauté envers Lear et subit sa double énucléation avec dignité, demandant pardon aux dieux dès qu'il se rend compte de sa faute envers Edgar. Le désespoir s'empare de lui et il ne songe plus qu'à mettre fin à ses jours ; mais, sauvé par Edgar, il attendra que les dieux décident de l'heure de sa mort (IV,5,205-207). Il meurt réconcilié avec Edgar, déchiré entre le chagrin et la joie. Comme il le dit lui-même, c'est quand il avait ses yeux qu'il a trébuché (IV,1,19) ; privé de ses yeux, il perçoit ses propres fautes et le malheur des autres (IV,1,58-65).

Au cours des deux premiers actes de la pièce, le roi Lear, qui a plus de quatre-vingts ans (IV,6,54), ne manifeste aucune des vertus qu'on pourrait attendre d'un héros tragique. Il veut partager son royaume entre ses filles et il a prévu un scénario où leurs déclarations d'amour satisferont sa vanité et justifieront la préférence qu'il donne à Cordélie, auprès de qui il veut se retirer. Mais, bien qu'il soit au déclin de sa vie, il se voit encore comme un redoutable « dragon » (I,1,116), et il ne souffre ni conseil ni reproche, s'imaginant qu'il pourra continuer à jouir du titre et des prérogatives d'un roi sans en avoir les pouvoirs et les charges (I,1,129-132). Mais il est pris au piège de son propre scénario et il est incapable de voir que ses filles aînées jouent (hypocritement) le rôle qu'il leur a assigné ; elles lui prodiguent les flatteries auxquelles il est habitué (I,1,142 et IV,5,93-100). Parce que Cordélie refuse de se prêter à cette comédie, il s'emporte et la rejette, oubliant toutes ses vertus et son amour sincère. Il croit que l'amour de Goneril et Régane se mesure au nombre de suivants qu'elles lui accordent ; si Goneril accepte cinquante suivants, c'est qu'elle l'aime deux fois plus que Régane qui n'en accepte que vingt-cinq (II,2,415-416). Bientôt, cependant, le spectateur prend Lear en pitié ; ses deux filles ingrates se liguent contre lui et le roi se repent de ses erreurs (I,4,209, 219-225). Les souffrances qu'il endure apparaissent de plus en plus disproportionnées à la faute initiale. Incapable de s'opposer aux volontés de ses filles, Lear les maudit, les menace, mais ne peut rien, sinon éprouver la honte de son impuissance. Il lui reste assez de dignité pour préférer s'exposer aux violences de l'orage plutôt que de se soumettre au bon vouloir de ses deux aînées. Dans sa déchéance, Lear dépasse alors son égoïsme et sa vanité, et découvre le dénuement des miséreux ; dans sa folie, il perçoit une réalité humaine que lui cachait sa royauté. Il compatit au malheur des gueux et Pauvre Tom, vêtu d'une simple couverture, devient le philosophe qui lui révèle l'homme réduit à l'état de nature. Le roi, rejeté par ses filles et glissant dans la folie (sous le double effet de l'ingratitude de ses aînées[1] et d'une prise de conscience de sa faute envers Cordélie), devient le compagnon du mendiant, rejeté par la société et simulant la folie. Le processus de dépouillement atteint son point culminant dans la quatrième scène de l'acte III : Lear s'est d'abord défait de ses pouvoirs et charges de roi, puis il a été privé de sa suite par ses filles, maintenant il enlève ses vêtements (III,4,91-92) pour rejoindre la nudité de Tom. Par ce dépouillement matériel, Lear s'enrichit spirituellement : dans son délire perspicace et pénétrant, il dépasse le personnage mesquin et despotique qu'il était tout d'abord pour atteindre une grandeur peut-être inégalée dans le théâtre shakespearien. Il est grand plus par ce qu'il dit que par ce qu'il est. Mais à l'acte V, guéri de sa folie, Lear n'est plus qu'un vieillard humble et contrit, n'ayant pas toujours une conscience claire de la réalité, s'imaginant qu'il pourra couler des jours heureux en prison avec Cordélie et qu'ils chanteront ensemble « comme des oiseaux en cage » (V,3,9).

Les personnages du *Roi Lear* ne sont pas les plus mémorables du théâtre de Shakespeare ; Edmond (qui finalement se repent) n'est pas Iago, Goneril n'est pas Lady Macbeth et le roi Lear n'est pas Hamlet. Mais la pièce transcende ses personnages par son universalité. Les autres grandes tragédies se jouent en des lieux déterminés avec précision : dans *Roméo et Juliette* nous sommes à Vérone, dans *Hamlet* à Elsinore au

1. L'ingratitude est déjà le thème central de *Timon d'Athènes*.

royaume de Danemark, dans *Othello* l'action commence à Venise et se poursuit à Chypre, Macbeth tue Duncan dans son château d'Inverness et le bois de Birnam paraît prendre d'assaut la forteresse de Dunsinane. Dans *Le Roi Lear* les lieux sont remarquablement vagues ; la seule ville mentionnée est Douvres[1], sans d'ailleurs qu'aucune des scènes y soit située ; il n'est jamais question de Leicester dont, selon la légende, Lear (Leir) était le fondateur. Nous sommes dans une Grande-Bretagne presque sans repères. Bien que Lear ait une carte (I,1,31), la division du royaume est d'une totale imprécision, très différente de celle qu'on trouve dans la première partie d'*Henry IV* (III,1,69-76). Les scènes d'orage, et celle où Lear rencontre Gloucester (IV,5) pourraient se dérouler dans n'importe quelle campagne ; c'est une nature à l'état brut. De plus, l'action se situe dans un passé lointain, d'autant plus vague que le bouffon déclare vivre avant l'époque de Merlin l'Enchanteur (voir III,2,91 et la note) ; on invoque Apollon mais il y a un roi de France, un duc de Bourgogne et un mendiant sorti de l'hôpital de Bedlam* à Londres (voir I,2,109 note). Cette double indétermination, des lieux et de l'époque, contribue au sentiment d'universalité que donnent les thèmes de la pièce : la nature humaine dans ses rapports aux dieux et au monde animal, les liens affectifs entre pères et enfants, la sexualité, l'hypocrisie, l'injustice, la misère, la mort, mais aussi la fidélité et le pardon.

Le Roi Lear est sans doute la pièce la plus théologique de Shakespeare[2]. On y invoque la Nature et les dieux, mais la diversité même des invocations, les désaccords sur l'influence des astres, une action qui se déroule sur un plan strictement naturel, tout ceci entretient un mystère sur le rôle du surnaturel. Il n'y a dans *Lear* ni sorcières*, ni oracles, ni spectres*, et « l'esprit immonde » qui pourchasse Tom est pure fiction. Quelle est cette Nature qu'Edmond et Lear appellent tous deux une « déesse » ? Pour Edmond, c'est la loi naturelle du plus fort ; il l'oppose à l'arbitraire des lois humaines qui l'ont exclu parce qu'il/légi/time (I,2,1-22). Pour Lear, la Nature est le tissu des liens de parenté et, par extension, celui des liens sociaux. Violer ces liens par ingratitude, comme Goneril, c'est mériter un châtiment et Lear supplie la « déesse » Nature de stériliser sa fille ou de lui donner un enfant qui la tourmentera (I,4,228-243). Mais la Nature se manifeste aussi dans le déchaînement de l'orage et elle s'y montre insensible aux injonctions et aux reproches de Lear.

Les bons et les méchants s'opposent par leur attitude envers les dieux. Cornouailles, Goneril et Régane ne prient pas et n'invoquent jamais une aide divine[3]. Quand Edmond s'écrie « Allez les dieux, debout pour les bâtards ! », il est probablement plus égrillard que croyant (voir I,2,22 et la note). Par contre, Lear, Gloucester, Kent et Cordélie invoquent tous le secours de dieux bienveillants. Mais ces dieux les entendent-ils ?

1. Voir aussi I,5,2 note.
2. Voir W. R. Elton, *« King Lear » and the Gods* (San Marino, Calif., 1966).
3. Régane s'exclame « O, the blest gods ! » (II,2,323), mais c'est sans doute plus une interjection conventionnelle que l'expression d'une authentique croyance religieuse.

Si les deux intrigues sont parallèles, elles sont aussi différentes ; contrairement à l'intrigue principale, l'intrigue subordonnée est plutôt moralisatrice et providentialiste. Gloucester a commis une « faute » (I,1,12 et 13) contre le mariage, contre l'ordre. Cette faute a produit le bâtard, fruit d'une concupiscence incontrôlée. Il est puni par sa faute même et, pour le vertueux Edgar, Edmond n'a été que l'instrument dont les dieux se sont servis pour châtier son père (V,3,160-163). Un coup est porté aux forces du mal quand le serviteur tue Cornouailles (III,7) et Albany y voit la preuve de l'existence de dieux justiciers (IV,2,46-48). Certes, aveugle, trahi par Edmond et coupable envers Edgar, au fond du désespoir, Gloucester voit un moment les dieux comme des gamins espiègles qui tuent les hommes pour s'amuser (IV,1,37-38), mais l'aide qu'il a apportée à Lear, si chèrement payée, marque le début de son expiation. Edgar dupe son père quand il lui dit que les dieux l'ont miraculeusement sauvé du suicide (IV,5,72-74), mais loin d'être son mauvais génie (IV,5,67-72), il est au contraire comme son ange gardien. Gloucester retrouve la paix de l'âme par la prière (205-208) et il meurt en souriant (V,3,190), réconcilié avec Edgar, dont la vertu sans faille sera récompensée. On peut voir dans son triomphe sur Edmond le jugement divin rendu dans un duel judiciaire. Edmond lui-même finit par reconnaître la primauté de l'ordre moral ; il se repent et veut faire du « bien », malgré sa nature, avant de mourir (V,3,217). Mais, même dans cette intrigue, les voies de la providence sont imprévisibles et cruelles. Kent, un homme pieux (I,1,136, 175), espère que les dieux récompenseront la bonté de Gloucester (III,6,5), mais Cornouailles lui arrache les deux yeux à la scène suivante. Edgar demande à son père de prier pour que le droit soit victorieux (V,2,2), mais il revient presque aussitôt annoncer la défaite de l'armée de Cordélie.

La faute de Lear, sorte de dépit amoureux sénile, est moins évidente que celle de Gloucester ; il veut régler sa succession à l'amiable pour éviter les conflits après sa mort (I,1,38-39)[1]. Mais de cette faute naît son naufrage. Épouvanté à l'idée que la folie va l'envahir, il supplie en vain les dieux de l'épargner (I,5,37-38). Il les appelle à son secours contre ses filles (II,2,344-347 et II,2,427-434), mais se trouve exposé aux coups d'un orage d'une exceptionnelle violence. Sa compassion pour les plus démunis s'exprime d'ailleurs par une prière adressée non pas aux dieux (dont il met la justice en doute, III,4,36) mais, directement, aux « pauvres gueux tout nus » (III,4,28) ; c'est en quelque sorte une prière contre les riches, à laquelle fait écho celle de Gloucester (IV,1,61-65). Albany voit dans la mort des deux sœurs aînées un jugement du ciel (V,3,205), mais quand il demande aux dieux de défendre Cordélie (V,3,230) il lui est répondu par l'arrivée d'un cadavre, porté par Lear. Albany promet

1. Personne ne lui reproche ce partage, pas même Kent (bien que « Reserve thy state », I,1,143, soit parfois compris ainsi), et Shakespeare n'en a pas développé les implications politiques. La faute initiale de Lear n'est pas, comme dans *Gorboduc* (1562), de diviser le royaume. Il ne semble pas y avoir de succession par ordre de primogéniture et, en l'absence d'un fils, une division paraît inévitable.

que les méchants seront punis et les justes récompensés (V,3,277-279), mais il parle de l'avenir et, dans le présent de la pièce, Lear, Cordélie et Gloucester sont morts, et Kent le sera bientôt. Certes, les méchants aussi meurent, et même s'entretuent, mais les plus grandes souffrances sont celles de Lear et de Gloucester. Les dieux paraissent distants, indifférents aux prières. L'univers du *Roi Lear* est si sombre, si plein de cruauté et d'injustice que, confronté à la diversité des opinions exprimées et au silence apparent des divinités, l'existence même de ces dieux est problématique et le spectateur demeure dans l'incertitude. Celle-ci est encore accentuée par le mélange de religion classique (Jupiter, etc.) et une certaine divinisation de la nature, auxquels se mêlent des éléments chrétiens tels que les diables qui sont censés tourmenter Tom, une allusion à la théologie de la rédemption (IV,5,191-193), l'importance donnée au pardon et même, semble-t-il, un emploi du singulier « God » (V,3,17). Peut-être faut-il voir dans ce pluralisme théologique, générateur de doute et de mystère, un effet de la lecture des pages de l'« Apologie » où Montaigne passe en revue la diversité des opinions religieuses.

Si le rapport aux dieux demeure mystérieux, la parenté entre l'homme et la bête est soulignée de façon répétée et on a souvent noté la fréquence des images empruntées au monde animal. Pour Lear, comme pour Albany, Goneril est un serpent, ou encore un milan, une louve, un vautour, etc., et Edmond compare les deux sœurs aînées à des vipères. Kent, exprimant son mépris pour Oswald, le voit comme un chien, un rat et une oie. Quand Lear se refuse à condamner l'adultère, il allègue l'exemple du roitelet et du moucheron doré, et la sainte nitouche ne demanderait qu'à forniquer comme le putois et l'étalon (IV,5,106 et 115). Tom est réduit à une existence proche de celle des animaux (II,2,159) ; presque nu, il se nourrit de têtards, de crapauds et de chiens crevés. Gloucester, en le voyant, se dit que l'homme est un ver (IV,1,34), et quand sa propre souffrance le réduit au désespoir il croit que les dieux tourmentent les hommes comme les gamins jouent avec les mouches (IV,1,37).

Mais entre les dieux, vers lesquels se tourne l'homme malgré leur apparente indifférence, et le monde animal, vers lequel l'homme s'abaisse souvent, il y a le monde de l'humain, et le propre de l'homme, dans *Le Roi Lear*, c'est surtout la souffrance. Cette souffrance, c'est d'abord celle de deux pères, de deux vieillards, et *Le Roi Lear* est une tragédie de la vieillesse, de ses faiblesses (qui réduisent la responsabilité de Lear) et de ses misères ; les adjectifs « old » et « aged » reviennent de façon lancinante. Prenant conscience de son impuissance, Lear s'écrie, paroles terribles : « La vieillesse est inutile (unnecessary) » (II,2,310). Il se sent trahi par trois filles auxquelles il a donné son amour : d'abord par Cordélie, qui paraît le rejeter alors qu'elle est sa préférée, puis par ses autres filles qu'il aime aussi et à qui il a donné tous ses biens. Cette ingratitude lui paraît si monstrueuse, tellement contre nature[1] qu'il en

1. Plusieurs mots expriment cette idée : « unnatural », « unnaturalness », « disnatured » (probablement emprunté à Florio), « unkind » et « unkindness » (voir I,1,254 note). Il faut ajouter « bemonster », « monster » (verbe et substantif) et « monstrous ».

éprouve une souffrance morale qui fait basculer sa raison. La critique a souvent noté que la folie de Lear se traduit par une plus grande clairvoyance et l'on oppose souvent un premier Lear qui est fou alors qu'il a sa raison à un deuxième Lear qui trouve la raison dans sa folie (« reason in madness », IV,5,161). Que découvre Lear dans les souffrances de son délire ? D'une part, il juge lucidement ses deux filles aînées et sa propre conduite envers Cordélie ; il se rend compte qu'on le flattait quand il était roi alors qu'il n'était qu'un être humain (IV,5,93-100). Mais il découvre surtout les injustices de la société sur laquelle il régnait. Il la voit grouillante de crimes impunis, avec la misère des uns (dont il ne s'est pas soucié) à côté de la richesse des autres, et il s'en remet aux dieux pour punir les criminels et mieux répartir les richesses (III,2,45-55 et III,4,26-36). Le juge ne vaut pas mieux que l'accusé, le sergent que la putain qu'il fouette, et toujours l'argent pervertit la justice (IV,5,144-154). Mais cette vision d'un mal presque universel semble aboutir à un refus de condamner et à une compassion (voir IV,5,154 et la note) très différents de son appel antérieur au châtiment divin. Quand il considère l'homme tel qu'il est dans son essence même, il le voit comme un malheureux animal nu et sans protection (III,4,86-92) qui vient en ce monde en pleurant et doit apprendre à endurer (IV,5,164-169).

Le Roi Lear n'est pas un traité de philosophie ; ce qui fait la grandeur du délire de Lear, ce n'est pas l'originalité des idées mais leur force d'expression[1] (qu'une traduction ne rend que très imparfaitement) et l'intensité de ses passions (qu'un acteur de talent sait faire partager au spectateur). De plus, il apostrophe ses visions et les fait surgir dans l'imagination du spectateur et du lecteur (voir par exemple III,2,47-55 et IV,5,146-149).

On soutient parfois que l'épreuve par laquelle passe Lear lui permet de se régénérer, de parvenir à une sorte de salut en rachetant ses fautes par ses souffrances. Cette régénération est sans doute plus nette dans le cas de Gloucester car, si Lear sort moralement grandi de ses épreuves, il en sort aussi intellectuellement diminué et s'en rend compte lui-même (IV,6,56 et 77) ; il a du mal à reconnaître un serviteur aussi ancien et fidèle que Kent et semble vivre dans un monde imaginaire (V,3,8-19) qui ne doit rien aux visions lucides et pessimistes de son délire. Son dernier sursaut est un sursaut physique ; il trouve la force de tuer le soldat qui pendait Cordélie, et il en éprouve une fierté quelque peu dérisoire.

Kent voit le monde comme un instrument de torture (V,3,289) et dans la pièce le bonheur et la joie ne sont que fugitifs et fragiles. L'égoïsme des plus malfaisants les rend cruels et la scène où Gloucester perd ses deux yeux est sans doute la plus horrible du théâtre de Shakespeare. Pourquoi cette barbarie ? Pourquoi Dachau ? Lear, confronté à la malfaisance de ses filles, demande s'il y a « une cause naturelle qui

1. Sauf dans une partie de III,4, Lear continue à s'exprimer en vers et son délire n'est pas incohérent.

produise ces cœurs endurcis » (III,6,32). D'où vient le mal ? La pièce ne répond pas. Mais le pire est peut-être que les bons peuvent, eux aussi, être cause de malheur. Lear voulait diviser son royaume pour lui éviter les maux d'une guerre civile, et cela pouvait sembler sage. Cordélie est fière de ne pas avoir, à la différence de ses sœurs hypocrites, l'art « des mots sans intention » (I,1,219). Pourtant, bien qu'elle n'ait pas l'intention de faire souffrir son père, c'est son « Rien » qui produit la colère de Lear et les malheurs qu'elle entraîne. Il y a de l'absurde dans le fait qu'elle n'arrive pas à dire publiquement un amour qu'elle exprimera finalement en conduisant une armée pour secourir son père. Sa mort est, elle aussi, absurde puisqu'elle résulte, pour une part, d'un simple oubli (V,3,210). Dans ce monde de souffrances il y a donc de l'absurde, mais il y a aussi des vertus simples qui donnent un sens à la vie. Edgar, après avoir sauvé son père du désespoir, est semble-t-il destiné à panser les plaies du pays meurtri ; ayant connu le dénuement, il se souciera peut-être des malheureux plus que ne l'avait fait Lear. *Le Roi Lear* se clôt finalement (comme *Macbeth*) par une victoire du droit des justes, mais les quatre cadavres qui jonchent la scène, ceux de Lear et de ses trois filles, et le souvenir des souffrances endurées entachent cette victoire d'une ineffaçable affliction.

Note sur les deux versions de « King Lear »

Les passages propres à l'in-quarto ne modifient pas l'action telle qu'elle a été résumée dans la Synopsis. A part celles signalées dans les variantes, les différences principales entre les deux versions sont les suivantes :

1) L'in-folio accélère l'action en supprimant certains passages descriptifs ou narratifs :

– PA n° 8 : Le Premier Gentilhomme décrit Lear sous l'orage.
– PA n° 17 : Le Premier Gentilhomme décrit la réaction de Cordélie à la lettre de Kent, et celui-ci décrit l'état psychologique de Lear.
– PA n° 19 : Cordélie décrit Lear sous l'orage.
– PA n° 27 : Edgar raconte sa rencontre avec Kent.

De plus, les propos d'Edmond (PA n° 2) reprennent ce qu'a déjà dit Gloucester.

2) L'in-folio supprime plusieurs références au caractère français de l'armée de Cordélie, commandée par le maréchal La Far (PA n° 9 ; PA n° 15 ; PA n° 17 ; PA n° 24). Mais voir cependant IV,3,25-26.

3) L'in-folio réduit un peu les rôles de Kent et d'Albany :

– Kent. Suppression de conversations avec le Premier Gentilhomme (PA n°s 9 et 17).
– Albany. Suppression d'une partie des reproches adressés à Goneril (PA n°s 14 et 16) ; la dernière réplique de la pièce, attribuée à Albany dans l'in-quarto, est donnée à Edgar dans l'in-folio.

4) Suppression du jugement burlesque de Goneril et Régane par Lear (PA n° 10), partiellement compensée par des ajouts à l'in-folio soulignant la vénalité et l'hypocrisie des juges (IV,5,141 et 151-156).

Éditions modernes citées dans les Notes et l'apparat de Variantes

DEROCQUIGNY : texte traduit et présenté par Jules Derocquigny, Les Belles Lettres, Collection Shakespeare, 1931.

FURNESS : texte établi et présenté par H. H. Furness, A New Variorum Edition of Shakespeare, 1880.

HALIO : texte établi et présenté par Jay L. Halio, The New Cambridge Shakespeare, 1992.

HUNTER : texte établi et présenté par G. K. Hunter, New Penguin Shakespeare, 1972.

MUIR : texte établi et présenté par Kenneth Muir, The Arden Shakespeare, 1985 (1952).

RIVERSIDE : The Riverside Shakespeare, texte établi par G. Blakemore Evans, et présenté (pour *King Lear*) par Frank Kermode, 1974.

M. William Shak-ſpeare:

HIS

True Chronicle Hiſtorie of the life and death of King LEAR and his three Daughters.

With the vnfortunate life of Edgar, *ſonne* and heire to the Earle of Gloſter, and his ſullen and aſſumed humor of TOM of Bedlam:

As it was played before the Kings Maieſtie at Whitehall vpon S. Stephans *night in Chriſtmas Hollidayes.*

By his Maieſties ſeruants playing vſually at the Gloabe on the Bancke-ſide.

LONDON,

Printed for *Nathaniel Butter*, and are to be ſold at his ſhop in *Pauls* Church-yard at the ſigne of the Pide Bull neere St. *Auſtins* Gate. 1608

Le Roi Lear, page de titre de l'in-quarto de 1608
(British Library, Londres)

THE PERSONS OF THE PLAY

LEAR, King of Britain

GONERIL, Lear's eldest daughter

Duke of ALBANY, her husband

REGAN, Lear's second daughter

Duke of CORNWALL, her husband

CORDELIA, Lear's youngest daughter

King of FRANCE } suitors of Cordelia
Duke of BURGUNDY }

Earl of KENT, later disguised as Caius

Earl of GLOUCESTER

EDGAR, elder son of Gloucester, later disguised as Tom o' Bedlam

EDMOND, bastard son of Gloucester

OLD MAN, Gloucester's tenant

CURAN, Gloucester's retainer

Lear's FOOL

OSWALD, Goneril's steward

A SERVANT of Cornwall

A KNIGHT

A HERALD

A CAPTAIN

Gentlemen, servants, soldiers, attendants, messengers

Albany ['ɔːlbənɪ] Bedlam ['bedləm] Britain ['brɪtən] Burgundy ['bɜːgəndɪ] Caius ['kaɪəs] Cordelia [kɔː'diːljə] Cornwall ['kɔːnwəl] Curan ['kʌrən] Edgar ['edgə] Edmond ['edmənd] France [frɑːns] Gloucester ['glɒstə] Goneril ['gɒnərɪl] Kent [kent] Lear [lɪə] Oswald ['ɒzwəld] Regan ['riːgən] Tom [tɒm]

---

1. *Britain.* Ce mot n'est pas dans la pièce mais seulement dans les sources. Sh l'emploie dans *Cymbelin* pour désigner une période antérieure à la division Angleterre, pays de Galles, Écosse. Dans les histoires*, *Britain* désigne presque toujours la Bretagne. Le bouffon parle d'*Albion* (III,2,81). Voir aussi IV,5,237 note. 2. *ALBANY.* Terme ancien pour désigner

PERSONNAGES

LEAR, roi de Grande-Bretagne[1]

GONERIL, fille aînée de Lear

Le duc d'ALBANY[2], son mari

RÉGANE, seconde fille de Lear

Le duc de CORNOUAILLES, son mari

CORDÉLIE, fille cadette de Lear

Le roi de FRANCE } prétendants de Cordélie
Le duc de BOURGOGNE

Le comte de KENT, ensuite déguisé sous le nom de Caius

Le comte de GLOUCESTER[3]

EDGAR, fils aîné de Gloucester, ensuite déguisé sous le nom de Tom le Fou

EDMOND[4], bâtard de Gloucester

Un VIEILLARD, fermier de Gloucester

CURAN, serviteur de Gloucester

Le BOUFFON[5] de Lear

OSWALD, intendant de Goneril

Un SERVITEUR de Cornouailles

Un CHEVALIER

Un HÉRAUT

Un CAPITAINE

Gentilshommes, serviteurs, soldats, suivants, messagers

---

le nord de l'Angleterre (au-delà de la Humber) et l'Écosse. Cela avait été le royaume d'Albanactus, un des fils du légendaire Brute. Le roi Jacques* Ier avait été duc d'Albany et le titre fut transféré à son fils Charles en 1600. 3. *GLOUCESTER*. L'orthographe la plus fréquente de l'in-quarto* et de l'in-folio*, *Gloster*, est conforme à la prononciation moderne. 4. *EDMOND*. Dans l'in-folio, orthographié *Edmond* dans les deux premières scènes mais presque toujours *Edmund* après. D'habitude *Bastard* comme nom de locuteur et dans les indications* scéniques. Voir Passage additionnel 1, vers 95, note. 5. *FOOL*. En traduisant par « fou » on préserverait, dans une certaine mesure, le double sens de « fool » (« bouffon du roi » et « sot »), mais « fou » estompe la différence entre « fool/ish » et « mad », mot important dans la pièce, employé par Kent (I,1,140) et qui surgit dans la bouche de Lear (I,5,37). On a traduit par « bouffon », sauf dans certaines chansons*.

The Tragedy of King Lear

I, 1 *Enter the Earl of Kent, the Earl of Gloucester, and Edmond*

KENT. – I thought the King had more affected the Duke of Albany than Cornwall.

GLOUCESTER. – It did always seem so to us, but now in the division of the kingdom it appears not which of the Dukes he values most ; for qualities are so weighed that curiosity in neither can make choice of either's moiety.

KENT. – Is not this your son, my lord ?

GLOUCESTER. – His breeding, sir, hath been at my charge. I have so often blushed to acknowledge him that now I am brazed to't.

KENT. – I cannot conceive you.

GLOUCESTER. – Sir, this young fellow's mother could, whereupon she grew round-wombed and had indeed, sir, a son for her cradle ere she had a husband for her bed. Do you smell a fault ?

KENT. – I cannot wish the fault undone, the issue of it being so proper.

GLOUCESTER. – But I have a son, sir, by order of law, some year older than this, who yet is no dearer in my account. Though this knave came something saucily to the world before he was sent for, yet was his mother fair, there was good sport at his making, and the whoreson must be acknowledged. (*To Edmond*) Do you know this noble gentleman, Edmond ?

EDMOND. – No, my lord.

GLOUCESTER (*to Edmond*). – My lord of Kent. Remember him hereafter as my honourable friend.

EDMOND (*to Kent*). – My services to your lordship.

KENT. – I must love you, and sue to know you better.

EDMOND. – Sir, I shall study deserving.

GLOUCESTER (*to Kent*). – He hath been out nine years, and away he shall again.

Sennet

---

4 qualities] *F* ; equalities *Q*. **14** older] *Oxford* ; elder *F Q*.

---

1. Lieu : la cour du roi Lear. La localisation de la cour n'est pas précisée et, d'une façon générale, la géographie de la pièce est vague. **2.** Sh attribue souvent au péché une odeur déplaisante (voir ci-dessous IV,5,120-121, *Hamlet*, III,3,36 et *Jules César*, III,1,277). Il y a probablement un jeu de mots sur (to be at) *fault* qui, en vénerie, signifie « être en défaut »,

La Tragédie du roi Lear

Entrent le comte de Kent, le comte de Gloucester et Edmond[1] I, 1

KENT. – Je croyais que le roi préférait le duc d'Albany au duc de Cornouailles.

GLOUCESTER. – C'est ce qu'il nous avait toujours semblé, mais, maintenant qu'il partage son royaume, on ne voit pas pour lequel des deux il a le plus d'estime ; car la valeur de leurs parts est si équilibrée que la chicanerie d'aucun des ducs ne lui ferait choisir ce qui revient à l'autre.

KENT. – N'est-ce pas là votre fils, monseigneur ?

GLOUCESTER. – Il a été élevé à mes frais, monsieur. J'ai si souvent rougi de le reconnaître que je suis maintenant endurci.

KENT. – Je ne conçois pas ce que vous –

GLOUCESTER. – Monsieur, la mère de ce jeune gaillard, elle, a fort bien conçu ; sur quoi son ventre s'est arrondi et, à vrai dire, monsieur, elle eut un fils pour son berceau avant d'avoir un mari pour son lit. Flairez-vous une faute[2] ?

KENT. – Je ne saurais souhaiter qu'il n'y ait pas eu faute, le fruit en étant si beau.

GLOUCESTER. – Mais j'ai, monsieur, un fils légitime, de quelque douze mois son aîné qui, cependant, n'est pas plus cher à mon cœur. Quoique ce fripon-là[3] soit venu au monde non sans impertinence, avant qu'on ne l'appelle, cependant sa mère était jolie ; on a pris bien du plaisir à le faire et il faut bien reconnaître le petit corniaud[4]. (*A Edmond*) Vous connaissez ce noble gentilhomme, Edmond ?

EDMOND. – Non, monseigneur.

GLOUCESTER (*à Edmond*). – Monseigneur de Kent. Vous vous souviendrez désormais qu'il est mon honorable ami.

EDMOND (*à Kent*). – Je suis le serviteur de Votre Seigneurie.

KENT. – Il me faudra être de vos amis, et j'aspire à mieux vous connaître.

EDMOND. – Monsieur, je m'efforcerai d'en être digne.

GLOUCESTER (*à Kent*). – Il vit à l'étranger depuis neuf ans et il va repartir.

Fanfare prolongée

---

c.-à-d. s'écarter de la piste. **3.** *knave.* D'habitude péjoratif (= gredin) mais parfois affectueux à l'adresse d'un garçon ou d'un jeune homme. Voir aussi I,4,36 et 79, et III,2,68. **4.** *whoreson.* Le substantif « whore » signifiait non seulement « prostituée » mais aussi une femme ayant des rapports extra-conjugaux : *whoreson* était parfois employé sur le mode facétieux, comme sans doute ici.

The King is coming.

Enter King Lear, the Dukes of Cornwall and Albany, Goneril, Regan, Cordelia, and attendants

LEAR. – Attend the lords of France and Burgundy, Gloucester.
GLOUCESTER. – I shall, my lord. *Exit*
LEAR. – Meantime we shall express our darker purpose.
Give me the map there. Know that we have divided
In three our kingdom, and 'tis our fast intent
To shake all cares and business from our age,
Conferring them on younger strengths while we
Unburdened crawl toward death. Our son of Cornwall,
And you, our no less loving son of Albany,
We have this hour a constant will to publish
Our daughters' several dowers, that future strife
May be prevented now. The princes France and Burgundy –
Great rivals in our youngest daughter's love –
Long in our court have made their amorous sojourn,
And here are to be answered. Tell me, my daughters –
Since now we will divest us both of rule,
Interest of territory, cares of state –
Which of you shall we say doth love us most,
That we our largest bounty may extend
Where nature doth with merit challenge? Goneril,
Our eldest born, speak first.
GONERIL. – Sir, I love you more than words can wield the matter;
Dearer than eyesight, space, and liberty;
Beyond what can be valued, rich or rare,
No less than life; with grace, health, beauty, honour;
As much as child e'er loved or father found;
A love that makes breath poor and speech unable.
Beyond all manner of so much I love you.
CORDELIA (*aside*). – What shall Cordelia speak? Love and be silent.
LEAR (*to Goneril*). – Of all these bounds even from this line to this,
With shadowy forests and with champaigns riched,
With plenteous rivers and wide-skirted meads,
We make thee lady. To thine and Albany's issues
Be this perpetual. – What says our second daughter?
Our dearest Regan, wife of Cornwall?
REGAN. – I am made of that self mettle as my sister,
And prize me at her worth. In my true heart
I find she names my very deed of love –
Only she comes too short, that I profess

---

33 from our age] *F*; of our state *Q*. **34** Conferring] *F*; Confirming *Q*. **34-39** while ... now] *F*; *pas dans Q*. **43-44** Since ... state] *F*; *pas dans Q*. **47** nature ... challenge] *F*; merit doth most challenge it *Q*. **49** words] *Q*; word *F*. **53** found] *F*; friend *Q*. **56** speak] *F*; doe *Q*. **58-59** and ... rivers] *F*; *pas dans Q*. **60** issues] *F*; issue *Q*.

---

1. *darker*. Selon Muir, Lear emploie le comparatif à cause de son intention de donner

Le roi arrive.

Entrent le roi Lear, les ducs de Cornouailles et d'Albany, Goneril, Régane, Cordélie et leur suite

LEAR. – Gloucester, occupez-vous des seigneurs de France et de Bourgogne.

GLOUCESTER. – Oui, monseigneur. *Il sort*

LEAR. – En attendant, nous allons dévoiler notre dessein secret[1].
Donnez-moi cette carte. Sachez que nous avons divisé
Notre royaume en trois, et que nous sommes résolu
A décharger nos ans des soucis, des affaires,
Les donnant à des forces plus jeunes, pendant que nous-même,
Sans fardeau, cheminerons[2] vers la mort. Cornouailles, notre fils,
Et vous, Albany, notre fils non moins affectueux,
Nous avons la ferme volonté de proclamer à cette heure la dot
De chacune de nos filles, afin d'empêcher aujourd'hui
Tout conflit par la suite. Les princes de France et de Bourgogne –
Puissants rivaux pour l'amour de notre cadette –
Ont ici prolongé leur séjour amoureux,
Et nous leur devons réponse. Dites-moi, mes filles –
Puisque nous voulons maintenant nous dévêtir à la fois
Du pouvoir, des droits territoriaux, des soucis de l'État –
De laquelle dirons-nous qu'elle nous aime le plus,
Afin que nous placions notre don le plus ample
Où nature et mérite le réclament ensemble ?
Goneril, notre aînée, parle en premier.

GONERIL. – Sire, je vous aime plus que les mots ne peuvent l'exprimer ;
Bien plus[3] que ma vue, qu'espace et liberté ;
Au-delà de ce qu'on peut priser de précieux ou de rare,
Pas moins que la vie ; avec la grâce[4], la santé, la beauté, l'honneur ;
Autant qu'enfant ait jamais aimé, ou père été aimé ;
D'un amour qui rend la parole[5] indigente et le verbe impuissant.
Plus qu'aucun « autant » ne peut le dire, je vous aime.

CORDÉLIE (*à part*). – Que va dire Cordélie ? Aime et tais-toi[6].

LEAR (*à Goneril*). – De tout ce pays, du trait ici jusqu'à cet autre,
Enrichi de forêts ombreuses et de plaines,
Et d'abondants cours d'eau et de vastes prairies,
Nous te faisons maîtresse. Qu'il soit à votre descendance
A tous deux pour toujours ! – Que dit notre seconde fille,
Notre très chère Régane, épouse de Cornouailles ?

RÉGANE. – Ma sœur et moi nous sommes d'une même étoffe,
Et je m'estime à sa valeur. Mon cœur fidèle
Me dit qu'elle nomme l'amour que je vous porte –
Mais elle reste en deçà ; je déclare, en effet[7],

---

la meilleure part à Cordélie. 2. *crawl.* Idée de lenteur, pas « ramper ». 3. *dearer.* Comparatif de l'adverbe (= more dearly). 4. *grace.* Ce mot a une dizaine de sens chez Sh ; il peut signifier ici « charme », « bonheur dû à la faveur divine », ou même « disposition vertueuse ». 5. *breath.* Le souffle qui rend possible la parole. 6. L'amour était proverbialement silencieux (voir Tilley L165). 7. *that.* Conjonction signifiant « en ce que », « parce que » ; voir aussi I,1,161.

Myself an enemy to all other joys
Which the most precious square of sense possesses,
And find I am alone felicitate
In your dear highness' love.
CORDELIA (*aside*). – Then poor Cordelia –
And yet not so, since I am sure my love's
More ponderous than my tongue.
LEAR (*to Regan*). – To thee and thine hereditary ever
Remain this ample third of our fair kingdom,
No less in space, validity, and pleasure
Than that conferred on Goneril. (*To Cordelia*) Now our joy,
Although our last and least, to whose young love
The vines of France and milk of Burgundy
Strive to be interessed : what can you say to draw
A third more opulent than your sisters ? Speak.
CORDELIA. – Nothing, my lord.
LEAR. – Nothing ?
CORDELIA. – Nothing.
LEAR. – Nothing will come of nothing. Speak again.
CORDELIA. – Unhappy that I am, I cannot heave
My heart into my mouth. I love your majesty
According to my bond, no more nor less.
LEAR. – How, how, Cordelia ? Mend your speech a little
Lest you may mar your fortunes.
CORDELIA. – Good my lord,
You have begot me, bred me, loved me.
I return those duties back as are right fit –
Obey you, love you, and most honour you.
Why have my sisters husbands if they say
They love you all ? Haply when I shall wed
That lord whose hand must take my plight shall carry
Half my love with him, half my care and duty.
Sure, I shall never marry like my sisters.
LEAR. – But goes thy heart with this ?
CORDELIA. – Ay, my good lord.
LEAR. – So young and so untender ?
CORDELIA. – So young, my lord, and true.
LEAR. – Let it be so. Thy truth then be thy dower ;
For by the sacred radiance of the sun,
The mysteries of Hecate and the night,

---

68 possesses] *Q* ; professes *F*. **72** ponderous] *F* ; richer *Q*. **76** conferred] *F* ; confirm'd *Q*. **77** our ... young] *F* ; the last, not least in our deere *Q*. **78-79** The ... interessed] *F* ; *pas dans Q*. **80** opulent] *F* (opilent), *Q*. **82-83** LEAR ... Nothing] *F* ; *pas dans Q*. **94** Haply] *Q2* ; Happily *F*. **97** sisters.] *F* ; sisters, to love my father all. *Q*. **104** mysteries] *F2* ; miseries *F* ; mistresse *Q*.

---

1. *square.* Sens controversé. Il peut signifier « équerre » et donc « règle », « étalon », « modèle » (= les sens dans leur perfection) ou « portion », « partie » (= la partie la plus précieuse des sens). **2.** *least.* La plus petite (voir I,1,191) ou/et la dernière par le rang (c'est la plus jeune). **3.** La Flandre avec ses pâturages (*milk* étant l'effet qui désigne

Que je hais, quant à moi, toutes les autres joies
Que peut éprouver la perfection des sens[1],
Et je me trouve bienheureuse seulement
Dans l'amour de Votre Chère Majesté.

CORDÉLIE (*à part*). – Alors, pauvre Cordélie —
Et pourtant non, car mon amour, j'en suis sûre,
Pèse plus que ma langue.

LEAR (*à Régane*). – Qu'à toi, tes héritiers, appartienne à jamais
Cet ample tiers de notre beau royaume,
Qui vaut bien en étendue, valeur et agrément,
Le lot de Goneril. (*A Cordélie*) Et maintenant, notre joie,
Bien que notre dernière et la plus menue[2], dont le jeune amour
Par les vignes de France et le lait de Bourgogne[3]
Est brigué à l'envi, que pouvez-vous dire, pour gagner
Un tiers plus opulent que celui de vos sœurs ? Parlez.

CORDÉLIE. – Rien, monseigneur.

LEAR. – Rien ?

CORDÉLIE. – Rien.

LEAR. – Rien ne vient de rien[4]. Parlez à nouveau.

CORDÉLIE. – Malheureuse que je suis, je ne peux soulever
Mon cœur jusqu'à mes lèvres. J'aime Votre Majesté
Comme notre lien le veut[5], ni plus ni moins.

LEAR. – Voyons, voyons, Cordélie, corrigez un peu vos paroles
De peur de ruiner[6] votre fortune.

CORDÉLIE. – Mon bon seigneur,
Vous m'avez engendrée, élevée et aimée.
En retour, je vous rends les devoirs qu'il convient —
Vous obéis, vous aime, entre tous vous honore.
Qu'ont à faire mes sœurs d'un mari si elles disent
N'aimer que vous seul ? Peut-être[7] quand je me marierai
Le seigneur[8] dont la main doit recevoir ma foi emportera
La moitié de mon cœur, de mes soins et devoirs.
Pour sûr, je ne me marierai jamais comme mes sœurs.

LEAR. – Est-ce bien ton[9] cœur qui parle ainsi ?

CORDÉLIE. – Oui, mon bon seigneur.

LEAR. – Si jeune, et le cœur si sec ?

CORDÉLIE. – Si jeune, monseigneur, et sincère.

LEAR. – Eh bien, soit ! Que ta sincérité soit donc ta dot !
Car, par l'éclat sacré du soleil, les mystères
D'Hécate[10] et de la nuit, par l'opération

---

la cause) faisait partie de la Bourgogne ; voir ci-dessous I,1,252 et la note. **4.** Proverbe : « Nothing can come of nothing » (Tilley N285). Lear le répète plus loin (I,4,111). **5.** *bond.* Mot utilisé plusieurs fois (I,2,89, II,1,45 et II,2,333) qui signifie à la fois « lien/s » et les « devoirs » qui en découlent. **6.** Contraste fréquent entre *mend* et *mar* ; voir *Sonnets*, 103,9-10. **7.** *haply.* Leçon souvent préférée à *happily (F)* car elle donne un vers régulier. Les deux signifiaient « peut-être », mais *happily* signifiait aussi « de façon appropriée », sens qui convient bien ici. **8.** *lord.* A la fois « seigneur » et « mari ». **9.** Sa colère montant, Lear passe de *you* à *thou**. **10.** Parfois identifiée à la lune (*Macbeth*, II,1,52), Hécate est une déesse infernale et nocturne associée aux fantômes et à la sorcellerie. Prononciation : ['hekıt].

By all the operation of the orbs
From whom we do exist and cease to be,
Here I disclaim all my paternal care,
Propinquity, and property of blood,
And as a stranger to my heart and me
Hold thee from this for ever. The barbarous Scythian,
Or he that makes his generation messes
To gorge his appetite, shall to my bosom
Be as well neighboured, pitied, and relieved
As thou, my sometime daughter.

KENT. – Good my liege –

LEAR. – Peace, Kent.
Come not between the dragon and his wrath.
I loved her most, and thought to set my rest
On her kind nursery. [*To Cordelia*] Hence, and avoid my sight! –
So be my grave my peace as here I give
Her father's heart from her. Call France. Who stirs?
Call Burgundy. [*Exit one or more*]
Cornwall and Albany,
With my two daughters' dowers digest the third.
Let pride, which she calls plainness, marry her.
I do invest you jointly with my power,
Pre-eminence, and all the large effects
That troop with majesty. Ourself by monthly course,
With reservation of an hundred knights
By you to be sustained, shall our abode
Make with you by due turn. Only we shall retain
The name and all th'addition to a king. The sway,
Revenue, execution of the rest,
Belovèd sons, be yours; which to confirm,
This crownet part between you.

KENT. – Royal Lear,
Whom I have ever honoured as my king,
Loved as my father, as my master followed,
As my great patron thought on in my prayers –

LEAR. – The bow is bent and drawn; make from the shaft.

KENT. – Let it fall rather, though the fork invade
The region of my heart. Be Kent unmannerly
When Lear is mad. What wouldst thou do, old man?
Think'st thou that duty shall have dread to speak
When power to flattery bows? To plainness honour's bound
When majesty falls to folly. Reserve thy state,

112 to my bosom] *F*; *pas dans Q*. **133** crownet] *Oxford*; Coronet *F Q*. **143** falls] *F*; stoops *Q*. **143** Reserve thy state] *F*; Reverse thy doome *Q*.

1. Voir *Titus Andronicus*, I,1,131 note. **2.** *generation*. Parfois compris comme « parents », mais ce sens n'est pas attesté par ailleurs. **3.** Comme l'indique Muir, William Harrison, *Une description de l'Angleterre* (1587, publié au début de la chronique de Holinshed*) dit que les anciens Écossais étaient une nation anthropophage semblable aux

Des astres par qui nous sommes et cessons d'être,
Je désavoue ici toute ma sollicitude de père,
Tout lien de parenté, communauté de sang,
Te tiens pour étrangère à mon cœur et à moi
De ce jour à jamais. Le Scythe[1], ce barbare,
Ou celui-là qui fait de sa progéniture[2]
Des plats dont il se goinfre[3], trouveront dans mon sein
Autant de cordialité, de pitié, de secours,
Que toi, jadis ma fille.

KENT. – Ô mon bon souverain –

LEAR. – Silence, Kent !
Ne te mets pas entre le dragon et son ire[4].
C'est elle que j'aimais le plus, et sur ses tendres soins
Comptais me reposer[5]. [*A Cordélie*] Va-t'en, disparais de ma vue ! –
Aussi vrai que j'espère être en paix dans ma tombe,
Je lui reprends mon cœur de père pour le donner ailleurs.
Appelez France. Qui y va ? Et le duc de Bourgogne.

[*Une ou plusieurs personnes sortent*]

Cornouailles et Albany, avec les dots de mes deux filles
Absorbez la troisième. Que l'orgueil, qu'elle nomme franchise,
La marie ! Je vous donne conjointement mon pouvoir,
Les droits prééminents et toutes les grandes prérogatives
Qui suivent la majesté. Nous-même, chaque mois,
Nous réservant comme suite cent chevaliers
Que vous entretiendrez, ferons à tour de rôle
Séjour en vos demeures, ne gardant pour nous-même
Que le titre et les honneurs qui sont dus à un roi.
Que l'autorité, les revenus[6], l'exécution du reste
Vous appartiennent, fils bien-aimés ! Et pour le confirmer,
Partagez ce bandeau entre vous[7].

KENT. – Royal Lear,
Que j'ai depuis toujours honoré comme mon roi,
Aimé comme mon père, suivi comme mon maître,
Comme mon grand protecteur nommé dans mes prières –

LEAR. – L'arc est tendu, bandé ; éloigne-toi du trait.

KENT. – Qu'il me frappe plutôt, dût sa pointe barbelée
Me transpercer le cœur ! Que Kent soit malappris
Quand Lear est fou ! Que cherches-tu[8], vieillard ?
Crois-tu que le devoir redoute de parler quand le pouvoir
S'incline devant la flatterie ? L'honneur doit parler franc
Lorsque la majesté tombe dans la déraison.

Scythes (« Scythian-like ») ; mais Harrison ne dit pas qu'ils mangeaient leurs propres enfants. Peut-être Sh songe-t-il aux sorciers et sorcières*, parfois accusés sur le continent de manger leur progéniture. **4.** Lear veut dire l'objet de son « ire ». **5.** Jeu de mots sur *set my rest*, qui signifie aussi jouer son va-tout à la prime, un ancien jeu de cartes. Voir *Roméo et Juliette*, IV,4,33 et V,3,110. **6.** *revenue*. Accent sur la deuxième syllabe. **7.** Pas la couronne mais le simple bandeau royal ; il le remet à ses gendres pour marquer la transmission de ses pouvoirs. **8.** La colère de Kent le conduit à insulter le roi, notamment en employant *thou**.

And in thy best consideration check
This hideous rashness. Answer my life my judgement,
Thy youngest daughter does not love thee least,
Nor are those empty-hearted whose low sounds
Reverb no hollowness.

LEAR. – Kent, on thy life, no more!

KENT. – My life I never held but as a pawn
To wage against thine enemies, ne'er feared to lose it,
Thy safety being motive.

LEAR. – Out of my sight!

KENT. – See better, Lear, and let me still remain
The true blank of thine eye.

LEAR. – Now, by Apollo –

KENT. – Now, by Apollo, King, thou swear'st thy gods in vain.

LEAR [*making to strike him*]. – O vassal! Miscreant!

ALBANY *and* [CORDELIA]. – Dear sir, forbear.

KENT (*to Lear*). – Kill thy physician, and thy fee bestow
Upon the foul disease. Revoke thy gift,
Or whilst I can vent clamour from my throat
I'll tell thee thou dost evil.

LEAR. – Hear me, recreant; on thine allegiance hear me!
That thou hast sought to make us break our vows,
Which we durst never yet, and with strained pride
To come betwixt our sentence and our power,
Which nor our nature nor our place can bear,
Our potency made good take thy reward:
Five days we do allot thee for provision
To shield thee from disasters of the world,
And on the sixth to turn thy hated back
Upon our kingdom. If on the seventh day following
Thy banished trunk be found in our dominions,
The moment is thy death. Away! By Jupiter,
This shall not be revoked.

KENT. – Fare thee well, King; sith thus thou wilt appear,
Freedom lives hence, and banishment is here.
(*To Cordelia*) The gods to their dear shelter take thee, maid,
That justly think'st, and hast most rightly said.
(*To Goneril and Regan*) And your large speeches may your deeds approve,
That good effects may spring from words of love.
Thus Kent, O princes, bids you all adieu;

149 a] *Q*; *pas dans F.* **150** feared] *Riverside (1974)*; feare *F Q.* **155** Miscreant] *F*; recreant *Q.* **155** ALBANY ... forbear] *F*; *pas dans Q.* **155** CORDELIA] *Halio (1973)*; *Cor. F (souvent compris comme* CORNWALL*).* **157** gift] *F*; doome *Q.* **162** strained] *F*; straied *Q.* **166** Five] *F*; Foure *Q.* **167** disasters] *F*; diseases *Q.* **169** seventh] *Collier (1853)*; tenth *F Q.* **174** Freedom] *F*; Friendship *Q.*

1. *state.* Soit la condition royale (avec son pouvoir), soit le royaume (avec la puissance

Conserve ta puissance[1] et, réfléchissant bien, refrène donc
Cet affreux emportement. Que ma vie réponde de mes paroles !
Ce n'est pas ta cadette celle qui t'aime le moins,
Et le cœur n'est pas vide dont le timbre assourdi
Ne sonne pas le creux[2].

LEAR. – Kent, sur ta vie, tais-toi !

KENT. – Ma vie, je l'ai toujours tenue comme un enjeu
A risquer contre tes ennemis, et je n'ai jamais redouté
De la perdre pour te défendre.

LEAR. – Hors de ma vue !

KENT. – Lear, soit plus clairvoyant, et que ton œil me prenne
Toujours pour point de mire !

LEAR. – Ah ça ! par Apollon —

KENT. – Ah ça ! par Apollon, roi, tu jures tes dieux[3] en vain !

LEAR [*se préparant à le frapper*]. – Oh ! manant ! mécréant !

ALBANY *et* [CORDÉLIE]. – Cher seigneur, arrêtez !

KENT (*à Lear*). – Tue ton médecin et donne les honoraires
A l'immonde maladie. Révoque ta donation
Ou, tant que mon gosier pourra pousser des cris,
Je te dirai que tu fais mal.

LEAR. – Écoute, renégat ! par ton allégeance, écoute !
Puisque tu as voulu nous faire violer nos serments,
Ce que nous n'avons jamais osé faire, et t'interposer
Avec outrecuidance entre notre sentence et notre pouvoir[4],
Ce que notre caractère et notre dignité ne sauraient tolérer,
Notre puissance s'exerçant[5], reçois ton dû :
Nous t'allouons cinq jours pour que tu te munisses
De ce qui t'abritera des malheurs de ce monde,
Le sixième, il te faut montrer à ce royaume
Ton dos infâme. Si le suivant, le septième jour,
On trouve sur nos terres ta carcasse bannie,
Tu meurs à l'instant même. Va-t'en ! Par Jupiter,
Ceci sera irrévocable.

KENT. – Adieu à toi, roi ; puisque tu veux te comporter ainsi,
C'est ailleurs qu'on vit libre et l'exil est ici.
(*A Cordélie*) Les dieux veuillent sous leur chère protection te garder,
Fille au jugement droit, au si juste parler !
(*A Goneril et Régane*) Et puissent vos actions sceller vos grands discours,
Pour que d'heureux effets jaillissent des mots d'amour !
Avec ces mots, ô princes, à tous Kent dit adieu ;

---

qu'il donne). **2.** *hollowness.* A la fois « vide », « fausseté » et « hypocrisie » ; voir I,2,92. Il était proverbial que les récipients vides font le plus de bruit (Tilley V33). Pour *low*, voir ci-dessous V,3,247. **3.** L'invocation à Apollon et le pluriel *gods* (mais voir ci-dessous V,3,17) situent la pièce dans un contexte pré-chrétien. Holinshed* dit que le petit-fils de Leir construisit trois temples consacrés à Mars, Mercure et Apollon. **4.** C.-à-d. entre la sentence du roi et son pouvoir de la faire exécuter. **5.** *Our ... good.* Sens controversé. Lear semble faire remarquer à Kent qu'il a encore du pouvoir, comme le prouve la sentence qu'il va prononcer.

He'll shape his old course in a country new. *Exit*

Flourish. Enter the Earl of Gloucester with the King of France, the Duke of Burgundy, and attendants

[CORDELIA]. – Here's France and Burgundy, my noble lord.

LEAR. – My lord of Burgundy,
We first address toward you, who with this King
Hath rivalled for our daughter : what in the least
Will you require in present dower with her
Or cease your quest of love ?

BURGUNDY. – Most royal majesty,
I crave no more than hath your highness offered ;
Nor will you tender less.

LEAR. – Right noble Burgundy,
When she was dear to us we did hold her so ;
But now her price is fallen. Sir, there she stands.
If aught within that little seeming substance,
Or all of it, with our displeasure pieced,
And nothing more, may fitly like your grace,
She's there, and she is yours.

BURGUNDY. – I know no answer.

LEAR. – Will you with those infirmities she owes,
Unfriended, new adopted to our hate,
Dowered with our curse and strangered with our oath,
Take her or leave her ?

BURGUNDY. – Pardon me, royal sir.
Election makes not up in such conditions.

LEAR. – Then leave her, sir ; for by the power that made me,
I tell you all her wealth. (*To France*) For you, great King,
I would not from your love make such a stray
To match you where I hate, therefore beseech you
T'avert your liking a more worthier way
Than on a wretch whom nature is ashamed
Almost t'acknowledge hers.

FRANCE. – This is most strange,
That she whom even but now was your best object,
The argument of your praise, balm of your age,
The best, the dear'st, should in this trice of time
Commit a thing so monstrous to dismantle
So many folds of favour. Sure, her offence
Must be of such unnatural degree
That monsters it, or your fore-vouched affection

---

181 CORDELIA] *F* (*Cor.*) ; *attribué à* GLOUCESTER *dans Q.* **207** best] *Q* ; *pas dans F.* **209** The best, the] *F* ; most best, most *Q.*

---

1. *old.* On comprend parfois qu'il continuera à se comporter « comme avant ». Mais Kent dira (I,4,34) qu'il a 48 ans (le début de la vieillesse à l'époque de Sh) et il se rajeunit peut-être ; on peut donc comprendre qu'il continuera sa « vieille route », celle d'un homme âgé ; voir aussi II,2,73 et 111. 2. La solennité de ces paroles d'adieu est soulignée par

Il ira sa vieille[1] route mais en de nouveaux lieux[2]. *Il sort*

Sonnerie de trompettes. Entrent le comte de Gloucester avec le roi de France, le duc de Bourgogne et leur suite

[CORDÉLIE]. – Voici France et Bourgogne, mon noble seigneur.

LEAR. – Monseigneur de Bourgogne,
Nous nous adressons d'abord à vous, le rival
De ce roi pour notre fille. Combien vous faut-il
Avec elle, à tout le moins, pour sa présente dot,
Pour ne pas cesser votre quête d'amour ?

BOURGOGNE. – Très Royale Majesté,
Je ne demande pas plus que n'en offrit Votre Altesse ;
Vous n'en proposerez pas moins.

LEAR. – Très noble duc de Bourgogne,
Quand elle nous était chère[3], nous la tenions pour telle ;
Mais son prix a baissé. Monsieur, la voilà !
Si quelque chose en ce petit être trompeur[4],
Ou bien même tout, accrû de notre déplaisir,
Sans rien de plus, peut convenir à Votre Grâce,
La voici, elle est vôtre.

BOURGOGNE. – Je ne sais quoi répondre.

LEAR. – Voulez-vous, avec les tares qui sont siennes[5],
Sans amis, nouvellement adoptée par notre haine,
Dotée par notre malédiction, aliénée par notre serment,
La prendre ou la laisser ?

BOURGOGNE. – Royal seigneur, excusez-moi.
Un choix ne se fait pas dans de telles conditions.

LEAR. – Laissez-la donc, monsieur ; car, par la puissance qui m'a créé,
Je vous dis toute sa richesse. (*Au roi de France*) Quant à vous, grand roi,
Je ne voudrais pas manquer d'amitié au point
De vous unir là où j'éprouve haine ; donc, je vous prie,
Reportez votre affection sur un objet plus digne[6]
Qu'une misérable que la nature a presque honte
De reconnaître pour sienne[7].

FRANCE. – Ceci est très étrange :
Celle qui, à l'instant même, fut votre préférée,
L'objet de vos louanges, le baume de vos vieux jours,
La meilleure, la plus chère, a, en ce rien de temps,
Commis une chose si monstrueuse qu'elle la dépouille
Des si nombreuses faveurs dont elle était couverte.
Pour sûr, sa faute doit être tellement contre nature
Qu'elle en est monstrueuse, ou votre amour d'antan

l'emploi des rimes*. Lear et Cordélie en emploient aussi avant de partir. **3.** Jeu sur *dear* : qui est aimé, qui a de la valeur et est « cher ». **4.** *little seeming*. Sens controversé. Si l'on met un trait d'union, le sens est « cet être qui n'a guère de paraître », c.-à-d. qui ne veut pas manifester son amour pour moi. **5.** *owes*. Ce verbe signifiait « avoir une dette » (comme en anglais moderne), mais aussi « posséder » (comme ici) ; voir aussi I,4,100. **6.** *more worthier*. Double comparatif fréquent en anglais élisabéthain ; voir aussi II,2,88 et 265, etc. **7.** Lear estime que Cordélie est dénaturée et a péché contre le lien naturel entre père et fille.

Fall into taint; which to believe of her
Must be a faith that reason without miracle
Should never plant in me.

CORDELIA (*to Lear*). – I yet beseech your majesty,
If for I want that glib and oily art
To speak and purpose not – since what I well intend,
I'll do't before I speak – that you make known
It is no vicious blot, murder, or foulness,
No unchaste action or dishonoured step
That hath deprived me of your grace and favour,
But even the want of that for which I am richer –
A still-soliciting eye, and such a tongue
That I am glad I have not, though not to have it
Hath lost me in your liking.

LEAR. – Better thou
Hadst not been born than not t'have pleased me better.

FRANCE. – Is it but this – a tardiness in nature,
Which often leaves the history unspoke
That it intends to do? – My lord of Burgundy,
What say you to the lady? Love's not love
When it is mingled with regards that stands
Aloof from th'entire point. Will you have her?
She is herself a dowry.

BURGUNDY (*to Lear*). – Royal King,
Give but that portion which yourself proposed,
And here I take Cordelia by the hand,
Duchess of Burgundy.

LEAR. – Nothing. I have sworn. I am firm.

BURGUNDY (*to Cordelia*). – I am sorry, then, you have so lost a father
That you must lose a husband.

CORDELIA. – Peace be with Burgundy;
Since that respect and fortunes are his love,
I shall not be his wife.

FRANCE. – Fairest Cordelia, that art most rich, being poor;
Most choice, forsaken; and most loved, despised:
Thee and thy virtues here I seize upon.
Be it lawful, I take up what's cast away.
Gods, gods! 'Tis strange that from their cold'st neglect
My love should kindle to inflamed respect. –
Thy dowerless daughter, King, thrown to my chance,
Is queen of us, of ours, and our fair France.
Not all the dukes of wat'rish Burgundy

---

219 well] *Q*; will *F*. **224** the] *Hanmer (1743)*; for *F Q*. **227** Better] *F*; Goe to, goe to, better *Q*. **235** King] *F*; *Leir Q*. **239** I am firm] *F*; *pas dans Q*.

---

1. On comprend parfois « Doit être considéré comme suspect ». **2.** Longue phrase (217-227) dont le sens est clair mais la syntaxe défectueuse; *for* ... *speak* forme une parenthèse et il faut sous-entendre quelque chose comme « vous me condamnez » entre « si » (*if*) et « parce que » (*for*) au vers 218. **3.** *say* ... *to*. Signifie parfois, comme ici, « avoir une opinion de ». Voir *Roméo et Juliette*, III,3,97, et *Othello*, I,3,74. **4.** Comme

Doit avoir décliné[1]. La croire, elle, si coupable
Serait acte de foi que la raison, sans miracle,
N'implantera jamais en moi.

CORDÉLIE (*à Lear*). – Je supplie pourtant Votre Majesté,
Si parce que je n'ai pas l'art onctueux, patelin,
Des mots sans intention – car quand j'ai un dessein
J'agis et puis je parle –, qu'elle fasse savoir
Que ce n'est pas une tache infamante, un meurtre, une turpitude,
Une action impudique, un acte déshonorant,
Qui m'ont privée de vos bonnes grâces et de votre faveur,
Mais justement ces manques qui me rendent plus riche –
Un œil toujours cajoleur, une faconde que je suis
Heureuse de ne pas avoir, bien que ne pas l'avoir
M'ait fait perdre votre affection[2].

LEAR. – Tu aurais bien mieux fait
De ne pas naître que de me plaire si mal.

FRANCE. – N'est-ce donc que cela ? Un naturel réticent
Qui passe souvent sous silence
Ce qu'il veut accomplir ? – Monseigneur de Bourgogne,
Que dites-vous de cette dame[3] ? L'amour n'est pas l'amour
Quand se mélangent à lui des motifs[4] qui s'écartent
Du point essentiel. La voulez-vous pour femme ?
Elle est elle-même une dot.

BOURGOGNE (*à Lear*). – Royal monarque,
Donnez seulement la dot promise par vous-même,
Et, lui prenant ici la main, je fais de Cordélie
La duchesse de Bourgogne.

LEAR. – Rien. J'ai juré. Je suis inébranlable.

BOURGOGNE (*à Cordélie*). – J'ai donc regret qu'en perdant ainsi un père
Vous deviez perdre un mari.

CORDÉLIE. – La paix soit avec Bourgogne[5] !
Puisqu'il est amoureux des honneurs, des richesses[6],
Je ne serai pas sa femme.

FRANCE. – Très belle Cordélie, si riche d'être pauvre,
Si prisée, délaissée, si aimée, dédaignée,
De toi et tes vertus, je me saisis ici.
Qu'il me soit permis de ramasser ce qu'on jette !
Dieux, dieux ! Étrangement, au froid de leur mépris
Mon amour s'enflamme et je deviens épris. –
Roi, ta fille sans dot, dévolue à ma chance,
Est reine de nous, de nos sujets, de notre belle France.
Et tous les ducs de la Bourgogne arrosée[7]

---

parfois, Sh utilise une troisième personne en « s » (*stands*) avec un sujet pluriel (*regards*) ; voir aussi V,3,208. **5.** Dans un contexte païen, Cordélie utilise une salutation biblique : « Peace be with you all » (*1 Pierre*, 5,14). Elle s'exprime comme le duc (déguisé en moine) dans *Mesure pour Mesure* ou la pieuse Catherine d'Aragon dans *Henri VIII*. **6.** Muir et Halio voient ici un hendiadys et le sens serait *respect* (of) *fortunes* (Puisqu'il est amoureux de considérations de richesse). **7.** Référence aux canaux de la Bourgogne flamande ; *waterish* n'était pas péjoratif. Voir ci-dessus I,1,78 note.

Can buy this unprized precious maid of me. –
Bid them farewell, Cordelia, though unkind.
Thou losest here, a better where to find.

LEAR. – Thou hast her, France. Let her be thine, for we
Have no such daughter, nor shall ever see
That face of hers again. Therefore be gone,
Without our grace, our love, our benison. –
Come, noble Burgundy.

Flourish. Exeunt all but France and the sisters

FRANCE. – Bid farewell to your sisters.

CORDELIA. – Ye jewels of our father, with washed eyes
Cordelia leaves you. I know you what you are,
And like a sister am most loath to call
Your faults as they are named. Love well our father.
To your professèd bosoms I commit him.
But yet, alas, stood I within his grace
I would prefer him to a better place.
So farewell to you both.

REGAN. – Prescribe not us our duty.

GONERIL. – Let your study
Be to content your lord, who hath received you
At fortune's alms. You have obedience scanted,
And well are worth the want that you have wanted.

CORDELIA. – Time shall unfold what pleated cunning hides,
Who covert faults at last with shame derides.
Well may you prosper.

FRANCE. – Come, my fair Cordelia.

Exeunt France and Cordelia

GONERIL. – Sister, it is not little I have to say of what most nearly appertains to us both. I think our father will hence tonight.

REGAN. – That's most certain, and with you. Next month with us.

GONERIL. – You see how full of changes his age is. The observation we have made of it hath been little. He always loved our sister most, and with what poor judgement he hath now cast her off appears too grossly.

REGAN. – 'Tis the infirmity of his age ; yet he hath ever but slenderly known himself.

GONERIL. – The best and soundest of his time hath been but rash ; then must we look from his age to receive not alone the imperfections of

---

261 Ye] *Rowe (1709)* ; The *F Q*. **269** REGAN] *F* ; *attribué à* GONORIL *dans Q*. **270** GONERIL] *F* ; *attribué à* REGAN *dans Q*. **274** pleated] *Q* ; plighted *F* ; *voir Notes*. **275** covert] *Rann (1786-1794)* ; covers *F Q*. **281** been] *F* ; not bin *Q*.

---

1. *unkind*. Le sens pouvait être très fort. Le substantif « kind » signifiait notamment « espèce », « nature » et celui qui est *unkind* agit de façon contraire à la nature. **2.** *here, where*. Employés comme substantifs. **3.** Comme le dit Hunter, ses yeux sont à la fois « pleins de larmes » et « lavés », ce qui lui permet de voir la vraie nature de ses sœurs. **4.** *place*. A la fois « endroit » et « rang » (en liaison avec *prefer* = « promou-

Ne sauraient m'acheter cette précieuse fille déprisée. –
Malgré leur cruauté[1], Cordélie, dis adieu,
Pour l'ici que tu perds, un ailleurs[2] t'offre mieux.

LEAR. – France, elle est à toi. Qu'elle t'appartienne ! Car nous n'avons
Pas une fille comme elle, et nous ne reverrons
Plus jamais son visage. Par conséquent, va !
Faveur, bénédiction, amour, tu ne les auras pas. –
Venez, noble Bourgogne.

Sonnerie de trompettes. Ils sortent tous, sauf le roi de France et les sœurs

FRANCE. – Dites adieu à vos sœurs.

CORDÉLIE. – Vous les joyaux de notre père, Cordélie vous quitte
Les yeux lavés de larmes[3]. Je sais ce que vous êtes,
Et étant votre sœur, je répugne fort à donner
Leur vrai nom à vos fautes. Aimez bien notre père.
Je le confie aux cœurs que vous avez montrés.
Mais cependant, hélas ! si j'avais sa faveur,
Je lui réserverais une place[4] meilleure !
Adieu donc à vous deux.

RÉGANE. – Ne nous dictez pas notre devoir.

GONERIL. – Attachez-vous
A contenter l'époux qui vous reçut en aumône
Des mains de la fortune. C'est obéir qui vous a fait défaut ;
Manquer de ce qui vous manqua, voilà ce qu'il vous faut[5].

CORDÉLIE. – Le temps dévoilera ce qu'enveloppe la fausseté[6],
Lui qui fait enfin honte aux fautes qui sont cachées.
Puissiez-vous prospérer !

FRANCE. – Venez, ma belle Cordélie.

Le roi de France et Cordélie sortent

GONERIL. – Ma sœur, j'ai beaucoup à vous dire sur ce qui nous touche toutes deux de très près[7]. Je crois que notre père part d'ici ce soir.

RÉGANE. – C'est tout à fait certain, et avec vous. Le mois prochain chez nous.

GONERIL. – Vous voyez combien sa vieillesse est fantasque. Ce que nous en avons vu est peu de chose. Notre sœur a toujours été sa préférée ; le manque de jugement qui vient de la lui faire chasser n'est que trop manifeste.

RÉGANE. – C'est l'infirmité de sa vieillesse ; mais il est vrai qu'il s'est toujours mal connu lui-même.

GONERIL. – Ses années les meilleures et les plus vigoureuses n'ont guère été qu'emportement. Il faut donc s'attendre à ce que sa vieillesse nous fasse voir non seulement les défauts d'un caractère enraciné depuis

voir »). **5.** Probablement : vous avez manqué (d'amour filial) et vous méritez de manquer d'amour paternel et de votre part du royaume (ou peut-être d'amour marital). **6.** Métaphore vestimentaire : *unfold* (déplier), *pleated* (plissé), *covert* (couvert). Voir ci-dessus 210-211 (*dismantle, folds*). Le contraste entre l'apparence et la réalité cachée est un des thèmes de la pièce. **7.** Réalistes et cyniques, Goneril et Régane (seules sur scène) s'expriment en prose.

long-engrafted condition, but therewithal the unruly waywardness that infirm and choleric years bring with them.

REGAN. – Such unconstant starts are we like to have from him as this of Kent's banishment.

GONERIL. – There is further compliment of leave-taking between France and him. Pray you, let us sit together. If our father carry authority with such disposition as he bears, this last surrender of his will but offend us.

REGAN. – We shall further think of it.

GONERIL. – We must do something, and i'th' heat. *Exeunt*

I, 2 *Enter Edmond the bastard*

EDMOND. – Thou, nature, art my goddess. To thy law
My services are bound. Wherefore should I
Stand in the plague of custom and permit
The curiosity of nations to deprive me
For that I am some twelve or fourteen moonshines
Lag of a brother ? Why "bastard" ? Wherefore "base",
When my dimensions are as well compact,
My mind as generous, and my shape as true
As honest madam's issue ? Why brand they us
With "base", with "baseness, bastardy – base, base" –
Who in the lusty stealth of nature take
More composition and fierce quality
Than doth within a dull, stale, tirèd bed
Go to th' creating a whole tribe of fops
Got 'tween a sleep and wake ? Well then,
Legitimate Edgar, I must have your land.
Our father's love is to the bastard Edmond
As to th' legitimate. Fine word, "legitimate".
Well, my legitimate, if this letter speed
And my invention thrive, Edmond the base
Shall to th' legitimate. I grow, I prosper.
Now gods, stand up for bastards !

Enter the Earl of Gloucester. Edmond reads a letter

GLOUCESTER. – Kent banished thus, and France in choler parted,
And the King gone tonight, prescribed his power,
Confined to exhibition – all this done
Upon the gad ? – Edmond, how now ? What news ?

---

287 engrafted] *Q* (ingrafted) ; ingraffed *F*. **292** sit] *F* ; hit *Q*. **I,2 18** Fine word, "legitimate"] *F* ; *pas dans Q*.

---

1. *heat.* Il était proverbial qu'il faut battre le fer pendant qu'il est chaud (Tilley I94). **2.** Lieu : la demeure du comte de Gloucester. C'est *house* qui désigne les résidences de Cornouailles, Albany et Gloucester, mais Goneril emploie aussi « palais » (I,4,198). « Château » (*castle*) est employé pour le lieu où sont enfermés Lear et Cordélie (V,3,219) ; les éditeurs l'emploient souvent dans leurs indications scéniques, mais Sh semble l'avoir évité ici alors qu'il est fréquent dans les pièces historiques et *Macbeth*. **3.** Edmond s'en

longtemps, mais encore l'entêtement rebelle qu'apportent des années impotentes et irascibles.

RÉGANE. – Nous aurons sans doute des sautes d'humeur imprévues, comme ce bannissement de Kent.

GONERIL. – Il reste encore quelque cérémonial d'adieux entre France et lui. Concertons-nous, je vous prie. Si notre père, avec ses traits de caractère, dispose de quelque autorité, sa récente abdication ne pourra que nous nuire.

RÉGANE. – Nous y réfléchirons.

GONERIL. – Il nous faut agir, et pendant que le fer est chaud[1].

Elles sortent

Entre Edmond le bâtard[2] I, 2

EDMOND. – C'est toi, Nature, qui es ma déesse. Mes services
Sont dus à ta loi. Pourquoi devrais-je être exposé
Aux persécutions de la coutume, et me laisser dépouiller
Par la chicanerie des nations, parce que j'ai été
En retard sur un frère[3] de quelque douze ou quatorze lunes?
Pourquoi « bâtard » ? Pour quelle raison « illégitime »[4] ?
Je suis aussi harmonieusement proportionné,
D'âme aussi généreuse[5], d'aspect aussi ressemblant,
Que le fruit de l'honnête madame. Pourquoi nous flétrir ainsi ?
« Illégitime », « illégitimité, bâtardise — illégitime, illégitime » —
Nous qui, dans la vigueur[6] clandestine de la nature,
Prenons[7] meilleure constitution et plus d'ardeur
Qu'il n'en va dans un lit morne, éventé, fatigué,
A fabriquer toute une kyrielle de sots
Qu'on procrée moitié endormi, moitié éveillé ? Eh bien alors,
Edgar le légitime, il me faut votre terre !
Notre père chérit Edmond le bâtard autant
Qu'Edgar le légitime. Joli mot, « légitime » !
Eh bien, mon légitime, si cette lettre a son effet
Et que mon intrigue[8] réussisse, Edmond l'illégitime
Deviendra légitime. Je grandis, je prospère.
Allez les dieux, debout pour les bâtards[9] !

Entre le comte de Gloucester. Edmond lit une lettre

GLOUCESTER. – Kent banni de la sorte, France s'en allant en colère,
Et le roi parti hier soir, ses pouvoirs circonscrits,
Réduit à une pension — et tout ça subito ?
Tiens, Edmond, vous voilà ? Quelles nouvelles ?

---

prend d'abord au droit d'aînesse, puis à sa condition de bâtard. **4.** *base*. A la fois « abject », « vil », et « illégitime », « bâtard » (par ex. « a base son »). **5.** *generous*. Comme les sens un peu vieillis de « généreux », cet adjectif désigne à la fois une naissance noble et les qualités qui en découlent. **6.** *lusty*. Outre « vigoureux », il signifiait aussi « libidineux » (= « lustful » en anglais moderne). **7.** *take*. Sens probable : les bâtards reçoivent une meilleure constitution de leurs parents. **8.** *invention*. Outre « plan », « intrigue », le mot peut signifier « mensonge », « histoire inventée » ; Edmond songe peut-être à la lettre qui est un faux. **9.** *stand up*. Probablement un jeu de mots grivois ; voir *Roméo et Juliette*, I,1,23, et *Macbeth*, II,3,27.

EDMOND. – So please your lordship, none.

GLOUCESTER. – Why so earnestly seek you to put up that letter ?

EDMOND. – I know no news, my lord.

GLOUCESTER. – What paper were you reading ?

EDMOND. – Nothing, my lord.

GLOUCESTER. – No ? What needed then that terrible dispatch of it into your pocket ? The quality of nothing hath not such need to hide itself. Let's see. Come, if it be nothing I shall not need spectacles.

EDMOND. – I beseech you, sir, pardon me. It is a letter from my brother that I have not all o'er-read ; and for so much as I have perused, I find it not fit for your o'erlooking.

GLOUCESTER. – Give me the letter, sir.

EDMOND. – I shall offend either to detain or give it. The contents, as in part I understand them, are to blame.

GLOUCESTER. – Let's see, let's see.

EDMOND. – I hope for my brother's justification he wrote this but as an assay or taste of my virtue.

He gives Gloucester a letter

GLOUCESTER (*reads*). – "This policy and reverence of age makes the world bitter to the best of our times, keeps our fortunes from us till our oldness cannot relish them. I begin to find an idle and fond bondage in the oppression of aged tyranny, who sways not as it hath power but as it is suffered. Come• to me, that of this I may speak more. If our father would sleep till I waked him, you should enjoy half his revenue for ever and live the beloved of your brother,

Edgar."

Hum, conspiracy ! "Sleep till I wake him, you should enjoy half his revenue" — my son Edgar ! Had he a hand to write this, a heart and brain to breed it in ? When came you to this ? Who brought it ?

EDMOND. – It was not brought me, my lord, there's the cunning of it. I found it thrown in at the casement of my closet.

GLOUCESTER. – You know the character to be your brother's ?

EDMOND. – If the matter were good, my lord, I durst swear it were his ; but in respect of that, I would fain think it were not.

GLOUCESTER. – It is his.

EDMOND. – It is his hand, my lord, but I hope his heart is not in the contents.

GLOUCESTER. – Has he never before sounded you in this business ?

EDMOND. – Never, my lord ; but I have heard him oft maintain it to be fit that, sons at perfect age and fathers declined, the father should be as ward to the son, and the son manage his revenue.

GLOUCESTER. – O villain, villain — his very opinion in the letter ! Abhorred villain, unnatural, detested, brutish villain — worse than brutish ! Go,

---

44 and reverence] *F* ; *pas dans Q.*

---

1. La construction semble être un hendiadys (ici *and* au lieu de « of• ») et *policy* est souvent péjoratif (voir IV,5,157 note). On comprend aussi (Schmidt, Onions) : « Le système de gouvernement et la vénération de la... ». **2.** *closet*. Pièce à usage privé où l'on peut se retirer, parfois un bureau. Voir aussi *Jules César*, II,1,35, et *Roméo et Juliette*, IV,2,32. **3.** *hand*. Signifie « écriture », comme *character* (57).

EDMOND. – Plaise à Votre Seigneurie, aucune.

GLOUCESTER. – Pourquoi tant de fébrilité à escamoter cette lettre ?

EDMOND. – Je n'ai pas de nouvelles, monseigneur.

GLOUCESTER. – Quel papier lisiez-vous ?

EDMOND. – Rien, monseigneur.

GLOUCESTER. – Rien ? Alors pourquoi cette hâte effrayée à la mettre dans votre poche ? Ce qui n'est rien n'a pas tant besoin de se dissimuler. Voyons ça. Allons, si ce n'est rien je n'aurai pas besoin de lunettes.

EDMOND. – Je vous en prie, monsieur, excusez-moi. C'est une lettre de mon frère que je n'ai pas fini de lire et, à en juger par ce que j'en ai vu, elle ne me semble pas propre à mettre sous vos yeux.

GLOUCESTER. – Donnez-moi cette lettre, monsieur.

EDMOND. – Que je la garde ou vous la donne, j'agirai mal. La teneur, pour ce que j'en connais, en est blâmable.

GLOUCESTER. – Voyons ça, voyons ça !

EDMOND. – J'espère, pour innocenter mon frère, qu'il n'a écrit ceci que pour éprouver ou tâter ma vertu.

Il donne une lettre à Gloucester

GLOUCESTER (*il lit*). – « Ce stratagème[1] de nous faire vénérer la vieillesse rend ce monde amer à nos meilleures années ; il nous prive de nos biens jusqu'à ce que notre décrépitude ne puisse plus en jouir. Je commence à ressentir l'oppression tyrannique des vieux comme une servitude oiseuse et ridicule ; elle nous domine non parce qu'elle est puissante mais parce que nous la tolérons. Venez me voir, que je puisse vous en parler plus longuement. Si notre père dormait jusqu'à ce que je le réveille, vous auriez la jouissance perpétuelle de la moitié de ses revenus et seriez le bien-aimé de votre frère,

Edgar. »

Ha ! un complot ! « Dormait jusqu'à ce que je le réveille, vous auriez la jouissance de la moitié de ses revenus » — mon fils Edgar ! A-t-il vraiment eu une main pour écrire ceci ? un cœur et un cerveau pour le concevoir ? Quand avez-vous eu ceci ? Qui l'a apportée ?

EDMOND. – On ne me l'a pas apportée, monseigneur ; voilà bien l'astuce. Je l'ai trouvée, jetée par la fenêtre de mon cabinet[2].

GLOUCESTER. – Vous reconnaissez bien l'écriture de votre frère ?

EDMOND. – Si la teneur en était honnête, monseigneur, j'oserais jurer que c'est la sienne ; mais, étant ce qu'elle est, je voudrais bien croire que non.

GLOUCESTER. – C'est la sienne.

EDMOND. – C'est bien de sa main[3], monseigneur, mais j'espère que son cœur ne l'a pas dictée.

GLOUCESTER. – Est-ce qu'il ne vous a jamais sondé à ce sujet auparavant ?

EDMOND. – Jamais, monseigneur ; mais je l'ai souvent entendu soutenir qu'il est séant, quand le fils est dans la force de l'âge et le père sur son déclin, que le père soit sous la tutelle de son fils et que le fils gère les biens du père.

GLOUCESTER. – Oh ! le scélérat, le scélérat ! — exactement ce qu'il dit dans sa lettre. L'exécrable scélérat ! Le scélérat dénaturé, infâme, bestial — pire

sirrah, seek him. I'll apprehend him. Abominable villain ! Where is he ?

EDMOND. – I do not well know, my lord. If it shall please you to suspend your indignation against my brother till you can derive from him better testimony of his intent, you should run a certain course ; where if you violently proceed against him, mistaking his purpose, it would make a great gap in your own honour and shake in pieces the heart of his obedience. I dare pawn down my life for him that he hath writ this to feel my affection to your honour, and to no other pretence of danger.

GLOUCESTER. – Think you so ?

EDMOND. – If your honour judge it meet, I will place you where you shall hear us confer of this, and by an auricular assurance have your satisfaction, and that without any further delay than this very evening.

GLOUCESTER. – He cannot be such a monster. Edmond, seek him out, wind me into him, I pray you. Frame the business after your own wisdom. I would unstate myself to be in a due resolution.

EDMOND. – I will seek him, sir, presently, convey the business as I shall find means, and acquaint you withal.

GLOUCESTER. – These late eclipses in the sun and moon portend no good to us. Though the wisdom of nature can reason it thus and thus, yet nature finds itself scourged by the sequent effects. Love cools, friendship falls off, brothers divide ; in cities, mutinies ; in countries, discord ; in palaces, treason ; and the bond cracked 'twixt son and father. This villain of mine comes under the prediction : there's son against father. The King falls from bias of nature : there's father against child. We have seen the best of our time. Machinations, hollowness, treachery, and all ruinous disorders follow us disquietly to our graves. Find out this villain, Edmond ; it shall lose thee nothing. Do it carefully. And the noble and true-hearted Kent banished, his offence honesty ! 'Tis strange. *Exit*

EDMOND. – This is the excellent foppery of the world : that when we are sick in fortune – often the surfeits of our own behaviour – we make guilty of our disasters the sun, the moon, and stars, as if we were villains on necessity, fools by heavenly compulsion, knaves, thieves, and treachers by spherical predominance, drunkards, liars, and adulterers by an enforced obedience of planetary influence, and all that we are evil in by a divine thrusting on. An admirable evasion of whoremaster man, to lay his goatish disposition on the charge of a star ! My father compounded with my mother under the Dragon's tail and my nativity was under Ursa Major, so that it follows I am rough and lecherous. Fut ! I should have been that I am had the maidenliest star in the firmament twinkled on my bastardizing.

---

68 sirrah] *F* ; sir *Q*. **80** *Voir Passage additionnel 1.* **89-93** This ... graves] *F* ; *pas dans Q*. **100** spherical] *F* ; spirituall *Q*. **105** Fut] *Q* ; *pas dans F*.

---

1. Voir Passage additionnel 1. **2.** Il y avait eu des éclipses de la lune puis du soleil en septembre et octobre 1605. **3.** *countries*. Bien que ce mot ne signifie normalement « campagne » qu'au singulier et avec l'article défini, il semble bien qu'il ait ce sens ici, comme l'indique Schmidt. **4.** Sh a pu lire dans Montaigne que, sous l'influence des astres, on s'entretuait entre père et fils et entre frères (EL, vol. 2, p. 141 ; Pléiade, p. 429). Peut-être un écho de l'Évangile de Marc, 13,8 et 12 (R. Noble). **5.** *hollowness*. Voir ci-dessus I,1,148

que bestial ! Allez le chercher, mon garçon. Je l'arrêterai. L'abominable scélérat ! Où est-il ?

EDMOND. – Je ne sais pas au juste, monseigneur. Si vous vouliez suspendre votre indignation contre mon frère jusqu'à ce que vous puissiez avoir de lui un témoignage plus probant de ses intentions, vous adopteriez une démarche sûre, tandis que, si vous usez de violence envers lui en vous méprenant sur son dessein, votre honneur serait gravement atteint et son obéissance frappée au cœur. J'ose gager ma vie qu'il a écrit ceci pour éprouver mon attachement à Votre Honneur, sans aucune intention dangereuse.

GLOUCESTER. – Vous le croyez vraiment ?

EDMOND. – Si Votre Honneur le juge convenable, je vous placerai là où vous pourrez nous entendre en discuter, et vous aurez votre certitude par assurance auriculaire, et cela pas plus tard que ce soir.

GLOUCESTER. – Il ne peut pas être aussi monstrueux[1] ! Edmond, trouvez-le, gagnez sa confiance, je vous en prie. Arrangez la chose comme vous l'entendez. Je donnerais tout ce que j'ai pour une certitude parfaite.

EDMOND. – Je vais, de ce pas, essayer de le trouver, monsieur. Je m'y prendrai comme je pourrai et vous tiendrai au courant.

GLOUCESTER. – Ces récentes éclipses[2] de soleil et de lune ne présagent rien de bon pour nous. La philosophie naturelle a beau en donner telle ou telle raison, la nature n'en est pas moins frappée par les effets qui s'ensuivent. L'amour se refroidit, l'amitié dépérit, les frères se brouillent. Dans les villes c'est l'émeute, dans les campagnes[3] la discorde, dans les palais la trahison, et les liens se brisent entre père et fils[4]. Mon scélérat est conforme à cette prédiction : voilà le fils contre le père. Le roi renie tout penchant naturel : voilà le père contre l'enfant. Nous avons vu le meilleur de nos jours. Les machinations, la fausseté[5], la perfidie et tous les maux destructeurs nous poursuivent en nous harcelant jusqu'à notre tombe. Trouve ce scélérat, Edmond, tu ne seras pas perdant. Fais attention. Et le fidèle et noble Kent banni ! Son crime : l'honnêteté ! C'est étrange. *Il sort*

EDMOND. – Voilà bien l'insigne sottise de ce monde ; quand notre fortune est mal en point — et ce sont souvent les dérèglements de notre propre conduite —, nous rendons coupables de nos désastres le soleil, la lune et les étoiles, comme si nous étions scélérats par nécessité, sots par la contrainte du ciel, des canailles, des voleurs et des traîtres par prédominance astrale ; ivrognes, menteurs et adultères par obéissance forcée à une influence planétaire, et comme si tout le mal que nous faisons se faisait à l'instigation des dieux. Admirable excuse de l'homme, ce paillard : mettre ses instincts de bouc sur le compte d'une étoile ! Mon père et ma mère se sont accouplés sous la Queue du Dragon et ma nativité fut sous la Grande Ourse ; il s'ensuit que je suis dur et lubrique. Foutre[6] ! J'aurais été ce que je suis si l'étoile la plus virginale du firmament avait scintillé quand on m'a fait bâtard[7].

---

note. 6. *Fut.* Abréviation de « Christ's foot » (par le pied du Christ) ; cette interjection était associée au français « foutre » et son absence du texte de l'in-folio semble due à la censure. 7. *bastardizing*. Seul emploi de ce mot chez Sh ; il a pu le trouver dans Montaigne, trad. Florio (EL, vol. 2, p. 85 ; Pléiade, p. 380).

Enter Edgar

Pat he comes, like the catastrophe of the old comedy. My cue is villainous melancholy, with a sigh like Tom o' Bedlam.

[*He reads a book*]

— O, these eclipses do portend these divisions. Fa, so, la, mi.

EDGAR. – How now, brother Edmond, what serious contemplation are you in ?

EDMOND. – I am thinking, brother, of a prediction I read this other day, what should follow these eclipses.

EDGAR. – Do you busy yourself with that ?

EDMOND. – I promise you, the effects he writes of succeed unhappily. When saw you my father last ?

EDGAR. – The night gone by.

EDMOND. – Spake you with him ?

EDGAR. – Ay, two hours together.

EDMOND. – Parted you in good terms ? Found you no displeasure in him by word nor countenance ?

EDGAR. – None at all.

EDMOND. – Bethink yourself wherein you may have offended him, and at my entreaty forbear his presence until some little time hath qualified the heat of his displeasure, which at this instant so rageth in him that with the mischief of your person it would scarcely allay.

EDGAR. – Some villain hath done me wrong.

EDMOND. – That's my fear. I pray you have a continent forbearance till the speed of his rage goes slower ; and, as I say, retire with me to my lodging, from whence I will fitly bring you to hear my lord speak. Pray ye, go. There's my key. If you do stir abroad, go armed.

EDGAR. – Armed, brother ?

EDMOND. – Brother, I advise you to the best. I am no honest man if there be any good meaning toward you. I have told you what I have seen and heard but faintly, nothing like the image and horror of it. Pray you, away.

EDGAR. – Shall I hear from you anon ?

EDMOND. – I do serve you in this business. *Exit Edgar*

A credulous father, and a brother noble,
Whose nature is so far from doing harms
That he suspects none ; on whose foolish honesty
My practices ride easy. I see the business.
Let me, if not by birth, have lands by wit.
All with me's meet that I can fashion fit. *Exit*

---

109 Tom o'] *F* ; them of *Q*. **110** Fa ... mi] *F* ; *pas dans Q*. **117** *Voir Passage additionnel 2*. **129-133** I ... brother] *F* ; *pas dans Q*. **134** best.] *F* ; best, goe arm'd, *Q*.

---

1. L'idée semble être que la « catastrophe », c.-à-d. ce qui amène le dénouement de la pièce, arrive de façon remarquablement opportune dans les anciennes comédies. **2.** *Bedlam** (abréviation de « St. Mary of Bethlehem ») était un hôpital londonien pour les aliénés ; « Jack of Bedlam » et « Tom of Bedlam » signifiaient « fou ». Voir aussi II,2,164 note. **3.** *divisions*. A la fois « dissensions » et passage musical brillant formé de notes

Entre Edgar

Il tombe à pic, comme la catastrophe dans la comédie à l'ancienne[1]. Mon rôle est d'être affreusement mélancolique et de soupirer comme Tom le Fou[2].

[Il lit un livre]

Oh ! ces éclipses annoncent bien ces dissensions[3] ! Fa, sol, la, mi.

EDGAR. – Eh bien, Edmond mon frère, en quelle austère méditation êtes-vous plongé ?

EDMOND. – Je songe, mon frère, à une prédiction, que j'ai lue l'autre jour, sur les conséquences de ces éclipses.

EDGAR. – Vous vous souciez de ça ?

EDMOND. – Croyez-m'en, les effets dont il parle s'ensuivent malheureusement[4]. Quand avez-vous vu mon père pour la dernière fois ?

EDGAR. – Hier soir.

EDMOND. – Vous lui avez parlé ?

EDGAR. – Oui, deux heures durant.

EDMOND. – Vous êtes-vous quittés en bons termes ? Vous n'avez pas remarqué quelque mécontentement dans ses paroles ou dans son attitude ?

EDGAR. – Pas le moindre.

EDMOND. – Essayez de penser en quoi vous avez pu l'offenser et, je vous en conjure, évitez de le voir, laissez un peu de temps apaiser le feu de son mécontentement qui, en cet instant, fait tellement rage en lui que même vous faire violence le calmerait à peine.

EDGAR. – Quelque scélérat m'a fait du tort !

EDMOND. – Je le crains. Je vous en prie, contenez-vous et restez à l'écart jusqu'à ce que le cours de sa colère se modère et, comme je vous le dis, retirez-vous chez moi et je vous mènerai, au moment opportun, entendre les propos de mon seigneur. De grâce, allez. Voici ma clef. Ne sortez pas sans être armé.

EDGAR. – Armé, mon frère ?

EDMOND. – Mon frère, je vous conseille au mieux. Je suis une fripouille si on vous veut du bien. Je ne vous ai donné qu'un aperçu de ce que j'ai vu et entendu, nullement une peinture exacte de l'affreuse réalité. De grâce, partez.

EDGAR. – J'aurai bientôt de vos nouvelles ?

EDMOND. – Je vous suis tout dévoué en cette affaire. *Edgar sort*

Crédulité d'un père et noblesse d'un frère,
D'un naturel si peu enclin au mal
Qu'il ne le soupçonne pas ; leur sotte honnêteté
Favorise mes intrigues. Je tiens mon coup.
A défaut de naissance, par ruse j'aurai des terres,
Car tout moyen m'est bon dès qu'il fait mon affaire. *Il sort*

---

courtes, souvent l'ornementation d'une mélodie (voir aussi *Roméo et Juliette*, III,5,29). Les quatre notes fredonnées par Edmond indiquent sans doute le caractère discordant du personnage. En effet, si la dernière est un mi bémol, elles représentent l'intervalle appelé « triton » (trois tons entiers) et qu'on nommait « Diabolus in Musica » (G. Bouley). **4.** Voir Passage additionnel 2.

I, 3 *Enter Goneril and Oswald, her steward*

GONERIL. – Did my father strike my gentleman
For chiding of his fool ?
OSWALD. – Ay, madam.
GONERIL. – By day and night he wrongs me. Every hour
He flashes into one gross crime or other
That sets us all at odds. I'll not endure it.
His knights grow riotous, and himself upbraids us
On every trifle. When he returns from hunting
I will not speak with him. Say I am sick.
If you come slack of former services
You shall do well ; the fault of it I'll answer.
[*Horns within*]
OSWALD. – He's coming, madam. I hear him.
GONERIL. – Put on what weary negligence you please,
You and your fellows. I'd have it come to question.
If he distaste it, let him to my sister,
Whose mind and mine I know in that are one.
Remember what I have said.
OSWALD. – Well, madam.
GONERIL. – And let his knights have colder looks among you.
What grows of it, no matter. Advise your fellows so.
I'll write straight to my sister to hold my course.
Prepare for dinner. *Exeunt severally*

I, 4 *Enter the Earl of Kent, disguised*

KENT. – If but as well I other accents borrow
That can my speech diffuse, my good intent
May carry through itself to that full issue
For which I razed my likeness. Now, banished Kent,
If thou canst serve where thou dost stand condemned,
So may it come thy master, whom thou lov'st,
Shall find thee full of labours.
Horns within. Enter King Lear and attendants from hunting
LEAR. – Let me not stay a jot for dinner. Go get it ready. [*Exit one*]
(*To Kent*) How now, what art thou ?
KENT. – A man, sir.
LEAR. – What dost thou profess ? What wouldst thou with us ?
KENT. – I do profess to be no less than I seem, to serve him truly that will put me in trust, to love him that is honest, to converse with him that

---

13 fellows] *F* ; fellow servants *Q*. **15-16** *Voir Passage additionnel 3*. **18-19** *Voir Passage additionnel 4*. **I,4 1** well] *Q* ; will *F*. **6** So ... come] *F* ; *pas dans Q*.

---

1. Lieu : la demeure du duc d'Albany et de Goneril. **2.** On met parfois une virgule après *night* et on comprend ceci comme un juron ; mais voir *Titus Andronicus*,

Entrent Goneril et Oswald, son intendant[1] **I, 3**

GONERIL. – Mon père a-t-il frappé mon gentilhomme
Pour avoir tancé son bouffon ?
OSWALD. – Oui, madame.
GONERIL. – Jour et nuit[2] il me fait du tort. A toute heure
Il éclate en quelque grossier outrage
Qui sème la zizanie parmi nous. Je ne le tolérerai plus.
Ses chevaliers font de l'esclandre et, pour un rien,
Il nous prend à partie. A son retour de la chasse
Je ne lui parlerai pas. Dites que je suis souffrante.
Si vous vous mettez à négliger son service,
Vous ferez bien. Je répondrai de la faute.

[*Trompes de chasse à l'intérieur*]

OSWALD. – Il arrive, madame. Je l'entends.
GONERIL. – Prenez l'air négligent et dégoûté qui vous plaira,
Vous et vos compagnons. Je veux vider l'abcès.
Et s'il n'est pas content, qu'il s'en aille chez ma sœur,
Dont je sais que l'avis sur ce point est le mien[3].
N'oubliez pas ce que j'ai dit.
OSWALD. – Non, madame.
GONERIL. – Et qu'à ses chevaliers l'on fasse grise mine,
Sans souci de la suite. Avertissez les autres[4].
J'écris sur-le-champ à ma sœur qu'elle fasse comme moi.
Qu'on dresse le dîner. ***Ils sortent séparément***

Entre le comte de Kent déguisé[5] **I, 4**

KENT. – Si seulement j'emprunte aussi[6] un accent différent
Qui puisse masquer ma voix, mon juste dessein
S'acheminera peut-être jusqu'au plein résultat
Pour lequel j'ai effacé mes traits. Oui, Kent le banni,
Si tu peux servir là où tu es condamné,
Il se pourra alors que ton bien-aimé maître
Te trouve tout dévoué.

Trompes de chasse à l'intérieur. Entrent le roi Lear et sa suite au retour de la chasse

LEAR. – Mon dîner ! vite, je ne veux pas attendre. Qu'on l'apporte !
[*Quelqu'un sort*]
(*A Kent*) Eh bien, qui es-tu ?
KENT. – Un homme, Sire[7].
LEAR. – Quelle est ta profession ? Que nous veux-tu ?
KENT. – Je fais profession de ne pas être moins que je ne parais[8], de servir fidèlement qui me fait confiance, d'aimer celui qui est honnête, de

IV,3,28. **3.** Voir Passage additionnel 3. **4.** Voir Passage additionnel 4. **5.** Lieu : comme la scène précédente. **6.** *as well.* Soit « aussi » (en plus de mon déguisement), soit « aussi bien » (que mon déguisement). **7.** *sir.* Parfois employé (sans impolitesse) pour s'adresser à un souverain ; voir *Macbeth*, III,4,42. **8.** Le spectateur sait que Kent est plus qu'il ne paraît être.

is wise and says little, to fear judgement, to fight when I cannot choose, and to eat no fish.

LEAR. – What art thou?

KENT. – A very honest-hearted fellow, and as poor as the King.

LEAR. – If thou be'st as poor for a subject as he's for a king, thou'rt poor enough. What wouldst thou?

KENT. – Service.

LEAR. – Who wouldst thou serve?

KENT. – You.

LEAR. – Dost thou know me, fellow?

KENT. – No, sir, but you have that in your countenance which I would fain call master.

LEAR. – What's that?

KENT. – Authority.

LEAR. – What services canst do?

KENT. – I can keep honest counsel, ride, run, mar a curious tale in telling it, and deliver a plain message bluntly. That which ordinary men are fit for I am qualified in; and the best of me is diligence.

LEAR. – How old art thou?

KENT. – Not so young, sir, to love a woman for singing, nor so old to dote on her for anything. I have years on my back forty-eight.

LEAR. – Follow me. Thou shalt serve me, if I like thee no worse after dinner. I will not part from thee yet. Dinner, ho, dinner! Where's my knave, my fool? Go you and call my fool hither. [*Exit one*]

Enter Oswald the steward

You, you, sirrah, where's my daughter?

OSWALD. – So please you – *Exit*

LEAR. – What says the fellow there? Call the clotpoll back.

Exit a knight

Where's my fool? Ho, I think the world's asleep.

Enter a Knight

How now? Where's that mongrel?

KNIGHT. – He says, my lord, your daughter is not well.

LEAR. – Why came not the slave back to me when I called him?

KNIGHT. – Sir, he answered me in the roundest manner he would not.

LEAR. – A would not?

KNIGHT. – My lord, I know not what the matter is, but to my judgement your highness is not entertained with that ceremonious affection as you were wont. There's a great abatement of kindness appears as well in the general dependants as in the Duke himself also, and your daughter.

LEAR. – Ha, sayst thou so?

KNIGHT. – I beseech you pardon me, my lord, if I be mistaken, for my duty

28 canst] *Q*; canst thou *F*. **43** daughter] *Q*; Daughters *F*. **46** A] *Q*; He *F*. **49** of kindness] *F*; *pas dans Q*.

1. Probablement une allusion (chrétienne) au Jugement dernier. 2. Peut-être une allusion aux protestants (qui ne jeûnaient pas le vendredi), ou bien Kent veut indiquer qu'il est un bon vivant (qui ne jeûne pas). Muir soupçonne une allusion scabreuse (voir *Roméo*

fréquenter qui est sage et parle peu, de craindre le jugement[1], de me battre quand je ne peux faire autrement, et de ne pas manger de poisson[2].

LEAR. – Qui es-tu ?

KENT. – Un cœur très droit, et aussi pauvre que le roi.

LEAR. – Si tu es aussi pauvre sujet qu'il est pauvre roi, tu es bien pauvre. Que veux-tu ?

KENT. – Servir.

LEAR. – Qui veux-tu servir ?

KENT. – Vous.

LEAR. – Tu me connais, mon brave ?

KENT. – Non, Sire, mais il y a dans votre allure ce que je souhaiterais appeler « maître ».

LEAR. – Qu'est-ce donc ?

KENT. – L'autorité.

LEAR. – Quels services peux-tu rendre ?

KENT. – Je sais garder des secrets respectables, monter à cheval, courir, gâter, en la racontant, une histoire compliquée et notifier sans détour un message clair. Ce que peut le commun des mortels, j'y suis apte et le zèle est ma plus grande qualité.

LEAR. – Quel âge as-tu ?

KENT. – Pas si jeune, Sire, pour aimer une femme parce qu'elle chante, ni si vieux que je m'entiche d'elle pour un rien. J'ai quarante-huit années sur le dos.

LEAR. – Suis-moi. Tu seras à mon service, si je ne t'aime pas moins après le dîner. Je ne veux pas encore me séparer de toi. Mon dîner, ho ! mon dîner ! Où est mon fripon, mon bouffon ? Toi, là, va me chercher mon bouffon. [*Quelqu'un sort*]

Entre Oswald, l'intendant

Vous, vous, mon brave, où est ma fille ?

OSWALD. – Ne vous déplaise – *Il sort*

LEAR. – Que dit le bonhomme là-bas ? Rappelez ce crétin.

Un chevalier sort

Où est mon bouffon ? Holà ! je crois que tout le monde dort.

Entre un chevalier

Eh bien ! où est ce chien bâtard[3] ?

LE CHEVALIER. – Il dit, monseigneur, que votre fille est souffrante.

LEAR. – Pourquoi le gredin n'est-il pas revenu quand je l'ai appelé ?

LE CHEVALIER. – Sire, il m'a répondu tout net qu'il ne voulait pas.

LEAR. – Y voulait pas ?

LE CHEVALIER. – Monseigneur, je ne sais pas ce qui se passe mais, à mon avis, on ne traite pas Votre Altesse avec la même affection déférente qu'avant. On constate une grande diminution des égards, tant de la part de l'ensemble des serviteurs que du duc lui-même et de votre fille.

LEAR. – Ha ! tu crois vraiment ?

LE CHEVALIER. – De grâce, pardonnez-moi, monseigneur, si je me trompe,

---

et Juliette, I,1,25). 3. Oswald est plus qu'un serviteur sans être gentilhomme ; voir II,2,60-61.

cannot be silent when I think your highness wronged.

LEAR. – Thou but rememberest me of mine own conception. I have perceived a most faint neglect of late, which I have rather blamed as mine own jealous curiosity than as a very pretence and purpose of unkindness. I will look further into't. But where's my fool ? I have not seen him these two days.

KNIGHT. – Since my young lady's going into France, sir, the fool hath much pined away.

LEAR. – No more of that, I have noted it well. Go you and tell my daughter I would speak with her. *[Exit one]*

Go you, call hither my fool. *[Exit one]*

Enter Oswald the steward [crossing the stage]

O you, sir, you, come you hither, sir, who am I, sir ?

OSWALD. – My lady's father.

LEAR. – My lady's father ? My lord's knave, you whoreson dog, you slave, you cur !

OSWALD. – I am none of these, my lord, I beseech your pardon.

LEAR. – Do you bandy looks with me, you rascal ?

[Lear strikes him]

OSWALD. – I'll not be strucken, my lord.

KENT *[tripping him]*. – Nor tripped neither, you base football player.

LEAR (*to Kent*). – I thank thee, fellow. Thou serv'st me, and I'll love thee.

KENT (*to Oswald*). – Come, sir, arise, away. I'll teach you differences. Away, away. If you will measure your lubber's length again, tarry ; but away, go to. Have you wisdom ? So. *Exit Oswald*

LEAR. – Now, my friendly knave, I thank thee.

Enter Lear's Fool

There's earnest of thy service.

He gives Kent money

FOOL. – Let me hire him, too. (*To Kent*) Here's my coxcomb.

LEAR. – How now, my pretty knave, how dost thou ?

FOOL (*to Kent*). – Sirrah, you were best take my coxcomb.

LEAR. – Why, my boy ?

FOOL. – Why ? For taking one's part that's out of favour. (*To Kent*) Nay, an thou canst not smile as the wind sits, thou'lt catch cold shortly. There, take my coxcomb. Why, this fellow has banished two on 's daughters and did the third a blessing against his will. If thou follow him, thou must needs wear my coxcomb. (*To Lear*) How now, nuncle ? Would I had two coxcombs and two daughters.

LEAR. – Why, my boy ?

---

57 these] *Oxford* ; this *F Q*. **73** arise, away] *F* ; *pas dans Q*. **81** LEAR ... boy ?] *F* ; *Kent.* Why Foole ? *Q*.

---

1. *faint.* Sans doute « inactif », « inerte » (Onions). **2.** Le *football* était un jeu (parfois très brutal) pratiqué par les classes sociales inférieures ; par contre, le verbe *bandy* (ligne 69) signifiait « renvoyer (la balle) au cours d'un échange » au jeu de paume* (« tennis » en anglais), sport pratiqué par les nobles. **3.** *nuncle.* Forme familière (« [mi]n[e]-uncle »).

car il est de mon devoir de ne pas me taire quand je crois qu'on nuit à Votre Altesse.

LEAR. – Tu ne fais que me rappeler ce que je pense moi-même. Depuis peu, j'ai remarqué beaucoup de molle[1] négligence, et j'en accusais plutôt mes soupçons vétilleux qu'une véritable intention, un dessein de me désobliger. Je vais voir ça de plus près. Mais où donc est mon bouffon ? Voilà deux jours que je ne l'ai pas vu.

LE CHEVALIER. – Depuis que notre jeune maîtresse s'en est allée en France, Sire, le bouffon est bien abattu.

LEAR. – Ne me parlez pas de ça, je m'en suis bien aperçu. Vous, allez dire à ma fille que je voudrais lui parler. [*Quelqu'un sort*]
Vous, allez me chercher mon bouffon. [*Quelqu'un sort*]

Entre Oswald, l'intendant, [qui traverse la scène]

Hé ! vous, monsieur, vous ! venez ici, monsieur ! qui suis-je, monsieur ?

OSWALD. – Le père de Madame.

LEAR. – Le père de Madame ? Valet de Monsieur, exécrable chien, gredin, roquet !

OSWALD. – Je ne suis rien de tout cela, monseigneur, je vous en demande pardon.

LEAR. – Vous osez soutenir mon regard, scélérat ?
[*Lear le frappe*]

OSWALD. – Je ne me laisserai pas frapper, monseigneur.

KENT [*lui faisant un croc-en-jambe*]. – Ni non plus culbuter, vil joueur de football[2] !

LEAR (*à Kent*). – Je te remercie, l'ami. Tu me conviens, et je t'aimerai.

KENT (*à Oswald*). – Allons, monsieur, debout, décampez ! Je vous apprendrai votre place. Décampez, décampez ! Si vous voulez de nouveau mesurer la terre de votre longueur balourde, vous n'avez qu'à rester. Mais décampez, que diable ! Vous n'avez pas de jugeote ? A la bonne heure !
Oswald sort

LEAR. – Çà ! mon bon ami, je te remercie.

Entre le Bouffon de Lear

Voici un acompte pour tes services.

Il donne de l'argent à Kent

LE BOUFFON. – Laissez-moi aussi louer ses services. (*A Kent*) Voici mon bonnet.

LEAR. – Eh bien, mon mignon, comment vas-tu ?

LE BOUFFON (*à Kent*). – L'ami, tu ferais mieux de prendre mon bonnet.

LEAR. – Pourquoi, mon garçon ?

LE BOUFFON. – Pourquoi ? Parce qu'il prend parti pour quelqu'un en disgrâce. (*A Kent*) Sûr, si tu ne souris pas selon la direction du vent tu ne tarderas pas à attraper froid. Tiens, prends mon bonnet. C'est que ce bonhomme a banni deux de ses filles et fait le bonheur de la troisième malgré lui. Si tu le suis, tu dois absolument porter mon bonnet. (*A Lear*) Eh bien, tonton[3] ? Si seulement j'avais deux bonnets et deux filles !

LEAR. – Pourquoi, mon garçon ?

FOOL. – If I gave them all my living I'd keep my coxcombs myself. There's mine ; beg another off thy daughters.

LEAR. – Take heed, sirrah – the whip.

FOOL. – Truth's a dog must to kennel. He must be whipped out when the Lady Brach may stand by th' fire and stink.

LEAR. – A pestilent gall to me !

FOOL [*to Kent*]. – Sirrah, I'll teach thee a speech.

LEAR. – Do.

FOOL. – Mark it, nuncle :
Have more than thou showest,
Speak less than thou knowest,
Lend less than thou owest,
Ride more than thou goest,
Learn more than thou trowest,
Set less than thou throwest,
Leave thy drink and thy whore,
And keep in-a-door,
And thou shalt have more
Than two tens to a score.

KENT. – This is nothing, fool.

FOOL. – Then 'tis like the breath of an unfee'd lawyer : you gave me nothing for't. (*To Lear*) Can you make no use of nothing, nuncle ?

LEAR. – Why no, boy. Nothing can be made out of nothing.

FOOL (*to Kent*). – Prithee, tell him so much the rent of his land comes to. He will not believe a fool.

LEAR. – A bitter fool.

FOOL. – Dost know the difference, my boy, between a bitter fool and a sweet one ?

LEAR. – No, lad. Teach me.

FOOL. – Nuncle, give me an egg, and I'll give thee two crowns.

LEAR. – What two crowns shall they be ?

FOOL. – Why, after I have cut the egg i'th' middle and eat up the meat, the two crowns of the egg. When thou clovest thy crown i'th' middle and gavest away both parts, thou borest thine ass o'th' back o'er the dirt. Thou hadst little wit in thy bald crown when thou gavest thy golden one away. If I speak like myself in this, let him be whipped that first finds it so.

[*Sings*] Fools had ne'er less grace in a year,
For wise men are grown foppish,

---

90 off] *Oxford* ; of *F Q*. **108** KENT] *F* ; *attribué à* LEAR *dans Q*. **115** Dost] *Q* ; Do'st thou *F*. **117-118** *Voir Passage additionnel 5*. **121** crown] *Q* ; Crownes *F*. **122** o'th'] *Oxford* ; on thy *F* ; at'h *Q*. **126** grace] *F* ; wit *Q*.

---

1. Lear parle soit des paroles du bouffon, soit de la conduite de Goneril. **2.** *owest*. Voir I,1,195 note. **3.** Probablement : « Ne risque pas tout ce que tu as sur un coup de dés ». « To set » = miser, mettre en jeu ; « to throw » = jeter (les dés). **4.** C.-à-d. « tu t'enrichiras ». **5.** Cf. Montaigne, trad. Florio : « the breath of a Lawyer » (EL, vol. 2,

LE BOUFFON. – Si je leur donnais tout mon bien, je garderais mes bonnets pour moi. Voilà le mien. Mendies-en un autre auprès de tes filles.

LEAR. – Prends garde, coquin — le fouet.

LE BOUFFON. – Lefranc est un chien qu'on renvoie à sa niche. Il faut le chasser à coups de fouet alors que Dame Levrette peut rester au coin du feu et empester le monde.

LEAR. – C'est une plaie infecte qui me tourmente[1] !

LE BOUFFON [*à Kent*]. – L'ami, je vais t'apprendre une tirade.

LEAR. – Vas-y.

LE BOUFFON. – Écoute bien, tonton.

Montre moins que n'est ton avoir,
Dis moins que tu n'en peux savoir,
Prête moins que n'est ton pactole[2],
Marche moins que tu ne caracoles,
Crois moins que tu n'entends,
Risque moins que tu n'entreprends[3],
Délaisse ta pute et ta boisson,
Et demeure à la maison ;
Tu auras plus, chose certaine,
Que deux fois dix par vingtaine[4].

KENT. – Ça et rien, bouffon, c'est tout un.

LE BOUFFON. – Alors, c'est comme l'envolée d'un avocat bénévole[5] : vous ne m'avez rien donné pour ma peine. (*A Lear*) Vous n'auriez pas l'usage de rien, tonton ?

LEAR. – Ma foi, non, mon garçon. On ne peut rien faire de rien[6].

LE BOUFFON (*à Kent*). – Dis-lui, s'il te plaît, que c'est le montant du revenu de ses terres. Il ne veut pas croire un bouffon.

LEAR. – Un bouffon acerbe.

LE BOUFFON. – Sais-tu, mon garçon, quelle différence il y a entre un bouffon acerbe et un bouffon amène ?

LEAR. – Non, mon gars. Apprends-moi ça.

LE BOUFFON[7]. – Donne-moi un œuf, tonton, et je te donnerai deux couronnes.

LEAR. – Deux couronnes ? lesquelles ?

LE BOUFFON. – Eh bien, quand j'aurai coupé l'œuf par le milieu et gobé sa substance, les deux couronnes de l'œuf. Quand tu as fendu ta couronne par le milieu et donné les deux moitiés, c'est toi qui as porté l'âne sur ton dos pour lui éviter la gadoue[8]. Tu n'avais guère de méninges dans ta tête[9] chauve quand tu as donné ta couronne d'or. Si ce que je dis est conforme à ce que je suis, qu'on fouette le premier qui en jugera ainsi[10].

[*Il chante*] Jamais les sots ne l'eurent moins belle,
Car les sages sont devenus si pimpants,

---

p. 63 ; Pléiade, p. 361). L'avocat ne plaide pas pour rien (proverbial, Tilley L125) et s'il n'est pas payé alors sa plaidoirie c'est « rien » ; pour *breath*, voir I,1,54 note. **6.** Voir ci-dessus I,1,84 note. **7.** Voir Passage additionnel 5. **8.** Sh a pu trouver cette fable dans W. Warner, *Albion's England*, 1586 (Muir) ; elle s'y trouve quelques pages après l'histoire de Leir et de ses filles. Reprise par La Fontaine sous le titre « Le meunier, son fils et l'âne ». **9.** *crown.* Signifie à la fois « couronne » et « tête » ; voir *Richard III*, III,2,40-41. **10.** C.-à-d. « qu'on fouette celui qui jugera que ce que je dis est sot (comme il siérait à un bouffon) ». Pour le bouffon, c'est Lear qui a commis une folie.

And know not how their wits to wear,
Their manners are so apish.

LEAR. – When were you wont to be so full of songs, sirrah ?

FOOL. – I have used it, nuncle, e'er since thou madest thy daughters thy mothers ; for when thou gavest them the rod and puttest down thine own breeches,

[*Sings*] Then they for sudden joy did weep,
And I for sorrow sung,
That such a king should play bo-peep
And go the fools among.

Prithee, nuncle, keep a schoolmaster that can teach thy fool to lie. I would fain learn to lie.

LEAR. – An you lie, sirrah, we'll have you whipped.

FOOL. – I marvel what kin thou and thy daughters are. They'll have me whipped for speaking true, thou'lt have me whipped for lying, and sometimes I am whipped for holding my peace. I had rather be any kind o' thing than a fool ; and yet I would not be thee, nuncle. Thou hast pared thy wit o' both sides and left nothing i'th' middle.

Enter Goneril

Here comes one o' the parings.

LEAR. – How now, daughter ? What makes that frontlet on ?
You are too much of late i'th' frown.

FOOL. – Thou wast a pretty fellow when thou hadst no need to care for her frowning. Now thou art an 0 without a figure. I am better than thou art, now. I am a fool ; thou art nothing. [*To Goneril*] Yes, forsooth, I will hold my tongue ; so your face bids me, though you say nothing.

[*Sings*] Mum, mum.
He that keeps nor crust nor crumb,
Weary of all, shall want some.

That's a shelled peascod.

GONERIL (*to Lear*). – Not only, sir, this your all-licensed fool,
But other of your insolent retinue
Do hourly carp and quarrel, breaking forth
In rank and not-to-be-endurèd riots. Sir,
I had thought by making this well known unto you
To have found a safe redress, but now grow fearful,
By what yourself too late have spoke and done,
That you protect this course, and put it on
By your allowance ; which if you should, the fault
Would not scape censure, nor the redresses sleep
Which in the tender of a wholesome weal
Might in their working do you that offence,

---

137 fools] Q ; Foole *F.* 154 nor crumb] *Q* (crum) ; not crum *F.*

---

1. On n'a plus besoin des « sots » car les « sages » se comportent comme des sots ; *apish* = qui imite de façon sotte, comme un singe (« ape »). 2. *play bo-peep.* L'expression se trouve dans Harsnet. Muir cite Cotgrave (1611) qui traduit ainsi « faire les doux yeux à », mais l'édition de 1632 donne : « Jeu d'enfant ; ou (plutost) des nourrices aux petits

Qu'ils ne savent comment exhiber leur cervelle,
A force d'être dans le vent[1].

LEAR. – Depuis quand as-tu tant de chansons à la bouche, l'ami ?

LE BOUFFON. – C'est mon habitude, tonton, depuis le jour où tu as changé tes filles en mères, car quand tu leur remis le martinet et baissas ta culotte,

[*Il chante*] Alors soudain elles pleurèrent de bonheur,
Et moi je chantai de douleur,
De voir un tel roi jouer à faire coucou[2],
Et se joindre à la troupe des fous[3].

De grâce, tonton, appointe un précepteur qui enseigne le mensonge à ton bouffon. J'aimerais bien apprendre à mentir.

LEAR. – Si vous mentez, coquin, nous vous ferons fouetter.

LE BOUFFON. – Je me demande quelle parenté il y a entre toi et tes filles. Elles veulent me faire fouetter si je dis vrai, tu veux me faire fouetter si je mens, et parfois on me fouette quand je me tais. Je préférerais être n'importe quoi d'autre qu'un bouffon ; et pourtant, je ne voudrais pas être à ta place, tonton. Tu t'es rogné les deux côtés des méninges et tu n'as rien laissé au milieu.

Entre Goneril

Voici une des rognures.

LEAR. – Eh bien, ma fille ? pourquoi ces plis au front[4] ?
Vous le froncez bien trop ces derniers temps.

LE BOUFFON. – Tu étais comme un coq en pâte quand tu n'avais pas à te soucier des plis de son front. Maintenant tu es un zéro, sans plus[5]. Je vaux plus que toi, à présent. Moi je suis un bouffon, toi tu n'es rien. [*A Goneril*] Oui, vrai de vrai, je vais tenir ma langue ; c'est que votre mine me l'ordonne, même si vous ne dites rien.

[*Il chante*] Motus, motus.
Qui ne conserve ni croûte ni mie,
Dégoûté de tout, il en aura envie.

C'est une cosse de pois vide[6].

GONERIL (*à Lear*). – Sire, non seulement ce bouffon, qui a tous les droits,
Mais aussi d'autres gens de votre train insolent
Ne cessent de chicaner et de chercher querelle ;
Ils tombent en des excès, patents, intolérables.
J'avais pensé, Sire, qu'en vous en avisant,
Bon ordre y serait mis, mais j'ai tout lieu de craindre,
D'après votre conduite et vos propos trop récents,
Que vous couvrez ces faits et que, par votre accord,
Vous les encouragez ; or, en ce cas, la faute
N'échapperait pas au blâme, ni aux sanctions vigilantes
Qui, tout en ne poursuivant que le bien public,
Pourraient, en vous touchant, vous faire un certain tort,

enfans ; se cachans le visage, & puis se monstrant. » **3.** Ces quatre vers sont l'adaptation d'une vieille ballade (H.E. Rollins). **4.** *frontlet.* Les plis dus au froncement des sourcils, mais d'habitude un bandeau ornemental porté sur le front. **5.** Si le zéro était précédé d'un chiffre (*figure*) il aurait de la valeur : 10, 20, etc. **6.** « Not worth a pea » était proverbial (Tilley P135), et une cosse vide vaut encore moins.

Which else were shame, that then necessity
Will call discreet proceeding.
FOOL (*to Lear*). – For, you know, nuncle,
[*Sings*] The hedge-sparrow fed the cuckoo so long
That it's had it head bit off by it young;
so out went the candle, and we were left darkling.
LEAR (*to Goneril*). – Are you our daughter?
GONERIL. – I would you would make use of your good wisdom,
Whereof I know you are fraught, and put away
These dispositions which of late transport you
From what you rightly are.
FOOL. – May not an ass know when the cart draws the horse? [*Sings*] "Whoop, jug, I love thee!"
LEAR. – Does any here know me? This is not Lear.
Does Lear walk thus, speak thus? Where are his eyes?
Either his notion weakens, his discernings
Are lethargied – ha, waking? 'Tis not so.
Who is it that can tell me who I am?
FOOL. – Lear's shadow.
LEAR (*to Goneril*). – Your name, fair gentlewoman?
GONERIL. – This admiration, sir, is much o'th' savour
Of other your new pranks. I do beseech you
To understand my purposes aright,
As you are old and reverend, should be wise.
Here do you keep a hundred knights and squires,
Men so disordered, so debauched and bold
That this our court, infected with their manners,
Shows like a riotous inn. Epicurism and lust
Makes it more like a tavern or a brothel
Than a graced palace. The shame itself doth speak
For instant remedy. Be then desired,
By her that else will take the thing she begs,
A little to disquantity your train,
And the remainders that shall still depend
To be such men as may besort your age,
Which know themselves and you.
LEAR. – Darkness and devils!
Saddle my horses, call my train together! – [*Exit one or more*]
Degenerate bastard, I'll not trouble thee.
Yet have I left a daughter.
GONERIL. – You strike my people, and your disordered rabble
Make servants of their betters.

172-173 *vers*] *prose F Q.* **178** transport] *F*; transforme *Q.* **185** ha, waking] *F*; sleeping or wakeing; ha! sure *Q.* **187** FOOL] *F*; *encore* LEAR *dans Q.* **187-188** *Voir Passage additionnel 6.* **198** graced] *F*; great *Q.*

---

1. *hedge-sparrow.* Accenteur mouchet, un des hôtes favoris du coucou. **2.** Comme souvent, surtout dans les in-quarto*, *it* est un adjectif possessif (« its » en anglais

Ce qui serait dommage, n'était-ce que leur nécessité
Les fera regarder comme de sages mesures.

LE BOUFFON (*à Lear*). – Car vous savez, tonton,

[*Il chante*] Le moineau[1] qui si longtemps a nourri le coucou,
Du bec de son[2] petit s'est fait trancher le cou ;

et ainsi s'éteignit la chandelle, nous laissant dans le noir.

LEAR (*à Goneril*). – Êtes-vous notre fille ?

GONERIL. – Que ne déployez-vous cette saine sagesse,
Dont je vous sais pourvu, et que ne chassez-vous
Les humeurs qui vous ont depuis peu enlevé
A votre vraie nature !

LE BOUFFON. – Un âne ne voit-il pas quand la charrette tire le cheval[3] ?

[*Il chante*] « Olé, ma cocotte, à toi mon cœur[4] ! »

LEAR. – Quelqu'un ici me connaît-il ? Ceci n'est pas Lear.
Est-ce ainsi que Lear marche, ainsi qu'il parle ? Où sont ses yeux ?
Ou bien sa raison décline, ses facultés
Sommeillent – hein, éveillé ? Il n'en est rien.
Quel est donc celui qui me dira qui je suis ?

LE BOUFFON. – L'ombre de Lear[5].

LEAR (*à Goneril*). – Votre nom, belle dame ?

GONERIL. – Cet ébahissement, Sire, et vos récentes frasques
Sont du même tonneau. Comprenez bien, de grâce,
Où je veux en venir, car, étant comme vous l'êtes
Vieux et vénérable, vous devriez être sage.
Vous conservez ici cent chevaliers et écuyers,
Hommes si turbulents, débauchés, effrontés,
Que notre cour, souillée par leurs manières,
Semble une tapageuse auberge. Ripaille
Et paillardise en font plus une taverne ou un bordel
Qu'un élégant palais. Le scandale même exige
Un remède immédiat. Vous êtes donc invité,
Par celle qui à défaut prendra ce qu'elle demande,
A réduire quelque peu le nombre de vos gens ;
Et que tous ceux qui dépendront encore de vous
Soient d'un âge tel qu'il s'harmonise au vôtre,
Gens connaissant leur place et la vôtre.

LEAR. – Ténèbres et démons !
Qu'on selle mes chevaux ! qu'on rassemble ma suite !

[*Une ou plusieurs personnes sortent*]

Bâtarde dégénérée je ne te gênerai plus.
Il me reste encore une fille.

GONERIL. – Vous malmenez mes gens, et votre racaille turbulente
Se fait servir par meilleurs qu'eux.

---

moderne). 3. Même un bouffon (*ass* = âne = sot = *fool*) sait que la fille ne doit pas commander au roi son père. 4. Ceci était peut-être le refrain d'une chanson ; *jug* désignait une servante, une bien-aimée, parfois une femme facile ; avec une majuscule (comme dans l'in-folio*) c'était un diminutif de Joan(na). 5. Lear n'est que l'ombre de lui-même. *Shadow* peut aussi signifier l'image reflétée dans un miroir (voir *Jules César*, I,2,60) ; il est possible que le bouffon tienne un miroir dans lequel Lear voit son reflet. Voir Passage additionnel 6.

Enter the Duke of Albany

LEAR. – Woe that too late repents!
Is it your will? Speak, sir. — Prepare my horses.
[*Exit one or more*]
Ingratitude, thou marble-hearted fiend,
More hideous when thou show'st thee in a child
Than the sea-monster –
ALBANY. – Pray sir, be patient.
LEAR (*to Goneril*). – Detested kite, thou liest.
My train are men of choice and rarest parts,
That all particulars of duty know,
And in the most exact regard support
The worships of their name. O most small fault,
How ugly didst thou in Cordelia show,
Which, like an engine, wrenched my frame of nature
From the fixed place, drew from my heart all love,
And added to the gall! O Lear, Lear, Lear!
Beat at this gate that let thy folly in
And thy dear judgement out. — Go, go, my people!
ALBANY. – My lord, I am guiltless, as I am ignorant
Of what hath moved you.
LEAR. – It may be so, my lord.
Hear, nature; hear, dear goddess, hear:
Suspend thy purpose if thou didst intend
To make this creature fruitful.
Into her womb convey sterility.
Dry up in her the organs of increase,
And from her derogate body never spring
A babe to honour her. If she must teem,
Create her child of spleen, that it may live
And be a thwart disnatured torment to her.
Let it stamp wrinkles in her brow of youth,
With cadent tears fret channels in her cheeks,
Turn all her mother's pains and benefits
To laughter and contempt, that she may feel –
That she may feel
How sharper than a serpent's tooth it is
To have a thankless child. Away, away!
Exeunt Lear, [*Kent, and attendants*]
ALBANY. – Now, gods that we adore, whereof comes this?
GONERIL. – Never afflict yourself to know more of it,
But let his disposition have that scope
As dotage gives it.

---

209 repents!] *F*; repent's, O sir, are you come? *Q.* **214** ALBANY ... patient] *F*; *pas dans Q.* **227** Of ... you] *F*; *pas dans Q.* **236** thwart disnatured] *F*; thourt disuetur'd *Q.* **243** Away, away!] *F*; goe, goe, my people? *Q.* **245** more of it] *F*; the cause *Q.*

---

1. L'article *the* semble avoir un sens générique et ne pas désigner un monstre en

Entre le duc d'Albany

LEAR. – Malheur à qui se repent trop tard !
Est-ce votre volonté ? Parlez, monsieur. – Préparez mes chevaux.
[*Une ou plusieurs personnes sortent*]
Ingratitude, démon au cœur de marbre,
Plus horrible qu'un monstre marin[1]
Quand tu parais chez un enfant –

ALBANY. – De grâce, Sire, calmez-vous.

LEAR (*à Goneril*). – Abominable rapace[2], tu mens.
Mes hommes sont gens de choix et de rare mérite,
Qui savent leur devoir dans le moindre détail
Et chez qui le souci le plus scrupuleux veille
A l'honneur de leur nom. Ô faute insignifiante,
Combien chez Cordélie tu me parus affreuse !
Toi qui, tel un engin, arracha la structure
De mon être à ses fondements, et extirpa tout amour
De mon cœur, pour y augmenter la rancune. Ô Lear ! Lear ! Lear !
Frappe à cette porte[3], par où entra ta déraison
Et sortit ton précieux jugement. – Allez, allez, mes gens !

ALBANY. – Je suis, monseigneur, innocent tout autant qu'ignorant
De ce qui vous a mis hors de vous.

LEAR. – C'est possible, monseigneur.
Ô Nature, écoute ! Écoute, chère déesse, écoute :
Renonce à ton dessein, si tu entendais faire
De cette créature une femme féconde.
Voue ses entrailles à la stérilité,
Dessèche en elle les organes fertiles,
Ne laisse pas naître de son corps avili un bébé
Qui l'honore. Ou, s'il faut qu'elle enfante,
Compose son rejeton de haine, si bien qu'il devienne
Pervers, dénaturé, le tourment de sa mère.
Qu'il marque de rides le front de sa jeunesse,
Qu'il creuse de pleurs versés des sillons dans ses joues,
Et n'ait pour ses bontés, ses soins maternels,
Que rires et que mépris, qu'elle sente –
Qu'elle sente –
Combien plus acéré que la dent d'un serpent
Est un enfant ingrat ! Partons, partons !
Lear sort [*avec sa suite et Kent*]

ALBANY. – Mais, par les dieux que nous adorons, pourquoi ceci ?

GONERIL. – N'allez pas vous soucier d'en savoir davantage,
Mais laissez donc l'humeur de ce vieillard gâteux
S'épancher à son aise.

---

particulier. Sh associe souvent l'ingratitude à la monstruosité ; voir ci-dessous I,5,32, aussi *Timon*, III,2,61-62, IV,2,45-46, et *Coriolan*, II,3,7-9. **2.** *kite*. Un milan. Sh emploie parfois le nom de ce « rapace » comme une injure ; voir *Antoine et Cléopâtre*, III,13,89. **3.** Lear peut simplement se frapper la tête, ou désigner cette « porte » (yeux, etc.) d'un geste.

Enter King Lear

LEAR. – What, fifty of my followers at a clap?
Within a fortnight?
ALBANY. – What's the matter, sir?
LEAR. – I'll tell thee. (*To Goneril*) Life and death! I am ashamed
That thou hast power to shake my manhood thus,
That these hot tears, which break from me perforce,
Should make thee worth them. Blasts and fogs upon thee!
Th'untented woundings of a father's curse
Pierce every sense about thee! Old fond eyes,
Beweep this cause again I'll pluck ye out
And cast you, with the waters that you loose,
To temper clay. Ha! Let it be so.
I have another daughter
Who, I am sure, is kind and comfortable.
When she shall hear this of thee, with her nails
She'll flay thy wolvish visage. Thou shalt find
That I'll resume the shape which thou dost think
I have cast off for ever. *Exit*
GONERIL. – Do you mark that?
ALBANY. – I cannot be so partial, Goneril,
To the great love I bear you –
GONERIL. – Pray you, content. What, Oswald, ho! –
You, sir, more knave than fool, after your master.
FOOL. – Nuncle Lear, nuncle Lear,
Tarry, take the fool with thee.
A fox when one has caught her,
And such a daughter,
Should sure to the slaughter,
If my cap would buy a halter.
So, the fool follows after. *Exit*
GONERIL. – This man hath had good counsel – a hundred knights?
'Tis politic and safe to let him keep
At point a hundred knights, yes, that on every dream,
Each buzz, each fancy, each complaint, dislike,
He may enguard his dotage with their powers
And hold our lives in mercy. – Oswald, I say!
ALBANY. – Well, you may fear too far.
GONERIL. – Safer than trust too far.
Let me still take away the harms I fear,
Not fear still to be taken. I know his heart.
What he hath uttered I have writ my sister.
If she sustain him and his hundred knights

258-259 clay ... another] *F*; clay, yea, is't come to this? yet have I left a *Q*; **264** ever.] *F*; ever, thou shalt I warrant thee. *Q*. **267** Pray you, content] *F*; Come sir no more *Q*. **276-287** This ... unfitness] *F*; *pas dans Q*.

---

1. *fool.* A la fois « sot » et « bouffon » ; dans le premier sens, le mot était souvent contrasté

Entre le roi Lear

LEAR. – Quoi ! cinquante gens de ma suite d'un coup ?
En moins de quinze jours !
ALBANY. – De quoi s'agit-il, Sire ?
LEAR. – Écoute. (*A Goneril*) Vie et mort ! Je rougis que tu aies
Le pouvoir d'ébranler à ce point mon cœur viril,
Et que ces larmes brûlantes, qui jaillissent malgré moi,
Te rendent digne d'elles. Brouillards pernicieux, flétrissez-la !
Que les plaies insondables des imprécations d'un père
Transpercent tous tes sens ! Vieilles et sottes prunelles,
Si vous versez encore des pleurs à cause d'elle, je vous arrache
Et je vous jette là, avec les eaux que vous lâchez,
Pour amollir l'argile. Ha ! qu'il en soit ainsi !
J'ai une autre fille
Qui, j'en suis certain, est bonne et secourable.
Quand elle saura ta conduite, de ses ongles
Elle tailladera ta face de louve. Tu me verras
Reprendre l'aspect que, selon toi,
J'ai dépouillé à jamais. *Il sort*
GONERIL. – Vous avez entendu cela ?
ALBANY. – Je ne peux, Goneril, être assez aveuglé
Par le grand amour que j'ai pour vous –
GONERIL. – De grâce, assez. Alors, Oswald ! Holà ! –
Et vous, monsieur, plus gredin que bouffon[1], suivez votre maître.
LE BOUFFON. – Tonton Lear, tonton Lear.
Attends ! prends le bouffon avec toi[2].
Quand on prendra la renarde,
Et la fille bâtarde,
Elle serait tuée sans plus attendre
Si mon bonnet pouvait la pendre[3].
Et ainsi le bouffon ne s'attarde. *Il sort*
GONERIL. – Cet homme a été bien conseillé – cent chevaliers ?
Il est avisé et prudent de lui laisser
Cent chevaliers armés ! Oui, pour qu'à chaque chimère,
Chaque rumeur, lubie, plainte, ou mécontentement,
Il puisse grâce à leur aide défendre son gâtisme
Et tenir notre vie à sa merci ! – Oswald, dis-je !
ALBANY. – Mais, vous avez peut-être trop de craintes.
GONERIL. – C'est plus sûr que trop de confiance.
J'entends toujours couper court aux maux que je redoute,
Et non toujours redouter les coups. Je connais son cœur.
Ce qu'il a dit ici je l'écris à ma sœur.
Si celle-ci l'accueille avec cent chevaliers

---

avec *knave*. Voir aussi II,2,240. « More knave than fool » était proverbial (Dent K129). 2. A la fois : 1) emmène le bouffon avec toi, 2) emmène le qualificatif *fool* (= sot) avec toi (car tu le mérites). Voir Dent K137.1. 3. Littéralement : si mon bonnet pouvait acheter une corde (*halter* = corde destinée à une pendaison).

When I have showed th'unfitness –
Enter Oswald the steward
How now, Oswald?
What, have you writ that letter to my sister?
OSWALD. – Ay, madam.
GONERIL. – Take you some company, and away to horse.
Inform her full of my particular fear,
And thereto add such reasons of your own
As may compact it more. Get you gone,
And hasten your return. *Exit Oswald*
No, no, my lord,
This milky gentleness and course of yours,
Though I condemn not, yet under pardon
You are much more attasked for want of wisdom
Than praised for harmful mildness.
ALBANY. – How far your eyes may pierce I cannot tell.
Striving to better, oft we mar what's well.
GONERIL. – Nay, then –
ALBANY. – Well, well, th'event. *Exeunt*

I, 5 *Enter King Lear, the Earl of Kent disguised, the First Gentleman, and Lear's Fool*

LEAR [*to the Gentleman, giving him a letter*]. – Go you before to Gloucester with these letters. [*Exit Gentleman*]
[*To Kent, giving him a letter*] Acquaint my daughter no further with anything you know than comes from her demand out of the letter. If your diligence be not speedy, I shall be there afore you.
KENT. – I will not sleep, my lord, till I have delivered your letter. *Exit*
FOOL. – If a man's brains were in's heels, were't not in danger of kibes?
LEAR. – Ay, boy.
FOOL. – Then, I prithee, be merry : thy wit shall not go slipshod.
LEAR. – Ha, ha, ha!
FOOL. – Shalt see thy other daughter will use thee kindly, for though she's as like this as a crab's like an apple, yet I can tell what I can tell.
LEAR. – What canst tell, boy?
FOOL. – She will taste as like this as a crab does to a crab. Thou canst tell

---

294 hasten] *F Qcorr* ; after *Q Q2.* **295** milky] *F Qcorr* ; mildie *Q Q2.* **296** condemn] *F* ; dislike *Q.* **297** You are] *F2* ; Your are *F* ; y'are *Q.* **297** attasked for] *Qcorr* (attaskt for) ; at task for *F* ; alapt *Q Q2.* **I,5 0.IS** *First Gentleman*] *Oxford* ; *Gentleman F* ; *pas dans Q* ; *voir Notes.*

---

1. *attasked.* Seul emploi connu de ce verbe (voir Variantes). **2.** Proverbial (Dent W260). **3.** Après *event* (= issue, suite des événements) quelque chose comme « montrera qui a raison » est sous-entendu. **4.** Lieu : devant la demeure d'Albany et de Goneril. **5.** *Oxford* distingue deux lettres : une à Gloucester (remise au Gentilhomme, et dont il ne sera plus question), l'autre à Régane (remise à Kent). D'habitude les éditeurs ne font pas entrer le Gentilhomme (bien qu'il figure dans l'indication scénique de l'in-folio*)

En apprenant par moi quels ennuis —

Entre Oswald, l'intendant

Eh bien, Oswald ?
Alors, vous avez écrit cette lettre à ma sœur ?

OSWALD. – Oui, madame.

GONERIL. – Prenez quelques gens avec vous, et en selle.
Contez-lui en détail les craintes que j'éprouve,
Et ajoutez à cela vos propres raisons
Pour les corroborer. Allez, et hâtez-vous
De revenir. *Oswald sort*
Non, non, monseigneur, cette manière
Qui est vôtre, aussi douce que le lait,
Je ne la condamne pas, mais laissez-moi vous dire
Qu'on blâme[1] beaucoup plus le manque de sagesse
Qu'on ne loue l'indulgence néfaste.

ALBANY. – Jusqu'où vous voyez clair, moi-même je n'en sais rien.
Mais le mieux, bien souvent, est l'ennemi du bien[2].

GONERIL. – Oui, mais —

ALBANY. – Eh bien, qui vivra verra[3] ! *Ils sortent*

Entrent le roi Lear, le comte de Kent déguisé, le Premier Gentilhomme, et le Bouffon de Lear[4] I, 5

LEAR [*au Gentilhomme, en lui donnant une lettre*]. – Devancez-nous et allez chez Gloucester avec cette lettre[5]. [*Le Gentilhomme sort*]
[*A Kent, en lui donnant une lettre*] Ne dites rien à ma fille de ce que vous savez, sinon pour répondre aux questions que suscitera ma lettre. Si vous ne faites pas prompte diligence, j'y serai avant vous.

KENT. – Monseigneur, je ne dormirai pas avant d'avoir remis votre lettre. *Il sort*

LE BOUFFON. – Si la cervelle d'un homme était dans ses talons ne risquerait-elle pas d'attraper des engelures ?

LEAR. – Si, mon garçon.

LE BOUFFON. – Alors, je t'en prie, réjouis-toi : ton intelligence n'ira pas en pantoufles[6].

LEAR. – Hi, hi, hi !

LE BOUFFON. – Tu verras qu'ton autre fille t'accueillera avec l'esprit de famille[7], car bien qu'elle ressemble à celle-ci comme une pomme à cidre à une pomme cependant je sais ce que je sais.

LEAR. – Et que sais-tu, mon garçon ?

LE BOUFFON. – Elle aura un goût aussi semblable à celle-ci que celui de

---

et Lear remet seulement une lettre à Kent ; on considère alors que Gloucester désigne la ville et non le comte, mais on ne comprend pas pourquoi Lear envoie là-bas une lettre pour Régane. **6.** Probablement : comme tu vas chez Régane, tu montres que tu n'as même pas de cerveau dans les talons, et donc ton cerveau n'ira pas en pantoufles, même si tu dois en mettre à cause d'engelures. **7.** *kindly.* Ironiquement, à la fois « avec tendresse » et « conformément à sa nature (méchante) » ; voir ci-dessus I,1,254 note. Le bouffon parle de Régane, mais *kindly* évoque chez Lear le souvenir de Cordélie (ci-dessous ligne 19).

why one's nose stands i'th' middle on 's face?

LEAR. – No.

FOOL. – Why, to keep one's eyes of either side 's nose, that what a man cannot smell out, a may spy into.

LEAR. – I did her wrong.

FOOL. – Canst tell how an oyster makes his shell?

LEAR. – No.

FOOL. – Nor I neither; but I can tell why a snail has a house.

LEAR. – Why?

FOOL. – Why, to put 's head in, not to give it away to his daughters and leave his horns without a case.

LEAR. – I will forget my nature. So kind a father!
Be my horses ready?

FOOL. – Thy asses are gone about 'em. The reason why the seven stars are no more than seven is a pretty reason.

LEAR. – Because they are not eight.

FOOL. – Yes, indeed, thou wouldst make a good fool.

LEAR. – To take't again perforce – monster ingratitude!

FOOL. – If thou wert my fool, nuncle, I'd have thee beaten for being old before thy time.

LEAR. – How's that?

FOOL. – Thou shouldst not have been old till thou hadst been wise.

LEAR. – O, let me not be mad, not mad, sweet heaven!
Keep me in temper. I would not be mad.

[Enter the First Gentleman]

How now, are the horses ready?

[1] GENTLEMAN. – Ready, my lord.

LEAR (*to Fool*). – Come, boy. *[Exeunt Lear and Gentleman]*

FOOL. – She that's a maid now, and laughs at my departure,
Shall not be a maid long, unless things be cut shorter. *[Exit]*

II, 1 *Enter Edmond the bastard, and Curan, severally*

EDMOND. – Save thee, Curan.

CURAN. – And you, sir. I have been with your father, and given him notice that the Duke of Cornwall and Regan his duchess will be here with him this night.

EDMOND. – How comes that?

CURAN. – Nay, I know not. You have heard of the news abroad? – I mean the whispered ones, for they are yet but ear-kissing arguments.

EDMOND. – Not I. Pray you, what are they?

CURAN. – Have you heard of no likely wars toward twixt the Dukes of Cornwall and Albany?

18 a may] *Q*; he may *F*. 29 more] *F* (mo), *Q* (more). II,1 2 you] *Q*; your *F*. 7 ear-kissing] *F*; eare-bussing *Q*.

1. Jeu de mots implicite sur *crab* (pomme sauvage) et « crabbed » (revêche,

deux pommes à cidre[1]. Tu sais pourquoi on a l'nez au milieu d'la figure ?

LEAR. – Non.

LE BOUFFON. – Eh bien, pour qu'les yeux restent de chaque côté du nez, et comme ça ce qu'on peut pas flairer on peut le voir.

LEAR. – Je lui ai fait du tort.

LE BOUFFON. – Sais-tu comment une huître produit sa coquille ?

LEAR. – Non.

LE BOUFFON. – Moi non plus. Mais je sais pourquoi l'escargot a une maison.

LEAR. – Pourquoi ?

LE BOUFFON. – Eh bien, pour y abriter sa tête, pas pour la donner à ses filles et laisser ses cornes sans étui !

LEAR. – Je vais oublier mon naturel. Un père si bon !
Mes chevaux sont-ils prêts ?

LE BOUFFON. – Tes ânes s'y emploient. La raison pour laquelle les sept étoiles[2] ne sont que sept est bien bonne.

LEAR. – Parce qu'il n'y en a pas huit.

LE BOUFFON. – Oui, c'est ça. Tu ferais un fameux bouffon[3].

LEAR. – La[4] reprendre de force — monstre d'ingratitude !

LE BOUFFON. – Si tu étais mon bouffon, tonton, je te ferais battre pour vieillissement prématuré.

LEAR. – Pourquoi cela ?

LE BOUFFON. – Tu n'aurais pas dû être vieux avant d'être sage.

LEAR. – Fais que je ne devienne pas fou, pas fou, ô ciel clément !
Garde-moi sain d'esprit ! Je ne veux pas devenir fou !

[*Entre le Premier Gentilhomme*]

Alors, les chevaux sont prêts ?

[1er] GENTILHOMME. – Oui, monseigneur.

LEAR (*au bouffon*). – Viens, mon garçon. [*Lear et le Gentilhomme sortent*]

LE BOUFFON. – Qui pucelle est maintenant, et rit quand j'pars d'ici,
Pucelle s'ra pas longtemps si les machins n'sont raccourcis. [*Il sort*]

Entrent, séparément, Edmond le bâtard et Curan[5] II, 1

EDMOND. – Les dieux te gardent, Curan.

CURAN. – Et vous aussi, monsieur. J'ai vu votre père, et je lui ai annoncé que le duc de Cornouailles et Régane, sa duchesse, seront ici chez lui cette nuit.

EDMOND. – Pourquoi donc ?

CURAN. – Ma foi, je ne sais pas. Vous avez entendu les nouvelles qui circulent ? — Je veux dire celles qu'on chuchote, car ce ne sont encore que propos murmurés à l'oreille.

EDMOND. – Non pas. Peut-on savoir de quoi il s'agit ?

CURAN. – Vous n'avez pas entendu parler d'une guerre probable et imminente entre les ducs de Cornouailles et d'Albany[1] ?

---

acariâtre). **2.** *seven stars.* Même avec des minuscules ceci désigne d'habitude les sept étoiles de la constellation des Pléiades. **3.** *fool.* A la fois « sot » et « bouffon ». **4.** Deux interprétations possibles de *'t* (= it) : 1) la suite à laquelle Lear avait droit, 2) la couronne. La ponctuation* d'*Oxford* privilégie la première. **5.** Lieu : la demeure de Gloucester.

EDMOND. – Not a word.
CURAN. – You may do then in time. Fare you well, sir. *Exit*
EDMOND. – The Duke be here tonight! The better, best.
This weaves itself perforce into my business.
[*Enter Edgar at a window above*]
My father hath set guard to take my brother,
And I have one thing of a queasy question
Which I must act. Briefness and fortune work! –
Brother, a word, descend. Brother, I say.
[*Edgar climbs down*]
My father watches. O sir, fly this place.
Intelligence is given where you are hid.
You have now the good advantage of the night.
Have you not spoken 'gainst the Duke of Cornwall?
He's coming hither, now, i'th' night, i'th' haste,
And Regan with him. Have you nothing said
Upon his party 'gainst the Duke of Albany?
Advise yourself.
EDGAR. – I am sure on't, not a word.
EDMOND. – I hear my father coming. Pardon me.
In cunning I must draw my sword upon you.
Draw. Seem to defend yourself. Now, quit you well.
(*Calling*) Yield, come before my father. Light ho, here!
(*To Edgar*) Fly, brother! (*Calling*) Torches, torches!
(*To Edgar*) So, farewell.
Exit Edgar
Some blood drawn on me would beget opinion
Of my more fierce endeavour.
He wounds his arm
I have seen drunkards
Do more than this in sport. (*Calling*) Father, father!
Stop, stop! Ho, help!
Enter the Earl of Gloucester, and servants with torches
GLOUCESTER. – Now, Edmond, where's the villain?
EDMOND. – Here stood he in the dark, his sharp sword out,
Mumbling of wicked charms, conjuring the moon
To stand 's auspicious mistress.
GLOUCESTER. – But where is he?
EDMOND. – Look, sir, I bleed.
GLOUCESTER. – Where is the villain, Edmond?
EDMOND. – Fled this way, sir, when by no means he could –
GLOUCESTER. – Pursue him, ho! Go after. *Exeunt servants*
By no means what?

---

35 Ho] *Oxford*; no *F Q*. **38** stand's] *Q*; stand *F*.

---

1. Il sera encore brièvement question de ce différend (III,1,17 et III,3,6-7). **2.** Ces impératifs sont rendus par le tutoiement car Edmond manifeste son mépris pour un traître;

EDMOND. – Pas un mot.
CURAN. – Alors vous l'apprendrez sans doute tôt ou tard. Portez-vous bien, monsieur. *Il sort*
EDMOND. – Le duc ici cette nuit ! Tant mieux, c'est parfait.
Ceci vient à coup sûr se glisser dans ma trame.
[*Edgar apparaît à une fenêtre en haut*]
Mon père a mis des hommes pour arrêter mon frère.
Ce qui me reste à faire est chose délicate.
A moi célérité, fortune favorable ! –
Mon frère, un mot, descendez. Mon frère, je vous appelle.
[*Edgar descend par la fenêtre*]
Mon père est aux aguets. Oh ! monsieur, fuyez ces lieux !
On connaît désormais quelle est votre cachette.
Vous pouvez maintenant profiter de la nuit.
N'avez-vous pas médit du duc de Cornouailles ?
Il vient ici, maintenant, de nuit, en toute hâte,
Et Régane avec lui. Auriez-vous, en paroles,
Soutenu sa cause contre celle d'Albany ?
Réfléchissez bien.
EDGAR. – Pas du tout, j'en suis sûr.
EDMOND. – J'entends venir mon père. Pardon. Il me faut,
Par ruse, dégainer contre vous. Dégainez,
Paraissez vous défendre. Maintenant battez-vous bien.
(*Appelant*) Rends-toi ! Viens[2] devant mon père ! Hé ! lumière par ici !
(*A Edgar*) Fuyez, mon frère ! (*Appelant*) Des torches, des torches !
(*A Edgar*) Ainsi, adieu.
Edgar sort
Du sang sur moi ferait croire que j'ai livré
Un assaut plein de fougue.
Il se blesse au bras
J'ai vu des ivrognes
Faire plus que ça pour rire. (*Appelant*) Père, père !
Arrête, arrête ! Holà ! au secours !
Entrent le comte de Gloucester et des serviteurs avec des torches
GLOUCESTER. – Alors, Edmond, où est le traître ?
EDMOND. – Il était là dans l'ombre, sa lame acérée à la main,
Marmonnant des charmes maléfiques, invoquant
De la lune les faveurs souveraines.
GLOUCESTER. – Mais où est-il ?
EDMOND. – Voyez, monsieur, je saigne.
GLOUCESTER. – Edmond, où est le traître ?
EDMOND. – Il a fui par ici[3], monsieur, quand il n'a pu en aucun cas –
GLOUCESTER. – Holà ! qu'on le poursuive ! Après lui !
Des serviteurs sortent
En aucun cas quoi ?

---

il fait employer le tutoiement par Edgar (censé mépriser un bâtard) aux vers 65-75. 3. Comme le nota Edward Capell, Edmond indique la mauvaise direction.

EDMOND. – Persuade me to the murder of your lordship,
But that I told him the revenging gods
'Gainst parricides did all the thunder bend,
Spoke with how manifold and strong a bond
The child was bound to th' father. Sir, in fine,
Seeing how loathly opposite I stood
To his unnatural purpose, in fell motion
With his preparèd sword he charges home
My unprovided body, latched mine arm;
And when he saw my best alarumed spirits
Bold in the quarrel's right, roused to th'encounter,
Or whether ghasted by the noise I made,
Full suddenly he fled.
GLOUCESTER. – Let him fly far,
Not in this land shall he remain uncaught,
And found, dispatch. The noble Duke my master,
My worthy arch and patron, comes tonight.
By his authority I will proclaim it
That he which finds him shall deserve our thanks,
Bringing the murderous coward to the stake;
He that conceals him, death.
EDMOND. – When I dissuaded him from his intent
And found him pitched to do it, with curst speech
I threatened to discover him. He replied,
"Thou unpossessing bastard, dost thou think
If I would stand against thee, would the reposal
Of any trust, virtue, or worth in thee
Make thy words faithed? No, what I should deny –
As this I would, ay, though thou didst produce
My very character – I'd turn it all
To thy suggestion, plot, and damnèd practice,
And thou must make a dullard of the world
If they not thought the profits of my death
Were very pregnant and potential spirits
To make thee seek it."
GLOUCESTER. – O strange and fastened villain!
Would he deny his letter, said he?
Tucket within
Hark, the Duke's trumpets. I know not why he comes.
All ports I'll bar. The villain shall not scape.
The Duke must grant me that; besides, his picture
I will send far and near, that all the kingdom

63 pitched] *Oxford*; pight *F Q*. **68** I should] *Q*; should I *F*. **69** ay] *Q* (I); *pas dans F*. **71** practice] *F*; pretence *Q*. **74** spirits] *F*; spurres *Q*. **75** O strange] *F*; Strong *Q*. **76** said he?] *F*; I never got him, *Q*. **77** why] *Q*; wher *F*.

1. *that.* Cette conjonction n'ajoute rien au sens de *But*. On la comprend souvent comme une reprise de *when* (40), le sens étant alors « Mais quand »; on met alors une ponctuation*

EDMOND. – Me convaincre d'assassiner Votre Seigneurie,
Mais[1] je lui ai dit que les dieux vengeurs
Contre les parricides pointent les feux du ciel,
Et rappelé par quels liens nombreux et puissants
L'enfant se trouve uni au père. Enfin, monsieur,
Quand il vit mon horreur et mon hostilité
A son dessein dénaturé, d'une botte meurtrière,
Avec son épée prête, il atteint tout à coup
Mon corps sans protection et il me touche au bras.
Mais quand il vit en alerte le meilleur de moi-même,
Ferme dans une juste cause et prêt à la riposte,
Ou peut-être effrayé par le bruit que je fis,
Brusquement, il s'enfuit.
GLOUCESTER. – Aussi loin qu'il s'enfuie,
Nulle part en ce pays il ne peut s'échapper,
Et sitôt pris : exécuté. Le noble duc, mon maître,
Mon honorable et suprême seigneur[2], vient ce soir.
Avec sa permission, je ferai proclamer
Que notre gratitude ira à qui le trouve
Et amène au supplice le lâche meurtrier ;
Pour qui le cache : la mort.
EDMOND. – Quand je voulus le dissuader de son projet
Il fut inébranlable[3] ; avec des mots très durs,
Je menaçai de le démasquer. Il répondit :
« Toi, un bâtard sans terres[4], crois-tu donc
Que, si j'allais te contredire, ton crédit,
Ta vertu, ta valeur feraient ajouter foi
A ce que tu dirais ? Non, ce que je nierais –
Et je nierais ceci, oui, dusses-tu m'opposer
Ma propre écriture – j'en rendrais responsables
Ta néfaste influence, tes complots, tes menées diaboliques ;
Tu dois penser que les gens sont bien sots
S'ils ne croyaient pas que tes gains par ma mort,
Tentateurs évidents et puissants[5], te poussent
A la chercher. »
GLOUCESTER. – Oh ! traître monstrueux[6], endurci !
Il voulait désavouer sa lettre ? Il l'a dit ?
Courte fanfare d'annonce à l'intérieur
Écoutez ! Les trompettes du duc ! Que vient-il faire ici ?
Je fermerai tous les ports. Le traître n'échappera pas.
Le duc ne manquera pas de m'accorder cela. De plus,
J'enverrai partout son portrait, pour que tout le royaume

---

plus légère après *father* (46). **2.** *arch and.* Hendiadys qui équivaut à « arch patron » ; l'emploi de *arch*, en ce sens, comme substantif est rarissime. **3.** *pitched.* « To pitch » signifiait « enfoncer solidement », d'où « inébranlable », « déterminé ». **4.** Les bâtards ne pouvaient hériter des terres de leur père ; voir ci-dessus I,2,16. **5.** *spirits.* Probablement au sens d'esprits malins, de démons « tentateurs » (voir *Macbeth* I,5,36) ; voir aussi Variantes. **6.** *strange.* La conduite d'Edgar est étrangère à la nature, contre nature, c.-à-d. « monstrueuse ».

May have due note of him – and of my land,
Loyal and natural boy, I'll work the means
To make thee capable.

Enter the Duke of Cornwall, Regan, and attendants

CORNWALL. – How now, my noble friend? Since I came hither,
Which I can call but now, I have heard strange news.
REGAN. – If it be true, all vengeance comes too short
Which can pursue th'offender. How dost, my lord?
GLOUCESTER. – O madam, my old heart is cracked, it's cracked.
REGAN. – What, did my father's godson seek your life?
He whom my father named, your Edgar?
GLOUCESTER. – O lady, lady, shame would have it hid!
REGAN. – Was he not companion with the riotous knights
That tend upon my father?
GLOUCESTER. – I know not, madam. 'Tis too bad, too bad.
EDMOND. – Yes, madam, he was of that consort.
REGAN. – No marvel, then, though he were ill affected.
'Tis they have put him on the old man's death,
To have th'expense and spoil of his revenues.
I have this present evening from my sister
Been well informed of them, and with such cautions
That if they come to sojourn at my house
I'll not be there.
CORNWALL. – Nor I, assure thee, Regan.
Edmond, I hear that you have shown your father
A childlike office.
EDMOND. – It was my duty, sir.
GLOUCESTER (*to Cornwall*). – He did bewray his practice, and received
This hurt you see striving to apprehend him.
CORNWALL. – Is he pursued?
GLOUCESTER. – Ay, my good lord.
CORNWALL. – If he be taken, he shall never more
Be feared of doing harm. Make your own purpose
How in my strength you please. For you, Edmond,
Whose virtue and obedience doth this instant
So much commend itself, you shall be ours.
Natures of such deep trust we shall much need.
You we first seize on.
EDMOND. – I shall serve you, sir,
Truly, however else.
GLOUCESTER (*to Cornwall*). – For him I thank your grace.
CORNWALL. – You know not why we came to visit you –
REGAN. – Thus out of season, threading dark-eyed night –

---

85 strange news] *Q*; strangenesse *F*. **93** tend] *Theobald (1733)*; tended *F*; tends *Q*. **95** of that consort] *F*; *pas dans Q*. **98** spoil] *Qcorr*; wast *F Q*. **105** bewray] *F*; betray *Q*. **113** Natures] *Q*; Nature's *F*. **117** threading] *F*; threatning *Q*.

---

1. *natural*. Le sens principal est « conforme aux liens naturels entre père et fils »; Gloucester met en contraste Edmond avec Edgar, qu'il croit dénaturé. Le mot signifiait

Puisse le reconnaître – et de mes terres,
Garçon loyal et non dénaturé[1], je trouverai le moyen
Que tu puisses hériter.

Entrent le duc de Cornouailles, Régane et leur suite

CORNOUAILLES. – Eh bien, mon noble ami ? Dès ma venue ici,
Et j'arrive à l'instant, j'apprends d'étranges nouvelles.
RÉGANE. – Si c'est vrai, l'on ne peut assez se venger
D'un pareil criminel. Comment va monseigneur ?
GLOUCESTER. – Ah ! madame, mon vieux cœur est brisé, est brisé !
RÉGANE. – Quoi ! le filleul de mon père attenter à vos jours ?
Lui qui reçut son nom de mon père[2], votre Edgar ?
GLOUCESTER. – Ah ! madame, madame, la honte voudrait que ça reste caché !
RÉGANE. – Ne fréquentait-il pas ces chevaliers dissolus
Au service de mon père ?
GLOUCESTER. – Je l'ignore, madame. Désolant, désolant !
EDMOND. – Si, madame, il faisait partie de cette bande.
RÉGANE. – Pas étonnant alors qu'il fût enclin au mal.
C'est eux qui l'ont poussé à tuer le vieillard,
Afin de dépenser et gaspiller ses biens.
Ce soir même, j'ai été amplement renseignée
Sur leur compte par ma sœur, et si bien mise en garde
Que, s'ils viennent pour séjourner chez moi,
Je ne serai pas là.
CORNOUAILLES. – Moi non plus, Régane, sois en sûre.
J'apprends, Edmond, que vous avez rendu à votre père
Un service filial.
EDMOND. – C'était là mon devoir, monsieur.
GLOUCESTER (*à Cornouailles*). – Il démasqua sa machination, et reçut
Le coup que vous voyez en voulant l'arrêter.
CORNOUAILLES. – On le pourchasse ?
GLOUCESTER. – Oui, mon bon seigneur.
CORNOUAILLES. – S'il est pris, on ne craindra plus jamais qu'il nuise.
Menez votre dessein en puisant dans mes forces
En toute liberté. Quant à vous, Edmond,
Dont la vertu d'obéissance est en cet instant
Si digne d'éloge, vous allez nous servir.
De fidèles d'une telle trempe, nous aurons grand besoin.
En premier, nous vous attachons à nous.
EDMOND. – Je vous servirai, monsieur,
Loyalement en tout cas.
GLOUCESTER (*à Cornouailles*). – Merci pour lui, Votre Grâce.
CORNOUAILLES. – Vous ignorez pourquoi nous venons vous trouver –
RÉGANE. – Ainsi hors de saison, enfilant l'œil obscur de la nuit[3] –

aussi « légitime », par opposition à « adopté ». Il commençait à signifier aussi « illégitime », mais Sh ne l'emploie pas en ce sens. **2.** Régane cherche immédiatement à associer (le mauvais) Edgar à son (mauvais) père ; Edmond, habilement, confirme le lien (95). **3.** L'image de l'œil (ou chas) d'une aiguille qu'on enfile dans l'obscurité suggère la difficulté du voyage de nuit.

Occasions, noble Gloucester, of some poise,
Wherein we must have use of your advice.
Our father he hath writ, so hath our sister,
Of differences which I least thought it fit
To answer from our home. The several messengers
From hence attend dispatch. Our good old friend,
Lay comforts to your bosom, and bestow
Your needful counsel to our businesses,
Which craves the instant use.

GLOUCESTER. – I serve you, madam.
Your graces are right welcome. *Flourish. Exeunt*

II, 2 *Enter the Earl of Kent, disguised, and Oswald the steward, severally*

OSWALD. – Good dawning to thee, friend. Art of this house?

KENT. – Ay.

OSWALD. – Where may we set our horses?

KENT. – I'th' mire.

OSWALD. – Prithee, if thou lov'st me, tell me.

KENT. – I love thee not.

OSWALD. – Why then, I care not for thee.

KENT. – If I had thee in Lipsbury pinfold I would make thee care for me.

OSWALD. – Why dost thou use me thus? I know thee not.

KENT. – Fellow, I know thee.

OSWALD. – What dost thou know me for?

KENT. – A knave, a rascal, an eater of broken meats, a base, proud, shallow, beggarly, three-suited, hundred-pound, filthy worsted-stocking knave; a lily-livered, action-taking, whoreson, glass-gazing, super-serviceable, finical rogue; one-trunk-inheriting slave; one that wouldst be a bawd in way of good service, and art nothing but the composition of a knave, beggar, coward, pander, and the son and heir of a mongrel bitch, one whom I will beat into clamorous whining if thou deniest the least syllable of thy addition.

---

118 poise] *Qcorr* (poyse); prize *F*; prise *Q*. **121** least] *Qcorr* (lest); best *F Q*. **121** thought] *Q*; though *F*. **II,2 1** dawning] *F*; deven *Q*; even *Qcorr*. **18** clamorous] *Qcorr*; clamours *F*; clamarous *Q*.

---

1. Régane ne veut pas répondre de chez elle pour ne pas s'y trouver et être obligée de recevoir son père. La plupart des éditions préfèrent *best* à *least* (voir Variantes) et comprennent *from our home* au sens de « absente de chez nous », mais, si Sh emploie souvent *from home* (voir II,2,360) en ce sens, l'emploi de *our* paraît être l'équivalent de « from our house » (répondre de chez nous), ce qui confirme le choix de *least*. **2.** Il s'agit de Kent et d'Oswald, les messagers de Lear et de Goneril. Ils ont accompagné Régane de chez elle chez Gloucester. **3.** Lieu : devant la demeure de Gloucester. *Oxford* suit l'in-folio* et met une seule scène d'ici à la fin de l'acte II, car Kent demeure sur scène. La plupart des éditions, depuis le XVIIIe siècle, commencent une 3e scène avec l'entrée d'Edgar (151) et une 4e avec l'entrée de Lear (171). L'action est continue mais le temps dramatique n'est pas identique au temps réel. Malgré le *Good dawning* de Kent (1), il fait

Ce sont, noble Gloucester, questions d'un certain poids
Sur lesquelles il faut que nous vous consultions.
Notre père m'écrit, ainsi que notre sœur,
Touchant des différends, et je ne voulais surtout pas
Répondre de chez nous[1]. Les divers messagers[2]
Sont là, prêts à partir. Notre cher vieil ami,
Soyez réconforté, et vous nous prodiguerez
De précieux conseils concernant nos affaires,
Dont l'urgence est extrême.

GLOUCESTER. – A vos ordres, madame.
Vos Grâces sont les bienvenues. *Sonnerie de trompette. Ils sortent*

Entrent séparément le comte de Kent déguisé et Oswald, l'intendant[3] **II, 2**

OSWALD. – Bonne aube[4] à toi, l'ami. Tu es de la maison ?

KENT. – Oui.

OSWALD. – Où pouvons-nous mettre nos chevaux ?

KENT. – Dans la boue.

OSWALD. – Je t'en prie, sois aimable, dis-le-moi.

KENT. – Je ne suis pas aimable.

OSWALD. – Eh bien alors, je ne me soucie pas de toi.

KENT. – Si je te tenais dans le parc à bestiaux de Dentville[5], je t'apprendrais à ne pas te soucier de moi.

OSWALD. – Pourquoi me traites-tu de la sorte ? Je ne te connais pas.

KENT. – Mais moi, bonhomme, je te connais.

OSWALD. – Pour qui donc me prends-tu ?

KENT. – Pour une canaille, un scélérat, un mangeur de restes, une abjecte canaille, un vaniteux, superficiel, miséreux, à trois habits[6] et cent livres[7], un malpropre en bas de laine[8] ; un vaurien trouillard, procédurier, vil, coquet, lèche-bottes, vétilleux ; un gredin dont les biens ne remplissent qu'une malle ; un homme qui se ferait maquereau pour bien servir et qui n'est qu'un composé de canaille, de mendiant, de couard, d'entremetteur, le fils et l'héritier d'une chienne bâtarde, quelqu'un que j'étrillerai à le faire gémir et hurler si tu récuses une seule syllabe des titres que je t'ai donnés.

---

encore nuit et la lune brille (24) au début ; Kent s'endort (148-151). Quand Lear dit *Good morrow* (280) ou bien c'est encore le matin, ou bien c'est déjà la fin de l'après-midi (et il fait de l'ironie, Muir). En tout cas, à la fin de la scène, la nuit est tombée (462). **4.** *Good dawning*. Seul exemple connu de cette salutation. Elle semble plus matinale que l'habituel « good morrow » (= good morning). **5.** La terminaison « -bury » se trouve dans beaucoup de noms de villes (Canterbury, etc.) ; l'imaginaire *Lipsbury* paraît signifier « ville des lèvres ». *Pinfold* est un enclos pour parquer du bétail. Kent dit à peu près « si je te tenais enfermé entre mes dents ». **6.** Selon Muir et Hunter, les domestiques recevaient trois livrées par an. Mais ils recevaient souvent deux livrées, une d'hiver et une d'été, et Oswald jouit d'un traitement de faveur. **7.** L'insulte n'est pas évidente puisque les gages annuels des meilleurs domestiques ne dépassaient guère cinq livres. On pense qu'il y a une allusion à la facilité avec laquelle Jacques* Ier laissait vendre des titres de chevalier (knight) ; s'il ne possédait que cent livres par an il avait plus de prétentions sociales que de solide fortune. **8.** Un gentilhomme portait des bas de soie.

OSWALD. – Why, what a monstrous fellow art thou, thus to rail on one that is neither known of thee nor knows thee !

KENT. – What a brazen-faced varlet art thou, to deny thou knowest me ! Is it two days since I tripped up thy heels and beat thee before the King ? Draw, you rogue ; for though it be night, yet the moon shines.

[He draws his sword]

I'll make a sop o'th' moonshine of you, you whoreson, cullionly barber-monger, draw !

OSWALD. – Away. I have nothing to do with thee.

KENT. – Draw, you rascal. You come with letters against the King, and take Vanity the puppet's part against the royalty of her father. Draw, you rogue, or I'll so carbonado your shanks — draw, you rascal, come your ways !

OSWALD. – Help, ho, murder, help !

KENT. – Strike, you slave ! Stand, rogue ! Stand, you neat slave, strike !

OSWALD. – Help, ho, murder, murder !

Enter Edmond the bastard, [then] the Duke of Cornwall, Regan, the Earl of Gloucester, and servants

EDMOND. – How now, what's the matter ? Part.

KENT. – With you, goodman boy. If you please, come, I'll flesh ye. Come on, young master.

GLOUCESTER. – Weapons ? Arms ? What's the matter here ?

CORNWALL. – Keep peace, upon your lives. He dies that strikes again. What is the matter ?

REGAN. – The messengers from our sister and the King.

CORNWALL (*to Kent and Oswald*). – What is your difference ? Speak.

OSWALD. – I am scarce in breath, my lord.

KENT. – No marvel, you have so bestirred your valour, you cowardly rascal. Nature disclaims in thee ; a tailor made thee.

CORNWALL. – Thou art a strange fellow — a tailor make a man ?

KENT. – A tailor, sir. A stone-cutter or a painter could not have made him so ill though they had been but two years o'th' trade.

CORNWALL. – Speak yet ; how grew your quarrel ?

OSWALD. – This ancient ruffian, sir, whose life I have spared at suit of his grey beard —

KENT. – Thou whoreson Z, thou unnecessary letter — (*to Cornwall*) my lord, if you'll give me leave I will tread this unbolted villain into mortar and daub the wall of a jakes with him. (*To Oswald*) Spare my grey beard, you wagtail ?

CORNWALL. – Peace, sirrah.
You beastly knave, know you no reverence ?

KENT. – Yes, sir, but anger hath a privilege.

---

53 you'll] *Q* ; you will *F*. 56 sirrah] *F* ; sir *Q*.

---

1. *sop.* Morceau de pain (etc.) qu'on trempait dans de l'eau, du vin (etc.). Il semble que Kent veuille percer Oswald de part en part pour l'imprégner de clair de lune. Hunter comprend qu'il va le faire tremper dans son sang au clair de lune. 2. Voir ci-dessous

OSWALD. – Mais quel monstre tu es, pour invectiver ainsi un homme que tu ne connais pas et qui ne te connaît pas davantage !

KENT. – Quel effronté coquin tu es, pour nier que tu me connais ! N'y a-t-il pas deux jours que je t'ai fait un croc-en-jambe et rossé en présence du roi ? En garde, vaurien ! Car s'il fait nuit, du moins la lune brille.

[Il dégaine son épée]

Je vais vous imprégner[1] de clair de lune ; ignoble et vil coureur de barbiers. En garde !

OSWALD. – Va-t'en, je n'ai que faire de toi.

KENT. – En garde, scélérat ! Vous apportez une lettre contre le roi et vous prenez le parti de la marionnette Vanité contre la royauté de son père. En garde, vaurien, ou je vais si bien vous taillader les mollets — en garde, scélérat, venez donc !

OSWALD. – Au secours ! holà ! à l'assassin ! au secours !

KENT. – Croisez le fer, gredin ! Défendez-vous, vaurien ! Défendez-vous, élégant gredin ! Croisez le fer !

OSWALD. – Au secours ! holà ! à l'assassin, à l'assassin !

Entrent Edmond le bâtard, [puis] le duc de Cornouailles, Régane, le comte de Gloucester et des serviteurs

EDMOND. – Eh bien, que se passe-t-il ? Séparez-vous !

KENT. – A nous deux, messire blanc-bec ! Venez, s'il vous plaît, je vais vous aguerrir[2]. Venez donc, mon petit monsieur.

GLOUCESTER. – Des armes ? On se bat ? Que se passe-t-il ici ?

CORNOUAILLES. – Assez, ou vous êtes morts. Qui frappe encore, il meurt ! Que se passe-t-il ?

RÉGANE. – Ce sont les messagers de notre sœur et du roi.

CORNOUAILLES (*à Kent et Oswald*). – Quel est le différend ? Parlez.

OSWALD. – Le souffle me manque, monseigneur.

KENT. – Pas étonnant. Vous vous êtes démené si vaillamment, lâche scélérat ! La nature te renie ; c'est un tailleur qui t'a fabriqué[3].

CORNOUAILLES. – Tu es un curieux gaillard — c'est un tailleur qui a fabriqué un homme ?

KENT. – Un tailleur, monsieur. Un sculpteur ou un peintre n'auraient pu faire un si mauvais travail, même s'ils n'avaient eu que deux ans de métier.

CORNOUAILLES. – Mais expliquez-vous. D'où vient cette querelle ?

OSWALD. – Ce vieux bandit, monsieur, que j'ai épargné à la requête de sa barbe grise —

KENT. – Tu n'es qu'un vil Z, une lettre superflue[4] — (*à Cornouailles*) monseigneur, si vous le permettez, je vais battre comme plâtre ce grossier[5] croquant et j'en enduirai des murs de latrines. (*A Oswald*) Épargner ma barbe grise, espèce de butor[6] ?

CORNOUAILLES. – Taisez-vous, drôle !
Misérable valet, vous n'avez aucun respect ?

KENT. – Si, monsieur, mais la colère a ses droits.

II,2,107 note. **3.** L'expression « the tailor makes the man » devint proverbiale (Tilley T17). Selon Kent, Oswald n'est rien de plus que ses habits. **4.** Parce qu'on peut le remplacer par « s », et que le latin se passe du « z ». **5.** *unbolted.* Littéralement : non tamisé. Il faut écraser les grumeaux dans le mortier pour le rendre utilisable. **6.** *wagtail.* Exactement « bergeronnette », mais s'employait comme terme de mépris.

CORNWALL. – Why art thou angry ?
KENT. – That such a slave as this should wear a sword,
Who wears no honesty. Such smiling rogues as these,
Like rats, oft bite the holy cords a-twain
Which are too intrince t'unloose, smooth every passion
That in the natures of their lords rebel ;
Being oil to fire, snow to the colder moods,
Renege, affirm, and turn their halcyon beaks
With every gall and vary of their masters,
Knowing naught, like dogs, but following.
[*To Oswald*] A plague upon your epileptic visage !
Smile you my speeches as I were a fool ?
Goose, an I had you upon Sarum Plain
I'd drive ye cackling home to Camelot.
CORNWALL. – What, art thou mad, old fellow ?
GLOUCESTER [*to Kent*]. – How fell you out ? Say that.
KENT. – No contraries hold more antipathy
Than I and such a knave.
CORNWALL. – Why dost thou call him knave ?
What is his fault ?
KENT. – His countenance likes me not.
CORNWALL. – No more perchance does mine, nor his, nor hers.
KENT. – Sir, 'tis my occupation to be plain :
I have seen better faces in my time
Than stands on any shoulder that I see
Before me at this instant.
CORNWALL. – This is some fellow
Who, having been praised for bluntness, doth affect
A saucy roughness, and constrains the garb
Quite from his nature. He cannot flatter, he ;
An honest mind and plain, he must speak truth.
An they will take't, so ; if not, he's plain.
These kind of knaves I know, which in this plainness
Harbour more craft and more corrupter ends
Than twenty silly-ducking observants
That stretch their duties nicely.
KENT. – Sir, in good faith, in sincere verity,
Under th'allowance of your great aspect,

---

63 too intrince] *Capell (1767-1768)* ; t'intrince *F* ; to intrench *Q*. **66** Renege] *Q* ; Revenge *F*. **67** gall] *F* ; gale *Q*. **68** dogs] *F* ; dayes *Q*. **71** an] *Q* (and) ; if *F*.

---

1. *intrince*. Seul emploi connu de ce mot, qui semble être une contraction de « intrinsicate » (emmêlé, noué) employé dans *Antoine et Cléopâtre*, V,2,292. Voir Variantes. **2.** *halcyon*. Oiseau marin fabuleux, parfois identifié au martin-pêcheur ; on pensait que celui-ci, suspendu par le bec, se tournait vers la direction du vent, comme une girouette. **3.** *gall*. Signifie « état d'irritation ». Alors que les autres éditions préfèrent *gale* (vent), *Oxford* adopte cette lecture non sans hésitation (voir *Textual Companion*, p. 534). **4.** Le visage d'Oswald est animé de mouvements convulsifs car, malgré sa peur, il essaie de faire bonne figure et de sourire. **5.** *fool*. Soit « sot », soit probablement « bouffon ». **6.** Le sens général est clair : si Kent tenait Oswald en son pouvoir, il le

CORNOUAILLES. – Pourquoi cette colère ?
KENT. – Parce qu'un gredin comme lui a l'épée au côté,
Bien qu'il n'ait pas d'honneur. Ces vauriens souriants,
Tels des rats, rongent souvent les liens sacrés,
Trop solidement noués[1] pour se défaire, flattent
Toute passion rebelle dans l'âme de leur maître ;
Ils sont huile sur leur feu, neige quand ils sont de glace,
Ils disent non ou oui, tournant leur bec d'alcyon[2]
Selon chaque saute d'humeur[3] et caprice de leur maître,
Car, ainsi que les chiens, ils ne savent que suivre.
[*A Oswald*] La peste soit de votre visage épileptique[4] !
Vous souriez de mes paroles comme si j'étais un sot[5] ?
Espèce d'oie, si je vous tenais dans la plaine de Sarum,
Je vous ferais rentrer en cacardant jusqu'à Camelot[6].
CORNOUAILLES. – Eh quoi ! tu es fou, le vieux ?
GLOUCESTER [*à Kent*]. – Pourquoi cette dispute ? Explique.
KENT. – Deux contraires n'ont pas plus grande antipathie
Que pareille canaille et moi.
CORNOUAILLES. – Pourquoi l'appeler « canaille » ?
Quelle est sa faute ?
KENT. – Sa tête ne me revient pas.
CORNOUAILLES. – Ni peut-être la mienne, la sienne ou bien celle de ma [femme.
KENT. – C'est mon métier, monsieur, de parler franchement ;
De mon temps, j'ai vu mieux en fait de têtes
Qu'aucune de celles qui se trouvent sur les épaules
Que je vois devant moi.
CORNOUAILLES. – Voici un bonhomme
Qui, ayant été loué pour son franc-parler, joue
Le bourru insolent, et en force si bien le style
Qu'il le dénature. Lui, flatter ? Il lui faut
Être honnête et franc, dire la vérité.
Prenez-le bien[7], tant mieux ; sinon, c'est de la franchise.
J'en connais de ces valets qui, sous ce franc-parler,
Vous cachent plus de ruse et des plans plus vicieux
Que trente-six[8] imbéciles de larbins à courbettes
Méticuleux à rendre leurs respects.
KENT. – Monsieur, en toute bonne foi, en vérité sincère,
Moyennant l'agrément de votre noble aspect[9],

ferait cacarder comme une oie qu'on pousse devant soi. Par contre, le détail des allusions est obscur. *Sarum* est l'ancien nom de Salisbury et la plaine est au nord de la ville. *Camelot* est la résidence légendaire du roi Arthur ; on la situait parfois à Winchester (à l'est de Salisbury). Peut-être y a-t-il une association implicite entre Winchester (= *Camelot*) et *goose* ; « Winchester goose » désignait une enflure syphilitique ou une prostituée (les bordels de Southwark, sur la rive sud de la Tamise, étant sur des terrains sous la juridiction de l'évêque de Winchester). **7.** *An*. Signifie « si ». **8.** *twenty*. Un nombre assez grand mais indéterminé, comme trente-six. **9.** *aspect*. Accentué sur la deuxième syllabe. Sens double : 1) allure, apparence ; 2) aspect au sens astrologique, c.-à-d. la situation respective des astres en rapport avec leur « influence » (vers 93). Ce langage précieux parodie celui des « valets à courbettes ».

Whose influence, like the wreath of radiant fire
On flick'ring Phoebus' front –
CORNWALL. – What mean'st by this ?
KENT. – To go out of my dialect, which you discommend so much. I know, sir, I am no flatterer. He that beguiled you in a plain accent was a plain knave, which for my part I will not be, though I should win your displeasure to entreat me to't.
CORNWALL (*to Oswald*). – What was th'offence you gave him ?
OSWALD. – I never gave him any.
It pleased the King his master very late
To strike at me upon his misconstruction,
When he, compact, and flattering his displeasure,
Tripped me behind ; being down, insulted, railed,
And put upon him such a deal of man
That worthied him, got praises of the King
For him attempting who was self-subdued,
And in the fleshment of this dread exploit
Drew on me here again.
KENT. – None of these rogues and cowards
But Ajax is their fool.
CORNWALL. – Fetch forth the stocks ! [*Exeunt some servants*]
You stubborn, ancient knave, you reverend braggart,
We'll teach you.
KENT. – Sir, I am too old to learn.
Call not your stocks for me. I serve the King,
On whose employment I was sent to you.
You shall do small respect, show too bold malice
Against the grace and person of my master,
Stocking his messenger.
CORNWALL [*calling*]. – Fetch forth the stocks ! –
As I have life and honour, there shall he sit till noon.
REGAN. – Till noon ? – till night, my lord, and all night too.
KENT. – Why, madam, if I were your father's dog
You should not use me so.
REGAN. – Sir, being his knave, I will.
Stocks brought out
CORNWALL. – This is a fellow of the selfsame colour
Our sister speaks of. – Come, bring away the stocks.
GLOUCESTER. – Let me beseech your grace not to do so.
The King his master needs must take it ill
That he, so slightly valued in his messenger,
Should have him thus restrained.

94 flick'ring] *Pope (1723-1725)* ; flicking *F* ; flitkering *Q*. **102** compact] *F* ; conjunct *Q*. **107** dread] *Q* ; dead *F*. **110** ancient] *F* ; ausrent *Q* ; miscreant *Qcorr*. **114** respect] *Q* ; respects *F*. **123-124** *Voir Passage additionnel 7*.

1. Surnom d'Apollon en tant que dieu du soleil. **2.** *though... to't*. Sens controversé. Comme le dit Schmidt, *your displeasure* est sans doute une parodie ironique de « your grace ». **3.** *fleshment*. Seul emploi connu de ce mot. On comprend d'habitude « dans

Dont l'influence, comme l'auréole de feux rayonnants
Qui scintille au front de Phébus[1] –
CORNOUAILLES. – Ce qui veut dire ?
KENT. – Que je quitte le langage qui vous déplaît si fort. Je sais, monsieur, que je ne suis pas un flatteur. Celui qui vous trompa avec un langage franc n'était qu'une franche canaille, ce que pour ma part je me refuse d'être, alors que je devrais persuader Votre Déplaisir de me le demander[2].
CORNOUAILLES (*à Oswald*). – En quoi l'aviez-vous offensé ?
OSWALD. – En rien, jamais.
Tout récemment, il plut au roi, son maître,
De me frapper par méprise sur mon compte,
Alors lui, de connivence, flattant son déplaisir,
Me culbute par derrière ; moi à terre, il triomphe,
Il raille et il se pare d'une si mâle valeur
Qu'elle le couvre de gloire ; il est loué du roi
Pour avoir assailli qui, de soi, se soumet,
Et, mis en appétit[3] par ce terrible exploit,
Il m'attaque ici de nouveau.
KENT. – Pour tous ces lâches vauriens
Ajax[4] n'est qu'un nigaud.
CORNOUAILLES. – Qu'on apporte les ceps[5] !
[*Quelques serviteurs sortent*]
Vieille canaille revêche, vénérable vantard,
Nous vous apprendrons.
KENT. – Je suis trop vieux pour apprendre,
Monsieur, pas de ceps pour moi car je sers le roi.
Je suis venu vous voir en mission de sa part.
Vous aurez peu d'égards, ferez trop grave outrage
A la personne de mon maître et à sa royauté
En entravant son messager.
CORNOUAILLES [*appelant*]. – Qu'on apporte les ceps !
Sur ma vie et mon honneur, il y sera jusqu'à midi.
RÉGANE. – Midi ? — Jusqu'au soir, monseigneur, et même toute la nuit.
KENT. – Mais, madame, si j'étais le chien de votre père
Vous ne feriez pas ainsi.
RÉGANE. – Comme vous êtes son valet, monsieur, je le ferai.

On sort les ceps

CORNOUAILLES. – C'est un bonhomme de la même farine que ceux
Dont parle notre sœur. — Allons, mettez-les là.
GLOUCESTER. – Je supplie Votre Grâce de n'en rien faire[6].
Le roi son maître ne pourra que mal prendre
D'être, en son messager, tenu en tel mépris
Qu'on puisse ainsi l'entraver.

---

l'état d'excitation résultant de » ; « to flesh », en vénerie, signifie acharner un chien, c.-à-d. lui donner le goût de la chair en le récompensant avec une partie du gibier. Oswald reprend *flesh* que Kent a déjà employé (vers 36). **4.** Héros de la guerre de Troie, fort courageux et d'une grande stature. **5.** Châtiment très fréquent à l'époque élisabéthaine, les « ceps » étaient faits de deux planches percées de trous permettant d'entraver les chevilles des prisonniers. **6.** Voir Passage additionnel 7.

CORNWALL. – I'll answer that.
[*They put Kent in the stocks*]
REGAN. – My sister may receive it much more worse
To have her gentlemen abused, assaulted.
CORNWALL. – Come, my good lord, away!
Exeunt all but Gloucester and Kent
GLOUCESTER. – I am sorry for thee, friend. 'Tis the Duke's pleasure,
Whose disposition, all the world well knows,
Will not be rubbed nor stopped. I'll entreat for thee.
KENT. – Pray do not, sir. I have watched and travelled hard.
Some time I shall sleep out; the rest I'll whistle.
A good man's fortune may grow out at heels.
Give you good morrow.
GLOUCESTER. – The Duke's to blame in this; 'twill be ill taken. *Exit*
KENT. – Good King, that must approve the common say:
Thou out of heaven's benediction com'st
To the warm sun.
[*He takes out a letter*]
Approach, thou beacon to this under globe,
That by thy comfortable beams I may
Peruse this letter. Nothing almost sees miracles
But misery. I know 'tis from Cordelia,
Who hath now fortunately been informed
Of my obscurèd course, and shall find time
For this enormous state, seeking to give
Losses their remedies. All weary and o'erwatched,
Take vantage, heavy eyes, not to behold
This shameful lodging. Fortune, good night;
Smile once more; turn thy wheel. *He sleeps*
Enter Edgar
EDGAR. – I heard myself proclaimed,
And by the happy hollow of a tree
Escaped the hunt. No port is free, no place
That guard and most unusual vigilance
Does not attend my taking. Whiles I may scape
I will preserve myself, and am bethought
To take the basest and most poorest shape
That ever penury in contempt of man
Brought near to beast. My face I'll grime with filth,
Blanket my loins, elf all my hairs in knots,

---

128 gentlemen] *Q*; Gentleman *F*. **128-129** assaulted. / CORNWALL Come] *F*; assalted / For following her affaires, put in his legges, / Come (*encore* REGAN) *Q*. **129** good] *Q*; *pas dans F*. **130** Duke's] *Q* (Dukes); Duke *F*. **137** to] *Q*; too *F*. **138** say] *Q*; saw *F Qcorr*. **143** miracles] *F*; my rackles *Q*; my wracke *Qcorr*. **145** now] *Oxford*; most *F Qcorr*; not *Q*. **147** For] *Rowe (1709)*; From *F Q*.

---

1. *abused*. Soit « insultés », soit « malmenés ». **2.** *rubbed*. Image empruntée au jeu de boules; le substantif « rub » désigne un obstacle qui détourne la boule. **3.** *out at heels*.

CORNOUAILLES. – J'en répondrai.

[*On met Kent aux ceps*]

RÉGANE. – Ma sœur, pour sa part, peut prendre encore plus mal
De voir ses gentilshommes insultés[1] et frappés.

CORNOUAILLES. – Venez, mon bon seigneur, partons.

Ils sortent tous, sauf Gloucester et Kent

GLOUCESTER. – J'en suis fâché pour toi, l'ami. Le duc le veut,
Dont personne ne peut, on le sait bien, ni détourner
Ni arrêter l'humeur[2]. Je plaiderai ta cause.

KENT. – De grâce, non, monsieur. J'ai beaucoup veillé et fait
Un long trajet. Je passerai le temps, partie à dormir
Partie à siffloter. Il arrive que le juste connaisse
L'infortune[3]. Les dieux vous donnent bonne journée[4] !

GLOUCESTER. – Le duc est dans son tort ; cela sera mal pris. *Il sort*

KENT. – Bon roi, il faut que tu vérifies le dicton populaire,
Toi qui abandonnes la bénédiction céleste
Pour l'ardeur du soleil[5].

[*Il sort une lettre*]

Arrive, ô toi, fanal[6] de ce bas monde,
Afin qu'à tes rayons réconfortants je puisse lire
Cette lettre. On ne voit presque jamais de miracles,
Sinon dans le malheur. Je sais qu'elle vient de Cordélie
Qui, heureusement, est maintenant informée
De mon déguisement et trouvera du temps
Pour ces bouleversements, cherchant à réparer
Les dommages causés[7]. Lasses, excédées de veilles,
Profitez-en, prunelles alourdies, pour ne pas voir
Cet infâme logis[8]. Bonne nuit, Fortune ;
Souris à nouveau ; tourne ta roue. *Il dort*

Entre Edgar[9]

EDGAR. – Je me suis entendu proclamer
Hors-la-loi, et j'ai pu, grâce au creux d'un tronc d'arbre,
Échapper aux traqueurs. Nul port libre, aucun lieu
Où une exceptionnelle vigilance et une garde
N'attendent pour m'arrêter. Tant que je peux leur échapper
Je suis en sûreté, et j'ai pensé à prendre
L'aspect le plus abject et le plus misérable[10]
Par lequel l'indigence ravala jamais l'homme
Presque à un animal : figure souillée de crasse,
Autour des reins une couverture, les cheveux emmêlés,

« Percé », en parlant de bas ou de chaussures, donc dans le malheur. Expression proverbiale (Tilley H389). **4.** « God » ou « gods » est sous-entendu devant *give you good morrow* ; on a traduit par le pluriel à cause du contexte théologique de la pièce. **5.** Ce proverbe, normalement sous la forme chrétienne « out of God's blessing » (voir Tilley G272), signifie quitter un bien pour un mal. **6.** *beacon*. Kent s'adresse au soleil, dont il doit attendre le lever pour lire la lettre de Cordélie. **7.** *and... remedies* (146-148). Passage peut-être altéré dont le sens est incertain. **8.** C.-à-d. les ceps dans lesquels ses chevilles sont logées. **9.** La plupart des éditions commencent ici une troisième scène. **10.** *most poorest.* Double superlatif fréquent en anglais élisabéthain. Voir I,1,204 note.

And with presented nakedness outface
The winds and persecutions of the sky.
The country gives me proof and precedent
Of Bedlam beggars who with roaring voices
Strike in their numbed and mortifièd arms
Pins, wooden pricks, nails, sprigs of rosemary,
And with this horrible object from low farms,
Poor pelting villages, sheep-cotes and mills
Sometime with lunatic bans, sometime with prayers
Enforce their charity. "Poor Tuelygod, Poor Tom."
That's something yet. Edgar I nothing am. *Exit*

Enter King Lear, his Fool, and [the First] Gentleman

LEAR. – 'Tis strange that they should so depart from home
And not send back my messenger.
[1] GENTLEMAN. – As I learned,
The night before there was no purpose in them
Of this remove.
KENT (*waking*). – Hail to thee, noble master.
LEAR. – Ha! Mak'st thou this shame thy pastime?
KENT. – No, my lord.
FOOL. – Ha, ha, he wears cruel garters! Horses are tied by the heads, dogs and bears by th' neck, monkeys by th' loins, and men by th' legs. When a man's overlusty at legs, then he wears wooden nether-stocks.
LEAR (*to Kent*). – What's he that hath so much thy place mistook
To set thee here?
KENT. – It is both he and she:
Your son and daughter.
LEAR. – No.
KENT. – Yes.
LEAR. – No, I say.
KENT. – I say yea.
LEAR. – By Jupiter, I swear no.
KENT. – By Juno, I swear ay.
LEAR. – They durst not do't,
They could not, would not do't. 'Tis worse than murder,
To do upon respect such violent outrage.
Resolve me with all modest haste which way
Thou mightst deserve or they impose this usage,
Coming from us.

---

167 from low farms] *F*; from low service *Qcorr*; frame low service *Q*. 168 sheep-cotes] *Q*; Sheeps-Coates *F*. 169 Sometime] *Q*; Sometimes *F*. 170 Tuelygod] *Q*; *Turlygod F Qcorr*. 173 messenger] *Q*; Messengers *F*. 176 KENT ... Lord] *F*; *pas dans Q*. 179 man's] *Q* (mans); man *F*. 183 yea. LEAR By] *F*; yea. / *Lear*. No no, they would not. *Kent*. Yes they have. / *Lear*. By *Q*. 184 KENT ... ay] *F*; *pas dans Q*.

---

1. *Bedlam**. Voir ci-dessus I,2,109 note. Les anciens pensionnaires de l'hôpital de Bethléem étaient munis d'un permis de mendier. 2. *Tuelygod*. Voir Variantes. Ce mot a suscité beaucoup de conjectures; parfois rapproché du français « Turlupin ». 3. *Tom*. Voir I,2,109 note. 4. Proverbial: « Something is better than nothing » (Tilley S623). *Tom*

J'exposerai ma nudité et braverai
Les vents et les persécutions du ciel.
La campagne me fournit exemples et précédents
De mendiants aliénés[1] qui, en vociférant,
Plantent dans leurs bras engourdis, et comme morts,
Épingles, aiguilles de bois, clous, brins de romarin,
Et qui, par ce spectacle affreux, forcent la charité
Des humbles fermes, des villages misérables,
Des bergeries et des moulins, tantôt par des anathèmes déments,
Tantôt par des prières. « Pauvre Turlupin[2] ! Pauvre Tom[3] ! »
Mais être ça, c'est être quelque chose. Edgar, je ne suis rien[4].

Il sort

Entrent le roi Lear, son Bouffon et [le Premier] Gentilhomme[5]

LEAR. – Étrange que de chez eux ils soient ainsi partis
Sans renvoyer mon messager !

[1er] GENTILHOMME. – Selon ce que je sais,
La veille au soir encore ils ne songeaient nullement
A ce départ.

KENT (*se réveillant*). – Salut à toi, mon noble maître !

LEAR. – Quoi ! ce déshonneur est-il ton passe-temps ?

KENT. – Non, monseigneur.

LE BOUFFON. – Hi, hi ! Il porte de cruelles[6] jarretières ! On attache les chevaux par la tête, les chiens et les ours par le cou, les singes par la taille et les hommes par les jambes. Quand un homme a la jambe trop leste[7], on lui met alors des chaussettes[8] de bois.

LEAR (*à Kent*). – Qui donc s'est mépris sur ton rang[9] au point
De te mettre ici ?

KENT. – A la fois lui et elle :
Votre fils et votre fille.

LEAR. – Non.

KENT. – Si.

LEAR. – Non, dis-je.

KENT. – Je dis que si.

LEAR. – Par Jupiter, je jure que non.

KENT. – Par Junon, je jure que oui.

LEAR. – Ils n'oseraient[10] pas,
Ne pourraient pas, ne voudraient pas. C'est pire qu'un meurtre,
Faire à ta condition[11] un outrage si violent.
Explique-moi donc vite et posément comment
Tu as pu mériter ce traitement, ou eux te l'infliger,
A toi, notre envoyé.

---

et *am* rimaient probablement. **5.** La plupart des éditions commencent ici une quatrième scène. **6.** Jeu de mots sur *cruel* (cruel) et « crewel » (fil tors, dont on faisait notamment des bas) ; même prononciation. **7.** Sans doute une allusion au vagabondage (problème social important à l'époque de Sh), qui était puni par la loi. Voir ci-dessous III,4,111-112. **8.** Plus exactement des « bas-de-chausses ». Jeu de mots sur *stocks* = « stockings » (chaussettes, bas) et « stocks » (ceps). **9.** Kent est le messager du roi. **10.** *durst.* Prétérit à sens conditionnel. **11.** *upon respect.* Sens incertain. On comprend aussi « faire délibérément un... ».

KENT. – My lord, when at their home
I did commend your highness' letters to them,
Ere I was risen from the place that showed
My duty kneeling, came there a reeking post
Stewed in his haste, half breathless, painting forth
From Goneril, his mistress, salutations,
Delivered letters spite of intermission,
Which presently they read, on whose contents
They summoned up their meinie, straight took horse,
Commanded me to follow and attend
The leisure of their answer, gave me cold looks;
And meeting here the other messenger,
Whose welcome I perceived had poisoned mine –
Being the very fellow which of late
Displayed so saucily against your highness –
Having more man than wit about me, drew.
He raised the house with loud and coward cries.
Your son and daughter found this trespass worth
The shame which here it suffers.

FOOL. – Winter's not gone yet if the wild geese fly that way.
[*Sings*] Fathers that wear rags
Do make their children blind,
But fathers that bear bags
Shall see their children kind.
Fortune, that arrant whore,
Ne'er turns the key to th' poor.
But for all this thou shalt have as many dolours for thy daughters as thou canst tell in a year.

LEAR. – O, how this mother swells up toward my heart!
Hysterica passio down, thou climbing sorrow;
Thy element's below. – Where is this daughter?

KENT. – With the Earl, sir, here within.

LEAR. – Follow me not; stay here. *Exit*

[1] GENTLEMAN (*to Kent*). – Made you no more offence but what you speak [of?

KENT. – None.
How chance the King comes with so small a number?

FOOL. – An thou hadst been set i'th' stocks for that question, thou'dst well deserved it.

KENT. – Why, Fool?

FOOL. – We'll set thee to school to an ant, to teach thee there's no labouring i'th' winter. All that follow their noses are led by their eyes but blind

---

193 painting] *F*; panting *Q*. **196** whose] *Q*; those *F*. **197** meinie] *F*; men *Q*. **208-216** FOOL ... year] *F*; *pas dans Q*. **208** wild] *F2*; wil'd *F*. **218** *Hysterica*] *F4*; *Historica F Q*.

---

1. Autrement dit, Lear n'est pas au bout de ses peines. **2.** *blind*. Traduit par « délaisse » à cause de la rime, ce mot (= aveugle) reprend un thème central de la pièce. **3.** *dolours... tell*. Jeux de mots sur *dolours* (douleurs) qui se prononce comme « dollars » (nom anglais

KENT. – Monseigneur, quand
Je leur remis chez eux la lettre de Votre Altesse,
Je ne m'étais pas encore relevé du lieu où j'exprimais
Mon respect à genoux, quand survint un courrier,
Fumant, dégoulinant de hâte, hors d'haleine,
Dépeignant les salutations de sa maîtresse, Goneril ;
Il leur remit sa lettre, bien qu'il m'interrompît,
Elle fut lue sur-le-champ ; en en voyant la teneur,
Ils assemblent leurs gens, ils montent à cheval,
Ils me disent de suivre et d'attendre qu'ils aient
Loisir de répondre, et me font grise mine ;
Et quand je trouve ici cet autre messager,
Dont j'avais vu l'accueil empoisonner le mien –
C'est justement le drôle qui a manifesté
Récemment tant d'insolence à Votre Majesté –,
Me montrant plus vaillant que sage, je dégaine.
Ses grands cris de poltron ameutèrent la maison.
Votre fils, votre fille jugèrent que cette faute
Méritait le déshonneur qu'elle souffre ici.

LE BOUFFON. – L'hiver n'est pas fini tant que les oies sauvages volent dans cette direction[1].

[*Il chante*] Qu'un père soit indigent
Et l'enfant le délaisse[2],
Qu'un père ait de l'argent
Et l'enfant le caresse.
Fortune, l'insigne putain,
N'ouvre pas au crève-la-faim.

Mais malgré tout tu auras autant d'espèces souffrantes et trébuchantes, grâce à tes filles, que tu pourras en compter[3] en un an.

LEAR. – Oh ! comme cette hystérie[4] remonte vers mon cœur !
Hysterica passio[5], chagrin qui m'envahit, descends !
Ton domaine est en bas. – Où donc est cette fille ?

KENT. – Avec le comte, Sire, ici à l'intérieur.

LEAR. – Ne me suivez pas ; restez là. *Il sort*

[1er] GENTILHOMME (*à Kent*). – N'avez-vous rien fait de pire que ce que vous [dites ?

KENT. – Rien.
Pourquoi le roi vient-il avec une si piètre escorte ?

LE BOUFFON. – Si on t'avait mis aux ceps à cause de cette question, tu ne l'aurais pas volé.

KENT. – Pourquoi, Bouffon ?

LE BOUFFON. – Nous t'enverrons en classe chez une fourmi, pour t'apprendre qu'on ne travaille pas en hiver[6]. Tous ceux qui suivent leur nez sont guidés

---

du thaler allemand) et sur *tell* (« compter » et « raconter »). Lear aura des souffrances (*dolours*) à cause de (*for*) ses filles, ou il aura des thalers (dollars) en échange de (*for*) ses filles. **4.** *mother.* Ce mot désignait aussi l'utérus et était l'équivalent de « womb » ; il signifiait aussi « hystérie ». E. Jordan (1605) dit que cette affection produit une sensation d'étouffement (cité par Muir). **5.** *Hysterica passio.* Emprunté à Harsnet. **6.** Le sens paraît être que les sages fourmis ont abandonné Lear, car pour lui c'est l'hiver.

men, and there's not a nose among twenty but can smell him that's stinking. Let go thy hold when a great wheel runs down a hill, lest it break thy neck with following; but the great one that goes upward, let him draw thee after. When a wise man gives thee better counsel, give me mine again. I would have none but knaves follow it, since a fool gives it.

[*Sings*] That sir which serves and seeks for gain
And follows but for form,
Will pack when it begin to rain,
And leave thee in the storm.
But I will tarry, the fool will stay,
And let the wise man fly.
The knave turns fool that runs away,
The fool no knave, pardie.

KENT. – Where learned you this, Fool?
FOOL. – Not i'th' stocks, fool.

Enter King Lear and the Earl of Gloucester

LEAR. – Deny to speak with me? They are sick, they are weary,
They have travelled all the night? – mere fetches,
The images of revolt and flying off.
Fetch me a better answer.
GLOUCESTER. – My dear lord,
You know the fiery quality of the Duke,
How unremovable and fixed he is
In his own course.
LEAR. – Vengeance, plague, death, confusion!
"Fiery"? What "quality"? Why, Gloucester, Gloucester,
I'd speak with the Duke of Cornwall and his wife.
GLOUCESTER. – Well, my good lord, I have informed them so.
LEAR. – "Informed them"? Dost thou understand me, man?
GLOUCESTER. – Ay, my good lord.
LEAR. – The King would speak with Cornwall; the dear father
Would with his daughter speak, commands, tends service.
Are they "informed" of this? My breath and blood –
"Fiery"? The "fiery" Duke – tell the hot Duke that –
No, but not yet. Maybe he is not well.
Infirmity doth still neglect all office
Whereto our health is bound. We are not ourselves
When nature, being oppressed, commands the mind
To suffer with the body. I'll forbear,
And am fallen out with my more headier will,
To take the indisposed and sickly fit

229 twenty] *F*; a 100. *Q*. **236** begin] *Q*; begins *F*. **245** fetches] *F*; Justice *Q*. **253-254** GLOUCESTER ... man] *F*; *pas dans Q*. **257** commands, tends] *F* (tends,); come and tends *Q*; commands her *Qcorr*. **258-259** Are ... "Fiery"?] *F*; *pas dans Q*.

1. Autrement dit, même les aveugles se rendent compte de l'état de déchéance de Lear. **2.** C.-à-d. ceux qui ont abandonné Lear. **3.** *fool.* Les vers 238-241 jouent sur les deux sens, « sot » et « bouffon ». **4.** Le soi-disant « sage » n'est qu'un « gredin » égoïste

par leurs yeux, sauf les aveugles, et il n'y a pas un nez sur vingt qui ne puisse flairer un homme qui pue[1]. Quand une énorme roue dégringole une côte, lâche prise de peur qu'elle ne te brise le cou si tu l'accompagnes ; mais le grand personnage qui monte, laisse-le t'entraîner. Quand un sage te donnera meilleur conseil, rends-moi le mien. J'aimerais que seuls les gredins[2] le suivent puisque c'est un bouffon qui le donne.

[*Il chante*] Le sieur qui sert, pour ne courir
Qu'après son avantage,
Dès qu'il pleuvra va déguerpir
Te laissant sous l'orage.
Mais je reste, le bouffon[3] s'obstine,
Quand le sage est parti.
Le gredin, ce sot, se débine,
Bouffon mais pas gredin, pardi[4] !

KENT. – Où as-tu appris cela, bouffon ?

LE BOUFFON. – Pas aux ceps, sot.

Entrent le roi Lear et le comte de Gloucester

LEAR. – Refuser de me parler ? Ils sont souffrants, fatigués,
Ont voyagé toute la nuit ? — purs prétextes,
Signes de rébellion et de désaffection[5].
Cherche-moi[6] une meilleure réponse.

GLOUCESTER. – Mon cher seigneur,
Vous savez le tempérament irascible du duc,
Comme il est inflexible, entier, quand il a pris
Une décision.

LEAR. – Vengeance ! peste ! mort ! anéantissement !
« Irascible » ? « Tempérament » ? Voyons, Gloucester, Gloucester,
Je désire voir le duc de Cornouailles et sa femme.

GLOUCESTER. – Croyez-moi, mon bon seigneur, je leur en ai fait part.

LEAR. – « Fait part » ? Est-ce que tu me comprends bien, l'ami ?

GLOUCESTER. – Oui, mon bon seigneur.

LEAR. – Le roi désire parler à Cornouailles ; le père chéri[7]
Désire parler à sa fille, il ordonne et attend leur hommage[8].
Leur en a-t-on « fait part » ? Par mon souffle et mon sang —
« Irascible » ? Le duc « irascible » — dis au bouillant duc —
Non, mais non, pas encore. Peut-être est-il souffrant.
La maladie néglige toujours tous les devoirs
Auxquels est tenue la santé. On n'est plus soi-même
Lorsque la nature, accablée, impose la souffrance
A l'esprit comme au corps. Je patienterai,
Et j'en veux à mon humeur trop impétueuse
De confondre l'indisposition, le malaise,

---

assez « sot » pour être sans honneur, alors que le « bouffon » n'est pas un « gredin » et reste fidèle à son maître. Le bouffon répond implicitement à Goneril (voir I,4,268). **5.** Les vers* 244-246 sont très irréguliers et l'in-folio* va à la ligne après *me ?* **6.** Jeu de mots sur *fetches* (prétextes) au vers 245 et (to) *fetch* (chercher) au vers 247. **7.** *dear*. Signifie peut-être « tendre », « aimant ». **8.** *tends service*. Texte et sens incertains.

For the sound man. – Death on my state, wherefore
Should he sit here? This act persuades me
That this remotion of the Duke and her
Is practice only. Give me my servant forth.
Go tell the Duke and 's wife I'd speak with them,
Now, presently. Bid them come forth and hear me,
Or at their chamber door I'll beat the drum
Till it cry sleep to death.

GLOUCESTER. – I would have all well betwixt you. *Exit*

LEAR. – O me, my heart! My rising heart! But down.

FOOL. – Cry to it, nuncle, as the cockney did to the eels when she put 'em i'th' paste alive. She knapped 'em o'th' coxcombs with a stick, and cried "Down, wantons, down!" 'Twas her brother that, in pure kindness to his horse, buttered his hay.

Enter the Duke of Cornwall, Regan, the Earl of Gloucester, and servants

LEAR. – Good morrow to you both.

CORNWALL. – Hail to your grace.

Kent here set at liberty

REGAN. – I am glad to see your highness.

LEAR. – Regan, I think you are. I know what reason
I have to think so. If thou shouldst not be glad
I would divorce me from thy mother's shrine,
Sepulchring an adultress. (*To Kent*) O, are you free?
Some other time for that. *[Exit Kent]*
Belovèd Regan,
Thy sister's naught. O, Regan, she hath tied
Sharp-toothed unkindness like a vulture here.
I can scarce speak to thee. Thou'lt not believe
With how depraved a quality – O, Regan!

REGAN. – I pray you, sir, take patience. I have hope
You less know how to value her desert
Than she to scant her duty.

LEAR. – Say, how is that?

REGAN. – I cannot think my sister in the least
Would fail her obligation. If, sir, perchance
She have restrained the riots of your followers,
'Tis on such ground and to such wholesome end
As clears her from all blame.

LEAR. – My curses on her.

---

283 you] *Q*; your *F*. **285** mother's shrine] *Oxford* (scrine); Mother Tombe *F*; mothers fruit *Q*; mothers tombe *Qcorr*; *voir Notes.* **294-299** LEAR ... blame] *F*; *pas dans Q.*

---

1. Soit leur refus de voir Lear, soit leur départ de chez eux. **2.** Probablement : jusqu'à ce que le tambour (*it*) fasse un bruit (*cry*) qui mette le sommeil à mort. **3.** *cockney.* Sens incertain. *OED* et Onions comprennent « squeamish woman » (femme délicate, qui s'effarouche facilement). Le mot est aussi péjoratif pour « citadin(e) », ce qui expliquerait qu'elle ne sait pas s'y prendre avec des anguilles vivantes. **4.** Les palefreniers malhonnêtes beurraient le foin pour en dégoûter les chevaux afin de faire payer au maître une provende

Avec l'homme bien portant. – Mort de ma royauté!
Pourquoi l'a-t-on mis là? Ce procédé me dit
Que cette absence[1] du duc et son absence à elle
N'est qu'une manœuvre. Libérez-moi mon serviteur.
Va dire au duc et à sa femme que je veux leur parler,
Maintenant, sur-le-champ. Ordonne-leur de venir m'entendre,
Ou, devant leur chambre, je battrai le tambour
Jusqu'à ce que sa clameur tue leur sommeil[2].

GLOUCESTER. – J'aimerais vous voir en bons termes. *Il sort*

LEAR. – Ô mon cœur ! Mon cœur qui se soulève ! Redescends !

LE BOUFFON. – Crie-lui, tonton, comme cette mijaurée[3] criait aux anguilles en les mettant en pâté toutes vivantes. Elle leur cognait la caboche à coups de bâton et criait « A plat, coquines, à plat ! » C'est son frère qui, par pure bonté, beurrait le foin de son cheval[4].

Entrent le duc de Cornouailles, Régane, le comte de Gloucester et des serviteurs

LEAR. – Le bonjour à vous deux.

CORNOUAILLES. – Salut à Votre Grâce.

Kent est alors libéré

RÉGANE. – Je suis contente de voir Votre Majesté.

LEAR. – Je le crois, Régane. Et je sais la raison
Qui me le fait croire. Si tu n'étais pas contente
Je divorcerais d'avec la tombe[5] de ta mère,
Sépulcre[6] d'adultère. (*A Kent*) Ah ! vous voilà libre ?
Nous en reparlerons. [*Kent sort*]
Régane chérie, ta sœur
Est malfaisante. Oh ! Régane, elle a fixé ici,
Tel un vautour[7], la méchanceté aux crocs tranchants !
A peine puis-je te parler. Tu refuseras de croire
De quelle façon dépravée – Oh ! Régane !

RÉGANE. – De grâce, Sire, calmez-vous. J'ai bon espoir
Que vous êtes moins capable d'apprécier ses mérites
Qu'elle de manquer à ses devoirs[8].

LEAR. – Comment cela, dis-moi ?

RÉGANE. – Je ne peux pas penser que ma sœur manquerait
En rien à ses obligations. Sire, si par hasard
Elle a dû mettre un frein aux excès de vos gens,
C'est pour une raison telle, une fin si salutaire,
Qu'elle en est absoute de tout blâme.

LEAR. – Je la maudis.

---

plus coûteuse, mais ce « frère » a agi stupidement (comme Lear) car il n'était pas nécessaire de beurrer le foin pour leur donner une meilleure provende « par pure bonté d'âme » (voir J. A. B. Somerset, *Notes & Queries*, 29 [1982], 117-118). **5.** *shrine*. Texte incertain ; voir Variantes. La correction d'*Oxford* est fondée sur l'hypothèse que *fruit* (in-quarto) est une lecture erronée (à cause de l'écriture de l'époque) de « scrine », synonyme de *shrine*. **6.** *sepulchring*. Accentué sur la seconde syllabe. **7.** Allusion à Prométhée, que Jupiter fit enchaîner sur le Caucase où un aigle lui dévorait constamment le foie. **8.** Sh (peut-être pour qu'elle commette un lapsus) fait dire à Régane le contraire de ce qu'elle veut exprimer (« de ne pas manquer »).

REGAN. – O sir, you are old.
Nature in you stands on the very verge
Of his confine. You should be ruled and led
By some discretion that discerns your state
Better than you yourself. Therefore I pray you
That to our sister you do make return ;
Say you have wronged her.
LEAR. – Ask her forgiveness ?
Do you but mark how this becomes the house ?
[*Kneeling*] "Dear daughter, I confess that I am old.
Age is unnecessary. On my knees I beg
That you'll vouchsafe me raiment, bed, and food."
REGAN. – Good sir, no more. These are unsightly tricks.
Return you to my sister.
LEAR [*rising*]. – Never, Regan.
She hath abated me of half my train,
Looked black upon me, struck me with her tongue
Most serpent-like upon the very heart.
All the stored vengeances of heaven fall
On her ingrateful top ! Strike her young bones,
You taking airs, with lameness !
CORNWALL. – Fie, sir, fie.
LEAR. – You nimble lightnings, dart your blinding flames
Into her scornful eyes. Infect her beauty,
You fen-sucked fogs drawn by the pow'rful sun
To fall and blister.
REGAN. – O, the blest gods !
So will you wish on me when the rash mood is on.
LEAR. – No, Regan. Thou shalt never have my curse.
Thy tender-hafted nature shall not give
Thee o'er to harshness. Her eyes are fierce, but thine
Do comfort and not burn. 'Tis not in thee
To grudge my pleasures, to cut off my train,
To bandy hasty words, to scant my sizes,
And, in conclusion, to oppose the bolt
Against my coming in. Thou better know'st
The offices of nature, bond of childhood,
Effects of courtesy, dues of gratitude.
Thy half o'th' kingdom hast thou not forgot,
Wherein I thee endowed.
REGAN. – Good sir, to th' purpose.
LEAR. – Who put my man i'th' stocks ?
Tucket within
CORNWALL. – What trumpet's that ?

---

315 struck] *F Q* (strooke). **323** blister] *F*; blast her pride *Q*. **326** tender-hafted] *F* (-hefted) ; tender hested *Q* ; tender-hearted *Rowe (1709)*.

---

1. *discretion*. Substantif abstrait signifiant une « personne sage » (Muir). **2.** Voir *Macbeth*, I,5,23. **3.** *young bones*. Dans l'*Histoire du roi Leir*, vers 844, le roi dit de Gonorill

RÉGANE. – Ô Sire, vous êtes vieux !
La nature est en vous au bord le plus extrême
De sa limite. Vous devriez être mené, guidé,
Par quelque sagesse[1] qui comprenne votre état
Mieux que vous-même. Aussi je vous prie de rentrer
Auprès de notre sœur ; vous lui direz
Que vous avez eu tort.
LEAR. – Lui demander pardon ?
Voyez-vous donc comme c'est bienséant dans une famille ?
[*S'agenouillant*] « Ma chère fille, je suis vieux, je le confesse.
La vieillesse est inutile. Je vous prie à genoux
De daigner me vêtir, me coucher, me nourrir. »
RÉGANE. – Mon bon seigneur, assez ! Cette comédie est indécente.
Retournez chez ma sœur.
LEAR [*se relevant*]. – Jamais, Régane.
Elle m'a réduit de moitié les hommes de ma suite,
Jeté de noirs regards et sa langue m'a frappé[2],
Comme celle d'un serpent, jusqu'au fond de mon cœur.
Que toutes les vengeances accumulées au ciel
S'abattent sur sa tête ingrate ! Vapeurs pestilentielles,
Rendez boiteux son enfant à naître[3] !
RÉGANE. – Fi, Sire ! Fi donc !
LEAR. – Éclairs rapides, dardez vos flammes aveuglantes
Dans ses yeux méprisants. Et vous, flétrissez sa beauté,
Brouillards pompés aux marais par le puissant soleil
Avant leur retombée délétère.
RÉGANE. – Ô dieux du ciel !
Dans votre emportement, vous me souhaiterez de même.
LEAR. – Non, Régane. Toi, jamais je ne te maudirai.
Ton naturel plein de tendresse[4] ne te poussera pas
A la dureté. Ses yeux sont féroces mais les tiens
Réconfortent et ne brûlent pas. Ce n'est pas toi
Qui contesterais mes plaisirs, amputerais ma suite,
Échangerais des mots vifs, réduirais mes subsides,
Et, en fin de compte, mettrais le verrou
Pour m'interdire d'entrer. Tu connais mieux
Les devoirs naturels et l'attachement filial,
Les marques de courtoisie, les dettes de gratitude ;
Tu n'as pas oublié ta moitié du royaume,
Que je t'ai attribuée.
RÉGANE. – Mon bon seigneur, au fait.
LEAR. – Qui donc a mis mon serviteur aux ceps ?

Courte fanfare d'annonce à l'intérieur

CORNOUAILLES. – Quelle est cette trompette ?

« she breeds young bones » (elle produit de jeunes os) et Muir donne plusieurs exemples où l'expression désigne un enfant à naître ; voir aussi I,4,229-243. On comprend parfois qu'il s'agit des os de Goneril elle-même. **4.** *tender-hafted.* Mot composé shakespearien qui signifie « muni(e) d'un manche (haft) tendre » ; on comprend « doté(e) d'une constitution délicate », c.-à-d. « douce ». Voir Variantes.

Enter Oswald the steward

REGAN. – I know't, my sister's. This approves her letter
That she would soon be here. (*To Oswald*) Is your lady come ?
LEAR. – This is a slave whose easy-borrowed pride
Dwells in the sickly grace of her a follows.
(*To Oswald*) Out, varlet, from my sight !
CORNWALL. – What means your grace ?

Enter Goneril

LEAR. – Who stocked my servant ? Regan, I have good hope
Thou didst not know on't. Who comes here ? O heavens,
If you do love old men, if your sweet sway
Allow obedience, if you yourselves are old,
Make it your cause ! Send down and take my part.
(*To Goneril*) Art not ashamed to look upon this beard ?
O Regan, will you take her by the hand ?
GONERIL. – Why not by th' hand, sir ? How have I offended ?
All's not offence that indiscretion finds
And dotage terms so.
LEAR. – O sides, you are too tough !
Will you yet hold ? – How came my man i'th' stocks ?
CORNWALL. – I set him there, sir ; but his own disorders
Deserved much less advancement.
LEAR. – You ? Did you ?
REGAN. – I pray you, father, being weak, seem so.
If till the expiration of your month
You will return and sojourn with my sister,
Dismissing half your train, come then to me.
I am now from home, and out of that provision
Which shall be needful for your entertainment.
LEAR. – Return to her, and fifty men dismissed ?
No, rather I abjure all roofs, and choose
To be a comrade with the wolf and owl,
To wage against the enmity o'th' air
Necessity's sharp pinch. Return with her ?
Why, the hot-blooded France, that dowerless took
Our youngest born – I could as well be brought
To knee his throne and, squire-like, pension beg
To keep base life afoot. Return with her ?
Persuade me rather to be slave and sumpter
To this detested groom.
GONERIL. – At your choice, sir.
LEAR. – I prithee, daughter, do not make me mad.
I will not trouble thee, my child. Farewell.
We'll no more meet, no more see one another.

---

341 sickly] *F3* ; fickly *F* ; fickle *Q*. **341** a] *Q* ; he *F*. **343-344** LEAR Who stocked ... on't.] *F* ; *Gon[eril].* Who struck ... on't. *Q*. **349** will you] *F* ; wilt thou *Q*. **364-365** To ... air] *Theobald (1733)* ; *365 placé avant 364 dans F et Q*. **367** hot-blooded] *F* ; hot-bloodied *Fcorr* ; hot bloud in *Q*.

Entre Oswald, l'intendant

RÉGANE. – Je la reconnais, c'est ma sœur. Ceci confirme sa lettre
Annonçant son arrivée prochaine. (*A Oswald*) Votre maîtresse est là ?
LEAR. – Voici un gredin, dont l'arrogance à bon compte
Vient des faveurs malsaines[1] de celle qu'il sert.
(*A Oswald*) Disparais, coquin, hors de ma vue !
CORNOUAILLES. – Que veut dire Votre Grâce ?

Entre Goneril

LEAR. – Qui a mis mon serviteur aux ceps ? J'espère bien, Régane,
Que c'est à ton insu. Mais qui vient là ? Ô cieux,
Si vous aimez les vieillards, si votre empire bienveillant
Approuve l'obéissance, si vous-mêmes êtes vieux,
Que ce soit votre cause ! Envoyez ici-bas et prenez mon parti.
(*A Goneril*) N'as-tu pas honte en voyant cette barbe ?
Ô Régane, vous lui donnez donc la main ?
GONERIL. – Pourquoi pas la main, Sire ? Quel crime ai-je commis ?
Ce que bêtise et gâtisme trouvent et nomment un crime
N'est pas toujours tel.
LEAR. – Ô mes flancs, vous êtes trop coriaces !
Tiendrez-vous encore ? Pourquoi mon serviteur fut-il mis aux ceps ?
CORNOUAILLES. – C'est moi, Sire, qui l'y ai mis ; mais son inconduite
Méritait beaucoup moins d'honneur.
LEAR. – Vous ? C'est vous ?
RÉGANE. – Vous êtes faible, mon père, de grâce, paraissez-le.
Si vous voulez, jusqu'à la fin de votre mois,
Rentrer et séjourner chez ma sœur, congédiant
La moitié de vos gens, mon tour viendra ensuite.
Je ne suis pas chez moi, et je suis démunie
De tout ce qu'il faudra pour votre hébergement.
LEAR. – Retourner chez elle, en congédiant cinquante hommes ?
Non ! Plutôt renier toute toiture et choisir
D'être le compagnon des loups et des hiboux,
D'affronter les éléments hostiles
Et les affres cuisantes du dénuement[2]. Retourner avec elle ?
Quoi ! Le bouillant roi de France qui, sans dot,
A pris notre cadette — autant m'agenouiller devant
Son trône et, tel un écuyer, mendier une pension
Pour prolonger une vie abjecte. Retourner avec elle ?
Demandez-moi plutôt de me faire la bête de somme
Et l'esclave de ce maudit valet.
GONERIL. – A votre guise, Sire.
LEAR. – Ma fille, je t'en prie, ne me rends pas fou.
Je ne t'importunerai plus, mon enfant. Adieu.
Nous ne nous fréquenterons plus, ne nous verrons plus.

1. *sickly*. On préfère d'habitude lire *fickle* (incertaine, changeante) ; voir Variantes. Lear appelle Goneril une « maladie » (*disease*) au vers 377. 2. Cf. Montaigne, trad. Florio : « Necessity must first pinch you » (EL, vol. 1, p. 287 ; Pléiade, p. 65).

But yet thou art my flesh, my blood, my daughter –
Or rather a disease that's in my flesh,
Which I must needs call mine. Thou art a boil,
A plague-sore or embossèd carbuncle
In my corrupted blood. But I'll not chide thee.
Let shame come when it will, I do not call it.
I do not bid the thunder-bearer shoot,
Nor tell tales of thee to high-judging Jove.
Mend when thou canst ; be better at thy leisure.
I can be patient, I can stay with Regan,
I and my hundred knights.

REGAN. – Not altogether so.
I looked not for you yet, nor am provided
For your fit welcome. Give ear, sir, to my sister ;
For those that mingle reason with your passion
Must be content to think you old, and so –
But she knows what she does.

LEAR. – Is this well spoken ?

REGAN. – I dare avouch it, sir. What, fifty followers ?
Is it not well ? What should you need of more,
Yea, or so many, sith that both charge and danger
Speak 'gainst so great a number ? How in one house
Should many people under two commands
Hold amity ? 'Tis hard, almost impossible.

GONERIL. – Why might not you, my lord, receive attendance
From those that she calls servants, or from mine ?

REGAN. – Why not, my lord ? If then they chanced to slack ye,
We could control them. If you will come to me –
For now I spy a danger – I entreat you
To bring but five-and-twenty ; to no more
Will I give place or notice.

LEAR. – I gave you all.

REGAN. – And in good time you gave it.

LEAR. – Made you my guardians, my depositaries,
But kept a reservation to be followed
With such a number. What, must I come to you
With five-and-twenty ? Regan, said you so ?

REGAN. – And speak't again, my lord. No more with me.

LEAR. – Those wicked creatures yet do look well favoured
When others are more wicked. Not being the worst
Stands in some rank of praise. (*To Goneril*) I'll go with thee.
Thy fifty yet doth double five-and-twenty,
And thou art twice her love.

---

378 boil] *F* (Byle).

---

1. C.-à-d. Jupiter tonnant. **2.** « Suprême » en ce sens que Jupiter est le plus grand des juges et qu'il est au ciel. Cf. *Titus Andronicus*, IV,3,50-61. **3.** On a conservé l'image de

Mais cependant tu es ma chair, mon sang, ma fille –
Ou bien plutôt un mal qui se trouve dans ma chair,
Qu'il me faut appeler mien. Tu es un abcès,
Un ulcère de la peste ou un furoncle enflé
Dans mon sang corrompu. Mais je ne te blâmerai pas.
Que la honte vienne à son heure ! Je ne l'appelle pas.
Je ne réclame pas les coups du porte-foudre[1],
Ni ne te dénonce à Jupiter, le juge suprême[2].
Amende-toi quand tu pourras ; corrige-toi à loisir.
Je peux être patient, je peux séjourner chez Régane,
Moi et mes cent chevaliers.

RÉGANE. – Non, pas exactement.
Ne vous attendant pas si tôt, je ne peux pas
Vous faire un accueil convenable. Sire, écoutez ma sœur,
Car ceux qui mêlent[3] leur raison à vos passions
Sont bien forcés de vous trouver vieux, et ainsi –
Mais elle sait ce qu'elle fait.

LEAR. – Est-ce là bien parler ?

RÉGANE. – Sire, j'ose l'affirmer. Quoi ! cinquante suivants ?
Cela n'est-il pas bien ? Pourquoi en faut-il plus,
Ou même autant, puisque le coût et les périls
Plaident contre un si grand nombre ? Comment, en un même lieu,
Tant de gens vivraient-ils en bonne intelligence
Sous deux autorités ? C'est difficile, presque impossible.

GONERIL. – Pourquoi donc, monseigneur, ne pas être servi
Par les gens de ma sœur, ou par les miens ?

RÉGANE. – Pourquoi pas, monseigneur ? S'ils venaient à vous manquer [d'égards
Nous pourrions les reprendre. Si vous venez chez moi –
Car je vois le danger maintenant – n'en amenez
Que vingt-cinq, je vous en conjure ; pas un de plus
Je n'en veux loger ni connaître.

LEAR. – Je vous ai tout donné.

RÉGANE. – Et il était bien temps !

LEAR. – Fait de vous mes protectrices et mes dépositaires[4],
Mais avec la réserve que j'aurais une suite
De tant de chevaliers. Quoi ! faut-il aller chez vous
Avec vingt-cinq ? Avez-vous dit cela, Régane ?

RÉGANE. – Et je le redis, monseigneur. Pas un de plus chez moi.

LEAR. – Les créatures méchantes paraissent tout de même aimables
Devant plus méchant qu'elles. Ne pas être le pire
Mérite quelque louange. (*A Goneril*) J'irai donc avec toi.
Tes cinquante font quand même le double de vingt-cinq,
Et ton amour deux fois le sien.

---

mingle ; Régane veut dire « ceux qui se servent de leur raison pour juger vos passions ». **4.** *guardian*. Lear veut dire « protecteur/-trice », mais le mot signifiait aussi « tuteur » d'un incapable. Cf. Montaigne, trad. Florio : « depositary and guardian » (EL, vol. 3, p. 208 ; Pléiade, p. 944).

GONERIL. – Hear me, my lord.
What need you five-and-twenty, ten, or five,
To follow in a house where twice so many
Have a command to tend you?
REGAN. – What need one?
LEAR. – O, reason not the need! Our basest beggars
Are in the poorest thing superfluous.
Allow not nature more than nature needs,
Man's life is cheap as beast's. Thou art a lady.
If only to go warm were gorgeous,
Why, nature needs not what thou, gorgeous, wear'st,
Which scarcely keeps thee warm. But for true need –
You heavens, give me that patience, patience I need.
You see me here, you gods, a poor old man,
As full of grief as age, wretchèd in both.
If it be you that stirs these daughters' hearts
Against their father, fool me not so much
To bear it tamely. Touch me with noble anger,
And let not women's weapons, water-drops,
Stain my man's cheeks. No, you unnatural hags,
I will have such revenges on you both
That all the world shall – I will do such things –
What they are, yet I know not; but they shall be
The terrors of the earth. You think I'll weep.
No, I'll not weep. I have full cause of weeping,
Storm and tempest
But this heart shall break into a hundred thousand flaws
Or ere I'll weep. – O Fool, I shall go mad!
Exeunt Lear, Fool, Gentleman, and Gloucester
CORNWALL. – Let us withdraw. 'Twill be a storm.
REGAN. – This house is little. The old man and 's people
Cannot be well bestowed.
GONERIL. – 'Tis his own blame;
Hath put himself from rest, and must needs taste his folly.
REGAN. – For his particular I'll receive him gladly,
But not one follower.
GONERIL. – So am I purposed.
Where is my lord of Gloucester?
CORNWALL. – Followed the old man forth.
[*Enter the Earl of Gloucester*]
He is returned.
GLOUCESTER. – The King is in high rage.
CORNWALL. – Whither is he going?

---

432 tamely] *F*; lamely *Q*. **447** GONERIL] *F*; *attribué à « Duke. » dans Q*. **449** CORNWALL] *F*; *attribué à* REGAN *dans Q*. **450-451** CORNWALL ... horse] *F*; *pas dans Q*.

---

1. Les annotateurs interprètent souvent *thing* comme un pluriel (« ont du superflu parmi

GONERIL. – Écoutez, monseigneur.
Qu'est-il besoin d'une suite de vingt-cinq, dix ou cinq,
Sous un toit où deux fois ce nombre de gens
Ont ordre de vous servir ?
RÉGANE. – Qu'est-il besoin d'un seul ?
LEAR. – Ah ! ne discutez pas le besoin ! Elle est en superflu,
La chose la plus vile des mendiants les plus pauvres[1].
Restreindre la nature à ses seuls besoins,
C'est ravaler une vie d'homme au bas prix d'une bête.
Tu es une dame. Si avoir chaud était en soi splendide,
La nature n'a pas besoin des splendeurs que tu portes,
Sans guère te tenir chaud. Mais le besoin véritable —
Ô cieux, rendez-moi patient, de patience j'ai besoin !
Vous me voyez ici, ô dieux, pauvre vieillard,
Chargé de peines autant que d'ans, double détresse.
Si c'est vous qui montez contre leur père le cœur
De ces deux filles, ne me faites pas assez sot
Pour l'endurer en lâche. Animez-moi d'une noble colère ;
Ne laissez pas des pleurs, l'arme des femmes,
Souiller mes joues viriles. Non, furies[2] dénaturées,
Je me vengerai de vous deux de telle façon
Que le monde entier sera — je ferai de ces choses —
Ce qu'elles sont, je ne sais pas encore ; mais elles seront
La terreur de cette terre. Vous attendez mes pleurs.
Non, je ne pleurerai pas. J'ai toutes raisons de pleurer,

Orage et tempête

Mais ce cœur se brisera en mille et mille morceaux
Avant que je ne pleure. — Ô bouffon, je vais devenir fou !

Lear, le Bouffon, le Gentilhomme et Gloucester sortent

CORNOUAILLES. – Mettons-nous à couvert. L'orage menace.
RÉGANE. – Cette demeure est petite. Le vieillard et ses gens
N'y peuvent loger à l'aise.
GONERIL. – C'est bien sa faute ;
S'est privé de quiétude, et faut bien qu'il pâtisse de sa déraison[3].
RÉGANE. – Quant à lui, je le recueillerai volontiers,
Mais personne de sa suite.
GONERIL. – J'ai la même intention.
Où est monseigneur de Gloucester ?
CORNOUAILLES. – Suivi le vieillard.

[*Entre le comte de Gloucester*]

Le voici de retour.
GLOUCESTER. – Le roi est hors de lui.
CORNOUAILLES. – Où va-t-il ?

---

leurs possessions les plus misérables »). Mais la construction est *are superfluous in the poorest thing* et le sens paraît être : ont en superflu ce qu'ils possèdent de plus misérable. **2.** Le substantif « hag » désigne une vieille femme malfaisante, parfois une sorcière* (voir *Macbeth*, IV,1,64). **3.** Vers* de six pieds avec terminaison féminine, soit 13 syllabes. L'in-folio* et l'in-quarto* découpent 444-445 en trois vers incomplets.

GLOUCESTER. – He calls to horse, but will I know not whither.
CORNWALL. – 'Tis best to give him way. He leads himself.
GONERIL (*to Gloucester*). – My lord, entreat him by no means to stay.
GLOUCESTER. – Alack, the night comes on, and the high winds
Do sorely ruffle. For many miles about
There's scarce a bush.
REGAN. – O sir, to wilful men
The injuries that they themselves procure
Must be their schoolmasters. Shut up your doors.
He is attended with a desperate train,
And what they may incense him to, being apt
To have his ear abused, wisdom bids fear.
CORNWALL. – Shut up your doors, my lord. 'Tis a wild night.
My Regan counsels well. Come out o'th' storm. *Exeunt*

III, 1 *Storm still. Enter the Earl of Kent disguised and* [*the First*] *Gentleman, severally*

KENT. – Who's there, besides foul weather?
[1] GENTLEMAN. – One minded like the weather,
Most unquietly.
KENT. – I know you. Where's the King?
[1] GENTLEMAN. – Contending with the fretful elements;
Bids the wind blow the earth into the sea
Or swell the curlèd waters 'bove the main,
That things might change or cease.
KENT. – But who is with him?
[1] GENTLEMAN. – None but the Fool, who labours to outjest
His heart-struck injuries.
KENT. – Sir, I do know you,
And dare upon the warrant of my note
Commend a dear thing to you. There is division,
Although as yet the face of it is covered
With mutual cunning, 'twixt Albany and Cornwall,
Who have – as who have not that their great stars
Throned and set high – servants, who seem no less,
Which are to France the spies and speculations
Intelligent of our state. What hath been seen,
Either in snuffs and packings of the Dukes,
Or the hard rein which both of them hath borne
Against the old kind King; or something deeper,
Whereof perchance these are but furnishings –
[1] GENTLEMAN. – I will talk further with you.

---

452 CORNWALL] *F*; *attribué à* REGAN *dans Q.* **455** ruffle] *F*; russel *Q.* **460** to] *Q*; too *F.* **462** wild] *Q*; wil'd *F.* **III,1 6** *Voir Passage additionnel 8.* **8** struck] *F Q* (strooke). **9** note] *F*; Arte *Q.* **13-20** Who ... furnishings–] *F*; *pas dans Q et voir Passage additionnel 9.*

---

1. Lieu : la campagne dans les environs de la demeure de Gloucester. Depuis Rowe,

GLOUCESTER. – Il crie « en selle », mais je ne sais où il va.
CORNOUAILLES. – Mieux vaut le laisser faire. Il n'en fait qu'à sa tête.
GONERIL (*à Gloucester*). – Monseigneur, en aucun cas n'insistez pour qu'il [reste.
GLOUCESTER. – Hélas ! la nuit approche et les vents violents
Se déchaînent cruellement. A des lieues à la ronde
Il n'y a guère un buisson.
RÉGANE. – Ah ! monsieur, quand les gens sont têtus,
Les malheurs dont ils sont eux-mêmes cause
Doivent leur faire la leçon. Fermez vos portes.
Sa suite est composée de gens sans foi ni loi
Et, comme de son oreille on abuse aisément,
La sagesse veut qu'on craigne ce qu'ils peuvent lui faire faire.
CORNOUAILLES. – Fermez vos portes, monseigneur. Cette nuit est inhumaine.
Ma Régane a raison. Gardons-nous de l'orage. *Ils sortent*

L'orage continue. Entrent séparément le comte de Kent déguisé et le [Premier] Gentilhomme[1] III, 1

KENT. – Qui est là, outre ce temps immonde ?
[1er] GENTILHOMME. – Un homme disposé comme le temps,
Tout tourmenté.
KENT. – Je vous reconnais. Où est le roi ?
[1er] GENTILHOMME. – Aux prises avec les éléments irrités,
Il ordonne au vent d'emporter la terre dans les flots
Ou de soulever les vagues déferlantes au-dessus du rivage,
Pour que tout change ou cesse[2].
KENT. – Mais qui est avec lui ?
[1er] GENTILHOMME. – Seulement le bouffon, qui plaisante pour chasser
Les blessures de son cœur.
KENT. – Monsieur, je vous connais bien
Et, fort de cette connaissance, j'ose vous confier
Une chose d'importance. Il y a mésentente,
Bien que jusqu'à présent cachée par l'habileté
De l'un comme de l'autre, entre Albany et Cornouailles[3],
Qui ont — et qui n'en a parmi ceux que leur puissante étoile
A élevés sur un trône — des serviteurs (en apparence)
Qui sont du roi de France les espions, les agents,
Et l'informent sur notre État. Ce qu'ils ont pu voir,
Soit dans les piques et les intrigues des ducs,
Ou leur rudesse à tous deux tenant la bride[4] haute
Au bon vieux roi, ou quelque chose de plus profond
Dont peut-être ces faits ne sont que l'accessoire —
[1er] GENTILHOMME. – Je veux vous en parler davantage.

---

on parle souvent de lande (heath), mais le mot n'est pas employé dans la pièce. C'est un lieu où l'homme est exposé aux intempéries. 2. Lear souhaite un retour au chaos, avec la confusion de l'eau et de la terre, deux des quatre éléments* constitutifs de l'univers. Voir Passage additionnel 8. 3. Voir Passage additionnel 9. 4. Jeu de mots sur *rein* (bride) et « reign » (règne), qui ont la même prononciation.

KENT. – No, do not.
For confirmation that I am much more
Than my out-wall, open this purse, and take
What it contains. If you shall see Cordelia –
As fear not but you shall – show her this ring
And she will tell you who that fellow is
That yet you do not know. Fie on this storm !
I will go seek the King.
[1] GENTLEMAN. – Give me your hand. Have you no more to say ?
KENT. – Few words, but to effect more than all yet :
That when we have found the King – in which your pain
That way, I'll this – he that first lights on him
Holla the other. *Exeunt severally*

III, 2 *Storm still. Enter King Lear and his Fool*

LEAR. – Blow, winds, and crack your cheeks ! Rage, blow,
You cataracts and hurricanoes, spout
Till you have drenched our steeples, drowned the cocks !
You sulph'rous and thought-executing fires,
Vaunt-couriers of oak-cleaving thunderbolts,
Singe my white head ; and thou all-shaking thunder,
Strike flat the thick rotundity o'th' world,
Crack nature's moulds, all germens spill at once
That makes ingrateful man.
FOOL. – O nuncle, court holy water in a dry house is better than this rain-water out o' door. Good nuncle, in, ask thy daughters blessing. Here's a night pities neither wise men nor fools.
LEAR. – Rumble thy bellyful ; spit, fire ; spout, rain.
Nor rain, wind, thunder, fire are my daughters.
I tax not you, you elements, with unkindness.
I never gave you kingdom, called you children.
You owe me no subscription. Then let fall
Your horrible pleasure. Here I stand your slave,
A poor, infirm, weak and despised old man,
But yet I call you servile ministers,
That will with two pernicious daughters join
Your high-engendered battles 'gainst a head
So old and white as this. O, ho, 'tis foul !
FOOL. – He that has a house to put 's head in has a good head-piece.
[*Sings*] The codpiece that will house
Before the head has any,

31-32 in ... this-] *F*; Ile this way, you that *Q*. **III,2 3** drowned] *Q*; drown *F*.

---

1. *fellow.* On comprend parfois « compagnon ». **2.** Lieu : encore la campagne dans les environs de la demeure de Gloucester, mais un endroit différent de celui de la scène précédente. **3.** *germens.* Mot shakespearien ; du latin « germen » (germe, principe). Ces « principes » sont les éléments originels qui donnent naissance à l'homme. Voir *Macbeth*,

KENT. – Non, n'en faites rien.
Pour que vous soyez sûr que je suis beaucoup plus
Que mon air de façade, ouvrez cette bourse, prenez
Son contenu. Si vous voyez Cordélie –
Ce qui, assurément, ne peut manquer – montrez-lui cet anneau
Et elle vous dira alors qui est l'individu[1]
Que vous ne connaissez encore. Au diable cet orage !
Je vais à la recherche du roi.
[1er] GENTILHOMME. – Serrons-nous la main. Rien d'autre à me dire ?
KENT. – Peu de chose, mais c'est là l'essentiel :
Quand nous aurons trouvé le roi – vous, essayez
Par là, moi, par ici – le premier qui le trouve
Il appellera l'autre. *Ils sortent séparément*

L'orage continue. Entrent le roi Lear et son Bouffon[2] **III, 2**

LEAR. – Soufflez, vents, jusqu'à crever vos joues ! Faites rage,
Soufflez, déluges et trombes, jaillissez
Jusqu'à submerger nos clochers et noyer nos girouettes !
Ô vous, feux sulfureux, prompts comme la pensée,
Avant-coureurs de la foudre qui fend les chênes,
Flambez mes cheveux blancs ! Et toi, tonnerre sismique,
Aplatis l'épaisse rotondité du monde,
Brise les moules de la nature, et détruis sur l'heure
Tous les principes[3] qui produisent l'homme ingrat !
LE BOUFFON. – Ô tonton, de l'eau bénite de cour[4] dans un logis au sec vaut mieux que cette eau de pluie au-dehors. Gentil tonton, rentre, demande la bénédiction de tes filles[5]. Voilà une nuit qui n'a pitié ni des sages ni des sots[6].
LEAR. – Va, gronde tout ton saoul. Crache, feu ! Jaillis, pluie !
Vous n'êtes pas mes filles, pluie, vent, tonnerre et feu.
Ô éléments, je ne vous accuse pas de méchanceté !
Je ne vous ai pas donné de royaume, ni appelés enfants.
Vous ne me devez aucune soumission. Que tombe
Alors l'horreur de votre bon plaisir ! Je suis là,
Votre esclave, pauvre vieillard infirme, faible et méprisé.
Je vous taxe pourtant de servile complaisance,
Vous qui joignez à deux filles malfaisantes
Vos bataillons célestes, contre une tête
Aussi vieille et chenue que celle-ci. Oh ! ho ! c'est immonde !
LE BOUFFON. – Celui qui a un toit sur la tête a un bon couvre-chef[7].
[*Il chante*] Qui trouve logis pour sa quéquette[8],
Avant d'pouvoir loger sa tête[9],

IV,1,75. **4.** C.-à-d. les belles paroles creuses, la flatterie ; voir Tilley H532. **5.** Inversion des rôles ; ce sont les enfants qui doivent demander la bénédiction paternelle. **6.** *fools.* A la fois « sots » (comme Lear) et « bouffons » ; voir la ligne 37 ci-dessous. **7.** *head-piece.* A la fois « casque » et « tête » (c.-à-d. intelligence). **8.** *codpiece.* Braguette proéminente, selon la mode de l'époque ; par métonymie, le contenant désigne ici le contenu. **9.** C.-à-d. celui qui a des rapports sexuels avant d'avoir sa maison.

The head and he shall louse,
So beggars marry many.
The man that makes his toe
What he his heart should make
Shall of a corn cry woe,
And turn his sleep to wake –
for there was never yet fair woman but she made mouths in a glass.

Enter the Earl of Kent disguised

LEAR. – No, I will be the pattern of all patience.
I will say nothing.

KENT. – Who's there ?

FOOL. – Marry, here's grace and a codpiece – that's a wise man and a fool.

KENT (*to Lear*). – Alas, sir, are you here ? Things that love night
Love not such nights as these. The wrathful skies
Gallow the very wanderers of the dark
And make them keep their caves. Since I was man
Such sheets of fire, such bursts of horrid thunder,
Such groans of roaring wind and rain I never
Remember to have heard. Man's nature cannot carry
Th'affliction nor the fear.

LEAR. – Let the great gods,
That keep this dreadful pother o'er our heads,
Find out their enemies now. Tremble, thou wretch
That hast within thee undivulgèd crimes
Unwhipped of justice ; hide thee, thou bloody hand,
Thou perjured and thou simular of virtue
That art incestuous ; caitiff, to pieces shake,
That under covert and convenient seeming
Has practised on man's life ; close pent-up guilts,
Rive your concealing continents and cry
These dreadful summoners grace. I am a man
More sinned against than sinning.

KENT. – Alack, bare-headed ?
Gracious my lord, hard by here is a hovel.
Some friendship will it lend you 'gainst the tempest.
Repose you there while I to this hard house –
More harder than the stones whereof 'tis raised,
Which even but now, demanding after you,
Denied me to come in – return and force
Their scanted courtesy.

---

45 fear] *F* ; force *Q*. **46** pother] *F* (pudder), *Q* (Powther). **54** concealing continents] *F* ; concealed centers *Q*.

---

1. Celui qui se marie sans avoir un toit (et un métier) devient un mendiant et en épouse « beaucoup » car, comme le dit Samuel Johnson, il épouse à la fois une femme et des poux. **2.** Lear a donné à ses orteils (Goneril et Régane) autant d'importance qu'à son cœur (Cordélie) ; les tourments causés par ses « cors » font son malheur. Voir Tilley H317 : « I will not set at my heart what I should set at my heel. » **3.** Apparemment un coq-à-l'âne

Sur l'une et l'autre aura des poux,
Ainsi les gueux en épousent beaucoup[1].
Celui qui fait de son orteil
Ce qu'il devrait faire de son cœur,
Un cor au pied fera son malheur[2],
Et son sommeil deviendra veille –

car il n'y a jamais eu de jolie femme qui ne fît des mines devant son miroir[3].

Entre le comte de Kent déguisé

LEAR. – Non, je serai le parfait modèle de toute patience.
Je ne dirai rien.

KENT. – Qui va là ?

LE BOUFFON. – Parbleu[4], il y a ici de la majesté et de la braguette – c'est-à-dire un sage et un sot[5].

KENT (*à Lear*). – Hélas ! Sire, vous ici ? Les créatures qui aiment la nuit
N'aiment pas les nuits pareilles. La colère du ciel
Remplit même de terreur les rôdeurs des ténèbres,
Confinés dans leurs antres. Je ne me souviens pas,
Depuis que je suis homme, d'avoir jamais connu
Ces nappes de feu, ces coups de tonnerre horribles,
Ces hurlements plaintifs du vent et de la pluie.
Notre nature n'en supporte ni les tourments ni la peur.

LEAR. – Que les grands dieux, qui font là-haut ce vacarme horrible,
Découvrent maintenant leurs ennemis[6] ! Tremble, misérable,
Toi qui recèles des crimes cachés que la justice
N'a pas encore fouettés ; cache-toi, toi main sanglante,
Toi qui t'es parjuré, et toi l'incestueux
Qui simules la vertu ; écroule-toi, fripouille,
Qui, sous le couvert trompeur d'une apparence honorable[7],
As attenté à la vie humaine ; culpabilités murées et secrètes,
Brisez le contenant qui vous cache et demandez
Grâce à ces huissiers terrifiants. Je suis
Une victime du péché plus que pécheur moi-même.

KENT. – Hélas ! tête nue ?
Mon gracieux seigneur, il y a tout près une cabane.
Elle vous accueillera en amie contre la tempête.
Reposez-vous là, pendant que moi, vers ce dur logis –
Bien plus dur que les pierres dont il est édifié,
Qui, tout à l'heure, alors que je vous recherchais,
S'est fermé devant moi – je retourne pour forcer
Leur chiche courtoisie.

---

du bouffon, peut-être (comme le dit Furness) destiné à détourner l'attention du roi d'une chanson trop lourde de sens. **4.** *Marry.* Juron très atténué dérivé de « Mary » (la Vierge Marie). **5.** *fool.* A la fois « sot » et « bouffon ». Les bouffons avaient souvent une braguette proéminente, mais comme *codpiece* désignait le roi (vers 25), son emploi à la ligne 37 laisse planer une ambiguïté sur l'identité du *fool ;* voir ligne 12 ci-dessus. **6.** Épouvantés par la tempête, les impies se démasqueront. **7.** *seeming.* C'est à la fois l'hypocrisie secrète (*covert*) et l'apparence honorable (*convenient*).

LEAR. – My wits begin to turn.
(*To Fool*) Come on, my boy. How dost, my boy? Art cold?
I am cold myself. – Where is this straw, my fellow?
The art of our necessities is strange,
And can make vile things precious. Come, your hovel. –
Poor fool and knave, I have one part in my heart
That's sorry yet for thee.

FOOL [*Sings*]. – He that has and a little tiny wit,
With heigh-ho, the wind and the rain,
Must make content with his fortunes fit,
Though the rain it raineth every day.

LEAR. – True, boy. (*To Kent*) Come, bring us to this hovel.

Exeunt Lear and Kent

FOOL. – This is a brave night to cool a courtesan. I'll speak a prophecy ere I go:

When priests are more in word than matter;
When brewers mar their malt with water;
When nobles are their tailors' tutors,
No heretics burned, but wenches' suitors,
Then shall the realm of Albion
Come to great confusion.

When every case in law is right;
No squire in debt nor no poor knight;
When slanders do not live in tongues,
Nor cutpurses come not to throngs;
When usurers tell their gold i'th' field,
And bawds and whores do churches build,
Then comes the time, who lives to see't,
That going shall be used with feet.

This prophecy Merlin shall make; for I live before his time. *Exit*

III, 3 *Enter the Earl of Gloucester and Edmond*

GLOUCESTER. – Alack, alack, Edmond, I like not this unnatural dealing. When I desired their leave that I might pity him, they took from me the use of mine own house, charged me on pain of perpetual displeasure neither to speak of him, entreat for him, or any way sustain him.

EDMOND. – Most savage and unnatural!

---

67 vile] *F* (vilde). **75-91** FOOL ... time] *F*; *pas dans Q*. **81-82** *deux vers*] *Duthie-Wilson (1960)*; *un seul vers placé après 88 dans F.*

---

1. Comme l'alchimiste, qui transmue le métal vil en or. **2.** « To be both fool and knave » (Dent 506.1) était normalement péjoratif; voir I,1,15 et I,4,268 et les notes. **3.** Cette chanson est une reprise, modifiée, de celle de Feste, le bouffon de *La Nuit des Rois* (V,1). **4.** *and.* Mot destiné à ajuster les paroles à la mélodie, mais qui n'a pas de sens par lui-même. Voir aussi *Othello*, II,3,74. **5.** *heigh-ho.* Exclamation exprimant la déception, la lassitude, un soupir (*OED* et Onions 3); selon Schmidt elle exprimerait ici la joie.

LEAR. – Ma raison commence à divaguer.
(*Au Bouffon*) Viens, mon garçon. Comment va, mon garçon ? Tu as froid ?
Moi aussi, j'ai froid. – Où est cette paille, camarade ?
Nos besoins possèdent un art étrange, qui transmue
Les choses viles en choses précieuses[1]. Venez, votre cabane. –
Pauvre bouffon, p'tit gars[2], j'ai encore dans mon cœur
Une partie pour te plaindre.

LE BOUFFON [*Il chante*][3]. – Qui a d'esprit quelque lueur[4],
S'exclame ah ! ah ![5] il pleut, il vente,
Accepte tout, heur et malheur[6],
Même si la pluie est quotidienne.

LEAR. – C'est vrai, gamin. (*A Kent*) Venez, conduisez-nous à la cabane.
Lear et Kent sortent

LE BOUFFON. – Voilà une fameuse nuit pour refroidir une courtisane ! Je vais dire une prophétie avant de m'en aller[7] :
Quand les prêtres parleront plus qu'agiront ;
Quand les brasseurs leur bière mouilleront ;
Quand les nobles en remontreront à leur tailleur,
Et qu'les seuls hérétiques brûlés[8] seront les cavaleurs,
C'est alors que le royaume d'Albion
Tombera en grande confusion.

Quand on ne verra plus procès non équitable,
Écuyer endetté, chevalier misérable ;
Quand il n'y aura pas de langue médisante,
Ni aucun coupe-bourse dans la foule grouillante,
Quand l'usurier son or comptera en public,
Que maquereaux et putes édifieront des basiliques,
Alors viendra le temps, le verra qui vivra,
Où ses pieds, pour marcher, on utilisera.
Cette prophétie sera faite par Merlin, car moi je vis avant son époque[9] !
Il sort

Entrent le comte de Gloucester et Edmond[10] III, 3

GLOUCESTER. – Hélas ! hélas ! Edmond, je n'aime pas ce procédé dénaturé. Quand je les priai de me laisser le prendre en pitié, ils m'ôtèrent la disposition de ma propre demeure et m'enjoignirent, sous peine de leur perpétuel déplaisir, de ne pas parler de lui, de ne pas plaider pour lui, de ne lui prêter aucune aide.

EDMOND. – C'est affreusement inhumain et dénaturé !

---

6. Mot à mot : Doit faire en sorte que son contentement s'accorde (*fit*) avec sa fortune. **7.** Les six premiers vers de cette « prophétie » sont une parodie de vers attribués (à tort) à Geoffrey Chaucer du temps de Sh. Les vers 77-82 sont une satire réaliste de la société élisabéthaine tandis que les vers 83-88 sont utopiques. La source de Sh semble être George Puttenham ; voir *Division*, p. 382-385. **8.** *burned.* Jeu de mots : si les hérétiques ne sont plus « brûlés », par contre les « cavaleurs » (ou coureurs de jupons) le sont par les maladies vénériennes. **9.** Merlin l'Enchanteur était le contemporain du roi Arthur, que la chronique de Holinshed* situe au VIe siècle, soit près de quatorze siècles après le roi Lear. **10.** Lieu : la demeure de Gloucester.

GLOUCESTER. – Go to, say you nothing. There is division between the Dukes, and a worse matter than that. I have received a letter this night – 'tis dangerous to be spoken – I have locked the letter in my closet. These injuries the King now bears will be revenged home. There is part of a power already footed. We must incline to the King. I will look him and privily relieve him. Go you and maintain talk with the Duke, that my charity be not of him perceived. If he ask for me, I am ill and gone to bed. If I die for't – as no less is threatened me – the King my old master must be relieved. There is strange things toward, Edmond ; pray you be careful. *Exit*

EDMOND. – This courtesy, forbid thee, shall the Duke
Instantly know, and of that letter too.
This seems a fair deserving, and must draw me
That which my father loses : no less than all.
The younger rises when the old doth fall. *Exit*

III, 4 *Enter King Lear, the Earl of Kent disguised, and Lear's Fool*

KENT. – Here is the place, my lord. Good my lord, enter.
The tyranny of the open night's too rough
For nature to endure.
Storm still
LEAR. – Let me alone.
KENT. – Good my lord, enter here.
LEAR. – Wilt break my heart ?
KENT. – I had rather break mine own. Good my lord, enter.
LEAR. – Thou think'st 'tis much that this contentious storm
Invades us to the skin. So 'tis to thee ;
But where the greater malady is fixed,
The lesser is scarce felt. Thou'dst shun a bear,
But if thy flight lay toward the roaring sea
Thou'dst meet the bear i'th' mouth. When the mind's free,
The body's delicate. This tempest in my mind
Doth from my senses take all feeling else
Save what beats there : filial ingratitude.
Is it not as this mouth should tear this hand
For lifting food to't ? But I will punish home.
No, I will weep no more. – In such a night
To shut me out ? Pour on, I will endure.
In such a night as this ! O Regan, Goneril,
Your old kind father, whose frank heart gave all –
O, that way madness lies. Let me shun that.
No more of that.
KENT. – Good my lord, enter here.

---

10 footed] *F* ; landed Q. **13** for't] *Q* ; for it *F*. **III,4 6** contentious] *F* ; crulentious *Q* ; tempestious *Qcorr*. **10** thy] *Q* ; they *F*. **12** This] *Qcorr* ; the *F Q*. **16** home] *F* ; sure *Q*. **17-18** In ... endure] *F* ; *pas dans Q*.

GLOUCESTER. – Allons, ne dites rien. Il y a mésentente entre les ducs, et pire encore. J'ai reçu une lettre ce soir – il est dangereux d'en parler – j'ai mis la lettre sous clef dans mon coffre. Les souffrances qu'endure maintenant le roi seront pleinement vengées. Une armée a déjà partiellement débarqué. Il faut nous ranger du côté du roi. Je m'en vais le rechercher, et l'aider en secret. De votre côté, allez entretenir le duc, pour qu'il ne s'aperçoive pas de ma charité. S'il me demande, je suis souffrant et parti me coucher. Dussé-je en mourir – car on me menace de rien moins – il faut secourir le roi, mon vieux maître. Il se prépare des choses étranges, Edmond ; de grâce, soyez prudent. *Il sort*

EDMOND. – De cette bienveillance[1], qui te fut défendue,
Sur l'heure j'informe le duc, ainsi que de cette lettre.
Ceci paraît fort méritoire, et doit me faire donner
Jusqu'au dernier des biens que va perdre mon père.
Quand le vieillard pâtit l'homme jeune prospère ! *Il sort*

Entrent le roi Lear, le comte de Kent déguisé et le Bouffon de Lear[2] **III, 4**

KENT. – C'est ici, monseigneur. Mon bon seigneur, entrez.
La tyrannie de cette nuit au grand air est trop rude
Pour que la nature l'endure.
L'orage continue

LEAR. – Laissez-moi.

KENT. – Mon bon seigneur, entrez ici.

LEAR. – Tu veux me briser le cœur[3] ?

KENT. – Plutôt briser le mien ! Mon bon seigneur, entrez.

LEAR. – Tu trouves important que l'orage belliqueux
Nous perce jusqu'à la peau. C'est important pour toi.
Mais là où se fixe un mal plus grand, un moindre mal
Se fait à peine sentir. Tu fuirais devant l'ours,
Mais si ta course t'amenait à la mer rugissante
Tu affronterais la gueule de l'ours. Quand on a l'esprit libre
Le corps devient douillet. Cette tempête dans l'esprit
Enlève à ma conscience tout autre sentiment
Que ce qui bat ici : l'ingratitude filiale.
N'est-ce pas comme si ma bouche déchirait ma main
Parce qu'elle lui monte sa nourriture ? Mais je saurai punir.
Non, je ne pleurerai plus. – Par une nuit pareille,
Me mettre dehors ? Qu'il pleuve encore ! J'endurerai.
Par une nuit comme celle-ci ! Ô Régane, Goneril,
Votre tendre vieux père, dont le cœur généreux
A tout donné – Oh ! par là c'est la folie !
Gardons-nous-en ! Assez !

KENT. – Mon bon seigneur, entrez ici.

---

1. *courtesy*. Semble signifier ici (et sans doute à III,2,63) « bienveillance », « bonté » (voir Schmidt 4 et *OED* 2). 2. Lieu : les environs de la demeure de Gloucester, devant une cabane. 3. Comme Lear l'explique ensuite, s'il n'est plus exposé aux intempéries, il ressentira plus vivement ses souffrances morales.

LEAR. – Prithee, go in thyself. Seek thine own ease.
This tempest will not give me leave to ponder
On things would hurt me more ; but I'll go in.
(*To Fool*) In, boy ; go first. [*Kneeling*] You houseless poverty –
Nay, get thee in. I'll pray, and then I'll sleep. *Exit Fool*
Poor naked wretches, wheresoe'er you are,
That bide the pelting of this pitiless storm,
How shall your houseless heads and unfed sides,
Your looped and windowed raggedness, defend you
From seasons such as these ? O, I have ta'en
Too little care of this. Take physic, pomp,
Expose thyself to feel what wretches feel,
That thou mayst shake the superflux to them
And show the heavens more just.

Enter Lear's Fool, [*and Edgar as a Bedlam beggar in the hovel*]

EDGAR. – Fathom and half ! Fathom and half ! Poor Tom !
FOOL. – Come not in here, nuncle. Here's a spirit. Help me, help me !
KENT. – Give me thy hand. Who's there ?
FOOL. – A spirit, a spirit. He says his name's Poor Tom.
KENT. – What art thou that dost grumble there i'th' straw ?
Come forth.

[*Edgar comes forth*]

EDGAR. – Away, the foul fiend follows me.
Thorough the sharp hawthorn blow the winds. Hm ! Go to thy cold bed and warm thee.

LEAR. – Didst thou give all to thy two daughters,
And art thou come to this ?

EDGAR. – Who gives anything to Poor Tom, whom the foul fiend hath led through fire and through flame, through ford and whirlpool, o'er bog and quagmire ; that hath laid knives under his pillow and halters in his pew, set ratsbane by his porridge, made him proud of heart to ride on a bay trotting-horse over four-inched bridges, to course his own shadow for a traitor. Bless thy five wits, Tom's a-cold ! O, do, de, do, de, do de. Bless thee from whirlwinds, star-blasting, and taking. Do Poor Tom some charity, whom the foul fiend vexes. There could I have him now, and there, and there again, and there.

26-27 In ... sleep] *F* ; *pas dans Q.* **29** storm] *F* ; night *Q.* **37** EDGAR ... Tom] *F* ; *pas dans Q.* **43** Thorough] *Q* ; through *F.* **44** cold] *Q* ; *pas dans F.* **45** two] *Q* ; *pas dans F.* **48** through fire] *Q* ; though Fire *F.* **48** through flame] *F* ; *pas dans Q.* **48** ford] *Q* ; Sword *F* ; *voir Notes.* **50** porridge] *F* ; pottage *Q.* **52** O ... de] *F* ; *pas dans Q.*

---

1. *shake.* Image d'un arbre qu'on secoue et dont les fruits tombent sur ceux qui se trouvent en dessous. **2.** C'est le cri du marin qui sonde la profondeur de la mer. Edgar fait comme si la cabane flottait sur les flots du déluge de pluie. **3.** *foul.* Le sens principal est ici « méchant », « mauvais » d'un point de vue moral et spirituel ; dans les textes religieux il est souvent l'équivalent d'« immonde » (cf. « l'esprit immonde », c.-à-d. le diable). **4.** *Go... thee.* Sens incertain ; l'in-folio* omet *cold.* D'après Staunton (cité par Muir), *go to thy cold bed* signifierait simplement « va au lit [alors que tu as] froid », mais c'est peut-être de

LEAR. – Je t'en prie, entre toi-même. Mets ton corps à l'aise.
Cette tempête m'interdit de remâcher des choses
Qui me feraient plus mal ; et pourtant, j'entrerai.
(*Au Bouffon*) Va, petit ; passe devant. [*S'agenouillant*] Vous, pauvres sans [toit –
Allons, entre donc. Je vais prier, et après ça dormir. ***Le Bouffon sort***
Pauvres gueux tout nus, où que vous vous trouviez,
En butte aux coups d'un orage sans pitié,
Comment vos têtes sans toit et vos flancs affamés,
Vos haillons tout percés d'ajours et de fenêtres,
Vous protègeront-ils d'un temps comme celui-ci ?
Oh ! je m'en suis trop peu préoccupé ! Splendeur,
Prends ton remède, expose-toi à sentir ce que sentent
Les gueux, pour que tu puisses répandre[1] sur eux ton superflu
Et montrer que le ciel est plus juste.

Entre le Bouffon de Lear, [et Edgar en mendiant fou, étant dans la cabane]

EDGAR. – Une brasse et demie, une brasse et demie[2] ! Pauvre Tom !

LE BOUFFON. – N'entre pas ici, tonton. Il y a un esprit. Au secours, au secours !

KENT. – Donne-moi la main. Qui est là ?

LE BOUFFON. – Un esprit, un esprit. Il dit qu'il s'appelle Pauvre Tom.

KENT. – Qui donc es-tu, toi qui grognes là dans la paille ?
Sors de là !

[*Edgar s'avance*]

EDGAR. – Arrière ! L'esprit immonde[3] est à mes trousses.
Les vents transpercent l'aubépine piquante. Hum ! Va dans ton lit glacé et réchauffe-toi[4].

LEAR. – Est-ce que tu aurais tout donné à tes deux filles
Pour en être réduit à ça ?

EDGAR. – Qui donne quoi que ce soit à Pauvre Tom ? L'esprit immonde l'a mené à travers feux et flammes, à travers les gués et les tourbillons, les bourbiers et les marécages ; il a placé des couteaux sous son oreiller et des cordes dans sa galerie[5], il a mis de la mort-aux-rats près de son potage, il a rendu son cœur fier, pour qu'il monte un trotteur bai sur des ponceaux de quatre pouces de large, et qu'il pourchasse sa propre ombre comme un traître. Bénis soient tes cinq sens[6] ! Tom a froid ! Oh ! brrr ! brrr ! brrr[7] ! Les cieux te gardent des bourrasques, des astres maléfiques et des mauvais sorts ! Faites la charité à Pauvre Tom que tourmente l'esprit immonde. Maintenant, je pourrais l'avoir là, et là, et encore là, et là[8].

---

l'ironie. **5.** Traditionnellement, le diable poussait les désespérés au suicide pour qu'ils se damnent. *Pew* ne désigne pas un banc d'église (sens plus tardif), mais probablement une estrade, d'où on pourrait se pendre. Cf. Harsnet, « a new halter, and two blades of knives, [he] did leave the same, upon the gallery floor in her Master's house » (p. 219). **6.** *five wits.* L'expression était souvent l'équivalent de « five senses » (les cinq sens), mais il peut s'agir des cinq facultés (mémoire, imagination, etc.) car Sh distingue *five wits* de *five senses* au sonnet 141. **7.** Tom grelotte et claque probablement des dents. **8.** Il se frappe pour tuer ses poux, identifiés à des démons.

Storm still

LEAR. – Has his daughters brought him to this pass?
(*To Edgar*) Couldst thou save nothing? Wouldst thou give 'em all?

FOOL. – Nay, he reserved a blanket, else we had been all shamed.

LEAR (*to Edgar*). – Now all the plagues that in the pendulous air
Hang fated o'er men's faults light on thy daughters!

KENT. – He hath no daughters, sir.

LEAR. – Death, traitor! Nothing could have subdued nature
To such a lowness but his unkind daughters.
(*To Edgar*) Is it the fashion that discarded fathers
Should have thus little mercy on their flesh?
Judicious punishment: 'twas this flesh begot
Those pelican daughters.

EDGAR. – Pillicock sat on Pillicock Hill; alow, alow, loo, loo.

FOOL. – This cold night will turn us all to fools and madmen.

EDGAR. – Take heed o'th' foul fiend; obey thy parents; keep thy words' justice; swear not; commit not with man's sworn spouse; set not thy sweet heart on proud array. Tom's a-cold.

LEAR. – What hast thou been?

EDGAR. – A servingman, proud in heart and mind, that curled my hair, wore gloves in my cap, served the lust of my mistress' heart, and did the act of darkness with her; swore as many oaths as I spake words, and broke them in the sweet face of heaven; one that slept in the contriving of lust, and waked to do it. Wine loved I deeply, dice dearly, and in woman out-paramoured the Turk. False of heart, light of ear, bloody of hand; hog in sloth, fox in stealth, wolf in greediness, dog in madness, lion in prey. Let not the creaking of shoes nor the rustling of silks betray thy poor heart to woman. Keep thy foot out of brothels, thy hand out of plackets, thy pen from lenders' books, and defy the foul fiend. Still through the hawthorn blows the cold wind, says suum, mun, nonny. Dauphin, my boy! Boy, *cessez*; let him trot by.

Storm still

LEAR. – Thou wert better in a grave than to answer with thy uncovered body this extremity of the skies. Is man no more than this? Consider him well. Thou owest the worm no silk, the beast no hide, the sheep no

---

71 justice] *F*; justly *Q*. **78** deeply] *Q*; deerely *F*. **84** says suum, mun, nonny] *F*; hay no on ny *Q*. **84** Dauphin] *F Q* (Dolphin). **85** *cessez*] *Oxford*; *Sesey F*; caese *Q*.

---

1. *has.* Verbe au singulier avant un sujet pluriel. Ceci est assez fréquent; voir III,7,27 ci-dessous, *Hamlet,* III,3,14-15, *Othello,* I,1,171, etc. **2.** En représentation, le bouffon adresse souvent cette remarque en aparté aux spectateurs. Tom s'est « réservé » une couverture comme Lear s'était réservé une suite de cent chevaliers (I,1,127). **3.** *Death, traitor!* Le premier mot est peut-être une imprécation (voir I,4,250 et II,2,250) : « Mort! Traître! » **4.** *unkind.* Voir I,1,254 note. **5.** Voir ci-dessus II,2,165-166. **6.** Selon la légende, le pélican nourrissait parfois ses petits de son propre sang; c'était un emblème du Christ. Les filles de Lear sont sanguinaires, comme les petits du pélican. Voir *Hamlet,*

L'orage continue

LEAR. – C'est[1] ses filles qui l'ont mis dans cette extrémité ?
(*A Edgar*) N'as-tu rien pu garder ? Tu voulais tout leur donner ?

LE BOUFFON. – Non, il s'est réservé une couverture, autrement il nous aurait tous fait rougir[2].

LEAR (*à Edgar*). – Oui, que tous les fléaux suspendus dans les airs,
Destinés aux fautes des hommes, s'abattent sur tes filles !

KENT. – Il n'a pas de filles, Sire.

LEAR. – A mort, traître[3] ! Rien n'aurait pu réduire la nature
A une telle déchéance, sinon ses filles dénaturées[4].
(*A Edgar*) Est-ce la mode que les pères rejetés aient comme ça
Aussi peu de pitié à l'endroit de leur chair[5] ?
Châtiment équitable : car cette chair engendra
Ces pélicans de filles[6].

EDGAR. – Pélipine était assis sur le mont Pélipine[7] : Taïaut ! taïaut ! va ! va[8] !

LE BOUFFON. – Cette nuit glacée nous changera tous en sots[9] et en fous.

EDGAR. – Garde-toi de l'esprit immonde ; obéis à tes parents ; rends justice à ta parole ; ne jure pas ; ne fornique pas avec l'épouse légitime de ton prochain ; n'affectionne pas les fières parures[10]. Tom a froid.

LEAR. – Qu'étais-tu avant ?

EDGAR. – Un serviteur[11], orgueilleux de cœur et d'esprit ; je me frisais les cheveux, je portais des gants à mon bonnet[12], servais la luxure du cœur de ma maîtresse et faisais avec elle l'acte de nuit ; je faisais autant de serments que je proférais de paroles et je les violais à la face du ciel clément ; je complotais l'œuvre de chair en dormant et m'éveillais pour la faire. J'aimais le vin follement, les dés furieusement, et j'avais plus de maîtresses que le Grand Turc. Le cœur faux, l'oreille accueillante[13], la main sanguinaire ; fainéant comme un porc, voleur comme un renard, vorace comme un loup, enragé comme un chien, féroce comme un lion. Ne laisse pas un craquement de soulier ou un bruissement de soie livrer ton pauvre cœur à une femme. Ne mets pas le pied au bordel, la main sous les jupons[14], ou ta plume dans le registre de l'usurier, et récuse l'esprit immonde. Toujours le vent glacé transperce l'aubépine, et fait zou zou, chu chu, zinzin[15]. Dauphin, mon petit ! Cessez, petit. Qu'il passe au trot[16] !

L'orage continue

LEAR. – Tu serais mieux dans ta tombe qu'à braver ce déchaînement du ciel avec ton corps dénudé. L'homme n'est-il donc que cela ? Considérons-le bien. Tu n'es pas redevable au ver de sa soie, au bovin de son cuir,

---

IV,5,144 et *Richard II,* II,1,127. **7.** *Pillicock.* 1) Vulgairement, le pénis ; 2) appellation affectueuse pour un garçon. **8.** *alow... loo.* Sens incertain. Probablement un cri pour encourager un chien de chasse (Onions). **9.** *fools.* A la fois « sots » et « bouffons ». **10.** Série d'injonctions d'origine biblique. **11.** *servingman.* Soit un domestique, soit le chevalier servant d'une maîtresse. **12.** Gants donnés par une maîtresse. **13.** Prête à écouter le mal. **14.** *plackets.* Ici l'ouverture en haut de la jupe ou du jupon, permettant de l'enfiler ; euphémisme pour la vulve. **15.** *nonny.* Employé dans les refrains de chansons* (cf. *Hamlet,* IV,5,164, etc.), le mot n'est pas innocent car il désignait la vulve. **16.** *Dauphin... by.* Paroles d'un (prétendu) fou, dont le sens est incertain. Peut-être le fragment d'une ballade. Voir Variantes.

wool, the cat no perfume. Ha, here's three on 's are sophisticated; thou art the thing itself. Unaccommodated man is no more but such a poor, bare, forked animal as thou art. Off, off, you lendings! Come, unbutton here.

Enter the Earl of Gloucester with a torch

FOOL. – Prithee, nuncle, be contented. 'Tis a naughty night to swim in. Now a little fire in a wild field were like an old lecher's heart – a small spark, all the rest on 's body cold. Look, here comes a walking fire.

EDGAR. – This is the foul fiend Flibbertigibbet. He begins at curfew and walks till the first cock. He gives the web and the pin, squints the eye, and makes the harelip; mildews the white wheat, and hurts the poor creature of earth.

[*Sings*] Swithin footed thrice the wold,
A met the night mare and her nine foal,
Bid her alight
And her troth plight,
And aroint thee, witch, aroint thee!

KENT (*to Lear*). – How fares your grace?

LEAR. – What's he?

KENT (*to Gloucester*). – Who's there? What is't you seek?

GLOUCESTER. – What are you there? Your names?

EDGAR. – Poor Tom, that eats the swimming frog, the toad, the tadpole, the wall-newt and the water; that in the fury of his heart, when the foul fiend rages, eats cowdung for salads, swallows the old rat and the ditch-dog, drinks the green mantle of the standing pool; who is whipped from tithing to tithing, and stocked, punished, and imprisoned; who hath had three suits to his back, six shirts to his body,
Horse to ride, and weapon to wear;
But mice and rats and such small deer
Have been Tom's food for seven long year.
Beware my follower. Peace, Smulkin; peace, thou fiend!

91-92 unbutton here.] *F*; on bee true. *Q*; on *Qcorr.* **96** fiend] *Q*; *pas dans F.* **96** Flibbertigibbet] *F*; *Sriberdegibit Q*; *fliberdegibek Qcorr.* **97** till the] *Q*; at *F.* **100** Swithin] *Oxford*; *Swithold F*; swithald *Q.* **100** wold] *Theobald (1733)*; old *F Q.* **101** A] *Q*; He *F Qcorr.* **101** nine foal] *Oxford*; nine-fold *F*; nine fold *Q.* **110** salads] *F* (Sallets). **112** had] *Q*; *pas dans F.* **117** Smulkin] *F*; snulbug *Q.*

---

1. *cat.* Pour « civet-cat »; la civette a une poche anale dont la sécrétion est utilisée en parfumerie. **2.** Les lignes 87-91 semblent influencées par plusieurs passages de Montaigne, trad. Florio : 1) « man is the only forsaken and outcast creature, naked on the bare earth... having nothing to cover and arm himself withal but the spoil of others; ... wool, ... hides, ... silk »; 2) « miserable man : whom if you consider well, what he is »; 3) « Truly, when I consider man all naked ... We may be excused for borrowing those which nature had therein favoured more than us... and under their spoils of wool, of hair, of feathers, and of silk to shroud us » (EL, vol. 2, p. 147, 169 et 181; Pléiade, p. 433, 453, 463). Aussi : « men..., as perfumers do with oil, they have adulterated [nature], ... and sophisticated her » (EL, vol. 3, p. 305; Pléiade, p. 1026). Seul emploi de *sophisticated* dans Sh. **3.** Dans sa folie, Lear se déshabille mais, ayant encore conscience de sa royauté, il semble ordonner qu'on le déboutonne. Il avait commencé à se « dévêtir » dès la première scène (I,1,43). **4.** Le bouffon feint de comprendre que Lear se déshabille pour se baigner. **5.** Que le bouffon ait ou non reconnu Gloucester, l'expression s'applique au père

au mouton de sa laine ni à la civette de son parfum[1]. Ha ! en voilà trois d'entre nous qui sont frelatés ! Toi, tu es le naturel même. Sans son attirail, l'homme n'est autre que le pauvre animal nu et fourchu que tu es. Allons, ouste ! objets d'emprunt[2] ! Vite, défaites ces boutons[3] !

Entre le comte de Gloucester avec une torche

LE BOUFFON. – De grâce, tonton, arrête. C'est une mauvaise nuit pour aller nager[4]. En ce moment, un peu de feu dans un champ inculte serait comme le cœur d'un vieux paillard[5] — une petite étincelle, et le reste du corps tout froid. Regarde, voilà qu'arrive un feu ambulant !

EDGAR. – C'est l'esprit immonde Caquet-la-potence[6]. Il commence au couvre-feu et rôde jusqu'au premier chant du coq[7]. Il donne la cataracte[8], rend les yeux bigles et provoque le bec-de-lièvre ; il rouille le blé mûrissant et il fait du mal aux pauvres créatures terrestres.

[*Il chante*] Swithin[9] arpenta trois fois le plateau,
Rencontra Dame Cauchemar et ses neuf petits chevaux[10],
Lui dit de disparaître,
Et puis de lui promettre,
Et au diable, sorcière, au diable[11] !

KENT (*à Lear*). – Comment va Votre Grâce ?

LEAR. – Qui est-ce ?

KENT (*à Gloucester*). – Qui va là ? que cherchez-vous ?

GLOUCESTER. – Qui êtes-vous, là-bas ? vos noms ?

EDGAR. – Pauvre Tom, qui mange la grenouille nageuse, le crapaud, le têtard, le lézard et le triton[12] ; dans la frénésie de son cœur, quand l'esprit immonde le possède, il mange la bouse de vache en guise de salade, avale le vieux rat et le chien crevé, boit l'écume qui verdit l'eau croupie ; on le fouette de hameau en hameau[13], il est mis aux ceps, puni et emprisonné ; il a eu trois livrées pour son dos, six chemises pour son corps,

Une arme au côté et, pour chevaucher, un cheval,
Mais souris, rat et pareil petit animal,
Depuis sept longues années, de Tom apaisent la fringale[14].

Gare à mon poursuivant ! La paix, Leliard[15] ! la paix, démon !

---

d'un bâtard. **6.** *Flibbertigibbet.* Signifie « jacasseur », « commère », et semble formé sous l'influence de « gibbet » (potence) ; c'est le nom d'un des démons dans Harsnet. **7.** Par convention, le premier chant du coq désignait minuit et le second (voir *Roméo et Juliette,* IV,4,3 et *Macbeth,* II,3,20) trois heures du matin. **8.** *the pin and the web.* Maladie des yeux proche de la cataracte. **9.** *Swithin.* Voir Variantes. Nombreuses conjectures ; *Swithold (F)* est peut-être une contraction de « S[aint] Withold » (saint Vital). Les éditeurs d'*Oxford* estiment que Sh pensait à (Saint) Swithin, évêque de Winchester, mort en 862. **10.** Vers difficile à interpréter. 1) *mare* signifie à la fois « jument » et « esprit diabolique », plus précisément un « incube », qui opprimait les dormeurs et produisait des cauchemars ; 2) *nine-fold* (voir Variantes) est d'habitude compris comme « neuf rejetons », « neuf diablotins » ; la correction d'*Oxford* (*foal* = poulains) introduit un jeu de mots sur *mare.* **11.** *aroint thee.* Signifie « va-t'en » et s'adresse à des sorcières* (voir *Macbeth,* I,3,5) ; pas d'exemple avant Sh. Probablement : Swithin demande à l'incube de descendre (du dormeur qu'il oppresse), de promettre de ne plus recommencer puis il l'envoie « au diable ». **12.** *water.* Pour « water-newt ». **13.** *tithing.* A l'origine, regroupement administratif de dix chefs de famille. **14.** Les vers 115-116 sont adaptés d'un roman de chevalerie du Moyen Age, *Bevis of Hampton,* souvent réimprimé au XVIe siècle ; *deer* signifie ici « animaux », « quadrupèdes ». **15.** *Smulkin.* Emprunté à Harsnet, où ce diable prend la forme d'une souris ; c'est aussi le nom d'une petite pièce irlandaise valant un quart de penny.

GLOUCESTER (*to Lear*). – What, hath your grace no better company?
EDGAR. – The Prince of Darkness is a gentleman.
Modo he's called, and Mahu.
GLOUCESTER (*to Lear*). – Our flesh and blood, my lord, is grown so vile
That it doth hate what gets it.
EDGAR. – Poor Tom's a-cold.
GLOUCESTER (*to Lear*). – Go in with me. My duty cannot suffer
T'obey in all your daughters' hard commands.
Though their injunction be to bar my doors
And let this tyrannous night take hold upon you,
Yet have I ventured to come seek you out
And bring you where both fire and food is ready.
LEAR. – First let me talk with this philosopher.
(*To Edgar*) What is the cause of thunder?
KENT. – Good my lord, take his offer; go into th' house.
LEAR. – I'll talk a word with this same learnèd Theban.
(*To Edgar*) What is your study?
EDGAR. – How to prevent the fiend, and to kill vermin.
LEAR. – Let me ask you one word in private.
They converse apart
KENT (*to Gloucester*). – Importune him once more to go, my lord.
His wits begin t'unsettle.
GLOUCESTER. – Canst thou blame him?
Storm still
His daughters seek his death. Ah, that good Kent,
He said it would be thus, poor banished man!
Thou sayst the King grows mad; I'll tell thee, friend,
I am almost mad myself. I had a son,
Now outlawed from my blood; a sought my life
But lately, very late. I loved him, friend;
No father his son dearer. True to tell thee,
The grief hath crazed my wits. What a night's this!
(*To Lear*) I do beseech your grace —
LEAR. – O, cry you mercy, sir!
(*To Edgar*) Noble philosopher, your company.
EDGAR. – Tom's a-cold.
GLOUCESTER. – In, fellow, there in t'hovel; keep thee warm.
LEAR. – Come, let's in all.
KENT. – This way, my lord.
LEAR. – With him!
I will keep still with my philosopher.
KENT (*to Gloucester*). – Good my lord, soothe him; let him take the fellow.
GLOUCESTER. – Take him you on.

121 vile] *F* (vilde). **142** a] *Q*; he *F*. **148** in t'] *Oxford*; into th' *F*; in't *Q*.

1. Son règne est ancien. 2. *Modo, Mahu.* Empruntés à Harsnet, qui les décrit comme des démons éminents et puissants, donc (selon Edgar) dignes de la compagnie de

GLOUCESTER (*à Lear*). – Quoi ! Votre Grâce n'a pas meilleure compagnie ?
EDGAR. – Le Prince des Ténèbres est gentilhomme[1].
Modo est son nom, et Mahu[2].
GLOUCESTER (*à Lear*). – Notre chair et notre sang sont devenus si vils,
Monseigneur, qu'ils haïssent qui les procrée.
EDGAR. – Pauvre Tom a froid.
GLOUCESTER (*à Lear*). – Entrez avec moi. Mon devoir ne peut souffrir
D'obéir en tout aux ordres inhumains de vos filles.
Bien qu'elles m'aient enjoint de vous fermer mes portes
Et de vous laisser en proie à cette nuit tyrannique,
Je me suis risqué, cependant, à sortir vous chercher
Pour vous ramener là où sont prêts du feu et un repas.
LEAR. – D'abord, laissez-moi discuter avec ce philosophe.
(*A Edgar*) Quelle est la cause du tonnerre ?
KENT. – Mon bon seigneur, acceptez l'offre ; entrez dans la maison.
LEAR. – Je vais dire un mot au docte Thébain[3] que voici.
(*A Edgar*) Quel est votre champ d'étude ?
EDGAR. – Comment échapper au démon et tuer la vermine.
LEAR. – Laissez-moi vous demander quelque chose en privé.

Ils conversent à part

KENT (*à Gloucester*). – Insistez à nouveau pour qu'il y aille, monseigneur ;
Sa raison commence à vaciller.
GLOUCESTER. – Peux-tu l'en blâmer ?

L'orage continue

Ses filles veulent sa mort. Ah ! ce bon Kent,
Il l'avait bien prédit ! Pauvre exilé !
Tu dis que le roi devient fou ; et crois-moi, l'ami,
Je suis moi-même presque fou. J'avais un fils, qui est
Maintenant banni de mon sang ; il en voulait à ma vie,
C'est récent, tout récent. Je l'aimais, mon ami ;
Nul père n'aima fils davantage. A vrai dire,
Le chagrin a troublé ma raison. Quelle nuit !
(*A Lear*) Je supplie Votre Grâce —
LEAR. – Oh ! mes excuses, monsieur !
(*A Edgar*) Noble philosophe, tenez-moi compagnie.
EDGAR. – Tom a froid.
GLOUCESTER. – Entre, bonhomme, là dans la cabane ; mets-toi au chaud.
LEAR. – Allons, entrons tous.
KENT. – Par ici, monseigneur.
LEAR. – Avec lui !
Je veux demeurer à jamais avec mon philosophe.
KENT (*à Gloucester*). – Mon bon seigneur, passez-lui ses caprices. Qu'il amène le bonhomme !
GLOUCESTER. – Amenez-le avec vous.

Lear. 3. *Theban.* Peut-être une allusion au *Tableau de Cebes,* petit opuscule philosophique grec du premier siècle, souvent traduit à la Renaissance (voir *Notes and Queries,* 231 [1986], 362-363). La traduction anglaise imprimée vers 1530 commence par : « This table of the Theban Cebes, the noble philosopher » ; voir ci-dessous vers 147.

KENT [*to Edgar*]. – Sirrah, come on. Go along with us.
LEAR (*to Edgar*). – Come, good Athenian.
GLOUCESTER. – No words, no words. Hush.
EDGAR. – Child Roland to the dark tower came,
His word was still "Fie, fo, and fum ;
I smell the blood of a British man." *Exeunt*

III, 5 *Enter the Duke of Cornwall and Edmond*

CORNWALL. – I will have my revenge ere I depart his house.

EDMOND. – How, my lord, I may be censured, that nature thus gives way to loyalty, something fears me to think of.

CORNWALL. – I now perceive it was not altogether your brother's evil disposition made him seek his death, but a provoking merit set a-work by a reprovable badness in himself.

EDMOND. – How malicious is my fortune, that I must repent to be just ! This is the letter which he spoke of, which approves him an intelligent party to the advantages of France. O heavens, that this treason were not, or not I the detector !

CORNWALL. – Go with me to the Duchess.

EDMOND. – If the matter of this paper be certain, you have mighty business in hand.

CORNWALL. – True or false, it hath made thee Earl of Gloucester. Seek out where thy father is, that he may be ready for our apprehension.

EDMOND [*aside*]. – If I find him comforting the King, it will stuff his suspicion more fully. (*To Cornwall*) I will persever in my course of loyalty, though the conflict be sore between that and my blood.

CORNWALL. – I will lay trust upon thee, and thou shalt find a dearer father in my love. *Exeunt*

III, 6 *Enter the Earl of Kent disguised, and the Earl of Gloucester*

GLOUCESTER. – Here is better than the open air ; take it thankfully. I will piece out the comfort with what addition I can. I will not be long from you.

KENT. – All the power of his wits have given way to his impatience ; the gods reward your kindness ! *Exit Gloucester*

Enter King Lear, Edgar as a Bedlam beggar, and Lear's Fool

EDGAR. – Frateretto calls me, and tells me Nero is an angler in the lake of darkness. Pray, innocent, and beware the foul fiend.

---

19 dearer] *Q* ; deere *F*.

---

1. *Athenian.* Sans doute suggéré par *Theban ;* Athènes était le berceau de la philosophie grecque. **2.** Le vers 155 vient peut-être d'une ballade consacrée au héros de la *Chanson de Roland ;* ses paroles *(Fie... man)* sont citées par Thomas Nashe* (1596) comme si elles étaient célèbres. Elles sont attribuées au géant dans le conte traditionnel intitulé « Jack, the Giant-killer » ou « Jack and the beanstalk ». **3.** Lieu : la demeure de Gloucester. **4.** *a provoking... himself.* Passage controversé. Traduction conforme à l'interprétation la plus

KENT [*à Edgar*]. – Allons, mon brave, viens avec nous.
LEAR (*à Edgar*). – Venez, bon Athénien[1].
GLOUCESTER. – Pas un mot, pas un mot. Chut !
EDGAR. – Au noir donjon vint le damoiseau Roland,
Sa devise était toujours « Hé ! hem ! hom !
Je flaire le sang d'un Britannique »[2]. *Ils sortent*

Entrent le duc de Cornouailles et Edmond[3] **III, 5**

CORNOUAILLES. – Je me vengerai avant de quitter cette maison.

EDMOND. – Monseigneur, j'ai quelques craintes, ma nature abdiquant ainsi devant ma loyauté, en songeant à la façon dont on pourra me juger.

CORNOUAILLES. – Je vois bien à présent que ce n'est pas simplement par mauvais naturel que votre frère voulait la mort de son père, mais qu'il fut poussé par les démérites de celui-ci, activés par une condamnable dépravation en lui-même[4].

EDMOND. – Sort cruel ! Je dois me repentir de ma loyauté ! Voici la lettre dont il a parlé ; elle prouve que c'est un informateur au profit du roi de France. Oh ! plût au ciel qu'il n'ait pas trahi et que je ne l'aie pas démasqué !

CORNOUAILLES. – Venez avec moi chez la duchesse.

EDMOND. – Si le contenu de ce papier est avéré, vous avez fort à faire.

CORNOUAILLES. – Vrai ou faux, il t'a fait comte de Gloucester. Trouve ton père, afin que nous puissions l'appréhender.

EDMOND [*à part*]. – Si je le trouve en train de secourir le roi, cela renforcera encore ses soupçons. (*A Cornouailles*) Je persévérerai dans la voie de la loyauté, malgré le douloureux conflit entre mon sang et elle.

CORNOUAILLES. – Je mettrai ma confiance en toi, et tu trouveras dans mon amour un père encore plus cher. *Ils sortent*

Entrent le comte de Kent déguisé et le comte de Gloucester[5] **III, 6**

GLOUCESTER. – Il fait meilleur ici qu'à la belle étoile ; acceptez-le avec gratitude. Je vais le rendre plus confortable avec ce que je pourrai trouver. Je ne serai pas absent longtemps.

KENT. – Toutes les forces de sa raison ont cédé devant son exaspération. Que les dieux récompensent votre bonté ! *Gloucester sort*

Entrent le roi Lear, Edgar en mendiant fou et le Bouffon de Lear

EDGAR. – Frateretto[6] m'appelle et me dit que Néron pêche à la ligne dans le lac des ténèbres[7]. Prie, innocent, et méfie-toi de l'esprit immonde.

---

fréquente ; *merit* (ce qu'on mérite en bien ou en mal ; voir V,3,42 ci-dessous) se rapporterait à Gloucester. La difficulté est que *merit* semble être actif, car il est suivi par *set a-work by* (= activés par). La prétendue dépravation d'Edgar donne leur force agissante aux « démérites » de Gloucester. On rapporte parfois *himself* à Gloucester. **5.** Lieu : une des dépendances de la demeure de Gloucester. **6.** *Frateretto.* Emprunté à Harsnet. **7.** La référence à Néron vient peut-être de Chaucer (*The Monk's Tale,* 485-486) et de Harsnet (voir la note de Muir). Le Styx, fleuve des Enfers, était parfois appelé un lac (Virgile, *Énéide,* VI,134, etc.).

FOOL. – Prithee, nuncle, tell me whether a madman be a gentleman or a yeoman.

LEAR. – A king, a king!

FOOL. – No, he's a yeoman that has a gentleman to his son; for he's a mad yeoman that sees his son a gentleman before him.

LEAR. – To have a thousand with red burning spits
Come hissing in upon 'em!

EDGAR. – Bless thy five wits.

KENT (*to Lear*). – O, pity! Sir, where is the patience now
That you so oft have boasted to retain?

EDGAR (*aside*). – My tears begin to take his part so much
They mar my counterfeiting.

LEAR. – The little dogs and all,
Tray, Blanch, and Sweetheart – see, they bark at me.

EDGAR. – Tom will throw his head at them. – Avaunt, you curs!
Be thy mouth or black or white,
Tooth that poisons if it bite,
Mastiff, greyhound, mongrel grim,
Hound or spaniel, brach or him,
Bobtail tyke or trundle-tail,
Tom will make him weep and wail;
For with throwing thus my head,
Dogs leapt the hatch, and all are fled.
Do, de, de, de. Sese! Come, march to wakes and fairs
And market towns. Poor Tom, thy horn is dry.

LEAR. – Then let them anatomize Regan; see what breeds about her heart. Is there any cause in nature that makes these hard-hearts? (*To Edgar*) You, sir, I entertain for one of my hundred, only I do not like the fashion of your garments. You will say they are Persian; but let them be changed.

KENT. – Now, good my lord, lie here and rest a while.

LEAR. – Make no noise, make no noise. Draw the curtains. So, so. We'll go to supper i'th' morning.

[*He sleeps*]

FOOL. – And I'll go to bed at noon.

11-12 FOOL ... him] *F*; *pas dans Q*. **14** *Voir Passage additionnel 10*. **25** Bobtail tyke or trundle] *Q*; Or Bobtaile tight, or Troudle *F*. **29** Do ... Sese] *F*; loudla doodla *Q*. **32** makes] *Q*; make *F*. **35** and rest] *F*; *pas dans Q*. **38** FOOL ... noon] *F*; *pas dans Q*.

---

1. *yeoman*. Un cultivateur propriétaire, parfois très aisé, mais n'ayant pas de blason comme un « gentleman »; ses enfants devenaient parfois des « gentlemen ». **2.** Voir Passage additionnel 10. **3.** Voir III,4,52 note. **4.** Ces trois chiens font penser aux trois filles de Lear. 1) *Tray* est attesté comme verbe (= betray, « trahir ») jusqu'en 1568 et comme interjection (Trahison!) en 1600-1601. 2) *Blanch* est un nom de femme (voir *Le Roi Jean*), peut signifier « faire blêmir de peur » (voir *Macbeth*, III,4,115) ou désigner un fard à joues. 3) *SweetHEART* fait penser à CORDelia. **5.** Selon Riverside, ceci pourrait vouloir dire : « Tom va leur faire baisser les yeux ». Voir ci-dessous vers 27 et la note. **6.** *trundle-tail.* Deux interprétations : 1) à la queue longue et basse; 2) à la queue en tire-bouchon. Ordre des mots inversé dans la traduction. **7.** Quel que soit le sens exact de cette phrase (voir

LE BOUFFON. – S'il te plaît, tonton, dis-moi si un fou est gentilhomme ou roturier[1].

LEAR. – C'est un roi, un roi !

LE BOUFFON. – Non, c'est un roturier dont le fils est un gentilhomme, car c'est un roturier bien fou, celui qui voit son fils devenir gentilhomme avant lui.

LEAR. – Que se jettent sur elles des myriades sifflantes,
Armées de broches chauffées au rouge[2] !

EDGAR. – Bénis soient tes cinq sens[3] !

KENT (*à Lear*). – Quelle pitié ! Sire, où donc est passée cette patience
Dont si souvent vous vantiez la constance ?

EDGAR (*à part*). – Mes larmes commencent à prendre si bien son parti
Qu'elles nuisent à mon déguisement.

LEAR. – Les petits chiens et les autres,
Traï, Blanche et Chérie[4] — voyez, elles aboient après moi.

EDGAR. – Tom va leur lancer sa tête[5]. — Allez-vous-en, espèces de roquets !

Que ton museau soit noir ou blanc,
Et quand elle mord, venimeuse ta dent,
Mâtin, lévrier, bâtard cruel,
Braque, épagneul, mâle ou femelle,
Cabot à queue longue[6] ou coupée,
Tom le fera geindre et pleurer ;
Car en lançant ma tête ainsi[7],
D'un bond[8] les chiens s'enfuirent d'ici.

Do, di, di, di. Sese[9] ! Viens, en route pour les fêtes et les foires,
Et les villes de marché. Pauvre Tom, ta corne est à sec[10].

LEAR. – Qu'ils dissèquent donc Régane et voient ce qui pousse autour de son cœur ! Y a-t-il une cause naturelle qui produise ces cœurs endurcis ? (*A Edgar*) Vous, monsieur, je vous prends parmi mes cent ; seulement je n'aime pas le style de vos vêtements. Vous me direz qu'ils sont persans[11], mais changez-en.

KENT. – Allons, mon bon seigneur, étendez-vous ici et prenez du repos.

LEAR. – Ne faites pas de bruit, ne faites pas de bruit. Tirez les rideaux[12]. C'est ça, c'est ça. Nous irons souper demain matin[13].

[*Il dort*]

LE BOUFFON. – Et moi j'irai me coucher à midi[14].

---

ci-dessus vers 20 et la note), l'emploi de *thus* (ainsi) rend nécessaire un geste de l'acteur. John Gielgud (1950) faisait comme s'il enlevait sa tête et la lançait aux chiens (Muir). **8** *leapt the hatch.* Exactement, « bondirent par-dessus la demi-porte ». **9.** *Do... Sese.* Probablement sans signification ; le texte de *Q* est ici *loudla doodla.* Voir aussi III,4,52. **10.** Les mendiants portaient en baudrier une corne destinée aux boissons dont on leur faisait l'aumône. Edgar veut dire aussi qu'il a de plus en plus de mal à jouer le rôle de Tom. **11.** La Perse avait envoyé une ambassade en Angleterre au début du règne de Jacques* Ier (Furness). **12.** Lear se croit dans un lit à baldaquin. **13.** Lear veut dormir, et remet le souper au lendemain. **14.** Sens incertain, au moins trois possibilités. 1) Ce sont les dernières paroles du bouffon et il annonce sa disparition au milieu (*noon* = midi) de la pièce (Capell). 2) Il poursuit le raisonnement de Lear : si l'on soupe le matin il est logique de se coucher à midi. 3) Expression proverbiale (assez peu attestée, voir Tilley B197) signifiant « to play the fool » (faire l'idiot) ; voir H. M. Hulme, *Explorations in Shakespeare's Language,* p. 70-72.

Enter the Earl of Gloucester

GLOUCESTER (*to Kent*). – Come hither, friend. Where is the King my master ?
KENT. – Here, sir, but trouble him not ; his wits are gone.
GLOUCESTER. – Good friend, I prithee take him in thy arms.
I have o'erheard a plot of death upon him.
There is a litter ready. Lay him in't
And drive toward Dover, friend, where thou shalt meet
Both welcome and protection. Take up thy master.
If thou shouldst dally half an hour, his life,
With thine and all that offer to defend him,
Stand in assurèd loss. Take up, take up,
And follow me, that will to some provision
Give thee quick conduct. Come, come away.

Exeunt, [Kent carrying Lear in his arms]

III, 7 *Enter the Duke of Cornwall, Regan, Goneril, Edmond the bastard, and Servants*

CORNWALL (*to Goneril*). – Post speedily to my lord your husband.
Show him this letter. The army of France is landed.
(*To Servants*) Seek out the traitor Gloucester. *Exeunt some*
REGAN. – Hang him instantly.
GONERIL. – Pluck out his eyes.
CORNWALL. – Leave him to my displeasure.
Edmond, keep you our sister company.
The revenges we are bound to take upon your traitorous father are not fit for your beholding. Advise the Duke where you are going, to a most festinate preparation ; we are bound to the like. Our posts shall be swift and intelligent betwixt us. (*To Goneril*) Farewell, dear sister. (*To Edmond*) Farewell, my lord of Gloucester.

Enter Oswald the steward

How now, where's the King ?
OSWALD. – My lord of Gloucester hath conveyed him hence.
Some five- or six-and-thirty of his knights,
Hot questrists after him, met him at gate,
Who, with some other of the lord's dependants,
Are gone with him toward Dover, where they boast
To have well-armèd friends.
CORNWALL. – Get horses for your mistress. *Exit Oswald*
GONERIL. – Farewell, sweet lord, and sister.
CORNWALL. – Edmond, farewell. *Exeunt Goneril and Edmond*
(*To Servants*) Go seek the traitor Gloucester.
Pinion him like a thief ; bring him before us.

Exeunt other Servants

---

50 *Voir Passage additionnel 11.* **III,7 8** festinate] *F2* ; festivate *F* ; festuant *Q*.

---

1. Voir Passage additionnel 11. 2. Lieu : la demeure de Gloucester. 3. La lettre dont

Entre le comte de Gloucester

GLOUCESTER (*à Kent*). – Viens ici, mon ami. Où est le roi, mon maître ?
KENT. – Ici, monsieur, mais ne le dérangez pas ; il a perdu la raison.
GLOUCESTER. – Mon bon ami, je t'en prie, prends-le dans tes bras.
J'ai surpris un complot qui menace sa vie.
Il y a une litière toute prête. Mets-le dedans
Et puis, ami, fouette vers Douvres où t'attendront
Bon accueil et sûreté. Prends ton maître dans tes bras.
Si tu tardais une demi-heure, sa vie,
La tienne, et celle de tous ceux qui veulent le défendre,
Seront assurément perdues. Prends-le, prends-le,
Et viens avec moi ; je vais vite te conduire
Où se trouvent quelques provisions[1]. Allons, allons, partons !
Ils sortent, [*Kent portant Lear dans ses bras*]

Entrent le duc de Cornouailles, Régane, Goneril, Edmond le bâtard et des Serviteurs[2] III, 7

CORNOUAILLES (*à Goneril*). – Allez vite auprès de monseigneur votre époux.
Montrez-lui cette lettre[3]. L'armée de France a débarqué.
(*Aux Serviteurs*) Trouvez le traître Gloucester. *Quelques-uns sortent*
RÉGANE. – Qu'on le pende sur l'heure !
GONERIL. – Qu'on lui arrache les yeux !
CORNOUAILLES. – Laissez-le à mon déplaisir.
Edmond, vous, accompagnez notre sœur.
La vengeance que nous allons[4] exercer sur votre traître de père n'est pas convenable pour vos yeux. Avisez le duc, chez qui vous allez, de se préparer en toute hâte ; nous allons en faire autant. Les courriers entre nous seront rapides et nous tiendront en contact. (*A Goneril*) Adieu, chère sœur. (*A Edmond*) Adieu, monseigneur de Gloucester[5].

Entre Oswald l'intendant

Eh bien ! où est le roi ?
OSWALD. – Monseigneur de Gloucester l'a emmené d'ici.
Quelque trente-cinq ou trente-six de ses chevaliers,
Qui le cherchaient partout, l'ont rejoint à la porte,
Et, avec quelques autres de la maison du comte[6],
Ils sont partis avec lui vers Douvres, se vantant
D'y avoir des amis bien armés.
CORNOUAILLES. – Des chevaux pour votre maîtresse ! *Oswald sort*
GONERIL. – Adieu, cher seigneur, et à vous ma sœur.
CORNOUAILLES. – Adieu, Edmond ! *Goneril et Edmond sortent*
(*Aux Serviteurs*) Allez trouver le traître Gloucester.
Ligotez-le comme un voleur ; amenez-le devant nous.
D'autres Serviteurs sortent

Gloucester avait parlé à Edmond (III,3,7) et que celui-ci a remise à Cornouailles (III,5,8). **4.** *bound.* Signifiait « prêt », « préparé », mais pouvait connoter une obligation (« que nous sommes tenus de ») ; voir aussi ligne 8. **5.** Cornouailles considère qu'Edmond a déjà succédé à son père comme comte de Gloucester. **6.** *the lord.* C.-à-d. Gloucester.

Though well we may not pass upon his life
Without the form of justice, yet our power
Shall do a curtsy to our wrath, which men
May blame but not control.

Enter the Earl of Gloucester and Servants

Who's there – the traitor?
REGAN. – Ingrateful fox, 'tis he.
CORNWALL (*to Servants*). – Bind fast his corky arms.
GLOUCESTER. – What means your graces? Good my friends, consider
You are my guests. Do me no foul play, friends.
CORNWALL (*to Servants*). – Bind him, I say.
REGAN. – Hard, hard! O filthy traitor!
GLOUCESTER. – Unmerciful lady as you are, I'm none.
CORNWALL (*to Servants*). – To this chair bind him. (*To Gloucester*) Villain, thou [shalt find –

Regan plucks Gloucester's beard

GLOUCESTER. – By the kind gods, 'tis most ignobly done,
To pluck me by the beard.
REGAN. – So white, and such a traitor?
GLOUCESTER. – Naughty lady,
These hairs which thou dost ravish from my chin
Will quicken and accuse thee. I am your host.
With robbers' hands my hospitable favours
You should not ruffle thus. What will you do?
CORNWALL. – Come, sir, what letters had you late from France?
REGAN. – Be simple-answered, for we know the truth.
CORNWALL. – And what confederacy have you with the traitors
Late footed in the kingdom?
REGAN. – To whose hands
You have sent the lunatic King. Speak.
GLOUCESTER. – I have a letter guessingly set down,
Which came from one that's of a neutral heart,
And not from one opposed.
CORNWALL. – Cunning.
REGAN. – And false.
CORNWALL. – Where hast thou sent the King?
GLOUCESTER. – To Dover.
REGAN. – Wherefore to Dover? Wast thou not charged at peril –
CORNWALL. – Wherefore to Dover? – Let him answer that.
GLOUCESTER. – I am tied to th' stake, and I must stand the course.
REGAN. – Wherefore to Dover?
GLOUCESTER. – Because I would not see thy cruel nails
Pluck out his poor old eyes, nor thy fierce sister
In his anointed flesh stick boarish fangs.

---

55 stick] *F*; rash *Q*.

---

1. *means.* Voir ci-dessus III,4,56 note. 2. Comme l'ours* attaché à un poteau et attaqué

Bien que nous ne puissions guère le condamner à mort
Sans procès en bonne forme, cependant notre pouvoir
Va complaire à notre courroux, ce qu'on pourra
Blâmer, mais non pas empêcher.

Entrent le comte de Gloucester et des Serviteurs

Qui est-ce ? le traître ?

RÉGANE. – L'ingrat renard, c'est lui !

CORNOUAILLES (*aux Serviteurs*). – Attachez ferme ses bras rabougris.

GLOUCESTER. – Que me veulent[1] Vos Grâces ? Mes bons amis, songez
Que vous êtes mes hôtes. Amis, ne me maltraitez pas.

CORNOUAILLES (*aux Serviteurs*). – J'ai dit attachez-le !

RÉGANE. – Serrez, serrez ! Oh ! ignoble traître !

GLOUCESTER. – Dame sans pitié que vous êtes, je n'en suis pas un.

CORNOUAILLES (*aux Serviteurs*). – Attachez-le à cette chaise. (*A Gloucester*)
[Scélérat, tu vas voir –

Régane tire la barbe de Gloucester

GLOUCESTER. – Par les dieux cléments, voilà la pire des infamies,
Me tirer la barbe !

RÉGANE. – Si chenu, et si traître ?

GLOUCESTER. – Dame malfaisante,
Ces poils que tu arraches à mon menton,
Ils s'animeront et t'accuseront. Je suis votre hôte.
Vous ne devriez pas molester ainsi, d'une main
De brigand, mes traits hospitaliers ! Qu'allez-vous faire ?

CORNOUAILLES. – Voyons, monsieur, quelle lettre avez-vous récemment
[reçue de France ?

RÉGANE. – Répondez sans détours, car nous savons la vérité.

CORNOUAILLES. – Et en quoi êtes-vous complice des traîtres récemment
Débarqués dans le royaume ?

RÉGANE. – Entre les mains desquels
Vous avez envoyé le roi dément. Parlez !

GLOUCESTER. – Je possède une lettre où tout est conjecture ;
Elle me vient de quelqu'un qui n'a pas pris parti,
Et non d'un ennemi.

CORNOUAILLES. – Astucieux.

RÉGANE. – Et faux.

CORNOUAILLES. – Où as-tu envoyé le roi ?

GLOUCESTER. – A Douvres.

RÉGANE. – Pourquoi à Douvres ? Ne t'avait-on pas enjoint au péril –

CORNOUAILLES. – Pourquoi à Douvres ? – Qu'il réponde à ça !

GLOUCESTER. – Je suis lié au poteau et dois subir l'assaut[2].

RÉGANE. – Pourquoi à Douvres ?

GLOUCESTER. – Parce que je ne voulais pas voir tes ongles cruels
Lui arracher ses pauvres vieilles prunelles, ni ta sœur féroce
Enfoncer ses boutoirs dans sa chair consacrée[3].

---

par les chiens. Les Londoniens étaient friands de ce spectacle qui se donnait non loin du théâtre du Globe*. Voir *Jules César,* IV,1,48, et *Macbeth,* V,7,2. 3. « Consacrée » par la cérémonie du sacre pendant laquelle le roi était oint. Voir *Macbeth,* II,3,60.

The sea, with such a storm as his bare head
In hell-black night endured, would have buoyed up
And quenched the stellèd fires.
Yet, poor old heart, he holp the heavens to rain.
If wolves had at thy gate howled that stern time,
Thou shouldst have said "Good porter, turn the key;
All cruels I'll subscribe." But I shall see
The wingèd vengeance overtake such children.
CORNWALL. – See't shalt thou never. – Fellows, hold the chair. –
Upon these eyes of thine I'll set my foot.
GLOUCESTER. – He that will think to live till he be old
Give me some help! – O cruel! O you gods!
[Cornwall pulls out one of Gloucester's eyes and stamps on it]
REGAN (*to Cornwall*). – One side will mock another; th'other, too.
CORNWALL (*to Gloucester*). – If you see vengeance –
SERVANT. – Hold your hand, my lord.
I have served you ever since I was a child,
But better service have I never done you
Than now to bid you hold.
REGAN. – How now, you dog!
SERVANT. – If you did wear a beard upon your chin
I'd shake it on this quarrel. [*To Cornwall*] What do you mean?
CORNWALL. – My villein!
SERVANT. – Nay then, come on, and take the chance of anger.
They draw and fight
REGAN (*to another Servant*). – Give me thy sword. A peasant stand up thus!
[She takes a sword and runs at him behind]
SERVANT (*to Gloucester*). – O, I am slain. My lord, you have one eye left
To see some mischief on him.
[Regan stabs him again]
O! *He dies*
CORNWALL. – Lest it see more, prevent it. Out, vile jelly!
He [pulls out] Gloucester's other eye
Where is thy lustre now?
GLOUCESTER. – All dark and comfortless. Where's my son Edmond?
Edmond, enkindle all the sparks of nature
To quite this horrid act.
REGAN. – Out, treacherous villain!
Thou call'st on him that hates thee. It was he

---

56 bare] *F*; lov'd *Q*; lowd *Qcorr.* **59** rain] *F*; rage *Q.* **60** howled that stern] *F*; heard that dearne *Q.* **62** I'll] *Oxford*; else *F Q.* **62** subscribe] *F*; subscrib'd *Q.*

---

1. *stelled.* Probablement « fixés », « immobiles » ; un adjectif distinguait les étoiles (fixed stars) des planètes (wandering stars). **2.** *All... subscribe.* Ou : « J'accepte tous les êtres cruels. » Texte controversé, car la ponctuation* de l'in-quarto* et de l'in-folio* n'indique pas si Gloucester attribue ces paroles à Régane (s'adressant au portier), comme les cinq mots précédents. 1) *cruels* signifie sans doute « actions cruelles » (ou « êtres cruels »).

Sous l'orage qu'a subi sa tête dénudée
Par une nuit noire d'enfer, la mer aurait soulevé
Ses flots, éteint les feux stellaires[1].
Pourtant, pauvre vieux cœur, il aidait les cieux à pleuvoir.
Si, en cette heure féroce, des loups avaient hurlé à ta porte,
Tu aurais dit : « Bon portier, tourne la clef ;
Je renonce à toute cruauté[2]. » Mais moi je verrai
La vengeance ailée atteindre de tels enfants !

CORNOUAILLES. – Tu la verras ? Jamais ! – Mes gaillards, tenez la chaise –
Ces yeux, tes yeux, je vais les piétiner.

GLOUCESTER. – Que celui qui espère lui-même vivre vieux
Vienne à mon secours ! Ô cruel ! Ô vous divinités !

[Cornouailles extirpe un des yeux de Gloucester et l'écrase du pied]

RÉGANE (*à Cornouailles*). – Un côté va narguer l'autre. Au tour du second !

CORNOUAILLES (*à Gloucester*). – Si vous voyez la vengeance –

UN SERVITEUR. – Arrêtez, monseigneur !
Depuis mon enfance, je vous ai toujours servi,
Mais jamais je ne vous ai mieux servi
Que maintenant : je vous dis d'arrêter.

RÉGANE. – Comment donc ? espèce de chien !

UN SERVITEUR. – Si vous portiez une barbe au menton,
Je vous la tirerais dans cette querelle. [*A Cornouailles*] Comment [pouvez-vous faire ça ?

CORNOUAILLES. – Mon serf !

UN SERVITEUR. – Eh bien ! venez, aux risques et périls de la colère.

Ils dégainent et se battent

RÉGANE (*à un autre Serviteur*). – Donne ton épée. Un manant, pareille audace !

[Elle prend une épée et l'attaque par derrière]

UN SERVITEUR (*à Gloucester*). – Ah ! je meurs ! Monseigneur, il vous reste [un œil
Pour le voir mis à mal.

[Régane le frappe à nouveau]

Ah ! *Il meurt*

CORNOUAILLES. – Pour qu'il n'en voie davantage, je le devance. Ouste, [abjecte gelée !

Il [extirpe] l'autre œil de Gloucester

Alors, où est ton éclat ?

GLOUCESTER. – Tout est ténèbre, désolation. Où est mon fils Edmond ?
Que toutes les étincelles de ta nature, Edmond,
S'enflamment pour venger cette horreur !

RÉGANE. – Ah ça[3] ! traître scélérat !
Tu fais appel à qui te hait. C'est lui

---

2) *Oxford* lit *I'll* au lieu de *else* (voir Variantes) ; en conséquence, comme *Oxford* attribue ces paroles à Régane, *subscribe* est compris comme « renoncer à » (ou « accepter » ; voir Onions, 3 et 2). Si l'on attribue ces paroles à Gloucester, on peut comprendre (en conservant *else*) « tous les autres êtres cruels renoncent [à la cruauté] ». 3. *Out.* Sans doute ici une interjection exprimant la colère et l'horreur, comme en IV,5,231.

That made the overture of thy treasons to us,
Who is too good to pity thee.
GLOUCESTER. – O, my follies! Then Edgar was abused.
Kind gods, forgive me that, and prosper him!
REGAN (*to Servants*). – Go thrust him out at gates, and let him smell
His way to Dover. *Exit one or more with Gloucester*
How is't, my lord? How look you?
CORNWALL. – I have received a hurt. Follow me, lady.
(*To Servants*) Turn out that eyeless villain. Throw this slave
Upon the dunghill. Regan, I bleed apace.
Untimely comes this hurt. Give me your arm.
Exeunt [with the body]

IV, 1 *Enter Edgar as a Bedlam beggar*

EDGAR. – Yet better thus and known to be contemned
Than still contemned and flattered. To be worst,
The low'st and most dejected thing of fortune,
Stands still in esperance, lives not in fear.
The lamentable change is from the best;
The worst returns to laughter. Welcome, then,
Thou unsubstantial air that I embrace.
The wretch that thou hast blown unto the worst
Owes nothing to thy blasts.
Enter the Earl of Gloucester led by an Old Man
But who comes here?
My father, parti-eyed? World, world, O world!
But that thy strange mutations make us hate thee,
Life would not yield to age.
[*Edgar stands aside*]
OLD MAN (*to Gloucester*). – O my good lord,
I have been your tenant and your father's tenant
These fourscore years.
GLOUCESTER. – Away, get thee away, good friend, be gone.
Thy comforts can do me no good at all;
Thee they may hurt.
OLD MAN. – You cannot see your way.
GLOUCESTER. – I have no way, and therefore want no eyes.
I stumbled when I saw. Full oft 'tis seen
Our means secure us, and our mere defects

---

95 *Voir Passage additionnel 12.* **IV,1 2** flattered.] *Pope (1723-1725)*; flatter'd, *F*; flattered *Q*. **4** esperance] *F*; experience *Q*. **6-9** Welcome ... blasts] *F*; *pas dans Q*. **10** parti-eyed] *Qcorr* (parti,eyd); poorely led *F*; poorlie, leed *Q*.

---

1. *abused.* « Calomnié » ou peut-être « injustement traité »; voir II,2,128 et IV,6,46 notes. **2.** *slave.* Le corps du serviteur tué. **3.** Voir Passage additionnel 12. **4.** Lieu :

Qui nous a dévoilé tes trahisons ;
Il a trop de vertu pour te prendre en pitié.
GLOUCESTER. – Oh ! comme j'ai déraisonné ! C'est donc qu'Edgar fut
[calomnié[1].
Dieux cléments, pardonnez-moi et soyez-lui propices !
RÉGANE (*aux Serviteurs*). – Jetez-le dehors à la porte et qu'il flaire
Sa route jusqu'à Douvres !

Une ou plusieurs personnes sortent avec Gloucester

Comment va, monseigneur ? Comment vous sentez-vous ?
CORNOUAILLES. – J'ai reçu une blessure. Suivez-moi, madame.
(*Aux Serviteurs*) Chassez ce scélérat sans yeux. Jetez ce gredin[2]
Sur le tas de fumier. Régane, je saigne abondamment.
Cette blessure tombe mal. Donnez-moi votre bras.

Ils sortent [avec le corps][3]

Entre Edgar en mendiant fou[4] IV, 1

EDGAR. – Pourtant, il vaut mieux être ainsi, se sachant méprisé,
Qu'à la fois méprisé et flatté. Celui que la fortune
A rabaissé au pire, au plus bas, au plus vil,
Peut toujours espérer, ne vit pas dans la crainte.
Le changement qu'on déplore est à partir du mieux ;
Qui laisse le pire retourne au rire. Bienvenue donc
A toi, air immatériel que j'étreins ! Le gueux
Que ton souffle a plongé dans le pire n'est pas
L'obligé de tes bourrasques[5].

Entre le comte de Gloucester, guidé par un Vieillard

Mais qui vient là ?
Mon père ? Les yeux tout bariolés ? Monde ! monde ! ô monde !
Sans tes étranges mutations qui nous font te haïr,
La vie n'acquiescerait pas à la vieillesse[6].

[Edgar se met sur le côté]

LE VIEILLARD (*à Gloucester*). – Ô mon bon seigneur,
Depuis quatre-vingts ans je suis votre fermier
Et celui de votre père.
GLOUCESTER. – Va-t'en, va-t'en donc, mon bon ami, disparais !
Ton secours ne peut me faire aucun bien, aucun ;
Il peut te faire du mal.
LE VIEILLARD. – Vous ne voyez pas votre route.
GLOUCESTER. – Comme je n'ai pas de route, je n'ai pas besoin d'yeux.
Quand je voyais j'ai trébuché. Très souvent nos richesses
Nous rendent trop confiants[7] et nos manques eux-mêmes

---

la campagne aux environs de la demeure de Gloucester. 5. Comme les « bourrasques » l'ont maltraité, il n'a aucune dette envers elles et n'est donc pas leur « obligé ». 6. Cf. Montaigne qui parle des « mutations [Florio : mutations] et déclinaisons ordinaires » dont souffrent les hommes en vieillissant, et qui les aident à accepter la mort (EL, vol. 1, p. 84 ; Pléiade, p. 89). 7. Les yeux de Gloucester étaient une de ses « richesses », mais il croyait voir alors qu'il ne voyait pas.

Prove our commodities. O dear son Edgar,
The food of thy abusèd father's wrath —
Might I but live to see thee in my touch
I'd say I had eyes again.

OLD MAN. – How now? Who's there?

EDGAR (*aside*). – O gods! Who is't can say "I am at the worst"?
I am worse than e'er I was.

OLD MAN (*to Gloucester*). – 'Tis poor mad Tom.

EDGAR (*aside*). – And worse I may be yet. The worst is not
So long as we can say "This is the worst."

OLD MAN (*to Edgar*). – Fellow, where goest?

GLOUCESTER. – Is it a beggarman?

OLD MAN. – Madman and beggar too.

GLOUCESTER. – A has some reason, else he could not beg.
I'th' last night's storm I such a fellow saw,
Which made me think a man a worm. My son
Came then into my mind, and yet my mind
Was then scarce friends with him. I have heard more since.
As flies to wanton boys are we to th' gods;
They kill us for their sport.

EDGAR (*aside*). – How should this be?
Bad is the trade that must play fool to sorrow,
Ang'ring itself and others.
[*He comes forward*]
Bless thee, master.

GLOUCESTER. – Is that the naked fellow?

OLD MAN. – Ay, my lord.

GLOUCESTER. – Get thee away. If for my sake
Thou wilt o'ertake us hence a mile or twain
I'th' way toward Dover, do it for ancient love,
And bring some covering for this naked soul,
Which I'll entreat to lead me.

OLD MAN. – Alack, sir, he is mad.

GLOUCESTER. – 'Tis the time's plague when madmen lead the blind.
Do as I bid thee; or rather do thy pleasure.
Above the rest, be gone.

OLD MAN. – I'll bring him the best 'parel that I have,
Come on't what will. *Exit*

GLOUCESTER. – Sirrah, naked fellow!

EDGAR. – Poor Tom's a-cold. (*Aside*) I cannot daub it further.

GLOUCESTER. – Come hither, fellow.

EDGAR (*aside*). – And yet I must.
(*To Gloucester*) Bless thy sweet eyes, they bleed.

GLOUCESTER. – Know'st thou the way to Dover?

EDGAR. – Both stile and gate, horseway and footpath. Poor Tom hath been

---

32 A] *Q*; He *F*. 52 daub] *F*; dance *Q*. 53 And ... must] *F*; *pas dans Q*.

---

1. Probablement un écho biblique; voir *Job*, 25,6 et *Psaumes*, 22,6. 2. Cf. Montaigne,

Tournent à notre avantage. Ô Edgar, mon cher fils,
Aliment du courroux de ton père abusé –
Si seulement je pouvais vivre assez pour te voir au toucher,
Je dirais que j'ai retrouvé des yeux.

LE VIEILLARD. – Tiens ! qui est là ?

EDGAR (*à part*). – Ô dieux ! Qui donc peut dire « Le pire m'est arrivé » ?
Pour moi, le pire c'est maintenant.

LE VIEILLARD (*à Gloucester*). – C'est ce pauvre fou de Tom.

EDGAR (*à part*). – Il peut m'arriver pire encore. Le pire n'est pas atteint
Tant qu'on peut encore dire « Voici le pire ».

LE VIEILLARD (*à Edgar*). – L'ami, où vas-tu ?

GLOUCESTER. – C'est un mendiant ?

LE VIEILLARD. – Un fou et aussi un mendiant.

GLOUCESTER. – A d'la jugeote, ou il ne pourrait pas mendier.
J'ai vu quelqu'un comme ça pendant cette nuit d'orage,
Et ça m'a fait songer que l'homme est un ver[1]. Mon fils
Me vint alors à l'esprit, et pourtant mon esprit
Ne l'aimait guère alors. J'en sais plus long depuis.
Les dieux nous traitent comme les gamins espiègles les mouches,
Ils nous tuent par plaisir[2].

EDGAR (*à part*). – Que s'est-il passé ?
Triste métier ! Devoir faire l'idiot en présence du chagrin !
On s'outrage soi-même, et les autres aussi.

[*Il s'avance*]

Dieu te bénisse, maître !

GLOUCESTER. – Est-ce que c'est l'homme nu ?

LE VIEILLARD. – Oui, monseigneur.

GLOUCESTER. – Va, disparais. Si, par égard pour moi,
Tu veux bien nous rejoindre à un mille ou deux d'ici
Sur la route de Douvres, viens par amitié ancienne,
Avec de quoi couvrir cet être dénudé,
A qui je vais demander de me conduire.

LE VIEILLARD. – Hélas ! monsieur, il est fou.

GLOUCESTER. – C'est le malheur des temps : les fous guident les aveugles.
Fais ce que je te demande, ou plutôt ce que tu veux.
Par-dessus tout, va-t'en.

LE VIEILLARD. – Je vais lui apporter mes meilleurs vêtements.
Advienne que pourra ! *Il sort*

GLOUCESTER. – Hé ! toi, le bonhomme nu !

EDGAR. – Pauvre Tom a froid. (*A part*) Je ne peux continuer cette comédie.

GLOUCESTER. – Approche, mon bonhomme.

EDGAR (*à part*). – Et pourtant il le faut.
(*A Gloucester*) Bénis soient tes chers yeux ! Ils saignent !

GLOUCESTER. – Tu connais la route de Douvres ?

EDGAR. – A la fois les échaliers et les barrières, les chemins pour cavaliers

---

trad. Florio : « The gods play at hand-ball with us... The gods perdie do reckon and racket us men as their tennis balls » (EL, vol. 3, p. 201 ; Pléiade, p. 937). Contraster avec V,3,160-161.

scared out of his good wits. Bless thee, goodman's son, from the foul fiend.

GLOUCESTER. – Here, take this purse, thou whom the heavens' plagues
Have humbled to all strokes. That I am wretched
Makes thee the happier. Heavens deal so still.
Let the superfluous and lust-dieted man
That slaves your ordinance, that will not see
Because he does not feel, feel your power quickly.
So distribution should undo excess,
And each man have enough. Dost thou know Dover ?

EDGAR. – Ay, master.

GLOUCESTER. – There is a cliff whose high and bending head
Looks fearfully in the confinèd deep.
Bring me but to the very brim of it
And I'll repair the misery thou dost bear
With something rich about me. From that place
I shall no leading need.

EDGAR. – Give me thy arm.
Poor Tom shall lead thee. *Exit Edgar guiding Gloucester*

IV, 2 *Enter Goneril and Edmond the bastard* [*at one door*] *and Oswald the steward* [*at another*]

GONERIL. – Welcome, my lord. I marvel our mild husband
Not met us on the way. (*To Oswald*) Now, where's your master ?

OSWALD. – Madam, within ; but never man so changed.
I told him of the army that was landed ;
He smiled at it. I told him you were coming ;
His answer was "The worse". Of Gloucester's treachery
And of the loyal service of his son
When I informed him, then he called me sot,
And told me I had turned the wrong side out.
What most he should dislike seems pleasant to him ;
What like, offensive.

GONERIL (*to Edmond*). – Then shall you go no further.
It is the cowish terror of his spirit
That dares not undertake. He'll not feel wrongs
Which tie him to an answer. Our wishes on the way
May prove effects. Back, Edmond, to my brother.
Hasten his musters and conduct his powers.
I must change names at home, and give the distaff
Into my husband's hands. This trusty servant
Shall pass between us. Ere long you are like to hear,

57-58 *Voir Passage additionnel 13.* **62** slaves] *F* ; stands *Q.* **68** fearfully] *F* ; firmely *Q.* **IV,2 17** names] *F* ; armes *Q.*

1. Voir Passage additionnel 13. **2.** Voir Passage additionnel 11, vers 99-100. **3.** La Manche est « endiguée » des deux côtés par des falaises. **4.** Lieu : la demeure de Goneril

et ceux pour piétons. Pauvre Tom a eu très peur et il en a perdu l'esprit. Fils d'honnête homme, le ciel te garde de l'esprit immonde ![1]

GLOUCESTER. – Tiens, prends cette bourse, toi que les fléaux célestes
Ont rendu humble aux coups. Par ma propre infortune
Ton sort est plus heureux[2]. Cieux, qu'il en soit toujours ainsi !
L'homme du superflu, des jouissances assouvies,
Qui asservit vos lois, et se refuse à voir
Parce qu'il ne ressent rien, puisse-t-il sentir bientôt votre puissance !
Ainsi le partage détruirait le surplus,
Et chaque homme aurait assez. Connais-tu Douvres ?

EDGAR. – Oui, maître.

GLOUCESTER. – Il y a une falaise, à la cime altière en surplomb,
Qui plonge un regard terrifié dans l'abîme endigué[3].
Conduis-moi seulement tout au bord de celle-ci
Et je soulagerai la misère qui t'accable
Par un objet de prix que je porte sur moi.
Après ça je n'aurai plus besoin de guide.

EDGAR. – Donne-moi le bras.
Pauvre Tom va te guider. *Edgar sort en conduisant Gloucester*

Entrent [par une porte] Goneril et Edmond le bâtard, et [par une autre] Oswald l'intendant[4] IV, 2

GONERIL. – Bienvenue, monseigneur[5]. Je m'étonne que notre époux [débonnaire
Ne soit pas venu à notre rencontre. (*A Oswald*) Eh bien ! où est votre [maître ?

OSWALD. – A l'intérieur, madame ; mais ce n'est plus le même homme.
Je l'ai informé de l'armée qui a débarqué ;
Ça l'a fait sourire. Je l'ai informé de votre arrivée ;
Sa réponse fut « De mal en pis ! » Quand je lui ai appris
La traîtrise de Gloucester et les loyaux services
De son fils, il m'a alors traité d'idiot,
Et m'a dit que j'avais pris les choses à l'envers[6].
Ce qui devrait lui déplaire le plus lui paraît agréable,
Répugnant, ce qui devrait lui plaire.

GONERIL (*à Edmond*). – Alors, n'allez pas plus loin.
C'est la terreur poltronne de son caractère,
Qui n'ose rien entreprendre. Il ne sent pas l'outrage
Qui l'oblige à riposte ! Nos vœux faits en chemin
S'accompliront peut-être. Retournez chez mon frère, Edmond.
Activez la levée de ses troupes et conduisez-les[7].
Il faut qu'ici, chez nous, j'échange les noms, et mette
La quenouille aux mains de mon mari. Ce fidèle serviteur
Nous tiendra en liaison. Si vous osez agir

---

et Albany. **5.** Goneril arrive avec Edmond et l'accueille chez elle. **6.** En attribuant la traîtrise à Gloucester et la loyauté à Edmond. **7.** Goneril apprend seulement un peu plus tard la mort de Cornouailles. Elle ne peut donc dire qu'Edmond doit commander les troupes du duc ; *conduct* signifie probablement « conduire » au sens de « guider ».

If you dare venture in your own behalf,
A mistress's command. Wear this. Spare speech.
Decline your head. This kiss, if it durst speak,
Would stretch thy spirits up into the air.
[She kisses him]
Conceive, and fare thee well.

EDMOND. – Yours in the ranks of death.

GONERIL. – My most dear Gloucester. *Exit Edmond*
O, the difference of man and man!
To thee a woman's services are due;
My fool usurps my body.

OSWALD. – Madam, here comes my lord.

Enter the Duke of Albany

GONERIL. – I have been worth the whistling.

ALBANY. – O Goneril,
You are not worth the dust which the rude wind
Blows in your face.

GONERIL. – Milk-livered man,
That bear'st a cheek for blows, a head for wrongs;
Who hast not in thy brows an eye discerning
Thine honour from thy suffering —

ALBANY. – See thyself, devil.
Proper deformity shows not in the fiend
So horrid as in woman.

GONERIL. – O vain fool!

Enter a Messenger

MESSENGER. – O my good lord, the Duke of Cornwall's dead,
Slain by his servant going to put out
The other eye of Gloucester.

ALBANY. – Gloucester's eyes?

MESSENGER. – A servant that he bred, thrilled with remorse,
Opposed against the act, bending his sword
To his great master, who thereat enraged
Flew on him, and amongst them felled him dead,
But not without that harmful stroke which since
Hath plucked him after.

ALBANY. – This shows you are above,
You justicers, that these our nether crimes
So speedily can venge. But O, poor Gloucester!
Lost he his other eye?

---

27 O ... man!] *F*; *pas dans Q*. 29 My fool] *F*; My foote *Q*; A foole *Qcorr.* 29 body] *F Q*; bed *Qcorr.* 30 whistling] *Qcorr*; whistle *F Q.* 32 *Voir Passage additionnel 14.* 34 discerning] *F*; deserving *Q.* 35 *Voir Passage additionnel 15.* 36 shows] *Qcorr*; seemes *F Q.* 37-38 *Voir Passage additionnel 16.* 41 thrilled] *F*; thrald *Q.* 43 thereat enraged] *Q*; threat-enrag'd *F.* 47 justicers] *Qcorr*; Justices *F Q.*

---

1. Goneril remet à Edmond une faveur, ce qui souligne l'ambiguïté de « maîtresse ». 2. Une série de mots à double sens souligne le côté sexuel du lien entre Goneril

Pour votre propre compte, sous peu vous entendrez sans doute
L'ordre d'une maîtresse. Portez ceci[1]. Silence !
Penchez la tête. Ce baiser, s'il osait s'exprimer,
Dilaterait tes ardeurs jusqu'aux voûtes du ciel.
[*Elle l'embrasse*]
Comprends-moi, et porte-toi bien.

EDMOND. – A vous jusque dans les rangs de la mort !

GONERIL. – Mon très cher Gloucester ! *Edmond sort*
Ah ! quelle différence entre un homme et un autre !
C'est à toi que sont dues les faveurs d'une femme ;
Mon sot usurpe mon corps[2].

OSWALD. – Madame, monseigneur arrive.

Entre le duc d'Albany

GONERIL. – Je valais[3] bien naguère qu'on se dérange pour moi[4].

ALBANY. – Ô Goneril,
Vous ne valez même pas la poussière que l'âpre vent
Vous souffle à la figure[5] !

GONERIL. – Poule mouillée[6] !
Dont la joue s'offre aux gifles et la tête aux outrages ;
Qui n'a pas d'œil au front faisant la différence
Entre ton honneur et ton humiliation[7] –

ALBANY. – Regarde-toi, démon !
Chez le diable, sa laideur foncière paraît moins horrible
Qu'elle ne l'est chez une femme[8].

GONERIL. – Ô inepte crétin[9] !

Entre un Messager

LE MESSAGER. – Ô mon bon seigneur, le duc de Cornouailles est mort,
Tué par son serviteur, quand il allait crever
L'autre œil de Gloucester.

ALBANY. – Les yeux de Gloucester ?

LE MESSAGER. – Un serviteur qu'il avait élevé, ému de pitié,
S'opposa à cet acte, dirigeant son épée
Vers son noble maître, lequel, fou de colère,
Se jeta sur lui et, avec d'autres, l'étendit mort,
Mais non sans recevoir ce mauvais coup, qui l'a depuis
Emporté à sa suite.

ALBANY. – Ceci montre que vous êtes là-haut,
Ô vous justiciers, vengeurs si diligents
De nos crimes d'ici-bas ! Mais, oh ! pauvre Gloucester !
Il a perdu l'autre œil ?

---

et Edmond : *stretch* (23 ; suggère l'érection), *spirits* (23 ; semence), *conceive* (24), *death* (25 ; petite mort de l'orgasme), *services* (28), *usurps my body* (29). **3.** Hunter pense que *I have been* se réfère au présent : « Je mérite (enfin) qu'on vienne me chercher ». **4.** Il était proverbial que seul un chien sans valeur ne mérite pas qu'on le siffle (voir Tilley D488 et W311). **5.** Voir Passage additionnel 14. **6.** *milk-livered.* Un foie pâle indiquait un déficit en sang et donc un manque de courage. Voir ci-dessus I,4,295 et *Macbeth,* V,3,17. **7.** Voir Passage additionnel 15. **8.** La laideur morale appartient à la nature même du diable et est donc appropriée, alors qu'elle est une difformité contre nature chez la femme et tranche avec sa beauté physique. **9.** Voir Passage additionnel 16.

MESSENGER. – Both, both, my lord. –
This letter, madam, craves a speedy answer.
'Tis from your sister.
GONERIL (*aside*). – One way I like this well;
But being widow, and my Gloucester with her,
May all the building in my fancy pluck
Upon my hateful life. Another way
The news is not so tart. – I'll read and answer.
[*Exit with Oswald*]
ALBANY. – Where was his son when they did take his eyes?
MESSENGER. – Come with my lady hither.
ALBANY. – He is not here.
MESSENGER. – No, my good lord; I met him back again.
ALBANY. – Knows he the wickedness?
MESSENGER. – Ay, my good lord; 'twas he informed against him,
And quit the house on purpose that their punishment
Might have the freer course.
ALBANY. – Gloucester, I live
To thank thee for the love thou showed'st the King,
And to revenge thine eyes. – Come hither, friend.
Tell me what more thou know'st. *Exeunt*

IV, 3 *Enter with a drummer and colours, Queen Cordelia, Gentlemen, and soldiers*

CORDELIA. – Alack, 'tis he! Why, he was met even now,
As mad as the vexed sea, singing aloud,
Crowned with rank fumitor and furrow-weeds,
With burdocks, hemlock, nettles, cuckoo-flowers,
Darnel, and all the idle weeds that grow
In our sustaining corn. A century send forth.
Search every acre in the high-grown field,
And bring him to our eye. [*Exit one or more*]
What can man's wisdom
In the restoring his bereavèd sense,
He that helps him take all my outward worth.
[1] GENTLEMAN. – There is means, madam.
Our foster-nurse of nature is repose,
The which he lacks. That to provoke in him
Are many simples operative, whose power
Will close the eye of anguish.
CORDELIA. – All blest secrets,
All you unpublished virtues of the earth,
Spring with my tears, be aidant and remediate
In the good man's distress! – Seek, seek for him,

55 tart] *F*; tooke *Q*. 65 *Voir Passage additionnel 17.* IV,3 3 fumitor] *Oxford*; Fenitar *F*; femiter *Q*. 4 burdocks] *Hanmer (1743)*; Hardokes *F*; hor-docks *Q*. 11 GENTLEMAN] *F*; *Doct[or]. Q*. 18 good man's distress] *Q* (mans); Goodmans desires *F*.

1. Goneril détestera sa vie si elle demeure l'épouse d'Albany et doit renoncer à

LE MESSAGER. – Les deux, les deux, monseigneur. –
Ce pli, madame, demande une prompte réponse.
Il vient de votre sœur.
GONERIL (*à part*). – D'un côté, cela me convient bien.
Mais elle est veuve, et mon Gloucester auprès d'elle ;
Cela peut faire crouler sur ma vie abhorrée[1]
Tout l'édifice que j'ai imaginé. D'un autre côté,
La nouvelle n'est pas si déplaisante. – Je vais lire et répondre.
[*Elle sort avec Oswald*]
ALBANY. – Où donc était son fils quand ils ont pris ses yeux ?
LE MESSAGER. – Venu ici avec ma maîtresse.
ALBANY. – Il n'est pas là.
LE MESSAGER. – Non, mon bon seigneur ; je l'ai rencontré qui repartait.
ALBANY. – Il est au courant de cette scélératesse ?
LE MESSAGER. – Oui, mon bon seigneur ; c'est lui qui l'a dénoncé,
Et c'est exprès qu'il quitta la maison, laissant le champ
Plus libre à leur châtiment.
ALBANY. – Gloucester, je suis vivant
Pour te remercier de l'amour que tu montras au roi,
Et pour venger tes yeux. – Viens par ici, mon ami.
Dis-moi ce que tu sais d'autre. *Ils sortent*[2]

Entrent, avec un tambour et des étendards, la reine Cordélie, des Gentilshommes et des soldats[3] IV, 3

CORDÉLIE. – Hélas ! c'est lui ! Ah ! on vient de le rencontrer,
Aussi fou que la mer démontée, chantant à tue-tête,
Couronné de fumeterre luxuriant et d'herbes folles,
De bardanes, de ciguë, d'orties, de cardamines,
D'ivraie, et de toutes les herbes inutiles qui poussent
Dans notre blé nourrissant. Détachez cent hommes.
Fouillez chaque arpent des champs montés en tige,
Et ramenez-le devant moi. [*Une ou plusieurs personnes sortent*]
Ce que la science humaine
Pourra faire pour lui rendre sa raison disparue,
Que celui qui l'aide prenne toutes mes richesses[4] !
[1er] GENTILHOMME. – Il y a bien un moyen, madame.
La mère nourricière de notre nature, c'est le repos,
Et il en est privé. Pour qu'il en prenne, il ne manque pas
De simples[5] efficaces, dont le pouvoir fermera
L'œil de sa souffrance.
CORDÉLIE. – Ô vous tous, secrets bénis,
Ô vous toutes, vertus occultes des plantes de la terre,
Germez avec mes larmes, secourez et guérissez
Le juste en sa détresse ! – Trouvez-le, trouvez-le,

Edmond. 2. Voir Passage additionnel 17. 3. Lieu : les environs de Douvres. 4. *What... worth.* Syntaxe défectueuse du style parlé. La plupart des éditeurs ponctuent *« sense ? »* ; l'in-folio* met un point-virgule et l'in-quarto* une virgule. 5. C.-à-d. des remèdes constitués par une substance unique, d'habitude une plante.

Lest his ungoverned rage dissolve the life
That wants the means to lead it.

Enter a Messenger

MESSENGER. – News, madam.
The British powers are marching hitherward.

CORDELIA. – 'Tis known before ; our preparation stands
In expectation of them. – O dear father,
It is thy business that I go about ;
Therefore great France
My mourning and importuned tears hath pitied.
No blown ambition doth our arms incite,
But love, dear love, and our aged father's right.
Soon may I hear and see him ! *Exeunt*

IV, 4 *Enter Regan and Oswald the steward*

REGAN. – But are my brother's powers set forth ?

OSWALD. – Ay, madam.

REGAN. – Himself in person there ?

OSWALD. – Madam, with much ado.
Your sister is the better soldier.

REGAN. – Lord Edmond spake not with your lord at home ?

OSWALD. – No, madam.

REGAN. – What might import my sister's letters to him ?

OSWALD. – I know not, lady.

REGAN. – Faith, he is posted hence on serious matter.
It was great ignorance, Gloucester's eyes being out,
To let him live. Where he arrives he moves
All hearts against us. Edmond, I think, is gone,
In pity of his misery, to dispatch
His 'nighted life, moreover to descry
The strength o'th' enemy.

OSWALD. – I must needs after, madam, with my letter.

REGAN. – Our troops set forth tomorrow. Stay with us.
The ways are dangerous.

OSWALD. – I may not, madam.
My lady charged my duty in this business.

REGAN. – Why should she write to Edmond ? Might not you
Transport her purposes by word ? Belike –
Some things – I know not what. I'll love thee much :
Let me unseal the letter.

OSWALD. – Madam, I had rather –

REGAN. – I know your lady does not love her husband.
I am sure of that, and at her late being here
She gave strange oeillades and most speaking looks
To noble Edmond. I know you are of her bosom.

---

26 importuned] *F* ; important *Q*. **IV,4 4** lord] *F* ; Lady *Q*. **6** letters] *Q* ; Letter *F*. **11** Edmond] *F*; and now *Q*. **15** after] *Oxford* ; after him *F Q*.

De peur que sa fureur sans frein ne détruise une vie
Que rien ne guide plus.

Entre un Messager

LE MESSAGER. – Une nouvelle, madame.
L'armée britannique est en marche vers nous.

CORDÉLIE. – Je le savais déjà ; nos préparatifs sont faits
Pour les recevoir. — Ô mon cher père,
Ce sont tes affaires auxquelles je me consacre[1] ;
C'est pourquoi le puissant roi de France
Eut pitié de mon deuil, de mes larmes pressantes.
Nulle ambition bouffie ne nous pousse à la guerre,
Mais l'amour, l'amour tendre, et les droits d'un vieux père.
Puissé-je bientôt et le voir et l'entendre ! *Ils sortent*

Entrent Régane et Oswald l'intendant[2] **IV, 4**

RÉGANE. – Mais l'armée de mon frère est-elle en marche ?

OSWALD. – Oui, madame.

RÉGANE. – S'y trouve-t-il en personne ?

OSWALD. – En rechignant beaucoup, madame.
Le meilleur soldat des deux, c'est votre sœur.

RÉGANE. – Monseigneur Edmond n'a pas parlé à votre maître chez lui ?

OSWALD. – Non, madame.

RÉGANE. – Que pourrait bien lui vouloir ma sœur dans cette lettre ?

OSWALD. – Je l'ignore, madame.

RÉGANE. – En vérité, il m'a quittée en hâte pour une affaire grave.
Quelle énorme bévue d'avoir laissé Gloucester en vie
Avec les yeux crevés ! Partout où il arrive,
Il émeut tous les cœurs contre nous. Je crois qu'Edmond,
Prenant pitié de ses tourments[3], est parti
Mettre fin à sa vie de ténèbres, et aussi repérer
Les forces de l'ennemi.

OSWALD. – Je dois le rattraper, madame, avec ma lettre.

RÉGANE. – Nos troupes s'en vont demain. Demeurez avec nous.
Les routes sont dangereuses.

OSWALD. – Je ne peux pas, madame.
L'ordre de ma maîtresse est strict en cette affaire.

RÉGANE. – Pourquoi donc une lettre à Edmond ? Ne pouviez-vous
Transmettre son message de vive voix ? Apparemment —
Des choses — je ne sais quoi. Tu me seras très cher :
Laisse-moi décacheter ce pli.

OSWALD. – Madame, plutôt —

RÉGANE. – Votre maîtresse, je le sais, n'aime pas son mari.
J'en suis sûre, et quand, tout récemment, elle se trouvait ici,
Le noble Edmond eut d'elle d'étranges œillades et d'éloquents
Regards. Je sais qu'elle vous ouvre son cœur.

---

1. S. L. Bethell rapproche les vers 23-24 de *Luc,* 2,49 : « Knew ye not that I must go about my father's business » (version de Genève). 2. Lieu : non précisé. Régane est soit encore chez Gloucester (comme à III,7), soit chez elle. 3. Sûrement ironique.

OSWALD. – I, madam ?
REGAN. – I speak in understanding. Y'are, I know't.
Therefore I do advise you take this note.
My lord is dead. Edmond and I have talked,
And more convenient is he for my hand
Than for your lady's. You may gather more.
If you do find him, pray you give him this,
And when your mistress hears thus much from you,
I pray desire her call her wisdom to her.
So, fare you well.
If you do chance to hear of that blind traitor,
Preferment falls on him that cuts him off.
OSWALD. – Would I could meet him, madam. I should show
What party I do follow.
REGAN. – Fare thee well. *Exeunt severally*

IV, 5 *Enter Edgar disguised as a peasant, with a staff, guiding the blind Earl of Gloucester*

GLOUCESTER. – When shall I come to th' top of that same hill ?
EDGAR. – You do climb up it now. Look how we labour.
GLOUCESTER. – Methinks the ground is even.
EDGAR. – Horrible steep.
Hark, do you hear the sea ?
GLOUCESTER. – No, truly.
EDGAR. – Why, then your other senses grow imperfect
By your eyes' anguish.
GLOUCESTER. – So may it be indeed.
Methinks thy voice is altered, and thou speak'st
In better phrase and matter than thou didst.
EDGAR. – You're much deceived. In nothing am I changed
But in my garments.
GLOUCESTER. – Methinks you're better spoken.
EDGAR. – Come on, sir, here's the place. Stand still. How fearful
And dizzy 'tis to cast one's eyes so low !
The crows and choughs that wing the midway air
Show scarce so gross as beetles. Halfway down
Hangs one that gathers samphire, dreadful trade !
Methinks he seems no bigger than his head.
The fishermen that walk upon the beach
Appear like mice, and yon tall anchoring barque
Diminished to her cock, her cock a buoy
Almost too small for sight. The murmuring surge

39 him] *Q* ; *pas dans F.* 40 party] *F* ; Lady *Q.* IV,5 15 samphire] *F* (Sampire). 17 walk] *Q* ; walk'd *F.*

1. Une faveur ou une lettre ; il n'en sera plus question. 2. Lieu : les environs de Douvres. Il y a deux lieux précis et imaginaires. D'abord Edgar fait croire à son père qu'ils arrivent au bord d'une falaise (11-26, 49-59) bien que Gloucester n'ait pas l'impression de monter

OSWALD. – A moi, madame ?
RÉGANE. – A vous, je le sais bien. Je parle en connaissance de cause.
Je vous le conseille donc, prenez note de ceci.
Mon seigneur est mort. Edmond et moi, nous nous sommes entendus,
Et il convient davantage à ma main qu'à celle
De votre maîtresse. Vous pouvez deviner le reste.
Si vous trouvez Edmond, donnez-lui donc ceci[1],
Et quand vous aurez mis votre maîtresse au courant,
Demandez-lui, je vous prie, de consulter sa sagesse.
Sur ce, portez-vous bien.
Si par hasard vous avez vent de ce traître aveugle,
Qui lui donnera la mort aura de l'avancement.
OSWALD. – Puissé-je le rencontrer, madame ! Je montrerais
De quel parti je suis.
RÉGANE. – Porte-toi bien. *Ils sortent séparément*

Entre Edgar déguisé en paysan, avec un bâton, conduisant le comte de Gloucester aveugle[2] IV, 5

GLOUCESTER. – Quand arriverai-je en haut de cette côte ?
EDGAR. – Mais vous êtes en train de la gravir. Voyez comme nous peinons.
GLOUCESTER. – Je trouve que le sol est plat.
EDGAR. – Horriblement abrupt.
Écoutez, vous entendez la mer ?
GLOUCESTER. – Non, pas du tout.
EDGAR. – Eh bien, c'est que vos autres sens se délabrent
Du fait de la souffrance des yeux.
GLOUCESTER. – C'est bien possible.
Je trouve ta voix changée, et que tu t'exprimes mieux
Que tu ne le faisais, pour la forme et le fond[3].
EDGAR. – Vous vous méprenez fort. Rien n'est changé en moi,
Sinon mes vêtements.
GLOUCESTER. – Je trouve que vous parlez mieux.
EDGAR. – Venez, monsieur, voici l'endroit. Halte ! Quel effroi,
Quel vertige on éprouve, en plongeant si bas le regard !
Les corneilles, les choucas, qui volent à mi-hauteur,
Semblent à peine grands comme des hannetons. A mi-falaise
S'accroche un homme cueillant des perce-pierres[4]. Métier terrible !
Je trouve qu'il ne paraît pas plus gros que sa tête.
Les pêcheurs qui marchent sur la plage
Font l'effet de souris ; le fier navire ancré là-bas
Est réduit à sa chaloupe, et la chaloupe à une bouée
Que l'on discerne à peine. Le murmure du flot,

---

et n'entende pas le bruit des vagues (1-4). Ensuite Edgar dit qu'ils sont sur une plage, sans que la référence au sable (259) suffise à en faire le lieu « réel » de la scène. L'important, c'est que Gloucester croit être successivement en ces deux lieux. **3.** Edgar s'exprime maintenant en vers*. **4.** *samphire.* Plante aromatique (aussi « passe-pierre » ou « christe-marine ») dont on se servait comme condiment. J. Gerard, *The Herbal* (1597), dit qu'elle pousse sur les falaises de Douvres.

That on th'unnumbered idle pebble chafes
Cannot be heard so high. I'll look no more,
Lest my brain turn and the deficient sight
Topple down headlong.

GLOUCESTER. – Set me where you stand.

EDGAR. – Give me your hand. You are now within a foot
Of th'extreme verge. For all beneath the moon
Would I not leap upright.

GLOUCESTER. – Let go my hand.
Here, friend, 's another purse ; in it a jewel
Well worth a poor man's taking. Fairies and gods
Prosper it with thee ! Go thou further off.
Bid me farewell, and let me hear thee going.

EDGAR. – Now fare ye well, good sir.

He stands aside

GLOUCESTER. – With all my heart.

EDGAR (*aside*). – Why I do trifle thus with his despair
Is done to cure it.

GLOUCESTER (*kneeling*). – O you mighty gods,
This world I do renounce, and in your sights
Shake patiently my great affliction off !
If I could bear it longer, and not fall
To quarrel with your great opposeless wills,
My snuff and loathèd part of nature should
Burn itself out. If Edgar live, O bless him ! –
Now, fellow, fare thee well.

EDGAR. – Gone, sir. Farewell.

Gloucester falls forward

(*Aside*) And yet I know not how conceit may rob
The treasury of life, when life itself
Yields to the theft. Had he been where he thought,
By this had thought been past. – Alive or dead ?
(*To Gloucester*) Ho, you, sir, friend ; hear you, sir ? Speak.
(*Aside*) Thus might he pass indeed. Yet he revives.
(*To Gloucester*) What are you, sir ?

GLOUCESTER. – Away, and let me die.

EDGAR. – Hadst thou been aught but gossamer, feathers, air,
So many fathom down precipitating
Thou'dst shivered like an egg. But thou dost breathe,
Hast heavy substance, bleed'st not, speak'st, art sound.
Ten masts a-length make not the altitude
Which thou hast perpendicularly fell.
Thy life's a miracle. Speak yet again.

GLOUCESTER. – But have I fall'n, or no ?

EDGAR. – From the dread summit of this chalky bourn.

---

53 a-length] *Oxford* ; at each *F Q*.

Qui assaille les galets innombrables et stériles,
N'est pas audible de si haut. Je m'arrête de regarder,
Craignant d'être étourdi et, ma vue se troublant,
De basculer tête la première.

GLOUCESTER. – Placez-moi où vous êtes.

EDGAR. – Donnez-moi la main. Vous voilà à moins d'un pied
Du bord extrême[1]. Je ne sauterais pas en l'air
Pour tout l'or du monde.

GLOUCESTER. – Lâche-moi la main.
L'ami, voici une autre bourse ; dedans est un bijou
Qu'un pauvre ne saurait refuser. Que les fées et les dieux
Te le rendent bienfaisant ! Éloigne-toi davantage.
Dis-moi adieu, et que je t'entende partir.

EDGAR. – Alors adieu à vous, mon bon monsieur.

Il se met sur le côté

GLOUCESTER. – Ainsi soit-il.

EDGAR (*à part*). – Si je badine ainsi avec son désespoir,
C'est pour l'en guérir[2].

GLOUCESTER (*s'agenouillant*). – Ô vous, dieux puissants,
Je renonce à ce monde et, sous votre regard,
Je m'affranchis patiemment de ma grande souffrance !
Si je pouvais la supporter encore, sans m'insurger
Contre vos volontés immenses, irrésistibles,
Mon lumignon, odieux reliquat de mon être,
Se consumerait jusqu'au bout. Si Edgar est en vie, oh ! bénissez-le !
Maintenant, mon brave, adieu à toi.

EDGAR. – Je suis parti, monsieur. Adieu.

Gloucester tombe en avant

(*A part*) Je me demande, cependant, si l'imagination ne peut
Dérober le trésor de la vie, lorsque la vie elle-même
Acquiesce à ce vol. S'il s'était trouvé où il pensait,
Maintenant il ne penserait plus. — Vivant ou mort ?
(*A Gloucester*) Hé ! vous, monsieur, l'ami ! vous m'entendez, monsieur ? [Parlez.
(*A part*) Il pouvait bien s'en aller ainsi. Mais il se ranime.
(*A Gloucester*) Qui êtes-vous, monsieur ?

GLOUCESTER. – Allez-vous-en et laissez-moi mourir.

EDGAR. – Si tu n'avais été fait de fil de la vierge, de plume et d'air,
En te précipitant en bas d'autant de toises,
Tu te fracassais comme un œuf. Mais tu respires,
Ta substance est pesante, tu ne saignes pas, tu parles,
Tu es intact. Dix mâts, qu'on mettrait bout à bout,
N'égalent pas la hauteur dont tu tombas à pic.
Ta vie est un miracle. Parle donc à nouveau.

GLOUCESTER. – Mais suis-je tombé ou non ?

EDGAR. – De l'effrayant sommet de cette frontière de craie.

---

1. *extreme.* Accentué sur la première syllabe. 2. Edgar trompe son père pour son bien, alors qu'Edmond l'avait trompé pour nuire à Edgar.

Look up a-height. The shrill-gorged lark so far
Cannot be seen or heard. Do but look up.
GLOUCESTER. – Alack, I have no eyes.
Is wretchedness deprived that benefit
To end itself by death ? 'Twas yet some comfort
When misery could beguile the tyrant's rage
And frustrate his proud will.
EDGAR. – Give me your arm.
Up, so. How is't ? Feel you your legs ? You stand.
GLOUCESTER. – Too well, too well.
EDGAR. – This is above all strangeness.
Upon the crown o'th' cliff what thing was that
Which parted from you ?
GLOUCESTER. – A poor unfortunate beggar.
EDGAR. – As I stood here below, methoughts his eyes
Were two full moons. He had a thousand noses,
Horns whelked and waved like the enragèd sea.
It was some fiend. Therefore, thou happy father,
Think that the clearest gods, who make them honours
Of men's impossibilities, have preserved thee.
GLOUCESTER. – I do remember now. Henceforth I'll bear
Affliction till it do cry out itself
"Enough, enough," and die. That thing you speak of,
I took it for a man. Often 'twould say
"The fiend, the fiend !" He led me to that place.
EDGAR. – Bear free and patient thoughts.

Enter King Lear mad, [*crowned with weeds and flowers*]

But who comes here ?
The safer sense will ne'er accommodate
His master thus.
LEAR. – No, they cannot touch me for crying. I am the King himself.
EDGAR. – O thou side-piercing sight !
LEAR. – Nature's above art in that respect. There's your press-money. That fellow handles his bow like a crow-keeper. Draw me a clothier's yard. Look, look, a mouse ! Peace, peace, this piece of toasted cheese will do't. There's my gauntlet. I'll prove it on a giant. Bring up the brown bills. O, well flown, bird, i'th' clout, i'th' clout ! Whew ! Give the word.
EDGAR. – Sweet marjoram.
LEAR. – Pass.

---

69 methoughts] *Q* (me thoughts) ; me thought *F* ; *voir Notes.* **71** enragèd] *F* ; enridged *Q.* **83** crying] *F* ; coyning *Q.*

---

1. Cf. Montaigne, trad. Florio : « frustrate the Tyrant's cruelty » (EL, vol. 1, p. 237 ; Pléiade, p. 220). **2.** *methoughts.* Forme moins habituelle que « methought » ; le « s » final est sans doute influencé par « methinks » (je pense, il me semble). **3.** *father.* Parfois employé pour s'adresser à un homme âgé (voir *Macbeth,* II,4,4), mais, à l'insu de Gloucester, Edgar emploie le mot au sens propre. **4.** *clearest.* Sens controversé ; peut-être « les plus purs ». S'oppose à *some fiend* au vers précédent. **5.** On adopte souvent la leçon de l'in-quarto* (*coining* = battre monnaie), qui conduit à une association avec *press-money* (solde, prime versée à une nouvelle recrue). Taylor pense que *coining* fut peut-être censuré

Regarde tout là-haut. On ne peut, d'aussi loin, voir ou entendre
L'alouette au chant strident. Mais lève donc les yeux !

GLOUCESTER. – Hélas ! je n'ai pas d'yeux.
La détresse est-elle privée du bienfait d'en finir
En se donnant la mort ? Le malheur cependant
Trouvait un réconfort à tromper la rage du tyran
Et déjouer son orgueil despotique[1].

EDGAR. – Donnez-moi le bras.
Debout. Bien. Comment va ? Vous sentez vos jambes ? Vous tenez debout.

GLOUCESTER. – Trop bien ! trop bien !

EDGAR. – Ceci est plus qu'extraordinaire !
Quelle était cette chose, là-haut sur la falaise,
Qui s'éloigna de vous ?

GLOUCESTER. – Un pauvre hère, un mendiant.

EDGAR. – D'en bas où j'étais, il me semblait[2] que ses yeux
Étaient deux pleines lunes. Il avait mille nez, des cornes
Convolutées et ondulées comme la mer déchaînée.
C'était quelque démon ! Par conséquent, tu es heureux, le père[3],
Dis-toi que les dieux très glorieux[4], qui s'honorent de faire
Plus que ne peuvent les hommes, ont préservé ta vie.

GLOUCESTER. – Je m'en souviens maintenant. Désormais, j'endurerai
Le malheur jusqu'à ce qu'il s'écrie lui-même
« Assez, assez », et meure. Cette chose dont vous parlez,
Je l'ai prise pour un homme. Il répétait souvent
« Le démon ! le démon ! » Il m'a conduit là-haut.

EDGAR. – Que tes pensées soient sereines et patientes !

Entre le roi Lear, fou, [couronné d'herbes folles et de fleurs]

Mais qui vient là ?
Un esprit équilibré n'attife jamais son maître
De semblable façon.

LEAR. – Non, ils ne peuvent me reprocher mes larmes[5]. Je suis le roi en personne.

EDGAR. – Oh ! spectacle déchirant !

LEAR. – A cet égard, la nature dépasse l'art[6]. Voilà ta solde. Ce bonhomme manie son arc comme un épouvantail à moineaux[7]. Bande-moi un arc avec une bonne longue flèche. Regarde, regarde, une souris ! Laisse, laisse, ce morceau de fromage fondu fera l'affaire. Je jette mon gantelet. Qu'un géant le relève et je suis son homme ! Apportez les hallebardes brunes[8]. Oh ! bien volé l'oiseau[9] ! Dans le mille, dans le mille ! Bzz[10] ! Donnez le mot de passe.

EDGAR. – Marjolaine gentille[11].

LEAR. – Passez.

(*Division*, p. 483). **6.** On ne peut contrefaire les larmes qui coulent naturellement. **7.** *crow-keeper.* Soit un « épouvantail » à corbeaux avec un arc (voir *Roméo et Juliette*, I,4,6), soit un gamin chargé de chasser les corbeaux. **8.** Ou : « En avant, les hallebardiers ! » *Brown bills* désigne les hallebardes elles-mêmes (peintes en brun) ou peut-être les hommes qui les portent. **9.** *bird.* Exclamation du fauconnier, ici appliquée à la flèche. **10.** Sifflement du vol de la flèche. **11.** *Sweet marjoram.* Équivalent de « marjolaine » ou de « marjolaine gentille ». Selon Muir et Hunter, elle passait pour guérir les troubles mentaux, mais ce n'est pas une des vertus que lui attribue J. Gerard, *The Herbal* (1597).

GLOUCESTER. – I know that voice.

LEAR. – Ha! Goneril with a white beard? They flattered me like a dog, and told me I had the white hairs in my beard ere the black ones were there. To say "ay" and "no" to everything that I said "ay" and "no" to was no good divinity. When the rain came to wet me once, and the wind to make me chatter; when the thunder would not peace at my bidding, there I found 'em, there I smelt 'em out. Go to, they are not men o' their words. They told me I was everything; 'tis a lie, I am not ague-proof.

GLOUCESTER. – The trick of that voice I do well remember.
Is't not the King?

LEAR. – Ay, every inch a king.

[*Gloucester kneels*]

When I do stare, see how the subject quakes!
I pardon that man's life. What was thy cause?
Adultery? Thou shalt not die. Die for adultery!
No, the wren goes to't, and the small gilded fly
Does lecher in my sight. Let copulation thrive,
For Gloucester's bastard son
Was kinder to his father than my daughters
Got 'tween the lawful sheets. To't, luxury, pell-mell,
For I lack soldiers. Behold yon simp'ring dame,
Whose face between her forks presages snow,
That minces virtue, and does shake the head
To hear of pleasure's name.
The fitchew nor the soilèd horse goes to't
With a more riotous appetite. Down from the waist
They're centaurs, though women all above.
But to the girdle do the gods inherit;
Beneath is all the fiend's. There's hell, there's darkness,
there is the sulphurous pit, burning, scalding, stench, consumption. Fie, fie, fie; pah, pah! Give me an ounce of civet, good apothecary, sweeten my imagination.
There's money for thee.

GLOUCESTER. – O, let me kiss that hand!

LEAR. – Let me wipe it first; it smells of mortality.

---

93 with a white beard] *F*; ha *Regan Q*. 117 They're] *Q* (tha're); they are *F*. 120 consumption] *F*; consumation *Q*.

---

1. Selon Hunter, Gloucester tomberait à genoux en entendant la voix de Lear, ce qui conduirait celui-ci à le prendre pour Goneril, qui le flattait quand il était puissant. Mais Gloucester ne semble pas encore être sûr que c'est bien Lear ; voir plus bas 101-102. 2. Sh associe souvent les chiens à des démonstrations d'affection serviles ; voir *Jules César,* III,1,43 et V,1,42-45. On attend « like dogs » et le singulier introduit une ambiguïté, suggérant que Lear est le chien qu'on flatte. Cependant « to flatter » était rare au sens (français) de « caresser » et il est très voisin de « to fawn » que Sh emploie souvent pour décrire les cajoleries des chiens. 3. C.-à-d. qu'il avait la sagesse d'un vieillard. 4. Les commentateurs renvoient à divers textes bibliques (*Matthieu,* 5,37, etc.) mais Lear veut sans doute dire qu'on le divinisait. 5. L'expression usuelle était : « He is a man, every inch of him » (Tilley M161). 6. Lear prend Gloucester pour un criminel qui demande grâce ; *the subject* est probablement un singulier à sens collectif (voir *Hamlet,*

GLOUCESTER. – Je reconnais cette voix.

LEAR. – Ha ! Goneril avec une barbe blanche[1] ? On faisait le chien couchant[2], et l'on me disait qu'il y avait des poils blancs dans ma barbe[3] avant même qu'il n'y en eût des noirs. Dire « oui » et « non » chaque fois que je disais « oui » et « non » n'était pas une saine théologie[4]. Le jour où la pluie vint à me transpercer, la bise à me faire claquer des dents, quand le tonnerre ne voulut pas se taire sur mon ordre, c'est alors que je les ai percés à jour, alors que je les ai flairés. Bah ! ce sont des hommes sans parole. Ils me disaient que j'étais tout ; c'est un mensonge. Je ne suis pas à l'abri d'une fièvre.

GLOUCESTER. – Le timbre de cette voix, je le reconnais bien.
N'est-ce pas le roi ?

LEAR. – Oui, roi jusqu'au bout des ongles[5].

[*Gloucester s'agenouille*]

Quand je les fixe des yeux, vois comme mes sujets tremblent[6] !
Je fais grâce à cet homme. Quel fut ton crime ?
L'adultère ? Tu ne mourras pas. Mourir pour adultère !
Non, le roitelet s'accouple, et le moucheron doré
Fornique sous mes yeux. Vive la copulation !
Car le fils bâtard de Gloucester
Eut plus d'amour filial[7] que n'en eurent mes filles
Engendrées dans des draps légitimes. Hardi, luxure, à la partouze !
Car je manque de soldats. Regardez cette sainte nitouche,
Dont le visage annonce un entre-jambes de glace[8],
Elle joue les vertueuses, elle fait non de la tête
Au seul nom du plaisir[9].
Le putois[10], et l'étalon mis au vert[11] ne s'accouplent pas
Avec plus de frénésie débridée. Au-dessous de la taille
Elles sont centaures[12], bien que femmes au-dessus.
Le domaine des dieux s'arrête à la ceinture ;
En-dessous, tout appartient au diable. Là, c'est l'enfer[13], les ténèbres, le puits sulfureux, ça brûle, ça ébouillante, ça pue et ça consume. Fi donc ! Fi donc ! Pouah ! Pouah ! Bon apothicaire, donne-moi une once de civette ; purifie mon imagination.
Tiens, voici de l'argent.

GLOUCESTER. – Oh ! laissez-moi baiser cette main !

LEAR. – Laisse-moi d'abord l'essuyer ; elle sent le mortel.

I,2,33). **7.** *kinder.* Il s'agit de sentiments filiaux, conforme à la nature (« kind ») ; voir I,1,254 note. **8.** *forks.* Le singulier « fork » peut désigner la « fourche » formée par les jambes (*OED* 12b ; voir *forked* à III,4,91). Ici, le pluriel signifie « jambes », par un glissement de sens. Nous comprenons *Whose face presages snow between her forks,* avec une inversion. On suit d'habitude Partridge *(Shakespeare's Bawdy)* pour qui *face between her forks* signifierait « parties génitales », mais il s'agit de l'expression sur le visage de la « sainte nitouche ». **9.** Cf. Montaigne, trad. Florio : « We have taught ladies to blush, only by hearing that named, which they nothing fear to do » (EL, vol. 2, p. 355 ; Pléiade, p. 615). **10.** *fitchew.* « Putois », mais aussi « femme facile » (voir *Othello,* IV,1,137). **11.** C.-à-d. bien nourri par l'herbe printanière et stimulé sexuellement. **12.** Monstres lubriques ayant un buste d'homme sur un corps de cheval. **13.** Les vers*, assez irréguliers, font place à la prose* quand Lear s'emporte contre la sexualité féminine. Pour *hell,* voir *Hamlet,* III,4,72 et la note.

GLOUCESTER. – O ruined piece of nature ! This great world
Shall so wear out to naught. Dost thou know me ?
LEAR. – I remember thine eyes well enough. Dost thou squiny at me ?
No, do thy worst, blind Cupid, I'll not love.
Read thou this challenge. Mark but the penning of it.
GLOUCESTER. – Were all thy letters suns, I could not see.
EDGAR (*aside*). – I would not take this from report ; it is,
And my heart breaks at it.
LEAR (*to Gloucester*). – Read.
GLOUCESTER. – What — with the case of eyes ?
LEAR. – O ho, are you there with me ? No eyes in your head, nor no money in your purse ? Your eyes are in a heavy case, your purse in a light ; yet you see how this world goes.
GLOUCESTER. – I see it feelingly.
LEAR. – What, art mad ? A man may see how this world goes with no eyes ; look with thine ears. See how yon justice rails upon yon simple thief. Hark in thine ear : change places, and handy-dandy, which is the justice, which is the thief ? Thou hast seen a farmer's dog bark at a beggar ?
GLOUCESTER. – Ay, sir.
LEAR. – An the creature run from the cur, there thou mightst behold the great image of authority. A dog's obeyed in office.
Thou rascal beadle, hold thy bloody hand.
Why dost thou lash that whore ? Strip thy own back.
Thou hotly lusts to use her in that kind
For which thou whip'st her. The usurer hangs the cozener.
Through tattered clothes great vices do appear ;
Robes and furred gowns hide all. Plate sin with gold,
And the strong lance of justice hurtless breaks ;
Arm it in rags, a pygmy's straw does pierce it.
None does offend, none, I say none. I'll able 'em.
Take that of me, my friend, who have the power
To seal th'accuser's lips. Get thee glass eyes,
And, like a scurvy politician, seem
To see the things thou dost not. Now, now, now, now !
Pull off my boots. Harder, harder ! So.
EDGAR (*aside*). – O, matter and impertinency mixed —

---

126 Dost thou] *F* ; do you *Q*. **141** change places, and] *F* ; *pas dans Q*. **144** An] *Oxford* ; And *F Q*. **150** Through] *Q* ; Thorough *F*. **150** great] *F* ; smal *Q*. **151-156** Plate ... lips] *F* ; *pas dans Q*. **151** Plate sin] *Theobald (1740)* ; Place sinnes *F*. **158** Now ... now !] *F* ; no now *Q*.

---

1. *piece.* Soit mis pour « masterpiece » (l'homme est le chef-d'œuvre de la nature), soit « œuvre » ou « fragment ». **2.** *heavy case.* Double jeu de mots. 1) *heavy* : à la fois « triste » et « lourd » (contrasté avec *light*) ; 2) *case :* à la fois « état » et « orbite ». **3.** Cf. Montaigne, trad. Florio : « Thus goes the world, and so go men » (EL, vol. 3, p. 237 ; Pléiade, p. 967). Montaigne parle d'un juge qui, venant de condamner quelqu'un pour adultère, écrit « un poulet à la femme de son compaignon » ; voir ci-dessous les lignes 140-149. **4.** *feelingly.* A la fois « en le touchant » (voir IV,1,23) et « en étant touché/ému » par lui (voir IV,1,62-63). **5.** On ne sait plus dans quelle main se trouve l'honnêteté. Juge ou voleur, c'est tout un. **6.** Cf. Montaigne, trad. Florio : « there are nations, who receive and admit a dog to be their king » (EL, vol. 2, p. 143 ; Pléiade, p. 430). **7.** *beadle.* « Sergent »

GLOUCESTER. – Oh ! chef-d'œuvre[1] de la nature en ruines ! Ce vaste monde
S'effritera de même jusqu'au néant. Tu me reconnais ?
LEAR. – Je me souviens fort bien de tes yeux. Tu me lorgnes ?
Non, quoi que tu fasses, Cupidon aveugle, je ne veux pas aimer.
Tiens, lis ce défi. Regardes-en seulement l'écriture.
GLOUCESTER. – Tes lettres seraient autant de soleils que je ne les verrais [pas.
EDGAR (*à part*). – Si on me racontait ceci je n'en croirais rien ;
Il en est ainsi, et ça me brise le cœur.
LEAR (*à Gloucester*). – Lis.
GLOUCESTER. – Quoi ! — avec mes orbites ?
LEAR. – Ho ! ho ! voilà donc ce qui en est ? Pas d'yeux dans la tête ni d'argent dans la bourse ? L'état de vos yeux vous pèse[2] et votre bourse est légère ; et cependant vous voyez bien comment va le monde[3].
GLOUCESTER. – Je le vois en touchant[4].
LEAR. – Quoi ! es-tu fou ? Un homme n'a pas besoin d'yeux pour voir comment va le monde ; regarde avec tes oreilles. Vois là-bas, comme ce juge invective ce pitoyable voleur. Écoute, à l'oreille : un tour de passe-passe, choisis une main, laquelle est le juge et laquelle le voleur[5] ? Tu as vu un chien de ferme aboyer après un mendiant ?
GLOUCESTER. – Oui, Sire.
LEAR. – Si la pauvre créature s'enfuit devant le roquet, vois-y la noble image de l'autorité : chien en place est obéi[6].
Sergent[7] scélérat, retiens ta main sanglante !
Pourquoi fustiges-tu cette pute ? Dénude donc ton dos !
Tu brûles du désir de faire avec elle ce pour quoi
Tu la fouettes. L'usurier fait pendre le filou[8].
Sous les habits en loques, les grands[9] vices apparaissent ;
Toges et robes fourrées cachent tout. Cuirasse d'or le crime
Et la grande lance de la justice se brise sans l'atteindre ;
Arme-le de haillons, un fétu de pygmée le transperce.
Il n'y a pas de coupables, pas un, je dis pas un[10]. Je m'en porte garant.
Tu peux me croire[11], l'ami, moi qui ai le pouvoir de sceller
Les lèvres de l'accusateur. Procure-toi des lunettes
Et, comme une fripouille politicienne[12], fais semblant de voir
Ce que tu ne vois pas. Allons, allons, allons !
Qu'on m'enlève mes bottes ! Plus fort, plus fort ! Bien.
EDGAR (*à part*). – Oh ! mélange de bon sens et de divagations —

---

de justice, notamment chargé de fouetter les petits délinquants. **8.** L'usurier, nommé juge parce qu'il est riche, condamne à mort le petit escroc ; « les gros larrons pendent les petits » (voir Tilley T119). **9.** *great.* La leçon de l'in-quarto* *(small)* est la plus simple (« A travers des loques, [même] les petits vices apparaissent »). Avec *great* le sens peut sembler moins satisfaisant mais il est acceptable ; ce qui différencie les pauvres des riches ce n'est pas la gravité de leurs vices mais le fait qu'on les détecte ou non. On a supposé que l'ordre des mots devrait être « do great appear » (semblent être grands). **10.** Cf. Montaigne, trad. Florio : « I say not, that *none should accuse, except he be spotless in himself* : for then none might accuse : no not spotless in the same kind of fault » (EL, vol. 3, p. 167 ; Pléiade, p. 908). **11.** *take.* Sans doute « croire », comme au vers 131. Le sens « prends » permet des suggestions variées quant aux objets (imaginaires ou non) que Lear offrirait à Gloucester. **12.** *politician.* Mot péjoratif chez Sh, associé aux idées d'intrigue et de fourberie. Voir ci-dessus I,2,44 note et *Hamlet,* V,1,66.

Reason in madness !
LEAR. – If thou wilt weep my fortunes, take my eyes.
I know thee well enough : thy name is Gloucester.
Thou must be patient. We came crying hither.
Thou know'st the first time that we smell the air
We waul and cry. I will preach to thee. Mark.
GLOUCESTER. – Alack, alack the day !
LEAR [*removing his crown of weeds*]. – When we are born, we cry that we are [come
To this great stage of fools. This' a good block.
It were a delicate stratagem to shoe
A troop of horse with felt. I'll put't in proof,
And when I have stol'n upon these son-in-laws,
Then kill, kill, kill, kill, kill, kill !
Enter [*two*] *Gentlemen*
[1] GENTLEMAN. – O, here he is. Lay hand upon him. [*To Lear*] Sir,
Your most dear daughter –
LEAR. – No rescue ? What, a prisoner ? I am even
The natural fool of fortune. Use me well.
You shall have ransom. Let me have surgeons ;
I am cut to th' brains.
[1] GENTLEMAN. – You shall have anything.
LEAR. – No seconds ? All myself ?
Why, this would make a man a man of salt,
To use his eyes for garden water-pots.
I will die bravely, like a smug bridegroom. What,
I will be jovial. Come, come, I am a king.
Masters, know you that ?
[1] GENTLEMAN. – You are a royal one, and we obey you.
LEAR. – Then there's life in't. Come, an you get it, you shall get it by running.
Sa, sa, sa, sa ! *Exit running* [*pursued by a Gentleman*]
[1] GENTLEMAN. – A sight most pitiful in the meanest wretch,
Past speaking in a king. Thou hast a daughter
Who redeems nature from the general curse
Which twain have brought her to.
EDGAR. – Hail, gentle sir.
[1] GENTLEMAN. – Sir, speed you. What's your will ?
EDGAR. – Do you hear aught, sir, of a battle toward ?

---

171 I'll ... proof] *F* ; *pas dans Q.* **173.IS** *two Gentlemen*] *Oxford* ; *a Gentleman F* ; *three Gentlemen Q.* **183-184** water-pots. / I] *F* (-pots. I) ; waterpots, I and laying Autums dust. *Lear.* I *Q* ; waterpots ... dust. *Gent[leman].* Good Sir. *Lear.* I *Q2.* **189** Sa ... sa !] *F* ; *pas dans Q.* **191** speaking] *Oxford* ; speaking of *F Q.*

---

1. Il était proverbial que l'homme arrive au monde en pleurant (Tilley W889) ; voir aussi, dans la Bible*, l'apocryphe *Livre de la sagesse,* 7,3. **2.** Sh reprend souvent la métaphore traditionnelle (Tilley W882) du monde comparé à une scène ; voir notamment *Macbeth,* V,5,23-25. **3.** Lear aperçoit la « couronne d'herbes folles » qu'il tient à la main et oublie son « sermon ». **4.** Comparer *Roméo et Juliette,* III,1,127. **5.** A cause des larmes. **6.** *die*

Raison dans la folie !
LEAR. – Si tu veux pleurer sur mon sort, prends mes yeux.
Je te connais fort bien : tu te nommes Gloucester.
Tu dois prendre patience. Nous venons ici-bas en pleurant[1].
Tu le sais bien, la première fois que nous humons l'air,
Ce sont pleurs et vagissements. Je vais te faire un sermon. Écoute.
GLOUCESTER. – Hélas ! jour néfaste !
LEAR [*enlevant sa couronne d'herbes folles*]. – En naissant, nous pleurons d'arriver
Sur cette grande scène de fous[2]. Quel beau couvre-chef[3] !
Ce serait un fin stratagème que de ferrer de feutre
Un escadron à cheval. Je vais essayer ça,
Et quand j'aurai approché ces gendres par surprise,
Alors, tue, tue, tue, tue, tue, tue !

Entrent [*deux*] *Gentilshommes*

[1er] GENTILHOMME. – Ah ! le voilà ! Saisissez-le. [*A Lear*] Sire,
Votre très chère fille –
LEAR. – Pas de secours ? Quoi ! prisonnier ? Je suis né
Pour être le jouet de la fortune[4]. Traitez-moi bien.
On vous paiera ma rançon. J'ai besoin de chirurgiens ;
Je suis entaillé jusqu'au cerveau.
[1er] GENTILHOMME. – On ne vous refusera rien.
LEAR. – Où sont mes partisans ? Je suis tout seul ?
Eh bien, il y a de quoi changer un homme en homme de sel[5] ;
Ses yeux lui serviraient d'arrosoirs de jardin.
Je mourrai en beauté[6], comme un marié tiré à quatre épingles.
Ah ! on me verra jovial. Allons, allons, je suis roi !
Le savez-vous, messieurs[7] ?
[1er] GENTILHOMME. – Votre personne est royale, et nous sommes à vos ordres.
LEAR. – Alors il y a encore de l'espoir. Venez, si vous l'attrapez, vous ne l'attraperez qu'en courant. Çà, çà, çà, çà[8] !

Il sort en courant [*poursuivi par un Gentilhomme*]

[1er] GENTILHOMME. – Spectacle très pitoyable chez le dernier des gueux,
Indicible chez un roi. Tu as une fille
Qui sauve la nature de l'universelle malédiction
Où deux autres l'ont plongée[9].
EDGAR. – Salut, noble gentilhomme.
[1er] GENTILHOMME. – Les dieux vous gardent, monsieur ! Que voulez-vous ?
EDGAR. – Avez-vous eu vent, monsieur, d'une bataille prochaine ?

---

bravely. Le premier mot désigne aussi la petite mort de l'orgasme ; le second signifie à la fois « courageusement » et « élégamment ». Tous deux conduisent à la comparaison avec le « marié ». 7. *Masters*. Ce mot, employé comme titre pour s'adresser à des gens (souvent « my masters »), est l'équivalent de « sirs » ou « gentlemen », et se traduit donc normalement par « messieurs ». Au singulier, devant un nom propre ou un nom de fonction, c'est l'équivalent de « Monsieur » ; les éditions originales l'écrivent « M. », « Mr. », « M/maister » ou « M/master ». La prononciation « mister » pour « Mr. » n'apparaît qu'à la fin du XVIIe siècle. 8. *Sa, sa, sa, sa*. Anglicisation de l'interjection française destinée à exciter et à encourager. 9. Cordélie sauvera la Grande-Bretagne du malheur général où l'ont plongée Régane et Goneril ; elle est implicitement comparée au Rédempteur (« Redeemer ») et ses sœurs à Adam et Ève, dont le péché entraîna le châtiment divin.

[1] GENTLEMAN. – Most sure and vulgar, everyone hears that
That can distinguish sound.
EDGAR. – But, by your favour,
How near's the other army?
[1] GENTLEMAN. – Near and on speedy foot. The main descry
Stands in the hourly thought.
EDGAR. – I thank you, sir. That's all.
[1] GENTLEMAN. – Though that the Queen on special cause is here,
Her army is moved on.
EDGAR. – I thank you, sir. *Exit Gentleman*
GLOUCESTER. – You ever gentle gods, take my breath from me.
Let not my worser spirit tempt me again
To die before you please.
EDGAR. – Well pray you, father.
GLOUCESTER. – Now, good sir, what are you?
EDGAR. – A most poor man, made tame to fortune's blows,
Who by the art of known and feeling sorrows
Am pregnant to good pity. Give me your hand,
I'll lead you to some biding.
GLOUCESTER [*rising*]. – Hearty thanks.
The bounty and the benison of heaven
To boot and boot.

Enter Oswald the steward

OSWALD. – A proclaimed prize! Most happy!
That eyeless head of thine was first framed flesh
To raise my fortunes. Thou old unhappy traitor,
Briefly thyself remember. The sword is out
That must destroy thee.
GLOUCESTER. – Now let thy friendly hand
Put strength enough to't.
OSWALD (*to Edgar*). – Wherefore, bold peasant,
Durst thou support a published traitor? Hence,
Lest that th'infection of his fortune take
Like hold on thee. Let go his arm.
EDGAR. – 'Chill not let go, sir, without vurther 'cagion.
OSWALD. – Let go, slave, or thou diest.

EDGAR. – Good gentleman, go your gate, and let poor volk pass. An 'chud ha' been swaggered out of my life, 'twould not ha' been so long as 'tis by a vortnight. Nay, come not near th'old man. Keep out, 'che vor' ye, or I's' try whether your costard or my baton be the harder; I'll be plain with you.

OSWALD. – Out, dunghill!
EDGAR. – 'Chill pick your teeth, sir. Come, no matter vor your foins.

[*Edgar knocks him down*]

OSWALD. – Slave, thou hast slain me. Villain, take my purse.

---

198 That *Q*; which *F*. **202** in] *Oxford*; on *F Q*. **210** tame to] *F*; lame by *Q*. **221** Durst] *Q*; Dar'st *F*. **224** 'cagion] *Oxford*; 'casion *F*; cagion *Q*. **229** baton] *Blayney (1979)*; Ballow *F*; battero *Q*; bat *Qcorr*. **229** I'll] *Q*; chill *F*.

[1er] GENTILHOMME. – C'est absolument certain et notoire ; tous ceux
Qui ne sont pas sourds sont au courant.
EDGAR. – Mais, s'il vous plaît,
A quelle distance se trouve l'autre armée ?
[1er] GENTILHOMME. – Pas loin, elle arrive vite. On escompte découvrir
Le gros de la troupe d'une heure à l'autre.
EDGAR. – Merci, monsieur. C'est tout.
[1er] GENTILHOMME. – Bien que la reine soit ici pour un motif spécial,
Son armée s'est portée plus avant.
EDGAR. – Je vous remercie, monsieur. *Le Gentilhomme sort*
GLOUCESTER. – Ô dieux toujours aimables, retirez-moi mon souffle !
Faites que je ne sois plus tenté par mon mauvais génie
De mourir avant votre décret.
EDGAR. – Vous priez bien, le père.
GLOUCESTER. – Mais, mon bon monsieur, qui êtes-vous ?
EDGAR. – Un homme fort pauvre, aux coups de la fortune soumis,
Qui, du fait de malheurs connus et ressentis,
Incline à la douce pitié. Donnez-moi la main,
Je vous conduirai à quelque logis.
GLOUCESTER [*se relevant*]. – De tout cœur, merci.
En plus et de surcroît, la bénédiction
Et les faveurs du ciel !

Entre Oswald l'intendant

OSWALD. – Une tête mise à prix[1] ! Quelle aubaine !
Ta tête sans yeux, le destin l'a faite chair
Pour mon avancement. Vieux traître misérable,
Recueille-toi et sois bref. L'épée est dégainée
Qui doit te faire périr.
GLOUCESTER. – Oui, que ta main amie
Y mette assez de force !
OSWALD (*à Edgar*). – Rustre effronté, comment
Oses-tu aider un traître mis au ban ? Va-t'en,
De peur que son destin malade ne contamine
Aussi le tien. Lâche son bras.
EDGAR. – J'vais pas lâcher, m'sieu, sans d'aut'raisons[2].
OSWALD. – Lâche, gredin, ou tu es mort.
EDGAR. – Mon bon gentilhomme, allez vot'chemin, et laissez passer les pauv'gens. Si on avait pu m'enlever la vie en faisant l'matamore, ya d'jà quinze jours que j'aurions trépassé. Nenni, n'approchez pas du vieux. Restez où v'zêtes, j'vous assure, ou j'verrai quel est l'plus dur, d'mon bâton ou d'vot'caboche. J'suis franc avec vous.
OSWALD. – Ah ça[3] ! fumier !
EDGAR. – J'vais curer vos dents, m'sieu. Venez, j'me fous d'vos estocades[4].

[*Edgar l'étend par terre*]

OSWALD. – Gredin, tu m'as tué. Prends ma bourse, scélérat.

1. *proclaimed.* Accent sur la première syllabe. 2. Edgar prend l'accent d'un paysan du sud-ouest de l'Angleterre ; ce sont surtout les consonnes qui sont modifiées. 3. *Out.* Voir III,7,84 note. 4. *foins.* Terme d'escrime correspondant à « botte ».

If ever thou wilt thrive, bury my body,
And give the letters which thou find'st about me
To Edmond, Earl of Gloucester. Seek him out
Upon the English party. O untimely death! Death! *He dies*

EDGAR. – I know thee well – a serviceable villain,
As duteous to the vices of thy mistress
As badness would desire.

GLOUCESTER. – What, is he dead?

EDGAR. – Sit you down, father. Rest you.

Gloucester sits

Let's see these pockets. The letters that he speaks of
May be my friends. He's dead; I am only sorrow
He had no other deathsman. Let us see.
Leave, gentle wax, and manners; blame us not.
To know our enemies' minds we rip their hearts;
Their papers is more lawful.

He reads the letter

"Let our reciprocal vows be remembered. You have many opportunities to cut him off. If your will want not, time and place will be fruitfully offered. There is nothing done if he return the conqueror; then am I the prisoner, and his bed my jail, from the loathed warmth whereof, deliver me, and supply the place for your labour.

Your – wife, so I would say, – affectionate
servant, and for you her own for venture,
Goneril."

O indistinguished space of woman's will –
A plot upon her virtuous husband's life,
And the exchange my brother! – Here in the sands
Thee I'll rake up, the post unsanctified
Of murderous lechers, and in the mature time
With this ungracious paper strike the sight
Of the death-practised Duke. For him 'tis well
That of thy death and business I can tell. [*Exit with the body*]

GLOUCESTER. – The King is mad. How stiff is my vile sense,
That I stand up and have ingenious feeling
Of my huge sorrows! Better I were distraught,
So should my thoughts be severed from my griefs,

Drum afar off

And woes by wrong imaginations lose
The knowledge of themselves.

[*Enter Edgar*]

---

237 English] *F*; *British Q*. **244** sorrow] *Q*; sorry *F*. **249** our] *F*; your *Q*. **255** and ... venture] *Q*; *pas dans F*. **257** will] *F*; wit *Q*. **265** vile] *F* (vilde). **267** distraught] *F Q* (distract).

---

1. *letters.* Ce pluriel a sans doute un sens singulier (voir I,5,2 et 6) et Edgar ne lit qu'une

Si tu veux prospérer un jour, enterre mon corps,
Et donne la lettre[1] que tu trouveras sur moi
A Edmond, comte de Gloucester. Cherche-le
Dans le camp anglais[2]. Ô mort prématurée ! Mort ! *Il meurt*

EDGAR. – Je te connais bien — un scélérat zélé,
Aussi attentif aux vices de ta maîtresse
Que le mal pourrait le désirer.

GLOUCESTER. – Quoi ! il est mort ?

EDGAR. – Asseyez-vous, l'aïeul. Reposez-vous.

Gloucester s'assied

Voyons ces poches. La lettre dont il parle
Sera peut-être mon amie. Il est bien mort ; mon seul regret
Est qu'il n'ait pas eu un autre exécuteur. Voyons.
Permettez, cire noble, et vous savoir-vivre ; excusez-nous.
Pour connaître les pensées de nos ennemis, nous leur ouvrons le cœur ;
Ouvrir leurs plis est plus licite.

Il lit la lettre

« Souvenons-nous de nos serments mutuels. Ce ne sont pas les occasions qui vous manquent pour le supprimer. Si la volonté ne vous fait pas défaut, le moment et le lieu s'offriront largement. Il n'y a rien de fait s'il revient en vainqueur ; je suis alors sa prisonnière et son lit est ma prison ; délivrez-moi de sa répugnante tiédeur et, pour vos labeurs[3], prenez-y sa place.

Votre — j'aimerais dire, épouse, — servante
affectionnée, et elle-même à vous selon votre hardiesse[4],
Goneril. »

Ô étendue incommensurable du désir d'une femme ! —
Elle complote la mort de son vertueux époux,
Et mon frère le remplace ! — Je vais t'ensevelir
Ici dans le sable, entremetteur impie
De paillards assassins et, quand l'heure sonnera,
De ce honteux écrit j'irai frapper les yeux du duc
Dont on complote la mort. Il est heureux pour lui
Que je puisse relater ta mort et ton emploi. [*Il sort avec le corps*]

GLOUCESTER. – Le roi est fou. Faut-il que mon esprit abject soit rétif
Pour que je reste debout, tout en sentant vivement
Mon immense malheur ! Mieux vaudrait avoir perdu la tête,
Et qu'ainsi mes pensées se détachent de mes peines,

Roulement de tambour au loin

Et que mes souffrances perdent conscience d'elles-mêmes
Par les erreurs de l'imagination.

[*Entre Edgar*]

---

lettre de Goneril ; il n'est pas impossible qu'Oswald ait aussi une lettre de Régane (voir IV,4,33 et la note). **2.** *English.* L'emploi de *British* dans l'in-quarto* s'accorde avec les deux autres emplois de ce mot (III,4,157 et IV,3,21). **3.** *for your labour.* 1) A cause de ce que vous avez fait pour notre victoire ; 2) afin de besogner dans mon lit. **4.** *and... venture.* Passage obscur (de l'in-quarto*) souvent omis par les éditeurs.

EDGAR. – Give me your hand.
Far off methinks I hear the beaten drum.
Come, father, I'll bestow you with a friend.
Exit Edgar guiding Gloucester

IV, 6 *Enter Queen Cordelia, the Earl of Kent disguised, and [the First] Gentleman*

CORDELIA. – O thou good Kent, how shall I live and work
To match thy goodness? My life will be too short,
And every measure fail me.
KENT. – To be acknowledged, madam, is o'erpaid.
All my reports go with the modest truth,
Nor more, nor clipped, but so.
CORDELIA. – Be better suited.
These weeds are memories of those worser hours.
I prithee put them off.
KENT. – Pardon, dear madam.
Yet to be known shortens my made intent.
My boon I make it that you know me not
Till time and I think meet.
CORDELIA. – Then be't so, my good lord. –
How does the King?
[1] GENTLEMAN. – Madam, sleeps still.
CORDELIA. – O you kind gods,
Cure this great breach in his abusèd nature;
Th'untuned and jarring senses O wind up
Of this child-changèd father!
[1] GENTLEMAN. – So please your majesty
That we may wake the King? He hath slept long.
CORDELIA. – Be governed by your knowledge, and proceed
I'th' sway of your own will. Is he arrayed?
[1] GENTLEMAN. – Ay, madam. In the heaviness of sleep
We put fresh garments on him.
Enter King Lear asleep, in a chair carried by servants
Be by, good madam, when we do awake him.
I doubt not of his temperance.
CORDELIA. – O my dear father, restoration hang
Thy medicine on my lips, and let this kiss
Repair those violent harms that my two sisters
Have in thy reverence made!
KENT. – Kind and dear princess!
CORDELIA. – Had you not been their father, these white flakes

---

0 6] *Oxford*; *Scæna Septima. F*; *pas dans Q.* **0.1S** *Gentleman*] *F*; *Doctor Q (de même comme nom de locuteur dans toute la scène).* **22** not] *Q*; *pas dans F.* **22-23** *Voir Passage additionnel 18.*

---

1. Lieu : le camp français près de Douvres. 2. *Wind up.* Accorder un instrument à

EDGAR. – Donnez-moi la main.
Je crois entendre au loin le roulement d'un tambour.
Venez, l'aïeul, je vous logerai chez un ami.
Edgar sort en conduisant Gloucester

Entre la reine Cordélie, le comte de Kent déguisé, et [le Premier] Gentilhomme[1] **IV, 6**

CORDÉLIE. – Ô mon bon Kent, comment vivre et œuvrer
Pour égaler ta bonté ? Ma vie sera trop courte,
Mes actes insuffisants.
KENT. – Être remercié, madame, c'est être trop payé.
Tous mes dires sont conformes à la pure vérité,
Ni plus, ni moins, mais telle.
CORDÉLIE. – Habille-toi mieux.
Ces vêtements nous rappellent les heures les plus sombres.
Je t'en prie, enlève-les.
KENT. – Pardonnez-moi, chère madame ;
Me démasquer si tôt ruinerait mon dessein.
Veuillez, en récompense, ne pas me reconnaître
Avant que je ne juge le moment opportun.
CORDÉLIE. – Alors soit, mon bon seigneur. –
Comment va le roi ?
[1er] GENTILHOMME. – Il dort encore, madame.
CORDÉLIE. – Ô dieux cléments,
Guérissez la grande brèche en sa nature meurtrie !
Oh ! rendez l'harmonie[2] à l'esprit désaccordé et faux
De ce père changé par ses enfants[3] !
[1er] GENTILHOMME. – Voulez-vous, Majesté,
Qu'on réveille le roi ? Il dort depuis longtemps.
CORDÉLIE. – Faites selon votre jugement, et procédez
Comme vous l'estimez bon. On l'a habillé ?
[1er] GENTILHOMME. – Oui, madame. Pendant son lourd sommeil
On lui a mis des habits propres.
Entre le roi Lear endormi, dans un fauteuil porté par des serviteurs
Soyez là, chère madame, quand nous le réveillerons.
Je ne doute pas de sa tranquillité[4].
CORDÉLIE. – Ô mon père chéri, que le rétablissement mette
Sur mes lèvres le[5] remède qu'il te faut ! Puisse ce baiser
Guérir les cruelles blessures dont mes deux sœurs
Ont affligé tes années vénérables !
KENT. – Bonne et chère princesse !
CORDÉLIE. – Ces mèches blanches, même si vous n'aviez pas été leur père,

---

vent en tournant les chevilles. **3.** *child-changed.* On comprend d'habitude « changé par ses enfants », et parfois « changé en enfant ». **4.** Voir Passage additionnel 18. **5.** *Thy.* Cet adjectif possessif est ambigu car le remède est à la fois celui de la « guérison » et celui de Lear lui-même.

Did challenge pity of them. Was this a face
To be opposed against the warring winds?
Mine enemy's dog, though he had bit me, should have stood
That night against my fire. And wast thou fain, poor father,
To hovel thee with swine and rogues forlorn
In short and musty straw? Alack, alack,
'Tis wonder that thy life and wits at once
Had not concluded all! (*To the Gentleman*) He wakes. Speak to him.

[1] GENTLEMAN. – Madam, do you; 'tis fittest.

CORDELIA (*to Lear*). – How does my royal lord? How fares your majesty?

LEAR. – You do me wrong to take me out o'th' grave.
Thou art a soul in bliss, but I am bound
Upon a wheel of fire, that mine own tears
Do scald like molten lead.

CORDELIA. – Sir, do you know me?

LEAR. – You are a spirit, I know. Where did you die?

CORDELIA (*to the Gentleman*). – Still, still far wide!

[1] GENTLEMAN. – He's scarce awake. Let him alone a while.

LEAR. – Where have I been? Where am I? Fair daylight?
I am mightily abused. I should ev'n die with pity
To see another thus. I know not what to say.
I will not swear these are my hands. Let's see:
I feel this pin prick. Would I were assured
Of my condition.

CORDELIA (*kneeling*). – O look upon me, sir,
And hold your hands in benediction o'er me.
You must not kneel.

LEAR. – Pray do not mock.
I am a very foolish, fond old man,
Fourscore and upward,
Not an hour more nor less; and to deal plainly,
I fear I am not in my perfect mind.
Methinks I should know you, and know this man;
Yet I am doubtful, for I am mainly ignorant
What place this is; and all the skill I have
Remembers not these garments; nor I know not
Where I did lodge last night. Do not laugh at me,
For as I am a man, I think this lady
To be my child, Cordelia.

CORDELIA. – And so I am, I am.

LEAR. – Be your tears wet? Yes, faith. I pray, weep not.
If you have poison for me, I will drink it.
I know you do not love me; for your sisters
Have, as I do remember, done me wrong.

---

29 opposed] *F*; exposd *Q*. 29 warring] *Q*; jarring *F*. 29-30 *Voir Passage additionnel 19*. 51 your hands] *Q*; yours hand *F*; your hand *Fcorr*. 52 You] *F*; no sir you *Q*. 52 mock] *Q*; mocke me *F*. 55 Not ... less] *F*; *pas dans Q*.

---

1. Voir Passage additionnel 19. 2. Le vers* 30 comporte six pieds (douze syllabes) et

Réclamaient leur pitié. Est-ce là un visage
A être opposé aux vents antagonistes[1] ?
Le chien de mon ennemi, m'eût-il mordu, se serait cette nuit-là[2]
Tenu devant mon feu. Et toi, mon pauvre père, il t'a fallu
Gîter près de pourceaux et de pauvres clochards
Sur des brins de paille moisie ? Hélas ! hélas !
C'est merveille que ta vie et ta raison n'aient d'un même coup
Disparu complètement ! (*Au Gentilhomme*) Il s'éveille, parlez-lui.

[1er] GENTILHOMME. – Faites-le vous-même, madame ; c'est mieux.

CORDÉLIE (*à Lear*). – Comment va mon royal seigneur ? Comment se porte
[Votre Majesté ?

LEAR. – Vous me faites du mal en me sortant de ma tombe.
Tu es une âme bienheureuse, mais je suis attaché
A une roue de feu, si bien que mes propres larmes
Brûlent comme du plomb fondu.

CORDÉLIE. – Sire, me reconnaissez-vous ?

LEAR. – Vous êtes un esprit, je le sais. Où êtes-vous morte ?

CORDÉLIE (*au Gentilhomme*). – Encore, il divague encore !

[1er] GENTILHOMME. – Il est à peine réveillé. Laissez-le tranquille un moment.

LEAR. – Où étais-je ? Où suis-je ? La belle lumière du jour ?
Je suis tout à fait perdu[3]. Je mourrais de pitié
De voir un autre ainsi. Je ne sais pas quoi dire.
Je n'ose jurer que ce sont là mes mains. Voyons :
Je sens cette piqûre d'épingle. Si seulement j'étais sûr
De ma condition !

CORDÉLIE (*s'agenouillant*). – Oh ! regardez-moi, Sire,
Et étendez vos mains sur moi afin de me bénir.
Il ne faut pas vous mettre à genoux.

LEAR. – De grâce, ne raillez pas.
Je ne suis qu'un vieillard fort sot et stupide,
J'ai quatre-vingts ans bien sonnés,
Pas une heure de plus ni de moins ; et, pour parler franc,
Je crains de ne pas être tout à fait sain d'esprit.
Je crois que je devrais vous connaître, et connaître cet homme ;
Mais je n'en suis pas sûr, n'ayant aucune idée
Du lieu où je me trouve ; et tout l'esprit qui me reste
Ne se rappelle pas ces habits ; et je ne sais pas
Où j'ai logé hier soir. Ne riez pas de moi,
Car, aussi vrai que je suis homme, je crois que cette dame
Est mon enfant, Cordélie.

CORDÉLIE. – Mais oui, c'est moi ! c'est moi !

LEAR. – Vos larmes sont mouillées ? Oui, ma foi. De grâce, ne pleurez pas.
Si vous avez du poison pour moi, je le boirai.
Je sais que vous ne m'aimez pas ; car vos sœurs,
Je m'en souviens, m'ont fait du mal.

---

le vers 31 six pieds avec une terminaison féminine. 3. *abused.* Le sens « perdu », « désorienté » semble imposé par le contexte, mais il n'est pas attesté par ailleurs ; il pourrait être « je suis dans un piteux état » (« maltreated » selon Schmidt). Voir II,2,128 et III,7,88 notes.

You have some cause ; they have not.
CORDELIA. – No cause, no cause.
LEAR. – Am I in France ?
KENT. – In your own kingdom, sir.
LEAR. – Do not abuse me.
[1] GENTLEMAN. – Be comforted, good madam. The great rage
You see is killed in him. Desire him to go in.
Trouble him no more till further settling.
CORDELIA (*to Lear*). – Will't please your highness walk ?
LEAR. – You must bear with me. Pray you now, forget
And forgive. I am old and foolish. *Exeunt*

V, 1 *Enter with a drummer and colours Edmond, Regan, Gentlemen, and soldiers*

EDMOND. – Know of the Duke if his last purpose hold,
Or whether since he is advised by aught
To change the course. He's full of abdication
And self-reproving. Bring his constant pleasure. *Exit one or more*
REGAN. – Our sister's man is certainly miscarried.
EDMOND. – 'Tis to be doubted, madam.
REGAN. – Now, sweet lord,
You know the goodness I intend upon you.
Tell me but truly – but then speak the truth –
Do you not love my sister ?
EDMOND. – In honoured love.
REGAN. – But have you never found my brother's way
To the forfended place ?
EDMOND. – No, by mine honour, madam.
REGAN. – I never shall endure her. Dear my lord,
Be not familiar with her.
EDMOND. – Fear me not.
She and the Duke her husband –

Enter with a drummer and colours the Duke of Albany, Goneril, and soldiers

ALBANY (*to Regan*). – Our very loving sister, well bemet.
(*To Edmond*) Sir, this I heard : the King is come to his daughter,
With others whom the rigour of our state
Forced to cry out.
REGAN. – Why is this reasoned ?
GONERIL. – Combine together 'gainst the enemy ;
For these domestic and particular broils
Are not the question here.

---

73 killed] *F* ; cured *Q*. **73** *Voir Passage additionnel 20.* **77** *Voir Passage additionnel 21.* **V,1 3** abdication] *Q* ; alteration *F Qcorr.* **11** *Voir Passage additionnel 22.* **14** me] *Q* ; *pas dans F.* **15-16** *Voir Passage additionnel 23.* **19** *Voir Passage additionnel 24.*

---

1. Voir Passage additionnel 20. **2.** *bear.* « Supporter » au sens mental, et aussi au sens

Vous avez des motifs, elles, elles n'en ont pas.
CORDÉLIE. – Aucun motif, aucun.
LEAR. – Suis-je en France ?
KENT. – Dans votre propre royaume, Sire.
LEAR. – Ne m'abusez pas.
[1er] GENTILHOMME. – Rassurez-vous, chère madame. Sa grande frénésie,
Vous le voyez, a été supprimée[1]. Demandez-lui d'entrer.
Ne l'importunez plus tant qu'il n'est pas plus calme.
CORDÉLIE (*à Lear*). – Plaît-il à Votre Altesse de se retirer ?
LEAR. – Il vous faut me supporter[2]. Maintenant, de grâce,
Oubliez, pardonnez[3]. Je ne suis qu'un vieux sot[4]. *Ils sortent*

Entrent, tambour battant et enseignes déployées, Edmond, Régane, des Gentilshommes et des soldats[5] V, 1

EDMOND. – Demandez au duc si son dernier projet[6] tient toujours,
Ou bien si, depuis lors, quelque chose l'a poussé
A modifier son plan. Il songe à renoncer[7]
Et se fait des reproches. Rapportez-nous sa ferme volonté.
Une ou plusieurs personnes sortent
RÉGANE. – Il doit être arrivé malheur au serviteur de notre sœur.
EDMOND. – C'est à craindre, madame.
RÉGANE. – Maintenant, mon doux seigneur,
Vous savez les bontés dont je veux vous combler.
Parlez-moi franchement — vraiment en toute franchise —
N'aimez-vous pas ma sœur ?
EDMOND. – En tout bien, tout honneur.
RÉGANE. – Mais n'avez-vous jamais pris le chemin de mon frère
Jusqu'aux parties interdites[8] ?
EDMOND. – Non, madame, sur l'honneur.
RÉGANE. – Jamais je ne le lui permettrai. Mon cher seigneur,
Gardez vos distances avec elle.
EDMOND. – Ne doutez pas de moi.
Elle, et son mari le duc —
Entrent, tambour battant et enseignes déployées, le duc d'Albany, Goneril et des soldats[9]
ALBANY (*à Régane*). – Notre très aimante sœur, heureuse rencontre !
(*A Edmond*) Monsieur, j'ai appris ceci : le roi a rejoint sa fille,
Avec d'autres personnes contraintes à la révolte
Par notre État cruel[10].
RÉGANE. – Pourquoi parler de ça ?
GONERIL. – Unissez-vous contre notre adversaire,
Car ces querelles familiales et privées
Sont hors sujet ici.

---

physique si Lear s'appuie sur Cordélie pour marcher. **3.** *forget... forgive.* Association fréquente ; voir Tilley F597. **4.** Voir Passage additionnel 21. **5.** Lieu : le camp britannique près de Douvres. **6.** Le « projet » de livrer bataille. **7.** *abdication.* Seul emploi de ce mot dans Sh ; on préfère d'habitude *alteration* (voir Variantes). **8.** Voir Passage additionnel 22. **9.** Voir Passage additionnel 23. **10.** Voir Passage additionnel 24.

ALBANY. – Let's then determine with th'ensign of war
On our proceeding.
REGAN. – Sister, you'll go with us ?
GONERIL. – No.
REGAN. – 'Tis most convenient. Pray go with us.
GONERIL (*aside*). – O ho, I know the riddle ! (*To Regan*) I will go.

Enter Edgar disguised as a peasant

EDGAR (*to Albany*). – If e'er your grace had speech with man so poor,
Hear me one word.
ALBANY (*to the others*). – I'll overtake you.

Exeunt both the armies

Speak.
EDGAR. – Before you fight the battle, ope this letter.
If you have victory, let the trumpet sound
For him that brought it. Wretched though I seem,
I can produce a champion that will prove
What is avouchèd there. If you miscarry,
Your business of the world hath so an end,
And machination ceases. Fortune love you.
ALBANY. – Stay till I have read the letter.
EDGAR. – I was forbid it.
When time shall serve, let but the herald cry,
And I'll appear again.
ALBANY. – Why, fare thee well.
I will o'erlook thy paper. *Exit Edgar*

Enter Edmond

EDMOND. – The enemy's in view ; draw up your powers.

He [*offers*] *Albany a paper*

Here is the guess of their true strength and forces
By diligent discovery ; but your haste
Is now urged on you.
ALBANY. – We will greet the time. *Exit*
EDMOND. – To both these sisters have I sworn my love,
Each jealous of the other as the stung
Are of the adder. Which of them shall I take ? —
Both ? — one ? — or neither ? Neither can be enjoyed
If both remain alive. To take the widow
Exasperates, makes mad, her sister Goneril,
And hardly shall I carry out my side,
Her husband being alive. Now then, we'll use
His countenance for the battle, which being done,
Let her who would be rid of him devise
His speedy taking off. As for the mercy

23 ensign] *Oxford* ; ancient *F Q.* 24 proceeding. REGAN Sister] *F* ; proceedings. *Bast[ard].* I shall attend you presently at your tent. / *Reg[an].* Sister *Q.* 36 And ... ceases] *F* ; *pas dans Q.* 36 love] *Q* ; loves *F.*

1. *ensign.* Ici, comme ailleurs, *Oxford* adopte la forme moderne *ensign* à la place d'*ancient,* donnée par l'in-quarto* et l'in-folio*. Sous ses deux formes, le mot est l'équivalent de

ALBANY. – Arrêtons donc la marche à suivre
Avec l'officier de guerre[1].
RÉGANE. – Ma sœur, vous venez avec nous ?
GONERIL. – Non.
RÉGANE. – C'est le plus convenable. Je vous en prie, venez.
GONERIL (*à part*). – Hé, hé, je déchiffre l'énigme[2] ! (*A Régane*) Je viens.

Entre Edgar, déguisé en paysan

EDGAR (*à Albany*). – Si jamais Votre Grâce s'est entretenue
Avec un homme si pauvre, écoutez-moi.
ALBANY (*aux autres*). – Je vous rejoins.

Les deux armées sortent

Parle.
EDGAR. – Avant de livrer bataille, ouvrez cette lettre.
Si vous êtes vainqueur, que la trompette appelle
Celui qui l'apporta ! Tout gueux que je parais,
Je peux produire un champion qui prouvera
Ce qu'on avance ici. Si vous êtes défait,
Vos affaires en ce monde se concluront ainsi
Et le complot cessera. Que la fortune vous sourie !
ALBANY. – Attends que je lise la lettre.
EDGAR. – On me l'a défendu.
Lorsque l'heure viendra, que le héraut m'appelle
Et je reparaîtrai.
ALBANY. – Alors, adieu.
Je vais lire ton papier. *Edgar sort*

Entre Edmond

EDMOND. – L'ennemi est en vue ; disposez vos soldats.

Il [présente] un document à Albany

Voici l'estimation, grâce à nos éclaireurs zélés,
Des forces et des moyens qu'ils ont. On vous presse
Maintenant de vous hâter.
ALBANY. – Nous ferons face à la situation. *Il sort*
EDMOND. – A l'une et l'autre sœur j'ai juré mon amour ;
Chacune se méfie de l'autre, comme d'une vipère
Celui qui fut mordu. Laquelle des deux prendrai-je ? —
Les deux ? — une seule ? — aucune ? On n'en peut posséder aucune
Si les deux restent en vie. Prendre la veuve ?
Alors sa sœur Goneril enrage et devient folle ;
Et j'aurai bien du mal à mener mon affaire
Du vivant du mari. Eh bien, j'userai de son autorité
Au cours de la bataille ; le combat terminé,
Que celle qui souhaite se défaire de lui
Machine son prompt trépas ! Quant à la mansuétude

« porte-enseigne » ou « enseigne », mais dans l'expression *th'ancient of war*, il est d'habitude compris comme un adjectif à sens pluriel (cf. « the poor », etc.) : « les officiers d'expérience ». L'orthographe d'*Oxford* entraîne une traduction par un singulier. **2.** Dans l'in-quarto* (Variantes, vers 24) Edmond dit qu'il va rejoindre Albany, et non partir avec lui ; Goneril sait que Régane veut l'empêcher de rester avec Edmond.

Which he intends to Lear and to Cordelia,
The battle done, and they within our power,
Shall never see his pardon ; for my state
Stands on me to defend, not to debate. *Exit*

V, 2 *Alarum within. Enter with a drummer and colours King Lear, Queen Cordelia, and soldiers over the stage ; and exeunt. Enter Edgar disguised as a peasant, guiding the blind Earl of Gloucester*

EDGAR. – Here, father, take the shadow of this tree
For your good host ; pray that the right may thrive.
If ever I return to you again
I'll bring you comfort.
GLOUCESTER. – Grace go with you, sir. *Exit Edgar*

Alarum and retreat within. Enter Edgar

EDGAR. – Away, old man. Give me thy hand. Away.
King Lear hath lost, he and his daughter ta'en.
Give me thy hand. Come on.
GLOUCESTER. – No further, sir. A man may rot even here.
EDGAR. – What, in ill thoughts again ? Men must endure
Their going hence even as their coming hither.
Ripeness is all. Come on.
GLOUCESTER. – And that's true, too.

Exit Edgar guiding Gloucester

V, 3 *Enter in conquest with a drummer and colours Edmond ; King Lear and Queen Cordelia as prisoners ; soldiers ; a Captain*

EDMOND. – Some officers take them away. Good guard
Until their greater pleasures first be known
That are to censure them.
CORDELIA (*to Lear*). – We are not the first
Who with best meaning have incurred the worst.
For thee, oppressèd King, I am cast down,
Myself could else outfrown false fortune's frown.
Shall we not see these daughters and these sisters ?
LEAR. – No, no, no, no. Come, let's away to prison.
We two alone will sing like birds i'th' cage.
When thou dost ask me blessing, I'll kneel down
And ask of thee forgiveness ; so we'll live,
And pray, and sing, and tell old tales, and laugh
At gilded butterflies, and hear poor rogues
Talk of court news, and we'll talk with them too –

0.IS *Enter with a drummer and colours*] *F* (*Drumme*) ; *Enter the powers of France over the stage Q.* 11 GLOUCESTER ... too] *F* ; *pas dans Q.* **V,3 13 hear poor rogues]** *Q* ; heere (poore Rogues) *F.*

Qu'il compte avoir pour Lear et Cordélie,
La bataille terminée, et eux en notre pouvoir,
Ils ne verront jamais son pardon ; car il me faut agir
Pour défendre ma cause, et non y réfléchir. *Il sort*

V, 2

Sonnerie guerrière à l'intérieur. Entrent, tambour battant et enseignes déployées, le roi Lear, la reine Cordélie et des soldats ; ils traversent la scène et puis sortent. Entre Edgar, déguisé en paysan, conduisant le comte de Gloucester aveugle[1]

EDGAR. – Mettez-vous donc, le père, à l'ombre de cet arbre,
Votre hôte bienveillant. Priez que le bon droit triomphe.
Si jamais je reviens de nouveau près de vous
J'aurai du réconfort.
GLOUCESTER. – La grâce soit avec vous, monsieur ! *Edgar sort*

A l'intérieur : sonnerie guerrière puis on sonne la retraite. Entre Edgar

EDGAR. – Partons, vieillard ! Donne-moi la main, partons !
Le roi Lear est vaincu, sa fille et lui sont pris.
Donne-moi la main. Viens donc !
GLOUCESTER. – Non, pas plus loin, monsieur. Un homme peut pourrir ici [même.
EDGAR. – Quoi ! encore des idées noires ? Les hommes doivent ici-bas
Accepter leur départ, tout comme leur arrivée.
Le tout c'est d'être prêt. Viens !
GLOUCESTER. – Cela aussi, c'est vrai.
Edgar sort en conduisant Gloucester

V, 3

Entre Edmond en conquérant, tambour battant et enseignes déployées ; le roi Lear et Cordélie prisonniers ; des soldats ; un Capitaine[2]

EDMOND. – Que des officiers les emmènent ! Gardez-les bien
Jusqu'à ce que soient d'abord connues les hautes volontés
De ceux qui les jugeront.
CORDÉLIE (*à Lear*). – D'autres hommes avant nous,
Aux intentions très pures, ont bien eu le dessous.
C'est pour toi, roi défait, que je suis en détresse,
Sinon, moi-même, je vaincrais la traîtrise d'une fortune contraire.
Ne verrons-nous donc pas ces filles et ces sœurs ?
LEAR. – Non, non, non, non ! Viens, partons en prison.
Nous chanterons tout seuls comme des oiseaux en cage.
Quand tu demanderas ma bénédiction, je m'agenouillerai
Te demandant pardon ; et nous vivrons ainsi,
Priant, chantant, racontant de vieux contes, et nous riant
Des papillons dorés[3] ; nous entendrons de pauvres diables
Parler des nouvelles de la cour, et nous leur parlerons aussi –

1. Lieu : la campagne non loin du champ de bataille. 2. Lieu : le camp britannique. 3. Soit des papillons (dont les couleurs chatoyantes évoquent les courtisans), soit des personnes frivoles vêtues de couleurs chatoyantes.

Who loses and who wins, who's in, who's out,
And take upon 's the mystery of things
As if we were God's spies ; and we'll wear out
In a walled prison packs and sects of great ones
That ebb and flow by th' moon.

EDMOND (*to soldiers*). – Take them away.

LEAR. – Upon such sacrifices, my Cordelia,
The gods themselves throw incense. Have I caught thee ?
He that parts us shall bring a brand from heaven
And fire us hence like foxes. Wipe thine eyes.
The goodyear shall devour them, flesh and fell,
Ere they shall make us weep. We'll see 'em starved first. Come.

Exeunt all but Edmond and the Captain

EDMOND. – Come hither, captain. Hark.
Take thou this note. Go follow them to prison.
One step I have advanced thee ; if thou dost
As this instructs thee, thou dost make thy way
To noble fortunes. Know thou this : that men
Are as the time is. To be tender-minded
Does not become a sword. Thy great employment
Will not bear question. Either say thou'lt do't,
Or thrive by other means.

CAPTAIN. – I'll do't, my lord.

EDMOND. – About it, and write "happy" when thou'st done.
Mark, I say, instantly, and carry it so
As I have set it down. *Exit the Captain*

Flourish. Enter the Duke of Albany, Goneril, Regan, [*drummer, trumpeter*] *and soldiers*

ALBANY. – Sir, you have showed today your valiant strain,
And fortune led you well. You have the captives
Who were the opposites of this day's strife.
I do require them of you, so to use them
As we shall find their merits and our safety
May equally determine.

EDMOND. – Sir, I thought it fit
To send the old and miserable King
To some retention and appointed guard,
Whose age had charms in it, whose title more,
To pluck the common bosom on his side
And turn our impressed lances in our eyes
Which do command them. With him I sent the Queen,
My reason all the same, and they are ready

---

17 God's] *F Q* (Gods). **24** goodyear] *Oxford* ; good yeares *F* ; good *Q*. **35** thou'st] *Oxford* ; th'hast *F* ; thou hast *Q*. **37-38** *Voir Passage additionnel 25.* **45** and ... guard] *Qcorr Q2* ; *pas dans F Q*. **46** had] *F* ; has *Q*.

---

1. *God's.* Seul emploi du singulier (au lieu de *gods*) dans *Lear* ; voir Variantes et I,1,153-154 note. **2.** Soit le dévouement de Cordélie, soit leur renoncement au monde, et peut-être les deux. **3.** On faisait sortir les renards de leur terrier en les enfumant. Lear

Qui perd et qui gagne, est en place, ne l'est plus,
Nous nous ferons fort de lire le mystère des choses,
Tels les espions de Dieu[1] ; et, murés en prison,
Nous survivrons aux factions et aux cliques des grands
Dont la lune gouverne le flux et le reflux.

EDMOND (*à des soldats*). – Emmenez-les !

LEAR. – Ô ma Cordélie, les dieux eux-mêmes,
Sur de tels sacrifices[2], répandent de l'encens. T'ai-je retrouvée ?
Qui veut nous séparer devra du ciel apporter un brandon,
Et nous débusquer d'ici comme des renards[3]. Essuie tes yeux.
Le mal[4] les consumera des pieds jusqu'à la tête[5]
Avant qu'elles ne nous fassent pleurer[6]. Elles périront d'abord ! Viens.

Ils sortent tous, sauf Edmond et le Capitaine

EDMOND. – Viens ici, capitaine. Écoute.
Prends ce pli. Va et suis-les jusqu'à la prison.
Je t'ai promu d'un grade. En exécutant bien
Ce que ceci t'ordonne, tu diriges tes pas
Vers un noble destin. Sache bien ceci : les hommes
Changent selon les circonstances. La compassion
Ne sied pas à l'épée. Ta haute mission
Ne se discute pas. Ou tu dis t'en charger,
Ou prospère autrement.

LE CAPITAINE. – Je m'en charge, monseigneur.

EDMOND. – Fais-le, et une fois fait tu t'estimeras heureux[7].
Attention, je dis sur-le-champ, et exécute cela
Comme je l'ai consigné[8]. *Le Capitaine sort*

Sonnerie de trompette. Entrent le duc d'Albany, Goneril, Régane, [un tambour, un trompette] et des soldats

ALBANY. – Monsieur, nous avons vu aujourd'hui votre nature vaillante,
Et la fortune vous a bien guidé. Vous avez les captifs
Qui furent nos ennemis au combat de ce jour.
Veuillez me les livrer, afin qu'ils soient traités
Comme nous en déciderons en toute justice,
Selon ce qu'ils méritent et notre sûreté.

EDMOND. – J'ai jugé bon,
Monsieur, d'envoyer le vieux roi misérable
En détention, en désignant une garde ;
Ses années peuvent séduire, son titre plus encore,
Pour gagner à sa cause le cœur des gens du peuple
Et retourner vers les yeux de nous qui les commandons
Les lances enrôlées par nous. Avec lui, j'ai envoyé la reine,
Pour la même raison, et ils seront prêts demain

---

semble dire que seule la conflagration de la fin du monde pourra les séparer. **4.** *goodyear.* Texte difficile ; voir Variantes. Le mot signifie sans doute « puissance maléfique ». L'interjection « What the goodyear ! » (employée quatre fois par Sh) semble être l'équivalent de « What the devil ! » (« Que diable ! »). **5.** *flesh and fell.* Mot à mot « chair et peau », c.-à-d. « complètement ». **6.** *they... 'em.* La traduction par le féminin est une interprétation probable. **7.** Le Capitaine sera « heureux » car Edmond le récompensera. **8.** Edmond veut faire croire à un suicide de Cordélie ; cf. V,3,226-229. Voir Passage additionnel 25.

Tomorrow, or at further space, t'appear
Where you shall hold your session.
ALBANY. – Sir, by your patience,
I hold you but a subject of this war,
Not as a brother.
REGAN. – That's as we list to grace him.
Methinks our pleasure might have been demanded
Ere you had spoke so far. He led our powers,
Bore the commission of my place and person,
The which immediacy may well stand up
And call itself your brother.
GONERIL. – Not so hot.
In his own grace he doth exalt himself
More than in your addition.
REGAN. – In my rights
By me invested, he compeers the best.
ALBANY. – That were the most if he should husband you.
REGAN. – Jesters do oft prove prophets.
GONERIL. – Holla, holla –
That eye that told you so looked but asquint.
REGAN. – Lady, I am not well, else I should answer
From a full-flowing stomach. (*To Edmond*) General,
Take thou my soldiers, prisoners, patrimony.
Dispose of them, of me. The walls is thine.
Witness the world that I create thee here
My lord and master.
GONERIL. – Mean you to enjoy him?
ALBANY. – The let-alone lies not in your good will.
EDMOND. – Nor in thine, lord.
ALBANY. – Half-blooded fellow, yes.
REGAN (*to Edmond*). – Let the drum strike and prove my title thine.
ALBANY. – Stay yet, hear reason. Edmond, I arrest thee
On capital treason, and in thy attaint
This gilded serpent. (*To Regan*) For your claim, fair sister,
I bar it in the interest of my wife.
'Tis she is subcontracted to this lord,
And I, her husband, contradict your banns.
If you will marry, make your loves to me.
My lady is bespoke.
GONERIL. – An interlude!
ALBANY. – Thou art armed, Gloucester. Let the trumpet sound.

---

52 *Voir Passage additionnel 26.* 61 addition] *F*; advancement *Q.* 63 ALBANY] *F*; *attribué à* GONORIL *dans Q.* 69 Dispose ... thine] *F*; *pas dans Q.* 74 REGAN] *F*; *attribué à « Bast[ard]. » (=* EDMUND*) dans Q.* 74 thine] *F*; good *Q.* 76 attaint] *Q*; arrest *F.* 77 sister] *Q*; Sisters *F.* 82 GONERIL An interlude] *F*; *pas dans Q.* 83 Let ... sound] *F*; *pas dans Q.*

---

1. Voir Passage additionnel 26. 2. On peut aussi comprendre : « Cela dépend comment nous souhaitons l'honorer. » 3. Il était proverbial que la jalousie déformait la vue (voir

Ou bien plus tard, à comparaître au lieu
Où vous voudrez siéger[1].

ALBANY. – Monsieur, vous permettez.
Je vous tiens, dans cette guerre, seulement pour un sujet,
Non pour un frère.

RÉGANE. – A nous il plaît de l'honorer ainsi[2].
Vous auriez pu, je pense, demander notre avis
Avant d'en dire autant. Il a conduit nos troupes,
Exercé les pouvoirs de mon rang et de ma personne ;
Étant si proche de moi, il peut bien se lever
Et se dire votre frère.

GONERIL. – Ne nous emballons pas !
Il s'élève davantage par ses propres mérites
Que par le titre que vous lui conférez.

RÉGANE. – Investi par moi-même
De mes droits, il est l'égal des plus grands.

ALBANY. – Il le serait pleinement, s'il devenait votre époux !

RÉGANE. – En plaisantant on est souvent prophète !

GONERIL. – Holà ! holà !
L'œil qui vous a dit cela ne faisait que loucher[3].

RÉGANE. – Madame, je me sens mal, sans quoi je répondrais
Par un flot courroucé. (*A Edmond*) Général,
Prends mes soldats, mes prisonniers, mon patrimoine.
Dispose d'eux et de moi. La citadelle est tienne[4].
Le monde me soit témoin ! Je fais de toi ici
Mon seigneur et mon maître.

GONERIL. – Vous comptez le posséder[5] ?

ALBANY. – La permission ne dépend pas de vous !

EDMOND. – Ni de toi, monseigneur !

ALBANY. – Mais si, espèce de demi-sang.

RÉGANE (*à Edmond*). – Fais battre le tambour, montre que tu as mon titre !

ALBANY. – Arrêtez donc, entendez raison. Edmond, je t'arrête
Pour haute trahison, en impliquant aussi
Ce serpent plaqué d'or[6]. (*A Régane*) Dans l'intérêt de ma femme,
Je m'oppose, sœur charmante, à vos prétendus droits.
Ce seigneur est pour elle, promise en secondes noces,
Et c'est moi, son époux, qui m'oppose à vos bans.
Si vous souhaitez vous marier, faites-moi donc la cour[7] !
Mon épouse est retenue[8].

GONERIL. – Un intermède comique !

ALBANY. – Tu es armé, Gloucester. Que le trompette sonne !

Tilley L498). **4.** Le verbe est au singulier (*is*) parce que *walls* a un sens singulier ; Régane (ou son cœur) est la « citadelle » qui se rend à Edmond. **5.** *enjoy.* S'employait (comme « posséder ») pour un homme qui obtenait les faveurs d'une femme (cf. V,1,49) ; Goneril souligne le caractère viril de Régane. **6.** *and in thy attaint.* Mot à mot : « et dans ta mise en accusation ». Le « serpent » est Goneril. **7.** Comme Edmond est promis à la propre femme d'Albany, ce dernier se propose ironiquement en mariage. **8.** *bespoke.* Se dit d'une marchandise qui est « commandée » ou « retenue » ; c'est ici une façon méprisante de dire « fiancée ».

If none appear to prove upon thy person
Thy heinous, manifest, and many treasons,
There is my pledge.
[He throws down a glove]
I'll make it on thy heart,
Ere I taste bread, thou art in nothing less
Than I have here proclaimed thee.

REGAN. – Sick, O sick!

GONERIL (*aside*). – If not, I'll ne'er trust medicine.

EDMOND (*to Albany, [throwing down a glove]*). – There's my exchange. What [in the world he is
That names me traitor, villain-like he lies.
Call by the trumpet. He that dares, approach;
On him, on you — who not? — I will maintain
My truth and honour firmly.

ALBANY. – A herald, ho!
Enter a Herald
(*To Edmond*) Trust to thy single virtue, for thy soldiers,
All levied in my name, have in my name
Took their discharge.

REGAN. – My sickness grows upon me.

ALBANY. – She is not well. Convey her to my tent.
Exit one or more with Regan
Come hither, herald. Let the trumpet sound,
And read out this.
A trumpet sounds

HERALD (*reads*). – "If any man of quality or degree within the lists of the army will maintain upon Edmond, supposed Earl of Gloucester, that he is a manifold traitor, let him appear by the third sound of the trumpet. He is bold in his defence."
First trumpet
Again.
Second trumpet
Again.
Third trumpet.
Trumpet answers within. Enter Edgar, armed

ALBANY (*to the Herald*). – Ask him his purposes, why he appears
Upon this call o'th' trumpet.

HERALD (*to Edgar*). – What are you?
Your name, your quality, and why you answer
This present summons?

EDGAR. – Know, my name is lost,
By treason's tooth bare-gnawn and canker-bit.
Yet am I noble as the adversary

---

90 medicine] *F*; poyson *Q*. **91** he is] *Q*; hes *F*. **95-96** ho! / Trust] *F*; ho. *Bast[ard].* A Herald ho, a Herald. / *Alb[any].* Trust *Q*. **101** this. *A*] F; this. *Cap[tain].* Sound trumpet? *Q*. **106-107** Again. Again.] *F*; *Bast[ard].* Sound? Againe? *Q*.

Si personne ne paraît pour prouver contre toi
Tes trahisons nombreuses, ignobles et manifestes,
Voici mon gage !

[Il jette un gant à terre]

Je prouverai sur ton cœur,
Avant que je ne mange, que tu es bien celui
Qu'ici j'ai dénoncé.

RÉGANE. – Je me sens mal. Oh ! je me sens mal !

GONERIL (*à part*). – Sinon je ne croirai plus aux drogues !

EDMOND (*à Albany, [jetant un gant à terre]*). – Voici le mien en échange !
[Quiconque en ce monde
M'appelle traître, il n'est qu'un vil menteur.
Que le trompette appelle ! Approche, celui qui l'ose !
Contre lui, contre vous, contre quiconque, je défendrai
Fermement ma loyauté et mon honneur.

ALBANY. – Ho ! un héraut !

Entre un Héraut

(*A Edmond*) Compte sur ta seule valeur, car tes soldats,
Tous levés en mon nom, en mon nom
Ont été renvoyés.

RÉGANE. – Je sens que mon mal empire.

ALBANY. – Elle n'est pas bien. Emmenez-la sous ma tente.

Une ou plusieurs personnes sortent avec Régane

Viens ici, héraut ! Que la trompette sonne !
Et lis ceci !

Sonnerie de trompette

LE HÉRAUT (*qui lit*). – « Si un homme de condition ou de qualité, inscrit sur les contrôles de l'armée, veut soutenir contre Edmond, le prétendu comte de Gloucester, que ses trahisons sont multiples, qu'il se présente à la troisième sonnerie de trompette. Il défendra son bon droit. »

Première sonnerie

Encore !

Deuxième sonnerie

Encore !

Troisième sonnerie
Une trompette répond de l'intérieur. Edgar entre, en armes

ALBANY (*au Héraut*). – Demandez ce qu'il veut, pourquoi il se présente
A cet appel de trompette.

LE HÉRAUT (*à Edgar*). – Qui êtes-vous ?
Vos noms et qualité ? Pourquoi répondez-vous
A ce présent appel ?

EDGAR. – Sachez que mon nom est perdu,
Rongé à nu par une dent de traître, attaqué par les vers[1].
Mais je suis aussi noble que l'adversaire

1. *canker-bit.* Métaphore fréquente du ver, ou de la chenille, qui détruit sournoisement un bouton ou une fleur ; voir *Roméo et Juliette,* II,2,30, et *Hamlet,* I,3,39.

I come to cope.
ALBANY. – Which is that adversary ?
EDGAR. – What's he that speaks for Edmond, Earl of Gloucester ?
EDMOND. – Himself. What sayst thou to him ?
EDGAR. – Draw thy sword,
That if my speech offend a noble heart
Thy arm may do thee justice. Here is mine.
He draws his sword
Behold, it is the privilege of mine honour,
My oath, and my profession. I protest,
Maugre thy strength, place, youth, and eminence,
Despite thy victor-sword and fire-new fortune,
Thy valour and thy heart, thou art a traitor,
False to thy gods, thy brother, and thy father,
Conspirant 'gainst this high illustrious prince,
And from th'extremest upward of thy head
To the descent and dust below thy foot
A most toad-spotted traitor. Say thou no,
This sword, this arm, and my best spirits are bent
To prove upon thy heart, whereto I speak,
Thou liest.
EDMOND. – In wisdom I should ask thy name,
But since thy outside looks so fair and warlike,
And that thy tongue some say of breeding breathes,
What safe and nicely I might well demand
By rule of knighthood I disdain and spurn.
Back do I toss those treasons to thy head,
With the hell-hated lie o'erwhelm thy heart,
Which, for they yet glance by and scarcely bruise,
This sword of mine shall give them instant way
Where they shall rest for ever. Trumpets, speak !
Alarums. They fight. Edmond is vanquished
[ALL]. – Save him, save him !
GONERIL. – This is practice, Gloucester.
By th' law of arms thou wast not bound to answer
An unknown opposite. Thou art not vanquished,
But cozened and beguiled.
ALBANY. – Shut your mouth, dame,
Or with this paper shall I stopple it.
[*To Edmond*] Hold, sir, thou worse than any name : read thine own evil.

113-114 Yet ... cope] *F* ; yet are I mov't / Where is the adversarie I come to cope with all. *Q*. **119** the privilege of mine honour] *Oxford* ; my priviledge, / The priviledge of mine Honours *F* ; the priviledge of my tongue *Q*. **122** Despite] *Q* ; Despise *F*. **133** some say] *Q* ; (some say) *F*. **134** What ... demand] *Oxford* ; What ... delay *F* ; *pas dans Q*. **136** those] *Q* ; these *F*. **141** ALL] *Blayney (1982)* ; *attribué à* ALBANY *dans F et Q*. **142** arms] *Q* ; Warre *F*. **145** stopple] *Q* ; stop *F*.

Que je viens rencontrer.
ALBANY. – Quel est cet adversaire ?
EDGAR. – Qui parle au nom d'Edmond, comte de Gloucester ?
EDMOND. – Lui-même. Qu'as-tu à lui dire ?
EDGAR. – Dégaine ton épée,
Et, si mes paroles offensent un cœur noble,
Que ton bras te rende justice ! Voici la mienne.

Il dégaine son épée

Regarde-la. Elle est le privilège de mon honneur,
De mon serment et de ma condition[1]. Je proclame que,
Malgré ta force, ton rang, ta jeunesse et ton éminence,
En dépit de ton épée victorieuse, de ta fortune toute neuve,
De ta vaillance, de ton courage, tu es un traître,
Déloyal envers tes dieux, ton frère et ton père,
Complotant contre ce prince éminent et illustre,
Et que, du plus haut de ton crâne
Jusqu'en bas et à la poussière sous tes pieds,
Tu n'es qu'un traître tout maculé, comme un crapaud[2]. Si tu le nies,
Cette épée, ce bras, et le meilleur de moi-même
S'en vont prouver, en touchant ce cœur auquel je m'adresse,
Que tu mens.
EDMOND. – La sagesse voudrait que je demande ton nom.
Mais puisque ton allure est si belle et guerrière,
Et que ta langue s'exprime avec quelque noblesse,
Ce que les lois de chevalerie me permettent d'exiger
Par prudence et formalisme, je le méprise et le dédaigne.
Je te relance à la tête ces trahisons,
Et j'écrase ton cœur sous cet odieux mensonge,
Mais, comme ils ricochent et ne meurtrissent guère,
Mon épée à l'instant va leur ouvrir une voie
Où ils resteront à jamais. Trompettes, parlez !

Sonneries guerrières. Ils se battent. Edmond est vaincu

[TOUS]. – Épargnez-le ! épargnez-le !
GONERIL. – C'est un traquenard, Gloucester.
Selon la loi des armes, tu n'étais pas tenu d'affronter
Un ennemi inconnu. Tu n'es pas vaincu,
Mais dupé et trompé.
ALBANY. – Femme, fermez votre bec,
Ou bien je le boucherai avec ce papier.
[*A Edmond*] Tiens, monsieur[3], toi plus vil que tout nom, lis-nous ton [infamie[4].

---

1. Le serment de chevalier et la condition de chevalier. 2. « Maculé » de trahison comme un crapaud l'est de poison (voir *Richard III,* I,2,147) ou de venin (voir *Macbeth,* IV,1,6-8). 3. On ponctue parfois *Hold, sir !* ; ces paroles s'adressent alors à Edgar (« Arrêtez, monsieur ! »). La ponctuation* d'*Oxford* impose le singulier (« Tiens ») et il convient donc de considérer « monsieur » comme ironique. 4. *thou... evil.* On considère souvent que ces paroles sont adressées à Goneril, qui a écrit la lettre que tient Albany.

(*To Goneril*) No tearing, lady. I perceive you know it.
GONERIL. – Say if I do, the laws are mine, not thine.
Who can arraign me for't? *Exit*
ALBANY. – Most monstrous! –
O, know'st thou this paper?
EDMOND. – Ask me not what I know.
ALBANY. – Go after her. She's desperate. Govern her. *Exit one or more*
EDMOND. – What you have charged me with, that have I done,
And more, much more. The time will bring it out.
'Tis past, and so am I. (*To Edgar*) But what art thou,
That hast this fortune on me? If thou'rt noble,
I do forgive thee.
EDGAR. – Let's exchange charity.
I am no less in blood than thou art, Edmond.
If more, the more thou'st wronged me.
[*He takes off his helmet*]
My name is Edgar, and thy father's son.
The gods are just, and of our pleasant vices
Make instruments to plague us.
The dark and vicious place where thee he got
Cost him his eyes.
EDMOND. – Thou'st spoken right. 'Tis true.
The wheel is come full circle. I am here.
ALBANY (*to Edgar*). – Methought thy very gait did prophesy
A royal nobleness. I must embrace thee.
Let sorrow split my heart if ever I
Did hate thee or thy father.
EDGAR. – Worthy prince, I know't.
ALBANY. – Where have you hid yourself?
How have you known the miseries of your father?
EDGAR. – By nursing them, my lord. List a brief tale,
And when 'tis told, O that my heart would burst!
The bloody proclamation to escape
That followed me so near – O, our lives' sweetness,
That we the pain of death would hourly die
Rather than die at once! – taught me to shift
Into a madman's rags, t'assume a semblance
That very dogs disdained; and in this habit
Met I my father with his bleeding rings,
Their precious stones new-lost; became his guide,
Led him, begged for him, saved him from despair;
Never – O fault! – revealed myself unto him
Until some half hour past, when I was armed.
Not sure, though hoping, of this good success,

150 Ask ... know] *F*; *attribué à* GONORIL *dans Q, qui place sa sortie ici.* **158** thou'st] *Oxford*; th'hast *F*; thou hast *Q*. **163** Thou'st] *Oxford*; Th'hast *F*; Thou hast *Q*. **163** right. 'Tis true] *F*; truth *Q*. **183** fault] *F*; Father *Q*.

1. C'est Goneril, et non Albany, qui est de sang royal. 2. Bien qu'Edmond n'ait jamais

(*A Goneril*) Ne le déchirez pas, madame ! Vous le connaissez donc !
GONERIL. – Et puis après ? Ce sont mes lois et pas les tiennes[1].
Qui pourrait m'inculper pour ça ? *Elle sort*
ALBANY. – Absolument monstrueux ! –
Ah ! tu connais ce papier ?
EDMOND. – Ne me demandez pas ce que je connais[2] !
ALBANY. – Suivez-la. Elle est capable de tout. Maîtrisez-la.
Une ou plusieurs personnes sortent
EDMOND. – Tout ce dont on m'accuse, tout cela je l'ai fait,
Et plus encore, bien plus. On le saura bientôt[3].
C'est du passé, comme moi. (*A Edgar*) Mais qui es-tu,
Toi qui triomphes ainsi de moi ? Si tu es noble,
Je te pardonne.
EDGAR. – Charité pour charité.
Mon sang n'est pas inférieur au tien, Edmond.
S'il est supérieur, tu m'as fait d'autant plus de tort.
[*Il enlève son heaume*]
Je me nomme Edgar et suis fils de ton père.
Les dieux sont justes, et de nos plaisirs vicieux
Ils font les instruments de notre punition[4].
Le lieu obscur du vice où tu fus engendré
Lui a coûté ses yeux.
EDMOND. – Tu dis vrai. C'est exact.
La roue[5] a fait un tour, et me voici à terre.
ALBANY (*à Edgar*). – Ta démarche, à elle seule, me semblait annoncer
Une noblesse royale. Il faut que je t'étreigne.
Que la tristesse brise mon cœur,
Si jamais j'ai haï ton père ou bien toi-même !
EDGAR. – Je le sais, noble prince.
ALBANY. – Où donc vous cachiez-vous ?
Comment connaissez-vous les peines de votre père ?
EDGAR. – En les soignant, monseigneur. Voici un court récit,
Et, une fois achevé, ah ! puisse mon cœur éclater !
Échapper à la proclamation sanguinaire[6]
Qui me talonnait tant – oh ! douceur de la vie,
Qu'on aime mieux mourir mille morts cruelles
Que de mourir vraiment ! – me souffla d'endosser
Les guenilles d'un fou, de prendre une apparence
Méprisée même des chiens ; dans cet accoutrement,
Je rencontrai mon père et ses anneaux en sang,
Venant juste de perdre leurs pierres précieuses ; je l'ai alors guidé,
Conduit, j'ai mendié pour lui, je l'ai sauvé du désespoir ;
Jamais – oh ! quelle faute ! – je n'ai dit qui j'étais
Avant de m'être armé, voici une demi-heure.
Doutant, malgré l'espoir, de cette heureuse issue,

---

reçu la lettre de Goneril (trouvée sur le corps d' Oswald), il en devine le contenu. **3.** *the time.* A cause de l'article, pas « le temps » en général mais le proche avenir ; voir *Tout est bien,* IV,4,31 et Schmidt *time,* 2. **4.** Contraster avec IV,1,37-38. **5.** La roue de la Fortune* figurait souvent l'ascension et la chute des grands. **6.** Voir II,1,108-109 et II,2,151.

I asked his blessing, and from first to last
Told him our pilgrimage ; but his flawed heart –
Alack, too weak the conflict to support –
'Twixt two extremes of passion, joy and grief,
Burst smilingly.

EDMOND. – This speech of yours hath moved me,
And shall perchance do good. But speak you on –
You look as you had something more to say.

ALBANY. – If there be more, more woeful, hold it in,
For I am almost ready to dissolve,
Hearing of this.

Enter a Gentleman with a bloody knife

GENTLEMAN. – Help, help, O help!

EDGAR. – What kind of help?

ALBANY. – Speak, man.

EDGAR. – What means this bloody knife?

GENTLEMAN. – 'Tis hot, it smokes.
It came even from the heart of – O, she's dead!

ALBANY. – Who dead? Speak, man.

GENTLEMAN. – Your lady, sir, your lady ; and her sister
By her is poisoned. She confesses it.

EDMOND. – I was contracted to them both ; all three
Now marry in an instant.

EDGAR. – Here comes Kent.

Enter the Earl of Kent as himself

ALBANY. – Produce the bodies, be they alive or dead.

Goneril's and Regan's bodies brought out

This judgement of the heavens, that makes us tremble,
Touches us not with pity. – O, is this he?
(*To Kent*) The time will not allow the compliment
Which very manners urges.

KENT. – I am come
To bid my king and master aye good night.
Is he not here?

ALBANY. – Great thing of us forgot! –
Speak, Edmond ; where's the King, and where's Cordelia? –
Seest thou this object, Kent?

KENT. – Alack, why thus?

EDMOND. – Yet Edmond was beloved.
The one the other poisoned for my sake,
And after slew herself.

ALBANY. – Even so. – Cover their faces.

EDMOND. – I pant for life. Some good I mean to do,
Despite of mine own nature. Quickly send,

---

187 our] *F* ; my *Q*. 195-196 *Voir Passage additionnel 27.* 196 EDGAR] *F* ; *attribué à* ALBANY *dans Q*. 196 Speak, man] *F* ; *pas dans Q*. 197 EDGAR] *F* ; *encore* ALBANY *dans Q*. 198 O ... dead !] *F* ; *pas dans Q*. 203 EDGAR ... Kent] *F* ; *placé après* pity *(206) dans Q*.

Je le priai de me bénir, et lui contai tout du long
Nos pérégrinations. Mais son cœur malade —
Trop faible, hélas ! pour soutenir le combat —
Entre deux émotions extrêmes, la joie et le chagrin,
Se brisa en souriant.

EDMOND. – Vos paroles m'ont ému,
Et elles peuvent faire du bien. Mais poursuivez —
Vous paraissez ne pas avoir tout dit.

ALBANY. – S'il y a autre chose, encore plus affligeant,
Taisez-le, car je suis au bord des larmes
En entendant ceci[1].

Entre un Gentilhomme avec un couteau ensanglanté

LE GENTILHOMME. – A l'aide ! à l'aide ! oh ! à l'aide !

EDGAR. – Comment, à l'aide ?

ALBANY. – L'ami, expliquez-vous !

EDGAR. – Que signifie ce couteau tout sanglant ?

LE GENTILHOMME. – Il est chaud et fumant.
Il sort du cœur même de — Oh ! elle est morte !

ALBANY. – Qui, morte ? Expliquez-vous, l'ami !

LE GENTILHOMME. – Votre épouse, monsieur, votre épouse, et sa sœur,
Empoisonnée par elle. Elle l'a avoué.

EDMOND. – J'avais promis mariage à l'une comme à l'autre ;
Et nous voici tous trois mariés d'un seul coup !

EDGAR. – Voilà Kent.

Entre le comte de Kent, sans déguisement

ALBANY. – Apportez les corps, qu'elles soient vivantes ou mortes.

On sort les corps de Goneril et de Régane

Ce jugement du ciel inspire en nous l'effroi,
Mais non la compassion. — Ah ! c'est lui ?
(*A Kent*) Les circonstances interdisent les salutations
Qu'exige le savoir-vivre[2].

KENT. – Je viens
Dire à mon roi et maître un éternel bonsoir.
Il n'est pas ici ?

ALBANY. – Quel monstrueux oubli !
Parle, Edmond. Où se trouve le roi ? où se trouve Cordélie ? —
Kent, tu vois ce spectacle[3] ?

KENT. – Hélas ! comment est-ce arrivé ?

EDMOND. – Malgré tout, Edmond fut aimé.
Par amour pour moi, l'une empoisonna l'autre,
Et se tua ensuite.

ALBANY. – C'est ça. — Couvrez donc ces visages.

EDMOND. – Je respire avec peine. Je veux faire quelque bien
Malgré mon naturel. Envoyez vite — hâtez-vous —

---

1. Voir Passage additionnel 27. 2. *manners.* Parfois employé avec un verbe au singulier ; voir *Roméo et Juliette,* V,3,213. 3. Les corps des deux filles aînées de Lear.

Be brief in it, to th' castle ; for my writ
Is on the life of Lear and on Cordelia.
Nay, send in time.
ALBANY. – Run, run, O run !
EDGAR. – To who, my lord ? – Who has the office ? Send
Thy token of reprieve.
EDMOND. – Well thought on ! Take my sword. The captain,
Give it the captain.
EDGAR. – Haste thee for thy life. *Exit [the Gentleman]*
EDMOND (*to Albany*). – He hath commission from thy wife and me
To hang Cordelia in the prison, and
To lay the blame upon her own despair,
That she fordid herself.
ALBANY. – The gods defend her ! – Bear him hence a while.
Exeunt some with Edmond

Enter King Lear with Queen Cordelia in his arms, [followed by the Gentleman]

LEAR. – Howl, howl, howl, howl ! O, you are men of stones.
Had I your tongues and eyes, I'd use them so
That heaven's vault should crack. She's gone for ever.
I know when one is dead and when one lives.
She's dead as earth.
[He lays her down]
Lend me a looking-glass.
If that her breath will mist or stain the stone,
Why, then she lives.
KENT. – Is this the promised end ?
EDGAR. – Or image of that horror ?
ALBANY. – Fall and cease.
LEAR. – This feather stirs. She lives. If it be so,
It is a chance which does redeem all sorrows
That ever I have felt.
KENT [*kneeling*]. – O, my good master !
LEAR. – Prithee, away.
EDGAR. – 'Tis noble Kent, your friend.
LEAR. – A plague upon you, murderers, traitors all.
I might have saved her ; now she's gone for ever. –
Cordelia, Cordelia : stay a little. Ha ?
What is't thou sayst ? – Her voice was ever soft,
Gentle, and low, an excellent thing in woman. –
I killed the slave that was a-hanging thee.
GENTLEMAN. – 'Tis true, my lords, he did.
LEAR. – Did I not, fellow ?

---

224 sword. The captain] *Q* (sword the) ; *pas dans F.* **225** EDGAR ... life] *F* ; *attribué à « Duke. »* (= ALBANY) *dans Q.* **231** Howl] *quatre fois dans Q* ; *trois fois dans F.* **231** you] *Q* ; your *F.*

---

1. Vœu qui est immédiatement, et ironiquement, démenti par l'entrée suivante. **2.** Les

Quelqu'un jusqu'au château ; car l'ordre écrit par moi
Touche à la vie de Lear et celle de Cordélie.
Vite, faites-le à temps !

ALBANY. – Courez, courez, oh ! courez !

EDGAR. – Vers qui, monseigneur ? – Qui en est chargé ?
Envoie le signe du contrordre.

EDMOND. – C'est juste ! Prenez mon épée. Le capitaine !
Donnez-la au capitaine !

EDGAR. – Dépêche-toi, ou tu es mort ! *[Le Gentilhomme] sort*

EDMOND (*à Albany*). – Ta femme et moi lui avons donné l'ordre
De pendre Cordélie dans la prison, et puis
De rendre responsable de s'être supprimée
Son propre désespoir.

ALBANY. – Que les dieux la protègent[1] ! – Emmenez-le un moment.

Quelques personnes sortent avec Edmond

Entre le roi Lear portant dans ses bras la reine Cordélie, [suivi par le Gentilhomme]

LEAR. – Hurlez ! hurlez ! hurlez ! hurlez ! Ô vous, hommes de pierre !
Si j'avais vos langues et vos yeux, j'en userais
Jusqu'à fendre la voûte du ciel ! Elle est partie pour toujours !
Je sais quand on est mort et quand on est vivant.
Elle est aussi morte qu'une pierre[2].

[Il l'étend à terre]

Prêtez-moi un miroir.
Si son souffle ternit ou tache le cristal[3],
Eh bien, alors elle vit.

KENT. – Est-ce donc la fin promise[4] ?

EDGAR. – Ou bien l'image de cette catastrophe ?

ALBANY. – Que tout s'écroule et cesse[5] !

LEAR. – Cette plume remue ! Elle vit ! Si c'est ainsi,
Cette heureuse fortune rachète toutes les peines
Que j'ai jamais senties.

KENT [*s'agenouillant*]. – Ô mon bon maître !

LEAR. – De grâce, va-t'en !

EDGAR. – C'est le noble Kent, votre ami.

LEAR. – La peste vous emporte, tous assassins et traîtres !
J'aurais pu la sauver ; la voici partie pour toujours. –
Cordélie, Cordélie, attends un peu ! Ha !
Qu'est-ce que tu dis ? – Sa voix fut toujours douce,
Caressante et feutrée, une grande qualité chez une femme. –
J'ai tué le gredin alors qu'il te pendait.

LE GENTILHOMME. – C'est exact, messeigneurs, il l'a fait.

LEAR. – N'est-ce pas, mon brave ?

---

trois sœurs sont maintenant réunies sur scène dans la mort. **3.** *stone.* Probablement « specular stone » ; on faisait des miroirs avec de minces feuillets de pierre spéculaire, appelée aussi « pierre à miroir ». **4.** La fin du monde « promise » dans la Bible*. **5.** Sans doute : « (Que le ciel) s'écroule et (que la vie) cesse ! »

I have seen the day with my good biting falchion
I would have made them skip. I am old now,
And these same crosses spoil me. (*To Kent*) Who are you?
Mine eyes are not o'th' best, I'll tell you straight.
KENT. – If fortune brag of two she loved and hated,
One of them we behold.
LEAR. – This' a dull sight.
Are you not Kent?
KENT. – The same, your servant Kent.
Where is your servant Caius?
LEAR. – He's a good fellow, I can tell you that.
He'll strike, and quickly too. He's dead and rotten.
KENT. – No, my good lord, I am the very man –
LEAR. – I'll see that straight.
KENT. – That from your first of difference and decay
Have followed your sad steps.
LEAR. – You're welcome hither.
KENT. – Nor no man else. All's cheerless, dark, and deadly.
Your eldest daughters have fordone themselves,
And desperately are dead.
LEAR. – Ay, so think I.
ALBANY. – He knows not what he says; and vain is it
That we present us to him.
Enter a Messenger
EDGAR. – Very bootless.
MESSENGER (*to Albany*). – Edmond is dead, my lord.
ALBANY. – That's but a trifle here. –
You lords and noble friends, know our intent.
What comfort to this great decay may come
Shall be applied; for us, we will resign
During the life of this old majesty
To him our absolute power;
(*To Edgar and Kent*) you to your rights,
With boot and such addition as your honours
Have more than merited. All friends shall taste
The wages of their virtue, and all foes
The cup of their deservings. – O see, see!
LEAR. – And my poor fool is hanged. No, no, no life?
Why should a dog, a horse, a rat have life,
And thou no breath at all? Thou'lt come no more.
Never, never, never, never, never.

251 them] *Q*; him *F*. **255** This' ... sight.] *F* (This is); *pas dans Q*. **264** You're] *Q* (You'r); Your are *F*. **267** think I] *Q*; I thinke *F*. **268** says] *F*; sees *Q*.

1. Lear et Kent se regardent, et chacun voit un homme que la Fortune a à la fois aimé et haï. **2.** Ceci paraît confirmer ce que Lear vient de dire au vers 253, mais on comprend parfois : « C'est un spectacle désolant. » *Dull* peut signifier « déficiente », en parlant de la vue (*Titus Andronicus,* II,3,195), ou « triste » (*Roméo et Juliette,* I,4,21). **3.** *Caius.* Nom

Il fut un temps où mon bon sabre tranchant
Les aurait fait danser. Je suis vieux à présent,
Et ces épreuves me minent. (*A Kent*) Qui êtes-vous ?
Mes yeux ne sont pas très bons, je vous le dis tout de suite.

KENT. – Si la fortune se vante d'avoir aimé et haï deux hommes,
Nous voyons l'un d'entre eux[1].

LEAR. – J'y vois vraiment mal[2].
N'êtes-vous pas Kent ?

KENT. – Lui-même, Kent votre serviteur.
Où est votre serviteur Caius[3] ?

LEAR. – C'est quelqu'un de bien, croyez-moi.
Il sait frapper, et frapper vite. Il est mort et putréfié.

KENT. – Non, mon bon seigneur, je suis cet homme –

LEAR. – Je vais voir ça tout de suite.

KENT. – Qui a suivi vos tristes pas depuis le jour où votre vie
Est devenue déchéance.

LEAR. – Soyez le bienvenu ici.

KENT. – Et nul autre[4]. Tout est tristesse, obscurité et mort.
Vos deux filles aînées ont abrégé leurs jours,
Mortes désespérées[5].

LEAR. – Oui, je le crois.

ALBANY. – Il ne sait ce qu'il dit ; et ça ne sert à rien
Que nous nous présentions à lui.

Entre un Messager

EDGAR. – Ce serait bien inutile.

LE MESSAGER (*à Albany*). – Monseigneur, Edmond est mort.

ALBANY. – Ça n'a plus d'importance.
Seigneurs et nobles amis, voici nos intentions.
Tout ce qui pourra soulager ce grand désastre
Ne manquera pas d'être fait ; quant à nous, nous remettons
A cette vieille Majesté, jusqu'à son dernier jour,
Notre absolu pouvoir ;
(*A Edgar et à Kent*) à vous, vos droits,
Avec les avantages et les titres que vos nobles actions
Ont plus que mérités. Tous les amis auront
Le prix de leur vertu, et tous les ennemis
Le calice de leurs crimes. – Oh ! regardez, regardez !

LEAR. – Et ma pauvre nigaude[6] est pendue. Sans vie ? sans vie aucune ?
Pourquoi un chien, un cheval, un rat vivraient-ils,
Et toi sans le moindre souffle ? Tu ne reviendras plus.
Jamais ! jamais ! jamais ! jamais ! jamais !

---

d'emprunt de Kent, qui n'est mentionné qu'ici. 4. Peut-être « Et personne d'autre [n'a suivi vos tristes pas] ». Peut aussi répondre au « bienvenu » de Lear (« Ni moi, ni personne d'autre n'est le bienvenu [dans une telle catastrophe] ») et annoncer la deuxième partie du vers. 5. En fait, seule Goneril s'est suicidée. Régane est morte empoisonnée, à moins qu'elle n'ait abrégé ses souffrances en se tuant. 6. *fool.* Employé ici en un sens affectueux (voir *Roméo et Juliette,* I,3,32, et *Antoine et Cléopâtre,* V,2,293). Dans son délire, Lear peut confondre Cordélie et son bouffon, deux êtres francs et innocents qui l'ont vraiment aimé.

[*To Kent*] Pray you, undo this button. Thank you, sir.
Do you see this ? Look on her. Look, her lips.
Look there, look there. *He dies*

EDGAR. – He faints. (*To Lear*) My lord, my lord !

KENT [*to Lear*]. – Break, heart, I prithee break.

EDGAR (*to Lear*). – Look up, my lord.

KENT. – Vex not his ghost. O, let him pass. He hates him
That would upon the rack of this tough world
Stretch him out longer.

EDGAR. – He is gone indeed.

KENT. – The wonder is he hath endured so long.
He but usurped his life.

ALBANY. – Bear them from hence. Our present business
Is general woe. (*To Edgar and Kent*) Friends of my soul, you twain
Rule in this realm, and the gored state sustain.

KENT. – I have a journey, sir, shortly to go :
My master calls me ; I must not say no.

EDGAR. – The weight of this sad time we must obey,
Speak what we feel, not what we ought to say.
The oldest hath borne most. We that are young
Shall never see so much, nor live so long.

Exeunt with a dead march, carrying the bodies

285-286 Do ... there] *F* ; O, o, o, o. *Q*. **287** KENT] *F* ; *attribué à* LEAR *dans Q*. **298** EDGAR] *F* ; *attribué à « Duke. »* (= ALBANY) *dans Q*.

---

1. Probablement un bouton de Lear (qui se sent mal), ou un bouton de Cordélie. **2.** Lear meurt avec l'illusion que Cordélie est vivante. Selon Bradley, il éprouve « une *joie* insoutenable [unbearable *joy*] » (*Shakespearean Tragedy,* p. 241). **3.** Selon Bradley (*ibid.*, p. 309), Kent s'adresse ces paroles à lui-même. Voir aussi les Variantes. **4.** *Look up.*

[*A Kent*] Je vous en prie, défaites ce bouton[1]. Merci, monsieur.
Voyez-vous ceci ? Regardez-la. Regardez, ses lèvres.
Regardez là, regardez là[2] ! *Il meurt*

EDGAR. – Il s'évanouit. (*A Lear*) Monseigneur ! monseigneur !

KENT [*à Lear*]. – Brise-toi, cœur, de grâce, brise-toi[3].

EDGAR (*à Lear*). – Courage[4], monseigneur !

KENT. – Ne tourmentez pas son âme. Oh ! laissez-le partir !
L'écarteler plus longuement[5] sur le chevalet[6] de ce monde
Si dur, ce serait le haïr.

EDGAR. – Il est vraiment parti.

KENT. – C'est miracle qu'il ait tenu[7] si longtemps.
Sa vie n'était plus qu'usurpée.

ALBANY. – Emportez-les. Notre présent souci est un deuil général.
(*A Edgar et à Kent*) Gouvernez ce royaume, amis chers à mon cœur,
Et de l'État blessé soyez les deux tuteurs.

KENT. – J'ai, monsieur, un voyage à faire sans tarder ;
Mon maître m'appelle ; je ne peux refuser[8].

EDGAR. – Au poids de cette tristesse il nous faut obéir,
Exprimer ce qu'on sent, non ce qu'il sied de dire.
Les plus vieux[9] ont souffert le plus. Nous n'en verrons pas tant,
Nous qui sommes encore jeunes, et vivrons moins longtemps.

Ils sortent avec une marche funèbre, en emportant les corps

L'expression signifie parfois « prenez courage », mais peut aussi signifier « levez les yeux » (voir ci-dessus IV,5,59, où le sens est déterminé par le vers précédent). **5.** *longer.* A la fois « plus longtemps » et « plus en longueur », du fait de l'écartèlement (Muir) entre l'espoir et le désespoir. **6.** « Chevalet » de torture sur lequel le supplicié était étiré. **7.** *endured.* A la fois « duré » et « enduré ». **8.** Kent ne veut pas survivre à son « maître » Lear. **9.** *The oldest.* Sans doute un pluriel (Lear et Gloucester) car *hath* (*have* dans l'in-quarto*) peut avoir un sujet pluriel (voir III,1,18), mais peut-être un singulier (Kent).

PASSAGES ADDITIONNELS

Ces passages proviennent de l'in-quarto de 1608 (*L'Histoire du roi Lear*) et ne figurent pas dans l'in-folio de 1623. Ils sont donnés ici tels qu'ils sont édités dans l'*Oxford Shakespeare* sous le titre *The History of King Lear* et ils sont numérotés de 1 à 27 ; l'Apparat de Variantes et les notes de *La Tragédie du roi Lear* renvoient à ces numéros.

Alors que le texte de *Lear* donné par l'in-folio est divisé en actes et en scènes, celui de l'in-quarto ne comporte aucune division ; l'édition d'Oxford le divise en 24 scènes, sans division en actes.

Pour le texte anglais de chaque passage donné ci-dessous, on a indiqué la scène dont il est extrait dans l'édition d'Oxford. La numérotation des lignes de cette édition a été conservée, même quand une ligne de prose (plus longue dans la présente édition que dans celle d'Oxford) introduit un décalage.

Pour la traduction française de chaque passage, on a indiqué l'endroit où se situerait le texte dans *La Tragédie du roi Lear.*

En règle générale, on a donné quelques mots avant et après chaque passage afin de le replacer plus facilement dans son contexte. Le début et la fin du passage additionnel sont marqués par les signes < et >.

Rappelons qu'il ne suffit pas d'ajouter tel passage additionnel au texte de l'in-folio pour obtenir le texte exact de l'in-quarto ; comme indiqué dans la partie de l'introduction consacrée à l'établissement du texte, l'in-folio contient des passages qui ne sont pas dans l'in-quarto et il y a de nombreuses variantes entre les deux textes. Les plus importantes sont données dans l'Apparat de Variantes de *La Tragédie du roi Lear.*

The History of King Lear

1. Scene 2,95-97 :

GLOUCESTER. – He cannot be such a monster.

<EDMUND. – Nor is not, sure.

GLOUCESTER. – To his father, that so tenderly and entirely loves him – heaven and earth ! > Edmund seek him out,

2. Scene 2,139-146 :

EDMUND. – I promise you, the effects he writ of succeed unhappily, < as of unnaturalness between the child and the parent, death, dearth, dissolutions of ancient amities, divisions in state, menaces and maledictions against king and nobles, needless diffidences, banishment of friends, dissipation of cohorts, nuptial breaches, and I know not what.

EDGAR. – How long have you been a sectary astronomical ?

EDMUND. – Come, come, > when saw you my father last ?

3. Scene 3,16-20 :

GONORIL. – ...
If he dislike it, let him to our sister,
Whose mind and mine I know in that are one,
<Not to be overruled. Idle old man,
That still would manage those authorities
That he hath given away ! Now, by my life,
Old fools are babes again, and must be used
With checks as flatteries, when they are seen abused. >
Remember what I tell you.

N° 3, sc 3 **16-20** *vers*] *prose Q.*

---

1. *EDMUND.* Dans l'in-quarto*, toujours orthographié ainsi, sauf une fois *Edmond.*

L'Histoire du Roi Lear

1. Au milieu de I,2,80 :

GLOUCESTER. – Il ne peut pas être aussi monstrueux !

< EDMOND[1]. – Et il ne l'est pas, c'est certain.

GLOUCESTER. – Envers son père, qui l'aime si tendrement et de tout cœur – ciel et terre ! > Edmond, trouvez-le, gagnez sa confiance.

2. Au milieu de I,2,116 :

EDMOND. – Croyez-m'en, les effets dont il parle s'ensuivent malheureusement : < sentiments contre nature entre enfant et parent, mort, pénurie, dissolution d'amitiés anciennes, factions dans l'État, menaces et malédictions contre le roi et les nobles, méfiances sans fondements, bannissement d'amis, cohortes en débandade, ruptures conjugales et je ne sais quoi.

EDGAR. – Depuis quand êtes-vous féru d'astrologie[2] ?

EDMOND. – Voyons, voyons, > quand avez-vous vu mon père pour la dernière fois ?

3. Entre I,3,15 et 16 :

GONORIL[3]. – ...

Et s'il n'est pas content, qu'il aille chez notre sœur,
Dont je sais que l'avis sur ce point est le mien :
< Ne pas nous laisser faire. Quel sot vieillard !
Qui voudrait toujours exercer les pouvoirs
Dont il s'est départi ! Ah ! sur ma vie,
Les vieux sots retombent en enfance, et ont besoin de blâmes
Ainsi que de flatteries quand on voit qu'ils se trompent. >
N'oubliez pas ce que je vous dis.

D'habitude *Bastard* comme nom de locuteur et dans les indications* scéniques. Voir la note à la liste des personnages de l'in-folio*. 2. *astronomical.* Signifiait souvent « astrologique » ; voir *Sonnets,* 14,2. 3. *GONORIL.* Orthographe de l'in-quarto* *(Gonorill),* sauf une fois *Gonerill.*

4. Scene 3,24-25 :

GONORIL. – And let his knights have colder looks among you.
What grows of it, no matter. Advise your fellows so.
<I would breed from hence occasions, and I shall,
That I may speak.> I'll write straight to my sister

5. Scene 4,135-150 :

LEAR. – No, lad. Teach me.
FOOL <[*sings*] That lord that counselled thee
To give away thy land,
Come, place him here by me ;
Do thou for him stand.
The sweet and bitter fool
Will presently appear,
The one in motley here,
The other found out there.
LEAR. – Dost thou call me fool, boy ?
FOOL. – All thy other titles thou hast given away. That thou wast born with.
KENT (*to Lear*). – This is not altogether fool, my lord.
FOOL. – No, faith ; lords and great men will not let me. If I had a monopoly out, they would have part on't, and ladies too, they will not let me have all the fool to myself — they'll be snatching.> Give me an egg, nuncle, and I'll give thee two crowns.

6. Scene 4,226-229 :

LEAR. – ...
Who is it that can tell me who I am ?
Lear's shadow ? <I would learn that, for by the marks
Of sovereignty, knowledge, and reason
I should be false persuaded I had daughters.
FOOL. – Which they will make an obedient father.>
LEAR (*to Gonoril*). – Your name, fair gentlewoman ?

7. Scene 7,135-139 :

GLOUCESTER. – Let me beseech your grace not to do so.
<His fault is much, and the good King his master
Will check him for't. Your purposed low correction
Is such as basest and contemnèd wretches
For pilf'rings and most common trespasses
Are punished with.> The King must take it ill

Nº 4, sc 3 24-25 *vers*] *prose Q*. Nº 6, sc 4 226-228 *vers*] *prose Q*. Nº 7, sc 7 137 contemnèd] *Blayney (1979)* ; contaned *Q* ; temnest *Qcorr*.

---

1. *That lord.* C.-à-d. Lear lui-même. 2. Ou bien le bouffon désigne Lear (le « bouffon amer ») ou bien (comme les bouffons utilisaient parfois des miroirs et comme Lear joue le rôle du « seigneur ») il désigne l'image de Lear dans le miroir qu'il tient. 3. Kent emploie *altogether* au sens de « complètement » et le bouffon feint de comprendre « la totalité de la sottise ». 4. Sous Élisabeth*, et plus encore sous Jacques* Ier, la couronne octroyait (moyennant finances) des monopoles* lucratifs (et très impopulaires) surtout à des

4. Entre I,3,18 et 19 :

GONORIL. – Et qu'à ses chevaliers l'on fasse grise mine,
Sans souci de la suite. Avertissez les autres.
< Je veux, grâce à cela, créer des occasions, et le ferai,
Afin de lui parler. > J'écris sur-le-champ à ma sœur.

5. Entre I,4,117 et 118 :

LEAR. – Non, mon gars. Apprends-moi ça.
LE BOUFFON <[*il chante*] Le seigneur[1] qui t'a poussé
Toutes tes terres à donner,
Ici, près de moi, il faut qu'il vienne,
Et que son rôle tu tiennes.
Alors, sur-le-champ, on repère
Deux bouffons, le gracieux et l'amer,
L'un, tout bigarré, se trouve ici,
Et l'autre le voici[2].

LEAR. – Tu me traites de sot bouffon, mon garçon ?
LE BOUFFON. – Tu as donné tous tes autres titres. Celui-là tu es né avec.
KENT (*à Lear*). – Tout cela n'est pas sottise[3], monseigneur.
LE BOUFFON. – Ma foi, non. Les seigneurs et les grands ne me la laissent pas toute. Même si j'en avais le monopole[4], ils en voudraient leur part et les dames aussi, on ne veut pas me laisser accaparer le gâteau[5] – il faut qu'on me l'arrache. > Donne-moi un œuf, tonton, et je te donnerai deux couronnes.

6. Entre I,4,187 et 188 :

LEAR. – ...
Quel est donc celui qui me dira qui je suis ?
L'ombre de Lear ? < Je voudrais bien l'apprendre[6], car j'aurais tort,
D'après les marques de la souveraineté, ma connaissance
Et ma raison, de croire que j'ai des filles[7].
LE BOUFFON. – Dont[8] elles feront un père obéissant. >
LEAR (*à Gonoril*). – Votre nom, belle dame ?

7. Entre II,2,123 et 124 :

GLOUCESTER. – Je supplie Votre Grâce de n'en rien faire.
< Sa faute est grande, et le bon roi son maître
Le blâmera pour ça. La peine abjecte que vous lui destinez,
On l'inflige aux gueux les plus vils, qu'on méprise,
Pour punir des larcins et les infractions
Qui sont les plus communes. > Le roi ne peut que mal prendre

---

courtisans. Le passage a peut-être été supprimé de l'in-folio* à cause de cette allusion sarcastique. 5. *fool.* Jeu de mots qu'on a essayé de rendre par « gâteau » ; *fool* désigne sans doute ici un entremets, une sorte de crème renversée (voir *OED,* subst. 2, et *Division,* p. 103 et 107). Le mot est associé à *sweet* et à *egg* (voir texte de l'in-folio*, I,4,115 et 118). Il peut y avoir une allusion grivoise à la marotte du bouffon, mais il n'en est pas question par ailleurs. 6. *that.* Renvoie à *who I am,* au vers précédent. 7. Lear se dit qu'il ne peut être celui qu'il croit être, puisqu'il n'a pas de filles alors que le roi Lear a des filles. 8. *which.* Équivalent de « whom » ; renvoie à *Lear's shadow* ou à *I.*

8. Scene 8,6-14 :

FIRST GENTLEMAN. – ...
That things might change or cease ; <tears his white hair,
Which the impetuous blasts, with eyeless rage,
Catch in their fury and make nothing of ;
Strives in his little world of man to outstorm
The to-and-fro-conflicting wind and rain.
This night, wherein the cub-drawn bear would couch,
The lion and the belly-pinchèd wolf
Keep their fur dry, unbonneted he runs,
And bids what will take all.>
KENT. – But who is with him ?

9. Scene 8,21-33 :

KENT. – ...
With mutual cunning, 'twixt Albany and Cornwall ;
<But true it is. From France there comes a power
Into this scattered kingdom, who already,
Wise in our negligence, have secret feet
In some of our best ports, and are at point
To show their open banner. Now to you :
If on my credit you dare build so far
To make your speed to Dover, you shall find
Some that will thank you, making just report
Of how unnatural and bemadding sorrow
The King hath cause to plain.
I am a gentleman of blood and breeding,
And from some knowledge and assurance offer
This office to you.>
FIRST GENTLEMAN. – I will talk farther with you.

10. Scene 13,13-51 :

LEAR. – A king, a king ! To have a thousand
With red burning spits come hissing in upon them !
EDGAR. – <The foul fiend bites my back.
FOOL (*to Lear*). – He's mad that trusts in the tameness of a wolf, a horse's health, a boy's love, or a whore's oath.
LEAR. – It shall be done. I will arraign them straight.
[*To Edgar*] Come, sit thou here, most learnèd justicer.
[*To Fool*] Thou sapient sir, sit here. – No, you she-foxes –

N° 8, sc 8 **9** outstorm] *Muir (1952)* ; outscorne *Q*. **N° 10**, sc 13 **17** justicer] *Theobald (1733)* ; Justice *Q*.

---

1. L'homme était souvent considéré comme un microcosme* dont les différentes parties correspondaient à celles du macrocosme*, c.-à-d. de l'univers. **2.** *outstorm*. Voir Variantes. Lear s'efforce de déclencher en lui-même une tempête (de passions) qui surpassera celle du monde extérieur. **3.** *cub-drawn*. Littéralement, (dont le lait a été) « tiré » *(drawn)* par

8. Au milieu de III,1,6 :

1er GENTILHOMME. – ...
Pour que tout change ou cesse ; < il arrache ses cheveux blancs
Que les rafales furieuses, dans leur colère aveugle,
Attrapent avec rage et malmènent sans respect ;
Il s'efforce, dans son petit univers d'homme[1], de surpasser[2]
La tempête du va-et-vient antagoniste de la pluie et du vent.
Par cette nuit, où l'ourse aux mamelles vides[3] resterait tapie,
Où le lion et le loup au ventre creux
Garderaient leur poil sec, il court la tête nue
Et invite qui veut à tout emporter[4]. >
KENT. – Mais qui est avec lui ?

9. Entre III,1,12 et 21. Dans les éditions qui combinent les deux textes du *Roi Lear,* on ajoute celui de l'in-quarto (donné ci-dessous) à celui de l'in-folio, c'est-à-dire qu'on le donne entre *furnishings,* (III,1,20) et l'intervention du Premier Gentilhomme.

KENT. – ...
Par l'habileté des deux, entre Albany et Cornouailles ;
< Mais c'est bien vrai. De France, il arrive une armée
Dans ce royaume déchiqueté[5], et déjà, tirant
Profit de notre négligence, secrètement elle prend pied
Dans certains de nos meilleurs ports, et va bientôt
Déployer ses couleurs au grand jour. Quant à vous,
Si vous osez me faire suffisamment confiance
Pour vous hâter jusqu'à Douvres, vous y trouverez
Qui vous remerciera d'un rapport véridique
Sur le chagrin contre nature, à rendre fou,
Dont le roi peut se plaindre.
Je suis gentilhomme de naissance et par éducation,
Et c'est d'après des informations assurées
Que je vous propose cette tâche. >
1er GENTILHOMME. – Je veux vous en parler davantage.

10. Au milieu de III,6,14 :

LEAR. – Un roi, un roi ! Que se jettent sur elles
Des myriades sifflantes, armées de broches chauffées au rouge !
EDGAR. – < L'esprit immonde me mord le dos.
LE BOUFFON (*à Lear*). – Il faut être fou pour se fier à un loup apprivoisé, à la santé d'un cheval[6], à l'amour d'un garçon ou au serment d'une putain.
LEAR. – Ce sera fait. Je vais sur l'heure les traduire en justice.
[*A Edgar*] Viens, assieds-toi ici, très savant juge.
[*Au Bouffon*] Toi, docte sire, assieds-toi ici. — Non, vous les renardes —

---

ses « oursons » *(cub).* 4. *take all.* Exclamation du joueur qui « fait va-tout » (voir *Antoine et Cléopâtre,* IV,2,8, et *Roméo et Juliette,* I,5,12). 5. *scattered.* Le sens est peut-être « affolé » (Onions : « distracted »). 6. Selon Samuel Johnson, le cheval est l'animal le plus sujet aux maladies.

EDGAR. – Look where he stands and glares. Want'st thou eyes at troll-madam ?
[*Sings*] Come o'er the burn, Bessy, to me.
FOOL [*sings*]. – Her boat hath a leak,
And she must not speak
Why she dares not come over to thee.
EDGAR. – The foul fiend haunts Poor Tom in the voice of a nightingale. Hoppedance cries in Tom's belly for two white herring. Croak not, black angel : I have no food for thee.
KENT (*to Lear*). – How do you, sir ? Stand you not so amazed.
Will you lie down and rest upon the cushions ?
LEAR. – I'll see their trial first. Bring in the evidence.
[*To Edgar*] Thou robèd man of justice, take thy place ;
[*To Fool*] And thou, his yokefellow of equity,
Bench by his side. [*To Kent*] You are o'th' commission,
Sit you, too.
EDGAR. – Let us deal justly.
[*Sings*] Sleepest or wakest thou, jolly shepherd ?
Thy sheep be in the corn,
And for one blast of thy minikin mouth
Thy sheep shall take no harm.
Purr, the cat is grey.
LEAR. – Arraign her first. 'Tis Gonoril. I here take my oath before this honourable assembly she kicked the poor King her father.
FOOL. – Come hither, mistress. Is your name Gonoril ?
LEAR. – She cannot deny it.
FOOL. – Cry you mercy, I took you for a join-stool.
LEAR. – And here's another, whose warped looks proclaim
What store her heart is made on. Stop her there.
Arms, arms, sword, fire, corruption in the place !
False justicer, why hast thou let her scape ?>
EDGAR. – Bless thy five wits.

11. Scene 13,90-94 and 95-108 :

GLOUCESTER. – ...
And follow me, that will to some provision
Give thee quick conduct.
<KENT (*to Lear*). – Oppressèd nature sleeps.

20 troll-madam] *Oxford* ; tral madam *Q* ; triall madam *Q2*. **21** burn] *Capell (1767-1768)* ; broome *Q*. **25-26** The ... herring] *prose Q2* ; *vers Q*. **29-35** *vers*] *prose Q*. **30** cushions] *Q* (cushings). **31** the] *Pope (1723-1725)* ; their *Q*. **32** robèd] *Q* (robbed). **37-40** *vers*] *prose Q*. **43** she] *Q2* ; *pas dans Q*. **49** on] *Q* (an).

1. *he.* L'« immonde démon ». **2.** *troll-madam.* Texte difficile ; voir Variantes et *Division,* p. 486-488. Le jeu de *troll-madam* consistait à faire rouler des billes sur un banc afin de les faire tomber dans un des onze trous à l'extrémité de celui-ci. Il ressemble au « trou-madame ». **3.** Ce *Hoppedance* vient sans doute du *Hoberdidance* de Harsnet, comme *Hobbididence* (PA 13). **4.** *white.* Couleur du hareng « frais » (ou simplement salé) par opposition au hareng fumé. **5.** Cette « robe » est la « couverture » (III,4,58) de Tom. **6.** *equity.* Probablement employé comme synonyme de « justice », mais le mot

EDGAR. – Regardez-le[1] debout là-bas, le regard furieux ! As-tu besoin d'yeux pour le trou-madame[2] ?
[*Il chante*] Viens à moi, Babette, traverse le ruisseau.
LE BOUFFON [*il chante*]. – Sa barque fait eau,
Et elle doit taire pourquoi
Elle n'ose venir jusqu'à toi.
EDGAR. – L'esprit immonde hante Pauvre Tom avec une voix de rossignol. Dans le ventre de Tom, Hopdanse[3] réclame deux harengs frais[4]. Ne gargouille pas, l'ange noir : je n'ai pas de nourriture pour toi.
KENT (*à Lear*). – Comment allez-vous, Sire ? Ne restez pas debout, l'air si [médusé.
Voulez-vous vous étendre et vous reposer sur les coussins ?
LEAR. – Je vais d'abord voir leur procès. Qu'on amène les témoins !
[*A Edgar*] Toi, magistrat en robe[5], prends place ;
[*Au Bouffon*] Et toi, son collègue en équité[6],
Prends un siège[7] à côté de lui. [*A Kent*] Vous faites partie du tribunal,
Asseyez-vous aussi.
EDGAR. – Procédons avec justice.
[*Il chante*] Dors-tu ou non, joyeux berger ?
Tes moutons sont dans les blés,
Et, le temps d'une note de ta bouche flûtée[8],
Il ne leur arrivera pas de mal.
Ronronne[9], le chat est gris.
LEAR. – Jugez d'abord celle-là. C'est Gonoril. Je déclare ici sous la foi du serment, devant cette honorable assemblée, qu'elle a donné un coup de pied au pauvre roi son père.
LE BOUFFON. – Venez ici, dame. Votre nom est-il Gonoril ?
LEAR. – Elle ne saurait le nier.
LE BOUFFON. – Mes excuses, je vous avais prise pour un tabouret[10].
LEAR. – Et en voici une autre[11], dont les traits grimaçants
Proclament la nature de son cœur. Arrêtez-la, là-bas !
Des armes, des armes, une épée, du feu, la corruption est dans la place !
Juge véreux, pourquoi l'as-tu laissée échapper ? >
EDGAR. – Bénis soient tes cinq sens !

11. Au milieu de et après III,6,50 :

GLOUCESTER. – ...
Et viens avec moi ; je vais vite te conduire
Où se trouvent quelques provisions.
< KENT (*à Lear*). – La nature accablée s'endort.

---

désignait déjà un système fondé sur les principes du droit et selon lequel jugeait la Haute Cour (Court of Chancery). **7.** *bench.* Le verbe (= s'asseoir) joue sur un des sens du substantif, qui peut désigner collectivement les magistrats d'une cour de justice*. **8.** *minikin.* Signifie « menu » ou « aigu », et *minikin mouth* désigne le pipeau dont joue le berger. Celui-ci ne doit pas laisser les moutons manger du blé vert, très mauvais pour eux. **9.** Si, comme dans l'in-quarto*, on ne met pas de virgule après *Purr,* ce mot devient le nom d'un chat, comme dans Harsnet (« Le chat Ronron est gris »). Les démons familiers des sorcières* étaient souvent des chats. **10.** *joint-stool.* Tabouret fait par un ébéniste. Excuse proverbiale (Tilley M897), et moqueuse, quand on n'avait pas remarqué quelqu'un. Ici c'est l'inverse, puisque le bouffon feint de prendre le tabouret pour Gonoril. **11.** C.-à-d. Régane.

This rest might yet have balmed thy broken sinews
Which, if convenience will not allow,
Stand in hard cure. (*To Fool*) Come, help to bear thy master.
Thou must not stay behind. >

GLOUCESTER. – Come, come away.

Exeunt all <but Edgar

EDGAR. – When we our betters see bearing our woes,
We scarcely think our miseries our foes.
Who alone suffers, suffers most i'th' mind,
Leaving free things and happy shows behind.
But then the mind much sufferance doth o'erskip
When grief hath mates, and bearing fellowship.
How light and portable my pain seems now,
When that which makes me bend, makes the King bow.
He childed as I fathered. Tom, away.
Mark the high noises, and thyself bewray
When false opinion, whose wrong thoughts defile thee,
In thy just proof repeals and reconciles thee.
What will hap more tonight, safe scape the King!
Lurk, lurk. *Exit*>

12. Scene 14,97-105 :

<SECOND SERVANT. – I'll never care what wickedness I do
If this man come to good.

THIRD SERVANT. – If she live long
And in the end meet the old course of death,
Women will all turn monsters.

SECOND SERVANT. – Let's follow the old Earl and get the bedlam
To lead him where he would. His roguish madness
Allows itself to anything.

THIRD SERVANT. – Go thou. I'll fetch some flax and whites of eggs
To apply to his bleeding face. Now heaven help him!

Exeunt severally>

13. Scene 15,56-61 :

EDGAR. – ... Bless thee, goodman, from the foul fiend. <Five fiends have been in Poor Tom at once, as Obidicut of lust, Hobbididence prince of dumbness, Mahu of stealing, Modo of murder, Flibbertigibbet of mocking and mowing, who since possesses chambermaids and waiting-women. So bless thee, master.>

GLOUCESTER. – Here, take this purse,...

N° 11, sc 13 **95-96** *vers*] *Q2* ; *prose Q.* N° **12**, sc 14 **97** SECOND] *Capell (1767-1768)* ; *pas dans Q.* **98-100** *vers*] *prose Q.* **98, 104** THIRD] *Capell (1767-1768)* ; 2 *Q.* **101** SECOND] *Capell (1767-1768)* ; 1 *Q.* **104-105** *vers*] *prose Q.* N° **13**, sc 15 **56-61** *prose*] *vers Q.* **58** as ... lust] *Hudson (1851-1856)* ; Of lust, as *Obidicut Q.* **59** Flibbertigibbet] *Pope (1723-1725)* ; *Stiberdigebit Q.* **59** mocking] *Duthie (1949)* ; Mobing *Q.* **59** mowing] *Theobald (1733)* ; *Mohing Q.*

Ce repos, cependant, aurait pu mettre un baume
Sur tes nerfs rompus qui, si l'occasion ne s'y prête,
Auront peine à guérir. (*Au Bouffon*) Viens, aide à porter ton maître.
Ne reste pas derrière ! >

GLOUCESTER. – Allons, allons, partons !

Ils sortent tous, < *sauf Edgar*

EDGAR. – Quand on voit de plus grands endurer nos misères,
Les malheurs qu'on éprouve semblent à peine contraires.
Pour l'esprit, souffrir seul est la pire des souffrances :
Adieu joyeux spectacles et une vie d'insouciance.
Mais notre esprit échappe à de grandes meurtrissures
Quand d'autres avec nous ont des peines et endurent[1].
Voici, mon mal faiblit et s'allège en moi,
Car j'incline sous un poids qui fait ployer le roi.
Ses enfants comme mon père ! Tom, il faut disparaître.
Écoute le bruit des grands[2] ; tu pourras reparaître
Quand l'opinion trompée, qui te souille par erreur,
Ton innocence prouvée, te rendra ses faveurs.
Quoi qu'il advienne cette nuit, puisse le roi être sauf !
Cache-toi et attends ! *Il sort* >

12. Après III,7,95 ; les deux serviteurs restent seuls en scène :

< 2e SERVITEUR. – Que m'importe le mal que je pourrai commettre
Si cet homme finit bien !

3e SERVITEUR. – Si elle fait de vieux os,
Et si en fin de compte elle meurt de sa belle mort,
Les femmes deviendront toutes des monstres.

2e SERVITEUR. – Suivons donc le vieux comte et demandons au mendiant [fou
De le conduire où il veut. Sa folie vagabonde
Fera ce qu'on voudra[3].

3e SERVITEUR. – Toi, vas-y. Je cherche de la charpie et du blanc d'œuf
Pour panser son visage en sang. Maintenant, le ciel lui vienne en aide !

Ils sortent séparément >

13. Entre IV,1,57 et 58 :

EDGAR. – ... Honnête homme, le ciel te garde de l'esprit immonde ! < Pauvre Tom a eu en lui cinq démons en même temps, à savoir : Obidicut[4], celui de la concupiscence, Hobbididence le prince du mutisme, Mahu du vol, Modo du meurtre, Caquet-la-potence de la moquerie et des grimaces[5], qui depuis possède les chambrières[6] et les suivantes. Alors, maître, que le ciel te bénisse ! >

GLOUCESTER. – Tiens, prends cette bourse,

---

1. Proverbial : « It is good to have company in trouble » (Tilley C571). 2. *noises.* Probablement « bruits » au sens large : ce que disent et font les grands de ce monde. 3. *Allows... anything.* On comprend aussi : « Se permet de faire n'importe quoi » (avec impunité). 4. Les quatre noms de démons sont empruntés à Harsnet, souvent sans respecter leur forme exacte (*Obidicut* pour « Hoberdicut », etc.). 5. *mocking and mowing.* Expression proverbiale (Tilley M1030). 6. Harsnet rapporte que trois « chambrières » de la famille Peckham étaient censées avoir été possédées.

14. Scene 16,31-49 :

ALBANY. – O Gonoril,
You are not worth the dust which the rude wind
Blows in your face. <I fear your disposition.
That nature which contemns it origin
Cannot be bordered certain in itself.
She that herself will sliver and disbranch
From her material sap perforce must wither,
And come to deadly use.
GONORIL. – No more. The text is foolish.
ALBANY. – Wisdom and goodness to the vile seem vile ;
Filths savour but themselves. What have you done ?
Tigers, not daughters, what have you performed ?
A father, and a gracious, agèd man,
Whose reverence even the head-lugged bear would lick,
Most barbarous, most degenerate, have you madded.
Could my good-brother suffer you to do it –
A man, a prince by him so benefacted ?
If that the heavens do not their visible spirits
Send quickly down to tame these vile offences,
It will come,
Humanity must perforce prey on itself,
Like monsters of the deep.>
GONORIL. – Milk-livered man,

15. Scene 16,52-58 :

GONORIL. – ...
Thine honour from thy suffering ; <that not know'st
Fools do those villains pity who are punished
Ere they have done their mischief : where's thy drum ?
France spreads his banners in our noiseless land,
With plumèd helm thy flaxen biggin threats,
Whiles thou, a moral fool, sits still and cries
"Alack, why does he so ?">
ALBANY. – See thyself, devil.

16. Scene 16,61-68 :

GONORIL. – O vain fool !
<ALBANY. – Thou changèd and self-covered thing, for shame
Bemonster not thy feature. Were't my fitness
To let these hands obey my blood,

N° 14, sc 16 44 benefacted] *Oxford* ; beniflicted *Q* ; benifited *Qcorr.* **N° 15**, sc 16 **56** flaxen biggin threats] *Oxford* ; slayer begin threats *Q* ; state begins thereat *Qcorr.*

---

1. *it.* Équivalent de « its » (sa, son, ses) ; voir I,4,173 note. **2.** De telles natures franchissent les bornes fixées par la morale. Voir *Macbeth,* I,7,46-47. **3.** On peut paraphraser : « Et en arrivera à un usage fatal » (comme du bois qu'on détruit en le brûlant). **4.** Un « sermon » se prêche sur un texte biblique. **5.** *gracious.* Sens multiples ; peut-être ici « bienfaisant », « généreux » (voir vers 44). **6.** *head-lugged.* Exactement :

14. Au milieu de IV,2,32 :

ALBANY. – Ô Gonoril,
Vous ne valez même pas la poussière que l'âpre vent
Vous souffle à la figure. < Votre caractère m'alarme.
Une nature qui méprise ses[1] propres origines,
Rien ne peut à coup sûr la contenir en elle-même[2].
Celle qui, elle-même, s'élague et se retranche
De sa sève vitale dépérit fatalement
Et se verra détruite[3].
GONORIL. – Assez ! Ce sermon[4] est stupide.
ALBANY. – Ce qui est sage et bon répugne aux répugnants.
Les ordures n'apprécient qu'elles-mêmes. Qu'avez-vous fait ?
Des tigresses, non des filles ! Qu'avez-vous accompli ?
Un père, un vieillard vertueux[5], dont même un ours
Malmené[6] lécherait la personne vénérable ;
Infiniment barbares et dégénérées, vous l'avez rendu fou !
Mon beau-frère a-t-il pu vous laisser faire cela ?
Un homme, un prince qu'il avait tant comblé !
Si les cieux n'envoient vite leurs visibles esprits[7]
Pour mettre un frein à ces offenses infâmes,
Un jour viendra où,
Fatalement, les hommes s'entre-dévoreront
Comme des monstres marins[8]. >
GONORIL. – Poule mouillée,

15. Au milieu de IV,2,35 :

GONORIL. – ...
Entre ton honneur et ton humiliation ; < tu ne sais pas
Qu'il est sot de prendre en pitié les gredins qu'on châtie
Avant même leurs méfaits[9]. Ton tambour, où est-il ?
Le roi de France déploie ses bannières sur nos terres muettes ;
Son heaume empanaché menace ton bonnet[10] de lin,
Tandis que toi, sot moralisateur, tu restes assis et cries
« Hélas ! pourquoi fait-il cela ? » >
ALBANY. – Regarde-toi, démon !

16. Entre IV,2,37 et 38 :

GONORIL. – Ô inepte crétin !
< ALBANY. – Chose métamorphosée, qui te masques toi-même[11],
Par pudeur, ne prends pas un aspect monstrueux !
S'il était licite que ces mains obéissent à mon sang,

« tiré par la tête ». Un ours ainsi malmené n'est pas d'humeur à lécher qui que ce soit. « Lugged » signifie aussi « harcelé », en parlant d'un ours* aux arènes. **7.** Par opposition aux esprits invisibles qui hantent le monde des hommes en permanence. **8.** Cf. *Troïlus et Cresside,* I,3,119-124. **9.** Lear n'a sans doute pas encore collaboré avec l'ennemi français, mais il va le faire, dit Gonoril. **10.** *biggin.* Un « bonnet » de nuit. Texte difficile ; voir Variantes. **11.** *self-covered.* Sens controversé. Albany accuse Gonoril d'être un démon sous l'aspect d'une femme (65-66), mais aussi de masquer sa féminité en ayant l'air d'un monstre (61-62) ; et voir texte de l'in-folio*, IV,2,36-37, juste avant ce passage).

They are apt enough to dislocate and tear
Thy flesh and bones. Howe'er thou art a fiend,
A woman's shape doth shield thee.
GONORIL. – Marry your manhood, mew –
Enter [Second] Gentleman
ALBANY. – What news ?>
[SECOND] GENTLEMAN. – O my good lord, the Duke of Cornwall's dead,

17. Scene 17 :

<*Enter the Earl of Kent disguised, and [First] Gentleman*

KENT. – Why the King of France is so suddenly gone back know you no reason ?
[FIRST] GENTLEMAN. – Something he left imperfect in the state
Which, since his coming forth, is thought of ; which
Imports to the kingdom so much fear and danger
That his personal return was most required
And necessary.
KENT. – Who hath he left behind him general ?
[FIRST] GENTLEMAN. – The Maréchal of France, Monsieur La Far.
KENT. – Did your letters pierce the Queen to any demonstration of grief ?
[FIRST] GENTLEMAN. – Ay, sir. She took them, read them in my presence,
And now and then an ample tear trilled down
Her delicate cheek. It seemed she was a queen
Over her passion who, most rebel-like,
Sought to be king o'er her.
KENT. – O, then it moved her.
[FIRST] GENTLEMAN. – Not to a rage. Patience and sorrow strove
Who should express her goodliest. You have seen
Sunshine and rain at once ; her smiles and tears
Were like, a better way. Those happy smilets
That played on her ripe lip seemed not to know
What guests were in her eyes, which parted thence
As pearls from diamonds dropped. In brief,
Sorrow would be a rarity most beloved
If all could so become it.
KENT. – Made she no verbal question ?
[FIRST] GENTLEMAN. – Faith, once or twice she heaved the name of "father"
Pantingly forth as if it pressed her heart,
Cried "Sisters, sisters, shame of ladies, sisters,
Kent, father, sisters, what, i'th' storm, i'th' night,
Let piety not be believed !" There she shook
The holy water from her heavenly eyes

N° 17, sc 17 **3-7** *vers*] *prose Q.* **9** Maréchal] *Oxford* ; Marshall *Q.* **11** sir] *Theobald (1733)* ; say *Q.* **17** strove] *Pope (1723-1725)* ; streme *Q.* **21** seemed] *Pope (1723-1725)* ; seeme *Q.* **30** piety] *Oxford* ; pitie *Q.*

1. *Marry... mew –. Oxford* suit la ponctuation* de l'in-quarto* et ajoute simplement une virgule après *manhood.* On ponctue parfois *Marry,... mew !.* Ces deux mots deviennent alors

Elles seraient toutes prêtes à disloquer tes os,
A lacérer ta chair. Tout démon que tu sois,
Ta forme féminine te protège.

GONORIL. – Épouse ta virilité, enferme[1] –

Entre le [Deuxième] Gentilhomme

ALBANY. – Quelles nouvelles ? >

[2e] GENTILHOMME[2]. – Ô mon bon seigneur, le duc de Cornouailles est mort,

17. Entre IV,2 et IV,3 :

< *Entrent le comte de Kent déguisé et le [Premier] Gentilhomme*[3]

KENT. – Du retour soudain du roi de France, vous ne connaissez nulle raison ?

[1er] GENTILHOMME. – C'est une affaire d'État qu'il laissa en suspens,
Dont on s'est avisé après qu'il fut parti ;
Elle est, pour le royaume, si inquiétante et dangereuse
Que son retour en personne était impératif
Et nécessaire.

KENT. – Qui laissa-t-il derrière à la tête de ses troupes ?

[1er] GENTILHOMME. – Le maréchal de France, Monsieur La Far.

KENT. – Votre lettre[4] a-t-elle arraché à la reine quelque manifestation de chagrin ?

[1er] GENTILHOMME. – Oui, monsieur. Elle l'a prise et l'a lue devant moi.
De temps en temps une grosse larme s'écoulait
Sur sa joue délicate. Elle paraissait, en reine,
Dominer son émoi qui, tout ainsi qu'un rebelle,
Voulait régner sur elle.

KENT. – Ah ! elle l'a donc émue !

[1er] GENTILHOMME. – Mais sans la bouleverser. La patience, la tristesse
Rivalisaient pour l'embellir. Vous avez vu
De concert le soleil et la pluie ; ses larmes et ses sourires
C'était, en mieux, cela. Ces frêles sourires heureux,
Jouant sur sa lèvre vermeille[5], étaient comme ignorants
Des hôtes de ses yeux, qui s'en allaient de là
Ainsi qu'autant de perles versées par des diamants.
La tristesse serait, en bref, un joyau désirable
Si tous pouvaient en faire un si bel ornement.

KENT. – N'a-t-elle rien dit ?

[1er] GENTILHOMME. – Une fois ou deux, pour sûr, elle a soupiré « père »,
Le souffle court, le cœur comme oppressé par ce mot,
Et s'écria « Mes sœurs ! mes sœurs ! honte des femmes ! mes sœurs !
Kent ! père ! mes sœurs ! quoi ! de nuit ! sous l'orage !
C'est à douter que la piété existe ! » Alors
De ses célestes yeux elle secoua l'eau bénite

---

des interjections, *Marry* devenant un juron dérivé de « Mary » et *mew* imite le miaulement du chat par dérision. **2.** Ce Gentilhomme est le Messager du texte de l'in-folio*. **3.** Lieu : le camp français près de Douvres. **4.** Il est ici question de « lettre », mais Kent n'avait donné qu'un message verbal à ce Gentilhomme (II,1). **5.** *ripe*. A la fois rouge et charnue, comme un fruit « mûr ».

And clamour mastered, then away she started
To deal with grief alone.
KENT. – It is the stars,
The stars above us govern our conditions,
Else one self mate and make could not beget
Such different issues. You spoke not with her since ?
[FIRST] GENTLEMAN. – No.
KENT. – Was this before the King returned ?
[FIRST] GENTLEMAN. – No, since.
KENT. – Well, sir, the poor distressèd Lear's i'th' town,
Who sometime in his better tune remembers
What we are come about, and by no means
Will yield to see his daughter.
[FIRST] GENTLEMAN. – Why, good sir ?
KENT. – A sovereign shame so elbows him : his own unkindness,
That stripped her from his benediction, turned her
To foreign casualties, gave her dear rights
To his dog-hearted daughters — these things sting
His mind so venomously that burning shame
Detains him from Cordelia.
[FIRST] GENTLEMAN. – Alack, poor gentleman !
KENT. – Of Albany's and Cornwall's powers you heard not ?
[FIRST] GENTLEMAN. – 'Tis so ; they are afoot.
KENT. – Well, sir, I'll bring you to our master Lear,
And leave you to attend him. Some dear cause
Will in concealment wrap me up a while.
When I am known aright you shall not grieve
Lending me this acquaintance. I pray you go
Along with me. *Exeunt*>

18. Scene 21,22-23 :

[DOCTOR]. – Good madam, be by when we do awake him.
I doubt not of his temperance.
<CORDELIA. – Very well.
DOCTOR. – Please you draw near. Louder the music there !
King Lear is [discovered] asleep>
CORDELIA. – O my dear father, restoration hang

19. Scene 21,31-34 :

CORDELIA. – ...
... Was this a face
To be exposed against the warring winds,
<To stand against the deep dread-bolted thunder

---

32 mastered] *Oxford* ; moystened *Q.*

---

1. *mate... make.* Deux synonymes signifiant « partenaire » (mari ou femme). 2. *town.* Probablement Douvres. 3. *elbows.* Sens incertain. Soit le « bouscule » (la honte l'empêche

Et maîtrisa sa plainte, puis s'éloigna soudain,
Seule face à son chagrin.
KENT. – Ce sont les astres,
Les astres tout là-haut qui nous font tel ou tel,
Sinon un seul et même couple[1] ne pourrait mettre au monde
Enfants si dissemblables. Vous ne lui avez pas parlé depuis ?
[1er] GENTILHOMME. – Non.
KENT. – Était-ce avant le départ du roi ?
[1er] GENTILHOMME. – Non, depuis.
KENT. – Eh bien, monsieur, Lear est dans la ville[2], le pauvre malheureux ;
Parfois, quand il va mieux, il se rappelle alors
Pourquoi nous sommes venus et refuse fermement
De rencontrer sa fille.
[1er] GENTILHOMME. – Pourquoi, mon bon monsieur ?
KENT. – Tant la honte l'envahit et le bouscule[3] : sa propre dureté
La priva de sa bénédiction, l'exposa
Aux périls d'une terre étrangère, donna ses droits précieux
A ses filles sans pitié — cela brûle son âme
D'un poison si violent qu'une honte cuisante
L'éloigne de Cordélie.
[1er] GENTILHOMME. – Hélas ! le pauvre gentilhomme !
KENT. – Pas de nouvelles des armées de Cornouailles et d'Albany ?
[1er] GENTILHOMME. – Mais si ; elles sont en marche.
KENT. – Eh bien, monsieur, je vous mènerai auprès de notre maître Lear,
Et vous en prendrez soin. Une raison d'importance
Va m'entourer de mystère pendant un temps encore.
Quand on saura qui je suis, vous ne regretterez pas
De m'avoir fréquenté. Je vous prie donc
De venir avec moi. *Ils sortent* >

18. Entre IV,6,22 et 23 :

[LE DOCTEUR]. – Chère madame, soyez là quand nous le réveillerons.
Je ne doute pas de sa tranquillité.
< CORDÉLIE. – Très bien.
LE DOCTEUR[4]. – Approchez, je vous prie. La musique, là, plus fort !
[*On découvre*] *le roi Lear endormi*[5] >
CORDÉLIE. – Ô mon père chéri, que le rétablissement mette

19. Entre IV,6,29 et 30 :

CORDÉLIE. – Ces mèches blanches, même si vous n'aviez pas été leur père,
Réclamaient leur pitié. Est-ce là un visage
A être exposé aux vents antagonistes,
< A supporter le grondement du tonnerre et sa foudre effrayante

de revoir Cordélie), soit lui « fait du coude » (pour lui rappeler sa conduite envers Cordélie). **4.** Le reste du rôle tenu par le Docteur dans l'in-quarto* est attribué au Gentilhomme dans l'in-folio*. **5.** Dans l'in-quarto*, Lear n'est pas amené sur scène par des serviteurs (voir texte de l'in-folio*, IV,6,20.IS) ; on tire sans doute un rideau et les spectateurs l'aperçoivent endormi au fond de la scène.

In the most terrible and nimble stroke
Of quick cross-lightning, to watch – poor *perdu* –
With this thin helm ?> Mine injurer's mean'st dog,
Though he had bit me, should have stood that night

20. Scene 21,77-78 :

DOCTOR. – Be comforted, good madam. The great rage
You see is cured in him, <and yet it is danger
To make him even o'er the time he has lost.>
Desire him to go in ; trouble him no more
Till further settling.

21. Scene 21,84-94 :

LEAR. – ...
And foolish. *Exeunt all but Kent and* [*First*] *Gentleman*
<[FIRST] GENTLEMAN. – Holds it true, sir, that the Duke
Of Cornwall was so slain ?
KENT. – Most certain, sir.
[FIRST] GENTLEMAN. – Who is conductor of his people ?
KENT. – As 'tis said,
The bastard son of Gloucester.
[FIRST] GENTLEMAN. – They say Edgar,
His banished son, is with the Earl of Kent
In Germany.
KENT. – Report is changeable.
'Tis time to look about. The powers of the kingdom
Approach apace.
[FIRST] GENTLEMAN. – The arbitrement is
Like to be bloody. Fare you well, sir. *Exit*
KENT. – My point and period will be throughly wrought,
Or well or ill, as this day's battle's fought. *Exit*>

22. Scene 22,12-15 :

REGAN. – But have you never found my brother's way
To the forfended place ?
<EDMUND. – That thought abuses you.
REGAN. – I am doubtful
That you have been conjunct and bosomed with her,
As far as we call hers.>
EDMUND. – No, by mine honour, madam.

N° **20**, sc 21 **77-78** *vers*] *prose Q.* N° **21**, sc 21 **84-89, 91-92** *vers*] *prose Q.* N° **22**, sc 22 **13-15** *vers*] *Oxford* ; *prose Q.*

---

1. *perdu.* Abréviation du français « sentinelle perdue », c.-à-d. très exposée et donc sacrifiée. **2.** C.-à-d. sa chevelure. **3.** Rôle tenu par le Gentilhomme dans l'in-fo-

Sous le coup fulgurant et terrible entre tous
D'un éclair vif et fourchu, à veiller – pauvre sentinelle perdue[1] –
Avec ce heaume si mince[2] ? > Le plus vil roquet d'un agresseur,
M'eût-il mordu, se serait cette nuit-là

20. Au milieu de IV,6,73 :

LE DOCTEUR[3]. – Rassurez-vous, chère madame. Sa grande frénésie
Est, vous le voyez, guérie, < et cependant il est dangereux
De lui faire combler le temps dont la mémoire lui manque. >
Demandez-lui d'entrer ; ne l'importunez plus
Tant qu'il n'est pas plus calme.

21. Après IV,6,77 :

LEAR. – ...
Et sot. *Tous sortent, sauf Kent et le [Premier] Gentilhomme*
< [1er] GENTILHOMME. – Est-il confirmé, monsieur, que le duc de Cornouailles
Fut tué de cette façon ?
KENT. – C'est sûr et certain, monsieur.
[1er] GENTILHOMME. – Qui est à la tête de ses gens ?
KENT. – A ce qu'on dit,
Le fils bâtard de Gloucester.
[1er] GENTILHOMME. – On dit qu'Edgar,
Son fils banni, se trouve en Allemagne
Avec le comte de Kent.
KENT. – Les rumeurs sont diverses.
C'est le moment d'être vigilant. Les troupes du royaume[4]
S'approchent rapidement.
[1er] GENTILHOMME. – Cela se réglera sans doute
D'une manière sanglante. Portez-vous bien, monsieur. *Il sort*
KENT. – Mon propos et ma phrase[5] auront leur point final[6],
Selon le sort des armes, soit en bien soit en mal. *Il sort* >

22. Au milieu de V,1,11 :

RÉGANE. – Mais n'avez-vous jamais pris le chemin de mon frère
Jusqu'aux parties interdites ?
< EDMOND. – Cette pensée est indigne[7].
RÉGANE. – Je vous soupçonne
D'avoir été, avec elle, conjoint dans une étreinte
Jusqu'en son plus intime. >
EDMOND. – Non, madame, sur l'honneur.

---

lio*. **4.** Le « royaume » de Grande-Bretagne. **5.** *period.* La vie est considérée comme une « phrase », ayant un sens, un « propos ». Voir aussi PA 27, vers 201 et la note. **6.** *will... wrought.* Plus exactement : « auront été complètement formés/façonnés ». **7.** *abuses.* On comprend aussi « vous égare ».

23. Scene 22,20-21 :

Enter the Duke of Albany and Gonoril with troops

<GONORIL (*aside*). – I had rather lose the battle than that sister
Should loosen him and me.>
ALBANY (*to Regan*). – Our very loving sister, well bemet,

24. Scene 22,25-30 :

ALBANY. – ...
With others whom the rigour of our state
Forced to cry out. <Where I could not be honest
I never yet was valiant. For this business,
It touches us as France invades our land ;
Yet bold's the King, with others whom I fear.
Most just and heavy causes make oppose.
EDMUND. – Sir, you speak nobly.>
REGAN. – Why is this reasoned ?

25. Scene 24,37-38 :

EDMUND. – ...
Mark, I say, instantly, and carry it so
As I have set it down.
<CAPTAIN. – I cannot draw a cart,
Nor eat dried oats. If it be man's work, I'll do't.> *Exit*

Enter the Duke of Albany,...

26. Scene 24,53-58 :

EDMUND. – ...
Tomorrow, or at further space, to appear
Where you shall hold your session. <At this time
We sweat and bleed. The friend hath lost his friend,
And the best quarrels in the heat are cursed
By those that feel their sharpness.
The question of Cordelia and her father
Requires a fitter place.>
ALBANY. – Sir, by your patience,

27. Scene 24,201-218 :

ALBANY. – ...
For I am almost ready to dissolve,
Hearing of this.
EDGAR. – <This would have seemed a period
To such as love not sorrow ; but another
To amplify, too much would make much more,

N° 23, sc 22 **20-21** *vers*] *prose Q.* **N° 24**, sc 22 **28** Yet bold's] *Blayney (1979)* ; Not bolds *Q.*

---

1. *period.* Probablement une « période » au sens rhétorique du mot (Hunter), c.-à-d.

23. Entre V,1,15 et 16 :

Entrent le duc d'Albany et Gonoril avec leurs troupes

< GONORIL (*à part*). – Plutôt subir une défaite militaire que de laisser
Cette sœur nous défaire, lui et moi. >
ALBANY (*à Régane*). – Notre très aimante sœur, heureuse rencontre,

24. Au milieu de V,1,19 :

ALBANY. – ...
Avec d'autres personnes contraintes à la révolte
Par notre État cruel. < Là où l'honneur n'est pas
Je ne fus jamais brave. Cette affaire nous concerne
En ce que le roi de France envahit notre terre ;
Le roi a encore de l'audace, et d'autres que je crains.
C'est un affrontement de causes très justes et graves.
EDMOND. – Monsieur, c'est noblement parler. >
RÉGANE. – Pourquoi parler de ça ?

25. Entre V,3,37 et 38 :

EDMOND. – Fais-le, et une fois fait tu t'estimeras heureux.
Attention, je dis sur-le-champ, et exécute cela
Comme je l'ai consigné.
< LE CAPITAINE. – Je ne peux tirer une charrette,
Ni manger un picotin. Mais un travail d'homme, je m'en charge. >
Il sort

Entrent le duc d'Albany, ...

26. Au milieu de V,3,52 :

EDMOND. – ...
Pour comparaître demain, ou bien plus tard, au lieu
Où vous voudrez siéger. < Dans le moment présent
Nous suons et saignons. Chacun a perdu un ami,
Et les causes les plus justes sont, dans le feu de l'action,
Maudites par ceux-là mêmes qui en sentent la dureté.
Il faut, pour s'occuper de Cordélie et son père,
Un endroit plus propice. >
ALBANY. – Monsieur, vous permettez,

27. Entre V,3, 195 et 196 :

ALBANY. – S'il y a autre chose, encore plus affligeant,
Taisez-le, car je suis au bord des larmes
En entendant ceci.
< EDGAR. – Ceci eût semblé suffisant[1]
A qui n'aime l'affliction ; n'en dépeindre
Qu'une seule autre[2] ajouterait à l'excès,

---

une phrase complète, donc quelque chose de « suffisant » (voir PA 21, vers 93). Le terme est repris deux vers plus loin par *amplify* qui signifie « développer » et a été traduit par « dépeindre » pour plus de clarté. 2. *another.* Interprétations diverses. Renvoi probable à *sorrow* (chagrin, description d'un chagrin) ou peut-être à *period* (phrase complète, récit).

And top extremity.
Whilst I was big in clamour came there in a man
Who, having seen me in my worst estate,
Shunned my abhorred society; but then, finding
Who 'twas that so endured, with his strong arms
He fastened on my neck and bellowed out
As he'd burst heaven; threw him on my father,
Told the most piteous tale of Lear and him
That ever ear received, which in recounting
His grief grew puissant and the strings of life
Began to crack. Twice then the trumpets sounded,
And there I left him tranced.

ALBANY. – But who was this?

EDGAR. – Kent, sir, the banished Kent, who in disguise
Followed his enemy king, and did him service
Improper for a slave. >

Enter [Second] Gentleman with a bloody knife

Nº 27, sc 24. 210 him] *Theobald (1733)*; me *Q.*

---

1. C.-à-d. quand Edgar était Pauvre Tom. 2. *strings of life*. Expression très rare dont

Et dépasserait le comble.
Tandis que je hurlais ma peine, il arriva un homme
Qui, m'ayant vu à mon plus misérable[1],
Avait fui mon odieuse compagnie ; mais découvrant alors
Qui souffrait de la sorte, il enserre mon cou
De ses bras vigoureux, et pousse des cris affreux
A fracasser le ciel ; il se jette sur mon père,
Et me fait un récit, le plus navrant qu'oreille ait entendu,
Sur Lear et sur lui-même ; et, en le racontant,
Sa douleur grandit et ses fibres vitales[2]
Commencent à se briser. Deux fois, alors, les trompettes sonnèrent,
Et je le laissai là, évanoui.

ALBANY. – Mais qui était-ce ?

EDGAR. – Kent, monsieur, Kent le banni, qui, déguisé,
Suivit son ennemi le roi, et lui rendit des services
Indignes d'un esclave. >

Entre le [Deuxième] Gentilhomme avec un couteau ensanglanté

---

l'*OED* ne donne qu'un exemple, qui traduit « vitales fibras » ; souvent compris comme un équivalent de « heartstrings » (fibres censées soutenir le cœur). Voir *Richard III,* IV,4,296.

MACBETH

(*Macbeth*)

de William Shakespeare
(adapté par Thomas Middleton)

Présenté et traduit par
Jean-Claude Sallé

INTRODUCTION

Synopsis

I,1. – Pendant un orage, trois sorcières apparaissent et annoncent leur intention de se réunir à nouveau, sur la lande, pour y rencontrer Macbeth. **2.** – Non loin d'un champ de bataille, un officier blessé donne au roi Duncan, accompagné de ses fils Malcolm et Donalbain, des nouvelles du combat des troupes loyalistes contre le rebelle Macdonald. Il souligne le rôle décisif de deux capitaines, Macbeth et Banquo, dont il célèbre la bravoure. Puis Ross annonce la victoire des Écossais sur les envahisseurs norvégiens et leur allié, le traître Cawdor, que Macbeth a vaincu en combat singulier. Le roi condamne Cawdor à mort et confère à Macbeth le titre du félon. **3.** – Pendant qu'il tonne, les sorcières préparent leurs sortilèges sur la lande. Surviennent Macbeth et Banquo qui s'interrogent sur la nature de ces êtres indéfinissables. Les trois « sœurs » saluent Macbeth de son présent titre, mais l'appellent aussi « baron de Cawdor », et lui promettent qu'il sera roi. A Banquo, elles prédisent qu'il sera l'ancêtre d'une lignée de rois, puis disparaissent sans vouloir parler davantage. Ross et Angus, les messagers de Duncan, arrivent ensuite et annoncent à Macbeth que le roi l'a fait baron de Cawdor. Ébranlé par l'accomplissement de la première prophétie, Macbeth sent monter en lui la tentation de hâter la réalisation de la seconde en assassinant Duncan ; il commet son premier mensonge en s'excusant de la rêverie qui lui a fait oublier ses compagnons. **4.** – Lieu non précisé. Malcolm relate au roi les circonstances de l'exécution de Cawdor. Entrent ensuite Macbeth et Banquo à qui le roi exprime sa reconnaissance, puis il annonce qu'il a choisi Malcolm pour lui succéder sur le trône. Cette décision fouette l'ambition de Macbeth qui, en aparté, s'exhorte à agir pour s'assurer la couronne. Afin d'honorer Macbeth, le roi se rendra en son château d'Inverness. Macbeth prend congé de Duncan et s'en va préparer la visite de son souverain. **5.** – Le château d'Inverness. Lady Macbeth lit une lettre dans laquelle Macbeth rapporte sa rencontre avec les sorcières, l'accomplissement de leur première prophétie, et leur promesse d'élévation suprême. Elle jure de vaincre les scrupules et l'irrésolution de son mari et, dans un second monologue, après l'annonce de la venue du roi, invoque les esprits du mal pour qu'ils neutralisent tout ce qui s'oppose en elle à la réalisation de son dessein criminel. Macbeth entre et dit que Duncan compte partir le lendemain ; Lady Macbeth exhorte son mari à l'hypocrisie et promet de se charger d'organiser le meurtre. **6.** – L'entrée du château de Macbeth. Duncan et Banquo louent les agréments du site. Lady Macbeth accueille le roi avec lequel elle échange de chaleureuses civilités. **7.** – L'intérieur du château. Macbeth, seul, s'interroge sur le meurtre de Duncan et ses conséquences ; Lady Macbeth le rejoint ; il lui dit qu'il a décidé d'y renoncer. Elle le fait changer d'avis en l'accusant de lâcheté et en lui suggérant le plan d'action qu'elle a imaginé : faire croire que Duncan a été assassiné par ses chambellans.

II,1. – Même lieu. Il est minuit passé ; Banquo et son fils Fléance évoquent les ténèbres qui s'approfondissent dans le ciel. Lorsque Macbeth paraît, Banquo lui remet un diamant offert par le roi à Lady Macbeth en témoignage de gratitude ; puis il lui rappelle la prophétie. Macbeth lui propose qu'ils s'entretiennent plus tard de cette mystérieuse rencontre et semble vouloir s'assurer la complicité tacite de Banquo. Demeuré seul, Macbeth, qui attend un signal de sa femme, voit paraître un poignard insaisissable qui semble lui montrer le chemin du crime, puis il évoque les forces maléfiques de la nuit, et, entendant une cloche, sort pour tuer Duncan. **2.** – Même lieu. Ayant drogué les chambellans, Lady Macbeth attend son mari, qui est en train de commettre le meurtre. Macbeth apparaît, l'esprit hanté par son acte ; tandis que sa nervosité s'exacerbe en égarement, Lady Macbeth s'efforce de lui insuffler sa propre maîtrise de soi. Devant son refus de remettre les poignards (conservés par mégarde) près des chambellans et de barbouiller ceux-ci de sang, elle va le faire elle-même. On entend frapper à la porte du château. Quand Lady Macbeth revient, son sang-froid contraste avec l'agitation de son mari. **3.** – L'entrée du château. Un portier s'apprête en rechignant à répondre aux coups frappés à la porte. Il introduit Macduff et Lennox, venus chercher le roi de bon matin. Macbeth entre et les salue. Tandis que Macduff se dirige vers la chambre royale, Lennox rapporte à Macbeth que la nuit a été traversée d'étranges tumultes, de sinistres présages. Macduff reparaît, horrifié par le meurtre qu'il vient de découvrir. Macbeth et Lennox se rendent à la chambre du roi. Puis entrent successivement Lady Macbeth, qui feint la surprise, et Banquo, laconique et sévère. Reviennent Lennox et Macbeth, qui prononce une lamentation interrompue par l'entrée de Malcolm et de Donalbain. Tout accuse les chambellans, que Macbeth, dans la fureur de son indignation, vient de tuer. Lady Macbeth défaille et on l'emmène (mais voir II,3,111 note). Banquo, approuvé par tous, jure de démasquer la trahison ; Macbeth propose une réunion. Restés seuls, se sentant menacés, Malcolm et Donalbain décident de s'enfuir. **4.** – Lieu non précisé. Ross et un vieillard commentent la nouvelle du meurtre du roi, et racontent les prodiges qui l'ont accompagné. Macduff leur apprend que l'on soupçonne Malcolm et Donalbain ; leur fuite semble un aveu.

Macbeth a été choisi pour succéder à Duncan, et va être couronné à Scone, où n'ira pas Macduff qui se retire sur ses terres.

III,1. – Le palais royal. Banquo (seul) évoque les prophéties des sorcières, et exprime ses soupçons à l'égard de Macbeth. Entrent Macbeth et Lady Macbeth, en habits royaux, accompagnés de leur suite. Macbeth invite Banquo au festin qu'il donne le soir même, et se fait préciser son emploi du temps. Une fois Banquo parti, et les courtisans congédiés, Macbeth, resté seul, exprime les craintes que lui inspire Banquo, dont les sorcières ont prédit qu'il engendrerait une lignée de rois. Un serviteur introduit deux assassins à qui Macbeth rappelle qu'il avait démontré la veille que Banquo avait été la cause de leur disgrâce. Il explique que Banquo est leur ennemi commun, et ils acceptent de le supprimer, ainsi que son fils. **2**. – Une salle du palais. Macbeth et sa femme n'éprouvent aucune joie à être couronnés, et Macbeth est tourmenté par des cauchemars. Il confie à sa femme que Banquo et son fils sont le principal sujet de ses craintes, insinue qu'un acte important se prépare dont il préfère garder le secret, et conclut en évoquant les puissances des ténèbres. **3**. – Dehors, à la tombée de la nuit ; à quelque distance de l'entrée du palais. Les deux assassins sont rejoints par un troisième envoyé par Macbeth, et attendent leurs victimes. Banquo est tué, mais Fléance réussit à s'échapper. **4**. – Une salle de banquet dans le palais. Macbeth, après avoir accueilli solennellement ses invités, annonce qu'il prendra place au milieu d'eux, alors que la reine restera sur son trône. Entre le premier assassin qui fait en aparté son rapport à Macbeth. La reine reproche à son mari de négliger ses hôtes. Tandis que Macbeth s'emploie à remplir ses devoirs, le spectre de Banquo s'assied sur le siège réservé au roi. Macbeth déplore l'absence de Banquo, se dispose à prendre place à table, et apostrophe le spectre qu'il est le seul à voir. Devant la stupeur des courtisans, Lady Macbeth s'efforce de faire oublier l'incident, et, dans un long aparté, de persuader Macbeth qu'il est la proie d'une hallucination. Pendant leur conversation, le spectre disparaît. Macbeth retrouve son calme, et s'apprête à boire à la santé de tous, et de Banquo en particulier. Le spectre reparaît, et Macbeth l'interpelle à nouveau. Le spectre disparu, Macbeth cherche à se reprendre tandis que Lady Macbeth renvoie bientôt les invités. Macbeth exprime les pensées qui l'agitent : sa crainte d'être découvert, son ressentiment à l'égard de Macduff, son intention d'aller sans tarder consulter les sorcières qu'il forcera à lui dévoiler l'avenir. **5**. – Il tonne et les trois sorcières rencontrent Hécate qui leur explique qu'elle va elle-même préparer les sortilèges qui conduiront Macbeth à sa perte. Puis le chœur des esprits invite Hécate à les rejoindre dans les cieux. **6**. – Conversation prudente, chargée de sous-entendus et de détours ironiques, entre Lennox et « un autre seigneur » : Malcolm s'est réfugié à la cour d'Angleterre où se prépare une expédition militaire pour renverser l'usurpateur du trône d'Écosse. De plus, Macduff, refusant de se rendre à la convocation de Macbeth, s'est enfui en Angleterre.

IV,1. – Il tonne et, scandant des incantations autour d'un chaudron, les sorcières composent une potion maléfique. Elles sont rejointes par Hécate et d'autres sorcières qui les aident à parfaire leurs sortilèges. Macbeth paraît, les conjure de répondre à ses questions, et demande à voir les esprits qu'elles servent. La première apparition, une tête casquée, conseille à Macbeth de se méfier de Macduff ; la seconde, un enfant ensanglanté, lui promet que nul homme né d'une femme ne pourra rien contre lui ; la troisième, un enfant couronné, tenant un arbre à la main, assure que Macbeth restera invaincu jusqu'au jour où la forêt de Birnam marchera vers la colline de Dunsinane. Les prophéties confirment Macbeth dans sa résolution de faire assassiner Macduff, et lui donnent l'espoir d'échapper au châtiment des hommes. Encouragé par ces premières prédictions, Macbeth exige de savoir si les descendants de Banquo régneront jamais sur l'Écosse. On voit alors apparaître huit rois, dont le dernier tient un miroir, suivis par le spectre de Banquo qui, par des mimiques, fait comprendre que ce cortège est celui de sa lignée. Les sorcières s'évanouissent tandis que Macbeth apprend que Macduff s'est enfui ; il décide de faire tuer tous les habitants du château de Macduff. **2.** – Le château de Macduff. En présence d'un de ses enfants, Lady Macduff s'entretient avec Ross de la fuite de son mari, fuite qu'elle considère comme un abandon. Ross prend la défense de Macduff et se retire. En un badinage tragique, le fils cherche à calmer les inquiétudes de sa mère par ses propos espiègles. Un messager adjure Lady Macduff de fuir avec ses enfants ; puis des assassins font irruption dans la pièce, poignardent l'enfant et poursuivent Lady Macduff. **3.** – La cour du roi d'Angleterre. Macduff rapporte à Malcolm les atrocités commises par Macbeth en Écosse, et l'invite à prendre les armes contre l'usurpateur. Malcolm accueille ses propos avec une prudente réserve, et met en doute la loyauté de son visiteur. Devant son insistance, il le met à l'épreuve en se dépeignant sous les traits d'un être lascif, cupide et dépourvu de toutes les vertus nécessaires à un souverain. Macduff laisse alors éclater une colère qui convainc Malcolm de sa sincérité. Le jeune prince révèle à Macduff, stupéfait de ce revirement, qu'une armée de dix mille hommes se prépare à marcher contre le tyran. Un médecin annonce qu'Édouard s'apprête à toucher les écrouelles, et Malcolm évoque la sainte figure du roi d'Angleterre. Entre Ross qui, après bien des précautions, apprend à Macduff que sa femme et ses enfants ont été massacrés. Macduff bouleversé jure de tuer Macbeth de sa propre main.

V,1. – Une nuit, au château de Dunsinane, un médecin et une dame de compagnie voient entrer Lady Macbeth marchant dans son sommeil. Elle fait le geste de laver une tache de sang sur sa main et elle évoque dans un délire halluciné le meurtre de Duncan, de Lady Macduff et de Banquo, puis retourne se coucher. Le médecin recommande à la suivante de veiller à ce que la reine n'attente pas à ses jours. **2.** – Non loin de Dunsinane, des barons écossais font route vers la forêt de Birnam, où leurs forces doivent rejoindre l'armée de Malcolm. Macbeth s'est retranché dans le château de Dunsinane dont il fait renforcer les défenses. **3**. – Le château de Dunsinane. En dépit de la désertion de ses partisans, Macbeth se rassure en se remémorant les prophéties des sorcières. Un serviteur affolé vient lui annoncer l'approche des troupes anglaises. Macbeth exprime son dégoût de la vie, puis sa volonté de résister jusqu'au bout. Tout en se préparant au combat, il interroge le médecin au sujet de la santé de Lady Macbeth, raille l'impuissance de la médecine, et se répète enfin les assurances de la dernière prophétie. **4**. – Dans la campagne près de la forêt de Birnam. Malcolm ordonne que chaque soldat de son armée coupe une branche d'arbre et se dissimule derrière son feuillage afin de tromper la vigilance des guetteurs de Macbeth. **5**. – Macbeth est résolu à soutenir le siège des assaillants, sans tenter de sortie. On entend des cris à l'intérieur du château et Macbeth apprend la mort de sa femme. Il se dit que la vie est dépourvue de sens. Un messager vient lui rapporter que la forêt de Birnam s'avance vers le château. Macbeth commence à comprendre qu'il a été joué par les ruses du démon, change de tactique et décide une sortie. **6**. – Malcolm ordonne à ses soldats d'abandonner leur camouflage et Macduff fait sonner l'assaut. **7**. – Macbeth se rappelle que, selon la seconde prophétie, nul homme né d'une femme ne peut rien contre lui. Entre le Jeune Siward qui le défie au combat et est tué par Macbeth. **8**. – Macduff cherche à rencontrer Macbeth. **9**. – Siward annonce que la victoire est proche, et invite Malcolm à pénétrer dans la place. **10**. – Macduff attaque Macbeth, qui se vante de ne pouvoir être vaincu par un homme *né* d'une femme. Macduff lui révèle qu'il a été « arraché » au ventre de sa mère et Macbeth se rend compte qu'il a été trompé par la prophétie. Il meurt en se battant vaillamment. **11**. – Siward accueille stoïquement la nouvelle de la mort de son fils. Macduff entre, portant la tête du tyran, et salue en Malcolm le nouveau roi d'Écosse. En réponse aux acclamations, Malcolm remercie ses partisans et promet de s'employer à faire régner la justice.

Date et texte

Le médecin-astrologue Simon Forman * a décrit dans ses carnets une représentation de *Macbeth* au théâtre du Globe * le 20 avril 1611 ; il devait s'agir d'une reprise car des indices concordants montrent que la pièce fut sans doute composée en 1606.

A la mort d'Élisabeth *, le 25 mars 1603, Jacques VI d'Écosse devint aussi Jacques * Ier d'Angleterre. Par lettres patentes du 19 mai de la même année, les Comédiens du Lord Chambellan * (troupe dont Shakespeare était membre) devinrent les Comédiens du Roi et *Macbeth*, seule pièce écossaise de Shakespeare, ne pouvait qu'intéresser le nouveau protecteur de la troupe. En effet, un des principaux personnages, Banquo, passait pour être l'ancêtre de Jacques ; les sorcières présentent d'ailleurs à Macbeth (IV,1,127.IS) la vision des huit rois (depuis le fils de Banquo jusqu'au grand-père de Jacques Ier) qui se seraient succédé sur le trône d'Écosse entre Macbeth et Marie * Stuart. De plus Jacques s'intéressait à la sorcellerie *, un des thèmes de la pièce. Il avait assisté à l'interrogatoire de sorcières accusées d'avoir voulu attenter à sa vie (1590-1591) et il avait publié sa *Daemonology* en 1597. La pièce semble donc postérieure à l'avènement de Jacques.

Un autre indice permet de préciser la date : les railleries du portier envers les gens qui usent d'équivoques (II,3,7-9). C'est probablement une allusion aux équivoques du père jésuite Henry Garnet *. Impliqué dans la Conspiration des poudres * (novembre 1604), il fut convaincu de faux serment lors de son procès en mars 1606, mais il revendiqua le droit de se défendre en usant d'équivoques. Il fut néanmoins pendu en mai et la question de la légitimité de l'emploi d'équivoques devint un sujet d'actualité au printemps de 1606. Ajoutons que les tests stylistiques et métriques situent *Macbeth* dans la même période que *Le Roi Lear* et *Antoine et Cléopâtre*.

La pièce fut imprimée pour la première fois dans l'in-folio * de 1623 sous le titre *THE TRAGEDIE OF MACBETH*. C'est un bon texte, divisé en actes * et en scènes * ; la copie de l'imprimeur fut sans doute le manuscrit du souffleur *. Mais la pièce présente deux particularités. D'une part, c'est la plus courte des tragédies * : 2 106 vers et lignes, contre plus de 3 300 pour *Othello* et *Lear*, et 3 929 pour *Hamlet*. Le texte de l'in-folio a donc peut-être été abrégé, mais ce n'est qu'une hypothèse. D'autre part, le texte contient l'amorce de deux chansons (« *Come away, come away, &c.* », voir III,5,37.IS-73 variantes ; *« Blacke Spirits, &c. »*, voir IV,1,43.IS-60 variantes) dont une version complète se trouve dans une pièce de Thomas Middleton *, *The Witch*. Cette pièce, composée vers 1610-1616, nous est parvenue sous une forme manuscrite[1]. Les éditeurs d'*Oxford* pensent que Middleton adapta la pièce de Shakespeare, sans qu'il soit possible de préciser s'il le fit avec le consentement de ce dernier. Outre les deux chansons *, quelques autres vers relatifs à Hécate ne sont probablement pas non plus de Shakespeare (III,5,1-33, 36-37 ; IV,1,39-43 et 141-148). Alors que les autres éditions modernes donnent d'habitude les chansons en note, *Oxford* les intègre au texte de la pièce, comme l'avait fait Sir William Davenant dans son adaptation de *Macbeth* (? 1664, imprimée en 1674), et présente donc un texte « by William Shakespeare (adapted by Thomas Middleton) ».

Les variantes signalent les cas où le texte d'*Oxford* diffère de celui de l'in-folio, ainsi que certaines conjectures intéressantes.

Sources

Les *Chroniques* de Holinshed * (édition de 1587) sont les seules sources certaines de *Macbeth* ; Shakespeare se servit surtout de la chronique

1. Voir l'édition de W. W. Greg et F. P. Wilson, The Malone Society Reprints, 1950. On trouvera une édition avec orthographe modernisée dans *Three Jacobean Witchcraft Plays,* présentée et annotée par P. Corbin et D. Sedge (Manchester University Press, 1986).

d'Écosse, mais aussi des chroniques d'Angleterre pour la personnalité d'Édouard le Confesseur (IV,3,141-160) et la mort du jeune Siward (V,11,5-19)[1].

L'intrigue de *Macbeth* vient, pour l'essentiel, des règnes de Duncan et de Macbeth. Shakespeare est souvent très proche de sa source tant pour les événements que pour le vocabulaire, mais parfois il la développe, s'en écarte, ou ajoute des épisodes importants comme celui du portier (II,3,1-35) et celui du spectre * de Banquo (III,4).

Selon son habitude, Shakespeare condense et simplifie. Les combats décrits dans la deuxième scène correspondent à trois campagnes dans Holinshed : une où Makdowald (voir I,2,9), aidé par des « kerns and galloglasses » (voir I,2,13), fut défait par Macbeth, une autre contre Sueno, le roi de Norvège (voir I,2,59), où Macbeth joua un rôle décisif, et une troisième contre Canute, roi d'Angleterre et frère de Sueno, qui fut vaincu par Macbeth et Banquo.

Holinshed rapporte que Macbeth et Banquo rencontrèrent trois femmes bizarrement vêtues (« in strange and wild apparel » ; voir I,3,38), semblables aux créatures d'un monde disparu. On crut d'abord, écrit-il, que les deux hommes avaient eu une hallucination, puis l'« opinion commune » estima que ces femmes étaient soit « the weird sisters » (voir I,3,30 et la note), soit des fées * avec un don de divination. Leurs prophéties sont les mêmes que dans Shakespeare (voir I,3,46-48 et 65), mais elles promirent à Macbeth une fin malheureuse. Macbeth ne les revit plus et ce furent certains sorciers (« wizards ») qui lui dirent de se méfier de Macduff (voir IV,1,87) ; les deux dernières prophéties (voir IV,1,96-97 et 108-110) furent faites par une autre sorcière (« witch »). Shakespeare a donc simplifié l'intrigue puisque les sorcières du premier acte reviennent aux actes III et IV ; notons qu'il n'est pas fait mention d'Hécate dans Holinshed (voir III,5,34 note).

D'après la chronique, Duncan désigna son jeune fils Malcolm comme successeur, ce qui semble avoir été contraire aux lois du royaume, et Macbeth, son cousin germain (voir I,2,24 et la note), se sentit légitimement frustré d'une succession qu'il avait le droit d'espérer. Duncan fut alors assassiné dans la sixième année de son règne par Macbeth et ses amis, son principal complice étant Banquo. Mais le Banquo de Shakespeare est très différent : personnage complexe[2], c'est avant tout un homme vertueux qui perçoit la nature diabolique des sorcières (voir I,3,105, 122, et II,3,122) et soupçonne rapidement Macbeth d'avoir assassiné le roi (III,1,2-3). Il y a deux raisons à cette modification. D'abord une raison dramatique : Macbeth le criminel et Banquo le juste sont des personnages contrastés. Ensuite une raison politique : Banquo était (selon les chroniques) l'ancêtre de Jacques * Ier

1. Pour tous ces textes, voir Bullough, *Sources,* vol. 7, p. 478-508. Pour des emprunts probables ou possibles à George Buchanan, *Rerum Scoticarum historia* (1582), et aux tragédies de Sénèque, voir Bullough, p. 438-440 et 451-455, et K. Muir, *The Sources of Shakespeare's Plays,* p. 210-214.

2. Sur Banquo, voir aussi le Commentaire ci-dessous.

(voir IV,1,128-140) et ne pouvait donc être présenté comme un régicide.

Holinshed décrit Duncan comme un roi faible, d'un naturel trop doux (« too soft »), qui négligea de punir les malfaiteurs ; Makdowald le traita même de poltron pusillanime (« faint-hearted milksop »). Il était, semble-t-il, encore jeune. Dans Shakespeare, par contre, c'est un homme assez âgé qui pourrait être le père de Lady Macbeth (voir II,2,12-13 et V,1,31), et c'est surtout un bon roi, vertueux et pieux, un saint (voir I,7,16-19, IV,3,24 note et 110). Son assassinat en est d'autant plus horrible.

Shakespeare emprunte les circonstances mêmes du meurtre à un règne antérieur, celui du roi Duff, assassiné par son hôte, Donwald, dans le château de Forres. Les serviteurs de Donwald tuèrent le roi pendant que ses deux chambellans dormaient du sommeil de l'ivresse (voir I,7,63-64). A la différence du Macbeth de Shakespeare, Donwald ne tua donc pas lui-même le roi, mais Holinshed dit, d'une part, qu'il le fit tuer à l'instigation de sa femme et, d'autre part, que ce meurtre lui fit horreur (« he abhorred the act greatly in his heart ») ; Shakespeare reprend ces deux points. De plus, Donwald tua lui-même les deux chambellans du roi, comme Macbeth (voir II,3,100). Le meurtre du roi Duff entraîna des désordres dans la nature : le soleil fut voilé de nuages pendant six mois, des chevaux s'entre-dévorèrent, une chouette tua un faucon, etc. (voir II,4,5-18).

Holinshed dit seulement que la femme de Macbeth était « très ambitieuse », voulait absolument être reine, et incita son mari à tuer Duncan. La pièce développe le rôle de Lady Macbeth, en ajoutant notamment la scène du somnambulisme (V,1), alors que Holinshed ne parle pas d'elle une fois qu'elle fut devenue reine.

Bien que dur et cruel, le Macbeth des chroniques fut un bon roi pendant une dizaine d'années mais, craignant pour sa vie, il devint un tyran (faisant assassiner Banquo) et régna encore sept ans. La chronologie de la pièce est assez vague ; le début de l'acte III se situe peu après le couronnement de Macbeth et la suite des événements qui aboutit à sa défaite semble durer quelques semaines ou quelques mois. Macbeth parle de sa vieillesse (« old age », V,3,26), mais ce vieillissement est psychique et non physique ; à la fin de l'acte V, il se bat avec la même vigueur qu'au début de la pièce. D'ailleurs, comme le dit A.C. Bradley[1], la succession d'événements multiples produit non pas une impression de brièveté mais de rapidité.

Dans Holinshed, Macduff refuse de fournir des hommes à Macbeth pour construire le château de Dunsinane et c'est le roi lui-même qui va tuer sa femme et ses enfants. Shakespeare a simplifié tout ceci et s'écarte de sa source : d'après Holinshed, quand Macduff rencontra Malcolm en Angleterre, il savait que sa femme et ses enfants étaient morts alors que Malcolm et Macduff l'ignorent encore au début de

1. *Shakespearean Tragedy*, p. 278.

IV,3, ce qui rend les soupçons de Malcolm plus plausibles. Craignant que Macduff ne soit à la solde de Macbeth, Malcolm commence par s'accuser de tous les vices (voir IV,3,51-101). C'est Macduff qui tue Macbeth dans la chronique, comme dans la pièce, mais, selon Holinshed, Macbeth s'enfuit quand il vit le nombre de ses ennemis alors que le Macbeth shakespearien refuse de fuir et meurt l'épée à la main.

Commentaire

La plus courte des tragédies * de Shakespeare, *Macbeth* est remarquable aussi par la simplicité de sa structure. En un développement linéaire que ne ralentit aucune intrigue subordonnée, la pièce présente la tentation et la chute du héros, son crime et son châtiment. Ou plutôt c'est l'histoire de la double plongée dans un enfer intérieur du protagoniste et de sa compagne, dont les destinées sont inséparables. Macbeth et Lady Macbeth sont les seuls à être analysés en détail, au point que les autres personnages paraissent n'être qu'esquissés. Cette différence de traitement fut sans doute dictée par une nécessité artistique : le héros et sa femme sont des criminels. Afin que l'auditoire puisse leur conserver le degré de sympathie permettant de continuer à s'intéresser à leur sort, Shakespeare était tenu de les montrer de l'intérieur, et de faire partager leur point de vue au spectateur, ne fût-ce que par intermittence. Cela est vrai surtout du protagoniste dont les états d'âme s'expriment en des apartés ou des monologues (plus de 130 vers), mais aussi, à un moindre degré, de Lady Macbeth (49 vers). A cela s'ajoutent les conversations qu'ils tiennent lorsqu'ils sont seuls en scène qui, elles aussi, leur permettent de se livrer. Aux actes IV et V, cependant, les deux complices n'apparaissent plus ensemble. Le crime les unit, le châtiment les sépare. Un des aspects les plus poignants de la tragédie est que chacun des deux s'enfonce peu à peu dans l'isolement, de l'insensibilité chez Macbeth, ou de la maladie mentale chez Lady Macbeth. En effet, si leurs destins sont parallèles, leur évolution psychologique est inverse. Macbeth s'endurcit et parvient, au prix d'une destruction de sa sensibilité, à étouffer l'horreur que son propre crime lui avait d'abord inspirée. Lady Macbeth, au contraire, une fois retombée l'exaltation première, se dépouille des défenses qui lui avaient permis de se dissimuler la vraie nature du crime qu'elle s'était représenté d'abord seulement comme le moyen d'atteindre la « grandeur » (I,5,14), comme l'occasion de faire preuve d'audace et de courage (I,7,35-59), comme un défi que la volonté doit se montrer capable de relever. Par un des renversements ironiques dont la pièce est si riche, la scène du somnambulisme (V,1) est la répétition inverse de celle qui suit l'assassinat de Duncan (II,2). D'abord assez maîtresse d'elle-même pour répondre aux propos égarés de son mari par de froides considérations pratiques, Lady Macbeth, lors de sa dernière apparition, est une malade à la conscience tourmentée par les images mêmes que l'énormité de son crime avait fait naître chez Macbeth.

Davantage que les événements extérieurs, c'est l'évolution du protagoniste qui imprime à la pièce son mouvement. Il s'agit, en bref, de la métamorphose d'un « noble gentilhomme » (I,2,24) en « boucher » (V,11,35). Le trait permanent du personnage, en effet, est le courage physique, dont la valeur se trouve inversée par sa déchéance morale. Pour Macbeth lui-même, cette bravoure virile est la qualité suprême, le fondement de sa propre identité (I,7,46-47 ; III,4,98). C'est d'ailleurs en l'accusant de manquer de virilité que Lady Macbeth achèvera de le convaincre d'assassiner Duncan. Ainsi le héros tragique se trouve-t-il entraîné à sa perte par la perversion du meilleur de lui-même. La complexité de ce héros criminel tient aussi au fait que, loin d'être cyniquement indifférent à l'opinion d'autrui, il a besoin de l'estime des hommes (I,7,32-35) et en ressent douloureusement la perte (V,3,24-30). On sait de même (I,5,58-62 ; I,7,82) qu'avant le premier meurtre la dissimulation lui coûte, et qu'elle lui apparaît plus tard, alors même qu'il a appris à en user habilement, comme une contrainte avilissante (III,2,33-36), l'empêchant de jouir des honneurs auxquels il a tout sacrifié. L'une des formes de son châtiment est qu'il se trouve alors écartelé entre la conscience qu'il a de son crime et l'image de lui-même qu'il veut présenter à autrui.

Son erreur tragique est de croire à la possibilité d'un dédoublement autorisant une moitié de son être à commettre le meurtre sans que l'autre s'en trouve affectée. Le souhait imprudent qu'il formule d'une dissociation permettant à ses yeux de ne pas voir les actes de sa main (I,4,50-53) va recevoir un exaucement ironique, le punissant par où il a péché. Ce dédoublement se trouve bientôt réalisé dans la vision hallucinatoire du poignard qui paraît l'inviter à se diriger vers la chambre du roi (II,1), et confirmé peu après (II,2,57) lorsque ses mains ensanglantées semblent lui arracher les yeux, une partie de lui-même ne se reconnaissant plus dans l'autre. Désormais il lui faudra choisir entre connaître son crime et se connaître lui-même (II,2,71). La dissociation souhaitée se mue en une fracture définitive de l'intégrité personnelle. Le sentiment d'insécurité qu'elle lui inspire l'incitera à s'engager toujours plus avant dans le mal pour tenter de retrouver la stabilité perdue (III,4,20-24), motif qui s'ajoute au mobile plus évident de faire échec à la prophétie des sorcières* concernant Banquo.

Faire disparaître ceux qui pourraient le démasquer devient une nécessité pour Macbeth non seulement pour échapper au châtiment (IV,1,114-116) mais surtout parce qu'il s'imagine qu'aussi longtemps que le meurtre de Duncan ne lui sera pas imputé, il pourra en venir à oublier qu'il l'a commis. Le début de son premier monologue (I,7,1-7) confirme ce que Lady Macbeth avait appris au spectateur, à savoir que Macbeth n'hésiterait pas à assassiner le roi s'il pouvait être sûr que l'acte, une fois accompli, resterait une parenthèse sans lendemain, un simple entracte criminel dans le cours d'une existence honorable. Coleridge, dans ses notes sur *Macbeth*[1], soutient que le personnage s'abuse ici sur

1. S. T. Coleridge, *Shakespearean Criticism,* texte établi et présenté par T. M. Raysor (Londres, 1960), I,72.

la nature de ses propres scrupules et réduit les mises en garde de sa conscience morale au rang de simples conseils de prudence. Cette interprétation, souvent reprise depuis, vise à affermir le statut de héros tragique du protagoniste. Mais peut-être conviendrait-il de la nuancer en soulignant que le souci de n'être pas découvert, s'il n'exprime pas en effet une vulgaire crainte du châtiment, ne se laisse pas réduire non plus à un travestissement des terreurs du remords. Il importe à Macbeth de n'être pas démasqué surtout parce qu'il ne pourrait espérer autrement retrouver l'être qu'il avait été avant le crime. Un des aspects de son aveuglement est de croire que la blessure qu'il a infligée à son être moral pourra cicatriser si elle demeure cachée au plus profond de lui.

Ce qui ne signifie pas qu'il se dissimule la gravité de sa faute. Macbeth est un héros tragique précisément parce qu'il y a en lui deux tendances, l'une qui souscrit aux valeurs du bien (« honour, love » V,3,27), l'autre qui cède aux impératifs de l'ambition (I,7,27). Dans le portrait qu'elle trace de son mari, Lady Macbeth souligne cette contradiction (I,5,12-21). Macbeth ne deviendra assassin qu'en violant sa propre nature. Comme l'a montré A.C. Bradley[1], l'instrument de la conscience morale, chez Macbeth, est l'imagination. C'est là le trait le plus remarquable du personnage. Son imagination est si puissante qu'elle est capable de l'arracher à la réalité présente (I,3,140-141), de lui faire éprouver un véritable saisissement (I,3,141 ; I,5,4), de lui ôter toute possibilité d'agir (II,2,69-70). Elle traduit les remords de sa conscience en visions qui, dans deux scènes capitales (II,2 et III,4), le conduisent au bord de l'égarement. C'est elle aussi qui lui suggère, par une logique proprement poétique, la forme de châtiment appropriée à son crime : en assassinant Duncan endormi, Macbeth a tué le sommeil, et s'est donc condamné à l'insomnie (II,2,39-41). Son imagination, enfin, lui fait connaître un sentiment que le danger physique ne lui a jamais inspiré, la peur (V,5,10-13) : peur des virtualités malignes qu'il découvre au fond de lui-même (I,3,133-141), des images vengeresses de Banquo assassiné (III,4,111-115), peur de se voir arracher la couronne à laquelle il a sacrifié sa paix intérieure (III,1,55-71 ; IV,1,98-102).

Le personnage où se mêlent appétit d'honneurs et besoin de considération, aveuglement et lucidité, tentations et scrupules est celui dont le texte permet d'imaginer la nature avant sa chute, avant que son crime n'enclenche le processus de dégradation qui transformera le meurtrier à contrecœur de l'acte II en serviteur volontaire du mal, résolu à détruire tout ce qui s'oppose à son dessein. Aussitôt après l'assassinat de Duncan, Macbeth peut encore s'imaginer comme le profanateur coupable d'un ordre universel (II,2,58-61) ; mais à mesure qu'il découvre l'impossibilité de jouir en sûreté du fruit de son crime, sa conscience se replie sur elle-même, pour chercher refuge dans les limites étroites d'un égoïsme forcené, le sentiment de son impuissance se muant en rage de détruire (III,2,18-21 ; III,4,134-137 ; V,5,47-48), la nature même

1. *Shakespearean Tragedy,* p. 298.

dût-elle retourner au chaos (IV,1,74-76). Le mal chez Macbeth est donc d'abord une tendance isolée qui ne cesse de s'épanouir pour pervertir enfin jusqu'à ses qualités mêmes, où elle trouve un aliment : son audace, sa résolution l'encouragent à persévérer dans le crime. Ainsi son agressivité ne se retourne-t-elle jamais contre lui-même. Il en va tout autrement du personnage de Lady Macbeth, dont on peut penser qu'il fut conçu pour contraster avec celui du protagoniste selon un schéma antithétique.

Les deux époux sont unis par un même rêve de « grandeur » (I,5) que Lady Macbeth croit son mari capable de réaliser ; l'ambition, chez elle, n'est contrebalancée par aucun scrupule : l'idée de pouvoir absolu la fascine (I,5,64-66). La première de ses valeurs est la force de volonté, à laquelle elle est prête à sacrifier toutes les autres. Pour elle, les âmes fortes vont droit au but qu'elles se sont fixé, sans s'attarder à un examen pointilleux des moyens. Toutes ses forces sont mobilisées, aux deux premiers actes, par ce culte exalté de la résolution (I,7,54-59). Son invocation aux esprits malins peut être interprétée par le lecteur moderne comme un effort véhément pour chasser de sa conscience tout ce qui pourrait faire fléchir sa détermination. A la différence de Macbeth, elle choisit le mal dans un sursaut de la volonté dont elle trouve l'énergie en elle-même. Pendant les trois premiers actes, la maîtrise de soi est sa qualité la plus évidente, même si l'ascendant qu'elle lui permet d'exercer sur son mari semble diminuer au troisième. Ce sang-froid se manifeste non seulement en acte dans les deux scènes où elle parvient à protéger Macbeth contre les terreurs de son imagination (II,2 et III,4), mais aussi de façon continue (à l'exception, bien entendu, de V,1) dans son langage. Son discours est celui d'une aristocratique femme d'esprit qui affirme son autorité par son sens de la répartie, l'équilibre de ses antithèses, l'accent décisif de ses jeux de mots. On y entend aussi quelques sentences presque proverbiales de la sagesse populaire (II,2,52-53). Ces deux aspects expriment une même intention : tenir l'imagination fermement en bride, s'interdire d'aller au-delà des données du réel, répondre aux exigences de l'instant. A l'hyperbole angoissée de Macbeth, Lady Macbeth oppose le correctif d'une froide antithèse (II,2,59-63). Le plus horrible de tous ses jeux de mots (« gild/guilt » II,2,53-55) n'en est pas moins sublime parce qu'il est une affirmation héroïque du pouvoir de sa propre volonté. En même temps, il y a dans ce mépris affiché de tout respect humain, dans cet écran verbal destiné à masquer la réalité sensible de l'homme assassiné, la marque d'une certaine naïveté. Naïveté qui procède peut-être de sa position sociale, qui l'a habituée à être obéie sans discussion, mais aussi, plus radicalement, de l'hypertrophie de sa volonté. En s'interdisant de considérer tout ce qui pourrait entamer sa résolution, Lady Macbeth se met, en quelque sorte, des œillères, et se dissimule tout à la fois les soupçons que fera naître le meurtre et la fragilité de sa propre nature.

Les premiers signes de sa désintégration apparaissent à l'acte III. Elle demeure fidèle à elle-même en cherchant à retenir Macbeth sur la pente de l'introspection (III,2,10-14), en envisageant l'assassinat de Banquo et de Fléance, en évitant, à force de sang-froid, que Macbeth ne se trahisse tout à fait dans la scène du banquet. Mais elle a déjà éprouvé l'amertume de l'insatisfaction (III,2,6-9) ; elle a perdu l'initiative, et Macbeth la tient dans l'ignorance de ses desseins (III,2,46-47 ; III,4,138-139). Ses dernières paroles de tendresse protectrice à l'égard de son mari (III,4,140) revêtiront un sens prémonitoire et s'appliqueront ironiquement à elle-même lorsqu'elle reparaîtra, au début du dernier acte, déchirée par les affres d'un sentiment irrémédiable de culpabilité.

Le châtiment ironique qui lui est réservé dans la scène du somnambulisme révèle les faiblesses que masquait l'exaltation de sa volonté. Celle qui invoquait la complicité de la nuit (I,5,46) a maintenant peur de l'obscurité. Son dédain pragmatique de la signification morale du sang répandu (II,2,65) s'est inversé en obsession d'une tache indélébile (V,1,25). Les images sensibles dont elle avait dit que seuls les enfants pouvaient s'effrayer (II,2,51-53) restent imprimées dans sa conscience, et son cri d'étonnement naïf (V,1,31-32) confirme que sa détermination passionnée avait réussi à lui cacher la réalité physique d'un meurtre envisagé dans l'abstrait. Il n'est pas jusqu'à ses sentences rassurantes (« What's done is done », III,2,14) qui ne se trouvent ironiquement inversées (« What's done cannot be undone », V,1,54). Ainsi ce personnage terrible se trouve-t-il rendu pitoyable par la révélation de sa fragilité intérieure.

Shakespeare, on le voit, a réussi à susciter l'intérêt pour ce couple criminel en imaginant des personnages complexes chez qui le mal ne détruit pas toute humanité, et en montrant ces bourreaux torturés à leur tour, victimes de leur propre méchanceté. Mais ce qui rend aussi le protagoniste moins monstrueux, en atténuant un peu sa culpabilité, c'est qu'il est, dans une certaine mesure, le jouet de puissances malignes qui le dépassent. Les sorcières et leurs maléfices inscrivent l'histoire de Macbeth dans un cadre surnaturel qui donne à la tragédie son caractère particulier. La profondeur du drame humain présenté dans *Macbeth* suffit à assurer sa pérennité, mais le texte ne peut se laisser réduire à une perspective exclusivement naturaliste : il implique la croyance en l'existence de forces surnaturelles, prêtes à tirer parti de la faiblesse des hommes.

L'apparition soudaine, inexpliquée, des sorcières au début de la pièce, leur langage rituel et énigmatique, leur désignation du héros par son nom, ne créent pas seulement une attente, mais aussi et surtout annoncent d'emblée la nature du conflit qui va se jouer : la rencontre d'un homme avec la tentation. Cette mise en relief initiale est, bien entendu, intentionnelle ; ce qui, chez Holinshed *, est rapporté de façon anecdotique, est placé au principe de l'action dramatique par l'imagination du poète. De la chronique, Shakespeare a conservé, en le modifiant un peu, un aspect essentiel des sorcières : l'ambiguïté de leur nature. Dans les indications scéniques, elles sont toujours qualifiées de « sorcières » (« Witches ») ; mais dans le texte elles se désignent elles-mêmes sous le nom de « sœurs fatales » (« The weird sisters », I,3,30), nom qui leur est appliqué trois fois par Macbeth (I,5,6 ;

III,4,132 ; IV,1,152) et deux par Banquo[1] (II,1,19 ; III,1,2). Pour Holinshed, conformément à l'usage antérieur, « the weird sisters » signifiait « the goddesses of destinie », les divinités du destin, déterminant le cours de la vie des hommes ; mais sa chronique dit qu'il ne s'agit que d'une interprétation de l'opinion commune parmi d'autres. Dans *Macbeth* les sœurs, qui ont des « maîtres » (IV,1,79), ne sauraient être les trois Parques, mais il est clair également qu'en se donnant ce nom, elles s'arrogent le droit de gouverner les destinées, et que les trois personnages qui, directement ou indirectement, ont affaire à elles, sont tentés de leur reconnaître ce pouvoir. (Lady Macbeth, après avoir lu la lettre de son mari, ne se refuse pas à voir en elles les messagères du destin, I,5,25.) Aux suggestions du nom s'ajoutent celles du nombre : dès le premier vers de la pièce, elles se définissent comme une trinité ; les indications scéniques annoncent toujours les « *trois* Sorcières ». (Leur multiplication en IV,1 est très probablement étrangère à Shakespeare.)

Leur nombre magique et le nom qui leur est donné ont surtout pour effet d'élever ces personnages à la dignité tragique ; mais tous leurs autres aspects montrent qu'il s'agit de sorcières écossaises, telles que Shakespeare avait pu les trouver décrites, par exemple, dans la *Daemonology* de Jacques * Ier (1597). Banquo les voit comme des femmes émaciées, au menton barbu, à l'accoutrement bizarre. Chacune d'elles est associée à un démon familier. Grâce à leurs maléfices, elles savent faire périr les animaux domestiques (I,3,2), pouvoir communément attribué aux sorcières *anglaises,* mais elles peuvent aussi gouverner les vents (I,3,10) et connaître l'avenir par des pratiques nécromantiques (IV,1), caractères spécifiquement *écossais*. Tout dans la pièce laisse supposer qu'elles ont partie liée avec des forces surnaturelles de qui elles tiennent leurs pouvoirs. Elles dépendent directement d'Hécate, déesse de la magie noire. Bien entendu, c'est leur prescience qui joue un rôle essentiel dans l'action dramatique. Le mécanisme de la tentation est simple : la vérification immédiate de leur première prophétie (I,3,103) pare la seconde d'irrésistibles séductions. Mais on remarquera que c'est Macbeth lui-même qui, en interprétant ce qui lui est seulement annoncé, transforme la prédiction en « sollicitation », et en « invite » (I,3,129 et 133). Son sursaut (I,3,49) montre que les sorcières ont touché juste, qu'elles n'ont fait que réveiller un désir qui dormait au fond de sa conscience. Ce ne sont pas elles qui suggèrent le meurtre de Duncan. Si l'on fait abstraction des charmes et des rites, on remarquera que leur mode d'action est essentiellement psychologique. A l'acte I, elles manipulent Macbeth, au moment où, grisé par la victoire (I,5,1), il est le plus vulnérable, en agissant sur sa passion dominante, l'ambition. A l'acte IV, elles achèvent de le perdre en flattant son besoin de sécurité. Il n'y a donc rien là qui aille contre la vraisemblance. Cependant on doit leur reconnaître aussi un autre rôle qui, lui, suppose un assentiment

1. La Première Sorcière rapporte qu'elle fut traitée de « witch » par la femme d'un marin qui lui refusa l'aumône (I,3,5), ce qui n'infirme pas la remarque ci-dessus.

de l'imagination au surnaturel. Chacune de leurs apparitions s'accompagne de roulements de tonnerre ; l'intention est donc bien de présenter ces frêles figures, exaltées par la volonté de nuire, comme des « agents des ténèbres » (I,3,122), comme l'émanation de puissances maléfiques dont la pression s'exerce sur les êtres et les choses.

A l'intérieur de ce cadre métaphysique, le drame personnel de Macbeth apparaît comme un épisode du conflit que se livrent le bien et le mal, conflit symbolisé par l'opposition du jour et de la nuit. Tout au long de la pièce, la nuit est associée à l'opération des forces du mal, non seulement parce qu'elle permet au crime de se dissimuler, mais aussi parce qu'elle est conçue, par les méchants et par les bons, comme le moment où le bien relâche sa vigilance et où le mal se répand dans la nature et dans les consciences. La seconde invocation de Macbeth à la nuit (III,2,53-54) formule explicitement cette antithèse, mais sa présence implicite est souvent perceptible grâce à un réseau d'images connexes et de rappels verbaux. Alors que le jour est associé à la pitié (« pitiful day », III,2,48), la nuit abrite et nourrit les desseins malfaisants (I,4,51). A plusieurs moments décisifs de l'action, les deux criminels sollicitent la complicité de la nuit (I,4,50-53 ; I,5,46-50 ; III,2,47-54) en des termes analogues. Mais le passage le plus significatif est peut-être celui où l'imagination de Macbeth, se préparant au régicide, s'abandonne à un enchaînement d'associations qui conduit de la nuit à la mort temporaire de la nature, aux rêves maléfiques, aux rites de la sorcellerie, aux mouvements furtifs du meurtre personnifié, éveillé par les hurlements du loup, pour évoquer enfin le viol de Lucrèce (II,1,49-56). On trouve là réunis quelques éléments d'un symbolisme qui contribue à créer l'atmosphère d'angoisse diffuse qui donne à *Macbeth* sa tonalité particulière. Toute la pièce est placée sous le signe de ténèbres menaçantes, d'une épaisseur presque palpable.

A l'opacité de la nuit correspond, dans le domaine spirituel, la confusion du sens. Dès la scène liminaire, les sorcières exposent le principe de leurs maléfices, le renversement des valeurs : « Fair is foul, and foul is fair » (I,1,10). La conduite et le langage de Macbeth et de sa femme obéissent à ce principe, dont ils sont à la fois les agents et les victimes. L'un et l'autre se laissent distraire de la réalité par l'illusion d'une promesse fallacieuse (I,3,129-141 ; I,5,52-54). Lady Macbeth enseigne la fausseté à son mari au moyen d'une image qui fait écho à la devise des sorcières (I,5,61-62), leçon qu'il avait déjà mise en pratique en mentant à ses compagnons, aussitôt après sa rencontre avec ses tentatrices (I,3,148-151). Tous les deux choisissent d'un même mouvement le crime et le mensonge, faisant porter à des innocents le poids de leurs propres forfaits. Non contents de tromper autrui, ils se mentent à eux-mêmes en déguisant la réalité du meurtre sous des euphémismes qui estompent la distinction entre le bien et le mal[1]. Mais la forme la

1. Voir en particulier « deed » (II,2,10, 14, 65 et 71 ; III,2,45 et 47), « business » (I,5,64), « taking off » (I,7,20).

plus élaborée de ces falsifications, celle qui correspond de plus près au principe énoncé par le chœur des sorcières, est l'équivoque. Les apparitions de la scène du chaudron (IV,1) dupent Macbeth par des prédictions à double sens qui, comme le reconnaîtra le héros enfin désabusé, mentent « tout en semblant dire vrai » (V,5,42). Trompeur trompé, Macbeth est ici encore puni par où il a péché : des honneurs convoités, il ne reçoit que l'apparence (V,3,26-30) ; parce qu'il a tout sacrifié à une chimère, la vie finit par lui sembler dépourvue de sens (V,5,25-27). Malgré la vigueur de son expression, ce sentiment de l'absurde n'est pas, bien entendu, la leçon de la pièce, mais le terme ultime du processus qui conduit le protagoniste à découvrir la vacuité d'un pouvoir qu'il a conquis par le crime et le mensonge. Serviteurs du mal, Macbeth et Lady Macbeth sont gagnés à leur tour par sa stérilité.

En effet, le mal, dans *Macbeth,* est une force de négation qui s'attaque aux principes de la vie, la fécondité et l'amour, et qui est par là même une violation de l'ordre naturel. On a parfois fait remarquer que, dans cette pièce poétique, les valeurs du bien sont exprimées avec plus d'éloquence par les thèmes que par les personnages[1]. L'un de ces thèmes est celui du lait nourricier, symbole de bonté (I,5,13) et de concorde (IV,3,99). Lady Macbeth pèche contre sa nature de femme, et contre la loi naturelle, en demandant aux esprits du mal de changer son lait en fiel (I,5,43-44) ; la plus terrible de ses professions de cruauté n'en rend pas moins un hommage détourné, par la violence de son rejet, à l'un des fondements de la société, l'amour maternel (I,7,54-59). Plus généralement, les liens d'amour et de respect qui unissent parents et enfants sont conçus comme l'expression proprement humaine d'un instinct qui anime la nature tout entière, et auquel son universalité confère un caractère sacré (IV,2,8-11). On ne s'étonnera donc pas que le sommet de l'horreur tragique soit atteint dans une scène où ce principe est violemment profané (IV,2). Plus encore qu'au contraste qu'elle offre avec la précédente, où les imprécations de Macbeth envisagent que soient annihilés les germes de toute génération (IV,1,74-76), cette scène doit sa force d'émotion à la délicatesse, précieuse et vulnérable, des rapports humains qui y sont présentés. Le dialogue de Lady Macduff et de son fils, où la tendresse inquiète de la mère répond aux innocentes taquineries de l'enfant, traduit concrètement l'idéal d'humanité que la pièce oppose à la violence stérile du mal. La pitié, la protection due au faible par le fort, le respect de la vie, l'amour familial – ces valeurs qui fondent une société vraiment humaine sont ici évoquées en un bref mais intense tableau d'intérieur.

Les qualités nécessaires au prince régnant sur une telle société sont définies, en termes abstraits cette fois, dans la scène suivante, à la cour d'Angleterre (IV,3). Souvent critiqué parce qu'il ralentit l'action dramatique, le long dialogue de Malcolm et de Macduff permet cependant de tracer le portrait de l'héritier du trône, champion du bien,

1. Voir K. Muir (1957) p. LI et sa position plus nuancée de 1984, p. XLIV.

ainsi que celui du vengeur, Macduff, l'un et l'autre absents du théâtre depuis la fin de l'acte II. C'est en cet endroit de la pièce que Shakespeare suit Holinshed de plus près ; on peut donc penser que les points sur lesquels il s'écarte de sa source sont particulièrement chargés de sens. Il en est ainsi de l'énumération par Malcolm des vertus requises par le souverain : alors que Holinshed ne retient que la constance, la justice et l'amour de la vérité, Shakespeare ajoute à ces dernières neuf autres vertus, définissant un idéal tout proche de la sainteté (IV,3,92-95). La même intention transparaît dans le personnage de Duncan, présenté par Shakespeare comme un « très saint roi » (IV,3,110), alors que la chronique ne le dépeint que comme un monarque indulgent jusqu'à la faiblesse. Dans cette même scène, Malcolm évoque la sainte figure de son hôte, Édouard le Confesseur, dont les vertus témoignent qu'il est inspiré par la grâce divine[1]. La même épithète, « gracious », est appliquée plusieurs fois à Duncan et à Édouard qui sont manifestement conçus comme les représentants d'une royauté authentique, sanctifiée par la grâce, source ultime du bien. Dans le discours sur lequel se termine la pièce, Malcolm se placera, lui aussi, sous l'invocation de la grâce.

L'un des principes structuraux de la tragédie est donc l'antithèse qui oppose deux conceptions de la royauté, celle, tyrannique, de Macbeth, qui ne cherche dans le pouvoir absolu que l'assouvissement de sa volonté de puissance, et celle des justes, pour qui l'autorité suprême est une mission reçue de Dieu. Certes, cette antithèse n'a pas un caractère tranché : *Macbeth* n'est pas un traité de gouvernement, mais une tragédie. Les justes n'y sont pas sans faiblesses : Duncan pèche par excès de crédulité (I,4,11-14 et 54-58) ; Malcolm, en s'enfuyant après le meurtre, prête le flanc à l'accusation de parricide ; Macduff, comme il le reconnaît lui-même (IV,3,226-229), a commis une faute tragique en laissant sa femme et ses enfants sans défense. Ces réserves nuancent mais ne détruisent pas l'impression d'ensemble qui naît du contraste entre la tyrannie de Macbeth et le règne du « très pieux Édouard ». Le mal qui habite l'esprit de l'usurpateur gagne, par contagion, l'État tout entier ; Édouard, au contraire, jouit du pouvoir miraculeux de guérir les malades (IV,3,141-160).

Cet aspect de la pièce ne pouvait déplaire à Jacques Ier, pieux monarque et protecteur de la troupe de Shakespeare, même s'il avait quelques scrupules religieux à toucher les écrouelles. Affirmer que la pièce fut écrite pour flatter le souverain est une simplification réductrice qui ne résiste pas à l'analyse[2] ; il est cependant probable que Shakespeare prit soin d'écarter ce qui n'aurait pu manquer d'être désagréable au roi, afin d'éviter tout risque de censure. Ainsi en est-il du personnage de Banquo qui, selon Holinshed, est le complice de Macbeth. Or, selon la généalogie mythique inventée par les Stuarts *,

1. Édouard le Confesseur fut canonisé en 1161.
2. H. N. Paul, dans *The Royal Play of Macbeth* (New York, 1950), soutient que *Macbeth* fut écrit sur ordre du roi, et représenté pour la première fois le 7 août 1606 à Hampton Court devant Jacques Ier et le roi Christian de Danemark.

leur lignée avait pour lointain ancêtre Banquo, figure légendaire, dont la chronique disait qu'un descendant était monté sur le trône d'Écosse en 1371, fondant une dynastie qui se transmit en ligne masculine directe (à la seule exception de Marie * Stuart) jusqu'à Jacques VI, qui devint Jacques Ier d'Angleterre en 1603. C'est à ce mythe des origines que fait allusion la scène 1 de l'acte IV. Shakespeare ne pouvait donc présenter l'ancêtre supposé du monarque régnant comme un régicide ; mais son Banquo, personnage d'une grande noblesse, joue néanmoins un rôle ambigu. Camarade de combat de Macbeth, il en a la bravoure. Lors de leur rencontre avec les sorcières, sa clairvoyance lui fait pressentir aussitôt ce que Macbeth ne découvrira que trop tard, la duplicité de ces « agents des ténèbres ». Sa fonction, en ce début, est celle de témoin (les sorcières, vues par Banquo, ne peuvent être des fantasmes sortis de l'imagination de Macbeth), et de norme morale (ses scrupules vigilants contrastent avec la vulnérabilité du protagoniste). Sensible à la beauté du monde naturel, il prononce les seules paroles du premier acte qui aient un accent d'innocence authentique (I,6,3-10). Cependant, dès le début du second acte, le portrait se complique de touches négatives : c'est lui qui rappelle à Macbeth leur rencontre avec les sœurs fatales (II,1,19-20), même s'il répond prudemment à ses avances ambiguës (25-28). Ses confidences à son fils (II,1,6-9) laissent supposer qu'il a été, lui aussi, ébranlé par les prophéties. Il est vraisemblable, comme l'affirme A. C. Bradley[1], qu'il soupçonne la vérité aussitôt après le meurtre de Duncan ; mais, s'il apparaît encore comme le défenseur du droit à la fin de l'acte II, il se montre ensuite coupable de compromission, faute d'avoir révélé le secret qui le lie au nouveau roi. Compromission toute relative, il est vrai : dans son dernier dialogue avec Macbeth, il répond à la flatterie par une équivoque que les courtisans peuvent comprendre comme une affirmation d'allégeance, mais qui ne peut manquer de rappeler au roi le secret qu'ils partagent (III,1,15-18). Dans le monologue qui suit, Macbeth définit clairement la menace que fait peser sur lui ce témoin gênant dont le courage est tempéré par la sagesse. Faut-il penser que Banquo, du fait de son opportunisme, a été gagné par la contagion du mal ? Le moraliste répondra par l'affirmative ; l'historien, comme le souligne Muir[2], se montrera plus hésitant : même si Duncan avait désigné Malcolm comme héritier de la couronne (I,4,36-39), Macbeth avait été régulièrement élu par les barons (II,4,31-32) ; le devoir de Banquo, fort de ses seuls soupçons, n'était donc pas évident. C'est en laissant subsister de telles incertitudes que le dramaturge donne à son œuvre la complexité de la vie.

Ce qui ne signifie pas que la représentation du monde offerte par *Macbeth* soit l'expression d'un scepticisme moral. Bien au contraire, la pièce sous-entend que le règne de l'usurpateur est une anomalie transitoire, et que le rétablissement du droit est un retour à la normale. Cela ressort, manifestement, de la victoire des justes, mais aussi, de façon

1. *Shakespearean Tragedy*, p. 323.
2. Muir (1984), p. LVII.

plus subtile, de l'ensemble des effets d'ironie qui viennent satisfaire les attentes morales de l'auditoire. Qu'il suffise d'en rappeler quelques-uns. Lady Macbeth invoque la complicité de la nuit pour découvrir enfin que « l'enfer est ténébreux » ; falsificateur du langage, Macbeth en vient à croire que la vie est un conte qui ne signifie rien ; par son alliance avec les « agents des ténèbres », il cherche à se mettre hors d'atteinte de la justice des hommes, mais les assurances qu'il reçoit ne sont en fait que l'annonce déguisée du châtiment auquel il est destiné ; l'objet convoité par les deux criminels, la couronne, n'apporte une fois saisi aucune des satisfactions désirées. Tous ces renversements impliquent que l'ordre violé tend à se rétablir, sinon spontanément du moins d'une façon que l'esprit voudrait croire nécessaire, par une conversion du mal en son contraire. A cet égard *Macbeth* est donc une tragédie que l'on peut qualifier d'optimiste. Cependant sa conclusion heureuse pourra paraître convenue à certains, d'autant que le discours final de Malcolm évoque les rassurantes platitudes des déclarations d'après guerre. Ce ne sont pas ces paroles d'apaisement que le spectateur garde en mémoire, mais bien plutôt l'énergie mauvaise qui rythme les incantations des sorcières, la violence grandissante qui s'empare du héros, la prolifération du mal qui infecte une société tout entière. Ce que la tragédie communique à l'esprit avec le plus de vigueur, c'est ce sentiment de la vitalité du mal, incarné dans deux des personnages les plus convaincants que l'imagination de Shakespeare ait créés.

Éditions modernes citées dans les Notes et l'apparat de Variantes

BROOKE : texte établi et présenté par Nicholas Brooke, The Oxford Shakespeare, 1990.

DEROCQUIGNY : texte traduit et présenté par Jules Derocquigny, Les Belles Lettres, Collection Shakespeare, 1925.

FOAKES : texte établi et présenté par R.A. Foakes, The Bobbs-Merrill Shakespeare, 1968.

HUNTER : texte établi et présenté par G.K. Hunter, The New Penguin Shakespeare, 1967.

MUIR : texte établi et présenté par Kenneth Muir, The Arden Shakespeare, 1984 (1951).

WILSON : texte établi et présenté par J. Dover Wilson, The New Shakespeare, éd. révisée 1951 (1947).

THE PERSONS OF THE PLAY

KING DUNCAN of Scotland

MALCOLM
DONALBAIN } his sons

A CAPTAIN in Duncan's army

MACBETH, Thane of Glamis, later Thane of Cawdor, then King of Scotland

A PORTER at Macbeth's castle

Three MURI ERERS attending on Macbeth

SEYTON, servant of Macbeth

LADY MACBETH, Macbeth's wife

A DOCTOR of Physic
A Waiting-GENTLEWOMAN } attending on Lady Macbeth

BANQUO, a Scottish thane

FLEANCE, his son

MACDUFF, Thane of Fife

LADY MACDUFF, his wife

MACDUFF'S SON

LENNOX
ROSS
ANGUS
CAITHNESS
MENTEITH } Scottish Thanes

SIWARD, Earl of Northumberland

YOUNG SIWARD, his son

An English DOCTOR

HECATE, Queen of the Witches

Six WITCHES

Three APPARITIONS, one an armed head, one a bloody child, one a child crowned

A SPIRIT LIKE A CAT

Other SPIRITS

An OLD MAN

A MESSENGER

MURDERERS

SERVANTS

A show of eight kings ; Lords and Thanes, attendants, soldiers, drummers

Angus ['æŋgəs] Banquo ['bæŋkwəʊ] Caithness ['keɪθnes] Cawdor ['kɔːdə] Donalbain ['dɒnəlbeɪn] Duncan ['dʌŋkən] Fife [faɪf] Fleance ['fliːəns] Glamis [glɑːmz, 'glɑːmɪs] (*voir I,3,46 note*) Hecate ['hekətɪ, 'hekɪt] (*voir II,1,52 note*) Lennox ['lenəks] Macbeth [mək'beθ] Macduff [mək'dʌf] Malcolm ['mælkəm] Menteith [men'tiːθ] Northumberland [nɔː'θʌmbələnd] Ross [rɒs] Scotland ['skɒtlənd] Seyton ['siːtən] Siward ['sjuːəd]

PERSONNAGES

DUNCAN, roi d'Écosse

MALCOLM } ses fils
DONALBAIN } ses fils

Un CAPITAINE de l'armée de Duncan

MACBETH, baron de Glamis, puis baron de Cawdor, puis roi d'Écosse

Un PORTIER au château de Macbeth

Trois ASSASSINS au service de Macbeth

SEYTON, un serviteur de Macbeth

LADY MACBETH, femme de Macbeth

Un DOCTEUR en médecine } au service de Lady Macbeth
Une DAME de compagnie } au service de Lady Macbeth

BANQUO, un baron écossais

FLÉANCE, son fils

MACDUFF, baron de Fife

LADY MACDUFF, sa femme

Le FILS DE MACDUFF

LENNOX, ROSS, ANGUS, CAITHNESS, MENTEITH } barons écossais

SIWARD, comte de Northumberland

Le JEUNE SIWARD, son fils

Un MÉDECIN anglais

HÉCATE, reine des Sorcières

Six SORCIÈRES

Trois APPARITIONS : une tête casquée, un enfant ensanglanté, un enfant couronné

Un ESPRIT EN FORME DE CHAT

D'autres ESPRITS

Un VIEILLARD

Un MESSAGER

Des ASSASSINS

Des SERVITEURS

Un spectacle de huit rois ; Seigneurs et Barons, suivants, soldats, tambours

The Tragedy of Macbeth

I, 1 *Thunder and lightning. Enter three Witches*

1 WITCH. – When shall we three meet again ?
In thunder, lightning, or in rain ?
2 WITCH. – When the hurly-burly's done,
When the battle's lost and won.
3 WITCH. – That will be ere the set of sun.
1 WITCH. – Where the place ?
2 WITCH. – Upon the heath.
3 WITCH. – There to meet with Macbeth.
1 WITCH. – I come, Grimalkin.
2 WITCH. – Paddock calls.
3 WITCH. – Anon.
ALL. – Fair is foul, and foul is fair,
Hover through the fog and filthy air. *Exeunt*

I, 2 *Alarum within. Enter King Duncan, Malcolm, Donalbain, Lennox, with attendants, meeting a bleeding Captain*

K. DUNCAN. – What bloody man is that ? He can report,
As seemeth by his plight, of the revolt
The newest state.
MALCOLM. – This is the sergeant
Who like a good and hardy soldier fought
'Gainst my captivity. Hail, brave friend.
Say to the King the knowledge of the broil
As thou didst leave it.
CAPTAIN. – Doubtful it stood,
As two spent swimmers that do cling together

9-10 SECOND ... Fair] *Singer (1856)* ; *All. Padock* calls anon : faire *F.*

---

1. Lieu : quelque part dans la campagne écossaise. **2.** *hurly-burly.* Signifie « tumulte », « désordre » affectant la paix civile, mais suggère aussi, comme les vers 4 et 10, un renversement, ou une confusion, des valeurs. **3.** *Grimalkin.* Au sens propre, « chat gris ».

La Tragédie de Macbeth

Tonnerre et éclairs. Entrent trois Sorcières[1] I, 1

1re SORCIÈRE. – Quand serons-nous à nouveau toutes trois réunies ?
Sous le tonnerre, l'éclair, ou la pluie ?
2e SORCIÈRE. – Quand sera fini le tohu-bohu[2],
Quand le combat sera gagné et perdu.
3e SORCIÈRE. – Ce sera donc avant que le jour ne soit plus.
1re SORCIÈRE. – En quel endroit ?
2e SORCIÈRE. – Sur la lande.
3e SORCIÈRE. – Afin d'y rencontrer Macbeth.
1re SORCIÈRE. – Me voici, Mistigri[3] !
2e SORCIÈRE. – Crapaud[4] m'appelle !
3e SORCIÈRE. – J'arrive !
ENSEMBLE. – Affreux est le beau, et beau est l'affreux[5],
Planons dans le brouillard et l'air crasseux. *Elles sortent*

Sonnerie guerrière à l'intérieur. Entrent le roi Duncan, Malcolm, Donalbain, Lennox, avec leur suite. Ils rencontrent un Capitaine ensanglanté[6] I, 2

DUNCAN. – Quel est cet homme en sang ? Il peut, à en juger
Par son état, nous donner les toutes dernières nouvelles
De la rébellion.
MALCOLM. – Cet homme est l'officier[7]
Qui, venant en vaillant soldat à ma rescousse,
M'empêcha d'être pris. Salut, courageux ami !
Relate au roi ce que tu sais de la mêlée,
Telle que tu la laissas.
LE CAPITAINE. – Elle était indécise,
Comme deux nageurs épuisés, s'agrippant l'un à l'autre,

On croyait que les sorcières* vivaient en compagnie d'un démon familier, le plus souvent sous la forme d'un chat, ou d'un crapaud. Voir ci-dessous III,5,57. **4.** *Paddock*. Employé comme nom commun dans *Hamlet,* III,4,174. **5.** Le chœur des sorcières * fait entendre ici un des leitmotive de la pièce ; voir ci-dessous I,3,36, IV,3,24 ; et aussi II,3,58. **6.** Lieu : le camp du roi Duncan. **7.** *sergeant*. Le terme pouvait désigner un officier et ne contredit pas le *Captain* des indications scéniques.

And choke their art. The merciless Macdonald –
Worthy to be a rebel, for to that
The multiplying villainies of nature
Do swarm upon him – from the Western Isles
Of kerns and galloglasses is supplied,
And fortune on his damnèd quarry smiling
Showed like a rebel's whore. But all's too weak,
For brave Macbeth – well he deserves that name! –
Disdaining fortune, with his brandished steel
Which smoked with bloody execution,
Like valour's minion
Carved out his passage till he faced the slave,
Which ne'er shook hands nor bade farewell to him
Till he unseamed him from the nave to th' chops,
And fixed his head upon our battlements.
K. DUNCAN. – O valiant cousin, worthy gentleman!
CAPTAIN. – As whence the sun 'gins his reflection
Shipwrecking storms and direful thunders break,
So from that spring whence comfort seemed to come
Discomfort swells. Mark, King of Scotland, mark.
No sooner justice had, with valour armed,
Compelled these skipping kerns to trust their heels
But the Norwegian lord, surveying vantage,
With furbished arms and new supplies of men
Began a fresh assault.
K. DUNCAN. – Dismayed not this our captains, Macbeth and Banquo?
CAPTAIN. – Yes, as sparrows eagles, or the hare the lion!
If I say sooth I must report they were
As cannons overcharged with double cracks,
So they doubly redoubled strokes upon the foe.
Except they meant to bathe in reeking wounds
Or memorize another Golgotha,
I cannot tell –
But I am faint. My gashes cry for help.
K. DUNCAN. – So well thy words become thee as thy wounds:
They smack of honour both. – Go get him surgeons.
Exit Captain with attendants

Enter Ross and Angus

Who comes here?

---

13 galloglasses] *F* (Gallowgrosses). 14 quarry] *F*; quarrel *Hanmer (1744).* 26 break] *Pope (1723-1725)*; *pas dans F.* 31, 49, I,3 93 Norwegian] *F* (Norweyan). 32 furbished] *F* (furbusht).

---

1. *Macdonald.* Chef des rebelles selon Holinshed * (« Makdowald »). 2. *Western Isles.* Les Hébrides. 3. *kerns.* Mercenaires irlandais légèrement armés (voir ci-dessous, V,8,4); *galloglasses.* Soldats irlandais équipés d'une lourde hache d'armes. 4. *quarry.* Cette graphie entrait en concurrence avec « quarrel » dans d'autres acceptions. Le passage parallèle de Holinshed * mentionne « that rebellious quarrel ». Il semble donc légitime de comprendre « querelle », « cause » défendue par les rebelles. 5. *cousin.* Selon Holinshed *, Duncan

Paralysent leur art. Macdonald[1] implacable –
Digne d'être un rebelle, car, pour le rendre tel,
Les prolifiques infamies de la nature
Vont pullulant sur lui – des îles de l'Ouest[2]
Reçoit renfort de gens de pied, légers ou lourds[3],
Et la Fortune, souriant à sa cause[4] damnée,
Du rebelle semblait se faire la putain. Mais en vain,
Car Macbeth le brave (il mérite bien ce nom),
Dédaignant la Fortune et brandissant son fer
Qui fumait d'un sanglant carnage,
En vrai favori de la Vaillance,
Se tailla un chemin pour affronter ce vaurien ;
Et il ne prit congé, ni ne lui dit adieu,
Qu'il ne l'eût décousu du nombril aux mâchoires,
Et n'eût fiché sa tête en haut de nos créneaux.

DUNCAN. – Ô mon vaillant cousin[5] ! le noble gentilhomme !

LE CAPITAINE. – De même qu'au moment où le soleil commence son retour[6]
Éclatent tempêtes naufrageuses et sinistres tonnerres,
Ainsi, de la source même qui semblait grosse d'espoir
Jaillit le désespoir. Écoutez, roi d'Écosse, écoutez :
A peine la Justice, dont la Vaillance arme le bras,
Eut-elle contraint cette instable piétaille à déguerpir,
Que le roi de Norvège[7], voyant son avantage,
Avec des renforts frais et des armes fourbies,
Lança un nouvel assaut.

DUNCAN. – Cela n'alarma-t-il pas nos capitaines, Macbeth et Banquo ?

LE CAPITAINE. – Sans doute, comme le moineau l'aigle, ou le lièvre le lion !
Je dois à la vérité de dire qu'ils étaient
Comme des canons chargés de doubles charges[8]
Tant ils doublaient et redoublaient leurs coups sur l'ennemi.
Voulaient-ils se baigner dans de fumantes plaies
Ou rendre mémorable un nouveau Golgotha[9],
Je ne sais –
Mais je faiblis et mes entailles appellent à l'aide.

DUNCAN. – Tes paroles te siéent autant que tes blessures :
L'honneur marque les deux. – Donnez-lui des chirurgiens.

On emmène le Capitaine

Entrent Ross et Angus

Qui vient là ?

---

et Macbeth étaient les petits-fils du roi Malcolm, et donc cousins germains. Voir ci-dessous I,7,13. **6.** *reflection.* Sens controversé. H.N. Paul renvoie à *OED* 4c : « return », c.-à-d. le retour du soleil à l'équinoxe de printemps, ce que semble confirmer le jeu de mots sur *spring* (à la fois printemps et source). **7.** *Norwegian lord.* Sweno (voir ci-dessous I,2,59), roi de Danemark, dont le nom est francisé en Svend ou Suénon. Holinshed * le présente comme « roi de Norvège » conduisant des envahisseurs *danois*. H.N. Paul soutient que Sh évita toute allusion aux Danois par déférence envers le roi Christian de Danemark, qui se rendit en visite officielle en Angleterre pendant l'été de 1606. Cette précaution peut s'expliquer simplement par le fait que Jacques * Ier avait épousé une princesse danoise. **8.** *doubly redoubled.* Même expression dans *Richard II,* I,3,80. **9.** *Golgotha.* Colline sur laquelle Jésus-Christ fut crucifié ; voir *Matthieu,* 27, 33.

MALCOLM. – The worthy Thane of Ross.
LENNOX. – What haste looks through his eyes! So should he look
That seems to speak things strange.
ROSS. – God save the King.
K. DUNCAN. – Whence cam'st thou, worthy thane?
ROSS. – From Fife, great King,
Where the Norwegian banners flout the sky
And fan our people cold.
Norway himself, with terrible numbers,
Assisted by that most disloyal traitor
The Thane of Cawdor, began a dismal conflict,
Till that Bellona's bridegroom, lapped in proof,
Confronted him with self-comparisons,
Point against point, rebellious arm 'gainst arm,
Curbing his lavish spirit; and to conclude,
The victory fell on us —
K. DUNCAN. – Great happiness.
ROSS. – That now
Sweno, the Norways' king, craves composition;
Nor would we deign him burial of his men
Till he disbursèd at Saint Colum's inch
Ten thousand dollars to our general use.
K. DUNCAN. – No more that Thane of Cawdor shall deceive
Our bosom interest. Go pronounce his present death,
And with his former title greet Macbeth.
ROSS. – I'll see it done.
K. DUNCAN. – What he hath lost, noble Macbeth hath won.
Exeunt severally

I, 3 *Thunder. Enter the three Witches*

1 WITCH. – Where hast thou been, sister?
2 WITCH. – Killing swine.
3 WITCH. – Sister, where thou?
1 WITCH. – A sailor's wife had chestnuts in her lap,
And munched, and munched, and munched. "Give me," quoth I.
"Aroint thee, witch," the rump-fed runnion cries.
Her husband's to Aleppo gone, master o'th' Tiger.
But in a sieve I'll thither sail,
And like a rat without a tail
I'll do, I'll do, and I'll do.
2 WITCH. – I'll give thee a wind.
1 WITCH. – Thou'rt kind.

---

46 haste] *F2*; a haste *F.* **59** Norways'] *F* (Norwayes). **61** Colum's] *F* (*Colmes*).

---

1. *Thane.* Nom donné en Écosse au chef d'un clan, tenant un fief du roi. Équivaut à baron. **2.** *Fife.* Dans l'est de l'Écosse, au nord du Firth of Forth. **3.** Déesse de la guerre chez les Romains. **4.** Ile d'Inchcolm dans le Firth of Forth. **5.** Lieu : une

MALCOLM. – Le noble baron[1] de Ross.
LENNOX. – Quelle hâte en ses yeux ! Son regard est celui
De qui paraît avoir d'étranges choses à dire.
ROSS. – Dieu sauve le roi !
DUNCAN. – D'où viens-tu, noble baron ?
ROSS. – Du comté de Fife[2], grand roi,
Où les drapeaux norvégiens insultent le ciel
Et soufflent sur nos hommes un froid qui les transit.
Norvège en personne, avec de terribles forces,
Soutenu par le plus déloyal des félons,
Le baron de Cawdor, engage une lutte fatale ;
Mais voici que l'époux de Bellone [3], ceint d'acier éprouvé,
Se mesure à lui, égale sa valeur,
Pointe contre pointe, bras rebelle contre bras,
Bridant son ardeur insoumise ; et, pour conclure,
La victoire est à nous –
DUNCAN. – Grand bonheur !
ROSS. – A tel point
Que Svend, le roi de Norvège, demande à composer ;
Mais nous n'avons permis qu'il enterrât ses morts
Sans qu'il n'eût déboursé, dans l'île de Saint-Colme [4],
Dix mille thalers pour notre commun usage.
DUNCAN. – Ce baron de Cawdor, il ne trahira plus
Notre intime confiance : va décréter sa mort dans l'instant,
Et honorer Macbeth de son titre vacant.
ROSS. – Je vais en donner l'ordre.
DUNCAN. – Ce qu'il perd est gagné par le noble Macbeth.

Ils sortent séparément

Tonnerre. Entrent les trois Sorcières[5] I, 3

1re SORCIÈRE. – D'où viens-tu, ma sœur ?
2e SORCIÈRE. – De faire mourir des porcs.
3e SORCIÈRE. – Et toi, ma sœur ?
1re SORCIÈRE. – La femme d'un marin avait en son tablier des châtaignes,
Qu'elle mâchait, et mâchait, et mâchait. « Donne-m'en », dis-je.
« Hors d'ici[6], sorcière ! » me crie cette charogne replète[7].
Son mari, le patron du *Tigre,* est parti pour Alep,
Mais au creux d'un tamis je m'y rendrai,
Et, changée en rat sans queue,
J'agirai, j'agirai, j'agirai.
2e SORCIÈRE. – Je vais te donner un vent[8].
1re SORCIÈRE. – Tu es bien bonne.

---

lande. 6. *Aroint.* Mot shakespearien qui apparaît ici et dans *Lear,* III,4,104. 7. ***rump-fed runnion.*** Sens controversé ; *runnion* est une insulte visant une femme (teigne, carne) ; *rump-fed* peut signifier « nourrie de déchets », ou « des meilleurs morceaux », ou encore « au postérieur bien nourri ». 8. On supposait que les sorcières* avaient le pouvoir d'inverser les lois naturelles, donc de naviguer dans un vaisseau au fond percé. On les croyait aussi maîtresses des vents.

3 WITCH. – And I another.
1 WITCH. – I myself have all the other,
And the very ports they blow,
All the quarters that they know
I'th' shipman's card.
I'll drain him dry as hay.
Sleep shall neither night nor day
Hang upon his penthouse lid.
He shall live a man forbid.
Weary sennights nine times nine
Shall he dwindle, peak, and pine.
Though his barque cannot be lost,
Yet it shall be tempest-tossed.
Look what I have.
2 WITCH. – Show me, show me.
1 WITCH. – Here I have a pilot's thumb,
Wrecked as homeward he did come.

Drum within

3 WITCH. – A drum, a drum –
Macbeth doth come.
ALL (*dancing in a ring*). – The weird sisters hand in hand,
Posters of the sea and land,
Thus do go about, about,
Thrice to thine, and thrice to mine,
And thrice again to make up nine.
Peace ! The charm's wound up.

Enter Macbeth and Banquo

MACBETH. – So foul and fair a day I have not seen.
BANQUO. – How far is't called to Forres ? – What are these,
So withered, and so wild in their attire,
That look not like th'inhabitants o'th' earth
And yet are on't ? – Live you, or are you aught
That man may question ? You seem to understand me
By each at once her choppy finger laying
Upon her skinny lips. You should be women,
And yet your beards forbid me to interpret
That you are so.
MACBETH (*to the Witches*). – Speak, if you can. What are you ?
1 WITCH. – All hail, Macbeth ! Hail to thee, Thane of Glamis.
2 WITCH. – All hail, Macbeth ! Hail to thee, Thane of Cawdor.
3 WITCH. – All hail, Macbeth, that shalt be king hereafter !
BANQUO. – Good sir, why do you start and seem to fear

---

27 Wrecked] *F* (Wrackt). **30** weird] *F* (weyward) *de même I,5,6 et II,1,19 ; voir aussi III,1,2 variantes.* **37** Forres] *Pope (1723-1725)* ; Soris *F.*

---

1. *penthouse.* Souvent employé au figuré pour désigner les sourcils (voir *Peines d'amour perdues,* III,1). **2.** *weird sisters.* L'expression est empruntée à Holinshed*, qui dit qu'elle signifie « the goddesses of destiny », c.-à-d. les divinités du destin. Mais il ajoute que les

3ᵉ SORCIÈRE. – Et moi un autre.
1ʳᵉ SORCIÈRE. – Quant à moi, j'ai tous les autres, et je sais
Tous les ports dont ils commandent l'accès,
Et chacune des aires qu'ils fréquentent
Sur la rose du marin.
Je le rendrai sec comme foin.
Ni nuit, ni jour, de sommeil point
Ne se posera sur l'auvent[1] de sa paupière ;
Il vivra en homme maudit.
Et neuf fois neuf tristes semaines,
Je veux qu'il languisse et qu'il traîne ;
Et sans jamais faire naufrage,
Sa barque essuiera maint orage.
Regardez ce que j'ai là.
2ᵉ SORCIÈRE. – Fais voir, fais voir.
1ʳᵉ SORCIÈRE. – Je tiens le pouce d'un pilote
Naufragé sur la route du retour.

Tambour à l'intérieur

3ᵉ SORCIÈRE. – Le tambour ! le tambour !
Voici venir Macbeth.
ENSEMBLE (*dansant une ronde*). – Les sœurs fatales[2], main dans la main,
Parcourant la terre et l'onde,
Ainsi vont menant leur ronde :
Trois tours pour le tien, trois tours pour le mien[3],
Et trois encore — neuf sera bien.
Chut ! voilà le charme tendu.

Entrent Macbeth et Banquo

MACBETH. – Jamais je n'ai vu de jour si beau et si affreux.
BANQUO. – A combien sommes-nous de Forres ? — Quels sont ces êtres
Si décharnés et si bizarrement vêtus,
Qui ne ressemblent pas aux habitants de ce monde
Et s'y trouvent pourtant ? Vivez-vous ? Êtes-vous de ceux
Que l'homme peut interroger ? Vous semblez me comprendre
Car chacune de vous pose son doigt crevassé
Sur sa lèvre émaciée. Vous devez être femmes,
Et pourtant vos barbes m'interdisent de croire
Que vous l'êtes.
MACBETH (*aux Sorcières*). – Parlez si vous pouvez. Qu'êtes-vous ?
1ʳᵉ SORCIÈRE. – Salut, Macbeth ! salut à toi, baron de Glamis[4] !
2ᵉ SORCIÈRE. – Salut Macbeth ! salut à toi, baron de Cawdor !
3ᵉ SORCIÈRE. – Salut, Macbeth, salut à toi, qui un jour seras roi !
BANQUO. – Mon bon seigneur, pourquoi tressaillir et sembler craindre

---

trois sœurs pouvaient n'être que des fées douées de prescience (Bullough, vol. 7, p. 495). Dans la tragédie, elles sont soumises à l'autorité d'Hécate, ce qui exclut qu'elles puissent être les Parques ; mais le nom qu'elles se donnent traduit le sentiment flatteur que les sorcières* ont de l'importance de leur propre rôle. 3. Ces pronoms renvoient aux démons familiers de chacune des trois sorcières*. 4. *Glamis.* La prononciation shakespearienne est ['glɑːmɪs] mais la prononciation moderne ['glɑːmz] est souvent utilisée.

Things that do sound so fair? (*To the Witches*) I'th' name of truth,
Are ye fantastical or that indeed
Which outwardly ye show? My noble partner
You greet with present grace and great prediction
Of noble having and of royal hope,
That he seems rapt withal. To me you speak not.
If you can look into the seeds of time
And say which grain will grow and which will not,
Speak then to me, who neither beg nor fear
Your favours nor your hate.

1 WITCH. – Hail!

2 WITCH. – Hail!

3 WITCH. – Hail!

1 WITCH. – Lesser than Macbeth, and greater.

2 WITCH. – Not so happy, yet much happier.

3 WITCH. – Thou shalt get kings, though thou be none.
So all hail, Macbeth and Banquo!

1 WITCH. – Banquo and Macbeth, all hail!

MACBETH. – Stay, you imperfect speakers, tell me more.
By Sinel's death I know I am Thane of Glamis,
But how of Cawdor? The Thane of Cawdor lives,
A prosperous gentleman, and to be king
Stands not within the prospect of belief,
No more than to be Cawdor. Say from whence
You owe this strange intelligence, or why
Upon this blasted heath you stop our way
With such prophetic greeting. Speak, I charge you.

The Witches vanish

BANQUO. – The earth hath bubbles, as the water has,
And these are of them. Whither are they vanished?

MACBETH. – Into the air, and what seemed corporal
Melted as breath into the wind. Would they had stayed.

BANQUO. – Were such things here as we do speak about,
Or have we eaten on the insane root
That takes the reason prisoner?

MACBETH. – Your children shall be kings.

BANQUO. – You shall be king.

MACBETH. – And Thane of Cawdor too. Went it not so?

BANQUO. – To th' self-same tune and words. Who's here?

Enter Ross and Angus

ROSS. – The King hath happily received, Macbeth,
The news of thy success, and when he reads
Thy personal venture in the rebels' fight
His wonders and his praises do contend
Which should be thine or his; silenced with that,

---

55 rapt] *F* (wrapt). 89 rebels'] *F* (Rebels). 89 fight] *F*; sight *Oxford*.

Ce qui sonne si bien ? (*Aux Sorcières*) Au nom de la vérité,
N'êtes-vous qu'illusion, ou êtes-vous vraiment
Ce que vous offrez au regard ? Vous saluez
Mon noble compagnon du titre qu'il possède,
Et lui promettez noble fief et royales espérances,
Tant qu'il en semble ravi[1]. A moi, pas un mot.
Si vous savez scruter les semences du temps
Pour dire quelle germera, et quelle sera stérile,
Alors parlez-moi ; je ne mendie ni ne crains
Vos faveurs ni vos haines.

1re SORCIÈRE. – Salut !

2e SORCIÈRE. – Salut !

3e SORCIÈRE. – Salut !

1re SORCIÈRE. – Moins grand que Macbeth, et plus grand.

2e SORCIÈRE. – Moins heureux, et pourtant beaucoup plus heureux.

3e SORCIÈRE. – Tu produiras des rois, sans être roi toi-même.
Ainsi donc, salut à Macbeth et Banquo !

1re SORCIÈRE. – Banquo et Macbeth, salut !

MACBETH. – Prophétesses imprécises, restez, un mot encore.
La mort de Sinel[2] m'a fait baron de Glamis,
Mais de Cawdor, comment ? Cawdor est bien vivant,
Gentilhomme prospère, et quant à être roi,
Cela ne vaut pas plus qu'on y ajoute foi
Que d'être baron de Cawdor. Dites d'où vous tenez
Cette étrange nouvelle, ou pour quelle raison
Vous arrêtez nos pas sur la lande flétrie
Pour nous saluer de telles prophéties ? Parlez, je vous l'ordonne.

Les Sorcières disparaissent

BANQUO. – La terre fait des bulles, comme il en est dans l'eau,
Et ces êtres en sont. Où ont-elles disparu ?

MACBETH. – Dans l'air. Ce qui semblait matériel s'est dissous,
Comme l'haleine au vent. Que ne sont-elles restées !

BANQUO. – Étaient-elles bien là, celles dont nous parlons ?
Ou avons-nous goûté à la folle racine
Qui tient la raison captive ?

MACBETH. – Vos enfants seront rois.

BANQUO. – Vous serez roi vous-même.

MACBETH. – Et baron de Cawdor aussi. N'était-ce pas cela ?

BANQUO. – Tels étaient bien l'air et la chanson. Qui va là ?

Entrent Ross et Angus

ROSS. – Le roi a reçu avec bonheur, Macbeth,
La nouvelle de ton succès ; et quand il mesure
Quels risques tu as pris pour dompter les rebelles,
Étonnement et louange en son esprit s'affrontent
En une confusion qui le laisse interdit.

---

1. *rapt.* Voir ci-dessous I,3,141 et I,5,4. 2. *Sinel.* Nom du père de Macbeth selon Holinshed*.

In viewing o'er the rest o'th' self-same day
He finds thee in the stout Norwegian ranks,
Nothing afeard of what thyself didst make,
Strange images of death. As thick as hail
Came post with post, and every one did bear
Thy praises in his kingdom's great defence,
And poured them down before him.

ANGUS (*to Macbeth*). – We are sent
To give thee from our royal master thanks;
Only to herald thee into his sight,
Not pay thee.

ROSS. – And, for an earnest of a greater honour,
He bade me from him call thee Thane of Cawdor,
In which addition, hail, most worthy thane,
For it is thine.

BANQUO. – What, can the devil speak true?

MACBETH. – The Thane of Cawdor lives. Why do you dress me
In borrowed robes?

ANGUS. – Who was the thane lives yet,
But under heavy judgement bears that life
Which he deserves to lose. Whether he was combined
With those of Norway, or did line the rebel
With hidden help and vantage, or that with both
He laboured in his country's wrack, I know not;
But treasons capital, confessed, and proved
Have overthrown him.

MACBETH (*aside*). – Glamis, and Thane of Cawdor.
The greatest is behind. (*To Ross and Angus*) Thanks for your pains.
(*To Banquo*) Do you not hope your children shall be kings
When those that gave the thane of Cawdor to me
Promised no less to them?

BANQUO. – That, trusted home,
Might yet enkindle you unto the crown,
Besides the thane of Cawdor. But 'tis strange,
And oftentimes to win us to our harm
The instruments of darkness tell us truths,
Win us with honest trifles to betray's
In deepest consequence.
(*To Ross and Angus*) Cousins, a word, I pray you.

MACBETH (*aside*). – Two truths are told
As happy prologues to the swelling act
Of the imperial theme. (*To Ross and Angus*) I thank you, gentlemen.
(*Aside*) This supernatural soliciting
Cannot be ill, cannot be good. If ill,
Why hath it given me earnest of success
Commencing in a truth? I am Thane of Cawdor.

94 make,] *Rowe (1709)*; make *F.* 95-96 hail / Came] *Rowe (1709)*; Tale / Can *F.*

Passant en revue la fin de cette journée,
Il te voit opposé aux vaillants Norvégiens,
Nullement effrayé de l'œuvre de ton bras,
Ces étranges images de mort. Dru comme grêle,
Venait courrier sur courrier, et chacun apportait
Tes louanges, grand défenseur du royaume,
Et les répandait à ses pieds.
ANGUS (*à Macbeth*). – Nous venons
Te donner le merci de notre royal maître,
Seulement pour t'introduire en sa présence,
Non pour acquitter sa dette.
ROSS. – Et, en gage d'un honneur plus grand encore,
Il m'enjoint de te donner le nom de Cawdor.
Par ce titre nouveau, salut, noble baron,
Car il est tien.
BANQUO. – Eh quoi ! le démon dirait vrai ?
MACBETH. – Le baron de Cawdor est vivant. Pourquoi me parer
De vêtements d'emprunt ?
ANGUS. – L'ancien baron vit encore
Mais une lourde sentence pèse sur la vie
Qu'il mérite de perdre. A-t-il fait alliance
Avec les Norvégiens, ou fourni au rebelle
Aide et soutien secrets, ou, complice des deux,
Tramé la ruine de son pays, je ne sais ;
Mais de hautes trahisons, avouées et avérées,
L'ont mené à sa perte.
MACBETH (*à part*). – Glamis, et baron de Cawdor ;
Le plus grand reste à venir. (*A Ross et Angus*) Merci de vos peines.
(*A Banquo*) N'avez-vous pas espoir que vos fils seront rois
Puisque celles qui m'ont appelé baron de Cawdor
N'ont promis rien de moins ?
BANQUO. – Y croire tout de bon
Pourrait allumer en vous l'espoir de la couronne,
En plus du titre de Cawdor. Mais c'est étrange,
Et souvent, pour nous attirer à notre perte,
Les agents des ténèbres nous disent des vérités,
Nous gagnent par des riens honnêtes pour nous tromper
En matière capitale.
(*A Ross et Angus*) Cousins, un mot, je vous prie.
MACBETH (*à part*). – Deux vérités déjà,
Heureux prologues à l'acte où va se déployer
Le thème impérial[1]. (*A Ross et Angus*) Messieurs, je vous remercie.
(*A part*) Ces sollicitations surnaturelles
Ne sauraient être un mal – ne sauraient être un bien :
Un mal ? Pourquoi alors ce gage de succès,
Et dire vrai d'abord ? Je suis baron de Cawdor.

1. Par ces métaphores théâtrales, Macbeth évoque les glorieuses perspectives de son couronnement. Voir *Henri V*, Prologue, 4.

If good, why do I yield to that suggestion
Whose horrid image doth unfix my hair
And make my seated heart knock at my ribs
Against the use of nature ? Present fears
Are less than horrible imaginings.
My thought, whose murder yet is but fantastical,
Shakes so my single state of man that function
Is smothered in surmise, and nothing is
But what is not.

BANQUO (*to Ross and Angus*). – Look how our partner's rapt.

MACBETH (*aside*). – If chance will have me king, why, chance may crown [me
Without my stir.

BANQUO (*to Ross and Angus*). – New honours come upon him,
Like our strange garments, cleave not to their mould
But with the aid of use.

MACBETH (*aside*). – Come what come may,
Time and the hour runs through the roughest day.

BANQUO. – Worthy Macbeth, we stay upon your leisure.

MACBETH. – Give me your favour. My dull brain was wrought
With things forgotten. (*To Ross and Angus*) Kind gentlemen, your pains
Are registered where every day I turn
The leaf to read them. Let us toward the King.
(*Aside to Banquo*) Think upon what hath chanced, and at more time,
The interim having weighed it, let us speak
Our free hearts each to other.

BANQUO. – Very gladly.

MACBETH. – Till then, enough. (*To Ross and Angus*) Come, friends. *Exeunt*

I, 4 *Flourish. Enter King Duncan, Lennox, Malcolm, Donalbain, and attendants*

K. DUNCAN. – Is execution done on Cawdor ? Are not
Those in commission yet returned ?

MALCOLM. – My liege,
They are not yet come back. But I have spoke
With one that saw him die, who did report
That very frankly he confessed his treasons,
Implored your highness' pardon, and set forth
A deep repentance. Nothing in his life
Became him like the leaving it. He died
As one that had been studied in his death
To throw away the dearest thing he owed
As 'twere a careless trifle.

---

1 Are] *F2* ; Or *F.*

---

1. *single.* Renvoie probablement au caractère indivisible du microcosme (*state of man*)

Un bien ? Pourquoi céder alors à cette invite
Dont l'image horrible fait dresser mes cheveux
Et cogner contre mes côtes mon cœur si bien ancré
D'insolite façon ? L'objet d'effroi présent
Est moins à craindre que l'horreur imaginée.
Ma pensée, où le meurtre n'est encore qu'irréel,
Ébranle tant l'unité[1] de ma nature humaine
Que ses fonctions sont étouffées par les chimères,
Et que rien n'est que ce qui n'est pas.

BANQUO (*à Ross et Angus*). – Regardez notre ami, perdu dans ses pensées.

MACBETH (*à part*). – S'il veut me faire roi, eh bien, le sort pourra
Me couronner sans que j'agisse.

BANQUO (*à Ross et Angus*). – Ses honneurs frais échus,
Tels des habits tout neufs, n'épouseront le corps
Qu'à force d'usage.

MACBETH (*à part*). – Advienne que pourra,
On voit toujours la fin du jour le plus ingrat.

BANQUO. – Noble Macbeth, nous n'attendons que votre bon plaisir.

MACBETH. – Pardonnez-moi : mon esprit obtus se troublait
De choses oubliées. (*A Ross et Angus*) Mes bons amis, vos peines
Sont inscrites sur un livre dont je tourne chaque jour
La page pour les relire. Allons trouver le roi.
(*A part à Banquo*) Songez à ce qui s'est produit ; plus à loisir,
Après y avoir réfléchi[2], ouvrons nos cœurs
Franchement l'un à l'autre.

BANQUO. – Très volontiers.

MACBETH. – Jusque-là, pas un mot. (*A Ross et Angus*) Venez, mes amis.

Ils sortent

Sonnerie de trompette. Entrent le roi Duncan, Lennox, Malcolm, Donalbain, avec leur suite[3] I, 4

DUNCAN. – A-t-on exécuté Cawdor ? Sont-ils rentrés
Ceux qui en ont reçu mission ?

MALCOLM. – Mon suzerain,
Pas encore ; mais j'ai parlé avec quelqu'un
Qui l'avait vu mourir, et il m'a rapporté
Qu'il avait avoué tout franc ses trahisons,
Imploré le pardon de Votre Majesté
Avec un profond repentir. Rien de plus digne
Dans sa vie que la façon dont il la quitta.
Il est mort comme qui se serait exercé au trépas
Pour se débarrasser du plus cher de ses biens
Comme d'une babiole dont on n'a nul souci.

---

qui ne peut fonctionner harmonieusement que dans l'unité. Voir *Jules César,* II,1,67-69. 2. L'intervalle de temps, personnifié, aura « pesé » l'importance des événements. 3. Lieu : indéterminé. Le camp du roi Duncan, ou son palais, à Forres.

K. DUNCAN. – There's no art
To find the mind's construction in the face.
He was a gentleman on whom I built
An absolute trust.

Enter Macbeth, Banquo, Ross, and Angus

(*To Macbeth*) O worthiest cousin,
The sin of my ingratitude even now
Was heavy on me ! Thou art so far before
That swiftest wing of recompense is slow
To overtake thee. Would thou hadst less deserved,
That the proportion both of thanks and payment
Might have been mine. Only I have left to say,
"More is thy due than more than all can pay".

MACBETH. – The service and the loyalty I owe,
In doing it, pays itself. Your highness' part
Is to receive our duties, and our duties
Are to your throne and state children and servants
Which do but what they should by doing everything
Safe toward your love and honour.

K. DUNCAN. – Welcome hither.
I have begun to plant thee, and will labour
To make thee full of growing. – Noble Banquo,
That hast no less deserved, nor must be known
No less to have done so, let me enfold thee
And hold thee to my heart.

BANQUO. – There if I grow
The harvest is your own.

K. DUNCAN. – My plenteous joys,
Wanton in fullness, seek to hide themselves
In drops of sorrow. Sons, kinsmen, thanes,
And you whose places are the nearest, know
We will establish our estate upon
Our eldest, Malcolm, whom we name hereafter
The Prince of Cumberland ; which honour must
Not unaccompanied invest him only,
But signs of nobleness, like stars, shall shine
On all deservers. (*To Macbeth*) From hence to Inverness,
And bind us further to you.

MACBETH. – The rest is labour which is not used for you.
I'll be myself the harbinger, and make joyful
The hearing of my wife with your approach ;
So humbly take my leave.

K. DUNCAN. – My worthy Cawdor.

MACBETH (*aside*). – The Prince of Cumberland – that is a step
On which I must fall down or else o'erleap,
For in my way it lies. Stars, hide your fires,
Let not light see my black and deep desires ;

---

1. La ponctuation* et la division de ces vers* sont incertaines, de même que le sens de la fin de ce compliment alambiqué. On peut aussi comprendre : « en assurant votre

DUNCAN. – Comment lire sur la face ce que l'esprit recèle ?
C'était un gentilhomme en qui j'avais fondé
Une foi absolue.

Entrent Macbeth, Banquo, Ross et Angus

(*A Macbeth*) Ô très vaillant cousin !
J'éprouvais à l'instant tout le poids du péché
De mon ingratitude ! Tu prends trop grande avance :
Même en volant à tire d'aile, la récompense
Tarde à te rattraper. Que n'as-tu mérité moins !
La reconnaissance et le paiement requis
Seraient en mon pouvoir ! Je ne puis qu'affirmer :
« Ce qui t'est dû dépasse ce qu'on peut te payer. »

MACBETH. – L'allégeance et le dévouement que je vous dois
Trouvent leur salaire en leur accomplissement.
A Votre Altesse il appartient d'accepter nos hommages —
Enfants et serviteurs de votre trône souverain,
Qui ne font que leur devoir en travaillant
A mériter votre amour et assurer votre gloire[1].

DUNCAN. – Sois le bienvenu ici !
Je viens de te planter, et je vais m'employer
A te donner pleine croissance. — Noble Banquo,
Tes mérites ne sont pas moins grands, et pas davantage
Ne doivent être ignorés ; laisse-moi t'embrasser,
Et te serrer sur mon cœur.

BANQUO. – Si j'y plonge mes racines,
Les fruits seront à vous.

DUNCAN. – Mon abondante joie,
Ivre de plénitude, cherche à se déguiser
Sous des pleurs de chagrin. Fils, parents et barons,
Et vous qui nous êtes le plus proches, sachez
Que nous voulons laisser après nous la couronne
A notre aîné, Malcolm, que nous faisons dès lors
Prince de Cumberland. Mais cette dignité
Ne doit pas rester seule et seul le distinguer :
D'autres signes d'honneur luiront comme des étoiles
Sur tous ceux qui les méritent. (*A Macbeth*) Partons pour Inverness,
Que je m'unisse à vous par des liens plus étroits.

MACBETH. – Le repos est labeur, qui pour vous ne s'emploie.
Je ferai le fourrier, et je m'en vais réjouir
L'oreille de ma femme en annonçant votre venue.
Je prends donc humblement congé.

DUNCAN. – Mon bon Cawdor.

MACBETH (*à part*). – Le prince de Cumberland ! Voilà un degré
Qu'il me faut enjamber sous peine de tomber
Car il me fait obstacle. Étoiles, voilez vos feux,
Que vos clartés ne voient mes noirs et profonds vœux !

---

sécurité pour vous manifester affection et respect », ou encore : « en ne négligeant rien qui puisse vous témoigner respect et affection ».

The eye wink at the hand; yet let that be
Which the eye fears, when it is done, to see. *Exit*

K. DUNCAN. – True, worthy Banquo, he is full so valiant,
And in his commendations I am fed.
It is a banquet to me. Let's after him,
Whose care is gone before to bid us welcome.
It is a peerless kinsman. *Flourish. Exeunt*

I, 5 *Enter Lady Macbeth, with a letter*

LADY MACBETH (*reading*). – "They met me in the day of success, and I have learned by the perfect'st report they have more in them than mortal knowledge. When I burned in desire to question them further, they made themselves air, into which they vanished. Whiles I stood rapt in the wonder of it came missives from the King, who all-hailed me "Thane of Cawdor", by which title before these weird sisters saluted me, and referred me to the coming on of time with "Hail, King that shalt be !" This have I thought good to deliver thee, my dearest partner of greatness, that thou mightst not lose the dues of rejoicing by being ignorant of what greatness is promised thee. Lay it to thy heart, and farewell."
Glamis thou art, and Cawdor, and shalt be
What thou art promised. Yet do I fear thy nature.
It is too full o'th' milk of human kindness
To catch the nearest way. Thou wouldst be great,
Art not without ambition, but without
The illness should attend it. What thou wouldst highly,
That wouldst thou holily; wouldst not play false,
And yet wouldst wrongly win. Thou'dst have, great Glamis,
That which cries "Thus thou must do" if thou have it,
And that which rather thou dost fear to do
Than wishest should be undone. Hie thee hither,
That I may pour my spirits in thine ear
And chastise with the valour of my tongue
All that impedes thee from the golden round
Which fate and metaphysical aid doth seem
To have thee crowned withal.

Enter a Servant

What is your tidings?

SERVANT. – The King comes here tonight.

LADY MACBETH. – Thou'rt mad to say it.
Is not thy master with him, who, were't so,
Would have informed for preparation?

SERVANT. – So please you, it is true. Our thane is coming,

26.IS, 27, 30, 33.IS *Servant*] *Capell (1767-1768)* (*Attendant*); *Mess. ou Messenger F.*

---

1. Voir ci-dessous II,2,48-50. **2.** Lieu : le château de Macbeth à Inverness. **3.** Les deux objets de *have* (18) sont la couronne qui « crie » (19) et le meurtre nécessaire pour se

Mes yeux, détournez-vous ; que pourtant la main fasse
Ce que l'œil aura peur de regarder en face[1]. *Il sort*

DUNCAN. – C'est vrai, noble Banquo, sa vaillance est bien telle ;
Je me nourris des éloges qu'on fait de lui.
C'est un festin pour moi. Suivons-le ; ses bons soins
Conduisent la marche pour mieux nous accueillir.
Il est pour nous un parent sans égal. *Sonnerie de trompette. Ils sortent*

Entre Lady Macbeth, une lettre à la main[2] I, 5

LADY MACBETH (*lisant*). – « Elles vinrent à ma rencontre au jour du succès, et j'ai appris de source sûre que leur savoir dépasse la connaissance humaine. Au moment où je brûlais du désir de les questionner davantage, elles se sont changées en air et s'y sont évanouies. Alors que j'en demeurais saisi d'étonnement arrivèrent des messagers du roi qui me proclamèrent "baron de Cawdor" – le titre même dont ces sœurs fatales venaient de me saluer, elles qui m'avaient renvoyé aux temps à venir, au cri de "Salut à toi, qui seras roi !" Voilà ce que j'ai jugé bon de te mander, ma très chère compagne de grandeur, afin que tu ne sois pas privée de ta part légitime de joie en étant tenue dans l'ignorance de la grandeur qui t'est promise. Réfléchis à tout cela ; adieu. »
Glamis, tu l'es, Cawdor aussi, et tu seras
Ce qui t'est promis. Mais je crains ta nature :
Elle est trop pleine du lait de la bonté humaine
Pour aller droit au but. Tu voudrais la grandeur,
Mais ton ambition n'a pas la malfaisance
Qui doit l'accompagner. Ce qu'ardemment tu désires,
Tu voudrais l'obtenir saintement – jouer franc jeu,
Tout en gagnant à tort. Tu voudrais[3], grand Glamis,
Ce qui crie « Voici ce qu'il faut faire » pour l'obtenir,
Et ce que tu préfères craindre de commettre
Plutôt que de souhaiter ne l'avoir pas commis.
Accours, que j'infuse mes ardeurs[4] à ton oreille,
Et pour que la valeur de ma langue châtie
Tout ce qui te détourne de ce cercle d'or[5]
Dont le destin et le secours surnaturel
Semblent vouloir te couronner.

Entre un Serviteur

Quelles nouvelles ?

LE SERVITEUR. – Le roi arrive ici ce soir.

LADY MACBETH. – Tu es fou de dire cela !
Ton maître n'est-il pas avec lui ? qui, si c'était vrai,
M'en aurait avertie pour que nous soyons prêts.

LE SERVITEUR. – Pardonnez-moi, c'est vrai : notre baron approche.

---

l'approprier (20-21). 4. *spirits.* Ce mot est repris en un sens différent au vers 36, ce qui met en relief la parenté de deux intentions parallèles : Lady Macbeth veut communiquer sa propre force de volonté (*spirits*) à son mari, de même qu'elle attend des « esprits » qu'ils lui infusent leur passion du mal. 5. *round.* Voir ci-dessous IV,1,104 et la note.

One of my fellows had the speed of him,
Who, almost dead for breath, had scarcely more
Than would make up his message.

LADY MACBETH. – Give him tending;
He brings great news. *Exit Servant*
The raven himself is hoarse
That croaks the fatal entrance of Duncan
Under my battlements. Come, you spirits
That tend on mortal thoughts, unsex me here,
And fill me from the crown to the toe top-full
Of direst cruelty. Make thick my blood,
Stop up th'access and passage to remorse,
That no compunctious visitings of nature
Shake my fell purpose, nor keep peace between
Th'effect and it. Come to my woman's breasts,
And take my milk for gall, you murd'ring ministers,
Wherever in your sightless substances
You wait on nature's mischief. Come, thick night,
And pall thee in the dunnest smoke of hell,
That my keen knife see not the wound it makes,
Nor heaven peep through the blanket of the dark
To cry "Hold, hold!"

Enter Macbeth

Great Glamis, worthy Cawdor,
Greater than both by the all-hail hereafter,
Thy letters have transported me beyond
This ignorant present, and I feel now
The future in the instant.

MACBETH. – My dearest love,
Duncan comes here tonight.

LADY MACBETH. – And when goes hence?

MACBETH. – Tomorrow, as he purposes.

LADY MACBETH. – O never
Shall sun that morrow see.
Your face, my thane, is as a book where men
May read strange matters. To beguile the time,
Look like the time; bear welcome in your eye,
Your hand, your tongue; look like the innocent flower,
But be the serpent under't. He that's coming
Must be provided for; and you shall put
This night's great business into my dispatch,
Which shall to all our nights and days to come
Give solely sovereign sway and masterdom.

MACBETH. – We will speak further.

LADY MACBETH. – Only look up clear.

---

61 the innocent] *Rowe (1709)*; th'innocent *F.*

---

1. *letters.* Sh emploie souvent ce pluriel dans un sens singulier, comme le latin

Un de mes compagnons a pu le devancer,
Qui, mi-mort, haletant, n'eut guère plus de souffle
Qu'il n'en fallait pour son message.

LADY MACBETH. – Qu'on le soigne !
Il porte une grande nouvelle. *Le Serviteur sort*
Le corbeau même
S'enroue, dont le cri annonce l'entrée fatale
Du roi Duncan sous mes créneaux. Venez, esprits
Serviteurs du meurtre, m'ôter ici mon sexe,
Et, de la tête aux pieds, m'emplir à déborder
D'horrible cruauté ; épaississez mon sang,
Afin qu'aucun accès ne s'ouvre à la pitié,
Et qu'aucun retour de compassion naturelle
N'ébranle mon cruel dessein, ni ne s'oppose
A son exécution ! Venez dans mes seins de femme,
Changez leur lait en fiel, ministres meurtriers,
Où que vous soyez, substances invisibles,
Soutiens du mal dans la nature. Viens, nuit épaisse,
Vêts-toi de la plus sombre fumée de l'enfer,
Que mon couteau tranchant ne voie pas la blessure,
Ni l'œil du ciel ne perce le rideau des ténèbres
Pour me crier : « Arrête ! »

Entre Macbeth

Grand Glamis ! digne Cawdor !
Plus grand que tous les deux par le salut prédit !
Ta lettre[1] a transporté mon esprit extasié
Loin du présent borné, et dans cet instant même
Je sens tout l'avenir.

MACBETH. – Très chère bien-aimée,
Duncan arrive ici ce soir.

LADY MACBETH. – Et quand part-il ?

MACBETH. – Demain, selon son intention.

LADY MACBETH. – Oh ! non, jamais
Soleil ne verra ce demain !
Cher baron, votre face est un livre où les hommes
Peuvent lire d'étranges choses. Pour tromper le monde[2],
Ressemblez au monde. Qu'en vous soient accueillants
Regard, geste et parole ! Ressemblez à la fleur innocente
Mais soyez le serpent qui se cache sous elle.
Il faut nous occuper de celui qui arrive ;
Laissez-moi le soin de la grande affaire de cette nuit
Par qui toutes nos nuits et tous nos jours futurs
Jouiront sans partage du pouvoir souverain.

MACBETH. – Nous en reparlerons.

LADY MACBETH. – Montrez un front serein ;

« litterae ». 2. *time.* Signifie l'époque présente, et, par extension, le siècle, le monde où nous vivons, nos contemporains. Voir ci-dessous I,7,81, IV,3,73, V,10,24, V,11,21.

To alter favour ever is to fear.
Leave all the rest to me. *Exeunt*

I, 6 *[Hautboys and torches.] Enter King Duncan, Malcolm, Donalbain, Banquo, Lennox, Macduff, Ross, Angus, and attendants*

K. DUNCAN. – This castle hath a pleasant seat. The air
Nimbly and sweetly recommends itself
Unto our gentle senses.
BANQUO. – This guest of summer,
The temple-haunting martlet, does approve
By his loved mansionry that the heavens' breath
Smells wooingly here. No jutty, frieze,
Buttress, nor coign of vantage but this bird
Hath made his pendant bed and procreant cradle;
Where they most breed and haunt I have observed
The air is delicate.
Enter Lady Macbeth
K. DUNCAN. – See, see, our honoured hostess!
The love that follows us sometime is our trouble,
Which still we thank as love. Herein I teach you
How you shall bid God 'ield us for your pains,
And thank us for your trouble.
LADY MACBETH. – All our service
In every point twice done, and then done double,
Were poor and single business to contend
Against those honours deep and broad wherewith
Your majesty loads our house. For those of old,
And the late dignities heaped up to them,
We rest your hermits.
K. DUNCAN. – Where's the Thane of Cawdor?
We coursed him at the heels, and had a purpose
To be his purveyor; but he rides well,
And his great love, sharp as his spur, hath holp him
To his home before us. Fair and noble hostess,
We are your guest tonight.
LADY MACBETH. – Your servants ever
Have theirs, themselves, and what is theirs in count
To make their audit at your highness' pleasure,
Still to return your own.
K. DUNCAN. – Give me your hand.
Conduct me to mine host. We love him highly,
And shall continue our graces towards him.
By your leave, hostess. *Exeunt*

---

4 martlet] *Rowe (1709)*; Barlet *F.* **5 mansionry]** *F* (Mansonry). **9 most]** *Rowe (1709)*; must *F.* **26 count]** *F* (compt).

---

1. Lieu : devant le château de Macbeth. 2. *hermits.* Pensionnaires d'une fondation

En changeant de visage on fait voir que l'on craint.
Pour tout le reste, reposez-vous sur moi. *Ils sortent*

I, 6

[Hautbois et flambeaux.] Entrent le roi Duncan, Malcolm, Donalbain, Banquo, Lennox, Macduff, Ross, Angus et leur suite[1]

DUNCAN. – Ce château est bâti en un site enchanteur :
On y respire un air léger et pur qui plaît
A nos sens délicats.

BANQUO. – Cet hôte de l'été,
L'hirondelle habituée des temples, atteste
Par sa demeure aimée que l'haleine du ciel
Baigne ces lieux d'une senteur caressante.
Pas de saillie, de frise, d'arc-boutant, de coin
Favorable où elle n'ait mis son lit suspendu,
Son berceau d'oisillons. J'ai observé que là
Où cet oiseau habite et multiplie le plus
L'air est suave.

Entre Lady Macbeth

DUNCAN. – Mais voici notre hôtesse honorée !
L'amour qui nous poursuit parfois nous importune
Mais nous lui savons gré d'aimer. Je vous apprends ainsi
Que vous prierez Dieu de nous bénir pour vos peines
Et nous remercierez du mal que nous causons.

LADY MACBETH. – Tous nos services,
En tous points redoublés et puis recommencés,
Resteraient pauvre et médiocre affaire, comparés
Aux larges et profonds honneurs dont Votre Majesté
Comble notre maison : les distinctions d'antan,
Et celles récemment ajoutées, vous vaudront
D'être dans nos prières[2].

DUNCAN. – Où est le baron de Cawdor ?
Nous le serrions de près, et avions l'intention
D'être son fourrier ; mais c'est un fin cavalier,
Et l'éperon aigu de son ardent amour
L'a fait[3] nous devancer chez lui. Belle et noble dame,
Nous sommes votre invité ce soir.

LADY MACBETH. – Vos serviteurs
N'ont jamais qu'en dépôt leurs biens, leurs gens, eux-mêmes,
Tenus d'en rendre compte au gré de Votre Altesse,
Et prêts à les restituer.

DUNCAN. – Donnez-moi votre main ;
Menez-moi vers mon hôte. Nous l'aimons grandement,
Et lui continuerons, sans manquer, nos faveurs.
Hôtesse, avec votre permission. *Ils sortent*

---

charitable tenus de prier pour l'âme de leurs bienfaiteurs. Lady Macbeth répond ainsi au compliment paradoxal de Duncan (11-14). 3. *holp.* Prétérit archaïque de « to help » (aider).

I, 7 *Hautboys. Torches. Enter a sewer and divers servants with dishes and service over the stage. Then enter Macbeth*

MACBETH. – If it were done when 'tis done, then 'twere well
It were done quickly. If th'assassination
Could trammel up the consequence, and catch
With his surcease success : that but this blow
Might be the be-all and the end-all, here,
But here upon this bank and shoal of time,
We'd jump the life to come. But in these cases
We still have judgement here, that we but teach
Bloody instructions which, being taught, return
To plague th'inventor. This even-handed justice
Commends th'ingredience of our poisoned chalice
To our own lips. He's here in double trust :
First, as I am his kinsman and his subject,
Strong both against the deed ; then, as his host,
Who should against his murderer shut the door,
Not bear the knife myself. Besides, this Duncan
Hath borne his faculties so meek, hath been
So clear in his great office, that his virtues
Will plead like angels, trumpet-tongued against
The deep damnation of his taking-off,
And pity, like a naked new-born babe,
Striding the blast, or heaven's cherubin, horsed
Upon the sightless couriers of the air,
Shall blow the horrid deed in every eye
That tears shall drown the wind. I have no spur
To prick the sides of my intent, but only
Vaulting ambition which o'erleaps itself
And falls on th'other.

Enter Lady Macbeth

How now ? What news ?

LADY MACBETH. – He has almost supped. Why have you left the chamber ?

MACBETH. – Hath he asked for me ?

LADY MACBETH. – Know you not he has ?

MACBETH. – We will proceed no further in this business.
He hath honoured me of late, and I have bought
Golden opinions from all sorts of people,
Which would be worn now in their newest gloss,
Not cast aside so soon.

LADY MACBETH. – Was the hope drunk

---

5 all, here] *Rowe (1709)* ; all. Heere *F.* **6** shoal] *Theobald (1733)* ; Schoole *F.*

---

1. Lieu : une salle dans le château de Macbeth. **2.** *bank and shoal.* Sens controversé. L'orthographe de l'in-folio * (*Schoole*) correspond à « school » et à « shoal ». La leçon généralement adoptée (« shoal ») implique une redondance expressive évoquant un banc de sable ou un haut-fond que la mer couvre et découvre. « School » suggère le banc de l'école du temps où l'on se prépare à l'éternité. **3.** *jump.* Au sens shakespearien de « mettre

Hautbois. Flambeaux. Entrent un écuyer de bouche et plusieurs serviteurs qui traversent la scène en portant des plats et des ustensiles divers. Puis entre Macbeth[1] I, 7

MACBETH. – Si, une fois fait, c'en était fait, alors
Il serait bon que cela fût vite fait. Si l'assassinat
Pouvait prendre en ses rets toutes les conséquences
Et saisir à la fois sa suppression et le succès ;
Si ce seul coup pouvait tout inclure et terminer
Ici, rien qu'ici, sur ce précaire îlot[2] du temps,
Nous risquerions[3] la vie à venir. Mais en ces affaires
On nous juge toujours ici-bas : nous enseignons donc
De sanglantes leçons qui, une fois apprises,
Reviennent punir leur auteur. Cette justice impartiale
Porte les poisons mêlés dans notre calice
A nos propres lèvres. Je lui dois double protection :
Tout d'abord, je suis son parent et son sujet,
Deux raisons contre cet acte ; et puis je suis son hôte,
Qui devrait barrer la porte à son meurtrier,
Et non tenir le couteau. D'ailleurs, ce Duncan
A régné avec tant de douceur, s'est montré
Si pur dans sa haute fonction, que ses vertus,
Anges à la voix d'airain, dénonceront
Le forfait damnable de son élimination,
Et que la pitié[4], comme un nouveau-né tout nu,
Chevauchant l'ouragan, ou comme les chérubins[5]
Portés par les courriers invisibles de l'air[6],
Soufflera l'acte horrible au visage de tous
Si bien que les pleurs noieront le vent[7]. Je n'ai pas d'éperon
Pour piquer les flancs de mon dessein, seulement
Une ambition trop vive qui, croyant bondir en selle,
Tombe de l'autre côté[8].

Entre Lady Macbeth

Eh bien ? quelles nouvelles ?
LADY MACBETH. – Il finit de souper. Pourquoi avoir quitté la salle ?
MACBETH. – M'a-t-il demandé ?
LADY MACBETH. – Pouvez-vous en douter ?
MACBETH. – Nous n'irons pas plus avant dans cette affaire :
Il vient de me combler d'honneurs, et j'ai acquis
De toutes sortes de gens une riche estime
Qu'il convient de porter dans son éclat tout neuf,
Et non de jeter si tôt.
LADY MACBETH. – Était-il donc ivre

---

en jeu » ; voir *Coriolan,* III,1,157. **4.** La syntaxe de ces vers est incertaine, mais il est probable que *pity* (21) est le sujet de *shall blow* (24), et que *like* (21) a deux régimes, *babe* (21) et *cherubin* (22). **5.** *cherubin.* Sh emploie ailleurs le mot comme singulier (voir par exemple *Othello*, IV,2,65) et le pluriel *cherubins* apparaît plusieurs fois dans ses œuvres ; mais *couriers* laisse supposer que *cherubin* est pris ici dans un sens collectif. **6.** *sightless couriers.* Les vents. **7.** Peut-être une allusion au proverbe * : « Small rain allays great winds » (Tilley R16) = « Petite pluie abat grand vent ». **8.** *on th'other.* Ellipse de « on the other side ».

Wherein you dressed yourself? Hath it slept since?
And wakes it now to look so green and pale
At what it did so freely? From this time
Such I account thy love. Art thou afeard
To be the same in thine own act and valour
As thou art in desire? Wouldst thou have that
Which thou esteem'st the ornament of life,
And live a coward in thine own esteem,
Letting "I dare not" wait upon "I would",
Like the poor cat i'th' adage?

MACBETH. – Prithee, peace.
I dare do all that may become a man;
Who dares do more is none.

LADY MACBETH. – What beast was't then
That made you break this enterprise to me?
When you durst do it, then you were a man;
And to be more than what you were, you would
Be so much more the man. Nor time nor place
Did then adhere, and yet you would make both.
They have made themselves, and that their fitness now
Does unmake you. I have given suck, and know
How tender 'tis to love the babe that milks me.
I would, while it was smiling in my face,
Have plucked my nipple from his boneless gums
And dashed the brains out, had I so sworn
As you have done to this.

MACBETH. – If we should fail?

LADY MACBETH. – We fail!
But screw your courage to the sticking-place
And we'll not fail. When Duncan is asleep –
Whereto the rather shall his day's hard journey
Soundly invite him – his two chamberlains
Will I with wine and wassail so convince
That memory, the warder of the brain,
Shall be a fume, and the receipt of reason
A limbeck only. When in swinish sleep
Their drenchèd natures lies as in a death,
What cannot you and I perform upon
Th'unguarded Duncan? What not put upon
His spongy officers, who shall bear the guilt
Of our great quell?

MACBETH. – Bring forth men-children only,

---

47 do] *Rowe (1709)*; no *F*. **59** fail!] *F* (faile ?). **68** lies] *F* (lyes); lie *F2*.

1. *cat.* Allusion au proverbe * : « The cat would eat fish but she will not wet her feet » (Tilley C144) = « Le chat aimerait bien manger du poisson sans se mouiller les pattes ». **2.** *We fail!* La leçon de l'in-folio * est *We faile ?*, mais les imprimeurs de l'époque employaient le point d'interrogation aussi comme point d'exclamation. On peut aussi comprendre : « Nous, échouer ? » **3.** *sticking-place.* Le point de blocage d'une vis, ou

L'espoir qui vous vêtait ? A-t-il dormi depuis ?
Et se réveille-t-il pour regarder, si pâle,
Ce que si volontiers il faisait ? Désormais
Je jugerai ainsi ton amour. Aurais-tu peur
De conformer ta conduite et ton courage
A tes désirs ? Comment pourrais-tu convoiter
Ce que tu estimes être l'ornement de la vie
Et poursuivre ta vie tout en t'estimant lâche,
Laissant « Je n'ose pas » suivre « Je voudrais bien »,
Tel le pauvre chat du proverbe[1] ?

MACBETH. – Assez, je te prie.
J'ose tout ce qui est digne d'un homme :
Qui ose plus n'en est pas un.

LADY MACBETH. – Quelle bête
Était-ce donc qui vous fit me confier ce projet ?
C'est lorsque vous l'osiez que vous étiez un homme :
Et si vous êtes plus que vous n'étiez avant,
Vous n'en serez que plus homme. Ni l'heure ni le lieu
Ne s'offraient alors, mais vous les feriez naître.
Ils s'offrent d'eux-mêmes, et, parce qu'ils sont propices,
Vous voici tout défait. J'ai allaité et sais
Comme il est doux d'aimer le bébé qui me tète.
Mais alors même qu'il me souriait au visage,
J'aurais arraché mon tétin de ses tendres gencives
Pour le décerveler, si je l'avais juré
Comme vous l'avez fait.

MACBETH. – Et si nous échouions[2] ?

LADY MACBETH. – Nous échouerons !
Il suffit de bander la corde[3] de votre courage,
Et nous n'échouerons pas. Quand Duncan dormira –
Et le dur trajet de ce jour l'incitera bientôt
A un profond sommeil – à force de vin et de bière[4]
Je saurai tourner la tête de ses deux chambellans
Si bien que leur mémoire[5], gardienne du cerveau,
Ne sera que fumées, et l'urne[6] de leur raison pas plus
Que cuve d'alambic. Lorsqu'un sommeil bestial
Tiendra, comme en la mort, leur nature submergée,
Que ne pourrons-nous pas, vous et moi, opérer
Sur Duncan sans défense, et mettre sur le compte
D'officiers sacs à vin, qu'on tiendra pour coupables
De notre grand carnage ?

MACBETH. – N'enfante que des fils !

---

de la cheville d'un instrument de musique. **4.** *wassail.* Souvent « beuverie » (voir *Hamlet*, I,4,10, et *Antoine et Cléopâtre,* I,4,56), mais ici probablement de la bière épicée (Onions). **5.** *convince.* Au sens désuet de « vaincre », « accabler ». Voir ci-dessous IV,3,143. **6.** *receipt.* Au sens désuet de « récipient ». Ces métaphores alchimiques assimilent les compartiments supposés du cerveau aux parties d'un alambic (*limbeck*). Sous l'effet de l'ivresse, le réceptacle du pur distillat de la raison est changé en cucurbite où bouillonnent des vapeurs.

For thy undaunted mettle should compose
Nothing but males. Will it not be received,
When we have marked with blood those sleepy two
Of his own chamber and used their very daggers,
That they have done't ?
LADY MACBETH. – Who dares receive it other,
As we shall make our griefs and clamour roar
Upon his death ?
MACBETH. – I am settled, and bend up
Each corporal agent to this terrible feat.
Away, and mock the time with fairest show.
False face must hide what the false heart doth know. *Exeunt*

II, 1 *Enter Banquo and Fleance, with a torch before him*

BANQUO. – How goes the night, boy ?
FLEANCE. – The moon is down. I have not heard the clock.
BANQUO. – And she goes down at twelve.
FLEANCE. – I take't 'tis later, sir.
BANQUO (*giving Fleance his sword*). – Hold, take my sword. There's husbandry [in heaven,
Their candles are all out. Take thee that, too.
A heavy summons lies like lead upon me,
And yet I would not sleep. Merciful powers,
Restrain in me the cursèd thoughts that nature
Gives way to in repose.

Enter Macbeth, and a servant with a torch

Give me my sword. Who's there ?
MACBETH. – A friend.
BANQUO. – What, sir, not yet at rest ? The King's a-bed.
He hath been in unusual pleasure, and
Sent forth great largesse to your offices.
This diamond he greets your wife withal
By the name of most kind hostess, and shut up
In measureless content.
MACBETH. – Being unprepared
Our will became the servant to defect,
Which else should free have wrought.
BANQUO. – All's well.
I dreamt last night of the three weird sisters.
To you they have showed some truth.
MACBETH. – I think not of them ;
Yet, when we can entreat an hour to serve,
We would spend it in some words upon that business

---

1. Lieu : cour intérieure du château de Macbeth. **2.** *that.* La nature de l'objet (bouclier, dague, ceinturon, etc.) est indiquée par le jeu de scène. **3.** *shut up.* Syntaxe et sens ambigus : soit « conclut ses propos », soit « se retira dans ses appartements ».

Car ta trempe intrépide devrait ne former
Que des mâles. Est-ce qu'on ne croira pas,
Quand nous aurons marqué de sang ces deux dormeurs
De chambellans, et employé leurs propres dagues,
Que c'est eux qui l'ont fait ?

LADY MACBETH. – Qui osera douter
Quand nous clamerons à hauts cris notre douleur
Devant sa mort ?

MACBETH. – Je suis résolu et je tends
Tous les ressorts de mon corps vers cet acte terrible.
Allons, donnons le change en gardant le front haut :
Masquons d'un faux visage ce que sait le cœur faux. *Ils sortent*

Entrent Banquo et Fléance, un flambeau à la main[1] II, 1

BANQUO. – La nuit est-elle avancée, mon garçon ?

FLÉANCE. – La lune est couchée ; je n'ai pas entendu l'horloge.

BANQUO. – Or, elle se couche à minuit.

FLÉANCE. – Je crois, monsieur, qu'il est plus [tard.

BANQUO (*donnant son épée à Fléance*). – Tiens, prends donc mon épée. Le ciel [est économe :
Il a éteint toutes ses chandelles. Prends cela aussi[2].
Une torpeur de plomb m'invite au sommeil ;
Je lui résiste pourtant. Anges miséricordieux !
Gardez-moi des pensées malignes auxquelles s'abandonne
La nature au repos.

Entrent Macbeth et un serviteur portant un flambeau

Donne-moi mon épée. Qui va là ?

MACBETH. – Un ami.

BANQUO. – Eh quoi, monsieur, encore debout ? Le roi s'est mis au lit.
Il a manifesté un plaisir peu commun,
Et a fait donner à vos gens grandes largesses.
Par ce diamant il salue votre femme du nom
De très aimable hôtesse, et exprima[3] enfin
Son infinie satisfaction.

MACBETH. – Pris au dépourvu,
Nos désirs furent esclaves du dénuement,
Sans pouvoir se donner libre cours.

BANQUO. – Tout est bien.
J'ai rêvé la nuit dernière des trois sœurs fatales :
Elles vous ont dit une part de vérité.

MACBETH. – Je n'y pense plus,
Mais, s'il se présente un moment favorable,
Nous pourrions échanger quelques mots là-dessus,

If you would grant the time.
BANQUO. – At your kind'st leisure.
MACBETH. – If you shall cleave to my consent when 'tis,
It shall make honour for you.
BANQUO. – So I lose none
In seeking to augment it, but still keep
My bosom franchised and allegiance clear,
I shall be counselled.
MACBETH. – Good repose the while.
BANQUO. – Thanks, sir. The like to you. *Exeunt Banquo and Fleance*
MACBETH (*to the Servant*). – Go bid thy mistress, when my drink is ready,
She strike upon the bell. Get thee to bed. *Exit Servant*
Is this a dagger which I see before me,
The handle toward my hand? Come, let me clutch thee.
I have thee not, and yet I see thee still.
Art thou not, fatal vision, sensible
To feeling as to sight? Or art thou but
A dagger of the mind, a false creation
Proceeding from the heat-oppressèd brain?
I see thee yet, in form as palpable
As this which now I draw.
Thou marshall'st me the way that I was going,
And such an instrument I was to use.
Mine eyes are made the fools o'th' other senses,
Or else worth all the rest. I see thee still,
And on thy blade and dudgeon gouts of blood,
Which was not so before. There's no such thing.
It is the bloody business which informs
Thus to mine eyes. Now o'er the one half-world
Nature seems dead, and wicked dreams abuse
The curtained sleep. Witchcraft celebrates
Pale Hecate's offerings, and withered murder,
Alarumed by his sentinel the wolf,
Whose howl's his watch, thus with his stealthy pace,
With Tarquin's ravishing strides, towards his design
Moves like a ghost. Thou sure and firm-set earth,
Hear not my steps which way they walk, for fear
Thy very stones prate of my whereabout,
And take the present horror from the time,
Which now suits with it. Whiles I threat, he lives.
Words to the heat of deeds too cold breath gives.

---

55 strides] *Pope (1723-1725)*; sides *F.* **56** sure] *Capell (1767-1768)*; sowre *F.* **57** way they] *Rowe (1709)*; they may *F.*

---

1. *when 'tis.* Muir souligne qu'il s'agit là d'une ambiguïté calculée : soit « lors de notre futur entretien », soit « quand je serai roi ». **2.** *Hecate.* Divinité lunaire (*pale*), apparentée à Artémis, mais aussi déesse de la sorcellerie*, présidant à la magie et aux enchantements, associée au monde des ténèbres (*black Hecate*). Voir ci-dessous III,2,42 ; aussi *Lear,* I,1,104, et *Hamlet,* III,2,225, et les notes. *Hecate's.* Le mot est orthographié *Heccats* (de même

Si vous en avez le loisir.
BANQUO. – Comme il vous conviendra.
MACBETH. – Si, le moment venu[1], vous suivez mon avis,
Vous y gagnerez de l'honneur.
BANQUO. – A condition
Que je n'en perde pas en voulant l'augmenter,
Et que je garde un cœur pur, une loyauté sans tache,
Je suivrai vos conseils.
MACBETH. – D'ici là, bon repos.
BANQUO. – Merci, monsieur, je vous en souhaite autant.
Banquo et Fléance sortent
MACBETH (*au Serviteur*). – Va dire à ta maîtresse de frapper sur la cloche
Quand ma boisson sera prête, et va te coucher. *Le Serviteur sort*
Est-ce bien un poignard que je vois devant moi,
Le manche offert à ma main ? Viens, laisse-moi te saisir !
Je ne te tiens pas – pourtant je te vois encore.
Vision sinistre, n'es-tu pas sensible au toucher
Tout autant qu'à la vue ? Ou bien ne serais-tu
Qu'un poignard chimérique, un objet mensonger
Qu'engendre un cerveau que la fièvre accable ?
Je te vois pourtant, en apparence aussi tangible
Que celui que je tire à présent.
Tu m'indiques le chemin que j'allais suivre,
Et tel est l'instrument dont je devais user.
Mes yeux sont désavoués par tous les autres sens,
Ou valent tous les autres. Je te vois encore :
Sur ta lame et ta poignée, des gouttes de sang
Qui n'y étaient pas avant. Rien de cela n'existe :
C'est cette œuvre de sang qui prend ainsi forme
A mes yeux. A présent, dans la moitié du monde,
La nature semble morte, et des rêves malfaisants
Trompent le sommeil sous l'abri de ses courtines ;
La sorcellerie offre ses rites à la pâle Hécate[2],
Et le meurtre émacié, éveillé par le loup,
Sa sentinelle, qui hurle son cri d'alerte,
Du pas furtif de Tarquin le violeur[3], vers son dessein
Glisse comme un spectre. Terre solide et ferme,
N'entends point où mes pas se dirigent, de peur
Que tes pierres mêmes ne jasent de ma route
Et n'enlèvent[4] à ce moment l'horreur présente
Qui lui convient. Je menace mais il vit :
A trop parler, l'ardeur d'agir se refroidit.

III,2,42) et *Heccat* (III,5,1) dans l'in-folio et dans Middleton* (III,5,35 et 39). Il se prononce donc ['hekɪt/s] dans le texte, mais ['hekətɪ] comme nom de locuteur. **3.** *Tarquin.* Sextus Tarquinius (fils de Tarquin le Superbe), mort en 496 av. J.-C., coupable du viol de Lucrèce. Sh publia en 1594 un poème inspiré par cet épisode tragique. **4.** *Take* est probablement un subjonctif coordonné à *prate,* plutôt qu'un impératif en parallèle avec *Hear not.* En rompant le silence, les pierres détruiraient l'harmonie de ce moment d'horreur. L'ambiguïté peut refléter les hésitations de Macbeth.

A bell rings

I go, and it is done. The bell invites me.
Hear it not, Duncan; for it is a knell
That summons thee to heaven or to hell. *Exit*

II, 2 *Enter Lady Macbeth*

LADY MACBETH. – That which hath made them drunk hath made me bold.
What hath quenched them hath given me fire. Hark, peace! –
It was the owl that shrieked, the fatal bellman
Which gives the stern'st good-night. He is about it.
The doors are open, and the surfeited grooms
Do mock their charge with snores. I have drugged their possets
That death and nature do contend about them
Whether they live or die.

Enter Macbeth [above]

MACBETH. – Who's there? What ho? *Exit*
LADY MACBETH. – Alack, I am afraid they have awaked,
And 'tis not done. Th'attempt and not the deed
Confounds us. Hark! – I laid their daggers ready;
He could not miss 'em. Had he not resembled
My father as he slept, I had done't.

[Enter Macbeth below]

My husband!
MACBETH. – I have done the deed. Didst thou not hear a noise?
LADY MACBETH. – I heard the owl scream and the crickets cry.
Did not you speak?
MACBETH. – When?
LADY MACBETH. – Now.
MACBETH. – As I descended?
LADY MACBETH. – Ay.
MACBETH. – Hark! – Who lies i'th' second chamber?
LADY MACBETH. – Donalbain.
MACBETH (*looking at his hands*). – This is a sorry sight.
LADY MACBETH. – A foolish thought, to say a sorry sight.
MACBETH. – There's one did laugh in's sleep, and one cried "Murder!"
That they did wake each other. I stood and heard them.
But they did say their prayers and addressed them
Again to sleep.
LADY MACBETH. – There are two lodged together.
MACBETH. – One cried "God bless us" and "Amen" the other,
As they had seen me with these hangman's hands.
List'ning their fear I could not say "Amen"

8.IS *above*] *Chambers*; *pas dans F.* **8.IS** *Exit*] *Chambers*; *pas dans F.* **13.IS** *Enter ... below*] *Cambridge (1865)*; *pas dans F.*

Une cloche sonne

Je vais, et c'en est fait. La cloche me convie.
Ne l'entends pas, Duncan : ce son qui émeut l'air,
C'est le glas qui t'appelle au ciel ou en enfer. ***Il sort***

Entre Lady Macbeth[1] **II, 2**

LADY MACBETH. – Ce qui les a enivrés m'a rendue hardie ;
Ce qui les a éteints m'enflamme. Attention, chut !
C'est le cri du hibou, ce funeste veilleur,
Au sinistre bonsoir[2]. Il se trouve à l'ouvrage.
Les portes sont ouvertes, et les valets soûlés
Ronflent au mépris de leur charge. J'ai mis dans leur boisson[3]
Une drogue, si bien que la nature et la mort
Se disputent leur possession.

Entre Macbeth [*en haut*]

MACBETH. – Qui va là ? Ho ! ***Il sort***
LADY MACBETH. – Hélas ! j'ai grand-peur qu'ils ne se soient réveillés,
Et que rien ne soit fait. C'est la tentative, et non l'acte,
Qui nous perd. Attention ! J'avais préparé leurs poignards ;
Il a bien dû les voir. S'il n'avait ressemblé
A mon père en dormant, je l'aurais fait.

[*Entre Macbeth en bas*]

Mon mari !
MACBETH. – C'est fait. N'as-tu pas entendu un bruit ?
LADY MACBETH. – Si, le cri du hibou et le chant des grillons.
N'avez-vous pas parlé ?
MACBETH. – Quand ?
LADY MACBETH. – A l'instant.
MACBETH. – En descendant ?
LADY MACBETH. – Oui.
MACBETH. – Écoute ! Qui couche dans la seconde chambre ?
LADY MACBETH. – Donalbain.
MACBETH (*regardant ses mains*). – Voici un triste spectacle !
LADY MACBETH. – Quelle sotte pensée, dire « triste spectacle » !
MACBETH. – L'un rit dans son sommeil, l'autre cria « Au meurtre »,
Ce qui les réveilla. J'écoutai sans bouger.
Mais ils dirent leurs prières et retournèrent
Au sommeil.
LADY MACBETH. – Ils sont deux dans la même chambre.
MACBETH. – L'un cria « Dieu nous bénisse ! » et l'autre dit « Amen ! »
Comme s'ils m'avaient vu avec ces mains de bourreau.
Écoutant leur frayeur je n'ai pu dire « Amen »

---

1. Même lieu. 2. Peut-être une allusion à la coutume selon laquelle on envoyait le veilleur de nuit (*bellman*) annoncer à un condamné qu'il serait exécuté le lendemain matin. 3. *possets*. Boisson chaude ; sorte de lait de poule alcoolisé.

When they did say "God bless us."
LADY MACBETH. – Consider it not so deeply.
MACBETH. – But wherefore could not I pronounce "Amen"?
I had most need of blessing, and "Amen"
Stuck in my throat.
LADY MACBETH. – These deeds must not be thought
After these ways. So, it will make us mad.
MACBETH. – Methought I heard a voice cry "Sleep no more,
Macbeth does murder sleep" — the innocent sleep,
Sleep that knits up the ravelled sleave of care,
The death of each day's life, sore labour's bath,
Balm of hurt minds, great nature's second course,
Chief nourisher in life's feast —
LADY MACBETH. – What do you mean?
MACBETH. – Still it cried "Sleep no more" to all the house,
"Glamis hath murdered sleep, and therefore Cawdor
Shall sleep no more, Macbeth shall sleep no more."
LADY MACBETH. – Who was it that thus cried? Why, worthy thane,
You do unbend your noble strength to think
So brain-sickly of things. Go get some water
And wash this filthy witness from your hand.
Why did you bring these daggers from the place?
They must lie there. Go, carry them, and smear
The sleepy grooms with blood.
MACBETH. – I'll go no more.
I am afraid to think what I have done,
Look on't again I dare not.
LADY MACBETH. – Infirm of purpose!
Give me the daggers. The sleeping and the dead
Are but as pictures. 'Tis the eye of childhood
That fears a painted devil. If he do bleed
I'll gild the faces of the grooms withal,
For it must seem their guilt. *Exit*

Knock within

MACBETH. – Whence is that knocking? —
How is't with me when every noise appals me?
What hands are here! Ha, they pluck out mine eyes.
Will all great Neptune's ocean wash this blood
Clean from my hand? No, this my hand will rather
The multitudinous seas incarnadine,
Making the green one red.

Enter Lady Macbeth

LADY MACBETH. – My hands are of your colour, but I shame
To wear a heart so white.

---

35 sleave] *F* (Sleeve). **61 one red]** *F4*; one, Red *F*.

---

1. *sleave*. Mince filament de soie utilisé pour le tissage, ou écheveau de soie brute. Le sens exact des termes de cette métaphore est controversé, mais sa teneur générale est

Lorsqu'ils ont dit « Dieu nous bénisse ! »
LADY MACBETH. – Ne vous appesantissez pas tant là-dessus.
MACBETH. – Mais pourquoi n'ai-je pas pu prononcer « Amen » ?
J'avais grand besoin de bénédiction : « Amen »
M'est resté dans la gorge.
LADY MACBETH. – Gardez-vous de penser ainsi
A ces choses-là. Sinon, cela nous rendra fous.
MACBETH. – Une voix me sembla crier : « Ne dormez plus,
Macbeth tue le sommeil » – le sommeil innocent
Qui renoue les fils[1] emmêlés par le souci,
Mort de chaque jour de vie, bain du labeur ardu,
Baume des esprits meurtris, deuxième plat de la grande nature,
Principal nourricier du festin de la vie –
LADY MACBETH. – Que voulez-vous dire ?
MACBETH. – La voix criait encore à toute la maison :
« Ne dormez plus ! Glamis a tué le sommeil, donc
Cawdor ne dormira plus, Macbeth ne dormira plus ! »
LADY MACBETH. – Qui donc criait ainsi ? Voyons, vaillant baron,
Vous sapez vos nobles forces par ces pensées
De cerveau malade. Allez chercher de l'eau :
Lavez votre main de sa souillure accusatrice.
Pourquoi avoir emporté ces poignards de la chambre ?
Leur place est là-bas. Reportez-les et barbouillez
De sang les valets endormis.
MACBETH. – Je n'irai plus.
Je m'effraie à la pensée de ce que j'ai fait,
Je n'ose pas le revoir.
LADY MACBETH. – Quelle volonté débile !
Donnez-moi les poignards. Les dormeurs et les morts
Ne sont que des images. C'est l'œil de l'enfant
Qu'un diable peint effraie. S'il saigne,
Je teindrai de son sang la face des valets,
Car il faut qu'ils paraissent rougir de leur crime[2]. *Elle sort*

On frappe à l'intérieur

MACBETH. – D'où viennent ces coups ? –
Où donc en suis-je, quand chaque bruit m'épouvante ?
Quelles sont ces mains ? Ah ! elles m'arrachent les yeux !
Tout l'océan du grand Neptune nettoiera-t-il
Ce sang de ma main ? Non, c'est bien plutôt ma main
Qui rendra cramoisies[3] les mers innombrables,
Et du vert tout entier ne fera qu'un seul rouge.

Entre Lady Macbeth

LADY MACBETH. – Mes mains ont la couleur des vôtres ; mais j'aurais honte
D'avoir le cœur si pâle.

évidente. 2. Jeu de mots sur « gilt » (dorure) et *guilt* (culpabilité), rendu plus facile par une acception dérivée de « to gild » (barbouiller de sang ; au sens propre, dorer), courante aux XVIe et XVIIe siècles. Voir *Le Roi Jean*, II,1,315-316. Pour l'assimilation du sang à l'or, voir ci-dessous II,3,105. 3. *incarnadine*. Premier emploi comme *verbe* de ce mot, à l'origine un adjectif (incarnadin en français).

Knock within

I hear a knocking
At the south entry. Retire we to our chamber.
A little water clears us of this deed.
How easy is it then ! Your constancy
Hath left you unattended.

Knock within

Hark, more knocking.
Get on your nightgown, lest occasion call us
And show us to be watchers. Be not lost
So poorly in your thoughts.

MACBETH. – To know my deed 'twere best not know myself.

Knock within

Wake Duncan with thy knocking. I would thou couldst. *Exeunt*

II, 3 *Enter a Porter. Knocking within*

PORTER. – Here's a knocking indeed ! If a man were porter of hell-gate he should have old turning the key.

Knock within

Knock, knock, knock. Who's there, i'th' name of Beelzebub ? Here's a farmer that hanged himself on th'expectation of plenty. Come in time ! Have napkins enough about you ; here you'll sweat for't.

Knock within

Knock, knock. Who's there, in th' other devil's name ? Faith, here's an equivocator that could swear in both the scales against either scale, who committed treason enough for God's sake, yet could not equivocate to heaven. O, come in, equivocator.

Knock within

Knock, knock, knock. Who's there ? 'Faith, here's an English tailor come hither for stealing out of a French hose. Come in, tailor. Here you may roast your goose.

Knock within

Knock, knock. Never at quiet. What are you ? – But this place is too cold for hell. I'll devil-porter it no further. I had thought to have let in some of all professions that go the primrose way to th'everlasting bonfire.

---

4 time] *F* ; time-server *Wilson (1947)* ; farmer *Foakes (1968).*

---

1. Même lieu. 2. Ce personnage imaginatif se projette par jeu dans le rôle du portier de l'enfer des miracles médiévaux et, par un effet saisissant d'ironie dramatique, donne sans le savoir du château de Macbeth une image dont le spectateur reconnaît la pertinence. 3. *old.* Emploi familier en valeur intensive au sens de « à l'excès ». Voir *Le Marchand de Venise,* IV,2,15. 4. *Beelzebub.* L'un des noms le plus couramment donnés au prince des démons. Le portier n'en connaît pas d'autres. Voir ci-dessous II,3,6. 5. Allusion au suicide d'accapareurs, espérant tirer profit d'une disette, mais ruinés par une récolte abondante. 6. Probablement une allusion au jésuite Henry Garnet*, condamné à mort

On frappe à l'intérieur

J'entends qu'on frappe
A la porte du sud. Rentrons dans notre chambre.
Quelques gouttes d'eau suffiront à nous blanchir.
Rien de plus simple alors ! Mais votre fermeté
Vous a abandonné.

On frappe à l'intérieur

Écoutez ! On frappe encore.
Mettez votre robe de nuit de peur qu'un accident
Ne nous requière et nous montre encore debout.
Ne restez pas ainsi perdu dans vos pensées.

MACBETH. – Plutôt ne pas me connaître que connaître mon acte !

On frappe à l'intérieur

Réveille Duncan par tes coups ! Ah ! si tu le pouvais ! *Ils sortent*

Entre un Portier. On frappe à l'intérieur[1] II, 3

LE PORTIER[2]. – Voilà qui s'appelle frapper ! Si on était portier de l'enfer, on n'en finirait pas de tourner la clé[3] !

On frappe à l'intérieur

Pan, pan, pan ! Qui est là, au nom de Belzébuth[4] ? C'est un fermier qui s'est pendu par crainte d'une récolte surabondante[5]. Tu arrives au bon moment ! Apporte une provision de serviettes, car ici on saura te faire suer.

On frappe à l'intérieur

Pan, pan ! Qui est là, au nom de l'autre diable ? Ma parole, c'est un faiseur d'équivoques[6], capable d'invoquer sous serment chacun des deux plateaux de la balance contre l'autre, qui n'a pas lésiné sur la trahison pour l'amour de Dieu, et qui pourtant n'a pas su gagner le ciel par des équivoques. Entre donc, faiseur d'équivoques !

On frappe à l'intérieur

Pan, pan, pan ! Qui est là ? Ma parole, c'est un tailleur anglais qui vient ici pour avoir triché sur un haut-de-chausses à la française[7]. Entre donc, tailleur. Ici tu ne manqueras pas de feu pour ton carreau[8].

On frappe à l'intérieur

Pan, pan ! Jamais de repos ! Qui est-ce donc ? Mais il fait trop froid ici pour être en enfer. Assez joué comme ça au portier du diable. Moi qui avais songé à faire entrer ici des gens de toutes les professions qui s'en vont par des chemins fleuris[9] au brasier éternel.

---

et exécuté le 3 mai 1606 pour son implication dans la Conspiration des poudres*. Convaincu de faux serment, Garnet avait soutenu qu'un prévenu a le droit d'user d'équivoques ou de restrictions mentales pour éviter de se compromettre. **7.** L'indélicatesse des tailleurs faisait l'objet de plaisanteries traditionnelles. **8.** Jeu de mots multiple sur *goose* : oie, gros fer à repasser utilisé par les tailleurs, et chancre vénérien. L'expression « to cook one's goose » (= se mettre dans le pétrin) n'est pas attestée avant le XIXᵉ siècle. **9.** *primrose.* Au sens propre, « primevère » ; en valeur figurative, propre à Sh, « séduisant par des attraits factices ». Voir *Hamlet,* I,3,50 (*the primrose path of dalliance*) et la note.

Knock within

Anon, anon !

He opens the gate

I pray you remember the porter.

Enter Macduff and Lennox

MACDUFF. – Was it so late, friend, ere you went to bed
That you do lie so late ?

PORTER. – Faith, sir, we were carousing till the second cock, and drink, sir, is a great provoker of three things.

MACDUFF. – What three things does drink especially provoke ?

PORTER. – Marry, sir, nose-painting, sleep, and urine. Lechery, sir, it provokes and unprovokes : it provokes the desire but it takes away the performance. Therefore much drink may be said to be an equivocator with lechery : it makes him and it mars him ; it sets him on and it takes him off ; it persuades him and disheartens him, makes him stand to and not stand to ; in conclusion, equivocates him in a sleep, and, giving him the lie, leaves him.

MACDUFF. – I believe drink gave thee the lie last night.

PORTER. – That it did, sir, i'the very throat on me ; but I requited him for his lie, and, I think, being too strong for him, though he took up my legs sometime, yet I made a shift to cast him.

MACDUFF. – Is thy master stirring ?

Enter Macbeth

Our knocking has awaked him : here he comes. [*Exit Porter*]

LENNOX (*to Macbeth*). – Good morrow, noble sir.

MACBETH. – Good morrow, both.

MACDUFF. – Is the King stirring, worthy thane ?

MACBETH. – Not yet.

MACDUFF. – He did command me to call timely on him.
I have almost slipped the hour.

MACBETH. – I'll bring you to him.

MACDUFF. – I know this is a joyful trouble to you,
But yet 'tis one.

MACBETH. – The labour we delight in physics pain.
This is the door.

MACDUFF. – I'll make so bold to call,
For 'tis my limited service. *Exit Macduff*

LENNOX. – Goes the King hence today ?

MACBETH. – He does ; he did appoint so.

LENNOX. – The night has been unruly. Where we lay
Our chimneys were blown down, and, as they say,

20-21 *prose*] *vers F.* **35.IS** *Exit Porter*] *Oxford* ; *pas dans F.* **43-44** *vers*] *prose F.*

---

1. *the second cock.* Dans *Roméo et Juliette*, IV,4,3-4, équivaut explicitement à trois heures du matin. **2.** Ici commence un calembour qui se prolonge dans les deux répliques suivantes. *Giving him the lie* revêt le sens de « lui opposant un démenti » dans la chaîne des plaisanteries

On frappe à l'intérieur

Voilà, j'arrive !

Il ouvre la porte

N'oubliez pas le portier, s'il vous plaît.

Entrent Macduff et Lennox

MACDUFF. – Était-il si tard, mon ami, quand vous êtes allé au lit,
Que vous y restez si tard ?

LE PORTIER. – Ma parole, monsieur, on a fait la fête jusqu'au second chant du coq[1], et la boisson, monsieur, a le don de provoquer trois choses.

MACDUFF. – Quelles sont les trois choses que provoque surtout la boisson ?

LE PORTIER. – Parbleu, monsieur, le nez rouge, le sommeil et l'urine. Quant à la paillardise, monsieur, ça la provoque et ça la révoque : ça provoque le désir, mais ça interloque l'exécution. Donc, on peut dire que beaucoup de boisson abreuve la paillardise d'équivoques : elle la fait, et elle la défait ; elle l'excite et la dépite ; elle la persuade et la dissuade ; elle la bande et la débande ; pour conclure, l'endort d'équivoques et, après un dernier démenti[2], la plante là !

MACDUFF. – On dirait que la boisson t'a donné un démenti cette nuit.

LE PORTIER. – Ah ça oui ! monsieur, en pleine figure ! Mais je le lui ai bien rendu ; je crois que j'étais trop fort pour elle : même si elle m'a pris aux jambes à un moment, j'ai quand même trouvé moyen de la jeter sur le carreau.

MACDUFF. – Ton maître est-il levé ?

Entre Macbeth

Nos coups l'ont éveillé, car le voici qui vient. *[Le Portier sort]*

LENNOX (*à Macbeth*). – Bonjour, noble seigneur.

MACBETH. – Bonjour à tous les deux.

MACDUFF. – Le roi est-il levé, noble baron ?

MACBETH. – Pas encore.

MACDUFF. – Il m'a commandé de me présenter très tôt ;
Je suis presque en retard.

MACBETH. – Je vais vous y conduire.

MACDUFF. – Je sais que c'est pour vous une peine agréable ;
Mais c'en est une pourtant.

MACBETH. – La peine où l'on se plaît est son propre remède.
Voici la porte.

MACDUFF. – Je vais me permettre d'entrer,
Car j'en ai reçu l'ordre[3]. *Macduff sort*

LENNOX. – Le roi part aujourd'hui ?

MACBETH. – Oui, c'est ce qu'il a décidé.

LENNOX. – La nuit fut agitée. Où nous avons couché,
Le vent a renversé des cheminées. On dit

---

sur l'équivoque de la boisson, mais devient « le jetant à terre » dans un nouveau contexte métaphorique, celui du combat de deux lutteurs, qui s'épanouira dans la suite de cet assaut d'esprit. En répétant l'expression, Macduff suggère qu'elle peut être entendue dans un second sens que le portier reprend en l'ornant dans sa dernière réplique : *to cast* signifie à la fois « terrasser son adversaire » et « vomir » ou « excréter ». 3. *limited.* Au sens désuet de « prescrit », « commandé ».

Lamentings heard i'th' air, strange screams of death,
And prophesying with accents terrible
Of dire combustion and confused events
New-hatched to th' woeful time. The obscure bird
Clamoured the livelong night. Some say the earth
Was feverous and did shake.

MACBETH. – 'Twas a rough night.

LENNOX. – My young remembrance cannot parallel
A fellow to it.

Enter Macduff

MACDUFF. – O horror, horror, horror!
Tongue nor heart cannot conceive nor name thee.

MACBETH *and* LENNOX. – What's the matter?

MACDUFF. – Confusion now hath made his masterpiece.
Most sacrilegious murder hath broke ope
The Lord's anointed temple and stole thence
The life o'th' building.

MACBETH. – What is't you say — the life?

LENNOX. – Mean you his majesty?

MACDUFF. – Approach the chamber and destroy your sight
With a new Gorgon. Do not bid me speak.
See, and then speak yourselves. *Exeunt Macbeth and Lennox*
Awake, awake!
Ring the alarum bell. Murder and treason!
Banquo and Donalbain, Malcolm, awake!
Shake off this downy sleep, death's counterfeit,
And look on death itself. Up, up, and see
The great doom's image. Malcolm, Banquo,
As from your graves rise up, and walk like sprites
To countenance this horror.

Bell rings. Enter Lady Macbeth

LADY MACBETH. – What's the business,
That such a hideous trumpet calls to parley
The sleepers of the house? Speak, speak.

MACDUFF. – O gentle lady,
'Tis not for you to hear what I can speak.
The repetition in a woman's ear
Would murder as it fell.

Enter Banquo

O Banquo, Banquo,
Our royal master's murdered!

LADY MACBETH. – Woe, alas —
What, in our house?

BANQUO. – Too cruel anywhere.

---

73 horror.] *Theobald (1733)*; horror. Ring the Bell. *F (indication scénique « Bell rings. » donnée ensuite).*

---

1. *The Lord's anointed temple.* Réminiscences bibliques. Voir *1 Samuel,* 24,10 et

Que l'air était empli de pleurs, d'étranges cris de mort ;
Et des voix aux terribles accents annonçaient
D'affreux embrasements, des tumultes confus,
Frais éclos en ce triste temps. L'oiseau de nuit
N'a pas cessé de hululer ; on dit aussi
Que la terre enfiévrée tremblait.

MACBETH. – Rude nuit en effet.

LENNOX. – Je chercherais en vain à quoi la comparer
Dans ma jeune mémoire.

Entre Macduff

MACDUFF. – Ô horreur, horreur, horreur !
Que le cœur ne peut concevoir, ni la langue nommer !

MACBETH *et* LENNOX. – Qu'y a-t-il ?

MACDUFF. – La destruction vient d'accomplir son chef-d'œuvre !
Un meurtre des plus sacrilèges a fracturé
Le temple[1] sacré du Seigneur et a volé
La vie du sanctuaire !

MACBETH. – Qu'avez-vous dit ? la vie ?

LENNOX. – S'agit-il de Sa Majesté ?

MACDUFF. – Approchez de la chambre et une autre Gorgone[2]
Aveuglera vos yeux. N'exigez pas de mots.
Voyez, et puis parlez vous-mêmes. *Macbeth et Lennox sortent*
Debout, debout !
Qu'on sonne le tocsin ! au meurtre ! trahison !
Banquo et Donalbain ! Malcolm, réveillez-vous !
Secouez ce doux sommeil, simulacre de la mort,
Et voyez la mort même ! Debout ! Voyez l'image
Du Jugement dernier ! Malcolm ! Banquo ! debout !
Surgissez comme des revenants de leurs tombeaux
Pour vous conformer[3] à cette horreur !

Une cloche sonne. Entre Lady Macbeth

LADY MACBETH. – Qu'y a-t-il,
Pour qu'une trompette si affreuse convoque
Les dormeurs de cette maison ? Parlez, parlez !

MACDUFF. – Ô douce dame,
Ce que je pourrais dire est pour d'autres que vous :
Mon récit, fait à l'oreille d'une femme,
En y tombant la tuerait.

Entre Banquo

Ô Banquo, Banquo !
Notre royal maître est assassiné !

LADY MACBETH. – Hélas ! quel malheur ! —
Quoi ! dans notre maison ?

BANQUO. – Trop cruel n'importe où !

---

1 Corinthiens, 3,17. 2. Méduse, monstre mythologique dont le regard changeait en pierre l'imprudent qui osait le croiser. 3. *countenance.* Sens ambigu : soit « se mettre en harmonie avec », soit « contempler ».

Dear Duff, I prithee contradict thyself,
And say it is not so.

Enter Macbeth, Lennox, [and Ross]

MACBETH. – Had I but died an hour before this chance
I had lived a blessèd time, for from this instant
There's nothing serious in mortality.
All is but toys. Renown and grace is dead.
The wine of life is drawn, and the mere lees
Is left this vault to brag of.

Enter Malcolm and Donalbain

DONALBAIN. – What is amiss ?
MACBETH. – You are, and do not know't.
The spring, the head, the fountain of your blood
Is stopped, the very source of it is stopped.
MACDUFF. – Your royal father's murdered.
MALCOLM. – O, by whom ?
LENNOX. – Those of his chamber, as it seemed, had done't.
Their hands and faces were all badged with blood,
So were their daggers, which, unwiped, we found
Upon their pillows. They stared and were distracted.
No man's life was to be trusted with them.
MACBETH. – O, yet I do repent me of my fury
That I did kill them.
MACDUFF. – Wherefore did you so ?
MACBETH. – Who can be wise, amazed, temp'rate and furious,
Loyal and neutral in a moment ? No man.
Th'expedition of my violent love
Outran the pauser, reason. Here lay Duncan,
His silver skin laced with his golden blood,
And his gashed stabs looked like a breach in nature
For ruin's wasteful entrance ; there the murderers,
Steeped in the colours of their trade, their daggers
Unmannerly breeched with gore. Who could refrain,
That had a heart to love, and in that heart
Courage to make 's love known ?
LADY MACBETH. – Help me hence, ho !
MACDUFF. – Look to the lady.
MALCOLM (*aside to Donalbain*). – Why do we hold our tongues,
That most may claim this argument for ours ?
DONALBAIN (*aside to Malcolm*). – What should be spoken here, where our [fate,
Hid in an auger-hole, may rush and seize us ?
Let's away. Our tears are not yet brewed.
MALCOLM (*aside to Donalbain*). – Nor our strong sorrow

104 Outran] *Johnson (1765)* ; Out-run *F.*

1. *toys.* Au sens concret, « objets sans valeur » ; le sens moderne (jouets) apparaît à la fin du XVIe siècle mais n'est pas employé par Sh. **2.** On a beaucoup débattu pour savoir

Cher Duff, je t'en prie, démens tes paroles,
Dis que ce n'est pas vrai.

Entrent Macbeth, Lennox [et Ross]

MACBETH. – Si j'avais pu mourir une heure avant ce coup,
J'aurais vécu une vie bénie ; car désormais
En ce monde mortel il n'est plus rien qui vaille ;
Tout est futilité[1]. Mortes, la gloire et la grâce !
Le vin de la vie est tiré, et son cellier
Ne peut plus se targuer que d'un reste de lie.

Entrent Malcolm et Donalbain

DONALBAIN. – Quel malheur est-il arrivé ?
MACDUFF. – C'est à vous qu'il arrive, à vous qui l'ignorez.
La source, l'origine, la fontaine
De votre sang est tarie — tarie dans son principe.
MACDUFF. – Votre royal père est assassiné.
MALCOLM. – Oh ! par qui ?
LENNOX. – Par les gens de sa chambre, semble-t-il : leurs mains
Et leur visage étaient tout marqués de son sang,
Ainsi que leurs poignards que nous trouvâmes, souillés,
Sur leurs oreillers. Ils ouvraient de grands yeux égarés ;
Aucune vie n'était en sûreté près d'eux.
MACBETH. – Oh ! je me repens cependant de la fureur
Qui m'a poussé à les tuer !
MACDUFF. – Pourquoi l'avoir fait ?
MACBETH. – Qui sait être sage, ébahi, furieux et pondéré,
Loyal sujet et neutre, au même instant ? Personne.
La hâte de mon ardent amour prit de court
La traînarde raison. Ici gisait Duncan,
Son sang en filets d'or sur l'argent de sa peau,
Et ses plaies béantes semblaient autant de brèches
Ouvertes dans la nature pour l'offrir au saccage
De la dévastation. Et là, ses meurtriers,
Teints aux couleurs de leur métier, leurs poignards
Grossièrement culottés de caillots. Qui donc,
Au cœur aimant et du courage au cœur, eût pu
Ne pas montrer son amour ?
LADY MACBETH. – A l'aide ! Emmenez-moi[2] !
MACDUFF. – Prenez soin de Madame.
MALCOLM (*à part à Donalbain*). – Pourquoi nous taisons-nous ?
Nous que ce sujet concerne au premier chef.
DONALBAIN (*à part à Malcolm*). – Que pourrions-nous dire ici où notre perte
Peut surgir d'un trou de vrille[3] pour nous saisir ?
Partons. Nos pleurs ne sont pas encore prêts à verser.
MALCOLM (*à part à Donalbain*). – Ni notre grand chagrin

---

si Lady Macbeth feint un évanouissement ou s'évanouit vraiment. Cela est important pour l'interprétation du personnage, mais la représentation scénique est la même. 3. *auger-hole.* Suggère d'abord le caractère insaisissable du danger, mais peut-être aussi la blessure d'un coup de stylet.

Upon the foot of motion.
BANQUO. – Look to the lady;
Exit Lady Macbeth, attended
And when we have our naked frailties hid,
That suffer in exposure, let us meet
And question this most bloody piece of work,
To know it further. Fears and scruples shake us.
In the great hand of God I stand, and thence
Against the undivulged pretence I fight
Of treasonous malice.
MACDUFF. – And so do I.
ALL. – So all.
MACBETH. – Let's briefly put on manly readiness,
And meet i'th' hall together.
ALL. – Well contented.
Exeunt all but Malcolm and Donalbain
MALCOLM. – What will you do? Let's not consort with them.
To show an unfelt sorrow is an office
Which the false man does easy. I'll to England.
DONALBAIN. – To Ireland, I. Our separated fortune
Shall keep us both the safer. Where we are
There's daggers in men's smiles. The nea'er in blood,
The nearer bloody.
MALCOLM. – This murderous shaft that's shot
Hath not yet lighted, and our safest way
Is to avoid the aim. Therefore to horse,
And let us not be dainty of leave-taking,
But shift away. There's warrant in that theft
Which steals itself when there's no mercy left. *Exeunt*

II, 4 *Enter Ross with an Old Man*

OLD MAN. – Threescore and ten I can remember well,
Within the volume of which time I have seen
Hours dreadful and things strange, but this sore night
Hath trifled former knowings.
ROSS. – Ha, good father,
Thou seest the heavens, as troubled with man's act,
Threatens his bloody stage. By th' clock 'tis day,
And yet dark night strangles the travelling lamp.
Is't night's predominance or the day's shame
That darkness does the face of earth entomb
When living light should kiss it?
OLD MAN. – 'Tis unnatural,

---

1. L'in-folio* ne donne aucune indication pour la sortie de Lady Macbeth. Beaucoup d'annotateurs indiquent qu'elle est portée hors de scène. **2.** *manly readiness.* Reprend les paroles de Banquo aux vers 118-119 et implique à la fois « s'habiller » et « s'armer ». **3.** Le sens général est clair, mais la formulation elliptique est ambiguë. Soit : « plus quelqu'un

En mesure d'agir.
BANQUO. – Prenez soin de Madame ;
Lady Macbeth sort, avec sa suite[1]
Quand nous aurons couvert nos frêles nudités
Qui souffrent d'être à l'air, réunissons-nous donc
Pour mieux examiner ce forfait sanguinaire
Et le tirer au clair. Craintes et doutes nous agitent.
Je me mets dans la main souveraine de Dieu ;
Et de là je combats les desseins clandestins
De trahison maligne.
MACDUFF. – Et moi aussi.
TOUS. – Nous tous.
MACBETH. – Revêtons promptement nos tenues viriles[2],
Et rendons-nous dans la grande salle.
TOUS. – C'est convenu.
Tous sortent sauf Malcolm et Donalbain
MALCOLM. – Que voulez-vous faire ? Ne les rejoignons pas :
Montrer une douleur feinte est une pose
Aisée pour l'homme faux. J'irai en Angleterre.
DONALBAIN. – Et moi, en Irlande. En séparant nos sorts,
Notre sécurité sera plus grande. Ici,
Un poignard se cache sous chaque sourire.
Les proches par le sang veulent le sang des proches[3].
MALCOLM. – La flèche meurtrière qu'on a décochée
Est encore en chemin, et le plus sûr pour nous
Est d'éviter le coup : ainsi donc, à cheval !
N'ayons aucun scrupule à partir sans congé,
Esquivons-nous. Se dérober est excusable
Pour échapper à une menace impitoyable. *Ils sortent*

Entrent Ross et un Vieillard[4] II, 4

LE VIEILLARD. – Je me rappelle bien soixante et dix années,
Et, au cours de ce temps, j'ai vu d'horribles heures,
D'étranges accidents, mais cette nuit affreuse
Fait tout paraître insignifiant.
ROSS. – Ah ! bon père, vois-tu,
Le ciel semble[5] troublé par les actes des hommes
Et menace leur scène de sang : à l'horloge, il est jour,
Mais une nuit noire étouffe le flambeau voyageur[6].
Soit que la nuit triomphe, soit que le jour ait honte,
L'ombre ensevelit la face de ce monde
Que la lumière vive devrait embrasser.
LE VIEILLARD. – C'est contre nature,

(Macbeth) est proche de vous par le sang, plus il est sanguinaire ». Soit : « plus on est proche parent de quelqu'un (Macbeth ou Duncan), plus on risque d'être ensanglanté ». 4. Lieu : quelque part à l'extérieur du château. 5. *as.* Pour « as if » (comme si). 6. *the travelling lamp.* C.-à-d. le soleil.

Even like the deed that's done. On Tuesday last
A falcon, tow'ring in her pride of place,
Was by a mousing owl hawked at and killed.
ROSS. – And Duncan's horses – a thing most strange and certain –
Beauteous and swift, the minions of their race,
Turned wild in nature, broke their stalls, flung out,
Contending 'gainst obedience, as they would
Make war with mankind.
OLD MAN. – 'Tis said they ate each other.
ROSS. – They did so, to th'amazement of mine eyes
That looked upon't.

Enter Macduff

Here comes the good Macduff.
How goes the world, sir, now?
MACDUFF. – Why, see you not?
ROSS. – Is't known who did this more than bloody deed?
MACDUFF. – Those that Macbeth hath slain.
ROSS. – Alas the day,
What good could they pretend?
MACDUFF. – They were suborned.
Malcolm and Donalbain, the King's two sons,
Are stol'n away and fled, which puts upon them
Suspicion of the deed.
ROSS. – 'Gainst nature still.
Thriftless ambition, that will raven up
Thine own life's means! Then 'tis most like
The sovereignty will fall upon Macbeth.
MACDUFF. – He is already named and gone to Scone
To be invested.
ROSS. – Where is Duncan's body?
MACDUFF. – Carried to Colmekill,
The sacred storehouse of his predecessors,
And guardian of their bones.
ROSS. – Will you to Scone?
MACDUFF. – No, cousin, I'll to Fife.
ROSS. – Well, I will thither.
MACDUFF. – Well, may you see things well done there. Adieu,
Lest our old robes sit easier than our new.
ROSS. – Farewell, father.
OLD MAN. – God's benison go with you, and with those
That would make good of bad, and friends of foes.

Exeunt severally

---

18 ate] *F* (eate ; *orthographe possible pour le prétérit*) ; *parfois compris comme un présent.* **38** Well,] *Theobald (1733)* ; Well *F.*

---

1. *pride of place.* Terme technique de fauconnerie* désignant le point culminant atteint

Comme est l'acte qu'on a commis. Mardi dernier,
Un faucon, planant au faîte de son essor[1],
Fut tué en plein vol par un hibou chasseur de souris.
ROSS. – Et — c'est très étrange mais certain — les chevaux du roi,
Si beaux, si rapides, l'élite de leur race,
Redevenus sauvages, brisèrent leurs stalles, se cabrant,
Refusant d'obéir, comme pour déclarer la guerre
Au genre humain.
LE VIEILLARD. – On dit qu'ils s'entre-dévorèrent.
ROSS. – C'est bien vrai — à la stupéfaction de mes yeux
Qui en furent témoins.

Entre Macduff

Voici le bon Macduff.
Comment va le monde à présent, monsieur ?
MACDUFF. – Voyez vous-même.
ROSS. – Sait-on qui a commis cet acte sanguinaire ?
MACDUFF. – Ceux que Macbeth a tués.
ROSS. – Hélas ! triste malheur !
Que pouvaient-ils en attendre ?
MACDUFF. – On les a subornés.
Malcolm et Donalbain, les deux fils de Duncan,
Se sont enfuis en secret, ce qui fait peser sur eux
Les soupçons du forfait.
ROSS. – Contre nature encore !
Ambition prodigue qui toi-même engloutis
Ce qui te donne vie ! Donc il est très probable
Que le pouvoir royal va échoir à Macbeth.
MACDUFF. – Il est déjà nommé, et en route vers Scone[2]
Pour y être investi.
ROSS. – Où est le corps de Duncan ?
MACDUFF. – On l'a transporté à Colmekill[3]
Le sépulcre sacré de ses prédécesseurs,
Où sont gardés leurs os.
ROSS. – Vous rendrez-vous à Scone ?
MACDUFF. – Non, mon cousin, à Fife[4].
ROSS. – Eh bien, moi, je m'y rendrai !
MACDUFF. – Bien, puissiez-vous y voir tout se bien passer ! Adieu.
Puissent nos habits neufs nous aller mieux que les vieux !
ROSS. – Adieu, bon père.
LE VIEILLARD. – Que Dieu vous protège, et que soient protégés
Ceux qui le mal en bien, l'ennemi en ami, voudraient changer !

Ils sortent séparément

---

par l'oiseau avant qu'il ne fonde sur sa proie. **2.** *Scone* [sku:n]. Ancienne abbaye au nord de Perth où les rois d'Écosse étaient couronnés. **3.** *Colmekill.* Autre nom de l'île d'Iona (dans les Hébrides) où se trouvait un monastère de saint Colomba, lieu de sépulture des rois d'Écosse. **4.** *Fife.* Macduff est baron de Fife, où se trouve son château.

III, 1 *Enter Banquo*

BANQUO. – Thou hast it now : King, Cawdor, Glamis, all
As the weird women promised ; and I fear
Thou played'st most foully for't. Yet it was said
It should not stand in thy posterity,
But that myself should be the root and father
Of many kings. If there come truth from them –
As upon thee, Macbeth, their speeches shine –
Why by the verities on thee made good
May they not be my oracles as well,
And set me up in hope ? But hush, no more.

Sennet sounded. Enter Macbeth as King, Lady Macbeth as Queen, Lennox, Ross, lords, and attendants

MACBETH. – Here's our chief guest.
LADY MACBETH. – If he had been forgotten
It had been as a gap in our great feast,
And all-thing unbecoming.
MACBETH (*to Banquo*). – Tonight we hold a solemn supper, sir,
And I'll request your presence.
BANQUO. – Let your highness
Command upon me, to the which my duties
Are with a most indissoluble tie
For ever knit.
MACBETH. – Ride you this afternoon ?
BANQUO. – Ay, my good lord.
MACBETH. – We should have else desired your good advice,
Which still hath been both grave and prosperous,
In this day's council ; but we'll talk tomorrow.
Is't far you ride ?
BANQUO. – As far, my lord, as will fill up the time
'Twixt this and supper. Go not my horse the better,
I must become a borrower of the night
For a dark hour or twain.
MACBETH. – Fail not our feast.
BANQUO. – My lord, I will not.
MACBETH. – We hear our bloody cousins are bestowed
In England and in Ireland, not confessing
Their cruel parricide, filling their hearers
With strange invention. But of that tomorrow,
When therewithal we shall have cause of state
Craving us jointly. Hie you to horse. Adieu,
Till you return at night. Goes Fleance with you ?
BANQUO. – Ay, my good lord. Our time does call upon 's.
MACBETH. – I wish your horses swift and sure of foot,
And so I do commend you to their backs.
Farewell. *Exit Banquo*

---

2 weird] *F* (weyard) *de même III,4,132 ; voir aussi I,3,30 et IV,1,152 variantes.* **23 talk]** *Malone (1790)* ; take *F*.

Entre Banquo[1] **III, 1**

BANQUO. – Roi, Cawdor et Glamis : tu as maintenant tout
Ce que les sœurs fatales avaient promis ; et je crains
Que tu ne l'aies obtenu par un jeu très perfide ;
Mais il fut dit que ta lignée n'en hériterait pas,
Et que moi-même je serais la souche et le père
De nombreux rois. S'il sort rien de vrai de leur bouche –
Ce qu'elles ont dit de toi, Macbeth, le manifeste –
Puisque pour toi leurs vérités ont été confirmées,
Pourquoi ne seraient-elles pas aussi mes oracles
Fondant mes propres espoirs ? Mais, chut ! assez parlé.

Fanfare prolongée. Entrent Macbeth, en habit de roi, Lady Macbeth, en habit de reine, Lennox, Ross, des seigneurs, et leur suite

MACBETH. – Voici notre principal convive.
LADY MACBETH. – L'oublier
Aurait fait dans notre grande fête un vide
Qui eût tout[2] déparé.
MACBETH (*à Banquo*). – Nous donnerons ce soir un souper solennel, monsieur,
Et je vous prierai d'y assister.
BANQUO. – Les désirs
De Votre Altesse sont des ordres auxquels mes devoirs
Sont à jamais attachés par un lien que rien
Ne saurait dénouer.
MACBETH. – Montez-vous cet après-midi ?
BANQUO. – Mais oui, mon bon seigneur.
MACBETH. – Nous aurions autrement requis vos bons avis,
Qui sont toujours de poids et toujours profitables,
Au conseil de ce jour ; mais, disons donc, demain.
Comptez-vous aller loin ?
BANQUO. – Assez loin, monseigneur, pour remplir l'intervalle
D'ici jusqu'au souper ; à moins que mon cheval
Ne soit plus rapide, il faudra que j'emprunte
A la nuit une ou deux heures d'obscurité.
MACBETH. – Ne manquez pas à notre fête.
BANQUO. – Monseigneur, je n'y manquerai pas.
MACBETH. – Nous apprenons que nos cousins sanguinaires
Sont installés en Angleterre et en Irlande,
Où ils n'avouent pas leur cruel parricide,
Repaissant l'auditeur de fables étranges.
Mais de cela demain, ainsi que d'affaires d'État
Qui nous réclament ensemble. A cheval donc, adieu
Jusqu'à votre retour ce soir. Emmenez-vous Fléance ?
BANQUO. – Mais oui, mon bon seigneur. Il est temps de partir.
MACBETH. – Que vos chevaux soient rapides et de pied sûr !
Et là-dessus je vous confie à leur échine.
Adieu. *Banquo sort*

---

1. Lieu : à Forres. Une salle dans le palais des rois d'Écosse. 2. *all-thing*. Locution adverbiale désuète signifiant « tout à fait ».

Let every man be master of his time
Till seven at night. To make society
The sweeter welcome, we will keep ourself
Till supper-time alone. While then, God be with you.

Exeunt all but Macbeth and a Servant

Sirrah, a word with you. Attend those men
Our pleasure ?

SERVANT. – They are, my lord, without the palace gate.

MACBETH. – Bring them before us. *Exit Servant*

To be thus is nothing
But to be safely thus. Our fears in Banquo
Stick deep, and in his royalty of nature
Reigns that which would be feared. 'Tis much he dares,
And to that dauntless temper of his mind
He hath a wisdom that doth guide his valour
To act in safety. There is none but he
Whose being I do fear, and under him
My genius is rebuked as, it is said,
Mark Antony's was by Caesar. He chid the sisters
When first they put the name of king upon me,
And bade them speak to him. Then, prophet-like,
They hailed him father to a line of kings.
Upon my head they placed a fruitless crown,
And put a barren sceptre in my grip,
Thence to be wrenched with an unlineal hand,
No son of mine succeeding. If't be so,
For Banquo's issue have I filed my mind,
For them the gracious Duncan have I murdered,
Put rancours in the vessel of my peace
Only for them, and mine eternal jewel
Given to the common enemy of man
To make them kings, the seeds of Banquo kings.
Rather than so, come fate into the list
And champion me to th'utterance. Who's there ?

Enter Servant and two Murderers

(*To the Servant*) Now go to the door, and stay there till we call.

Exit Servant

Was it not yesterday we spoke together ?

MURDERERS. – It was, so please your highness.

MACBETH. – Well then, now
Have you considered of my speeches ? Know
That it was he in the times past which held you
So under fortune, which you thought had been
Our innocent self. This I made good to you

76, 116, 140 MURDERERS] *F* (*Murth.*).

---

1. *genius.* Pris ici au sens de « génie tutélaire », ou, en termes chrétiens, « ange gardien ». 2. Voir *Antoine et Cléopâtre,* II,3,16-20, où il est dit que l'ange gardien d'Antoine

Que chacun soit ce soir le maître de son temps
Jusqu'à sept heures ; pour que notre réunion
Nous soit plus douce encore, nous resterons seul
Jusqu'au souper. D'ici là, Dieu soit avec vous !

Tous sortent, sauf Macbeth et un Serviteur

Mon brave, un mot. Ces hommes attendent-ils
Notre bon plaisir ?

LE SERVITEUR. – Monseigneur, ils sont à la porte du palais.

MACBETH. – Amenez-les devant nous. *Le Serviteur sort*

Rien ne sert d'être ainsi
Sans la sécurité. Nos craintes de Banquo
Sont une plaie profonde ; en sa royauté naturelle
Règne ce qu'il faut redouter ; il est très audacieux,
Et, à la trempe indomptable de son esprit,
Joint une sagesse inspirant à sa valeur
D'agir avec prudence. Il n'y en a nul autre
Dont je craigne l'existence : et mon génie[1]
Est dominé par le sien, tout comme, dit-on,
Marc Antoine l'était par César[2]. Il tança les sœurs
Lorsqu'elles me saluèrent d'abord du nom de roi,
Et les somma de lui parler ; sur quoi, telles des sibylles,
Elles saluèrent en lui le père d'une lignée de rois.
Sur ma tête elles mirent une couronne inféconde
Et placèrent en mon poing un sceptre stérile
Devant m'être arraché par la main d'un intrus,
Nul fils ne me suivant. S'il en est bien ainsi,
C'est pour ceux de Banquo que j'ai souillé mon âme,
Pour eux que j'ai tué Duncan le vénérable,
Versé des aigreurs dans la coupe de ma paix
Pour eux seuls, et livré mon éternel joyau
A l'ennemi commun de la race des hommes[3]
Pour faire d'eux des rois – rois, les fils de Banquo !
Tout plutôt que cela : destin, descends en lice
Et défie-moi[4] à toute outrance[5]. Qui est là ?

Entrent le Serviteur et deux Assassins

(*Au Serviteur*) Bien, allez à la porte et attendez qu'on vous appelle.

Le Serviteur sort

N'est-ce pas hier que nous avons conversé ?

LES ASSASSINS. – Oui, s'il plaît à Votre Altesse.

MACBETH. – Eh bien, maintenant
Avez-vous bien pesé mes paroles ? Sachez[6]
Que c'est lui qui jadis vous a maintenus en disgrâce,
Alors que vous pensiez qu'en était coupable
Notre innocente personne. Je vous l'ai démontré

craint celui de César (c.-à-d. Octave, le futur Auguste). **3.** C.-à-d. le diable. **4.** *champion.* Au sens désuet de « défier en combat singulier ». **5.** *to th'utterance.* Forme anglicisée de « à (toute) outrance ». **6.** *know.* Pourrait aussi se comprendre comme une interrogation elliptique : « (do you) know ? »

In our last conference, passed in probation with you
How you were borne in hand, how crossed, the instruments,
Who wrought with them, and all things else that might
To half a soul, and to a notion crazed,
Say "Thus did Banquo".

1 MURDERER. – You made it known to us.

MACBETH. – I did so, and went further, which is now
Our point of second meeting. Do you find
Your patience so predominant in your nature
That you can let this go ? Are you so gospelled
To pray for this good man and for his issue,
Whose heavy hand hath bowed you to the grave
And beggared yours for ever ?

1 MURDERER. – We are men, my liege.

MACBETH. – Ay, in the catalogue ye go for men,
As hounds and greyhounds, mongrels, spaniels, curs,
Shoughs, water-rugs, and demi-wolves are clept
All by the name of dogs. The valued file
Distinguishes the swift, the slow, the subtle,
The housekeeper, the hunter, every one
According to the gift which bounteous nature
Hath in him closed ; whereby he does receive
Particular addition from the bill
That writes them all alike. And so of men.
Now, if you have a station in the file,
Not i'th' worst rank of manhood, say't,
And I will put that business in your bosoms
Whose execution takes your enemy off,
Grapples you to the heart and love of us,
Who wear our health but sickly in his life,
Which in his death were perfect.

2 MURDERER. – I am one, my liege,
Whom the vile blows and buffets of the world
Hath so incensed that I am reckless what
I do to spite the world.

1 MURDERER. – And I another,
So weary with disasters, tugged with fortune,
That I would set my life on any chance
To mend it or be rid on't.

MACBETH. – Both of you
Know Banquo was your enemy.

MURDERERS. – True, my lord.

MACBETH. – So is he mine, and in such bloody distance
That every minute of his being thrusts

---

1. *passed in probation.* Au sens désuet de « soumettre à un examen critique avant d'administrer la preuve ». **2.** *borne in hand.* Au sens premier de « tromper » s'ajoute peut-être « au moyen de flatteries ». **3.** *gospelled.* « Pénétrés des principes de l'Évangile » (Gospel). **4.** *curs.* Aujourd'hui toujours péjoratif ; ici purement descriptif ; appliqué souvent aux chiens de garde ou de berger. **5.** *Shoughs, water-rugs.* Noms de deux variétés

Dans notre dernier entretien, où je vous ai prouvé[1]
Qu'on vous a dupés[2], entravés, par quels moyens,
Qui les a employés, et mille autres choses
Qui feraient dire même à un esprit faible ou fêlé :
« C'était Banquo à l'œuvre. »
1er ASSASSIN. – Vous nous l'avez montré.
MACBETH. – Oui, et j'allai plus loin, ce qui fait à présent
L'objet de cette seconde entrevue. Sentez-vous
La patience dominer tellement votre nature
Que vous puissiez tolérer cela ? Allez-vous prier
Par charité[3] pour ce brave homme et ses enfants,
Lui dont la lourde main vous courbe vers la tombe
Et fait des vôtres à jamais des gueux ?
1er ASSASSIN. – Sire, nous sommes des hommes.
MACBETH. – Oui, c'est sous ce nom que vous figurez au catalogue,
De même que limiers, lévriers, bâtards, épagneuls, mastiffs[4],
Griffons, barbets[5], chiens-loups sont tous désignés[6]
Sous le seul nom de chiens ; mais le tableau de classement[7]
Distingue les chiens agiles, lents ou rusés,
Le chien de garde, le chien de chasse, chacun
Selon le don que la nature généreuse
A mis en lui, et qui lui vaut de recevoir
Un titre particulier le séparant de la liste
Où tous sont mis au même rang : ainsi des hommes.
Donc, si votre position sur cette liste
Ne vous met pas au dernier rang de la virilité,
Dites-le, et je vous confierai une affaire
Dont l'exécution supprime votre ennemi,
Et vous ancre dans l'affection de notre cœur,
Car notre santé, tant qu'il vit, est maladive,
Mais serait parfaite, lui mort.
2e ASSASSIN. – Sire, je suis un homme
Que les mauvais coups et les soufflets du monde
Ont tant exaspéré, que je suis prêt à tout
Pour me venger du monde.
1er ASSASSIN. – Et moi, j'en suis un autre,
Si lassé de revers, malmené par le sort,
Que je jouerais ma vie sur quelque coup de dés
Pour me refaire ou m'en défaire.
MACBETH. – Chacun de vous
Sait que Banquo fut votre ennemi.
LES ASSASSINS. – C'est vrai, monseigneur.
MACBETH. – Il est aussi le mien, par un différend si sanglant
Que chaque instant qu'il vit est un coup dirigé

---

de chiens dont le sens précis est conjectural. 6. *clept.* Participe passé de « to clepe » (appeler) déjà désuet à l'époque de Sh. 7. *The valued file.* S'oppose à *the bill* (III,1,101). *Valued,* formé sur le substantif « value », signifie « indiquant la valeur » ; il s'agit donc d'une sorte de cote des valeurs canines.

Against my near'st of life ; and though I could
With barefaced power sweep him from my sight
And bid my will avouch it, yet I must not,
For certain friends that are both his and mine,
Whose loves I may not drop, but wail his fall
Who I myself struck down. And thence it is
That I to your assistance do make love,
Masking the business from the common eye
For sundry weighty reasons.

2 MURDERER. – We shall, my lord,
Perform what you command us.

1 MURDERER. – Though our lives –

MACBETH. – Your spirits shine through you. Within this hour at most
I will advise you where to plant yourselves,
Acquaint you with the perfect spy o'th' time,
The moment on't ; for't must be done tonight,
And something from the palace ; always thought
That I require a clearness ; and with him,
To leave no rubs nor botches in the work,
Fleance, his son, that keeps him company –
Whose absence is no less material to me
Than is his father's – must embrace the fate
Of that dark hour. Resolve yourselves apart.
I'll come to you anon.

MURDERERS. – We are resolved, my lord.

MACBETH. – I'll call upon you straight. Abide within.

Exeunt Murderers

It is concluded. Banquo, thy soul's flight,
If it find heaven, must find it out tonight. *Exit*

III, 2 *Enter Lady Macbeth and a Servant*

LADY MACBETH. – Is Banquo gone from court ?

SERVANT. – Ay, madam, but returns again tonight.

LADY MACBETH. – Say to the King I would attend his leisure
For a few words.

SERVANT. – Madam, I will. *Exit*

LADY MACBETH. – Naught's had, all's spent,
Where our desire is got without content.
'Tis safer to be that which we destroy
Than by destruction dwell in doubtful joy.

Enter Macbeth

How now, my lord, why do you keep alone,
Of sorriest fancies your companions making,
Using those thoughts which should indeed have died
With them they think on ? Things without all remedy

---

1. *my near'st of life.* Muir compare *their first of manhood,* V,2,11 ci-dessous. **2.** *the perfect spy o'th'time.* Sens controversé. *Spy* signifie probablement « la façon d'épier », « le

Vers le cœur de mon être[1]. Certes je pourrais
Le balayer de ma vue à visage découvert
Et charger ma volonté d'en répondre. Cependant,
Je dois l'éviter pour ménager des amis communs
Dont il me faut conserver l'estime en pleurant la chute
De celui que j'aurai moi-même abattu. D'où vient
Que je sollicite ainsi votre assistance,
Dérobant la chose à la connaissance du vulgaire
Pour diverses raisons de poids.

2e ASSASSIN. – Vos ordres, monseigneur,
Seront exécutés.

1er ASSASSIN. – Quand bien même nos vies –

MACBETH. – Votre ardeur transparaît. D'ici une heure, au plus,
Je vous ferai connaître en quel lieu vous poster,
Comment déterminer l'instant précis de son approche[2],
Le moment propice ; car cela doit être fait ce soir
Et un peu à l'écart du palais ; sans jamais oublier[3]
Que rien ne doit m'accuser ; enfin, avec lui –
Pour que l'ouvrage soit sans défaut ni bavure –
Fléance, son enfant, qui lui tient compagnie,
Dont la disparition m'importe tout autant
Que celle de son père, doit partager le sort
De cette heure funeste. Retirez-vous pour réfléchir.
Je vous rejoins bientôt.

LES ASSASSINS. – C'est tout réfléchi, monseigneur.

MACBETH. – Je ne tarderai pas ; restez dans le palais.

Les Assassins sortent

Tout est conclu : si ton âme, Banquo, dans son essor,
Doit gagner le ciel, ce soir elle connaîtra son sort. *Il sort*

Entrent Lady Macbeth et un Serviteur[4] **III, 2**

LADY MACBETH. – Banquo a-t-il quitté la cour ?

LE SERVITEUR. – Oui, madame, mais il revient ce soir.

LADY MACBETH. – Informez le roi que je me tiens à sa disposition
Pour lui dire quelques mots.

LE SERVITEUR. – Bien, madame. *Il sort*

LADY MACBETH. – Rien n'a été gagné, mais tout est dénuement,
Quand on a son désir sans vrai contentement.
Être ce qu'on détruit est moins aventureux
Que par la destruction vivre un plaisir douteux.

Entre Macbeth

Allons donc, monseigneur, pourquoi demeurer seul,
Chercher la compagnie des plus tristes chimères
Et nourrir des pensées qui auraient dû mourir
Tout comme leur objet ? Aux choses sans remède

moyen de guetter ». 3. *always thought.* Ellipse de « it must be always thought » ; voir III,1,132-133. 4. Lieu : une autre salle du palais.

Should be without regard. What's done is done.
MACBETH. – We have scorched the snake, not killed it.
She'll close and be herself, whilst our poor malice
Remains in danger of her former tooth.
But let the frame of things disjoint, both the worlds suffer,
Ere we will eat our meal in fear, and sleep
In the affliction of these terrible dreams
That shake us nightly. Better be with the dead,
Whom we to gain our peace have sent to peace,
Than on the torture of the mind to lie
In restless ecstasy. Duncan is in his grave.
After life's fitful fever he sleeps well.
Treason has done his worst. Nor steel nor poison,
Malice domestic, foreign levy, nothing
Can touch him further.
LADY MACBETH. – Come on, gentle my lord,
Sleek o'er your rugged looks, be bright and jovial
Among your guests tonight.
MACBETH. – So shall I, love,
And so I pray be you. Let your remembrance
Apply to Banquo. Present him eminence
Both with eye and tongue ; unsafe the while that we
Must lave our honours in these flattering streams
And make our faces visors to our hearts,
Disguising what they are.
LADY MACBETH. – You must leave this.
MACBETH. – O, full of scorpions is my mind, dear wife !
Thou know'st that Banquo and his Fleance lives.
LADY MACBETH. – But in them nature's copy's not eterne.
MACBETH. – There's comfort yet, they are assailable.
Then be thou jocund. Ere the bat hath flown
His cloistered flight, ere to black Hecate's summons
The shard-borne beetle with his drowsy hums
Hath rung night's yawning peal, there shall be done
A deed of dreadful note.
LADY MACBETH. – What's to be done ?
MACBETH. – Be innocent of the knowledge, dearest chuck,
Till thou applaud the deed. – Come, seeling night,
Scarf up the tender eye of pitiful day,
And with thy bloody and invisible hand

---

1. *She.* D'abord neutre, le serpent est personnifié au féminin. **2.** *disjoint.* Doublet de « to disjoin » formé sur le participe passé « disjoint ». Voir *Hamlet,* I,2,20. **3.** *ecstasy.* Pris au sens étymologique d'être mis « hors de soi », ici, par l'intensité de la souffrance. **4.** *fitful.* Adjectif créé par Sh. **5.** *present him eminence.* Le sens développé de cette ellipse pourrait être : « Témoignez-lui des attentions qui manifestent son rang éminent. » **6.** *copy.* Sens controversé. Souvent expliqué comme un emploi figuré du terme juridique « copyhold », signifiant un bail révocable à tout moment par le propriétaire. Même si elle est présente ici en filigrane, cette acception semble moins probable que celle de « modèle » ou de « patron » à partir duquel on reproduit des copies, sens qui apparaît

Il ne faut plus songer ; ce qui est fait est fait.
MACBETH. – Nous avons entaillé, mais pas tué, le serpent :
Ses[1] plaies se refermant, il se rétablira
Tandis que notre pauvre haine reste à la merci
De sa dent d'autrefois. Mais que soit disloquée[2]
La charpente du monde, ébranlés ciel et terre,
Plutôt que continuer à manger dans l'angoisse,
A dormir d'un sommeil troublé par les cauchemars
Qui nous secouent chaque nuit ! Mieux vaut rejoindre les morts,
Par nous envoyés à la paix pour gagner notre paix,
Plutôt qu'être attachés sur la roue de l'esprit
En des affres inquiètes[3]. Duncan est dans sa tombe ;
Après la fièvre agitée[4] de la vie, il dort bien ;
La trahison ne peut plus rien : fer ou poison,
Perfidie domestique, invasion étrangère,
Rien ne peut plus l'atteindre.
LADY MACBETH. – Allons, mon doux seigneur,
Déridez ce front renfrogné, soyez jovial et gai
Ce soir parmi vos hôtes.
MACBETH. – C'est promis, mon amour,
Mais vous aussi, de grâce. Soyez attentionnée
A l'égard de Banquo. Montrez sa primauté[5]
Par vos yeux, vos paroles ; nous serons en danger
Tant qu'il nous faudra laver notre honneur dans ces flots
De flatterie, et faire de notre visage un masque
Pour cacher notre cœur.
LADY MACBETH. – Laissez là ces pensées.
MACBETH. – Oh ! mon esprit est plein de scorpions, chère femme !
Tu sais que Banquo et Fléance sont vivants.
LADY MACBETH. – Mais en eux le moule[6] de la nature n'est pas éternel.
MACBETH. – C'est là un réconfort : ils sont vulnérables.
Réjouis-toi donc. Avant l'heure où la chauve-souris
Danse son vol cloîtré, où, mandé par la noire Hécate,
Le bousier au bourdon berceur, porté par ses élytres[7],
Sonne le couvre-feu endormeur de la nuit, un acte
De portée redoutable sera commis.
LADY MACBETH. – Quel acte ?
MACBETH. – Garde ton innocente ignorance, chère poulette,
Jusqu'au moment d'applaudir. Viens, nuit secrète[8],
Bande les tendres yeux du jour compatissant,
Et, de ta main invisible et sanglante,

---

dans *Le Roi Jean,* IV,2,113 et *Tout est bien qui finit bien,* I,2,45-46. **7.** *shard-borne.* A l'époque de Sh, les deux graphies « born » (né) et « borne » (porté, soutenu) n'impliquaient pas de distinction de sens. D'autre part, *shard* pouvait signifier « bouse de vache », ou bien « élytre » (mais ce dernier sens ne semble attesté que dans Sh). On peut donc comprendre *shard-borne* comme « porté par ses élytres », et *shard-born* comme « né dans la bouse ». La traduction proposée inclut ces deux sens. Voir aussi *Antoine et Cléopâtre,* III,2,20. **8.** *seeling.* Emploi figuré d'un terme de fauconnerie* signifiant « coudre les paupières d'un faucon pendant son dressage », dont le sens se prolonge au vers suivant.

Cancel and tear to pieces that great bond
Which keeps me pale. Light thickens, and the crow
Makes wing to th' rooky wood.
Good things of day begin to droop and drowse,
Whiles night's black agents to their preys do rouse.
Thou marvell'st at my words ; but hold thee still.
Things bad begun make strong themselves by ill.
So prithee go with me. *Exeunt*

III, 3 *Enter three Murderers*

1 MURDERER (*to Third Murderer*). – But who did bid thee join with us ?
3 MURDERER. – Macbeth.
2 MURDERER (*to First Murderer*). – He needs not our mistrust, since he delivers
Our offices and what we have to do
To the direction just.
1 MURDERER (*to Third Murderer*). – Then stand with us.
The west yet glimmers with some streaks of day.
Now spurs the lated traveller apace
To gain the timely inn, and near approaches
The subject of our watch.
3 MURDERER. – Hark, I hear horses.
BANQUO (*within*). – Give us a light there, ho !
2 MURDERER. – Then 'tis he. The rest
That are within the note of expectation
Already are i'th' court.
1 MURDERER. – His horses go about.
3 MURDERER. – Almost a mile ; but he does usually,
So all men do, from hence to th' palace gate
Make it their walk.

Enter Banquo and Fleance with a torch

2 MURDERER (*aside*). – A light, a light.
3 MURDERER (*aside*). – 'Tis he.
1 MURDERER (*aside*). – Stand to't.
BANQUO. – It will be rain tonight.
1 MURDERER. – Let it come down.

First Murderer strikes out the torch. The others attack Banquo

BANQUO. – O, treachery ! Fly, good Fleance, fly, fly, fly !
Thou mayst revenge. — O slave ! *He dies. Exit Fleance*
3 MURDERER. – Who did strike out the light ?
1 MURDERER. – Was't not the way ?
3 MURDERER. – There's but one down. The son is fled.

---

7 and] *F2* ; end *F*.

---

1. *bond.* Sens controversé. Le sens premier semble être « bond of life », le contrat qui lie Banquo à la vie (voir *Richard III,* IV,4,77). Il s'y ajoute peut-être celui de « lien », d'« entrave » à la liberté de Macbeth. Voir ci-dessous III,4,20-24. On a aussi proposé le

Abroge et déchire ce grand contrat[1] de vie
Qui cause ma pâleur ! Le jour s'enténèbre,
La corneille rejoint le bois peuplé de freux ;
Les êtres bienfaisants du jour sombrent dans le sommeil,
Les noirs agents de la nuit, cherchant leurs proies, s'éveillent.
Mes paroles te surprennent, mais ne dis rien,
Mal entrepris par surcroît de mal finit bien[2].
Suis-moi donc, je te prie. *Ils sortent*

Entrent trois Assassins[3] **III, 3**

1er ASSASSIN (*au 3e Assassin*). – Mais qui donc t'a dit de nous rejoindre ?
3e ASSASSIN. – Macbeth.
2e ASSASSIN (*au 1er Assassin*). – Pourquoi nous méfier de lui, puisqu'il nous [indique
Les missions assignées, et ce qu'il nous faut faire
Selon l'exacte consigne ?
1er ASSASSIN (*au 3e Assassin*). – Alors, reste avec nous.
A l'ouest luisent encore quelques rayons de jour ;
C'est l'heure où le voyageur attardé pique des deux
Pour gagner à temps l'auberge ; et voici qu'approche
L'objet de notre guet.
3e ASSASSIN. – Écoutez ! J'entends des chevaux.
BANQUO (*à l'intérieur*). – Vous, là-bas, donnez de la lumière !
2e ASSASSIN. – Alors, c'est bien lui :
Les autres invités attendus[4] sont déjà
Arrivés à la cour.
1er ASSASSIN. – Ses chevaux prennent un détour.
3e ASSASSIN. – De près d'un mille ; mais c'est ce qu'il fait d'habitude ;
D'ailleurs c'est l'usage de tous d'aller à pied d'ici
Jusqu'à la porte du palais.

Entrent Banquo et Fléance, avec une torche

2e ASSASSIN (*à part*). – Une lumière ! une lumière !
3e ASSASSIN (*à part*). – C'est lui.
1er ASSASSIN (*à part*). – Tenez bon !
BANQUO. – Il va pleuvoir cette nuit.
1er ASSASSIN. – Faites pleuvoir vos coups.

Le Premier Assassin éteint la torche. Les autres attaquent Banquo

BANQUO. – Oh ! trahison ! Fuis, bon Fléance, fuis, fuis, fuis !
Tu pourras me venger. Ô misérable ! *Il meurt. Fléance sort*
3e ASSASSIN. – Qui a éteint la torche ?
1er ASSASSIN. – N'ai-je pas eu raison ?
3e ASSASSIN. – Il n'y en a qu'un d'abattu. Le fils a fui.

---

sens de « loi morale » qui s'impose aux hommes. 2. Apparenté à l'expression proverbiale : « Crimes are made secure by greater crimes » (Tilley C826) = les crimes voient leurs profits assurés par de plus grands crimes. 3. Lieu : quelque part dans la campagne, aux environs du palais. 4. *the note of expectation.* Littéralement : la liste de ceux que l'on attend.

2 MURDERER. – We have lost best half of our affair.
1 MURDERER. – Well, let's away and say how much is done.
Exeunt with Banquo's body

III, 4 *Banquet prepared. Enter Macbeth as King, Lady Macbeth as Queen, Ross, Lennox, Lords, and attendants.* [*Lady Macbeth sits*]

MACBETH. – You know your own degrees; sit down. At first and last
The hearty welcome.
LORDS. – Thanks to your majesty.
They sit
MACBETH. – Ourself will mingle with society
And play the humble host. Our hostess keeps her state,
But in best time we will require her welcome.
LADY MACBETH. – Pronounce it for me, sir, to all our friends,
For my heart speaks they are welcome.
Enter First Murderer [*to the door*]
MACBETH. – See, they encounter thee with their hearts' thanks.
Both sides are even. Here I'll sit, i'th' midst.
Be large in mirth. Anon we'll drink a measure
The table round. (*To First Murderer*) There's blood upon thy face.
1 MURDERER (*aside to Macbeth*). – 'Tis Banquo's, then.
MACBETH. – 'Tis better thee without than he within.
Is he dispatched?
1 MURDERER. – My lord, his throat is cut. That I did for him.
MACBETH. – Thou art the best o'th' cut-throats. Yet he's good
That did the like for Fleance. If thou didst it,
Thou art the nonpareil.
1 MURDERER. – Most royal sir,
Fleance is scaped.
MACBETH. – Then comes my fit again; I had else been perfect,
Whole as the marble, founded as the rock,
As broad and general as the casing air,
But now I am cabined, cribbed, confined, bound in
To saucy doubts and fears. But Banquo's safe?
1 MURDERER. – Ay, my good lord. Safe in a ditch he bides,
With twenty trenchèd gashes on his head,
The least a death to nature.
MACBETH. – Thanks for that.
There the grown serpent lies. The worm that's fled
Hath nature that in time will venom breed,
No teeth for th' present. Get thee gone. Tomorrow
We'll hear ourselves again. *Exit First Murderer*

---

1. Lieu : une salle du palais. **2.** *At first and last.* Au premier comme au dernier instant = du début à la fin du banquet. **3.** *state.* Forme elliptique de « chair of state » = trône, siège placé sur une estrade. **4.** *encounter thee.* Les invités portent un toast à la reine. **5.** C.-à-d. des deux côtés de la table. On peut aussi comprendre qu'après l'échange

2e ASSASSIN. – La meilleure moitié de l'affaire est manquée.
1er ASSASSIN. – Bien, allons annoncer ce qu'il y a de fait.

Ils sortent en portant le corps de Banquo

Une table est dressée pour un banquet. Entrent Macbeth en habit de roi, Lady Macbeth en habit de reine, Ross, Lennox, des Seigneurs, et leur suite. [*Lady Macbeth s'assied*][1] III, 4

MACBETH. – Vous connaissez vos rangs ; prenez place. Une fois pour toutes[2],
Soyez de tout cœur bienvenus.
LES SEIGNEURS. – Merci à Votre Majesté.

Ils s'asseyent

MACBETH. – Pour nous, nous nous joindrons à vous en toute humilité.
Notre hôtesse, quant à elle, demeure sur son trône[3],
Mais, en temps opportun, nous la prierons de dire bienvenue.
LADY MACBETH. – Exprimez-la pour moi, Sire, à tous nos amis,
Qu'ils sachent que mon cœur leur souhaite bienvenue.

Entre le Premier Assassin [*qui reste à la porte*]

MACBETH. – Vois, ils te répondent[4] par un merci du cœur.
Même nombre des deux côtés[5] : je vais m'asseoir ici,
Au milieu. Que la joie éclate ! Bientôt nous boirons
Une rasade à la ronde. (*Au 1er Assassin*) Tu as du sang sur le visage.
1er ASSASSIN (*à part à Macbeth*). – Alors c'est celui de Banquo.
MACBETH. – Mieux vaut qu'il soit sur toi qu'encore dans ses veines.
L'avez-vous dépêché ?
1er ASSASSIN. – Égorgé, monseigneur ; et c'est moi qui l'ai fait.
MACBETH. – Tu es le roi des égorgeurs. Mais il est prince
Celui qui a égorgé Fléance. Si c'est toi,
Tu n'as pas ton pareil.
1er ASSASSIN. – Mon très royal seigneur,
Fléance s'est échappé.
MACBETH. – Voici revenir mon mal : sans cela je me porterais à merveille,
Ferme comme un marbre, solide comme un roc,
Aussi libre et délié[6] que l'air environnant :
Mais me voici enclos, encagé[7], confiné, muré
Dans d'insolentes peurs et alarmes. Mais Banquo est-il en sûreté ?
1er ASSASSIN. – Oui, mon bon seigneur, logé en sûreté dans un fossé,
Le crâne labouré de vingt bonnes entailles,
Dont la moindre causerait la mort.
MACBETH. – Merci pour cela.
Ci-gît le vieux serpent. Le serpenteau en fuite
Est de nature à produire un jour du venin,
Mais n'a pas encore de crocs. Va-t'en. Demain
Nous reparlerons ensemble. *Le Premier Assassin sort*

---

de saluts, la reine et ses invités sont quittes, à égalité. 6. *broad and general.* Premier terme de l'antithèse que complète le vers suivant : l'air qui enveloppe toutes choses (*casing*) se répand partout (*general*) sans entraves (*broad*). 7. *cribbed.* Littéralement : emprisonné dans une cahute ; reprend, par redondance expressive, le sens de *cabined.*

LADY MACBETH. – My royal lord,
You do not give the cheer. The feast is sold
That is not often vouched, while 'tis a-making,
'Tis given with welcome. To feed were best at home.
From thence the sauce to meat is ceremony,
Meeting were bare without it.

Enter the Ghost of Banquo, and sits in Macbeth's place

MACBETH. – Sweet remembrancer.
Now good digestion wait on appetite,
And health on both.
LENNOX. – May't please your highness sit?
MACBETH. – Here had we now our country's honour roofed
Were the graced person of our Banquo present,
Who may I rather challenge for unkindness
Than pity for mischance.
ROSS. – His absence, sir,
Lays blame upon his promise. Please't your highness
To grace us with your royal company?
MACBETH. – The table's full.
LENNOX. – Here is a place reserved, sir.
MACBETH. – Where?
LENNOX. – Here, my good lord. What is't that moves your highness?
MACBETH. – Which of you have done this?
LORDS. – What, my good lord?
MACBETH (*to the Ghost*). – Thou canst not say I did it. Never shake
Thy gory locks at me.
ROSS (*rising*). – Gentlemen, rise. His highness is not well.
LADY MACBETH (*rising*). – Sit, worthy friends. My lord is often thus,
And hath been from his youth. Pray you, keep seat.
The fit is momentary. Upon a thought
He will again be well. If much you note him
You shall offend him, and extend his passion.
Feed, and regard him not.

She speaks apart with Macbeth

Are you a man?
MACBETH. – Ay, and a bold one, that dare look on that
Which might appal the devil.
LADY MACBETH. – O proper stuff!
This is the very painting of your fear;
This is the air-drawn dagger which you said
Led you to Duncan. O, these flaws and starts,
Impostors to true fear, would well become
A woman's story at a winter's fire
Authorized by her grandam. Shame itself,
Why do you make such faces? When all's done
You look but on a stool.

1. *proper.* Souvent employé en valeur ironique au sens d'« excellent ». 2. *flaws.* Emploi figuré ; au sens propre : « bourrasques », « rafales ». 3. *impostors to true fears.* Parce qu'ils sont causés par des illusions.

LADY MACBETH. – Mon royal seigneur,
Vous ne fêtez pas vos hôtes : un banquet ne semble offert
Que si l'on dit souvent, pendant qu'il se déroule,
Qu'on l'offre de bon cœur ; s'il ne fallait que se nourrir
Autant rester chez soi ; quand on est chez autrui,
La courtoisie doit relever les mets ; sinon
La réunion fait maigre chère.

Entre le Spectre de Banquo, qui s'assied à la place de Macbeth

MACBETH. – Voilà un doux reproche !
Eh bien, que bonne digestion suive bon appétit,
Et la santé tous deux !

LENNOX. – Plaît-il à Votre Altesse de s'asseoir ?

MACBETH. – Sous ce toit nous aurions à présent tout l'honneur du pays
Si le noble Banquo se trouvait parmi nous.
Puissé-je avoir à le blâmer d'impolitesse
Plutôt qu'à le plaindre d'un malheur !

ROSS. – Sire, son absence
Entache sa promesse. Plaît-il à Votre Altesse
De nous honorer de sa royale présence ?

MACBETH. – La table est pleine.

LENNOX. – Voici une place, Sire, qui vous est réservée.

MACBETH. – Où donc ?

LENNOX. – Ici, mon bon seigneur. Qu'est-ce qui émeut Votre Altesse ?

MACBETH. – Qui d'entre vous a fait cela ?

LES SEIGNEURS. – Mais quoi, mon bon seigneur ?

MACBETH (*au Spectre*). – Tu ne peux dire que c'est moi. Pourquoi me menacer
En secouant ainsi tes mèches ensanglantées ?

ROSS (*se levant*). – Messieurs, levez-vous : Son Altesse n'est pas bien.

LADY MACBETH (*se levant*). – Restez, mes dignes amis. Mon seigneur est [souvent ainsi,
Et cela depuis sa jeunesse. Restez assis, de grâce ;
La crise est passagère ; et rien que le temps d'y penser,
Il sera remis. Si vous lui prêtez trop attention,
Vous allez l'offenser, et aggraver son mal.
Mangez sans vous soucier de lui.

Elle s'entretient avec Macbeth à l'écart

N'êtes-vous pas un homme ?

MACBETH. – Certes, oui, assez courageux pour oser regarder
Ce qui pourrait épouvanter le diable.

LADY MACBETH. – Balivernes[1] !
Ce n'est là qu'une image née de votre peur ;
C'est le poignard tracé dans l'air dont vous disiez
Qu'il vous conduisait vers Duncan. Oh ! ces éclats[2], ces sursauts,
Ces semblants de vraie peur[3], accompagneraient bien,
L'hiver au coin du feu, le récit qu'une femme fait
D'un conte attesté par sa grand-mère ! Quelle honte !
Pourquoi grimacez-vous ainsi ? Tout bien compté,
Vous ne regardez là qu'un tabouret.

MACBETH. – Prithee see there. Behold, look, lo – how say you?
Why, what care I? If thou canst nod, speak, too!
If charnel-houses and our graves must send
Those that we bury back, our monuments
Shall be the maws of kites. *Exit Ghost*
LADY MACBETH. – What, quite unmanned in folly?
MACBETH. – If I stand here, I saw him.
LADY MACBETH. – Fie, for shame!
MACBETH. – Blood hath been shed ere now, i'th' olden time,
Ere human statute purged the gentle weal;
Ay, and since, too, murders have been performed
Too terrible for the ear. The time has been
That, when the brains were out, the man would die,
And there an end. But now they rise again
With twenty mortal murders on their crowns,
And push us from our stools. This is more strange
Than such a murder is.
LADY MACBETH (*aloud*). – My worthy lord,
Your noble friends do lack you.
MACBETH. – I do forget.
Do not muse at me, my most worthy friends.
I have a strange infirmity which is nothing
To those that know me. Come, love and health to all,
Then I'll sit down. (*To an attendant*) Give me some wine. Fill full.
Enter Ghost
I drink to th' general joy of th'whole table,
And to our dear friend Banquo, whom we miss.
Would he were here. To all and him we thirst,
And all to all.
LORDS. – Our duties, and the pledge.
They drink
MACBETH (*seeing the Ghost*). – Avaunt, and quit my sight! Let the earth hide [thee.
Thy bones are marrowless, thy blood is cold.
Thou hast no speculation in those eyes
Which thou dost glare with.
LADY MACBETH. – Think of this, good peers,
But as a thing of custom. 'Tis no other;
Only it spoils the pleasure of the time.
MACBETH. – What man dare, I dare.
Approach thou like the ruggèd Russian bear,
The armed rhinoceros, or th'Hyrcan tiger;
Take any shape but that, and my firm nerves

---

77 time] *White (1857-1866)*; times *F.* 88 of] *Rowe (1709)*; o' *F.*

---

1. Soit une constatation désabusée, soit l'idée que le seul moyen d'empêcher les morts de revenir hanter les vivants serait de livrer leur cadavre aux oiseaux de proie. **2.** ***the gentle weal.*** Emploi de l'adjectif en valeur proleptique : ***gentle*** exprime le résultat de l'action

MACBETH. – Regarde ici de grâce ! Oh ! vois ! — Que dites-vous ?
Eh, que m'importe ? Si tu peux hocher la tête, parle aussi.
S'il faut que les charniers et les tombeaux nous rendent
Ceux que nous enterrons, nos mausolées seront
Le gésier des milans[1]. *Le Spectre sort*
LADY MACBETH. – Quoi ! la folie vous ôte tout courage ?
MACBETH. – Aussi vrai que je suis là, je l'ai vu.
LADY MACBETH. – Fi, quelle honte !
MACBETH. – Aux jours d'antan, déjà, on a versé le sang,
Avant que la loi humaine eût adouci les mœurs[2] ;
Et même aussi depuis, on a commis des meurtres
Trop affreux pour l'oreille. Il fut un temps
Où, la cervelle à l'air, la victime mourait,
Et tout était fini. Mais maintenant les morts reviennent,
Le crâne entamé de vingt blessures fatales,
Pour nous chasser de nos sièges[3]. C'est plus étrange
Que ne l'est un tel meurtre.
LADY MACBETH (*à haute voix*). – Mon seigneur respecté,
Vous manquez à vos nobles amis.
MACBETH. – Je m'oublie.
Ne soyez pas surpris, mes très dignes amis ;
Je souffre d'un mal étrange, mais qui n'est rien pour ceux
Qui me connaissent. Allons, je bois à la santé de tous
Et puis je m'assiérai. (*A un serviteur*) Du vin, et à pleins bords !
Entre le Spectre
Je bois à la joie de la table tout entière,
Et à notre cher ami Banquo, qui nous manque.
Que n'est-il parmi nous ! A tous et à lui nous buvons,
Nos amitiés à tous.
LES SEIGNEURS. – Nos respects, et ce toast !
Ils boivent
MACBETH (*apercevant le Spectre*). – Arrière ! disparais ! que la terre te cache !
Tes os n'ont pas de moelle et ton sang est glacé ;
Le regard de tes yeux est vide d'intelligence[4],
Malgré leurs éclairs furieux.
LADY MACBETH. – Ne voyez là, nobles pairs,
Qu'un malaise habituel, rien de plus ; seulement
Son tort est de gâter le plaisir du moment.
MACBETH. – Ce qu'un homme peut oser, je l'ose :
Approche sous l'aspect de l'ours hérissé de Russie,
Rhinocéros armé[5] ou tigre d'Hyrcanie[6] ;
Prends tout autre forme que celle-ci, et ma ferme vigueur

---

de *purged* sur l'objet *weal* (le corps social, la collectivité). **3.** *stools.* Le siège sur lequel Macbeth voulait s'asseoir, mais aussi le trône. **4.** *speculation.* Le regard comme manifestation d'une perception intelligente (archaïsme). **5.** *armed.* Armé de sa corne et protégé par sa peau, souvent représentée comme les pièces d'une armure. **6.** *Hyrcan.* L'Hyrcanie, contrée du sud de la mer Caspienne qui passait pour être peuplée de bêtes sauvages. Voir *Hamlet,* II,2,400.

Shall never tremble. Or be alive again,
And dare me to the desert with thy sword.
If trembling I inhabit then, protest me
The baby of a girl. Hence, horrible shadow,
Unreal mock'ry, hence ! *Exit Ghost*
Why so, being gone,
I am a man again. Pray you sit still.

LADY MACBETH. – You have displaced the mirth, broke the good meeting
With most admired disorder.

MACBETH. – Can such things be
And overcome us like a summer's cloud,
Without our special wonder ? You make me strange
Even to the disposition that I owe,
When now I think you can behold such sights
And keep the natural ruby of your cheeks
When mine is blanched with fear.

ROSS. – What sights, my lord ?

LADY MACBETH. – I pray you, speak not. He grows worse and worse.
Question enrages him. At once, good night.
Stand not upon the order of your going,
But go at once.

LENNOX. – Good night, and better health
Attend his majesty.

LADY MACBETH. – A kind good-night to all. *Exeunt Lords*

MACBETH. – It will have blood, they say. Blood will have blood.
Stones have been known to move, and trees to speak,
Augurs and understood relations have
By maggot-pies and choughs and rooks brought forth
The secret'st man of blood. What is the night ?

LADY MACBETH. – Almost at odds with morning, which is which.

MACBETH. – How sayst thou that Macduff denies his person
At our great bidding ?

LADY MACBETH. – Did you send to him, sir ?

MACBETH. – I hear it by the way, but I will send.
There's not a one of them but in his house
I keep a servant fee'd. I will tomorrow,
And betimes I will, to the weird sisters.
More shall they speak, for now I am bent to know
By the worst means the worst. For mine own good
All causes shall give way. I am in blood
Stepped in so far that, should I wade no more,
Returning were as tedious as go o'er.
Strange things I have in head that will to hand,
Which must be acted ere they may be scanned.

---

104 I inhabit then] *F* ; I inhibit, then *Pope (1723-1725)* ; *nombreuses conjectures.*

---

1. Sens controversé. On peut aussi comprendre : « si je me claquemure tout tremblant ». **2.** *baby.* Pouvait signifier aussi « poupée ». **3.** *Augurs.* La graphie de l'in-folio (*Augures*) était à la fois celle d'« augurs » (présages) et d'« auguries » (devins).

Ne tremblera jamais ; ou reviens à la vie,
Et défie-moi à l'épée, en un lieu désert,
Si le tremblement me prend alors[1], qu'on me traite
De petite fille[2]. Hors d'ici, ombre horrible !
Vaine chimère, hors d'ici ! *Le Spectre sort*
Voilà, c'est fait ; lui parti,
Je redeviens un homme. Restez assis, de grâce.

LADY MACBETH. – Vos étonnants désordres ont banni la joie,
Désuni cette bonne assemblée.

MACBETH. – Voir de semblables choses
Naître et fondre sur nous comme un nuage d'été
Sans être stupéfait ? Vous me faites douter
Des fondements mêmes de ma propre nature
En songeant que vous pouvez voir ce spectacle
Et vos joues garder leur rubis naturel
Quand la peur blêmit la mienne.

ROSS. – Quel spectacle, monseigneur ?

LADY MACBETH. – Pas un mot, je vous prie ; il va de mal en pis.
Les questions le rendent furieux. Sans plus tarder, bonsoir :
Ne vous souciez pas de l'ordre des préséances,
Mais partez sans tarder.

LENNOX. – Bonsoir, et meilleure santé
A Sa Majesté !

LADY MACBETH. – A tous un cordial bonsoir ! *Les Seigneurs sortent*

MACBETH. – Cela veut du sang, dit-on. Le sang veut du sang.
Les pierres peuvent remuer, et les arbres parler ;
Les augures[3] et les rapports de faits déchiffrés[4]
Au moyen de pies, choucas et freux ont démasqué
L'homme de sang le mieux déguisé. Où en est la nuit ?

LADY MACBETH. – Presque à débattre avec le matin qui l'emportera.

MACBETH. – Que dis-tu de ceci, que Macduff se dérobe
A nos ordres royaux ?

LADY MACBETH. – L'avez-vous mandé, Sire ?

MACBETH. – Je l'ai appris incidemment ; mais j'enverrai chez lui.
Il n'y en a pas un chez qui je n'entretienne
Un serviteur gagé. J'irai trouver demain –
Dès demain de bonne heure – les sœurs fatales :
Je les ferai parler, car je veux à présent savoir
Le pis par les pires moyens. Tout doit céder
Devant mon bien. Dans le sang j'ai tant avancé
Que, si je n'allais pas plus loin, revenir en arrière
Serait aussi pénible que de franchir la rivière[5].
Je nourris d'étranges desseins, plus tard exécutés,
Tels qu'il faudra les accomplir avant d'en discuter.

L'ambiguïté du français « augures » permet de comprendre des deux façons. **4.** *understood relations.* Sens controversé. C'est l'exégèse de Samuel Johnson qui paraît la plus convaincante ; l'art de l'augure consiste à percevoir les rapports secrets entre des signes que rien ne semble rapprocher. **5.** L'image est celle d'un homme qui traverse une rivière de sang ; elle est suggérée par *stepped in* et *wade,* qui signifient « entrer » et « avancer » dans un liquide.

LADY MACBETH. – You lack the season of all natures, sleep.
MACBETH. – Come, we'll to sleep. My strange and self-abuse
Is the initiate fear that wants hard use.
We are yet but young in deed. *Exeunt*

III, 5 *Thunder. Enter the three Witches meeting Hecate*

1 WITCH. – Why, how now, Hecate? You look angerly.
HECATE. – Have I not reason, beldams as you are?
Saucy and over-bold, how did you dare
To trade and traffic with Macbeth
In riddles and affairs of death,
And I, the mistress of your charms,
The close contriver of all harms,
Was never called to bear my part
Or show the glory of our art? –
And, which is worse, all you have done
Hath been but for a wayward son,
Spiteful and wrathful, who, as others do,
Loves for his own ends, not for you.
But make amends now. Get you gone,
And at the pit of Acheron
Meet me i'th' morning. Thither he
Will come to know his destiny.
Your vessels and your spells provide,
Your charms and everything beside.
I am for th'air. This night I'll spend
Unto a dismal and a fatal end.
Great business must be wrought ere noon.
Upon the corner of the moon
There hangs a vap'rous drop profound.
I'll catch it ere it come to ground,
And that, distilled by magic sleights,
Shall raise such artificial sprites
As by the strength of their illusion
Shall draw him on to his confusion.
He shall spurn fate, scorn death, and bear
His hopes 'bove wisdom, grace, and fear;
And you all know security
Is mortals' chiefest enemy.

---

143 in deed] *Theobald (1733)*; indeed *F.*

---

1. Macbeth et sa femme n'apparaîtront plus jamais ensemble sur scène après cet entretien. 2. Lieu : probablement une lande. 3. Pour les trente-trois premiers vers de cette scène, l'excellente transposition rimée de Jules Derocquigny a été presque intégralement conservée. 4. *wayward.* « Têtu », « contrariant ». 5. L'Achéron est le fleuve des enfers que doivent traverser les âmes pour accéder à l'empire des morts. Par

LADY MACBETH. – Le sommeil, cordial de tous les êtres, vous fait défaut.
MACBETH. – Oui, allons dormir. Mon délire étrange et moins que sage
Est peur de novice qu'endurcira l'usage.
Nous n'en sommes encore qu'à nos tout premiers pas[1]. *Ils sortent*

Tonnerre. Entrent les trois Sorcières qui rencontrent Hécate[2] **III, 5**

1re SORCIÈRE[3]. – Hécate, qu'est-ce donc ? Vous semblez courroucée.
HÉCATE. – N'en ai-je pas sujet, insolentes commères,
Impudentes mégères ? Vous osez, téméraires,
Avoir avec Macbeth commerce et rapports,
Trafic d'énigmes, de choses de mort ;
Et moi, bien que vos charmes je régisse,
Que j'opère en secret tout maléfice,
Vous m'empêchez, me tenant à l'écart,
De lui montrer la gloire de mon art ? –
Et, qui pis est, tout ce que votre art fit,
N'a été fait que pour ce méchant[4] fils,
Mauvais, colère, et qui, comme ils font tous,
Vous aime pour ses fins et non pour vous.
Mais, réparez vos torts : il faut vous rendre
Au puits de l'Achéron[5] et m'y attendre,
Car c'est là qu'il viendra demain matin,
Afin de s'informer de son destin.
Venez avec chaudrons, charmes funestes,
Vos sortilèges et tout le reste.
Je gagne l'air et passerai la nuit
A un dessein fatal et gros d'ennuis.
D'ici midi ma tâche est peu commune ;
Là-haut, à une corne de la lune,
Pend une goutte[6] allongée[7] et légère :
Je la prendrai avant qu'elle n'aille à terre.
La distillant par procédés magiques,
J'en tirerai des esprits maléfiques,
Qui, le menant par leur illusion,
L'attireront vers sa confusion :
Il mettra sous le pied fortune, mort,
Vertu, sagesse et peur, bravant le sort ;
Et chacun sait que pour l'humanité
Le grand danger est la sécurité[8].

---

extension, les enfers. **6.** *a vap'rous drop.* Certains commentateurs voient ici une allusion au *virus lunare,* « suc lunaire », sorte de bave que la lune était supposée répandre sur certaines plantes en réponse à des incantations magiques. **7.** *profound.* Selon Samuel Johnson, « pleine de vertus secrètes » plutôt qu'« allongée et prête à tomber ». **8.** Vers 30-33 : littéralement : « Il narguera le destin, fera fi de la mort, / Et mettra ses espoirs plus haut que sagesse, grâce et crainte ; / Or, vous toutes le savez, se sentir en sécurité / Est ce qui aux mortels cause le plus grand tort. » *Security* annonce le sentiment trompeur de sécurité qu'éprouvera Macbeth après les prophéties de IV,1.

SPIRITS (*singing dispersedly within*). – Come away, come away.
Hecate, Hecate, come away.
HECATE. – Hark, I am called! My little spirit, see,
Sits in a foggy cloud and stays for me.
The Song
SPIRITS [*within*]. – Come away, come away,
Hecate, Hecate, come away.
HECATE. – I come, I come, I come, I come,
With all the speed I may,
With all the speed I may.
Where's Stadlin?
SPIRIT [*within*]. – Here.
HECATE. – Where's Puckle?
ANOTHER SPIRIT [*within*]. – Here.
OTHER SPIRITS [*within*]. – And Hoppo, too, and Hellwain, too,
We lack but you, we lack but you.
Come away, make up the count.
HECATE. – I will but 'noint, and then I mount.
[*Spirits appear above.*] *A Spirit like a Cat descends*
SPIRITS [*above*]. – There's one comes down to fetch his dues,
A kiss, a coll, a sip of blood,
And why thou stay'st so long I muse, I muse,
Since the air's so sweet and good.
HECATE. – O, art thou come? What news, what news?
SPIRIT LIKE A CAT. – All goes still to our delight.
Either come, or else refuse, refuse.
HECATE. – Now I am furnished for the flight.
She ascends with the spirit and sings
Now I go, now I fly,
Malkin my sweet spirit and I.
[SPIRITS *and* HECATE]. – O what a dainty pleasure 'tis
To ride in the air
When the moon shines fair,
And sing, and dance, and toy, and kiss.
Over woods, high rocks and mountains,

---

34 SPIRITS ... within)] *Oxford*; *Musicke, and a Song. F*; *Song : in the aire. Middleton.* **34-35** Come ... away] *Middleton*; *pas dans F.* **37.IS-73** *The Song* ... reach] *Middleton (sauf comme indiqué ci-après)*; *Sing within. Come away, come away, &c. F.* **38** SPIRITS *within*] *Oxford*; *dans Middleton comme III,5,34 variante (ceci ne figurant qu'une fois dans Middleton ; voir la variante suivante)*; *Sing within. édition de 1673.* **38-39** Come ... away] *Middleton (ces vers, déjà repris en 34-35 par Oxford, ne figurent qu'une fois dans Middleton).* **43** SPIRIT *within*] *Oxford*; *in the aire. Middleton.* **43** ANOTHER SPIRIT *within*] *Oxford*; *encore* HECATE *dans Middleton.* **44** OTHER SPIRITS *within*] *Oxford*; *in the aire Middleton.* **48** SPIRITS *above*] *Oxford*; *above Middleton.* **53** SPIRIT LIKE A CAT] *Ellis (1887-1890 ; édition de Middleton)*; *pas dans Middleton.* **55.IS** *She ... sings*] *Oxford*; *Hec. going up Middleton.* **58** SPIRITS *and* HECATE] *Oxford*; *encore* HECATE *seule dans Middleton.*

DES ESPRITS (*chantant en divers endroits à l'intérieur*). – Allons[1], viens ; allons, [viens,
Hécate, Hécate, allons, viens.
HÉCATE. – Écoutez, on m'appelle ! et mon mignon esprit
M'attend dans la nuée brumeuse où il est assis.

La Chanson

DES ESPRITS [*à l'intérieur*]. – Allons, viens ; allons, viens,
Hécate, Hécate, allons, viens.
HÉCATE. – Voilà, je viens, voilà, je viens,
Aussi vite que je puis,
Aussi vite que je puis.
Où est Stadlin[2] ?
UN ESPRIT [*à l'intérieur*]. – Ici.
HÉCATE. – Où est Puckle ?
UN AUTRE ESPRIT [*à l'intérieur*]. – Ici.
D'AUTRES ESPRITS [*à l'intérieur*]. – Et aussi Lebond, et aussi Chardenfer,
Vous seule manquez, vous seule manquez !
Allons, venez, venez faire le compte.
HÉCATE. – Le temps de m'oindre d'onguent[3], et je monte.

[*Des Esprits apparaissent en haut.*] *Un Esprit en forme de Chat*[4] *descend*

DES ESPRITS [*en haut*]. – Venu quérir son dû, le voici qui descend,
Un baiser, une étreinte[5], une gorgée de sang ;
Et je ne sais pourquoi tu tardes si longtemps,
Quand dans cet air si doux on trouve son content.
HÉCATE. – Ah ! te voici donc ! Où en est-on ? Où en est-on ?
L'ESPRIT-CHAT. – Tout se passe encore comme nous le souhaitons.
Viens vite, ou bien dis non, dis non.
HÉCATE. – Je suis fin prête, et nous nous envolons.

Elle s'élève avec l'esprit et chante

Me voici envolée, oui, me voici partie,
A côté de Misti, mon esprit si gentil.
[LES ESPRITS *et* HÉCATE]. – Quel plaisir ravissant
De traverser les airs
Quand la lune brille si clair,
Au milieu des chants, des danses, des baisers caressants !
Au-dessus des forêts, des rochers et des monts,

---

1. Le texte de l'in-folio* de 1623 ne donne que les premiers mots de ce « Chant des Esprits », les deux vers attribués à Hécate (36-37) et le vers final prononcé par la Première Sorcière (74). Tout le reste (35 et 38-73) apparaît dans *La Sorcière* de Middleton* (voir ci-dessus Introduction, « Date et Texte »). Hécate joue un rôle important dans l'action dramatique de *La Sorcière,* alors que sa présence dans *Macbeth* peut être ressentie comme une fâcheuse intrusion. La différence de tonalité qui sépare cette scène de I,1 et I,3 est immédiatement perceptible. 2. Dans *La Sorcière,* Stadlin, Puckle, Hoppo et Hellwain sont des esprits féminins. On a donné un équivalent français des noms dont le sens n'est pas discutable. 3. *'noint.* Pour « anoint (myself) ». On supposait que les sorcières* se préparaient à s'élancer dans les airs en s'enduisant d'onguents (dont certains des ingrédients sont énumérés en IV,1). 4. *A Spirit like a Cat.* Il s'agit de Malkin (III,5,57 ci-dessous), le démon familier d'Hécate. Comparer ci-dessus I,1,8 : *Grimalkin.* 5. *coll.* Peut-être dérivé du français « accoler ».

Over seas and misty fountains,
Over steeples, towers and turrets,
We fly by night 'mongst troops of spirits.
No ring of bells to our ears sounds,
No howls of wolves, no yelps of hounds.
No, not the noise of waters-breach
Or cannons' throat our height can reach.
SPIRITS [*above*]. – No ring of bells to our ears sounds,
No howls of wolves, no yelps of hounds.
No, not the noise of waters-breach
Or cannons' throat our height can reach.
Exeunt into the heavens the Spirit like a Cat and Hecate
1 WITCH. – Come, let's make haste. She'll soon be back again.
Exeunt

III, 6 *Enter Lennox and another Lord*

LENNOX. – My former speeches have but hit your thoughts,
Which can interpret farther. Only I say
Things have been strangely borne. The gracious Duncan
Was pitied of Macbeth : marry, he was dead ;
And the right valiant Banquo walked too late,
Whom you may say, if't please you, Fleance killed,
For Fleance fled : men must not walk too late.
Who cannot want the thought how monstrous
It was for Malcolm and for Donalbain
To kill their gracious father ? Damnèd fact,
How it did grieve Macbeth ! Did he not straight
In pious rage the two delinquents tear,
That were the slaves of drink, and thralls of sleep ?
Was not that nobly done ? Ay, and wisely too,
For 'twould have angered any heart alive
To hear the men deny't. So that I say
He has borne all things well, and I do think
That had he Duncan's sons under his key –
As, an't please heaven, he shall not – they should find
What 'twere to kill a father. So should Fleance.
But peace, for from broad words, and 'cause he failed
His presence at the tyrant's feast, I hear
Macduff lives in disgrace. Sir, can you tell
Where he bestows himself ?
LORD. – The son of Duncan
From whom this tyrant holds the due of birth
Lives in the English court, and is received
Of the most pious Edward with such grace

---

63 and misty] *Davenant (1674)* ; *our Mistris Middleton.* **64** steeples] *édition de 1673 et Davenant (1674)* ; *Steepe Middleton.* **70** SPIRITS *above*] *Oxford* ; *pas dans Middleton.* **73.IS** *Exeunt ... Hecate*] *Oxford* ; *pas dans Middleton* ; *pas dans F.* **III,6 24** son] *Theobald (1733)* ; Sonnes *F.*

Survolant océans et sources embrumées,
Au-dessus des tourelles, des tours et des clochers,
Parmi une suite d'esprits, dans la nuit nous volons.
Aucun son de cloches ne peut nous atteindre,
Ni hurlement de loups, ni jappement de meutes.
Non, pas même le bruit des vagues qui se heurtent,
Ni la voix du canon ne peuvent nous rejoindre.

LES ESPRITS [*en haut*]. – Aucun son de cloches ne peut nous atteindre,
Ni hurlement de loups, ni jappement de meutes.
Non, pas même le bruit des vagues qui se heurtent,
Ni la voix du canon ne peuvent nous rejoindre.

L'Esprit en forme de Chat et Hécate disparaissent dans les cieux

1re SORCIÈRE. – Dépêchons-nous ! Bientôt elle sera de retour.

Elles sortent

Entrent Lennox et un autre Seigneur[1] **III, 6**

LENNOX. – Mes précédents propos n'ont fait que rencontrer
Vos pensées, qui pourront vous en dire un peu plus :
Les choses ont été conduites étrangement, voilà tout.
Le pieux Duncan fut pleuré par Macbeth : parbleu, il était mort.
Le très vaillant Banquo s'attarda sur les routes ;
Dites, si cela vous agrée, que Fléance l'a tué,
Puisqu'il a fui. Il est malsain de s'attarder en route.
Qui pourrait s'empêcher[2] de trouver monstrueux
Que Malcolm et Donalbain aient assassiné
Leur vénérable père ? Quel acte diabolique !
Quel deuil en eut Macbeth ! Dans sa pieuse fureur,
Ne mit-il pas aussitôt en pièces les deux coupables,
Esclaves de l'ivresse et captifs du sommeil ?
Noble action, n'est-ce pas ? Certes, et prudente aussi,
Car la colère eût gagné le cœur de quiconque
Les eût entendus nier. Et c'est pourquoi je dis
Qu'il a bien conduit son affaire, et je suis sûr
Que, s'il tenait sous clef les deux fils de Duncan –
Ce qu'au ciel ne plaise – ils verraient ce qu'il en coûte
D'assassiner un père – et Fléance de même.
Mais assez là-dessus ! Car, pour son franc-parler,
Et pour s'être abstenu d'assister au banquet
Du tyran[3], Macduff, m'a-t-on dit, est en disgrâce.
Savez-vous, monsieur, où il se tient ?

LE SEIGNEUR. – Le fils de Duncan,
Dont ce tyran usurpe le droit de naissance,
Vit à la cour d'Angleterre, et y est reçu
Par le très pieux Édouard[4] avec des égards tels

---

1. Lieu : quelque part en Écosse. 2. *cannot want.* La double négation n'équivaut pas à une affirmation, mais prend une valeur intensive, comme souvent chez Sh. 3. *tyrant.* Premier emploi de ce mot, répété encore quatorze fois par la suite. 4. Édouard le Confesseur, roi d'Angleterre (1042-1066), canonisé en 1161.

That the malevolence of fortune nothing
Takes from his high respect. Thither Macduff
Is gone to pray the holy King upon his aid
To wake Northumberland and warlike Siward,
That by the help of these – with Him above
To ratify the work – we may again
Give to our tables meat, sleep to our nights,
Free from our feasts and banquets bloody knives,
Do faithful homage, and receive free honours,
All which we pine for now. And this report
Hath so exasperate their king that he
Prepares for some attempt of war.
LENNOX. – Sent he to Macduff?
LORD. – He did, and with an absolute "Sir, not I,"
The cloudy messenger turns me his back
And hums, as who should say "You'll rue the time
That clogs me with this answer."
LENNOX. – And that well might
Advise him to a caution t'hold what distance
His wisdom can provide. Some holy angel
Fly to the court of England and unfold
His message ere he come, that a swift blessing
May soon return to this our suffering country
Under a hand accursed.
LORD. – I'll send my prayers with him. *Exeunt*

IV, 1 *A Cauldron. Thunder. Enter the three Witches*

1 WITCH. – Thrice the brinded cat hath mewed.
2 WITCH. – Thrice, and once the hedge-pig whined.
3 WITCH. – Harpier cries "'Tis time, 'tis time."
1 WITCH. – Round about the cauldron go,
In the poisoned entrails throw.
Toad that under cold stone
Days and nights has thirty-one
Sweltered venom sleeping got,
Boil thou first i'th' charmèd pot.
ALL. – Double, double, toil and trouble,
Fire burn, and cauldron bubble.

---

38 their] *F*; the *Hanmer (1744).*

---

1. *Northumberland.* Comme le souligne Muir, soit Sh avait oublié que Siward était comte de Northumberland, soit le nom désigne les habitants du comté. **2.** *their king.* Sens controversé. Certains comprennent qu'il s'agit de Macbeth, et lisent *the king.* D'autres font remarquer que Macbeth est surpris d'apprendre la fuite de Macduff à la fin de IV,1 (158), et qu'il ne peut donc s'agir que d'Édouard dont les préparatifs guerriers sont mentionnés à nouveau en IV,3. **3.** *he.* Il ne peut s'agir ici que de Macbeth, ce qui peut incliner à

Que la méchanceté du sort n'enlève rien
Au grand respect qu'on lui témoigne. C'est là que Macduff
Est parti implorer le saint roi de l'aider
A enrôler le Northumberland[1] sous le preux Siward,
Afin qu'avec leur aide, et l'appui du Très-Haut
Pour sanctionner l'ouvrage, nous puissions redonner
Nourriture à nos tables et sommeil à nos nuits,
Bannir les couteaux sanglants de nos fêtes et banquets,
Faire hommage loyal, recevoir francs honneurs,
Tous biens auxquels nous aspirons. Et ce rapport
A tant exaspéré leur roi[2] qu'il se prépare
En vue de quelque entreprise guerrière.

LENNOX. – A-t-il[3] envoyé chercher Macduff ?

LE SEIGNEUR. – Oui, et chargé d'un péremptoire « Certes non, monsieur »,
Son messager rembruni tourna les talons, grognant
Comme qui dirait : « Vous regretterez l'instant
Qui m'empêtre dans cette réponse. »

LENNOX. – Voilà qui pourrait
L'avertir de garder prudemment la distance
Que sa sagesse peut lui inspirer. Puisse un saint ange
Voler à la cour d'Angleterre et y faire entendre
Son message avant que lui n'arrive, afin qu'au plus vite
Une prompte bénédiction vienne réconforter
Notre pays souffrant sous une main maudite !

LE SEIGNEUR. – Mes prières l'accompagnent. *Ils sortent*

Un Chaudron. Tonnerre. Entrent les trois Sorcières[4] **IV, 1**

1re SORCIÈRE. – Trois fois le chat moucheté a miaulé.

2e SORCIÈRE. – Trois et une le hérisson a piaulé.

3e SORCIÈRE. – Harpie[5] me crie : Il est temps ! Il est temps !

1re SORCIÈRE. – Tout autour du chaudron qu'on aille[6],
Y jetant poison et entrailles !
Crapaud, qui, sous la froide pierre,
As, pendant une lune entière,
Dormant, mijoté ton venin,
Bous le premier dans le magique bassin.

ENSEMBLE. – Mêlons, touillons et retouillons ;
Chaudron, bouillonne à gros bouillons[7] !

---

penser que *their king* (38) le désigne aussi. A cette ambiguïté s'ajoute la difficulté offerte par III,6,46-50 qui impliquent que Macduff n'est pas encore arrivé à la cour d'Angleterre, et qu'il ne peut donc avoir déjà présenté son « rapport » à Édouard. **4.** Lieu : probablement une caverne. **5.** *Harpier.* Le démon familier de la Troisième Sorcière. *OED* suppose qu'il s'agit d'une erreur de transcription pour « harpy ». **6.** Les tétramètres rimés de ces incantations se prêtent mal à une traduction proche de l'original. On a donc conservé en grande partie l'adaptation de Derocquigny, en s'efforçant ici et là de la rapprocher du texte. **7.** Littéralement : Redoublons, redoublons d'efforts et de peine, / Feu, brûle, et chaudron, bouillonne.

2 WITCH. – Fillet of a fenny snake,
In the cauldron boil and bake.
Eye of newt and toe of frog,
Wool of bat and tongue of dog,
Adder's fork and blind-worm's sting,
Lizard's leg and owlet's wing,
For a charm of powerful trouble,
Like a hell-broth boil and bubble.
ALL. – Double, double, toil and trouble,
Fire burn, and cauldron bubble.
3 WITCH. – Scale of dragon, tooth of wolf,
Witches' mummy, maw and gulf
Of the ravined salt-sea shark,
Root of hemlock digged i'th' dark,
Liver of blaspheming Jew,
Gall of goat, and slips of yew
Slivered in the moon's eclipse,
Nose of Turk, and Tartar's lips,
Finger of birth-strangled babe
Ditch-delivered by a drab,
Make the gruel thick and slab.
Add thereto a tiger's chaudron
For th'ingredience of our cauldron.
ALL. – Double, double, toil and trouble,
Fire burn, and cauldron bubble.
2 WITCH. – Cool it with a baboon's blood,
Then the charm is firm and good.

Enter Hecate and the other three Witches

HECATE. – O, well done ! I commend your pains,
And everyone shall share i'th' gains.
And now about the cauldron sing
Like elves and fairies in a ring,
Enchanting all that you put in.

Music and a song

HECATE. – Black spirits and white, red spirits and grey,
Mingle, mingle, mingle, you that mingle may.
4 WITCH. – Titty, Tiffin, keep it stiff in ;
Firedrake, Puckey, make it lucky ;
Liard, Robin, you must bob in.

---

23 Witches'] *F* (Witches). **43.IS-60** *Music* ... out] *Middleton (sauf comme indiqué ci-après)* ; *Blacke Spirits, &c. F.* **43.IS** *Music ... song*] *Oxford* ; *A Charme Song : about a Vessell. Middleton.* **44** HECATE] *Davenant (1674)* ; *dans Middleton* HECATE *dit* « stir : stir about : whilst I begin the *Charme* » *et il semble qu'elle chante les vers 44-50.* **46** FOURTH WITCH] *Oxford* ; *pas dans Middleton.* **48** Liard] *Ellis (1887-1890 ; édition de Middleton).*

---

1. *bake.* Signifie ici « durcir sous l'effet de la chaleur ». **2.** *Witches' mummy.* La « poudre de momie », préparée à partir de cadavres desséchés, était employée non seulement dans les pratiques de sorcellerie*, mais aussi à des fins médicales. **3.** *gulf.* Par dérivation du sens de « gouffre béant », signifie ici un gosier à la voracité insatiable. **4.** *ravined.* Soit

2e SORCIÈRE. – Filet d'un serpent des marais,
Durcis[1] dans le chaudron bouillant ;
Œil de triton, orteil de rainette,
Laine de chauve-souris, langue de chien,
Fourche d'aspic, dard d'orvet,
Patte de lézard, aile d'effraie,
Pour composer charme puissant,
Bouillon d'enfer, va bouillonnant.
ENSEMBLE. – Mêlons, touillons et retouillons ;
Chaudron, bouillonne à gros bouillons !
3e SORCIÈRE. – Écaillle de dragon, dent de loup,
Momie de sorcière[2], panse et gosier[3]
Du requin de mer glouton[4],
Racine de ciguë déterrée la nuit,
Foie de juif blasphémateur,
Fiel de bouc et rameau d'if
Cassés pendant une éclipse de lune,
Nez de Turc et lèvre de Tartare,
Doigt de bébé étranglé à sa naissance
Mis bas dans un fossé par une putain,
Font un brouet épais et visqueux.
Ajoutez des tripes[5] de tigre
Aux ingrédients de notre chaudron.
ENSEMBLE. – Mêlons, touillons et retouillons ;
Chaudron, bouillonne à gros bouillons !
2e SORCIÈRE. – Pour refroidir, sang de babouin.
Ainsi le charme est bien à point.

Entrent Hécate et les trois autres Sorcières

HÉCATE. – Bravo, bravo ! Soyez louées pour vos peines ;
Chacune aura la part qui est la sienne.
A présent chantons autour du chaudron,
Comme lutins et fées dansons en rond,
Ensorcelons tout ce qui est au fond.

Musique et une chanson[6]

HÉCATE. – Noirs, blancs, rouges et gris, esprits, à nous venez,
Mêlez-vous au bouillon, vous tous qui le pouvez.
4e SORCIÈRE. – Tétin et Goulu, visqueux comme glu ;
Follet et Farceux, rendez-le chanceux ;
Grison et Robin, sautez dans le bain[7].

équivalent de « ravenous » (vorace), soit pris dans un sens résultatif (gorgé des proies dévorées). 5. *chaudron.* Désignait les boyaux d'animaux, en particulier lorsqu'ils étaient préparés pour être consommés. 6. Le chant et l'incantation qui suivent proviennent de *La Sorcière* de Middleton*. Voir ci-dessus III,5,34 note. 7. Certains des noms de ces esprits suggèrent un trait caractéristique ; d'autres sont empruntés au folklore. *Titty* évoque « tit », forme vulgaire de « teat » (tétine, bout de sein). *Tiffin* renvoie peut-être à « tiff » (boisson alcoolique). *Firedrake* peut rappeler un dragon mythologique, ou signifier « feu follet ». *Puckey* est proche de *Puck,* le lutin facétieux qui apparaît dans *Songe d'une nuit d'été. Liard* signifiait « gris », mais est aussi phonétiquement apparenté à « liar » (menteur). *Robin* (Goodfellow) était un autre nom de *Puck.* Les traductions proposées visent à reproduire les rimes internes de l'original.

ALL. – Round, around, around, about, about,
All ill come running in, all good keep out.
4 WITCH. – Here's the blood of a bat.
HECATE. – Put in that, O put in that!
5 WITCH. – Here's leopard's bane.
HECATE. – Put in a grain.
4 WITCH. – The juice of toad, the oil of adder.
5 WITCH. – Those will make the younker madder.
HECATE. – Put in, there's all, and rid the stench.
A WITCH. – Nay, here's three ounces of a red-haired wench.
ALL. – Round, around, around, about, about,
All ill come running in, all good keep out.
2 WITCH. – By the pricking of my thumbs,
Something wicked this way comes.

[*Knock within*]

Open, locks, whoever knocks.

Enter Macbeth

MACBETH. – How now, you secret, black, and midnight hags,
What is't you do?
ALL THE WITCHES. – A deed without a name.
MACBETH. – I conjure you by that which you profess,
Howe'er you come to know it, answer me.
Though you untie the winds and let them fight
Against the churches, though the yeasty waves
Confound and swallow navigation up,
Though bladed corn be lodged and trees blown down,
Though castles topple on their warders' heads,
Though palaces and pyramids do slope
Their heads to their foundations, though the treasure
Of nature's germens tumble all together
Even till destruction sicken, answer me
To what I ask you.
1 WITCH. – Speak.
2 WITCH. – Demand.
3 WITCH. – We'll answer.
1 WITCH. – Say if thou'dst rather hear it from our mouths
Or from our masters.
MACBETH. – Call 'em, let me see 'em.
1 WITCH. – Pour in sow's blood that hath eaten
Her nine farrow; grease that's sweaten
From the murderer's gibbet throw

---

49 ALL] *Davenant (1674; Chor[us].)*; *pas dans Middleton.* **51** FOURTH] *Oxford*; *attribué à* FIRST *dans Middleton.* **53, 56** FIFTH] *Oxford*; *attribué à* SECOND *dans Middleton.* **53** leopard's] *Middleton* (*Libbards*); Lizards brain *Davenant (1674).* **54** a grain] *Davenant (1674)*; againe *Middleton.* **55** FOURTH] *Oxford*; *attribué à* FIRST *dans Middleton.* **58** A WITCH] *Oxford*; *Firestone. Middleton.* **58** a] *Davenant (1674)*; the *Middleton.* **59-60** ALL Round ... out] *Oxford (reprise de 49-50)*; *all Round : around : around &c : /. Middleton.* **75** germens] *Pope (1723-1725*; germains*)*; Germaine *F.* **75** all together] *F* (altogether).

ENSEMBLE. – Tournons, tournons, tournons, continuons notre ronde,
Écartons tout le bien, que tout le mal s'y fonde !
4e SORCIÈRE. – D'une chauve-souris, voici le sang.
HÉCATE. – Mettez-le, oh ! oui, mettez-le dedans !
5e SORCIÈRE. – Et de l'herbe aux panthères.
HÉCATE. – Pas plus d'une cuillère.
4e SORCIÈRE. – Huile d'aspic, jus de crapaud.
5e SORCIÈRE. – Propres à échauffer le damoiseau[1].
HÉCATE. – Mettez-les, et chassez ces relents ; tout y est.
UNE SORCIÈRE. – Pas vraiment ; trois onces de rouquine[2], et ce sera parfait.
ENSEMBLE. – Tournons, tournons, tournons, continuons notre ronde,
Écartons tout le bien, que tout le mal s'y fonde !
2e SORCIÈRE. – Mon pouce me pique et me dit
Que s'approche quelque maudit.

[*On frappe à l'intérieur*]

Ouvrez, verrous, à quiconque frappe chez nous.

Entre Macbeth

MACBETH. – Eh bien, mystérieuses vieilles des noirs minuits,
Que faites-vous ?
LES SORCIÈRES. – Une œuvre qui n'a pas de nom.
MACBETH. – Au moyen de votre art, quelle qu'en soit la source,
Répondez à mes questions, je vous en conjure.
Dussiez-vous déchaîner les vents et les lancer
A l'assaut des églises, dussent les flots écumants
Ruiner puis engloutir tous les vaisseaux qu'ils portent,
Les blés en herbe être couchés, les arbres arrachés,
Les châteaux s'écrouler sur la tête de leurs gardiens,
Pyramides et palais incliner leur front
Jusqu'à leurs fondations, dût le trésor des germes
De la nature être confondu en chaos
Au point de dégoûter la destruction elle-même,
Répondez-moi.
1re SORCIÈRE. – Parle.
2e SORCIÈRE. – Interroge.
3e SORCIÈRE. – Nous répondrons.
1re SORCIÈRE. – Dis si tu préfères le tenir de notre bouche
Ou de nos maîtres.
MACBETH. – Qu'on les appelle ! Je veux les voir.
1re SORCIÈRE. – Dans le chaudron versez du sang
De truie qui engloutit dans sa panse
Ses neuf petits ; et dans le feu qu'on lance
La graisse qui suinta[3] de la potence

---

1. *younker.* Sens voisin de « youngster » (jeune homme), auquel s'ajoutent les connotations de « fêtard » appartenant au « beau monde ». **2.** *a red-haired wench.* Le texte de Middleton* (« the red-haired wench ») renvoie à un passage de *La Sorcière* où Hécate dit : « And fetch three ounces of the red-haired girl / I killed last midnight ». (Qu'on apporte trois onces de la petite rouquine / Que j'ai tuée hier à minuit). Les cheveux roux étaient supposés être le signe de propriétés malignes. **3.** *sweaten.* Cette forme poétique du participe passé de « to sweat » (suer, exsuder) est appelée par la rime (*eaten*).

Into the flame.
ALL THE WITCHES. – Come high or low,
Thyself and office deftly show.
Thunder. First Apparition : an armed head

MACBETH. – Tell me, thou unknown power –
1 WITCH. – He knows thy thought.
Hear his speech, but say thou naught.
1 APPARITION. – Macbeth, Macbeth, Macbeth, beware Macduff,
Beware the Thane of Fife. Dismiss me. Enough.
Apparition descends

MACBETH. – Whate'er thou art, for thy good caution thanks.
Thou hast harped my fear aright. But one word more –
1 WITCH. – He will not be commanded. Here's another,
More potent than the first.
Thunder. Second Apparition : a bloody child

2 APPARITION. – Macbeth, Macbeth, Macbeth.
MACBETH. – Had I three ears I'd hear thee.
2 APPARITION. – Be bloody, bold, and resolute. Laugh to scorn
The power of man, for none of woman born
Shall harm Macbeth.
Apparition descends

MACBETH. – Then live, Macduff – what need I fear of thee ?
But yet I'll make assurance double sure,
And take a bond of fate thou shalt not live,
That I may tell pale-hearted fear it lies,
And sleep in spite of thunder.
Thunder. Third Apparition : a child crowned, with a tree in his hand

What is this
That rises like the issue of a king,
And wears upon his baby-brow the round
And top of sovereignty ?
ALL THE WITCHES. – Listen, but speak not to't.
3 APPARITION. – Be lion-mettled, proud, and take no care
Who chafes, who frets, or where conspirers are.
Macbeth shall never vanquished be until
Great Birnam Wood to high Dunsinane Hill
Shall come against him.
Apparition descends

MACBETH. – That will never be.
Who can impress the forest, bid the tree
Unfix his earth-bound root ? Sweet bodements, good !
Rebellious dead, rise never till the wood

---

99 assurance] *Pope (1723-1725)* ; assurance : *Middleton.* **109** Dunsinane] *Rowe (1709)* ; Dunsmane *F.*

---

1. *round.* Voir ci-dessus I,5,24. Macbeth et son épouse emploient la même métaphore pour désigner la couronne : le cercle, symbole de perfection. **2.** *top.* Au sens abstrait de « degré suprême », ou peut-être concrètement, la partie supérieure de la cou-

D'un assassin.

LES SORCIÈRES. – Que tu viennes d'en haut ou d'en bas, fais-toi voir,
Montre-nous prestement ta forme et tes pouvoirs !

Tonnerre. Première Apparition : une tête casquée

MACBETH. – Dis-moi, force inconnue —

1re SORCIÈRE. – Elle sait ce que tu penses ;
Écoute-la parler, mais garde le silence.

1re APPARITION. – Macbeth ! Macbeth ! Macbeth ! de Macduff défie-toi !
Défie-toi du baron de Fife. Assez ! renvoyez-moi.

L'Apparition redescend

MACBETH. – Qui que tu sois, merci de cette bonne mise en garde :
Tu as bien deviné ma crainte. Encore un mot —

1re SORCIÈRE. – Elle ne reçoit pas d'ordres. En voici une autre,
Plus puissante que la première.

Tonnerre. Deuxième Apparition : un enfant ensanglanté

2e APPARITION. – Macbeth ! Macbeth ! Macbeth !

MACBETH. – Si j'avais trois oreilles je t'entendrais aussi.

2e APPARITION. – Sois hardi, sanguinaire et résolu ; méprise
La force humaine ; car nul homme né d'une femme
Sur Macbeth n'aura de prise.

L'Apparition redescend

MACBETH. – Dans ce cas, vis, Macduff : qu'ai-je à craindre de toi ?
Mais je rendrai cette assurance encore plus sûre
En prenant un gage du destin : tu ne vivras pas
Pour que je puisse dire à la poltronne peur qu'elle ment
Et dormir en dépit du tonnerre.

Tonnerre. Troisième Apparition : un enfant couronné, tenant un arbre à la main

Qu'est ceci
Qui se dresse, semblable à l'héritier d'un roi,
Dont le front enfantin porte le rond diadème[1]
Du pouvoir souverain[2] ?

LES SORCIÈRES. – Écoute sans mot dire.

3e APPARITION. – Aie le cœur d'un lion, et sois fier, sans t'inquiéter
De qui peut regimber, conspirer, s'agiter :
Macbeth demeurera invaincu jusqu'au jour
Où le bois de Birnam[3] marchera vers les tours
Du mont de Dunsinane.

L'Apparition redescend

MACBETH. – Cela n'arrivera jamais.
Qui peut enrôler la forêt, forcer l'arbre
A se déraciner ? Heureuses prédictions !
Morts insoumis[4], attendez pour vous relever

---

ronne. **3.** Colline proche de Dunkeld, à une vingtaine de kilomètres de la colline de Dunsinane, elle-même située à environ dix kilomètres au nord-est de Perth. **4.** Macbeth fait probablement allusion au spectre* de Banquo, et plus généralement, aux morts qui n'acceptent pas de rester dans la tombe. Voir ci-dessus III,4,70-72, et ci-dessous 128-140.

Of Birnam rise, and on's high place Macbeth
Shall live the lease of nature, pay his breath
To time and mortal custom. Yet my heart
Throbs to know one thing. Tell me, if your art
Can tell so much, shall Banquo's issue ever
Reign in this kingdom ?
ALL THE WITCHES. – Seek to know no more.
MACBETH. – I will be satisfied. Deny me this,
And an eternal curse fall on you ! Let me know.

The cauldron sinks. Hautboys

Why sinks that cauldron ? And what noise is this ?
1 WITCH. – Show.
2 WITCH. – Show.
3 WITCH. – Show.
ALL THE WITCHES. – Show his eyes and grieve his heart,
Come like shadows, so depart.

A show of eight kings, the last with a glass in his hand ; and Banquo

MACBETH. – Thou art too like the spirit of Banquo. Down !
Thy crown does sear mine eyeballs. And thy hair,
Thou other gold-bound brow, is like the first.
A third is like the former. Filthy hags,
Why do you show me this ? – A fourth ? Start, eyes !
What, will the line stretch out to th' crack of doom ?
Another yet ? A seventh ? I'll see no more –
And yet the eighth appears, who bears a glass
Which shows me many more ; and some I see
That twofold balls and treble sceptres carry.
Horrible sight ! Now I see 'tis true,
For the blood-baltered Banquo smiles upon me,
And points at them for his. *Exeunt kings and Banquo*
What, is this so ?
[HECATE]. – Ay, sir, all this is so. But why
Stands Macbeth thus amazedly ?
Come, sisters, cheer we up his sprites,
And show the best of our delights.
I'll charm the air to give a sound
While you perform your antic round,
That this great king may kindly say
Our duties did his welcome pay.

Music. The Witches dance, and vanish

MACBETH. – Where are they ? Gone ? Let this pernicious hour
Stand aye accursèd in the calendar.

---

114 on's high place] *Oxford* ; our high plac'd *F.* **127.IS** *the ... Banquo*] *Theobald (1733)* ; *and Banquo last, with a glasse in his hand. F.* **135** eighth] *F* (eight). **139** -baltered] *F* (-bolter'd). **141** HECATE] *Oxford* ; *attribué à* « I » (=FIRST WITCH) *dans F.*

---

1. Allusion probable au double couronnement de Jacques* Ier à Scone et à Westminster.

Que le bois de Birnam se lève, et Macbeth au pinacle
Vivra son terme d'homme et ne rendra son souffle
Qu'au temps, selon la loi naturelle. Mais mon cœur
Brûle de savoir ceci : dites-moi, si votre art
Peut aller jusque-là, si les fils de Banquo
Régneront jamais sur ce royaume.
LES SORCIÈRES. – Ne cherche pas à en savoir davantage.
MACBETH. – Je veux être satisfait. Si vous refusez,
Soyez à jamais maudites. Je veux savoir.

Le chaudron s'enfonce. Hautbois

Pourquoi ce chaudron s'enfonce-t-il ? Et quelle est cette musique ?
1re SORCIÈRE. – Apparaissez !
2e SORCIÈRE. – Apparaissez !
3e SORCIÈRE. – Apparaissez !
LES SORCIÈRES. – Montrez-vous à ses yeux et rendez son cœur sombre ;
Apparaissez, disparaissez comme des ombres !

Un spectacle de huit rois, le dernier tenant un miroir à la main ; puis Banquo

MACBETH. – Tu ressembles trop au spectre de Banquo. Redescends !
Ta couronne me brûle les yeux. Et toi, dont le front
Est aussi cerclé d'or, tes cheveux sont les mêmes.
Un troisième ressemble au second. Sales teignes !
Pourquoi me montrer cela ? — Un quatrième ! Arrachez-vous, mes yeux !
Quoi ! la lignée ira-t-elle jusqu'au Jugement dernier ?
Encore un ! Un septième ! Je ne veux plus en voir.
Pourtant voici le huitième, tenant à la main un miroir,
Qui m'en montre beaucoup d'autres, dont certains, je le vois,
Portent un double globe avec un triple sceptre[1].
Vision horrible ! A présent je vois qu'elle est vraie,
Car Banquo, les cheveux poissés[2] de sang, m'indique,
Avec un sourire, que ce sont les siens. *Les rois et Banquo sortent*
Quoi ! en est-il ainsi ?
[HÉCATE][3]. – Oui, Sire, c'est ainsi. Mais quoi ?
Macbeth interdit reste coi ?
Pour le ragaillardir, mes sœurs,
Montrons-lui nos joies les meilleures.
Je veux que l'air rende un doux son,
Tandis que vous dansez en rond[4] ;
Que ce grand roi veuille bien dire
Que nous avons su l'accueillir.

Musique. Les Sorcières dansent, puis s'évanouissent

MACBETH. – Où sont-elles ? parties ? Que cette heure funeste
Reste à jamais maudite au calendrier !

Les rois d'Écosse recevaient pour insignes un globe et un sceptre ; ceux d'Angleterre, un globe et deux sceptres. 2. *baltered.* Participe passé du verbe désuet « to balter » signifiant « empoisser » ou « emmêler ». 3. L'adaptation de Derocquigny a été presque intégralement conservée (141-148). 4. *antic.* Fantasque, bizarre ; voir *Roméo et Juliette,* I,5,52, et *Hamlet,* I,5,173.

Come in, without there.

Enter Lennox

LENNOX. – What's your grace's will?

MACBETH. – Saw you the weird sisters?

LENNOX. – No, my lord.

MACBETH. – Came they not by you?

LENNOX. – No, indeed, my lord.

MACBETH. – Infected be the air whereon they ride,
And damned all those that trust them. I did hear
The galloping of horse. Who was't came by?

LENNOX. – 'Tis two or three, my lord, that bring you word
Macduff is fled to England.

MACBETH. – Fled to England?

LENNOX. – Ay, my good lord.

MACBETH (*aside*). – Time, thou anticipat'st my dread exploits.
The flighty purpose never is o'ertook
Unless the deed go with it. From this moment
The very firstlings of my heart shall be
The firstlings of my hand. And even now,
To crown my thoughts with acts, be it thought and done :
The castle of Macduff I will surprise,
Seize upon Fife, give to th'edge o'th' sword
His wife, his babes, and all unfortunate souls
That trace him in his line. No boasting like a fool;
This deed I'll do before this purpose cool.
But no more sights! (*To Lennox*) Where are these gentlemen?
Come bring me where they are. *Exeunt*

IV, 2 *Enter Macduff's Wife, her Son, and Ross*

LADY MACDUFF. – What had he done to make him fly the land?

ROSS. – You must have patience, madam.

LADY MACDUFF. – He had none.
His flight was madness. When our actions do not,
Our fears do make us traitors.

ROSS. – You know not
Whether it was his wisdom or his fear.

LADY MACDUFF. – Wisdom — to leave his wife, to leave his babes,
His mansion, and his titles in a place
From whence himself does fly? He loves us not,
He wants the natural touch, for the poor wren,
The most diminutive of birds, will fight,
Her young ones in her nest, against the owl.
All is the fear and nothing is the love;
As little is the wisdom, where the flight
So runs against all reason.

ROSS. – My dearest coz,

152 weird] *F* (Weyard) ; *voir ci-dessus I,3,30 et III,1,2 variantes.*

Entrez, vous dehors !
Entre Lennox

LENNOX. – Que désire Votre Grâce ?
MACBETH. – Avez-vous vu les sœurs fatales ?
LENNOX. – Non, monseigneur.
MACBETH. – N'ont-elles pas passé près de vous ?
LENNOX. – Non, vraiment, monseigneur.
MACBETH. – Que l'air qui les porte soit donc empoisonné
Et damnés tous ceux qui leur font confiance ! J'ai entendu
Galoper des chevaux. Qui donc a passé là ?
LENNOX. – Deux ou trois, monseigneur, qui viennent vous apprendre
Que Macduff s'est enfui en Angleterre.
MACBETH. – Enfui en Angleterre ?
LENNOX. – Hé oui ! mon bon seigneur.
MACBETH (*à part*). – Temps, tu as prévenu mes terribles exploits.
Le dessein fugitif n'est jamais rattrapé
Si l'action ne l'accompagne. Dorénavant,
Les premiers élans de ma pensée, sitôt nés,
Deviendront les premiers mouvements de ma main.
Dès à présent, que l'acte parachève l'intention :
Sitôt dit, sitôt fait : je surprends le château de Macduff,
Je m'empare de Fife, passe au fil de l'épée
Sa femme et ses petits, toute âme infortunée
A lui apparentée. Pas de sotte vantardise ;
Cette action sera faite avant que ce dessein ne refroidisse.
Mais plus d'apparitions ! (*A Lennox*) Où sont ces gentilshommes ?
Allons, conduisez-moi près d'eux. *Ils sortent*

Entrent la Femme de Macduff, son Fils et Ross[1] IV, 2

LADY MACDUFF. – Qu'avait-il fait qui l'obligeât à fuir le pays ?
ROSS. – Madame, ayez patience.
LADY MACDUFF. – Il n'en a pas eu, lui.
Folie que de s'enfuir ! Innocent par ses actes,
Il est convaincu de trahison par ses craintes.
ROSS. – Vous ignorez si c'est sagesse ou si c'est crainte.
LADY MACDUFF. – Sagesse ? Abandonner sa femme et ses enfants,
Laisser son manoir et ses droits à l'abandon
Pour s'enfuir lui-même ? Il ne nous aime pas ;
La nature est muette en lui[2] ; car le pauvre roitelet,
Le plus menu des oiseaux, tient tête au hibou
Quand il faut protéger ses petits dans leur nid.
La peur est tout pour lui ; l'amour ne lui est rien ;
Et pas plus la sagesse, tant sa fuite est contraire
A toute raison.
ROSS. – Ah ! ma très chère cousine,

---

1. Lieu : Fife. Une salle du château de Macduff. 2. *the natural touch.* L'empreinte de la nature, la voix de l'instinct qui lui dicterait son devoir.

I pray you school yourself. But for your husband,
He is noble, wise, judicious, and best knows
The fits o'th' season. I dare not speak much further,
But cruel are the times when we are traitors
And do not know ourselves; when we hold rumour
From what we fear, yet know not what we fear,
But float upon a wild and violent sea
Each way and none. I take my leave of you;
Shall not be long but I'll be here again.
Things at the worst will cease, or else climb upward
To what they were before. My pretty cousin,
Blessing upon you!

LADY MACDUFF. – Fathered he is, and yet he's fatherless.

ROSS. – I am so much a fool, should I stay longer
It would be my disgrace and your discomfort.
I take my leave at once. *Exit*

LADY MACDUFF. – Sirrah, your father's dead,
And what will you do now? How will you live?

MACDUFF'S SON. – As birds do, mother.

LADY MACDUFF. – What, with worms and flies?

MACDUFF'S SON. – With what I get, I mean, and so do they.

LADY MACDUFF. – Poor bird, thou'dst never fear the net nor lime,
The pitfall nor the gin.

MACDUFF'S SON. – Why should I, mother? Poor birds they are not set for.
My father is not dead, for all your saying.

LADY MACDUFF. – Yes, he is dead. How wilt thou do for a father?

MACDUFF'S SON. – Nay, how will you do for a husband?

LADY MACDUFF. – Why, I can buy me twenty at any market.

MACDUFF'S SON. – Then you'll buy 'em to sell again.

LADY MACDUFF. – Thou speak'st with all thy wit, and yet, i'faith, with wit enough for thee.

MACDUFF'S SON. – Was my father a traitor, mother?

LADY MACDUFF. – Ay, that he was.

MACDUFF'S SON. – What is a traitor?

LADY MACDUFF. – Why, one that swears and lies.

MACDUFF'S SON. – And be all traitors that do so?

LADY MACDUFF. – Everyone that does so is a traitor, and must be hanged.

MACDUFF'S SON. – And must they all be hanged that swear and lie?

LADY MACDUFF. – Every one.

MACDUFF'S SON. – Who must hang them?

LADY MACDUFF. – Why, the honest men.

MACDUFF'S SON. – Then the liars and swearers are fools, for there are liars and swearers enough to beat the honest men and hang up them.

---

22 none] *Wilson (1947)*; move *F*; *nombreuses conjectures.* **38** *prose*] *vers F.* **42-43** *prose*] *vers F.* **49** *prose*] *vers F.*

---

1. *The fits o'th'season.* Métaphore médicale. Voir *Coriolan,* III,2,32. **2.** *fool.* Ross s'accuse de manquer de la maîtrise de soi qui lui éviterait de fondre en larmes (*my*

Raisonnez-vous, de grâce. Quant à votre mari,
Il est judicieux, noble, sage et connaît très bien
Les fièvres de ce temps[1]. Je n'ose en dire beaucoup plus,
Mais cruelle est l'époque où nous sommes des traîtres
Sans en être conscients, où nous accueillons les rumeurs
Nées de nos craintes, mais sans savoir ce que nous craignons,
Ballottés par les flots d'une mer en furie,
Çà et là, au hasard ! Je prends congé de vous,
Et serai de retour avant qu'il soit longtemps.
Quand le fond est atteint, les choses en restent là
Ou remontent vers le haut. Mon mignon cousin,
Que le ciel vous bénisse !

LADY MACDUFF. – Cet enfant a un père et il est orphelin.

ROSS. – Je suis sot à ce point[2] que, si je reste encore,
Ce sera pour ma honte et pour votre embarras.
Je prends vite congé. *Il sort*

LADY MACDUFF. – Mon petit, votre père est mort :
Alors qu'allez-vous faire ? et comment vivrez-vous ?

LE FILS. – Comme les oiseaux, ma mère.

LADY MACDUFF. – Quoi ! de vers et de mouches ?

LE FILS. – De ce que je trouverai, veux-je dire, comme ils font.

LADY MACDUFF. – Pauvre oiseau, tu ne te méfierais jamais du filet,
Du gluau, du trébuchet ou des lacets.

LE FILS. – A quoi bon, mère ? Au pauvre oiseau qui tend des pièges ?
Mon père n'est pas mort, quoi que vous en disiez.

LADY MACDUFF. – Si, il est mort. Que feras-tu pour retrouver un père ?

LE FILS. – Et vous, que ferez-vous pour trouver un mari ?

LADY MACDUFF. – Bah ! je peux m'en acheter vingt au premier marché venu.

LE FILS. – Alors vous les achèterez pour les revendre.

LADY MACDUFF. – Tu mets tout ton esprit dans tes paroles, mais, ma foi, tu ne manques pas d'esprit pour ton âge[3].

LE FILS. – Mon père était-il un traître, mère ?

LADY MACDUFF. – Certes oui, il l'était.

LE FILS. – Un traître, qu'est-ce que c'est ?

LADY MACDUFF. – Eh bien, c'est un homme qui viole ses serments[4].

LE FILS. – Et tous ceux qui le font sont-ils des traîtres ?

LADY MACDUFF. – Tout parjure est un traître et doit être pendu.

LE FILS. – Faut-il pendre tous ceux qui violent leurs serments ?

LADY MACDUFF. – Tous sans exception.

LE FILS. – Et qui doit les pendre ?

LADY MACDUFF. – Eh bien, les honnêtes gens.

LE FILS. – Alors les violeurs de serments sont des sots, car ils sont assez nombreux pour vaincre les honnêtes gens et les pendre.

---

disgrace). 3. Jeu de mots sur *wit,* d'abord « intelligence », puis « esprit de repartie ». 4. *that swears and lies.* Mot à mot : « qui jure et ment (en même temps) ». Double allusion aux vœux du mariage (que Lady Macduff reproche implicitement à son mari d'avoir violés), et, pour les auditoires contemporains, aux faux serments du jésuite Garnet*. Voir II,3,7 ci-dessus et la note.

LADY MACDUFF. – Now God help thee, poor monkey! But how wilt thou do for a father?

MACDUFF'S SON. – If he were dead you'd weep for him. If you would not, it were a good sign that I should quickly have a new father.

LADY MACDUFF. – Poor prattler, how thou talk'st!

Enter a Messenger

MESSENGER. – Bless you, fair dame. I am not to you known,
Though in your state of honour I am perfect.
I doubt some danger does approach you nearly.
If you will take a homely man's advice,
Be not found here. Hence with your little ones!
To fright you thus methinks I am too savage,
To do worse to you were fell cruelty,
Which is too nigh your person. Heaven preserve you.
I dare abide no longer. *Exit Messenger*

LADY MACDUFF. – Whither should I fly?
I have done no harm. But I remember now
I am in this earthly world, where to do harm
Is often laudable, to do good sometime
Accounted dangerous folly. Why then, alas,
Do I put up that womanly defence
To say I have done no harm?

Enter Murderers

What are these faces?

A MURDERER. – Where is your husband?

LADY MACDUFF. – I hope in no place so unsanctified
Where such as thou mayst find him.

A MURDERER. – He's a traitor.

MACDUFF'S SON. – Thou liest, thou shag-haired villain.

A MURDERER (*stabbing him*). – What, you egg!
Young fry of treachery!

MACDUFF'S SON. – He has killed me, mother.
Run away, I pray you.

[*He dies.*] *Exit Macduff's Wife crying "Murder!" followed by Murderers* [*with the Son's body*]

IV, 3 *Enter Malcolm and Macduff*

MALCOLM. – Let us seek out some desolate shade, and there
Weep our sad bosoms empty.

MACDUFF. – Let us rather
Hold fast the mortal sword, and like good men
Bestride our downfall birthdom. Each new morn
New widows howl, new orphans cry, new sorrows

56-57 *prose*] *vers F.* 65-66 ones! / ... thus methinks] *F2*; ones / ... thus. Me thinkes *F.* 79 shag-haired] *Singer (1856)*; shagge-ear'd *F.*

---

1. Sens incertain. On a retenu celui que les commentateurs jugent le plus proba-

LADY MACDUFF. – Ah ! que Dieu te garde, mon pauvre marmouset ! Mais comment feras-tu pour retrouver un père ?

LE FILS. – S'il était mort, vous le pleureriez. Si vous ne le pleuriez pas, ce serait bon signe que j'aurais vite un nouveau père.

LADY MACDUFF. – Pauvre petit bavard, comme tu jases !

Entre un Messager

LE MESSAGER. – Dieu vous bénisse, belle dame ! Je vous suis inconnu,
Quoique je sache bien quels honneurs on vous doit.
Un danger imminent, je le crains, vous menace :
S'il vous plaît d'accepter le conseil d'un humble,
Ne restez pas ici ; emmenez vos enfants.
Vous effrayer ainsi me paraît trop barbare ;
Vous faire plus de mal serait atroce cruauté,
Laquelle n'est que trop près de vous[1]. Dieu vous garde !
Je n'ose rester plus longtemps. *Le Messager sort*

LADY MACDUFF. – Où fuirais-je ?
Je n'ai rien fait de mal. Mais je songe à présent
Que je vis en ce bas monde où faire le mal
Passe souvent pour louable, et faire le bien parfois
Pour folie dangereuse ; alors pourquoi, hélas,
User d'une défense de femme en disant
« Je n'ai rien fait de mal » ?

Entrent des Assassins

Mais quels sont ces visages ?

UN ASSASSIN. – Où est votre mari ?

LADY MACDUFF. – En nul lieu, je l'espère, assez privé de grâce
Pour que tes pareils puissent l'y trouver.

UN ASSASSIN. – C'est un traître.

LE FILS. – Tu mens, coquin, tignasse mal peignée !

UN ASSASSIN (*en le poignardant*). – Tu vas voir, avorton[2] !
Rejeton de traître !

LE FILS. – Ma mère, il m'a tué.
Fuyez, je vous en prie.

[Il meurt.] La Femme de Macduff sort en criant « Au meurtre ! » poursuivie par les Assassins [avec le corps du Fils]

Entrent Malcolm et Macduff[3] **IV, 3**

MALCOLM. – Trouvons quelque ombrage désolé où nos cœurs
Épancheront leurs larmes.

MACDUFF. – Tenons ferme plutôt
L'épée meurtrière, et en hommes vaillants
Couvrons de nos corps notre patrie[4] abattue[5].
Chaque jour entend hurler de nouvelles veuves,

---

ble. 2. *egg.* Terme de mépris adressé à un enfant. 3. Lieu : en Angleterre. Une salle du palais royal. 4. *birthdom.* Seul emploi connu de ce mot, équivalant à « birthright » (patrimoine, ou ici, mère patrie). 5. *downfall.* Forme très rare, employée pour « downfallen » (ruinée, abattue).

Strike heaven on the face that it resounds
As if it felt with Scotland and yelled out
Like syllable of dolour.
MALCOLM. – What I believe I'll wail,
What know believe ; and what I can redress,
As I shall find the time to friend, I will.
What you have spoke it may be so, perchance.
This tyrant, whose sole name blisters our tongues,
Was once thought honest. You have loved him well.
He hath not touched you yet. I am young, but something
You may discern of him through me : and wisdom
To offer up a weak poor innocent lamb
T'appease an angry god.
MACDUFF. – I am not treacherous.
MALCOLM. – But Macbeth is.
A good and virtuous nature may recoil
In an imperial charge. But I shall crave your pardon.
That which you are my thoughts cannot transpose.
Angels are bright still, though the brightest fell.
Though all things foul would wear the brows of grace,
Yet grace must still look so.
MACDUFF. – I have lost my hopes.
MALCOLM. – Perchance even there where I did find my doubts.
Why in that rawness left you wife and child,
Those precious motives, those strong knots of love,
Without leave-taking ? I pray you,
Let not my jealousies be your dishonours,
But mine own safeties. You may be rightly just,
Whatever I shall think.
MACDUFF. – Bleed, bleed, poor country !
Great tyranny, lay thou thy basis sure,
For goodness dare not check thee. Wear thou thy wrongs ;
The title is affeered. Fare thee well, lord.
I would not be the villain that thou think'st
For the whole space that's in the tyrant's grasp,
And the rich east to boot.
MALCOLM. – Be not offended.
I speak not as in absolute fear of you.
I think our country sinks beneath the yoke.
It weeps, it bleeds, and each new day a gash
Is added to her wounds. I think withal

---

15 discern] *F* ; deserve *Theobald (1733)* ; *nombreuses conjectures.* **35** affeered] *F* (affear'd).

---

1. *to friend.* Mot à mot : « pour ami ». **2.** *the brightest.* Lucifer. **3.** *grace.* En son sens religieux (aide surnaturelle accordée par Dieu aux justes), ce mot joue un rôle important dans la pièce. La notion est étroitement associée à Édouard (IV,3,160), à Duncan, qualifié de *gracious* (III,1,67 ; III,6,3 et 10), et aussi à Malcolm qui, dans la scène finale, se place

Pleurer de nouveaux orphelins ; et de nouvelles peines
Viennent gifler le ciel et le font retentir,
Comme s'il souffrait avec l'Écosse, et renvoyait
L'écho de ses cris de douleur.

MALCOLM. – Je suis prêt à pleurer
Ce que je croirai ; à croire ce que je saurai ;
A réparer ce que je pourrai, au moment favorable[1].
Ce que vous m'avez dit, qui sait, peut être vrai.
Ce tyran, dont le seul nom nous brûle la langue,
Était jadis jugé honnête, et vous l'aimiez.
Il ne vous a rien fait encore. Je suis jeune,
Mais peut-être voyez-vous en moi un peu de ce qu'il est,
Et trouvez sage d'immoler un pauvre agneau,
Faible et innocent, à la colère d'un dieu.

MACDUFF. – Je ne suis pas perfide.

MALCOLM. – Mais Macbeth l'est.
Un bon et vertueux naturel peut fléchir
Sous la pression d'un roi. Mais veuillez m'excuser :
Mon opinion ne peut changer ce que vous êtes.
Les anges demeurent radieux malgré la chute
Du plus radieux d'entre eux[2]. Même si toute l'infamie
Prenait les traits de la grâce[3], la grâce cependant
Garderait son éclat[4].

MACDUFF. – J'ai perdu mes espoirs.

MALCOLM. – Peut-être à l'endroit même où j'ai trouvé mes doutes.
Pourquoi avoir laissé femme et enfants à découvert,
Ces objets[5] si précieux, ces puissants liens d'amour,
Sans même un mot d'adieu ? Mais sachez bien, de grâce,
Que ma suspicion ne vise pas votre honneur
Mais ma sûreté : vous pouvez être vraiment loyal
Quoi que je puisse penser.

MACDUFF. – Saigne, saigne, pauvre patrie !
Puissante tyrannie, affermis ton assise :
Car le bien n'ose pas t'arrêter ! Jouis de tes droits usurpés[6] ;
Ton titre est confirmé[7] ! Adieu donc, monseigneur.
Je ne voudrais pas être le coquin que tu penses
Pour tout le territoire aux griffes du tyran,
Et le riche Orient de surcroît.

MALCOLM. – Ne vous offensez pas.
Vous ne m'inspirez pas de défiance absolue.
Je pense que notre pays ploie sous le joug.
Il pleure et saigne, et chaque jour une plaie nouvelle
Ajoute à ses blessures. Et il me semble aussi

---

sous l'invocation de la grâce divine (V,11,38). **4.** Par ces propos alambiqués, Malcolm fait savoir à Macduff qu'il juge prudent de ne pas se fier aux apparences. **5.** *motives.* Parfois appliqué par Sh à des personnes qui inspirent un sentiment ou un comportement. Voir *Timon d'Athènes,* V,5,27, et *Othello,* IV,2,45. **6.** *wrongs.* Selon Muir, signifie ici « avantages mal acquis ». Le contexte immédiat confirme cette interprétation. **7.** *affeered.* Terme juridique.

There would be hands uplifted in my right,
And here from gracious England have I offer
Of goodly thousands. But for all this,
When I shall tread upon the tyrant's head,
Or wear it on my sword, yet my poor country
Shall have more vices than it had before,
More suffer, and more sundry ways, than ever,
By him that shall succeed.

MACDUFF. – What should he be ?

MALCOLM. – It is myself I mean, in whom I know
All the particulars of vice so grafted
That when they shall be opened black Macbeth
Will seem as pure as snow, and the poor state
Esteem him as a lamb, being compared
With my confineless harms.

MACDUFF. – Not in the legions
Of horrid hell can come a devil more damned
In evils to top Macbeth.

MALCOLM. – I grant him bloody,
Luxurious, avaricious, false, deceitful,
Sudden, malicious, smacking of every sin
That has a name. But there's no bottom, none,
In my voluptuousness. Your wives, your daughters,
Your matrons, and your maids could not fill up
The cistern of my lust, and my desire
All continent impediments would o'erbear
That did oppose my will. Better Macbeth
Than such an one to reign.

MACDUFF. – Boundless intemperance
In nature is a tyranny. It hath been
Th'untimely emptying of the happy throne,
And fall of many kings. But fear not yet
To take upon you what is yours. You may
Convey your pleasures in a spacious plenty
And yet seem cold. The time you may so hoodwink.
We have willing dames enough. There cannot be
That vulture in you to devour so many
As will to greatness dedicate themselves,
Finding it so inclined.

MALCOLM. – With this there grows
In my most ill-composed affection such
A staunchless avarice that were I king
I should cut off the nobles for their lands,
Desire his jewels and this other's house,
And my more having would be as a sauce
To make me hunger more, that I should forge
Quarrels unjust against the good and loyal,

---

1. *continent.* A la fois « capable de refréner » (sens désuet) et « continent » (au sens sexuel). Voir *Lear*, I,2,129. **2.** *convey.* Le verbe provient du passage parallèle de Holinshed* : « Make

Qu'au secours de mon droit des bras se lèveraient,
Et ici même le pieux roi d'Angleterre
M'en offre par milliers. Mais, malgré tout cela,
Quand je poserai le pied sur la tête du tyran,
Ou la piquerai sur mon épée, mon pauvre pays
Pâtira de plus de vices qu'auparavant,
Souffrira plus, et de façons plus variées que jamais,
Du fait du nouveau roi.
MACDUFF. – Mais quel sera-t-il donc ?
MALCOLM. – C'est de moi que je parle, en qui sont, je le sais,
Si bien greffées toutes les variétés du vice
Que, lorsqu'elles s'épanouiront, le noir Macbeth
Semblera aussi pur que neige, et que le pauvre État
Le tiendra pour un agneau, en le comparant
A mes méfaits infinis.
MACDUFF. – Non, il n'est pas de démon
Même au sein des légions de l'effroyable enfer
Dont les crimes maudits l'emportent sur Macbeth.
MALCOLM. – Certes il est sanguinaire, avaricieux, lascif,
Trompeur, perfide, emporté, méchant et pétri
De tous les péchés qu'on peut nommer. Mais chez moi
La sensualité n'a pas de fond. Vos femmes ni vos filles,
Vos matrones, vos vierges ne pourraient combler
Le puits de ma luxure ; et mes désirs vaincraient
Tous les chastes[1] obstacles qui se dresseraient
Contre ma volonté. Mieux vaut Macbeth qu'un roi
Tel que celui-là.
MACDUFF. – Les appétits effrénés
Sont en l'homme des tyrans. Ils ont été la cause
De la vacance prématurée d'heureux trônes,
La chute de maint roi. Pourtant ne craignez pas
D'assumer la charge qui vous échoit. Car vous pourrez
Sous le manteau[2] donner carrière à vos plaisirs,
Tout en paraissant chaste, ainsi trompant le monde :
Il est chez nous assez de vertus complaisantes.
Il n'est pas en vous de vautour tel qu'il dévore
Toutes celles qui viendront s'offrir au pouvoir,
Le sachant ainsi disposé.
MALCOLM. – Outre cela, il grandit
Dans mon être pervers une cupidité
Si insatiable que, roi, je ferais périr
Tous les nobles pour les dépouiller de leurs terres ;
Je voudrais les joyaux de l'un, de l'autre la demeure,
Et chaque nouveau gain serait comme une sauce
Pour m'ouvrir l'appétit, à tel point que je chercherais
De mauvaises querelles aux meilleurs des féaux

---

thyself king, and I shall convey the matter so wisely, that thou shalt be so satisfied at thy pleasure in such secret wise, that no man shall be aware thereof » (Bullough, vol. 7, p. 502). Il signifiait « conduire en secret », « arranger discrètement ». Voir *Lear*, I,2,83.

Destroying them for wealth.
MACDUFF. – This avarice
Sticks deeper, grows with more pernicious root
Than summer-seeming lust, and it hath been
The sword of our slain kings. Yet do not fear.
Scotland hath foisons to fill up your will
Of your mere own. All these are portable,
With other graces weighed.
MALCOLM. – But I have none. The king-becoming graces,
As justice, verity, temp'rance, stableness,
Bounty, perseverance, mercy, lowliness,
Devotion, patience, courage, fortitude,
I have no relish of them, but abound
In the division of each several crime,
Acting it many ways. Nay, had I power I should
Pour the sweet milk of concord into hell,
Uproar the universal peace, confound
All unity on earth.
MACDUFF. – O Scotland, Scotland !
MALCOLM. – If such a one be fit to govern, speak.
I am as I have spoken.
MACDUFF. – Fit to govern ?
No, not to live. O nation miserable,
With an untitled tyrant bloody-sceptered,
When shalt thou see thy wholesome days again,
Since that the truest issue of thy throne
By his own interdiction stands accursed
And does blaspheme his breed ? Thy royal father
Was a most sainted king. The Queen that bore thee,
Oft'ner upon her knees than on her feet,
Died every day she lived. Fare thee well.
These evils thou repeat'st upon thyself
Hath banished me from Scotland. O, my breast –
Thy hope ends here !
MALCOLM. – Macduff, this noble passion,
Child of integrity, hath from my soul
Wiped the black scruples, reconciled my thoughts
To thy good truth and honour. Devilish Macbeth
By many of these trains hath sought to win me
Into his power, and modest wisdom plucks me
From over-credulous haste ; but God above
Deal between thee and me, for even now
I put myself to thy direction and
Unspeak mine own detraction, here abjure
The taints and blames I laid upon myself

---

108 accursed] *F2* (accurst) ; accust *F* ; accused *Wilson (1947).*

---

1. *summer-seeming.* Propre à l'été de la vie, ou encore, passagère, comme la chaleur

Pour m'enrichir de leur perte.
MACDUFF. – Cette cupidité
A de plus profondes et pernicieuses racines
Que cette fleur d'été[1], la luxure ; et elle a armé
Le bras des assassins de nos rois. Pourtant n'ayez crainte :
L'Écosse peut combler vos désirs à foison
De vos seuls biens propres. Ce sont là vices supportables
Si des vertus leur font par ailleurs contrepoids.
MALCOLM. – Mais je n'en ai pas une ; et ces vertus royales,
Justice, véracité, modération, constance,
Bonté, persévérance[2], humilité, clémence,
Piété, patience, courage et fermeté d'âme,
Je n'en ai pas le moindre soupçon, mais je sais
Orner de variations chaque note[3] du vice,
Que je joue sur tous les tons. Mieux, si j'en avais le pouvoir,
Je jetterais en enfer le doux lait de la concorde,
Bouleverserais la paix du monde et détruirais
Toute unité sur terre.
MACDUFF. – Ô Écosse ! ô Écosse !
MALCOLM. – Si un tel homme est digne de gouverner, dites-le.
Je suis ce que j'ai dit.
MACDUFF. – Digne de gouverner ?
Non, pas même de vivre. Ô nation infortunée,
Que tyrannise un usurpateur au sceptre sanglant,
Retrouveras-tu jamais ta santé d'antan,
Puisque le plus légitime héritier de ton trône
S'interdit d'y monter, par lui-même maudit,
Et blasphème son sang ? Ton royal père, lui,
Fut un très saint roi. La reine qui t'enfanta,
Plus souvent agenouillée qu'elle n'était debout,
Mourut[4] à chaque jour de sa vie. Adieu donc !
Ces vices dont tu t'accuses toi-même
M'ont à jamais banni d'Écosse. Ô mon coeur,
Ton espérance est morte !
MALCOLM. – Macduff, cette noble colère,
Fille de l'intégrité, a effacé de mon âme
Les noirs soupçons ; elle m'a convaincu de ta bonne foi
Et de ton honneur. Le diabolique Macbeth
Par de telles ruses a souvent cherché à me faire
Tomber en son pouvoir, et une prudente sagesse
Me retient d'accorder trop vite ma confiance :
Mais que le Dieu du ciel préside à nos rapports !
Car dès cet instant je me mets sous ta conduite,
Et rétracte mes calomnies contre moi-même ;
Je dénonce ici comme étrangères à mon être

---

de l'été. 2. *perseverance*. Accentué sur la deuxième syllabe (et non sur la troisième comme en anglais moderne). 3. *division**. Métaphore musicale. Il s'agissait d'une suite de notes brèves représentant l'exécution ornée d'un groupe écrit de notes longues. Voir *Lear*, I,2,110. 4. *Died*. En se mortifiant chaque jour par des exercices religieux.

For strangers to my nature. I am yet
Unknown to woman, never was forsworn,
Scarcely have coveted what was mine own,
At no time broke my faith, would not betray
The devil to his fellow, and delight
No less in truth than life. My first false-speaking
Was this upon myself. What I am truly
Is thine and my poor country's to command,
Whither indeed, before thy here-approach,
Old Siward with ten thousand warlike men,
Already at a point, was setting forth.
Now we'll together; and the chance of goodness
Be like our warranted quarrel! – Why are you silent?
MACDUFF. – Such welcome and unwelcome things at once
'Tis hard to reconcile.

Enter a Doctor

MALCOLM. – Well, more anon. (*To the Doctor*) Comes the King forth, I pray you?
DOCTOR. – Ay, sir. There are a crew of wretched souls
That stay his cure. Their malady convinces
The great essay of art, but at his touch,
Such sanctity hath Heaven given his hand,
They presently amend.
MALCOLM. – I thank you, doctor. *Exit Doctor*
MACDUFF. – What's the disease he means?
MALCOLM. – 'Tis called the evil –
A most miraculous work in this good King,
Which often since my here-remain in England
I have seen him do. How he solicits heaven
Himself best knows, but strangely visited people,
All swoll'n and ulcerous, pitiful to the eye,
The mere despair of surgery, he cures,
Hanging a golden stamp about their necks,
Put on with holy prayers; and 'tis spoken,
To the succeeding royalty he leaves
The healing benediction. With this strange virtue
He hath a heavenly gift of prophecy,
And sundry blessings hang about his throne
That speak him full of grace.

Enter Ross

MACDUFF. – See who comes here.
MALCOLM. – My countryman, but yet I know him not.
MACDUFF. – My ever gentle cousin, welcome hither.

---

134 thy] *F2*; they *F*. 161 not] *F2*; nor *F*.

Les tares et souillures dont je m'accusai.
Jamais encore je n'ai connu de femme, jamais
Ne me suis parjuré ; n'ai guère convoité
Ce qui était mien ; jamais n'ai trahi ma foi ;
Ne livrerais pas le démon à l'un des siens ;
Et j'aime la vérité autant que la vie.
Ce que je dis de moi fut mon premier mensonge.
Ce que je suis vraiment est tout à ton service,
Et à celui de mon pauvre pays, vers qui,
En fait, dès avant ta venue, le vieux Siward,
Avec dix mille hommes de guerre, déjà équipés[1],
Se mettait en marche. A présent, nous partirons ensemble.
Que le succès réponde à notre juste cause ! –
Pourquoi vous taisez-vous ?

MACDUFF. – Il est bien difficile
De concilier d'un seul coup de si bonnes choses
Avec de si mauvaises.

Entre un Médecin

MALCOLM. – Nous en reparlerons. (*Au Médecin*) Dites-moi, je vous prie,
[le roi paraîtra-t-il ?

LE MÉDECIN. – Oui, monseigneur. Une troupe de malheureux
Est là pour attendre qu'il les guérisse. Leur mal
Défie[2] l'art du médecin ; mais quand il les touche,
Telle est la sainteté dont le ciel doua sa main
Qu'ils sont aussitôt guéris.

MALCOLM. – Je vous remercie, docteur. *Le Médecin sort*

MACDUFF. – Quel est ce mal ?

MALCOLM. – On le nomme le mal du roi.
Ce bon prince a un pouvoir tout miraculeux
Que souvent, depuis que j'habite en Angleterre,
Je l'ai vu exercer. Comment il implore le ciel,
Lui seul le sait ; mais des gens aux maux singuliers,
Tout enflés, ulcéreux, pitoyables à voir,
Vrai désespoir des chirurgiens, il les guérit,
Suspendant à leur cou une médaille d'or[3],
Avec de saintes oraisons ; et l'on raconte
Qu'il léguera aux rois qui lui succéderont
Ce pouvoir béni de guérir. Cette étrange vertu
Se double encore d'un don divin de prophétie ;
Et les diverses bénédictions qui nimbent son trône
Le disent plein de grâce.

Entre Ross

MACDUFF. – Tiens ! voyez qui arrive.

MALCOLM. – C'est un compatriote, mais je ne le connais pas.

MACDUFF. – Mon très aimable cousin, soyez le bienvenu.

---

1. *at a point.* Voir *Lear,* I,4,278. **2.** *convinces.* Voir ci-dessus I,7,64 note. **3.** *stamp.* Pièce ou médaille d'or que le souverain suspendait au cou des malades scrofuleux venus solliciter son aide.

MALCOLM. – I know him now. Good God betimes remove
The means that makes us strangers!
ROSS. – Sir, amen.
MACDUFF. – Stands Scotland where it did?
ROSS. – Alas, poor country,
Almost afraid to know itself. It cannot
Be called our mother, but our grave, where nothing
But who knows nothing is once seen to smile;
Where sighs and groans and shrieks that rend the air
Are made, not marked; where violent sorrow seems
A modern ecstasy. The dead man's knell
Is there scarce asked for who, and good men's lives
Expire before the flowers in their caps,
Dying or ere they sicken.
MACDUFF. – O relation
Too nice and yet too true!
MALCOLM. – What's the newest grief?
ROSS. – That of an hour's age doth hiss the speaker;
Each minute teems a new one.
MACDUFF. – How does my wife?
ROSS. – Why, well.
MACDUFF. – And all my children?
ROSS. – Well, too.
MACDUFF. – The tyrant has not battered at their peace?
ROSS. – No, they were well at peace when I did leave 'em.
MACDUFF. – Be not a niggard of your speech. How goes't?
ROSS. – When I came hither to transport the tidings
Which I have heavily borne, there ran a rumour
Of many worthy fellows that were out,
Which was to my belief witnessed the rather
For that I saw the tyrant's power afoot.
Now is the time of help. (*To Malcolm*) Your eye in Scotland
Would create soldiers, make our women fight
To doff their dire distresses.
MALCOLM. – Be't their comfort
We are coming thither. Gracious England hath
Lent us good Siward and ten thousand men;
An older and a better soldier none
That Christendom gives out.
ROSS. – Would I could answer
This comfort with the like. But I have words
That would be howled out in the desert air
Where hearing should not latch them.
MACDUFF. – What concern they –
The general cause, or is it a fee-grief

---

169 rend] *F* (rent).

---

1. *ecstasy*. Voir ci-dessus III,2,24. Plus proche ici d'« émotion », ou d'« agita-

MALCOLM. – Maintenant il m'est connu. Dieu de bonté, hâtez-vous
De chasser ce qui nous sépare.
ROSS. – Amen, seigneur.
MACDUFF. – Où l'Écosse en est-elle ?
ROSS. – Hélas ! pauvre patrie,
Elle ose à peine se connaître. Elle est pour nous
Moins une mère qu'une tombe, cette terre
Où rien ne sourit plus hormis qui ne sait rien ;
Où les soupirs, plaintes et cris déchirant l'air
Restent inaperçus ; où la douleur violente
Semble un transport[1] banal[2] ; où l'on ne demande guère
Pour qui sonne le glas ; où les honnêtes gens
Durent moins que la fleur portée à leur bonnet,
Mourant avant de tomber malades.
MACDUFF. – Ce tableau
Trop minutieux[3] n'est que trop vrai !
MALCOLM. – Quel est le dernier malheur ?
ROSS. – En dire un vieux d'une heure vous vaut d'être raillé :
Chaque instant en fait naître un nouveau.
MACDUFF. – Comment va ma femme ?
ROSS. – Ma foi, bien.
MACDUFF. – Et tous mes enfants ?
ROSS. – Bien, également.
MACDUFF. – Le tyran ne s'est pas attaqué à leur paix ?
ROSS. – Non, ils étaient bien en paix quand je les quittai.
MACDUFF. – Ne soyez pas avare de mots. Que se passe-t-il ?
ROSS. – Quand je partis pour porter ici les nouvelles
Dont le poids est si lourd, la rumeur circulait
Que beaucoup de gens valeureux s'étaient mis en campagne,
Ce qui m'a paru d'autant plus vraisemblable
Lorsque j'ai vu sur pied les forces du tyran.
Il est temps de nous aider. (*A Malcolm*) Vous voir en Écosse
Lèverait des soldats, ferait lutter les femmes
Pour se défaire de leurs maux affreux.
MALCOLM. – Qu'ils se réconfortent,
Nous allons y partir ! Le pieux roi Édouard
Nous a prêté dix mille hommes, et Siward le brave ;
Il n'est dans la Chrétienté de meilleur soldat,
Ni de plus chevronné.
ROSS. – Que ne puis-je en retour
Apporter réconfort égal ! Mais j'ai des mots
Qui devraient être hurlés dans l'air d'un désert
Où nul ne pourrait les saisir.
MACDUFF. – A quel sujet ?
La cause commune ? Ou s'agit-il d'un malheur[4]

---

tion ». 2. *modern*. Sens désuet : « qui se rencontre tous les jours ». 3. *nice*. Sens controversé ; peut-être « alambiqué » ou « recherché ». 4. *fee-grief*. Création shakespearienne inspirée par la langue juridique, probablement par allusion à « in fee simple » = « en toute propriété ».

Due to some single breast?
ROSS. – No mind that's honest
But in it shares some woe, though the main part
Pertains to you alone.
MACDUFF. – If it be mine,
Keep it not from me; quickly let me have it.
ROSS. – Let not your ears despise my tongue for ever,
Which shall possess them with the heaviest sound
That ever yet they heard.
MACDUFF. – H'm, I guess at it.
ROSS. – Your castle is surprised, your wife and babes
Savagely slaughtered. To relate the manner
Were on the quarry of these murdered deer
To add the death of you.
MALCOLM. – Merciful heaven!
(*To Macduff*) What, man, ne'er pull your hat upon your brows.
Give sorrow words. The grief that does not speak
Whispers the o'erfraught heart and bids it break.
MACDUFF. – My children too?
ROSS. – Wife, children, servants, all
That could be found.
MACDUFF. – And I must be from thence!
My wife killed too?
ROSS. – I have said.
MALCOLM. – Be comforted.
Let's make us medicines of our great revenge
To cure this deadly grief.
MACDUFF. – He has no children. All my pretty ones?
Did you say all? O hell-kite! All?
What, all my pretty chickens and their dam
At one fell swoop?
MALCOLM. – Dispute it like a man.
MACDUFF. – I shall do so,
But I must also feel it as a man.
I cannot but remember such things were
That were most precious to me. Did heaven look on
And would not take their part? Sinful Macduff,
They were all struck for thee. Naught that I am,
Not for their own demerits but for mine
Fell slaughter on their souls. Heaven rest them now.
MALCOLM. – Be this the whetstone of your sword. Let grief
Convert to anger: blunt not the heart, enrage it.
MACDUFF. – O, I could play the woman with mine eyes
And braggart with my tongue! But gentle heavens

227 struck] *F* (strooke).

1. Jeu sur *deer* (daims) et « dear » (êtres chers), annoncé par *quarry* (gibier abattu à la chasse). **2.** William Hazlitt (1818) souligne l'expressivité dramatique de l'exclamation

Qui est le lot d'un seul ?
ROSS. – Il n'est d'esprit honnête
Qui n'en partage la douleur, mais l'essentiel
En revient à vous seul.
MACDUFF. – Si ce malheur est mien,
Ne me le cachez pas, mais donnez-le-moi vite.
ROSS. – Puissent vos oreilles ne pas mépriser pour toujours
Ma langue qui va les emplir du son le plus lugubre
Qu'elles aient jamais entendu !
MACDUFF. – Hum ! je devine.
ROSS. – Votre château a été surpris, votre femme
Et vos petits sauvagement tués. Vous en dire la manière
Serait à cette biche, à ces faons[1] égorgés,
Ajouter votre mort.
MALCOLM. – Ciel miséricordieux !
(*A Macduff*) Allons, mon ami ! Surtout ne rabattez pas
Ce chapeau sur vos yeux[2] ; laissez votre douleur parler.
Le chagrin muet murmure au cœur trop plein de se briser.
MACDUFF. – Mes enfants aussi ?
ROSS. – Femme, enfants, serviteurs,
Tous ceux qu'on put trouver.
MACDUFF. – Et il m'a fallu être absent !
Ma femme tuée aussi ?
ROSS. – Je l'ai dit.
MALCOLM. – Reprenez courage.
Tirons de notre grande vengeance les remèdes
Qui guériront cette douleur mortelle.
MACDUFF. – Il n'a pas d'enfants, lui. Tous mes jolis petits ?
Vous avez dit tous ? Ô rapace infernal ! Tous ?
Quoi ! tous mes jolis poussins, et leur mère aussi
Emportés d'un seul élan[3] cruel ?
MALCOLM. – Faites face à ce malheur en homme.
MACDUFF. – C'est ce que je ferai.
Mais il me faut aussi l'éprouver comme un homme.
Comment ne pas me souvenir que ces êtres
Étaient mon bien le plus précieux ? Le ciel vit-il cela
Sans prendre leur défense ? Ô coupable Macduff,
C'est à cause de toi qu'ils ont tous été tués.
Misérable que je suis, c'est ma faute et non la leur
Si le meurtre a fondu sur leurs âmes.
Que le ciel à présent leur donne le repos !
MALCOLM. – Que cela soit la pierre où votre épée s'aiguise !
Faites que votre douleur, se changeant en colère,
N'émousse pas le cœur mais l'enflamme de rage !
MACDUFF. – Oh ! je pourrais faire la femme avec mes pleurs
Et le bravache avec des mots ! Mais, ciel clément,

---

de Malcolm, qui communique au lecteur, ou au spectateur, l'intensité de la douleur muette de Macduff. 3. *swoop.* Nom qui décrit l'attaque du rapace qui fond sur sa proie.

Cut short all intermission. Front to front
Bring thou this fiend of Scotland and myself.
Within my sword's length set him. If he scape,
Heaven forgive him too.

MALCOLM. – This tune goes manly.
Come, go we to the King. Our power is ready;
Our lack is nothing but our leave. Macbeth
Is ripe for shaking, and the powers above
Put on their instruments. Receive what cheer you may:
The night is long that never finds the day. *Exeunt*

V, 1 *Enter a Doctor of Physic and a Waiting-Gentlewoman*

DOCTOR. – I have two nights watched with you, but can perceive no truth in your report. When was it she last walked?

GENTLEWOMAN. – Since his majesty went into the field I have seen her rise from her bed, throw her nightgown upon her, unlock her closet, take forth paper, fold it, write upon't, read it, afterwards seal it, and again return to bed, yet all this while in a most fast sleep.

DOCTOR. – A great perturbation in nature, to receive at once the benefit of sleep and do the effects of watching. In this slumbery agitation besides her walking and other actual performances, what at any time have you heard her say?

GENTLEWOMAN. – That, sir, which I will not report after her.

DOCTOR. – You may to me; and 'tis most meet you should.

GENTLEWOMAN. – Neither to you nor anyone, having no witness to confirm my speech.

Enter Lady Macbeth with a taper

Lo you, here she comes. This is her very guise, and, upon my life, fast asleep. Observe her. Stand close.

DOCTOR. – How came she by that light?

GENTLEWOMAN. – Why, it stood by her. She has light by her continually. 'Tis her command.

DOCTOR. – You see her eyes are open.

GENTLEWOMAN. – Ay, but their sense are shut.

DOCTOR. – What is it she does now? Look how she rubs her hands.

GENTLEWOMAN. – It is an accustomed action with her, to seem thus washing her hands. I have known her continue in this a quarter of an hour.

LADY MACBETH. – Yet here's a spot.

DOCTOR. – Hark, she speaks. I will set down what comes from her to satisfy my remembrance the more strongly.

LADY MACBETH. – Out, damned spot; out, I say. One, two, — why, then

237 tune] *Rowe (1709)*; time *F.* **V,1 22** *prose*] *vers F.*

1. Le vers 241 (*Put... may*) est un alexandrin (douze syllabes au lieu de dix). **2.** Lieu : Dunsinane. Une salle du château. **3.** Renversement ironique : au premier acte, Lady Macbeth avait invoqué la complicité de la nuit (I,5,46). **4.** L'accord pluriel peut avoir

Ne souffre aucun délai et mets donc face à face
Ce démon d'Écosse et moi-même ; présente-le
A la portée de mon épée ; et s'il échappe,
Que le ciel lui pardonne aussi !

MALCOLM. – Voilà un ton viril.
Allons trouver le roi. Notre armée est sur pied ;
Il ne nous manque plus que de prendre congé.
Macbeth, lui, est prêt à gauler comme un fruit mûr ;
Les puissances célestes ceignent leurs instruments.
D'aucun réconfort ne refusez le secours[1] :
Il n'est si longue nuit qui n'atteigne le jour. *Ils sortent*

Entrent un Docteur en médecine et une Dame de compagnie[2] V, 1

LE DOCTEUR. – Voici deux nuits que je veille avec vous, sans rien voir qui puisse confirmer la vérité de votre témoignage. Quand l'avez-vous vue marcher dans son sommeil pour la dernière fois ?

LA DAME. – Depuis que Sa Majesté est partie en campagne, je l'ai vue se lever de son lit, jeter sur elle sa robe de nuit, déverrouiller son cabinet, y prendre une feuille de papier, la plier, écrire, se relire, puis la cacheter, pour enfin se recoucher ; et tout cela pourtant dans un profond sommeil.

LE DOCTEUR. – Voilà qui témoigne d'un grand désordre de la nature : recevoir les bienfaits du sommeil tout en effectuant les gestes de la veille ! Dans cette agitation endormie, outre ses allées et venues et autres actes effectifs, que vous est-il jamais arrivé de l'entendre dire ?

LA DAME. – Des mots, monsieur, que je ne veux pas répéter après elle.

LE DOCTEUR. – A moi, vous le pouvez, et il est parfaitement convenable que vous le fassiez.

LA DAME. – Pas plus à vous qu'à n'importe qui, car je n'ai pas de témoin pour confirmer mes dires.

Entre Lady Macbeth portant un chandelier

Attention ! la voici. Tout à fait comme à son habitude, et, sur ma vie, profondément endormie. Observez-la ; tenez-vous caché.

LE DOCTEUR. – Comment s'est-elle procuré cette lumière ?

LA DAME. – Ma foi, elle était près d'elle. Elle a toujours de la lumière près d'elle. C'est son ordre[3].

LE DOCTEUR. – Vous le voyez, ses yeux sont ouverts.

LA DAME. – C'est vrai, mais toute vision[4] leur est fermée.

LE DOCTEUR. – Que fait-elle à présent ? Regardez-la se frotter les mains.

LA DAME. – C'est un geste habituel chez elle, de sembler ainsi se laver les mains. Il m'est arrivé de la voir faire cela un quart d'heure durant.

LADY MACBETH. – Il reste encore une tache ici.

LE DOCTEUR. – Écoutez, elle parle ! Je vais noter ce qu'elle dit pour en garder un plus ferme souvenir.

LADY MACBETH. – Disparais, tache maudite ! Mais disparais donc[5] ! Un coup,

---

été dicté par le possessif *their* ; *sense* oppose implicitement la fonction à l'organe. **5.** Autre renversement ironique : Lady Macbeth avait affirmé à son mari qu'un peu d'eau suffirait à les « innocenter de cet acte » (II,2,65).

'tis time to do't. Hell is murky. Fie, my lord, fie, a soldier and afeard? What need we fear who knows it when none can call our power to account? Yet who would have thought the old man to have had so much blood in him?

DOCTOR. – Do you mark that?

LADY MACBETH. – The Thane of Fife had a wife. Where is she now? What, will these hands ne'er be clean? No more o' that, my lord, no more o' that. You mar all with this starting.

DOCTOR. – Go to, go to. You have known what you should not.

GENTLEWOMAN. – She has spoke what she should not, I am sure of that. Heaven knows what she has known.

LADY MACBETH. – Here's the smell of the blood still. All the perfumes of Arabia will not sweeten this little hand. O, O, O!

DOCTOR. – What a sigh is there! The heart is sorely charged.

GENTLEWOMAN. – I would not have such a heart in my bosom for the dignity of the whole body.

DOCTOR. – Well, well, well.

GENTLEWOMAN. – Pray God it be, sir.

DOCTOR. – This disease is beyond my practice. Yet I have known those which have walked in their sleep who have died holily in their beds.

LADY MACBETH. – Wash your hands, put on your nightgown, look not so pale. I tell you yet again, Banquo's buried. He cannot come out on's grave.

DOCTOR. – Even so?

LADY MACBETH. – To bed, to bed. There's knocking at the gate. Come, come, come, come, give me your hand. What's done cannot be undone. To bed, to bed, to bed. *Exit*

DOCTOR. – Will she go now to bed?

GENTLEWOMAN. – Directly.

DOCTOR. – Foul whisp'rings are abroad. Unnatural deeds
Do breed unnatural troubles; infected minds
To their deaf pillows will discharge their secrets.
More needs she the divine than the physician.
God, God forgive us all! Look after her.
Remove from her the means of all annoyance,
And still keep eyes upon her. So, good night.
My mind she has mated, and amazed my sight.
I think, but dare not speak.

GENTLEWOMAN. – Good night, good doctor. *Exeunt*

V, 2 *Enter Menteith, Caithness, Angus, Lennox, soldiers, with a drummer and colours*

MENTEITH. – The English power is near, led on by Malcolm,
His uncle Siward, and the good Macduff.

---

31 account] *F* (accompt). **37** *prose*] *vers F.*

---

1. Voir ci-dessus I,7,1 et III,2,14. **2.** *mated.* Au sens désuet de « décontenancer », « confondre ». **3.** Lieu : la campagne près de Dunsinane.

deux coups : eh bien, alors il est temps de le faire. L'enfer est ténébreux. Fi, monseigneur, fi ! Vous, un soldat, avoir peur ? Qu'avons-nous à craindre qui le saura, quand nul ne pourra demander de comptes à notre pouvoir ? Mais qui aurait pu penser que ce vieillard aurait tant de sang dans le corps ?

LE DOCTEUR. – Vous entendez cela ?

LADY MACBETH. – Le baron de Fife avait une femme. Où est-elle à présent ? Quoi ! ces mains ne seront-elles jamais propres ? Cessez, monseigneur, cessez. Vous gâtez tout en sursautant de la sorte.

LE DOCTEUR. – Ah, ça, alors ! Vous avez connu des choses que vous n'auriez pas dû connaître.

LA DAME. – Elle a dit ce qu'elle n'aurait pas dû dire, voilà qui est certain. Le ciel connaît ce qu'elle a connu.

LADY MACBETH. – On sent encore l'odeur du sang. Tous les parfums de l'Arabie ne purifieront pas cette petite main. Oh ! oh ! oh !

LE DOCTEUR. – Quel soupir ! De quel poids son cœur est accablé !

LA DAME. – Je ne voudrais pas avoir un tel cœur dans ma poitrine, pour tous les honneurs rendus à sa personne.

LE DOCTEUR. – Eh bien ! eh bien !

LA DAME. – Dieu veuille que tout soit bien, monsieur !

LE DOCTEUR. – Ce mal échappe à mon art ; et pourtant j'ai connu des gens qui marchaient dans leur sommeil et qui sont morts saintement dans leur lit.

LADY MACBETH. – Lavez-vous les mains, mettez votre robe de nuit, n'ayez pas l'air si pâle. Je vous le redis encore une fois, Banquo est enterré. Il ne peut pas sortir de sa tombe.

LE DOCTEUR. – Qui aurait cru ?

LADY MACBETH. – Au lit, au lit ! On frappe à la porte. Allons, venez ; allons, venez ; donnez-moi la main. Ce qui est fait ne peut être défait[1]. Au lit, au lit, au lit ! *Elle sort*

LE DOCTEUR. – Va-t-elle maintenant retourner se coucher ?

LA DAME. – Tout de suite.

LE DOCTEUR. – On chuchote des horreurs. Les actes contre nature
Engendrent des maux peu naturels ; les esprits malades
Répandent leurs secrets sur leurs sourds oreillers.
Plus que du médecin, elle a besoin du prêtre.
Dieu ! Dieu pardonne-nous à tous ! Veillez sur elle.
Tenez écartés d'elle tous moyens de se nuire,
Sans jamais la perdre de vue. Là-dessus, bonne nuit.
Puis-je en croire mes yeux ? J'en demeure interdit[2].
Je n'ose livrer mes pensées.

LA DAME. – Bonne nuit, bon docteur. *Ils sortent*

Entrent Menteith, Caithness, Angus, Lennox, des soldats, tambour battant et enseignes déployées[3] V, 2

MENTEITH. – L'armée anglaise approche, conduite par Malcolm,
Par son oncle Siward, et par le bon Macduff,

Revenges burn in them, for their dear causes
Would to the bleeding and the grim alarm
Excite the mortified man.
ANGUS. – Near Birnam Wood
Shall we well meet them. That way are they coming.
CAITHNESS. – Who knows if Donalbain be with his brother ?
LENNOX. – For certain, sir, he is not. I have a file
Of all the gentry. There is Siward's son,
And many unrough youths that even now
Protest their first of manhood.
MENTEITH. – What does the tyrant ?
CAITHNESS. – Great Dunsinane he strongly fortifies.
Some say he's mad, others that lesser hate him
Do call it valiant fury ; but for certain
He cannot buckle his distempered cause
Within the belt of rule.
ANGUS. – Now does he feel
His secret murders sticking on his hands.
Now minutely revolts upbraid his faith-breach.
Those he commands move only in command,
Nothing in love. Now does he feel his title
Hang loose about him, like a giant's robe
Upon a dwarfish thief.
MENTEITH. – Who then shall blame
His pestered senses to recoil and start
When all that is within him does condemn
Itself for being there ?
CAITHNESS. – Well, march we on
To give obedience where 'tis truly owed.
Meet we the medicine of the sickly weal,
And with him pour we in our country's purge,
Each drop of us.
LENNOX. – Or so much as it needs
To dew the sovereign flower and drown the weeds.
Make we our march towards Birnam. *Exeunt, marching*

V, 3 *Enter Macbeth, the Doctor of Physic, and attendants*

MACBETH. – Bring me no more reports. Let them fly all.
Till Birnam Wood remove to Dunsinane
I cannot taint with fear. What's the boy Malcolm ?
Was he not born of woman ? The spirits that know
All mortal consequences have pronounced me thus :
"Fear not, Macbeth. No man that's born of woman
Shall e'er have power upon thee." Then fly, false thanes,

---

1. *alarm.* C.-à-d. le signal du combat. **2.** Le jeu sur deux sens de *cause* (cause que l'on défend, et aussi maladie), latent au vers 3, devient ici manifeste : la passion de Macbeth est une enflure morbide qui ne peut être contenue. **3.** Lieu : Dunsinane. Une salle du

Brûlant de se venger, car leurs causes sacrées
Inciteraient l'homme le plus apathique à répondre
Au sinistre et sanglant appel aux armes[1].

ANGUS. – Près du bois de Birnam
Nous les rejoindrons à coup sûr. C'est par là qu'ils arrivent.

CAITHNESS. – Sait-on si Donalbain accompagne son frère ?

LENNOX. – Je suis certain que non, monsieur, car j'ai la liste
De tous les gentilshommes. Il y a le fils de Siward,
Et beaucoup de jeunes imberbes, qui, en ce jour,
Offrent les prémices de leur virilité.

MENTEITH. – Et que fait le tyran ?

CAITHNESS. – Il fortifie encore le puissant Dunsinane.
Certains le disent fou ; d'autres, qui le haïssent moins,
Parlent de fureur héroïque ; mais, ce qui est certain,
C'est qu'il ne peut plus sangler sa cause[2] hydropique
Du ceinturon de la règle.

ANGUS. – Il se sent à présent
Les mains poissées du sang de ses meurtres secrets.
Chaque instant à présent engendre une révolte
Contre sa trahison. Tous les gens qu'il commande
N'agissent que sur ordre et jamais par amour.
Il sent à présent son titre flotter sur ses épaules,
Tel la tunique d'un géant dérobée par un nain.

MENTEITH. – Qui donc blâmera ses sens tourmentés de regimber
Et de sursauter, quand tout ce qui est en lui
Se reproche d'y être ?

CAITHNESS. – Eh bien ! remettons-nous en route
Pour jurer allégeance où elle est vraiment due.
Rejoignons le médecin de la nation malade,
Et versons avec lui, pour purger le pays,
Chaque goutte de notre sang.

LENNOX. – Ou du moins juste assez
Pour que la fleur souveraine en soit arrosée,
Et la mauvaise herbe noyée. En route pour Birnam !

Ils sortent en ordre de marche

Entrent Macbeth, le Docteur en médecine, et des suivants[3] V, 3

MACBETH. – Laissez là vos rapports. Qu'ils désertent donc tous !
Tant que le bois de Birnam ne marchera pas
Sur Dunsinane, la peur ne pourra m'entamer.
Qu'est ce petit Malcolm ? N'est-il pas né d'une femme ?
Les esprits qui connaissent tous les destins mortels
M'ont affirmé ceci : « N'aie pas peur[4], Macbeth,
Nul homme né d'une femme n'aura jamais
De pouvoir sur toi. » Fuyez donc, barons perfides,

---

château. 4. Il est significatif que Macbeth parle de « peur », alors que l'Apparition n'avait pas employé ce mot (IV,1,95-97).

And mingle with the English epicures.
The mind I sway by and the heart I bear
Shall never sag with doubt nor shake with fear.

Enter Servant

The devil damn thee black, thou cream-faced loon!
Where gott'st thou that goose look?
SERVANT. – There is ten thousand —
MACBETH. – Geese, villain?
SERVANT. – Soldiers, sir.
MACBETH. – Go prick thy face and over-red thy fear,
Thou lily-livered boy. What soldiers, patch?
Death of thy soul, those linen cheeks of thine
Are counsellors to fear. What soldiers, whey-face?
SERVANT. – The English force, so please you.
MACBETH. – Take thy face hence. *Exit Servant*
Seyton! — I am sick at heart
When I behold — Seyton, I say! — This push
Will cheer me ever or disseat me now.
I have lived long enough. My way of life
Is fall'n into the sere, the yellow leaf,
And that which should accompany old age,
As honour, love, obedience, troops of friends,
I must not look to have, but in their stead
Curses, not loud but deep, mouth-honour, breath
Which the poor heart would fain deny and dare not.
Seyton!

Enter Seyton

SEYTON. – What's your gracious pleasure?
MACBETH. – What news more?
SEYTON. – All is confirmed, my lord, which was reported.
MACBETH. – I'll fight till from my bones my flesh be hacked.
Give me my armour.
SEYTON. – 'Tis not needed yet.
MACBETH. – I'll put it on.
Send out more horses. Skirr the country round.
Hang those that talk of fear. Give me mine armour.
How does your patient, doctor?
DOCTOR. – Not so sick, my lord,
As she is troubled with thick-coming fancies
That keep her from her rest.
MACBETH. – Cure her of that.
Canst thou not minister to a mind diseased,

---

23 disseat] *F* (dis-eate); disease *F2*. 37 more] *F* (moe). 41 Cure her] *F2*; Cure *F*.

---

1. Voir *Hamlet,* II,2,520 (*pigeon-livered*), et *Lear,* IV,2,32 (*Milk-livered*), et la note. 2. *Seyton.* Il est possible que ce nom ait été prononcé comme « Satan ». 3. *cheer.* Peut-être un jeu de mots sur « to cheer » (encourager) et « to chair » (établir sur le trône)

Allez vous mêler aux épicuriens anglais.
L'esprit qui me régit, ce qu'en moi j'ai de cœur,
Jamais ne fléchiront sous le doute ni la peur.
Entre un Serviteur
Va noircir en enfer, drôle à face de crème !
Où as-tu pris cet air d'oie ?

LE SERVITEUR. – Il y a dix mille —

MACBETH. – Oisons, manant ?

LE SERVITEUR. – Soldats, Sire.

MACBETH. – Va te griffer la face ; à ta peur mets du rouge,
Marmot au foie blanc[1] ! Quels soldats, nigaud ?
Que le diable aie ton âme ! Par leur pâleur de linge
Tes joues sèment la peur. Quels soldats, face de petit-lait ?

LE SERVITEUR. – L'armée anglaise, s'il vous plaît.

MACBETH. – Va montrer ta face ailleurs. *Le Serviteur sort*
Seyton[2] ! — J'ai le cœur navré
Quand je vois — Seyton ! ho ! — Cet assaut va me rétablir[3]
Pour toujours, ou me désarçonner sur-le-champ.
J'ai vécu assez vieux[4]. Ma vie à son déclin
Ne garde que des feuilles[5] jaunies et desséchées[6].
A tout ce qui devrait entourer la vieillesse,
Honneur, amour, respect, et des légions d'amis,
Je ne dois pas m'attendre ; à leur place il m'échoit
Des malédictions, pas moins intenses pour être muettes,
Ou l'hommage feint de paroles que le pauvre cœur
Voudrait, mais n'ose pas, désavouer. Seyton !
Entre Seyton

SEYTON. – Quel est votre bon plaisir ?

MACBETH. – As-tu d'autres nouvelles ?

SEYTON. – Tout ce qu'on rapportait, Sire, s'est confirmé.

MACBETH. – Je lutterai tant qu'on n'aura pas arraché
La chair de mes os. Donne-moi mon armure.

SEYTON. – Il n'en est pas encore besoin.

MACBETH. – Je vais la revêtir.
Dépêche d'autres cavaliers. Qu'ils battent la campagne !
Qu'on pende ceux qui parlent de peur ! Donne-moi mon armure.
Docteur, comment va votre patiente ?

LE DOCTEUR. – Moins malade,
Monseigneur, qu'obsédée par des visions nombreuses
Qui l'empêchent de dormir.

MACBETH. – A toi de l'en guérir.
Ne peux-tu donc secourir un esprit malade,

---

qui servirait d'antithèse à *disseat.* **4.** Écho ironique : les paroles hypocrites de Macbeth (II,3,83-85) sont devenues vraies. **5.** *leaf.* Peut-être un écho biblique. Selon *Psaumes,* 1,3, la feuille du juste ne se fanera pas (« whose leaf shall not fade »). **6.** *sere.* Certains tiennent ce mot pour un adjectif (que Sh emploie par ailleurs) qualifiant *leaf* ; d'autres pour un substantif (sans autre exemple connu), au sens de « flétrissement », « dessèchement ».

Pluck from the memory a rooted sorrow,
Raze out the written troubles of the brain,
And with some sweet oblivious antidote
Cleanse the fraught bosom of that perilous stuff
Which weighs upon the heart?

DOCTOR. – Therein the patient
Must minister to himself.

MACBETH. – Throw physic to the dogs; I'll none of it.
(*To an attendant*) Come, put mine armour on. Give me my staff.
Seyton, send out. Doctor, the thanes fly from me.
(*To an attendant*) Come, sir, dispatch. – If thou couldst, doctor, cast
The water of my land, find her disease,
And purge it to a sound and pristine health,
I would applaud thee to the very echo,
That should applaud again. (*To an attendant*) Pull't off, I say.
(*To the Doctor*) What rhubarb, cyme, or what purgative drug
Would scour these English hence? Hear'st thou of them?

DOCTOR. – Ay, my good lord. Your royal preparation
Makes us hear something.

MACBETH (*to an attendant*). – Bring it after me.
I will not be afraid of death and bane
Till Birnam Forest come to Dunsinane.

DOCTOR (*aside*). – Were I from Dunsinane away and clear,
Profit again should hardly draw me here. *Exeunt*

V, 4 *Enter Malcolm, Siward, Macduff, Siward's Son, Menteith, Caithness, Angus, and soldiers, marching, with a drummer and colours*

MALCOLM. – Cousins, I hope the days are near at hand
That chambers will be safe.

MENTEITH. – We doubt it nothing.

SIWARD. – What wood is this before us?

MENTEITH. – The wood of Birnam.

MALCOLM. – Let every soldier hew him down a bough
And bear't before him. Thereby shall we shadow
The numbers of our host, and make discovery
Err in report of us.

A SOLDIER. – It shall be done.

SIWARD. – We learn no other but the confident tyrant
Keeps still in Dunsinane, and will endure
Our setting down before't.

MALCOLM. – 'Tis his main hope,
For where there is advantage to be gone,
Both more and less have given him the revolt,

---

46 fraught] *Oxford*; stufft *F*; *nombreuses conjectures.* **V,4 11 gone]** *Capell (1767-1768)*; given *F.*

---

1. *send out.* Rappel de l'ordre donné à Seyton au vers 37. 2. *cast The water.* Emprunt

Arracher un chagrin enraciné dans la mémoire,
Effacer les tourments gravés dans le cerveau,
Et, provoquant l'oubli par un doux antidote,
Libérer le sein encombré des matières morbides
Qui pèsent sur le cœur ?

LE DOCTEUR. – En tel cas, le patient
Doit trouver le secours en lui-même.

MACBETH. – Qu'on jette aux chiens la médecine ! Je n'en veux point.
(*A un suivant*) Allons, mets-moi mon armure, et donne-moi mon bâton.
Seyton, ces cavaliers[1] ! Docteur, les barons m'abandonnent.
(*A un suivant*) Allons, l'ami, vite. — Si tu pouvais, docteur, consulter
Les urines[2] de mon pays, trouver de quel mal il souffre,
Lui rendre en le purgeant sa robuste santé première,
Moi, je t'applaudirais tant que les échos
Résonneraient de ta louange. (*A un suivant*) Ôte-moi ça, voyons.
(*Au Docteur*) Quel séné, ou rhubarbe, ou autre purgatif,
Expulserait d'ici ces Anglais ? As-tu entendu parler d'eux ?

LE DOCTEUR. – Oui, mon bon seigneur. Vos préparatifs royaux
Nous laissent entendre quelque chose.

MACBETH (*à un suivant*). – Prends-le[3] et suis-moi.
Je croirai que le sort à la mort me condamne
Quand le bois de Birnam viendra vers Dunsinane[4].

LE DOCTEUR (*à part*). – Si, loin de Dunsinane, je pouvais m'échapper,
Aucun désir de gain ne m'y ferait rentrer. *Ils sortent*

Entrent Malcolm, Siward, Macduff, le Fils de Siward, Menteith, Caithness, Angus et des soldats défilant, avec un tambour et des enseignes déployées[5] V, 4

MALCOLM. – Cousins, le jour où l'on pourra dormir en sûreté
Est proche, je l'espère.

MENTEITH. – Il n'en faut pas douter.

SIWARD. – Quel est ce bois devant nous ?

MENTEITH. – Le bois de Birnam.

MALCOLM. – Que chaque soldat coupe une branche d'arbre
Qu'il portera devant lui ! Nous pourrons ainsi masquer
Le nombre de nos forces, et ferons mentir les rapports
De ses éclaireurs.

UN SOLDAT. – Ce sera fait.

SIWARD. – Nous tenons pour certain que le tyran, sûr de soi,
Se terre dans Dunsinane et nous laissera
Y mettre le siège.

MALCOLM. – C'est son meilleur recours :
Car à l'heure où il est opportun de s'enfuir,
Petits et grands se sont révoltés contre lui ;

---

au vocabulaire médical. L'inspection des urines servait à établir le diagnostic. **3.** *it.* La nature de l'objet (heaume, épée, etc.) est indiquée par le jeu de scène. **4.** Littéralement : « Je ne craindrai ni mort ni ruine, / Tant que la forêt de Birnam ne viendra pas à Dunsinane. » **5.** Lieu : la campagne près du bois de Birnam.

And none serve with him but constrainèd things,
Whose hearts are absent too.

MACDUFF. – Let our just censures
Attend the true event, and put we on
Industrious soldiership.

SIWARD. – The time approaches
That will with due decision make us know
What we shall say we have, and what we owe.
Thoughts speculative their unsure hopes relate,
But certain issue strokes must arbitrate;
Towards which, advance the war. *Exeunt, marching*

V, 5 *Enter Macbeth, Seyton, and soldiers, with a drummer and colours*

MACBETH. – Hang out our banners on the outward walls.
The cry is still "They come." Our castle's strength
Will laugh a siege to scorn. Here let them lie
Till famine and the ague eat them up.
Were they not forced with those that should be ours
We might have met them dareful, beard to beard,
And beat them backward home.

A cry within of women

What is that noise?

SEYTON. – It is the cry of women, my good lord. [*Exit*]

MACBETH. – I have almost forgot the taste of fears.
The time has been my senses would have cooled
To hear a night-shriek, and my fell of hair
Would at a dismal treatise rouse and stir
As life were in't. I have supped full with horrors.
Direness, familiar to my slaughterous thoughts,
Cannot once start me.

[*Enter Seyton*]

Wherefore was that cry?

SEYTON. – The Queen, my lord, is dead.

MACBETH. – She should have died hereafter.
There would have been a time for such a word.
Tomorrow, and tomorrow, and tomorrow
Creeps in this petty pace from day to day
To the last syllable of recorded time,
And all our yesterdays have lighted fools
The way to dusty death. Out, out, brief candle.
Life's but a walking shadow, a poor player
That struts and frets his hour upon the stage,
And then is heard no more. It is a tale

---

1. *the true event.* On peut comprendre « l'issue exacte ». 2. Lieu : Dunsinane. A l'intérieur du château. 3. On pourrait aussi comprendre : « Elle aurait dû mourir plus tard. / Le temps n'eût pas manqué alors pour accueillir ces mots. » Mais la traduction choisie s'accorde mieux avec le contexte. 4. Peut-être trois échos bibliques. Pour *dusty*

Les gens qui le servent encore sont contraints et forcés,
Et le cœur n'y est pas.
MACDUFF. – Pour nous prononcer justement,
Attendons de connaître les faits véritables[1] ;
Jusque-là soyons des soldats diligents.
SIWARD. – Voici venir l'instant
Qui nous permettra de déclarer sans conteste
Ce qui nous est acquis, et ce qu'à payer il nous reste.
Les vues de l'esprit traduisent des espoirs incertains ;
Du succès, seuls les coups pourront assurer le destin ;
Vers ce but faisons avancer la guerre. *Ils sortent, en marchant au pas*

Entrent Macbeth, Seyton et des soldats, avec un tambour et des enseignes déployées[2] V, 5

MACBETH. – Suspendez nos bannières aux murs extérieurs.
On crie encore : « Ils arrivent ! » Notre château est assez fort
Pour se moquer d'un siège. Qu'on les laisse donc là,
Et la famine et la fièvre en viendront à bout.
Sans le renfort de ceux qui devraient nous aider,
Nous aurions pu les braver hardiment, face à face,
Les refoulant jusque chez eux.
Un cri de femmes à l'intérieur
Quel est ce bruit ?
SEYTON. – Des cris de femmes, mon bon seigneur. [*Il sort*]
MACBETH. – Je ne sais presque plus, moi, quel goût a la peur.
Il fut un temps où mes sens se seraient glacés
D'entendre hurler la nuit, et où ma chevelure
Se serait hérissée à quelque affreux récit,
Comme agitée de vie. Mais je suis soûl d'horreurs.
L'atroce, familier à mes pensées de meurtre,
Ne peut jamais me faire tressaillir.
[*Entre Seyton*]
Pourquoi ce cri ?
SEYTON. – La reine, monseigneur, est morte.
MACBETH. – Elle serait morte un jour ou l'autre.
Un moment serait venu où ce mot eût été dit[3].
Demain, et puis demain, et puis demain encore,
A pas menus avancent, coulant de jour en jour
Vers l'ultime syllabe des annales du temps,
Et nos hiers n'ont tous éclairé que des sots
Sur le chemin qui mène à la mort poussiéreuse.
Éteins-toi donc, brève chandelle !
La vie n'est qu'une ombre qui passe[4], un pauvre acteur
Qui parade et s'agite pendant son temps sur scène
Et puis qu'on n'entend plus. C'est un récit conté

---

death (22), voir *Psaumes,* 22,15. Pour *candle* (22), voir *Job,* 18,6. Pour *shadow* (23), voir *Job,* 8,9, et *Psaumes,* 39,6.

Told by an idiot, full of sound and fury,
Signifying nothing.

Enter a Messenger

Thou com'st to use
Thy tongue : thy story quickly.

MESSENGER. – Gracious my lord,
I should report that which I say I saw,
But know not how to do't.

MACBETH. – Well, say, sir.

MESSENGER. – As I did stand my watch upon the hill
I looked toward Birnam, and anon methought
The wood began to move.

MACBETH. – Liar and slave !

MESSENGER. – Let me endure your wrath if't be not so.
Within this three mile may you see it coming.
I say, a moving grove.

MACBETH. – If thou speak'st false
Upon the next tree shall thou hang alive
Till famine cling thee. If thy speech be sooth,
I care not if thou dost for me as much.
I pall in resolution, and begin
To doubt th'equivocation of the fiend,
That lies like truth. "Fear not till Birnam Wood
Do come to Dunsinane" – and now a wood
Comes toward Dunsinane. Arm, arm, and out.
If this which he avouches does appear
There is nor flying hence nor tarrying here.
I 'gin to be aweary of the sun,
And wish th'estate o'th' world were now undone.
Ring the alarum bell. [*Alarums*] Blow wind, come wrack,
At least we'll die with harness on our back. *Exeunt*

V, 6 *Enter Malcolm, Siward, Macduff, and their army with boughs, with a drummer and colours*

MALCOLM. – Now near enough. Your leafy screens throw down,
And show like those you are.

[*They throw down the boughs*]

You, worthy uncle,
Shall with my cousin, your right noble son,
Lead our first battle. Worthy Macduff and we
Shall take upon's what else remains to do
According to our order.

---

40 pall] *Hunter (1799)* ; pull *F.*

---

1. La Bible* dépeint Satan comme un menteur ; voir *Jean,* 8,44 (« he is a liar »). 2. Lieu :

Par un idiot, rempli de bruit et de fureur,
Qui ne signifie rien.

Entre un Messager

Tu viens pour te servir
De ta langue : vite, ton récit.

LE MESSAGER. – Mon gracieux seigneur,
Il me faut dire ce que j'affirme avoir vu,
Mais je ne sais comment m'y prendre.

MACBETH. – Eh, parle, l'ami !

LE MESSAGER. – Comme je montais ma garde sur la colline,
Je me tournai vers Birnam et bientôt il me sembla
Que la forêt se mettait à bouger.

MACBETH. – Chien de menteur !

LE MESSAGER. – Que votre courroux me frappe si cela n'est pas vrai !
On peut la voir qui vient à trois milles d'ici.
Je l'affirme : une forêt qui marche.

MACBETH. – Si tu mens,
Tu seras pendu tout vif au premier arbre venu
Pour que la faim t'y sèche. Si ton rapport est vrai,
Tu peux m'en faire autant, cela m'est bien égal.
Ma résolution s'affaiblit, et je commence
A soupçonner une équivoque du démon,
Qui ment, tout en semblant dire vrai[1]. « Ne crains rien
Tant que le bois de Birnam ne sera venu
A Dunsinane » — et voici à présent qu'un bois
Marche vers Dunsinane. Aux armes et sortons !
Si ce qu'il rapporte est vraiment tel qu'il le dit,
Il n'est question de fuir, ni de rester ici.
Je commence à me lasser du soleil, et voudrais voir
Le monde à cet instant se défaire et déchoir.
Sonnez le tocsin ! [*Sonneries guerrières*] Vent, lève-toi ! Viens, chaos !
Tout au moins mourrons-nous l'armure sur le dos. *Ils sortent*

Entrent Malcolm, Siward, Macduff et leur armée portant des branchages, avec un tambour et des enseignes déployées[2] V, 6

MALCOLM. – Assez près, maintenant : jetez vos écrans de feuillage
Et montrez-vous tels que vous êtes.

[*Ils jettent les branchages sur le sol*]

Vous, mon digne oncle,
Aidé de mon cousin, votre très noble fils,
Conduirez notre premier corps. Le digne Macduff
Et nous-même[3] nous chargerons de ce qui reste à faire,
Selon l'ordre arrêté.

Dunsinane. La campagne près du château. 3. *we.* Malcolm emploie maintenant le pluriel de majesté.

SIWARD. – Fare you well.
Do we but find the tyrant's power tonight,
Let us be beaten if we cannot fight.
MACDUFF. – Make all our trumpets speak, give them all breath,
Those clamorous harbingers of blood and death.
Exeunt. Alarums continued

V, 7 *Enter Macbeth*

MACBETH. – They have tied me to a stake. I cannot fly,
But bear-like I must fight the course. What's he
That was not born of woman? Such a one
Am I to fear, or none.
Enter Young Siward
YOUNG SIWARD. – What is thy name?
MACBETH. – Thou'lt be afraid to hear it.
YOUNG SIWARD. – No, though thou call'st thyself a hotter name
Than any is in hell.
MACBETH. – My name's Macbeth.
YOUNG SIWARD. – The devil himself could not pronounce a title
More hateful to mine ear.
MACBETH. – No, nor more fearful.
YOUNG SIWARD. – Thou liest, abhorrèd tyrant. With my sword
I'll prove the lie thou speak'st.
They fight, and Young Siward is slain
MACBETH. – Thou wast born of woman,
But swords I smile at, weapons laugh to scorn,
Brandished by man that's of a woman born. *Exit [with the body]*

V, 8 *Alarums. Enter Macduff*

MACDUFF. – That way the noise is. Tyrant, show thy face!
If thou beest slain and with no stroke of mine,
My wife and children's ghosts will haunt me still.
I cannot strike at wretched kerns, whose arms
Are hired to bear their staves. Either thou, Macbeth,
Or else my sword with an unbattered edge
I sheathe again undeeded. There thou shouldst be;
By this great clatter one of greatest note
Seems bruited. Let me find him, fortune,
And more I beg not. *Exit. Alarums*

V,7 14.IS *with the body*] *Oxford*; *pas dans F.*

SIWARD. – Adieu. S'il advient que ce soir
Nous affrontions l'armée de ce tyran brutal,
Que nous soyons vaincus, si nous nous battons mal !
MACDUFF. – Que toutes nos trompettes parlent haut et fort,
Ces bruyants messagers du sang et de la mort !
Ils sortent. Sonneries guerrières prolongées

Entre Macbeth[1] V, 7

MACBETH. – On m'a lié au poteau. Je ne peux pas m'enfuir,
Mais, tel un ours, il me faut tenir tête aux chiens[2].
Quel est-il, celui qui n'est pas né d'une femme ?
C'est le seul, entre tous, dont je doive avoir peur.
Entre le Jeune Siward
LE JEUNE SIWARD. – Quel est ton nom ?
MACBETH. – Tu trembleras de l'entendre.
LE JEUNE SIWARD. – Non, même s'il brûle d'un feu plus infernal
Qu'au plus chaud de l'enfer.
MACBETH. – Je m'appelle Macbeth.
LE JEUNE SIWARD. – Le diable lui-même ne pourrait dire un nom
Plus odieux à mon oreille.
MACBETH. – Ni plus effrayant, peut-être.
LE JEUNE SIWARD. – Tu mens, tyran exécré. Mon épée prouvera
Que tu mens.
Ils se battent, et le Jeune Siward est tué
MACBETH. – Tu étais né d'une femme ;
Je me ris des épées, je me moque des armes
Que brandit tout humain qui est né d'une femme.
Il sort [avec le corps]

Sonneries guerrières. Entre Macduff[3] V, 8

MACDUFF. – C'est par là qu'est le bruit. Tyran, montre ta face !
Si tu es tué sans que je t'aie porté un coup,
Ma femme et mes enfants me hanteront toujours.
Je ne saurais frapper cette pauvre piétaille
Dont on a loué les bras pour porter des épieux.
Toi seul, Macbeth ! Sinon je rengainerai mon épée
Au fil non émoussé, sans m'en être servi.
Tu dois être par là. Ce grand fracas semble annoncer
La présence de quelqu'un de très grand renom.
Permets-moi seulement de le trouver, Fortune,
Et je ne demande plus rien ! *Il sort. Sonneries guerrières*

---

1. Lieu : le champ de bataille. 2. *course*. Assaut des chiens contre l'ours*. Voir *Lear*, III,7,51 et la note. 3. Lieu : le champ de bataille.

V, 9 *Enter Malcolm and Siward*

SIWARD. – This way, my lord. The castle's gently rendered.
The tyrant's people on both sides do fight.
The noble thanes do bravely in the war.
The day almost itself professes yours,
And little is to do.
MALCOLM. – We have met with foes
That strike beside us.
SIWARD. – Enter, sir, the castle. *Exeunt. Alarum*

V, 10 *Enter Macbeth*

MACBETH. – Why should I play the Roman fool, and die
On mine own sword? Whiles I see lives, the gashes
Do better upon them.
Enter Macduff
MACDUFF. – Turn, hell-hound, turn.
MACBETH. – Of all men else I have avoided thee.
But get thee back. My soul is too much charged
With blood of thine already.
MACDUFF. – I have no words;
My voice is in my sword, thou bloodier villain
Than terms can give thee out.
They fight; alarum
MACBETH. – Thou losest labour.
As easy mayst thou the intrenchant air
With thy keen sword impress as make me bleed.
Let fall thy blade on vulnerable crests;
I bear a charmèd life, which must not yield
To one of woman born.
MACDUFF. – Despair thy charm,
And let the angel whom thou still hast served
Tell thee Macduff was from his mother's womb
Untimely ripped.
MACBETH. – Accursèd be that tongue that tells me so,
For it hath cowed my better part of man;
And be these juggling fiends no more believed,
That palter with us in a double sense,
That keep the word of promise to our ear
And break it to our hope. I'll not fight with thee.
MACDUFF. – Then yield thee, coward,
And live to be the show and gaze o'th' time.
We'll have thee as our rarer monsters are,
Painted upon a pole, and underwrit
"Here may you see the tyrant."
MACBETH. – I will not yield

1. Lieu : un autre endroit sur le champ de bataille.

Entrent Malcolm et Siward[1] V, 9

SIWARD. – Par ici, monseigneur. Le château s'est rendu
Sans trop de résistance. Les hommes du tyran
Combattent des deux côtés. Les nobles barons
Se montrent preux soldats. La journée semble presque à vous,
Il reste peu à faire.

MALCOLM. – Nous avons rencontré des ennemis
Qui ont lutté à nos côtés.

SIWARD. – Entrez, Sire, dans le château.

Ils sortent. Sonnerie guerrière

Entre Macbeth[2] V, 10

MACBETH. – Pourquoi ferais-je l'imbécile à la romaine
En mourant sur mon épée ? Tant que je verrai
Des vivants, les plaies leur conviendront mieux qu'à moi.

Entre Macduff

MACDUFF. – Retourne-toi, chien de l'enfer, retourne-toi !

MACBETH. – De tous les hommes, tu es le seul que j'aie évité.
Mais, va, retire-toi ; mon âme est trop chargée
Déjà du sang des tiens.

MACDUFF. – Je ne te dirai rien ;
Mon épée parlera, bandit plus sanguinaire
Qu'aucun mot ne peut l'exprimer.

Ils se battent ; sonnerie guerrière

MACBETH. – Tu perds ta peine.
Tu aurais plus tôt fait d'inscrire l'empreinte
De ta lame acérée dans l'air impalpable
Que de me faire saigner. Assène ton épée
Sur des cimiers vulnérables : ma vie est enchantée,
Inaccessible aux coups d'un être né d'une femme.

MACDUFF. – A ce charme il ne faut plus te fier ; mais que l'ange
Que tu n'as cessé de servir te dise qu'avant terme
Macduff fut arraché au ventre de sa mère.

MACBETH. – Maudite soit la langue qui me dit cela,
Car elle effraye en moi tout le meilleur de l'homme ;
Et qu'on n'écoute plus ces démons bateleurs
Qui usent d'équivoques afin de nous leurrer,
Et tiennent promesse en paroles pour l'oreille
Mais trompent notre espoir. Je ne me battrai pas avec toi.

MACDUFF. – Alors, rends-toi, lâche,
Vis pour être l'objet de la curiosité du siècle.
Nous mettrons ton portrait, comme celui de nos monstres très rares,
Sur un poteau, avec cette inscription dessous :
« Ici on peut voir le tyran ».

MACBETH. – Je ne me rendrai pas

---

2. Lieu : le champ de bataille.

To kiss the ground before young Malcolm's feet,
And to be baited with the rabble's curse.
Though Birnam Wood be come to Dunsinane,
And thou opposed being of no woman born,
Yet I will try the last. Before my body
I throw my warlike shield. Lay on, Macduff,
And damned be him that first cries "Hold, enough!"

Exeunt fighting. Alarums

They enter fighting, and Macbeth is slain. [*Exit Macduff with Macbeth's body*]

V, 11

Retreat and flourish. Enter with a drummer and colours Malcolm, Siward, Ross, thanes, and soldiers

MALCOLM. – I would the friends we miss were safe arrived.
SIWARD. – Some must go off; and yet by these I see
So great a day as this is cheaply bought.
MALCOLM. – Macduff is missing, and your noble son.
ROSS (*to Siward*). – Your son, my lord, has paid a soldier's debt.
He only lived but till he was a man,
The which no sooner had his prowess confirmed
In the unshrinking station where he fought,
But like a man he died.
SIWARD. – Then he is dead?
ROSS. – Ay, and brought off the field. Your cause of sorrow
Must not be measured by his worth, for then
It hath no end.
SIWARD. – Had he his hurts before?
ROSS. – Ay, on the front.
SIWARD. – Why then, God's soldier be he.
Had I as many sons as I have hairs
I would not wish them to a fairer death;
And so his knell is knolled.
MALCOLM. – He's worth more sorrow,
And that I'll spend for him.
SIWARD. – He's worth no more.
They say he parted well and paid his score,
And so God be with him. Here comes newer comfort.

Enter Macduff with Macbeth's head

MACDUFF (*to Malcolm*). – Hail, King, for so thou art. Behold where stands
Th'usurper's cursèd head. The time is free.
I see thee compassed with thy kingdom's pearl,
That speak my salutation in their minds,
Whose voices I desire aloud with mine:
Hail, King of Scotland!
ALL BUT MALCOLM. – Hail, King of Scotland!

---

1. Lieu : Dunsinane. A l'intérieur du château.

Pour lécher la poussière aux pieds du jeune Malcolm,
Ni pour être assailli par les malédictions des gueux.
Bien que le bois de Birnam soit venu à Dunsinane,
Et que toi qui m'affrontes ne sois pas né d'une femme,
Je vais jouer mon va-tout. Je mets devant mon corps
Mon écu guerrier. Macduff, frappe sans pitié.
Maudit soit le premier qui demande quartier.

Ils sortent en combattant. Sonneries guerrières

Ils entrent en combattant et Macbeth est tué. [*Macduff sort avec le corps de Macbeth*]

On sonne la retraite, puis sonnerie de trompette. Entrent, avec un tambour et des enseignes déployées, Malcolm, Siward, Ross, des barons et des soldats[1] **V, 11**

MALCOLM. – Je voudrais voir ici sains et saufs les amis qui nous manquent.
SIWARD. – Il faut bien qu'il en tombe. Et pourtant, à voir ceux qui sont [là,
Nous ne payons pas cher cette grande journée.
MALCOLM. – Il nous manque Macduff, et votre noble fils.
ROSS (*à Siward*). – Votre fils, monseigneur, a payé sa dette de soldat.
Il n'a eu que le temps de devenir un homme.
Il ne l'eut pas plus tôt prouvé par sa prouesse,
En restant sans broncher à combattre à son poste,
Qu'en homme il est tombé.
SIWARD. – Ainsi donc il est mort ?
ROSS. – Oui. On l'a ramené du champ de bataille. Votre douleur
Ne doit pas être mesurée à son mérite,
Car elle serait sans bornes.
SIWARD. – Fut-il blessé par devant ?
ROSS. – Oui, au front.
SIWARD. – Alors, qu'il soit le soldat de Dieu !
Si j'avais autant de fils que j'ai de cheveux,
Je ne leur souhaiterais pas de plus belle mort ;
Voilà son glas sonné.
MALCOLM. – Il mérite plus de chagrin :
Je lui paierai ce tribut.
SIWARD. – Il n'en mérite pas plus.
On le dit mort en brave, ayant payé son dû :
Que Dieu soit avec lui ! Voici un nouveau réconfort.

Entre Macduff avec la tête de Macbeth

MACDUFF (*à Malcolm*). – Salut, roi, car tu es roi. Vois où est plantée
La tête maudite de cet usurpateur.
Nos jours sont délivrés. Je te vois entouré
Des perles du royaume, de ceux qui en pensée
Répètent le salut qu'à l'instant je t'adresse,
Et que j'appelle à crier tout haut avec moi :
Salut, roi d'Écosse !
TOUS SAUF MALCOLM. – Salut, roi d'Écosse !

Flourish

MALCOLM. – We shall not spend a large expense of time
Before we reckon with your several loves
And make us even with you. My thanes and kinsmen,
Henceforth be earls, the first that ever Scotland
In such an honour named. What's more to do
Which would be planted newly with the time,
As calling home our exiled friends abroad,
That fled the snares of watchful tyranny,
Producing forth the cruel ministers
Of this dead butcher and his fiend-like queen –
Who, as 'tis thought, by self and violent hands
Took off her life – this and what needful else
That calls upon us, by the grace of grace
We will perform in measure, time, and place.
So thanks to all at once, and to each one,
Whom we invite to see us crowned at Scone.

Flourish. Exeunt Omnes

---

25 BUT MALCOLM] *Oxford*; *pas dans F.*

Sonnerie de trompettes

MALCOLM. – Nous ne dépenserons pas un grand laps de temps
Avant d'évaluer notre dette à tous vos dévouements
Pour nous en acquitter. Mes barons et parents,
Soyez désormais comtes, les premiers que l'Écosse
Ait jamais élevés à cette dignité.
Ce qui nous reste à faire, tout ce qui demande
A être replanté selon l'ère nouvelle,
Comme de rappeler de l'exil nos amis
Qui ont fui les pièges du tyran aux aguets,
Ou bien de débusquer les ministres cruels
De ce boucher mort, et de son démon de reine
Qui, pense-t-on, s'est ôté violemment la vie
De ses propres mains – cela, et tout ce qui par ailleurs
Va requérir nos soins, par la grâce de Dieu
Nous le ferons avec mesure, en temps et lieu.
A tous et à chacun, tous nos remerciements ;
A Scone honorez tous notre couronnement.

Sonnerie de trompettes. Ils sortent tous

ANTOINE ET CLÉOPÂTRE

(*Antony and Cleopatra*)

Présenté et traduit par
Michel Grivelet

INTRODUCTION

Synopsis

I,1. – Alexandrie. Antoine, en compagnie de Cléopâtre et tout à sa passion pour elle, refuse de recevoir des messagers venus de Rome. **2.** – Ambiance lascive de la cour d'Égypte. Antoine s'entretient seul avec les messagers ; il apprend d'eux que sa situation politique se détériore en Italie et que Fulvie, son épouse, est morte. Il décide de s'arracher aux bras de Cléopâtre et de partir pour Rome. **3.** – Scène de séparation entre Antoine, qui se défend mal mais ne cède pas, et Cléopâtre moqueuse, emportée, ne cachant guère la profondeur de son attachement. **4.** – A Rome, les deux autres triumvirs, César (c'est le nom donné à Octave dans toute la pièce) et Lépide, dénoncent les débauches égyptiennes d'Antoine et s'inquiètent de la menace que Sextus Pompée fait peser sur eux. **5.** – Cléopâtre laisse voir à son entourage, Charmian et Iras ses femmes, Mardian l'eunuque et Alexas, à quel point elle est habitée par le souvenir et par le désir d'Antoine.

II,1. – Pompée, sur le pied de guerre, avec les pirates Ménécrate et Ménas, compte sur sa supériorité navale et les divisions de ses adversaires pour l'emporter. **2.** – Rencontre au sommet des triumvirs. Entre Antoine et César, la rupture qui menace est évitée grâce à l'arrangement du mariage d'Antoine avec la sœur de César, Octavie. Le familier d'Antoine, Enobarbus, ne croit pas au succès de cette opération diplomatique. Resté seul avec Agrippa, il lui fait un récit superbe, et sarcastique, des séductions de la reine d'Égypte. Elle a subjugué Antoine dès leur première rencontre. **3.** – Antoine, auprès d'Octavie, est plein de bonnes résolutions. Mais un devin n'a pas de mal à le persuader qu'il ne gagnera rien à rester dans l'ombre de César. **4.** – Préparatifs du départ des triumvirs pour le cap Misène où ils ont prévu de rencontrer Pompée. **5.** – A Alexandrie, Cléopâtre, pensive, s'abandonne à ses impatiences et à ses souvenirs amoureux, lorsqu'un de ses émissaires revenu de Rome lui annonce, à son corps défendant, le mariage d'Antoine. Malmené, le messager échappe de peu à la fureur meurtrière de la reine. **6.** – Face à face entre Pompée et les triumvirs. Le conflit tourne court, Pompée ayant accepté leurs conditions.

7. – L'heureuse issue des négociations est célébrée par un festin à bord de la galère de Pompée. Ménas lui offre en aparté le moyen de se rendre maître des autres et de les liquider. Il refuse. Tout finit en beuveries et bouffonneries où sombre la dignité du faible Lépide.

III,1. – Brève apparition de Ventidius qui a vaincu les Parthes pour la plus grande gloire d'Antoine. **2.** – Antoine et Octavie d'un côté, César et Lépide de l'autre, se font des adieux émus que commentent les apartés ironiques d'Enobarbus. **3.** – Cléopâtre s'entretient avec le messager qui lui rapporte ce qu'il sait d'Octavie. Le portrait qu'il en fait est si peu flatteur que la reine, rassurée, met autant d'ardeur à le choyer qu'elle en avait mis auparavant à le brutaliser. **4.** – Alors que de nouveau le conflit entre les deux hommes se fait menaçant, Octavie quitte Antoine, avec son consentement, pour une mission de paix auprès de César. **5.** – Une conversation entre Enobarbus et Eros, autre proche d'Antoine, nous apprend que César a éliminé Lépide et que désormais seuls restent face à face Antoine et César, « paire de mâchoires » prête à broyer le monde. **6.** – César, en conférence avec Agrippa et Mécène, s'élève contre les abus scandaleux d'Antoine en Orient, lorsque survient Octavie dont la mission pacifique tourne court, contrariée par de nouvelles révélations sur l'inconduite d'Antoine qui a rejoint Cléopâtre. **7.** – Contre l'avis d'Enobarbus et d'autres militaires qui le pressent de ne pas livrer bataille sur mer, Antoine cède à la volonté de Cléopâtre et opte pour un combat naval. **8.** – Dispositions de César à la tête de son armée. **9.** – Dispositions d'Antoine qui donne ses ordres à Enobarbus. **10.** – Évolutions guerrières. On entend les bruits d'un combat naval. La bataille d'Actium tourne au désastre ; Enobarbus et Scarus stigmatisent la conduite de Cléopâtre, qui a soudainement pris la fuite avec sa flotte, et la déchéance d'Antoine qui l'a suivie. **11.** – En proie à la honte et au désespoir, Antoine est rejoint par Cléopâtre, écrasée de chagrin elle aussi. **12.** – César reçoit un envoyé d'Antoine, chargé de proposer les termes de sa reddition. Il les repousse et donne mission à Thidias d'aller trouver Cléopâtre pour la persuader de traiter séparément. **13.** – L'envoyé d'Antoine rapporte la réponse de César : Cléopâtre sera épargnée si elle livre Antoine. Antoine entend défier César en combat singulier. Cette vaine bravade achève de désespérer Enobarbus. Il se dispose à faire défection. Peu après le départ d'Antoine, Thidias est reçu par Cléopâtre. Quand il prend congé, elle le laisse lui baiser la main, lorsque survient Antoine. Fou de rage, celui-ci donne l'ordre de fouetter Thidias avant de le renvoyer et, se tournant vers Cléopâtre, l'accable des insultes les plus blessantes. Mais une réconciliation passionnée suit de près cette querelle de fureur amoureuse.

IV,1. – César, dédaignant le défi d'Antoine, prend des dispositions pour l'ultime bataille. **2.** – Antoine fait des adieux émus à ses gens avant les réjouissances de la nuit et un lendemain où il jouera son va-tout. **3.** – Soldats de garde durant cette nuit. Une mystérieuse musique signifie pour eux le passage d'Hercule qui abandonne Antoine.

4. – Antoine revêt son armure avec l'aide d'Eros, son officier d'ordonnance, et de Cléopâtre ; puis il part au combat. **5**. – Antoine apprend la défection d'Enobarbus. Il lui fait envoyer toutes ses richesses après lui. **6**. – Dans le camp de César, où l'on se prépare au combat, Enobarbus, déjà en proie au remords et recevant l'envoi généreux d'Antoine, décide d'en finir avec la vie. **7**. – Les troupes de César battent en retraite. **8**. – Antoine, Eros et le vaillant Scarus se disposent à pourchasser l'adversaire. **9**. – Retour triomphant d'Antoine. Exultation des deux amants. **10**. – Rongé par le chagrin, Enobarbus succombe dans le camp de César. **11**. – Antoine doit faire face à un engagement naval. **12**. – Mesures prises par César. **13**. – Tout est perdu du côté d'Antoine, la flotte est surclassée. Il y voit une nouvelle trahison de Cléopâtre, la « trois fois pute », la gipsy maléfique, et, quand elle paraît, se montre si menaçant qu'elle s'enfuit. Il est résolu à la faire périr. **14**. – Cléopâtre va chercher refuge dans son « monument » et envoie dire à Antoine qu'elle s'est donné la mort. **15**. – Antoine s'abandonne aux fantasmes de sa propre dissolution, lorsque Mardian vient lui annoncer que Cléopâtre est morte en prononçant son nom. Ne pensant plus qu'à la rejoindre dans la mort, il donne l'ordre à Eros de le frapper de son épée ; mais Eros préfère se transpercer lui-même, et Antoine, voulant l'imiter, ne réussit qu'à se blesser gravement. Il apprend ce qu'il en est de la prétendue mort de Cléopâtre et demande qu'on le transporte auprès d'elle. **16**. – Antoine meurt dans les bras de Cléopâtre. Déploration de la reine d'Égypte ; elle préférera la mort à l'humiliation.

V,1. – On annonce à César la mort d'Antoine. Hommage rituel et adieu du vainqueur au vaincu, au compagnon d'hier dont la fatalité du pouvoir a fait un rival. Un envoyé de Cléopâtre vient dire qu'elle est disposée à faire sa soumission. César se déclare prêt à être clément, mais dépêche aussitôt Proculéius puis Dolabella auprès d'elle pour l'empêcher d'attenter à ses jours. **2**. – Cléopâtre réaffirme sa résolution de mourir, puis reçoit Proculéius et négocie. Elle demande l'Égypte pour son fils. Proculéius se veut toujours rassurant mais fait entrer par surprise des soldats romains pour la garder de près. Cléopâtre tente de se poignarder : aux humiliations qui l'attendraient à Rome, elle préférera la mort, même la plus ignoble. Dolabella, qui a succédé à Proculéius comme émissaire de César auprès de la reine, l'entend évoquer la grandeur transcendante d'Antoine. Bouleversé et conquis, il ne fait pas de difficulté pour avouer à Cléopâtre que c'est bien l'intention de César de la faire figurer dans son triomphe. Entrée de César. Il donne de bonnes paroles à la reine qui fait la soumise et prétend rendre un compte exact de ce qu'elle possède. Elle feint d'être mortifiée quand Séleucus, son trésorier, l'accuse de dissimulation. César, qui s'en amuse, part rassuré. Cléopâtre prend ses dispositions pour faire de son suicide une apothéose royale. Dolabella reparaît, le temps de lui dire que César entend l'envoyer à Rome dans les trois jours. Intermède du campagnard qui, sous couvert de lui offrir un panier de figues, apporte à la reine des aspics. Mort somptueuse et douce de Cléopâtre avec ses femmes. César, joué, survenant trop tard, vante la vaillance ultime de la reine et ordonne des funérailles solennelles pour les deux amants qui reposeront ensemble.

Date et texte

Nous ne savons rien des premières représentations d'*Antoine et Cléopâtre*. La pièce fut probablement composée en 1606 et jouée à la fin de cette année-là, ou au début de 1607. Il semble, en effet, que Samuel Daniel* ait vu une représentation d'*Antoine et Cléopâtre* avant la fin de 1607. Il était l'auteur d'une tragédie intitulée *Cleopatra,* publiée en 1594 ; il la publia à nouveau en 1607 sous une forme révisée qui paraît avoir été influencée par la pièce de Shakespeare.

Le libraire Edward Blount fait inscrire *Antoine et Cléopâtre* sur le Registre des Libraires* le 20 mai 1608 (« A booke Called. Anthony. & Cleopatra ») ; c'était sans doute pour empêcher une publication frauduleuse, car la pièce ne parut que quinze ans plus tard, dans l'in-folio* de 1623, avec pour titre *THE TRAGEDIE OF Anthonie, and Cleopatra.* C'est dans l'ensemble un bon texte, probablement imprimé d'après le dernier brouillon de l'auteur ou d'après une transcription de celui-ci. On y relève quelques erreurs dans la désignation des personnages (Menecrates au lieu de Menas, etc.) et des indications scéniques parfois erronées ou insuffisantes. Les éditions modernes sont obligées de rectifier certains découpages de vers : il arrive qu'un vers et demi soit imprimé sur une même ligne (par exemple II,2,75-76), qu'un vers soit découpé en deux demi-vers (par exemple I,1,4) ou que quelques vers soient imprimés comme de la prose. Quand l'in-folio imprime au moins deux vers comme de la prose, ceci est indiqué dans les Variantes. Sont aussi signalés les endroits où le texte d'Oxford diffère de celui de l'in-folio, de même que les corrections les plus intéressantes proposées par d'autres éditeurs.

L'in-folio indique *« Actus Primus. Scaena Prima »* au début de la pièce, mais il ne donne aucune autre division en actes* ou en scènes* et la pièce fut divisée par les éditeurs du XVIIIe siècle. A la différence des éditions antérieures, l'*Oxford Shakespeare* commence une nouvelle scène après IV,7,3 ; dans l'acte IV, les scènes 8 à 16 correspondent donc aux scènes 7 (vers 4 à 13) à 15 des autres éditions modernes.

Sources

De beaucoup la plus importante est la vie de Marc Antoine tirée des *Vies parallèles* de Plutarque*. Shakespeare pouvait la lire dans la version de Sir Thomas North*, traduite elle-même du texte français de Jacques Amyot et publiée en 1579. C'est une source qu'il suit souvent de très près, au point quelquefois de reproduire presque mot à mot ce qu'il y trouve. Ainsi en est-il du récit de la résistance d'Antoine aux dures épreuves qui suivirent son échec de Modène (I,4,56-71). Et, plus remarquable encore, de la somptueuse description de Cléopâtre telle qu'elle apparut pour la première fois à Antoine sur le Cydnus

(II,2,194-221). A l'inverse, l'auteur dramatique néglige des pages entières quand elles sont pour lui dépourvues d'intérêt. C'est le cas des interminables campagnes militaires d'Antoine contre les Parthes et d'une bonne partie de la bataille d'Actium.

Certains points dont Shakespeare fait état ne se trouvent pas dans Plutarque et lui viennent probablement des *Guerres civiles de Rome* d'Appien dont une traduction anglaise signée W.B. avait été publiée en 1578. Ils ont trait aux sympathies républicaines de Lucius, frère d'Antoine, et à sa conduite politique (II,2,49-55) ; à ceux qui se rallient à Sextus Pompée (I,3,49-54 et I,4,52) ; et à l'assassinat de ce dernier dont Antoine aurait été innocent (III,5,16-17).

On a décelé aussi des réminiscences verbales d'*Antonie,* traduction par la comtesse de Pembroke du *Marc Antoine* de Garnier ; tant dans les expressions employées à propos de la « reine ensorceleuse » avec laquelle il faut « rompre » (I,2,113) que dans ce qui est dit du mariage avec Octavie comme sceau d'une « perpétuelle amitié » (II,2,130 et II,6,118) ; ou des crues du Nil comme facteur de fertilité (II,7,16-19) ; ou enfin des « milliers de baisers » dont Antoine veut en mourant avoir le dernier (IV,16,21).

La dette de Shakespeare envers Samuel Daniel* est en partie du même ordre quand il emploie des termes empruntés sans doute à la « Letter from Octavia » (1599), tels que les « fers » d'Égypte (I,2,101), ou le plaisir d'amour qui est « à l'Est » (II,3,38). Mais il doit plus encore à sa *Cléopâtre* dans la version initiale de cette tragédie (1594) où les mobiles attribués à la reine d'Égypte pour sa résolution de mourir (éviter la honte de figurer dans le « triomphe » de César, sauver ses enfants, et rester fidèle à Antoine) sont ceux qu'il retient lui aussi. C'est encore à travers Daniel qu'il reçoit quelque chose de la *Cléopâtre captive* de Jodelle. Chez celui-ci, Cléopâtre malmène physiquement le trésorier Séleucus. Shakespeare garde l'idée de ces voies de fait mais les applique au messager annonciateur du mariage avec Octavie (II,5).

Plus diffuse peut-être, l'influence de l'*Énéide* de Virgile n'en est pas moins considérable. Elle est centrée sur le rapport entre les couples que forment Didon et Énée d'une part, Antoine et Cléopâtre de l'autre. Rapport à la fois de similitude et d'opposition. Antoine est une sorte d'anti-Énée qui choisit non pas l'avenir de Rome mais l'amour. Mais Shakespeare privilégie la relation amoureuse au point de réunir dans l'au-delà « Didon et son Énée » (IV,15,53), en dépit de Virgile qui, au chant VI de l'*Énéide,* rend dans l'Hadès son époux Sichée à la reine de Carthage et lui fait repousser le héros troyen. Quelque chose du paradoxe de ces correspondances se voit aussi dans la scène d'adieu d'Antoine et Cléopâtre (I,3), pseudo-séparation dont la tonalité de comédie fait pourtant écho — notamment dans les phrases inachevées de la reine (I,3,89-90) — au tragique des adieux de Didon et d'Énée (*Énéide,* chant IV).

De Virgile aussi, au chant III des *Géorgiques,* viendrait le thème de la sexualité animale et quelques termes vengeurs appliqués à Cléopâtre au moment d'Actium, « rosse enrubannée de rouge... vache en juin » (III,10,10-14). On pourrait citer encore d'autres réminiscences, plus fugitives, comme celle de l'*Apocalypse* (I,1,17).

Commentaire

Reprenant l'histoire de Rome à peu près là où *Jules César* l'avait laissée sept ou huit ans plus tôt, *Antoine et Cléopâtre* achève de retracer la suite des événements qui, de 44 à 30 avant Jésus-Christ, du meurtre de César à la victoire d'Octave, conduisent au triomphe du pouvoir impérial. Pièce romaine et faisant comme ses semblables une large place à la réflexion politique, *Antoine et Cléopâtre* est néanmoins une œuvre très différente et de *Jules César* et de *Coriolan* (dont elle est presque contemporaine), sans parler de *Titus Andronicus*. L'action n'y est pas, comme dans ces autres pièces, centrée avant tout sur la Ville. L'horizon y est bien plus large. L'Empire si peu présent et jamais nommé dans *Jules César* est ici évoqué dès la première scène, sa diversité imaginée à travers les noms de contrées qui en dépendent, Syrie, Ionie, Lydie (I,2,84-88), Médie, Arménie, Cilicie, Phénicie (III,6,14-16), ou encore Libye, Cappadoce, Paphlagonie, Lycaonie, et quelques autres (III,6,69-75). Antoine se préoccupe de ce qui se passe du côté des Parthes (I,2,85 ; II,2,15-16 ; II,3,29-30). C'est pour son compte que Ventidius s'enorgueillit d'avoir taillé en pièces la cavalerie du roi Orode (III,1). On touche aux confins du monde connu. En même temps que l'espace s'agrandit, l'esprit s'éloigne de la cité et des vertus civiques. Sextus Pompée évoque comme appartenant à un temps révolu ceux qui, avec Brutus, « voulaient / Qu'un homme fût seulement un homme » (II,6,15-19). Pompée lui-même est un homme du passé, incapable de saisir sa chance en liquidant ses rivaux pour devenir le maître absolu (II,7,29-74). Il est clair qu'entre les triumvirs, héritiers de Jules César, l'honnêteté tourmentée d'un Brutus n'est plus de mise. Seule va compter la compétition pour le pouvoir dans une Rome désormais aux dimensions du monde.

L'autre raison pour laquelle *Antoine et Cléopâtre* n'est pas une pièce romaine comme les autres, c'est bien entendu le rôle qu'y joue Cléopâtre. Shakespeare était assez bon lecteur de Virgile pour savoir l'horreur, mêlée de fascination, que la reine d'Égypte avait inspirée à l'auteur de l'*Énéide* comme aux autres poètes dévoués à Auguste. L'issue de la bataille d'Actium avait été un soulagement dont on entend l'écho jubilatoire dans l'ode d'Horace : « *Nunc est bibendum...* ». C'est maintenant qu'il faut boire et danser ; maintenant qu'est écarté le danger du « monstre fatal », cette reine qui voulait enterrer l'Empire[1]. Shakespeare tient à distance cette image redoutable. Il se démarque même de Plutarque*, sa source principale, dont il ne reprend ni les sévérités pour celle qui fut « le dernier et le plus extrême des maux à s'abattre sur » Antoine[2] ni, en revanche, sa considération pour la capacité

1. *Odes,* I,37.
2. Bullough, vol. 5, p. 273.

intellectuelle et la culture d'une princesse, grecque elle aussi. L'auteur dramatique se donne du champ pour faire d'abord apparaître en Cléopâtre la femme. Et du même coup, pour nous montrer un Antoine qui est certes le grand capitaine, émule du dieu Mars et « l'un des trois piliers du monde » (I,1,12), mais aussi celui qui, pour la reine d'Égypte, est avant tout « mon homme entre les hommes » (I,5,71). Shakespeare prend soin de nous attacher au destin des deux amants comme il l'avait fait, toutes différentes que soient par ailleurs les deux tragédies, dans *Roméo et Juliette.*

Histoire de Rome, histoire d'un homme et d'une femme, la pièce a deux intérêts dramatiques assez distincts – encore qu'imbriqués l'un dans l'autre – pour faire l'objet d'une confrontation soutenue. Dès la première scène, l'auteur en préfigure en quelque sorte l'agencement. Philon et Démétrius, les deux Romains, précèdent sur scène Antoine et Cléopâtre. Quand ceux-ci se sont retirés, Démétrius et Philon reprennent leur conversation. Leur présence, forcément subalterne et effacée, encadre pourtant le cœur du dialogue entre les amants et se referme sur lui. Leurs propos, répétant de vulgaires ragots sur la « pute » et son « pantin », trahissent la peur romaine de voir Antoine tomber tout à fait sous la coupe de Cléopâtre. Il y a de l'exaltation mais aussi de l'inquiétude dans l'échange entre une Cléopâtre sur ses gardes, moqueuse, provocante, ironique : « Si c'est vraiment de l'amour, dites-moi combien » (I,1,14), et un Antoine capable dans son ardeur de toutes les hyperboles :

> Que Rome fonde dans le Tibre, et que s'écroule
> L'arche au loin déployée de l'Empire ! Mon espace,
> Le voici. (I,1,35-36).

Mais en lançant ce défi, qui fait du sacrifice de l'Empire la marque suprême de son amour pour Cléopâtre, Antoine laisse assez voir quelle place l'ambition politique tient dans son cœur. Cléopâtre le sait. Elle craint d'être dupe, Antoine restant avant tout lui-même, c'est-à-dire un Romain (I,1,44-45). Face à face, l'amour et le pouvoir se redoutent l'un l'autre, se préparent à une explication inévitable.

Le style dramatique d'*Antoine et Cléopâtre* peut déconcerter. De toutes les pièces de Shakespeare, c'est celle qui comporte le plus grand nombre de scènes, quarante-trois au total. *Jules César* en a seulement dix-sept. Par comparaison, *Hamlet* avec vingt-quatre scènes se situe dans une sorte de moyenne. Cela veut dire qu'il y a dans cette œuvre-ci de fréquentes ruptures qui s'accompagnent, non pas toujours mais souvent, de changements de lieu. Leur succession parfois très rapide – la plus courte des scènes n'a que trois lignes de texte – produit un effet d'animation intense. Quand la scène est longue (II,2 par exemple, ou III,13), les entrées et sorties de personnages remodèlent plusieurs fois la configuration dramatique. Shakespeare joue habilement du style de représentation de son théâtre pour créer le sentiment d'une ample et continuelle fluidité. A l'époque où il composait *Le Soulier de satin,* dont l'affinité avec *Antoine et Cléopâtre* est manifeste à plus d'un égard, Claudel notait dans son journal que Shakespeare « fait ruisseler l'histoire sur les escaliers du drame[1] ».

Cette mobilité du jeu scénique va de pair avec la flexibilité du langage. Alors que Shakespeare use fréquemment d'une syntaxe nouée, compacte, la phrase est ici, le plus souvent, linéaire. Elle n'a que rarement quelque chose de la complexité ardue propre aux grands monologues dans *Hamlet, Macbeth* et ailleurs. Les grands effets de l'éloquence politique, celle du forum ou des conseils de gouvernement, n'y ont pas non plus de place. Ce qui l'emporte, ce sont les échanges rapides, même si une relative raideur prévaut dans les scènes romaines. C'est de conversation surtout qu'il s'agit et qui tombe parfois, y compris dans le décorum d'un palais, au niveau d'une familiarité sans retenue. Elle n'est pas moins inventive pour autant, joignant volontiers le terme recherché au mot le plus courant. Comme dans « knot intrinsicate » (nœud intrinsèque et compliqué), « ass unpolicied » (âne malpoli et bien attrapé), « lass unparalleled » (fille inégalée) (V,2,292, 295, 303). Un langage suractivé aussi par l'enrôlement répété de substantifs comme verbes, du type de « a hand that kings / Have lipped » (où des rois ont attaché leurs lèvres) (II,5,29-30). Un langage enfin qui, entre autres figures de rhétorique, ne lésine pas sur l'hyperbole, donnant une portée transcendante au réel. Tel Antoine, dans la vision transfigurée de Cléopâtre (V,2,81-91). Ce style à la fois audacieux et naturel est celui d'une tragédie dont l'ample mouvement se déroule pour ainsi dire sans heurts. On est bien loin du rythme haletant de *Macbeth,* pièce à peu près contemporaine pourtant, comme on est loin de ses jaillissements de férocité barbare. *Antoine et Cléopâtre* apparaît en regard comme une tragédie éminemment civilisée, majestueuse et sans outrance, se gardant de toute surenchère dans la représentation des hauts personnages et des grands événements de l'histoire, plutôt portée en fait à en laisser voir les petits côtés.

L'argument politique s'engage, avec Antoine, sans aucun enthousiasme. Agacé à la seule pensée d'entendre les messagers lui faire leur rapport sur la situation à Rome (I,1,19), il lui faut de grands efforts pour se persuader que c'est son devoir d'y faire face (I,2,74-172). De son côté César, naguère traité de « sot écolier » par Cassius (*Jules César,* V,1,61), ne dément pas son naturel maussade. Il s'applique. Il a le souci de se montrer équitable avec son « illustre partenaire » (I,4,3). On soupçonne toujours le calcul derrière la façade qu'il se compose avec la complicité de ses fidèles, Agrippa et Mécène. C'est Agrippa qui suggère, comme si elle venait de lui, l'idée du mariage d'Antoine avec Octavie (II,2,121). Mais il saute aux yeux qu'il agit sur instructions. Le mariage, dans l'immédiat, sera un moyen de neutraliser Antoine et, le moment venu, un prétexte pour partir en guerre contre lui. L'observateur averti qu'est Enobarbus ne s'y trompe pas (II,6,112-125). Ce savoir-faire un peu cynique de la part de César donne une coloration fâcheuse à ses protestations de tendresse pour une sœur chérie (II,2,156-157 ;

1. Cité par Pierre Brunel, *Claudel et Shakespeare* (Paris, 1971), p. 202.

III,2,24-41). Il est vrai que de son côté Antoine, après quelques efforts pour se donner une apparence d'époux empressé (II,3,1-7), aura tôt fait de s'avouer qu'il a conclu un mariage qui l'arrange et qui va lui permettre de retourner en Égypte (II,3,36-38). Bref on n'échappe pas à l'impression qu'il y a quelque chose d'ingrat auquel on se plie malgré soi dans les devoirs qu'impose la nécessité politique. Le conflit entre les deux hommes se ramène pour le moment à des tractations, à des rencontres où l'on s'efforce de préserver tout au moins les apparences de la paix. C'est une conférence préparatoire qui permet aux triumvirs de faire taire provisoirement leurs querelles (II,2) pour mieux imposer à Sextus Pompée l'accord qu'il signera à l'issue d'une autre conférence, « au sommet » cette fois (II,6). Pour une époque comme la nôtre, souvent régalée du spectacle des rencontres entre les « grands », le déroulement de ces négociations diplomatiques, faites de discours ostentatoires et d'arrangements douteux, prend un air on ne peut plus contemporain.

Mais Shakespeare n'en reste pas à cette ironie discrète. Alors que Plutarque ne dit que quelques mots du banquet donné par Pompée pour célébrer la paix de Misène, il s'attarde lui longuement (une scène entière, de quelque cent trente vers) sur la beuverie qui termine le banquet (II,7). Cet intermède d'ébriété truculente, genre auquel le créateur de Falstaff s'entend fort bien, n'est pas là pour le seul divertissement. A bord de la galère de Pompée, tout est fluctuant, tout est instable. Les hommes, qui ont trop bu ; le monde lui-même, à la merci du coup de force que le pirate Ménas propose à Pompée pour le débarrasser des triumvirs. Cette scène où tout semble chavirer a la force significative d'un emblème. La fluidité qui caractérise le style de la pièce devient elle-même objet dramatique sur lequel s'exerce la réflexion. Le faible Lépide, qui a perdu pied et va bientôt sombrer, en est l'incarnation bouffonne, obsédé qu'il est par les germinations fabuleuses de l'Égypte et surtout par « votre crocodile », cet « étrange serpent ». De même qu'est symptomatique le burlesque des lapalissades d'Antoine. On nage dans le non-sens. Cette scène un peu délirante, qui finit dans un paroxysme bachique, ne déstabilise pas seulement Lépide. Aucun des trois maîtres du monde, ces sommités — « these great fellows » (122) — n'échappe tout à fait à la dérision. César s'en afflige : « La folle mascarade a fait de nous tous / Quasiment des pitres » (113-114).

L'amour — « si c'est vraiment de l'amour », la question reste posée — ne bénéficie pas non plus d'un préjugé très favorable. Shakespeare, qui tire tout ici de lui-même, n'est manifestement pas disposé à idéaliser les illustres amants. Le premier de leurs échanges en privé (I,3) tient surtout de la scène de ménage. Antoine, qui après les serments les plus fous a brusquement décidé de regagner Rome, se trouve dans une situation on ne peut plus inconfortable pour annoncer son départ à la reine. C'est un avantage qu'elle ne se fait pas faute d'exploiter. Loin de se montrer conciliante comme voudrait l'en persuader Charmian (11), elle s'emploie à provoquer l'homme qu'elle entend garder. Tous les moyens lui sont bons pour accabler le malheureux : le sarcasme (« Que dit la femme mariée – qu'on peut rentrer ? », 20), l'indignation, le défi, la dérision et quelques menaces d'évanouissement. Antoine, empêtré autant qu'on peut l'être, essaie de parer les coups et se ridiculise. Mais quelque chose en Cléopâtre de plus profond que ces éclats fait son chemin : le souvenir vivace de la cour que lui faisait l'amoureux des premiers jours : « L'éternité était dans nos yeux, sur nos lèvres, / La béatitude dans l'arc de nos sourcils » (35-36) ; une émotion qui n'arrive pas à se dire (88-90) ; un élan qu'on se force à garder pour soi (96-98). Cléopâtre est-elle sincère ? Les doutes que l'on peut avoir doivent au moins être corrigés par ce qui se révèle un peu plus tard, Antoine parti : l'ardeur, la dépendance de la femme éprise, habitée par des souvenirs et des désirs dont elle ne fait pas mystère : « Ô heureux cheval, qui porte le poids d'Antoine ! » (I,5,21).

Shakespeare ne laisse pas longtemps à Cléopâtre l'avantage de sa dignité d'amoureuse, et de reine, offensée. Il entend nous divertir aussi à ses dépens. Dans deux scènes (II,5 ; III,3) dont la symétrie est à elle seule d'un effet comique, il nous montre les fureurs et les petitesses de la femme jalouse, les coups qu'elle fait pleuvoir sur un messager qui n'en peut mais, puis à l'inverse son empressement à le cajoler quand il la flatte de l'idée que la nouvelle épousée d'Antoine n'est pas une rivale à sa hauteur.

Dans cette première partie de la pièce, ce n'est pas le ton seulement ni les situations qui versent souvent dans le comique, le mouvement dramatique lui-même semble un instant s'infléchir pour prendre, rapidement esquissée, une forme de comédie. Le signal constant du dénouement comique dans Shakespeare, c'est la célébration, ou du moins l'annonce, d'un ou de plusieurs mariages. Bien que les épousailles d'Antoine et d'Octavie n'aient rien de la conclusion d'une idylle, l'auteur ne craint pas de faire entendre ici une note de ferveur matrimoniale (II,3,1-9 ; III,2,43-45). C'est une idée de bonheur dont la liesse se confond avec celle de la paix qui vient d'être conclue. Shakespeare mêle subtilement la dérision à ce moment de joie éphémère. Le nouvel ordre du monde est aussi stable que Lépide à bord de la galère de Pompée. Quant au mariage, à peine est-il envisagé que sa fragilité est annoncée. L'auteur place dans cette scène avec beaucoup d'adresse un morceau de bravoure qu'il tire presque tel quel de Plutarque, celui de l'éblouissante arrivée de Cléopâtre sur le Cydnus (II,2,194-221). Il y ajoute cette malice supplémentaire de le faire dire par un personnage peu sensible par nature à ce genre de romance, un militaire endurci, prompt à la plaisanterie scabreuse, sarcastique et sans illusion. Si cet Enobarbus, puisque c'est de lui qu'il s'agit, recopie d'abord le somptueux tableau peint par Plutarque, c'est pour ironiser aussitôt après sur la hâte avec laquelle Antoine a succombé à la séduction. Et paradoxalement pour faire apercevoir ce qu'il y a chez Cléopâtre de réellement irrésistible. Cléopâtre n'est pas d'une beauté à éclipser la beauté peinte d'une Vénus. Son charme n'a rien de posé. C'est le mouvement d'une fille intrépide, capable de sauter quarante pas dans la rue à cloche-pied sans être véritablement essoufflée, une mobilité continuelle, une infinie variété qui aiguise l'appétit de ceux qu'elle comble le plus, qui donne à tout de la grâce, « au point que les saints prêtres / La bénissent quand elle est d'humeur libertine » (II,2,241-242).

A peine le premier long mouvement de la pièce s'est-il achevé dans un équilibre dangereusement proche de la comédie (III,3) que commence une phase de turbulences. L'accélération du rythme se mesure au fait qu'avant l'acte final (V,1 et 2), plus de la moitié des scènes de la pièce (26 sur 43) se trouvent rassemblées sur environ un tiers de la longueur totale du texte. Une sorte de tourbillon s'amorce dont le centre est le creux fatidique de la bataille d'Actium, rapidement amenée, rapidement livrée, plus longuement répercutée. Tout se passe comme si, sous la surface insignifiante des conversations politiques, la logique de guerre s'était poursuivie d'elle-même et que déjà, après l'élimination de Lépide (III,5), les « deux mâchoires » du monde avaient commencé à se « broyer l'une l'autre » (11-13). De l'ample bataille navale, l'auteur — qui saura pourtant ouvrir *La Tempête* sur le tumulte à bord d'un navire en détresse — ne garde qu'un écho lointain. Tout le désastre tient dans l'indignation de deux soldats qui ont vu fuir Cléopâtre comme « vache en juin » sous une piqûre de taon et Antoine la suivre en « malart que la femelle affole [... et qui] file après elle » (III,10,14, 19-20).

Antoine et Cléopâtre présente cette similitude avec *Jules César* que l'irréversible est accompli alors que la pièce n'en est encore que vers le milieu de son déroulement. L'échec politique irrémédiable force aux extrêmes l'explication amoureuse, jusque-là modérément agitée. Après un accablement qui empêche leurs regards de se rencontrer, le temps est venu pour les amants de s'interroger. De demander, pour Antoine : « Ah ! où m'as-tu conduit, Égypte ? » (III,11,51) ; pour Cléopâtre : « Qu'allons-nous faire, Enobarbus ? » (III,13,1) — à quoi Enobarbus répond : « Penser, et mourir ». Pour nous comme pour lui — qui en est un des acteurs mais aussi le témoin., à la manière des spectateurs que nous sommes —, la tragédie donne à penser.

Les contemporains de Shakespeare étaient, semble-t-il, surtout portés à y voir une de ces leçons de morale que l'histoire, selon eux, avait pour objet principal de fournir. Pour Samuel Daniel, comme en France pour Étienne Jodelle ou Robert Garnier, le destin des célèbres amants montrait les funestes effets de la passion charnelle. Propos édifiant qui accablait tantôt Cléopâtre pour s'apitoyer sur Antoine, ou inversement, non sans servir parfois d'alibi à une peinture touchante des ardeurs de l'amour. Vint l'époque où c'est cela surtout qui retiendrait l'attention. L'adaptation que fit John Dryden de la pièce de Shakespeare en 1677 sous le titre de *All for Love ; or, The World Well Lost* (*Tout pour l'amour, ou, Le monde heureusement perdu*) esquisse une interprétation où la valeur du sentiment tend, encore discrètement, à éclipser le jugement moral. L'esprit romantique poussera beaucoup plus loin dans ce sens, faisant de la passion partagée et de l'échec politique le véritable triomphe d'Antoine et de Cléopâtre. Shakespeare, selon François-Victor Hugo, exalte en Cléopâtre la « fille perdue » et lui accorde toute la sympathie que mériterait la chaste Octavie parce que « Cléopâtre a dans le cœur la flamme qui purifie tout : elle aime. [...] L'intensité de la passion en est la légitimité ». Et Hugo d'ajouter en rapprochant *Antoine et Cléopâtre* de *Roméo et Juliette :* « L'amour infini supprime toute différence : il efface toute distinction entre les innocents et les coupables ; il fait de l'Égyptienne expirante l'égale de la Véronaise à l'agonie, il donne à l'adultère l'auguste majesté du mariage[1]. »

Shakespeare offre matière à argumenter pour l'une et l'autre interprétation sans se cantonner dans aucune. Il envisage les choses autrement. Dans l'ampleur caractéristique de sa pièce, il y a place pour une ouverture de la conduite individuelle sur de plus vastes horizons. Cléopâtre et Antoine nous sont montrés dans la proximité d'une existence familière, inséparable pourtant, et dépendante, des vastes enjeux qui opposent l'Égypte et Rome. Or il ne s'agit pas seulement d'un conflit politique, au sens le plus étroit du terme. Les deux pôles de l'action, Rome et Alexandrie, sont aussi les sièges et les symboles de deux climats de l'esprit. Shakespeare nous y fait entrer par les touches successives d'images éparses mais concertées et qui peu à peu constituent un réseau chargé de sens.

Rome, dès les premiers vers, c'est le brillant d'une armure, la cuirasse dont les boucles sautent dans la violence du combat. C'est aussi la pierre des édifices, une architecture reposant sur les trois piliers que sont les triumvirs ; c'est la Ville, construite par-dessus le fleuve et dont « l'arche au loin déployée » s'étend sur un empire ; ce sera encore le métal et le cuir des boucliers, l'acier bien trempé des épées. Cela surtout, l'épée. Le mot ne cesse de revenir dans le dialogue, nom et symbole d'une virilité aussi bien sexuelle que guerrière. C'est l'instrument des luttes civiles toujours renaissantes et celui de la dépendance où sont maintenues les femmes. Ce monde n'est pas dépourvu d'élégance, faite de retenue un peu froide et de courage, de discrétion, de grâce même et de beauté. Nul ne les incarne mieux qu'Octavie. Ne s'embarrassant pas trop de ce que dit Plutarque, Shakespeare en fait une jeune épousée dont la fraîcheur inspire des mots attendris à Antoine. Il voit « avril dans ses yeux, le printemps de l'amour » (III,2,43). Mais cette épouse et sœur exemplaire, activement dévouée à la paix, ne sera finalement qu'un jouet entre les mains des politiciens. Rome a la dureté d'un monde d'hommes qui ne sont jamais plus eux-mêmes que dans l'épreuve et face à l'hostilité de la nature. Ainsi d'Antoine tel que César le décrit, luttant dans les Alpes contre le froid et la faim, broutant comme le cerf l'écorce des arbres et réduit à des nourritures plus étranges encore, osant boire « l'urine des chevaux, la flaque iridescente / Où les bêtes auraient renâclé » (I,4,62-63).

A l'inverse, Alexandrie est, non pas une cité, mais un palais où règnent la nonchalance et les plaisirs. C'est, plus encore que ceux du Tibre pour

1. *Œuvres complètes de W. Shakespeare* (Paris, 1860), tome VII, p. 19-23.

Rome, les bords du Nil, le fleuve qui menace de tout engloutir mais aussi qui féconde. L'Égypte est le pays contradictoire des moissons rapides et des décompositions virulentes, où des prédateurs infimes — moustiques, moucherons, mouches — se nourrissent et vivent de ce qu'ils détruisent dans la boue d'un fossé (III,13,165-170 ; V,2,50-59). Pays de sensualité sans inhibition ni calcul, ni parcimonie, source naturellement féconde où rêver d'amour c'est rêver d'enfants (I,2,29-32). Pays de fertilité intense où, comme Antoine l'explique à César, on mesure soigneusement la crue du fleuve pour jeter la semence au moment voulu sur la terre inondée qui produira à foison (II,7,16-19). Mais aussi contrée de germinations plus ou moins fantastiques où les êtres s'engendrent de la boue sous le baiser du soleil. Ainsi en est-il de « votre crocodile », cet « étrange serpent », du moins pour Lépide dont la raison a perdu pied. Ou bien alors de ce serpent encore sans venin qui, dans l'eau, naît de la métamorphose d'une crinière (I,2,169). Les serpents imaginaires — et, pour finir, on ne peut plus réels — paraissent et reparaissent dans l'œuvre, créatures sinueuses dont la forme mouvante fait horreur (II,5,78-79, 96) ou fascine, comme Cléopâtre fascine Antoine pour qui elle est « mon serpent du vieux Nil » (I,5,25). Bien différente en cela d'Octavie qui, selon le messager, « fait statue plus qu'être qui respire » (III,3,21), la reine d'Égypte tire sa séduction d'une mobilité, d'un sens de la vie où la mort entre elle aussi dans le rythme fécond de la nature.

Shakespeare ne fait pas l'économie du jugement moral. Chaque fois qu'il est repris par une « pensée romaine » — dont les vrais mobiles ne sont, il est vrai, pas toujours glorieux —, Antoine se montre sévère pour sa propre conduite (I,2,94-96 ; II,3,5-7 ; III,13,105-116 ; etc.). Cléopâtre n'échappe pas non plus après Actium au sentiment de sa culpabilité (III,13,2). Moins à cause de la défaillance de son courage que pour s'être arrogé une autorité virile qu'elle a été incapable de soutenir. L'auteur l'avait montrée avant cela assez fière d'avoir une fois, après l'ivresse d'une nuit, étendu Antoine sur son lit, et alors, dit-elle, « je mis sur lui / Mes atours et mes robes, tandis que je portais / Son épée de Philippes » (II,5,22-23). Geste dont le symbole est répercuté lorsque Antoine s'écrie, s'adressant à Mardian : « Oh ! ta vile maîtresse, / Elle m'a dérobé mon épée ! » (IV,15,22-23). Mais, ressenties comme telles, ces erreurs ou ces fautes n'en relèvent pas moins de l'affrontement entre les valeurs contradictoires sur lesquelles cherche à s'établir le monde nouveau qui va naître. On pouvait rêver d'un empire gouverné non pas depuis Rome mais depuis Alexandrie, ou le redouter. De même que l'on peut craindre un monde de continuelles métamorphoses, livré au désordre de ses impulsions, ou tendre vers une civilisation qui ferait autant de place à l'accord de l'homme avec la nature qu'à la puissance qu'il exerce sur elle. Shakespeare donne le sentiment que c'est la grandeur d'Antoine, de sa libéralité intempérante mainte fois évoquée, de sa « largesse », que d'avoir fait ce rêve et pris ce risque.

C'est aussi ce qui rend tragique son échec. Du point de vue politique, après Actium, la cause est entendue et César peut dire avec assurance : « Le temps de la paix universelle est proche » (IV,6,4). Le ton rappelle celui de la quatrième des *Églogues* de Virgile dont l'humanisme chrétien donnait volontiers une interprétation fervente. Hérode, plusieurs fois nommé dans la pièce, fait penser en effet à la naissance du Christ et Shakespeare avait emprunté à la Bible les termes de « cieux nouveaux, terre nouvelle » pour exprimer l'aspiration d'Antoine à un amour infini (I,1,17). Mais la paix de César est une paix qui va se fixer dans l'intransigeance de l'ordre romain. Déjà le champ de vision dramatique a commencé à se restreindre. L'action se passe sous les murs d'Alexandrie, tantôt dans le camp d'Antoine et tantôt dans celui de César, ou alors dans le palais. Paradoxalement, ce pays d'Égypte, terre de mouvance, est saisi par l'immobilité. Dans les dernières scènes l'espace théâtral sera dominé par le puissant symbole d'un édifice : le « monument » que Cléopâtre s'était fait construire pour abriter son tombeau.

Le dénouement inévitable n'est pourtant pas sans enjeu. Il reste à voir ce que valait le défi d'Antoine et si, ayant perdu l'Empire, il a pour de bon conquis ce qu'il tenait pour « (son) espace », et « la noblesse de la vie ». A travers les ultimes vicissitudes de leur destin, Shakespeare suit de près la confrontation des amants, tantôt emportés par de vains espoirs quand ils se voient échappant au « grand piège de ce monde » (IV,9,13-18), tantôt accablés par leurs revers. Leurs échanges se font violents, de la part d'Antoine en tout cas, lorsqu'il se sent abandonné et se croit trahi. Alors il n'a pas de mots assez insultants pour Cléopâtre, « cette saleté d'Égyptienne », la « triple pute » (IV,13,10-13). Et elle ne voit que la ruse pour se soustraire à ses fureurs. Ce qu'il y a d'humiliant dans ces démêlés tumultueux en fait une sorte d'expiation. C'est aussi une épreuve de vérité. L'acharnement que mettent les amants à s'accabler l'un l'autre trahit leur besoin d'en finir avec le soupçon, leur aspiration à se rejoindre malgré tout dans l'adversité.

La pièce tient en même temps sur les derniers moments d'Antoine et de Cléopâtre un autre discours que celui de l'analyse morale et psychologique. On entend plus distinctement, de manière plus insistante, celui de l'imagination poétique qu'on a vue à l'œuvre dès le début pour donner au drame, par-delà les affrontements humains, la dimension d'un conflit entre deux contrées de l'esprit, Rome et l'Égypte. Dans ce qui est la plus belle de ses variations sur le thème de la fluidité, Shakespeare reprend cette donnée tout égyptienne comme prélude à la mort d'Antoine :

ANTOINE. – Parfois nous voyons un nuage en forme de dragon,
Une vapeur parfois comme un ours ou un lion,
Une citadelle avec ses tours, un roc en surplomb,
Une montagne fendue, un bleu promontoire
Avec des arbres dessus, hochant la tête sur le monde,
Illusions de l'air qui se rient de nous. Tu as vu ces signes,

Chars du cortège de la noire vêprée.
EROS. – Oui, monseigneur.
ANTOINE. – Ce qui pour l'heure est cheval, le temps d'une pensée
La nuée le brouille et le rend aussi indistinct
Que l'eau dans l'eau.
EROS. – C'est vrai, monseigneur.
ANTOINE. – Eros, bon serviteur, ton capitaine maintenant
C'est cela même. (IV,15,2-13).

Antoine parle ici en chef affaibli par les désertions qui se sont multipliées chez ses partisans après Actium, en homme éprouvé plus durement encore par des abandons tragiques comme celui d'Enobarbus. Dans l'esprit de ses soldats, une musique mystérieuse qui s'éloigne signifie qu'il est délaissé même par Hercule, le héros tutélaire dont il se réclamait. Ce que dit Antoine de son être qui se défait reflète la simple réalité. Mais celle-ci, transposée dans le langage où il l'exprime, s'enrichit d'un autre sens. Antoine, qui a presque manqué son suicide, va mourir lentement, sa vie va se dissoudre peu à peu, s'exhaler dans un dernier baiser entre les bras de Cléopâtre.

A l'inverse, celle-ci, réfugiée craintivement dans son « monument », va se situer dans une symbolique qui tient plus de Rome que de l'Égypte. C'est au sommet de l'édifice que Cléopâtre parviendra à hisser Antoine mourant au prix d'un effort dont Shakespeare s'ingénie à faire sentir la difficulté par les problèmes que son texte pose à la mise en scène. Visuellement, comme dans ce que disent ou suggèrent les mots, c'est une souffrante et pitoyable apothéose. « Si j'avais le pouvoir / De la grande Junon (dit Cléopâtre), Mercure aux fortes ailes / T'emporterait bien haut pour te mettre à côté / De Jupiter » (IV,16,35-37). Antoine mort, la reine d'Égypte prend le parti que lui inspire une vertu toute romaine : « Nous allons l'ensevelir, puis alors, ce qui est grand, / Ce qui est noble, faisons-le dans le style altier de Rome, / Pour que la mort soit fière de nous prendre » (88-90).

Ce que l'imagination du poète nous invite à concevoir, c'est l'effusion réciproque, l'échange intime entre les amants de la vertu de Rome avec celle d'Égypte. Shakespeare a fait des dernières scènes du drame une somptueuse cérémonie d'amour et de mort, illuminée par des moments de lyrisme visionnaire. Cléopâtre se flatte de l'idée que « les dieux injustes », en lui enlevant Antoine, ont mis fin à un monde qui « valait bien le leur » (IV,16,78-79). Il ne lui reste plus qu'à rêver « qu'il y avait un empereur Antoine » et elle en rêve comme d'un être transcendant, aux proportions cosmiques et, selon son cœur d'Égyptienne, régnant avant tout sur la profusion de la vie :

... Pour ce qui est de sa largesse,
Elle n'avait pas d'hiver ; elle était un automne,
A force de récoltes plus abondant encore. Ses plaisirs
Ressemblaient au dauphin ; ils montraient son dos au-dessus
Des flots où ils s'ébattaient... (V,2,85-89).

Ce rêve, pour Cléopâtre, n'est pas une fantasmagorie. Les dieux injustes n'ont pas voulu qu'il l'emporte,

... pourtant inventer un Antoine
Serait le triomphe de la nature
Sur l'imagination, condamnant pour de bon
Ses chimères. (V,2,97-99).

Shakespeare a fait jusqu'au bout la part belle à cette conviction de Cléopâtre que la vraie vie était du côté d'Antoine, et que c'est une « piètre chose » d'être César (V,2,2). La somptueuse mise en scène du suicide de la reine d'Égypte – geste de désolation qui enfante une « vie meilleure » – éclipse tout le reste. Sa mort est en même temps la « petite mort » de l'acte d'amour ; le serpent, dont la dent aiguë défait le « nœud enchevêtré de [sa] vie », est un bébé à son sein « qui tète sa nourrice et l'endort » (292, 298).

A la suite de Bradley, dont le livre sur *La Tragédie shakespearienne* a exercé une influence considérable, on a pris l'habitude, toute prestigieuse que soit la pièce, d'exclure *Antoine et Cléopâtre* du nombre des tragédies « majeures » de Shakespeare, le qualificatif étant réservé aux quatre grandes, *Hamlet, Othello, Lear* et *Macbeth.* La raison de Bradley – il s'en explique dans ses *Conférences d'Oxford sur la poésie* – c'est qu'elle n'est pas dramatique au sens où elles le sont. Elle n'offre pas comme elles, outre le déroulement d'un conflit qui se hâte « vers une issue terrible », des situations et des événements qui frappent puissamment le sens dramatique, excitent d'intenses émotions d'inquiétude ou d'horreur, et font éprouver des sympathies et des antipathies profondes[1]. Il y a là, en effet, dès les premiers actes – les exemples viennent aisément à l'esprit – de quoi empoigner le spectateur et le faire frémir de pensées « qui dépassent notre âme », comme le dit Hamlet (I,4,37). A tel point que « shakespearien » est devenu – et c'est vrai particulièrement en France – un mot pour désigner, dans la vie comme dans la fiction, ce qui paraît relever d'une expérience humaine au-delà de l'humain. Mais dans les premiers actes d'*Antoine et Cléopâtre,* comme le note encore Bradley – sensible néanmoins à la couleur, à l'énergie, aux vastes proportions d'une œuvre qui pourrait faire penser à celles d'un Véronèse ou d'un Rubens –, on parle, on discute, on accuse, on se disculpe, on raille, on boit ensemble, on arrange un mariage, mais on ne tue ni ne tremble ni ne pleure.

C'est que Shakespeare n'est pas toujours « shakespearien », sans cesser pour autant d'être grand poète. Northrop Frye va jusqu'à penser qu'après *Hamlet,* qui fut la pièce fétiche du XIXe siècle et des commencements du XXe, après *Lear* qui le devint au sortir de la Seconde Guerre mondiale, *Antoine et Cléopâtre* pourrait bien être l'œuvre la mieux faite pour le XXIe siècle. C'est, selon le critique canadien, celle « qui ressemble le plus à la sorte de monde dans lequel nous paraissons être en train d'entrer[2] ». Un monde où les luttes pour la domination continuent, se survivent plutôt, fastidieuses, sans conviction, ayant perdu

1. *Oxford Lectures on Poetry* (Londres, 1950 [1909]), p. 283.
2. *On Shakespeare* (New Haven et Londres, 1986), p. 122.

l'exaltation des causes idéales qu'elles prétendaient servir. Un monde dont on peut dire qu'il est politiquement désenchanté alors même qu'il semble en passe de réaliser le rêve d'un ordre universel. Tel est le spectacle que donne *Antoine et Cléopâtre*. On pourrait le dire tout à fait désabusé s'il n'était illuminé par l'éclat d'une passion qui va de l'ivresse au sacrifice et fait croire à la vérité de l'amour.

Éditions modernes citées dans les Notes
et l'apparat de Variantes

JONES : texte établi et présenté par Emrys Jones, New Penguin Shakespeare, 1977.

LAMBIN : texte traduit et présenté par Georges Lambin, Collection Shakespeare, Paris, 1926.

RIDLEY : texte établi et présenté par M. R. Ridley, The Arden Shakespeare, 1954.

WILSON : texte établi et présenté par J. Dover Wilson, The New Shakespeare, 1950.

THE PERSONS OF THE PLAY

Mark ANTONY (Marcus Antonius), triumvir of Rome

DEMETRIUS
PHILO
Domitius ENOBARBUS
VENTIDIUS
SILIUS
EROS
CAMIDIUS
SCARUS
DECRETAS
— friends and followers of Antony

Octavius CAESAR, triumvir of Rome
OCTAVIA, his sister

MAECENAS
AGRIPPA
TAURUS
DOLABELLA
THIDIAS
Gallus
PROCULEIUS
— friends and followers of Caesar

LEPIDUS, triumvir of Rome
Sextus POMPEY (Pompeius)

MENECRATES
MENAS
VARRIUS
— friends of Pompey

CLEOPATRA, Queen of Egypt

CHARMIAN
IRAS
ALEXAS
MARDIAN, a eunuch
DIOMEDES
SELEUCUS
— attending on Cleopatra

A SOOTHSAYER
An AMBASSADOR
MESSENGERS
A BOY who sings
A SENTRY and men of his WATCH
Men of the GUARD
An EGYPTIAN
A CLOWN
SERVANTS
SOLDIERS
Eunuchs, attendants, captains, soldiers, servants

Agrippa [ə'grɪpə] Alexas [ə'leksəs] Antonius [æn'təʊnjəs] Antony ['æntənɪ] Caesar ['siːzə] Camidius [kə'mɪdjəs] Charmian ['tʃɑːmjən] Cleopatra [klɪə'pætrə] Decretas ['dekrɪtəs] Demetrius [dɪ'miːtrɪəs] Diomedes [ˌdaɪə'miːdiːz] Dolabella [ˌdɒlə'belə] Domitius [də'mɪʃəs] Egypt ['iːdʒɪpt] Enobarbus [ˌiːnə'bɑːbəs] Eros ['ɪərɒs] Gallus ['gæləs] Iras ['aɪərəs] Lepidus ['lepɪdəs] Maecenas [mɪ'siːnəs] Marcus ['mɑːkəs] Mardian ['mɑːdjən] Mark [mɑːk] Menas ['miːnəs] Menecrates [mɪ'nekrətiːz] Octavia [ɒk'teɪvjə] Octavius [ɒk'teɪvjəs] Philo ['faɪləʊ] Pompeius [pɒm'piːəs] Pompey ['pɒmpɪ] Proculeius [ˌprɒkju'liːəs] Rome [rəʊm] Scarus ['skeərəs] Seleucus [sə'ljuːkəs] Sextus ['sekstəs] Silius ['sɪljəs] Taurus ['tɔːrəs] Thidias ['θɪdɪæs] Varrius ['værɪəs] Ventidius [ven'tɪdjəs]

PERSONNAGES

Marc ANTOINE (Marcus Antonius), triumvir de Rome

DÉMÉTRIUS, PHILON, Domitius ENOBARBUS, VENTIDIUS, SILIUS, EROS, CAMIDIUS, SCARUS, DÉCRÉTAS — amis et suivants d'Antoine

Octavius CÉSAR, triumvir de Rome

OCTAVIE, sa sœur

MÉCÈNE, AGRIPPA, TAURUS, DOLABELLA, THIDIAS, Gallus, PROCULÉIUS — amis et suivants de César

LÉPIDE, triumvir de Rome

Sextus POMPÉE (Pompeius)

MÉNÉCRATE, MÉNAS, VARRIUS — amis de Pompée

CLÉOPÂTRE, reine d'Égypte

CHARMIAN, IRAS, ALEXAS, MARDIAN, eunuque, DIOMÈDE, SÉLEUCUS — suite de Cléopâtre

Un DEVIN

Un AMBASSADEUR

Des MESSAGERS

Un GARÇON, qui chante

Une SENTINELLE et ses hommes de GUET

GARDES

Un ÉGYPTIEN

Un CAMPAGNARD

SERVITEURS

SOLDATS

Eunuques, suivantes, capitaines, soldats, serviteurs

The Tragedy of Antony and Cleopatra

I, 1 *Enter Demetrius and Philo*

PHILO. – Nay, but this dotage of our General's
O'erflows the measure. Those his goodly eyes,
That o'er the files and musters of the war
Have glowed like plated Mars, now bend, now turn
The office and devotion of their view
Upon a tawny front. His captain's heart,
Which in the scuffles of great fights hath burst
The buckles on his breast, reneges all temper,
And is become the bellows and the fan
To cool a gipsy's lust.

Flourish. Enter Antony, Cleopatra, her ladies, the train, with eunuchs fanning her

Look where they come.
Take but good note, and you shall see in him
The triple pillar of the world transformed
Into a strumpet's fool. Behold and see.

CLEOPATRA (*to Antony*). – If it be love indeed, tell me how much.
ANTONY. – There's beggary in the love that can be reckoned.
CLEOPATRA. – I'll set a bourn how far to be beloved.
ANTONY. – Then must thou needs find out new heaven, new earth.

Enter a Messenger

MESSENGER. – News, my good lord, from Rome.
ANTONY. – Grates me : the sum.
CLEOPATRA. – Nay, hear them, Antony.
Fulvia perchance is angry ; or who knows
If the scarce-bearded Caesar have not sent
His powerful mandate to you : "Do this, or this,
Take in that kingdom and enfranchise that.

---

1. Lieu : une salle du palais de Cléopâtre à Alexandrie. **2.** *dotage.* De « to dote », désigne aussi bien l'excès déraisonnable d'un attachement que la débilité mentale qu'on associe le plus souvent au grand âge. Voir également : I,2,102 ; III,10,19 ; III,11,15. **3.** Le dieu de la guerre. **4.** L'image de l'acier bien trempé, appropriée au contexte, n'est pas incompatible avec l'idée de « maîtrise de soi » exprimée par *temper.* **5.** *gipsy.* Altération de « Egyptian », désigne ce qui en français est une bohémienne, une gitane, car on les croyait originaires d'Égypte. Le mot est un anglicisme, parfois adopté par de bons auteurs,

La Tragédie d'Antoine et Cléopâtre

Entrent Démétrius et Philon[1] I, 1

PHILON. – Vraiment, ce fol amour[2] de notre général
Déborde la mesure. Ses yeux, ces yeux superbes
Qui sur les rangs et formations de guerre
Rayonnaient, tel Mars[3] en armure, à présent baissés,
Se mettent au service et à la dévotion
D'un front basané. Le cœur de ce grand chef
Qui dans la mêlée de combats épiques rompait
Les boucles de sa cuirasse, a renié sa trempe[4],
Et se fait maintenant le soufflet, l'éventail
A rafraîchir les sens d'une gipsy[5].

Sonneries de trompettes. Entrent Antoine, Cléopâtre, ses dames d'honneur, la suite, et des eunuques qui éventent la reine

Tenez,
Les voici. Regardez bien, vous allez voir en lui
L'un des trois piliers[6] du monde transformé
En pantin[7] d'une pute. Observez et voyez.
CLÉOPÂTRE (*à Antoine*). – Si c'est vraiment de l'amour, dites-moi combien.
ANTOINE. – Pauvre amour que celui dont on ferait le compte.
CLÉOPÂTRE. – Je fixerai la borne jusqu'où l'on peut m'aimer.
ANTOINE. – Alors tu devras trouver cieux nouveaux, terre nouvelle[8].

Entre un Messager

LE MESSAGER. – Des nouvelles, mon bon seigneur, de Rome.
ANTOINE. – Assommant. Sois bref.
CLÉOPÂTRE. – Mais si, écoutez-les, Antoine.
Fulvie[9] est, s'il se trouve, en colère ; ou qui sait
Si ce César[10] presque imberbe ne vous signifie pas
Ses volontés puissantes : « Fais ceci, ou ceci,
Annexe ce royaume, affranchis celui-là.

---

et qui semble ici assez indiqué. **6.** Les triumvirs, Octave, Lépide et Antoine lui-même. **7.** *fool.* Se dit du bouffon*, attaché en général à un prince, parfois à d'autres personnages. Le mot exprime aussi l'idée de la sujétion qui fait de cet amuseur le jouet de son maître et en quelque sorte sa dupe. Cf. I,1,44. **8.** Ce sont les termes d'*Esaïe,* 65,17, repris dans *L'apocalypse,* 21,1. **9.** La femme d'Antoine. **10.** Octave, petit-neveu de Jules César qui l'avait adopté et lui avait donné son nom.

Perform't, or else we damn thee."
ANTONY. – How, my love?
CLEOPATRA. – Perchance? Nay, and most like.
You must not stay here longer. Your dismission
Is come from Caesar, therefore hear it, Antony.
Where's Fulvia's process – Caesar's, I would say – both?
Call in the messengers. As I am Egypt's queen,
Thou blushest, Antony, and that blood of thine
Is Caesar's homager; else so thy cheek pays shame
When shrill-tongued Fulvia scolds. The messengers!
ANTONY. – Let Rome in Tiber melt, and the wide arch
Of the ranged empire fall. Here is my space.
Kingdoms are clay. Our dungy earth alike
Feeds beast as man. The nobleness of life
Is to do thus; when such a mutual pair
And such a twain can do't – in which I bind
On pain of punishment the world to weet –
We stand up peerless.
CLEOPATRA [*aside*]. – Excellent falsehood!
Why did he marry Fulvia and not love her?
I'll seem the fool I am not. (*To Antony*) Antony
Will be himself.
ANTONY. – But stirred by Cleopatra.
Now, for the love of Love and her soft hours
Let's not confound the time with conference harsh.
There's not a minute of our lives should stretch
Without some pleasure now. What sport tonight?
CLEOPATRA. – Hear the ambassadors.
ANTONY. – Fie, wrangling queen,
Whom everything becomes – to chide, to laugh,
To weep; how every passion fully strives
To make itself, in thee, fair and admired!
No messenger but thine; and all alone
Tonight we'll wander through the streets and note
The qualities of people. Come, my queen.
Last night you did desire it. (*To the Messenger*) Speak not to us.
Exeunt Antony and Cleopatra with the train,
[and by another door the Messenger]
DEMETRIUS. – Is Caesar with Antonius prized so slight?
PHILO. – Sir, sometimes when he is not Antony
He comes too short of that great property
Which still should go with Antony.
DEMETRIUS. – I am full sorry

---

52 how] *Ridley (1954)*; who *F*; whose *F2*. **61-64** *vers*] *prose F.*

Fais-le, ou nous te condamnons. »
ANTOINE. – Comment ça, mon amour ?
CLÉOPÂTRE. – S'il se trouve ? que dis-je ? c'est même très probable.
Vous ne pouvez rester ici davantage. Votre renvoi
Vous vient de César, écoutez-le donc, Antoine.
Où est la sommation de Fulvie – de César, veux-je dire –
Des deux ? Faites entrer les messagers.
Aussi vrai que je suis reine d'Égypte,
Tu rougis, Antoine, et ton sang s'avoue le vassal
De César, ou c'est le prix de la honte à tes joues
Quand Fulvie, à cris perçants, morigène. Les messagers !
ANTOINE. – Que Rome fonde dans le Tibre, et que s'écroule
L'arche au loin déployée de l'Empire ! Mon espace,
Le voici. Tout royaume est d'argile. La fange
De notre terre nourrit la bête et l'homme.
La noblesse de vivre est de faire ceci[1],
Quand d'une ardeur mutuelle un couple tel que nous
Peut le faire – en quoi, sous peine de châtiment
Je fais obligation au monde de l'admettre –
Notre stature est sans égale.
CLÉOPÂTRE [*à part*]. – Excellente imposture !
Pourquoi épousa-t-il Fulvie et ne l'aima-t-il point ?
J'aurai l'air de la dupe que je ne suis pas. (*A Antoine*) Antoine
Sera toujours lui-même.
ANTOINE. – Mais mû par Cléopâtre.
Pour l'amour de l'Amour et de ses douces heures,
Ne gâchons pas le temps en d'acerbes propos.
Pas une de nos minutes ne devrait s'écouler
Sans plaisir du moment. Quelle distraction ce soir ?
CLÉOPÂTRE. – Entendre les ambassadeurs.
ANTOINE. – Fi, reine querelleuse
A qui tout sied si bien, gronder, rire, pleurer ;
Comme toute passion pleinement s'évertue
A devenir en toi belle autant qu'admirée !
Nul messager, sinon de toi ; et seul à seule,
Cette nuit nous irons par les rues observer
Les gens de toutes conditions. Venez, ma reine.
Hier soir c'était votre désir. (*Au Messager*) Ne nous parle pas.
Antoine et Cléopâtre sortent avec leur suite
[*et, par une autre porte, le Messager*]
DÉMÉTRIUS. – César pour Marc Antoine a donc si peu de prix ?
PHILON. – Monsieur, certaines fois quand il n'est pas Antoine,
Il se montre en dessous du propre de grandeur
Qui ne devrait jamais quitter Antoine.
DÉMÉTRIUS. – Je suis navré

---

1. Le jeu de scène proposé par Pope (1723-1725), « *Embracing* » (Il la prend dans ses bras), a été souvent repris dans les éditions postérieures.

That he approves the common liar who
Thus speaks of him at Rome ; but I will hope
Of better deeds tomorrow. Rest you happy. *Exeunt*

I, 2 *Enter Enobarbus, a Soothsayer, Charmian, Iras, Mardian the eunuch, Alexas,* [*and attendants*]

CHARMIAN. – Lord Alexas, sweet Alexas, most anything Alexas, almost most absolute Alexas, where's the soothsayer that you praised so to th' Queen ?
O that I knew this husband, which you say
Must charge his horns with garlands !
ALEXAS. – Soothsayer !
SOOTHSAYER. – Your will ?
CHARMIAN. – Is this the man ? Is't you, sir, that know things ?
SOOTHSAYER. – In nature's infinite book of secrecy
A little I can read.
ALEXAS (*to Charmian*). – Show him your hand.
ENOBARBUS (*calling*). – Bring in the banquet quickly,
Wine enough Cleopatra's health to drink.
[*Enter servants with food and wine, and exeunt*]
CHARMIAN (*to Soothsayer*). – Good sir, give me good fortune.
SOOTHSAYER. – I make not, but foresee.
CHARMIAN. – Pray then, foresee me one.
SOOTHSAYER. – You shall be yet
Far fairer than you are.
CHARMIAN. – He means in flesh.
IRAS. – No, you shall paint when you are old.
CHARMIAN. – Wrinkles forbid !
ALEXAS. – Vex not his prescience. Be attentive.
CHARMIAN. – Hush !
SOOTHSAYER. – You shall be more beloving than beloved.
CHARMIAN. – I had rather heat my liver with drinking.
ALEXAS. – Nay, hear him.
CHARMIAN. – Good now, some excellent fortune ! Let me be married to three kings in a forenoon and widow them all. Let me have a child at fifty to whom Herod of Jewry may do homage. Find me to marry me with Octavius Caesar, and companion me with my mistress.
SOOTHSAYER. – You shall outlive the lady whom you serve.
CHARMIAN. – O, excellent ! I love long life better than figs.
SOOTHSAYER. – You have seen and proved a fairer former fortune.

---

3 *vers*] *prose F.* **4** charge] *Theobald (1733)* ; change *F.* **7-8** *vers*] *prose F.*

---

1. Dans l'expression *Rest you happy,* comme dans le moins exceptionnel « rest you merry », « rest » a le sens de « restez », « demeurez », « soyez ». Il s'agit, non pas de repos ou de loisir, mais de rassurer Philon qui s'inquiète. **2.** Même lieu que pour la scène précédente. **3.** L'image est celle d'une bête à cornes qui se parerait elle-même pour le sacrifice. Charmian rêve d'un mari assez inconscient ou complaisant pour aller au-devant de sa propre infortune. **4.** Littéralement, *liver* est le foie. Pour Sh, comme pour Montaigne,

De la caution qu'il donne au commun des menteurs
Qui en parle ainsi dans Rome ; j'espérerai
En de meilleures façons demain. Soyez tranquille[1]. *Ils sortent*

Entrent Enobarbus, un Devin, Charmian, Iras, l'eunuque Mardian, Alexas [*et des serviteurs*][2] I, 2

CHARMIAN. – Seigneur Alexas, doux Alexas, très tout ce qu'on voudra Alexas, presque très suprême Alexas, où est le devin que vous vantiez tant à la reine ?
Oh ! le connaître ce mari qui, dites-vous,
Doit se charger[3] les cornes de guirlandes !
ALEXAS. – Devin !
LE DEVIN. – Vous désirez ?
CHARMIAN. – Est-ce lui ? Est-ce vous, monsieur, qui savez les choses ?
LE DEVIN. – Au livre infini des secrets de la nature
Je sais un peu lire.
ALEXAS (*à Charmian*). – Montrez-lui votre main.
ENOBARBUS (*appelant*). – Servez les desserts vite, et ce qu'il faut de vin
Pour boire à la santé de Cléopâtre.

[*Entrent des serviteurs qui apportent mets et vin, puis sortent*]

CHARMIAN (*au Devin*). – Mon bon monsieur, faites-moi bonne fortune.
LE DEVIN. – Je ne fais pas, je prévois.
CHARMIAN. – Je vous prie donc de m'en prévoir une.
LE DEVIN. – Vous serez encore
Plus belle que vous n'êtes.
CHARMIAN. – Il entend, mieux en chair.
IRAS. – Non, vieille, vous vous farderez.
CHARMIAN. – Aux rides ne plaise !
ALEXAS. – Ne troublez pas sa préscience. Écoutez.
CHARMIAN. – Chut !
LE DEVIN. – Vous aimerez bien plus qu'on ne vous aimera.
CHARMIAN. – Plutôt boire pour m'échauffer le sang[4].
ALEXAS. – Voyons, écoutez-le.
CHARMIAN. – Bon alors, quelque excellente fortune ! Que j'épouse trois rois en une matinée et sois veuve de tous trois ! Que j'aie à cinquante ans un enfant dont Hérode[5] soit en Juiverie le vassal ! Trouvez à me faire épouser Octavius César pour que je sois à égalité avec ma maîtresse.
LE DEVIN. – Vous survivrez à celle qu'aujourd'hui vous servez.
CHARMIAN. – Oh ! parfait ! Une longue vie, c'est mieux que des nèfles[6].
LE DEVIN. – Vous avez vu et eu d'abord une fortune

---

et leurs contemporains, le cerveau, le cœur et le foie sont les sièges des trois facultés de l'âme, la rationnelle, l'irascible et la concupiscible ou appétitive. En tant que tel, le foie produit les émotions ou passions relatives au boire, au manger, et à la sexualité. **5.** Hérode le Grand à qui l'évangile de Matthieu attribue le massacre des Innocents et dont le théâtre médiéval avait fait un croquemitaine vociférant sur les planches. Les « trois rois » ne sont peut-être pas sans rapport avec cette référence évangélique. **6.** Tentative pour transposer *figs* (figues) dont le sens est chargé de sous-entendus. Dans le langage du temps « a fig » est une expression de mépris soulignée par un geste obscène du pouce.

Than that which is to approach.

CHARMIAN. – Then belike my children shall have no names. Prithee, how many boys and wenches must I have?

SOOTHSAYER. – If every of your wishes had a womb,
And fertile every wish, a million.

CHARMIAN. – Out, fool — I forgive thee for a witch.

ALEXAS. – You think none but your sheets are privy to your wishes.

CHARMIAN (*to the Soothsayer*). – Nay, come, tell Iras hers.

ALEXAS. – We'll know all our fortunes.

ENOBARBUS. – Mine, and most of our fortunes, tonight shall be drunk to bed.

IRAS (*showing her hand to the Soothsayer*). – There's a palm presages chastity, if nothing else.

CHARMIAN. – E'en as the o'erflowing Nilus presageth famine.

IRAS. – Go, you wild bedfellow, you cannot soothsay.

CHARMIAN. – Nay, if an oily palm be not a fruitful prognostication, I cannot scratch mine ear. (*To the Soothsayer*) Prithee, tell her but a workaday fortune.

SOOTHSAYER. – Your fortunes are alike.

IRAS. – But how, but how? Give me particulars.

SOOTHSAYER. – I have said.

IRAS. – Am I not an inch of fortune better than she?

CHARMIAN. – Well, if you were but an inch of fortune better than I, where would you choose it?

IRAS. – Not in my husband's nose.

CHARMIAN. – Our worser thoughts heavens mend! Alexas — come, his fortune, his fortune. O, let him marry a woman that cannot go, sweet Isis, I beseech thee, and let her die too, and give him a worse, and let worse follow worse till the worst of all follow him laughing to his grave, fiftyfold a cuckold. Good Isis, hear me this prayer, though thou deny me a matter of more weight; good Isis, I beseech thee.

IRAS. – Amen, dear goddess, hear that prayer of the people. For as it is a heart-breaking to see a handsome man loose-wived, so it is a deadly sorrow to behold a foul knave uncuckolded. Therefore, dear Isis, keep decorum, and fortune him accordingly.

CHARMIAN. – Amen.

ALEXAS. – Lo now, if it lay in their hands to make me a cuckold, they would make themselves whores but they'd do't.

Enter Cleopatra

ENOBARBUS. – Hush, here comes Antony.

CHARMIAN. – Not he, the Queen.

CLEOPATRA. – Saw you my lord?

ENOBARBUS. – No, lady.

CLEOPATRA. – Was he not here?

31-32 *vers*] *prose F.* 32 fertile] *Theobald (1733)*; foretell *F.* 52 Alexas–come] *Theobald (1733)*; *Alexas.* Come *F (imprimé ici comme le nom du locuteur, mais celui-ci est « Alex. » dans le reste de la scène).* 66 Saw] *F2*; Save *F.*

---

1. Parce que, faute d'avoir pu faire un beau mariage, Charmian se contentera d'avoir des bâtards. 2. On peut aussi comprendre : « Tu n'as pas mérité d'être condamné pour sorcellerie. » 3. Littéralement : je ne sais pas me gratter l'oreille. Par référence, selon

Plus favorable que celle qui vous attend.

CHARMIAN. – Alors il y a des chances que mes enfants soient sans nom[1]. Je te prie, combien dois-je avoir de garçons et de filles ?

LE DEVIN. – Si chacun de vos vœux avait un sein de femme
Et que fertile soit chacun d'eux, un million.

CHARMIAN. – A d'autres, stupide — je pardonne au sorcier[2] que tu es.

ALEXAS. – Vous croyez vos draps seuls dans le secret de vos vœux.

CHARMIAN (*au Devin*). – Dis plutôt la sienne à Iras.

ALEXAS. – Nous voulons tous savoir notre fortune.

ENOBARBUS. – La mienne, et celle de la plupart d'entre nous, sera ce soir d'aller ivre au lit.

IRAS (*montrant sa main au Devin*). – Voici une paume qui présage la chasteté, à tout le moins.

CHARMIAN. – Tout comme les inondations du Nil présagent la famine.

IRAS. – Allez, folle compagne de lit, vous ne savez pas prédire.

CHARMIAN. – Quoi ! si une paume humide n'est pas signe de fécondité, je veux bien m'attendre à tout[3]. (*Au Devin*) Je te prie, ne lui prédis que fortune de jour ouvrable.

LE DEVIN. – Vos fortunes sont semblables.

IRAS. – Mais comment, mais comment ? Donne-moi des détails.

LE DEVIN. – J'ai dit.

IRAS. – N'ai-je pas un pouce de fortune de mieux qu'elle ?

CHARMIAN. – Eh bien, si vous aviez un pouce de fortune de mieux que moi, où voudriez-vous qu'il soit ?

IRAS. – Pas au bout du nez[4] de mon mari.

CHARMIAN. – Le Ciel corrige nos vilaines pensées ! Alexas — allons, sa fortune, sa fortune. Oh ! qu'il épouse une femme qui ne peut pas[5], douce Isis, je t'en supplie, et qu'en plus elle meure, et donne-lui en une pire, et que pire succède à pire jusqu'à ce que la pire de toutes le mène en riant à la tombe, cinquante fois cocu ! Bonne Isis, exauce-moi cette prière, devrais-tu me refuser satisfaction de plus de poids ; bonne Isis, je t'en supplie.

IRAS. – Amen, chère déesse, écoute cette prière du peuple fidèle. Car, autant c'est un crève-cœur de voir un bel homme avec une dévergondée pour femme, autant c'est un chagrin mortel que le spectacle d'un vilain drôle non cocufié. C'est pourquoi, chère Isis, respecte les bienséances, et fais lui la fortune qu'il mérite.

CHARMIAN. – Amen.

ALEXAS. – Voyez donc, si c'était en leur pouvoir de me faire cocu, elles se feraient putes à seule fin d'y parvenir.

Entre Cléopâtre

ENOBARBUS. – Chut, voici Antoine.

CHARMIAN. – Non pas lui, mais la reine.

CLÉOPÂTRE. – Avez-vous vu mon seigneur ?

ENOBARBUS. – Non, madame.

CLÉOPÂTRE. – N'était-il pas ici ?

Wilson, à l'expression « an itching ear » (l'oreille qui vous démange — d'entendre une nouvelle extraordinaire). 4. Sans doute une insinuation gaillarde. 5. Sexuellement inapte ou inhibée.

CHARMIAN. – No, madam.

CLEOPATRA. – He was disposed to mirth, but on the sudden
A Roman thought hath struck him. Enobarbus!

ENOBARBUS. – Madam?

CLEOPATRA. – Seek him, and bring him hither. Where's Alexas?

ALEXAS. – Here at your service. My lord approaches.

Enter Antony with a Messenger

CLEOPATRA. – We will not look upon him. Go with us.

Exeunt all but Antony and the Messenger

MESSENGER. – Fulvia thy wife first came into the field.

ANTONY. – Against my brother Lucius?

MESSENGER. – Ay, but soon that war had end, and the time's state
Made friends of them, jointing their force 'gainst Caesar,
Whose better issue in the war from Italy
Upon the first encounter drave them.

ANTONY. – Well, what worst?

MESSENGER. – The nature of bad news infects the teller.

ANTONY. – When it concerns the fool or coward. On.
Things that are past are done. With me 'tis thus:
Who tells me true, though in his tale lie death,
I hear him as he flattered.

MESSENGER. – Labienus –
This is stiff news – hath with his Parthian force
Extended Asia; from Euphrates
His conquering banner shook, from Syria
To Lydia and to Ionia,
Whilst –

ANTONY. – Antony, thou wouldst say –

MESSENGER. – O, my lord!

ANTONY. – Speak to me home. Mince not the general tongue.
Name Cleopatra as she is called in Rome.
Rail thou in Fulvia's phrase, and taunt my faults
With such full licence as both truth and malice
Have power to utter. O, then we bring forth weeds
When our quick winds lie still, and our ills told us
Is as our earing. Fare thee well a while.

MESSENGER. – At your noble pleasure. *Exit Messenger*

Enter another Messenger

ANTONY. – From Sicyon, ho, the news? Speak there.

[2 MESSENGER]. – The man from Sicyon –

[ANTONY]. – Is there such a one?

[2 MESSENGER]. – He stays upon your will.

ANTONY. – Let him appear.

Exit Second Messenger

These strong Egyptian fetters I must break,

69 struck] *F* (strooke). 71 Alexas] *F2*; *Alexias F.* 82 done. With me 'tis] *Wilson (1950*; me, 'tis*)*; done, with me. 'Tis *F.* 95 winds] *F*; minds *Hanmer (1744).* 98 ho] *Dyce (1857)*; how *F.* 99 SECOND MESSENGER] *Oxford*; I.*Mess. F.* 99 ANTONY] *Oxford*; *attribué à « I.Mess. » dans F.*

CHARMIAN. – Non, madame.
CLÉOPÂTRE. – Il était d'humeur à se réjouir, mais soudain
Une pensée romaine l'a pris. Enobarbus !
ENOBARBUS. – Madame ?
CLÉOPÂTRE. – Cherchez-le et qu'il vienne. Où donc est Alexas ?
ALEXAS. – Ici pour vous servir. Monseigneur approche.

Entre Antoine avec un Messager

CLÉOPÂTRE. – Nous ne voulons pas le voir. Sortez avec nous.

Ils sortent tous, sauf Antoine et le Messager

LE MESSAGER. – Fulvie ta femme a pris les armes la première.
ANTOINE. – Contre mon frère Lucius ?
LE MESSAGER. – Oui mais, leur guerre tôt finie, la conjoncture
En fit des amis réunis contre César
Dont les armes plus heureuses au premier choc
Les chassa d'Italie.
ANTOINE. – Bien, quoi de pire encore ?
LE MESSAGER. – Qui rapporte un malheur en subit les atteintes.
ANTOINE. – Quand il l'annonce au sot et au couard. Poursuis.
Le passé est passé. Et pour moi c'est ainsi :
Qui me dit vrai, bien que son récit soit de mort,
Je l'entends comme s'il flattait.
LE MESSAGER. – Labiénus[1] —
Cette nouvelle est rude — avec son armée parthe,
S'est emparé de l'Asie ; partant de l'Euphrate,
Il a brandi son étendard vainqueur, de Syrie
Jusqu'en Lydie et jusqu'en Ionie,
Tandis —
ANTOINE. – Qu'Antoine, allais-tu dire —
LE MESSAGER. – Oh ! monseigneur !
ANTOINE. – Parle-moi franc, n'atténue pas la voix commune.
Appelle Cléopâtre comme on l'appelle à Rome.
Invective ainsi que Fulvie, blâme mes fautes
Autant que vérité et que malignité
Ont licence de faire. Oh ! l'herbe folle en nous
Pousse, à moins de vents vifs, et nous dire nos torts
C'est y mettre le soc ! Laisse-moi un moment.
LE MESSAGER. – A votre noble gré. *Le Messager sort*

Entre un autre Messager

ANTOINE. – De Sicyone, ho, des nouvelles ? Parle.
[2e MESSAGER]. – L'homme de Sicyone —
[ANTOINE]. – Il y en a un ?
[2e MESSAGER]. – Il attend votre bon plaisir.
ANTOINE. – Qu'il se présente !

Le Deuxième Messager sort

Ces fers puissants d'Égypte il me faut les briser

1. Envoyé par Brutus et Cassius pour rallier les Parthes à leur cause, Quintus Labiénus mena, après la bataille de Philippes, une campagne victorieuse en Orient avec l'armée de Pacorus, fils du roi Orode. Voir III,1,IS.

Or lose myself in dotage.

Enter another Messenger with a letter

What are you ?

[3 MESSENGER]. – Fulvia thy wife is dead.

ANTONY. – Where died she ?

3 MESSENGER. – In Sicyon.
Her length of sickness, with what else more serious
Importeth thee to know, this bears.

He gives Antony the letter

ANTONY. – Forbear me. [*Exit Third Messenger*]
There's a great spirit gone. Thus did I desire it.
What our contempts doth often hurl from us
We wish it ours again. The present pleasure,
By revolution low'ring, does become
The opposite of itself. She's good being gone ;
The hand could pluck her back that shoved her on.
I must from this enchanting queen break off.
Ten thousand harms more than the ills I know
My idleness doth hatch. How now, Enobarbus !

[*Enter Enobarbus*]

ENOBARBUS. – What's your pleasure, sir ?

ANTONY. – I must with haste from hence.

ENOBARBUS. – Why, then we kill all our women. We see how mortal an unkindness is to them ; if they suffer our departure, death's the word.

ANTONY. – I must be gone.

ENOBARBUS. – Under a compelling occasion let women die. It were pity to cast them away for nothing, though between them and a great cause they should be esteemed nothing. Cleopatra catching but the least noise of this dies instantly. I have seen her die twenty times upon far poorer moment. I do think there is mettle in death, which commits some loving act upon her, she hath such a celerity in dying.

ANTONY. – She is cunning past man's thought.

ENOBARBUS. – Alack, sir, no. Her passions are made of nothing but the finest part of pure love. We cannot call her winds and waters sighs and tears ; they are greater storms and tempests than almanacs can report. This cannot be cunning in her ; if it be, she makes a shower of rain as well as Jove.

ANTONY. – Would I had never seen her !

ENOBARBUS. – O, sir, you had then left unseen a wonderful piece of work, which not to have been blessed withal would have discredited your travel.

ANTONY. – Fulvia is dead.

---

104 THIRD MESSENGER] *Oxford* ; *Mes. F.* 120 occasion] *Rowe (1709)* ; an occasion *F.*

---

1. « To die » s'emploie aussi pour cette « petite mort » qu'est l'orgasme. L'idée de la virilité de la mort (*there is mettle in death*) vient d'autant plus naturellement à l'esprit qu'en

Ou bien sombrer dans le gâtisme.

Entre un autre Messager tenant une lettre

Qui êtes-vous ?

[3e MESSAGER]. – Fulvie, ta femme, est morte.

ANTOINE. – Où mourut-elle ?

3e MESSAGER. – A Sicyone.
La durée de sa maladie, ce qu'il y a
De plus grave qu'il t'importe aussi de connaître,
Est consigné dans cette lettre.

Il donne la lettre à Antoine

ANTOINE. – Laissez-moi. [*Le Troisième Messager sort*]
Un grand esprit s'en est allé. Je l'ai souhaité.
Ce que nos mépris souvent éloignent de nous,
Nous le voulons nôtre encore. Le plaisir présent
Suivant le tour de la roue s'abaisse, et devient
Son contraire. Fulvie est bonne, n'étant plus.
La main qui l'écarta voudrait la ramener.
Il me faut quitter cette reine ensorceleuse.
Mon oisiveté couve dix mille maux de plus
Que ceux que je connais. Eh bien, Enobarbus !

[*Entre Enobarbus*]

ENOBARBUS. – Que voulez-vous, monsieur ?

ANTOINE. – Partir d'ici en hâte.

ENOBARBUS. – Bon, alors nous tuons toutes nos femmes. On voit comme leur est fatal un manque d'égards ; s'il leur faut endurer notre départ, disons-le, c'est la mort.

ANTOINE. – Il faut que je parte.

ENOBARBUS. – S'il y a force majeure, périssent les femmes ! Ce serait dommage de s'en débarrasser pour rien, encore qu'à choisir entre elles et une grande cause, elles doivent être comptées pour rien. Cléopâtre, pour peu qu'elle ait vent de ceci, meurt sur-le-champ. Je l'ai vue mourir vingt fois pour beaucoup moins. Je crois vraiment qu'il y a dans le trépas une virilité qui lui fait commettre sur elle quelque acte d'amour, tant elle met d'empressement à mourir[1].

ANTOINE. – Elle est rusée au-delà de ce qui se peut concevoir.

ENOBARBUS. – Hélas ! seigneur, non. Ses passions ne sont faites que de la plus fine partie du pur amour. Nous ne pouvons, à l'air et à l'eau en elle, donner le nom de soupirs et de larmes ; ce sont ouragans et tempêtes plus grands que n'en peuvent rapporter les almanachs. Ce ne peut être ruse de sa part ; ou alors elle fait une averse de pluie aussi bien que Jupiter.

ANTOINE. – Je voudrais ne l'avoir jamais vue !

ENOBARBUS. – Oh ! monsieur, vous fussiez alors resté sans voir un merveilleux objet d'art, et de n'avoir pas reçu cette bénédiction eût jeté le discrédit sur vos voyages !

ANTOINE. – Fulvie est morte.

---

anglais le mot « death » est personnifié au masculin. Dès maintenant s'annonce la scène des derniers moments de Cléopâtre où amour, fécondité et mort se confondent, V,2,283-298.

ENOBARBUS. – Sir.
ANTONY. – Fulvia is dead.
ENOBARBUS. – Fulvia ?
ANTONY. – Dead.

ENOBARBUS. – Why, sir, give the gods a thankful sacrifice. When it pleaseth their deities to take the wife of a man from him, it shows to man the tailors of the earth ; comforting therein that when old robes are worn out there are members to make new. If there were no more women but Fulvia, then had you indeed a cut, and the case to be lamented. This grief is crowned with consolation ; your old smock brings forth a new petticoat, and indeed the tears live in an onion that should water this sorrow.

ANTONY. – The business she hath broachèd in the state
Cannot endure my absence.

ENOBARBUS. – And the business you have broached here cannot be without you, especially that of Cleopatra's, which wholly depends on your abode.

ANTONY. – No more light answers. Let our officers
Have notice what we purpose. I shall break
The cause of our expedience to the Queen,
And get her leave to part ; for not alone
The death of Fulvia, with more urgent touches,
Do strongly speak to us, but the letters too
Of many our contriving friends in Rome
Petition us at home. Sextus Pompeius
Hath given the dare to Caesar and commands
The empire of the sea. Our slippery people,
Whose love is never linked to the deserver
Till his deserts are past, begin to throw
Pompey the Great and all his dignities
Upon his son, who — high in name and power,
Higher than both in blood and life — stands up
For the main soldier ; whose quality, going on,
The sides o'th' world may danger. Much is breeding
Which, like the courser's hair, hath yet but life,
And not a serpent's poison. Say our pleasure,
To such whose place is under us, requires
Our quick remove from hence.

ENOBARBUS. – I shall do't. *Exeunt severally*

---

155 leave] *Pope (1723-1725)* ; love *F.* 160 Hath] *F2* ; Have *F.* 171 place is under us, requires] *F2* ; places under us, require *F.*

---

1. Il y a, phonétiquement, « tail » (queue) dans *tailors.* D'où les plaisanteries gaillardes auxquelles le mot se prête. Les « membres » dont il s'agit doivent leur prestige aux conceptions d'une époque qui attribuaient au mâle le rôle de beaucoup le plus important dans la procréation. Enobarbus continue les jeux de mots grivois avec *case* (144, « cas »

ENOBARBUS. – Monsieur.
ANTOINE. – Fulvie est morte.
ENOBARBUS. – Fulvie ?
ANTOINE. – Morte.
ENOBARBUS. – Eh bien, monsieur, offrez aux dieux un sacrifice d'action de grâces. Quand il plaît à leurs déités d'enlever sa femme à un homme, cela montre à l'homme ceux qui sont les tailleurs[1] ici-bas ; ce qui est consolant puisque quand ses vieux atours sont usés, il ne manque pas de membres pour lui en faire de nouveaux. S'il n'y avait pas d'autres femmes que Fulvie, alors oui vous eussiez reçu un coup, et l'affaire serait déplorable. Ce chagrin-ci a sa couronne de consolation ; votre vieille chemise vous promet un jupon neuf, et vraiment il y a ce qu'il faut de larmes dans un oignon pour arroser cette peine.
ANTOINE. – Les affaires qu'elle a entamées dans l'État
Ne peuvent pas s'accommoder de mon absence.
ENOBARBUS. – Et les affaires que vous avez entamées ici ne peuvent se passer de vous, et surtout celle de Cléopâtre, qui dépend entièrement de votre présence.
ANTOINE. – Plus de réponses frivoles. Que nos officiers
Soient avertis de nos intentions ! J'irai
Dire les raisons de notre hâte à la reine
Pour qu'elle consente à ce départ. Non seulement
La mort de Fulvie, et des tracas plus urgents,
Nous parlent puissamment, mais les lettres aussi
De nos nombreux amis qui intriguent à Rome
Réclament notre présence. Sextus Pompée[2]
A lancé un défi à César et commande
L'empire des mers. Notre peuple volage,
Dont l'amour jamais ne s'attache au mérite
Avant qu'il n'ait cessé de l'être, a commencé
A donner du Pompée le Grand, avec tous ses titres,
A son fils, qui — haut par le nom et le pouvoir,
Plus haut encore par l'ardeur et la fougue — se dresse,
Le premier des soldats ; et sa carrure, accrue,
Peut mettre les flancs du monde en danger. Beaucoup
Pour l'heure s'enfante qui, comme les crins du coursier[3],
N'a que le vif encore, sans le venin du serpent.
Notre plaisir, dites-le à qui est sous nos ordres,
Requiert un prompt départ d'ici.
ENOBARBUS. – Ce sera fait. [*Ils sortent chacun de son côté*]

mais aussi « fourreau » et donc « organe féminin ») et *business* (148, « affaires » ou « affaire »), d'où la réplique d'Antoine (152). 2. Le second fils de Pompée le Grand. Il avait reçu le commandement de la flotte du parti républicain après l'assassinat de Jules César. 3. Une ancienne croyance populaire tenait que les crins du cheval plongés dans l'eau se métamorphosaient, devenant anguille ou serpent. A moins, selon Wilson, qu'il ne s'agisse d'un phénomène naturel dû au mouvement des animalcules qui dans l'eau s'attachent à ces crins.

I, 3 *Enter Cleopatra, Charmian, Alexas, and Iras*

CLEOPATRA. – Where is he ?
CHARMIAN. – I did not see him since.
CLEOPATRA [*to Alexas*]. – See where he is, who's with him, what he does.
I did not send you. If you find him sad,
Say I am dancing ; if in mirth, report
That I am sudden sick. Quick, and return. *Exit* [*Alexas*]
CHARMIAN. – Madam, methinks, if you did love him dearly,
You do not hold the method to enforce
The like from him.
CLEOPATRA. – What should I do I do not ?
CHARMIAN. – In each thing give him way ; cross him in nothing.
CLEOPATRA. – Thou teachest like a fool, the way to lose him.
CHARMIAN. – Tempt him not so too far. Iwis, forbear.
In time we hate that which we often fear.
Enter Antony
But here comes Antony.
CLEOPATRA. – I am sick and sullen.
ANTONY. – I am sorry to give breathing to my purpose.
CLEOPATRA. – Help me away, dear Charmian, I shall fall.
It cannot be thus long — the sides of nature
Will not sustain it.
ANTONY. – Now, my dearest queen.
CLEOPATRA. – Pray you, stand farther from me.
ANTONY. – What's the matter ?
CLEOPATRA. – I know by that same eye there's some good news.
What says the married woman — you may go ?
Would she had never given you leave to come.
Let her not say 'tis I that keep you here.
I have no power upon you ; hers you are.
ANTONY. – The gods best know –
CLEOPATRA. – O, never was there queen
So mightily betrayed ! Yet at the first
I saw the treasons planted.
ANTONY. – Cleopatra –
CLEOPATRA. – Why should I think you can be mine and true –
Though you in swearing shake the thronèd gods –
Who have been false to Fulvia ? Riotous madness,
To be entangled with those mouth-made vows
Which break themselves in swearing.
ANTONY. – Most sweet queen –
CLEOPATRA. – Nay, pray you, seek no colour for your going,
But bid farewell and go. When you sued staying,
Then was the time for words ; no going then.

---

11 Iwis] *Wilson (1950)* ; I wish *F.*

---

1. Même lieu qu'à la scène précédente. 2. La ponctuation que plusieurs adoptent après

Entrent Cléopâtre, Charmian, Alexas et Iras[1] I, 3

CLÉOPÂTRE. – Où est-il ?
CHARMIAN. – Je ne l'ai pas revu.
CLÉOPÂTRE [*à Alexas*]. – Allez voir où il est, avec qui, ce qu'il fait.
Je ne vous ai pas envoyé. S'il paraît triste,
Dites que je danse ; s'il est gai, rapportez
Que soudain je vais mal. Vite, et puis revenez. [*Alexas*] *sort*
CHARMIAN. – Madame, à mon avis, si vous le chérissez,
Vous n'avez pas la méthode pour qu'il vous paye
De retour.
CLÉOPÂTRE. – Que dois-je faire que je ne fais pas ?
CHARMIAN. – En tout lui céder ; ne le contrarier en rien.
CLÉOPÂTRE. – Le sot enseignement ; c'est m'apprendre à le perdre.
CHARMIAN. – Ne l'éprouvez pas trop ; vraiment, modérez-vous.
On finit par haïr ce que l'on craint souvent.

Entre Antoine

Mais voici Antoine.
CLÉOPÂTRE. – Je suis souffrante et triste.
ANTOINE. – C'est à regret que j'exprime mes intentions.
CLÉOPÂTRE. – Aide-moi à sortir, chère Charmian, je tombe.
Cela ne peut durer — les flancs de la nature
Ne le soutiendront pas.
ANTOINE. – Ah ! ma reine très chère.
CLÉOPÂTRE. – Je vous prie, un peu plus loin de moi.
ANTOINE. – Qu'y a-t-il ?
CLÉOPÂTRE. – Je vois à cet œil-là qu'on a de bonnes nouvelles.
Que dit la femme mariée — qu'on peut rentrer[2] ?
Plût aux dieux qu'elle ne vous eût jamais laissé venir.
Qu'elle ne dise pas que c'est moi qui vous garde ici.
Je ne puis rien sur vous ; vous êtes tout à elle.
ANTOINE. – Les dieux savent très bien —
CLÉOPÂTRE. – Oh ! jamais ne fut reine
Si hautement trahie ! Pourtant dès le début
J'ai vu planter les trahisons.
ANTOINE. – Cléopâtre —
CLÉOPÂTRE. – Comment croire que vous puissiez être mien et fidèle —
Même si vous le juriez à secouer les dieux sur leurs trônes —
Quand vous avez trahi Fulvie ? Folie furieuse
Que de se laisser prendre à ces serments des lèvres
Que l'on viole en les prononçant.
ANTOINE. – Reine adorable —
CLÉOPÂTRE. – Non, je vous prie, ne fardez pas votre départ,
Dites adieu, partez. Quand vous soupiriez qu'on vous garde,
L'heure alors était à parler ; pas à partir.

Rowe (What says the married woman ? you may go.) donnerait à entendre que c'est Cléopâtre et non pas Fulvie, « the married woman », qui donne son congé à Antoine (non l'autorisation accordée par une épouse). L'ironie de la reine d'Égypte est bien plus mordante que ne le serait sa colère.

Eternity was in our lips and eyes,
Bliss in our brow's bent ; none our parts so poor
But was a race of heaven. They are so still,
Or thou, the greatest soldier of the world,
Art turned the greatest liar.

ANTONY. – How now, lady !

CLEOPATRA. – I would I had thy inches. Thou shouldst know
There were a heart in Egypt.

ANTONY. – Hear me, Queen.
The strong necessity of time commands
Our services a while, but my full heart
Remains in use with you. Our Italy
Shines o'er with civil swords. Sextus Pompeius
Makes his approaches to the port of Rome.
Equality of two domestic powers
Breed scrupulous faction. The hated, grown to strength,
Are newly grown to love. The condemned Pompey,
Rich in his father's honour, creeps apace
Into the hearts of such as have not thrived
Upon the present state, whose numbers threaten ;
And quietness, grown sick of rest, would purge
By any desperate change. My more particular,
And that which most with you should safe my going,
Is Fulvia's death.

CLEOPATRA. – Though age from folly could not give me freedom,
It does from childishness. Can Fulvia die ?

ANTONY. – She's dead, my queen.

He offers letters

Look here, and at thy sovereign leisure read
The garboils she awaked. At the last, best,
See when and where she died.

CLEOPATRA. – O most false love !
Where be the sacred vials thou shouldst fill
With sorrowful water ? Now I see, I see,
In Fulvia's death how mine received shall be.

ANTONY. – Quarrel no more, but be prepared to know
The purposes I bear, which are or cease
As you shall give th'advice. By the fire
That quickens Nilus' slime, I go from hence
Thy soldier-servant, making peace or war
As thou affects.

CLEOPATRA. – Cut my lace, Charmian, come.
But let it be. I am quickly ill and well ;

---

1. Le mot *race* peut être pris en deux sens différents qui ne sont pas absolument incompatibles d'ailleurs : celui de « race », de « lignée » et celui d'« arôme », de « parfum ». Le docteur Johnson, cité dans Ridley, renvoie à une locution : « the race of wine is the taste of the soil » que l'on pourrait rendre par : c'est la saveur du terroir qui fait le bouquet du vin. 2. C.-à-d. capable de ressentir un affront et d'en demander raison. Il s'agit ici (voir I,2,19 note) du cœur comme siège de l'irascibilité et du courage. Mais on ne peut

L'éternité était dans nos yeux, sur nos lèvres,
La béatitude dans l'arc de nos sourcils ;
Rien n'était pauvre en nous qui n'eût saveur du ciel[1].
Cela n'a pas changé, ou alors te voilà
Toi, le plus grand soldat du monde, devenu
Le plus grand des menteurs.

ANTOINE. – Allons donc, madame.

CLÉOPÂTRE. – Je voudrais être de ta taille. Tu connaîtrais
Qu'Égypte a le cœur bien placé[2].

ANTOINE. – Reine, écoutez.
La rude nécessité du moment requiert
Nos soins pour quelque temps, mais de mon cœur entier
Vous conservez l'usage. Notre Italie
Brille partout d'épées de discorde civile.
Sextus Pompée se rapproche du port de Rome.
Deux pouvoirs d'une force égale dans le pays
Font qu'un rien[3] engendre une faction. Haïs naguère,
Ceux dont la force croît gagnent un amour nouveau.
Pompée, banni mais riche de l'honneur d'un père,
Se glisse vite aux cœurs qui n'ont pas profité
Du pouvoir d'à présent ; leur nombre est menaçant ;
Et le calme public, de son repos malade,
Irait, pour se purger, aux changements extrêmes.
Ce qui m'est personnel, et plus que tout devrait
Vous rassurer pour ce qui est de mon départ,
C'est la mort de Fulvie.

CLÉOPÂTRE. – Si les années n'ont pu me guérir d'être folle,
Elles m'épargnent de rester enfant. Fulvie peut-elle mourir ?

ANTOINE. – Elle est morte, ma reine.

Il lui tend des lettres

Regarde, et, à ton loisir souverain, lis
Quels troubles elle a causés. Pour finir, le comble,
Vois où et quand elle est morte.

CLÉOPÂTRE. – Oh ! très faux amour !
Où sont les saints flacons[4] que tu devrais remplir
De l'eau du chagrin ? Maintenant je vois, je vois
Dans la mort de Fulvie ce qui attend la mienne.

ANTOINE. – Ne me querellez plus, soyez prête à connaître
Mes desseins ; ils tiendront ou seront écartés
Suivant l'avis que vous donnerez. Par le feu
Qui féconde le limon du Nil, je pars d'ici,
Soldat pour te servir, dans la paix ou la guerre
Selon ton choix.

CLÉOPÂTRE. – Coupe mon lacet, Charmian, viens.
Mais non, laisse. J'ai tôt fait d'aller mal ou bien ;

---

s'empêcher de penser que la passion amoureuse a aussi sa part dans cette provocation au combat. 3. *scrupulous.* Adjectif correspondant au substantif « scruple » (du latin « scrupulus »), dont le sens ancien est « vétille ». L'absence d'un pouvoir incontesté engendre la multiplicité des factions. 4. Saints parce que faisant partie d'un rite funéraire.

So Antony loves.
ANTONY. – My precious queen, forbear,
And give true evidence to his love, which stands
An honourable trial.
CLEOPATRA. – So Fulvia told me.
I prithee turn aside and weep for her,
Then bid adieu to me, and say the tears
Belong to Egypt. Good now, play one scene
Of excellent dissembling, and let it look
Like perfect honour.
ANTONY. – You'll heat my blood. No more.
CLEOPATRA. – You can do better yet; but this is meetly.
ANTONY. – Now by my sword –
CLEOPATRA. – And target. Still he mends.
But this is not the best. Look, prithee, Charmian,
How this Herculean Roman does become
The carriage of his chafe.
ANTONY. – I'll leave you, lady.
CLEOPATRA. – Courteous lord, one word.
Sir, you and I must part; but that's not it.
Sir, you and I have loved; but there's not it;
That you know well. Something it is I would –
O, my oblivion is a very Antony,
And I am all forgotten.
ANTONY. – But that your royalty
Holds idleness your subject, I should take you
For idleness itself.
CLEOPATRA. – 'Tis sweating labour
To bear such idleness so near the heart
As Cleopatra this. But sir, forgive me,
Since my becomings kill me when they do not
Eye well to you. Your honour calls you hence,
Therefore be deaf to my unpitied folly,
And all the gods go with you. Upon your sword
Sit laurel victory, and smooth success
Be strewed before your feet.
ANTONY. – Let us go.
Come. Our separation so abides and flies
That thou residing here goes yet with me,
And I hence fleeting, here remain with thee.
Away. *Exeunt severally*

I, 4 *Enter Octavius reading a letter, Lepidus, and their train*

CAESAR. – You may see, Lepidus, and henceforth know,
It is not Caesar's natural vice to hate

---

82 my] *F2*; *pas dans F.*

C'est ainsi qu'aime Antoine.
ANTOINE. – Ma reine chérie, de grâce ;
Rends juste témoignage à celui dont l'amour
Soutient une épreuve d'honneur.
CLÉOPÂTRE. – J'en crois Fulvie.
Je t'en prie, tourne-toi et pleure un peu sur elle,
Puis fais-moi tes adieux en disant que ces larmes
Sont pour l'Égyptienne. Voyons, joue une scène
D'excellent faux-semblant, et fais qu'il ait un air
D'honneur parfait.
ANTOINE. – Vous me mettrez en rage. Assez.
CLÉOPÂTRE. – Vous pouvez mieux encore ; mais ceci n'est pas mal.
ANTOINE. – Çà, par mon épée —
CLÉOPÂTRE. – Et mon bouclier. Il s'améliore.
Mais il pourrait mieux faire. Charmian, je te prie,
Vois quelle allure cet Hercule, ce Romain,
Donne à l'expression de sa rage.
ANTOINE. – Madame, je vous quitte.
CLÉOPÂTRE. – Un mot, courtois seigneur.
Monsieur, vous et moi devons nous séparer ; mais
Ce n'est pas cela. Monsieur, nous nous sommes aimés
Vous et moi, mais là n'est pas la question,
Vous le savez bien. C'est quelque chose que je voudrais —
Oh ! mon infidèle mémoire est un autre Antoine,
Et je ne suis qu'oubli !
ANTOINE. – Reine, si le caprice
N'était un de vos sujets, je vous prendrais
Pour le caprice en personne.
CLÉOPÂTRE. – Rude labeur
Que porter pareil caprice aussi près du cœur
Que Cléopâtre ! Mais, monsieur, pardonnez-moi,
Si ce qui m'est naturel[1] me tue lorsque vos yeux
Ne l'agréent pas. L'honneur vous appelle loin d'ici,
Restez donc sourd à ma folie, sans pitié pour elle,
Et que tous les dieux vous escortent. A votre épée,
Les lauriers de la victoire, et la douceur du succès
Pour jonchée sous vos pas !
ANTOINE. – Partons donc. Allons.
Notre séparation c'est rester tout en s'éloignant,
A ce point qu'étant ici, tu viens avec moi
Et qu'en fuyant ces lieux je demeure avec toi.
En route. *Ils sortent chacun de son côté*

Entrent Octave lisant une lettre, Lépide, et leur suite[2] I, 4

CÉSAR. – Vous le voyez, Lépide, et dès lors le saurez,
César n'a pas naturellement le vice de haïr

---

1. C.-à-d. l'émotion amoureuse qu'elle a laissé transparaître (vers 87-90) et qu'Antoine a si froidement reçue. 2. Lieu : Rome, la maison de César.

Our great competitor. From Alexandria
This is the news : he fishes, drinks, and wastes
The lamps of night in revel ; is not more manlike
Than Cleopatra, nor the queen of Ptolemy
More womanly than he ; hardly gave audience
Or vouchsafed to think he had partners. You shall find there
A man who is the abstract of all faults
That all men follow.

LEPIDUS. – I must not think there are
Evils enough to darken all his goodness.
His faults in him seem as the spots of heaven,
More fiery by night's blackness ; hereditary
Rather than purchased ; what he cannot change
Than what he chooses.

CAESAR. – You are too indulgent. Let's grant it is not
Amiss to tumble on the bed of Ptolemy,
To give a kingdom for a mirth, to sit
And keep the turn of tippling with a slave,
To reel the streets at noon, and stand the buffet
With knaves that smells of sweat. Say this becomes him –
As his composure must be rare indeed
Whom these things cannot blemish – yet must Antony
No way excuse his foils when we do bear
So great weight in his lightness. If he filled
His vacancy with his voluptuousness,
Full surfeits and the dryness of his bones
Call on him for't. But to confound such time
That drums him from his sport, and speaks as loud
As his own state and ours – 'tis to be chid
As we rate boys who, being mature in knowledge,
Pawn their experience to their present pleasure,
And so rebel to judgement.

Enter a Messenger

LEPIDUS. – Here's more news.

MESSENGER. – Thy biddings have been done, and every hour,
Most noble Caesar, shalt thou have report
How 'tis abroad. Pompey is strong at sea,
And it appears he is beloved of those
That only have feared Caesar. To the ports
The discontents repair, and men's reports
Give him much wronged. [*Exit*]

CAESAR. – I should have known no less.
It hath been taught us from the primal state
That he which is was wished until he were,

---

3 Our] *Singer (1826)* ; One *F.* **8** vouchsafed] *Johnson (1765)* ; vouchsafe *F.* **9** the] *F3* ; th' *F.* **9** abstract] *F2* ; abstracts *F.*

---

1. Cléopâtre n'avait été en fait que mariée sur le papier, par Jules César, au plus jeune

Notre illustre partenaire. D'Alexandrie
Voici ce qu'on apprend : il pêche, boit, gaspille
En fêtes les lampes de la nuit ; pas plus viril
Que Cléopâtre, ni l'épouse de Ptolémée[1]
Plus femme que lui ; c'est à peine s'il a donné audience
Ou daigné se souvenir qu'il a des collègues.
L'homme, vous verrez, résume toutes les fautes
Où tombent tous les hommes.

LÉPIDE. – Je ne puis voir en lui
Assez de mal pour noircir tout ce qu'il a de bien.
Ses défauts sont comme les points qu'on voit au ciel,
Plus flamboyants dans l'obscurité de la nuit.
Héréditaires, non pas acquis, qu'il ne peut changer
Mais qu'il n'a pas choisis.

CÉSAR. – C'est trop d'indulgence. Mettons qu'il n'y ait pas grand mal
A prendre ses ébats au lit de Ptolémée,
A donner un royaume pour une facétie, à prendre
Pour partenaire de beuverie un esclave,
A tituber en ville à midi, se colleter
Avec des malandrins qui puent la sueur.
Disons que cela est selon sa nature à lui – et il doit être
De rare composition celui que ces choses
Ne peuvent abîmer – encore faut-il qu'Antoine
Ne trouve pas d'excuse à ses écarts, quand c'est nous
Que sa légèreté charge d'un si grand poids.
Si de ses voluptés il combla ses loisirs,
Le plein de satiétés, la carie de ses os
Lui en demandent compte. Mais gâcher un temps
Où le tambour l'appelle à quitter ses plaisirs
Et lui parle aussi fort que sa charge et la nôtre,
Cela vaut réprimande, comme aux garçons qu'on gronde
Quand, mûrs de raison, ils troquent ce qu'ils savent
Contre le caprice du moment, et par là
S'insurgent contre le sens commun.

Entre un Messager

LÉPIDE. – D'autres nouvelles.

LE MESSAGER. – Tes ordres sont exécutés, et d'heure en heure
Très noble César, rapport te sera fait
Touchant ce qui se passe. Sur mer Pompée est fort
Et l'on voit qu'il est en faveur auprès de ceux
Qui ne faisaient que craindre César. Vers les ports
Les mécontents se pressent, et les gens disent
Qu'on lui a fait grand tort. [*Il sort*]

CÉSAR. – J'aurais dû le savoir.
On nous en a instruits depuis que le pouvoir existe :
Qui le détient fut désiré avant qu'il ne l'ait,

---

de ses deux frères, qui n'était encore qu'un enfant et que sa sœur fut soupçonnée d'avoir fait disparaître. Le « lit de Ptolémée » (vers 17) est un autre trait d'animosité malveillante.

And the ebbed man, ne'er loved till ne'er worth love,
Comes deared by being lacked. This common body,
Like to a vagabond flag upon the stream,
Goes to, and back, lackeying the varying tide,
To rot itself with motion.

[Enter a second Messenger]

2 MESSENGER. – Caesar, I bring thee word
Menecrates and Menas, famous pirates,
Makes the sea serve them, which they ear and wound
With keels of every kind. Many hot inroads
They make in Italy. The borders maritime
Lack blood to think on't, and flush youth revolt.
No vessel can peep forth but 'tis as soon
Taken as seen; for Pompey's name strikes more
Than could his war resisted. *[Exit]*

CAESAR. – Antony,
Leave thy lascivious wassails. When thou once
Was beaten from Modena, where thou slew'st
Hirtius and Pansa, consuls, at thy heel
Did famine follow, whom thou fought'st against –
Though daintily brought up – with patience more
Than savages could suffer. Thou didst drink
The stale of horses, and the gilded puddle
Which beasts would cough at. Thy palate then did deign
The roughest berry on the rudest hedge.
Yea, like the stag when snow the pasture sheets,
The barks of trees thou browsed. On the Alps
It is reported thou didst eat strange flesh,
Which some did die to look on; and all this –
It wounds thine honour that I speak it now –
Was borne so like a soldier that thy cheek
So much as lanked not.

LEPIDUS. – 'Tis pity of him.

CAESAR. – Let his shames quickly
Drive him to Rome. 'Tis time we twain
Did show ourselves i'th' field; and to that end
Assemble we immediate council. Pompey
Thrives in our idleness.

LEPIDUS. – Tomorrow, Caesar,
I shall be furnished to inform you rightly
Both what by sea and land I can be able
To front this present time.

CAESAR. – Till which encounter

---

44 deared] *Theobald (1733)*; fear'd *F.* **46** lackeying] *Theobald (1733)*; lacking *F.* **56** wassails] *Pope (1723-1725)*; Vassailes *F*; Vassals *F4.* **57** Modena] *Johnson (1765)*; *Medena F.* **58** Pansa] *F2*; *Pausa F.* **76** we] *F2*; me *F.* **76** council] *F* (counsell).

L'homme au reflux, jamais aimé que lorsque indigne,
Se voit chérir dès qu'il vous manque. Le commun,
Tel un iris qui vagabonde au fil de l'eau,
Va et vient, en laquais du courant[1] qui varie,
Et à remuer se pourrit.

[Entre un deuxième Messager]

2e MESSAGER. – César, je t'informe
Que Ménécrate et Ménas, les fameux pirates,
Asservissent la mer, la labourent et la blessent
D'étraves de toutes sortes. Nombreuses sont
Leurs incursions furieuses en Italie.
Aux rives maritimes on pâlit d'y penser
Et la jeunesse vigoureuse se révolte.
Nul vaisseau ne se risque à sortir qui ne soit
Aussitôt pris que vu ; car le nom de Pompée
Frappe plus que sa guerre ne pourrait le faire,
Si on lui résistait. *[Il sort]*

CÉSAR. – Antoine,
Laisse tes lascives bombances. Quand un jour,
Repoussé de Modène où sous tes coups périrent
Les consuls Hirtius et Pansa, tu eus la famine
Sur les talons, tu luttas contre elle, te montrant,
Bien qu'élevé douillettement, plus endurant
Que des sauvages n'auraient pu l'être. Tu osas boire
L'urine des chevaux, la flaque iridescente
Où les bêtes auraient renâclé ; alors ton palais
Agréa la plus âpre des baies sur la haie
La plus rude. Bien plus, comme le cerf, quand la neige
Met un linceul sur le pâturage, tu broutas
L'écorce des arbres. Sur les Alpes, dit-on,
Tu as même mangé d'une chair étrange
Que certains n'ont pu voir sans mourir ; tout cela —
Je blesse ton honneur quand j'en parle à présent —
Fut si bien supporté en soldat, que ta joue
N'en maigrit même pas.

LÉPIDE. – Pour lui, quelle pitié !

CÉSAR. – Que ses hontes au plus vite
Le ramènent à Rome ! Pour nous deux, il est temps
Qu'on nous voie en campagne ; et à cette intention
Réunissons un conseil immédiat. Pompée
Fait son profit de notre oisiveté.

LÉPIDE. – Demain,
J'aurai de quoi vous dire exactement, César,
De quels moyens sur terre et sur mer je dispose
Pour faire face au présent.

CÉSAR. – Et pour cette rencontre

---

1. *lackeying*. Cette lecture de Theobald, généralement adoptée, est non seulement en accord avec le thème de la fluidité qui parcourt la pièce mais ajoute à la réflexion sur le pouvoir qui toujours entraîne la servilité.

It is my business, too. Farewell.
LEPIDUS. – Farewell, my lord. What you shall know meantime
Of stirs abroad I shall beseech you, sir,
To let me be partaker.
CAESAR. – Doubt not, sir. I knew it for my bond. *Exeunt*

I, 5 *Enter Cleopatra, Charmian, Iras, and Mardian*
CLEOPATRA. – Charmian!
CHARMIAN. – Madam?
CLEOPATRA (*yawning*). – Ha, ha. Give me to drink mandragora.
CHARMIAN. – Why, madam?
CLEOPATRA. – That I might sleep out this great gap of time
My Antony is away.
CHARMIAN. – You think of him too much.
CLEOPATRA. – O, 'tis treason!
CHARMIAN. – Madam, I trust not so.
CLEOPATRA. – Thou, eunuch Mardian!
MARDIAN. – What's your highness' pleasure?
CLEOPATRA. – Not now to hear thee sing. I take no pleasure
In aught an eunuch has. 'Tis well for thee
That, being unseminared, thy freer thoughts
May not fly forth of Egypt. Hast thou affections?
MARDIAN. – Yes, gracious madam.
CLEOPATRA. – Indeed?
MARDIAN. – Not in deed, madam, for I can do nothing
But what indeed is honest to be done.
Yet have I fierce affections, and think
What Venus did with Mars.
CLEOPATRA. – O, Charmian,
Where think'st thou he is now? Stands he or sits he?
Or does he walk? Or is he on his horse?
O happy horse, to bear the weight of Antony!
Do bravely, horse, for wot'st thou whom thou mov'st? –
The demi-Atlas of this earth, the arm
And burgonet of men. He's speaking now,
Or murmuring "Where's my serpent of old Nile?" –
For so he calls me. Now I feed myself
With most delicious poison. Think on me,
That am with Phoebus' amorous pinches black,
And wrinkled deep in time. Broad-fronted Caesar,
When thou wast here above the ground I was
A morsel for a monarch, and great Pompey

---

3 mandragora] *Johnson (1765)*; *Mandragoru F.*

---

1. Lieu : Alexandrie, le palais de Cléopâtre. **2.** *unseminared.* Audacieusement formé à partir de dérivés du latin « semen » (semence). Dans le même vers, *freer* paraît combiner

Je vais m'y employer aussi. Adieu.
LÉPIDE. – Adieu, monseigneur. Ce que vous saurez entre-temps
D'autres événements, je vous prierai, monsieur,
De m'en faire part.
CÉSAR. – N'en doutez pas, monsieur. Je m'y sais engagé. *Ils sortent*

Entrent Cléopâtre, Charmian, Iras et Mardian[1] I, 5

CLÉOPÂTRE. – Charmian !
CHARMIAN. – Madame ?
CLÉOPÂTRE (*bâillant*). – Ah ! Ah ! Donne-moi de la mandragore à boire.
CHARMIAN. – Pourquoi, madame ?
CLÉOPÂTRE. – Que je passe à dormir ce grand vide de temps
Où mon Antoine est loin.
CHARMIAN. – Vous pensez trop à lui.
CLÉOPÂTRE. – Oh ! trahison !
CHARMIAN. – J'espère bien que non, madame.
CLÉOPÂTRE. – Toi, Mardian l'eunuque !
MARDIAN. – Quel est, Altesse, votre bon plaisir ?
CLÉOPÂTRE. – Pas, pour l'heure, de t'entendre chanter. De plaisir
Je n'en puis prendre en rien de ce qui fait l'eunuque.
Mais c'est tant mieux pour toi que d'être sans semence[2],
Tu n'as pas de pensées assez lascives pour s'envoler
Hors d'Égypte. Est-ce que tu connais le désir ?
MARDIAN. – Oui, gracieuse dame.
CLÉOPÂTRE. – Effectivement ?
MARDIAN. – Non, pas en fait, madame, car je ne puis rien faire
Que ce que l'on peut faire en tout bien tout honneur.
Et pourtant j'ai des désirs fougueux, et je pense
A ce que fit Vénus avec Mars.
CLÉOPÂTRE. – Oh ! Charmian,
Où crois-tu qu'il est maintenant ? Debout, assis ?
Ou en train de marcher ? Ou bien sur son cheval ?
Ô heureux cheval, qui portes le poids d'Antoine !
Va fièrement, cheval, car sais-tu qui tu mènes ? –
Le demi-Atlas de cette terre, le bras
Et le casque des hommes. Il parle en ce moment,
Ou il murmure : « Où est mon serpent du vieux Nil ? » –
Car il m'appelle ainsi. Mais je me nourris là
Du plus délicieux des poisons. Penser à moi
Qui suis noire des pinçons[3] d'amour de Phébus,
Ridée profond par le temps ! César[4] au grand front,
Quand tu foulais encore cette terre, j'étais
Un vrai morceau de roi. Et l'illustre Pompée[5]

---

paradoxalement l'idée de la licence du fantasme avec celle de la pensée soulagée de toute charge sexuelle. 3. A rapprocher de V,2,283. 4. Il s'agit ici de Jules César. 5. L'expression *great Pompey* pourrait faire croire qu'il s'agit du Grand Pompée, l'adversaire de Jules César et il se peut qu'il y ait une certaine confusion dans l'esprit de Sh. C'est en réalité du fils aîné, Cnéius Pompée, qu'il est question ici comme en III,13,119.

Would stand and make his eyes grow in my brow.
There would he anchor his aspect, and die
With looking on his life.
Enter Alexas
ALEXAS. – Sovereign of Egypt, hail!
CLEOPATRA. – How much unlike art thou Mark Antony!
Yet, coming from him, that great medicine hath
With his tinct gilded thee. How goes it
With my brave Mark Antony?
ALEXAS. – Last thing he did, dear Queen,
He kissed – the last of many doubled kisses –
This orient pearl. His speech sticks in my heart.
CLEOPATRA. – Mine ear must pluck it thence.
ALEXAS. – "Good friend," quoth he,
"Say the firm Roman to great Egypt sends
This treasure of an oyster; at whose foot,
To mend the petty present, I will piece
Her opulent throne with kingdoms. All the East,
Say thou, shall call her mistress." So he nodded,
And soberly did mount an arm-jaunced steed,
Who neighed so high that what I would have spoke
Was beastly dumbed by him.
CLEOPATRA. – What, was he sad or merry?
ALEXAS. – Like to the time o'th' year between the extremes
Of hot and cold, he was nor sad nor merry.
CLEOPATRA. – O well divided disposition! Note him,
Note him, good Charmian, 'tis the man; but note him.
He was not sad, for he would shine on those
That make their looks by his; he was not merry,
Which seemed to tell them his remembrance lay
In Egypt with his joy; but between both.
O heavenly mingle! Be'st thou sad or merry,
The violence of either thee becomes;
So does it no man else. Met'st thou my posts?
ALEXAS. – Ay, madam, twenty several messengers.
Why do you send so thick?
CLEOPATRA. – Who's born that day
When I forget to send to Antony
Shall die a beggar. Ink and paper, Charmian!
Welcome, my good Alexas. Did I, Charmian,
Ever love Caesar so?
CHARMIAN. – O, that brave Caesar!
CLEOPATRA. – Be choked with such another emphasis!

---

47 arm-jaunced] *Oxford*; Arme-gaunt *F*; *nombreuses conjectures.* **49** dumbed] *Theobald (1733)*; dumbe *F.* **60** man] *F2*; mans *F.* **62-66** *vers*] *prose F.*

---

1. Comme *tinct* au vers suivant, *medicine* appartient au langage de l'alchimie et concerne le stade dernier des opérations qui visent à la transmutation des métaux plus qu'au renouveau

Restait debout, les yeux fixés sur mon visage.
Il avait ancré là son regard, et mourait
A contempler sa vie.

Entre Alexas

ALEXAS. – Souveraine d'Égypte, Salut !
CLÉOPÂTRE. – Combien peu tu ressembles à Marc Antoine !
Mais tu viens de sa part et ce grand élixir[1]
T'a touché de son or. Comment se porte-t-il,
Mon fier Marc Antoine ?
ALEXAS. – La dernière des choses
Qu'il fit, chère reine, fut de mettre un baiser —
Dernier de maints doubles baisers — sur cette perle
De bel orient. Ses mots me restent au cœur.
CLÉOPÂTRE. – Mon oreille doit les en extraire.
ALEXAS. – « Bon ami », fit-il,
« Dis que le Romain constant à la noble Égypte
Envoie ce trésor d'une huître ; et qu'à ses pieds,
Pour amender le mince cadeau, je joindrai
Des royaumes à son trône opulent. Tout l'Orient,
Dis-le, l'appellera maîtresse. » Il fait un signe
Et, sans plus, monte un coursier ployant sous le caparaçon[2],
Qui se mit à hennir si haut que l'animal
Me coupa la parole.
CLÉOPÂTRE. – Était-il triste ou gai ?
ALEXAS. – Comme ce temps de l'année entre les extrêmes
Du chaud et du froid, il n'était ni triste ni gai.
CLÉOPÂTRE. – Oh ! caractère bien équilibré ! Vois-le,
Vois-le, bonne Charmian, c'est bien l'homme ; vois-le seulement.
Il n'était pas triste, voulant briller sur ceux
Qui règlent sur le sien leur aspect ; et pas gai,
Ce qui semblait leur dire que sa mémoire était
En Égypte avec sa joie ; mais entre les deux.
Ô céleste mélange ! Que tu sois triste ou gai,
La violence de l'un ou de l'autre te sied
Mieux qu'à n'importe qui. As-tu vu mes courriers ?
ALEXAS. – Oui, madame, vingt exprès différents. Pourquoi
Les envoyer si dru ?
CLÉOPÂTRE. – Celui qui naîtra le jour
Où j'oublierai l'envoi d'un message à Antoine
Mourra mendiant. De l'encre et du papier, Charmian !
La bienvenue, bon Alexas. Ai-je jamais, Charmian,
Autant aimé César ?
CHARMIAN. – Ah ! ce brillant César !
CLÉOPÂTRE. – Que ta langue t'étouffe si tu reviens là-dessus !

---

de la jeunesse. Voir Ben Jonson*, *L'Alchimiste,* II,1. 2. La lecture *arm-jaunced,* qu'*Oxford* propose au lieu du très controversé *Arme-gaunt* de l'in-folio, rend l'idée que la monture, qui porte déjà le poids de sa propre armure, ploie sous celui que lui ajoute le cavalier revêtu de la sienne.

Say "the brave Antony".
CHARMIAN. – The valiant Caesar.
CLEOPATRA. – By Isis, I will give thee bloody teeth
If thou with Caesar paragon again
My man of men.
CHARMIAN. – By your most gracious pardon,
I sing but after you.
CLEOPATRA. – My salad days,
When I was green in judgement, cold in blood,
To say as I said then. But come, away,
Get me ink and paper.
He shall have every day a several greeting,
Or I'll unpeople Egypt. *Exeunt*

II, 1 *Enter Pompey, Menecrates, and Menas, in warlike manner*

POMPEY. – If the great gods be just, they shall assist
The deeds of justest men.
[MENECRATES]. – Know, worthy Pompey,
That what they do delay they not deny.
POMPEY. – Whiles we are suitors to their throne, decays
The thing we sue for.
[MENECRATES]. – We, ignorant of ourselves,
Beg often our own harms, which the wise powers
Deny us for our good; so find we profit
By losing of our prayers.
POMPEY. – I shall do well.
The people love me, and the sea is mine.
My powers are crescent, and my auguring hope
Says it will come to th' full. Mark Antony
In Egypt sits at dinner, and will make
No wars without doors. Caesar gets money where
He loses hearts. Lepidus flatters both,
Of both is flattered; but he neither loves,
Nor either cares for him.
[MENAS]. – Caesar and Lepidus
Are in the field; a mighty strength they carry.
POMPEY. – Where have you this? 'Tis false.
[MENAS]. – From Silvius, sir.
POMPEY. – He dreams. I know they are in Rome together,
Looking for Antony. But all the charms of love,
Salt Cleopatra, soften thy waned lip.
Let witchcraft join with beauty, lust with both

2-5 *vers*] *prose F.* **16, 18, 38** MENAS] *Johnson (1765)*; *attribué à* MENECRATES *dans F.* **21** waned] *F* (wand).

1. L'expression littérale *give thee bloody teeth* (te mettre la mâchoire en sang) est sans doute hyperbolique. Mais la scène II,5,61-73 prouve que Cléopâtre ne recule pas devant

Dis : « Ce brillant Antoine ».
CHARMIAN. – Le vaillant César.
CLÉOPÂTRE. – Par Isis, je vais t'arranger[1] comme il faut
Si tu persistes à comparer avec César
Mon homme entre les hommes.
CHARMIAN. – Avec votre très gracieux pardon,
Je ne chante que vos chansons.
CLÉOPÂTRE. – Salades[2]
De mes vertes années, quand faible de jugement,
Sans chaleur dans le sang, je pouvais parler
Comme je faisais alors. Mais allons, marche,
Trouve-moi de l'encre et du papier.
Il aura chaque jour un salut différent,
Dussé-je dépeupler l'Égypte. *Ils sortent*

Entrent Pompée, Ménécrate et Ménas, en tenue de combat[3] II, 1

POMPÉE. – Si les grands dieux sont justes, ils appuieront les actes
Des hommes les plus justes.
[MÉNÉCRATE]. – Sache, digne Pompée,
Que ce qu'ils font tarder n'est pas d'eux refusé.
POMPÉE. – Tandis qu'on sollicite à leur trône, languit
Ce que l'on sollicite.
[MÉNÉCRATE]. – Ignorants de nous-mêmes,
Nous réclamons souvent notre mal. Les dieux sages
Par leur refus font notre bien ; ainsi profitons-nous
D'avoir prié en vain.
POMPÉE. – Tout ira bien pour moi.
J'ai la faveur du peuple et je règne sur mer.
Mes forces vont croissant et mon espoir augure
Qu'elles atteindront leur plein. Marc Antoine
En Égypte s'attable, et ne fera la guerre
Que dans une alcôve. Où César gagne de l'argent,
Il perd des cœurs. Lépide les flatte tous deux,
Des deux il est flatté, mais il n'en aime aucun
Et de lui aucun n'a cure.
[MÉNAS]. – César et Lépide
Sont entrés en campagne avec de puissants moyens.
POMPÉE. – D'où tenez-vous cela ? C'est faux.
[MÉNAS]. – De Silvius, monsieur.
POMPÉE. – Il rêve. Je sais qu'ils sont à Rome ensemble,
En quête d'Antoine. Mais que tous les sortilèges
De l'amour, lascive Cléopâtre, adoucissent
Ta lèvre fanée. Que la sorcellerie s'ajoute

---

les voies de fait. 2. *salad days.* Devenu proverbial pour désigner l'immaturité, les erreurs de la jeunesse. Comme il s'agit ici des propos tenus par la jeune Cléopâtre, la traduction conserve le pittoresque de « salades » en prenant le mot dans le sens de « sornettes », « propos en l'air ». 3. Lieu : Messine, le quartier général de Pompée.

Tie up the libertine, in a field of feasts
Keep his brain fuming ; Epicurean cooks
Sharpen with cloyless sauce his appetite,
That sleep and feeding may prorogue his honour
Even till a Lethe'd dullness –

Enter Varrius

How now, Varrius ?

VARRIUS. – This is most certain that I shall deliver :
Mark Antony is every hour in Rome
Expected. Since he went from Egypt, 'tis
A space for farther travel.

POMPEY. – I could have given less matter
A better ear. Menas, I did not think
This amorous surfeiter would have donned his helm
For such a petty war. His soldiership
Is twice the other twain. But let us rear
The higher our opinion, that our stirring
Can from the lap of Egypt's widow pluck
The ne'er lust-wearied Antony.

MENAS. – I cannot hope
Caesar and Antony shall well greet together.
His wife that's dead did trespasses to Caesar,
His brother warred upon him, although, I think,
Not moved by Antony.

POMPEY. – I know not, Menas,
How lesser enmities may give way to greater.
Were't not that we stand up against them all,
'Twere pregnant they should square between themselves,
For they have entertainèd cause enough
To draw their swords. But how the fear of us
May cement their divisions, and bind up
The petty difference, we yet not know.
Be't as our gods will have't ; it only stands
Our lives upon to use our strongest hands.
Come, Menas. *Exeunt*

II, 2 *Enter Enobarbus and Lepidus*

LEPIDUS. – Good Enobarbus, 'tis a worthy deed,
And shall become you well, to entreat your captain
To soft and gentle speech.

ENOBARBUS. – I shall entreat him
To answer like himself. If Caesar move him,
Let Antony look over Caesar's head

---

41 warred] *F2* ; wan'd *F*.

A la beauté ! Que la luxure jointe à elles deux
Attache ce libertin et, sur le front des festins
Lui tienne la cervelle enfumée ! Qu'une cuisine
Épicurienne aiguise de sauces relevées
Son appétit, pour que sommeil et nourriture
Ajournent son honneur jusqu'à ce qu'il sombre
Dans la torpeur d'un Léthé[1] !

Entre Varrius

Eh bien quoi, Varrius ?

VARRIUS. – Ce que je viens vous dire est tout à fait certain :
On attend Marc Antoine à Rome d'une heure à l'autre.
Depuis qu'il est parti d'Égypte il avait même
Le temps d'aller plus loin.

POMPÉE. – J'aurais à moindre affaire
Plus volontiers prêté l'oreille. Ménas, je n'eusse pas cru
Que ce glouton d'amour eût pu mettre son casque
Pour une guerre si mince. Comme soldat,
Il vaut le double des deux autres. Mais ayons
De nous d'autant plus haute d'idée que notre action
Peut arracher du sein de la veuve d'Égypte[2]
Cet Antoine jamais las du plaisir.

MÉNAS. – Je doute
Que César et qu'Antoine se fassent bonne mine.
Sa femme, qui est morte, a fait tort à César.
Son frère l'a combattu, bien que, je le crois,
Sans qu'Antoine l'y pousse.

POMPÉE. – Je ne sais, Ménas,
Si de moindres inimitiés le céderont
A de plus grandes. N'était que nous nous dressons
Contre eux tous, il est clair qu'ils se battraient entre eux,
Car ils se sont donné suffisamment de causes
De dégainer. Mais si la peur qu'ils ont de nous
Peut cimenter leurs divisions et réduire
Le mince différend, cela nous échappe encore.
Qu'il en soit comme nos dieux voudront ! Il y va
De nos vies d'user de tout le pouvoir de nos bras.
Venez, Ménas. *Ils sortent*

Entrent Enobarbus et Lépide[3] **II, 2**

LÉPIDE. – Mon bon Enobarbus, c'est une action très digne
Et qui vous ira bien, d'inciter votre chef
A de courtois et calmes propos.

ENOBARBUS. – Je l'inciterai
A répondre selon ce qu'il est. Si César l'irrite,
Qu'Antoine alors, dominant César du regard,

1. Fleuve des enfers dont les eaux donnaient l'oubli aux âmes des morts. 2. Voir plus haut I,4,6 et la note. 3. Lieu : Rome, chez Lépide.

And speak as loud as Mars. By Jupiter,
Were I the wearer of Antonio's beard
I would not shave't today.
LEPIDUS. – 'Tis not a time
For private stomaching.
ENOBARBUS. – Every time
Serves for the matter that is then born in't.
LEPIDUS. – But small to greater matters must give way.
ENOBARBUS. – Not if the small come first.
LEPIDUS. – Your speech is passion.
But pray you, stir no embers up. Here comes
The noble Antony.

Enter at one door Antony and Ventidius

ENOBARBUS. – And yonder Caesar.

Enter at another door Caesar, Maecenas, and Agrippa

ANTONY (*to Ventidius*). – If we compose well here, to Parthia.
Hark, Ventidius.
CAESAR. – I do not know,
Maecenas ; ask Agrippa.
LEPIDUS (*to Caesar and Antony*). – Noble friends,
That which combined us was most great ; and let not
A leaner action rend us. What's amiss,
May it be gently heard. When we debate
Our trivial difference loud, we do commit
Murder in healing wounds. Then, noble partners,
The rather for I earnestly beseech,
Touch you the sourest points with sweetest terms,
Nor curstness grow to th' matter.
ANTONY. – 'Tis spoken well.
Were we before our armies, and to fight,
I should do thus.

[*Antony and Caesar embrace.*] *Flourish*

CAESAR. – Welcome to Rome.
ANTONY. – Thank you.
CAESAR. – Sit.
ANTONY. – Sit, sir.
CAESAR. – Nay then.

They sit

ANTONY. – I learn you take things ill which are not so,
Or being, concern you not.
CAESAR. – I must be laughed at
If or for nothing or a little I
Should say myself offended, and with you
Chiefly i'th' world ; more laughed at that I should

9-10 *vers*] *prose F.*

1. La consonance italienne du nom peut surprendre. Elle est néanmoins attestée par

Parle aussi fort que Mars ! Par Jupiter,
Si j'avais moi la barbe d'Antonio[1]
Je ne la raserais pas aujourd'hui.

LÉPIDE. – L'heure n'est pas
Aux rancœurs personnelles.

ENOBARBUS. – Toute heure convient
A l'affaire qui par là même y prend naissance.

LÉPIDE. – Mais petite affaire à de plus grandes doit céder.

ENOBARBUS. – Pas si elle vient d'abord.

LÉPIDE. – Vous vous emportez.
Mais, de grâce, n'attisez pas le feu qui couve.
Voici le noble Antoine.

Entrent par une porte Antoine et Ventidius

ENOBARBUS. – Et là-bas c'est César.

Entrent par une autre porte César, Mécène et Agrippa

ANTOINE (*à Ventidius*). – S'il y a entente ici, sus aux Parthes.
Écoutez, Ventidius.

CÉSAR. – Je ne sais pas, Mécène.
Demandez à Agrippa.

LÉPIDE (*à César et Antoine*). – Nobles amis,
Ce qui nous associa était très grand. Ne laissons pas
Plus maigre action nous déchirer. Ce qui pèche,
Qu'on l'examine calmement. Hausser le ton
Pour un différend trivial, c'est commettre un meurtre
En pansant des blessures. Donc, nobles partenaires,
D'autant plus qu'instamment c'est moi qui vous en prie,
Touchez les points à vif en termes les plus doux,
N'y mettez point d'aigreur.

ANTOINE. – Voilà qui est bien dit.
Serions-nous devant nos armées, prêts au combat,
Je ferais ce que voici.

[Antoine et César s'étreignent.] Sonnerie de trompettes

CÉSAR. – Bienvenue à Rome.

ANTOINE. – Merci.

CÉSAR. – Asseyez-vous.

ANTOINE. – Asseyez-vous, monsieur.

CÉSAR. – Eh bien, soit.

Ils s'asseoient

ANTOINE. – J'apprends que vous prenez en mal ce qui ne l'est pas
Ou l'étant, ne vous vise pas.

CÉSAR. – Je ferais rire
Si, ou pour rien ou pour presque rien, j'allais, moi,
Me dire offensé, et surtout par vous
Entre tous au monde ; et plus encore si je vous avais

---

l'in-folio, aussi bien dans *Jules César* que dans cette pièce-ci. Venant d'Enobarbus, comme un peu plus loin de Cléopâtre (II,5,26), l'appellation est empreinte de familiarité affectueuse. Ce qu'Enobarbus veut dire en tout cas c'est qu'il ne ferait, lui, aucun effort pour prévenir un conflit en évitant que César n'ait occasion de lui tirer la barbe (cf. *Hamlet,* II,2,516).

Once name you derogately, when to sound your name
It not concernèd me.

ANTONY. – My being in Egypt, Caesar, what was't to you?

CAESAR. – No more than my residing here at Rome
Might be to you in Egypt. Yet if you there
Did practise on my state, your being in Egypt
Might be my question.

ANTONY. – How intend you "practised"?

CAESAR. – You may be pleased to catch at mine intent
By what did here befall me. Your wife and brother
Made wars upon me, and their contestation
Was theme for you. You were the word of war.

ANTONY. – You do mistake the business. My brother never
Did urge me in his act. I did enquire it,
And have my learning from some true reports
That drew their swords with you. Did he not rather
Discredit my authority with yours,
And make the wars alike against my stomach,
Having alike your cause? Of this, my letters
Before did satisfy you. If you'll patch a quarrel,
As matter whole you have to make it with,
It must not be with this.

CAESAR. – You praise yourself
By laying defects of judgement to me, but
You patched up your excuses.

ANTONY. – Not so, not so.
I know you could not lack, I am certain on't,
Very necessity of this thought, that I,
Your partner in the cause 'gainst which he fought,
Could not with graceful eyes attend those wars
Which fronted mine own peace. As for my wife,
I would you had her spirit in such another.
The third o'th' world is yours, which with a snaffle
You may pace easy, but not such a wife.

ENOBARBUS. – Would we had all such wives, that the men might go to wars with the women.

ANTONY. – So much uncurbable, her garboils, Caesar,
Made out of her impatience – which not wanted
Shrewdness of policy too – I grieving grant
Did you too much disquiet, for that you must
But say I could not help it.

CAESAR. – I wrote to you

---

49 the] *Hanmer (1744)*; your *F.* **58-60** *vers*] *prose F.*

---

1. On pourrait trouver plus naturel de donner à *Was theme for you* le sens de « vous servit de thème ». Mais cette interprétation cadrerait mal avec *You were the word of war.* **2.** Lucius, le frère d'Antoine, avait épousé la cause républicaine. C'est à ce titre qu'il combattait l'un et l'autre triumvir. Sous l'expression contournée on pourrait toutefois

Un jour nommé en mal, quand prononcer votre nom
Ne m'importait guère.

ANTOINE. – Mon séjour en Égypte, César, que pouvait-il vous faire ?

CÉSAR. – Pas plus que ma résidence ici, à Rome,
Ne pouvait vous faire en Égypte. Encore que si
De là-bas vous intriguiez contre mon pouvoir,
Votre présence aurait pu m'y donner de quoi
M'interroger.

ANTOINE. – Qu'entendez-vous par « intriguiez » ?

CÉSAR. – Il vous plaira peut-être de saisir mon propos
D'après ce qui m'advint ici. Votre femme et votre frère
Ont fait campagne contre moi et leur querelle
Vous prit pour thème[1]. Vous fûtes le cri de guerre.

ANTOINE. – Vous entendez mal cette affaire. Jamais mon frère
N'avança mon nom pour agir. J'ai enquêté
Et tiens mon savoir des rapports sûrs de certains
Qui ont tiré l'épée pour vous. N'a-t-il pas plutôt
Désavoué mon autorité de même que la vôtre
Et fait même campagne[2] contre mon intérêt,
Ayant même cause que vous ? Sur cela mes lettres
Vous ont donné satisfaction. Si vous voulez
De pièces et de morceaux bâcler une querelle,
Quand vous avez l'étoffe où la tailler entière,
Que ce ne soit pas avec ça.

CÉSAR. – Vous vous louez vous-même
En m'imputant des erreurs de jugement, mais
Vous avez bâclé vos excuses.

ANTOINE. – Non pas, non pas.
Il ne pouvait vous échapper, j'en suis sûr,
Tant cette idée s'impose, que je n'allais pas moi,
Votre associé dans la cause qu'il combattait,
Regarder d'un œil favorable cette guerre
Qui menaçait ma propre paix. Quant à ma femme,
Je vous en souhaiterais une pareillement fougueuse.
Le tiers du monde est vôtre qu'avec une bride
Vous menez sans mal, mais pas une femme pareille.

ENOBARBUS. – Que n'avons-nous tous femme pareille pour que les hommes
puissent partir en guerre avec les femmes[3].

ANTOINE. – Si indomptable que ses querelles, César,
Effets de son impatience — mais sans manquer non plus
D'astuce politique —, je l'admets avec chagrin,
Vous ont causé par trop d'inquiétude,
Ce pour quoi vous ne pouvez que convenir
Que je n'y pouvais rien.

CÉSAR. – Je vous ai écrit,

---

soupçonner une perfidie revenant à dire que dans leurs agissements contre Antoine, Lucius et César avaient objectivement « la même cause ». 3. Double sens de *go to wars with* (aller à la guerre en compagnie des femmes, et aller à la guerre contre les femmes), le deuxième sens entendu de la façon gaillarde qui est coutumière chez Enobarbus.

When, rioting in Alexandria, you
Did pocket up my letters, and with taunts
Did gibe my missive out of audience.
ANTONY. – Sir, he fell upon me ere admitted, then.
Three kings I had newly feasted, and did want
Of what I was i'th' morning ; but next day
I told him of myself, which was as much
As to have asked him pardon. Let this fellow
Be nothing of our strife. If we contend,
Out of our question wipe him.
CAESAR. – You have broken
The article of your oath, which you shall never
Have tongue to charge me with.
LEPIDUS. – Soft, Caesar.
ANTONY. – No, Lepidus, let him speak.
The honour is sacred which he talks on now,
Supposing that I lacked it. But on, Caesar :
The article of my oath –
CAESAR. – To lend me arms and aid when I required them,
The which you both denied.
ANTONY. – Neglected, rather,
And then when poisoned hours had bound me up
From mine own knowledge. As nearly as I may
I'll play the penitent to you, but mine honesty
Shall not make poor my greatness, nor my power
Work without it. Truth is that Fulvia,
To have me out of Egypt, made wars here,
For which myself, the ignorant motive, do
So far ask pardon as befits mine honour
To stoop in such a case.
LEPIDUS. – 'Tis noble spoken.
MAECENAS. – If it might please you to enforce no further
The griefs between ye ; to forget them quite
Were to remember that the present need
Speaks to atone you.
LEPIDUS. – Worthily spoken, Maecenas.
ENOBARBUS. – Or if you borrow one another's love for the instant, you may, when you hear no more words of Pompey, return it again. You shall have time to wrangle in when you have nothing else to do.
ANTONY. – Thou art a soldier only. Speak no more.
ENOBARBUS. – That truth should be silent I had almost forgot.
ANTONY. – You wrong this presence, therefore speak no more.
ENOBARBUS. – Go to, then ; your considerate stone.
CAESAR. – I do not much dislike the matter, but
The manner of his speech, for't cannot be
We shall remain in friendship, our conditions
So diff'ring in their acts. Yet if I knew
What hoop should hold us staunch, from edge to edge

85-87 *vers*] *prose F.* **93-94** *vers*] *prose F.*

Et vous, alors festoyant à Alexandrie,
Vous avez empoché ma lettre et, sous les sarcasmes,
Sous les quolibets, fait sortir mon messager.

ANTOINE. – Monsieur, il m'est tombé dessus avant d'être admis
Ce jour-là. Venant de régaler trois rois, je n'étais plus
Tout à fait aussi frais qu'au matin. Mais le lendemain
Je me suis moi-même expliqué, autant dire
Que je lui demandai pardon. Tenons ce garçon
Pour rien dans notre conflit. S'il faut s'opposer,
Rayez-le du litige.

CÉSAR. – Vous avez enfreint
La clause jurée, ce dont vous ne pourrez jamais
M'accuser.

LÉPIDE. – Doucement, César.

ANTOINE. – Non, Lépide, laissez-le dire.
C'est un honneur sacré que celui dont il parle,
Supposant que j'y ai manqué. Mais continue, César :
La clause jurée –

CÉSAR. – De me prêter, au besoin, vos armes et votre aide.
Vous avez refusé les deux.

ANTOINE. – Négligé, plutôt.
Et quand des heures sous l'effet du poison m'empêchaient
De me connaître. Autant qu'il m'est permis,
Je ferai le pénitent à votre égard, mais
Mon honnêteté en rien ne doit appauvrir
Ma grandeur, ni mon pouvoir s'exercer sans elle.
La vérité est que Fulvie, pour me tirer d'Égypte,
Fit ici la guerre dont, en étant cause à mon insu,
Je demande pardon, autant qu'il sied à mon honneur
De s'abaisser en pareil cas.

LÉPIDE. – Nobles paroles.

MÉCÈNE. – Si vous voulez bien ne pas pousser plus loin
Les griefs entre vous ; les oublier tout à fait
Serait vous souvenir que le besoin de l'heure
Plaide pour votre union.

LÉPIDE. – Dignes paroles, Mécène.

ENOBARBUS. – En d'autres termes, empruntez-vous mutuellement un peu d'affection pour l'instant ; vous pourrez vous la rembourser quand vous n'entendrez plus parler de Pompée. Vous aurez tout loisir pour vous chamailler quand vous n'aurez rien d'autre à faire.

ANTOINE. – Tu n'es qu'un soldat. Ne dis plus un mot.

ENOBARBUS. – Que la vérité doive se taire, je l'avais presque oublié.

ANTOINE. – Vous offensez notre dignité, donc plus un mot.

ENOBARBUS. – Bon ; je suis muet comme pierre mais n'en pense pas moins.

CÉSAR. – Ce n'est pas tant la matière qui me déplaît
Que la forme de son propos, car il est impossible
Que nous restions amis, étant par nature portés
A des actes si différents. Mais si je savais
Un lien qui nous enserrât ferme, d'un bout du monde

O'th' world I would pursue it.
AGRIPPA. – Give me leave, Caesar.
CAESAR. – Speak, Agrippa.
AGRIPPA. – Thou hast a sister by the mother's side,
Admired Octavia. Great Mark Antony
Is now a widower.
CAESAR. – Say not so, Agrippa.
If Cleopatra heard you, your reproof
Were well deserved of rashness.
ANTONY. – I am not married, Caesar. Let me hear
Agrippa further speak.
AGRIPPA. – To hold you in perpetual amity,
To make you brothers, and to knit your hearts
With an unslipping knot, take Antony
Octavia to his wife; whose beauty claims
No worse a husband than the best of men;
Whose virtue and whose general graces speak
That which none else can utter. By this marriage
All little jealousies which now seem great,
And all great fears which now import their dangers,
Would then be nothing. Truths would be tales
Where now half-tales be truths. Her love to both
Would each to other and all loves to both
Draw after her. Pardon what I have spoke,
For 'tis a studied, not a present thought,
By duty ruminated.
ANTONY. – Will Caesar speak?
CAESAR. – Not till he hears how Antony is touched
With what is spoke already.
ANTONY. – What power is in Agrippa,
If I would say "Agrippa, be it so",
To make this good?
CAESAR. – The power of Caesar,
And his power unto Octavia.
ANTONY. – May I never
To this good purpose, that so fairly shows,
Dream of impediment! Let me have thy hand.
Further this act of grace, and from this hour
The heart of brothers govern in our loves
And sway our great designs.
CAESAR. – There's my hand.

Antony and Caesar clasp hands

A sister I bequeath you whom no brother

123-129 *vers*] *prose F.* **125** not so] *Rowe (1709)*; not, say *F.* **126** reproof] *Hanmer (1744)*; proofe *F.*

---

1. Reproduit, semble-t-il, l'erreur de Plutarque qui fait d'Octavie la demi-sœur de César.

A l'autre j'irais le chercher.
AGRIPPA. – Avec ta permission, César.
CÉSAR. – Parle, Agrippa.
AGRIPPA. – Tu as une sœur du côté maternel[1],
L'admirable Octavie. Le grand Marc Antoine
Est veuf à présent.
CÉSAR. – Ne dites pas cela, Agrippa.
Si Cléopâtre vous entendait, vous seriez rabroué,
Et fort à propos, pour une telle audace.
ANTOINE. – Je ne suis pas marié, César. Permettez
Que j'écoute Agrippa.
AGRIPPA. – Pour vous tenir en perpétuelle amitié,
Pour faire de vous des frères, et pour nouer vos cœurs
D'un nœud qui ne lâche pas, qu'Antoine prenne
Octavie pour épouse ; elle dont la beauté ne réclame
Pas moins que le meilleur des hommes pour mari ;
Dont la vertu et les attraits de tous ordres expriment
Ce que nulle autre ne peut dire. Par ce mariage,
Tous les menus soupçons qui pour l'heure semblent grands,
Toutes les grandes peurs dont on sent le danger,
Ne seraient plus rien. Les vérités seraient des fables
Là où de demi-fables sont vérités[2]. Son amour
Pour tous deux vous rapprocherait l'un de l'autre,
Entraînant aussi pour vous deux l'amour de tous
Après elle. Pardonnez ce que je viens de dire,
Car c'est un propos réfléchi, et non du moment,
Que j'ai mûri par devoir.
ANTOINE. – César veut-il parler ?
CÉSAR. – Pas avant de savoir le sentiment d'Antoine
Sur ce qui a été dit jusque-là.
ANTOINE. – De quel pouvoir Agrippa dispose-t-il,
Si je disais : « Agrippa, qu'il en soit ainsi ! »,
Pour rendre la chose effective ?
CÉSAR. – Du pouvoir de César,
Et de celui qu'il a sur Octavie.
ANTOINE. – Puissé-je,
A ce sage projet, d'aspect si avenant,
Ne jamais rêver d'empêchements[3] ! Donne-moi ta main.
Mène à bien cet acte béni et, de cette heure,
Qu'un cœur fraternel règne en nos affections
Et dirige nos grands desseins !
CÉSAR. – Voici ma main.

Antoine et Octave se serrent la main

Je vous confie une sœur telle qu'il n'en fut jamais

A moins qu'il ne s'agisse de corriger cette erreur en insistant, curieusement, sur le fait qu'elle avait la même mère. 2. Revient à dire : on serait désormais assez tranquille pour ne faire aucun cas de mauvaises nouvelles, même vraies, alors qu'on s'alarme aujourd'hui pour de simples rumeurs. 3. C'est le terme exact de la célébration chrétienne du mariage. Cf. *Sonnets,* 116,2.

Did ever love so dearly. Let her live
To join our kingdoms and our hearts ; and never
Fly off our loves again.
LEPIDUS. – Happily, amen.
ANTONY. – I did not think to draw my sword 'gainst Pompey,
For he hath laid strange courtesies and great
Of late upon me. I must thank him only,
Lest my remembrance suffer ill report ;
At heel of that, defy him.
LEPIDUS. – Time calls upon's.
Of us must Pompey presently be sought,
Or else he seeks out us.
ANTONY. – Where lies he ?
CAESAR. – About the Mount Misena.
ANTONY. – What is his strength
By land ?
CAESAR. – Great and increasing, but by sea
He is an absolute master.
ANTONY. – So is the fame.
Would we had spoke together. Haste we for it ;
Yet ere we put ourselves in arms, dispatch we
The business we have talked of.
CAESAR. – With most gladness,
And do invite you to my sister's view,
Whither straight I'll lead you.
ANTONY. – Let us, Lepidus,
Not lack your company.
LEPIDUS. – Noble Antony,
Not sickness should detain me.

Flourish. Exeunt all but Enobarbus, Agrippa, and Maecenas

MAECENAS (*to Enobarbus*). – Welcome from Egypt, sir.

ENOBARBUS. – Half the heart of Caesar, worthy Maecenas ! My honourable friend, Agrippa !

AGRIPPA. – Good Enobarbus !

MAECENAS. – We have cause to be glad that matters are so well digested. You stayed well by't in Egypt.

ENOBARBUS. – Ay, sir, we did sleep day out of countenance, and made the night light with drinking.

MAECENAS. – Eight wild boars roasted whole at a breakfast and but twelve persons there — is this true ?

ENOBARBUS. – This was but as a fly by an eagle. We had much more monstrous matter of feast, which worthily deserved noting.

MAECENAS. – She's a most triumphant lady, if report be square to her.

174-176 *vers*] *prose F.*

D'aussi chère à son frère. Qu'elle vive
Pour unir nos royaumes et nos cœurs ! Que plus jamais
Nos affections ne se fuient !

LÉPIDE. – Pour notre bonheur, amen !

ANTOINE. – Je ne comptais pas tirer l'épée contre Pompée
Qui eut dernièrement pour moi des prévenances
Rares et généreuses. Il me faut du moins
Le remercier, de peur que la réputation
De ma mémoire n'en souffre ; et sur les talons
De ce merci, le défier.

LÉPIDE. – Le temps nous presse.
C'est à nous de trouver Pompée sur-le-champ,
Ou c'est lui qui va nous trouver.

ANTOINE. – Où se tient-il ?

CÉSAR. – Autour du mont Misène[1].

ANTOINE. – Quelle est sa force
Sur terre ?

CÉSAR. – Grande, et qui va croissant, mais sur mer
Il est maître absolu.

ANTOINE. – La renommée le dit.
Ah ! si nous nous étions parlé ! Hâtons-nous d'agir.
Mais avant de prendre les armes, dépêchons
L'affaire que nous avons dite.

CÉSAR. – De grand cœur.
Aussi je vous invite à venir voir ma sœur,
Chez qui je vous conduis de ce pas.

ANTOINE. – N'allez pas, Lépide,
Nous priver de votre compagnie.

LÉPIDE. – Noble Antoine,
La maladie même ne me retiendrait pas.

Sonnerie de trompettes. Tous sortent sauf Enobarbus, Agrippa et Mécène

MÉCÈNE (*à Enobarbus*). – Bienvenue, monsieur, qui venez d'Égypte.

ENOBARBUS. – Moitié du cœur de César, digne Mécène ! Agrippa, mon honorable ami !

AGRIPPA. – Bon Enobarbus !

MÉCÈNE. – Nous avons sujet de nous réjouir que les choses se soient si bien passées. Vous avez tenu le coup en Égypte.

ENOBARBUS. – Pour sûr, monsieur, nous dormions le jour, à lui en faire perdre la face, et nous illuminions les légèretés[2] de la nuit à force de boire.

MÉCÈNE. – Huit sangliers rôtis tout entiers pour un petit déjeuner et seulement douze convives, est-ce vrai ?

ENOBARBUS. – Une mouche à côté d'un aigle ! En matière de festins, nous avons eu plus monstrueux et digne, en vérité, d'être connu.

MÉCÈNE. – C'est une dame vraiment captivante, si ce qu'on en dit cadre avec ce qu'elle est.

1. Le cap Misène est un promontoire qui ferme à l'ouest le golfe de Naples. 2. Pour tenter de rendre l'ambivalence de *light* (lumière, lumineux/léger).

ENOBARBUS. – When she first met Mark Antony, she pursed up his heart upon the river of Cydnus.
AGRIPPA. – There she appeared indeed, or my reporter devised well for her.
ENOBARBUS. – I will tell you.
The barge she sat in, like a burnished throne
Burned on the water. The poop was beaten gold ;
Purple the sails, and so perfumèd that
The winds were love-sick with them. The oars were silver,
Which to the tune of flutes kept stroke, and made
The water which they beat to follow faster,
As amorous of their strokes. For her own person,
It beggared all description. She did lie
In her pavilion — cloth of gold, of tissue —
O'er-picturing that Venus where we see
The fancy outwork nature. On each side her
Stood pretty dimpled boys, like smiling Cupids,
With divers-coloured fans whose wind did seem
To glow the delicate cheeks which they did cool,
And what they undid did.
AGRIPPA. – O, rare for Antony !
ENOBARBUS. – Her gentlewomen, like the Nereides,
So many mermaids, tended her i'th' eyes,
And made their bends adornings. At the helm
A seeming mermaid steers. The silken tackle
Swell with the touches of those flower-soft hands
That yarely frame the office. From the barge
A strange invisible perfume hits the sense
Of the adjacent wharfs. The city cast
Her people out upon her, and Antony,
Enthroned i'th' market-place, did sit alone,
Whistling to th'air, which but for vacancy
Had gone to gaze on Cleopatra too,
And made a gap in nature.
AGRIPPA. – Rare Egyptian !
ENOBARBUS. – Upon her landing Antony sent to her,
Invited her to supper. She replied
It should be better he became her guest,
Which she entreated. Our courteous Antony,
Whom ne'er the word of "No" woman heard speak,
Being barbered ten times o'er, goes to the feast,
And for his ordinary pays his heart
For what his eyes eat only.

---

191 Cydnus] *F* (Sidnis), *F2*. 197 love-sick with them. The] *Pope (1723-1725)* ; Love-sicke. / With them the *F*. 207 glow] *Rowe (1709)* ; gloue *F* ; glove *F2*. 209 gentlewomen] *F2* ; Gentlewoman *F*.

---

1. Fleuve de Cilicie (dans le sud de la Turquie) ; Antoine y avait convoqué Cléopâtre. 2. Riche étoffe où entrent des fils d'or et de la soie. L'expression reprend les

ENOBARBUS. – A sa première rencontre avec lui, elle empocha le cœur d'Antoine, sur le fleuve Cydnus[1].

AGRIPPA. – C'est là qu'elle apparut, en effet, ou alors l'imagination de mon informateur l'a bien servie.

ENOBARBUS. – Laissez-moi vous raconter.
La barque où elle se tenait, comme un trône
Dans tout son éclat, flamboyait sur l'eau.
La poupe était d'or battu, de pourpre les voiles
Et si parfumées que les vents en languissaient
D'amour. Les rames étaient d'argent et, frappant
En cadence au son des flûtes, faisaient que l'eau
Qu'elles battaient suivait plus vite, comme enamourée
De leurs coups. Quant à sa personne, elle rendait
Toute description indigente. Elle était étendue
Sous son pavillon — de drap d'or tissu[2] —,
Peinture plus parfaite encore que la Vénus
Où l'on voit l'œuvre d'art surpasser la nature.
A ses côtés, de jolis bambins à fossettes
Se tenaient, Cupidons souriants, munis d'éventails
Aux couleurs variées dont on eût dit que l'air
Avivait les joues délicates qu'il rafraîchissait,
Défaisant ce qu'ils faisaient.

AGRIPPA. – Oh ! merveille pour Antoine !

ENOBARBUS. – Ses dames d'honneur, pareilles aux Néréides[3],
Comme autant de sirènes obéissaient à ses regards,
L'ornant tout alentour en s'inclinant vers elle.
A la barre, on dirait une sirène. Le gréement de soie
S'enfle au toucher de ces mains douces comme fleurs
Qui guident prestement la manœuvre. Venant de la barque,
Invisible, un parfum étrange frappe les sens
Des bords adjacents. La cité avait jeté
Sa population au-devant d'elle, et Antoine,
Trônant sur la place du marché, restait seul,
Sifflotant dans l'air, qui sans l'horreur du vide
Serait parti aussi contempler Cléopâtre,
Faisant un trou dans la nature.

AGRIPPA. – Merveilleuse Égyptienne !

ENOBARBUS. – Dès qu'elle eut accosté, Antoine lui fit dire
Qu'il la priait à dîner. Elle répondit
Qu'il vaudrait mieux qu'il fût son invité à elle,
Le pressant d'accepter. Notre courtois Antoine
Que jamais femme n'entendit lui répondre « non »,
S'étant bien fait raser dix fois, va au festin
Et pour son ordinaire paie de son cœur
Ce qu'il n'a que mangé des yeux.

---

termes de Jacques Amyot, « dessous un pavillon d'or tissu », dont North* suit fidèlement la version française. 3. Divinités marines de forme humaine qui chantaient et dansaient pour divertir Nérée, leur père.

AGRIPPA. – Royal wench!
She made great Caesar lay his sword to bed.
He ploughed her, and she cropped.
ENOBARBUS. – I saw her once
Hop forty paces through the public street,
And having lost her breath, she spoke and panted,
That she did make defect perfection,
And breathless, pour breath forth.
MAECENAS. – Now Antony
Must leave her utterly.
ENOBARBUS. – Never. He will not.
Age cannot wither her, nor custom stale
Her infinite variety. Other women cloy
The appetites they feed, but she makes hungry
Where most she satisfies. For vilest things
Become themselves in her, that the holy priests
Bless her when she is riggish.
MAECENAS. – If beauty, wisdom, modesty can settle
The heart of Antony, Octavia is
A blessèd lottery to him.
AGRIPPA. – Let us go.
Good Enobarbus, make yourself my guest
Whilst you abide here.
ENOBARBUS. – Humbly, sir, I thank you. *Exeunt*

II, 3 *Enter Antony and Caesar; Octavia between them*

ANTONY. – The world and my great office will sometimes
Divide me from your bosom.
OCTAVIA. – All which time,
Before the gods my knee shall bow my prayers
To them for you.
ANTONY. – Good night, sir. My Octavia,
Read not my blemishes in the world's report.
I have not kept my square, but that to come
Shall all be done by th' rule. Good night, dear lady.
Good night, sir.
CAESAR. – Good night. *Exeunt Caesar and Octavia*
Enter Soothsayer
ANTONY. – Now, sirrah. You do wish yourself in Egypt?
SOOTHSAYER. – Would I had never come from thence, nor you
Gone thither.
ANTONY. – If you can, your reason?
SOOTHSAYER. – I see it in my motion, have it not in my tongue.

---

235 breathless, pour breath] *Oxford*; breathlesse powre breath *F*; breathlesse power breath *F2*; breathless power breathe *F3*; breathless, power breathe *Pope (1723-1725)*. **240** vilest] *F* (vildest). **245-247** *vers*] *prose F.* **II,3 2-4** *vers*] *prose F.* **11-15** *vers*] *prose F.* **12** Gone] *Oxford*; *pas dans F.*

AGRIPPA. – Royale garce !
Elle fit au grand César mettre l'épée au lit
Et, par lui labourée, elle produisit son fruit.
ENOBARBUS. – Je l'ai vue une fois faire quarante pas
A cloche-pied dans la rue et, hors d'haleine,
Parler, haleter, de défaut faisant perfection,
Même essoufflée ayant du souffle.
MÉCÈNE. – Maintenant Antoine
Doit la quitter pour de bon.
ENOBARBUS. – Jamais. Il ne le fera pas.
L'âge ne peut la faner, ni l'accoutumance entamer
Sa variété infinie. D'autres femmes accablent
Les appétits qu'elles rassasient, mais elle affame
Là où elle comble le plus. Car le plus vil
Est en elle bienséant, au point que les saints prêtres
La bénissent quand elle est d'humeur libertine[1].
MÉCÈNE. – Si la beauté, la sagesse et la modestie
Peuvent fixer le cœur d'Antoine, Octavie
Est pour lui un lot béni du ciel.
AGRIPPA. – Allons-nous-en.
Bon Enobarbus, acceptez d'être mon hôte
Pendant votre séjour ici.
ENOBARBUS. – Merci humblement, monsieur. *Ils sortent*

Entrent Antoine et César ; Octavie entre eux deux[2] **II, 3**

ANTOINE. – Le monde et ma haute charge m'arracheront
Parfois de votre sein.
OCTAVIE. – Et durant tout ce temps,
Genou fléchi devant les dieux j'inclinerai
Pour vous mes prières.
ANTOINE. – Bonsoir, monsieur. Mon Octavie,
Ne lisez pas mes fautes dans les récits du monde.
Mon chemin n'est pas resté droit, mais désormais
Tout sera fait à la règle. Bonsoir, chère et noble dame.
Bonsoir, monsieur.
CÉSAR. – Bonsoir. *César et Octavie sortent*
Entre le Devin
ANTOINE. – Eh bien, bonhomme, vous voudriez être en Égypte ?
LE DEVIN. – Ah ! si je n'en étais jamais parti, si vous
N'y étiez jamais allé[3] !
ANTOINE. – La raison, s'il se peut ?
LE DEVIN. – Je la vois en pensée, ne l'ai point sur la langue.

---

1. Dérivé de « rig » (une femme légère, une allumeuse), mais modifié par la terminaison en « ish » qui comporte l'idée d'une approximation, d'une ressemblance, d'une propension (comme dans « bluish », « slavish » (servile), « bookish »), *riggish* traduit une disposition, un penchant, une disponibilité aux amours de rencontre. 2. Lieu : Rome, la maison de César. 3. Entendons : pour m'en faire sortir à votre suite.

But yet hie you to Egypt again.
ANTONY. – Say to me
Whose fortunes shall rise higher : Caesar's or mine ?
SOOTHSAYER. – Caesar's. Therefore, O Antony, stay not by his side.
Thy daemon, that thy spirit which keeps thee, is
Noble, courageous, high, unmatchable,
Where Caesar's is not. But near him thy angel
Becomes afeard, as being o'erpowered. Therefore
Make space enough between you.
ANTONY. – Speak this no more.
SOOTHSAYER. – To none but thee ; no more but when to thee.
If thou dost play with him at any game
Thou art sure to lose ; and of that natural luck
He beats thee 'gainst the odds. Thy lustre thickens
When he shines by. I say again, thy spirit
Is all afraid to govern thee near him ;
But he away, 'tis noble.
ANTONY. – Get thee gone.
Say to Ventidius I would speak with him. *Exit Soothsayer*
He shall to Parthia ; be it art or hap,
He hath spoken true. The very dice obey him,
And in our sports my better cunning faints
Under his chance. If we draw lots, he speeds.
His cocks do win the battle still of mine
When it is all to nought, and his quails ever
Beat mine, inhooped, at odds. I will to Egypt ;
And though I make this marriage for my peace,
I'th' East my pleasure lies.
Enter Ventidius
O, come, Ventidius.
You must to Parthia, your commission's ready.
Follow me, and receive't. *Exeunt*

II, 4 *Enter Lepidus, Maecenas, and Agrippa*

LEPIDUS. – Trouble yourselves no further. Pray you, hasten
Your generals after.
AGRIPPA. – Sir, Mark Antony
Will e'en but kiss Octavia, and we'll follow.
LEPIDUS. – Till I shall see you in your soldier's dress,
Which will become you both, farewell.
MAECENAS. – We shall,
As I conceive the journey, be at the Mount
Before you, Lepidus.
LEPIDUS. – Your way is shorter.

---

20 afeard] *Collier (1853)* ; a feare *F.* **28** away] *Pope (1723-1725)* ; alway *F.* **II,4 1-3** *vers*] *prose F.* **5-9** *vers*] *prose F.* **6** at the] *F2* ; at *F.*

Mais hâtez-vous de regagner l'Égypte.
ANTOINE. – Dis-moi
Lequel aura le destin le plus haut, César ou moi ?
LE DEVIN. – César. Alors, ô Antoine ne reste pas à ses côtés.
Ton démon, ce génie propre qui t'a en garde,
Est noble, courageux, altier, inégalable,
Où celui de César n'est pas[1]. Mais près de lui
Ton ange prend peur, comme subjugué. Alors
Mets assez d'espace entre vous.
ANTOINE. – N'en parle plus.
LE DEVIN. – A personne qu'à toi, sauf à toi jamais plus.
A n'importe quel jeu que tu joues avec lui
Tu es sûr de perdre, et par sa chance de nature
Il te bat contre toute attente. Ton éclat
S'assombrit près du sien. Je le répète, ton génie
S'effraie à te conduire, s'il est près de toi ;
Mais lui absent, il est des plus nobles.
ANTOINE. – Va-t'en.
Dis à Ventidius que je veux lui parler. *Le Devin sort*
Il ira chez les Parthes. Science ou hasard,
Il a dit vrai. Les dés mêmes lui obéissent,
Et dans nos jeux, bien que plus adroit, je succombe
A sa chance. Si nous tirons au sort, il gagne.
Ses coqs l'emportent toujours au combat sur les miens
Alors qu'ils ont tous les paris contre eux, et toujours
Dans l'enceinte ses cailles battent les miennes
Pourtant mieux cotées. Je vais gagner l'Égypte ;
Car bien que pour ma paix je fasse ce mariage,
C'est en Orient qu'est mon plaisir.
Entre Ventidius
Ah ! Ventidius,
Venez, il faut vous rendre chez les Parthes, vos ordres
Sont prêts. Suivez-moi, je vous les remets. *Ils sortent*

Entrent Lépide, Mécène et Agrippa[2] II, 4

LÉPIDE. – Ne vous inquiétez pas davantage. Hâtez-vous, je vous prie,
De rejoindre vos généraux.
AGRIPPA. – Monsieur, Marc Antoine
Ne fait qu'embrasser Octavie, et nous suivons.
LÉPIDE. – En attendant de vous voir la tenue de soldat
Qui vous ira bien à tous deux, adieu.
MÉCÈNE. – Nous serons,
Tel que je vois le trajet, arrivés au mont[3]
Avant vous, Lépide.
LÉPIDE. – Votre route est plus courte.

1. Avec, peut-être, l'insinuation : « là où celui de César ne l'est pas » ? 2. Lieu : Rome, dans la rue. 3. Voir II,2,167.

My purposes do draw me much about.
You'll win two days upon me.
MAECENAS *and* AGRIPPA. – Sir, good success.
LEPIDUS. – Farewell.
Exeunt Maecenas and Agrippa at one door, Lepidus at another

II, 5 *Enter Cleopatra, Charmian, Iras, and Alexas*

CLEOPATRA. – Give me some music – music, moody food
Of us that trade in love.
CHARMIAN, IRAS, *and* ALEXAS. – The music, ho!
Enter Mardian, the eunuch
CLEOPATRA. – Let it alone. Let's to billiards. Come, Charmian.
CHARMIAN. – My arm is sore. Best play with Mardian.
CLEOPATRA. – As well a woman with an eunuch played
As with a woman. Come, you'll play with me, sir?
MARDIAN. – As well as I can, madam.
CLEOPATRA. – And when good will is showed, though't come too short
The actor may plead pardon. I'll none now.
Give me mine angle. We'll to th' river. There,
My music playing far off, I will betray
Tawny-finned fishes. My bended hook shall pierce
Their slimy jaws, and as I draw them up
I'll think them every one an Antony,
And say "Ah ha, you're caught!"
CHARMIAN. – 'Twas merry when
You wagered on your angling, when your diver
Did hang a salt fish on his hook, which he
With fervency drew up.
CLEOPATRA. – That time – O times! –
I laughed him out of patience, and that night
I laughed him into patience, and next morn,
Ere the ninth hour, I drunk him to his bed,
Then put my tires and mantles on him whilst
I wore his sword Philippan.
Enter a Messenger
O, from Italy.
Ram thou thy fruitful tidings in mine ears,
That long time have been barren.
MESSENGER. – Madam, madam!
CLEOPATRA. – Antonio's dead. If thou say so, villain,
Thou kill'st thy mistress; but well and free,

5-6 *vers*] *prose F.* **12** -finned] *Theobald (1733)*; fine *F.* **15-18** *vers*] *prose F.*

1. Lieu : Alexandrie, le palais de Cléopâtre. **2.** On pense à l'ouverture de *La Nuit des Rois : If music be the food of love...* **3.** A rapprocher des variations érotiques sur « will » dans les *Sonnets* (135, 136 notamment). Outre celui de « volonté », le mot peut avoir entre autres sens ceux de « désir », d'« organe sexuel ». Un sexe d'eunuque est évidemment « trop court ». Le fantasme est analogue un peu plus loin dans *Ram thou* [...] *in mine*

Mes desseins me forcent à un long détour.
Vous gagnerez deux jours sur moi.
MÉCÈNE *et* AGRIPPA. – Bon succès, monsieur.
LÉPIDE. – Adieu.
Mécène et Agrippa sortent par une porte, Lépide par une autre

Entrent Cléopâtre, Charmian, Iras et Alexas[1] II, 5

CLÉOPÂTRE. – Faites pour moi de la musique — la musique,
Pensive nourriture[2] de ceux qui comme nous
S'adonnent à l'amour.
CHARMIAN, IRAS *et* ALEXAS. – Les musiciens, holà !
Entre Mardian, l'eunuque
CLÉOPÂTRE. – Laissons cela. Jouons au billard. Viens, Charmian.
CHARMIAN. – J'ai mal au bras. Jouez plutôt avec Mardian.
CLÉOPÂTRE. – Autant pour une femme jouer avec un eunuque
Qu'avec une femme. Eh bien, jouerez-vous avec moi, monsieur ?
MARDIAN. – Aussi bien que je peux, madame.
CLÉOPÂTRE. – S'il montre son bon vouloir[3], même trop court,
Un partenaire vaut son pardon. Mais je n'y tiens pas.
Donnez-moi ma ligne. Nous irons au fleuve. Là,
Mes musiciens jouant au loin, je veux surprendre
Les poissons aux fauves nageoires. Le crochet
De mon hameçon percera leurs joues gluantes,
Et tandis que je les tirerai hors de l'eau
Je vais penser de chacun que c'est un Antoine,
Et dire : « Ah ! ah ! vous voilà pris ! »
CHARMIAN. – On a bien ri, le jour
Où vous l'avez défié de pêcher mieux que vous,
Et que votre plongeur mit à son hameçon
Un poisson de mer, qu'il sortit de l'eau,
Enthousiasmé.
CLÉOPÂTRE. – Ce jour-là — oh ! les jours d'autrefois ! —
J'ai ri à lui faire perdre patience, et le soir
J'ai ri à la lui rendre, et le matin suivant
Avant neuf heures[4], je l'avais tant fait boire
Que je dus le coucher ; alors je mis sur lui
Mes atours et mes robes, tandis que je portais
Son épée de Philippes.
Entre un Messager
Oh ! tu viens d'Italie !
Pénètre de ton récit fécond mes oreilles
Restées longtemps stériles.
LE MESSAGER. – Madame, madame !
CLÉOPÂTRE. – Antonio est mort. Si c'est ce que tu dis, traître,
Tu fais périr ta maîtresse ; mais bien portant et libre,

---

ears (24), « ram » étant le bélier qui sert à enfoncer une porte. **4.** Et non, en dépit de la terminologie empruntée au latin, « la neuvième heure ».

If thou so yield him, there is gold, and here
My bluest veins to kiss – a hand that kings
Have lipped, and trembled kissing.
MESSENGER. – First, madam, he is well.
CLEOPATRA. – Why, there's more gold. But, sirrah, mark : we use
To say the dead are well. Bring it to that,
The gold I give thee will I melt and pour
Down thy ill-uttering throat.
MESSENGER. – Good madam, hear me.
CLEOPATRA. – Well, go to, I will.
But there's no goodness in thy face. If Antony
Be free and healthful, so tart a favour
To trumpet such good tidings ! If not well,
Thou shouldst come like a Fury crowned with snakes,
Not like a formal man.
MESSENGER. – Will't please you hear me ?
CLEOPATRA. – I have a mind to strike thee ere thou speak'st.
Yet if thou say Antony lives, is well,
Or friends with Caesar, or not captive to him,
I'll set thee in a shower of gold, and hail
Rich pearls upon thee.
MESSENGER. – Madam, he's well.
CLEOPATRA. – Well said.
MESSENGER. – And friends with Caesar.
CLEOPATRA. – Thou'rt an honest man.
MESSENGER. – Caesar and he are greater friends than ever.
CLEOPATRA. – Make thee a fortune from me.
MESSENGER. – But yet, madam –
CLEOPATRA. – I do not like "But yet" ; it does allay
The good precedence. Fie upon "But yet".
"But yet" is as a jailer to bring forth
Some monstrous malefactor. Prithee, friend,
Pour out the pack of matter to mine ear,
The good and bad together. He's friends with Caesar,
In state of health, thou sayst ; and, thou sayst, free.
MESSENGER. – Free, madam ? No, I made no such report.
He's bound unto Octavia.
CLEOPATRA. – For what good turn ?
MESSENGER. – For the best turn i'th' bed.
CLEOPATRA. – I am pale, Charmian.
MESSENGER. – Madam, he's married to Octavia.
CLEOPATRA. – The most infectious pestilence upon thee !

She strikes him down

MESSENGER. – Good madam, patience !

---

43 is] *Capell (1767-1768)* ; 'tis *F.*

Si tu le donnes pour tel, voilà de l'or, et voici
Mes veines les plus bleues à baiser, une main
Que des rois ont portée à leurs lèvres et baisée
Tout tremblants.

LE MESSAGER. – D'abord, madame, il va bien.

CLÉOPÂTRE. – Bon, prends aussi cet or. Mais, drôle, écoute. On dit
Souvent qu'on est bien d'être mort. S'il s'agit de cela,
Cet or que je te donne je le ferai fondre et verser
Dans ta gorge d'où sort le bruit du malheur.

LE MESSAGER. – Madame, ayez la bonté de m'entendre.

CLÉOPÂTRE. – Eh bien, soit !
Mais ta figure ne me dit rien de bon. Si Antoine
Est libre et plein de santé, quelle mine revêche
Pour claironner si bonne nouvelle ! S'il ne va pas bien,
Il fallait venir comme une Furie[1] couronnée
De serpents, et non pas sous la forme d'un homme
Dans son bon sens.

LE MESSAGER. – Vous plaira-t-il de m'entendre ?

CLÉOPÂTRE. – J'ai bien envie de te frapper avant que tu ne parles.
Mais si tu me dis qu'Antoine est vivant, qu'il va bien,
Que César est son ami, ou qu'il ne le retient pas captif,
Je verse sur toi une pluie d'or, une grêle
De riches perles.

LE MESSAGER. – Madame, il va bien.

CLÉOPÂTRE. – Bien dit.

LE MESSAGER. – César est son ami.

CLÉOPÂTRE. – Tu es un brave homme.

LE MESSAGER. – César et lui sont plus grands amis que jamais.

CLÉOPÂTRE. – Demande-moi une fortune.

LE MESSAGER. – Pourtant, madame –

CLÉOPÂTRE. – Je n'aime pas « pourtant » : il vient gâcher
Ce qui le précédait de bon. A bas « pourtant ».
« Pourtant » est un geôlier qui va faire sortir
Quelque malfaiteur monstrueux. Je t'en prie, l'ami,
Déverse à mon oreille ton paquet de nouvelles,
Le bon et le mauvais ensemble. Ami de César,
En bonne santé, dis-tu, et, dis-tu, libre.

LE MESSAGER. – Libre, madame ? Non, je n'ai rien dit de tel.
Il est lié à Octavie.

CLÉOPÂTRE. – Pour quel bon office ?

LE MESSAGER. – Pour le meilleur office au lit.

CLÉOPÂTRE. – Je pâlis, Charmian.

LE MESSAGER. – Madame, il est marié à Octavie.

CLÉOPÂTRE. – La plus infectieuse des pestes t'accable !

Elle le frappe. Il s'écroule

LE MESSAGER. – Par bonté, madame, patience !

---

1. L'une des trois déesses infernales, à la chevelure mêlée de serpents, qui punissaient les crimes des hommes.

CLEOPATRA. – What say you ?

She strikes him

Hence, horrible villain, or I'll spurn thine eyes
Like balls before me. I'll unhair thy head,

She hales him up and down

Thou shalt be whipped with wire and stewed in brine,
Smarting in ling'ring pickle.

MESSENGER. – Gracious madam,
I that do bring the news made not the match.

CLEOPATRA. – Say 'tis not so, a province I will give thee,
And make thy fortunes proud. The blow thou hadst
Shall make thy peace for moving me to rage,
And I will boot thee with what gift beside
Thy modesty can beg.

MESSENGER. – He's married, madam.

CLEOPATRA. – Rogue, thou hast lived too long.

She draws a knife

MESSENGER. – Nay then, I'll run.
What mean you, madam ? I have made no fault. *Exit*

CHARMIAN. – Good madam, keep yourself within yourself.
The man is innocent.

CLEOPATRA. – Some innocents 'scape not the thunderbolt.
Melt Egypt into Nile, and kindly creatures
Turn all to serpents ! Call the slave again.
Though I am mad I will not bite him. Call !

CHARMIAN. – He is afeard to come.

CLEOPATRA. – I will not hurt him.

[*Exit Charmian*]

These hands do lack nobility that they strike
A meaner than myself, since I myself
Have given myself the cause.

Enter the Messenger again [*with Charmian*]

Come hither, sir.
Though it be honest, it is never good
To bring bad news. Give to a gracious message
An host of tongues, but let ill tidings tell
Themselves when they be felt.

MESSENGER. – I have done my duty.

CLEOPATRA. – Is he married ?
I cannot hate thee worser than I do
If thou again say "Yes".

MESSENGER. – He's married, madam.

CLEOPATRA. – The gods confound thee ! Dost thou hold there still ?

MESSENGER. – Should I lie, madam ?

CLEOPATRA. – O, I would thou didst,
So half my Egypt were submerged and made
A cistern for scaled snakes. Go, get thee hence.

CLÉOPÂTRE. – Que dites-vous ?

Elle le frappe

Va-t'en, horrible traître, ou je vais te faire
Rouler les yeux comme des billes devant moi.
Je vais t'ôter les cheveux de la tête.

Elle le traîne de droite et de gauche

Tu seras fouetté de verges de fer, tu seras mis
A la saumure pour qu'il t'en cuise longuement
D'y mariner.

LE MESSAGER. – Gracieuse dame, moi qui apporte
La nouvelle, je n'ai pas fait le mariage.

CLÉOPÂTRE. – Dis que cela n'est pas, voici une province.
Je te fais un destin superbe. Le coup que tu reçus
Te fera pardonner de m'avoir mise en rage,
Et j'y ajouterai tout autre don que puisse
Mendier ta modestie.

LE MESSAGER. – Il est marié, madame.

CLÉOPÂTRE. – Gueux, tu as trop vécu.

Elle tire un couteau

LE MESSAGER. – Dans ce cas, je me sauve.
Qu'allez-vous faire, madame ? Je ne suis pas en faute. *Il sort*

CHARMIAN. – Bonne madame, ne vous mettez pas hors de vous.
L'homme est innocent.

CLÉOPÂTRE. – Il est des innocents qui n'évitent pas la foudre.
Que l'Égypte fonde dans le Nil et que les créatures
Bénignes se changent en serpents ! Rappelez cet esclave.
Bien que folle de rage, je ne vais pas le mordre. Appelez !

CHARMIAN. – Il a peur de venir.

CLÉOPÂTRE. – Je ne lui ferai rien. [*Charmian sort*]
Ces mains vraiment sont sans noblesse, d'aller frapper
Moindre que moi, puisque je m'en suis moi-même
A moi-même donné le motif.

Le Messager rentre [*avec Charmian*]

Approchez, monsieur.
Tout honnête que ce soit, il n'est jamais bon
D'apporter de mauvaises nouvelles. A plaisant message
Qu'on donne mille voix, mais que le malheur
S'annonce de lui-même quand il nous frappe !

LE MESSAGER. – J'ai fait mon devoir.

CLÉOPÂTRE. – Est-il marié ?
Je ne puis te haïr plus fort que je ne fais
Si tu dis encore « oui ».

LE MESSAGER. – Il est marié, madame.

CLÉOPÂTRE. – Les dieux te confondent ! Tu n'en veux pas démordre ?

LE MESSAGER. – Devrais-je mentir, madame ?

CLÉOPÂTRE. – Ah ! que je le voudrais,
Dût mon Égypte à demi submergée devenir
Citerne à serpents écailleux ! Va, sors d'ici.

Hadst thou Narcissus in thy face, to me
Thou wouldst appear most ugly. He is married?
MESSENGER. – I crave your highness' pardon.
CLEOPATRA. – He is married?
MESSENGER. – Take no offence that I would not offend you.
To punish me for what you make me do
Seems much unequal. He's married to Octavia.
CLEOPATRA. – O that his fault should make a knave of thee,
That act not what thou'rt sure of! Get thee hence.
The merchandise which thou hast brought from Rome
Are all too dear for me. Lie they upon thy hand,
And be undone by 'em. *Exit Messenger*
CHARMIAN. – Good your highness, patience.
CLEOPATRA. – In praising Antony I have dispraised Caesar.
CHARMIAN. – Many times, madam.
CLEOPATRA. – I am paid for't now. Lead me from hence.
I faint. O Iras, Charmian – 'tis no matter.
Go to the fellow, good Alexas, bid him
Report the feature of Octavia: her years,
Her inclination; let him not leave out
The colour of her hair. Bring me word quickly. *Exit Alexas*
Let him for ever go – let him not, Charmian;
Though he be painted one way like a Gorgon,
The other way's a Mars. [*To Mardian*] Bid you Alexas
Bring me word how tall she is. Pity me, Charmian,
But do not speak to me. Lead me to my chamber. *Exeunt*

II, 6 *Flourish. Enter Pompey and Menas at one door, with a drummer and a trumpeter; at another, Caesar, Lepidus, Antony, Enobarbus, Maecenas, Agrippa, with soldiers marching*

POMPEY. – Your hostages I have, so have you mine,
And we shall talk before we fight.
CAESAR. – Most meet
That first we come to words, and therefore have we
Our written purposes before us sent,
Which if thou hast considered, let us know
If 'twill tie up thy discontented sword
And carry back to Sicily much tall youth
That else must perish here.
POMPEY. – To you all three,
The senators alone of this great world,
Chief factors for the gods: I do not know
Wherefore my father should revengers want,
Having a son and friends, since Julius Caesar,

---

104 act] *Oxford*; art *F*; *nombreuses conjectures.*

---

1. Fils d'une nymphe, et d'une grande beauté, il s'éprit de son propre visage. 2. Cléopâ-

Aurais-tu le visage de Narcisse[1], pour moi
Tu serais ce qu'on voit de plus laid. Il est marié ?

LE MESSAGER. – J'implore le pardon de Votre Altesse.

CLÉOPÂTRE. – Il est marié ?

LE MESSAGER. – Ne vous offensez pas d'un refus de vous offenser.
Me punir pour ce que vous exigez de moi,
Est-ce bien juste ? Il est marié à Octavie.

CLÉOPÂTRE. – Oh ! que ce soit sa faute qui fasse un triste sire
De toi qui n'es pas cause de ce dont tu es sûr[2] ! Va-t'en.
La marchandise que tu m'apportes de Rome
Est par trop chère pour moi. Qu'elle te reste pour compte,
Et te ruine ! *Le Messager sort*

CHARMIAN. – Altesse, par bonté, patience.

CLÉOPÂTRE. – En célébrant Antoine, j'ai dénigré César.

CHARMIAN. – Bien des fois, madame.

CLÉOPÂTRE. – Je le paie maintenant. Emmenez-moi d'ici.
Je défaille. Ô Iras, Charmian — non, ce n'est rien.
Va trouver l'homme, bon Alexas, fais-lui dire
Comment sont les traits d'Octavie, quel est son âge,
Son caractère ; qu'il ait bien soin de ne pas omettre
La couleur de ses cheveux. Renseigne-moi, vite. *Alexas sort*
Qu'il[3] s'en aille pour de bon — qu'il n'en fasse rien, Charmian ;
S'il est d'un côté tout le portrait d'une Gorgone[4],
De l'autre, c'est celui d'un Mars. [*A Mardian*] Dis à Alexas
De me renseigner sur sa taille. Plains-moi, Charmian,
Mais ne me parle pas. Conduis-moi à ma chambre. *Ils sortent*

Sonnerie de trompette. Entrent Pompée et Ménas par une porte, avec un tambour et un trompette ; par une autre porte, César, Lépide, Antoine, Enobarbus, Mécène, Agrippa, avec un détachement de soldats au pas[5] II, 6

POMPÉE. – J'ai vos otages de même que vous avez les miens,
Nous allons causer avant de combattre.

CÉSAR. – Il convient
En effet de s'expliquer d'abord, et c'est pourquoi
Nous t'avons fait tenir à l'avance, par écrit,
Notre projet. Si tu l'as vu, fais nous savoir
S'il pourra retenir ton épée mécontente
Et rendre à la Sicile plus d'un jeune intrépide
Qui autrement va périr ici.

POMPÉE. – A vous trois
Je le dis, seuls sénateurs de ce vaste monde,
Commis principaux des dieux : je ne vois guère
Comment mon père pourrait manquer de vengeurs,
Ayant un fils et des amis, puisque Jules César,

---

tre convient que c'est la faute d'Antoine et non du messager si celui-ci est sûr de ce qu'il rapporte. 3. C'est d'Antoine qu'elle parle. Le propos décousu trahit son désarroi. 4. Le nom s'applique à trois monstres terrifiants de la mythologie, trois sœurs dont l'une, Méduse, changeait en pierre quiconque la regardait. 5. Lieu : en Italie, près du cap Misène.

Who at Philippi the good Brutus ghosted,
There saw you labouring for him. What was't
That moved pale Cassius to conspire? And what
Made the all-honoured, honest Roman Brutus,
With the armed rest, courtiers of beauteous freedom,
To drench the Capitol but that they would
Have one man but a man? And that is it
Hath made me rig my navy, at whose burden
The angered ocean foams; with which I meant
To scourge th'ingratitude that despiteful Rome
Cast on my noble father.

CAESAR. – Take your time.

ANTONY. – Thou canst not fear us, Pompey, with thy sails.
We'll speak with thee at sea. At land thou know'st
How much we do o'ercount thee.

POMPEY. – At land indeed
Thou dost o'ercount me of my father's house,
But since the cuckoo builds not for himself,
Remain in't as thou mayst.

LEPIDUS. – Be pleased to tell us –
For this is from the present – how you take
The offers we have sent you.

CAESAR. – There's the point.

ANTONY. – Which do not be entreated to, but weigh
What it is worth, embraced.

CAESAR. – And what may follow,
To try a larger fortune?

POMPEY. – You have made me offer
Of Sicily, Sardinia; and I must
Rid all the sea of pirates; then to send
Measures of wheat to Rome; this 'greed upon,
To part with unhacked edges, and bear back
Our targes undinted.

CAESAR, ANTONY, *and* LEPIDUS. – That's our offer.

POMPEY. – Know, then,
I came before you here a man prepared
To take this offer. But Mark Antony
Put me to some impatience. Though I lose
The praise of it by telling, you must know,
When Caesar and your brother were at blows,
Your mother came to Sicily, and did find
Her welcome friendly.

ANTONY. – I have heard it, Pompey,
And am well studied for a liberal thanks
Which I do owe you.

---

16 the] *F2*; *pas dans F.*

---

1. César manie ici la carotte et le bâton, promettant à Pompée un appui qui l'aiderait

Dont l'esprit hanta le noble Brutus à Philippes,
Vous y a vus travailler pour lui. Qu'est-ce donc
Qui poussa le pâle Cassius à conspirer ?
Et Brutus, le vrai Romain, honoré de tous,
Quel est le motif qui le fit avec les autres,
Courtisans armés de la belle liberté,
Tremper de sang le Capitole, sinon qu'ils voulaient
Qu'un homme fût seulement un homme ? Et c'est cela
Qui m'a fait armer mes vaisseaux, fardeau contre lequel
L'océan en colère écume ; ce par quoi j'ai voulu
Châtier l'ingratitude qu'une Rome haineuse
Fit retomber sur mon noble père.

CÉSAR. – A votre aise.

ANTOINE. – Tu ne nous fais pas peur, Pompée, avec ta flotte.
Nous te dirons deux mots sur mer. Sur terre, tu sais
L'avantage que nous avons sur toi.

POMPÉE. – Sur terre, oui,
L'avantage de m'avoir volé la maison de mon père ;
Mais puisque le coucou ne bâtit point pour soi,
Restes-y tant que tu pourras.

LÉPIDE. – Veuillez nous dire —
Car ceci est hors de propos — comment vous prenez
L'offre qui vous est faite.

CÉSAR. – Là est la question.

ANTOINE. – Ce n'est pas que l'on t'en conjure, mais pèse
Ce qu'elle vaut, si tu la saisis.

CÉSAR. – Et ce qui peut suivre,
En visant un plus haut destin[1] ?

POMPÉE. – Vous m'avez offert
La Sicile, la Sardaigne ; et je dois nettoyer
Toute la mer de pirates ; et puis envoyer
Des mesures de blé à Rome ; cela convenu,
Nous nous séparons sans lames ébréchées, et ramenons
Nos boucliers sans bosses.

CÉSAR, ANTOINE *et* LÉPIDE. – Telle est notre offre.

POMPÉE. – Sachez-le donc,
Je suis venu devant vous ici en homme prêt
A accepter cette offre. Seulement Marc Antoine
M'a plutôt échauffé. Même si à le dire
J'en perds le mérite, vous devez savoir
Que quand César et votre frère étaient aux prises,
Votre mère vint en Sicile et trouva l'accueil
Qu'on lui fit amical.

ANTOINE. – Je l'ai appris, Pompée,
Et suis tout prêt aux amples remerciements
Que je vous dois bien.

à monter plus haut et le mettant en garde contre les risques auxquels l'exposeraient de plus grandes exigences.

POMPEY. – Let me have your hand.

Pompey and Antony shake hands

I did not think, sir, to have met you here.
ANTONY. – The beds i'th' East are soft ; and thanks to you,
That called me timelier than my purpose hither ;
For I have gained by't.
CAESAR (*to Pompey*). – Since I saw you last
There is a change upon you.
POMPEY. – Well, I know not
What counts harsh fortune casts upon my face,
But in my bosom shall she never come
To make my heart her vassal.
LEPIDUS. – Well met here.
POMPEY. – I hope so, Lepidus. Thus we are agreed.
I crave our composition may be written
And sealed between us.
CAESAR. – That's the next to do.
POMPEY. – We'll feast each other ere we part, and let's
Draw lots who shall begin.
ANTONY. – That will I, Pompey.
POMPEY. – No, Antony, take the lot.
But, first or last, your fine Egyptian cookery
Shall have the fame. I have heard that Julius Caesar
Grew fat with feasting there.
ANTONY. – You have heard much.
POMPEY. – I have fair meanings, sir.
ANTONY. – And fair words to them.
POMPEY. – Then so much have I heard,
And I have heard Apollodorus carried –
ENOBARBUS. – No more o' that, he did so.
POMPEY. – What, I pray you ?
ENOBARBUS. – A certain queen to Caesar in a mattress.
POMPEY. – I know thee now. How far'st thou, soldier ?
ENOBARBUS. – Well, and well am like to do, for I perceive
Four feasts are toward.
POMPEY. – Let me shake thy hand.

Pompey and Enobarbus shake hands

I never hated thee. I have seen thee fight
When I have envied thy behaviour.
ENOBARBUS. – Sir, I never loved you much, but I ha' praised ye
When you have well deserved ten times as much
As I have said you did.
POMPEY. – Enjoy thy plainness. It nothing ill becomes thee.
Aboard my galley I invite you all.
Will you lead, lords ?

---

53 There is] *Rowe (1709)* ; ther's *F.* 63-66 *vers*] *prose F.* 67 meanings] *Malone (1790)* ; meaning *F.* 71 o'] *Collier (correction manuscrite)* ; *pas dans F* ; of *F3.*

POMPÉE. – Donnez-moi votre main.

Pompée et Antoine se serrent la main

Je ne pensais pas, monsieur, vous voir ici.

ANTOINE. – Les lits en Orient sont moelleux ; merci à vous
Qui m'avez rappelé ici plus tôt que prévu,
Car j'y ai gagné.

CÉSAR (*à Pompée*). – Depuis notre dernière rencontre
Vous avez bien changé.

POMPÉE. – Eh bien, je ne sais pas
Quels comptes[1] un dur destin inscrit sur mon visage,
Mais, dans ma poitrine, il ne viendra jamais
Faire de moi un vassal.

LÉPIDE. – Heureux de vous voir ici.

POMPÉE. – Je l'espère, Lépide. Nous voilà donc d'accord.
Je demande que notre convention soit écrite
Et scellée entre nous.

CÉSAR. – C'est à faire sur-le-champ.

POMPÉE. – Offrons-nous, chacun à son tour, un banquet
Avant de nous quitter. Tirons au sort qui commence.

ANTOINE. – Ce sera moi, Pompée.

POMPÉE. – Non, Antoine, laisse faire le sort.
Mais, première ou dernière, votre fine cuisine d'Égypte
Aura la palme. J'ai appris que Jules César
Y a grossi à force de festins.

ANTOINE. – Vous en avez appris des choses !

POMPÉE. – Mes intentions sont bonnes, monsieur.

ANTOINE. – Et bonnes vos paroles.

POMPÉE. – C'est donc ce que l'on m'a raconté,
Et l'on m'a raconté qu'Apollodore porta –

ENOBARBUS. – Laissons, il l'a portée, c'est vrai.

POMPÉE. – Quoi, je vous prie ?

ENOBARBUS. – Une certaine reine, à César, dans un matelas[2].

POMPÉE. – Ah ! je te reconnais. Comment vas-tu, soldat ?

ENOBARBUS. – Bien, et pour quelque temps je crois, car j'aperçois
Quatre festins qui s'annoncent.

POMPÉE. – Serrons-nous la main.

Pompée et Enobarbus se serrent la main

Jamais je ne t'ai haï. Je t'ai vu combattre,
Et je n'ai pu alors qu'envier ta conduite.

ENOBARBUS. – Monsieur, je ne vous ai jamais beaucoup aimé,
Mais quand je vous louais, vous méritiez dix fois
Ce que j'ai dit de vous.

POMPÉE. – Jouis de ton franc-parler. Il ne te messied pas.
Je vous invite tous à bord de ma galère.
Passez, voulez-vous, seigneurs ?

---

1. Les rides de Pompée, assimilées aux entailles qui servaient à tenir un compte. 2. L'anecdote est rapportée par Plutarque dans sa « Vie de Jules César ».

CAESAR, ANTONY, *and* LEPIDUS. – Show's the way, sir.

POMPEY. – Come.

Exeunt all but Enobarbus and Menas

MENAS (*aside*). – Thy father, Pompey, would ne'er have made this treaty. (*To Enobarbus*) You and I have known, sir.

ENOBARBUS. – At sea, I think.

MENAS. – We have, sir.

ENOBARBUS. – You have done well by water.

MENAS. – And you by land.

ENOBARBUS. – I will praise any man that will praise me, though it cannot be denied what I have done by land.

MENAS. – Nor what I have done by water.

ENOBARBUS. – Yes, something you can deny for your own safety. You have been a great thief by sea.

MENAS. – And you by land.

ENOBARBUS. – There I deny my land service ; but give me your hand, Menas. If our eyes had authority, here they might take two thieves kissing.

They shake hands

MENAS. – All men's faces are true, whatsome'er their hands are.

ENOBARBUS. – But there is never a fair woman has a true face.

MENAS. – No slander ; they steal hearts.

ENOBARBUS. – We came hither to fight with you.

MENAS. – For my part, I am sorry it is turned to a drinking. Pompey doth this day laugh away his fortune.

ENOBARBUS. – If he do, sure he cannot weep't back again.

MENAS. – You've said, sir. We looked not for Mark Antony here. Pray you, is he married to Cleopatra ?

ENOBARBUS. – Caesar's sister is called Octavia.

MENAS. – True, sir. She was the wife of Caius Marcellus.

ENOBARBUS. – But she is now the wife of Marcus Antonius.

MENAS. – Pray ye, sir ?

ENOBARBUS. – 'Tis true.

MENAS. – Then is Caesar and he for ever knit together.

ENOBARBUS. – If I were bound to divine of this unity I would not prophesy so.

MENAS. – I think the policy of that purpose made more in the marriage than the love of the parties.

ENOBARBUS. – I think so, too. But you shall find the band that seems to tie their friendship together will be the very strangler of their amity. Octavia is of a holy, cold, and still conversation.

MENAS. – Who would not have his wife so ?

ENOBARBUS. – Not he that himself is not so, which is Mark Antony. He will to his Egyptian dish again ; then shall the sighs of Octavia blow the fire up in Caesar, and, as I said before, that which is the strength of their amity shall prove the immediate author of their variance. Antony will use his affection where it is. He married but his occasion here.

---

1. Il entend par là leurs deux mains qui se serrent.

CÉSAR, ANTOINE *et* LÉPIDE. – Montrez-nous le chemin, monsieur.

POMPÉE. – Venez.

Ils sortent tous sauf Enobarbus et Ménas

MÉNAS (*à part*). – Ton père, Pompée, n'aurait jamais fait ce traité. (*A Enobarbus*) Vous et moi nous sommes rencontrés, monsieur.

ENOBARBUS. – Sur mer, je crois.

MÉNAS. – C'est cela, monsieur.

ENOBARBUS. – Vous avez fait merveille sur l'eau.

MÉNAS. – Et vous sur terre.

ENOBARBUS. – Je louerai quiconque me louera, bien que personne ne puisse nier ce que j'ai fait sur terre.

MÉNAS. – Ni moi sur l'eau.

ENOBARBUS. – Si, il y a quelque chose que vous pourrez nier pour votre propre sécurité. Vous avez été un grand voleur sur mer.

MÉNAS. – Et vous sur terre.

ENOBARBUS. – Sur ce point je nie tout service sur terre ; mais donnez-moi la main, Ménas. Si nos yeux étaient dans la police, ils pourraient prendre ici deux voleurs en train de s'embrasser[1].

Ils se serrent la main

MÉNAS. – Tous les hommes ont visage honnête, quoi qu'il en soit de leurs mains.

ENOBARBUS. – Mais il n'est pas de jolie femme qui ait visage honnête.

MÉNAS. – Ce n'est pas en médire, elles dérobent les cœurs.

ENOBARBUS. – Nous venions ici pour nous battre avec vous.

MÉNAS. – Quant à moi je regrette que cela tourne à la beuverie. Pompée aujourd'hui, en riant, dit adieu à sa chance.

ENOBARBUS. – Auquel cas, pour sûr qu'il ne la fera pas revenir en pleurant.

MÉNAS. – Vous l'avez dit, monsieur. Nous ne nous attendions pas à trouver Marc Antoine ici. Je vous prie, est-il marié à Cléopâtre ?

ENOBARBUS. – La sœur de César s'appelle Octavie.

MÉNAS. – C'est vrai, monsieur. Elle était l'épouse de Caius Marcellus.

ENOBARBUS. – Mais elle est maintenant l'épouse de Marcus Antonius.

MÉNAS. – Plaît-il, monsieur ?

ENOBARBUS. – C'est la vérité.

MÉNAS. – Alors César et lui sont unis pour toujours.

ENOBARBUS. – Si j'étais tenu d'augurer de cette unité, ce n'est pas la prophétie que je ferais.

MÉNAS. – Je crois que le dessein politique a plus compté dans le mariage que l'amour des deux intéressés.

ENOBARBUS. – Je le crois aussi. Mais vous verrez que le lien qui paraît maintenir ensemble leur amitié ne servira qu'à étrangler leur entente. Octavie est d'un commerce pieux, froid et paisible.

MÉNAS. – Qui ne voudrait que sa femme fût ainsi ?

ENOBARBUS. – Pas celui qui ne l'est pas lui-même, à savoir Marc Antoine. Il retournera à son plat d'Égypte ; alors les soupirs d'Octavie ne manqueront pas d'attiser le feu en César, et, comme je l'ai déjà dit, ce qui est la force de leur entente se révélera la cause immédiate de leur discorde. Antoine s'adonnera à sa passion, là où elle est. Il n'a épousé ici que sa convenance.

MENAS. – And thus it may be. Come, sir, will you aboard? I have a health for you.

ENOBARBUS. – I shall take it, sir. We have used our throats in Egypt.

MENAS. – Come, let's away. *Exeunt*

II, 7 *Music plays. Enter two or three Servants with a banquet*

1 SERVANT. – Here they'll be, man. Some o' their plants are ill rooted already; the least wind i'th' world will blow them down.

2 SERVANT. – Lepidus is high-coloured.

1 SERVANT. – They have made him drink alms-drink.

2 SERVANT. – As they pinch one another by the disposition, he cries out "No more!" — reconciles them to his entreaty and himself to th' drink.

1 SERVANT. – But it raises the greater war between him and his discretion.

2 SERVANT. – Why, this it is to have a name in great men's fellowship. I had as lief have a reed that will do me no service as a partisan I could not heave.

1 SERVANT. – To be called into a huge sphere and not to be seen to move in't, are the holes where eyes should be which pitifully disaster the cheeks.

A sennet sounded. Enter Caesar, Antony, Pompey, Lepidus, Agrippa, Maecenas, Enobarbus, and Menas, with other captains [and a boy]

ANTONY (*to Caesar*). – Thus do they, sir: they take the flow o'th' Nile
By certain scales i'th' pyramid. They know
By th' height, the lowness, or the mean, if dearth
Or foison follow. The higher Nilus swells
The more it promises; as it ebbs, the seedsman
Upon the slime and ooze scatters his grain,
And shortly comes to harvest.

LEPIDUS. – You've strange serpents there?

ANTONY. – Ay, Lepidus.

LEPIDUS. – Your serpent of Egypt is bred now of your mud by the operation of your sun; so is your crocodile.

ANTONY. – They are so.

POMPEY. – Sit, and some wine. A health to Lepidus!

[*Antony, Pompey, and Lepidus sit*]

LEPIDUS. – I am not so well as I should be, but I'll ne'er out.

ENOBARBUS. – Not till you have slept — I fear me you'll be in till then.

LEPIDUS. – Nay, certainly, I have heard the Ptolemies' pyramises are very goodly things: without contradiction I have heard that.

MENAS (*aside to Pompey*). – Pompey, a word.

---

9 lief] *F* (live).

---

1. Lieu : à bord de la galère de Pompée devant le cap Misène. 2. La difficulté du passage tient à *alms-drink* sur lequel on ne s'entend guère. Le sens du mot est lié en tout cas à l'idée d'aumône. L'interprétation retenue ici est que Lépide, par souci charitable, se laisse entraîner à boire pour couper court aux querelles. 3. Jeu de mots sur une homonymie exacte en anglais. 4. Le monde, conçu à la manière de Ptolémée, est un système de sphères concentriques, entraînant chacune une planète. 5. Il faut sûrement ajouter César que l'on

MÉNAS. – Eh bien, cela est fort possible. Allons, monsieur, voulez-vous monter à bord ? Je veux boire à votre santé.

ENOBARBUS. – Bien volontiers, monsieur. Nous nous sommes entraînés le gosier en Égypte.

MÉNAS. – Allons, venez. *Ils sortent*

Musique. Entrent deux ou trois Serviteurs avec les desserts[1] II, 7

1er SERVITEUR. – C'est là qu'ils vont être, compère. Il y en a dont la plante des pieds ne tient déjà plus guère par la racine. Le moindre coup de vent va les coucher par terre.

2e SERVITEUR. – Lépide a des couleurs !

1er SERVITEUR. – Ils l'ont fait boire par charité[2].

2e SERVITEUR. – Quand ils se cherchent noise, selon leur penchant, il leur crie : « Non, assez » — les persuade de se raccommoder et du même coup se raccommode lui-même avec la boisson.

1er SERVITEUR. – Mais cela entraîne un conflit d'autant plus grave entre lui-même et sa raison.

2e SERVITEUR. – Voilà ce que c'est que d'être en nom dans une confrérie de grands hommes. Quant à avoir un partisan, plutôt pour moi un inutile roseau qu'une pertuisane[3] impossible à soulever.

1er SERVITEUR. – Être appelé à une vaste sphère[4] sans qu'on vous y voie évoluer, c'est comme avoir des trous à la place des yeux ; pour les joues c'est un pitoyable désastre.

Fanfare prolongée. Entrent César, Antoine, Pompée, Lépide, Agrippa, Mécène, Enobarbus et Ménas avec d'autres généraux [*et un garçon*]

ANTOINE (*à César*). – Voici comment, monsieur : ils notent le niveau du Nil
Sur des gradations que porte la pyramide.
Selon qu'il est haut, bas, ou moyen, ils savent
Si disette ou foison va suivre ; plus haut monte le Nil
Plus grande est sa promesse ; au reflux, le semeur
Jette son grain sur le limon et sur la vase,
Et bientôt c'est la moisson.

LÉPIDE. – Vous avez là-bas de bien étranges serpents.

ANTOINE. – Certes, Lépide.

LÉPIDE. – Votre serpent d'Égypte s'engendre donc de votre boue par l'opération de votre soleil ; pareillement votre crocodile.

ANTOINE. – C'est cela.

POMPÉE. – Asseyez-vous et buvons. A la santé de Lépide !

[*Antoine, Pompée et Lépide s'assoient*][5]

LÉPIDE. – Ça ne va pas aussi bien qu'il faudrait, mais pas question de lâcher.

ENOBARBUS. – Pas avant d'avoir fait un somme — j'ai bien peur que d'ici là vous n'en teniez une bonne.

LÉPIDE. – Mais si, c'est sûr, on m'a dit que les pyramines[6] des Ptolémées sont de fort belles choses ; sans contradiction possible, on me l'a dit.

MÉNAS (*à part, à Pompée*). – Pompée, un mot.

---

ne voit pas rester debout pendant tout le dialogue qui suit. 6. Pour rendre le mot déformé par l'esprit enfumé et la langue pâteuse de Lépide.

POMPEY (*aside to Menas*). – Say in mine ear ; what is't ?
MENAS (*aside to Pompey*). – Forsake thy seat, I do beseech thee, captain,
And hear me speak a word.
POMPEY (*aside to Menas*). – Forbear me till anon.
(*Aloud*) This wine for Lepidus !

Menas whispers in Pompey's ear

LEPIDUS. – What manner o' thing is your crocodile ?
ANTONY. – It is shaped, sir, like itself, and it is as broad as it hath breadth. It is just so high as it is, and moves with it own organs. It lives by that which nourisheth it, and the elements once out of it, it transmigrates.
LEPIDUS. – What colour is it of ?
ANTONY. – Of it own colour, too.
LEPIDUS. – 'Tis a strange serpent.
ANTONY. – 'Tis so, and the tears of it are wet.
CAESAR (*to Antony*). – Will this description satisfy him ?
ANTONY. – With the health that Pompey gives him ; else he is a very epicure.
POMPEY (*aside to Menas*). – Go hang, sir, hang ! Tell me of that ? Away,
Do as I bid you. (*Aloud*) Where's this cup I called for ?
MENAS (*aside to Pompey*). – If for the sake of merit thou wilt hear me,
Rise from thy stool.
POMPEY [*rising*]. – I think thou'rt mad. The matter ?

[*Menas and Pompey stand apart*]

MENAS. – I have ever held my cap off to thy fortunes.
POMPEY. – Thou hast served me with much faith. What's else to say ?
Be jolly, lords.
ANTONY. – These quicksands, Lepidus,
Keep off them, for you sink.
MENAS. – Wilt thou be lord of all the world ?
POMPEY. – What sayst thou ?
MENAS. – Wilt thou be lord of the whole world ? That's twice.
POMPEY. – How should that be ?
MENAS. – But entertain it
And, though thou think me poor, I am the man
Will give thee all the world.
POMPEY. – Hast thou drunk well ?
MENAS. – No, Pompey, I have kept me from the cup.
Thou art, if thou dar'st be, the earthly Jove.
Whate'er the ocean pales or sky inclips
Is thine, if thou wilt ha't.
POMPEY. – Show me which way !
MENAS. – These three world-sharers, these competitors,
Are in thy vessel. Let me cut the cable ;
And when we are put off, fall to their throats.
All there is thine.
POMPEY. – Ah, this thou shouldst have done

54-56 *vers*] *prose F.*

POMPÉE (*à part, à Ménas*). – Dis-le-moi à l'oreille. Qu'y a-t-il ?

MÉNAS (*à part, à Pompée*). – Quitte ton siège, capitaine, je t'en prie,
Et laisse-moi te dire un mot.

POMPÉE (*à part, à Ménas*). – Donne-moi un instant.
(*A haute voix*) Buvons ce vin à la santé de Lépide !

Ménas parle bas à l'oreille de Pompée

LÉPIDE. – Quelle sorte d'animal est votre crocodile ?

ANTOINE. – Il a la forme, monsieur, de lui-même, et il est aussi large qu'il a de largeur. Il est exactement de la hauteur qui est la sienne, et il se meut au moyen de ses propres organes. Il vit de ce qui le nourrit, et une fois que les éléments en sont sortis, il transmigre.

LÉPIDE. – De quelle couleur est-il ?

ANTOINE. – De sa propre couleur, également.

LÉPIDE. – C'est un étrange serpent.

ANTOINE. – Effectivement, et ses larmes sont mouillées.

CÉSAR (*à Antoine*). – Cette description le satisfera-t-elle ?

ANTOINE. – Oui, jointe à ce que Pompée lui fait boire ; autrement, un épicurien n'est pas plus insatiable.

POMPÉE (*à part, à Ménas*). – Allez vous faire pendre, monsieur, pendre.
Me dire cela, à moi ? Allez-vous-en. Obéissez.
(*A haute voix*) Où est cette coupe que j'ai demandée ?

MÉNAS (*à part, à Pompée*). – Si pour t'avoir servi tu veux bien m'écouter,
Lève-toi de ton siège.

POMPÉE [*se levant*]. – Tu es fou, je crois. Qu'y a-t-il ?

[*Ménas et Pompée s'écartent*]

MÉNAS. – J'ai toujours suivi, chapeau bas, ton destin.

POMPÉE. – Tu m'as toujours fidèlement servi. Qu'y a-t-il d'autre à dire ?
De l'entrain, seigneurs.

ANTOINE. – Ces sables mouvants, Lépide,
Évitez-les, car vous sombrez.

MÉNAS. – Veux-tu être le maître du monde entier ?

POMPÉE. – Que dis-tu ?

MÉNAS. – Veux-tu être le maître du monde entier ? Cela fait deux fois.

POMPÉE. – Comment cela se pourrait-il ?

MÉNAS. – Admets-le seulement
Et, bien que tu me croies pauvre, je suis cet homme
Qui te donnera le monde entier.

POMPÉE. – Tu aurais trop bu ?

MÉNAS. – Non, Pompée, je me suis bien gardé de rien prendre.
Tu es, si tu l'oses, le Jupiter d'ici-bas.
Tout ce qu'entoure l'océan, ou que le ciel embrasse
Est à toi, si tu veux l'avoir.

POMPÉE. – Montre-moi comment.

MÉNAS. – Ces trois qui se partagent le monde, ces compères,
Ils sont à ton bord. Laisse-moi couper l'amarre ;
Et, dès qu'on est au large, tranche-leur la gorge.
Alors tout est à toi.

POMPÉE. – Ah ! cela il fallait le faire

And not have spoke on't. In me 'tis villainy,
In thee 't had been good service. Thou must know
'Tis not my profit that does lead mine honour;
Mine honour, it. Repent that e'er thy tongue
Hath so betrayed thine act. Being done unknown,
I should have found it afterwards well done,
But must condemn it now. Desist, and drink.

He returns to the others

MENAS (*aside*). – For this, I'll never follow thy palled fortunes more.
Who seeks and will not take when once 'tis offered,
Shall never find it more.
POMPEY. – This health to Lepidus!
ANTONY. – Bear him ashore. – I'll pledge it for him, Pompey.
ENOBARBUS. – Here's to thee, Menas!
MENAS. – Enobarbus, welcome.
POMPEY. – Fill till the cup be hid.

One lifts Lepidus, drunk, and carries him off

ENOBARBUS. – There's a strong fellow, Menas.
MENAS. – Why?
ENOBARBUS. – A bears the third part of the world, man; seest not?
MENAS. – The third part then is drunk. Would it were all,
That it might go on wheels.
ENOBARBUS. – Drink thou, increase the reels.
MENAS. – Come.
POMPEY. – This is not yet an Alexandrian feast.
ANTONY. – It ripens towards it. Strike the vessels, ho!
Here's to Caesar!
CAESAR. – I could well forbear't.
It's monstrous labour when I wash my brain,
An it grow fouler.
ANTONY. – Be a child o'th' time.
CAESAR. – Possess it, I'll make answer.
But I had rather fast from all, four days,
Than drink so much in one.
ENOBARBUS (*to Antony*). – Ha, my brave Emperor,
Shall we dance now the Egyptian bacchanals,
And celebrate our drink?
POMPEY. – Let's ha't, good soldier.
ANTONY. – Come, let's all take hands
Till that the conquering wine hath steeped our sense
In soft and delicate Lethe.
ENOBARBUS. – All take hands.
Make battery to our ears with the loud music.
The while I'll place you, then the boy shall sing.
The holding every man shall beat as loud
As his strong sides can volley.

Music plays. Enobarbus places them hand in hand

79-81 *vers*] *prose F.* **80** then is] *Rowe (1709)*; then he is *F.* **85-93** *vers*] *prose F.*

Et non pas en parler ! En moi, c'est vilenie,
En toi, ç'eût été d'un bon serviteur. Apprends-le,
Ce n'est pas mon profit qui guide mon honneur,
Mais mon honneur qui le règle. Repens-toi de ce que ta langue
A trahi ainsi ton action. Accomplie à mon insu,
Je l'aurais après coup trouvée très louable,
Mais dois la condamner maintenant. Renonce, et bois.

Il retourne vers les autres

MÉNAS (*à part*). – Pour cela, désormais je ne suivrai plus
Ton destin qui pâlit. Qui cherche et ne saisit pas
Ce qui s'offre ne le reverra jamais plus.
POMPÉE. – A la santé de Lépide !
ANTOINE. – Portez-le à terre — je boirai pour lui, Pompée.
ENOBARBUS. – A la tienne, Ménas !
MÉNAS. – Enobarbus, de bon cœur.
POMPÉE. – Remplis la coupe à ras bord.

On ramasse Lépide complètement ivre, et on l'emporte

ENOBARBUS. – Voilà un type costaud, Ménas.
MÉNAS. – Pourquoi ?
ENOBARBUS. – Y porte le tiers du monde, tu vois pas ?
MÉNAS. – Le tiers est saoul alors. Si seulement c'était le tout,
Il irait sur des roulettes.
ENOBARBUS. – Bois donc, ajoute au roulis.
MÉNAS. – Allons.
POMPÉE. – Ce n'est pas encore un festin d'Alexandrie.
ANTOINE. – Ça s'en rapproche. Holà ! défoncez les tonneaux.
Buvons à César !
CÉSAR. – Je m'en passerais volontiers.
Se rincer le cerveau, quel monstrueux labeur
S'il n'en est que plus encrassé !
ANTOINE. – Sois l'enfant de la circonstance.
CÉSAR. – Sois-en maître, sera ma réponse.
Mais j'aimerais mieux ne rien prendre de quatre jours,
Que de tant boire en un seul.
ENOBARBUS (*à Antoine*). – Ah ! mon bel empereur,
Que diriez-vous de danser les bacchanales d'Égypte
En chantant le vin que nous avons bu ?
POMPÉE. – Faisons-le, brave soldat.
ANTOINE. – Allons, donnons-nous tous la main
Jusqu'à ce que le vin triomphant plonge notre raison
Dans un doux et délicat Léthé[1].
ENOBARBUS. – Donnez-vous tous la main.
Assaillez nos oreilles de bruyante musique.
Pendant que je vous place, le garçon va chanter,
Et chacun reprendra le refrain aussi fort
Que pourra le lancer sa solide poitrine.

La musique joue. Enobarbus les place main dans la main

---

1. Voir II,1,27 note.

[BOY] (*sings*). – Come, thou monarch of the vine,
Plumpy Bacchus, with pink eyne!
In thy vats our cares be drowned,
With thy grapes our hairs be crowned!
Cup us till the world go round,
Cup us till the world go round!

CAESAR. – What would you more? Pompey, good night.
(*To Antony*) Good-brother,
Let me request you off. Our graver business
Frowns at this levity. Gentle lords, let's part.
You see we have burnt our cheeks. Strong Enobarb
Is weaker than the wine, and mine own tongue
Splits what it speaks. The wild disguise hath almost
Anticked us all. What needs more words? Good night.
Good Antony, your hand.

POMPEY. – I'll try you on the shore.

ANTONY. – And shall, sir. Give's your hand.

POMPEY. – O Antony,
You have my father's house. But what, we are friends!
Come down into the boat. *Exeunt all but Enobarbus and Menas*

ENOBARBUS. – Take heed you fall not, Menas.

MENAS. – I'll not on shore.
No, to my cabin. These drums, these trumpets, flutes, what!
Let Neptune hear we bid a loud farewell
To these great fellows. Sound and be hanged, sound out!
Sound a flourish, with drums

ENOBARBUS (*throwing his cap in the air*). – Hoo, says a! There's my cap.

MENAS. – Ho, noble captain, come!
Exeunt

III, 1 *Enter Ventidius, with Silius and other Roman soldiers, as it were in triumph; the dead body of Pacorus borne before him*

VENTIDIUS. – Now, darting Parthia, art thou struck; and now
Pleased fortune does of Marcus Crassus' death
Make me revenger. Bear the King's son's body
Before our army. Thy Pacorus, Orodes,
Pays this for Marcus Crassus.

SILIUS. – Noble Ventidius,
Whilst yet with Parthian blood thy sword is warm,
The fugitive Parthians follow. Spur through Media,
Mesopotamia, and the shelters whither
The routed fly. So thy grand captain, Antony,

---

102 BOY] *Collier (correction manuscrite)*; The Song. *F.* **104 vats]** *F* (*Fattes*). **113 Splits]** *F* (Spleet's). **117 father's]** *F2* (Fathers); Father *F.* **119 MENAS I'll ... out!]** *Oxford*; *encore* ENOBARBUS *dans F.* **121 a loud]** *Rowe (1714)*; aloud *F.* **III,1 1 struck]** *F* (stroke). **5, 27, 34 SILIUS]** *Theobald (1733)*; *Romaine.* ou *Rom. F.* **8 whither]** *F2*; whether *F.*

[LE GARÇON] (*chantant*). – Viens, ô monarque de la vigne,
Bacchus replet dont les yeux clignent[1],
Dans tes cuves noie nos chagrins,
Couronne-nous de tes raisins !
Verse à boire, et tourne le monde,
Verse à boire, et tourne le monde !

CÉSAR. – Que vouloir de plus ? Pompée, bonsoir.
(*A Antoine*) Beau-frère,
Allons-nous-en, je vous prie. Le sérieux de nos affaires
Réprouve ces excès. Nobles seigneurs, quittons-nous.
Voyez, nos joues sont en feu. Le solide Enobarbe
Est moins vigoureux que le vin, et la langue me fourche
A chaque mot. La folle mascarade a fait de nous tous
Quasiment des pitres. Que dire de plus ? Bonsoir.
Bon Antoine, votre main.

POMPÉE. – A moi de vous défier à terre.

ANTOINE. – Défi relevé, monsieur. Votre main.

POMPÉE. – Ô Antoine,
Vous avez la maison de mon père. Mais quoi !
Nous sommes amis. Venez dans la chaloupe.

Ils sortent tous sauf Enobarbus et Ménas

ENOBARBUS. – Attention, ne tombez pas, Ménas.

MÉNAS. – Je ne descends pas.
Non, je vais dans ma cabine. Ces tambours, ces trompettes
Et ces flûtes, ma parole ! Que Neptune nous entende
Faire de bruyants adieux à ces sommités !
Sonnez que diable ! Sonnez de toutes vos forces !

Sonnerie de trompette, avec tambours

ENOBARBUS (*lançant son bonnet en l'air*). – Ohé, qu'il dit,
Voilà mon bonnet.

MÉNAS. – Holà ! noble capitaine, venez. *Ils sortent*

Entre Ventidius, accompagné de Silius et d'autres soldats romains, comme en triomphe ; le cadavre de Pacorus porté devant lui[2] III, 1

VENTIDIUS. – Parthe lanceur de flèches, te voilà donc atteint
Et le destin se plaît de la mort de Crassus[3]
A me faire le vengeur. Portez devant l'armée
Le corps du fils du roi. Ton Pacorus, Orode,
Paye ainsi pour Marcus Crassus.

SILIUS. – Noble Ventidius,
De ton épée chaude encore du sang des Parthes
Poursuis les fuyards. Pique à travers la Médie,
La Mésopotamie, et les refuges où ils se sauvent
En déroute. Ainsi ton grand capitaine, Antoine,

---

1. Tel est le sens – et non pas « aux yeux roses ». **2.** Lieu : une plaine en Syrie. **3.** Marcus Licinius Crassus avait formé avec Jules César et Pompée le premier triumvirat. Vaincu par les Parthes du roi Orode II, il trouva la mort lors de cette guerre.

Shall set thee on triumphant chariots and
Put garlands on thy head.
VENTIDIUS. – O Silius, Silius,
I have done enough. A lower place, note well,
May make too great an act. For learn this, Silius :
Better to leave undone than by our deed
Acquire too high a fame when him we serve's away.
Caesar and Antony have ever won
More in their officer than person. Sossius,
One of my place in Syria, his lieutenant,
For quick accumulation of renown,
Which he achieved by th' minute, lost his favour.
Who does i'th' wars more than his captain can
Becomes his captain's captain ; and ambition,
The soldier's virtue, rather makes choice of loss
Than gain which darkens him.
I could do more to do Antonius good,
But 'twould offend him, and in his offence
Should my performance perish.
SILIUS. – Thou hast, Ventidius, that
Without the which a soldier and his sword
Grants scarce distinction. Thou wilt write to Antony ?
VENTIDIUS. – I'll humbly signify what in his name,
That magical word of war, we have effected ;
How, with his banners and his well-paid ranks,
The ne'er-yet-beaten horse of Parthia
We have jaded out o'th' field.
SILIUS. – Where is he now ?
VENTIDIUS. – He purposeth to Athens ; whither, with what haste
The weight we must convey with's will permit,
We shall appear before him. – On there ; pass along. *Exeunt*

III, 2 *Enter Agrippa at one door, Enobarbus at another*

AGRIPPA. – What, are the brothers parted ?
ENOBARBUS. – They have dispatched with Pompey ; he is gone.
The other three are sealing. Octavia weeps
To part from Rome, Caesar is sad, and Lepidus
Since Pompey's feast, as Menas says, is troubled
With the green-sickness.
AGRIPPA. – 'Tis a noble Lepidus.
ENOBARBUS. – A very fine one. O, how he loves Caesar !
AGRIPPA. – Nay, but how dearly he adores Mark Antony !
ENOBARBUS. – Caesar ? Why, he's the Jupiter of men.
AGRIPPA. – What's Antony — the god of Jupiter ?

27-29 *vers*] *prose F.* III,2 10 AGRIPPA] *Rowe (1709)* ; *Ant. F.*

1. C.-à-d. « au chef ». 2. Lieu : Rome, la maison de César. 3. La chlorose, dont

Te mettra sur des chars de triomphe, et ceindra
Ta tête de guirlandes.
VENTIDIUS. – Ô Silius, Silius,
J'en ai fait assez. Un rang subalterne, crois-moi,
Peut accomplir un acte trop grand. Sache-le,
Silius, mieux vaut s'abstenir que par un exploit
Acquérir trop de gloire en l'absence de qui on sert.
César ainsi qu'Antoine ont toujours remporté
Plus par leurs officiers qu'en personne. Sossius,
Un de mon rang en Syrie, lieutenant d'Antoine,
Pour avoir rapidement accrû un renom
Qu'il méritait sans cesse, perdit sa faveur.
Qui fait plus à la guerre que ne peut son chef
Devient le chef de son chef ; et l'ambition,
Vertu du soldat, choisira plutôt la perte
Que le gain qui lui[1] ferait de l'ombre.
Je pourrais en faire plus pour le bien d'Antoine,
Mais cela l'offenserait, et dans cette offense
S'abîmerait ce que j'ai réussi.
SILIUS. – Ventidius,
Tu as ce sans quoi un soldat et son épée
Ne se distinguent guère. Tu vas écrire à Antoine ?
VENTIDIUS. – Humblement je ferai savoir ce qu'en son nom,
Mot magique à la guerre, nous avons accompli ;
Comment, grâce à ses étendards et ses gens bien payés,
La cavalerie parthe jusque-là invaincue,
Par nous fut proprement rossée et dut quitter
Le champ de bataille.
SILIUS. – Où est-il en ce moment ?
VENTIDIUS. – Il compte se rendre à Athènes ; où il faut,
Aussi vite qu'un lourd convoi le permettra,
Nous présenter devant lui. — Allons-y ; avancez. *Ils sortent*

Entre Agrippa par une porte, Enobarbus par une autre[2] **III, 2**

AGRIPPA. – Alors, les frères se sont quittés ?
ENOBARBUS. – Tout est réglé avec Pompée ; il est parti.
Les trois autres scellent l'accord. Octavie pleure
De quitter Rome, César est triste, et Lépide
Depuis le festin de Pompée, selon Ménas,
A des pâleurs de fille[3].
AGRIPPA. – Voilà un noble Lépide.
ENOBARBUS. – Il est superbe. Oh ! comme il aime César !
AGRIPPA. – Oui, mais pour Marc Antoine c'est de l'adoration !
ENOBARBUS. – César ? Mais c'est le Jupiter des humains.
AGRIPPA. – Qu'est-ce alors qu'Antoine — le dieu de Jupiter ?

---

green-sickness est le nom familier, passait pour être due au mal d'amour chez les filles. C'est à la fois la dévotion de Lépide aux autres triumvirs et les suites de ses excès à la table de Pompée qui sont tournées en ridicule.

ENOBARBUS. – Spake you of Caesar ? How, the nonpareil ?
AGRIPPA. – O Antony, O thou Arabian bird !
ENOBARBUS. – Would you praise Caesar, say "Caesar" ; go no further.
AGRIPPA. – Indeed, he plied them both with excellent praises.
ENOBARBUS. – But he loves Caesar best ; yet he loves Antony –
Hoo ! Hearts, tongues, figures, scribes, bards, poets, cannot
Think, speak, cast, write, sing, number – hoo ! –
His love to Antony. But as for Caesar –
Kneel down, kneel down, and wonder.
AGRIPPA. – Both he loves.
ENOBARBUS. – They are his shards, and he their beetle.
[*Trumpet within*]
So,
This is to horse. Adieu, noble Agrippa.
AGRIPPA. – Good fortune, worthy soldier, and farewell.

Enter Caesar, Antony, Lepidus, and Octavia

ANTONY (*to Caesar*). – No further, sir.
CAESAR. – You take from me a great part of myself.
Use me well in't. Sister, prove such a wife
As my thoughts make thee, and as my farthest bond
Shall pass on thy approof. Most noble Antony,
Let not the piece of virtue which is set
Betwixt us as the cement of our love
To keep it builded, be the ram to batter
The fortress of it ; for better might we
Have loved without this mean if on both parts
This be not cherished.
ANTONY. – Make me not offended
In your distrust.
CAESAR. – I have said.
ANTONY. – You shall not find,
Though you be therein curious, the least cause
For what you seem to fear. So, the gods keep you,
And make the hearts of Romans serve your ends.
We will here part.
CAESAR. – Farewell, my dearest sister, fare thee well.
The elements be kind to thee, and make
Thy spirits all of comfort. Fare thee well.
OCTAVIA (*weeping*). – My noble brother !
ANTONY. – The April's in her eyes ; it is love's spring,
And these the showers to bring it on. Be cheerful.
OCTAVIA. – Sir, look well to my husband's house, and –
CAESAR. – What, Octavia ?
OCTAVIA. – I'll tell you in your ear.

---

16 figures] *Hanmer (1744)* ; Figure *F.* 26 bond] *F* (Band).

---

1. Le phénix, oiseau fabuleux, réputé unique de son espèce, se détruisant lui-même par le feu et renaissant de ses cendres tous les cinq cents ans. 2. Ce style énumératif, parodie

ENOBARBUS. – Vous parliez de César ? Comment ! L'inégalable ?
AGRIPPA. – Ô Antoine, c'est toi, l'oiseau d'Arabie[1] !
ENOBARBUS. – Vous voulez louer César, dites « César » ; sans plus.
AGRIPPA. – Aux deux, certes, il servit de suprêmes louanges.
ENOBARBUS. – C'est César qu'il préfère, mais Antoine il l'aime –
Hou ! Cœurs, langues, chiffres, scribes, bardes, poètes[2],
Ne peuvent penser, dire, compter, écrire, chanter, versifier – hou ! –
Son amour pour Antoine. Mais pour ce qui est de César –
A genoux, à genoux, oh ! merveille !
AGRIPPA. – Il aime les deux.
ENOBARBUS. – Ils sont ses élytres, et lui leur hanneton[3].

[*Sonnerie de trompette à l'intérieur*][4]

Bon, c'est le boute-selle. Adieu, noble Agrippa.
AGRIPPA. – Bonne chance, vaillant soldat, et au revoir.

Entrent César, Antoine, Lépide et Octavie

ANTOINE (*à César*). – Pas plus loin, monsieur.
CÉSAR. – Vous m'enlevez une grande part de moi-même.
En elle, traitez-moi bien. Sois une épouse, ma sœur,
Telle que je te vois en pensée, et dont je ne saurais
Rien garantir de si haut que tu n'accomplisses.
Très noble Antoine, ce chef-d'œuvre de vertu
Mis entre nous comme ciment de notre affection
Pour maintenir l'édifice, n'en laissez pas faire
Le bélier qui ruine la forteresse, car à meilleur compte
Nous serions-nous aimés sans cet intermédiaire
S'il n'est chéri des deux côtés.
ANTOINE. – Ne m'offensez pas
Par votre défiance.
CÉSAR. – J'ai dit.
ANTOINE. – Vous ne trouverez pas,
Aussi fort que vous cherchiez, le moindre motif
A ce que vous semblez craindre. Donc, les dieux vous gardent
Et fassent servir à vos fins les cœurs de Rome !
Nous nous quitterons ici.
CÉSAR. – Adieu, très chère sœur, adieu une fois encore.
Que les éléments soient pour toi bienveillants
Et soutiennent ton courage ! Adieu donc à toi.
OCTAVIE (*pleurant*). – Mon noble frère !
ANTOINE. – C'est avril dans ses yeux, le printemps de l'amour,
Et voici des ondées pour hâter sa venue. Soyez gaie.
OCTAVIE. – Monsieur, veillez sur la maison de mon mari,
Et –
CÉSAR. – Quoi, Octavie ?
OCTAVIE. – Je vais vous le dire à l'oreille.

---

d'un certain type de poésie amoureuse, vise aussi à ridiculiser Lépide. 3. Lourd comme un hanneton, Lépide ne se meut que grâce aux autres triumvirs, qui ne vont d'ailleurs pas tarder à le laisser tomber. 4. Indication scénique à interpréter en fonction de l'architecture théâtrale du temps.

She whispers to Caesar

ANTONY. – Her tongue will not obey her heart, nor can
Her heart inform her tongue – the swan's-down feather,
That stands upon the swell at full of tide,
And neither way inclines.

ENOBARBUS (*aside to Agrippa*). – Will Caesar weep?

AGRIPPA (*aside to Enobarbus*). – He has a cloud in's face.

ENOBARBUS (*aside to Agrippa*). – He were the worse for that were he a horse;
So is he, being a man.

AGRIPPA (*aside to Enobarbus*). – Why, Enobarbus,
When Antony found Julius Caesar dead
He cried almost to roaring, and he wept
When at Philippi he found Brutus slain.

ENOBARBUS (*aside to Agrippa*). – That year indeed he was troubled with a [rheum.
What willingly he did confound he wailed,
Believe't, till I wept too.

CAESAR. – No, sweet Octavia,
You shall hear from me still. The time shall not
Outgo my thinking on you.

ANTONY. – Come, sir, come,
I'll wrestle with you in my strength of love.
Look, here I have you (*embracing Caesar*); thus I let you go,
And give you to the gods.

CAESAR. – Adieu, be happy.

LEPIDUS. – Let all the number of the stars give light
To thy fair way.

CAESAR. – Farewell, farewell.

He kisses Octavia

ANTONY. – Farewell.

Trumpets sound. Exeunt Antony, Octavia, and Enobarbus at one door, Caesar, Lepidus and Agrippa at another

III, 3 *Enter Cleopatra, Charmian, Iras, and Alexas*

CLEOPATRA. – Where is the fellow?

ALEXAS. – Half afeard to come.

CLEOPATRA. – Go to, go to.

Enter the Messenger as before

Come hither, sir.

ALEXAS. – Good majesty,
Herod of Jewry dare not look upon you

49 at] *F2*; at the *F.* 53-54 *vers*] *prose F.* 60 wept] *Theobald (1733)*; weepe *F.* III,3 2-11 *vers*] *prose F.*

1. Un cheval sans étoile blanche au front passait pour une monture difficile. C'est à quoi

Elle parle tout bas à César

ANTOINE. – Sa langue ne veut pas obéir à son cœur,
Ni son cœur guider sa langue, duvet de cygne
Posé sur le flot au plus haut de la marée,
Sans incliner d'aucun côté.

ENOBARBUS (*à part à Agrippa*). – César va-t-il pleurer ?

AGRIPPA (*à part à Enobarbus*). – Il a l'air ombrageux[1].

ENOBARBUS (*à part à Agrippa*). – On y verrait du mal si c'était un cheval.
Pareillement, étant un homme.

AGRIPPA (*à part à Enobarbus*). – Eh quoi, Enobarbus,
Quand Antoine découvrit Jules César mort,
Il sanglota, presque à en rugir, et il pleura
Quand, à Philippes, il vit Brutus transpercé.

ENOBARBUS (*à part à Agrippa*). – En fait, cette année-là, il souffrait d'un [catarrhe
Et sur ce qu'il avait détruit de son plein gré,
Il répandait des larmes, croyez-le, à tel point
Que j'en pleurais aussi.

CÉSAR. – Mais non, douce Octavie,
Vous ne cesserez pas d'avoir de mes nouvelles.
Et les jours qui passent ne distanceront pas
Le soin que j'ai de vous.

ANTOINE. – Venez, monsieur, venez,
Que je lutte avec vous à qui aime le plus.
Regardez, je vous tiens (*embrassant César*) ; et je vous laisse aller,
Vous remettant aux dieux.

CÉSAR. – Adieu, soyez heureux.

LÉPIDE. – Que toutes les étoiles ensemble illuminent
Ta route prospère !

CÉSAR. – Adieu, adieu.

Il embrasse Octavie

ANTOINE. – Adieu.

Des trompettes sonnent. Antoine, Octavie et Enobarbus sortent par une porte, César, Lépide et Agrippa par une autre

Entrent Cléopâtre, Charmian, Iras et Alexas[2] III, 3

CLÉOPÂTRE. – Où est ce garçon ?

ALEXAS. – Pas rassuré de venir.

CLÉOPÂTRE. – Allons donc, allons.

Entre le Messager comme précédemment[3]

Approchez, monsieur.

ALEXAS. – Bonne majesté,
Hérode[4] de Juiverie n'ose vous regarder

---

fait penser *a cloud in's face*, le « nuage » qui assombrit le visage de César. 2. Lieu : Alexandrie, une salle du palais de Cléopâtre. 3. Renvoie à II,5 et sans doute à la mine du messager qui craint encore d'être malmené. 4. Voir I,2,23 et la note.

But when you are well pleased.
CLEOPATRA. – That Herod's head
I'll have ; but how, when Antony is gone,
Through whom I might command it ?
(*To the Messenger*) Come thou near.
MESSENGER. – Most gracious majesty !
CLEOPATRA. – Didst thou behold
Octavia ?
MESSENGER. – Ay, dread Queen.
CLEOPATRA. – Where ?
MESSENGER. – Madam, in Rome.
I looked her in the face, and saw her led
Between her brother and Mark Antony.
CLEOPATRA. – Is she as tall as me ?
MESSENGER. – She is not, madam.
CLEOPATRA. – Didst hear her speak ? Is she shrill-tongued or low ?
MESSENGER. – Madam, I heard her speak. She is low-voiced.
CLEOPATRA. – That's not so good. He cannot like her long.
CHARMIAN. – Like her ? O Isis, 'tis impossible !
CLEOPATRA. – I think so, Charmian. Dull of tongue, and dwarfish.
What majesty is in her gait ? Remember
If e'er thou looked'st on majesty.
MESSENGER. – She creeps.
Her motion and her station are as one.
She shows a body rather than a life,
A statue than a breather.
CLEOPATRA. – Is this certain ?
MESSENGER. – Or I have no observance.
CHARMIAN. – Three in Egypt
Cannot make better note.
CLEOPATRA. – He's very knowing,
I do perceive't. There's nothing in her yet.
The fellow has good judgement.
CHARMIAN. – Excellent.
CLEOPATRA (*to the Messenger*). – Guess at her years, I prithee.
MESSENGER. – Madam,
She was a widow –
CLEOPATRA. – Widow ? Charmian, hark.
MESSENGER. – And I do think she's thirty.
CLEOPATRA. – Bear'st thou her face in mind ? Is't long or round ?
MESSENGER. – Round, even to faultiness.
CLEOPATRA. – For the most part, too, they are foolish that are so.
Her hair – what colour ?
MESSENGER. – Brown, madam ; and her forehead
As low as she would wish it.
CLEOPATRA (*giving money*). – There's gold for thee.
Thou must not take my former sharpness ill.

---

18 looked'st] *Pope (1723-1725)* ; look'st *F.* **31-32** *vers*] *prose F.*

Que quand vous êtes de bonne humeur.
CLÉOPÂTRE. – Cet Hérode,
J'aurai sa tête ; mais comment, Antoine absent,
A qui j'eusse pu la commander ?
(*Au Messager*) Viens ici, toi.
LE MESSAGER. – Très Gracieuse Majesté !
CLÉOPÂTRE. – As-tu vu Octavie ?
LE MESSAGER. – Oui, reine redoutée.
CLÉOPÂTRE. – Où donc ?
LE MESSAGER. – Madame, à Rome.
J'ai vu son visage en la regardant passer
Entourée de son frère et de Marc Antoine.
CLÉOPÂTRE. – Est-elle aussi grande que moi ?
LE MESSAGER. – Non, madame.
CLÉOPÂTRE. – L'as-tu entendue parler ? A-t-elle la voix aiguë ou grave ?
LE MESSAGER. – Madame, je l'ai entendue parler. Elle a la voix grave.
CLÉOPÂTRE. – Pas fameux. Elle ne lui plaira pas longtemps.
CHARMIAN. – Lui plaire ? Ô Isis, c'est impossible.
CLÉOPÂTRE. – Je le crois, Charmian. Voix sourde et taille de naine.
Quelle majesté dans son allure ? Rappelle-toi,
Si tu vis jamais ce qu'est la majesté.
LE MESSAGER. – Elle se traîne.
Qu'elle marche ou reste immobile, c'est tout un.
Ce qu'on lui voit c'est un corps plutôt que la vie,
Elle fait statue plus qu'être qui respire.
CLÉOPÂTRE. – C'est bien vrai ?
LE MESSAGER. – Ou alors je ne sais pas voir.
CHARMIAN. – Ils ne sont pas trois
En Égypte à mieux observer.
CLÉOPÂTRE. – Il s'y connaît,
Je vois. Elle n'a rien pour elle jusqu'ici.
Ce garçon a le jugement bon.
CHARMIAN. – Excellent.
CLÉOPÂTRE (*au Messager*). – Quel âge lui donnes-tu, je te prie.
LE MESSAGER. – Madame,
Elle était veuve —
CLÉOPÂTRE. – Veuve ? Charmian, entends-tu ?
LE MESSAGER. – Et je pense qu'elle a trente ans.
CLÉOPÂTRE. – As-tu son visage en mémoire ? Est-il ovale ou rond ?
LE MESSAGER. – Rond, que c'en est un défaut.
CLÉOPÂTRE. – La plupart dans ce cas sont aussi fort sottes.
Ses cheveux — quelle couleur ?
LE MESSAGER. – Bruns, madame, et son front
Aussi bas qu'il est possible[1].
CLÉOPÂTRE (*joignant le geste à la parole*). – Voici de l'or pour toi.
Je t'ai brusqué d'abord, ne le prends pas en mal.

1. La tournure, *As low as she would wish it* (aussi bas qu'elle le souhaiterait), est familière et, naturellement, ironique.

I will employ thee back again. I find thee
Most fit for business. Go, make thee ready.
Our letters are prepared. *Exit Messenger*
CHARMIAN. – A proper man.
CLEOPATRA. – Indeed he is so. I repent me much
That so I harried him. Why, methinks, by him,
This creature's no such thing.
CHARMIAN. – Nothing, madam.
CLEOPATRA. – The man hath seen some majesty, and should know.
CHARMIAN. – Hath he seen majesty? Isis else defend,
And serving you so long!
CLEOPATRA. – I have one thing more to ask him yet, good Charmian.
But 'tis no matter. Thou shalt bring him to me
Where I will write. All may be well enough.
CHARMIAN. – I warrant you, madam. *Exeunt*

III, 4 *Enter Antony and Octavia*

ANTONY. – Nay, nay, Octavia, not only that,
That were excusable, that and thousands more
Of semblable import; but he hath waged
New wars 'gainst Pompey, made his will and read it
To public ear, spoke scantly of me;
When perforce he could not
But pay me terms of honour, cold and sickly
He vented them, most narrow measure lent me.
When the best hint was given him, he not took't,
Or did it from his teeth.
OCTAVIA. – O my good lord,
Believe not all, or if you must believe,
Stomach not all. A more unhappy lady,
If this division chance, ne'er stood between,
Praying for both parts.
The good gods will mock me presently,
When I shall pray "O, bless my lord and husband!",
Undo that prayer by crying out as loud
"O, bless my brother!" Husband win, win brother
Prays and destroys the prayer; no midway
'Twixt these extremes at all.
ANTONY. – Gentle Octavia,
Let your best love draw to that point which seeks
Best to preserve it. If I lose mine honour,
I lose myself. Better I were not yours
Than yours so branchless. But, as you requested,
Yourself shall go between's. The meantime, lady,

42-46 *vers*] *prose F.* **III,4 8** them, most] *Rowe (1709)*; then most *F.* **9** took't] *Theobald (1733)*; look't *F.* **24** yours] *F2*; your *F.*

Tu seras encore mon envoyé. Je te trouve
Très apte à la tâche. Va donc, et tiens-toi prêt.
Nos lettres se préparent. *Le Messager sort*
CHARMIAN. – Il est très bien, cet homme.
CLÉOPÂTRE. – Oui vraiment, tout à fait. Je me repens beaucoup
De l'avoir tant secoué. Ma foi, à ce qu'il semble, d'après lui,
Elle n'a pas grand-chose pour elle.
CHARMIAN. – Rien, madame.
CLÉOPÂTRE. – L'homme a vu de la majesté, et devrait savoir.
CHARMIAN. – Vu de la majesté ? Par Isis, comment donc,
Vous ayant servie si longtemps !
CLÉOPÂTRE. – J'ai encore autre chose à lui demander, bonne Charmian.
Mais c'est un rien. Tu me l'amèneras
Là ou je vais écrire. Tout peut s'arranger.
CHARMIAN. – Je vous en réponds, madame. *Elles sortent*

Entrent Antoine et Octavie[1] **III, 4**

ANTOINE. – Mais non, mais non, Octavie, pas seulement cela.
Cela serait excusable, cela et mille autres choses
Dans le même sens ; mais il a de nouveau
Fait la guerre à Pompée, rédigé un testament
Qu'il a lu en public, parlé chichement de moi ;
Quand forcément il ne pouvait se dispenser
De propos qui m'honorent, c'est avec froideur et dégoût
Qu'il les a lâchés, les mesurant avec parcimonie.
Le meilleur motif qu'on pût lui offrir n'était pas saisi,
Ou bien du bout des dents.
OCTAVIE. – Ô mon bon seigneur,
Ne croyez pas tout, ou s'il vous faut tout croire,
Ne prenez pas tout en mal. Jamais femme plus malheureuse,
Si survient la discorde, n'aura été prise
Entre deux adversaires, priant pour l'un et l'autre.
Les dieux bons vont sur l'heure se moquer de moi,
Quand suppliant : « Oh ! bénissez mon seigneur et mari ! »
Je déferai cette prière en criant aussi fort :
« Oh ! bénissez mon frère ! » Que le mari l'emporte,
Que l'emporte le frère, c'est à la fois prier
Et détruire la prière ; pas de moyen terme
Entre ces deux extrêmes.
ANTOINE. – Douce Octavie,
Que le meilleur de votre amour aille du côté
Qui cherche le mieux à le garder. Si je perds l'honneur,
Je me perds moi-même. Mieux vaudrait ne pas être vôtre
Que vôtre aussi ébranché. Mais, l'ayant demandé,
Vous interviendrez entre nous. Pendant ce temps, madame,

1. Lieu : Athènes, chez Antoine.

I'll raise the preparation of a war
Shall stain your brother. Make your soonest haste;
So your desires are yours.
OCTAVIA. – Thanks to my lord.
The Jove of power make me most weak, most weak,
Your reconciler! Wars 'twixt you twain would be
As if the world should cleave, and that slain men
Should solder up the rift.
ANTONY. – When it appears to you where this begins,
Turn your displeasure that way, for our faults
Can never be so equal that your love
Can equally move with them. Provide your going,
Choose your own company, and command what cost
Your heart has mind to. *Exeunt*

III, 5 *Enter Enobarbus and Eros, meeting*

ENOBARBUS. – How now, friend Eros?
EROS. – There's strange news come, sir.
ENOBARBUS. – What, man?
EROS. – Caesar and Lepidus have made wars upon Pompey.
ENOBARBUS. – This is old. What is the success?
EROS. – Caesar, having made use of him in the wars 'gainst Pompey, presently denied him rivality, would not let him partake in the glory of the action, and, not resting here, accuses him of letters he had formerly wrote to Pompey; upon his own appeal seizes him; so the poor third is up, till death enlarge his confine.
ENOBARBUS. – Then, world, thou hast a pair of chops, no more,
And throw between them all the food thou hast,
They'll grind the one the other. Where's Antony?
EROS. – He's walking in the garden, thus, and spurns
The rush that lies before him, cries "Fool Lepidus!"
And threats the throat of that his officer
That murdered Pompey.
ENOBARBUS. – Our great navy's rigged.
EROS. – For Italy and Caesar. More, Domitius:
My lord desires you presently. My news
I might have told hereafter.
ENOBARBUS. – 'Twill be naught.
But let it be; bring me to Antony.
EROS. – Come, sir. *Exeunt*

---

30 Your] *F2*; You *F.* **38** has] *F2*; he's *F.* **III,5 11-13** *vers*] *prose F.* **11** world ... hast] *Hanmer (1744)*; would ... hadst *F.* **11** chops] *F* (chaps). **13** the one] *Capell (1767-1768)*; *pas dans F.*

---

1. *So your desires are yours.* Ceci n'est pas sans ambiguïté. On peut entendre également :

Je ferai des préparatifs de guerre
Qui éclipseront votre frère. Allez en toute hâte ;
Ainsi vos souhaits se réalisent[1].

OCTAVIE. – Grâce à mon seigneur.
Que Jupiter puissant, par moi qui suis si faible,
Si faible, vous réconcilie ! Une guerre entre vous,
Ce serait comme si le monde se fendait en deux
Et que les tués dussent ressouder la faille.

ANTOINE. – Quand vous découvrirez par où ceci commence,
Que s'y tourne votre déplaisir, car nos fautes
Ne peuvent être égales au point que votre amour
Observe même égalité. Réglez votre départ,
Choisissez votre suite, ordonnez la dépense
Au gré de votre cœur. ***Ils sortent***

Entrent Enobarbus et Eros allant à la rencontre l'un de l'autre[2] **III, 5**

ENOBARBUS. – Eh bien, l'ami Eros ?

EROS. – Voilà une singulière nouvelle, monsieur.

ENOBARBUS. – Laquelle, mon vieux ?

EROS. – César et Lépide ont attaqué Pompée.

ENOBARBUS. – Vieille affaire. Qu'est-ce qu'il en est sorti ?

EROS. – César, après s'être servi de lui dans la guerre contre Pompée, n'a pas tardé à lui dénier un pouvoir égal, lui a refusé sa part de gloire dans l'action et, n'en restant pas là, lui fait grief de lettres autrefois écrites à Pompée ; puis il le met lui-même en accusation et le fait arrêter ; voilà le pauvre tiers bouclé, jusqu'à ce que la mort l'élargisse.

ENOBARBUS. – Alors, monde, tu as deux mâchoires, sans plus,
Et jette entre elles tout ce qu'il y a pour te nourrir,
Elles se broieront l'une l'autre. Où est Antoine ?

EROS. – Au jardin, où il marche, écartant du pied
Le roseau devant lui, et crie : « Quel idiot, ce Lépide ! »
Il parle d'égorger celui de ses officiers
Qui a tué Pompée.

ENOBARBUS. – Notre grande flotte est parée.

EROS. – Contre l'Italie et César. Autre chose, Domitius :
Monseigneur veut vous voir à l'instant. Ma nouvelle
Aurait pu venir après.

ENOBARBUS. – Il n'en sortira rien de bon[3].
Mais soit ; conduis-moi vers Antoine.

EROS. – Venez, monsieur. ***Ils sortent***

---

si du moins ce sont vos désirs à vous. Cette intention est peut-être déjà sous-jacente, un peu plus haut dans *as you requested* (l'ayant demandé). 2. Même lieu que précédemment. 3. C'est un des sens de *naught* et le mot est une sorte d'anticipation de celui qu'Enobarbus répétera en voyant la bataille d'Actium finir en désastre (III,10,1).

III, 6 *Enter Agrippa, Maecenas, and Caesar*

CAESAR. – Contemning Rome, he has done all this and more
In Alexandria. Here's the manner of't :
I'th' market place on a tribunal silvered,
Cleopatra and himself in chairs of gold
Were publicly enthroned. At the feet sat
Caesarion, whom they call my father's son,
And all the unlawful issue that their lust
Since then hath made between them. Unto her
He gave the stablishment of Egypt ; made her
Of lower Syria, Cyprus, Lydia,
Absolute queen.

MAECENAS. – This in the public eye ?

CAESAR. – I'th' common showplace, where they exercise.
His sons he there proclaimed the kings of kings ;
Great Media, Parthia, and Armenia
He gave to Alexander. To Ptolemy he assigned
Syria, Cilicia, and Phoenicia. She
In th'habiliments of the goddess Isis
That day appeared, and oft before gave audience,
As 'tis reported, so.

MAECENAS. – Let Rome be thus informed.

AGRIPPA. – Who, queasy with his insolence already,
Will their good thoughts call from him.

CAESAR. – The people knows it,
And have now received his accusations.

AGRIPPA. – Who does he accuse ?

CAESAR. – Caesar, and that having in Sicily
Sextus Pompeius spoiled, we had not rated him
His part o'th' isle. Then does he say he lent me
Some shipping, unrestored. Lastly, he frets
That Lepidus of the triumvirate
Should be deposed ; and being, that we detain
All his revenue.

AGRIPPA. – Sir, this should be answered.

CAESAR. – 'Tis done already, and the messenger gone.
I have told him Lepidus was grown too cruel,
That he his high authority abused
And did deserve his change. For what I have conquered,
I grant him part ; but then in his Armenia,
And other of his conquered kingdoms,
I demand the like.

MAECENAS. – He'll never yield to that.

CAESAR. – Nor must not then be yielded to in this.

Enter Octavia with her train

OCTAVIA. – Hail, Caesar, and my lord ; hail, most dear Caesar !

---

13 he there] *Johnson (1765)* ; hither *F.* 13 the kings] *Rowe (1709)* ; the King *F.*

Entrent Agrippa, Mécène et César[1] III, 6

CÉSAR. – Méprisant Rome, il a fait tout cela et plus
A Alexandrie. Voici de quelle façon :
Sur une estrade d'argent, place du marché,
Cléopâtre et lui, occupant des sièges d'or,
Trônaient en public. Assis à leurs pieds,
Se trouvaient Césarion[2], qu'ils disent fils de mon père,
Et tous les rejetons illégitimes que leur luxure
Leur a depuis fait faire entre eux. A Cléopâtre
Il donna le pouvoir en Égypte ; il la fit
De la Basse Syrie, de Chypre et de Lydie,
Reine absolue.

MÉCÈNE. – Cela sous les yeux du public ?

CÉSAR. – Là où le commun a ses spectacles, ses exercices.
C'est là qu'il a proclamé ses fils rois des rois ;
La Grande Médie, les Parthes et les Arméniens,
Il les donna à Alexandre. A Ptolémée,
Il attribua Syrie, Cilicie, Phénicie. Pour elle,
Elle se montra ce jour-là en déesse Isis,
Tenue dans laquelle elle avait souvent déjà
Donné audience, à ce qu'on dit.

MÉCÈNE. – Que Rome le sache !

AGRIPPA. – Les gens, déjà écœurés de son insolence,
Lui retireront leur estime.

CÉSAR. – Le peuple est averti,
Et maintenant a reçu ses accusations.

AGRIPPA. – Qui accuse-t-il ?

CÉSAR. – César, et de ce qu'ayant spolié Sextus Pompée
En Sicile, nous ne lui avons pas compté
Sa part de l'île. Puis il m'a prêté, dit-il,
Des bateaux que je n'ai pas rendus. Il s'irrite enfin
De ce que Lépide du triumvirat
Ait été écarté, et l'étant, que nous gardions
Tous ses biens.

AGRIPPA. – Monsieur, ceci veut une réponse.

CÉSAR. – Elle est déjà faite, et le messager parti.
Je lui dis que Lépide, devenu trop cruel,
Abusait de son haut pouvoir et méritait
Sa chute. S'agissant de ce que j'ai conquis,
Je lui laisse sa part ; mais alors j'exige,
Dans ses conquêtes, Arménie et autres royaumes,
La réciproque.

MÉCÈNE. – Jamais il n'y consentira.

CÉSAR. – Aussi ne faut-il pas lui consentir ceci.

Entrent Octavie et sa suite

OCTAVIE. – Salut, César, mon seigneur ; salut très cher César !

---

1. Lieu : Rome, la maison de César. 2. Fils aîné de Cléopâtre. Elle en attribua la paternité à Jules César qui, selon Antoine, l'aurait reconnu.

CAESAR. – That ever I should call thee castaway!
OCTAVIA. – You have not called me so, nor have you cause.
CAESAR. – Why have you stol'n upon us thus? You come not
Like Caesar's sister. The wife of Antony
Should have an army for an usher, and
The neighs of horse to tell of her approach
Long ere she did appear. The trees by th' way
Should have borne men, and expectation fainted,
Longing for what it had not. Nay, the dust
Should have ascended to the roof of heaven,
Raised by your populous troops. But you are come
A market maid to Rome, and have prevented
The ostentation of our love; which, left unshown,
Is often left unloved. We should have met you
By sea and land, supplying every stage
With an augmented greeting.
OCTAVIA. – Good my lord,
To come thus was I not constrained, but did it
On my free will. My lord, Mark Antony,
Hearing that you prepared for war, acquainted
My grievèd ear withal, whereon I begged
His pardon for return.
CAESAR. – Which soon he granted,
Being an obstruct 'tween his lust and him.
OCTAVIA. – Do not say so, my lord.
CAESAR. – I have eyes upon him,
And his affairs come to me on the wind.
Where is he now?
OCTAVIA. – My lord, in Athens.
CAESAR. – No, my most wrongèd sister. Cleopatra
Hath nodded him to her. He hath given his empire
Up to a whore; who now are levying
The kings o'th' earth for war. He hath assembled
Bocchus, the King of Libya; Archelaus
Of Cappadocia; Philadelphos, King
Of Paphlagonia; the Thracian King Adallas;
King Malchus of Arabia; King of Pont;
Herod of Jewry; Mithridates, King
Of Comagene; Polemon and Amyntas,
The Kings of Mede and Lycaonia;
With a more larger list of sceptres.
OCTAVIA. – Ay me most wretched,
That have my heart parted betwixt two friends
That does afflict each other!
CAESAR. – Welcome hither.
Your letters did withhold our breaking forth

61 obstruct] *Theobald (1733)*; abstract *F.* 74 Comagene] *Rowe (1709)*; Comageat *F.* 74 Polemon] *Theobald (1733)*; *Polemen F.* 75 Lycaonia] *F2*; Licoania *F.*

CÉSAR. – Fallait-il voir un jour où t'appeler bannie !
OCTAVIE. – Vous ne l'avez pas fait et n'en avez pas lieu.
CÉSAR. – Pourquoi nous surprendre ainsi ? Vous ne venez pas
En sœur de César. L'épouse d'Antoine
Devrait pour l'introduire avoir une armée, et
Le hennissement des chevaux pour l'annoncer
Bien avant qu'elle n'arrive. Les arbres du chemin
Auraient dû se couvrir de gens et l'attente défaillir
A tant soupirer pour ce qu'elle n'avait pas. Mieux,
Jusqu'au toit du ciel la poussière aurait dû voler,
Soulevée par les rangs serrés de votre escorte.
Mais vous arrivez en maraîchère à Rome,
Empêchant les démonstrations de notre amour
Qui, n'étant pas montré, souvent n'est pas tenu pour tel[1].
Nous aurions dû sur mer et sur terre vous faire un accueil
A chaque étape augmenté.
OCTAVIE. – Mon bon seigneur,
On ne m'a pas contrainte à venir ainsi, je l'ai fait
De mon plein gré. Mon époux, Marc Antoine, apprenant
Que vous vous prépariez à la guerre, l'a confié
A mon oreille peinée, sur quoi je le priai
De permettre mon retour.
CÉSAR. – Ce qu'il fit bien vite,
Éloignant avec vous l'obstacle à son plaisir.
OCTAVIE. – Ne dites pas cela, monseigneur.
CÉSAR. – J'ai des yeux
Qui l'observent, et le vent m'informe de sa conduite.
Où est-il à présent ?
OCTAVIE. – Monseigneur, à Athènes.
CÉSAR. – Non, sœur plus qu'outragée. Cléopâtre
D'un signe de tête l'a fait accourir. Il a livré
Son empire à une pute ; et voici qu'ils enrôlent
Pour guerriers les rois de la terre. Il a rassemblé
Bocchus, le roi de Libye ; Archélaüs
De Cappadoce ; Philadelphe, roi
De Paphlagonie ; le roi de Thrace Adallas ;
Le roi Malchus d'Arabie ; le roi du Pont ;
Hérode de Juiverie ; Mithridate, roi
De Commagène ; Polémon et Amyntas,
Rois des Mèdes et de Lycaonie ; d'autres sceptres encore
Pour allonger la liste.
OCTAVIE. – Hélas ! que je suis malheureuse,
Moi dont le cœur est partagé entre deux amis
Qui s'accablent l'un l'autre !
CÉSAR. – Soyez ici la bienvenue.
Vos lettres nous ont retenu d'intervenir

1. L'affection que nous éprouvons, nous César, si elle ne se montre pas, pourrait comme c'est souvent le cas ne pas être payée de retour. César en fait un peu trop pour masquer qu'il n'est guère disposé à se laisser détourner de son but par une médiation de paix.

Till we perceived both how you were wrong led
And we in negligent danger. Cheer your heart.
Be you not troubled with the time, which drives
O'er your content these strong necessities;
But let determined things to destiny
Hold unbewailed their way. Welcome to Rome;
Nothing more dear to me. You are abused
Beyond the mark of thought, and the high gods,
To do you justice, makes their ministers
Of us and those that love you. Best of comfort,
And ever welcome to us.

AGRIPPA. – Welcome, lady.

MAECENAS. – Welcome, dear madam.
Each heart in Rome does love and pity you.
Only th'adulterous Antony, most large
In his abominations, turns you off,
And gives his potent regiment to a trull
That noises it against us.

OCTAVIA. – Is it so, sir?

CAESAR. – Most certain. Sister, welcome. Pray you
Be ever known to patience. My dear'st sister! *Exeunt*

III, 7 *Enter Cleopatra and Enobarbus*

CLEOPATRA. – I will be even with thee, doubt it not.

ENOBARBUS. – But why, why, why?

CLEOPATRA. – Thou hast forspoke my being in these wars,
And sayst it is not fit.

ENOBARBUS. – Well, is it, is it?

CLEOPATRA. – Is't not denounced against us? Why should not we
Be there in person?

ENOBARBUS [*aside*]. – Well, I could reply
If we should serve with horse and mares together,
The horse were merely lost; the mares would bear
A soldier and his horse.

CLEOPATRA. – What is't you say?

ENOBARBUS. – Your presence needs must puzzle Antony,
Take from his heart, take from his brain, from's time
What should not then be spared. He is already
Traduced for levity; and 'tis said in Rome
That Photinus, an eunuch, and your maids
Manage this war.

CLEOPATRA. – Sink Rome, and their tongues rot
That speak against us! A charge we bear i'th' war,

88 their] *Theobald (1733)*; his *F.* **III,7 5-9** *vers*] *prose F.* **5** Is't not] *Rowe (1709)*; If not, *F.*

1. Lieu : à proximité d'Actium. Ce promontoire commandait l'entrée du golfe

Tant qu'il nous échappa comme on vous égarait
Et le danger pour nous de notre négligence.
Prenez courage. Ne vous laissez pas atteindre
Par un temps qui fait déferler sur votre paix
Ces fortes nécessités ; mais laissez, sans plainte,
Le cours déterminé aller à son destin.
Bienvenue à Rome, vous m'êtes plus chère que tout.
L'insulte qu'on vous fait passe toute pensée,
Et les grands dieux, pour vous rendre justice,
Font de nous, et de ceux qui vous aiment, leurs ministres.
A vous le meilleur des réconforts ; vous serez toujours
Pour nous la bienvenue.

AGRIPPA. – Bienvenue, madame.

MÉCÈNE. – Bienvenue, très chère madame.
Tous les cœurs à Rome vous aiment et vous plaignent.
Seul Antoine, l'adultère, si libéral
En ses abominations, vous renvoie, et donne
La puissance de son gouvernement à une traînée
Qui le clame contre nous.

OCTAVIE. – Est-ce vrai, monsieur ?

CÉSAR. – Tout à fait. Sœur, la bienvenue. Je vous en prie,
Soyez patiente toujours. Ma sœur très aimée. *Ils sortent*

Entrent Cléopâtre et Enobarbus[1] III, 7

CLÉOPÂTRE. – Je te revaudrai ça, tu peux en être sûr.

ENOBARBUS. – Mais pour avoir fait quoi, quoi, quoi ?

CLÉOPÂTRE. – Tu t'es opposé à ma présence à cette guerre,
Et tu dis qu'elle n'est pas de mise.

ENOBARBUS. – Eh quoi ! l'est-elle ? l'est-elle ?

CLÉOPÂTRE. – Ne l'a-t-on pas déclarée contre nous ? Pourquoi
N'y serions-nous pas en personne ?

ENOBARBUS [*à part*]. – Oh ! je pourrais répondre
Que si on y allait chevaux et juments ensemble,
Les chevaux seraient en pure perte ; les juments
Porteraient[2] cheval et cavalier.

CLÉOPÂTRE. – Que dites-vous ?

ENOBARBUS. – Votre présence ne peut qu'embarrasser Antoine,
Dérober à son cœur, à sa tête, à son temps
Ce qu'il n'aurait pas alors en trop. Déjà
Qu'on l'accuse de légèreté, et qu'on dit à Rome
Que Photin, un eunuque, et vos filles d'honneur
Mènent cette guerre.

CLÉOPÂTRE. – Que coule Rome et pourrissent
Les langues qui parlent contre nous ! Nous portons

---

d'Ambracie, aujourd'hui Arta, sur la côte ouest de la Grèce. 2. La plaisanterie renvoie à I,5,21. Ridley y voit aussi un jeu de mots sur *serve,* pris à la fois dans son sens militaire et dans celui qui a trait à la reproduction.

And as the president of my kingdom will
Appear there for a man. Speak not against it.
I will not stay behind.

Enter Antony and Camidius

ENOBARBUS. – Nay, I have done.
Here comes the Emperor.

ANTONY. – Is it not strange, Camidius,
That from Tarentum and Brundisium
He could so quickly cut the Ionian Sea
And take in Toryne ? — You have heard on't, sweet ?

CLEOPATRA. – Celerity is never more admired
Than by the negligent.

ANTONY. – A good rebuke,
Which might have well becomed the best of men
To taunt at slackness. Camidius, we
Will fight with him by sea.

CLEOPATRA. – By sea — what else ?

CAMIDIUS. – Why will my lord do so ?

ANTONY. – For that he dares us to't.

ENOBARBUS. – So hath my lord dared him to single fight.

CAMIDIUS. – Ay, and to wage this battle at Pharsalia,
Where Caesar fought with Pompey. But these offers
Which serve not for his vantage, he shakes off,
And so should you.

ENOBARBUS. – Your ships are not well manned,
Your mariners are muleteers, reapers, people
Engrossed by swift impress. In Caesar's fleet
Are those that often have 'gainst Pompey fought.
Their ships are yare, yours heavy. No disgrace
Shall fall you for refusing him at sea,
Being prepared for land.

ANTONY. – By sea, by sea.

ENOBARBUS. – Most worthy sir, you therein throw away
The absolute soldiership you have by land ;
Distract your army, which doth most consist
Of war-marked footmen ; leave unexecuted
Your own renownèd knowledge ; quite forgo
The way which promises assurance, and
Give up yourself merely to chance and hazard
From firm security.

ANTONY. – I'll fight at sea.

CLEOPATRA. – I have sixty sails, Caesar none better.

ANTONY. – Our overplus of shipping will we burn,
And with the rest full-manned, from th'head of Actium

---

21 Brundisium] *F2* (Brundusium) ; Brandusium *F.* 23 Toryne] *F2* ; Troine *F.* 51 Actium] *F2* ; Action *F.*

---

1. Distincts des marins, ce sont les hommes de troupe qui, dans l'ancienne tactique navale,

Notre charge dans cette guerre et, présidant
A mon royaume, j'entends qu'on nous y voie
Figurer comme un homme. Ne dis rien là contre.
Je ne resterai pas en arrière.

Entrent Antoine et Camidius

ENOBARBUS. – Bon, j'ai fini.
Voici l'empereur.

ANTOINE. – N'est-il pas étonnant, Camidius,
Que venant de Tarente et de Brindisi
Il ait pu si vite franchir la mer Ionienne
Et prendre Toryne ? – Chère, vous l'avez appris ?

CLÉOPÂTRE. – Ce sont les négligents qui s'étonnent le plus
De la célérité.

ANTOINE. – Judicieux reproche,
Et qu'eussent trouvé de mise les plus grands hommes
Pour tancer l'indolence. Camidius, nous
Le combattrons sur mer.

CLÉOPÂTRE. – Sur mer – que chercher d'autre ?

CAMIDIUS. – Et pourquoi, monseigneur ?

ANTOINE. – C'est là qu'il nous défie.

ENOBARBUS. – Monseigneur l'a déjà défié en combat singulier.

CAMIDIUS. – Oui, et qui devrait être livré à Pharsale,
Là où César affronta Pompée. Mais cette offre,
Qui n'est pas à son avantage, il la repousse.
Faites-en donc autant.

ENOBARBUS. – Vous manquez d'hommes[1] sur vos bateaux,
Vos marins sont des muletiers, des moissonneurs,
A la hâte enrôlés. La flotte de César
Compte ceux qui ont souvent lutté contre Pompée.
Leurs bateaux sont vifs, les vôtres lourds. Pas de honte
Pour vous à refuser de l'affronter sur mer,
Étant préparé à terre.

ANTOINE. – Sur mer, sur mer.

ENOBARBUS. – Très valeureux seigneur, vous sacrifiez ainsi
Votre suprématie de combattant sur terre,
Fragmentez[2] votre armée qui consiste surtout
En fantassins aguerris, laissez inemployée
Votre habileté renommée, quittez pour de bon
La voie qui promet un succès assuré et, privé
De ferme sûreté, vous livrez tout entier
A la chance et au risque.

ANTOINE. – Je combattrai sur mer.

CLÉOPÂTRE. – J'ai soixante vaisseaux, César pas davantage.

ANTOINE. – Nos bateaux en surplus nous les brûlerons
Et avec les autres bien fournis en hommes,

étaient embarqués pour combattre après l'abordage. 2. En répartissant ses unités sur les navires. On pourrait penser que *Distract* signifie plutôt « décontenancez ». Mais l'autre sens s'appuie avec précision sur le texte de North*.

Beat th'approaching Caesar. But if we fail,
We then can do't at land.

Enter a Messenger

Thy business ?

MESSENGER. – The news is true, my lord. He is descried.
Caesar has taken Toryne.

ANTONY. – Can he be there in person ? 'Tis impossible ;
Strange that his power should be. Camidius,
Our nineteen legions thou shalt hold by land,
And our twelve thousand horse. We'll to our ship.
Away, my Thetis !

Enter a Soldier

How now, worthy soldier ?

SOLDIER. – O noble Emperor, do not fight by sea.
Trust not to rotten planks. Do you misdoubt
This sword and these my wounds ? Let th'Egyptians
And the Phoenicians go a-ducking ; we
Have used to conquer standing on the earth,
And fighting foot to foot.

ANTONY. – Well, well ; away !

Exeunt Antony, Cleopatra, and Enobarbus

SOLDIER. – By Hercules, I think I am i'th' right.

CAMIDIUS. – Soldier, thou art ; but his whole action grows
Not in the power on't. So our leader's led,
And we are women's men.

SOLDIER. – You keep by land
The legions and the horse whole, do you not ?

CAMIDIUS. – Marcus Octavius, Marcus Justeius,
Publicola and Caelius are for sea,
But we keep whole by land. This speed of Caesar's
Carries beyond belief.

SOLDIER. – While he was yet in Rome
His power went out in such distractions
As beguiled all spies.

CAMIDIUS. – Who's his lieutenant, hear you ?

SOLDIER. – They say, one Taurus.

CAMIDIUS. – Well I know the man.

Enter a Messenger

MESSENGER. – The Emperor calls Camidius.

CAMIDIUS. – With news the time's in labour, and throws forth
Each minute some. *Exeunt*

---

72 CAMIDIUS] *Pope (1723-1725)* ; *Ven. F.* 80 in] *Rowe (1709)* ; with *F.*

---

1. L'une des Néréides dont il a été question à propos de l'équipage de Cléopâtre sur

Partant du promontoire d'Actium, nous battrons
César quand il approchera. Si nous échouons,
Alors nous le ferons sur terre.

Entre un Messager

Ton message ?

LE MESSAGER. – La nouvelle est vraie, monseigneur. On l'a vu.
César a pris Toryne.

ANTOINE. – Peut-il y être en personne ? Impossible ;
C'est déjà étonnant que ses forces y soient. Camidius,
Nos dix-neuf légions, tu les garderas à terre
Et nos douze mille cavaliers. Nous, nous embarquons.
En route, ma Thétis[1] !

Entre un Soldat

Quoi donc, brave soldat ?

LE SOLDAT. – Ô noble empereur, ne combattez pas sur mer.
Ne vous fiez pas à des planches pourries. Serait-ce
Que vous doutez de cette épée, de mes blessures ?
Laissez plonger les Égyptiens, les Phéniciens.
Nous, notre habitude est de vaincre debout, à terre,
En luttant pied à pied.

ANTOINE. – C'est bon, c'est bon, en route !

Antoine, Cléopâtre et Enobarbus sortent

LE SOLDAT. – Par Hercule, je crois que je suis dans le vrai.

CAMIDIUS. – Tu l'es, soldat ; mais son action ne sort pas toute
De là où est sa force ; celui qui nous mène
Est mené et nous, valets des femmes.

LE SOLDAT. – Vous gardez à terre
Légions et cavaliers au complet, n'est-ce pas ?

CAMIDIUS. – Marcus Octavius, Marcus Justeius,
Publicola et Caelius iront en mer,
Mais nous restons à terre au complet. Que César
Ait fait si vite est à ne pas croire.

LE SOLDAT. – Encore à Rome,
Il fit sortir ses troupes en fractions[2] si petites
Que tous les espions s'y trompèrent.

CAMIDIUS. – Qui est, dit-on,
Son lieutenant ?

LE SOLDAT. – Un nommé Taurus.

CAMIDIUS. – Je connais bien l'homme.

Entre un Messager

LE MESSAGER. – L'empereur demande Camidius.

CAMIDIUS. – Les circonstances, grosses de nouvelles,
En enfantent une à chaque instant. *Ils sortent*

---

le Cydnus (II,2,209). Elle est souvent confondue, comme ici peut-être, avec Téthys, femme d'Océanus, mère du Nil et des autres fleuves. 2. Voir plus haut III,7,43 et la note.

III, 8 *Enter Caesar with his army, marching, and Taurus*

CAESAR. – Taurus !
TAURUS. – My lord ?
CAESAR. – Strike not by land. Keep whole. Provoke not battle
Till we have done at sea. (*Giving a scroll*) Do not exceed
The prescript of this scroll. Our fortune lies
Upon this jump.

Exit Caesar and his army at one door, Taurus at another

III, 9 *Enter Antony and Enobarbus*

ANTONY. – Set we our squadrons on yon side o'th' hill
In eye of Caesar's battle, from which place
We may the number of the ships behold,
And so proceed accordingly. *Exeunt*

III, 10 *Camidius marcheth with his land army one way over the stage, and Taurus, the lieutenant of Caesar, with his army the other way. After their going in is heard the noise of a sea-fight. Alarum. Enter Enobarbus*

ENOBARBUS. – Naught, naught, all naught ! I can behold no longer.
Th'*Antoniad*, the Egyptian admiral,
With all their sixty, fly and turn the rudder.
To see't mine eyes are blasted.
Enter Scarus
SCARUS. – Gods and goddesses –
All the whole synod of them !
ENOBARBUS. – What's thy passion ?
SCARUS. – The greater cantle of the world is lost
With very ignorance ; we have kissed away
Kingdoms and provinces.
ENOBARBUS. – How appears the fight ?
SCARUS. – On our side like the tokened pestilence,
Where death is sure. Yon riband-red nag of Egypt –
Whom leprosy o'ertake ! – i'th' midst o'th' fight –
When vantage like a pair of twins appeared,
Both as the same, or rather ours the elder –
The breese upon her, like a cow in June,
Hoists sails and flies.

III,10 10 riband-red] *Oxford* ; ribaudred *F* ; *nombreuses conjectures.* **14** June] *F2* ; Inne *F.*

---

1. Lieu : en rase campagne, à proximité d'Actium. Cela vaut aussi pour les deux scènes suivantes. **2.** Adjectif aussi bien que substantif dans la langue de Sh, *naught* (« zéro », « rien » dans l'usage actuel) peut signifier « méchant », « inique », « bas » ou bien « réduit à rien », « anéanti ». La modulation d'un sens à l'autre est seulement esquissée. Enobarbus ne connaît encore ni la fuite honteuse d'Antoine ni l'étendue du désastre. Il réagit en militaire que suffit à révolter la défection de Cléopâtre. **3.** Contrairement à nombre d'éditions

Entrent César, son armée marchant au pas, et Taurus[1] **III, 8**

CÉSAR. – Taurus !
TAURUS. – Monseigneur ?
CÉSAR. – N'attaquez pas sur terre. Restez au complet.
Ne cherchez pas le combat avant que nous ayons
Fini sur mer. (*Lui donnant un rouleau*) N'allez pas au-delà
De ce que prescrit ce rouleau. Notre sort se joue
Sur ce coup hasardeux.

César et son armée sortent par une porte, Taurus par une autre

Entrent Antoine et Enobarbus **III, 9**

ANTOINE. – Plaçons nos unités sur le versant là-bas
En vue des lignes de César ; de cet endroit,
Nous pourrons observer le nombre des navires
Et agir en conséquence. *Ils sortent*

Camidius, avec son armée de terre, traverse la scène dans un sens, et Taurus, le lieutenant de César, avec son armée, dans l'autre sens. Une fois qu'ils sont rentrés, on entend le bruit d'un combat naval. Sonnerie guerrière. Entre Enobarbus **III, 10**

ENOBARBUS. – Nul[2], nul, néant total ! Je ne peux plus voir ça.
L'*Antoniade,* le naviral amiral d'Égypte,
Et les soixante autres, fuient, tournant le gouvernail.
Cette vision me détruit la vue.

Entre Scarus

SCARUS. – Dieux et déesses –
Tout leur synode au complet !
ENOBARBUS. – Pourquoi cet éclat ?
SCARUS. – La plus grande part du monde est perdue
Par pure sottise ; nous avons, en baisers, dissipé
Royaumes et provinces.
ENOBARBUS. – Où en est le combat ?
SCARUS. – De notre côté, avec tous les symptômes de la peste,
C'est la mort à coup sûr. La rosse enrubannée de rouge[3],
L'Égyptienne là-bas – que la lèpre l'emporte ! –
En plein combat – les chances de part et d'autre
Ayant l'air de jumeaux, tous deux pareils, le nôtre
Même plus avancé, voilà qu'un taon sur elle
Comme sur vache en juin, lui fait hisser la voile[4]
Et prendre la fuite.

---

modernes qui retiennent *ribaudred* – la lecture de l'in-folio* – sans toutefois fournir d'explication précise de ce mot d'occurrence unique (certains comprenant « ribald-rid » / montée par un ribaud), *Oxford* opte plus simplement pour *riband-red* (rouge de rubans) qui évoque les flots dont on ornait les chevaux de course ou les rosses que l'on mettait en vente. Il y a en outre un rapport entre la couleur des rubans et les rougeurs, symptômes de la lèpre, dont le nom vient aux lèvres de Scarus dès le vers suivant. **4.** Piquée par un taon, la vache fuit la queue dressée en l'air (Wilson).

ENOBARBUS. – That I beheld.
Mine eyes did sicken at the sight, and could not
Endure a further view.
SCARUS. – She once being luffed,
The noble ruin of her magic, Antony,
Claps on his sea-wing and, like a doting mallard,
Leaving the fight in height, flies after her.
I never saw an action of such shame.
Experience, manhood, honour, ne'er before
Did violate so itself.
ENOBARBUS. – Alack, alack !

Enter Camidius

CAMIDIUS. – Our fortune on the sea is out of breath,
And sinks most lamentably. Had our general
Been what he knew himself, it had gone well.
O, he has given example for our flight
Most grossly by his own.
ENOBARBUS. – Ay, are you thereabouts ? Why then, good night indeed !
CAMIDIUS. – Toward Peloponnesus are they fled.
SCARUS. – 'Tis easy to't, and there I will attend
What further comes.
CAMIDIUS. – To Caesar will I render
My legions and my horse. Six kings already
Show me the way of yielding.
ENOBARBUS. – I'll yet follow
The wounded chance of Antony, though my reason
Sits in the wind against me.

[*Exeunt severally*]

III, 11 *Enter Antony with Attendants*

ANTONY. – Hark, the land bids me tread no more upon't,
It is ashamed to bear me. Friends, come hither.
I am so lated in the world that I
Have lost my way for ever. I have a ship
Laden with gold. Take that ; divide it, fly,
And make your peace with Caesar.
ATTENDANTS. – Fly ? Not we.
ANTONY. – I have fled myself, and have instructed cowards
To run and show their shoulders. Friends, be gone.
I have myself resolved upon a course
Which has no need of you. Be gone.
My treasure's in the harbour. Take it. O,

17 luffed] *F* (looft). 27 he] *F2* ; his *F*.

1. « Venir au lof » ou « venir au vent » s'applique à la manœuvre préparatoire qui permet au navire de prendre une allure rapide. 2. Le mot n'est pas moins usuel dans notre langue

ENOBARBUS. – Cela je l'ai bien vu.
Mes yeux en furent malades et n'ont pu davantage
Le supporter.
SCARUS. – A peine est-elle venue au lof[1]
Qu'Antoine — noble ruine de sa magie — fait claquer
Son aile marine et, malart[2] que la femelle affole,
Fuyant le combat qui fait rage, file après elle.
Jamais je n'avais vu d'action aussi honteuse.
Jamais encore expérience, virilité, honneur
Ne s'étaient violés eux-mêmes à ce point.
ENOBARBUS. – Hélas ! hélas !

Entre Camidius

CAMIDIUS. – Notre fortune sur mer est à bout de souffle,
Et sombre lamentablement. Si notre général
Avait été tel qu'il se connaissait, tout allait bien.
Oh ! il nous a donné l'exemple de la fuite
Par l'indécence de la sienne !
ENOBARBUS. – Quoi ! vous en êtes là ? Alors bien le bonsoir !
CAMIDIUS. – C'est au Péloponnèse qu'ils se sont enfuis.
SCARUS. – On y va aisément, et je vais y attendre
Ce qui peut arriver.
CAMIDIUS. – Je vais remettre à César
Mes légions et mes cavaliers. Six rois déjà
Me montrent le chemin de la soumission.
ENOBARBUS. – Moi,
Je veux suivre encore le sort meurtri d'Antoine,
Bien que ma raison souffle avec le vent contraire.

[*Ils sortent chacun de son côté*]

III, 11

Entre Antoine avec sa suite[3]

ANTOINE. – Entendez-vous? Le sol ne veut plus de mon pas,
Il a honte de me porter. Venez, mes amis.
Je me suis tant attardé dans la nuit du monde
Que j'ai perdu ma route à jamais. J'ai un navire
Chargé d'or. Prenez-le, partagez-le, fuyez,
Et faites la paix avec César.
LES MEMBRES DE LA SUITE. – Fuir ? Pas nous.
ANTOINE. – J'ai fui moi-même et j'ai enseigné aux poltrons
A fuir et montrer leur dos. Partez, mes amis.
Je suis pour moi résolu à prendre une route
Qui n'a pas besoin de vous. Partez.
Mon trésor attend dans le port. Prenez-le. Oh !

(d'où il tire son origine) que *mallard* en anglais pour désigner le mâle du canard sauvage, ou colvert. Scarus s'exprime en soldat scandalisé de la conduite d'Antoine mais gardant un reste d'admiration pour ce qu'il a malgré tout de racé. Pour *doting,* voir I,1,1 et la note. 3. Lieu : Alexandrie probablement, puisqu'il est question du « maître d'école » des enfants royaux.

I followed that I blush to look upon.
My very hairs do mutiny, for the white
Reprove the brown for rashness, and they them
For fear and doting. Friends, be gone. You shall
Have letters from me to some friends that will
Sweep your way for you. Pray you, look not sad,
Nor make replies of loathness. Take the hint
Which my despair proclaims. Let that be left
Which leaves itself. To the seaside straightway!
I will possess you of that ship and treasure.
Leave me, I pray, a little. Pray you now,
Nay, do so ; for indeed I have lost command.
Therefore I pray you ; I'll see you by and by. *Exeunt attendants*

He sits down.

Enter Cleopatra led by Charmian, Iras, and Eros

EROS. – Nay, gentle madam, to him. Comfort him.
IRAS. – Do, most dear Queen.
CHARMIAN. – Do. Why, what else ?
CLEOPATRA. – Let me sit down. O Juno !

She sits down

ANTONY. – No, no, no, no, no.
EROS (*to Antony*). – See you here, sir ?
ANTONY. – O fie, fie, fie !
CHARMIAN. – Madam.
IRAS. – Madam. O good Empress !
EROS. – Sir, sir.
ANTONY. – Yes, my lord, yes. He at Philippi kept
His sword e'en like a dancer, while I struck
The lean and wrinkled Cassius ; and 'twas I
That the mad Brutus ended. He alone
Dealt on lieutenantry, and no practice had
In the brave squares of war. Yet now — no matter.
CLEOPATRA ([*rising,*] *to Charmian and Iras*). – Ah, stand by.
EROS. – The Queen, my lord, the Queen.
IRAS. – Go to him, madam.
Speak to him. He's unqualitied
With very shame.
CLEOPATRA. – Well then, sustain me. O !
EROS. – Most noble sir, arise. The Queen approaches.
Her head's declined, and death will seize her but
Your comfort makes the rescue.
ANTONY. – I have offended reputation ;
A most unnoble swerving.

---

19 that] *Capell (1767-1768)* ; them *F*. **36** struck] *F* (strooke). **47** seize] *F* (cease), *F2*.

---

1. Cf. *Jules César*, I,2,195. **2.** L'auteur de *Jules César* n'ignore évidemment pas que Brutus se donna la mort. Mais c'est la victoire d'Antoine qui l'y contraignit.

J'ai suivi ce que je rougis de voir en face !
Mes cheveux mêmes se querellent, car les blancs
Accusent les bruns de témérité, et ceux-ci
Les autres de peur et gâtisme. Amis, partez.
Vous aurez des lettres de moi à des amis
Qui vous aplaniront la voie. Je vous en prie,
N'ayez pas l'air triste, ni n'objectez de répugnance.
Saisissez l'occasion que clame mon désespoir.
Abandonnez ce qui soi-même s'abandonne.
Allez droit au rivage. Je veux que vous preniez
Possession de ce navire et de ce trésor.
Laissez-moi, je vous prie, un instant. Je vous en prie,
Mais si, faites-le ; car en vérité j'ai perdu
Toute autorité. C'est pourquoi je vous en prie ;
Je vous verrai dans un moment. *Les membres de sa suite sortent*

Il s'assied.

Entre Cléopâtre précédée par Charmian, Iras et Eros

EROS. – Mais si, douce madame, allez vers lui, consolez-le.
IRAS. – Faites-le, reine très aimée.
CHARMIAN. – Faites, ou bien quoi d'autre ?
CLÉOPÂTRE. – Laissez que je m'assoie. Ô Junon !

Elle s'assied

ANTOINE. – Non, non, non, non, non.
EROS (*à Antoine*). – Voyez-vous qui est là, monsieur ?
ANTOINE. – Oh ! abject, abject !
CHARMIAN. – Madame.
IRAS. – Madame. Ô chère impératrice !
EROS. – Monsieur, monsieur.
ANTOINE. – Oui, monseigneur, oui. Lui, à Philippes, il tenait
Son épée comme un danseur, tandis que je frappais
Le maigre[1] Cassius, couvert de rides, et c'est moi
Qui causai la fin[2] de ce fou de Brutus. Seul,
Il s'en remettait à des lieutenants, n'ayant jamais
Fait manœuvrer de vaillants escadrons
Au combat. Et le voilà pourtant — peu importe.
CLÉOPÂTRE ([*se levant,*] *à Charmian et Iras*). – Ah ! restez près de moi.
EROS. – La reine, monseigneur, la reine.
IRAS. – Allez vers lui, madame.
Parlez-lui. Il est anéanti
De pure honte.
CLÉOPÂTRE. – Eh bien donc, soutenez-moi. Oh !
EROS. – Très noble seigneur, levez-vous. La reine approche.
Sa tête est inclinée et la mort va la prendre
Si votre réconfort ne vient pas la sauver.
ANTOINE. – J'ai insulté la gloire,
Me dévoyant de manière ignoble.

EROS. – Sir, the Queen.
ANTONY [*rising*]. – O, whither hast thou led me, Egypt ? See
How I convey my shame out of thine eyes
By looking back what I have left behind
'Stroyed in dishonour.
CLEOPATRA. – O, my lord, my lord,
Forgive my fearful sails ! I little thought
You would have followed.
ANTONY. – Egypt, thou knew'st too well
My heart was to thy rudder tied by th' strings,
And thou shouldst tow me after. O'er my spirit
Thy full supremacy thou knew'st, and that
Thy beck might from the bidding of the gods
Command me.
CLEOPATRA. – O, my pardon !
ANTONY. – Now I must
To the young man send humble treaties, dodge
And palter in the shifts of lowness, who
With half the bulk o'th' world played as I pleased,
Making and marring fortunes. You did know
How much you were my conqueror, and that
My sword, made weak by my affection, would
Obey it on all cause.
CLEOPATRA. – Pardon, pardon !
ANTONY. – Fall not a tear, I say. One of them rates
All that is won and lost. Give me a kiss.

He kisses her

Even this repays me. (*To an Attendant*) We sent our schoolmaster ;
Is a come back ? (*To Cleopatra*) Love, I am full of lead. (*Calling*) Some wine
Within there, and our viands ! Fortune knows
We scorn her most when most she offers blows. *Exeunt*

III, 12 *Enter Caesar, [Agrippa,] Thidias, and Dolabella, with others*

CAESAR. – Let him appear that's come from Antony.
Know you him ?
DOLABELLA. – Caesar, 'tis his schoolmaster ;
An argument that he is plucked, when hither
He sends so poor a pinion of his wing,
Which had superfluous kings for messengers
Not many moons gone by.

Enter Ambassador from Antony

CAESAR. – Approach and speak.
AMBASSADOR. – Such as I am, I come from Antony.

---

58 tow] *Rowe (1709)* ; stowe *F.* **59** Thy] *Theobald (1740)* ; The *F.*

EROS. – Monsieur, la reine.
ANTOINE [*se levant*]. – Ah ! où m'as-tu conduit, Égypte ? Vois
Comme hors de ta vue je dérobe ma honte,
Regardant en arrière ce que je laisse, détruit,
Déshonoré.
CLÉOPÂTRE. – Oh ! monseigneur, monseigneur, pardonnez
A mes voiles peureuses ! Je ne pensais guère
Que vous m'auriez suivie.
ANTOINE. – Égypte, tu savais trop
Que mon cœur à ton gouvernail était enchaîné
Et que tu me halerais après toi. Tu savais
Ton empire absolu sur mon âme, et que,
D'un signe, tu pouvais du commandement des dieux
Me détourner.
CLÉOPÂTRE. – Oh ! pardon pour moi !
ANTOINE. – Maintenant
Au jeunot je dois faire d'humbles offres, biaiser,
Ruser, usant des expédients d'un inférieur,
Moi qui de la moitié de la masse du monde
Disposais à plaisir, faisant et défaisant
Les destins. Vous saviez jusqu'où vous m'aviez subjugué
Et que mon épée, affaiblie par ma passion,
Lui céderait dans tous les cas.
CLÉOPÂTRE. – Pardon, pardon !
ANTOINE. – Non, point de larmes, non. Une seule vaut bien
Tout ce qui fut gagné et perdu. Un baiser.
Il l'embrasse
Cela seul me rend tout. (*A un Serviteur*) Nous avons envoyé
Notre maître d'école[1] ; est-il revenu ? (*A Cléopâtre*) Mon amour,
Je me sens de plomb. (*Appelant*) Qu'on m'apporte du vin
Et à manger ! La Fortune le sait,
Plus elle me harcèle, plus je ris de ses traits. *Ils sortent*

Entrent César, [Agrippa,] Thidias, Dolabella et d'autres[2] **III, 12**

CÉSAR. – Faites entrer celui qu'Antoine nous envoie.
Le connaissez-vous ?
DOLABELLA. – César, c'est son maître d'école ;
Il faut qu'il soit plumé pour envoyer ici
Une aussi méchante rémige de son aile,
Lui qui n'avait que trop de rois pour messagers,
Il y a peu de lunes encore.
Entre l'Ambassadeur d'Antoine
CÉSAR. – Approche et parle.
L'AMBASSADEUR. – Tel que je suis, je viens de la part d'Antoine.

1. Au sens d'instituteur de la population enfantine d'une maison seigneuriale ou royale. 2. Lieu : le camp de César en Égypte.

I was of late as petty to his ends
As is the morn-dew on the myrtle leaf
To his grand sea.
CAESAR. – Be't so. Declare thine office.
AMBASSADOR. – Lord of his fortunes he salutes thee, and
Requires to live in Egypt; which not granted,
He lessens his requests, and to thee sues
To let him breathe between the heavens and earth,
A private man in Athens. This for him.
Next, Cleopatra does confess thy greatness,
Submits her to thy might, and of thee craves
The circle of the Ptolemies for her heirs,
Now hazarded to thy grace.
CAESAR. – For Antony,
I have no ears to his request. The Queen
Of audience nor desire shall fail, so she
From Egypt drive her all-disgracèd friend,
Or take his life there. This if she perform
She shall not sue unheard. So to them both.
AMBASSADOR. – Fortune pursue thee!
CAESAR. – Bring him through the bands.
Exit Ambassador, attended
(*To Thidias*) To try thy eloquence now 'tis time. Dispatch.
From Antony win Cleopatra. Promise,
And in our name, what she requires. Add more
As thine invention offers. Women are not
In their best fortunes strong, but want will perjure
The ne'er-touched vestal. Try thy cunning, Thidias.
Make thine own edict for thy pains, which we
Will answer as a law.
THIDIAS. – Caesar, I go.
CAESAR. – Observe how Antony becomes his flaw,
And what thou think'st his very action speaks
In every power that moves.
THIDIAS. – Caesar, I shall.
Exeunt Caesar and his train at one door, and Thidias at another

III, 13 *Enter Cleopatra, Enobarbus, Charmian, and Iras*

CLEOPATRA. – What shall we do, Enobarbus?
ENOBARBUS. – Think, and die.
CLEOPATRA. – Is Antony or we in fault for this?
ENOBARBUS. – Antony only, that would make his will
Lord of his reason. What though you fled
From that great face of war, whose several ranges
Frighted each other? Why should he follow?

13 lessens] *F2*; Lessons *F.* 29 As thine invention] *Hanmer (1744)*; From thine invention, *F.*

Je comptais aussi peu dans ses desseins naguère
Que rosée du matin sur la feuille de myrte
Auprès de son océan.
CÉSAR. – Soit. Que viens-tu dire ?
L'AMBASSADEUR. – Il salue en toi le maître de son destin
Et demande à vivre en Égypte ; si c'est non,
Il modère sa requête et de toi sollicite
Qu'on le laisse respirer entre ciel et terre,
Simple citoyen à Athènes. Cela pour lui.
Cléopâtre, à son tour, reconnaît ta grandeur,
Se soumet à ton pouvoir, et de toi implore
La couronne des Ptolémées pour ses héritiers,
Désormais à la merci de ta faveur.
CÉSAR. – Pour Antoine,
Je suis sourd à sa requête. La reine
Sera entendue et exaucée à condition
De chasser d'Égypte son ami en pleine disgrâce
Ou de l'y faire périr. Cette tâche remplie,
Elle ne plaidera pas en vain. Voilà pour eux deux.
L'AMBASSADEUR. – La Fortune te suive !
CÉSAR. – Faites-lui passer nos lignes.
L'Ambassadeur sort, accompagné
(*A Thidias*) C'est le moment d'essayer ton éloquence. Hâte-toi.
Détache Cléopâtre d'Antoine. Promets,
En notre nom, ce qu'elle demande. Offre plus,
Selon ce qui te viendra à l'esprit. Les femmes
Au mieux de leur fortune ont peu de force, mais
Le besoin fera se parjurer la vestale
Inviolée. Vois ce que peut ta ruse, Thidias.
Dicte toi-même le prix de ta peine, et nous
En ferons une loi.
THIDIAS. – César, je m'y rends.
CÉSAR. – Vois comme réagit Antoine à sa disgrâce,
Et ce qu'à ton avis sa conduite déclare
En chacun de ses gestes.
THIDIAS. – César, je le ferai.
César et sa suite sortent par une porte et Thidias par une autre

Entrent Cléopâtre, Enobarbus, Charmian et Iras[1] **III, 13**

CLÉOPÂTRE. – Qu'allons-nous faire, Enobarbus ?
ENOBARBUS. – Penser, et mourir.
CLÉOPÂTRE. – Est-ce la faute d'Antoine ou la nôtre ?
ENOBARBUS. – Du seul Antoine, qui a fait que son désir[2]
L'emporte sur sa raison. Quoique vous ayez fui
Ce front grandiose de la guerre dont les rangs opposés
S'épouvantaient l'un l'autre, devait-il vous suivre ?

---

1. Lieu : Alexandrie, le palais de Cléopâtre. 2. Pour *will*, voir II,5,8 et la note.

The itch of his affection should not then
Have nicked his captainship, at such a point,
When half to half the world opposed, he being
The mooted question. 'Twas a shame no less
Than was his loss, to course your flying flags
And leave his navy gazing.
CLEOPATRA. – Prithee, peace.

Enter the Ambassador with Antony

ANTONY. – Is that his answer?
AMBASSADOR. – Ay, my lord.
ANTONY. – The Queen shall then have courtesy, so she
Will yield us up.
AMBASSADOR. – He says so.
ANTONY. – Let her know't.
(*To Cleopatra*) To the boy Caesar send this grizzled head,
And he will fill thy wishes to the brim
With principalities.
CLEOPATRA. – That head, my lord?
ANTONY (*to the Ambassador*). – To him again. Tell him he wears the rose
Of youth upon him, from which the world should note
Something particular. His coin, ships, legions,
May be a coward's, whose ministers would prevail
Under the service of a child as soon
As i'th' command of Caesar. I dare him therefore
To lay his gay caparisons apart
And answer me declined, sword against sword,
Ourselves alone. I'll write it. Follow me.

Exeunt Antony and Ambassador

ENOBARBUS (*aside*). – Yes, like enough, high-battled Caesar will
Unstate his happiness and be staged to th' show
Against a sworder! I see men's judgements are
A parcel of their fortunes, and things outward
Do draw the inward quality after them
To suffer all alike. That he should dream,
Knowing all measures, the full Caesar will
Answer his emptiness! Caesar, thou hast subdued
His judgement, too.

Enter a Servant

SERVANT. – A messenger from Caesar.
CLEOPATRA. – What, no more ceremony? See, my women:
Against the blown rose may they stop their nose,
That kneeled unto the buds. Admit him, sir. *Exit Servant*
ENOBARBUS (*aside*). – Mine honesty and I begin to square.

---

10 mooted] *Oxford*; meered *F*. 15-17 *vers*] *prose F*. 25 caparisons] *Pope (1723-1725)*; Comparisons *F*.

---

1. Entre le *this* [...] *head* du vers 16 et le *That head* de celui-ci il y a la distance de la simple désignation de proximité à la puissance émotionnelle du *that* où l'admiration se

La passion qui le démangeait n'aurait pas dû
Surprendre sa valeur de capitaine au moment
Où, la moitié du monde s'opposant à l'autre,
C'était lui l'objet du débat. Sa honte
Ne fut pas moindre que sa perte lorsque,
Pour suivre vos pavillons en fuite, il quitta
Sa flotte, la laissant bouche bée.

CLÉOPÂTRE. – Je t'en prie, tais-toi.

Entre l'Ambassadeur avec Antoine

ANTOINE. – Est-ce là sa réponse ?

L'AMBASSADEUR. – Oui, monseigneur.

ANTOINE. – La reine recevrait un traitement courtois
Pourvu qu'elle nous livre.

L'AMBASSADEUR. – Il le dit.

ANTOINE. – Qu'elle l'entende !
(*A Cléopâtre*) Envoie au jeune César cette tête grisonnante
Et tes désirs seront jusqu'au bord comblés
De principautés.

CLÉOPÂTRE. – Cette tête[1], monseigneur ?

ANTOINE (*à l'Ambassadeur*). – Retourne. Dis-lui qu'il a sur lui la rose
De la jeunesse, que le monde en attend la preuve
Manifeste. Sa monnaie, ses bateaux, ses légions,
Sont peut-être ceux d'un poltron, dont les subordonnés
A servir un enfant prévaudraient tout autant
Qu'aux ordres de César. Aussi je le défie
De mettre de côté ses brillants avantages[2]
Pour me répondre en mon déclin, épée contre épée
Nous seuls. Je vais le lui écrire. Suis-moi.

Antoine et l'Ambassadeur sortent

ENOBARBUS (*à part*). – Mais oui, pour sûr, César aux puissants bataillons
Va détrôner sa gloire et monter sur l'estrade
Pour combattre un sabreur ! Le jugement d'un homme,
Je le vois, va avec sa chance, et les choses extérieures,
Entraînant son être intérieur après elles,
Le forcent aussi à subir. Peut-il rêver,
Sachant jauger les hommes, que César en sa plénitude
Réponde à sa vacuité ! César, tu as soumis
Son jugement aussi.

Entre un Serviteur

LE SERVITEUR. – Un messager de César.

CLÉOPÂTRE. – Quoi ! sans plus de façons ? Voyez donc, mes femmes :
Devant la rose passée, tel peut se boucher le nez,
Qu'on a vu à genoux devant la fleur en bouton. Qu'il entre !

Le Serviteur sort

ENOBARBUS (*à part*). – Ma rectitude et moi nous entrons en conflit.

---

mêle à la tendresse. Beaucoup dépend ici de l'intonation. 2. Au sens de « séductions extérieures », *caparisons* n'étant pas le strict équivalent du français « caparaçon », mais désignant aussi les beaux dehors, les aspects flatteurs.

The loyalty well held to fools does make
Our faith mere folly ; yet he that can endure
To follow with allegiance a fall'n lord
Does conquer him that did his master conquer,
And earns a place i'th' story.

Enter Thidias

CLEOPATRA. – Caesar's will ?
THIDIAS. – Hear it apart.
CLEOPATRA. – None but friends ; say boldly.
THIDIAS. – So haply are they friends to Antony.
ENOBARBUS. – He needs as many, sir, as Caesar has,
Or needs not us. If Caesar please, our master
Will leap to be his friend. For us, you know,
Whose he is, we are : and that is Caesar's.
THIDIAS. – So. (*To Cleopatra*) Thus, then, thou most renowned : Caesar entreats
Not to consider in what case thou stand'st
Further than he is Caesar.
CLEOPATRA. – Go on ; right royal.
THIDIAS. – He knows that you embraced not Antony
As you did love, but as you fearèd him.
CLEOPATRA. – O.
THIDIAS. – The scars upon your honour therefore he
Does pity as constrainèd blemishes,
Not as deserved.
CLEOPATRA. – He is a god, and knows
What is most right. Mine honour was not yielded,
But conquered merely.
ENOBARBUS (*aside*). – To be sure of that
I will ask Antony. Sir, sir, thou art so leaky
That we must leave thee to thy sinking, for
Thy dearest quit thee. *Exit*
THIDIAS. – Shall I say to Caesar
What you require of him ? – For he partly begs
To be desired to give. It much would please him
That of his fortunes you should make a staff
To lean upon. But it would warm his spirits
To hear from me you had left Antony,
And put your self under his shroud,
The universal landlord.
CLEOPATRA. – What's your name ?
THIDIAS. – My name is Thidias.
CLEOPATRA. – Most kind messenger,
Say to great Caesar this in deputation :
I kiss his conqu'ring hand. Tell him I am prompt

---

54 Caesar] *F2* ; *Cæsars F.* **55** embraced] *Hudson (1851-1856)* ; embrace *F.* **74** deputation] *Theobald (1733)* ; disputation *F.*

La loyauté que l'on conserve envers un fol
Fait de notre fidélité pure folie ; pourtant,
Qui est capable de garder son allégeance
A un chef déchu, celui-là est vraiment vainqueur
Du vainqueur de son maître, et mérite une place
Dans le récit.

Entre Thidias

CLÉOPÂTRE. – La volonté de César ?
THIDIAS. – Entends-la sans témoins.
CLÉOPÂTRE. – Ce sont tous des amis. Parle haut.
THIDIAS. – Peut-être sont-ils aussi des amis d'Antoine.
ENOBARBUS. – Il lui en faut, monsieur, autant qu'à César,
Ou alors ce n'est pas nous qu'il lui faut[1]. Si César veut,
Notre maître d'un bond se fera son ami.
Pour nous, vous le savez, nous sommes
A qui il est, c'est-à-dire à César.
THIDIAS. – Soit. (*A Cléopâtre*) Voici donc, très illustre : César
Te presse de ne pas voir plus loin dans ton sort
Que le fait qu'il est César.
CLÉOPÂTRE. – Poursuis ; c'est d'un vrai roi.
THIDIAS. – Il sait que vous avez pris le parti d'Antoine
Non pas que vous l'aimiez mais que vous le craigniez.
CLÉOPÂTRE. – Oh !
THIDIAS. – Les taches à votre honneur, par conséquent,
Il en a pitié comme d'atteintes subies
Mais non pas méritées.
CLÉOPÂTRE. – C'est un dieu, et il sait
L'exacte vérité. Mon honneur ne s'est pas rendu,
Il fut tout simplement conquis.
ENOBARBUS (*à part*). – Pour en être plus sûr,
J'interrogerai Antoine. Monsieur, monsieur,
Tu prends l'eau, il nous faut te laisser sombrer,
Car ta chérie te quitte. *Il sort*
THIDIAS. – Dois-je dire à César
Ce que vous lui demandez ? – Car il voudrait un peu
Qu'on désirât qu'il donne. Il lui plairait beaucoup
Que de sa réussite vous fassiez un soutien
Sur quoi vous appuyer. Mais son cœur serait plus ardent
D'apprendre de moi que vous avez quitté Antoine
Et que vous vous placez sous la protection
Du maître de l'univers.
CLÉOPÂTRE. – Quel est votre nom ?
THIDIAS. – Mon nom est Thidias.
CLÉOPÂTRE. – Très aimable messager,
Faites savoir ceci, pour moi, au grand César :
Je baise sa main conquérante. Dites-lui

1. Si Antoine conserve un haut rang, il lui faut une suite ; s'il est réduit à rien, nous ne sommes pas gens à nous attacher à lui. L'allégeance d'Enobarbus se fait incertaine.

To lay my crown at's feet, and there to kneel
Till from his all-obeying breath I hear
The doom of Egypt.

THIDIAS. – 'Tis your noblest course.
Wisdom and fortune combating together,
If that the former dare but what it can,
No chance may shake it. Give me grace to lay
My duty on your hand.

He kisses Cleopatra's hand

CLEOPATRA. – Your Caesar's father oft,
When he hath mused of taking kingdoms in,
Bestowed his lips on that unworthy place,
As it rained kisses.

Enter Antony and Enobarbus

ANTONY. – Favours, by Jove that thunders!
What art thou, fellow?

THIDIAS. – One that but performs
The bidding of the fullest man, and worthiest
To have command obeyed.

ENOBARBUS. – You will be whipped.

ANTONY (*calling*). – Approach, there! – Ah, you kite! Now, gods and devils,
Authority melts from me of late. When I cried "Ho!",
Like boys unto a muss kings would start forth,
And cry "Your will?" – Have you no ears? I am
Antony yet.

Enter servants

Take hence this jack, and whip him.

ENOBARBUS [*aside to Thidias*]. – 'Tis better playing with a lion's whelp
Than with an old one dying.

ANTONY. – Moon and stars!
Whip him! Were't twenty of the greatest tributaries
That do acknowledge Caesar, should I find them
So saucy with the hand of she here – what's her name
Since she was Cleopatra? Whip him, fellows,
Till like a boy you see him cringe his face,
And whine aloud for mercy. Take him hence.

THIDIAS. – Mark Antony –

ANTONY. – Tug him away. Being whipped,
Bring him again. This jack of Caesar's shall
Bear us an errand to him. *Exeunt servants with Thidias*
You were half blasted ere I knew you. Ha,
Have I my pillow left unpressed in Rome,

76-77 kneel / Till] *Jones (1977)*; kneele. / Tell him *F*. **103** This] *Pope (1723-1725)*; the *F*.

---

1. Le mot *kite* (milan, oiseau de proie) s'appliquait couramment aux prostituées. Antoine s'adresse ici – ouvertement ou entre ses dents – à Cléopâtre avec une grossièreté qui précède

Que je suis prête à poser ma couronne à ses pieds
Et à m'agenouiller devant lui, pour apprendre
De sa bouche, à quoi tout obéit, quel sera
Le sort de l'Égypte.

THIDIAS. – Vous prenez le parti le plus noble.
La sagesse et le sort s'opposant l'un à l'autre,
Si la première n'ose que ce qu'elle peut, nul hasard
Ne peut l'ébranler. Laissez-moi en grâce déposer
Mes hommages sur votre main.

Il baise la main de Cléopâtre

CLÉOPÂTRE. – César, le père du vôtre,
Quand il avait rêvé de royaumes à prendre,
Honora souvent de ses lèvres cette place indigne,
Comme s'il y pleuvait des baisers.

Entrent Antoine et Enobarbus

ANTOINE. – Des faveurs,
Par Jupiter tonnant ! Qui es-tu, drôle ?

THIDIAS. – Un qui exécute les ordres du plus grand des hommes
Et du plus digne d'être obéi.

ENOBARBUS. – Vous serez fouetté.

ANTOINE (*appelant*). – Ici, quelqu'un — Ah ! espèce de grue[1]. Or çà, dieux [et démons !
Mon autorité se met à fondre, elle m'échappe.
Quand je criais « holà », comme des gamins
Les rois accouraient pêle-mêle,
Criant : « Vous désirez ? » — N'entendez-vous donc pas ? Je suis
Antoine encore.

Entrent des Serviteurs

Emmenez ce jean-foutre et fouettez-le.

ENOBARBUS [*à part à Thidias*]. – Mieux vaut jouer avec un lionceau
Qu'avec un vieux lion qui meurt.

ANTOINE. – Par la lune et les astres !
Fouettez-le ! Seraient-ils vingt des plus grands
Qui paient tribut à César et le reconnaissent,
Si je leur voyais tant d'impudence envers la main
De celle-ci — quel est son nom depuis
Qu'elle n'est plus Cléopâtre ? Fouettez-le, mes gaillards,
A le faire grimacer comme un gamin
Qui geint tout haut qu'on l'épargne. Emmenez-le.

THIDIAS. – Marc Antoine —

ANTOINE. – Traînez-le dehors. Une fois fouetté,
Ramenez-le. Ce jean-foutre à César
Ira faire pour nous une commission. *Les Serviteurs sortent avec Thidias*
Vous étiez déjà à moitié flétrie[2]
Quand je vous ai connue. Ha ! j'aurai donc laissé

de peu d'autres insultes. 2. Il y a aussi dans *blasted* l'image d'une terre saccagée, de quelque chose de détruit. Voir III,10,4.

Forborne the getting of a lawful race,
And by a gem of women, to be abused
By one that looks on feeders ?

CLEOPATRA. – Good my lord –

ANTONY. – You have been a boggler ever.
But when we in our viciousness grow hard –
O misery on't ! – the wise gods seel our eyes,
In our own filth drop our clear judgements, make us
Adore our errors, laugh at's while we strut
To our confusion.

CLEOPATRA. – O, is't come to this ?

ANTONY. – I found you as a morsel cold upon
Dead Caesar's trencher ; nay, you were a fragment
Of Gnaeus Pompey's, besides what hotter hours
Unregistered in vulgar fame you have
Luxuriously picked out. For I am sure,
Though you can guess what temperance should be,
You know not what it is.

CLEOPATRA. – Wherefore is this ?

ANTONY. – To let a fellow that will take rewards
And say "God quit you" be familiar with
My playfellow your hand, this kingly seal
And plighter of high hearts ! O that I were
Upon the hill of Basan to outroar
The hornèd herd ! For I have savage cause,
And to proclaim it civilly were like
A haltered neck which does the hangman thank
For being yare about him.

Enter a Servant with Thidias

Is he whipped ?

SERVANT. – Soundly, my lord.

ANTONY. – Cried he, and begged a pardon ?

SERVANT. – He did ask favour.

ANTONY (*to Thidias*). – If that thy father live, let him repent
Thou wast not made his daughter ; and be thou sorry
To follow Caesar in his triumph, since
Thou hast been whipped for following him. Henceforth
The white hand of a lady fever thee,
Shake thou to look on't. Get thee back to Caesar ;
Tell him thy entertainment. Look thou say
He makes me angry with him, for he seems
Proud and disdainful, harping on what I am,
Not what he knew I was. He makes me angry,

---

1. *boggler.* Le verbe « to boggle » s'applique au cheval qui refuse l'obstacle. **2.** L'image qui se développe de 113 à 116 est empruntée à la fauconnerie* ; *seel* renvoie au procédé qui consistait à coudre ensemble les paupières du faucon. Ce qui suit esquisse également une démarche aveugle. **3.** Frère aîné du Sextus Pompée qui a un rôle dans la pièce. Voir I,5,31 et la note. **4.** Tiré de la Bible, *Psaumes,* 22,12 : « Des taureaux nombreux me cernent,

Mon oreiller intact à Rome, renoncé
A engendrer une descendance légitime,
Et d'une perle de femme, pour être bafoué
Par une qui lorgne les valets ?

CLÉOPÂTRE. – Mon bon seigneur —

ANTOINE. – Vous avez toujours été une lâcheuse[1].
Mais quand dans notre vice nous sommes endurcis,
Ah ! misère ! — les dieux sages nous cousent[2] les yeux,
Dans notre propre boue laissent choir notre lucidité,
Nous font adorer nos erreurs, et se rient de nous
Tandis que nous allons en nous pavanant
A notre perte.

CLÉOPÂTRE. – Oh ! en sommes-nous là ?

ANTOINE. – Je vous ai trouvée morceau refroidi sur l'écuelle
Du défunt César ; un reste même
Du repas de Cnéius Pompée[3], outre les heures plus chaudes,
Ignorées du vulgaire, que dans votre luxure
Vous vous êtes choisies. Car, j'en suis persuadé,
Bien qu'il vous soit possible d'imaginer la continence,
Vous ne savez pas ce que c'est.

CLÉOPÂTRE. – Pourquoi tout cela ?

ANTOINE. – Tolérer d'un individu prêt à prendre un pourboire
En disant « Dieu vous le rende », des familiarités
Avec ma compagne de jeu, votre main, ce sceau royal
De la foi de cœurs nobles ! Oh ! que ne suis-je
Sur la colline de Basan[4] à beugler plus fort
Que le troupeau cornu ! Car j'en ai motif sauvage
Et le clamer poliment serait comme si
Le cou passé dans la corde remerciait le bourreau
D'être si expéditif avec lui.

Entre un Serviteur avec Thidias

L'a-t-on fouetté ?

LE SERVITEUR. – Comme il faut, monseigneur.

ANTOINE. – A-t-il pleuré, et supplié qu'on lui pardonne ?

LE SERVITEUR. – Il a vraiment demandé grâce.

ANTOINE (*à Thidias*). – Si ton père est vivant, qu'il se repente
De ne t'avoir pas eu pour fille ; et toi regrette
De suivre César en son triomphe, vu que
L'on t'a fouetté pour l'avoir fait. Si désormais
La blanche main d'une dame t'enfièvre,
Tremble d'y lever les yeux. Retourne vers César,
Raconte-lui l'accueil qu'on t'a fait. Dis-lui bien
Qu'il m'irrite, car il se montre
Fier, méprisant, insistant sur ce que je suis,
Non sur ce qu'il a su que j'étais. Il m'irrite,

/ de fortes bêtes de Basan m'encerclent... » Le psaume correspond à une situation d'angoisse avec laquelle celle d'Antoine peut être mise en rapport. Mais le troupeau cornu est surtout pour lui une image d'infortune amoureuse.

And at this time most easy 'tis to do't,
When my good stars that were my former guides
Have empty left their orbs, and shot their fires
Into th'abyss of hell. If he mislike
My speech and what is done, tell him he has
Hipparchus, my enfranchèd bondman, whom
He may at pleasure whip, or hang, or torture,
As he shall like, to quit me. Urge it thou.
Hence, with thy stripes, be gone! *Exit [Servant with] Thidias*

CLEOPATRA. – Have you done yet?

ANTONY. – Alack, our terrene moon
Is now eclipsed, and it portends alone
The fall of Antony.

CLEOPATRA (*aside*). – I must stay his time.

ANTONY. – To flatter Caesar would you mingle eyes
With one that ties his points?

CLEOPATRA. – Not know me yet?

ANTONY. – Cold-hearted toward me?

CLEOPATRA. – Ah, dear, if I be so,
From my cold heart let heaven engender hail,
And poison it in the source, and the first stone
Drop in my neck: as it determines, so
Dissolve my life! The next Caesarion smite,
Till by degrees the memory of my womb,
Together with my brave Egyptians all,
By the discandying of this pelleted storm
Lie graveless till the flies and gnats of Nile
Have buried them for prey!

ANTONY. – I am satisfied.
Caesar sits down in Alexandria, where
I will oppose his fate. Our force by land
Hath nobly held; our severed navy too
Have knit again, and fleet, threat'ning most sea-like.
Where hast thou been, my heart? Dost thou hear, lady?
If from the field I shall return once more
To kiss these lips, I will appear in blood.
I and my sword will earn our chronicle.
There's hope in't yet.

CLEOPATRA. – That's my brave lord.

ANTONY. – I will be treble-sinewed, hearted, breathed,
And fight maliciously; for when mine hours
Were nice and lucky, men did ransom lives
Of me for jests; but now I'll set my teeth,
And send to darkness all that stop me. Come,

---

149 abyss] *F* (Abisme). **165** smite] *Rowe (1709)*; smile *F.* **168** discandying] *Theobald (1733)*; discandering *F.* **171** sits] *Johnson (1765)*; sets *F.*

---

1. Avec le double sens qu'a *in blood :* « couvert de sang » ; « plein de vitalité ». 2. Nous

Et rien n'est plus facile en ce moment
Où mes guides d'antan, mes astres favorables,
Ont déserté leur sphère et projeté leurs feux
Dans l'abîme de l'enfer. S'il n'aime pas
Mes propos et ce qui s'est passé, dis-lui qu'il a
Hipparque, mon esclave affranchi, qu'il peut
S'il lui plaît fouetter, ou pendre, ou torturer
A son gré, pour être quitte. A toi de l'y pousser.
Décampe avec ton dos rayé, va-t'en. *[Le Serviteur] sort avec Thidias*

CLÉOPÂTRE. – En avez-vous fini ?

ANTOINE. – Hélas ! notre lune terrestre
A subi une éclipse et cela seul présage
La chute d'Antoine.

CLÉOPÂTRE (*à part*). – Attendons qu'il soit disposé.

ANTOINE. – Pour flatter César, vous allez mêler vos regards
Avec qui lui tire ses lacets ?

CLÉOPÂTRE. – Ne pas me connaître encore !

ANTOINE. – Ce cœur de glace envers moi ?

CLÉOPÂTRE. – Ah ! mon amour, s'il l'est,
De ce cœur glacé que le ciel engendre la grêle,
L'empoisonne à la source ; que le premier grêlon
Soit pour ma nuque, et fondant là
Dissolve ma vie ! Que le suivant frappe Césarion,
Puis les autres un à un, mémoire de mon sein,
Pour qu'avec tous mes vaillants Égyptiens,
Dans la dilution de cet ouragan de glaçons
Tous gisent sans sépulture tant que, proie des mouches
Et moustiques du Nil, ceux-ci ne les auront pas
Ensevelis.

ANTOINE. – Me voilà persuadé.
César assiège Alexandrie, où je ferai obstacle
A son destin. Nos troupes sur terre
Ont noblement tenu. Nos bateaux dispersés aussi
Se sont rejoints, et voguent, force navale menaçante.
Où étais-tu, mon cœur ? Entends-tu, noble amie ?
Si je reviens du combat une fois encore
Pour baiser ces lèvres, on me verra plein de sang[1].
Moi et mon épée, nous gagnerons notre chronique[2].
L'espoir nous reste.

CLÉOPÂTRE. – Voilà bien mon vaillant seigneur.

ANTOINE. – J'aurai trois fois plus de muscle, de cœur, de souffle,
Et combattrai sans merci ; car quand l'heure, pour moi
Favorable, me laissait le choix[3], on pouvait me racheter
Sa vie d'un bon mot ; mais maintenant, les dents serrées,
J'enverrai quiconque m'arrête aux ténèbres. Allons,

---

aurons mérité une place dans l'Histoire. 3. En donnant à *nice* son sens fort : « pointilleux », « difficile à satisfaire », « en mesure de discriminer ».

Let's have one other gaudy night. Call to me
All my sad captains. Fill our bowls once more.
Let's mock the midnight bell.

CLEOPATRA. – It is my birthday.
I had thought to've held it poor, but since my lord
Is Antony again, I will be Cleopatra.

ANTONY. – We will yet do well.

CLEOPATRA. – Call all his noble captains to my lord!

ANTONY. – Do so. We'll speak to them, and tonight I'll force
The wine peep through their scars. Come on, my queen,
There's sap in't yet. The next time I do fight
I'll make death love me, for I will contend
Even with his pestilent scythe. *Exeunt all but Enobarbus*

ENOBARBUS. – Now he'll outstare the lightning. To be furious
Is to be frighted out of fear, and in that mood
The dove will peck the estridge; and I see still
A diminution in our captain's brain
Restores his heart. When valour preys on reason,
It eats the sword it fights with. I will seek
Some way to leave him. *Exit*

IV, 1 *Enter Caesar, reading a letter, with Agrippa, Maecenas, and his army*

CAESAR. – He calls me boy, and chides as he had power
To beat me out of Egypt. My messenger
He hath whipped with rods, dares me to personal combat,
Caesar to Antony. Let the old ruffian know
I have many other ways to die; meantime,
Laugh at his challenge.

MAECENAS. – Caesar must think,
When one so great begins to rage, he's hunted
Even to falling. Give him no breath, but now
Make boot of his distraction. Never anger
Made good guard for itself.

CAESAR. – Let our best heads
Know that tomorrow the last of many battles
We mean to fight. Within our files there are,
Of those that served Mark Antony but late,
Enough to fetch him in. See it done,
And feast the army. We have store to do't,
And they have earned the waste. Poor Antony!

Exeunt

---

201 on] *Rowe (1709)*; in *F.*

Encore une nuit de liesse. Appelez-moi
Tous mes capitaines attristés. Remplissez nos coupes
Une fois encore. Et rions de la cloche
Qui sonne à minuit.

CLÉOPÂTRE. – C'est mon anniversaire.
Je pensais le fêter pauvrement, mais puisque mon seigneur
Est Antoine à nouveau, je serai Cléopâtre.

ANTOINE. – Nous pouvons encore l'emporter.

CLÉOPÂTRE. – Appelez près de mon seigneur tous ses nobles capitaines.

ANTOINE. – Oui. Nous leur parlerons, et je veux voir ce soir
Perler le vin dans leurs cicatrices. Venez, ma reine,
La sève est encore là. A mon prochain combat,
Je me ferai aimer de la mort, en rivalisant
Avec sa faux des temps de peste. *Ils sortent tous sauf Enobarbus*

ENOBARBUS. – Le voilà prêt à foudroyer l'éclair du regard.
Être en fureur, c'est ne plus craindre à force de frayeur,
Et dans un pareil état la colombe
Donnera du bec à l'autour[1] ; et je vois bien
Qu'une diminution de cervelle en notre capitaine
Lui rend son grand cœur. Quand le courage a pour proie
La raison, il mange l'épée qui lui sert au combat.
Je vais chercher quelque moyen de le quitter. *Il sort*

Entre César, lisant une lettre, avec Agrippa, Mécène et son armée[2] **IV, 1**

CÉSAR. – Il m'appelle gamin et m'attrape comme s'il pouvait
Me sortir d'Égypte sous les coups. Mon messager,
Il l'a battu de verges ; et moi, il me défie
En combat singulier, César contre Antoine. Qu'il sache,
Le vieux ruffian, que j'ai bien d'autres moyens de mourir ;
Pour l'instant, son défi, je m'en moque.

MÉCÈNE. – César doit savoir
Que quelqu'un d'aussi grand, quand il est pris de rage,
C'est qu'il est aux abois. Ne le laisse pas souffler. Sur l'heure
Tire parti de son égarement. Jamais la colère
Ne sut bien se garder.

CÉSAR. – Qu'on dise à nos meilleurs chefs
Que demain nous entendons livrer la dernière
De maintes batailles. Il y a dans nos rangs
Assez de ceux qui servaient Antoine naguère,
Pour s'emparer de lui. Veillez-y,
Et régalez l'armée. Nous avons amplement de quoi ;
Ils ont bien gagné qu'on en soit prodigue. Pauvre Antoine !
Ils sortent

1. *estridge.* Le sens habituel est « autruche », mais l'image consacrée est celle de la colombe attaquant un oiseau de proie. 2. Lieu : le camp de César devant Alexandrie.

IV, 2 *Enter Antony, Cleopatra, Enobarbus, Charmian, Iras, Alexas, with others*

ANTONY. – He will not fight with me, Domitius ?
ENOBARBUS. – No.
ANTONY. – Why should he not ?
ENOBARBUS. – He thinks, being twenty times of better fortune,
He is twenty men to one.
ANTONY. – Tomorrow, soldier,
By sea and land I'll fight. Or I will live
Or bathe my dying honour in the blood
Shall make it live again. Woot thou fight well ?
ENOBARBUS. – I'll strike, and cry "Take all !"
ANTONY. – Well said. Come on !
Call forth my household servants. Let's tonight
Be bounteous at our meal.

Enter Servitors

Give me thy hand.
Thou hast been rightly honest ; so hast thou,
Thou, and thou, and thou ; you have served me well,
And kings have been your fellows.
CLEOPATRA (*to Enobarbus*). – What means this ?
ENOBARBUS (*to Cleopatra*). – 'Tis one of those odd tricks which sorrow shoots
Out of the mind.
ANTONY (*to a Servitor*). – And thou art honest too.
I wish I could be made so many men,
And all of you clapped up together in
An Antony, that I might do you service
So good as you have done.
SERVITORS. – The gods forbid !
ANTONY. – Well, my good fellows, wait on me tonight.
Scant not my cups, and make as much of me
As when mine empire was your fellow too,
And suffered my command.
CLEOPATRA (*aside to Enobarbus*). – What does he mean ?
ENOBARBUS (*aside to Cleopatra*). – To make his followers weep.
ANTONY. – Tend me tonight.
Maybe it is the period of your duty.
Haply you shall not see me more ; or if,
A mangled shadow. Perchance tomorrow
You'll serve another master. I look on you
As one that takes his leave. Mine honest friends,
I turn you not away, but, like a master
Married to your good service, stay till death.
Tend me tonight two hours. I ask no more ;
And the gods yield you for't !

---

1 Domitius] *Rowe (1709)* ; *Domitian F.* **19** SERVITORS] *Malone (1790)* ; *Omnes. F.*

---

1. Lieu : Alexandrie, le palais de Cléopâtre. **2.** L'expression *take all,* empruntée au

Entrent Antoine, Cléopâtre, Enobarbus, Charmian, Iras, Alexas, avec d'autres[1] IV, 2

ANTOINE. – Il ne veut pas se battre avec moi, Domitius ?
ENOBARBUS. – Non.
ANTOINE. – Pourquoi cela ?
ENOBARBUS. – Il pense qu'étant vingt fois plus fortuné,
Il vous rencontre à vingt contre un.
ANTOINE. – Demain, soldat,
Je combattrai sur mer et sur terre. Ou je vivrai
Ou je baignerai mon honneur moribond dans le sang
Qui le fera revivre. Te battras-tu bien ?
ENOBARBUS. – Je cognerai en criant « Banco[2] ! »
ANTOINE. – Bien dit. Allons !
Appelle les gens de ma maison. Ce soir,
Montrons-nous large à table.

Entrent des Serviteurs

Donne-moi ta main.
Tu as été fidèle comme il faut ; toi de même,
Toi, et toi, et toi ; vous m'avez bien servi
Avec des rois pour compagnons.
CLÉOPÂTRE (*à Enobarbus*). – Que veut dire ceci ?
ENOBARBUS (*à Cléopâtre*). – C'est une de ces bizarreries que le chagrin
Fait jaillir de l'esprit.
ANTOINE (*à un Serviteur*). – Et tu es fidèle aussi.
J'aimerais être vous, tous autant que vous êtes,
Et que de vous tous, d'un coup mis ensemble, on fît
Un Antoine, afin que je puisse vous servir
Aussi bien que vous l'avez fait.
LES SERVITEURS. – Aux dieux ne plaise !
ANTOINE. – Eh bien, mes braves compagnons, entourez-moi ce soir,
N'hésitez pas à remplir ma coupe, avec autant d'égards
Que lorsque mon empire aussi était votre compagnon
Et soumis à mes ordres.
CLÉOPÂTRE (*à part à Enobarbus*). – Où veut-il en venir ?
ENOBARBUS (*à part à Cléopâtre*). – A les faire pleurer.
ANTOINE. – Servez-moi ce soir.
Peut-être votre service touche-t-il à sa fin.
Si cela se trouve, vous ne me verrez plus,
Ou telle une ombre mutilée. Demain — qui sait ? —
Vous servirez un autre maître. Je vous regarde
En homme qui prend congé. Mes fidèles amis,
Je ne vous chasse pas, mais en maître marié
A vos bons services, je reste jusqu'à la mort.
Servez-moi ce soir, deux heures, je n'en veux pas plus.
Et les dieux vous le rendent !

---

langage du jeu, avait pour équivalent en français « faire va-tout », « tenir le va-tout ». « Banco », attesté depuis le XVIIe siècle, entre avec un sens analogue dans « faire banco ».

ENOBARBUS. – What mean you, sir,
To give them this discomfort ? Look, they weep,
And I, an ass, am onion-eyed. For shame,
Transform us not to women.
ANTONY. – Ho, ho, ho,
Now the witch take me if I meant it thus !
Grace grow where those drops fall. My hearty friends,
You take me in too dolorous a sense ;
For I spake to you for your comfort, did desire you
To burn this night with torches. Know, my hearts,
I hope well of tomorrow, and will lead you
Where rather I'll expect victorious life
Than death and honour. Let's to supper, come,
And drown consideration. *Exeunt*

IV, 3 *Enter a company of Soldiers*

1 SOLDIER. – Brother, good night. Tomorrow is the day.
2 SOLDIER. – It will determine one way. Fare you well.
Heard you of nothing strange about the streets ?
1 SOLDIER. – Nothing. What news ?
2 SOLDIER. – Belike 'tis but a rumour. Good night to you.
1 SOLDIER. – Well, sir, good night.
Enter other Soldiers, meeting them
2 SOLDIER. – Soldiers, have careful watch.
3 SOLDIER. – And you. Good night, good night.
They place themselves in every corner of the stage
2 SOLDIER. – Here we ; an if tomorrow
Our navy thrive, I have an absolute hope
Our landmen will stand up.
1 SOLDIER. – 'Tis a brave army,
And full of purpose.
Music of the hautboys is under the stage
2 SOLDIER. – Peace, what noise ?
1 SOLDIER. – List, list !
2 SOLDIER. – Hark !
1 SOLDIER. – Music i'th' air.
3 SOLDIER. – Under the earth.
4 SOLDIER. – It signs well, does it not ?
3 SOLDIER. – No.
1 SOLDIER. – Peace, I say !
What should this mean ?
2 SOLDIER. – 'Tis the god Hercules, whom Antony loved,

7 THIRD SOLDIER] *Capell (1767-1768)* ; I (= FIRST) *F.*

1. Cf. I,2,146. 2. C'est à une fleur, la rue précisément, que fait penser *grace* en même temps qu'à la grâce au sens esthétique et spirituel du mot. La rue figure comme « herb

ENOBARBUS. – Que signifie, monsieur,
Ce chagrin que vous leur donnez ? Voyez, ils pleurent,
Et moi, bourrique, l'oignon[1] me vient aux yeux. Fi donc,
Ne nous transformez pas en femmes.
ANTOINE. – Ha ! ha ! ha !
Qu'on me jette un sort si c'est là ce que je voulais !
Fleurisse le bien[2] où tombent ces larmes ! Fervents amis,
Vous prenez mon propos en un sens trop dolent ;
Car je parlais pour vous consoler, vous invitais
A incendier la nuit de flambeaux. Sachez-le, cœurs ardents,
J'ai bon espoir pour demain et vais vous conduire
Là où j'attends plutôt la vie et la victoire
Que la mort et l'honneur. Allons souper, venez,
Et noyons les cogitations. *Ils sortent*

Entre une compagnie de Soldats[3] IV, 3

1er SOLDAT. – Frère, bonne nuit. C'est demain le grand jour.
2e SOLDAT. – Il tranchera dans un sens. Bonne chance à vous.
N'avez-vous rien appris d'étrange dans les rues ?
1er SOLDAT. – Rien. Quelle est la nouvelle ?
2e SOLDAT. – Sans doute une simple rumeur. Bonne nuit à vous.
1er SOLDAT. – Eh bien, monsieur, bonne nuit.

Entrent d'autres Soldats, qui viennent à leur rencontre

2e SOLDAT. – Soldats, faites bonne garde.
3e SOLDAT. – Vous de même. Bonne nuit, bonne nuit.

Ils se placent à chaque coin de la scène

2e SOLDAT. – Nous ici. Demain,
Si ça va pour notre marine, j'ai absolument confiance
Que notre infanterie tiendra.
1er SOLDAT. – C'est une armée vaillante,
Et résolue.

Musique des hautbois[4] *placés sous la scène*

2e SOLDAT. – Silence ! Quel est ce bruit ?
1er SOLDAT. – Écoutez, écoutez !
2e SOLDAT. – Chut !
1er SOLDAT. – De la musique dans l'air.
3e SOLDAT. – Sous la terre.
4e SOLDAT. – C'est bon signe, pas vrai ?
3e SOLDAT. – Non.
1er SOLDAT. – Silence ! vous dis-je !
Qu'est-ce que cela peut vouloir dire ?
2e SOLDAT. – C'est le dieu Hercule[5], qu'Antoine aimait,

---

of grace » associée aux larmes dans diverses œuvres de Sh, notamment *Hamlet*, IV,5,176-177. **3.** Lieu : devant le palais de Cléopâtre. **4.** Voir Hautbois*. **5.** Sh s'écarte de Plutarque qui parle de Bacchus, avec l'intention évidente de donner plus de noblesse à Antoine.

Now leaves him.
1 SOLDIER. – Walk. Let's see if other watchmen
Do hear what we do.
2 SOLDIER. – How now, masters ?
ALL (*speaking together*). – How now ?
How now ? Do you hear this ?
1 SOLDIER. – Ay. Is't not strange ?
3 SOLDIER. – Do you hear, masters ? Do you hear ?
1 SOLDIER. – Follow the noise so far as we have quarter.
Let's see how it will give off.
ALL. – Content. 'Tis strange. *Exeunt*

IV, 4 *Enter Antony and Cleopatra, with Charmian and others*

ANTONY (*calling*). – Eros, mine armour, Eros !
CLEOPATRA. – Sleep a little.
ANTONY. – No, my chuck. Eros, come, mine armour, Eros !

Enter Eros with armour

Come, good fellow, put thine iron on.
If fortune be not ours today, it is
Because we brave her. Come.
CLEOPATRA. – Nay, I'll help, too.
What's this for ?
ANTONY. – Ah, let be, let be ! Thou art
The armourer of my heart. False, false ! This, this !
CLEOPATRA. – Sooth, la, I'll help. Thus it must be.

She helps Antony to arm

ANTONY. – Well, well,
We shall thrive now. Seest thou, my good fellow ?
Go put on thy defences.
EROS. – Briefly, sir.
CLEOPATRA. – Is not this buckled well ?
ANTONY. – Rarely, rarely.
He that unbuckles this, till we do please
To doff't for our repose, shall hear a storm.
Thou fumblest, Eros, and my queen's a squire
More tight at this than thou. Dispatch. O love,
That thou couldst see my wars today, and knew'st
The royal occupation ! Thou shouldst see
A workman in't.

Enter an armed Soldier

Good morrow to thee. Welcome.
Thou look'st like him that knows a warlike charge.

5-8 too. / What's this for ? / ANTONY Ah ... this ! / CLEOPATRA ... be.] *Malone (1790)* ; too, *Anthony.* / What's ... bee. *encore* CLEOPATRA *dans F.* 13 doff't] *F* (daft), *F2* (doft).

Qui l'abandonne.
1er SOLDAT. – Avançons, pour voir si d'autres sentinelles
Entendent bien comme nous.
2e SOLDAT. – Holà ! camarades ?
TOUS (*parlant en même temps*). – Holà !
Holà ! Vous entendez cela ?
1er SOLDAT. – Oui. N'est-ce pas bizarre ?
3e SOLDAT. – Vous entendez, camarades ? Vous entendez ?
1er SOLDAT. – Suivons le bruit jusqu'au bout de notre secteur ;
Voyons comment il va finir.
TOUS. – D'accord. C'est bizarre. ***Ils sortent***

Entrent Antoine et Cléopâtre, avec Charmian et d'autres[1] **IV, 4**

ANTOINE (*appelant*). – Eros, mon armure, Eros !
CLÉOPÂTRE. – Dors un peu.
ANTOINE. – Non, ma poule. Eros, allons, mon armure, Eros !
Entre Eros avec l'armure
Allons, mon bon, mets-moi ta ferraille.
Si la fortune n'est pas avec nous aujourd'hui, c'est
Que nous la bravons. Allons.
CLÉOPÂTRE. – Ah mais ! je veux aider aussi.
Où met-on cela ?
ANTOINE. – Ah ! laisse, laisse ! Toi tu es celle
Qui arme mon cœur. Pas comme ça, pas comme ça !
Voilà, voilà !
CLÉOPÂTRE. – Mais si, là, je veux aider.
Cela doit être comme cela.
Elle aide à armer Antoine
ANTOINE. – Bien, bien,
Nous y arrivons maintenant. Comme tu peux voir, mon bon.
Va mettre ta cuirasse.
EROS. – Dans un instant, monsieur.
CLÉOPÂTRE. – N'est-ce pas bouclé comme il faut ?
ANTOINE. – A merveille, à merveille.
Qui le débouclera avant qu'il ne nous plaise
De l'ôter pour nous reposer, entendra un orage.
Tu t'y prends mal, Eros, et ma reine est un écuyer
Plus habile à ceci que toi. Fais vite. Ô mon amour,
Si tu pouvais me voir batailler aujourd'hui, et savoir
Ce qu'est un travail de roi ! Tu y verrais
Un homme du métier.
Entre un Soldat en armes
Bonjour à toi. Bienvenue.
Tu as l'air de t'y connaître en emploi guerrier[2].

---

1. Lieu : à l'intérieur du palais. 2. *charge.* L'emploi du mot au sens d'« attaque soudaine », « assaut » est exceptionnel. Le plus souvent, comme ici, il désigne une responsabilité, une mission, un commandement militaire.

To business that we love we rise betime,
And go to't with delight.
SOLDIER. – A thousand, sir,
Early though't be, have on their riveted trim,
And at the port expect you.

Shout within. Trumpets flourish. Enter [*Captains*] *and Soldiers*

CAPTAIN. – The morn is fair. Good morrow, General.
SOLDIERS. – Good morrow, General.
ANTONY. – 'Tis well blown, lads.
This morning, like the spirit of a youth
That means to be of note, begins betimes.
So, so. Come, give me that. This way. Well said.
Fare thee well, dame. Whate'er becomes of me,
This is a soldier's kiss.

He kisses Cleopatra

Rebukable
And worthy shameful check it were to stand
On more mechanic compliment. I'll leave thee
Now like a man of steel. You that will fight,
Follow me close. I'll bring you to't. Adieu.

Exeunt all but Cleopatra and Charmian

CHARMIAN. – Please you retire to your chamber ?
CLEOPATRA. – Lead me.
He goes forth gallantly. That he and Caesar might
Determine this great war in single fight !
Then, Antony — but now ! Well, on. *Exeunt*

IV, 5 *Trumpets sound. Enter Antony and Eros, meeting a Soldier*

SOLDIER. – The gods make this a happy day to Antony !
ANTONY. – Would thou and those thy scars had once prevailed
To make me fight at land !
SOLDIER. – Hadst thou done so,
The kings that have revolted, and the soldier
That has this morning left thee, would have still
Followed thy heels.
ANTONY. – Who's gone this morning ?
SOLDIER. – Who ? One ever near thee. Call for Enobarbus,
He shall not hear thee, or from Caesar's camp
Say "I am none of thine".
ANTONY. – What sayest thou ?
SOLDIER. – Sir, he is with Caesar.

24 CAPTAIN] *Rowe (1709)* ; *Alex. F.* **25** SOLDIERS] *Oxford* ; *All. F.* **IV,5 1** SOLDIER] *Theobald (1733)* ; *Eros. F.* **3, 7** SOLDIER] *Capell (1767-1768)* ; *Eros. F.*

1. Ce que *riveted* implique, la tâche des armuriers étant de veiller à ce que l'équipement guerrier soit exactement en place. **2.** S'adresse à ceux qui viennent de sonner de la

Quand on aime ce qu'on fait on se lève à temps
Et l'on y va avec joie.

LE SOLDAT. – Ils sont mille, monsieur,
Pour tôt qu'il soit, sous leur armure bien ajustée[1],
A vous attendre à la porte de la ville.

Cris à l'intérieur. Sonnerie de trompettes. Entrent [des Capitaines] et des Soldats

UN CAPITAINE. – La matinée est belle. Bonjour, mon général.

LES SOLDATS. – Bonjour, mon général.

ANTOINE. – Vous avez du souffle[2], les enfants.
Ce matin-ci, comme l'ardeur d'un jouvenceau
Qui veut se distinguer, s'y prend de bonne heure.
Bien, bien. Viens, donne-moi ça. Par ici. Parfait[3].
Mes vœux avec vous, belle dame. Quoi qu'il m'advienne,
Voici un baiser de soldat.

Il embrasse Cléopâtre

On serait à blâmer,
Et bon pour la honte d'une rebuffade, si l'on tenait
A plus vulgaire compliment[4]. Je vais te quitter
Maintenant, en homme d'acier. Vous qui voulez combattre,
Suivez mes pas. Je vous y mène. Adieu.

Ils sortent tous sauf Cléopâtre et Charmian

CHARMIAN. – Souhaitez-vous vous retirer dans votre chambre ?

CLÉOPÂTRE. – Conduis-moi.
Il part vaillamment. S'ils avaient pu, lui et César,
Décider de cette grande guerre en combat singulier !
Alors, Antoine – mais maintenant ! Eh bien, marchons. *Elles sortent*

Des trompettes sonnent. Entrent Antoine et Eros, un Soldat venant à leur rencontre[5] IV, 5

LE SOLDAT. – Les dieux rendent ce jour favorable à Antoine !

ANTOINE. – Que ne m'as-tu naguère, avec ces cicatrices,
Persuadé de lutter sur terre !

LE SOLDAT. – Si tu l'avais fait,
Les rois qui se sont révoltés, et le soldat
Qui t'a lâché ce matin, auraient continué
A te suivre.

ANTOINE. – Qui s'en est allé ce matin ?

LE SOLDAT. – Qui ? Il était toujours près de toi. Appelle Enobarbus,
Il ne t'entendra pas, ou du camp de César
Te dira « Je ne suis pas des tiens. »

ANTOINE. – Que dis-tu ?

LE SOLDAT. – Monsieur, il est avec César.

---

trompette. 3. *said.* Est ici l'équivalent de « done ». Antoine dit « parfait » parce que son armure est mise. 4. Ce sens est peu satisfaisant, bien qu'imposé, semble-t-il, par l'acception, à l'époque, de *mechanic.* Ridley propose à tout hasard de comprendre « plus cérémonieux », « selon les formes ». 5. Lieu : le camp d'Antoine.

EROS (*to Antony*). – Sir, his chests and treasure
He has not with him.
ANTONY. – Is he gone ?
SOLDIER. – Most certain.
ANTONY. – Go, Eros, send his treasure after. Do it.
Detain no jot, I charge thee. Write to him –
I will subscribe – gentle adieus and greetings.
Say that I wish he never find more cause
To change a master. O, my fortunes have
Corrupted honest men ! Dispatch. Enobarbus ! *Exeunt*

IV, 6 *Flourish. Enter Agrippa, Caesar, with Enobarbus and Dolabella*

CAESAR. – Go forth, Agrippa, and begin the fight.
Our will is Antony be took alive.
Make it so known.
AGRIPPA. – Caesar, I shall. *Exit*
CAESAR. – The time of universal peace is near.
Prove this a prosp'rous day, the three-nooked world
Shall bear the olive freely.
Enter a Messenger
MESSENGER. – Antony
Is come into the field.
CAESAR. – Go charge Agrippa
Plant those that have revolted in the van,
That Antony may seem to spend his fury
Upon himself.
Exeunt Messenger [at one door], Caesar and Dolabella [at another]
ENOBARBUS. – Alexas did revolt, and went to Jewry on
Affairs of Antony ; there did dissuade
Great Herod to incline himself to Caesar
And leave his master, Antony. For this pains,
Caesar hath hanged him. Camidius and the rest
That fell away have entertainment but
No honourable trust. I have done ill,
Of which I do accuse myself so sorely
That I will joy no more.
Enter a Soldier of Caesar's
SOLDIER. – Enobarbus, Antony
Hath after thee sent all thy treasure, with
His bounty overplus. The messenger
Came on my guard, and at thy tent is now
Unloading of his mules.

---

8 van] *F2* ; Vant *F.* 15 Camidius] *F2* ; Camindius *F.* 19 more] *F2* ; mote *F.*

---

1. Lieu : le camp de César. 2. On croit entendre ici comme un écho de la 4e églogue de Virgile qui célèbre, elle aussi, l'approche de cette ère nouvelle. 3. Rappelle moins la

EROS (*à Antoine*). – Monsieur, ses coffres, son trésor,
Ne l'ont pas suivi.
ANTOINE. – Il est parti ?
LE SOLDAT. – Rien de plus certain.
ANTOINE. – Va, Eros, envoie son trésor après lui. Fais.
N'en retiens pas une once, c'est un ordre. Écris-lui –
Je signerai – de bons adieux et compliments.
Dis que je lui souhaite de n'avoir jamais
Meilleur motif de changer de maître. Ah ! mon destin
A corrompu des gens de bien ! Fais vite. Enobarbus ! *Ils sortent*

Sonnerie de trompette. Entrent Agrippa, César, avec Enobarbus et Dolabella[1] **IV, 6**

CÉSAR. – Avance, Agrippa, et commence le combat.
Notre volonté est qu'Antoine soit pris vivant.
Fais-le savoir.
AGRIPPA. – César, j'y veillerai. *Il sort*
CÉSAR. – Le temps de la paix universelle[2] est proche.
Que ce jour soit heureux et les trois coins[3] du monde
Verront fleurir librement l'olivier.
Entre un Messager
LE MESSAGER. – Antoine
Est sur le champ de bataille.
CÉSAR. – Va donner l'ordre à Agrippa
De placer à l'avant-garde les transfuges
Pour qu'Antoine ait l'air de passer sa fureur
Sur lui-même.
Le Messager sort [par une porte], César et Dolabella [par une autre]
ENOBARBUS. – Alexas a fait défection et, chez les Juifs
Comme agent d'Antoine, a convaincu[4]
Le Grand Hérode de se rallier à César
Et de quitter son maître Antoine. Pour sa peine,
César l'a pendu. Camidius, et les autres
Qui ont déserté, ont reçu un emploi, mais
Aucune charge honorable. J'ai mal agi,
Et je m'en fais à moi-même grief si cruel
Que je n'aurai plus de joie.
Entre un Soldat de César
LE SOLDAT. – Enobarbus, Antoine
T'a fait suivre de tout ton trésor, augmenté
De ses largesses. Le messager
Est arrivé quand j'étais de garde et devant ta tente
A présent décharge ses mulets.

---

division du monde entre les triumvirs (*Jules César*, IV,1,14) puisque Lépide a été éliminé, qu'une conception traditionnelle du monde, terre, ciel et mer, par exemple (Ridley). **4.** Il faut interpréter *dissuade* comme changeant de signe sous l'effet d'un raccourci : il l'a dissuadé de rester du côté d'Antoine et ce faisant persuadé de rallier César.

ENOBARBUS. – I give it you.
SOLDIER. – Mock not, Enobarbus,
I tell you true. Best you safed the bringer
Out of the host. I must attend mine office,
Or would have done't myself. Your Emperor
Continues still a Jove. *Exit*
ENOBARBUS. – I am alone the villain of the earth,
And feel I am so most. O Antony,
Thou mine of bounty, how wouldst thou have paid
My better service, when my turpitude
Thou dost so crown with gold! This blows my heart.
If swift thought break it not, a swifter mean
Shall outstrike thought; but thought will do't, I feel.
I fight against thee? No, I will go seek
Some ditch wherein to die. The foul'st best fits
My latter part of life. *Exit*

IV, 7 *Alarum. Enter Agrippa [with drummers and trumpeters]*

AGRIPPA. – Retire! We have engaged our selves too far.
Caesar himself has work, and our oppression
Exceeds what we expected. *Exeunt*

IV, 8 *Alarums. Enter Antony, and Scarus wounded*

SCARUS. – O my brave Emperor, this is fought indeed!
Had we done so at first, we had droven them home
With clouts about their heads.
ANTONY. – Thou bleed'st apace.
SCARUS. – I had a wound here that was like a T,
But now 'tis made an H.
Retreat sounded far off
ANTONY. – They do retire.
SCARUS. – We'll beat 'em into bench-holes. I have yet
Room for six scotches more.
Enter Eros
EROS. – They are beaten, sir, and our advantage serves
For a fair victory.
SCARUS. – Let us score their backs
And snatch 'em up as we take hares, behind.
'Tis sport to maul a runner.
ANTONY (*to Eros*). – I will reward thee
Once for thy sprightly comfort, and tenfold
For thy good valour. Come thee on.
SCARUS. – I'll halt after. *Exeunt*

---

1. Lieu : le camp de César. 2. Lieu : le camp d'Antoine. Ce changement de scène, dont *Oxford* est seul à tenir compte, est en effet nécessaire, puisqu'il y a coupure dans l'occupation du plateau entre la sortie d'Agrippa avec ceux qui l'accompagnent et, après

ENOBARBUS. – Je vous le donne.
LE SOLDAT. – Ne raillez pas, Enobarbus,
Je vous dis vrai. Mieux vaudrait mener le porteur
Hors de nos lignes, sain et sauf. Je dois être à mon poste,
Sinon je l'aurais fait moi-même. Votre empereur
N'a pas fini d'être un Jupiter. *Il sort*
ENOBARBUS. – Il n'y a que moi sur terre pour être un tel scélérat,
Et nul n'en est plus persuadé que moi. Ô Antoine,
Largesse inépuisable, quelle récompense aurais-je eue
A te mieux servir, quand ma turpitude est par toi
Ainsi couronnée d'or ! Mon cœur en est prêt à se rompre.
Si un prompt chagrin ne le brise pas, un moyen plus prompt
Devancera le chagrin ; mais le chagrin va suffire,
Je le sens. Moi, te combattre ? Non, je vais chercher
Quelque fossé où mourir. Le plus infect sera le mieux
Pour ma fin de vie. *Il sort*

Sonnerie guerrière. Entre Agrippa [avec tambours et trompettes][1] IV, 7

AGRIPPA. – Repliez-vous. Nous sommes trop en pointe.
César lui-même peine, et la pression adverse
Dépasse ce que nous attendions. *Ils sortent*

Sonneries guerrières. Entrent Antoine et Scarus blessé[2] IV, 8

SCARUS. – Ô mon vaillant empereur, voilà qui s'appelle combattre !
Nous les aurions, en commençant par là, fait rentrer chez eux
La tête sous les pansements.
ANTOINE. – Ton sang coule à flots.
SCARUS. – J'avais ici deux entailles en T,
Avec la troisième me voilà Haché[3].
On sonne la retraite au loin
ANTOINE. – Ils se replient.
SCARUS. – Nous les pourchasserons jusqu'à leur trou de chiottes.
J'ai encore de la place pour six encoches.
Entre Eros
EROS. – Ils sont battus, monsieur, et cet avantage vaut
Une belle victoire.
SCARUS. – Sabrons-leur le dos,
Prenons-les comme on fait les lièvres, par-derrière.
C'est un plaisir d'estropier un fuyard.
ANTOINE (*à Eros*). – Tu auras
Une récompense pour ton entrain bienfaisant, et dix
Pour ton grand courage. Viens donc.
SCARUS. – Je suivrai clopin-clopant. *Ils sortent*

---

sonneries de trompettes, l'entrée d'Antoine et de Scarus. 3. La plaisanterie est d'abord visuelle, le T une fois couché, et complété, devenant un H ; elle est aussi phonétique, la lettre H pouvant être prononcée comme « ache » (douleur).

IV, 9 *Alarum. Enter Antony again in a march; drummers and trumpeters; Scarus, with others*

ANTONY. – We have beat him to his camp. Run one before,
And let the Queen know of our gests. [*Exit a soldier*]
Tomorrow,
Before the sun shall see's, we'll spill the blood
That has today escaped. I thank you all,
For doughty-handed are you, and have fought
Not as you served the cause, but as't had been
Each man's like mine. You have shown all Hectors.
Enter the city, clip your wives, your friends,
Tell them your feats whilst they with joyful tears
Wash the congealment from your wounds, and kiss
The honoured gashes whole.

Enter Cleopatra

(*To Scarus*) Give me thy hand.
To this great fairy I'll commend thy acts,
Make her thanks bless thee.
(*To Cleopatra, embracing her*) O thou day o'th' world,
Chain mine armed neck; leap thou, attire and all,
Through proof of harness to my heart, and there
Ride on the pants triumphing.

CLEOPATRA. – Lord of lords!
O infinite virtue, com'st thou smiling from
The world's great snare uncaught?

ANTONY. – My nightingale,
We have beat them to their beds. What, girl, though grey
Do something mingle with our younger brown, yet ha' we
A brain that nourishes our nerves, and can
Get goal for goal of youth. Behold this man.
Commend unto his lips thy favouring hand;
Kiss it, my warrior.

Scarus kisses Cleopatra's hand

He hath fought today
As if a god, in hate of mankind, had
Destroyed in such a shape.

CLEOPATRA. – I'll give thee, friend,
An armour all of gold. It was a king's.

ANTONY. – He has deserved it, were it carbuncled
Like holy Phoebus' car. Give me thy hand.
Through Alexandria make a jolly march.
Bear our hacked targets like the men that owe them.
Had our great palace the capacity

---

2 gests] *Theobald (1733)*; guests *F*. **18** My] *F2*; Mine *F*.

---

1. Lieu : sous les murs d'Alexandrie. **2.** C.-à-d. aussi valeureux que le plus illustre des chefs troyens. **3.** Ce piège, c'est d'abord celui du combat d'où Antoine revient sain et sauf, mais plus encore celui du destin que Cléopâtre voit se refermer sur elle comme sur lui. **4.** Sh doit sans doute à Ovide * qu'il connaît bien ces traits empruntés à la description

Sonnerie guerrière. Entre de nouveau Antoine avec une troupe qui défile, tambours et trompettes, Scarus et d'autres[1] IV, 9

ANTOINE. – Il est battu, nous l'avons refoulé dans son camp.
Courez devant, quelqu'un, apprendre à la reine
Nos exploits. [*Un soldat sort*]
Demain, avant que le soleil
Ne nous voie, nous répandrons le sang qui nous a échappé
Aujourd'hui. Je vous remercie tous car vos bras
Sont vaillants, et vous avez lutté moins en serviteurs
De la cause que comme si elle eût été celle
De chacun autant que mienne. Vous vous êtes tous montrés
Des Hectors[2]. Rentrez dans la ville, étreignez vos femmes,
Vos amis, dites-leur vos hauts faits, tandis que de leurs larmes
De joie ils laveront le sang séché de vos blessures
Et guériront de baisers les plaies glorieuses.

Entre Cléopâtre

(*A Scarus*) Ta main.
A cette grande fée je vanterai tes actes,
Et ses mercis te béniront.
(*A Cléopâtre, la prenant dans ses bras*) Ô toi, clarté du monde,
Enchaîne ma nuque armée ; bondis, dans tous tes atours,
A travers ma solide armure jusqu'à mon cœur, et là
Chevauche ses battements, triomphante.

CLÉOPÂTRE. – Seigneur des seigneurs !
Ô vaillance infinie, t'es-tu donc sorti,
Souriant et sauf, du grand piège[3] de ce monde ?

ANTOINE. – Mon rossignol,
Ils sont battus, nous les avons envoyés coucher.
Hein ! la belle, bien qu'il se mêle un peu de gris
Au brun de nos jeunes ans, nous avons un cerveau
Qui nourrit notre nerf, et rend point pour point
A la jeunesse. Regarde bien cet homme.
Accorde à ses lèvres les faveurs de ta main.
Baise-la, mon guerrier.

Scarus baise la main de Cléopâtre

Il s'est battu aujourd'hui
Comme si un dieu, en haine du genre humain,
Avait pris son aspect pour détruire.

CLÉOPÂTRE. – Ami, je te donnerai
Une armure toute d'or. Elle fut à un roi.

ANTOINE. – Il l'a méritée, serait-elle sertie d'escarboucles
Comme le char du divin Phébus[4]. Donne-moi la main.
Faisons un joyeux défilé dans Alexandrie.
Portons nos écus tailladés en hommes à qui ils sont[5].
Si notre vaste palais était assez grand

---

du palais et du char du soleil dans le livre II des *Métamorphoses* (Ridley). **5.** Et qui s'en sont effectivement servi au combat ; *owe* a le sens de « own, possess ». Ce qui est plus ou moins suggéré aussi, c'est que les hommes sont aussi tailladés que leurs boucliers.

To camp this host, we all would sup together
And drink carouses to the next day's fate,
Which promises royal peril. Trumpeters,
With brazen din blast you the city's ear ;
Make mingle with our rattling taborins,
That heaven and earth may strike their sounds together,
Applauding our approach. *Trumpets sound. Exeunt*

IV, 10 *Enter a Sentry and his company ; Enobarbus follows*

SENTRY. – If we be not relieved within this hour
We must return to th' court of guard. The night
Is shiny, and they say we shall embattle
By th' second hour i'th' morn.
1 WATCH. – This last day was
A shrewd one to's.
ENOBARBUS. – O bear me witness, night –
2 WATCH. – What man is this ?
1 WATCH. – Stand close, and list him.
ENOBARBUS. – Be witness to me, O thou blessèd moon,
When men revolted shall upon record
Bear hateful memory, poor Enobarbus did
Before thy face repent.
SENTRY. – Enobarbus ?
2 WATCH. – Peace ; hark further.
ENOBARBUS. – O sovereign mistress of true melancholy,
The poisonous damp of night disponge upon me,
That life, a very rebel to my will,
May hang no longer on me. Throw my heart
Against the flint and hardness of my fault,
Which, being dried with grief, will break to powder,
And finish all foul thoughts. O Antony,
Nobler than my revolt is infamous,
Forgive me in thine own particular,
But let the world rank me in register
A master-leaver and a fugitive.
O Antony ! O Antony ! *He dies*
1 WATCH. – Let's speak to him.
SENTRY. – Let's hear him, for the things he speaks
May concern Caesar.
2 WATCH. – Let's do so. But he sleeps.
SENTRY. – Swoons, rather ; for so bad a prayer as his
Was never yet for sleep.
1 WATCH. – Go we to him.

---

1. Lieu : le camp de César. **2.** Il s'agit de soldats de César qui viennent d'être étrillés par Antoine ; *shrewd* a ici le sens, qu'il n'a plus aujourd'hui, de « pénible », « malfaisant ». **3.** Non pas un sentiment de tristesse diffuse, mais « l'humeur noire » dans toute sa force, telle que la concevait alors la médecine (voir Mélancolie*). Elle suffit

Pour que l'armée y campe, nous souperions tous ensemble
Et boirions des rasades au sort d'un lendemain
Prometteur de royal péril. Trompettes,
D'un fracas d'airain assourdissez la ville,
Et mêlez-le au roulement de nos tambours
Pour que ciel et terre retentissent ensemble,
Applaudissant notre arrivée. *Les trompettes sonnent. Ils sortent*

Entre une Sentinelle et ses hommes ; Enobarbus suit[1] IV, 10

LA SENTINELLE. – Si nous ne sommes pas relevés dans l'heure,
Il nous faudra retourner au corps de garde. La nuit
Est claire, et nous serons, dit-on, rangés en bataille
Avant deux heures du matin.
1er GARDE. – Ce jour passé
Nous en a fait voir[2].
ENOBARBUS. – Ô nuit, sois-moi témoin –
2e GARDE. – Quel est cet homme ?
1er GARDE. – Cachons-nous et écoutons.
ENOBARBUS. – Sois-moi témoin, ô toi, lune bénie,
Quand les transfuges laisseront dans l'histoire
Un souvenir odieux, que le pauvre Enobarbus
S'est repenti devant ta face.
LA SENTINELLE. – Enobarbus ?
2e GARDE. – Silence ! écoute encore !
ENOBARBUS. – Ô souveraine maîtresse de vraie mélancolie[3],
Distille sur moi l'humide poison de la nuit,
Pour que la vie, entièrement rebelle à mon vouloir,
Cesse de m'accabler de son poids. Jette mon cœur
Contre le dur silex de ma faute pour que
Desséché de chagrin, brisé, il tombe en poudre,
Finissant toute affreuse pensée. Ô Antoine,
Plus noble que ma défection n'est infâme,
Pour ce qui t'est particulier pardonne-moi,
Mais qu'on m'inscrive, au registre du monde,
Parmi les hors-la-loi qui ont laissé leur maître[4].
Ô Antoine ! Ô Antoine ! *Il meurt*
1er GARDE. – Parlons-lui
LA SENTINELLE. – Écoutons-le, car les choses qu'il dit
Intéressent peut-être César.
2e GARDE. – Soit. Mais il est endormi.
LA SENTINELLE. – Evanoui plutôt. Car aussi mauvaise prière
N'a jamais aidé au sommeil.
1er GARDE. – Allons vers lui.

---

apparemment à causer la mort d'Enobarbus. **4.** Dans *master-leaver, master* est complément d'objet. Le « Statut des artisans » (1563) stipulait que l'employé lié à son maître par contrat ne pouvait quitter celui-ci sans faute grave. Il s'exposait au sort réservé aux proscrits.

2 WATCH. – Awake, sir, awake ; speak to us.
1 WATCH. – Hear you, sir ?
SENTRY. – The hand of death hath raught him.
Drums afar off
Hark, the drums
Demurely wake the sleepers. Let us bear him
To th' court of guard ; he is of note. Our hour
Is fully out.
2 WATCH. – Come on, then. He may recover yet.
Exeunt with the body

IV, 11 *Enter Antony and Scarus with their army*

ANTONY. – Their preparation is today by sea ;
We please them not by land.
SCARUS. – For both, my lord.
ANTONY. – I would they'd fight i'th' fire or i'th' air ;
We'd fight there too. But this it is : our foot
Upon the hills adjoining to the city
Shall stay with us. Order for sea is given.
They have put forth the haven –
Where their appointment we may best discover,
And look on their endeavour. *Exeunt*

IV, 12 *Enter Caesar and his army*

CAESAR. – But being charged, we will be still by land –
Which, as I take't, we shall, for his best force
Is forth to man his galleys. To the vales,
And hold our best advantage. *Exeunt*

IV, 13 [*Alarum afar off, as at a sea fight.*] *Enter Antony and Scarus*

ANTONY. – Yet they are not joined. Where yon pine does stand
I shall discover all. I'll bring thee word
Straight how 'tis like to go. *Exit*
SCARUS. – Swallows have built
In Cleopatra's sails their nests. The augurs
Say they know not, they cannot tell, look grimly,
And dare not speak their knowledge. Antony
Is valiant, and dejected, and by starts
His fretted fortunes give him hope and fear
Of what he has and has not.

IV,13 4 augurs] *Pope (1723-1725)* ; Auguries *F.*

---

1. Lieu : aux abords du champ de bataille. Cette localisation générale vaut aussi pour

2e GARDE. – Réveillez-vous, monsieur, réveillez-vous. Parlez.
1er GARDE. – Entendez-vous, monsieur ?
LA SENTINELLE. – La main de la mort l'a pris.
Tambours au loin
Écoutez, les tambours
Assourdis réveillent les dormeurs. Portons-le
Au corps de garde. C'est quelqu'un d'important. Notre heure
Est largement écoulée.
2e GARDE. – Alors, allons-y. Il peut encore se remettre.
Ils sortent avec le corps

Entrent Antoine et Scarus avec leur armée[1] **IV, 11**

ANTOINE. – Leurs préparatifs aujourd'hui se font sur mer ;
Nous leur déplaisons sur terre.
SCARUS. – Sur les deux, monseigneur.
ANTOINE. – Je voudrais qu'ils combattent dans le feu ou dans l'air[2];
Nous irions y combattre aussi. Mais voici ce qu'il en est :
Nos fantassins, sur les pentes avoisinant la ville,
Resteront avec nous. Ordre est donné de sortir en mer.
La flotte a quitté le port... Mettons-nous là[3]
Où nous pourrons le mieux voir ses formations
Et suivre leur effort. *Ils sortent*

Entrent César et son armée **IV, 12**

CÉSAR. – A moins d'être attaqués, à terre nous ne bougerons pas,
Ce qui, je crois, sera le cas, le meilleur de ses forces
Étant parti équiper ses galères. Allons tenir les vallons
Où nous conservons l'avantage. *Ils sortent*

[*Sonnerie guerrière au loin, comme dans un combat naval.*]
Entrent Antoine et Scarus **IV, 13**

ANTOINE. – Ils ne sont pas encore au contact. Depuis ce pin là-bas,
Je pourrai tout voir. Je reviens te dire aussitôt
Comment tournent les choses. *Il sort*
SCARUS. – Des hirondelles ont fait leurs nids
Dans les voiles de Cléopâtre. Les augures disent
Qu'ils ne savent pas, ne peuvent se prononcer ; l'air sombre,
Ils n'osent révéler ce qui leur est connu. Antoine
Est vaillant, abattu, et par à-coups les hauts et les bas
De sa fortune lui donnent l'espoir et la crainte
De ce qu'il a et n'a pas.

---

les deux scènes qui suivent. **2.** Après l'eau (de la mer), la terre et le feu, ce mot conclut l'énumération des quatre éléments* qui donne un sens au propos. **3.** Ces mots, ou une expression analogue, sont nécessaires pour combler une lacune évidente après *haven* (port).

Enter Antony

ANTONY. – All is lost.
This foul Egyptian hath betrayèd me.
My fleet hath yielded to the foe, and yonder
They cast their caps up, and carouse together
Like friends long lost. Triple-turned whore ! 'Tis thou
Hast sold me to this novice, and my heart
Makes only wars on thee. Bid them all fly ;
For when I am revenged upon my charm,
I have done all. Bid them all fly. Be gone. [*Exit Scarus*]
O sun, thy uprise shall I see no more.
Fortune and Antony part here ; even here
Do we shake hands. All come to this ? The hearts
That spanieled me at heels, to whom I gave
Their wishes, do discandy, melt their sweets
On blossoming Caesar ; and this pine is barked
That overtopped them all. Betrayed I am.
O this false soul of Egypt ! This grave charm,
Whose eye becked forth my wars and called them home,
Whose bosom was my crownet, my chief end,
Like a right gipsy hath at fast and loose
Beguiled me to the very heart of loss.
What, Eros, Eros !

Enter Cleopatra

Ah, thou spell ! Avaunt.

CLEOPATRA. – Why is my lord enraged against his love ?

ANTONY. – Vanish, or I shall give thee thy deserving
And blemish Caesar's triumph. Let him take thee
And hoist thee up to the shouting plebeians ;
Follow his chariot, like the greatest spot
Of all thy sex ; most monster-like be shown
For poor'st diminutives, for dolts, and let
Patient Octavia plough thy visage up
With her preparèd nails. *Exit Cleopatra*
'Tis well thou'rt gone,
If it be well to live. But better 'twere
Thou fell'st into my fury, for one death
Might have prevented many. Eros, ho !
The shirt of Nessus is upon me. Teach me,
Alcides, thou mine ancestor, thy rage.

---

21 spanieled] *Hanmer (1744)* ; pannelled *F.*

---

1. Ce n'est pas un multiple de hasard. Antoine a déjà reproché à Cléopâtre d'avoir couché avec Jules César et Cnéius Pompée (III,13,117-119). Selon certains, (Octave) César serait le troisième homme. Plus vraisemblablement, c'est à lui-même que pense Antoine, et cela en dit long sur l'idée qu'il se fait (sous le coup de la colère) de la reine d'Égypte. **2.** La seule autre occurrence du verbe « to discandy » se situe un peu plus haut (III,13,168) à

Entre Antoine

ANTOINE. – Tout est perdu.
Cette saleté d'Égyptienne m'a trahi.
Ma flotte s'est rendue à l'ennemi, et là-bas
Ils jettent leurs bonnets en l'air et trinquent ensemble
En amis longtemps séparés. Triple pute[1] ! C'est toi
Qui m'as vendu à ce novice, et mon cœur
N'est plus en guerre que contre toi. Dis-leur de fuir tous ;
Car aussitôt vengé de mon ensorceleuse,
J'en aurai fini. Dis-leur de fuir tous. Va, pars. [*Scarus sort*]
Ô soleil, ton lever je ne le verrai plus.
La Fortune et Antoine se quittent ici, ici-même
Nous nous serrons la main. En suis-je arrivé là? Les cœurs
Que j'avais toujours sur les talons comme des épagneuls,
Et dont je comblais les désirs, se dissolvent[2] et répandent
Leurs douceurs sur César florissant ; ce pin est dénudé
Qui les dominait tous. Je suis trahi.
Ô la menteuse Égypte[3]! La mortelle enchanteresse
Dont un regard lançait ou rappelait mes armes
Et dont le sein fut ma couronne, ma fin suprême,
Elle m'a, en vraie gipsy, avec ses subterfuges[4],
Conduit en m'égarant jusqu'au cœur du désastre.
Holà ! Eros, Eros !

Entre Cléopâtre

Ah ! toi, sortilège ! Arrière.

CLÉOPÂTRE. – Pourquoi mon seigneur est-il furieux contre son amour ?

ANTOINE. – Disparais, ou je vais t'administrer ce que tu mérites
Et gâcher le triomphe de César. Qu'il te prenne
Et te hisse bien en vue des plébéiens braillards ;
Suis son char comme la suprême disgrâce
De tout ton sexe ; qu'on te traite en vrai monstre
Et t'exhibe aux plus pauvres bougres, aux demeurés,
Et que la patiente Octavie te laboure le visage
De ses ongles d'avance aiguisés ! *Cléopâtre sort*
Tu as bien fait de fuir,
Si c'est bien de vivre ; mais il eût mieux valu
Que tu tombes aux mains de ma fureur, car une mort
Aurait pu en épargner beaucoup. Eros, ho !
La tunique de Nessus est sur moi. Alcide,
Toi mon ancêtre, enseigne-moi ta rage.

---

propos des grêlons empoisonnés sous lesquels succomberait Cléopâtre. Une même nuance de répulsion s'attache au mot tel qu'il est employé ici. On a observé que « spaniel » (épagneul) d'où est tiré au vers précédent *spanieled me at heels* est régulièrement utilisé par Sh avec une connotation péjorative. 3. Ici comme ailleurs (IV,15,15 ; IV,16,19 et 43) Égypte désigne plus la reine que le royaume. 4. Initialement *at fast and loose* (serré, desserré) se disait d'un tour de passe-passe pratiqué au moyen d'une ceinture ou d'une corde. L'expression reste employée pour désigner au figuré une mystification, une tricherie. Pour *gipsy*, voir I,1,10 note.

Let me lodge Lichas on the horns o'th' moon,
And with those hands that grasped the heaviest club
Subdue my worthiest self. The witch shall die.
To the young Roman boy she hath sold me, and I fall
Under this plot. She dies for't. Eros, ho! *Exit*

IV, 14 *Enter Cleopatra, Charmian, Iras, Mardian*

CLEOPATRA. – Help me, my women! O, he's more mad
Than Telamon for his shield; the boar of Thessaly
Was never so embossed.
CHARMIAN. – To th' monument!
There lock yourself, and send him word you are dead.
The soul and body rive not more in parting
Than greatness going off.
CLEOPATRA. – To th' monument!
Mardian, go tell him I have slain myself.
Say that the last I spoke was "Antony",
And word it, prithee, piteously. Hence, Mardian,
And bring me how he takes my death. To th' monument! *Exeunt*

IV, 15 *Enter Antony and Eros*

ANTONY. – Eros, thou yet behold'st me?
EROS. – Ay, noble lord.
ANTONY. – Sometime we see a cloud that's dragonish,
A vapour sometime like a bear or lion,
A towered citadel, a pendent rock,
A forkèd mountain, or blue promontory
With trees upon't that nod unto the world
And mock our eyes with air. Thou hast seen these signs;
They are black vesper's pageants.
EROS. – Ay, my lord.
ANTONY. – That which is now a horse even with a thought
The rack distains, and makes it indistinct
As water is in water.
EROS. – It does, my lord.
ANTONY. – My good knave Eros, now thy captain is

IV,15 **4** towered] *Rowe (1709)*; toward *F.* **10** distains] *Oxford*; dislimes *F.*

---

1. Comme *Nessus* et *Alcides* un peu plus haut, ce nom renvoie à l'histoire mythologique d'Hercule – d'abord appelé Alcide à sa naissance – dont Antoine prétendait descendre et qui passait pour le protéger (voir IV,3,14). Lichas est le page à qui Déjanire, épouse délaissée, avait confié le soin de porter à son mari infidèle une tunique imprégnée du sang du centaure Nessus, sang qu'elle croyait être un philtre d'amour. Avant de mourir dans d'atroces brûlures une fois la tunique revêtue, Hercule furieux avait expédié Lichas dans les étoiles. **2.** Lieu : le palais de Cléopâtre. **3.** C.-à-d. Ajax, fils de Télamon. S'étant vu préférer Ulysse pour recevoir les armes d'Achille, il devint fou furieux (voir Ovide, *Métamorphoses,* XIII,1-398). **4.** Envoyé par Artémis pour ravager le pays de Calydon,

Que je loge Lichas[1] au croissant de la lune,
Et, des mains qui brandirent la plus lourde massue,
Détruise en moi le héros. La sorcière mourra.
Elle m'a vendu au gamin de Rome, et je succombe
A ce complot. Pour cela, la mort. Eros, ho ! *Il sort*

Entrent Cléopâtre, Charmian, Iras, Mardian[2] **IV, 14**

CLÉOPÂTRE. – Aidez-moi, mes femmes ! Oh ! il enrage
Plus que Télamon[3] pour son bouclier ; jamais
Sanglier de Thessalie[4] n'écuma autant.
CHARMIAN. – Au monument[5] ! Allez vous y enfermer
Et faites-lui dire que vous êtes morte.
On n'est pas plus déchiré, l'âme quittant le corps,
Que lorsque la grandeur s'en va.
CLÉOPÂTRE. – Au monument !
Mardian, va lui annoncer que je me suis tuée.
Dis que ma dernière parole fut « Antoine »,
Use, je t'en prie, de mots qui l'apitoient. Va, Mardian,
Et rapporte-moi comment il prend ma mort. Au monument !
Ils sortent

Entrent Antoine et Eros[6] **IV, 15**

ANTOINE. – Eros, tu me vois encore ?
EROS. – Oui, noble seigneur,
ANTOINE. – Parfois nous voyons un nuage en forme de dragon,
Une vapeur parfois comme un ours ou un lion,
Une citadelle avec ses tours, un roc en surplomb,
Une montagne fendue, un bleu promontoire
Avec des arbres dessus, hochant la tête sur le monde,
Illusions de l'air qui se rient de nous. Tu as vu ces signes,
Chars du cortège[7] de la noire vêprée.
EROS. – Oui, monseigneur.
ANTOINE. – Ce qui pour l'heure est cheval, le temps d'une pensée
La nuée le brouille[8] et le rend aussi indistinct
Que l'eau dans l'eau.
EROS. – C'est vrai, monseigneur.
ANTOINE. – Eros, bon serviteur, ton capitaine maintenant

---

il fut finalement abattu par Méléagre (Ovide, *Métamorphoses,* VIII) ; *embossed* évoque la gueule écumante de l'animal cerné par les chasseurs. **5.** Le tombeau monumental que Cléopâtre s'était fait construire. Dans la mise en scène originale c'était, selon la théorie assez généralement acceptée aujourd'hui, une sorte de praticable assez vaste pour admettre l'action qui va s'y dérouler. Voir notamment IV,16 et V,2,35. **6.** Lieu : un autre endroit du palais. **7.** L'image vient peut-être du théâtre médiéval des Mystères dont les « jeux » ou tableaux successifs étaient représentés sur des chariots en stationnement ou mobiles. Les entrées princières à la Renaissance offraient une suite analogue de chars allégoriques. **8.** La lecture adoptée par *Oxford* a l'avantage de retenir un mot authentiquement shakespearien, *distains,* qui a le sens de « décolorer », « assombrir », « estomper ».

Even such a body. Here I am Antony,
Yet cannot hold this visible shape, my knave.
I made these wars for Egypt, and the Queen –
Whose heart I thought I had, for she had mine,
Which whilst it was mine had annexed unto't
A million more, now lost – she, Eros, has
Packed cards with Caesar, and false-played my glory
Unto an enemy's triumph.
Nay, weep not, gentle Eros. There is left us
Ourselves to end ourselves.

Enter Mardian

O thy vile lady,
She has robbed me of my sword!

MARDIAN. – No, Antony,
My mistress loved thee, and her fortunes mingled
With thine entirely.

ANTONY. – Hence, saucy eunuch, peace!
She hath betrayed me, and shall die the death.

MARDIAN. – Death of one person can be paid but once,
And that she has discharged. What thou wouldst do
Is done unto thy hand. The last she spake
Was "Antony, most noble Antony!"
Then in the midst a tearing groan did break
The name of Antony. It was divided
Between her heart and lips. She rendered life,
Thy name so buried in her.

ANTONY. – Dead, then?

MARDIAN. – Dead.

ANTONY. – Unarm, Eros. The long day's task is done,
And we must sleep. (*To Mardian*) That thou depart'st hence safe
Does pay thy labour richly. Go. *Exit Mardian*
Off, pluck off.

Eros helps Antony to unarm

The seven-fold shield of Ajax cannot keep
The battery from my heart. O, cleave, my sides!
Heart, once be stronger than thy continent;
Crack thy frail case. Apace, Eros, apace.
No more a soldier. Bruisèd pieces, go;
You have been nobly borne. – From me a while. *Exit Eros*
I will o'ertake thee, Cleopatra, and
Weep for my pardon. So it must be, for now
All length is torture. Since the torch is out,
Lie down, and stray no farther. Now all labour

---

18 more] *F* (moe). **19** Caesar] *Rowe (1709)*; Cæsars *F*. **22** vile] *F* (vilde).

---

1. L'image du jeu de cartes est amenée dans les vers qui précèdent par la répétition de *knave* (valet) et par *Queen*. Le sens de « pack » subsiste aujourd'hui dans une expression comme « to pack a jury » (s'assurer le contrôle d'un jury en y faisant entrer en nombre

C'est cela même. Me voici, moi, Antoine, qui ne puis
Pourtant, mon serviteur, garder cette forme visible.
J'ai fait cette guerre pour l'Égypte, et la reine —
Dont je croyais avoir le cœur, car elle avait le mien
Qui, tant qu'il fut mien, s'en annexa
Des milliers d'autres, maintenant perdus — Eros,
Elle a triché[1] au profit de César et joué ma gloire
Contre l'atout d'un ennemi pour qu'il triomphe.
Mais non, ne pleure pas, bon Eros. Il nous reste nous-même
Pour en finir avec nous-même.

Entre Mardian

Oh ! ta vile maîtresse,
Elle m'a dérobé mon épée[2] !

MARDIAN. – Non, Antoine,
Ma maîtresse t'aimait, son sort était mêlé
Au tien entièrement.

ANTOINE. – Sors, impudent eunuque, silence !
Elle m'a trahi et sa peine sera la mort.

MARDIAN. – Une personne ne meurt qu'une seule fois,
Et sa dette est déjà payée. Ce que tu voudrais faire
Est déjà fait pour toi. Ses dernières paroles
Ont été « Antoine, très noble Antoine ! »
Un sanglot déchirant trancha alors par le milieu
Le nom d'Antoine. Il se rompit en allant
De son cœur à ses lèvres. Elle rendit l'âme,
Ton nom en elle ainsi enseveli.

ANTOINE. – Morte alors ?

MARDIAN. – Morte.

ANTOINE. – Désarme, Eros. La tâche d'un long jour est faite,
Et il nous faut dormir. (*A Mardian*) Tu pars d'ici la vie sauve,
C'est bien payer ta peine. Va. *Mardian sort*
Tire, enlève.

Eros aide Antoine à ôter son armure

Le septuple[3] bouclier d'Ajax ne protégerait pas
Mon cœur de cet assaut. Ah ! ouvre-toi mon flanc !
Sois plus fort cette fois, cœur, que ton enveloppe ;
Brise ton frêle étui. Dépêche, Eros, dépêche.
C'en est fait du soldat. Morceaux froissés d'armure, adieu ;
Vous fûtes portés noblement. — Laisse-moi un instant. *Eros sort*
Je vais te rejoindre, Cléopâtre, et pleurer
Que tu me pardonnes. Il le faut, car maintenant
Tout délai est torture. Puisque le flambeau[4] est éteint,
Étends-toi donc sans plus errer. Maintenant tout labeur

---

ses propres partisans). En outre le mot *triumph* servait (avant « trump ») à désigner l'atout. 2. *sword.* Le mot revient plus de vingt fois dans la pièce et il arrive qu'ici, comme en II,2,230, ce soit, plus qu'une arme, un symbole de virilité. 3. Vient de l'*Iliade*, chant VII et des *Métamorphoses* d'Ovide, livre XIII. 4. C.-à-d. Cléopâtre, la lumière qui éclairait sa vie.

Mars what it does; yea, very force entangles
Itself with strength. Seal, then, and all is done.
Eros! – I come, my queen. – Eros! – Stay for me.
Where souls do couch on flowers we'll hand in hand,
And with our sprightly port make the ghosts gaze.
Dido and her Aeneas shall want troops,
And all the haunt be ours. Come, Eros, Eros!

Enter Eros

EROS. – What would my lord?
ANTONY. – Since Cleopatra died
I have lived in such dishonour that the gods
Detest my baseness. I, that with my sword
Quartered the world, and o'er green Neptune's back
With ships made cities, condemn myself to lack
The courage of a woman; less noble mind
Than she which by her death our Caesar tells
"I am conqueror of myself." Thou art sworn, Eros,
That when the exigent should come, which now
Is come indeed – when I should see behind me
Th'inevitable prosecution of
Disgrace and horror – that on my command
Thou then wouldst kill me. Do't. The time is come.
Thou strik'st not me; 'tis Caesar thou defeat'st.
Put colour in thy cheek.
EROS. – The gods withhold me!
Shall I do that which all the Parthian darts,
Though enemy, lost aim and could not?
ANTONY. – Eros,
Wouldst thou be windowed in great Rome and see
Thy master thus with pleached arms, bending down
His corrigible neck, his face subdued
To penetrative shame, whilst the wheeled seat
Of fortunate Caesar, drawn before him, branded
His baseness that ensued?
EROS. – I would not see't.
ANTONY. – Come then; for with a wound I must be cured.
Draw that thy honest sword, which thou hast worn
Most useful for thy country.
EROS. – O sir, pardon me!
ANTONY. – When I did make thee free, swor'st thou not then
To do this when I bade thee? Do it at once,
Or thy precedent services are all
But accidents unpurposed. Draw, and come.
EROS. – Turn from me then that noble countenance
Wherein the worship of the whole world lies.
ANTONY (*turning away*). – Lo thee!

1. Trait révélateur de son choix dramatique, Sh s'écarte ici notablement de Virgile qui dans l'*Énéide* (VI,467-474) montre la reine de Carthage réunie dans l'au-delà à son mari Sichée et repoussant Énée.

Abîme ce qu'il fait ; ah ! oui, la force même s'empêtre
Dans son effort. Alors mets ton sceau, et c'en est fait.
Eros ! — Je viens, ma reine. — Eros ! — Attends-moi.
Parmi les âmes sur leurs lits de fleurs, nous irons
Main dans la main, et notre démarche enjouée
Retiendra longuement le regard des ombres.
Didon et son Énée[1] seront délaissés
Et nous seuls nous serons suivis. Viens, Eros, Eros !

Entre Eros

EROS. – Que veut monseigneur ?
ANTOINE. – Depuis que Cléopâtre est morte,
Le déshonneur où je vis est tel que les dieux
Abhorrent ma bassesse. Moi qui, de mon épée,
Découpais le monde et sur le dos du vert Neptune
Faisais des cités de navires, je me condamne d'être
Sans le courage d'une femme ; d'âme moins noble
Qu'elle, qui par sa mort dit à notre César :
« Je suis victorieuse de moi-même. » Eros,
Tu m'as juré que, quand l'exigerait l'heure —
Et la voici en effet — où je verrais derrière moi,
Lancées à ma poursuite, inévitables,
La disgrâce et l'horreur, sur mon ordre
Alors tu me tuerais. Fais-le. Le moment est venu.
Ce n'est pas moi que tu frappes, c'est César qui est joué.
Ne reste pas sans couleurs aux joues.
EROS. – Les dieux m'en gardent !
Moi, je ferais ce que toutes les flèches parthes,
Bien qu'ennemies, manquant leur but, n'ont pu faire !
ANTOINE. – Eros,
D'une fenêtre dans la grande Rome, voudrais-tu voir
Ton maître les bras pliés ainsi, nuque courbée
Pour la correction, visage soumis et pénétré
De honte, tandis que le char de l'heureux César
Roulerait devant lui, le marquant de l'ignominie
D'avoir à marcher à sa suite ?
EROS. – Je ne le voudrais pas.
ANTOINE. – Alors viens ; c'est une blessure qui doit me guérir.
Tire ta fidèle épée, dont tu as fait pour ton pays
Si bon usage.
EROS. – Oh ! monsieur, pardonnez-moi !
ANTOINE. – Quand je t'ai affranchi, ne m'as-tu pas juré
De le faire quand je l'ordonnerais ? Fais-le tout de suite,
Sans quoi tes services antérieurs ne sont tous
Qu'accidents involontaires. Dégaine et approche.
EROS. – Détournez donc de moi cet auguste visage
Où se fixe l'adoration du monde entier.
ANTOINE (*détournant la tête*). – Voici.

EROS. – My sword is drawn.
ANTONY. – Then let it do at once
The thing why thou hast drawn it.
EROS. – My dear master,
My captain, and my Emperor : let me say,
Before I strike this bloody stroke, farewell.
ANTONY. – 'Tis said, man ; and farewell.
EROS. – Farewell, great chief. Shall I strike now ?
ANTONY. – Now, Eros.

[Eros stabs himself]

EROS. – Why, there then, thus I do escape the sorrow
Of Antony's death. *He dies*
ANTONY. – Thrice nobler than myself,
Thou teachest me, O valiant Eros, what
I should and thou couldst not. My queen and Eros
Have by their brave instruction got upon me
A nobleness in record. But I will be
A bridegroom in my death, and run into't
As to a lover's bed. Come then, and, Eros,
Thy master dies thy scholar. To do thus
I learned of thee.

He stabs himself

How, not dead ? Not dead ?
The guard, ho ! O, dispatch me !

Enter a guard [and Decretas]

1 GUARD. – What's the noise ?
ANTONY. – I have done my work ill, friends. O, make an end
Of what I have begun !
2 GUARD. – The star is fall'n.
1 GUARD. – And time is at his period.
ALL THE GUARDS. – Alas
And woe !
ANTONY. – Let him that loves me strike me dead.
1 GUARD. – Not I.
2 GUARD. – Nor I.
3 GUARD. – Nor anyone. *Exeunt the guard*
DECRETAS. – Thy death and fortunes bid thy followers fly.

He takes Antony's sword

This sword but shown to Caesar, with this tidings,
Shall enter me with him.

Enter Diomedes

DIOMEDES. – Where's Antony ?
DECRETAS. – There, Diomed, there.
DIOMEDES. – Lives he ? Wilt thou not answer, man ?
Exit Decretas

---

107 THE GUARDS] *Oxford* ; *pas dans F.* **110** DECRETAS] *F2* ; *Dercetus. F.*

EROS. – J'ai tiré mon épée.
ANTOINE. – Alors qu'elle fasse à l'instant
Ce pour quoi tu l'as tirée.
EROS. – Mon maître très cher,
Mon chef, et mon empereur, laissez-moi,
Avant de frapper ce coup sanglant, vous dire adieu.
ANTOINE. – Voilà qui est fait, l'ami ; adieu donc.
EROS. – Adieu, grand capitaine. Je frappe maintenant ?
ANTOINE. – Maintenant, Eros.

[Eros se frappe de son épée]

EROS. – Eh bien, voilà ! Ainsi j'éviterai le chagrin
De la mort d'Antoine. *Il meurt*
ANTOINE. – Trois fois plus noble que moi,
Tu me montres, ô vaillant Eros, ce qu'il me fallait,
Et que tu ne pouvais, accomplir. Ma reine et Eros,
Par leur fière leçon, ont pris sur moi l'avantage
D'une grandeur mémorable. Mais je serai
Pour ma mort un jeune époux et m'y jetterai
Comme au lit de l'amour. Eh bien allons ! Eros,
Ton maître pour mourir est ton élève. Faire ceci,
C'est de toi que je l'ai appris.

Il se frappe de son épée

Quoi ! pas mort ? pas mort ?
Holà, la garde ! Oh ! achevez-moi !

Entre une garde [et Décrétas]

1er GARDE. – Quel est ce bruit ?
ANTOINE. – J'ai mal fait mon ouvrage, amis. Oh ! achevez
Ce que j'ai commencé !
2e GARDE. – L'astre est tombé.
1er GARDE. – Et l'époque est révolue.
TOUS LES GARDES. – Hélas !
Et malheur !
ANTOINE. – Que celui qui m'aime me frappe à mort.
1er GARDE. – Pas moi.
2e GARDE. – Ni moi.
3e GARDE. – Ni aucun de nous. *La garde sort*
DÉCRÉTAS. – Ta mort et tes revers font fuir tes partisans.

Il prend l'épée d'Antoine

Cette épée montrée à César, et la nouvelle,
En voilà assez pour me mettre bien avec lui.

Entre Diomède

DIOMÈDE. – Où est Antoine ?
DÉCRÉTAS. – Là, Diomède, là.
DIOMÈDE. – Vivant ? Vas-tu me répondre, oui[1] ?
Décrétas sort

1. Le plus souvent simple mot d'appui, *man* prend des sens variables suivant les interlocuteurs et les circonstances. Voir par exemple II,7,1 et III,5,3.

ANTONY. – Art thou there, Diomed? Draw thy sword, and give me
Sufficing strokes for death.
DIOMEDES. – Most absolute lord,
My mistress Cleopatra sent me to thee.
ANTONY. – When did she send thee?
DIOMEDES. – Now, my lord.
ANTONY. – Where is she?
DIOMEDES. – Locked in her monument. She had a prophesying fear
Of what hath come to pass; for when she saw –
Which never shall be found – you did suspect
She had disposed with Caesar, and that your rage
Would not be purged, she sent word she was dead;
But fearing since how it might work, hath sent
Me to proclaim the truth; and I am come,
I dread, too late.
ANTONY. – Too late, good Diomed. Call my guard, I prithee.
DIOMEDES. – What ho, the Emperor's guard! The guard, what ho!
Come, your lord calls.

Enter four or five of the guard of Antony

ANTONY. – Bear me, good friends, where Cleopatra bides.
'Tis the last service that I shall command you.
1 GUARD. – Woe, woe are we, sir, you may not live to wear
All your true followers out.
ALL THE GUARDS. – Most heavy day!
ANTONY. – Nay, good my fellows, do not please sharp fate
To grace it with your sorrows. Bid that welcome
Which comes to punish us, and we punish it,
Seeming to bear it lightly. Take me up.
I have led you oft; carry me now, good friends,
And have my thanks for all.

Exeunt bearing Antony [*and Eros*]

IV, 16 *Enter Cleopatra* [*and her maids aloft*], *with Charmian and Iras*

CLEOPATRA. – O Charmian, I will never go from hence.
CHARMIAN. – Be comforted, dear madam.
CLEOPATRA. – No, I will not.
All strange and terrible events are welcome,
But comforts we despise. Our size of sorrow,
Proportioned to our cause, must be as great
As that which makes it.

Enter Diomedes [*below*]

How now? Is he dead?
DIOMEDES. – His death's upon him, but not dead.

---

122 sent word] *Pope (1723-1725)*; sent you word *F.* 132 THE GUARDS] *Oxford*; *pas dans F.*

ANTOINE. – Est-ce toi, Diomède ? Dégaine, et donne-moi
Assez de coups pour que je meure.
DIOMÈDE. – Très souverain seigneur,
Ma maîtresse Cléopâtre m'envoie vers toi.
ANTOINE. – Quand t'a-t-elle envoyé ?
DIOMÈDE. – A l'instant, monseigneur.
ANTOINE. – Où est-elle ?
DIOMÈDE. – Enfermée dans son monument. Sa crainte pressentait
Ce qui vient d'arriver ; car quand elle vit —
Ce qui jamais n'apparaîtra[1] — que vous la soupçonniez
D'avoir traité avec César, et que votre fureur
Ne se guérirait pas, elle fit dire qu'elle était morte ;
Puis, redoutant ce qui pourrait en advenir, m'envoya
Proclamer la vérité ; et voilà que j'arrive,
J'en ai bien peur, trop tard.
ANTOINE. – Trop tard, bon Diomède. Appelle ma garde, je te prie.
DIOMÈDE. – Holà donc ! la garde de l'empereur. La garde, holà donc !
Allons, votre maître appelle.

Entrent quatre ou cinq hommes de la garde d'Antoine

ANTOINE. – Portez-moi, bons amis, où se tient Cléopâtre.
C'est le dernier service que je vous commanderai.
1er GARDE. – Malheur, malheur à nous, monsieur, que vous ne puissiez
Vivre plus longtemps que tous vos fidèles
Ne vous auraient servi.
TOUS LES GARDES. – Oh ! jour d'affliction !
ANTOINE. – Non, mes bons compagnons, ne faites pas ce plaisir
Au destin brutal de l'honorer de vos pleurs. Recevez
De bon gré ce qui vient nous punir, et que nous punissons
En faisant montre alors d'un cœur léger. Relevez-moi.
Je vous ai souvent conduits ; portez-moi maintenant,
Mes bons amis, et soyez remerciés pour tout.

Ils sortent, portant Antoine [et Eros]

Entre Cléopâtre [et ses filles d'honneur, en haut], avec Charmian et Iras[2] IV, 16

CLÉOPÂTRE. – Ô Charmian, jamais je ne m'en irai d'ici.
CHARMIAN. – Consolez-vous, chère madame.
CLÉOPÂTRE. – Non, jamais.
Ce qui vient d'inconnu, de terrible, sera bienvenu,
Nous méprisons tout réconfort. L'étendue de notre peine,
Proportionnée à notre cause, doit être aussi grande
Que ce qui la provoque.

Entre Diomède [en bas]

Eh bien, quoi ? Est-il mort ?
DIOMÈDE. – Sa mort est sur lui, mais mort, non.

1. Diomède veut dire que Cléopâtre n'a jamais tenté de traiter avec César, mais la phrase pourrait laisser entendre que, du moins, cela ne sera jamais établi. 2. Lieu : le monument de Cléopâtre.

Look out o'th' other side your monument.
His guard have brought him thither.

Enter below Antony, borne by the guard

CLEOPATRA. – O sun,
Burn the great sphere thou mov'st in ; darkling stand
The varying shore o'th' world ! O Antony,
Antony, Antony ! Help, Charmian,
Help, Iras, help, help, friends below !
Let's draw him hither.

ANTONY. – Peace. Not Caesar's valour
Hath o'erthrown Antony, but Antony's
Hath triumphed on itself.

CLEOPATRA. – So it should be,
That none but Antony should conquer Antony.
But woe 'tis so !

ANTONY. – I am dying, Egypt, dying. Only
I here importune death awhile until
Of many thousand kisses the poor last
I lay upon thy lips.

CLEOPATRA. – I dare not, dear,
Dear, my lord, pardon. I dare not,
Lest I be taken. Nor th'imperious show
Of the full-fortuned Caesar ever shall
Be brooched with me, if knife, drugs, serpents, have
Edge, sting, or operation. I am safe.
Your wife, Octavia, with her modest eyes
And still conclusion, shall acquire no honour
Demuring upon me. But come, come, Antony. —
Help me, my women. — We must draw thee up.
Assist, good friends.

ANTONY. – O quick, or I am gone !

CLEOPATRA. – Here's sport indeed. How heavy weighs my lord !
Our strength is all gone into heaviness,
That makes the weight. Had I great Juno's power
The strong-winged Mercury should fetch thee up
And set thee by Jove's side. Yet come a little.
Wishers were ever fools. O come, come, come !

They heave Antony aloft to Cleopatra

And welcome, welcome ! Die when thou hast lived,
Quicken with kissing. Had my lips that power,
Thus would I wear them out.

They kiss

ALL THE LOOKERS-ON. – A heavy sight.

ANTONY. – I am dying, Egypt, dying.

---

42 THE LOOKERS-ON] *Oxford* ; *pas dans F.*

---

1. Voir II,7,11 et la note. Pour le soleil, détruire la sphère qui l'entraîne dans le mouvement cosmique serait cesser d'éclairer un monde jusque-là soumis à l'alternance

Regardez de l'autre côté de votre monument.
Voici sa garde qui l'amène.

Antoine entre en bas, porté par la garde

CLÉOPÂTRE. – Ô soleil,
Brûle la vaste sphère[1] où tu te meus. Que l'ombre
Couvre la rive changeante du monde ! Ô Antoine,
Antoine, Antoine ! A l'aide, Charmian, à l'aide, Iras,
A l'aide, à l'aide, amis là en bas ! Hissons-le
Jusqu'ici.

ANTOINE. – Paix. La valeur de César n'a pas
Terrassé Antoine, mais c'est celle d'Antoine
Qui a triomphé d'elle-même.

CLÉOPÂTRE. – Il convenait
Que nul sinon Antoine ne vainquît Antoine,
Mais quel malheur qu'il en soit ainsi !

ANTOINE. – Je meurs, Égypte, je meurs. Seulement, ici,
J'importune la mort pour qu'elle me laisse encore
De tant de milliers de baisers poser le pauvre dernier
Sur tes lèvres.

CLÉOPÂTRE. – Je n'ose pas, mon bien-aimé,
Mon seigneur bien-aimé, pardon. Je n'ose pas,
De peur d'être prise. Le triomphe arrogant
De César au comble du succès ne m'aura point
Pour ornement, si couteau, poisons, serpents,
Ont tranchant, morsure ou vertu. Je suis sauve.
Votre épouse, Octavie, au modeste regard
Qui condamne en silence, n'aura pas cet honneur
De me dévisager. Mais viens, viens, Antoine —
Aidez-moi, mes femmes — il nous faut te hisser ici.
Votre aide, bons amis.

ANTOINE. – Oh ! vite, je m'en vais !

CLÉOPÂTRE. – Vraiment quel exercice ! Que monseigneur est lourd !
Notre force s'en va tout entière en tristesse[2] —,
De là le lourd fardeau. Si j'avais le pouvoir
De la grande Junon, Mercure aux fortes ailes
T'emporterait bien haut pour te mettre à côté
De Jupiter. Mais viens un peu plus près.
Souhaiter c'est être dupe. Oh! viens, viens, viens !

On hisse Antoine jusqu'à Cléopâtre

Et bienvenue, bienvenue ! Meurs quand tu auras vécu,
Revis sous mes baisers. Si mes lèvres en avaient le pouvoir,
Voilà comment je les userais.

Ils échangent des baisers

TOUS LES PRÉSENTS. – Poignant spectacle.

ANTOINE. – Je meurs, Égypte, je meurs.

(*varying*) du jour et de la nuit en même temps peut-être que livré à une plus radicale inconstance. 2. *heaviness.* A la fois « pesanteur » et « tristesse » ; *heavy* (triste, poignant), au vers 42, explicite le jeu de mots.

Give me some wine, and let me speak a little.
CLEOPATRA. – No, let me speak, and let me rail so high
That the false hussy Fortune break her wheel,
Provoked by my offence.
ANTONY. – One word, sweet queen.
Of Caesar seek your honour, with your safety. O!
CLEOPATRA. – They do not go together.
ANTONY. – Gentle, hear me.
None about Caesar trust but Proculeius.
CLEOPATRA. – My resolution and my hands I'll trust,
None about Caesar.
ANTONY. – The miserable change now at my end
Lament nor sorrow at, but please your thoughts
In feeding them with those my former fortunes,
Wherein I lived the greatest prince o'th' world,
The noblest; and do now not basely die,
Not cowardly put off my helmet to
My countryman; a Roman by a Roman
Valiantly vanquished. Now my spirit is going;
I can no more.
CLEOPATRA. – Noblest of men, woot die?
Hast thou no care of me? Shall I abide
In this dull world, which in thy absence is
No better than a sty?
Antony dies
O see, my women,
The crown o'th' earth doth melt. My lord!
O, withered is the garland of the war.
The soldier's pole is fall'n. Young boys and girls
Are level now with men. The odds is gone,
And there is nothing left remarkable
Beneath the visiting moon.
She falls
CHARMIAN. – O, quietness, lady!
IRAS. – She's dead, too, our sovereign.
CHARMIAN. – Lady!
IRAS. – Madam!
CHARMIAN. – O, madam, madam, madam!
IRAS. – Royal Egypt, Empress!
CHARMIAN. – Peace, peace, Iras!
CLEOPATRA (*recovering*). – No more but e'en a woman, and commanded
By such poor passion as the maid that milks

---

46 hussy] *F* (Huswife). **75** e'en] *Johnson (1765)*; in *F*.

---

1. Cette confiance bientôt démentie par les faits (V,1,35-36) rend plus dramatique l'hostilité du Romain et, par contraste, les prévenances de Dolabella. **2.** Ces images ont été comprises de diverses manières, souvent bien différentes. On peut interpréter *pole* comme

Un peu de vin, laisse-moi dire un mot.
CLÉOPÂTRE. – Non, moi, laisse-moi dire, et crier assez fort
Pour que la Fortune volage, cette menteuse,
Brise sa roue, dans sa fureur
D'être outragée.
ANTOINE. – Un mot seulement, douce reine.
Obtenez de César honneur et sauvegarde. Oh !
CLÉOPÂTRE. – Les deux ne vont pas ensemble.
ANTOINE. – Gentille, écoute-moi.
Autour de César, ne te fie qu'à Proculéius[1].
CLÉOPÂTRE. – Je me fierai à mon courage et à mes mains.
A personne autour de César.
ANTOINE. – Que mon piteux échec à la fin de mes jours,
Ne vous fasse pas gémir ni pleurer. Prenez plaisir
A nourrir votre pensée de mes gloires d'hier
Du temps où je vivais, le plus grand prince du monde,
Le plus noble ; et je meurs maintenant sans bassesse,
Sans lâcheté je remets mon casque
A mon compatriote, en Romain par un Romain
Vaillamment vaincu. Voici que mon esprit s'en va,
Je ne puis plus.
CLÉOPÂTRE. – Le plus noble des hommes, tu veux mourir ?
N'as-tu aucun souci de moi ? Vais-je rester
Dans ce morne monde qui, sans toi, ne vaut pas mieux
Qu'une porcherie ?
Antoine meurt
Oh ! voyez, mes femmes,
La couronne de la terre se fond ! Mon seigneur !
Oh ! il est fané le mai fleuri des batailles,
Abattu, le mât du guerrier[2] ! Garçons et fillettes
Sont maintenant à hauteur d'homme. Tout s'égalise,
Et il ne reste plus rien d'admirable
Sous le funeste regard[3] de la lune.
Elle s'écroule
CHARMIAN. – Oh ! calmement, maîtresse !
IRAS. – Elle est morte, elle aussi, notre souveraine.
CHARMIAN. – Maîtresse !
IRAS. – Madame !
CHARMIAN. – Oh ! madame, madame, madame !
IRAS. – Royale Égypte, impératrice !
CHARMIAN. – Tais-toi, Iras !
CLÉOPÂTRE (*revenant à elle*). – Plus rien, juste une femme, et menée
Par une humble souffrance de servante qui trait le lait

---

signifiant l'étoile polaire (ce qui renverrait à IV,15,106), le pivot du monde. Mais cela ne va pas sans incohérence ; *garland* et *pole* sont plus aisément associés dans une même vision de réjouissance (enfouie désormais) autour d'un mât enrubanné ou arbre de mai. 3. *visiting*. Signifie aussi « qui châtie », « qui afflige ». Le monde privé de soleil est abandonné aux influences mauvaises qui s'exerceront sans partage sur l'existence sublunaire.

And does the meanest chores. It were for me
To throw my sceptre at the injurious gods,
To tell them that this world did equal theirs
Till they had stol'n our jewel. All's but naught.
Patience is sottish, and impatience does
Become a dog that's mad. Then is it sin
To rush into the secret house of death
Ere death dare come to us ? How do you, women ?
What, what, good cheer ! Why, how now, Charmian ?
My noble girls ! Ah, women, women ! Look,
Our lamp is spent, it's out. Good sirs, take heart ;
We'll bury him, and then what's brave, what's noble,
Let's do it after the high Roman fashion,
And make death proud to take us. Come, away.
This case of that huge spirit now is cold.
Ah, women, women ! Come. We have no friend
But resolution, and the briefest end.

Exeunt, those above bearing off Antony's body

V, 1 *Enter Caesar with his council of war : Agrippa, Dolabella, Maecenas, Gallus, Proculeius*

CAESAR. – Go to him, Dolabella, bid him yield.
Being so frustrate, tell him, he but mocks
The pauses that he makes.

DOLABELLA. – Caesar, I shall. *Exit*

Enter Decretas with the sword of Antony

CAESAR. – Wherefore is that ? And what art thou that dar'st
Appear thus to us ?

DECRETAS. – I am called Decretas.
Mark Antony I served, who best was worthy
Best to be served. Whilst he stood up and spoke
He was my master, and I wore my life
To spend upon his haters. If thou please
To take me to thee, as I was to him
I'll be to Caesar ; if thou pleasest not,
I yield thee up my life.

CAESAR. – What is't thou sayst ?

DECRETAS. – I say, O Caesar, Antony is dead.

CAESAR. – The breaking of so great a thing should make
A greater crack. The rivèd world

---

77 chores] *Oxford* ; chares *F.* 89 do it] *Pope (1723-1725)* ; doo't *F.* V,1 2 but] *Hanmer (1744)* ; *pas dans F.* 15 rived] *Oxford* ; round *F.*

---

1. C'est un mot que l'on n'attendrait pas sur les lèvres de Cléopâtre, n'était le soin qu'a Sh de la rapprocher de l'auditoire, d'en faire une femme, moins reine que servante, qui

Et fait les corvées du ménage. Je pourrais
Jeter mon sceptre à la figure des dieux injustes,
Leur dire que ce monde valait bien le leur,
Avant qu'ils n'aient volé notre joyau. Tout est vain.
La patience est stupide et l'impatience bonne
Pour un chien enragé. Alors est-ce un péché[1]
De se jeter dans la maison secrète de la mort
Avant que la mort n'ose venir à nous ? Qu'en est-il
De vous, femmes ? Quoi ! quoi ! du courage !
Eh bien, quoi donc, Charmian ? Mes nobles filles !
Ah ! femmes, femmes ! Regardez, notre lampe
Usée, s'est éteinte. Bonnes gens[2], reprenez cœur ;
Nous allons l'ensevelir, puis alors, ce qui est grand,
Ce qui est noble, faisons-le dans le style altier de Rome,
Pour que la mort soit fière de nous prendre. Allons, venez.
L'enveloppe de ce vaste esprit est maintenant froide.
Ah ! femmes, femmes ! Allons. Plus d'ami ne compte
Que notre fermeté et la fin la plus prompte.

Elles sortent, ceux qui sont en haut emportant le corps d'Antoine

Entre César avec son conseil de guerre : Agrippa, Dolabella, Mécène, Gallus, Proculéius[3] V, 1

CÉSAR. – Va le trouver, Dolabella, fais-le céder.
Après un tel échec, dis-lui que ses atermoiements
Sont dérisoires.

DOLABELLA. – J'y vais, César. *Il sort*

Entre Décrétas avec l'épée d'Antoine

CÉSAR. – Que signifie cela ? Qui es-tu pour oser
Paraître ainsi devant nous ?

DÉCRÉTAS. – Mon nom est Décrétas.
J'ai servi Marc Antoine, qui méritait le mieux
D'être le mieux servi. Tant qu'il resta debout
Et parla, ce fut mon maître, et je n'eus de vie
Que pour en user contre ses ennemis. S'il te plaît
De me prendre avec toi, ce que j'étais pour lui
Je le serai pour César ; si cela te déplaît,
Je t'abandonne ma vie.

CÉSAR. – Qu'est-ce que tu dis ?

DÉCRÉTAS. – Je dis, ô César, qu'Antoine est mort.

CÉSAR. – Quelque chose d'aussi grand devrait se briser[4]
A plus grand fracas. Le monde soudain béant

---

pense et parle comme ceux et celles qui l'écoutent. 2. Le *Good sirs* est-il adressé par Cléopâtre à ses femmes comme le dit plus d'un commentateur ? Ce n'est pas certain. On peut admettre que c'est vers les membres de la garde d'Antoine, apparemment encore en scène, que Cléopâtre se tourne. 3. Lieu : Alexandrie, le camp de César. 4. En doublant peut-être ce sens de *breaking* de celui qu'il a dans « to break the news » (annoncer la nouvelle). C'est l'annonce elle-même qui devrait se faire à plus grand fracas.

Should have shook lions into civil streets,
And citizens to their dens. The death of Antony
Is not a single doom; in that name lay
A moiety of the world.

DECRETAS. – He is dead, Caesar,
Not by a public minister of justice,
Nor by a hirèd knife; but that self hand
Which writ his honour in the acts it did
Hath, with the courage which the heart did lend it,
Splitted the heart. This is his sword;
I robbed his wound of it. Behold it stained
With his most noble blood.

CAESAR (*weeping*). – Look you, sad friends,
The gods rebuke me; but it is a tidings
To wash the eyes of kings.

[AGRIPPA]. – And strange it is
That nature must compel us to lament
Our most persisted deeds.

MAECENAS. – His taints and honours
Waged equal with him.

[AGRIPPA]. – A rarer spirit never
Did steer humanity; but you gods will give us
Some faults to make us men. Caesar is touched.

MAECENAS. – When such a spacious mirror's set before him
He needs must see himself.

CAESAR. – O Antony,
I have followed thee to this. But we do lance
Diseases in our bodies. I must perforce
Have shown to thee such a declining day,
Or look on thine. We could not stall together
In the whole world. But yet let me lament,
With tears as sovereign as the blood of hearts,
That thou, my brother, my competitor
In top of all design, my mate in empire,
Friend and companion in the front of war,
The arm of mine own body, and the heart
Where mine his thoughts did kindle – that our stars,
Unreconciliable, should divide
Our equalness to this. Hear me, good friends –

Enter an Egyptian

But I will tell you at some meeter season.
The business of this man looks out of him;
We'll hear him what he says. – Whence are you?

EGYPTIAN. – A poor Egyptian, yet the Queen my mistress,
Confined in all she has, her monument,

---

18 that] *Pope (1723-1725)*; the *F.* **27** a] *F2*; *pas dans F.* **28, 31** AGRIPPA] *Theobald (1733)*; *attribué à* DOLABELLA *dans F.* **36** lance] *Theobald (1733)*; launch *F.* **52** Egyptian, yet the] *Wilson (1950, d'après Hunter)*; Egyptian yet, the *F.*

Aurait dû jeter les lions[1] dans les rues des villes,
Les citadins dans leurs tanières. La mort d'Antoine
Ne scelle pas le destin d'un seul ; sur ce nom reposait
La moitié du monde.

DÉCRÉTAS. – Il est mort, César,
Non par le fait public d'un agent de justice,
Ni sous un couteau mercenaire ; mais la main même
Qui pour lui, dans ses actes, inscrivit l'honneur,
Sut, forte d'un courage qui venait du cœur,
Déchirer ce cœur. Voici son épée ;
Je l'ai volée à sa blessure. Regarde, elle est tachée
De son très noble sang.

CÉSAR (*en larmes*). – Voyez, amis attristés,
Les dieux me réprimandent ; mais c'est une nouvelle
A noyer l'œil des rois.

[AGRIPPA]. – Et comme il est étrange
Que la nature nous contraigne à déplorer
Nos actions les plus opiniâtres.

MÉCÈNE. – Souillures et gloires
En lui s'équilibraient.

[AGRIPPA]. – Jamais plus rare esprit
N'a mené l'être humain ; mais il vous faut, ô dieux, nous donner
Des défauts pour que nous soyons hommes. César est ému.

MÉCÈNE. – Lorsqu'on met devant lui un miroir aussi vaste,
Il faut bien qu'il s'y voie lui-même.

CÉSAR. – Ô Antoine,
Voilà jusqu'où je t'ai poursuivi. Mais nous incisons bien
Les abcès dans notre corps. Il me fallait forcément
Ou t'apparaître sous le jour d'un tel déclin
Ou le voir en toi. Le monde entier ne pouvait
Nous loger tous les deux. Laisse-moi pourtant déplorer
Avec les larmes souveraines de cœurs qui saignent,
Que toi, mon frère, mon rival en ambition suprême,
Partageant l'empire avec moi, ami et camarade
Sur le front des combats, bras de mon propre corps,
Et cœur donnant au mien le feu de ses pensées –
Il ait fallu que nos deux astres,
Irréconciliables, s'opposent, et rompent
A ce point notre égalité. Écoutez-moi, bons amis –

Entre un Égyptien

Mais je vous parlerai en temps plus opportun.
A son air, on peut voir ce que nous veut cet homme.
Écoutons ce qu'il vient nous dire. – D'où venez-vous ?

L'ÉGYPTIEN. – Un pauvre Égyptien[2], mais la reine ma maîtresse,
Enfermée dans le monument qui est tout ce qui lui reste,

1. Fait écho à *Jules César,* I,3,20-22. 2. C.-à-d. « Je ne suis qu'un pauvre Égyptien ». En laissant la virgule après le *yet* qui suit (comme dans l'in-folio) on obtiendrait : « Une pauvre Égyptienne jusqu'à nouvel ordre, la reine », qui est difficilement acceptable.

Of thy intents desires instruction,
That she preparèdly may frame herself
To th' way she's forced to.
CAESAR. – Bid her have good heart.
She soon shall know of us, by some of ours,
How honourable and how kindly we
Determine for her. For Caesar cannot live
To be ungentle.
EGYPTIAN. – So ; the gods preserve thee ! *Exit*
CAESAR. – Come hither, Proculeius. Go, and say
We purpose her no shame. Give her what comforts
The quality of her passion shall require,
Lest in her greatness, by some mortal stroke,
She do defeat us ; for her life in Rome
Would be eternal in our triumph. Go,
And with your speediest bring us what she says
And how you find of her.
PROCULEIUS. – Caesar, I shall. *Exit*
CAESAR. – Gallus, go you along. *Exit Gallus*
Where's Dolabella,
To second Proculeius ?
ALL BUT CAESAR. – Dolabella !
CAESAR. – Let him alone ; for I remember now
How he's employed. He shall in time be ready.
Go with me to my tent, where you shall see
How hardly I was drawn into this war,
How calm and gentle I proceeded still
In all my writings. Go with me, and see
What I can show in this. *Exeunt*

V, 2 *Enter Cleopatra, Charmian, Iras, and Mardian*

CLEOPATRA. – My desolation does begin to make
A better life. 'Tis paltry to be Caesar.
Not being Fortune, he's but Fortune's knave,
A minister of her will. And it is great
To do that thing that ends all other deeds,
Which shackles accidents and bolts up change,
Which sleeps and never palates more the dung,
The beggar's nurse, and Caesar's.
Enter Proculeius
PROCULEIUS. – Caesar sends greeting to the Queen of Egypt,
And bids thee study on what fair demands
Thou mean'st to have him grant thee.
CLEOPATRA. – What's thy name ?
PROCULEIUS. – My name is Proculeius.

---

56 to] *F2* ; too *F.* **59** live] *Rowe (1714)* ; leave *F.* **69-70** *vers*] *prose F.* **70** BUT CAESAR] *Oxford* ; *pas dans F.*

Désire être instruite de tes intentions,
Afin de mieux se préparer à suivre
La voie qu'on lui impose.
CÉSAR. – Dites-lui d'avoir bon courage.
Elle apprendra bientôt de nous, par l'un des nôtres,
Les égards et la bienveillance avec lesquels
Nous réglons son sort. Car César ne saurait vivre
Sans être généreux.
L'ÉGYPTIEN. – Soit ; les dieux te protègent ! *Il sort*
CÉSAR. – Approchez, Proculéius. Allez, dites-lui
Qu'elle n'a pas à craindre de honte. Donnez-lui
Ce que le degré de sa douleur voudra de réconfort,
De peur que, dans sa fierté, par un coup mortel,
Elle ne nous joue ; car, vivante, elle rendrait
A Rome notre triomphe impérissable. Allez,
Et rapportez-nous au plus vite ce qu'elle dit
Et ce qu'il vous semble d'elle.
PROCULÉIUS. – J'y vais, César. *Il sort*
CÉSAR. – Gallus, allez avec lui. *Gallus sort*
Où est Dolabella,
Pour seconder Proculéius ?
TOUS SAUF CÉSAR. – Dolabella !
CÉSAR. – Laissez-le ; car je me rappelle maintenant
Ce dont il était chargé. Il sera prêt en temps voulu.
Suivez-moi dans ma tente, où vous découvrirez
Comme il m'a été dur d'entrer dans cette guerre,
Comme en tous mes écrits je me suis montré calme
Et plein de douceur. Suivez-moi, et voyez
Ce que je puis vous montrer sur ce point. *Ils sortent*

Entrent Cléopâtre, Charmian, Iras et Mardian[1] V, 2
CLÉOPÂTRE. – Ma désolation se fait commencement
D'une vie meilleure. La piètre chose qu'être César !
N'étant pas la Fortune, il n'est que son valet,
L'agent de son caprice. Et il y a de la grandeur
Dans l'acte qui met fin à tous les autres actes,
Enchaîne les hasards, verrouille le changement,
Et dort sans plus jamais goûter à la fange[2]
Dont se nourrissent et le mendiant et César.
Entre Proculéius
PROCULÉIUS. – César envoie ses compliments à la reine d'Égypte,
Et te prie d'étudier les justes demandes
Que tu voudrais qu'il t'accorde.
CLÉOPÂTRE. – Quel est ton nom ?
PROCULÉIUS. – Mon nom est Proculéius.

1. Lieu : Alexandrie, le monument. 2. Fait écho à I,1,37-38.

CLEOPATRA. – Antony
Did tell me of you, bade me trust you ; but
I do not greatly care to be deceived,
That have no use for trusting. If your master
Would have a queen his beggar, you must tell him
That majesty, to keep decorum, must
No less beg than a kingdom. If he please
To give me conquered Egypt for my son,
He gives me so much of mine own as I
Will kneel to him with thanks.

PROCULEIUS. – Be of good cheer.
You're fall'n into a princely hand ; fear nothing.
Make your full reference freely to my lord,
Who is so full of grace that it flows over
On all that need. Let me report to him
Your sweet dependency, and you shall find
A conqueror that will pray in aid for kindness,
Where he for grace is kneeled to.

CLEOPATRA. – Pray you, tell him
I am his fortune's vassal, and I send him
The greatness he has got. I hourly learn
A doctrine of obedience, and would gladly
Look him i'th' face.

PROCULEIUS. – This I'll report, dear lady ;
Have comfort, for I know your plight is pitied
Of him that caused it.

[Enter Roman soldiers from behind]

(*To the soldiers*) You see how easily she may be surprised.
Guard her till Caesar come.

IRAS. – Royal Queen –

CHARMIAN. – O Cleopatra, thou art taken, Queen !

CLEOPATRA (*drawing a dagger*). – Quick, quick, good hands !

PROCULEIUS (*disarming Cleopatra*). – Hold, worthy lady, hold !
Do not yourself such wrong, who are in this
Relieved but not betrayed.

CLEOPATRA. – What, of death too,
That rids our dogs of languish ?

PROCULEIUS. – Cleopatra,
Do not abuse my master's bounty by
Th'undoing of yourself. Let the world see
His nobleness well acted, which your death
Will never let come forth.

CLEOPATRA. – Where art thou, death ?
Come hither, come. Come, come, and take a queen
Worth many babes and beggars.

---

1. Le texte de l'in-folio ne donne aucune indication scénique entre *caused it* (34) et *You see* (35), de plus il répète le nom du locuteur *(Pro*[*culeius*]*.)* au début du vers 35. Il semble qu'une indication scénique ou une portion de texte ait été omise entre les vers 34 et 35.

CLÉOPÂTRE. – Antoine
M'a parlé de vous, m'a dit de me fier à vous ; mais
Savoir si l'on me trompe ne m'importe guère,
N'ayant pas à faire confiance. Si votre maître
Veut une reine pour mendiante, il faut lui dire
Que la majesté, à respecter le décorum,
Ne peut mendier moins qu'un royaume. S'il lui plaît
De me donner pour mon fils l'Égypte conquise,
Il me donne assez de ce qui est mien pour que
Je l'en remercie à genoux.

PROCULÉIUS. – Ayez bon courage.
Vous êtes tombée entre de nobles mains, ne craignez rien.
Ayez recours en tout librement à mon maître,
Lui si plein de bonté qu'elle inonde tous ceux
Qui en ont besoin. Laissez-moi lui annoncer
Votre douce soumission, et vous trouverez
Un vainqueur qui prie qu'on l'aide à être généreux,
Quand on implore à genoux sa bonté.

CLÉOPÂTRE. – Dites, je vous prie,
Que, vassale de sa fortune, je lui fais hommage
De la grandeur qu'il s'est acquise. A toute heure je prends
Une leçon d'obéissance, et serais heureuse
De le voir face à face.

PROCULÉIUS. – Il le saura, chère Altesse.
Ayez courage, je sais que votre détresse émeut
De pitié celui qui en est la cause.

[*Des soldats romains entrent par l'arrière*][1]

(*Aux soldats*) Vous voyez comme elle est facile à surprendre.
Gardez-la jusqu'à l'arrivée de César.

IRAS. – Grande reine –

CHARMIAN. – Ô Cléopâtre, tu es prise, reine !

CLÉOPÂTRE (*tirant un poignard*). – Vite, vite, mes bonnes mains !

PROCULÉIUS (*désarmant Cléopâtre*). – Arrêtez,
Noble dame, arrêtez, ne vous faites pas ce mal, vous
Qu'on n'a pas trahie, mais sauvée.

CLÉOPÂTRE. – Oui, et de la mort,
Qui épargne le dépérissement à nos chiens.

PROCULÉIUS. – Cléopâtre,
N'insultez pas à la générosité de mon maître
En vous ôtant la vie. Laissez le monde lui voir jouer
Le beau rôle de sa noblesse, ce que votre mort
Empêcherait de se produire.

CLÉOPÂTRE. – Où es-tu, mort ?
Viens ici, viens. Viens, viens, et prends une reine
Qui ne vaut pas moins qu'un grand nombre
De marmots et de miséreux.

---

[1] D'autres éditions, suivant l'émendation de Malone, font entrer Gallus à la tête des soldats et lui attribuent les vers 35-36. Proculéius se trouve alors exonéré du coup de force.

PROCULEIUS. – O temperance, lady!
CLEOPATRA. – Sir, I will eat no meat. I'll not drink, sir.
If idle talk will once be necessary,
I'll not sleep, neither. This mortal house I'll ruin,
Do Caesar what he can. Know, sir, that I
Will not wait pinioned at your master's court,
Nor once be chastised with the sober eye
Of dull Octavia. Shall they hoist me up
And show me to the shouting varletry
Of censuring Rome? Rather a ditch in Egypt
Be gentle grave unto me; rather on Nilus' mud
Lay me stark naked, and let the waterflies
Blow me into abhorring; rather make
My country's high pyramides my gibbet,
And hang me up in chains.
PROCULEIUS. – You do extend
These thoughts of horror further than you shall
Find cause in Caesar.

Enter Dolabella

DOLABELLA. – Proculeius,
What thou hast done thy master Caesar knows,
And he hath sent for thee. For the Queen,
I'll take her to my guard.
PROCULEIUS. – So, Dolabella,
It shall content me best. Be gentle to her.
(*To Cleopatra*) To Caesar I will speak what you shall please,
If you'll employ me to him.
CLEOPATRA. – Say I would die. *Exit Proculeius*
DOLABELLA. – Most noble Empress, you have heard of me.
CLEOPATRA. – I cannot tell.
DOLABELLA. – Assurèdly you know me.
CLEOPATRA. – No matter, sir, what I have heard or known.
You laugh when boys or women tell their dreams;
Is't not your trick?
DOLABELLA. – I understand not, madam.
CLEOPATRA. – I dreamt there was an Emperor Antony.
O, such another sleep, that I might see
But such another man!
DOLABELLA. – If it might please ye –
CLEOPATRA. – His face was as the heav'ns, and therein stuck
A sun and moon, which kept their course and lighted
The little O o'th' earth.
DOLABELLA. – Most sovereign creature –
CLEOPATRA. – His legs bestrid the ocean; his reared arm
Crested the world. His voice was propertied

---

80 O] *Theobald (1733)*; *pas dans F.*

---

1. Le thème de l'exhibition de Cléopâtre captive et humiliée, déjà amorcé plus haut (IV,

PROCULÉIUS. – Ah ! modérez-vous, madame !
CLÉOPÂTRE. – Monsieur, je ne mangerai ni ne boirai, monsieur.
S'il faut pour une fois tenir de vains propos,
Je ne dormirai pas non plus. Je détruirai
Cette demeure mortelle, quoi que fasse César.
Sachez, monsieur, que je ne veux pas me tenir,
Les ailes rognées, à la cour de votre maître,
Ni jamais subir le regard sévère
De la morne Octavie. On me hisserait[1] bien haut,
On m'exhiberait à la racaille braillarde, hurlant
La réprobation de Rome ? Qu'un fossé en Égypte
Soit plutôt ma douce tombe ; que sur la boue du Nil
On m'étende plutôt, toute nue, et que les mouches d'eau
Fassent gonfler en moi une grouillante horreur ; faites plutôt
Des hautes pyramides de mon pays mon gibet,
Pour m'y pendre enchaînée.
PROCULÉIUS. – Vous allez bien plus loin
Dans ces pensées horribles que vous n'en trouverez
De motif en César.

Entre Dolabella

DOLABELLA. – Proculéius,
De ce que tu as fait, César, ton maître, est informé,
Et il t'envoie chercher. Pour la reine,
Je la prends sous ma garde.
PROCULÉIUS. – Soit, Dolabella,
Je ne puis souhaiter mieux. Aie des égards pour elle.
(*A Cléopâtre*) A César je dirai ce qui vous conviendra,
Si vous m'en chargez.
CLÉOPÂTRE. – Dites que je veux mourir. *Proculéius sort*
DOLABELLA. – Très noble impératrice, on vous a parlé de moi ?
CLÉOPÂTRE. – Je ne saurais dire.
DOLABELLA. – Pour sûr, vous savez qui je suis.
CLÉOPÂTRE. – Peu importe, monsieur, ce qu'on m'a dit ou ce que je sais.
Enfants ou femmes qui racontent leurs rêves vous font rire ;
C'est votre genre, n'est-ce pas ?
DOLABELLA. – Je ne saisis pas, madame.
CLÉOPÂTRE. – J'ai rêvé qu'il était un empereur Antoine.
Ah ! dormir encore ainsi, que je voie encore
Un pareil homme !
DOLABELLA. – Si cela pouvait vous plaire –
CLÉOPÂTRE. – Sa face était comme les cieux ; il s'y trouvait
Un soleil et une lune qui, dans leur course, éclairaient
Ce petit O, la terre.
DOLABELLA. – Très souveraine créature –
CLÉOPÂTRE. – Il enjambait[2] l'océan ; son bras levé faisait
Un cimier au monde. Sa voix valait la musique

16,24-30), reviendra encore amplifié (V,2,204-217). 2. *bestrid.* Voir *Jules César*, I,2,136, où le mot a une tout autre résonance.

As all the tunèd spheres, and that to friends;
But when he meant to quail and shake the orb,
He was as rattling thunder. For his bounty,
There was no winter in't; an autumn 'twas,
That grew the more by reaping. His delights
Were dolphin-like; they showed his back above
The element they lived in. In his livery
Walked crowns and crownets. Realms and islands were
As plates dropped from his pocket.

DOLABELLA. – Cleopatra –

CLEOPATRA. – Think you there was, or might be, such a man
As this I dreamt of?

DOLABELLA. – Gentle madam, no.

CLEOPATRA. – You lie, up to the hearing of the gods.
But if there be, or ever were one such,
It's past the size of dreaming. Nature wants stuff
To vie strange forms with fancy; yet t'imagine
An Antony were nature's piece 'gainst fancy,
Condemning shadows quite.

DOLABELLA. – Hear me, good madam:
Your loss is as yourself, great, and you bear it
As answering to the weight. Would I might never
O'ertake pursued success but I do feel,
By the rebound of yours, a grief that smites
My very heart at root.

CLEOPATRA. – I thank you, sir.
Know you what Caesar means to do with me?

DOLABELLA. – I am loath to tell you what I would you knew.

CLEOPATRA. – Nay, pray you, sir.

DOLABELLA. – Though he be honourable –

CLEOPATRA. – He'll lead me then in triumph.

DOLABELLA. – Madam, he will, I know't.

Flourish. Enter Caesar, with Proculeius, Gallus, Maecenas, and others of his train

ALL. – Make way, there! Caesar!

CAESAR. – Which is the Queen of Egypt?

DOLABELLA (*to Cleopatra*). – It is the Emperor, madam.

Cleopatra kneels

CAESAR. – Arise! You shall not kneel.
I pray you rise, rise, Egypt.

---

86 autumn 'twas] *Theobald (1733)*; *Anthony* it was *F.* **95** or] *F3*; nor *F.* **103** smites] *Capell (1767-1768)*; suites *F.*

---

1. *autumn 'twas.* Cette émendation s'est imposée en dépit de diverses objections. Elle est en accord profond avec ce qu'il y a de visionnaire dans le passage. **2.** La construction qui mêle pluriels (*His delights* [...] *they lived in*) et singulier (*his back*) est hardie. L'image semble montrer en surimpression Antoine et ses plaisirs comme autant de dauphins. **3.** La

Des sphères bien accordées s'il parlait à ses amis ;
Mais quand il s'agissait d'intimider le globe
Et de le faire trembler, c'était un roulement
De tonnerre. Pour ce qui est de sa largesse,
Elle n'avait pas d'hiver ; elle était un automne[1],
A force de récoltes plus abondant encore. Ses plaisirs
Ressemblaient au dauphin ; ils montraient son dos[2] au-dessus
Des flots où ils s'ébattaient. Sous sa livrée
Marchaient couronnes et diadèmes. Iles et royaumes
Étaient monnaies tombées de sa poche.

DOLABELLA. – Cléopâtre –

CLÉOPÂTRE. – Pensez-vous qu'il y eut, ou qu'il puisse être un homme
Tel que celui dont j'ai rêvé ?

DOLABELLA. – Aimable dame, non.

CLÉOPÂTRE. – Vous mentez, et si fort que les dieux vous entendent.
Mais s'il y a, ou s'il y eut jamais un tel homme,
Cela échappe au rêve. La nature manque
De quoi rivaliser en formes prodigieuses
Avec l'imagination ; pourtant inventer un Antoine
Serait le triomphe de la nature[3]
Sur l'imagination, condamnant pour de bon
Ses chimères.

DOLABELLA. – Bonne madame, écoutez.
Comme vous, votre perte est grande, et votre deuil
A la mesure du fardeau. Puissé-je ne jamais
Tenir ce que je poursuis, si je ne ressens pas,
Rejaillissant du vôtre, un chagrin qui me frappe
A la racine du cœur !

CLÉOPÂTRE. – Je vous remercie, monsieur.
Savez-vous ce que César entend faire de moi ?

DOLABELLA. – J'hésite à vous dire ce que je voudrais que vous sachiez.

CLÉOPÂTRE. – Allons, je vous en prie, monsieur.

DOLABELLA. – Bien qu'homme d'honneur –

CLÉOPÂTRE. – Il me traînera dans son triomphe.

DOLABELLA. – Oui, madame, je le sais.

Sonnerie de trompette. Entrent César, avec Proculéius, Gallus, Mécène et d'autres de sa suite

TOUS. – Place, vous autres ! César !

CÉSAR. – Laquelle est la reine d'Égypte ?

DOLABELLA (*à Cléopâtre*). – C'est l'empereur, madame.

Cléopâtre s'agenouille.

CÉSAR. – Relevez-vous ! Il ne faut pas
Vous agenouiller. De grâce, relevez-vous,
Relevez-vous, Égypte.

---

dialectique de l'art (ou, comme ici, de l'imagination) et de la nature donne plus d'une fois lieu dans Sh à ce genre de propos en forme de paradoxe. L'imagination l'emporte sur la nature dans l'invention de formes extraordinaires mais la vraie grandeur d'Antoine, son humanité, défie l'imagination.

CLEOPATRA (*rising*). – Sir, the gods
Will have it thus. My master and my lord
I must obey.
CAESAR. – Take to you no hard thoughts.
The record of what injuries you did us,
Though written in our flesh, we shall remember
As things but done by chance.
CLEOPATRA. – Sole sir o'th' world,
I cannot project mine own cause so well
To make it clear, but do confess I have
Been laden with like frailties which before
Have often shamed our sex.
CAESAR. – Cleopatra, know
We will extenuate rather than enforce.
If you apply yourself to our intents,
Which towards you are most gentle, you shall find
A benefit in this change ; but if you seek
To lay on me a cruelty by taking
Antony's course, you shall bereave yourself
Of my good purposes and put your children
To that destruction which I'll guard them from,
If thereon you rely. I'll take my leave.
CLEOPATRA. – And may through all the world ! 'Tis yours, and we,
Your scutcheons and your signs of conquest, shall
Hang in what place you please. (*Giving a paper*) Here, my good lord.
CAESAR. – You shall advise me in all for Cleopatra.
CLEOPATRA. – This is the brief of money, plate, and jewels
I am possessed of. 'Tis exactly valued,
Not petty things admitted. Where's Seleucus ?
[*Enter Seleucus*]
SELEUCUS. – Here, madam.
CLEOPATRA (*to Caesar*). – This is my treasurer. Let him speak, my lord,
Upon his peril, that I have reserved
To myself nothing. Speak the truth, Seleucus.
SELEUCUS. – Madam, I had rather seal my lips
Than to my peril speak that which is not.
CLEOPATRA. – What have I kept back ?
SELEUCUS. – Enough to purchase what you have made known.
CAESAR. – Nay, blush not, Cleopatra. I approve
Your wisdom in the deed.
CLEOPATRA. – See, Caesar ! O, behold
How pomp is followed ! Mine will now be yours,
And should we shift estates, yours would be mine.
The ingratitude of this Seleucus does
Even make me wild. – O slave, of no more trust
Than love that's hired ! What, goest thou back ? Thou shalt

1. Au sens figuré, comme on dit « bouche cousue ». Mais l'orthographe de *seal* n'empêche

CLÉOPÂTRE (*se relevant*). – Les dieux, monsieur,
Le veulent ainsi. A mon maître et seigneur
Il me faut obéir.
CÉSAR. – N'ayez pas de pénibles pensées.
Les torts que vous nous avez faits, bien que leur liste
Soit inscrite dans notre chair, ne seront retenus
Que comme dus au hasard.
CLÉOPÂTRE. – Seul souverain du monde,
Je ne puis faire valoir ma propre cause au point
Qu'elle en semble irréprochable, et même j'avoue
Avoir pâti de ces faiblesses qui ont été souvent
La honte de notre sexe.
CÉSAR. – Cléopâtre, sachez
Que nous voulons excuser plutôt qu'accabler.
Si vous vous prêtez à nos intentions,
Qui sont fort douces envers vous, vous trouverez
Avantage au changement ; mais si vous voulez
Me forcer à quelque cruauté en suivant
La même voie qu'Antoine, vous vous privez du bien
Que je vous destine, et livrez vos enfants
A cette destruction dont je les garderai,
Si vous comptez sur moi. Je m'en vais vous laisser.
CLÉOPÂTRE. – Allez, vous avez le monde pour cela, il est vôtre !
Et nous, écussons et trophées de vos conquêtes,
On nous suspendra où il vous plaît. (*Lui tendant un papier*) Tenez, mon [bon seigneur.
CÉSAR. – Conseillez-moi en tout ce qui regarde Cléopâtre.
CLÉOPÂTRE. – Voici le relevé de ce que je possède
En pièces, argenterie, bijoux, estimés au plus juste,
Hormis de petits riens. Où est Séleucus ?
[*Entre Séleucus*]
SÉLEUCUS. – Ici, madame.
CLÉOPÂTRE (*à César*). – Voici mon trésorier. Qu'il dise, monseigneur,
Au péril de sa vie, si j'ai rien réservé
Pour moi. Dis la vérité, Séleucus.
SÉLEUCUS. – Madame, j'aimerais mieux me coudre[1] les lèvres
Que de dire, au péril de ma vie, ce qui n'est pas.
CLÉOPÂTRE. – Qu'ai-je dissimulé ?
SÉLEUCUS. – Assez pour racheter ce que vous déclarez.
CÉSAR. – Non, ne rougissez pas, Cléopâtre. J'approuve
Votre sagesse en ceci.
CLÉOPÂTRE. – Voyez, César ! Ah ! regardez
Comme on suit la grandeur ! Mes gens désormais sont à vous,
Et si nos sorts s'échangeaient, les vôtres seraient à moi.
L'ingratitude de ce Séleucus me rend
Vraiment folle. – Ô esclave, aussi peu sûr
Que l'amour qui s'achète ! Quoi ! tu recules ? Tu vas

pas d'entendre aussi comme un écho du *seel* qu'emploie Antoine, III,13,113 et la note.

Go back, I warrant thee ; but I'll catch thine eyes
Though they had wings. Slave, soulless villain, dog !
O rarely base !
CAESAR. – Good Queen, let us entreat you.
CLEOPATRA. – O Caesar, what a wounding shame is this,
That thou vouchsafing here to visit me,
Doing the honour of thy lordliness
To one so meek – that mine own servant should
Parcel the sum of my disgraces by
Addition of his envy. Say, good Caesar,
That I some lady trifles have reserved,
Immoment toys, things of such dignity
As we greet modern friends withal ; and say
Some nobler token I have kept apart
For Livia and Octavia, to induce
Their mediation – must I be unfolded
With one that I have bred ? The gods ! It smites me
Beneath the fall I have. (*To Seleucus*) Prithee, go hence,
Or I shall show the cinders of my spirits
Through th'ashes of my chance. Wert thou a man
Thou wouldst have mercy on me.
CAESAR. – Forbear, Seleucus. *Exit Seleucus*
CLEOPATRA. – Be it known that we, the greatest, are misthought
For things that others do ; and when we fall
We answer others' merits in our name,
Are therefore to be pitied.
CAESAR. – Cleopatra,
Not what you have reserved nor what acknowledged
Put we i'th' roll of conquest. Still be't yours.
Bestow it at your pleasure, and believe
Caesar's no merchant, to make prize with you
Of things that merchants sold. Therefore be cheered.
Make not your thoughts your prisons. No, dear Queen ;
For we intend so to dispose you as
Yourself shall give us counsel. Feed and sleep.
Our care and pity is so much upon you
That we remain your friend ; and so adieu.
CLEOPATRA. – My master and my lord !
CAESAR. – Not so. Adieu.
Flourish. Exeunt Caesar and his train
CLEOPATRA. – He words me, girls, he words me, that I should not
Be noble to myself. But hark thee, Charmian.
She whispers to Charmian
IRAS. – Finish, good lady. The bright day is done,

---

1. Voir II,5,63 et, dans l'introduction à la pièce, ce qui a trait aux sources. Il est notable que Sh ait transféré les violences que Cléopâtre fait subir à Séleucus dans la *Cléopâtre Captive* d'Étienne Jodelle à la scène où elle malmène le messager. Cela tend à démontrer qu'il s'agit entre la reine et son trésorier d'un scénario convenu pour faire croire à César

Reculer, je te le promets ; mais j'aurai tes yeux[1],
Auraient-ils des ailes. Esclave, gueux sans âme, chien !
Ô bassesse rare !

CÉSAR. – Bonne reine, nous vous en prions.

CLÉOPÂTRE. – Ô César, quelle cuisante honte est la mienne,
Quand tu daignes venir me visiter ici,
Faisant l'honneur de ta seigneuriale présence
A un être aussi désarmé – que mon propre serviteur
Ajoute à la somme de mes disgrâces en allant
Y joindre sa malice. Mettons, bon César,
Que j'aie gardé de ces colifichets de dame,
Babioles de rien, objets de si mince valeur
Qu'on en gratifie les amis quelconques ; et mettons
Que j'aie mis à part quelque plus noble gage
Pour Livie et Octavie, afin d'obtenir
Leur médiation – faut-il que je sois dénoncée
Par quelqu'un que j'ai nourri ? Dieux ! Ce coup me jette
Plus bas que n'a fait ma chute. (*A Séleucus*) Sors, s'il te plaît,
Ou je vais faire voir l'ardeur qui brûle encore
Sous ma fortune en cendre. Tu serais un homme
Que tu m'aurais en pitié.

CÉSAR. – Laisse-nous, Séleucus. *Séleucus sort*

CLÉOPÂTRE. – Sachez qu'on nous juge mal, nous les grands de ce monde,
Pour ce que d'autres font ; et qu'une fois tombés,
Nous répondons des actes commis en notre nom,
En cela nous sommes à plaindre.

CÉSAR. – Cléopâtre,
Ni ce que vous gardez, ni ce dont vous faites l'aveu,
Nous ne l'inscrirons pour conquête. Que cela reste vôtre.
Faites-en don comme vous voulez, et croyez
Que César n'est pas marchand pour débattre avec vous du prix
D'objets vendus par des marchands. Prenez donc courage.
Ne vous faites pas des prisons de vos pensées. Non, chère reine ;
Car notre intention est d'en user avec vous
Selon vos propres conseils. Mangez, et dormez[2].
Nos égards, notre pitié, pour vous sont si grands
Que nous demeurons votre ami. Sur ce, adieu.

CLÉOPÂTRE. – Mon maître et mon seigneur !

CÉSAR. – Il n'en est rien. Adieu.

Sonnerie de trompette. César et sa suite sortent

CLÉOPÂTRE. – Des mots[3], il veut m'avoir avec des mots, les filles, de peur
Que je sois noble envers moi-même. Mais écoute, Charmian.

Elle chuchote à l'oreille de Charmian

IRAS. – Finissons, bonne princesse ; le beau jour est passé

---

qu'elle est toujours attachée à la vie. **2.** Renvoie à V,2,48-50 comme forme du suicide que redoutait César. **3.** *words.* Ce verbe est normalement transitif avec un nom de chose pour objet (formuler une pensée ; voir IV,14,9). Sh l'emploie ici d'une façon qui n'est qu'à lui.

And we are for the dark.
CLEOPATRA (*to Charmian*). – Hie thee again.
I have spoke already, and it is provided.
Go put it to the haste.
CHARMIAN. – Madam, I will.

Enter Dolabella

DOLABELLA. – Where's the Queen?
CHARMIAN. – Behold, sir. *Exit*
CLEOPATRA. – Dolabella!
DOLABELLA. – Madam, as thereto sworn by your command –
Which my love makes religion to obey –
I tell you this : Caesar through Syria
Intends his journey, and within three days
You with your children will he send before.
Make your best use of this. I have performed
Your pleasure, and my promise.
CLEOPATRA. – Dolabella,
I shall remain your debtor.
DOLABELLA. – I your servant.
Adieu, good Queen. I must attend on Caesar.
CLEOPATRA. – Farewell, and thanks. *Exit Dolabella*
Now, Iras, what think'st thou?
Thou, an Egyptian puppet shall be shown
In Rome, as well as I. Mechanic slaves
With greasy aprons, rules, and hammers shall
Uplift us to the view. In their thick breaths,
Rank of gross diet, shall we be enclouded,
And forced to drink their vapour.
IRAS. – The gods forbid!
CLEOPATRA. – Nay, 'tis most certain, Iras. Saucy lictors
Will catch at us like strumpets, and scald rhymers
Ballad us out o' tune. The quick comedians
Extemporally will stage us, and present
Our Alexandrian revels. Antony
Shall be brought drunken forth, and I shall see
Some squeaking Cleopatra boy my greatness
I'th' posture of a whore.
IRAS. – O, the good gods!
CLEOPATRA. – Nay, that's certain.
IRAS. – I'll never see't! For I am sure my nails
Are stronger than mine eyes.
CLEOPATRA. – Why, that's the way
To fool their preparation and to conquer
Their most absurd intents.

212 Ballad] *F2* ; Ballads *F.* 219 my] *F2* ; mine *F.*

1. L'audace de Sh, c'est d'abord de faire du substantif *boy* un verbe. C'est ensuite de rapprocher périlleusement le fictif du réel. De son temps, les rôles de femmes étaient tenus

Et nous allons entrer dans le noir.
CLÉOPÂTRE (*à Charmian*). – Vite, je le répète.
Mes instructions sont données et tout est prévu.
Va dire que l'on se hâte.
CHARMIAN. – J'y vais, madame.

Entre Dolabella

DOLABELLA. – Où est la reine ?
CHARMIAN. – Voyez, monsieur. *Elle sort*
CLÉOPÂTRE. – Dolabella !
DOLABELLA. – Madame, comme je l'ai juré sur votre ordre —
Que l'amour me fait religion d'obéir —
Je vous dirai ceci : César par la Syrie
Entreprend de faire route, et dans les trois jours
Vous enverra en avant, vous et vos enfants.
Tirez de cela le meilleur parti. J'ai fait
Selon votre plaisir et ma promesse.
CLÉOPÂTRE. – Dolabella,
Je resterai votre obligée.
DOLABELLA. – Moi, votre serviteur.
Adieu, bonne reine. Il me faut suivre César.
CLÉOPÂTRE. – Adieu, et merci. *Dolabella sort*
Eh bien, Iras, qu'en dis-tu ?
Marionnette d'Égypte, on te montrera dans Rome
Tout comme moi. Des esclaves, artisans
Aux tabliers crasseux, portant règles et marteaux,
Nous montreront bien haut sur des tréteaux. Leur haleine épaisse,
Brume empestée de basse mangeaille, nous fera de force
Respirer ses vapeurs.
IRAS. – Que les dieux nous en gardent !
CLÉOPÂTRE. – Si, rien n'est plus certain, Iras. Des licteurs effrontés
Oseront sur nous les gestes qu'ils ont avec les filles.
Des rimeurs minables nous chanteront bien faux
Dans leurs ballades. Les prestes comédiens
Nous mettront en scène impromptu, représentant
Nos réjouissances d'Alexandrie. Antoine
Sera montré pris de boisson, et je verrai
Un garçon[1], Cléopâtre criarde, singer ma grandeur
Dans une posture de putain.
IRAS. – Ô dieux cléments !
CLÉOPÂTRE. – Si, cela est certain.
IRAS. – Jamais je ne verrai cela ! Car, j'en suis sûre, mes ongles
Sont plus forts que mes yeux.
CLÉOPÂTRE. – Oui, c'est le bon moyen
De déjouer leurs préparatifs et de l'emporter
Sur leurs très absurdes desseins.

---

par des garçons. Cette Cléopâtre qui parle, c'est donc un garçon qui se moque de l'insuffisance d'un garçon qui jouerait son rôle.

Enter Charmian

Now, Charmian!
Show me, my women, like a queen. Go fetch
My best attires. I am again for Cydnus
To meet Mark Antony. Sirrah Iras, go.
Now, noble Charmian, we'll dispatch indeed,
And when thou hast done this chore I'll give thee leave
To play till doomsday. – Bring our crown and all. [*Exit Iras*]

A noise within

Wherefore's this noise?

Enter a Guardsman

GUARDSMAN. – Here is a rural fellow
That will not be denied your highness' presence.
He brings you figs.

CLEOPATRA. – Let him come in. *Exit Guardsman*
What poor an instrument
May do a noble deed! He brings me liberty.
My resolution's placed, and I have nothing
Of woman in me. Now from head to foot
I am marble-constant. Now the fleeting moon
No planet is of mine.

Enter Guardsman, and Clown with a basket

GUARDSMAN. – This is the man.

CLEOPATRA. – Avoid, and leave him. *Exit Guardsman*
Hast thou the pretty worm
Of Nilus there, that kills and pains not?

CLOWN. – Truly, I have him; but I would not be the party that should desire you to touch him, for his biting is immortal; those that do die of it do seldom or never recover.

CLEOPATRA. – Remember'st thou any that have died on't?

CLOWN. – Very many, men, and women too. I heard of one of them no longer than yesterday, a very honest woman, but something given to lie, as a woman should not do but in the way of honesty, how she died of the biting of it, what pain she felt. Truly, she makes a very good report o'th' worm; but he that will believe all that they say shall never be saved by half that they do; but this is most falliable: the worm's an odd worm.

CLEOPATRA. – Get thee hence, farewell.

CLOWN. – I wish you all joy of the worm.

CLEOPATRA. – Farewell.

---

224 Cydnus] *Rowe (1709)*; *Cidrus F.*

---

1. Voir II,2,191 et la note. **2.** *worm.* Ce mot laisse planer une ambiguïté dans la mesure où son sens habituel de « ver » n'exclut pas le sens de « serpent ». « Reptile » a l'avantage d'avoir été, au moins pendant un temps, communément appliqué en français aux « insectes » (selon la terminologie de l'époque) tels que chenille, lézard ou ver, aussi bien qu'aux

Entre Charmian

Allons, Charmian !
Que l'on me voie, mes femmes, en vraie reine. Allez chercher
Mes plus beaux atours. Je vais au Cydnus[1] de nouveau,
Rencontrer Marc Antoine. Ma petite Iras, va.
Maintenant, Charmian, c'est le moment d'être promptes,
Et, la tâche remplie, je te permets de jouer
Jusqu'à la fin du monde. – Apportez notre couronne et tout.

[*Iras sort*]

Bruit à l'intérieur

Qu'est-ce que ce bruit ?

Entre un Garde

LE GARDE. – Il y a là un gars de la campagne
Qui tient à être admis auprès de Votre Altesse.
Il vous apporte des figues.

CLÉOPÂTRE. – Laissez-le entrer. *Le Garde sort*

Comme un pauvre instrument
Peut faire un noble ouvrage ! Il m'apporte la liberté.
Ma décision est arrêtée, et je n'ai rien en moi
De la femme. Maintenant de la tête aux pieds
Je suis marbre immuable. Maintenant la lune fugace
N'est plus en rien ma planète.

Entrent le Garde et un Campagnard avec un panier

LE GARDE. – Voici l'homme.

CLÉOPÂTRE. – Retirez-vous et laissez-le. *Le Garde sort*

As-tu le joli reptile[2]
Du Nil avec toi, celui qui tue et ne fait pas mal ?

LE CAMPAGNARD. – Pour sûr que je l'ai ; mais je ne voudrais pas être le particulier qui irait vous inviter à le toucher, car sa morsure est immortelle ; ceux qui en meurent ne s'en remettent que rarement ou jamais.

CLÉOPÂTRE. – Te rappelles-tu quelqu'un qui en soit mort ?

LE CAMPAGNARD. – Des quantités, hommes, et femmes aussi. J'ai entendu dire de l'une d'elles pas plus tard qu'hier, une très honnête femme, mais un peu portée sur la bagatelle[3], ce que ne devrait pas être une femme, sauf par manière d'honnêteté, comment elle mourut de la morsure et ce qu'elle a souffert. Pour sûr, elle dit beaucoup de bien du reptile ; mais celui qui croira tout ce qu'on raconte ne sera jamais sauvé par la moitié de ce qu'on fait ; mais tout ce qu'il y a de plus fallible[4], c'est que le reptile est un drôle de reptile.

CLÉOPÂTRE. – Va-t'en d'ici. Adieu.

LE CAMPAGNARD. – Je vous souhaite bien du plaisir avec le reptile.

CLÉOPÂTRE. – Adieu.

---

serpents. 3. Le jeu de mots porte sur *lie* au double sens de « mentir » et « coucher ». Dans la même phrase, *honesty* est aussi bien « vertu » que « franchise ». 4. *falliable*. Le campagnard écorche le mot (qui devrait être « fallible »), d'où la traduction par « fallible », et de plus fait un lapsus car il veut dire « infallible », c.-à-d. « infaillible », « certain ».

CLOWN. – You must think this, look you, that the worm will do his kind.

CLEOPATRA. – Ay, ay ; farewell.

CLOWN. – Look you, the worm is not to be trusted but in the keeping of wise people ; for indeed there is no goodness in the worm.

CLEOPATRA. – Take thou no care ; it shall be heeded.

CLOWN. – Very good. Give it nothing, I pray you, for it is not worth the feeding.

CLEOPATRA. – Will it eat me ?

CLOWN. – You must not think I am so simple but I know the devil himself will not eat a woman ; I know that a woman is a dish for the gods, if the devil dress her not. But truly, these same whoreson devils do the gods great harm in their women ; for in every ten that they make, the devils mar five.

CLEOPATRA. – Well, get thee gone, farewell.

CLOWN. – Yes, forsooth. I wish you joy o'th' worm.

Exit, leaving the basket

Enter [Iras] with a robe, crown, and other jewels

CLEOPATRA. – Give me my robe. Put on my crown. I have
Immortal longings in me. Now no more
The juice of Egypt's grape shall moist this lip.
Charmian and Iras help her to dress
Yare, yare, good Iras, quick — methinks I hear
Antony call. I see him rouse himself
To praise my noble act. I hear him mock
The luck of Caesar, which the gods give men
To excuse their after wrath. Husband, I come.
Now to that name my courage prove my title.
I am fire and air ; my other elements
I give to baser life. So, have you done ?
Come then, and take the last warmth of my lips.
She kisses them
Farewell, kind Charmian. Iras, long farewell.
Iras falls and dies
Have I the aspic in my lips ? Dost fall ?
If thou and nature can so gently part,
The stroke of death is as a lover's pinch,
Which hurts and is desired. Dost thou lie still ?
If thus thou vanishest, thou tell'st the world
It is not worth leave-taking.

CHARMIAN. – Dissolve, thick cloud, and rain, that I may say
The gods themselves do weep.

CLEOPATRA. – This proves me base.
If she first meet the curlèd Antony
He'll make demand of her, and spend that kiss
Which is my heaven to have.

---

1. Il y a plus d'aspiration indéfinie, de besoin insatisfait et mystérieux dans *longings* que dans « désirs ». D'un autre côté, il faut se garder d'attribuer une spiritualité vague à Cléopâtre, femme de désirs s'il en est. 2. Voir I,5,28.

LE CAMPAGNARD. – Il faut vous attendre, voyez-vous, à ce que le reptile fasse ce qui est dans sa nature.

CLÉOPÂTRE. – Mais oui, mais oui ; adieu.

LE CAMPAGNARD. – Voyez-vous, le reptile n'est à confier qu'à des gens avisés ; car en vérité il n'y a pas de bonté dans le reptile.

CLÉOPÂTRE. – Ne te fais pas de souci ; on y prendra garde.

LE CAMPAGNARD. – Très bien. Ne lui donnez rien, je vous prie, car il ne vaut pas sa nourriture.

CLÉOPÂTRE. – Va-t-il me manger ?

LE CAMPAGNARD. – N'allez pas croire que je sois assez niais pour ne pas savoir que le diable lui-même ne mangerait pas une femme ; je sais qu'une femme est un plat pour les dieux, à moins que le diable ne l'ait assaisonnée. Mais pour sûr, ces fils de pute de foutus diables font bien du tort aux dieux dans leurs femmes ; car pour dix qu'ils font, les diables en gâtent cinq.

CLÉOPÂTRE. – Allons, va-t'en. Adieu.

LE CAMPAGNARD. – Oui, c'est vrai. Je vous souhaite bien du plaisir avec le reptile. *Il sort, laissant le panier*

Entre [Iras] avec un manteau royal, une couronne et d'autres joyaux

CLÉOPÂTRE. – Donnez-moi mon manteau royal. Mettez-moi ma couronne.
Je sens en moi d'immortels désirs[1]. Plus jamais maintenant
Le jus du raisin d'Égypte ne mouillera cette lèvre.

Charmian et Iras l'aident à s'habiller

Sois preste, bonne Iras, vite — il me semble entendre
Antoine appeler. Je le vois qui s'anime
Pour louer ma noble action. Je l'entends se moquer
Du bonheur de César, ce don que les dieux font
Pour justifier, plus tard, leur colère. Mon époux, je viens.
Qu'à ce nom maintenant mon courage établisse mon droit !
Je suis de feu et d'air ; mes autres éléments, je les donne
A ce que la vie a de bas. Bon, avez-vous fini ?
Alors venez prendre l'ultime chaleur de mes lèvres.

Elle les embrasse

Adieu, tendre Charmian. Iras, un long adieu.

Iras tombe et meurt

Ai-je l'aspic sur les lèvres ? Tu tombes ?
Si la nature et toi pouvez si doucement vous quitter,
La mort frappe, comme pince[2] un amant, d'un geste
Qui fait mal et qu'on désire. Tu restes sans bouger ?
A t'évanouir ainsi tu fais savoir au monde
Qu'il ne mérite pas un adieu.

CHARMIAN. – Répands ta pluie, épais nuage, pour que je puisse dire
Que les dieux eux-mêmes pleurent !

CLÉOPÂTRE. – A ce compte je suis lâche.
Si elle voit la première Antoine aux cheveux bouclés,
C'est d'elle qu'il voudra, elle qui recevra le baiser
Que c'est mon ciel d'avoir.

She takes an aspic from the basket and puts it to her breast

Come, thou mortal wretch,
With thy sharp teeth this knot intrinsicate
Of life at once untie. Poor venomous fool,
Be angry, and dispatch. O, couldst thou speak,
That I might hear thee call great Caesar ass
Unpolicied!

CHARMIAN. – O eastern star!

CLEOPATRA. – Peace, peace.
Dost thou not see my baby at my breast,
That sucks the nurse asleep?

CHARMIAN. – O, break! O, break!

CLEOPATRA. – As sweet as balm, as soft as air, as gentle.
O Antony!

She puts another aspic to her arm

Nay, I will take thee too.
What should I stay – *She dies*

CHARMIAN. – In this vile world? So, fare thee well.
Now boast thee, death, in thy possession lies
A lass unparalleled. Downy windows, close,
And golden Phoebus never be beheld
Of eyes again so royal. Your crown's awry.
I'll mend it, and then play –

Enter the Guard, rustling in

1 GUARD. – Where's the Queen?

CHARMIAN. – Speak softly. Wake her not.

1 GUARD. – Caesar hath sent—

CHARMIAN. – Too slow a messenger.

She applies an aspic

O come apace, dispatch! I partly feel thee.

1 GUARD. – Approach, ho! All's not well. Caesar's beguiled.

2 GUARD. – There's Dolabella sent from Caesar. Call him.

[*Exit a Guardsman*]

1 GUARD. – What work is here, Charmian? Is this well done?

CHARMIAN. – It is well done, and fitting for a princess
Descended of so many royal kings.
Ah, soldier! *She dies*

Enter Dolabella

DOLABELLA. – How goes it here?

2 GUARD. – All dead.

DOLABELLA. – Caesar, thy thoughts
Touch their effects in this. Thyself art coming

---

301 vile] *Capell (1767-1768)*; wilde *F.* **305** awry] *Rowe (1709)*; away *F.*

---

1. C'est la seule occurrence dans Sh du mot rare *intrinsicate.* On ne peut s'empêcher d'entendre « intrinsèque » (« intrinsic/al ») en même temps qu'« enchevêtré ». Ce nœud compliqué est inhérent à la vie dans ce qu'elle a de plus secret. 2. Parce que ses plans,

Elle prend un aspic dans le panier et le met à son sein

Viens, toi, mortel vaurien,
De ta dent aiguë, ce nœud enchevêtré[1] de la vie,
Défais-le d'un coup. Pauvre bestiole venimeuse,
Fâche-toi, et fais vite. Oh ! si tu pouvais parler,
Que je puisse t'entendre traiter le grand César
D'âne bien attrapé[2] !

CHARMIAN. – Ô astre de l'Orient !

CLÉOPÂTRE. – Paix, paix.
Ne vois-tu pas le bébé à mon sein
Qui tète sa nourrice et l'endort[3] ?

CHARMIAN. – Brise-toi, oh ! brise-toi !

CLÉOPÂTRE. – Suave comme baume, aussi doux que l'air, aussi tendre.
Ô Antoine !

Elle met un autre aspic à son bras

Oui, je te veux toi aussi.
Pourquoi resterais-je — *Elle meurt*

CHARMIAN. – En ce monde vil ? Alors, adieu.
Trépas, vante-toi maintenant de posséder[4]
Une fille non pareille. Soyeuses fenêtres[5], fermez-vous,
Et que Phébus n'offre jamais plus l'or de son éclat
A si royal regard ! Votre couronne est de travers.
Je vais l'arranger, et puis j'irai jouer[6] —

Entre la Garde à grand bruit

1er GARDE. – Où est la reine ?

CHARMIAN. – Parlez doucement. Ne la réveillez pas.

1er GARDE. – César a envoyé —

CHARMIAN. – Un messager trop lent.

Elle s'applique un aspic

Oh ! viens vite, dépêche ! Je te sens à peine.

1er GARDE. – Par ici, ho ! Il y a du vilain. César est joué.

2e GARDE. – Dolabella arrive, envoyé par César. Appelle-le.

[*Un Garde sort*]

1er GARDE. – Quel est ce travail, Charmian ? Vous trouvez cela bien ?

CHARMIAN. – Très bien, et digne d'une princesse
Issue de tant de grands rois. Ah ! soldat ! *Elle meurt*

Entre Dolabella

DOLABELLA. – Que se passe-t-il ici ?

2e GARDE. – Toutes mortes.

DOLABELLA. – César, tes pensées
Ici se réalisent. Tu viens toi-même

---

sa « politique » ont été déjoués. D'où *unpolicied.* Mais aussi avec l'idée que c'est un animal grossier, qui n'a pas été « policé ». **3.** Nœud ultime de deux thèmes rivaux et complémentaires qui parcourent la pièce, celui de l'amour fécond et celui de la mort. **4.** Au sens charnel. C'est le moment de se rappeler qu'en anglais « death » est personnifié au masculin. Voir I,2,123-125 et la note. **5.** Les paupières de Cléopâtre. **6.** Pour répondre à la permission donnée un peu plus tôt par Cléopâtre, V,2,228.

To see performed the dreaded act which thou
So sought'st to hinder.

ALL. – A way there, a way for Caesar!

Enter Caesar and all his train, marching

DOLABELLA (*to Caesar*). – O sir, you are too sure an augurer.
That you did fear is done.

CAESAR. – Bravest at the last,
She levelled at our purposes, and, being royal,
Took her own way. The manner of their deaths?
I do not see them bleed.

DOLABELLA (*to a Guardsman*). – Who was last with them?

1 GUARD. – A simple countryman that brought her figs.
This was his basket.

CAESAR. – Poisoned, then.

1 GUARD. – O Caesar,
This Charmian lived but now; she stood and spake.
I found her trimming up the diadem
On her dead mistress; tremblingly she stood,
And on the sudden dropped.

CAESAR. – O, noble weakness!
If they had swallowed poison, 'twould appear
By external swelling; but she looks like sleep,
As she would catch another Antony
In her strong toil of grace.

DOLABELLA. – Here on her breast
There is a vent of blood, and something blown.
The like is on her arm.

1 GUARD. – This is an aspic's trail,
And these fig-leaves have slime upon them such
As th'aspic leaves upon the caves of Nile.

CAESAR. – Most probable
That so she died; for her physician tells me
She hath pursued conclusions infinite
Of easy ways to die. Take up her bed,
And bear her women from the monument.
She shall be buried by her Antony.
No grave upon the earth shall clip in it
A pair so famous. High events as these
Strike those that make them, and their story is
No less in pity than his glory which
Brought them to be lamented. Our army shall
In solemn show attend this funeral,
And then to Rome. Come, Dolabella, see
High order in this great solemnity.

Exeunt all, soldiers bearing Cleopatra [*on her bed*], *Charmian, and Iras*

Voir accompli l'acte redouté que tu voulais tant
Prévenir.

TOUS. – Faites place, par là, place à César !

Entrent César et toute sa suite, au pas

DOLABELLA (*à César*). – Ô monsieur, vous n'étiez que trop bon augure.
Ce que vous craigniez s'est produit.

CÉSAR. – D'une vaillance achevée
Pour finir, elle avait bien vu nos desseins et, royale,
Elle prit son propre chemin. Comment sont-elles mortes ?
Je ne vois pas de sang.

DOLABELLA (*à un Garde*). – Qui les a quittées le dernier ?

1er GARDE. – Un simple paysan qui lui apportait des figues.
Voici son panier.

CÉSAR. – Donc, empoisonnées.

1er GARDE. – Ô César,
Cette Charmian à l'instant vivait encore ; debout,
Elle parlait. Je l'ai trouvée qui redressait le diadème
De sa maîtresse morte ; elle était toute tremblante,
Et soudain elle s'est affaissée.

CÉSAR. – Oh ! noble faiblesse !
Si elles avaient avalé du poison, cela se verrait
A une enflure au-dehors ; mais on dirait qu'elle dort,
Comme avec l'air de vouloir prendre un autre Antoine
Aux rets puissants de sa grâce.

DOLABELLA. – Là, sur son sein,
On voit sortir du sang, et c'est un peu enflé.
De même sur son bras.

1er GARDE. – Voici la trace d'un aspic,
Et sur ces feuilles de figuier de la bave,
Comme l'aspic en laisse dans les antres du Nil.

CÉSAR. – Très probablement
C'est ainsi qu'elle est morte ; car son médecin me dit
Qu'elle a fait des expériences à n'en plus finir
Sur les moyens de mort douce. Qu'on enlève sa couche
Et qu'on porte ses femmes hors du monument !
Elle sera inhumée près de son Antoine.
Aucun tombeau sur terre n'enfermera jamais
De couple aussi fameux. De tels événements
Frappent qui en est cause, et leur histoire n'entraîne
Pas une pitié moindre que grande gloire pour qui
A fait qu'on les déplore. Je veux que l'armée aille
En cortège solennel suivre ces funérailles.
Puis, Rome. Allons, Dolabella, que l'on célèbre
Avec éclat cette cérémonie funèbre !

Ils sortent tous, des soldats portant Cléopâtre [sur sa couche], Charmian et Iras

CORIOLAN
(*Coriolanus*)

Présenté et traduit par
Louis Lecocq

INTRODUCTION

Synopsis

I,1. – Les citoyens de Rome se révoltent parce que le blé est trop cher et qu'ils ont faim. Ils accusent les autorités, et veulent tuer Martius (le futur Coriolan), qu'ils considèrent comme le principal ennemi du peuple, et dont ils estiment l'orgueil intolérable. Le vieux patricien Ménénius, qu'ils croient leur ami, arrive, et les calme en leur racontant la fable des membres et de l'estomac. Mais il les insulte en leur disant qu'ils ne sont que les rats de Rome. Martius survient, se lance dans de violentes invectives contre le peuple, et annonce que celui-ci a obtenu le droit d'être défendu par cinq tribuns. Un messager l'informe que les Volsques ont pris les armes. On apprend qu'Aufidius, le général volsque, est le grand rival de Martius. Il est décidé que Martius et Lartius iront combattre les Volsques sous les ordres de Cominius. Sicinius et Brutus, les deux principaux tribuns du peuple, critiquent l'arrogance de Martius et le soupçonnent de vouloir toute la gloire pour lui seul. **2.** – Chez les Volsques, Aufidius s'indigne que les préparatifs de l'attaque contre Rome n'aient pas été tenus secrets. Il confirme que la guerre sera pour lui l'occasion de se battre avec Martius, qu'il déteste. **3.** – Volumnia, la mère de Martius, décrit à Virgilia, sa femme, dans quel esprit d'héroïsme démesuré elle a élevé son fils. Virgilia, angoissée par les dangers que court Martius, refuse d'accompagner Volumnia et Valéria dans des visites mondaines. **4.** – Martius et Lartius font des sommations aux sénateurs de la ville volsque de Corioles. Elles sont rejetées. Les soldats de Corioles font une sortie, et repoussent les Romains. **5.** – Martius rend courage à ses troupes, qui à leur tour repoussent les Volsques. Martius, seul, poursuit l'ennemi à l'intérieur de la ville. Lartius arrive, et, au moment où Martius réapparaît, assailli par les Volsques, le délivre en entraînant avec lui les soldats romains dans la ville. **6.** – Des soldats romains emportent du butin, ce qui leur vaut le mépris de Martius. Martius décide d'aller affronter Aufidius, dont l'armée combat non loin de là celle de Cominius. **7.** – Cominius bat en retraite. Martius, qui le rejoint, lui apprend que Corioles est prise, et obtient son autorisation d'aller combattre Aufidius. **8.** – Lartius laisse à un lieutenant la garde de Corioles et part rejoindre Cominius. **9**. – Martius et Aufidius se battent. Malgré l'aide d'autres Volsques, Aufidius est forcé de s'enfuir. **10**. – La victoire est acquise. Pour récompenser Martius, Cominius lui offre le dixième des dépouilles. Martius refuse avec indignation : il n'est pas un mercenaire. En revanche, il accepte de Cominius le don de son cheval et le surnom de Coriolan. Il demande aussi à Cominius la liberté pour un Volsque qui l'a hébergé autrefois, mais il ne peut se rappeler le nom de son hôte. **11**. – Aufidius se promet de se venger de sa défaite par n'importe quel moyen, même le plus ignoble.

II,1. – Ménénius dit aux tribuns Sicinius et Brutus tout le mépris qu'il a pour eux. Entrent Volumnia, Virgilia et Valéria, qui lui annoncent le retour victorieux de Coriolan. Coriolan lui-même arrive, à la tête d'un cortège triomphal, portant la couronne du vainqueur. Chacun se réjouit, et Volumnia compte bien que son fils obtiendra le consulat, ce dont il n'a nullement envie. Les deux tribuns, restés seuls, expriment la crainte de voir leur pouvoir s'effacer si Martius devient consul. Ils se préparent à empêcher son élection en persuadant le peuple que Coriolan le méprise et veut lui prendre ses libertés. **2**. – Au Sénat, Cominius fait l'éloge de la conduite de Coriolan, qui est proposé pour le consulat. Coriolan demande à être dispensé de la coutume qui exige qu'il se présente maintenant devant les citoyens dans une tenue humble, et qu'il montre à tous ses blessures. **3**. – Les citoyens sont prêts à élire Coriolan, mais ils craignent son hostilité à l'égard du peuple. Coriolan dit à Ménénius à quel point il lui est odieux d'avoir à les flatter. Quand ils viennent à lui, il se montre méprisant, et refuse de montrer ses blessures. Ils se résignent néanmoins à voter pour lui. Son élection n'a plus qu'à être confirmée. Sicinius et Brutus reprochent aux citoyens de lui avoir donné leurs voix, et les persuadent de revenir sur leur décision.

III,1. – Sur le chemin du Sénat, Coriolan apprend qu'Aufidius n'a pas renoncé à sa vengeance, puis que le peuple est revenu sur son vote. Il ne tarde pas à s'emporter quand les tribuns rappellent sa position à propos du prix du blé. Il s'en prend à leur autorité elle-même, qu'il déclare nuisible à la bonne marche de l'État, et se lance dans une furieuse diatribe contre le peuple. Les tribuns l'accusent de trahison et ordonnent qu'on le précipite du haut de la roche Tarpéienne. Après une échauffourée, Coriolan accepte de s'en aller, et Ménénius obtient difficilement qu'il ne soit condamné qu'après avoir été jugé selon les règles. **2**. – Ménénius et Volumnia adjurent Coriolan de faire amende honorable. Il ne finit par accepter que quand il voit que son obstination signifie une rupture avec sa mère. **3**. – Les tribuns mettent au point leur plan pour forcer Coriolan à se mettre en colère. Quand celui-ci arrive, ils répètent leur accusation de trahison. Comme ils l'escomptaient, Coriolan s'emporte aussitôt. Les citoyens réclament sa mort, mais, compte tenu des services qu'il a rendus à Rome, il n'est condamné qu'à l'exil. A ceux qui le bannissent, il déclare qu'il les bannit eux-mêmes.

IV,1. – Coriolan fait ses adieux à sa mère et à sa femme, à Cominius et à Ménénius. Il ne veut pas qu'on l'accompagne. **2.** – Volumnia, folle de colère, crie aux tribuns tout son mépris. **3.** – Le Romain Nicanor se prépare à annoncer aux Volsques, qu'il sert comme espion, le bannissement de Coriolan. **4.** – Coriolan, pauvrement vêtu et le visage dissimulé, demande à un passant le chemin de la maison d'Aufidius. Il apprend qu'Aufidius a invité chez lui les nobles de l'État. Il est prêt à servir les Volsques. **5.** – Coriolan entre chez Aufidius. Il parvient, malgré l'opposition des serviteurs, à se présenter à lui, et lui demande d'accepter ses services contre Rome. Aufidius est ravi, le flatte en faisant l'éloge de sa bravoure et lui offre le commandement de la moitié de son armée. Il l'introduit auprès des nobles, qui eux aussi, selon ce que raconteront les serviteurs, le flattent en lui témoignant un respect obséquieux. Coriolan veut attaquer Rome et tout raser sur son passage. **6.** – A Rome, où l'on est sans nouvelles de lui, les tribuns se réjouissent de leur victoire. Puis ils apprennent qu'il a rejoint Aufidius, qu'il conduit une armée contre Rome, et que déjà il ravage certains territoires romains. Sa vengeance ne fait pas de doute. Elle tombera sur tous. Les citoyens regrettent de l'avoir banni. **7.** – Coriolan est devenu un dieu pour les soldats volsques. Son prestige éclipse celui d'Aufidius. Mais Aufidius attend son heure. Il connaît les faiblesses de Coriolan, et il les exploitera pour avoir sa revanche sur lui.

V,1. – Les tribuns demandent à Ménénius d'aller trouver Coriolan pour obtenir de lui une paix honorable. Il se fait prier : Coriolan a déjà refusé de recevoir Cominius. Mais, non sans vanité, il finit par accepter. Cominius reste cependant persuadé que seule Volumnia peut faire fléchir Coriolan et, avec les tribuns, va l'y inciter. **2.** – Les sentinelles de Coriolan refusent de laisser passer Ménénius. Coriolan survient et dit lui-même à Ménénius de s'en aller : il ne connaît plus personne, ni mère, ni femme, ni enfant. Il lui remet cependant une lettre réitérant des conditions que les Romains ont déjà refusées. Ménénius, ulcéré, ne songe plus qu'à mourir. **3.** – Aufidius a été témoin de la résolution de Coriolan, et de sa loyauté envers les Volsques. En sa présence, Volumnia, Virgilia, le jeune Martius et Valéria parviennent à s'approcher de Coriolan. Coriolan s'agenouille devant sa mère. Elle plaide habilement la cause de Rome, en réclamant une paix dans l'honneur. Mais il ne veut pas céder. C'est quand elle croit avoir échoué et qu'elle lui dit qu'il n'est pas digne d'être son fils qu'il accepte de renoncer à la destruction de Rome, tout en sachant qu'il signe ainsi son arrêt de mort. **4.** – A Rome, c'est la joie à la nouvelle du succès de l'ambassade de Volumnia. **5.** – Volumnia, Virgilia et Valéria reçoivent un accueil triomphal. **6.** – Aufidius dit à des conspirateurs prêts à l'aider qu'il veut la mort de Coriolan. Il a informé les seigneurs de Corioles de ce qui s'est passé, et ceux-ci estiment inexcusable la paix conclue avec Rome. Coriolan se présente devant eux et déclare qu'il a fait une paix honorable pour les Volsques et honteuse pour les Romains. Aufidius l'accuse de trahison, et lui dit qu'il n'est qu'un enfant. Hors de lui, Coriolan rappelle comment il s'est comporté à Corioles. La foule veut sa mort. Un seigneur a beau demander un jugement selon les règles, Coriolan tombe sous les coups des conspirateurs.

Date et texte

Coriolan fut imprimé pour la première fois dans l'in-folio* de 1623 sous le titre *The Tragedy of Coriolanus,* avec une division en cinq actes* qui a été conservée dans les éditions modernes. On estime d'habitude que la copie de l'imprimeur était un manuscrit de Shakespeare, peut-être annoté par quelqu'un d'autre pour une mise en scène. Les éditeurs du texte d'Oxford notent cependant certaines caractéristiques inhabituelles chez Shakespeare indiquant que la copie était plutôt une transcription, peut-être du manuscrit du souffleur*[1]. Toujours est-il que le texte de l'in-folio a conservé au moins une orthographe rare caractéristique de Shakespeare (« Scicinius » pour « Sicinius », comme « scilens » pour « silence » dans le fragment manuscrit de *Sir Thomas More* attribué à Shakespeare). Les vers* sont fréquemment mal découpés, soit qu'ils l'aient été dans le manuscrit, soit que le typographe ait modifié le découpage pour resserrer son texte, ou au contraire pour l'espacer afin de remplir une page. Les indications* scéniques sont souvent détaillées et descriptives (voir le début de I,3, de I,8, de I,10, de II,2, de IV,4, etc.). Il y a quelques erreurs dans les noms de locuteurs (voir les Variantes pour II,1,146, III,1,50, etc.) et l'écriture* était sans doute difficile à lire car, bien qu'il soit bon dans l'ensemble, le texte a besoin de quelques corrections.

Plusieurs indices concordants conduisent à penser que *Coriolan* fut écrit en 1608. La pièce ne peut être antérieure à 1605 si la fable des membres et de l'estomac (I,1,78-128) emprunte non seulement à Plutarque* mais aussi, comme il est très probable, aux *Remains of a Greater Work, Concerning Britain* (1605) de William Camden*. Il y a peut-être au moins deux allusions à des événements récents. D'une part, la première scène rappelle les émeutes de 1607 dans les Midlands, en particulier dans le Warwickshire, et, d'autre part, il y a très probablement une allusion (I,1,155) à l'hiver exceptionnellement rigoureux de 1607-1608, lorsque la Tamise gela à Londres* ; une brochure intitulée *The Great Frost* (*La Grande Gelée*), sans doute écrite par Thomas Dekker*, parut en 1608. Par ailleurs, *Coriolan* doit être antérieur à 1609 car, dans une pièce jouée cette année-là, Ben Jonson* se moque d'une expression inhabituelle de Shakespeare (« He *lurched* all swords of the *garland* », II,2,93) en écrivant « you have *lurched* your friends of the better half of the *garland* » (*Epicoene,* V,4,224-225)[2]. Si l'on ajoute que le style et la versification situent la pièce après *Le Roi Lear, Macbeth*

1. Voir *Textual Companion*, p. 147 et 593-594.
2. Le *Textual Companion* (p. 131) note aussi un écho de I,1,194-195 dans R. Armin*, *The Italian Tailor and His Boy* (1609) : « throw up his cap at the horns of the moon ».

et *Antoine et Cléopâtre,* il est clair que 1608 est une date très vraisemblable[1].

Sources

Comme pour ses autres pièces romaines, c'est de Plutarque* que Shakespeare s'est inspiré pour son *Coriolan.* Une fois de plus, il s'est servi de la traduction de Thomas North*, *The Lives of the Noble Grecians and Romans,* vraisemblablement dans l'édition de 1595. Il y a trouvé non seulement une « Vie » de Coriolan mais un parallèle important entre Coriolan et Alcibiade, le personnage qu'il met en scène dans *Timon d'Athènes.* C'est de là que vient l'essentiel des faits (pseudo-) historiques et des traits de caractère qui l'ont intéressé. Mais il a aussi lu Tite-Live, dans la traduction de Philemon Holland, *The Roman History written by T. Livius* (1600), et lui a emprunté plusieurs idées. Il n'a utilisé d'autres sources que dans un seul passage, la fable des membres et de l'estomac racontée par Ménénius (I,1,78-128). Cette fable se trouve dans Plutarque, mais on a découvert dans la version qu'en donne Shakespeare, outre des souvenirs de Tite-Live, des échos de William Camden* (*Remains,* 1605) et de William Averell (*A Marvellous Combat of Contrarieties,* 1588). Dans d'autres passages, diverses influences ont été signalées, mais elles sont incertaines, et en tout cas de peu d'importance. Les auteurs politiques contemporains n'étaient pas indifférents au personnage de Coriolan, mais, à part Shakespeare, aucun dramaturge élisabéthain ou jacobéen ne l'a mis en scène. En France, le *Coriolan* d'Alexandre Hardy, bien que sans doute écrit avant la fin du XVIe siècle, ne fut imprimé qu'en 1625. Si tant est qu'il ait pu le connaître, Shakespeare ne s'en est pas inspiré, pas plus que d'une pièce néo-latine écrite dans le style sénéquéen par un Allemand, Hermann Kirchner, en 1599.

Commentaire

Shakespeare a construit son œuvre sur les moments les plus marquants de la vie de Coriolan : la victoire sur les Volsques, la candidature au consulat, la condamnation à l'exil, l'alliance avec Aufidius, le renoncement à châtier Rome, la mise à mort. La tragédie est donc bien avant tout celle du héros. Mais les événements qu'elle relate, les personnages qu'elle fait intervenir et les problèmes qu'elle aborde en font aussi une pièce politique. La tragédie de Coriolan est inséparable de la tragédie de Rome tout entière[2]. Ensemble, elles mettent en jeu des comportements individuels et collectifs complexes et parfois ambigus. On en trouve la

1. Selon D. George, « *Coriolanus* at the Blackfriars », *Notes and Queries*, NS 38 (1990), p. 489-492, la pièce aurait été jouée au théâtre de Blackfriars* à la fin du printemps de 1608.

2. M. Charney fait un judicieux bilan de la critique de la pièce dans Stanley Wells, éd., *Shakespeare : A Bibliographical Guide,* p. 295-304. Les aspects politiques de la pièce ont été étudiés dans des ouvrages généraux, ainsi que, notamment, par P.A. Cantor, dans *Shakespeare's Rome : Republic and Empire* (Londres, 1976), dont la première partie est consacrée à la pièce, et par N. Rabkin, « *Coriolanus* : The Tragedy of Politics », *Shakespeare Quarterly*, 17 (1966), p. 195-212.

preuve dès la première scène, qui remplit magistralement une fonction d'exposition générale, et qui mérite un examen attentif. Elle révèle une situation politique caractérisée par une division intérieure et une menace extérieure. En même temps, elle introduit tous les personnages principaux et fait découvrir les forces qui détermineront le cours de l'action.

Elle s'ouvre sur le tableau de la rébellion des citoyens. Leurs motifs sont très précis : ils s'insurgent contre la vie chère, contre l'égoïsme et l'injustice des puissants et des riches. Leurs griefs sont peut-être justifiés, mais leur soulèvement constitue une sédition, et nous pouvons penser qu'il est nécessairement condamnable : toute rébellion ne l'était-elle pas, au temps d'Élisabeth* et de Jacques* Ier, et le souvenir des « Midland riots », ces révoltes paysannes qui avaient semé l'effroi en Angleterre en 1607, n'était-il pas encore frais dans tous les esprits ? Nous devons cependant constater que Shakespeare n'incite à prendre parti ni pour ni contre les citoyens, qu'il ne dit rien qui les rende immédiatement odieux ou méprisables. Il ne cherche pas non plus à évoquer des événements contemporains[1]. En fait, il s'inspire essentiellement du récit de Plutarque[2], et ce qu'il met en évidence, c'est la révolte d'une classe sociale contre une autre.

Mais à la rébellion des citoyens contre leurs dirigeants s'ajoute leur volonté de tuer Martius, qu'ils considèrent comme leur pire ennemi, et qui est à leurs yeux le principal responsable de la cherté du blé. Au cours de leur discussion, ils tracent un premier portrait du futur Coriolan. Quand l'un d'eux rappelle qu'il a rendu de grands services à Rome, on lui répond qu'il en a profité pour se montrer orgueilleux. Quand le même citoyen dit que cette interprétation est malveillante, on lui réplique qu'il faut une conscience bien malléable pour estimer que Martius n'a agi que par patriotisme ou pour plaire à sa mère. Seul son désintéressement n'est pas contesté. Plusieurs traits du caractère de Martius sont donc déjà indiqués : la haine du peuple, l'orgueil, le patriotisme, la puissance de l'amour filial, le désintéressement.

Les citoyens se préparent à aller investir le Capitole quand arrive Ménénius, précédé d'une réputation d'honnêteté et d'amitié pour le peuple (I,1,38-40). C'est d'un ton affable et plaisant qu'il raconte la célèbre fable des membres et de l'estomac, qui montre la nécessité de l'harmonie et de l'union dans le corps politique. Nous sommes donc tentés dans un premier temps de voir en lui un bon vieillard plein de compassion pour les souffrances du peuple. Mais il n'a pas plus tôt terminé son apologue, et apparemment rétabli l'ordre, qu'il se met à insulter le premier des citoyens avec un mépris brutal, et qu'il annonce

---

1. Les rapprochements qui ont été faits avec des personnes, notamment avec le comte d'Essex* et Sir Walter Ralegh*, n'apportent rien. En revanche, les rapprochements avec des situations générales sont peut-être plus pertinents : c'est sous le règne de Jacques Ier que commencent à se dessiner les clivages qui aboutiront à la révolution de 1642.

2. Qui, du reste, attire longuement l'attention sur la misère du peuple romain et sur l'hypocrisie et l'égoïsme des patriciens. Voir Bullough, vol. 5, p. 509-510.

la guerre civile en disant que Rome et ses rats vont se battre. « Rome et ses rats » ? Les citoyens ne sont donc pas pour lui, comme il vient de le prétendre, des membres du corps politique, mais seulement des animaux nuisibles, vivant aux dépens de la cité. Il ne saurait mieux montrer qu'en réalité il se moque de l'idéal de concorde et de solidarité qu'il vient de mettre en avant. Le bon vieillard se révèle comme un aristocrate dont le mépris pour le peuple confine à la haine, et dont la bonhomie cache un égoïsme profond.

Martius, lui, s'en prend sans détours aux citoyens. Aucune diplomatie chez ce soldat. Au contraire, la violence de ses invectives justifie sa réputation de principal ennemi du peuple. Il n'est prêt à aucun compromis avec une plèbe qu'il accuse de lâcheté, de duplicité, de versatilité, d'outrecuidance et de sottise, et dont il voudrait faire un immense charnier. Il apparaît cependant isolé dans son intransigeance et sa démesure, car le Sénat vient d'accorder à la plèbe le droit d'être représentée par cinq tribuns. Cette nouvelle, disons-le au passage, a une autre signification, qui n'échappe pas au spectateur, mais que le simple lecteur peut ne pas remarquer : elle dément que Rome ait déclaré la guerre à ceux que Ménénius a appelés ses rats. Ménénius, imprudent donneur de leçons, a fait une erreur de calcul. Il s'est ridiculisé, et ne peut qu'avouer une surprise déconfite (I,1,204). Mais les sénateurs, accompagnés par les tribuns, annoncent que les Volsques ont pris les armes, et nous découvrons alors chez Martius une passion de l'honneur et de la noblesse qui ne peut mieux s'exprimer que dans les combats[1]. Cette deuxième nouvelle est aussi l'occasion d'introduire Aufidius comme son plus grand rival, comme un lion dont il admire la noblesse, et qu'il s'enorgueillit de rencontrer[2]. Un instant on doute qu'il accepte de combattre sous les ordres de Cominius. Mais Martius n'est pas homme à renier une promesse, au contraire il se réjouit d'aller affronter les Volsques en compagnie de son ami Lartius, aussi courageux que lui. Intransigeance, démesure, passion de l'héroïsme, fidélité à soi-même et à la parole donnée : son portrait se précise, mais déjà se complique.

Quand, avec les sénateurs, il s'est éloigné vers le Capitole, et que les citoyens, ironiquement invités à aller piller les greniers des Volsques, se sont esquivés[3], les tribuns restent seuls. Ils échangent des propos enrobés d'une prudence toute politique, mais il est clair qu'ils ne pardonnent pas à Martius son insolence. Ils prévoient que, bien qu'il

1. Voir I,1,29 note.

2. En présentant si tôt le personnage d'Aufidius, Shakespeare ne s'est pas vraiment écarté de sa source : si Plutarque* ne mentionne Aufidius qu'à partir du moment où Coriolan, banni de Rome, décide de se mettre au service des Volsques, il évoque néanmoins les nombreux combats qui avaient opposé les deux hommes depuis longtemps (*ibid.*, p. 526). On peut faire la même remarque à propos de Volumnia, présentée (sans être toutefois nommée) dès le début de la « Vie de Coriolan ».

3. L'indication scénique qui signale leur départ (*Citizens steal away*) semble signifier la peur, et peut-être la honte. Elle est pourtant ambiguë : Martius vient de leur dire qu'il voulait faire d'eux une montagne de cadavres, ce qui ne doit pas les inciter à aller se battre sous ses ordres ; d'autre part le premier sénateur vient de leur ordonner de rentrer chez eux.

ait accepté d'être placé sous les ordres de Cominius, il pourra recueillir toute la gloire[1]. Leur attitude peut refléter aussi bien leurs ambitions secrètes que leur crainte d'une tyrannie possible, aussi bien un machiavélisme invétéré que l'expérience politique. Leurs intentions sont-elles louables ou condamnables ? Rien ne permet de le dire, mais il est certain qu'ils seront pour Martius des adversaires redoutables.

Avec eux, tous les personnages appelés à jouer un rôle important auront été présentés et, à la seule exception de Volumnia dont l'ascendant sur son fils garde son mystère, ils l'auront été avec assez de précision pour que nous sachions où ils se situeront dans le jeu des alliances et des oppositions. Après la victoire sur les Volsques, les événements s'inscriront dans deux séries successives : la candidature de Martius au consulat, conclue par son bannissement, et son passage au service des Volsques, conclu par sa mort. L'analogie entre ces deux séries sera clairement marquée par des similitudes de situations, de thèmes et d'actions. Comment les personnages que nous avons aperçus vont-ils évoluer ?

Les citoyens réapparaissent à la fois dans les combats contre les Volsques et dans les débats politiques entre Romains[2]. Les soldats que nous voyons se battre devant Corioles ne manquent pas de courage, même si dans un premier temps ils reculent devant l'assaut ennemi, et s'ils ne suivent pas Martius quand il entre dans la ville avec une folle témérité. Cominius leur adresse des éloges, et ils sont nombreux à être volontaires pour affronter les troupes d'élite d'Aufidius. Il y en a pourtant parmi eux quelques-uns qui ne pensent qu'au butin, et qui s'attirent ainsi le mépris de Martius. Quand celui-ci rentre en vainqueur, le peuple tout entier l'acclame. Mais quand il devient candidat au consulat, les citoyens hésitent. Ils sont pris entre un devoir de gratitude et la crainte d'élire un homme qui les déteste. Ils ne demandent en échange de leurs voix que des marques d'amitié et d'estime, mais Coriolan les traite avec ironie et mépris. Ils finissent néanmoins par voter pour lui, mais les tribuns n'ont aucune peine à les faire revenir sur leur décision. Bientôt certains d'entre eux, les plus excités peut-être[3], demandent la mort de Coriolan, et proclament, poussés par Sicinius, que la cité, c'est le peuple. C'est une revendication d'un régime populaire, qui répond à celle d'un régime aristocratique que vient de faire Coriolan. Entre ces deux extrêmes, l'idéal républicain qui est celui de Rome semble broyé. Ils approuvent son bannissement, mais plus tard, devant la menace de la destruction

1. Cette prévision introduit en fait un motif important : la gloire de Coriolan, qu'il le veuille ou non, éclipse celle des autres. Le fait sera évoqué par Aufidius (I,11,18) et par Cominius (II,2,93), et plus tard Aufidius ne pardonnera pas à Coriolan de lui avoir ravi la première place aux yeux de tous (IV,7 ;V,6). L'origine de ce motif est sans doute dans Tite-Live (voir Bullough, vol. 5, p. 499).

2. Il y aura aussi des appariteurs au Sénat, et des soldats et des citoyens volsques, mais ils n'interviendront pas dans les actions significatives.

3. Une indication scénique indique qu'il s'agit d'un ramassis de plébéiens (« a rabble of Plebeians », III,1,182) rameutés par les tribuns. Mais les Citoyens que nous voyons ensuite (III,3) voudront la mort de Coriolan.

de Rome, ils prétendront ne l'avoir fait qu'à regret. Ils vérifieront ainsi le portrait qu'a fait d'eux Coriolan dans la toute première scène, et la prédiction qu'il a lancée avant de quitter Rome (III,3,128-137). Leur versatilité n'est pourtant pas tout à fait condamnable : ils ont été manipulés par les tribuns, et Coriolan lui-même n'a rien fait pour éviter son bannissement. S'ils ont constitué une menace d'anarchie, Coriolan est apparu comme une menace de tyrannie.

Quant à leurs tribuns, le triomphe de Martius après la victoire sur les Volsques a d'abord confirmé leurs prévisions et redoublé leurs craintes. Ils ont compris que la gloire et la popularité de Coriolan menaçaient leur propre autorité. Dans un premier temps, ils échouent dans leur tentative de faire voter le peuple contre lui. Mais ils révèlent toute leur habileté quand ils amènent les citoyens à revenir sur leur décision, quand ils s'assurent d'un vote par tribus qui rend inévitable la condamnation de Coriolan, quand ils tendent le piège qui amène Coriolan à se porter à des excès. Mais sur eux il est moins difficile de porter un jugement. Certes, ils sont lucides, et rien n'interdit de penser qu'ils agissent dans le souci de préserver la république en faisant échec à une dictature certaine, et que c'est cette fin qui a voulu leurs moyens[1]. Cependant certains de leurs comportements témoignent du souci qu'ils ont de leur propre intérêt. Ainsi, lorsqu'ils recommandent aux citoyens de dire que ce sont eux-mêmes, les tribuns, qui leur ont conseillé de voter pour Coriolan, ils s'assurent de l'impunité en cas d'échec de leur tentative. Mais surtout, ils ne manifestent jamais la moindre hauteur de vues et n'expriment jamais le moindre idéal politique. En eux, ce ne sont pas de grandes figures républicaines qui s'opposent à Coriolan, mais des politiciens médiocres.

Ménénius n'est pas plus admirable. Il y a chez lui non seulement du Polonius, mais du Falstaff : rencontrant Sicinius et Brutus, il reconnaît sans vergogne qu'il aime le bon vin, et qu'il est paresseux. Chose plus grave, il avoue le peu de cas qu'il fait de la justice : il est connu, dit-il, pour donner toujours raison au premier qui se plaint, et il ne perdrait pas une matinée à régler un petit procès. Mais sa verve et sa franchise le sauvent : il ne devient pas plus odieux, mais plus comique. L'annonce de la victoire de Martius le plonge dans une sorte de jubilation. Il ne pense plus qu'au triomphe de son champion et, indifférent aux dangers que celui-ci a pu affronter, fait avec joie le décompte de ses blessures. Elles ne sont pour lui, comme pour Volumnia, que des titres de gloire. Pourtant il éprouve pour Coriolan une affection réelle, et s'emploie inlassablement à lui faire obtenir le consulat. Quand Coriolan, banni, le quitte, son chagrin est sincère. Puis il se laisse convaincre d'aller implorer sa clémence. Même si à cette occasion il cède en partie à sa vanité, même s'il fait un calcul d'une naïveté comique en espérant que Coriolan sera moins inflexible après un bon repas[2], et même si l'emphase

1. On peut même penser que leur action rétablit l'harmonie dans la cité (voir IV,6,1-9).
2. Il a fait la même erreur quand il a voulu calmer la fureur de Volumnia en l'invitant à dîner (IV,2,52) et qu'il s'est attiré la réponse « Anger's my meat ».

de son plaidoyer est ridicule, son renvoi par Coriolan suscite la pitié[1]. Qu'il en ait le cœur brisé invite à lui pardonner tous ses défauts.

Entre le peuple et les tribuns d'un côté, les nobles, Ménénius et Coriolan de l'autre, les sénateurs semblent paralysés. A aucun moment ils n'imposent une autorité morale ou politique. En revanche, les chefs militaires romains sont dotés des plus hautes vertus. Lartius a le courage, le dévouement et l'amitié d'un frère d'armes, et Cominius commande avec sagesse et témoigne d'une estime chaleureuse pour ses soldats. Leur générosité sert aussi à montrer la noblesse de Coriolan. Dans la scène 4 de l'acte I, Shakespeare a inventé (car Plutarque n'en parle pas) le pari d'un cheval entre Lartius et Coriolan. Celui-ci perd, et veut racheter son cheval. Non, dit Lartius, je ne veux ni le vendre ni le donner, mais je vous le prête pour cinquante ans. Entre Coriolan et lui, il ne saurait être question de rétribution. Après la bataille (et là Plutarque mentionne l'incident), Cominius, pour récompenser Coriolan, veut lui donner le dixième de tout le butin pris à l'ennemi, en particulier des chevaux. Récompense méritée, mais Coriolan refuse avec indignation : il n'est pas un mercenaire, il ne veut que la part qui ira à chacun des combattants[2]. Mais quand Cominius lui offre son propre cheval, il accepte ce don personnel, qui est un geste honorable d'amitié et de reconnaissance. C'est dans le même esprit de générosité qu'il demandera qu'on libère le pauvre qui a été jadis son hôte à Corioles, et qu'il a vu prisonnier[3].

Ce sentiment de l'honneur et cette conception de la noblesse, Coriolan ne les perdra jamais. C'est en cela qu'Aufidius, à la fois son double et son contraire, diffère de lui. Chez Aufidius la jalousie et le dépit d'avoir été vaincu abolissent le respect des valeurs les plus sacrées et font surgir à leur place la traîtrise et un désir de meurtre. Quand Coriolan banni vient se mettre à son service, sa joie éclate : son ennemi se rend à lui, et il peut même se permettre de lui avouer toute son admiration. Il lui fait une offre d'une générosité extraordinaire, mais qui est en même temps un piège : la moitié de son pouvoir. Bientôt les succès de Coriolan attisent sa jalousie, et il guette son premier faux pas. Il le connaît assez pour être sûr de sa chute inévitable : il fait de lui un portrait lucide

1. Il est impossible en entendant le « Away ! » de Coriolan de ne pas se souvenir du « I know thee not, old man », par lequel Henri V renvoie Falstaff (*2 Henri IV*, V,5). Mais Coriolan ne fait aucun reproche, ne donne aucune leçon de morale à Ménénius ; au contraire, en lui confiant une lettre « to grace him only » (V,3,15), il lui accorde une faveur.

2. Lui qui ne tolère pas de partage du pouvoir entre les nobles et le peuple, veut au contraire l'égalité entre tous ceux qui ont participé au combat. Dans cet esprit il minimise ses exploits (I,10,15-19) et l'importance de ses blessures (II,2,141-143).

3. Il a oublié le nom de cet hôte. On peut attribuer toutes sortes de significations à cet oubli. Mais la prudence s'impose : Coriolan est réellement épuisé (sinon il ne s'humilierait pas au point de réclamer du vin, lui qui méprise les besoins du corps) ; Plutarque* ne nomme pas l'hôte de Coriolan ; et si Shakespeare donnait un nom à cet hôte, il en ferait un personnage individualisé dont l'histoire prendrait une importance gênante. Ce qu'il importe de retenir de l'anecdote est le geste de reconnaissance, et surtout l'aveu de Coriolan : il n'a pas libéré son ancien hôte en le voyant prisonnier parce qu'au même moment il a aperçu Aufidius, et que sa fureur a été plus forte que sa pitié.

(IV,7,28-57), qui ne choisit pas entre l'orgueil, l'erreur de jugement, et l'intransigeance. Il est certain d'avoir son heure. Quand elle viendra, il commettra un vulgaire assassinat. Il sera parfaitement jugé par le Deuxième Seigneur de Corioles : « Tu as commis un acte que pleurera / La bravoure » (V,6,132-133).

Il nous reste à retrouver Volumnia. Nous la revoyons avant la fin du premier acte, dans une scène (I,3) assez longue pour que l'importance de son rôle soit établie, et pour que la nature de son personnage soit précisée. C'est une scène curieuse. Elle se passe dans un cadre domestique, et ne fait intervenir que trois femmes[1]. Mais elle s'ouvre sur un discours qui révèle d'emblée chez Volumnia une passion de l'honneur démesurée, plus que virile, si intense qu'elle en paraît même inhumaine[2], alors que Virgilia, l'épouse inquiète de Coriolan, exprime un amour tendre, à la fois simple et profond. Ce discours laisse voir un rêve de grandeur épique. Il se poursuit par une véritable vision[3] : Volumnia imagine Coriolan fauchant ses ennemis comme le ferait un moissonneur payé à la tâche[4]. Apparaît alors le personnage étrange de Valéria. Cette amie de Volumnia est assez sotte (ou assez insensible ?) pour trouver noble un enfant qui déchire de ses dents un papillon, et assez frivole (ou assez maîtresse de ses sentiments ?) pour ne se soucier, en pleine guerre, que de visites mondaines[5]. Sa légèreté ne fait que souligner (serait-ce la raison de sa présence dans cette scène ?) l'insensibilité de Volumnia, qui espère trouver du plaisir, voire de la joie (elle emploie le mot « mirth »), dans ces divertissements. Virgilia, au contraire, refuse de sortir de chez elle avec une dignité et une force remarquables.

Volumnia va plus tard montrer un autre aspect de son personnage : son ambition. Elle rêve pour Coriolan non seulement d'abnégation et d'exploits militaires, mais d'une gloire politique. Elle veut que son fils devienne consul, alors que lui, au contraire, est agacé par les honneurs et n'a aucune envie d'un pouvoir qu'il tiendra du peuple. Quand il a provoqué la colère des citoyens et des tribuns, elle lui reproche âprement

1. Voir à ce sujet G. Wickham, « *Coriolanus* : Shakespeare's Tragedy in Rehearsal and Performance », dans J.R. Brown et B. Harris, *Later Shakespeare*, Stratford-upon-Avon Studies 8 (Londres, 1966), p. 172.

2. La rhétorique froide et rigoureuse qu'elle utilise contribue à cet effet.

3. Le mot « Methinks » qu'elle emploie à deux reprises est celui qui introduit les visions et les prophéties. Elle parlera elle-même plus tard des constructions de son imagination (« the buildings of my fancy », II,1,166).

4. Cette image contribue à donner l'impression erronée que Coriolan n'est qu'une machine à tuer. Elle sera reprise plus tard (voir II,1,126-127 et la note) dans une phrase où Volumnia semblera, comme ici, éprouver une admiration fascinée pour la figure de la mort fauchant les vies humaines. Elle sera évoquée aussi par Cominius (II,2,99-102).

5. Compte tenu de la place qui lui est faite dans cette scène, Valéria semble devoir jouer un rôle relativement important, mais elle disparaît presque complètement jusqu'au moment où, à la fin de la pièce, Coriolan fait de sa noblesse et de sa chasteté un éloge tout à fait inattendu (V,3,64-67), car il semble convenir à un autre personnage que celui qui apparaît à l'acte I. De plus, Cominius n'a pas mentionné son nom quand il a dit que Volumnia et Virgilia avaient l'intention d'aller implorer le pardon de Coriolan (V,1,70-72). Peut-être faut-il voir en elle le substitut d'une sœur ?

d'être trop entier et trop fier. Elle lui donne même une véritable leçon de flatterie et d'hypocrisie politique. Mais tous ses espoirs seront ruinés : Coriolan ne supportera pas qu'on l'accuse de traîtrise, et il sera banni. Elle laissera alors éclater devant les tribuns une fureur véhémente, mais pour sauver Rome, elle ira implorer la clémence de son fils. Elle plaidera avec une suprême habileté. Quand elle aura fini par avoir gain de cause, comprendra-t-elle que son succès signifie la mort probable de son fils ? Nous ne saurons pas si l'amour de la patrie, ou le rêve d'une nouvelle sorte de gloire, auront étouffé chez elle l'amour maternel. Nous ne l'entendrons plus. Nous la reverrons seulement, accueillie triomphalement à Rome. La foule criera « Bienvenue, mesdames, bienvenue ! » comme elle avait crié autrefois « Sois le bienvenu à Rome, illustre Coriolan ! »

Aux yeux de tous ceux qui entourent Coriolan, ce qui le caractérise avant tout est l'orgueil[1]. Le plus souvent, cet orgueil apparaît comme un excès d'amour-propre, de même que son intrépidité apparaît comme un excès de courage. C'est, en quelque sorte, la rançon de l'héroïsme. Mais il se manifeste aussi par l'intransigeance : Coriolan est aussi incapable d'admettre une concession que de pardonner une faiblesse. Jouer par opportunisme une comédie devant le peuple est contraire à sa nature[2]. Or son intransigeance semble être à l'origine de deux défauts, qui ne sont pas nécessairement liés à l'orgueil. L'un est le mépris de quiconque ne possède pas sa noblesse. Il le conduit à l'arrogance, à la haine du peuple, et à la rancœur contre les nobles qui ne le suivent pas dans sa révolte contre les tribuns. L'autre est l'emportement, un emportement si violent et si soudain qu'on peut même se demander s'il n'est pas un trait de sa nature sans rapport avec l'intransigeance. Dès qu'il se sent atteint dans son honneur, Coriolan entre dans une colère qui l'aveugle. Dans la première scène, c'est peut-être la nomination des tribuns qui déjà le met hors de lui. Au cours de la bataille contre les Volsques, il lance des imprécations contre les soldats qui ont reculé devant l'assaut (I,5,1-9), puis il s'en prend avec véhémence à ceux qui l'acclament (I,10,41-46), et il avoue qu'à la vue d'Aufidius, le courroux lui a fait oublier la pitié (I,10,85). A trois reprises ensuite, quand on l'accuse de trahison, son emportement le perd : il tire l'épée devant les tribuns (III,1,222), il maudit le peuple et insulte les tribuns (III,3,71-77), et finalement traite de chien Aufidius et rappelle aux Volsques comment il s'est emparé de leur ville. La colère est peut-être la marque des combattants épiques, mais chez Coriolan elle signifie surtout qu'il n'est pas maître de lui-même.

D'autre part, à côté de l'excès d'amour-propre, il y a aussi chez lui

1. Il est toujours désigné par le mot « pride », à de très rares exceptions près (« insolence », I,1,246 et II,1,220), ce qui invite dès la première scène à s'interroger sur son sens exact. L'ambiguïté du terme est voulue, et nous a conduit à ne le traduire que par « orgueil », même là où l'on attend « arrogance », « morgue », « hauteur », « fierté » ou « amour-propre » par exemple.

2. L'image de l'acteur revient à plusieurs reprises : II,2,137-138, III,2,13-14, 105-106, V,3,40-41.

une conviction intime, inconsciente, de sa propre supériorité. C'est en partie ce qui le pousse à mépriser les citoyens et les tribuns[1]. Et c'est, plus gravement, ce qui le conduit à oublier la place qu'il occupe dans un système politique ou dans une hiérarchie militaire. Ce travers est soupçonné, nous l'avons vu, dès la première scène. Il ne tarde pas à devenir apparent. Lorsqu'il brigue le consulat, Coriolan oublie le respect qu'il devrait avoir pour les institutions de Rome et leurs représentants, et même ses meilleurs amis ne peuvent justifier sa conduite. Et quand il se met au service des Volsques, ce sentiment de supériorité lui devient fatal : il a beau dire[2], il oublie qu'il n'est plus qu'un mercenaire, qu'il ne détient que la moitié des pouvoirs militaires d'Aufidius, et qu'il ne peut prendre une décision qu'avec l'accord du conseil de la guerre. Il se comporte comme s'il était un chef suprême. Il commet là, sans s'en rendre compte, un réel abus de pouvoir, qui laisse apercevoir en lui, une fois de plus, un tyran qui s'ignore.

Toute sa tragédie peut, en fait, être considérée comme celle d'un homme qui ne parvient pas à se connaître lui-même. Ce n'est pas qu'il manque d'intelligence. Il sait, et Volumnia le lui rappelle[3], se montrer habile dans la guerre, et ses idées politiques, si elles sont dangereuses, ne sont pas négligeables. Mais il ne voit clair ni dans son esprit ni dans son cœur. Le monologue dans lequel il constate la rapidité des retournements d'amitié et de haine en témoigne : il accuse l'inconstance du monde, parce qu'il ne sait pas comment il en est venu à vouloir s'allier aux ennemis de sa patrie[4]. Sa dernière rencontre avec Volumnia, Virgilia et son fils rend plus tragique encore son ignorance de soi : lui qui vient d'affirmer à Ménénius qu'il ne connaissait plus ni femme, ni mère, ni enfant (V,2,73), il a gardé intacts, ses paroles le montrent (V,3,22-62), sa piété filiale, son amour pour sa femme et sa tendresse paternelle. Et ces sentiments sont restés si forts qu'ils le feront renoncer à sa vengeance et trahir la cause des Volsques.

Ce qu'il dit au cours de cette dernière rencontre invite à considérer avec quelque circonspection sa dépendance vis-à-vis de Volumnia. Le caractère de cette mère dominatrice (ainsi, par conséquent, que celui de son fils) semble fait pour une interprétation psychanalytique[5]. Elle est le type même de la mère castratrice, et il est tentant d'imaginer

1. Brutus stigmatise très lucidement ce comportement (III,1,85-86).
2. Voir V,2,73-76.
3. III,2,42-44. Plutarque l'avait déjà indiqué dans sa comparaison entre Alcibiade et Coriolan (Bullough, vol. 5, p. 544).
4. IV,4,12-26. Il faut recourir aux déductions ou aux hypothèses pour trouver une explication, mais l'exercice est périlleux. Coriolan est d'ailleurs l'homme des retournements soudains : cf. II,3,101-104 et III,2,110, 120, 130. Voir aussi V,4,7-8.
5. Les études qui font intervenir, seule ou en conjonction avec d'autres théories, une explication psychanalytique, sont nombreuses. On peut citer à titre d'exemples celle de C.K. Hofling, « An Interpretation of Shakespeare's *Coriolanus* », *American Imago*, 14 (1957), p. 407-435, et celle de J. Adelman, « *Anger's my meat* : Feeding, Dependency and Agression in *Coriolanus* », dans *Shakespeare : Pattern of Excelling Nature*, éd. D. Bevington et J.L. Halio (Cranbury, N.J., 1978), p. 108-124. Plus récemment, J. Adelman (*Suffocating Mothers*, Londres, 1992) a englobé son analyse des tragédies shakespeariennes dans une interprétation psychanalytique du péché originel.

Coriolan reportant sur le monde entier la haine inconsciente qu'il lui vouerait. Il serait ainsi condamné à ne jamais devenir adulte, à n'être toute sa vie qu'un petit garçon, et à finir par conséquent comme un « boy of tears », qui se met à pleurnicher quand il voit la douleur de sa mère. Ainsi s'expliqueraient aussi ses réactions impulsives et irréfléchies, ses colères soudaines, sa naïveté politique, l'outrance de ses jugements et de ses propos. Mais à y regarder de près, les choses, encore une fois, ne sont pas si simples. Il est certain que la relation qui existe entre sa mère et lui joue un rôle majeur dans la détermination de ses comportements, comme d'une manière générale dans le déroulement de l'action. Cependant il n'est peut-être pas inutile de nous rappeler que chez Plutarque ce n'est pas l'influence excessive de Volumnia qui est invoquée comme explication première du comportement de Coriolan, mais l'absence de l'influence d'un père[1], et que Plutarque montre Coriolan comme un orphelin soucieux de rendre heureuse sa mère veuve[2]. Or dans la pièce, l'amour de Coriolan pour Volumnia se manifeste essentiellement sous la forme du respect et de la piété filiale. Et si nous revenons à la grande scène de plaidoirie, nous devons constater deux choses : d'abord que le sentiment le plus intense qu'éprouve Coriolan, celui qui le rend le plus lyrique à la vue des membres de sa famille, n'est pas son amour pour sa mère, mais son amour pour sa femme ; ensuite que son exclamation : « Ô mère, mère ! / Qu'avez-vous fait ? » (V,3,183-184) ne signifie pas que Volumnia soit la seule à avoir obtenu gain de cause, car elle est bientôt suivie d'une autre exclamation, « Ô ma mère ! ma femme ! » (V,3,200) qui prouve que son amour pour Virgilia a également contribué à son revirement. Ce n'est pas seulement le fils, c'est aussi le mari qui a cédé. Son amour pour sa mère, si grand qu'il soit, n'a rien d'un amour exclusif. La victoire de Volumnia est d'abord celle de la profonde humanité restée latente chez Coriolan. Et c'est ce qui rend si émouvant son renoncement mortel à sa vengeance : il a découvert enfin qu'il n'est pas un surhomme, mais un homme comme les autres. Il l'avoue : « Je fonds et ne suis pas / D'une argile plus dure qu'un autre » (V,3,28-29). La formule rappelle celle de Brutus : « Vos propos sur le peuple sont d'un dieu qui châtie, / Non d'un homme sujet aux mêmes maux que lui » (III,1,85-86).

Le monde des dieux est celui du rêve de grandeur dans lequel Volumnia l'a élevé. Il est rendu présent par les allusions à des divinités antiques – Jupiter, Mars, Neptune, Junon, Diane –, et plus encore par l'évocation du plus célèbre des demi-dieux, Hercule, dont le nom n'est prononcé qu'assez tard (IV,1,18-20) mais dont les exploits sont évoqués par des allusions au lion de Némée (I,1,219-220), à l'hydre de Lerne (III,1,96) et aux pommes du jardin des Hespérides (IV,6,104). Coriolan est un héros de dimension herculéenne[3]. Pourtant la figure

1. Voir Bullough, vol. 5, p. 505-506. Sur la nature des sentiments de Coriolan pour Volumnia chez Plutarque*, voir Bullough, vol. 5, p. 508.
2. Son obéissance n'est mentionnée, dans la traduction de North*, que dans une note marginale.
3. Voir sur cet aspect de Coriolan, E.M. Waith, *The Herculean Hero* (New York, 1962).

la plus fortement évoquée est celle d'Hector, le plus noble et le plus courageux des guerriers troyens. Hector est le modèle dont Volumnia veut que son fils possède les vertus et la gloire. C'est à lui qu'elle le compare en même temps qu'elle se compare elle-même à Hécube (I,3,34-37). Mais Hector n'était qu'un mortel, et Coriolan, comme le héros de *Troïlus et Cresside*, tombera sous les coups d'un Achille et de ses Myrmidons. Destin qu'en mentionnant le nom d'Hector dans une menace de mort Aufidius aura lui-même depuis longtemps annoncé (I,9,11-13).

Le monde de la réalité humaine se situe loin au-dessous de celui des demi-dieux. Il est caractérisé par des images qui le font tomber souvent au niveau du monde animal. Coriolan est comparé à un chien féroce ou à un ours terrifiant. Il se voit dans son exil comme un dragon solitaire, et Volumnia le voit comme une bête sauvage qui déchire les entrailles de sa patrie[1]. Les plébéiens ne sont que rats, corbeaux, chiens, renards, oies ou lièvres. Ces images sont à peine moins nombreuses que celles d'un monde où les hommes dévorent et s'entre-dévorent. Même le massacre des ennemis est un festin, et aussi bien aux yeux de Cominius (I,10,10-11) qu'à ceux des serviteurs d'Aufidius (IV,5,199-200). Ceux-ci en font même un festin cannibale (IV,5,177-178). Volumnia, pour sa part, va jusqu'à vouloir se dévorer elle-même (IV,2,53)[2]. Mais plus nombreuses encore sont les images du corps humain qui se succèdent à partir du moment où Ménénius a rappelé la fable des membres et de l'estomac. La société est malade, il faut y craindre l'infection et le poison, elle veut amputer ses membres gangrenés. Et la réalité concrète du corps humain n'intervient pas seulement dans des analogies avec le corps politique, elle est présente partout et à chaque instant, laide, horrible ou bestiale. De ce monde brutal, l'animalité a évincé la spiritualité. Aucune place n'est laissée à une intervention de la religion, de la nature, ou du surnaturel[3].

Le lyrisme est donc presque complètement absent. Les tonalités que l'on entend le plus souvent sont celles de l'héroïsme ou celles de la passion politique. Les premières sont évidemment marquées par l'hyperbole, mais moins fortement qu'on ne s'y attendrait : le monde des soldats répugne à l'emphase[4]. L'éloge de Coriolan que fait Cominius, si admirable qu'il soit, en est un exemple : Cominius le dit lui-même, il lui manque le souffle épique qui pourrait rendre à Coriolan l'hommage qu'il mérite. Il énumère des hauts faits, et si les images qu'il utilise sont

1. Cette catégorie d'images a été beaucoup étudiée, entre autres par J.C. Maxwell, « Animal Imagery in *Coriolanus* », *Modern Language Review*, 42 (1947), 417-421.
2. Les images liées à la nourriture ont été étudiées notamment par M. Charney, dans « The Imagery of Food and Eating in *Coriolanus* », dans R. Kirk et C.F. Main, *Essays in Literary History* (New Brunswick, N.J., 1960), et dans *Shakespeare's Roman Plays : The Function of Imagery in the Drama* (Cambridge, Mass. 1961), ainsi que par J. Adelman dans « *Anger's my meat* » (voir ci-dessus note 29).
3. Alors que le surnaturel existe chez Plutarque*.
4. De même on peut remarquer la rareté des adjectifs homériques (comme « deed-achieving honour », II,1,139).

nombreuses et fortes, elles restent sous le contrôle de la raison. Son imagination ne s'élance pas pour donner à Coriolan la grandeur sublime d'un personnage légendaire, elle lui conserve le statut d'un homme fait de chair et de sang. Dans son discours, la guerre a deux visages, d'abord celui de l'épopée, puis celui du massacre : Coriolan, après avoir été couronné de chêne, n'est plus qu'une chose de sang, et chacun de ses gestes est accompagné par les cris des mourants.

Le discours politique utilise les moyens de l'invective, de la harangue, de l'argumentation, ou du plaidoyer. Il ne donne pas lieu, lui non plus, à de grands déploiements d'éloquence cicéronienne, car la violence des sentiments et des actes, aussi bien que la gravité des situations et la rapidité des événements, en interdisent les ampleurs et les équilibres. Le recours aux figures de rhétorique n'y est pas moins très fréquent, mais ce sont des figures brèves, qui, comme la métonymie en particulier, ne font pas oublier la réalité. La lutte politique est semblable à la guerre. Les coups doivent porter, et il faut frapper vite. D'où un rôle privilégié confié aux verbes[1]. D'où aussi une rapidité[2] et une densité parfois obscures.

La forme versifiée se ressent de cette primauté de l'action et de la passion. Le découpage pentamétrique du discours s'estompe derrière les exigences d'une parole qui accepte mal les contraintes du mètre. Il est vrai que le vers* de Shakespeare, dans toutes les dernières pièces, s'assouplit. Mais ici l'impression prévaut qu'il existe souvent une tension entre les exigences de la pensée ou du sentiment et le respect du vers. La répartition irrégulière des accents conduit parfois à un effet prosaïque, et l'enjambement trahit la difficulté à accepter les contraintes : la dixième syllabe, au lieu d'être nettement accentuée, est parfois faible ou légère et le vers se termine par une préposition (« in », II,1,182 ; « before », II,2,97), par une conjonction (« if », V,4,30 ; « as if », II,2,111 ; V,6,39 ; « and » en plusieurs endroits comme par exemple II,2,29, II,2,76 ou IV,6,85, 89, 101) ou encore par la première partie d'une forme verbale (« have », II,3,109 ; « let », III,2,125)[3]. Dans un ensemble aussi libre, la présence d'alexandrins devient presque imperceptible : dans un vers comme « The rest shall bear the business in some other fight » (I,7,82) une pause très naturelle après « rest » peut facilement faire de la suite un pentamètre régulier, sans compter que les mots « in some » sont peu accentués. Seul dans toute la pièce se détache comme un élément disparate l'emploi de la rime dans le monologue que prononce Coriolan

1. On trouve dans toute la pièce des substantifs convertis en verbes. Ils sont particulièrement nombreux dans le dernier acte : « office » (V,2,58) ; « servanted » (V,2,74) ; « godded » (V,3,11) ; « virgined » (V,3,48) ; « widowed and unchilded » (V,6,152). Ils peuvent avoir une valeur humoristique (« fidiussed », II,1,103 ; « horsed », II,1,177).

2. La rapidité se traduit par des élisions qui ne sont pas toujours signalées par l'orthographe. Par exemple il faut lire le vers I,7,57 comme s'il était écrit : « By th' blood we've shed together, by th' vows we've made ».

3. En ce qui concerne ces formes verbales, il s'agit d'un effet tout différent de celui qui est volontairement recherché, par exemple, aux vers I,10,42 et 43 dans une admonestation solennelle, où le sens exige que « shall » et « be » soient accentués.

au moment où il doit se décider à s'humilier devant les citoyens (II,3,92-104). La rime donne là une impression de raideur et de maladresse. On en trouvera tout l'opposé dans la délicatesse et la subtilité des assonances et des allitérations de cet autre monologue (III,3,34-38) :

> Th'honoured gods
> Keep Rome in safety and the chairs of justice
> Supplied with worthy men, plant love among's,
> Throng our large temples with the shows of peace,
> And not our streets with war !

Ces vers, par la grandeur du sentiment qu'ils expriment autant que par l'harmonie de leurs sonorités, sont sans doute les plus beaux de toute la tragédie. Et c'est aussi à Coriolan que Shakespeare les a donnés.

Éditions modernes citées dans les Notes et l'apparat de Variantes

BROCKBANK : texte établi et présenté par Philip Brockbank, The Arden Shakespeare, 1976.

DEROCQUIGNY : texte traduit et présenté par Jules Derocquigny, Les Belles Lettres, Collection Shakespeare, 1934.

GOMME : texte établi et présenté par A.H. Gomme, Shakespeare Workshop, 1969.

HIBBARD : texte établi et présenté par G.R. Hibbard, New Penguin Shakespeare, 1967.

TUCKER-BROOKE : texte établi et présenté par C.F. Tucker-Brooke, The Yale Shakespeare, 1924.

THE PERSONS OF THE PLAY

Caius MARTIUS, later surnamed CORIOLANUS
MENENIUS Agrippa
} patricians of Rome
Titus LARTIUS
COMINIUS
} generals

VOLUMNIA, Coriolanus' mother
VIRGILIA, his wife
YOUNG MARTIUS, his son
VALERIA, a chaste lady of Rome

SICINIUS Velutus
Junius BRUTUS
} tribunes of the Roman people

CITIZENS of Rome
SOLDIERS in the Roman army

Tullus AUFIDIUS, general of the Volscian army
His LIEUTENANT
His SERVINGMEN
CONSPIRATORS with Aufidius
Volscian LORDS
Volscian CITIZENS
SOLDIERS in the Volscian army
ADRIAN, a Roman
NICANOR, a Volscian
A Roman HERALD
MESSENGERS
AEDILES
A gentlewoman, an usher, Roman and Volscian senators and nobles, captains in the Roman army, officers, lictors

Adrian ['eɪdrɪən] Agrippa [ə'grɪpə] Aufidius [ɔː'fɪdjəs] Brutus ['bruːtəs] Caius ['kaɪəs] Cominius [kə'mɪnjəs] Coriolanus [ˌkɒrɪə'leɪnəs] Junius ['dʒuːnjəs] Lartius ['lɑːʃəs] Martius ['mɑːʃəs] Menenius [mə'niːnjəs] Nicanor [naɪ'keɪnə] Rome [rəʊm] Sicinius [sɪ'sɪnjəs] Titus ['taɪtəs] Tullus ['tʌləs] Valeria [və'lɪərjə] Velutus [və'ljuːtəs] Virgilia [vɜː'dʒɪljə] Volscian ['vɒlʃjən, 'vɒlskjən] Volumnia [və'lʌmnjə]

PERSONNAGES

Caius MARTIUS, ensuite surnommé CORIOLAN — patriciens romains
MÉNÉNIUS Agrippa — patriciens romains
Titus LARTIUS — généraux, patriciens romains
COMINIUS — généraux, patriciens romains

VOLUMNIA, mère de Coriolan
VIRGILIA, sa femme
Le JEUNE MARTIUS, son fils
VALÉRIA, chaste dame romaine

SICINIUS Velutus — tribuns du peuple romain
Junius BRUTUS — tribuns du peuple romain
CITOYENS romains
SOLDATS de l'armée romaine

Tullus AUFIDIUS, général de l'armée volsque
Son LIEUTENANT
Ses SERVITEURS
CONSPIRATEURS avec Aufidius
SEIGNEURS volsques
CITOYENS volsques
SOLDATS de l'armée volsque
ADRIEN, un Romain
NICANOR, un Volsque
Un HÉRAUT romain
MESSAGERS
ÉDILES
Une dame d'honneur, un huissier, des sénateurs et nobles romains et volsques, des capitaines de l'armée romaine, des appariteurs, des licteurs

The Tragedy of Coriolanus

I, 1 *Enter a company of mutinous Citizens with staves, clubs, and other weapons*

1 CITIZEN. – Before we proceed any further, hear me speak.

ALL. – Speak, speak.

1 CITIZEN. – You are all resolved rather to die than to famish ?

ALL. – Resolved, resolved.

1 CITIZEN. – First, you know Caius Martius is chief enemy to the people.

ALL. – We know't, we know't.

1 CITIZEN. – Let us kill him, and we'll have corn at our own price. Is't a verdict ?

ALL. – No more talking on't, let it be done. Away, away.

2 CITIZEN. – One word, good citizens.

1 CITIZEN. – We are accounted poor citizens, the patricians good. What authority surfeits on would relieve us. If they would yield us but the superfluity while it were wholesome we might guess they relieved us humanely, but they think we are too dear. The leanness that afflicts us, the object of our misery, is as an inventory to particularize their abundance ; our sufferance is a gain to them. Let us revenge this with our pikes ere we become rakes ; for the gods know I speak this in hunger for bread, not in thirst for revenge.

2 CITIZEN. – Would you proceed especially against Caius Martius ?

[3 CITIZEN]. – Against him first.

[4 CITIZEN]. – He's a very dog to the commonalty.

2 CITIZEN. – Consider you what services he has done for his country ?

1 CITIZEN. – Very well, and could be content to give him good report for't, but that he pays himself with being proud.

[5 CITIZEN]. – Nay, but speak not maliciously.

1 CITIZEN. – I say unto you, what he hath done famously, he did it to that end — though soft-conscienced men can be content to say "it was for

---

12 on] *F* (one). **20-21** THIRD CITIZEN ... first. FOURTH CITIZEN ... commonalty] *Oxford* ; *All.* Against ... first : He's ... Commonalty *F.* **25** FIFTH CITIZEN] *Oxford* ; *All. F.*

---

1. Lieu : une rue de Rome. Cette scène réunit deux épisodes distincts dans Plutarque*, le premier relatant une révolte contre les usuriers, le second un soulèvement ultérieur contre la famine. Dans les deux cas, les citoyens refusèrent de servir dans l'armée. **2.** La

La Tragédie de Coriolan

Entre une troupe de Citoyens en révolte, portant des bâtons, des gourdins et d'autres armes[1] I, 1

1er CITOYEN. – Avant d'aller plus loin, écoutez-moi.

TOUS. – Parlez, parlez.

1er CITOYEN. – Vous êtes tous décidés, plutôt la mort que la famine ?

TOUS. – Décidés, décidés.

1er CITOYEN. – Eh bien d'abord, vous savez que Caius Martius est le plus grand ennemi du peuple.

TOUS. – On le sait, on le sait.

1er CITOYEN. – Tuons-le, et nous aurons du blé à notre prix[2]. C'est le verdict ?

TOUS. – Assez parlé, à l'action. Allons-y ! Allons-y !

2e CITOYEN. – Un mot, bons citoyens.

1er CITOYEN. – C'est de pauvres citoyens qu'on nous traite ; les bons[3], ce sont les riches, les patriciens. Ceux qui sont au pouvoir se gavent de ce qui pourrait nous secourir. Si seulement ils nous laissaient leur superflu quand il est encore mangeable, nous pourrions encore croire qu'ils nous secourent humainement, mais ils nous trouvent trop chers. La maigreur qui nous afflige, ce tableau de toutes nos misères, est comme un inventaire qui détaille ce qu'ils ont à profusion ; notre souffrance, pour eux, c'est du profit. Vengeons-nous à coups de fourche avant de devenir secs comme des coups de trique[4] ; car les dieux le savent, si je parle ainsi, c'est par faim de pain, non par soif de vengeance.

2e CITOYEN. – Vous voudriez agir particulièrement contre Caius Martius ?

[3e CITOYEN]. – Contre lui d'abord.

[4e CITOYEN]. – C'est un vrai chien avec les gens du peuple.

2e CITOYEN. – Tenez-vous compte des services qu'il a rendus à sa patrie ?

1er CITOYEN. – Parfaitement, et je serais d'accord pour les mettre à son crédit s'il ne se payait pas lui-même en se montrant orgueilleux.

[5e CITOYEN]. – Allons, ne soyez pas malveillant.

1er CITOYEN. – Je vous le dis, ce qu'il a fait de glorieux, il ne l'a fait qu'à cette fin — même si des gens à l'esprit large peuvent se contenter de dire

---

responsabilité personnelle de Coriolan dans la cherté du prix du blé est indiquée par Plutarque*. Elle est revendiquée par Coriolan lui-même plus loin (III,1,116-142). 3. Jeu sur deux sens de *good* : « bon », et « riche » » (financièrement solide). 4. Jeu sur *pikes* (fourches) et *rakes* (rateaux). L'expression *lean as a rake* était déjà proverbiale. Il est possible que *pike* fasse allusion en outre à la pique, arme de guerre.

his country", "he did it to please his mother, and to be partly proud" — which he is even to the altitude of his virtue.

2 CITIZEN. – What he cannot help in his nature you account a vice in him. You must in no way say he is covetous.

1 CITIZEN. – If I must not, I need not be barren of accusations. He hath faults, with surplus, to tire in repetition.

Shouts within

What shouts are these ? The other side o'th' city is risen. Why stay we prating here ? To th' Capitol !

ALL. – Come, come.

Enter Menenius

1 CITIZEN. – Soft, who comes here ?

2 CITIZEN. – Worthy Menenius Agrippa, one that hath always loved the people.

1 CITIZEN. – He's one honest enough. Would all the rest were so !

MENENIUS. – What work's, my countrymen, in hand ? Where go you
With bats and clubs ? The matter. Speak, I pray you.

[1] CITIZEN. – Our business is not unknown to th' senate. They have had inkling this fortnight what we intend to do, which now we'll show 'em in deeds. They say poor suitors have strong breaths ; they shall know we have strong arms, too.

MENENIUS. – Why, masters, my good friends, mine honest neighbours,
Will you undo yourselves ?

[1] CITIZEN. – We cannot, sir. We are undone already.

MENENIUS. – I tell you, friends, most charitable care
Have the patricians of you. For your wants,
Your suffering in this dearth, you may as well
Strike at the heaven with your staves as lift them
Against the Roman state, whose course will on
The way it takes, cracking ten thousand curbs
Of more strong link asunder than can ever
Appear in your impediment. For the dearth,
The gods, not the patricians, make it, and
Your knees to them, not arms, must help. Alack,
You are transported by calamity
Thither where more attends you, and you slander
The helms o'th' state, who care for you like fathers,
When you curse them as enemies.

---

43 FIRST] *Capell (1767-1768) ; attribué à* SECOND CITIZEN *dans F* (*de même dans la suite de la scène*).

---

1. Transposition de l'adverbe (voir Abbott, § 420). Le sens est celui de « partly to be proud ». Notre édition, en introduisant des guillemets, attribue cette opinion aux *soft-conscienced men* et non au Premier Citoyen ; *partly* prend donc le sens de « en partie seulement », et non celui de « en partie au moins ». **2.** Sh a gardé de Plutarque* l'idée que dans la Rome primitive vertu était synonyme de courage. Voir Bullough, vol. 5, p. 506, et cf. II,2,75-77 où Cominius rappelle que la vaillance est la première des vertus. **3.** La réplique, et l'adjectif *covetous,* peuvent surprendre, mais le Deuxième Citoyen a peut-être

que « c'était pour sa patrie », qu'il l'a fait « pour faire plaisir à sa mère, et seulement en partie[1] pour satisfaire son orgueil » — qui est à la hauteur même de sa bravoure[2].

2e CITOYEN. – Ce qu'il ne peut s'empêcher d'être par nature, vous en faites un vice. Vous n'avez pas le droit de dire, d'une manière ou d'une autre, qu'il est cupide[3].

1er CITOYEN. – Même sans cela, je ne suis pas à court d'accusations. Il a des défauts à revendre, on se fatiguerait à les énumérer.

Cris à l'intérieur

Quels sont ces cris ? L'autre côté de la ville s'est soulevé. Que faisons-nous ici à bavarder ? Au Capitole[4] !

TOUS. – Allons-y, allons-y.

Entre Ménénius

1er CITOYEN. – Un instant, qui vient ici ?

2e CITOYEN. – Ménénius Agrippa, un homme de mérite, et qui a toujours aimé le peuple.

1er CITOYEN. – Il est assez honnête. Si tout le reste était comme lui !

MÉNÉNIUS. – Que faites-vous donc, chers citoyens ? Où allez-vous
Avec gourdins et triques ? Pourquoi, je vous en prie ?

[1er] CITOYEN. – Notre affaire n'est pas inconnue des sénateurs. Ils ont eu un avant-goût ces quinze derniers jours de ce que nous avons l'intention de faire, et nous allons maintenant le leur montrer par des actes. Ils disent que l'haleine des solliciteurs pauvres est forte ; ils apprendront que nos bras aussi sont forts.

MÉNÉNIUS. – Comment, messieurs, mes bons, mes braves amis[5],
Vous voulez votre ruine ?

[1er] CITOYEN. – Impossible, monsieur. Nous sommes déjà ruinés.

MÉNÉNIUS. – Je vous le dis, mes amis, pour vous les patriciens
Ont les plus tendres soins. Quant à vos privations,
A vos souffrances dans cette disette, autant
Vouloir frapper le ciel de vos bâtons que les lever
Contre l'État romain, qui poursuivra sa route,
Rompant dix mille mors aux maillons plus solides
Que ne seront jamais toutes vos obstructions.
Et quant à cette disette, elle est le fait des dieux,
Et non des patriciens, vous n'aurez de secours
Qu'à deux genoux, pas en levant le bras. Hélas !
Ce malheur vous emporte où d'autres vous attendent,
Vous calomniez ceux qui tiennent la barre de l'État,
Qui vous aiment en pères, quand vous les maudissez
Comme des ennemis.

---

compris que le Premier insinuait que Coriolan se battait en partie pour se procurer le butin qui lui permet de se montrer orgueilleux. Plutarque* souligne le désintéressement de Coriolan (voir par exemple Bullough, vol. 5, p. 515). **4.** Dans Sh, le Capitole (et non la Curie) est le lieu où se réunit le Sénat. **5.** *honest neighbours.* Onions cite cet emploi de « honest » comme épithète de sens vague dénotant l'estime (« a vague epithet of appreciation »). Et l'*OED* cite cet emploi de « neighbour » pour le sens de « manière de s'adresser à quelqu'un » (1c : « As a form of address »).

[1] CITIZEN. – Care for us ? True, indeed ! They ne'er cared for us yet : suffer us to famish, and their storehouses crammed with grain ; make edicts for usury to support usurers ; repeal daily any wholesome act established against the rich ; and provide more piercing statutes daily to chain up and restrain the poor. If the wars eat us not up, they will ; and there's all the love they bear us.

MENENIUS. – Either you must
Confess yourselves wondrous malicious
Or be accused of folly. I shall tell you
A pretty tale. It may be you have heard it,
But since it serves my purpose, I will venture
To stale't a little more.

[1] CITIZEN. – Well, I'll hear it, sir. Yet you must not think to fob off our disgrace with a tale. But an't please you, deliver.

MENENIUS. – There was a time when all the body's members,
Rebelled against the belly, thus accused it :
That only like a gulf it did remain
I'th' midst o'th' body, idle and unactive,
Still cupboarding the viand, never bearing
Like labour with the rest ; where th'other instruments
Did see and hear, devise, instruct, walk, feel,
And, mutually participate, did minister
Unto the appetite and affection common
Of the whole body. The belly answered –

[1] CITIZEN. – Well, sir, what answer made the belly ?

MENENIUS. – Sir, I shall tell you. With a kind of smile,
Which ne'er came from the lungs, but even thus –
For look you, I may make the belly smile
As well as speak – it tauntingly replied
To th' discontented members, the mutinous parts
That envied his receipt ; even so most fitly
As you malign our senators for that
They are not such as you.

[1] CITIZEN. – Your belly's answer – what ?
The kingly crownèd head, the vigilant eye,
The counsellor heart, the arm our soldier,
Our steed the leg, the tongue our trumpeter,
With other muniments and petty helps
In this our fabric, if that they –

MENENIUS. – What then ?
Fore me, this fellow speaks ! What then ? What then ?

---

75 stale't] *Theobald (1733)* ; scale't *F.* **76-77** *prose*] *vers F.* **92** tauntingly] *F2* (tantingly) ; taintingly *F.* **102** Fore me] *F* (Foreme).

---

1. *pretty.* Peut signifier également : ingénieux, plaisant, bien tourné. Cet apologue est connu aujourd'hui encore sous le nom de la fable « des membres et de l'estomac ». Nous avons cependant préféré traduire *belly* par « ventre », parce que dans les propos de Ménénius il ne s'agit pas d'un muscle qui travaille, mais d'un entrepôt inactif, ou d'un centre de distribution. Et on voit mal que l'estomac puisse être comparé par le Premier Citoyen à l'égout du corps (*the sink o'th' body,* 104). **2.** Cette énumération des fonctions des

[1er] CITOYEN. – Nous aimer ? Allons donc ! Jamais ils ne nous ont aimés ; ils nous laissent mourir de faim, quand leurs greniers regorgent de blé ; s'ils font des édits sur l'usure, c'est pour soutenir les usuriers ; ils abrogent tous les jours toute loi salutaire faite contre les riches ; et tous les jours ils publient des décrets de plus en plus cruels pour enchaîner et opprimer les pauvres. Si les guerres ne nous dévorent pas, c'est eux qui le feront ; voilà tout l'amour qu'ils nous portent.

MÉNÉNIUS. – Il vous faut
Avouer une malveillance très extraordinaire,
Ou vous voir accuser de sottise. Je vais
Vous dire un joli conte[1]. Vous avez pu l'entendre,
Mais il sert à mes fins, et je vais me risquer
A lui ôter encore un peu de sa fraîcheur.

[1er] CITOYEN. – Eh bien, je l'entendrai, monsieur. N'espérez pourtant pas escamoter notre infortune avec un conte. Mais si cela vous plaît, racontez donc.

MÉNÉNIUS. – Tous les membres du corps devinrent un beau jour
Rebelles contre le ventre, et lui firent ce procès :
Qu'au beau milieu du corps, comme le creux d'un tourbillon,
Paresseux, inactif, il ne faisait, comme un buffet,
Que conserver la nourriture, sans travailler
Comme chacun, alors que membres et organes
Voyaient et entendaient, pensaient, donnaient des ordres,
Marchaient, sentaient, et, par entraide mutuelle,
Pourvoyaient aux désirs et appétits communs
A l'ensemble du corps[2]. Le ventre répondit –

[1er] CITOYEN. – Eh bien ! monsieur, quelle réponse fit le ventre ?

MÉNÉNIUS. – Monsieur, voici. Avec un genre de sourire
Venu non pas de ses poumons[3], mais comme ceci –
Car, voyez-vous, je peux faire sourire le ventre
Comme le faire parler – il répondit très vertement
Aux membres mécontents, à ces rebelles jaloux
De ce qu'il recevait ; mais très pertinemment,
Comme vous qui calomniez nos sénateurs, pour n'être
Pas semblables à vous.

[1er] CITOYEN. – Alors, ce ventre, sa réponse ?
La tête à la couronne royale, l'œil vigilant,
Le cœur, ce conseiller[4], le bras, notre soldat,
La jambe, destrier, et la langue, trompette,
Et tout ce qui munit[5] et qui sert humblement
Notre humaine fabrique, si tous devaient –

MÉNÉNIUS. – Ensuite ?
Ma foi, ce gaillard parle ! Ensuite ? Ensuite ?

---

différentes parties du corps semble inspirée des *Remains* de William Camden*. Dans la suite de la fable, une douzaine de mots rares semblent provenir de William Averell, *A Marvellous Combat of Contrarieties* (1588). **3.** C.-à-d. : qui n'était pas provoqué par le rire, donc méprisant. **4.** Sh considérait parfois le cœur comme le siège de l'intelligence. Cf. 118. **5.** Pour cet emploi de *muniments* Onions donne le sens de : tout moyen de défense ou de protection (« anything serving as a means of defence or protection »), l'*OED* celui d'équipements (furnishings).

[1] CITIZEN. – Should by the cormorant belly be restrained,
Who is the sink o'th' body –
MENENIUS. – Well, what then?
[1] CITIZEN. – The former agents, if they did complain,
What could the belly answer?
MENENIUS. – I will tell you,
If you'll bestow a small of what you have little –
Patience – a while, you'st hear the belly's answer.
[1] CITIZEN. – You're long about it.
MENENIUS. – Note me this, good friend:
Your most grave belly was deliberate,
Not rash like his accusers, and thus answered:
"True is it, my incorporate friends," quoth he,
"That I receive the general food at first
Which you do live upon, and fit it is,
Because I am the storehouse and the shop
Of the whole body. But, if you do remember,
I send it through the rivers of your blood
Even to the court, the heart, to th' seat o'th' brain;
And through the cranks and offices of man
The strongest nerves and small inferior veins
From me receive that natural competency
Whereby they live. And though that all at once" –
You my good friends, this says the belly, mark me –
[1] CITIZEN. – Ay, sir, well, well.
MENENIUS. – "Though all at once cannot
See what I do deliver out to each,
Yet I can make my audit up that all
From me do back receive the flour of all
And leave me but the bran." What say you to't?
[1] CITIZEN. – It was an answer. How apply you this?
MENENIUS. – The senators of Rome are this good belly,
And you the mutinous members. For examine
Their counsels and their cares, digest things rightly
Touching the weal o'th' common, you shall find
No public benefit which you receive
But it proceeds or comes from them to you,
And no way from yourselves. What do you think,
You, the great toe of this assembly?
[1] CITIZEN. – I the great toe? Why the great toe?
MENENIUS. – For that, being one o'th' lowest, basest, poorest
Of this most wise rebellion, thou goest foremost.
Thou rascal, that art worst in blood to run,
Lead'st first to win some vantage.

127 flour] *F* (Flowre).

1. Le mot anglais désigne les cuisines ou les communs. Toute la phrase rappelle un passage de Tite-Live (voir Bullough, vol. 5, p. 497). 2. *nerves*. Désignait les parties du corps où

[1er] CITOYEN. – Être opprimés par ce vorace cormoran,
Le ventre, cet égout du corps...
MÉNÉNIUS. – Eh bien, ensuite ?
[1er] CITOYEN. – Ces agents dont je parle, s'ils venaient à se plaindre,
Que répondrait le ventre ?
MÉNÉNIUS. – Je m'en vais vous le dire,
Si vous prêtez un peu du peu que vous avez
De patience, vous aurez la réponse du ventre.
[1er] CITOYEN. – Vous y mettez du temps !
MÉNÉNIUS. – Écoutez bien, mon bon ami.
Notre très grave ventre, avec pondération,
Sans s'emporter comme ses détracteurs, répondit :
« Il est vrai, chers amis, et membres de mon corps,
Que je reçois d'abord toute la nourriture
Dont dépend votre vie. Cela est comme il faut,
Car j'en suis le grenier et aussi la boutique
Pour le corps tout entier. Mais n'oubliez donc pas
Que je l'envoie, par les rivières de votre sang,
A la cour qu'est le cœur, au trône du cerveau ;
Et que par les détours et les offices[1] de l'homme
Les muscles[2] les plus forts et les moindres vaisseaux
Reçoivent de ma part les moyens naturels
Qui assurent leur vie. Et bien qu'en même temps » —
C'est ce que dit le ventre, notez-le, mes amis —
[1er] CITOYEN. – Oui, oui, monsieur, très bien.
MÉNÉNIUS. – « Et bien qu'en même temps
Vous ne puissiez tous voir ce qu'à chacun je donne,
Je peux montrer mes comptes et prouver que vous tous,
Vous recevez de moi toute la fine fleur,
Et me laissez le son. » Qu'avez-vous à en dire ?
[1er] CITOYEN. – Que c'était une réponse. Comment l'appliquez-vous ?
MÉNÉNIUS. – Ce bon ventre, ce sont les sénateurs de Rome,
Et les membres rebelles, c'est vous. Car, examinez
Leurs délibérations, leurs soins, comprenez bien
Les choses qui touchent au bien commun, et vous verrez
Que vous ne recevez aucun bienfait public
Qui ne procède d'eux, ou ne vous vienne d'eux,
Nullement de vous-mêmes. Qu'en pensez-vous donc, vous,
Le gros orteil[3] de ce rassemblement ?
[1er] CITOYEN. – Moi, le gros orteil ? Pourquoi le gros orteil ?
MÉNÉNIUS. – C'est qu'étant des plus bas, des plus vils, des plus gueux
De cette très sage rébellion, tu te mets en avant.
Roquet, le moins vaillant pour courir à la chasse[4],
Qui ne vas le premier que pour quelque profit.

résidaient les forces. 3. Ménénius est ironique, tout en continuant à utiliser le corps humain comme métaphore du corps politique. 4. *rascal.* Désignait non seulement un cerf jeune ou faible, mais aussi un chien peureux, et par extension un poltron ; *worst in blood to run* est ambigu et pourrait signifier « le plus ardent à se sauver », aussi bien que « le plus mauvais à la poursuite ».

But make you ready your stiff bats and clubs.
Rome and her rats are at the point of battle.
The one side must have bale.

Enter Martius

Hail, noble Martius!

MARTIUS. – Thanks. – What's the matter, you dissentious rogues,
That, rubbing the poor itch of your opinion,
Make yourselves scabs?

[1] CITIZEN. – We have ever your good word.

MARTIUS. – He that will give good words to thee will flatter
Beneath abhorring. What would you have, you curs
That like nor peace nor war? The one affrights you,
The other makes you proud. He that trusts to you,
Where he should find you lions finds you hares,
Where foxes, geese. You are no surer, no,
Than is the coal of fire upon the ice,
Or hailstone in the sun. Your virtue is
To make him worthy whose offence subdues him,
And curse that justice did it. Who deserves greatness
Deserves your hate, and your affections are
A sick man's appetite, who desires most that
Which would increase his evil. He that depends
Upon your favours swims with fins of lead,
And hews down oaks with rushes. Hang ye! Trust ye?
With every minute you do change a mind,
And call him noble that was now your hate,
Him vile that was your garland. What's the matter,
That in these several places of the city
You cry against the noble senate, who,
Under the gods, keep you in awe, which else
Would feed on one another?

(*To Menenius*) What's their seeking?

MENENIUS. – For corn at their own rates, whereof they say
The city is well stored.

MARTIUS. – Hang 'em! They say?
They'll sit by th' fire and presume to know
What's done i'th' Capitol, who's like to rise,
Who thrives and who declines; side factions and give out
Conjectural marriages, making parties strong
And feebling such as stand not in their liking
Below their cobbled shoes. They say there's grain enough!
Would the nobility lay aside their ruth
And let me use my sword, I'd make a quarry

166 vile] *F* (vilde).

1. Jeu sur deux sens de *scab* : gale (ou croûte sur une plaie), et canaille. **2.** Dans *The Great Frost* (voir Introduction, p. 930) on trouve la phrase « You shall ere you come to the midst of the river, spy some ready with pans of coals to warm your fingers » (Bullough,

Mais préparez vos gros bâtons et vos triques.
Rome et ses rats en sont au point de se combattre.
Un camp doit être mis à mal.
Entre Martius
Salut, noble Martius !
MARTIUS. – Merci. – Que se passe-t-il, racaille séditieuse,
Qui à gratter les opinions qui vous démangent
Devenez galeux[1] ?
[1er] CITOYEN. – Pour nous, toujours vos mots aimables.
MARTIUS. – Celui qui t'en dirait ne serait qu'un flatteur
Indigne d'être haï. Que réclamez-vous donc, chiens,
Qui ne voulez ni paix ni guerre ? L'une vous effraie,
L'autre vous rend trop fiers. Celui qui compte sur vous
Là où il faut des lions n'a en vous que des lièvres,
Des oies, et non des renards. Vous n'êtes pas plus sûrs, non,
Que braise sur la glace[2], ou grêlon au soleil.
Votre vertu est de déclarer digne celui
Qui pour ses crimes est condamné, et de maudire
La justice qui le frappe. Qui mérite grandeur
Mérite votre haine, et vos désirs sont comme
Les envies du malade qui recherche avant tout
Ce qui accroît son mal. Qui compte sur vos faveurs
Nage avec des nageoires de plomb, et utilise
Des roseaux pour abattre des chênes. Pendards !
Vous faire confiance ? Sans cesse vous changez d'avis,
Quelqu'un naguère haï, vous le déclarez noble,
Vil votre ancien héros[3]. Quelle est donc la raison
Pour qu'en ces différents endroits de la cité
Vous vous plaigniez si haut du noble Sénat, qui,
Après les dieux, vous tient en respect, sans lequel
Vous vous dévoreriez entre vous[4] ?
(*A Ménénius*) Que veulent-ils ?
MÉNÉNIUS. – Du blé au prix fixé par eux, et dont, disent-ils,
La ville est bien pourvue.
MARTIUS. – Qu'ils aillent au diable ! Disent-ils ?
Assis devant leur feu, ils prétendent savoir
Ce qui se fait au Capitole, qui peut s'élever, qui tombe,
Qui prospère ; ils appuient des factions, et révèlent
Des mariages supposés, renforçant les partis,
Mettant qui leur déplaît plus bas que leurs souliers
Rapetassés. Ils disent qu'il y a assez de grain !
Si les nobles mettaient leur pitié de côté
Et me laissaient prendre l'épée, je taillerais en pièces

vol. 5, p. 562). **3.** *garland.* Onions donne pour cet emploi le sens de « ornement ou titre de gloire principal ». **4.** On trouve les mots « Would feed on one another » dans un passage de *Sir Thomas More* attribué à Sh (Addition II.D), où il s'agit aussi de calmer une révolte populaire, et où More prédit aux fauteurs de troubles qu'ils finiront par s'entre-dévorer.

With thousands of these quartered slaves as high
As I could pitch my lance.
MENENIUS. – Nay, these are all most thoroughly persuaded,
For though abundantly they lack discretion,
Yet are they passing cowardly. But I beseech you,
What says the other troop?
MARTIUS. – They are dissolved. Hang 'em.
They said they were an-hungry, sighed forth proverbs –
That hunger broke stone walls, that dogs must eat,
That meat was made for mouths, that the gods sent not
Corn for the rich men only. With these shreds
They vented their complainings, which being answered,
And a petition granted them – a strange one,
To break the heart of generosity
And make bold power look pale – they threw their caps
As they would hang them on the horns o'th' moon,
Shouting their emulation.
MENENIUS. – What is granted them?
MARTIUS. – Five tribunes to defend their vulgar wisdoms,
Of their own choice. One's Junius Brutus,
Sicinius Velutus, and I know not. 'Sdeath,
The rabble should have first unroofed the city
Ere so prevailed with me! It will in time
Win upon power and throw forth greater themes
For insurrection's arguing.
MENENIUS. – This is strange.
MARTIUS (*to the Citizens*). – Go get you home, you fragments.

Enter a Messenger hastily

MESSENGER. – Where's Caius Martius?
MARTIUS. – Here. What's the matter?
MESSENGER. – The news is, sir, the Volsces are in arms.
MARTIUS. – I am glad on't. Then we shall ha' means to vent
Our musty superfluity.

Enter Sicinius, Brutus, Cominius, Lartius, with other Senators

See, our best elders.
1 SENATOR. – Martius, 'tis true that you have lately told us.
The Volsces are in arms.
MARTIUS. – They have a leader,
Tullus Aufidius, that will put you to't.
I sin in envying his nobility,

---

182 pitch] *F* (picke). **183** all most] *Singer (1856)*; almost *F*. **196** Shouting] *F* (Shooting). **200** unroofed] *Theobald (1733)*; unroo'st *F*.

---

1. Lucius Junius, surnommé Brutus, avait lancé l'insurrection contre Tarquin le Superbe, le dernier roi de Rome, proclamé la république, et distribué au peuple le domaine royal. **2.** Sicinius Bellutus (Velutus, selon North*) était un plébéien. Plutarque* précise que Brutus et lui furent les deux premiers tribuns élus, et qu'ils avaient été les instigateurs de la sédition qui avait conduit le peuple à se retirer sur le Mont Sacré. **3.** *Win upon.*

Ces esclaves par milliers, j'en ferais un charnier aussi haut
Que je pourrais lancer ma pique.
MÉNÉNIUS. – Oh ! ceux-ci sont tous complètement apaisés,
Car bien qu'abondamment la sagesse leur manque,
Ce sont de grands poltrons ! Mais que dit, je vous prie,
L'autre bande ?
MARTIUS. – Ils se sont dispersés. Les pendards !
Ils disaient avoir faim, soupiraient des proverbes —
La faim abat les murs, les chiens doivent manger,
La nourriture est pour la bouche, les dieux n'ont pas donné
Le blé seulement aux riches. Avec ces vieux dictons
Ils ont dit leurs griefs, et, obtenant réponse,
Et l'octroi d'une requête — une étrange requête,
A briser un cœur noble, et à faire pâlir
Un pouvoir assuré — ils ont lancé en l'air leurs bonnets
Comme s'ils voulaient les pendre aux cornes de la lune,
Criant à qui mieux mieux.
MÉNÉNIUS. – Que leur accorde-t-on ?
MARTIUS. – Cinq tribuns pour défendre leur vulgaire sagesse,
Et désignés par eux. Junius Brutus[1] en est,
Sicinius Velutus[2], et je ne sais qui. Morbleu !
Cette tourbe aurait fait choir tous les toits de la ville
Avant que moi je cède ainsi ! Avec le temps
Ils vont gagner sur le pouvoir[3], et vont lancer
De plus grands arguments afin de justifier
L'insurrection.
MÉNÉNIUS. – C'est étrange.
MARTIUS (*aux Citoyens*). – Allez, rentrez chez vous, rogatons[4].

Entre, en hâte, un Messager

LE MESSAGER. – Où est Caius Martius ?
MARTIUS. – Ici. Qu'y a-t-il ?
LE MESSAGER. – Des nouvelles, monsieur, les Volsques sont en armes.
MARTIUS. – Tant mieux ! Nous aurons là le moyen d'écouler
Notre excédent de pourriture[5].

Entrent Sicinius, Brutus, Cominius et Lartius, avec d'autres Sénateurs

Voyez, la fleur de nos anciens[6].
1er SÉNATEUR. – Martius, ce que vous nous disiez naguère est vrai,
Les Volsques sont en armes.
MARTIUS. – Et ils ont à leur tête
Tullus Aufidius, qui va vous en faire voir.
Je commets le péché d'envier sa noblesse,

Soit « l'emporter sur », soit « profiter de l'avantage obtenu (sur les gens au pouvoir) pour en obtenir d'autres ». 4. *fragments.* Ce terme de mépris, désignant un être insignifiant, gardait aussi son sens premier de relief d'un repas (voir *Troïlus et Cresside,* V,1,8-9). Son emploi rappelle donc le thème de la nourriture. 5. L'image, d'origine médicale (la saignée débarrasse le corps des mauvaises humeurs), est suggérée par Plutarque* (voir Bullough, vol. 5, p. 516). Mais elle évoque aussi la vente de grain pourri. 6. Si cette phrase ne concerne pas les sénateurs, mais les tribuns, qui semblent entrer en scène les premiers, elle est ironique.

And were I anything but what I am,
I would wish me only he.
COMINIUS. – You have fought together!
MARTIUS. – Were half to half the world by th'ears and he
Upon my party, I'd revolt to make
Only my wars with him. He is a lion
That I am proud to hunt.
1 SENATOR. – Then, worthy Martius,
Attend upon Cominius to these wars.
COMINIUS (*to Martius*). – It is your former promise.
MARTIUS. – Sir, it is,
And I am constant. Titus Lartius, thou
Shalt see me once more strike at Tullus' face.
What, art thou stiff? Stand'st out?
LARTIUS. – No, Caius Martius.
I'll lean upon one crutch and fight with th'other
Ere stay behind this business.
MENENIUS. – O true bred!
[1] SENATOR. – Your company to th' Capitol, where I know
Our greatest friends attend us.
LARTIUS (*to Cominius*). – Lead you on.
(*To Martius*) Follow Cominius. We must follow you,
Right worthy your priority.
COMINIUS. – Noble Martius.
[1] SENATOR (*to the Citizens*). – Hence to your homes, be gone.
MARTIUS. – Nay, let them follow.
The Volsces have much corn. Take these rats thither
To gnaw their garners. *Citizens steal away*
Worshipful mutineers,
Your valour puts well forth. (*To the Senators*) Pray follow.
Exeunt all but Sicinius and Brutus
SICINIUS. – Was ever man so proud as is this Martius?
BRUTUS. – He has no equal.
SICINIUS. – When we were chosen tribunes for the people –
BRUTUS. – Marked you his lip and eyes?
SICINIUS. – Nay, but his taunts.
BRUTUS. – Being moved, he will not spare to gird the gods.
SICINIUS. – Bemock the modest moon.
BRUTUS. – The present wars devour him. He is grown
Too proud to be so valiant.
SICINIUS. – Such a nature,

217-218 *vers] prose F.* **223** Lartius] *Rowe (1709)*; *Lucius F.* **229-231** *vers] prose F.* **231** your] *F4*; you *F.* **243-247** *vers] prose F.*

1. Cominius ne comprend pas l'attitude de Martius, qui paraît attacher plus de prix à la vaillance d'un adversaire qu'à la défense de la patrie. Sa remarque, qui signifie « Et pourtant vous vous êtes combattus ! », traduit sa surprise. La crainte d'une insoumission, sinon d'une trahison, apparaîtra dans sa prochaine réplique, « Vous me l'aviez promis ». **2.** La comparaison avec un lion est banale, mais les allusions ultérieures au

Et si j'étais un autre que celui que je suis,
Je voudrais être lui.

COMINIUS. – Vous vous êtes combattus[1] !

MARTIUS. – Si la moitié du monde prenait l'autre aux cheveux,
Et s'il était de mon côté, je changerais de camp,
Pour ne me battre qu'avec lui. C'est un vrai lion[2],
Que je suis fier de pourchasser.

1er SÉNATEUR. – Brave Martius,
Alors accompagnez Cominius dans cette guerre.

COMINIUS (*à Martius*). – Vous me l'aviez promis.

MARTIUS. – Je l'ai promis, monsieur,
Et je m'y tiens. Titus Lartius, tu me verras
Frapper encore la face de Tullus. Tu ne bouges pas ?
Eh quoi ? Tu n'en es pas ?

LARTIUS. – Mais si, Caius Martius.
Plutôt combattre d'une béquille en m'appuyant sur l'autre
Que n'être pas de cette affaire[3].

MÉNÉNIUS. – Ô, noble sang !

[1er] SÉNATEUR. – Venez au Capitole avec nous, où, je le sais,
Nous attendent nos meilleurs amis.

LARTIUS (*à Cominius*). – Prenez la tête[4].
(*A Martius*) Suivez donc Cominius. Nous, nous devons vous suivre,
C'est une priorité qui vous revient.

COMINIUS. – Noble Martius.

[1er] SÉNATEUR (*aux Citoyens*). – Rentrez chez vous, allez !

MARTIUS. – Non, laissez-les donc suivre.
Les Volsques ont beaucoup de blé. Emmenez ces rats
Leur ronger leurs greniers. *Les Citoyens s'esquivent*
Honorables mutins,
Votre valeur promet beaucoup. (*Aux Sénateurs*) Suivez, de grâce.

Tous sortent, sauf Sicinius et Brutus

SICINIUS. – A-t-on jamais vu un homme aussi orgueilleux que ce Martius ?

BRUTUS. – Il n'a pas d'égal[5].

SICINIUS. – Quand on nous a choisis comme tribuns du peuple, —

BRUTUS. – Avez-vous remarqué sa moue et ses regards ?

SICINIUS. – C'était là peu de chose à côté des sarcasmes.

BRUTUS. – Quand il est en colère, il ose railler les dieux.

SICINIUS. – Et couvrir de brocards la chaste lune.

BRUTUS. – Cette nouvelle guerre le dévore[6]. Sa vaillance
Le rend trop orgueilleux.

SICINIUS. – Un pareil caractère,

---

mythe d'Hercule permettent de penser que c'est le lion de Némée qui est évoqué ici. 3. Plutarque* se borne à indiquer que Lartius était l'un des Romains les plus vaillants (Bullough, vol. 5, p. 511). C'est Sh qui lui attribue l'importance qu'il prendra par la suite. 4. Cominius, non seulement placé à la tête des troupes mais consul, avait normalement la préséance sur Lartius et Martius. 5. La phrase peut signifier « il n'a pas son égal pour ce qui est de l'orgueil », ou « il ne reconnaît personne comme son égal ». 6. Cette phrase est souvent comprise comme l'expression d'un souhait : « Que cette guerre le dévore ! »

Tickled with good success, disdains the shadow
Which he treads on at noon. But I do wonder
His insolence can brook to be commanded
Under Cominius.

BRUTUS. – Fame, at the which he aims –
In whom already he's well graced – cannot
Better be held nor more attained than by
A place below the first; for what miscarries
Shall be the general's fault, though he perform
To th'utmost of a man, and giddy censure
Will then cry out of Martius "O, if he
Had borne the business!"

SICINIUS. – Besides, if things go well,
Opinion, that so sticks on Martius, shall
Of his demerits rob Cominius.

BRUTUS. – Come,
Half all Cominius' honours are to Martius,
Though Martius earned them not; and all his faults
To Martius shall be honours, though indeed
In aught he merit not.

SICINIUS. – Let's hence and hear
How the dispatch is made, and in what fashion,
More than his singularity, he goes
Upon this present action.

BRUTUS. – Let's along. *Exeunt*

I, 2 *Enter Aufidius, with Senators of Corioles*

I SENATOR. – So, your opinion is, Aufidius,
That they of Rome are entered in our counsels
And know how we proceed.

AUFIDIUS. – Is it not yours?
What ever have been thought on in this state
That could be brought to bodily act ere Rome
Had circumvention? 'Tis not four days gone
Since I heard thence. These are the words. I think
I have the letter here – yes, here it is.

[*He reads the letter*]

"They have pressed a power, but it is not known
Whether for east or west. The dearth is great,
The people mutinous, and it is rumoured
Cominius, Martius your old enemy,
Who is of Rome worse hated than of you,
And Titus Lartius, a most valiant Roman,
These three lead on this preparation

---

4 on] *F* (one).

---

1. Nous suivons l'interprétation la plus fréquente. Selon Onions, cependant, *be*

Chatouillé du succès, méprise jusqu'à l'ombre
Qu'il écrase à midi. Mais je m'étonne beaucoup
De voir son arrogance accepter d'être aux ordres
De Cominius[1].

BRUTUS. – La renommée, qui est son but,
Et dont il est déjà comblé, ne peut pas mieux
Être gardée ou augmentée que s'il se place
Au-dessous du premier ; car pour tous les revers
On s'en prendra au général, aurait-il fait
Tout ce que peut un homme, et le jugement changeant
Va s'écrier alors « Ah ! si seulement Martius
Avait mené l'affaire ! »

SICINIUS. – Si tout va bien, d'ailleurs,
L'opinion, attachée comme elle l'est à Martius,
Va priver Cominius du mérite.

BRUTUS. – Allons, la moitié
Des honneurs dus à Cominius s'en iront à Martius,
Même s'il ne les a pas gagnés ; et toutes ses fautes
Seront autant d'honneurs pour Martius, quand bien même
Il n'aurait nul mérite.

SICINIUS. – Partons, allons apprendre
Comment cela se règle, et de quelle façon
Outre sa singularité, il se prépare
A cette action qui se présente.

BRUTUS. – Oui, allons-y. *Ils sortent*

Entre Aufidius, avec des Sénateurs de Corioles[2] **I, 2**

1er SÉNATEUR. – Par conséquent votre opinion est, Aufidius,
Que ceux de Rome ont pénétré nos buts secrets
Et connaissent nos plans.

AUFIDIUS. – N'est-ce donc pas la vôtre ?
Y a-t-il jamais eu projet dans notre État
Qui ait pu prendre corps avant que Rome ait su
Comment le déjouer ? Il n'y a pas quatre jours
J'en ai eu des nouvelles. Voici les propres termes.
Je crois avoir sur moi la lettre — oui, la voici.
[Il lit la lettre]
« Ils ont levé des forces, mais sont-elles pour l'est
Ou l'ouest, on l'ignore. La disette sévit,
Le peuple est en révolte, et selon la rumeur
Cominius, et Martius, votre vieil ennemi
Qui est haï de Rome plus qu'il ne l'est de vous,
Avec Titus Lartius, un Romain très vaillant,
Sont les trois qui conduisent ces troupes sous les armes

---

commanded signifie ici « be entrusted with a command ». L'expression voudrait donc dire : qu'il accepte un commandement qui le place sous les ordres de Cominius. **2.** Lieu : Corioles. La capitale des Volsques était Antium, mais ils constituaient en fait une sorte de confédération de petits États. Corioles avait donc un Sénat.

Whither 'tis bent. Most likely 'tis for you.
Consider of it."

1 SENATOR. – Our army's in the field.
We never yet made doubt but Rome was ready
To answer us.

AUFIDIUS. – Nor did you think it folly
To keep your great pretences veiled till when
They needs must show themselves, which in the hatching,
It seemed, appeared to Rome. By the discovery
We shall be shortened in our aim, which was
To take in many towns ere, almost, Rome
Should know we were afoot.

2 SENATOR. – Noble Aufidius,
Take your commission, hie you to your bands.
Let us alone to guard Corioles.
If they set down before's, for the remove
Bring up your army, but I think you'll find
They've not prepared for us.

AUFIDIUS. – O, doubt not that.
I speak from certainties. Nay, more,
Some parcels of their power are forth already,
And only hitherward. I leave your honours.
If we and Caius Martius chance to meet,
'Tis sworn between us we shall ever strike
Till one can do no more.

ALL THE SENATORS. – The gods assist you!

AUFIDIUS. – And keep your honours safe.

1 SENATOR. – Farewell.

2 SENATOR. – Farewell.

ALL. – Farewell.

Exeunt, [Aufidius at one door, Senators at another door]

I, 3 *Enter Volumnia and Virgilia, mother and wife to Martius. They set them down on two low stools and sew*

VOLUMNIA. – I pray you, daughter, sing, or express yourself in a more comfortable sort. If my son were my husband, I should freelier rejoice in that absence wherein he won honour than in the embracements of his bed where he would show most love. When yet he was but tender-bodied and the only son of my womb, when youth with comeliness plucked all gaze his way, when for a day of kings' entreaties a mother should not sell him an hour from her beholding, I, considering how honour would become such a person – that it was no better than, picture-like, to hang by th' wall if renown made it not stir – was pleased to let him seek danger where he was like to find fame. To a cruel war I sent him, from whence he returned his brows bound with oak. I tell thee, daughter, I sprang not

16 Whither] *F* (Whether). 36 THE SENATORS] *Oxford*; *pas dans F.*

Là où l'on veut qu'elles aillent. Selon toute vraisemblance
Contre vous. Songez-y. »

1er SÉNATEUR. – Nos troupes sont en campagne.
Nous avons toujours cru que Rome serait prête
A répondre.

AUFIDIUS. – Et jamais vous n'avez jugé sot
D'essayer de tenir voilés vos grands desseins
Jusqu'à ce qu'ils se révèlent eux-mêmes, alors que Rome,
A ce qu'il semble, les découvrait à peine éclos.
Nous ne pourrons ainsi atteindre notre but,
Prendre de nombreuses villes avant, ou presque avant,
Que Rome nous sache sur pied.

2e SÉNATEUR. – Noble Aufidius,
Prenez votre commandement. Hâtez-vous vers vos troupes.
Et laissez à nous seuls la garde de Corioles.
S'ils viennent nous assiéger, amenez votre armée
Pour les faire lever, mais vous verrez, je pense,
Que leurs préparatifs n'étaient pas contre nous.

AUFIDIUS. – Ah ! ne le croyez pas ! Je suis sûr de mon fait.
Et qui plus est, des éléments de leur armée
Ont déjà pris la route, et uniquement vers nous.
Je prends congé de vous, messeigneurs. Si le sort
Fait que Caius Martius et moi nous rencontrons,
Nous nous sommes juré de n'arrêter nos coups
Que lorsque l'un n'en pourrait plus.

TOUS LES SÉNATEURS. – Les dieux vous aident !

AUFIDIUS. – Et qu'ils vous gardent, messeigneurs !

1er SÉNATEUR. – Adieu.

2e SÉNATEUR. – Adieu.

TOUS. – Adieu.

Ils sortent, [Aufidius par une porte, les Sénateurs par une autre]

Entrent Volumnia et Virgilia, mère et femme de Martius. Elles s'assoient sur des tabourets bas et se mettent à coudre[1] I, 3

VOLUMNIA. – Je vous en prie, ma fille, chantez, ou tenez des propos plus gais. Si mon fils était mon mari, je me réjouirais plus volontiers d'une absence où il gagnerait de l'honneur que des étreintes de son lit où il montrerait le plus d'amour. Au temps où son corps était tendre, et où il était le seul fils issu de mon sein, quand sa jeunesse et sa grâce attiraient sur lui tous les regards et que malgré une journée de suppliques royales une mère n'aurait pas cédé une heure du plaisir de le regarder, moi, considérant combien l'honneur siérait à un être si beau — mais que celui-ci ne valait pas plus qu'un portrait accroché au mur si l'amour de la renommée ne l'animait pas —, j'ai voulu qu'il cherche le danger là où il pouvait trouver la gloire. Je l'envoyai à une guerre cruelle, dont il revint le front couronné de chêne. Je te le dis, ma fille, mon cœur n'a pas plus

1. Lieu : Rome, dans la maison de Martius. Selon Plutarque*, Martius avait continué à vivre chez sa mère après son mariage.

more in joy at first hearing he was a man-child than now in first seeing he had proved himself a man.

VIRGILIA. – But had he died in the business, madam, how then ?

VOLUMNIA. – Then his good report should have been my son. I therein would have found issue. Hear me profess sincerely : had I a dozen sons, each in my love alike, and none less dear than thine and my good Martius', I had rather had eleven die nobly for their country than one voluptuously surfeit out of action.

Enter a Gentlewoman

GENTLEWOMAN. – Madam, the Lady Valeria is come to visit you.

VIRGILIA (*to Volumnia*). – Beseech you give me leave to retire myself.

VOLUMNIA. – Indeed you shall not.
Methinks I hear hither your husband's drum,
See him pluck Aufidius down by th' hair ;
As children from a bear, the Volsces shunning him.
Methinks I see him stamp thus, and call thus :
"Come on, you cowards, you were got in fear
Though you were born in Rome !" His bloody brow
With his mailed hand then wiping, forth he goes,
Like to a harvest-man that's tasked to mow
Or all or lose his hire.

VIRGILIA. – His bloody brow ? O Jupiter, no blood !

VOLUMNIA. – Away, you fool ! It more becomes a man
Than gilt his trophy. The breasts of Hecuba
When she did suckle Hector looked not lovelier
Than Hector's forehead when it spit forth blood
At Grecian sword, contemning.
(*To the Gentlewoman*) Tell Valeria
We are fit to bid her welcome. *Exit Gentlewoman*

VIRGILIA. – Heavens bless my lord from fell Aufidius !

VOLUMNIA. – He'll beat Aufidius' head below his knee
And tread upon his neck.

Enter Valeria, with an usher and the Gentlewoman

VALERIA. – My ladies both, good day to you.

VOLUMNIA. – Sweet madam.

VIRGILIA. – I am glad to see your ladyship.

VALERIA. – How do you both ? You are manifest housekeepers. What are you sewing here ? A fine spot, in good faith. How does your little son ?

VIRGILIA. – I thank your ladyship ; well, good madam.

VOLUMNIA. – He had rather see the swords and hear a drum than look upon his schoolmaster.

VALERIA. – O' my word, the father's son ! I'll swear 'tis a very pretty boy. O' my troth, I looked upon him o' Wednesday half an hour together.

---

30 that's] *F2* ; that *F.* **37** sword, contemning. Tell] *Leo (1864)* ; sword. *Contenning*, tell *F.*

---

1. *man-child.* Devrait normalement se traduire par « garçon », mais évoque en fait le contraire du *boy of tears* dont se moquera Aufidius (V,6,103). 2. Beaucoup d'éditions

bondi de joie quand on m'a dit que c'était un enfant mâle[1] que la première fois que je l'ai vu se comporter en homme.

VIRGILIA. – Mais s'il y était mort, madame ?

VOLUMNIA. – Alors sa renommée eût été mon fils. En elle j'aurais trouvé ma descendance. Écoute-moi, je le déclare sincèrement : si j'avais douze fils, tous égaux dans mon amour, et aucun d'eux moins cher que celui de mon bon Martius et de toi-même[2], j'aimerais mieux en voir onze mourir noblement pour leur patrie, qu'un seul se repaître voluptueusement dans l'inaction.

Entre une Dame d'honneur

LA DAME D'HONNEUR. – Madame, la noble dame Valéria vient vous rendre visite.

VIRGILIA (*à Volumnia*). – Je vous en prie, permettez-moi de me retirer.

VOLUMNIA. – Vous n'en ferez rien.
Je crois entendre jusqu'ici le tambour de votre mari,
Le voir prendre aux cheveux et jeter bas Aufidius ;
Les Volsques s'enfuyant, comme des enfants devant un ours.
Je crois le voir frapper du pied, et s'écrier :
« Avancez donc, poltrons, engendrés dans la peur,
Et pourtant nés à Rome ! » Le front couvert de sang,
Qu'il essuie de sa main gantée de fer, il va,
Toujours devant, ainsi qu'un moissonneur qui doit
Ou tout faucher ou perdre son salaire.

VIRGILIA. – Son front couvert de sang ? Ô Jupiter, pas de sang !

VOLUMNIA. – Taisez-vous, sotte ! Le sang sied davantage à l'homme
Que l'or à son trophée. Les mamelles d'Hécube
Quand elle nourrit Hector ne furent pas plus belles
Que ne le fut le front d'Hector, crachant son sang
Sur l'épée grecque avec mépris.
(*A la Dame d'honneur*) Dites à Valéria
Que nous sommes prêtes à l'accueillir. *La Dame d'honneur sort*

VIRGILIA. – Le ciel protège mon seigneur du cruel Aufidius !

VOLUMNIA. – Ses coups feront tomber la tête d'Aufidius
Plus bas que son genou, son pied lui écrasera la nuque.

Entre Valéria, suivie d'un huissier et de la Dame d'honneur

VALÉRIA. – Bonjour à toutes deux, mesdames.

VOLUMNIA. – Chère madame.

VIRGILIA. – Je suis heureuse de vous voir, madame.

VALÉRIA. – Comment allez-vous toutes deux ? Vous êtes manifestement des femmes d'intérieur. Que cousez-vous donc là ? Belle broderie, ma foi ! Et comment va votre petit garçon ?

VIRGILIA. – Je vous remercie de votre bonté. Il va très bien, chère madame.

VOLUMNIA. – Il aime mieux voir des épées et entendre le tambour que regarder son maître d'école.

VALÉRIA. – Ma parole, c'est bien le fils de son père ! Un vrai gaillard, j'en jurerais. Sur ma foi, je l'ai regardé mercredi pendant toute une demi-heure.

---

n'indiquent pas de marque du cas possessif après *Martius*, ce qui donne le sens : « que le tien et que mon brave Martius ».

He's such a confirmed countenance ! I saw him run after a gilded butterfly, and when he caught it he let it go again, and after it again, and over and over he comes, and up again, catched it again. Or whether his fall enraged him, or how 'twas, he did so set his teeth and tear it ! O, I warrant, how he mammocked it !

VOLUMNIA. – One on's father's moods.

VALERIA. – Indeed, la, 'tis a noble child.

VIRGILIA. – A crack, madam.

VALERIA. – Come, lay aside your stitchery. I must have you play the idle housewife with me this afternoon.

VIRGILIA. – No, good madam, I will not out of doors.

VALERIA. – Not out of doors ?

VOLUMNIA. – She shall, she shall.

VIRGILIA. – Indeed, no, by your patience. I'll not over the threshold till my lord return from the wars.

VALERIA. – Fie, you confine yourself most unreasonably. Come, you must go visit the good lady that lies in.

VIRGILIA. – I will wish her speedy strength, and visit her with my prayers, but I cannot go thither.

VOLUMNIA. – Why, I pray you ?

VIRGILIA. – 'Tis not to save labour, nor that I want love.

VALERIA. – You would be another Penelope. Yet they say all the yarn she spun in Ulysses' absence did but fill Ithaca full of moths. Come, I would your cambric were sensible as your finger, that you might leave pricking it for pity. Come, you shall go with us.

VIRGILIA. – No, good madam, pardon me, indeed I will not forth.

VALERIA. – In truth, la, go with me, and I'll tell you excellent news of your husband.

VIRGILIA. – O, good madam, there can be none yet.

VALERIA. – Verily, I do not jest with you : there came news from him last night.

VIRGILIA. – Indeed, madam ?

VALERIA. – In earnest, it's true. I heard a senator speak it. Thus it is : the Volsces have an army forth, against whom Cominius the general is gone with one part of our Roman power. Your lord and Titus Lartius are set down before their city Corioles. They nothing doubt prevailing, and to make it brief wars. This is true, on mine honour ; and so, I pray, go with us.

VIRGILIA. – Give me excuse, good madam, I will obey you in everything hereafter.

VOLUMNIA (*to Valeria*). – Let her alone, lady. As she is now she will but disease our better mirth.

VALERIA. – In truth, I think she would. Fare you well, then. Come, good sweet lady. Prithee, Virgilia, turn thy solemness out o'door and go along with us.

---

52 He's] *F* (ha's). **72** VIRGILIA] *F3* ; *Vlug. F.* **74** Ithaca] *F3* ; *Athica F.* **92-98** *prose*] *vers F.*

Il a l'air si volontaire ! Je l'ai vu courir après un papillon doré, il l'attrapait, il le lâchait, il se remettait à courir après lui, et le voilà qui tombe la tête la première et qui roule par terre, qui se relève, et qui l'attrape à nouveau ! Que ce soit sa chute ou autre chose qui l'ait rendu furieux, il a si bien serré les dents, et il l'a si bien déchiqueté ! Ah ! je vous assure, comme il l'a mis en miettes !

VOLUMNIA. – Une des fureurs de son père.

VALÉRIA. – Ah ! vraiment, c'est un noble enfant.

VIRGILIA. – Un petit garnement, madame.

VALÉRIA. – Allons, laissez cet ouvrage. Je veux vous voir jouer la maîtresse de maison paresseuse cet après-midi avec moi.

VIRGILIA. – Non, chère madame, je ne veux pas sortir.

VALÉRIA. – Ne pas sortir ?

VOLUMNIA. – Mais si, mais si.

VIRGILIA. – Non, vraiment, si vous le permettez. Je ne franchirai pas le seuil de la maison avant que mon seigneur ne soit rentré de la guerre.

VALÉRIA. – Vous devriez avoir honte ! Vous vous claquemurez d'une façon tout à fait déraisonnable. Allons, allons, il faut que vous rendiez visite à la bonne dame qui est en couches.

VIRGILIA. – Je lui souhaite un prompt rétablissement, et je lui rendrai visite dans mes prières, mais je ne peux pas y aller.

VOLUMNIA. – Et pourquoi, je vous prie ?

VIRGILIA. – Ce n'est pas pour épargner ma peine, ni que je manque d'affection.

VALÉRIA. – Vous voulez être une nouvelle Pénélope. Pourtant, à ce qu'on dit, toute la laine qu'elle a filée pendant l'absence d'Ulysse n'a fait que remplir Ithaque de nuées de mites. Ah ! je voudrais que votre ouvrage de batiste soit aussi sensible que votre doigt, par compassion vous cesseriez de le piquer. Allons, vous allez nous accompagner.

VIRGILIA. – Non, chère madame, pardonnez-moi, mais vraiment je ne veux pas sortir.

VALÉRIA. – Tenez, je vous le promets, venez avec moi et je vous donnerai d'excellentes nouvelles de votre mari.

VIRGILIA. – Oh ! chère madame, il ne peut pas encore y en avoir !

VALÉRIA. – Croyez-moi, je ne plaisante pas. Des nouvelles de lui sont arrivées hier soir.

VIRGILIA. – Vraiment, madame ?

VALÉRIA. – Très sérieusement, c'est vrai. J'ai entendu un sénateur les rapporter. Les voici : les Volsques ont une armée en campagne, contre laquelle le général Cominius marche avec une partie de nos forces romaines. Votre seigneur et Titus Lartius ont mis le siège devant leur cité de Corioles. Ils ne doutent pas de l'emporter, et de terminer promptement la guerre. C'est la vérité, sur mon honneur ; aussi, je vous en prie, venez avec nous.

VIRGILIA. – Excusez-moi, chère madame, plus tard je vous obéirai en tout.

VOLUMNIA (*à Valéria*). – Laissez-la donc, madame. Comme elle est là, elle ne fera que gâcher notre plaisir.

VALÉRIA. – Au vrai, je crois que oui. Adieu, donc. Venez, ma bonne amie. Virgilia, chasse cette componction et viens avec nous.

VIRGILIA. – No, at a word, madam. Indeed, I must not. I wish you much mirth.
VALERIA. – Well then, farewell.
Exeunt [Valeria, Volumnia, and usher at one door, Virgilia and Gentlewoman at another door]

I, 4 *Enter Martius, Lartius with a drummer, [a trumpeter,] and colours, with captains and Soldiers [carrying scaling ladders], as before the city Corioles; to them a Messenger*

MARTIUS. – Yonder comes news. A wager they have met.
LARTIUS. – My horse to yours, no.
MARTIUS. – 'Tis done.
LARTIUS. – Agreed.
MARTIUS (*to the Messenger*). – Say, has our general met the enemy?
MESSENGER. – They lie in view, but have not spoke as yet.
LARTIUS. – So, the good horse is mine.
MARTIUS. – I'll buy him of you.
LARTIUS. – No, I'll nor sell nor give him. Lend you him I will,
For half a hundred years.
(*To the trumpeter*) Summon the town.
MARTIUS (*to the Messenger*). – How far off lie these armies?
MESSENGER. Within this mile and half.
MARTIUS. – Then shall we hear their 'larum, and they ours.
Now Mars, I prithee, make us quick in work,
That we with smoking swords may march from hence
To help our fielded friends.
(*To the trumpeter*) Come, blow thy blast.
They sound a parley. Enter two Senators, with others, on the walls of Corioles
(*To the Senators*) Tullus Aufidius, is he within your walls?
1 SENATOR. – No, nor a man that fears you less than he:
That's lesser than a little.
Drum afar off
[To the Volscians] Hark, our drums
Are bringing forth our youth. We'll break our walls
Rather than they shall pound us up. Our gates,
Which yet seem shut, we have but pinned with rushes.
They'll open of themselves.
Alarum far off
(*To the Romans*) Hark you, far off
There is Aufidius. List what work he makes
Amongst your cloven army. *[Exeunt Volscians from the walls]*
MARTIUS. – O, they are at it!

---

1. On attend « more » au lieu de *less*. La phrase signifie : non, et il n'y a personne ici qui vous craigne plus qu'il ne le fait, c.-à-d., pas du tout ou fort peu. 2. *break*. Peut

VIRGILIA. – En un mot, non, madame. En vérité, je ne peux pas. Je vous souhaite beaucoup de plaisir.

VALÉRIA. – Eh bien, alors, adieu.

Elles sortent, [Valéria, Volumnia et l'huissier par une porte, Virgilia et la Dame d'honneur par une autre]

Entrent Martius, Lartius accompagné d'un tambour, [d'un trompette] et d'enseignes, avec des capitaines et des Soldats [portant des échelles d'escalade], comme devant la cité de Corioles ; un Messager va vers eux I, 4

MARTIUS. – Des nouvelles nous arrivent ! Parions qu'ils sont aux prises.

LARTIUS. – Non. Mon cheval contre le vôtre.

MARTIUS. – C'est dit.

LARTIUS. – Tenu.

MARTIUS (*au Messager*). – Dis, notre général a rencontré l'ennemi ?

LE MESSAGER. – Ils se voient, mais les armes n'ont pas encore parlé.

LARTIUS. – Ce bon cheval est donc à moi.

MARTIUS. – Je le rachète.

LARTIUS. – Non, je ne le rends ni ne le donne. Vous le prêter, j'accepte,
Pour un demi-siècle.
(*Au trompette*) Somme la ville de se rendre.

MARTIUS (*au Messager*). – A combien, ces armées ?

LE MESSAGER. – A moins d'un mille et demi.

MARTIUS. – Alors nous entendrons leur sonnerie aux armes, et eux la nôtre.
Eh bien, Mars, je t'en prie, rends-nous prompts à la tâche,
Que nous puissions sortir d'ici, l'épée fumante,
Pour aider nos amis dans la plaine.
(*Au trompette*) Allons, sonne !

Sonnerie pour parlementer. Entrent deux Sénateurs, avec d'autres personnes, sur les murs de Corioles

(*Aux Sénateurs*) Tullus Aufidius, est-ce qu'il est dans vos murs ?

1er SÉNATEUR. – Non, ni personne qui moins que lui ait peur de vous,
C'est-à-dire, moins que peu[1].

Tambours au loin

[*Aux Volsques*] Écoutez, nos tambours
Font s'avancer notre jeunesse. Nous briserons nos murs
Plutôt que de rester parqués[2]. Nos portes, qui ont l'air
D'être fermées, n'ont pour verrous que des roseaux,
Elles s'ouvriront d'elles-mêmes.

Sonnerie guerrière au loin

(*Aux Romains*) Écoutez donc, là-bas,
C'est là qu'est Aufidius. Entendez sa besogne,
Dans vos rangs pourfendus. [*Les Volsques quittent les murs et sortent*]

MARTIUS. – Ah ! ils sont aux prises.

---

aussi avoir le sens de « break out of » (faire une sortie) ; *pound* signifie enfermer comme dans un enclos pour le bétail.

LARTIUS. – Their noise be our instruction. Ladders, ho!

[They prepare to assault the walls.]
Enter the army of the Volsces from the gates

MARTIUS. – They fear us not, but issue forth their city.
Now put your shields before your hearts, and fight
With hearts more proof than shields. Advance, brave Titus.
They do disdain us much beyond our thoughts,
Which makes me sweat with wrath. Come on, my fellows.
He that retires, I'll take him for a Volsce,
And he shall feel mine edge.

Alarum. The Romans are beat back [and exeunt] to their trenches, [the Volsces following]

I, 5 *Enter [Roman Soldiers, in retreat, followed by] Martius, cursing*

MARTIUS. – All the contagion of the south light on you,
You shames of Rome! You herd of — boils and plagues
Plaster you o'er, that you may be abhorred
Farther than seen, and one infect another
Against the wind a mile! You souls of geese
That bear the shapes of men, how have you run
From slaves that apes would beat! Pluto and hell:
All hurt behind! Backs red, and faces pale
With flight and agued fear! Mend and charge home,
Or by the fires of heaven I'll leave the foe
And make my wars on you. Look to't. Come on.
If you'll stand fast, we'll beat them to their wives,
As they us to our trenches. Follow.

[The Romans come forward towards the walls.] Another alarum, and [enter the army of the Volsces.] Martius beats them back [through] the gates

So, now the gates are ope. Now prove good seconds.
'Tis for the followers fortune widens them,
Not for the fliers. Mark me, and do the like.

He enters the gates

1 SOLDIER. – Foolhardiness! Not I.
2 SOLDIER. – Nor I.

Alarum continues. The gates close, and Martius is shut in

1 SOLDIER. – See, they have shut him in.
[3 SOLDIER]. – To th' pot, I warrant him.

Enter Lartius

LARTIUS. – What is become of Martius?

---

2 boils] *F* (Byles). **13** trenches. Follow] *Collier (1853)*; Trenches followes *F*. **16.IS** gates] *F2*; *Gati F*. **18-19** THIRD SOLDIER / FOURTH SOLDIER] *Oxford*; *All.* / *All. F.*

LARTIUS. – Leur bruit nous dit notre devoir. Ho ! des échelles !

[Ils se préparent à monter à l'assaut des murs.]
Entre, sortant des portes de la ville, l'armée des Volsques

MARTIUS. – Ils n'ont pas peur de nous, mais sortent de leur ville.
Eh bien, mettez vos boucliers devant vos cœurs,
Et battez-vous d'un cœur plus dur qu'un bouclier.
Avancez, brave Titus. Ils nous méprisent bien plus
Que nous ne l'aurions cru, et j'en sue de colère.
En avant, mes amis ! Qui recule est pour moi
Un Volsque, et sentira le fil de mon épée.

Sonnerie guerrière. Les Romains sont repoussés [et sortent] vers leurs retranchements, [poursuivis par les Volsques]

Entrent [des Soldats romains, battant en retraite, suivis par] Martius les maudissant[1] **I, 5**

MARTIUS. – Que les pestes du Sud fondent toutes sur vous,
Honte de Rome ! Troupeau de –, les tumeurs et les pestes
Vous recouvrent d'emplâtres, pour que l'on vous abhorre
Avant qu'on vous ait vus[2], infectez-vous l'un l'autre
Contre le vent, à une lieue ! Ô âmes d'oies
Sous une forme humaine, vous avez fui des gueux
Que des singes battraient ! Par Pluton et l'enfer,
Tous atteints par derrière ! Dos rouges, et faces blêmes
De fuite et de terreur fébrile ! Rachetez-vous, chargez,
Ou, par les feux du ciel[3], je change d'ennemi
Pour m'attaquer à vous. Gare à vous ! En avant !
Tenez bon, nous allons les ramener à leurs femmes,
Comme ils nous ont poussés dans nos tranchées. Suivez !

[Les Romains s'avancent vers les murs.] Une autre sonnerie guerrière, et [entre l'armée des Volsques.] Martius la repousse [jusque derrière] les portes

Voyez, les portes sont ouvertes. Et maintenant, montrez-vous
Bons soutiens. La fortune les ouvre aux poursuivants,
Pas aux fuyards. Regardez-moi, et faites de même.

Il franchit les portes

1er SOLDAT. – Folle témérité ! Pas moi.
2e SOLDAT. – Ni moi.

La sonnerie guerrière continue. Les portes se referment, et Martius est enfermé derrière elles

1er SOLDAT. – Regardez, ils l'ont enfermé.
[3e SOLDAT]. – Sûr qu'il y passe.

Entre Lartius

LARTIUS. – Qu'est devenu Martius ?

---

1. Lieu : à nouveau sous les murs de Corioles. Beaucoup d'éditions ne distinguent pas cette scène de la précédente. **2.** C.-à-d. : qu'on ait senti votre odeur pestilentielle avant qu'on vous ait vus. **3.** *the fires of heaven.* Les étoiles.

[4 SOLDIER]. – Slain, sir, doubtless.
1 SOLDIER. – Following the fliers at the very heels,
With them he enters, who upon the sudden
Clapped-to their gates. He is himself alone
To answer all the city.
LARTIUS. – O noble fellow,
Who sensibly outdares his senseless sword
And, when it bows, stand'st up ! Thou art lost, Martius.
A carbuncle entire, as big as thou art,
Were not so rich a jewel. Thou wast a soldier
Even to Cato's wish, not fierce and terrible
Only in strokes, but with thy grim looks and
The thunder-like percussion of thy sounds
Thou mad'st thine enemies shake as if the world
Were feverous and did tremble.

Enter Martius, bleeding, assaulted by the enemy

1 SOLDIER. – Look, sir.
LARTIUS. – O, 'tis Martius !
Let's fetch him off, or make remain alike.

They fight, and all exeunt into the city

I, 6 *Enter certain Romans with spoils*

1 ROMAN. – This will I carry to Rome.
2 ROMAN. – And I this.
3 ROMAN. – A murrain on't, I took this for silver.

[*He throws it away.*]
Alarum continues still afar off. Enter Martius, bleeding, and Lartius with a trumpeter. Exeunt Romans with spoils

MARTIUS. – See here these movers that do prize their honours
At a cracked drachma ! Cushions, leaden spoons,
Irons of a doit, doublets that hangmen would
Bury with those that wore them, these base slaves,
Ere yet the fight be done, pack up. Down with them !
And hark what noise the general makes. To him.
There is the man of my soul's hate, Aufidius,
Piercing our Romans. Then, valiant Titus, take
Convenient numbers to make good the city,
Whilst I, with those that have the spirit, will haste
To help Cominius.

---

25 lost] *Singer (1856)* ; left *F.* **27** Were] *F* (Weare). **28** Cato's] *Theobald (1733) d'après Plutarque* ; *Calves F.* **I,6** **4** honours] *Rowe (1714)* ; hours *F.*

---

1. *entire.* Sans défaut. **2.** Caton l'Ancien ne naquit que plus de deux siècles après la mort de Coriolan. L'anachronisme est dû au démarquage d'une phrase de North* : « For he was even such another, as Cato would have a soldier and a captain to be : not only terrible, and fierce to lay about him, but to make the enemy afeard with the sound of his

[4e SOLDAT]. – Tué, monsieur, sans aucun doute.
1er SOLDAT. – Poursuivant les fuyards, courant sur leurs talons,
Voilà qu'il entre en même temps qu'eux, qui soudainement
Ont refermé leurs portes. Il est seul à faire face
A toute la cité.
LARTIUS. – Ô noble compagnon,
Qui, sensible, oses plus que ton glaive insensible,
Et te redresses quand il plie ! Tu es perdu, Martius.
La plus belle[1] escarboucle, aussi grande que toi,
Aurait eu moins de prix. Tu étais un soldat
Comme en voulait Caton[2], non seulement par tes coups
Implacable et terrible, mais tes regards farouches
Et le tonnerre de ta voix retentissante
Faisaient trembler l'ennemi comme si la terre en fièvre
Frémissait.

Entre Martius, perdant son sang, assailli par l'ennemi

1er SOLDAT. – Regardez, monsieur.
LARTIUS. – Oh ! c'est Martius !
Allons le délivrer, ou partager son sort[3].

Ils se battent, et tous sortent, pénétrant dans la ville

Entrent quelques Romains, chargés de butin[4] I, 6

1er ROMAIN. – Ça, je le rapporte à Rome.
2e ROMAIN. – Et moi ça.
3e ROMAIN. – Que la peste le prenne ! J'avais pris ça pour de l'argent.

[*Il le jette.*]
La sonnerie guerrière continue toujours au loin. Entrent Martius, perdant son sang, et Lartius, avec un trompette. Les Romains chargés de butin sortent

MARTIUS. – Voyez-les s'affairer[5]. L'honneur ne vaut pour eux
Qu'une drachme fêlée. Coussins[6], cuillers de plomb,
Épées d'un quart de sou, pourpoints que le bourreau
Enterrerait avec les corps – avant la fin de la bataille
Ces vils esclaves font leurs bagages ! A bas ces lâches !
Et écoutez quel bruit fait notre général. A lui !
Car là-bas, celui que hait mon âme, Aufidius,
Transperce nos Romains. Prends donc, vaillant Titus,
Tous les hommes qu'il te faut pour tenir la cité,
Pour moi, avec ceux qui en ont le cœur, je cours
Porter appui à Cominius.

voice, and grimness of his countenance » (Bullough, vol. 5, p. 512). Cette phrase montre que, selon Caton, un soldat devait répandre la terreur non seulement par ses coups mais par sa voix et par son aspect (cf. I,7,22-23 et 26). 3. Littéralement : restons (dans la ville) comme lui. Le sens que nous donnons est impliqué par *alike*. 4. Lieu : une rue de Corioles ou un endroit à l'extérieur de la ville. 5. Jeu très probable sur plusieurs sens de *mover :* être vivant, personne qui s'active, pillard, peut-être même fuyard. 6. Ou peut-être : gobelets (*OED,7*) ? Mais ce sens est rare et seul celui de « coussins » est attesté ailleurs dans Sh.

LARTIUS. – Worthy sir, thou bleed'st.
Thy exercise hath been too violent
For a second course of fight.
MARTIUS. – Sir, praise me not.
My work hath yet not warmed me. Fare you well.
The blood I drop is rather physical
Than dangerous to me. To Aufidius thus
I will appear and fight.
LARTIUS. – Now the fair goddess fortune
Fall deep in love with thee, and her great charms
Misguide thy opposers' swords ! Bold gentleman,
Prosperity be thy page.
MARTIUS. – Thy friend no less
Than those she placeth highest. So farewell.
LARTIUS. – Thou worthiest Martius ! *Exit Martius*
Go sound thy trumpet in the market-place.
Call thither all the officers o'th' town,
Where they shall know our mind. Away.
Exeunt [severally]

I, 7 *Enter Cominius, as it were in retire, with soldiers*

COMINIUS. – Breathe you, my friends. Well fought. We are come off
Like Romans, neither foolish in our stands
Nor cowardly in retire. Believe me, sirs,
We shall be charged again. Whiles we have struck,
By interims and conveying gusts we have heard
The charges of our friends. The Roman gods
Lead their successes as we wish our own,
That both our powers, with smiling fronts encount'ring,
May give you thankful sacrifice !
Enter a Messenger
Thy news ?
MESSENGER. – The citizens of Corioles have issued,
And given to Lartius and to Martius battle.
I saw our party to their trenches driven,
And then I came away.
COMINIUS. – Though thou speak'st truth,
Methinks thou speak'st not well. How long is't since ?
MESSENGER. – Above an hour, my lord.
COMINIUS. – 'Tis not a mile ; briefly we heard their drums.
How couldst thou in a mile confound an hour,
And bring thy news so late ?
MESSENGER. – Spies of the Volsces
Held me in chase, that I was forced to wheel

4 struck] *F* (strooke).

1. Lieu : près de Corioles (voir vers 16). 2. La tournure a la valeur d'un

LARTIUS. – Noble seigneur,
Tu saignes, tes efforts ont été trop violents
Pour un second assaut.
MARTIUS. – Monsieur, pas de louanges.
Mon ouvrage ne m'a même pas encore échauffé.
Adieu. Cette perte de sang m'est bien plus salutaire
Que dangereuse. C'est ainsi que je veux apparaître
A Aufidius et le combattre.
LARTIUS. – Que la belle déesse Fortune
Tombe amoureuse de toi, que ses charmes puissants
Égarent les épées ennemies ! Gentilhomme intrépide,
Le succès soit ton page !
MARTIUS. – Et ton ami, non moins
Qu'à ceux qu'il met aux plus hautes charges. Ainsi adieu.
LARTIUS. – Martius, noble entre tous ! *Martius sort*
Va sonner ta trompette sur la place du marché,
Fais-y venir tous les magistrats de la ville,
Ils sauront là quelles sont nos intentions. En route !
Ils sortent [séparément]

Entre Cominius, comme battant en retraite, avec des soldats[1] I, 7

COMINIUS. – Soufflez, amis. Bien combattu. Nous en sortons
En bons Romains, ni fous dans notre résistance
Ni lâches au repli. Soyez-en sûrs, messieurs,
Nous subirons d'autres assauts. Dans le combat,
Nous entendions parfois, apportées par le vent,
Les charges que lançaient nos amis. Dieux de Rome[2],
Donnez-leur le succès que nous souhaitons pour nous,
Et que nos deux armées, se rencontrant, le front souriant,
Puissent vous offrir un sacrifice de gratitude !
Entre un Messager
Tes nouvelles ?
LE MESSAGER. – Ceux de Corioles ont fait une sortie.
Ils ont livré bataille à Lartius et Martius.
J'ai vu les nôtres repoussés dans leurs tranchées,
Et puis je suis parti.
COMINIUS. – Sans doute dis-tu vrai,
Mais pas comme il faudrait. Cela date de quand ?
LE MESSAGER. – De plus d'une heure, monseigneur.
COMINIUS. – Ils sont à moins d'un mille. Et nous venons d'entendre[3]
Leurs tambours. Il te faut[4] une heure pour un mille,
Et prévenir si tard ?
LE MESSAGER. – J'ai été pris en chasse
Par des espions des Volsques, j'ai dû faire un détour

vocatif. 3. *briefly.* A ici le sens de « il y a peu de temps ». 4. *confound.* Ici : « perdre », « gâcher ».

Three or four miles about; else had I, sir,
Half an hour since brought my report. [*Exit*]

Enter Martius, bloody

COMINIUS. – Who's yonder,
That does appear as he were flayed? O gods!
He has the stamp of Martius, and I have
Before-time seen him thus.

MARTIUS. – Come I too late?

COMINIUS. – The shepherd knows not thunder from a tabor
More than I know the sound of Martius' tongue
From every meaner man.

MARTIUS. – Come I too late?

COMINIUS. – Ay, if you come not in the blood of others,
But mantled in your own.

MARTIUS. – O, let me clip ye
In arms as sound as when I wooed, in heart
As merry as when our nuptial day was done,
And tapers burnt to bedward!

[*They embrace*]

COMINIUS. – Flower of warriors! How is't with Titus Lartius?

MARTIUS. – As with a man busied about decrees,
Condemning some to death and some to exile,
Ransoming him or pitying, threat'ning th'other;
Holding Corioles in the name of Rome
Even like a fawning greyhound in the leash,
To let him slip at will.

COMINIUS. – Where is that slave
Which told me they had beat you to your trenches?
Where is he? Call him hither.

MARTIUS. – Let him alone.
He did inform the truth. But for our gentlemen,
The common file – a plague – tribunes for them? –
The mouse ne'er shunned the cat as they did budge
From rascals worse than they.

COMINIUS. – But how prevailed you?

MARTIUS. – Will the time serve to tell? I do not think.
Where is the enemy? Are you lords o'th' field?
If not, why cease you till you are so?

COMINIUS. – Martius, we have at disadvantage fought,
And did retire to win our purpose.

MARTIUS. – How lies their battle? Know you on which side
They have placed their men of trust?

COMINIUS. – As I guess, Martius,
Their bands i'th' vanguard are the Antiates,

---

53 vanguard] *F* (Vaward). 53 Antiates] *Pope (1723-1725)*; Antients *F.*

---

1. C'est au sang qui recouvre le visage de Martius que Cominius le reconnaît. 2. *tapers.* Voir *Titus Andronicus,* I,1,321 note. 3. Ce début de phrase est ambigu. Derocquigny

De trois à quatre milles. Sinon, monsieur, j'aurais
Déjà fait mon rapport depuis une demi-heure. *[Il sort]*

Entre Martius, couvert de sang

COMINIUS. – Qui vient là-bas,
Que l'on dirait écorché vif ? Ô dieux ! Il porte
L'empreinte[1] de Martius, et je l'ai déjà vu
Ainsi auparavant.

MARTIUS. – Suis-je arrivé trop tard ?

COMINIUS. – Pas plus que le berger ne confond le tonnerre
Avec le son du tambourin, je ne confonds la voix
De Martius avec celle de quiconque ne le vaut.

MARTIUS. – Suis-je arrivé trop tard ?

COMINIUS. – Oui, si vous nous venez vêtu de votre sang
Et non du sang des autres.

MARTIUS. – Ah ! laissez-moi vous serrer
Dans des bras aussi francs qu'au temps de mes amours,
D'un cœur aussi joyeux que le soir de mes noces,
Quand brûlaient les lumières[2] qui conduisaient au lit.

[Ils s'étreignent]

COMINIUS. – Fleur des guerriers ! Quel sort connaît Titus Lartius ?

MARTIUS. – Il est tout occupé à faire des décrets,
Condamnant l'un à mort, et un autre à l'exil,
Arrêtant grâces ou rançons, ou usant de menaces ;
Tenant au nom de Rome Corioles qui rampe
Tout comme un lévrier qu'on tient en laisse
Ou qu'on lâche si l'on veut.

COMINIUS. – Où est l'esclave
Qui vous disait chassés dans vos retranchements ?
Où est-il ? Qu'on l'appelle !

MARTIUS. – Laissez. Il a dit vrai.
Mais pour les braves gentilshommes du commun
De nos rangs[3] — cette peste — leur donner des tribuns ? —
Jamais une souris n'a fui devant un chat
Comme ils ont fui devant racailles pires qu'eux-mêmes.

COMINIUS. – Mais comment avez-vous fini par l'emporter ?

MARTIUS. – Est-ce bien l'heure d'un récit ? Je ne le pense pas.
Où est l'ennemi ? Êtes-vous les maîtres du terrain ?
Sinon, pourquoi vous arrêter avant de l'être ?

COMINIUS. – Martius, nous avons combattu à armes inégales,
Nous nous sommes retirés pour parvenir à vaincre.

MARTIUS. – Quel est leur ordre de bataille ? Savez-vous
Où ils ont mis leurs hommes d'élite ?

COMINIUS. – Je crois, Martius,
Qu'ils ont à l'avant-garde des compagnies d'Antiates[4],

---

comprenait : « N'étaient nos gens de qualité,... » Hibbard rattache *But for our gentlemen* à la phrase précédente : le messager aurait dit la vérité sauf en ce qui concerne les gentilshommes. On estime le plus souvent, comme Brockbank, que *gentlemen* est employé ironiquement pour désigner *the common file.* 4. Habitants d'Antium, la patrie d'Aufidius ; donc sans doute ceux qui lui sont le plus dévoués.

Of their best trust ; o'er them Aufidius,
Their very heart of hope.

MARTIUS. – I do beseech you
By all the battles wherein we have fought,
By th' blood we have shed together, by th' vows we have made
To endure friends, that you directly set me
Against Aufidius and his Antiates,
And that you not delay the present, but,
Filling the air with swords advanced and darts,
We prove this very hour.

COMINIUS. – Though I could wish
You were conducted to a gentle bath
And balms applied to you, yet dare I never
Deny your asking. Take your choice of those
That best can aid your action.

MARTIUS. – Those are they
That most are willing. If any such be here –
As it were sin to doubt – that love this painting
Wherein you see me smeared ; if any fear
Lesser his person than an ill report ;
If any think brave death outweighs bad life,
And that his country's dearer than himself,
Let him alone, or so many so minded,

He waves his sword

Wave thus to express his disposition,
And follow Martius.

They all shout and wave their swords, [*then some*] *take him up in their arms and they cast up their caps*

O' me alone, make you a sword of me ?
If these shows be not outward, which of you
But is four Volsces ? None of you but is
Able to bear against the great Aufidius
A shield as hard as his. A certain number –
Though thanks to all – must I select from all.
The rest shall bear the business in some other fight
As cause will be obeyed. Please you to march,
And I shall quickly draw out my command,
Which men are best inclined.

COMINIUS. – March on, my fellows.
Make good this ostentation, and you shall
Divide in all with us. *Exeunt marching*

---

70 Lesser] *F3* ; Lessen *F.* **76** O'... me ?] *Sisson (1954)* ; Oh... me : *F* ; *vers parfois attribué aux Soldats.* **84** I] *Hudson (1851-1856)* ; foure *F.*

---

1. Interprétations diverses de ce vers (voir Variantes). Attribué aux soldats, il exprimerait

Leurs hommes les plus sûrs ; Aufidius les commande,
Qui est le cœur de leurs espoirs.

MARTIUS. – Je vous en prie,
Par toutes les batailles que nous avons livrées,
Le sang versé ensemble, nos serments de rester
Des amis à jamais, veuillez à l'instant même
Me mettre en face d'Aufidius et ses Antiates,
Ne retardez pas l'heure, mais laissez-nous remplir
Les airs de nos épées brandies et de nos flèches,
Et tenter la fortune de l'heure.

COMINIUS. – J'aimerais mieux
Que vous soyez conduit vers un bain salutaire,
Et que l'on vous applique des baumes, mais jamais
Je n'oserais vous refuser. Choisissez ceux
Qui le mieux pourront vous seconder.

MARTIUS. – Ce seront
Les plus prêts à le faire. S'il est ici quelqu'un –
Mais en douter serait péché – qui aime la peinture
Dont on me voit enduit ; quelqu'un qui craigne moins
Pour sa personne que pour sa bonne renommée ;
Pour qui mourir en brave vaut mieux que vivre mal,
Et à qui sa patrie est plus chère que lui-même,
Que lui seul, ou tous ceux qui sont du même avis,

Il brandit son épée

Brandisse ainsi l'épée pour montrer ce qu'il pense,
Et qu'il suive Martius.

Tous l'acclament et brandissent leur épée, [puis certains] le soulèvent dans leurs bras et tous lancent en l'air leurs bonnets

De moi seul, vous voulez faire de moi votre épée[1] ?
Si ces démonstrations sont sincères, qui de vous
Ne vaut pas quatre Volsques ? Pas un seul qui ne soit
Capable de porter face au grand Aufidius
Un bouclier aussi dur que le sien. A tous,
Merci, mais je dois n'en choisir que quelques-uns.
Le reste entrera en action dans quelque autre combat,
Selon les circonstances. Veuillez vous mettre en marche,
Et je vais sans tarder choisir ma compagnie
Parmi les plus ardents.

COMINIUS. – En marche, mes amis.
Si vous accomplissez ce dont vous faites montre,
Nous partagerons tout. *Ils sortent, marchant au pas*

---

leur accord enthousiaste. Laissé à Martius, il peut exprimer la surprise devant les acclamations des soldats. Peut-être aussi Martius, soulevé par les soldats, se compare-t-il lui-même à une épée qu'ils brandiraient.

I, 8 *Enter Lartius [through the gates of Corioles], with a drummer and a trumpeter, a Lieutenant, other soldiers, and a scout*

LARTIUS (*to the Lieutenant*). – So, let the ports be guarded. Keep your duties
As I have set them down. If I do send, dispatch
Those centuries to our aid. The rest will serve
For a short holding. If we lose the field
We cannot keep the town.
LIEUTENANT. – Fear not our care, sir.
LARTIUS. – Hence, and shut your gates upon's. *[Exit Lieutenant]*
(*To the scout*) Our guider, come ; to th' Roman camp conduct us.
Exeunt towards Cominius and Caius Martius

I, 9 *Alarum, as in battle. Enter Martius, bloody, and Aufidius, at several doors*

MARTIUS. – I'll fight with none but thee, for I do hate thee
Worse than a promise-breaker.
AUFIDIUS. – We hate alike.
Not Afric owns a serpent I abhor
More than thy fame and envy. Fix thy foot.
MARTIUS. – Let the first budger die the other's slave,
And the gods doom him after.
AUFIDIUS. – If I fly, Martius,
Holla me like a hare.
MARTIUS. – Within these three hours, Tullus,
Alone I fought in your Corioles' walls,
And made what work I pleased. 'Tis not my blood
Wherein thou seest me masked. For thy revenge,
Wrench up thy power to th' highest.
AUFIDIUS. – Wert thou the Hector
That was the whip of your bragged progeny,
Thou shouldst not scape me here.
Here they fight, and certain Volsces come in the aid of Aufidius. Martius fights till the Volsces be driven in breathless, [Martius following]
Officious and not valiant, you have shamed me
In your condemnèd seconds. *Exit*

I, 10 *Alarum. A retreat is sounded. [Flourish.] Enter at one door Cominius with the Romans, at another door Martius with his arm in a scarf*

COMINIUS (*to Martius*). – If I should tell thee o'er this thy day's work
Thou'lt not believe thy deeds. But I'll report it

I,10 2 Thou'lt] *F* (Thou't).

---

1. Lieu : le champ de bataille. **2.** L'expression *fame and envy* est probablement un hendiadys (envied fame). **3.** *Holla.* Désigne le cri du chasseur poursuivant le gibier. Aufidius veut dire : « considère-moi comme aussi couard qu'un lièvre ». **4.** Le plus valeureux des chefs troyens. Selon la légende, les Troyens étaient les ancêtres des Romains. **5.** *condemned.* Souvent compris comme un équivalent de « damned », il signifie

Entre Lartius [par les portes de Corioles], avec un tambour et un trompette, un Lieutenant, d'autres soldats, et un éclaireur I, 8

LARTIUS (*au Lieutenant*). – Que donc les portes soient gardées ! Suivez les [ordres
Que je vous ai donnés. Si j'appelle, dépêchez
Ces centuries pour nous aider. Le reste suffira
Pour tenir quelque temps. Si nous perdons en plaine,
Nous ne pouvons garder la ville.

LE LIEUTENANT. – Ne doutez pas de notre vigilance, monsieur.

LARTIUS. – Partez, et refermez les portes sur nous. [*Le Lieutenant sort*]
(*A l'éclaireur*) Approche, guide, et conduis-nous au camp romain.

Ils sortent pour aller vers Cominius et Caius Martius

Sonnerie comme dans un combat. Entrent par des portes différentes Martius, couvert de sang, et Aufidius[1] I, 9

MARTIUS. – Je ne me battrai qu'avec toi, car je te hais
Plus qu'un parjure.

AUFIDIUS. – Nos haines sont pareilles.
L'Afrique elle-même n'a pas de serpent que j'abhorre
Plus que la gloire qu'on t'envie[2]. Sois de pied ferme !

MARTIUS. – Le premier qui recule meure esclave de l'autre,
Et que les dieux le damnent !

AUFIDIUS. – Si je m'enfuis, Martius,
Cours-moi ainsi qu'un lièvre[3].

MARTIUS. – Il n'y a pas trois heures, Tullus,
Je me suis battu seul dans tes murs de Corioles,
Faisant l'ouvrage qu'il m'a plu. Ce n'est pas de mon sang
Que tu me vois masqué. Si tu veux te venger,
Tends au plus haut tes forces.

AUFIDIUS. – Serais-tu cet Hector[4],
Ce fléau dont les tiens se targuent d'être issus,
Tu ne m'échapperais pas cette fois-ci.

Ici, ils se battent, et certains Volsques viennent à l'aide d'Aufidius. Martius se bat jusqu'à ce que les Volsques soient chassés, hors d'haleine, [Martius les poursuivant]

Zélés, mais sans vaillance, vous me couvrez de honte
Avec votre aide méprisable[5]. *Il sort*

Sonnerie guerrière. On sonne une retraite. [Sonnerie de trompette.] Entrent par une porte Cominius et les Romains, par une autre Martius, le bras en écharpe[6] I, 10

COMINIUS (*à Martius*). – Si je te racontais tes travaux d'aujourd'hui,
Tu ne croirais pas tes exploits. Mais j'en ferai rapport

---

ici, selon Onions, « inadéquat », « inutile ». Mais il renvoie à *not valiant,* comme *seconds* renvoie à *Officious.* La fin de cette scène préfigure la fin de la pièce : Coriolan se vante de ce qu'il a fait seul à Corioles, il aura une mort semblable à celle d'Hector ; les seconds d'Aufidius seront, cette fois-là, efficaces. 6. Lieu : une partie du champ de bataille, ou le camp de Cominius. Les sonneries indiquent successivement le combat, la fin de la poursuite de l'ennemi, et la victoire.

Where senators shall mingle tears with smiles,
Where great patricians shall attend and shrug,
I'th' end admire ; where ladies shall be frighted
And, gladly quaked, hear more ; where the dull tribunes,
That with the fusty plebeians hate thine honours,
Shall say against their hearts "We thank the gods
Our Rome hath such a soldier."
Yet cam'st thou to a morsel of this feast,
Having fully dined before.

Enter Lartius, with his power, from the pursuit

LARTIUS. – O general,
Here is the steed, we the caparison.
Hadst thou beheld –

MARTIUS. – Pray now, no more. My mother,
Who has a charter to extol her blood,
When she does praise me grieves me. I have done
As you have done, that's what I can ; induced
As you have been, that's for my country.
He that has but effected his good will
Hath overta'en mine act.

COMINIUS. – You shall not be
The grave of your deserving. Rome must know
The value of her own. 'Twere a concealment
Worse than a theft, no less than a traducement,
To hide your doings and to silence that
Which, to the spire and top of praises vouched,
Would seem but modest. Therefore, I beseech you –
In sign of what you are, not to reward
What you have done – before our army hear me.

MARTIUS. – I have some wounds upon me, and they smart
To hear themselves remembered.

COMINIUS. – Should they not,
Well might they fester 'gainst ingratitude,
And tent themselves with death. Of all the horses –
Whereof we have ta'en good, and good store – of all
The treasure in this field achieved and city,
We render you the tenth, to be ta'en forth
Before the common distribution
At your only choice.

MARTIUS. – I thank you, general,
But cannot make my heart consent to take
A bribe to pay my sword. I do refuse it,
And stand upon my common part with those

---

1. Ce geste exprime l'incrédulité. **2.** *a morsel of this feast.* Généralement compris comme « this morsel of a feast » : « ce festin (ce second combat) qui n'était pour toi qu'une légère collation ». Mais « eat » est peut-être sous-entendu devant *a morsel.* **3.** *bribe.* Cité par *OED* pour le sens 2b, équivalent de « pot-de-vin ». Mais Cominius ne veut pas corrompre

Là où des sénateurs mêleront sourires et larmes,
Où de grands patriciens hausseront les épaules[1]
En m'écoutant, et finiront émerveillés ;
Où des dames effrayées, mais tremblantes de joie,
Voudront en savoir plus ; où les tribuns moroses
Qui, comme les plébéiens puants, haïssent ta gloire,
Diront à contrecœur : « Remercions les dieux
D'avoir à Rome un tel soldat. »
Tu es venu encore partager ce festin,
Toi qui avais si bien dîné[2].

Entre Lartius, avec sa troupe, revenant de poursuivre l'ennemi

LARTIUS. – Ah ! général,
Il est le destrier, nous le caparaçon !
Si tu avais pu voir –

MARTIUS. – Assez, je vous en prie. Ma mère,
Qui a le privilège de glorifier son sang,
Elle-même m'afflige en me louant. J'ai fait
Comme vous ce que j'ai pu ; ce qui m'a entraîné,
Comme vous aussi, c'est mon amour de la patrie.
Celui qui simplement a prouvé son ardeur
A surpassé mes actes.

COMINIUS. – Ne soyez pas la tombe
De vos propres mérites. Il faut que Rome connaisse
La valeur de ses fils. Ce serait un recel
Pire qu'un vol, pas moins qu'une calomnie,
De cacher vos exploits et de taire ce qui,
Porté à la plus haute pointe des louanges,
Apparaîtrait trop mesuré. Aussi, je vous en prie –
Pour signaler ce que vous êtes, non pour récompenser
Ce que vous avez fait – devant l'armée, écoutez-moi.

MARTIUS. – J'ai sur moi quelques plaies, elles me cuisent à l'idée
De s'entendre évoquer.

COMINIUS. – En fût-il autrement,
Elles pourraient s'infecter devant l'ingratitude,
Avec la mort pour seul remède. De tous les chevaux –
Et nous en avons pris beaucoup, et de fort bons –
Et de tout le trésor gagné sur ce terrain et dans la ville,
Le dixième est à vous, que vous prélèverez
Avant que l'on procède au partage en commun,
Selon votre seul choix.

MARTIUS. – Mon général, merci,
Mais je ne peux forcer mon cœur à accepter
Un salaire[3] pour payer mon épée. Je le refuse,
Et m'en tiens à la part ordinaire qu'auront ceux

Martius, et Martius, quelle que soit son indignation, ne peut pas le soupçonner d'avoir cette intention sans être offensant. D'autre part, Cominius ne veut pas inciter Martius à se battre à l'avenir, mais le récompenser de ce qu'il vient de faire.

That have upheld the doing.

A long flourish. They all cry "Martius, Martius !", casting up their caps and lances. Cominius and Lartius stand bare

May these same instruments which you profane
Never sound more. When drums and trumpets shall
I'th' field prove flatterers, let courts and cities be
Made all of false-faced soothing. When steel grows
Soft as the parasite's silk, let him be made
An overture for th' wars. No more, I say.
For that I have not washed my nose that bled,
Or foiled some debile wretch, which without note
Here's many else have done, you shout me forth
In acclamations hyperbolical,
As if I loved my little should be dieted
In praises sauced with lies.

COMINIUS. – Too modest are you,
More cruel to your good report than grateful
To us that give you truly. By your patience,
If 'gainst yourself you be incensed we'll put you,
Like one that means his proper harm, in manacles,
Then reason safely with you. Therefore be it known,
As to us, to all the world, that Caius Martius
Wears this war's garland, in token of the which
My noble steed, known to the camp, I give him,
With all his trim belonging ; and from this time,
For what he did before Corioles, call him,
With all th'applause and clamour of the host,
Martius Caius Coriolanus. Bear th'addition
Nobly ever !

Flourish. Trumpets sound, and drums

ALL. – Martius Caius Coriolanus !

CORIOLANUS (*to Cominius*). – I will go wash,
And when my face is fair you shall perceive
Whether I blush or no. Howbeit, I thank you.
I mean to stride your steed, and at all times
To undercrest your good addition
To th' fairness of my power.

COMINIUS. – So, to our tent,
Where, ere we do repose us, we will write
To Rome of our success. You, Titus Lartius,

---

40 upheld] *Capell (1767-1768)* ; beheld *F.* **46** overture] *F* ; coverture *Steevens (1778)* ; *nombreuses conjectures.* **49** shout] *F* (shoot). **64, 66** Martius] *F* (*Marcus*).

---

1. Phrase obscure, diversement interprétée ; *him* peut renvoyer à *steel* ou à *silk* aussi bien qu'à *parasite,* et *overture* pose un problème difficile. Le *Textual Companion* (p. 595) donne à ce mot le sens 6 de l'*OED* : « a formal opening of proceedings ; a first indication or hint of something », et considère que l'expression *an overture for th' wars* est une variation ironique sur « an overture of peace » (des ouvertures de paix). Steevens (voir Variantes)

Qui soutinrent l'action.

Longue sonnerie guerrière. Tous crient « Martius, Martius ! » en lançant en l'air leurs bonnets et leurs lances. Cominius et Lartius restent tête nue

Puissent ces instruments qu'ainsi vous profanez
Ne plus jamais sonner ! Lorsque trompettes et tambours
Sur le terrain se font flatteurs, que cours et villes ne soient
Que faux-semblants de flagorneurs. Quand l'acier sera souple
Comme la soie du parasite, qu'on laisse aux courtisans
Les ouvertures de guerre[1]. Assez, vous dis-je.
Pour n'avoir pas encore lavé mon nez qui saigne,
Ou avoir mis à terre quelque croquant chétif,
Ce que plus d'un ici a fait sans qu'on en parle,
Vous me couvrez d'acclamations hyperboliques,
Comme si j'aimais qu'on serve à mon peu de mérite
Des louanges assaisonnées de mensonges.

COMINIUS. – Vous êtes
Trop modeste, cruel pour votre renommée
Plus que reconnaissant envers nous, qui de vous
Donnons le vrai portrait. Si vous vous enflammez
Contre vous-même, permettez qu'on vous mette,
Comme à celui qui veut se nuire, des menottes,
Et nous raisonnerons avec vous sans danger.
Qu'il soit donc su du monde entier comme de nous
Que Caius Martius porte la palme de cette guerre,
Et pour en témoigner, de mon noble coursier,
Connu de tout le camp, je lui fais don,
Ainsi que de tout son harnais ; et désormais,
Pour ce qu'il a fait devant Corioles, je le nomme,
Aux applaudissements et aux clameurs des troupes,
Martius Caius Coriolan. Portez ce titre[2]
Noblement à jamais !

Fanfare. Sonnerie de trompettes et roulement de tambours

TOUS. – Martius Caius Coriolan !

CORIOLAN (*à Cominius*). – Je m'en vais me laver,
Quand mon visage sera propre, vous verrez
Si je rougis ou non. Quoi qu'il en soit, merci.
Je monterai votre coursier, et porterai
Toujours ce titre généreux comme un cimier
Du mieux que je pourrai.

COMINIUS. – Eh bien, à notre tente !
Avant d'y prendre du repos, nous écrirons
Notre succès à Rome. Pour vous, Titus Lartius,

---

permettait de comprendre que la soie du parasite servirait d'armure. Hibbard, conservant *overture,* propose le sens d'« ouvrir les rangs de l'armée ennemie ». Hilda Hulme estime qu'il faut lire *ovator,* « triomphateur », et comprendre que c'est seulement quand l'homme d'acier devient souple qu'on peut faire de lui un triomphateur. Brockbank accepte *ovator* mais donne comme sens : « que le sycophante soit ovationné pour son rôle dans les guerres ». 2. Le surnom (*Coriolanus*) s'ajoute au prénom et au nom de famille, dont Sh a inversé l'ordre.

Must to Corioles back. Send us to Rome
The best, with whom we may articulate
For their own good and ours.
LARTIUS. – I shall, my lord.
CORIOLANUS. – The gods begin to mock me. I, that now
Refused most princely gifts, am bound to beg
Of my lord general.
COMINIUS. – Take't, 'tis yours. What is't ?
CORIOLANUS. – I sometime lay here in Corioles,
And at a poor man's house. He used me kindly.
He cried to me ; I saw him prisoner ;
But then Aufidius was within my view,
And wrath o'erwhelmed my pity. I request you
To give my poor host freedom.
COMINIUS. – O, well begged !
Were he the butcher of my son he should
Be free as is the wind. Deliver him, Titus.
LARTIUS. – Martius, his name ?
CORIOLANUS. – By Jupiter, forgot !
I am weary, yea, my memory is tired.
Have we no wine here ?
COMINIUS. – Go we to our tent.
The blood upon your visage dries ; 'tis time
It should be looked to. Come. *[A flourish of cornetts.] Exeunt*

I, 11 *Enter Aufidius, bloody, with two or three Soldiers*

AUFIDIUS. – The town is ta'en.
A SOLDIER. – 'Twill be delivered back on good condition.
AUFIDIUS. – Condition ?
I would I were a Roman, for I cannot,
Being a Volsce, be that I am. Condition ?
What good condition can a treaty find
I'th' part that is at mercy ? Five times, Martius,
I have fought with thee ; so often hast thou beat me,
And wouldst do so, I think, should we encounter
As often as we eat. By th'elements,
If e'er again I meet him beard to beard,
He's mine, or I am his ! Mine emulation
Hath not that honour in't it had, for where
I thought to crush him in an equal force,
True sword to sword, I'll potch at him some way
Or wrath or craft may get him.
A SOLDIER. – He's the devil.

82 And at] *Hanmer (1744)* ; At *F.*

1. Lieu : près de Corioles. **2.** Aufidius jouera sur le mot *condition* en l'utilisant dans le sens de « situation » (de Romain au lieu de Volsque) et ensuite (6) dans celui de

Retournez à Corioles. Envoyez-nous à Rome
Les notables, avec qui nous ferons un traité
Pour leur bien et le nôtre.
LARTIUS. – Bien, monseigneur.
CORIOLAN. – Les dieux commencent à se moquer de moi, qui viens
De refuser les dons les plus princiers, et qui
Dois quémander une faveur de monseigneur
Le général.
COMINIUS. – Prends-la, elle est à toi. Qu'est-elle ?
CORIOLAN. – J'ai séjourné ici, à Corioles, jadis,
Chez un pauvre homme. Il m'a traité avec bonté.
Il a crié vers moi ; je l'ai vu, prisonnier ;
Mais Aufidius était alors devant mes yeux,
Et la rage a vaincu ma pitié. Je vous prie
De laisser libre mon pauvre hôte.
COMINIUS. – Bien quémandé !
Ah ! serait-ce le boucher de mon fils, il serait
Libre comme le vent. Délivrez-le, Titus.
LARTIUS. – Martius, son nom ?
CORIOLAN. – Par Jupiter, j'ai oublié !
Je suis recru, oui, ma mémoire est fatiguée.
N'avons-nous pas de vin ici ?
COMINIUS. – Allons à notre tente.
Le sang sur votre face est en train de sécher ;
Il est temps d'y veiller. Venez. *[Sonnerie de cornets.] Ils sortent*

Entre Aufidius, couvert de sang, avec deux ou trois Soldats[1] I, 11

AUFIDIUS. – La ville est prise.
UN SOLDAT. – Elle nous sera rendue à de bonnes conditions[2].
AUFIDIUS. – Conditions ?
Je me voudrais romain, car je ne peux pas être,
En étant volsque, ce que je suis[3]. Conditions ?
Quel traité peut trouver de bonne condition
Quiconque est réduit à merci ? Cinq fois, Martius,
J'ai lutté avec toi, cinq fois tu m'as battu,
Et tu le referais, je crois, si nous devions nous battre
Aussi souvent que nous mangeons. J'en atteste les cieux[4],
Si de nouveau je le rencontre face à face,
Ou je l'aurai, ou il m'aura ! Il n'y a plus
Dans ma rivalité cet honneur qu'elle avait,
Je pensais l'écraser à égalité d'armes,
Épée loyale contre épée. Je l'embrocherai
Que ce soit par fureur ou par ruse.
UN SOLDAT. – C'est le diable.

« qualité ». 3. C.-à-d. un homme qui n'accepte pas la défaite. 4. Le sens est peut-être « par les quatre éléments », mais Onions cite ce passage comme exemple du sens de « heavens » que pouvait avoir le mot « element » au pluriel.

AUFIDIUS. – Bolder, though not so subtle. My valour, poisoned
With only suff'ring stain by him, for him
Shall fly out of itself. Nor sleep nor sanctuary,
Being naked, sick, nor fane nor Capitol,
The prayers of priests nor times of sacrifice –
Embargements all of fury – shall lift up
Their rotten privilege and custom 'gainst
My hate to Martius. Where I find him, were it
At home upon my brother's guard, even there,
Against the hospitable canon, would I
Wash my fierce hand in's heart. Go you to th' city.
Learn how 'tis held, and what they are that must
Be hostages for Rome.
A SOLDIER. – Will not you go?
AUFIDIUS. – I am attended at the cypress grove. I pray you –
'Tis south the city mills – bring me word thither
How the world goes, that to the pace of it
I may spur on my journey.
A SOLDIER. – I shall, sir.

Exeunt [Aufidius at one door, Soldiers at another door]

II, 1 *Enter Menenius with the two tribunes of the people, Sicinius and Brutus*

MENENIUS. – The augurer tells me we shall have news tonight.
BRUTUS. – Good or bad?
MENENIUS. – Not according to the prayer of the people, for they love not Martius.
SICINIUS. – Nature teaches beasts to know their friends.
MENENIUS. – Pray you, who does the wolf love?
SICINIUS. – The lamb.
MENENIUS. – Ay, to devour him, as the hungry plebeians would the noble Martius.
BRUTUS. – He's a lamb indeed that baas like a bear.
MENENIUS. – He's a bear indeed that lives like a lamb. You two are old men. Tell me one thing that I shall ask you.
SICINIUS *and* BRUTUS. – Well, sir?
MENENIUS. – In what enormity is Martius poor in that you two have not in abundance?
BRUTUS. – He's poor in no one fault, but stored with all.
SICINIUS. – Especially in pride.
BRUTUS. – And topping all others in boasting.

---

17 valour] *Pope (1723-1725)*; valors *F.* 22 Embargements] *F* (Embarquements). 30 cypress] *F* (Cyprus). II,1 16 with all] *F3*; withall *F.*

---

1. Le verbe « stain » pouvait signifier « éclipser » (cf. *Richard II,* III,3,65). Il rappelle en tout cas les termes de la traduction de Tite-Live par Holland : « *Martius* through his praise, so much obscured and stopped the light of the Consul his fame » (Bullough, vol. 5, p. 499). Une image analogue sera utilisée par le lieutenant d'Aufidius

AUFIDIUS. – Plus audacieux, mais moins subtil. Empoisonnée
Par le seul fait d'être ternie[1] par lui, pour lui
Ma valeur s'enfuira de sa propre nature.
Sommeil ni sanctuaire[2], qu'il soit nu ou malade,
Temple ni Capitole, ni prières de prêtres
Ni temps de sacrifice — autant d'obstacles[3] à la fureur —
Ne dressera son privilège et sa coutume vermoulus
Contre ma haine de Martius. Où je le trouve, serait-ce
Chez moi et sous la garde de mon frère, oui, même là,
Malgré la loi de l'hospitalité, je veux baigner
Ma main féroce dans son cœur. Allez à la cité.
Sachez comment elle est tenue, et qui doit être pris
Comme otage de Rome.
UN SOLDAT. – Vous n'y viendrez donc pas ?
AUFIDIUS. – On m'attend au bosquet de cyprès. Veuillez là —
C'est au sud des moulins de la ville — me dire
Comment marche le monde, afin que sur son train
Je règle mon allure.
UN SOLDAT. – Ce sera fait, monsieur.

Ils sortent, [Aufidius par une porte, les Soldats par une autre]

Entrent Ménénius et les deux tribuns du peuple, Sicinius et Brutus[4] II, 1

MÉNÉNIUS. – L'augure me dit que nous aurons des nouvelles ce soir.
BRUTUS. – Bonnes ou mauvaises ?
MÉNÉNIUS. – Pas selon les vœux du peuple, qui n'aime pas Martius.
SICINIUS. – La nature enseigne même aux animaux à reconnaître leurs amis.
MÉNÉNIUS. – Dites-moi donc, qui le loup aime-t-il ?
SICINIUS. – L'agneau.
MÉNÉNIUS. – Oui, pour le dévorer, comme les plébéiens affamés voudraient dévorer le noble Martius.
BRUTUS. – En vérité, c'est un agneau qui bêle comme un ours.
MÉNÉNIUS. – En vérité, c'est un ours qui vit comme un agneau. Vous êtes d'un certain âge, tous les deux. Dites-moi donc une chose que je voudrais vous demander.
SICINIUS *et* BRUTUS. – Voyons, monsieur ?
MÉNÉNIUS. – De quel insigne travers Martius se trouve-t-il dépourvu, que vous n'ayez tous deux en abondance[5] ?
BRUTUS. – Il ne manque d'aucun, il est pourvu de tous.
SICINIUS. – Surtout d'orgueil.
BRUTUS. – Et il dépasse tous les autres en vantardise.

(IV,7,5). **2.** *sanctuary*. Ne fait pas double emploi avec *fane* : il s'agit ici du lieu d'asile, non du lieu de culte (cf. *Richard III*, III,1,41-42). **3.** *embargement*. Au sens propre, « mise sous embargo ». **4.** Lieu : un lieu public de Rome. La scène est presque entièrement inventée par Sh. **5.** La question est une énigme. On peut comprendre : « quel est le travers dont Martius n'est que peu affecté », ou « quel est le travers qui diminue la valeur de Martius ».

MENENIUS. – This is strange now. Do you two know how you are censured here in the city – I mean of us o'th' right-hand file. Do you?

SICINIUS *and* BRUTUS. – Why, how are we censured?

MENENIUS. – Because – you talk of pride now – will you not be angry?

SICINIUS *and* BRUTUS. – Well, well, sir, well?

MENENIUS. – Why, 'tis no great matter, for a very little thief of occasion will rob you of a great deal of patience. Give your dispositions the reins, and be angry at your pleasures – at the least, if you take it as a pleasure to you in being so. You blame Martius for being proud?

BRUTUS. – We do it not alone, sir.

MENENIUS. – I know you can do very little alone, for your helps are many, or else your actions would grow wondrous single. Your abilities are too infant-like for doing much alone. You talk of pride. O that you could turn your eyes toward the napes of your necks, and make but an interior survey of your good selves! O that you could!

SICINIUS *and* BRUTUS. – What then, sir?

MENENIUS. – Why, then you should discover a brace of unmeriting, proud, violent, testy magistrates, alias fools, as any in Rome.

SICINIUS. – Menenius, you are known well enough too.

MENENIUS. – I am known to be a humorous patrician, and one that loves a cup of hot wine with not a drop of allaying Tiber in't; said to be something imperfect in favouring the first complaint, hasty and tinder-like upon too trivial motion; one that converses more with the buttock of the night than with the forehead of the morning. What I think, I utter, and spend my malice in my breath. Meeting two such wealsmen as you are – I cannot call you Lycurguses – if the drink you give me touch my palate adversely, I make a crooked face at it. I cannot say your worships have delivered the matter well, when I find the ass in compound with the major part of your syllables. And though I must be content to bear with those that say you are reverend grave men, yet they lie deadly that tell you have good faces. If you see this in the map of my microcosm, follows it that I am known well enough too? What harm can your bisson conspectuities glean out of this character, if I be known well enough too?

BRUTUS. – Come, sir, come, we know you well enough.

MENENIUS. – You know neither me, yourselves, nor anything. You are ambitious for poor knaves' caps and legs. You wear out a good wholesome forenoon in hearing a cause between an orange-wife and a faucet-seller, and then rejourn the controversy of threepence to a second day of audience. When you are hearing a matter between party and party, if

---

21 how are] *F2*; ho ware *F*. **45** cannot] *Theobald (1733)*; can *F*. **50** bisson] *F* (beesome).

---

1. *o'th' right-hand file.* Au temps de Sh, c'est dans la file de droite qu'on plaçait les meilleurs soldats. **2.** Jeu sur deux sens de *single* : « isolés » et « faibles ». Ménénius passe ici de la bonhomie à l'insulte comme il l'avait fait avec les citoyens (I,1,139). **3.** Législateur, peut-être mythique, qui donna à Sparte sa constitution. **4.** Ménénius joue sur *grave,* « grave » et *grave* « tombe », et sur deux sens de *deadly,* « mortellement » et « extrêmement ». **5.** Son visage, qui indique l'homme qu'il est (l'homme étant un microcosme* par rapport au monde). **6.** *conspectuities.* Mot inventé par Sh (d'après le latin « conspectus ») voulant dire « clairvoyance » ; *bisson,* « aveugle », pouvait signifier

MÉNÉNIUS. – Voilà qui est étrange. Savez-vous, tous les deux, comment vous êtes jugés ici, dans la cité — je veux dire par nous, qui sommes du côté des meilleurs[1] ? Vous le savez ?

SICINIUS *et* BRUTUS. – Eh bien, comment est-ce qu'on nous juge ?

MÉNÉNIUS. – C'est que, comme vous parlez d'orgueil — mais vous n'allez pas vous fâcher ?

SICINIUS *et* BRUTUS. – Bien, bien, monsieur, alors ?

MÉNÉNIUS. – Ma foi, peu importe, car le moindre prétexte est un larron qui vous dérobe une bonne part de votre patience. Lâchez la bride à votre humeur, et fâchez-vous autant qu'il vous plaira, du moins si cela vous fait plaisir. Vous reprochez à Martius d'être orgueilleux ?

BRUTUS. – Nous ne sommes pas seuls à le faire, monsieur.

MÉNÉNIUS. – Je sais que vous ne pouvez pas faire grand-chose tout seuls, car ceux qui vous aident sont nombreux, et sans eux vos actions seraient singulièrement faibles[2]. Vos capacités sont trop infantiles pour que vous fassiez beaucoup tout seuls. Vous parlez d'orgueil. Ah ! si vous pouviez tourner vos yeux vers votre propre nuque, et faire un examen intérieur de vos bonnes personnes ! Ah ! si seulement vous le pouviez !

SICINIUS *et* BRUTUS. – Alors, monsieur ?

MÉNÉNIUS. – Eh bien, alors vous pourriez découvrir la plus belle paire de magistrats indignes, orgueilleux, excessifs et grincheux, en d'autres termes d'imbéciles, qu'il y a dans tout Rome.

SICINIUS. – Vous aussi, Ménénius, on vous connaît bien.

MÉNÉNIUS. – On me connaît pour être un patricien qui a ses humeurs, qui aime une coupe de vin chaud épicé, sans une goutte d'eau du Tibre pour l'allonger ; dont on dit qu'il a le défaut de juger en faveur du premier qui se plaint, d'être trop prompt et de s'enflammer comme une mèche pour des raisons trop futiles ; d'être plus familier de la croupe de la nuit que du front du matin. Ce que je pense, je le dis, et toute ma malice part avec mes paroles. Si je rencontre deux grands politiciens comme vous — je ne saurais vous appeler des Lycurgues[3] — et si ce que vous me donnez à boire répugne à mon palais, je fais la grimace. Je ne peux pas dire que vos seigneuries ont bien parlé, quand j'entends des âneries dans la plupart de vos syllabes. Et bien que je doive supporter ceux qui vous donnent pour des hommes respectables et graves[4], ils mentent gravement ceux qui racontent qu'on lit l'honnêteté sur votre visage. Si vous voyez cela dans la carte de mon microcosme[5], est-ce qu'il s'ensuit que moi aussi on me connaît bien ? Quel mal vos aveugles clairvoyances[6] peuvent-elles glaner dans ce caractère[7], si moi aussi on me connaît bien ?

BRUTUS. – Allons, allons, monsieur, on vous connaît.

MÉNÉNIUS. – Vous ne connaissez ni moi, ni vous, ni rien du tout. Toute votre ambition, ce sont les saluts et les courbettes de la valetaille. Vous perdez tout le bien d'une bonne matinée à entendre une dispute entre une vendeuse d'oranges et un marchand de robinets, et après, vous renvoyez cette controverse de trois sous à un autre jour d'audience. Quand vous êtes en train d'entendre une querelle entre deux parties, si par hasard

---

aussi « obtus ». 7. Dans le sens où La Bruyère emploie ce mot. La vogue des caractères commence en Angleterre à peu près au moment où Sh écrit *Coriolan* (Joseph Hall, *Characters of Virtues and Vices,* 1608).

you chance to be pinched with the colic, you make faces like mummers, set up the bloody flag against all patience, and in roaring for a chamber-pot, dismiss the controversy bleeding, the more entangled by your hearing. All the peace you make in their cause is calling both the parties knaves. You are a pair of strange ones.

BRUTUS. – Come, come, you are well understood to be a perfecter giber for the table than a necessary bencher in the Capitol.

MENENIUS. – Our very priests must become mockers if they shall encounter such ridiculous subjects as you are. When you speak best unto the purpose it is not worth the wagging of your beards, and your beards deserve not so honourable a grave as to stuff a botcher's cushion or to be entombed in an ass's pack-saddle. Yet you must be saying "Martius is proud", who, in a cheap estimation, is worth all your predecessors since Deucalion, though peradventure some of the best of 'em were hereditary hangmen. Good e'en to your worships. More of your conversation would infect my brain, being the herdsmen of the beastly plebeians. I will be bold to take my leave of you.

He leaves Brutus and Sicinius, who stand aside.
Enter in haste Volumnia, Virgilia, and Valeria

How now, my as fair as noble ladies – and the moon, were she earthly, no nobler – whither do you follow your eyes so fast?

VOLUMNIA. – Honourable Menenius, my boy Martius approaches. For the love of Juno, let's go.

MENENIUS. – Ha, Martius coming home?

VOLUMNIA. – Ay, worthy Menenius, and with most prosperous approbation.

MENENIUS [*throwing up his cap*]. – Take my cap, Jupiter, and I thank thee! Hoo, Martius coming home?

VIRGILIA *and* VALERIA. – Nay, 'tis true.

VOLUMNIA. – Look, here's a letter from him. The state hath another, his wife another, and I think there's one at home for you.

MENENIUS. – I will make my very house reel tonight. A letter for me?

VIRGILIA. – Yes, certain, there's a letter for you; I saw't.

MENENIUS. – A letter for me? It gives me an estate of seven years' health, in which time I will make a lip at the physician. The most sovereign prescription in Galen is but empiricutic and, to this preservative, of no better report than a horse-drench. Is he not wounded? He was wont to come home wounded.

VIRGILIA. – O, no, no, no!

VOLUMNIA. – O, he is wounded, I thank the gods for't!

MENENIUS. – So do I, too, if it be not too much. Brings a victory in his pocket, the wounds become him.

---

83 VIRGILIA *and* VALERIA] *F* (2. *Ladies*).

---

1. Depuis le déluge (dans la mythologie, Deucalion et sa femme furent les seuls survivants du déluge). **2.** Junon, épouse de Jupiter, était la mère de Mars. Voir aussi V,3,46 note. **3.** *with... approbation.* On comprend aussi « couvert des plus fastes éloges ». **4.** Ce célèbre médecin grec ne naquit qu'en 129 de notre ère. Il était encore respecté au temps de Jacques Ier. **5.** Formation humoristique, dont on ne connaît pas d'autre emploi : « comme un remède de charlatan ».

la colique vous prend, vous grimacez comme des mimes, vous levez le drapeau sanglant de la guerre contre toute espèce de patience, vous réclamez à grands cris un pot de chambre, et en même temps vous classez la controverse toute saignante, et encore plus embrouillée par votre audience. Tout ce que vous faites pour ramener la paix, c'est d'appeler les deux parties des coquins. Vous faites vraiment une belle paire.

BRUTUS. – Allons, allons, tout le monde sait que vous réussissez bien mieux à faire des bons mots à table qu'à vous montrer indispensable au Capitole.

MÉNÉNIUS. – Même nos prêtres se mettront à railler s'ils rencontrent des êtres aussi ridicules que vous. Vos propos les plus pertinents ne valent pas la peine de vous agiter la barbe, et vos barbes ne méritent même pas une fin aussi honorable que d'aller rembourrer un coussin de ravaudeur, ou d'être ensevelies dans le bât d'un âne. Et pourtant vous n'arrêtez pas de répéter que Martius est orgueilleux, lui qui vaut, au bas mot, tous vos ancêtres depuis Deucalion[1], même si d'aventure certains des meilleurs ont été bourreaux de père en fils. Bien le bonsoir à vos seigneuries. Si je restais en votre compagnie, cela m'infecterait le cerveau, étant donné que vous êtes les gardiens de ces animaux de plébéiens. Je me permets de prendre congé de vous.

Il quitte Brutus et Sicinius, qui vont à l'écart.
Entrent précipitamment Volumnia, Virgilia, et Valéria

Eh quoi, mesdames, aussi belles que nobles, plus nobles que la lune elle-même, si elle était terrestre, où donc vos yeux vous entraînent-ils si vite ?

VOLUMNIA. – Honorable Ménénius, mon fils Martius s'approche. Pour l'amour de Junon[2], laissez-nous passer.

MÉNÉNIUS. – Ah ! Martius revient ?

VOLUMNIA. – Oui, noble Ménénius, et avec la confirmation du plus grand succès[3].

MÉNÉNIUS [*lançant son bonnet en l'air*]. – Prends mon bonnet, Jupiter, et je te remercie ! Ho, ho, Martius revient ?

VIRGILIA *et* VALÉRIA.– Mais oui, c'est vrai.

VOLUMNIA. – Regardez, c'est une lettre de lui. L'État en a une autre, sa femme une troisième, et je crois qu'une autre encore vous attend chez vous.

MÉNÉNIUS. – Ce soir, je vais faire tituber jusqu'aux murs de ma maison. Une lettre pour moi ?

VIRGILIA. – Oui, c'est bien vrai, il y a une lettre pour vous, je l'ai vue.

MÉNÉNIUS. – Une lettre pour moi ? Cela me donne un bail de sept ans de santé, pendant lequel je vais faire la nique au médecin. La plus souveraine prescription de Galien[4] n'est qu'empiricutique[5], et, à côté d'un pareil baume, ne mérite pas meilleure réputation qu'une potion pour les chevaux. N'est-il pas blessé ? D'habitude, il revient blessé.

VIRGILIA. – Ah ! non, non, non !

VOLUMNIA. – Oh ! si, il est blessé, j'en remercie les dieux !

MÉNÉNIUS. – Moi aussi, si ce n'est pas trop grave. S'il rapporte une victoire dans sa poche, les blessures lui vont bien.

VOLUMNIA. – On's brows, Menenius. He comes the third time home with the oaken garland.

MENENIUS. – Has he disciplined Aufidius soundly?

VOLUMNIA. – Titus Lartius writes they fought together, but Aufidius got off.

MENENIUS. – And 'twas time for him too, I'll warrant him that. An he had stayed by him, I would not have been so fidiussed for all the chests in Corioles and the gold that's in them. Is the senate possessed of this?

VOLUMNIA. – Good ladies, let's go. Yes, yes, yes. The senate has letters from the general, wherein he gives my son the whole name of the war. He hath in this action outdone his former deeds doubly.

VALERIA. – In truth, there's wondrous things spoke of him.

MENENIUS. – Wondrous, ay, I warrant you; and not without his true purchasing.

VIRGILIA. – The gods grant them true.

VOLUMNIA. – True? Pooh-whoo!

MENENIUS. – True? I'll be sworn they are true. Where is he wounded? (*To the tribunes*) God save your good worships. Martius is coming home. He has more cause to be proud. (*To Volumnia*) Where is he wounded?

VOLUMNIA. – I'th' shoulder and i'th' left arm. There will be large cicatrices to show the people when he shall stand for his place. He received in the repulse of Tarquin seven hurts i'th' body.

MENENIUS. – One i'th' neck and two i'th' thigh – there's nine that I know.

VOLUMNIA. – He had before this last expedition twenty-five wounds upon him.

MENENIUS. – Now it's twenty-seven. Every gash was an enemy's grave.

A shout and flourish

Hark, the trumpets.

VOLUMNIA. – These are the ushers of Martius. Before him he carries noise,
and behind him he leaves tears.
Death, that dark spirit, in's nervy arm doth lie,
Which being advanced, declines; and then men die.

Trumpets sound a sennet. Enter [in state] Cominius the general and Lartius, between them Coriolanus, crowned with an oaken garland, with captains and soldiers and a Herald

HERALD. – Know, Rome, that all alone Martius did fight
Within Corioles' gates, where he hath won
With fame a name to "Martius Caius"; these
In honour follows "Coriolanus".
Welcome to Rome, renownèd Coriolanus!

A flourish sounds

ALL. – Welcome to Rome, renownèd Coriolanus!

CORIOLANUS. – No more of this, it does offend my heart.
Pray now, no more.

124-125 *prose*] *vers F.* **131** Coriolanus] *Steevens (1773)*; *Martius Caius Coriolanus F.* **134-137** *vers*] *prose F.*

VOLUMNIA. – Il la rapporte sur son front, Ménénius. C'est la troisième fois qu'il revient avec la couronne de chêne.

MÉNÉNIUS. – A-t-il donné une bonne correction à Aufidius ?

VOLUMNIA. – Titus Lartius écrit qu'ils se sont battus, mais qu'Aufidius s'est sauvé.

MÉNÉNIUS. – Il était temps pour lui, je le garantis. S'il était resté là, je n'aurais pas voulu être à sa place pour me faire aufidiusser de la sorte, pas pour tous les coffres de Corioles et tout l'or qu'il y a dedans. Le Sénat est-il au courant de cela ?

VOLUMNIA. – Mes bonnes dames, partons. Oui, oui, oui. Le Sénat a des lettres du général, où il donne à mon fils toute la gloire de la guerre. Il a dans cette action doublement surpassé ses exploits précédents.

VALÉRIA. – En vérité, on dit de lui des choses prodigieuses.

MÉNÉNIUS. – Prodigieuses, oui, je vous le garantis ; et il les aura vraiment bien gagnées.

VIRGILIA. – Les dieux fassent qu'elles soient vraies !

VOLUMNIA. – Vraies ? Peuh !

MÉNÉNIUS. – Vraies ? Je suis prêt à jurer qu'elles sont vraies. Où est-il blessé ? (*Aux tribuns*) Dieu garde vos bonnes seigneuries ! Martius revient. Il a encore plus de raisons d'être orgueilleux. (*A Volumnia*) Où est-il blessé ?

VOLUMNIA. – A l'épaule, et au bras gauche. Il y aura de grandes cicatrices à montrer au peuple quand il se présentera pour revendiquer sa place. Il avait été touché en sept endroits quand Tarquin[1] fut repoussé.

MÉNÉNIUS. – Une au cou, deux à la cuisse — il y en a neuf que je connais.

VOLUMNIA. – Il avait avant cette dernière campagne vingt-cinq blessures sur le corps.

MÉNÉNIUS. – Maintenant, cela fait vingt-sept. Chaque entaille a été la tombe d'un ennemi.

Clameur et sonnerie de trompette

Écoutez, les trompettes.

VOLUMNIA. – Ce sont les hérauts de Martius. Devant lui, il produit le fracas, et derrière lui il laisse les larmes.
La mort, esprit de l'ombre, gît dans son puissant bras,
Qui, relevé, s'abat ; alors, c'est le trépas[2].

Fanfare prolongée de trompettes. Entrent [en cortège] le général Cominius et Lartius, entre eux Coriolan couronné d'une guirlande de chêne, avec des capitaines, des soldats et un Héraut

LE HÉRAUT. – Sache, Rome, qu'enfermé dans Corioles Martius
Tout seul a combattu, et qu'il y a gagné
Avec la gloire un nom joint à Martius Caius ;
Après ceux-ci, marque d'honneur, vient « Coriolan ».
Sois le bienvenu à Rome, illustre Coriolan !

Sonnerie de trompette

TOUS. – Sois le bienvenu à Rome, illustre Coriolan !

CORIOLAN. – Assez de tout cela, mon cœur en est blessé.
Je vous en prie, cessez.

---

1. Voir ci-dessus I,1,198 note. 2. L'image reprend celle de I,3,29-31, et le distique rimé rappelle le style de ce passage.

COMINIUS. – Look, sir, your mother.
CORIOLANUS (*to Volumnia*). – O,
You have, I know, petitioned all the gods
For my prosperity!
He kneels
VOLUMNIA. – Nay, my good soldier, up,
My gentle Martius, worthy Caius,
[*He rises*]
And, by deed-achieving honour newly named –
What is it? – "Coriolanus" must I call thee?
But O, thy wife!
CORIOLANUS (*to Virgilia*). – My gracious silence, hail.
Wouldst thou have laughed had I come coffined home,
That weep'st to see me triumph? Ah, my dear,
Such eyes the widows in Corioles wear,
And mothers that lack sons.
MENENIUS. – Now the gods crown thee!
[CORIOLANUS] (*to Valeria*). – And live you yet? O my sweet lady, pardon.
VOLUMNIA. – I know not where to turn. O, welcome home!
And welcome, general, and you're welcome all!
MENENIUS. – A hundred thousand welcomes! I could weep
And I could laugh, I am light and heavy. Welcome!
A curse begnaw at very root on's heart
That is not glad to see thee. You are three
That Rome should dote on. Yet, by the faith of men,
We have some old crab-trees here at home that will not
Be grafted to your relish. Yet welcome, warriors!
We call a nettle but a nettle, and
The faults of fools but folly.
COMINIUS. – Ever right.
CORIOLANUS. – Menenius, ever, ever.
HERALD. – Give way there, and go on.
CORIOLANUS [*to Volumnia and Virgilia*]. – Your hand, and yours.
Ere in our own house I do shade my head
The good patricians must be visited,
From whom I have received not only greetings,
But with them change of honours.
VOLUMNIA. – I have lived
To see inherited my very wishes,
And the buildings of my fancy. Only
There's one thing wanting, which I doubt not but
Our Rome will cast upon thee.

---

144 wear] *F* (were). **146** CORIOLANUS] *Rowe (1709)*; *attribué à* COMINIUS *dans F.* **151** begnaw] *Craig (1922)*; begin *F.* **152** You] *F2*; Yon *F.*

---

1. La plupart des éditeurs placent l'indication *to Valeria* après cette première phrase, qui s'adresse alors à Ménénius. Adressée à Valéria, elle paraît grossière, et peut évoquer le souvenir de la phrase de Brutus, disant que Coriolan n'hésiterait pas à se moquer de la chaste lune (I,1,241), Valéria devant être plus tard appelée par Coriolan *the moon of*

COMINIUS. – Voyez, monsieur, votre mère.
CORIOLAN (*à Volumnia*). – Oh !
Vous avez, je le sais, imploré tous les dieux
Pour qu'ils me soient propices !
Il s'agenouille
VOLUMNIA. – Non, debout, mon bon soldat,
Mon noble Martius, mon valeureux Caius,
[*Il se relève*]
Et par l'honneur de tes exploits porteur d'un nouveau nom –
Quel est-il donc ? – il faut que je t'appelle « Coriolan » ?
Mais, oh ! ta femme !
CORIOLAN (*à Virgilia*). – A mon gracieux silence, salut.
Aurais-tu ri à mon retour dans un cercueil,
Toi qui pleures à me voir triompher ? Ah ! très chère,
Ces yeux sont pour les veuves de Corioles, et les mères
Qui ont perdu leurs fils.
MÉNÉNIUS. – Que les dieux te couronnent !
[CORIOLAN] (*à Valéria*). – Vous n'en êtes pas morte[1] ? Oh ! pardon, douce [dame !
VOLUMNIA. – Je ne sais plus où je dois me tourner. Oh ! bienvenue !
Bienvenue, général, et vous êtes tous les bienvenus !
MÉNÉNIUS. – Cent mille bienvenues ! J'ai envie de pleurer
Et j'ai envie de rire. Je suis allègre et lourd. Bienvenue !
Qu'une malédiction ronge jusqu'aux racines
Le cœur de qui n'est pas heureux de te revoir !
De vous trois, il faudrait que Rome soit entichée.
Et pourtant, par ma foi d'homme, il y a ici chez nous
Certains vieux sauvageons[2] qui ne supportent pas
De greffe à votre goût. Mais bienvenue, guerriers !
Nous appelons ortie ce qui n'est qu'ortie, et
Sottises les fautes des sots.
COMINIUS. – Il a toujours raison.
CORIOLAN. – Ménénius, toujours, toujours.
LE HÉRAUT. – Place, là-bas, avancez.
CORIOLAN [*à Volumnia et à Virgilia*]. – Votre main, et la vôtre.
Avant que notre toit puisse abriter ma tête
Je dois rendre visite à nos bons patriciens,
Dont je n'ai pas seulement reçu les compliments
Mais de nouveaux honneurs.
VOLUMNIA. – Ma vie m'aura fait voir
La réalisation de mes vœux les plus chers,
Et ce qu'avait construit mon imagination.
Il ne manque qu'une chose, et je ne doute pas que
Notre Rome te l'octroie.

Rome (V,3,65). Mais on peut aussi comprendre que la question est suggérée par l'attitude de Valéria, qui, comme Virgilia, est restée silencieuse, et qu'elle cherche à exprimer un étonnement plaisant (« et vous, vous avez donc survécu aux angoisses ? »). **2.** *crab-trees.* Pommiers sauvages, aux fruits acides. Au sens figuré, personne revêche.

CORIOLANUS. – Know, good mother,
I had rather be their servant in my way
Than sway with them in theirs.
COMINIUS. – On, to the Capitol.

A flourish of cornetts. Exeunt in state, as before, all but Brutus and Sicinius, who come forward

BRUTUS. – All tongues speak of him, and the bleared sights
Are spectacled to see him. Your prattling nurse
Into a rapture lets her baby cry
While she chats him ; the kitchen malkin pins
Her richest lockram 'bout her reechy neck,
Clamb'ring the walls to eye him. Stalls, bulks, windows
Are smothered up, leads filled and ridges horsed
With variable complexions, all agreeing
In earnestness to see him. Seld-shown flamens
Do press among the popular throngs, and puff
To win a vulgar station. Our veiled dames
Commit the war of white and damask in
Their nicely guarded cheeks to th' wanton spoil
Of Phoebus' burning kisses. Such a pother
As if that whatsoever god who leads him
Were slily crept into his human powers
And gave him graceful posture.
SICINIUS. – On the sudden
I warrant him consul.
BRUTUS. – Then our office may
During his power go sleep.
SICINIUS. – He cannot temp'rately transport his honours
From where he should begin and end, but will
Lose those he hath won.
BRUTUS. – In that there's comfort.
SICINIUS. – Doubt not
The commoners, for whom we stand, but they
Upon their ancient malice will forget
With the least cause these his new honours, which
That he will give them make I as little question
As he is proud to do't.
BRUTUS. – I heard him swear,
Were he to stand for consul, never would he
Appear i'th' market-place nor on him put
The napless vesture of humility,
Nor, showing, as the manner is, his wounds
To th' people, beg their stinking breaths.

---

183 guarded] *Wilson (1960)* ; gawded *F.*

---

1. Les lunettes ne datent que de la fin du Moyen Age. **2.** *lockram.* « Fichu » ou « châle », du nom d'un tissu fabriqué autrefois à Locronan, en Bretagne. **3.** *Stalls, bulks.* Désignaient

CORIOLAN. – Ma chère mère, sachez
Que j'aime mieux les servir à ma façon plutôt
Que commander avec eux et comme eux.

COMINIUS. – En route, au Capitole.

Sonnerie de cornets. Tous sortent en cortège, comme ils sont entrés auparavant, sauf Brutus et Sicinius, qui s'avancent

BRUTUS. – Il est dans chaque bouche, et les yeux presque aveugles
Sont munis de lunettes[1] pour le voir. La bavarde nourrice
Babille à son sujet, laissant crier l'enfant
Jusqu'à piquer une crise. La maritorne épingle
Son fichu[2] le plus riche autour d'un cou crasseux,
Et escalade les murs pour le voir. Les étals,
Les échoppes[3], les fenêtres regorgent. Les cheneaux
Sont remplis, sur le faîte des toits toutes sortes de gens
Sont à califourchon, et tous aussi avides
De le voir. Des flamines[4], qui se montrent rarement,
Se pressent parmi les foules populaires, et s'essoufflent
A conquérir une place vulgaire. Chez nos dames voilées
Le destin de la guerre que livrent sur leurs joues
Soigneusement protégées le blanc et le carmin
Est laissé à Phébus dont les baisers brûlants
Font des ravages licencieux. C'est un tumulte tel
Qu'on dirait que le dieu qui le guide, quel qu'il soit,
S'est introduit par ruse dans ses facultés d'homme
Et lui donne une allure divine.

SICINIUS. – En moins de rien
Je vous le garantis consul.

BRUTUS. – En ce cas notre charge
Peut sommeiller le temps de son pouvoir.

SICINIUS. – Il ne peut pas porter calmement ses honneurs
Du commencement jusqu'à la fin, mais il perdra
Ceux qu'il a remportés.

BRUTUS. – C'est une consolation.

SICINIUS. – N'en doutez pas,
Les gens du peuple, que nous représentons,
En raison de leur vieille rancune oublieront
A la moindre occasion ces nouveaux honneurs, et
Il la leur donnera, j'en suis aussi certain
Que de l'orgueil qu'il y mettra.

BRUTUS. – Il jura devant moi
Que s'il devait briguer le consulat, jamais
Il n'irait sur la place du marché, ni ne mettrait
Le vêtement râpé de l'humble candidat[5],
Ni, en montrant selon l'usage ses blessures,
Ne mendierait au peuple ses voix puantes.

---

une sorte d'étal ou de tréteau placé devant une boutique. **4.** Prêtres attachés au culte d'un dieu particulier, par opposition aux pontifes, chargés du culte de tous les dieux. **5.** La description de ce vêtement est dans Plutarque* (Bullough, vol. 5, p. 518).

SICINIUS. – 'Tis right.
BRUTUS. – It was his word. O, he would miss it rather
Than carry it, but by the suit of the gentry to him,
And the desire of the nobles.
SICINIUS. – I wish no better
Than have him hold that purpose, and to put it
In execution.
BRUTUS. – 'Tis most like he will.
SICINIUS. – It shall be to him then, as our good wills,
A sure destruction.
BRUTUS. – So it must fall out
To him, or our authority's for an end.
We must suggest the people in what hatred
He still hath held them ; that to's power he would
Have made them mules, silenced their pleaders,
And dispropertied their freedoms, holding them
In human action and capacity
Of no more soul nor fitness for the world
Than camels in their war, who have their provand
Only for bearing burdens, and sore blows
For sinking under them.
SICINIUS. – This, as you say, suggested
At some time when his soaring insolence
Shall touch the people – which time shall not want
If he be put upon't, and that's as easy
As to set dogs on sheep – will be his fire
To kindle their dry stubble, and their blaze
Shall darken him for ever.

Enter a Messenger

BRUTUS. – What's the matter ?
MESSENGER. – You are sent for to the Capitol. 'Tis thought
That Martius shall be consul. I have seen
The dumb men throng to see him, and the blind
To hear him speak. Matrons flung gloves,
Ladies and maids their scarves and handkerchiefs,
Upon him as he passed. The nobles bended
As to Jove's statue, and the commons made
A shower and thunder with their caps and shouts.
I never saw the like.
BRUTUS. – Let's to the Capitol,
And carry with us ears and eyes for th' time,
But hearts for the event.
SICINIUS. – Have with you. *Exeunt*

205-209 *vers*] *prose F.* **217** their war] *F* ; the war *Hanmer (1744).* **221** touch] *Hanmer (1744)* ; teach *F.*

---

1. L'expression semble redondante. On omet souvent la virgule avant *but* qu'on interprète alors comme signifiant « autrement que » : Coriolan refuserait d'être élu autrement que

SICINIUS. – C'est vrai.
BRUTUS. – Ce furent ses propres termes. Oh ! n'étaient l'insistance
Des gentilshommes et le désir des nobles, il préférerait
Ne pas l'avoir, plutôt que de l'emporter[1].
SICINIUS. – Le mieux que je souhaite,
C'est de voir qu'il s'en tient à cette résolution,
Et l'exécute.
BRUTUS. – Il le fera, c'est très probable.
SICINIUS. – Alors ce sera pour lui, comme veut notre intérêt,
La destruction certaine.
BRUTUS. – C'est le sort qu'il lui faut,
Sinon c'en est fini de notre autorité.
Insinuons aux gens du peuple en quelle haine
Il n'a cessé de les tenir ; que de tout son pouvoir
Il eût fait d'eux des mules, fait taire leurs avocats,
Enlevé leurs libertés, jugeant qu'ils n'ont,
En fait d'actions et de capacités humaines,
Pas plus d'âme ni plus de talents pour le monde
Que chameaux dans leur guerre[2], qui gagnent leur provende
A porter des fardeaux, et sont roués de coups
Quand ils ploient sous le faix.
SICINIUS. – Cela, comme vous le dites,
Insinué à un moment où sa haute insolence
Enflammera[3] le peuple — or ce moment viendra
Pour peu qu'on le provoque, et c'est aussi facile
Que de lancer des chiens sur des moutons —, sera
Le feu pour embraser leur chaume, et leur flambée
L'éclipsera à tout jamais.

Entre un Messager

BRUTUS. – Que se passe-t-il ?
LE MESSAGER. – Vous êtes demandés au Capitole. On pense
Que Martius deviendra consul. J'ai vu les muets
Se presser pour le voir, et les aveugles pour l'entendre.
Vers lui, à son passage des matrones lançaient
Leurs gants, des dames et des filles leurs écharpes
Et leurs mouchoirs. Les nobles s'inclinaient comme devant
La statue de Jupiter, et le peuple faisait
Pluie et tonnerre de ses bonnets et ses clameurs.
Jamais je n'ai vu cela.
BRUTUS. – Allons au Capitole,
Ayons l'œil et l'oreille attentifs au présent,
Mais le cœur, à ce qui adviendra.
SICINIUS. – Je vous suis. *Ils sortent*

---

par la noblesse. 2. On explique *their war* comme « la guerre que font les patriciens ». 3. On a aussi donné à *touch* le sens de « blesser », ou de « piquer au vif ». Le sens que nous adoptons, proposé par A.H. Gomme et retenu par Brockbank, annonce l'image des vers 223-224.

II, 2 *Enter two Officers, to lay cushions, as it were in the Capitol*

1 OFFICER. – Come, come, they are almost here. How many stand for consulships ?

2 OFFICER. – Three, they say, but 'tis thought of everyone Coriolanus will carry it.

1 OFFICER. – That's a brave fellow, but he's vengeance proud and loves not the common people.

2 OFFICER. – Faith, there hath been many great men that have flattered the people who ne'er loved them ; and there be many that they have loved they know not wherefore, so that if they love they know not why, they hate upon no better a ground. Therefore for Coriolanus neither to care whether they love or hate him manifests the true knowledge he has in their disposition, and out of his noble carelessness lets them plainly see't.

1 OFFICER. – If he did not care whether he had their love or no he waved indifferently 'twixt doing them neither good nor harm ; but he seeks their hate with greater devotion than they can render it him, and leaves nothing undone that may fully discover him their opposite. Now to seem to affect the malice and displeasure of the people is as bad as that which he dislikes, to flatter them for their love.

2 OFFICER. – He hath deserved worthily of his country, and his assent is not by such easy degrees as those who, having been supple and courteous to the people, bonneted, without any further deed to have them at all into their estimation and report. But he hath so planted his honours in their eyes and his actions in their hearts that for their tongues to be silent and not confess so much were a kind of ingrateful injury. To report otherwise were a malice that, giving itself the lie, would pluck reproof and rebuke from every ear that heard it.

1 OFFICER. – No more of him. He's a worthy man. Make way, they are coming.

A sennet. Enter the Patricians, and Sicinius and Brutus, the tribunes of the people, lictors before them ; Coriolanus, Menenius, Cominius the consul. [*The Patricians take their places and sit.*] *Sicinius and Brutus take their places by themselves. Coriolanus stands*

MENENIUS. – Having determined of the Volsces, and
To send for Titus Lartius, it remains
As the main point of this our after-meeting
To gratify his noble service that
Hath thus stood for his country. Therefore please you,
Most reverend and grave elders, to desire
The present consul and last general
In our well-found successes to report
A little of that worthy work performed
By Martius Caius Coriolanus, whom
We met here both to thank and to remember
With honours like himself.

[*Coriolanus sits*]

---

1. Ce sens, proposé par A.H. Gomme, est plus logique que celui qui a été généralement adopté par analogie avec un sens du verbe « to cap » (ont ôté leur bonnet).

Entrent deux Appariteurs, pour poser des coussins, comme si l'on était au Capitole II, 2

1er APPARITEUR. – Dépêchons, dépêchons, ils sont presque arrivés. Combien y a-t-il de candidats au consulat ?

2e APPARITEUR. – Trois, paraît-il, mais tout le monde pense que c'est Coriolan qui va l'emporter.

1er APPARITEUR. – C'est un brave, mais excessivement orgueilleux, et il n'aime pas le petit peuple.

2e APPARITEUR. – Ma foi, il y a déjà eu beaucoup de grands hommes qui ont flatté le peuple, qui les détestait ; et il y en a beaucoup que le peuple a aimés sans savoir pourquoi, si bien que, s'il aime sans savoir pourquoi, il déteste sans avoir de meilleure raison. Par conséquent, si Coriolan ne se soucie pas d'être aimé ou détesté des gens du peuple, c'est la preuve qu'il connaît parfaitement leur tournure d'esprit, et sa noble insouciance le leur laisse clairement voir.

1er APPARITEUR. – S'il ne se souciait pas qu'ils l'aiment ou non, il aurait incliné indifféremment à leur faire du bien ou du mal ; mais il recherche leur haine avec plus de zèle qu'ils ne peuvent lui rendre, et il fait tout pour montrer au grand jour qu'il leur est opposé. Or, avoir l'air d'apprécier leur hostilité et leur déplaisir, c'est aussi mal que ce qu'il n'aime pas, à savoir de les flatter pour s'en faire aimer.

2e APPARITEUR. – Il a bien mérité de sa patrie, et il n'aura pas gagné l'assentiment par des degrés aussi faciles que ceux qui, après s'être montrés souples et courtois avec le peuple, ont remis leur bonnet[1], sans rien faire d'autre pour mériter le moins du monde son estime et sa louange. Mais il a si bien planté sa gloire dans leurs yeux et ses actions dans leurs cœurs que si leur langue gardait le silence et ne le reconnaissait pas, ce serait une sorte d'injurieuse ingratitude. Parler autrement serait une mauvaise action, qui, se donnant à elle-même le démenti, arracherait réfutation et blâme à toute oreille qui l'entendrait.

1er APPARITEUR. – Assez parlé de lui. C'est un homme de mérite. Écartons-nous, ils arrivent.

Fanfare prolongée. Entrent les Patriciens, puis Sicinius et Brutus, les tribuns du peuple, précédés de licteurs ; Coriolan, Ménénius, le consul Cominius. [*Les Patriciens s'assoient à leurs places.*] *Sicinius et Brutus prennent place à l'écart. Coriolan reste debout*

MÉNÉNIUS. – Ayant réglé la question volsque, et décidé
De convoquer Titus Lartius, il nous reste
Comme point principal pour cette suite de la session
Notre reconnaissance à celui qui ainsi
A noblement servi sa patrie. Veuillez donc,
Graves et respectés sénateurs, demander
Au consul d'aujourd'hui, hier le général
De nos heureux succès, de rapporter un peu
De l'éminente tâche accomplie par Martius
Caius Coriolan, qu'ici nous recevons
Pour le remercier et le récompenser
D'honneurs dignes de lui.

[*Coriolan s'assied*]

1 SENATOR. – Speak, good Cominius.
Leave nothing out for length, and make us think
Rather our state's defective for requital
Than we to stretch it out.
(*To the tribunes*) Masters o'th' people,
We do request your kindest ears and, after,
Your loving motion toward the common body
To yield what passes here.

SICINIUS. – We are convented
Upon a pleasing treaty, and have hearts
Inclinable to honour and advance
The theme of our assembly.

BRUTUS. – Which the rather
We shall be blessed to do if he remember
A kinder value of the people than
He hath hereto prized them at.

MENENIUS. – That's off, that's off.
I would you rather had been silent. Please you
To hear Cominius speak?

BRUTUS. – Most willingly,
But yet my caution was more pertinent
Than the rebuke you give it.

MENENIUS. – He loves your people,
But tie him not to be their bedfellow.
Worthy Cominius, speak.
Coriolanus rises and offers to go away
(*To Coriolanus*) Nay, keep your place.

[1] SENATOR. – Sit, Coriolanus. Never shame to hear
What you have nobly done.

CORIOLANUS. – Your honours' pardon,
I had rather have my wounds to heal again
Than hear say how I got them.

BRUTUS. – Sir, I hope
My words disbenched you not?

CORIOLANUS. – No, sir, yet oft
When blows have made me stay I fled from words.
You soothed not, therefore hurt not; but your people,
I love them as they weigh –

MENENIUS. – Pray now, sit down.

CORIOLANUS. – I had rather have one scratch my head i'th' sun
When the alarum were struck than idly sit
To hear my nothings monstered. *Exit*

MENENIUS. – Masters of the people,
Your multiplying spawn how can he flatter –
That's thousand to one good one – when you now see
He had rather venture all his limbs for honour

---

42 state's] *F* (states). **44** after,] *F3*; after *F*. **46-58** *vers*] *prose F.*

1er SÉNATEUR. – Parlez, bon Cominius.
N'omettez rien par crainte d'être trop long, faites-nous sentir
Que les moyens manquent à l'État pour s'acquitter,
Plutôt que le désir de le faire amplement.
(*Aux tribuns*) Maîtres du peuple, nous vous prions de lui prêter
Une oreille généreuse, et de montrer ensuite[1]
L'amour que vous portez au peuple en lui disant
Ce qui se passe ici.

SICINIUS. – Nous sommes réunis
Pour discuter d'un point qui nous est agréable,
Et nos cœurs sont enclins à honorer et promouvoir
L'objet de nos débats.

BRUTUS. – Et nous en serons encore
Plus heureux s'il n'oublie pas d'avoir pour le peuple
Une plus haute estime que le prix qu'il lui a
Accordé jusqu'ici.

MÉNÉNIUS. – Aucun rapport ! Aucun rapport !
Il aurait mieux valu vous taire. Vous plairait-il
D'entendre Cominius ?

BRUTUS. – Très volontiers, pourtant
Mon avertissement était plus pertinent
Que votre remontrance.

MÉNÉNIUS. – Il l'aime, votre peuple,
Mais ne l'obligez pas à partager son lit.
Digne Cominius, parlez.

Coriolan se lève et se dispose à partir

(*A Coriolan*) Non, gardez votre place.

[1er] SÉNATEUR. – Asseyez-vous, Coriolan. N'ayez pas honte d'entendre
Vos actes de noblesse.

CORIOLAN. – Messieurs les sénateurs,
Pardon. J'aimerais mieux voir se guérir mes blessures
Que d'entendre comment je les ai eues.

BRUTUS. – Monsieur,
J'espère que ce ne sont pas mes paroles qui vous ont
Chassé de votre siège ?

CORIOLAN. – Non, monsieur, mais souvent
Les coups m'ont fait rester, et j'ai fui les paroles.
Vous n'avez pas flatté, donc pas blessé ; pour votre peuple,
Je l'estime à son poids.

MÉNÉNIUS. – Allons, asseyez-vous.

CORIOLAN. – Plutôt me faire gratter la tête sous le soleil
Quand on appelle aux armes, qu'écouter inactif
Mes riens transformés en prodiges. *Il sort*

MÉNÉNIUS. – Maîtres du peuple,
Comment peut-il flatter votre semence prolifique
Où un sur mille est bon, quand vous le voyez prêt
A risquer pour l'honneur tous ses membres plutôt

1. Sans virgule après *after* (voir Variantes), le sens est « selon (l'amour que) ».

Than one on's ears to hear it ? Proceed, Cominius.
COMINIUS. – I shall lack voice ; the deeds of Coriolanus
Should not be uttered feebly. It is held
That valour is the chiefest virtue, and
Most dignifies the haver. If it be,
The man I speak of cannot in the world
Be singly counterpoised. At sixteen years,
When Tarquin made a head for Rome, he fought
Beyond the mark of others. Our then dictator,
Whom with all praise I point at, saw him fight
When with his Amazonian chin he drove
The bristled lips before him. He bestrid
An o'erpressed Roman, and, i'th' consul's view,
Slew three opposers. Tarquin's self he met,
And struck him on his knee. In that day's feats,
When he might act the woman in the scene,
He proved best man i'th' field, and for his meed
Was brow-bound with the oak. His pupil age
Man-entered thus, he waxèd like a sea,
And in the brunt of seventeen battles since
He lurched all swords of the garland. For this last
Before and in Corioles, let me say
I cannot speak him home. He stopped the fliers,
And by his rare example made the coward
Turn terror into sport. As weeds before
A vessel under sail, so men obeyed
And fell below his stem. His sword, death's stamp,
Where it did mark, it took. From face to foot
He was a thing of blood, whose every motion
Was timed with dying cries. Alone he entered
The mortal gate of th' city, which he, painted
With shunless destiny, aidless came off,
And with a sudden reinforcement struck
Corioles like a planet. Now all's his.
When by and by the din of war gan pierce
His ready sense, then straight his doubled spirit
Requickened what in flesh was fatigate,
And to the battle came he, where he did
Run reeking o'er the lives of men as if
'Twere a perpetual spoil ; and till we called
Both field and city ours he never stood
To ease his breast with panting.
MENENIUS. – Worthy man.
[1] SENATOR. – He cannot but with measure fit the honours

73 one on's] *F* (on ones). **83** chin] *F3* ; Shinne *F*. **103** he,] *Oxford* ; he *F*.

1. A la fois acteur assez jeune pour jouer un rôle de femme sur une scène, et aussi apeuré qu'une femme sur ce théâtre d'opérations. 2. Coriolan est « peint » avec le sang qui ne

Que d'une de ses oreilles l'entendre rapporter ? Parlez, Cominius.
COMINIUS. – Je vais manquer de souffle ; ce qu'a fait Coriolan
Ne saurait être dit faiblement. On estime
Que la valeur est la première des vertus,
Et honore le plus celui qui la possède.
Si cela est, personne au monde ne saurait
Le contrebalancer. A seize ans, quand Tarquin
Leva des forces contre Rome, il se battit
Mieux que tout autre. Et notre dictateur,
Auquel je rends hommage, vit pendant le combat
Son menton d'Amazone pourchasser devant lui
Des lèvres hérissées. Il couvrit de son corps
Un Romain terrassé, et, sous l'œil du consul,
Tua trois attaquants. Il affronta Tarquin lui-même,
Et le mit à genoux. En ce jour de prouesses,
Quand il aurait pu être une femme en ce théâtre[1],
Il fut le meilleur homme au combat, et pour sa récompense
Eut le front ceint de chêne. A l'âge de l'école entré
Ainsi dans l'âge d'homme, montant comme le flot,
Dans le choc de dix-sept combats il a depuis
Ravi la palme à toutes les épées. Du dernier,
Devant et dans Corioles, il me faut renoncer
A lui rendre justice. Il arrêta ceux qui fuyaient,
Et par son rare exemple il obligea les lâches
A se moquer de leur terreur. Comme des algues
Sous un navire au vent, les hommes s'inclinèrent,
Tombant sous son étrave. Son épée, sceau de mort,
Où se posait sa marque, tuait ; de pied en cap,
Il n'était qu'une chose de sang, dont chaque geste
Était rythmé de cris d'agonisants. Seul il entra
Par les mortelles portes de la ville, dont, peint
Par le destin fatal[2], sans aide il ressortit,
Puis, avec un soudain renfort, frappa Corioles
Ainsi qu'une planète[3]. Alors, tout est à lui.
Mais bientôt, le fracas de la guerre perçant
Son oreille en alerte, son ardeur redoublée
Revigora en lui ses forces fatiguées,
Il revint au combat, où, tout fumant de sang,
Il fit tomber les vies humaines comme si c'était
Pour une curée perpétuelle[4]. Et jusqu'à l'heure
Où l'on put dire à nous et les champs et la ville,
Il ne s'arrêta pas pour reprendre son souffle.
MÉNÉNIUS. – Quel mérite !
[1er] SÉNATEUR. – Il ne peut qu'être à la mesure des honneurs

---

peut manquer de couler dans un tel combat. **3.** Dans la croyance populaire, les planètes pouvaient avoir soudainement une influence mortelle ou dévastatrice. **4.** *spoil.* Évoque ici le massacre, et la curée qui le récompense. Il aura au vers 116 le sens de « butin », sorte de récompense que Coriolan n'accepte pas.

Which we devise him.
COMINIUS. – Our spoils he kicked at,
And looked upon things precious as they were
The common muck of the world. He covets less
Than misery itself would give, rewards
His deeds with doing them, and is content
To spend the time to end it.
MENENIUS. – He's right noble.
Let him be called for.
[1] SENATOR. – Call Coriolanus.
OFFICER. – He doth appear.

Enter Coriolanus

MENENIUS. – The senate, Coriolanus, are well pleased
To make thee consul.
CORIOLANUS. – I do owe them still
My life and services.
MENENIUS. – It then remains
That you do speak to the people.
CORIOLANUS. – I do beseech you,
Let me o'erleap that custom, for I cannot
Put on the gown, stand naked, and entreat them
For my wounds' sake to give their suffrage.
Please you that I may pass this doing.
SICINIUS. – Sir, the people
Must have their voices, neither will they bate
One jot of ceremony.
MENENIUS (*to Coriolanus*). – Put them not to't.
Pray you, go fit you to the custom and
Take to you, as your predecessors have,
Your honour with your form.
CORIOLANUS. – It is a part
That I shall blush in acting, and might well
Be taken from the people.
BRUTUS (*to Sicinius*). – Mark you that ?
CORIOLANUS. – To brag unto them "Thus I did, and thus",
Show them th'unaching scars, which I should hide,
As if I had received them for the hire
Of their breath only !
MENENIUS. – Do not stand upon't. –
We recommend to you, tribunes of the people,
Our purpose to them ; and to our noble consul
Wish we all joy and honour.
SENATORS. – To Coriolanus come all joy and honour !

A flourish of cornetts, then exeunt all but Sicinius and Brutus

BRUTUS. – You see how he intends to use the people.
SICINIUS. – May they perceive's intent ! He will require them

---

125-127 *vers*] *prose F.*

Que nous lui destinons.

COMINIUS. – Il repoussa du pied
Notre butin, et considéra des choses précieuses comme
La fange de ce bas monde. Ce qu'il convoite est moins
Que ne donnerait la misère ; le prix de ses exploits,
C'est de les accomplir, il lui suffit comme fin
D'avoir bien employé son temps.

MÉNÉNIUS. – C'est un vrai noble.
Qu'on le rappelle !

[1er] SÉNATEUR. – Appelez Coriolan.

UN APPARITEUR. – Le voici.

Entre Coriolan

MÉNÉNIUS. – Le Sénat, Coriolan, est heureux
De te faire consul.

CORIOLAN. – Je lui devrai toujours
Ma vie et mes services.

MÉNÉNIUS. – Il ne vous reste plus
Que de parler au peuple.

CORIOLAN. – Je vous supplie, veuillez
Me dispenser de cet usage, je ne saurais
Mettre la robe, et rester nu[1], à le prier,
Au nom de mes blessures, d'accorder son suffrage.
Permettez-moi d'y échapper.

SICINIUS. – Monsieur, le peuple
Doit exprimer sa voix, et il refusera
Le moindre manquement aux règles consacrées.

MÉNÉNIUS (*à Coriolan*). – Ne leur en demandez pas trop. Je vous en prie,
Pliez-vous à l'usage ; comme vos prédécesseurs
Prenez l'honneur selon les formes.

CORIOLAN. – Ce serait jouer
Un rôle qui me ferait rougir, et dont le peuple
Pourrait fort bien être privé.

BRUTUS (*à Sicinius*). – Vous entendez ?

CORIOLAN. – Lui dire en me vantant « J'ai fait ceci, cela »,
Exhiber devant lui d'indolores cicatrices
Que je devrais cacher, comme si c'était pour obtenir
Ses voix que je les avais eues !

MÉNÉNIUS. – N'en faites pas
Une condition. – Tribuns du peuple, nous vous confions
Le soin de faire savoir au peuple notre dessein ;
Et à notre noble consul nous souhaitons
Joie et honneur.

LES SÉNATEURS. – A Coriolan, joie et honneur !

Sonnerie de cornets, puis tous sortent sauf Sicinius et Brutus

BRUTUS. – Vous voyez comme il veut traiter les gens du peuple.

SICINIUS. – Puissent-ils apercevoir ce qu'est son intention !

1. Selon Plutarque*, le candidat ne portait rien sous sa robe.

As if he did contemn what he requested
Should be in them to give.

BRUTUS. – Come, we'll inform them
Of our proceedings here. On th' market-place
I know they do attend us. *Exeunt*

II, 3

Enter seven or eight Citizens

1 CITIZEN. – Once, if he do require our voices we ought not to deny him.

2 CITIZEN. – We may, sir, if we will.

3 CITIZEN. – We have power in ourselves to do it, but it is a power that we have no power to do. For if he show us his wounds and tell us his deeds, we are to put our tongues into those wounds and speak for them ; so if he tell us his noble deeds we must also tell him our noble acceptance of them. Ingratitude is monstrous, and for the multitude to be ingrateful were to make a monster of the multitude, of the which we, being members, should bring ourselves to be monstrous members.

1 CITIZEN. – And to make us no better thought of, a little help will serve ; for once we stood up about the corn, he himself stuck not to call us the many-headed multitude.

3 CITIZEN. – We have been called so of many, not that our heads are some brown, some black, some abram, some bald, but that our wits are so diversely coloured ; and truly I think if all our wits were to issue out of one skull, they would fly east, west, north, south, and their consent of one direct way should be at once to all the points o'th' compass.

2 CITIZEN. – Think you so ? Which way do you judge my wit would fly ?

3 CITIZEN. – Nay, your wit will not so soon out as another man's will, 'tis strongly wedged up in a blockhead. But if it were at liberty, 'twould sure southward.

2 CITIZEN. – Why that way ?

3 CITIZEN. – To lose itself in a fog where, being three parts melted away with rotten dews, the fourth would return for conscience' sake, to help to get thee a wife.

2 CITIZEN. – You are never without your tricks. You may, you may.

3 CITIZEN. – Are you all resolved to give your voices ? But that's no matter, the greater part carries it. I say, if he would incline to the people there was never a worthier man.

Enter Coriolanus in a gown of humility, with Menenius

Here he comes, and in the gown of humility. Mark his behaviour. We are not to stay all together, but to come by him where he stands by ones, by twos, and by threes. He's to make his requests by particulars, wherein every one of us has a single honour in giving him our own voices with our own tongues. Therefore follow me, and I'll direct you how you shall go by him.

---

20 wedged] *F* (wadg'd). **31** all together] *F* (altogether).

---

1. Lieu : le forum. **2.** *abram.* Déformation de « auburn », qui signifiait à l'origine « blond » et garde probablement ce sens ici.

Il fera sa requête comme s'il méprisait
Le pouvoir qu'ils détiennent de la lui accorder.

BRUTUS. – Venez, allons leur dire ce qui s'est fait ici.
Je sais qu'ils nous attendent sur la place du marché. *Ils sortent*

Entrent sept ou huit Citoyens[1] II, 3

1er CITOYEN. – Une fois pour toutes, s'il demande nos voix, nous ne devons pas lui dire non.

2e CITOYEN. – Nous le pouvons, monsieur, si nous le voulons.

3e CITOYEN. – Nous avons en nous le pouvoir de le faire, mais c'est un pouvoir que nous n'avons pas le pouvoir d'exercer. Car s'il nous montre ses blessures, et nous fait part de ses exploits, nous devons mettre nos langues dans ces blessures, et parler pour elles ; donc, s'il nous fait part de ses nobles exploits, nous devrons lui faire part aussi de notre noble reconnaissance. L'ingratitude est monstrueuse, et si la multitude était ingrate, cela ferait un monstre de la multitude, de laquelle, étant membres, nous ferions de nous-mêmes des membres monstrueux.

1er CITOYEN. – Et pour que nous ne soyons pas mieux considérés, il ne faut pas grand-chose ; car le jour où nous nous sommes soulevés à propos du blé, il n'a pas hésité lui-même à nous appeler la multitude aux mille têtes.

3e CITOYEN. – Beaucoup nous ont traités ainsi, non que parmi nos têtes il y en ait de brunes, de noires, de blondes[2] et de chauves, mais parce que nos esprits sont de couleurs tout aussi différentes ; et vraiment, je crois que si tous nos esprits devaient sortir du même crâne, ils s'envoleraient vers l'est, l'ouest, le nord, le sud, et que s'ils s'accordaient pour aller droit quelque part, ce serait pour aller en même temps dans toutes les directions.

2e CITOYEN. – Vraiment ? Et de quel côté pensez-vous que partirait le mien ?

3e CITOYEN. – Ma foi, il ne partira pas avant les autres, il est trop bien serré dans votre bourrichon. Mais s'il était en liberté, il irait sûrement vers le sud.

2e CITOYEN. – Et pourquoi vers le sud ?

3e CITOYEN. – Pour s'y perdre dans un brouillard, où, étant aux trois quarts dissous par une vapeur malsaine, son quatrième quart s'en reviendrait, par acquit de conscience, pour t'aider à prendre femme.

2e CITOYEN. – Vous n'êtes jamais à court de fines plaisanteries. Bon, bon !

3e CITOYEN. – Vous êtes tous décidés à lui donner vos voix ? Mais, peu importe, c'est la majorité qui décide. Moi, je vous dis que s'il penchait un peu pour le peuple, il n'y en eut jamais de plus digne.

Entre Coriolan, vêtu d'une robe d'humilité, avec Ménénius

Tenez, il arrive, et dans la robe d'humilité. Remarquez son maintien. Il ne faut pas rester ensemble, mais nous approcher de lui un par un, ou par deux, ou par trois. Il doit nous solliciter en particulier, pour que chacun d'entre nous puisse avoir un honneur singulier à lui donner sa propre voix de sa propre bouche. Donc, suivez-moi, et je vous expliquerai comment vous devrez l'aborder.

ALL THE CITIZENS. – Content, content. *Exeunt Citizens*
MENENIUS. – O sir, you are not right. Have you not known
The worthiest men have done't?
CORIOLANUS. – What must I say?
"I pray, sir"? Plague upon't, I cannot bring
My tongue to such a pace. "Look, sir, my wounds.
I got them in my country's service, when
Some certain of your brethren roared and ran
From th' noise of our own drums"?
MENENIUS. – O me, the gods!
You must not speak of that, you must desire them
To think upon you.
CORIOLANUS. – Think upon me? Hang 'em.
I would they would forget me like the virtues
Which our divines lose by 'em.
MENENIUS. – You'll mar all.
I'll leave you. Pray you, speak to 'em, I pray you,
In wholesome manner.
CORIOLANUS. – Bid them wash their faces
And keep their teeth clean. *Exit Menenius*
Enter three of the Citizens
So, here comes a brace.
You know the cause, sir, of my standing here.
3 CITIZEN. – We do, sir. Tell us what hath brought you to't.
CORIOLANUS. – Mine own desert.
2 CITIZEN. – Your own desert?
CORIOLANUS. – Ay, but not mine own desire.
3 CITIZEN. – How not your own desire?
CORIOLANUS. – No, sir, 'twas never my desire yet to trouble the poor with begging.
3 CITIZEN. – You must think if we give you anything we hope to gain by you.
CORIOLANUS. – Well then, I pray, your price o'th' consulship?
1 CITIZEN. – The price is to ask it kindly.
CORIOLANUS. – Kindly, sir, I pray let me ha't. I have wounds to show you which shall be yours in private. (*To Second Citizen*) Your good voice, sir. What say you?
2 CITIZEN. – You shall ha't, worthy sir.
CORIOLANUS. – A match, sir. There's in all two worthy voices begged. I have your alms. Adieu.
3 CITIZEN (*to the other Citizens*). – But this is something odd.
2 CITIZEN. – An 'twere to give again – but 'tis no matter.
Exeunt Citizens
Enter two other Citizens
CORIOLANUS. – Pray you now, if it may stand with the tune of your voices that I may be consul, I have here the customary gown.

---

55 not] *Cambridge (1865)*; *pas dans F.*

TOUS LES CITOYENS. – Approuvé ! Approuvé ! *Les Citoyens sortent*

MÉNÉNIUS. – Ah ! monsieur, vous avez tort. Ne savez-vous donc pas
Que les plus grands l'ont fait ?

CORIOLAN. – Que faut-il que je dise ?
« Je vous supplie, monsieur ? » Peste, je ne peux forcer ma langue
A marcher à ce pas. « Regardez mes blessures,
Monsieur, que j'ai reçues en servant ma patrie,
Quand certains de vos frères hurlaient et s'enfuyaient
Au seul bruit de nos propres tambours ? »

MÉNÉNIUS. – Hélas ! grands dieux !
Ne parlez pas de cela, il faut leur demander
De bien penser à vous.

CORIOLAN. – De bien penser à moi ? La corde !
Qu'ils m'oublient plutôt, comme les vertus que nos prêtres
Leur enseignent en pure perte.

MÉNÉNIUS. – Vous allez tout gâcher.
Je vous laisse. De grâce, parlez-leur, de grâce,
De la manière propre[1].

CORIOLAN. – Dites-leur de se laver
La face et se curer les dents. *Ménénius sort*

Entrent trois des Citoyens

Tiens, en voici une paire.
Vous connaissez le but, monsieur, de ma présence ici.

3e CITOYEN. – Oui, monsieur, mais dites-nous quelle en est la raison.

CORIOLAN. – Mon propre mérite.

2e CITOYEN. – Votre propre mérite ?

CORIOLAN. – Oui, mais pas mon propre désir.

3e CITOYEN. – Comment, pas votre propre désir ?

CORIOLAN. – Non, monsieur, je n'ai jamais eu le désir d'importuner les pauvres en leur demandant l'aumône.

3e CITOYEN. – Vous devez bien penser que si nous vous donnons quelque chose, c'est que nous espérons tirer quelque profit de vous.

CORIOLAN. – Eh bien, votre prix, s'il vous plaît, pour le consulat ?

1er CITOYEN. – Le prix, c'est de le demander aimablement.

CORIOLAN. – Aimablement, monsieur, je vous prie de me le donner. J'ai des blessures à vous montrer, elles seront à vous en privé. (*Au Second Citoyen*) Votre bonne voix, monsieur. Que me dites-vous ?

2e CITOYEN. – Vous l'aurez, noble monsieur.

CORIOLAN. – Marché conclu, monsieur. Voilà en tout deux dignes voix mendiées. J'ai vos aumônes. Adieu.

3e CITOYEN (*aux autres Citoyens*). – Voilà qui est assez étrange.

2e CITOYEN. – Si c'était à refaire — mais tant pis ! *Les Citoyens sortent*

Entrent deux autres Citoyens

CORIOLAN. – Je vous en prie, si cela peut s'accorder avec le son de votre voix que je devienne consul, j'ai sur moi la robe que veut l'usage.

---

1. *wholesome.* A la fois « raisonnable », « salutaire », et « sain ». Ménénius pense à l'un des premiers sens, Coriolan au dernier.

[4] CITIZEN. – You have deserved nobly of your country, and you have not deserved nobly.

CORIOLANUS. – Your enigma?

[4] CITIZEN. – You have been a scourge to her enemies, you have been a rod to her friends. You have not, indeed, loved the common people.

CORIOLANUS. – You should account me the more virtuous that I have not been common in my love. I will, sir, flatter my sworn brother the people to earn a dearer estimation of them. 'Tis a condition they account gentle. And since the wisdom of their choice is rather to have my hat than my heart, I will practise the insinuating nod and be off to them most counterfeitly; that is, sir, I will counterfeit the bewitchment of some popular man, and give it bountiful to the desirers. Therefore, beseech you I may be consul.

[5] CITIZEN. – We hope to find you our friend, and therefore give you our voices heartily.

[4] CITIZEN. – You have received many wounds for your country.

CORIOLANUS. – I will not seal your knowledge with showing them. I will make much of your voices, and so trouble you no farther.

BOTH CITIZENS. – The gods give you joy, sir, heartily.

CORIOLANUS. – Most sweet voices. *Exeunt Citizens*
Better it is to die, better to starve,
Than crave the hire which first we do deserve.
Why in this womanish toge should I stand here
To beg of Hob and Dick that does appear
Their needless vouches? Custom calls me to't.
What custom wills, in all things should we do't,
The dust on antique time would lie unswept,
And mountainous error be too highly heaped
For truth to o'erpeer. Rather than fool it so,
Let the high office and the honour go
To one that would do thus. I am half through.
The one part suffered, the other will I do.

Enter three Citizens more

Here come more voices.
Your voices! For your voices I have fought,
Watched for your voices, for your voices bear
Of wounds two dozen odd; battles thrice six
I have seen and heard of for your voices, have
Done many things, some less, some more. Your voices!

---

73 FOURTH CITIZEN] *Cambridge (1865)*; 1. *F (de même 76, 88).* **86** FIFTH CITIZEN] *Cambridge (1865)*; 2. *F.* **94** hire] *F2*; higher *F.* **95** womanish] *Oxford*; Woolvish *F.* **95** toge] *Malone (1790)*; tongue *F*; gowne *F2.* **105** more] *F* (moe).

---

1. En dehors du sens habituel de *condition,* on peut comprendre aussi : « ils croient que la flatterie est l'apanage de la noblesse » ou « ils considèrent comme nobles les gens qui s'adonnent à la flatterie ». **2.** Coriolan ironise et joue sur deux sens de *sweet* : « voix agréables à recevoir », et « haleines douces ». **3.** *starve.* Sans complément de cause, ce verbe n'avait pas nécessairement le sens de « mourir de faim » et semble avoir dénoté

[4e] CITOYEN. – Vous avez noblement mérité de votre patrie, et vous n'en avez pas mérité noblement.

CORIOLAN. – La clé de votre énigme ?

[4e] CITOYEN. – Vous avez été un fléau pour ses ennemis, et vous avez eu des verges pour ses amis. En fait, vous n'avez jamais aimé le commun des gens du peuple.

CORIOLAN. – Vous devriez me considérer comme d'autant plus vertueux, pour n'avoir rien aimé de commun. Je m'en vais, monsieur, flatter les gens du peuple, mes frères jurés, pour mériter d'eux une plus haute estime. C'est une condition qu'ils jugent noble[1]. Et puisque la sagesse de leur choix leur fait préférer les coups de chapeau à la franchise, je vais m'entraîner au salut courtisan, et leur ôter mon couvre-chef de la meilleure contrefaçon ; c'est-à-dire, monsieur, que je vais contrefaire la façon ensorceleuse de l'homme populaire, et en user généreusement avec tous ceux qui le désirent. Je vous demande donc humblement de me faire consul.

[5e] CITOYEN. – Nous espérons trouver en vous un ami, et c'est pourquoi nous vous donnons nos voix de tout cœur.

[4e] CITOYEN. – Vous avez reçu de nombreuses blessures pour votre patrie.

CORIOLAN. – Je ne confirmerai pas la connaissance que vous en avez en vous les montrant. Je ferai grand cas de vos voix, et je ne vous dérangerai donc pas plus longtemps.

LES DEUX CITOYENS. – Les dieux vous donnent joie, monsieur, nous le souhaitons de tout cœur.

CORIOLAN. – Quelles voix suaves[2] ! *Les Citoyens sortent*

Mieux vaut la mort, une mort lente[3], que d'implorer
Pour avoir un salaire qu'on a déjà gagné.
Pourquoi devrais-je, dans cette toge efféminée[4],
Auprès de tout venant[5] être ici à mendier
Son mandat superflu ? M'y invite l'usage.
Mais, ferions-nous en tout ce que veut cet usage,
La poussière n'étant plus balayée du passé,
Les monts des errements seraient trop élevés
Pour que la vérité puisse voir. Plutôt que de jouer
Cette comédie, laissons charge et honneur aller
A qui voudra le faire. Je suis à mi-chemin.
La moitié endurée, j'irai jusqu'à la fin.

Entrent encore trois Citoyens

Voici encore des voix.
Vos voix ! C'est pour vos voix que je me suis battu,
J'ai veillé pour vos voix, et pour vos voix je porte
Une vingtaine de blessures ; les batailles, j'en ai vu
Ou entendu trois demi-douzaines, pour vos voix,
J'ai fait beaucoup de choses, plus ou moins grandes. Vos voix !

---

une mort lente (*OED* 1). Coriolan n'est pas homme à redouter particulièrement la faim. **4.** Les commentateurs qui préfèrent garder le *wolfish* de l'in-folio* (voir Variantes) considèrent qu'il s'agit de la peau de mouton que porte le loup de la fable. **5.** *Hob, Dick*. Diminutifs des prénoms Robin (ou Robert) et Richard, désignant des gens ignares ou vulgaires.

Indeed I would be consul.
[6] CITIZEN. – He has done nobly, and cannot go without any honest man's voice.
[7] CITIZEN. – Therefore let him be consul. The gods give him joy and make him good friend to the people!
ALL THE CITIZENS. – Amen, Amen. God save thee, noble consul!
CORIOLANUS. – Worthy voices. *Exeunt Citizens*

Enter Menenius with Brutus and Sicinius

MENENIUS. – You have stood your limitation, and the tribunes
Endue you with the people's voice. Remains
That in th'official marks invested, you
Anon do meet the senate.
CORIOLANUS. – Is this done?
SICINIUS. – The custom of request you have discharged.
The people do admit you, and are summoned
To meet anon upon your approbation.
CORIOLANUS. – Where, at the senate-house?
SICINIUS. – There, Coriolanus.
CORIOLANUS. – May I change these garments?
SICINIUS. – You may, sir.
CORIOLANUS. – That I'll straight do, and, knowing myself again,
Repair to th' senate-house.
MENENIUS. – I'll keep you company. (*To the tribunes*) Will you along?
BRUTUS. – We stay here for the people.
SICINIUS. – Fare you well.
Exeunt Coriolanus and Menenius
He has it now, and by his looks methinks
'Tis warm at's heart.
BRUTUS. – With a proud heart he wore
His humble weeds. Will you dismiss the people?

Enter the Plebeians

SICINIUS. – How now, my masters, have you chose this man?
1 CITIZEN. – He has our voices, sir.
BRUTUS. – We pray the gods he may deserve your loves.
2 CITIZEN. – Amen, sir. To my poor unworthy notice
He mocked us when he begged our voices.
3 CITIZEN. – Certainly. He flouted us downright.
1 CITIZEN. – No, 'tis his kind of speech. He did not mock us.
2 CITIZEN. – Not one amongst us save yourself but says
He used us scornfully. He should have showed us
His marks of merit, wounds received for's country.
SICINIUS. – Why, so he did, I am sure.
ALL THE CITIZENS. – No, no; no man saw 'em.
3 CITIZEN. – He said he had wounds which he could show in private,
And with his hat, thus waving it in scorn,

---

112 SIXTH] *Cambridge (1865)*; 1. *F.* 114 SEVENTH] *Cambridge (1865)*; 2. *F.*

---

1. *stood.* Doit se prendre dans le sens de « tenu bon »; l'*OED* ne cite pas d'autre exemple

En vérité il me plairait d'être consul.

[6e] CITOYEN. – Il s'est comporté noblement, et un honnête homme ne peut lui refuser sa voix.

[7e] CITOYEN. – Alors, qu'il soit consul ! Que les dieux lui donnent joie et fassent de lui un bon ami du peuple !

TOUS LES CITOYENS. – Amen, amen. Dieu te garde, noble consul !

CORIOLAN. – Les dignes voix ! *Les Citoyens sortent*

Entre Ménénius accompagné de Brutus et de Sicinius

MÉNÉNIUS. – Vous avez tenu le temps voulu[1], les tribuns
Vous attribuent la voix du peuple. Il ne vous reste,
Revêtu des insignes de la charge, qu'à aller
De ce pas rencontrer le Sénat.

CORIOLAN. – Est-ce tout ?

SICINIUS. – Vous avez respecté les usages requis.
Le peuple vous admet, et il est convoqué
Pour ratifier votre élection sans plus attendre.

CORIOLAN. – Où cela, au Sénat ?

SICINIUS. – Là même, Coriolan.

CORIOLAN. – Puis-je changer de vêtement ?

SICINIUS. – Vous le pouvez, monsieur.

CORIOLAN. – Je le fais à l'instant, et, redevenu moi-même,
Je me rends au Sénat.

MÉNÉNIUS. – Je vous tiens compagnie. (*Aux tribuns*) Venez-vous avec nous ?

BRUTUS. – Nous restons pour attendre ici le peuple.

SICINIUS. – Au revoir.

Coriolan et Ménénius sortent

Maintenant, il l'a, et à son air on dirait bien
Qu'il en a chaud au cœur.

BRUTUS. – C'est d'un cœur orgueilleux
Qu'il portait l'humble habit. Vous renvoyez le peuple ?

Entrent les Plébéiens

SICINIUS. – Comment, messieurs[2], avez-vous pu choisir cet homme ?

1er CITOYEN. – Il a nos voix, monsieur.

BRUTUS. – Nous implorons les dieux qu'il mérite votre amour.

2e CITOYEN. – Ainsi soit-il, monsieur. A mon très humble avis
Il se moquait de nous quand il mendiait nos voix.

3e CITOYEN. – Sans aucun doute. Il se payait carrément notre tête.

1er CITOYEN. – Mais non, c'est sa manière. Il ne se moquait pas de nous.

2e CITOYEN. – Pas un seul d'entre nous à part vous qui ne dise
Qu'il nous a méprisés. Il aurait dû montrer
Ses marques de mérite, ses blessures reçues pour sa patrie.

SICINIUS. – Quoi ! il l'a fait, assurément.

TOUS LES CITOYENS. – Non, non ; personne ne les a vues.

3e CITOYEN. – Il a dit qu'il avait des blessures qu'il pourrait
Nous montrer en privé, et tout en agitant
Ainsi avec dédain son chapeau, il a dit :

---

de *limitation* dans le sens de « temps imparti ». 2. *masters.* Voir *Lear,* IV,5,186 note.

"I would be consul," says he. "Agèd custom
But by your voices will not so permit me.
Your voices therefore." When we granted that,
Here was "I thank you for your voices, thank you.
Your most sweet voices. Now you have left your voices
I have no further with you." Was not this mockery?

SICINIUS. – Why either were you ignorant to see't,
Or, seeing it, of such childish friendliness
To yield your voices?

BRUTUS (*to the Citizens*). – Could you not have told him
As you were lessoned : when he had no power
But was a petty servant to the state,
He was your enemy, ever spake against
Your liberties and the charters that you bear
I'th' body of the weal ; and now arriving
A place of potency and sway o'th' state,
If he should still malignantly remain
Fast foe to th' plebeii, your voices might
Be curses to yourselves. You should have said
That as his worthy deeds did claim no less
Than what he stood for, so his gracious nature
Would think upon you for your voices and
Translate his malice towards you into love,
Standing your friendly lord.

SICINIUS (*to the Citizens*). – Thus to have said
As you were fore-advised had touched his spirit
And tried his inclination, from him plucked
Either his gracious promise which you might,
As cause had called you up, have held him to,
Or else it would have galled his surly nature,
Which easily endures not article
Tying him to aught. So putting him to rage,
You should have ta'en th'advantage of his choler
And passed him unelected.

BRUTUS (*to the Citizens*). – Did you perceive
He did solicit you in free contempt
When he did need your loves, and do you think
That his contempt shall not be bruising to you
When he hath power to crush? Why, had your bodies
No heart among you? Or had you tongues to cry
Against the rectorship of judgement?

SICINIUS (*to the Citizens*). – Have you
Ere now denied the asker, and now again,
Of him that did not ask but mock, bestow
Your sued-for tongues?

3 CITIZEN. – He's not confirmed, we may deny him yet.

2 CITIZEN. – And will deny him.
I'll have five hundred voices of that sound.

« Il me plairait d'être consul. L'usage ancien
Ne le permet que par vos voix. Alors, vos voix ! »
Une fois données, ce fut : « Merci bien pour vos voix,
Merci. Vos voix suaves. Elles sont données, je n'ai
Plus rien à faire de vous. » N'était-ce pas se moquer ?

SICINIUS. – Comment avoir été assez naïfs pour ne pas le voir,
Ou bien, en le voyant, être assez bon enfant
Pour lui donner vos voix ?

BRUTUS (*aux Citoyens*). – N'auriez-vous pu lui dire,
Suivant vos instructions, qu'encore sans pouvoir,
Et petit serviteur de l'État, il était votre ennemi,
Ne cessait de parler contre vos libertés
Et vos droits reconnus dans le corps politique ;
Qu'arrivant au pouvoir et au gouvernement,
S'il devait demeurer l'ennemi juré des plébéiens,
Vos voix pourraient bien faire votre propre malheur.
Vous auriez dû lui dire que, comme ses exploits
Ne méritaient pas moins que ce qu'il postulait,
De même par bienveillance naturelle il devait
Penser un peu à vous pour obtenir vos voix,
Et tourner en amour sa haine contre vous,
Pour qu'il soit votre ami et seigneur.

SICINIUS (*aux Citoyens*). – Dire cela,
Comme on vous l'avait conseillé, aurait fait voir[1]
Son âme et son inclination, et arraché
Sa promesse de faveur, que vous pouviez plus tard,
Poussés par le besoin, l'obliger à tenir,
Ou aurait irrité sa nature hautaine
Qui ne supporte bien aucune condition
Qui le contraigne en rien. En le mettant en rage,
Vous auriez pu tirer parti de sa colère
Et ne pas faire qu'il soit élu.

BRUTUS (*aux Citoyens*). – Vous avez remarqué
Qu'il vous sollicitait avec un franc mépris
Quand il devait se faire aimer ; pensez-vous donc
Que son mépris pour vous sera sans meurtrissures
Quand il pourra vous écraser ? Eh quoi ! Aucun de vous
N'avait de cœur ? Vos langues n'étaient que pour crier
Contre la primauté de la raison ?

SICINIUS (*aux Citoyens*). – Vous qui avez
Jadis su refuser à des solliciteurs,
Voilà que vous donnez, à qui ne vous prie pas
Mais se moque de vous, les voix qu'en fait il brigue ?

3e CITOYEN. – Son choix n'est pas entériné. Nous pouvons encore le refuser.

2e CITOYEN. – Et nous n'y manquerons pas.
J'aurai bien cinq cents voix qui diront la même chose.

---

1. *touched.* Mis à l'épreuve, comme un métal précieux dont la pureté était vérifiée au moyen d'une pierre de touche ; *tried* a un sens analogue.

1 CITIZEN. – I twice five hundred, and their friends to piece 'em.
BRUTUS. – Get you hence instantly, and tell those friends
They have chose a consul that will from them take
Their liberties, make them of no more voice
Than dogs that are as often beat for barking,
As therefor kept to do so.
SICINIUS (*to the Citizens*). – Let them assemble,
And on a safer judgement all revoke
Your ignorant election. Enforce his pride
And his old hate unto you. Besides, forget not
With what contempt he wore the humble weed,
How in his suit he scorned you ; but your loves,
Thinking upon his services, took from you
Th'apprehension of his present portance,
Which most gibingly, ungravely he did fashion
After the inveterate hate he bears you.
BRUTUS (*to the Citizens*). – Lay
A fault on us your tribunes, that we laboured
No impediment between, but that you must
Cast your election on him.
SICINIUS (*to the Citizens*). – Say you chose him
More after our commandment than as guided
By your own true affections, and that your minds,
Preoccupied with what you rather must do
Than what you should, made you against the grain
To voice him consul. Lay the fault on us.
BRUTUS (*to the Citizens*). – Ay, spare us not. Say we read lectures to you,
How youngly he began to serve his country,
How long continued, and what stock he springs of,
The noble house o'th' Martians, from whence came
That Ancus Martius, Numa's daughter's son,
Who after great Hostilius here was king ;
Of the same house Publius and Quintus were,
That our best water brought by conduits hither ;
And Censorinus that was so surnamed,
And nobly named so, twice being censor,
Was his great ancestor.
SICINIUS (*to the Citizens*). – One thus descended,
That hath beside well in his person wrought
To be set high in place, we did commend
To your remembrances, but you have found,
Scaling his present bearing with his past,
That he's your fixèd enemy, and revoke
Your sudden approbation.
BRUTUS (*to the Citizens*). – Say you ne'er had done't –

---

196 therefor] *F* (therefore). **222** And ... surnamed,] *Delius (1854) d'après Plutarque* ; *pas dans F.*

1er CITOYEN. – Et moi deux fois cinq cents, sans compter leurs amis.
BRUTUS. – Partez donc à l'instant, et dites à ces amis
Qu'ils ont voté pour un consul qui leur prendra
Leurs libertés, qui les rendra sans plus de voix
Que des chiens que l'on bat chaque fois qu'ils aboient,
Bien qu'on les ait pour ce faire.
SICINIUS (*aux Citoyens*). – Qu'ils se rassemblent,
Et que, sur un jugement plus sain, ils révoquent tous
Votre choix ignorant. Soulignez son orgueil,
La vieille haine qu'il a pour vous. N'oubliez pas non plus
Quel mépris il montrait en portant l'humble robe,
Comment dans sa requête il vous a dédaignés ;
Mais que votre bonté, songeant à ses services,
Vous empêchait de voir sa présente attitude,
Que fort insolemment, sans gravité, il adoptait
Par haine invétérée pour vous.
BRUTUS (*aux Citoyens*). – Dites que nous,
Vos tribuns, sommes coupables, que nous n'avons
Rien fait pour l'empêcher, mais tout pour vous contraindre
A lui donner vos voix.
SICINIUS (*aux Citoyens*). – Dites que vous l'avez
Choisi selon nos ordres plutôt que dirigés
Par vos vrais sentiments, et que, préoccupée
Par cette obligation plus que par votre devoir,
Votre conscience vous a forcés à contrecœur
A l'élire consul. Dites que c'est notre faute.
BRUTUS (*aux Citoyens*). – Oui, ne nous épargnez pas. Dites que nous vous [avons
Chapitrés, vous rappelant que tout jeune, et sans cesse
Depuis, il servit son pays, de quelle souche il est né,
De la noble maison des Martius, d'où sortit
Cet Ancus Martius, fils de la fille de Numa,
Lequel après le grand Hostilius fut notre roi ;
Maison dont sont issus Publius et Quintus,
Aux aqueducs de qui on doit la meilleure eau ;
Et que Censorinus, qui reçut ce surnom,
Et noblement, ayant été deux fois censeur,
Fut son fameux ancêtre[1].
SICINIUS (*aux Citoyens*). – Un homme si bien né,
Qui a de plus bien œuvré en personne
Pour être haut placé, nous l'avons signalé
A votre bon souvenir, mais vous avez trouvé,
En pesant sa conduite actuelle et l'ancienne,
Qu'il est votre ennemi juré, et vous revenez
Sur votre accord hâtif.
BRUTUS (*aux Citoyens*). – Dites que vous n'auriez

1. Sh suit ici la liste des membres les plus célèbres de la famille de Coriolan que Plutarque* donne au début de sa *Vie* (Bullough, vol. 5, p. 505). Il néglige le fait que Publius, Quintus et Censorinus ont vécu bien longtemps après Coriolan.

Harp on that still – but by our putting on ;
And presently when you have drawn your number,
Repair to th' Capitol.
[A CITIZEN]. – We will so.
[ANOTHER CITIZEN]. – Almost all
Repent in their election. *Exeunt Citizens*
BRUTUS. – Let them go on.
This mutiny were better put in hazard
Than stay, past doubt, for greater.
If, as his nature is, he fall in rage
With their refusal, both observe and answer
The vantage of his anger.
SICINIUS. – To th' Capitol, come.
We will be there before the stream o'th' people,
And this shall seem, as partly 'tis, their own,
Which we have goaded onward. *Exeunt*

III, 1 *Cornetts. Enter Coriolanus, Menenius, all the gentry ; Cominius, Lartius, and other Senators*

CORIOLANUS. – Tullus Aufidius then had made new head ?
LARTIUS. – He had, my lord, and that it was which caused
Our swifter composition.
CORIOLANUS. – So then the Volsces stand but as at first,
Ready when time shall prompt them to make raid
Upon's again.
COMINIUS. – They are worn, lord consul, so
That we shall hardly in our ages see
Their banners wave again.
CORIOLANUS (*to Lartius*). – Saw you Aufidius ?
LARTIUS. – On safeguard he came to me, and did curse
Against the Volsces for they had so vilely
Yielded the town. He is retired to Antium.
CORIOLANUS. – Spoke he of me ?
LARTIUS. – He did, my lord.
CORIOLANUS. – How ? What ?
LARTIUS. – How often he had met you sword to sword ;
That of all things upon the earth he hated
Your person most ; that he would pawn his fortunes
To hopeless restitution, so he might
Be called your vanquisher.
CORIOLANUS. – At Antium lives he ?
LARTIUS. – At Antium.
CORIOLANUS. – I wish I had a cause to seek him there,

---

233 A CITIZEN... ANOTHER CITIZEN Almost] *Oxford* ; *All.* We... so : almost *F.* III,1 5 raid] *F* (roade). 10 vilely] *F* (vildly).

Jamais agi – répétez-le souvent –
Sans nos incitations ; et de ce pas, tous rassemblés,
Allez au Capitole.
[UN CITOYEN]. – Nous y serons.
[UN AUTRE CITOYEN]. – Presque tous
Se reprochent leur vote. *Les Citoyens sortent*
BRUTUS. – Laissons-les y aller.
Il nous vaut mieux risquer cette mutinerie
Que d'en attendre une autre, sans nul doute plus grave.
Si, comme c'est sa nature, il se met en fureur
En voyant ce refus, guettons-le et tirons
Profit de sa colère.
SICINIUS. – Au Capitole ! Venez.
Ainsi nous y serons avant le flot du peuple
Qu'on croira, et c'est en partie vrai, agir seul,
Alors que nous l'avons poussé. *Ils sortent*

Cornets. Entrent Coriolan, Ménénius, tous les gentilshommes ; Cominius, Lartius, et d'autres Sénateurs[1] III, 1

CORIOLAN. – Donc Tullius Aufidius avait levé de nouvelles forces ?
LARTIUS. – Oui, monseigneur, et c'est ce qui nous a conduits
A composer plus tôt.
CORIOLAN. – Ainsi les Volsques sont, tout comme auparavant,
Prêts, en temps opportun, à relancer sur nous
Des incursions.
COMINIUS. – Ils sont, seigneur consul, usés
Au point qu'en notre vie nous ne reverrons guère
Leurs bannières flotter.
CORIOLAN (*à Lartius*). – Et Aufidius, l'avez-vous vu ?
LARTIUS. – Il est venu à moi avec un sauf-conduit,
Et a maudit les Volsques pour avoir si lâchement
Cédé la ville. Il s'est retiré à Antium.
CORIOLAN. – A-t-il parlé de moi ?
LARTIUS. – Il l'a fait, monseigneur.
CORIOLAN. – En quels termes ? Qu'a-t-il dit ?
LARTIUS. – Qu'il s'était bien souvent
Mesuré avec vous, l'épée contre l'épée,
Que plus que toute chose au monde il haïssait
Votre personne ; que volontiers il gagerait sa fortune
Sans espoir de retour pour pouvoir être appelé
Votre vainqueur.
CORIOLAN. – C'est à Antium qu'il vit ?
LARTIUS. – A Antium.
CORIOLAN. – Je voudrais une raison pour aller l'y trouver,

1. La scène est à Rome, probablement dans une rue. Coriolan et ses amis vont au forum et trouvent Sicinius et Brutus sur leur chemin.

To oppose his hatred fully. Welcome home.
Enter Sicinius and Brutus
Behold, these are the tribunes of the people,
The tongues o'th' common mouth. I do despise them,
For they do prank them in authority
Against all noble sufferance.
SICINIUS. – Pass no further.
CORIOLANUS. – Ha, what is that?
BRUTUS. – It will be dangerous to go on. No further.
CORIOLANUS. – What makes this change?
MENENIUS. – The matter?
COMINIUS. – Hath he not passed the noble and the common?
BRUTUS. – Cominius, no.
CORIOLANUS. – Have I had children's voices?
[1] SENATOR. – Tribunes, give way. He shall to th' market-place.
BRUTUS. – The people are incensed against him.
SICINIUS. – Stop,
Or all will fall in broil.
CORIOLANUS. – Are these your herd?
Must these have voices, that can yield them now
And straight disclaim their tongues? What are your offices?
You being their mouths, why rule you not their teeth?
Have you not set them on?
MENENIUS. – Be calm, be calm.
CORIOLANUS. – It is a purposed thing, and grows by plot
To curb the will of the nobility.
Suffer't, and live with such as cannot rule
Nor ever will be ruled.
BRUTUS. – Call't not a plot.
The people cry you mocked them, and of late
When corn was given them gratis, you repined,
Scandalled the suppliants for the people, called them
Time-pleasers, flatterers, foes to nobleness.
CORIOLANUS. – Why, this was known before.
BRUTUS. – Not to them all.
CORIOLANUS. – Have you informed them sithence?
BRUTUS. – How, I inform them?
[CORIOLANUS]. – You are like to do such business.
BRUTUS. – Not unlike
Each way to better yours.
CORIOLANUS. – Why then should I be consul? By yon clouds,
Let me deserve so ill as you, and make me
Your fellow tribune.
SICINIUS. – You show too much of that
For which the people stir. If you will pass
To where you are bound, you must enquire your way,
Which you are out of, with a gentler spirit,

---

50 CORIOLANUS] *Theobald (1733)*; *attribué à* COMINIUS *dans F.*

Et affronter sa haine jusqu'au bout. Bienvenue à Rome.

Entrent Sicinius et Brutus

Regardez, ce sont là les tribuns de la plèbe,
Les langues de la bouche du peuple. Je les méprise,
Une âme noble ne peut souffrir qu'ils se pavanent
Ainsi dans leur autorité.

SICINIUS. – N'allez pas plus loin.

CORIOLAN. – Ha ! qu'est-ce donc là ?

BRUTUS. – Il serait dangereux d'avancer. Pas plus loin !

CORIOLAN. – Qu'est-ce qui veut ce changement ?

MÉNÉNIUS. – La raison ?

COMINIUS. – N'a-t-il pas l'agrément des nobles et du peuple ?

BRUTUS. – Non, Cominius.

CORIOLAN. – Ai-je obtenu des voix d'enfants ?

[1er] SÉNATEUR. – Place, tribuns. Il ira à la place du marché.

BRUTUS. – Le peuple est irrité contre lui.

SICINIUS. – Arrêtez,
Sinon ce sera l'émeute.

CORIOLAN. – Est-ce là votre troupeau ?
Faut-il qu'ils aient des voix, s'ils peuvent les donner
Et se dédire tout aussitôt ? Quel est donc votre office ?
Si vous êtes leur bouche, gouvernez donc leurs dents.
Vous ne les auriez pas poussés ?

MÉNÉNIUS. – Du calme, du calme.

CORIOLAN. – La chose était préméditée. C'est un complot
Pour réprimer la volonté de la noblesse.
Le tolérer, c'est vivre avec qui ne saurait
Ni gouverner ni jamais obéir.

BRUTUS. – N'appelez pas cela complot.
Le peuple crie que vous l'avez bafoué, et que,
Naguère, quand on lui a donné du blé gratis,
Vous avez protesté, flétri ses avocats, les appelant
Flatteurs, opportunistes, ennemis de la noblesse.

CORIOLAN. – Eh quoi, c'était déjà connu.

BRUTUS. – Mais pas de tous.

CORIOLAN. – Vous le leur avez dit depuis ?

BRUTUS. – Moi, le leur dire ?

[CORIOLAN]. – Vous en seriez capable.

BRUTUS. – Plus capable
En tout cas de faire mieux que vous.

CORIOLAN. – Pourquoi alors serais-je consul ? Par ces nuages,
Que j'en sois aussi peu digne que vous, et qu'on
Me fasse tribun comme vous.

SICINIUS. – Vous montrez trop de ce
Pourquoi le peuple bouge. Pour parvenir au but
Que vous voulez atteindre, il faut vous enquérir
Du chemin, dont vous êtes loin, en étant plus courtois,

Or never be so noble as a consul,
Nor yoke with him for tribune.

MENENIUS. – Let's be calm.

COMINIUS. – The people are abused, set on. This palt'ring
Becomes not Rome, nor has Coriolanus
Deserved this so dishonoured rub, laid falsely
I'th' plain way of his merit.

CORIOLANUS. – Tell me of corn?
This was my speech, and I will speak't again.

MENENIUS. – Not now, not now.

[1] SENATOR. – Not in this heat, sir, now.

CORIOLANUS. – Now as I live,
I will. My nobler friends, I crave their pardons.
For the mutable rank-scented meinie,
Let them regard me, as I do not flatter,
And therein behold themselves. I say again,
In soothing them we nourish 'gainst our Senate
The cockle of rebellion, insolence, sedition,
Which we ourselves have ploughed for, sowed, and scattered
By mingling them with us, the honoured number
Who lack not virtue, no, nor power, but that
Which they have given to beggars.

MENENIUS. – Well, no more.

[1] SENATOR. – No more words, we beseech you.

CORIOLANUS. – How, no more?
As for my country I have shed my blood,
Not fearing outward force, so shall my lungs
Coin words till their decay against those measles
Which we disdain should tetter us, yet sought
The very way to catch them.

BRUTUS. – You speak o'th' people as if you were a god
To punish, not a man of their infirmity.

SICINIUS. – 'Twere well we let the people know't.

MENENIUS. – What, what, his choler?

CORIOLANUS. – Choler? Were I as patient as the midnight sleep,
By Jove, 'twould be my mind.

SICINIUS. – It is a mind
That shall remain a poison where it is,
Not poison any further.

CORIOLANUS. – "Shall remain"?
Hear you this Triton of the minnows? Mark you
His absolute "shall"?

COMINIUS. – 'Twas from the canon.

CORIOLANUS. – "Shall"?
O good but most unwise patricians, why,

---

94 good] *Pope (1728)*; God! *F.*

---

1. *rub.* Au jeu de boules, désigne une inégalité du sol. Cominius accuse les tribuns d'avoir

Ou renoncer à la noblesse d'être consul,
Comme à être tribun avec lui.
MÉNÉNIUS. – Calmons-nous.
COMINIUS. – Le peuple est abusé, poussé. Ce double jeu
Est indigne de Rome, et Coriolan n'a pas
Mérité d'obstacle si honteux[1], dressé
Traîtreusement sur la voie ouverte à son mérite.
CORIOLAN. – Vous me parlez de blé ? Voici ce que j'ai dit,
Et je le redirai.
MÉNÉNIUS. – Pas maintenant, pas maintenant.
[1er] SÉNATEUR. – Pas dans cette colère, monsieur, pas maintenant !
CORIOLAN. – Si, maintenant, sur ma vie, je le ferai.
De mes nobles amis j'implore le pardon.
Quant à la multitude inconstante et puante,
Qu'elle me regarde, moi, qui ne suis pas flatteur,
Et qu'elle voie son image. Je le répète encore :
Lui céder, c'est nourrir contre notre Sénat
L'ivraie de rébellion, de sédition et d'insolence
Pour laquelle nous avons nous-mêmes labouré,
Que nous avons semée, et répandue mêlée à nous,
Les hommes honorables, à qui ne manque de vertu
Ou de pouvoir que ce que nous avons donné
En aumône à ces gueux.
MÉNÉNIUS. – Allons, restons-en là.
[1er] SÉNATEUR. – De grâce, taisez-vous.
CORIOLAN. – Comment cela, me taire ?
De même que j'ai versé mon sang pour mon pays,
Sans peur des forces étrangères, mes poumons
Frapperont, jusqu'à leur ruine, des mots contre cette lèpre
Dont nous fuyons la contagion après avoir
Tout fait pour l'attraper.
BRUTUS. – Vos propos sur le peuple sont d'un dieu qui châtie,
Non d'un homme sujet aux mêmes maux que lui.
SICINIUS. – Il nous faudrait le faire savoir au peuple.
MÉNÉNIUS. – Quoi ? quoi ? sa colère ?
CORIOLAN. – Colère ? Si j'étais calme comme le sommeil de minuit,
Par Jupiter, j'aurais la même pensée.
SICINIUS. – Il faut
Que cette pensée reste un poison là où elle est,
Sans se répandre ailleurs.
CORIOLAN. – « Il faut qu'elle reste » ?
Écoutez ce Triton[2] du fretin ! Notez-vous
Son impérieux « il faut » ?
COMINIUS. – C'était contre la règle.
CORIOLAN. – « Il faut » ?
Ô bons mais fort peu sages patriciens ! Comment,

placé un obstacle sur la route de Coriolan ; *plain way* prolonge cette image. 2. Dieu marin, fils de Neptune, qui se servait d'une conque comme trompette (voir plus loin, 98).

You grave but reckless senators, have you thus
Given Hydra here to choose an officer
That, with his peremptory "shall", being but
The horn and noise o'th' monster's, wants not spirit
To say he'll turn your current in a ditch
And make your channel his ? If he have power,
Then vail your impotence ; if none, awake
Your dangerous lenity. If you are learned,
Be not as common fools ; if you are not,
Let them have cushions by you. You are plebeians
If they be senators, and they are no less
When, both your voices blended, the great'st taste
Most palates theirs. They choose their magistrate,
And such a one as he, who puts his "shall",
His popular "shall", against a graver bench
Than ever frowned in Greece. By Jove himself,
It makes the consuls base, and my soul aches
To know, when two authorities are up,
Neither supreme, how soon confusion
May enter 'twixt the gap of both and take
The one by th'other.

COMINIUS. – Well, on to th' market-place.

CORIOLANUS. – Whoever gave that counsel to give forth
The corn o'th' storehouse gratis, as 'twas used
Sometime in Greece –

MENENIUS. – Well, well, no more of that.

CORIOLANUS. – Though there the people had more absolute power –
I say they nourished disobedience, fed
The ruin of the state.

BRUTUS. – Why shall the people give
One that speaks thus their voice ?

CORIOLANUS. – I'll give my reasons,
More worthier than their voices. They know the corn
Was not our recompense, resting well assured
They ne'er did service for't. Being pressed to th' war,
Even when the navel of the state was touched,
They would not thread the gates. This kind of service
Did not deserve corn gratis. Being i'th' war,
Their mutinies and revolts, wherein they showed
Most valour, spoke not for them. Th'accusation
Which they have often made against the senate,
All cause unborn, could never be the native
Of our so frank donation. Well, what then ?
How shall this bosom multiplied digest

---

98 monster's] *F* (Monsters). **101** impotence] *Collier (1853)* ; Ignorance *F.* **129** Their] *F3* ; There *F.*

---

1. Le peuple est comparé à une hydre, probablement l'Hydre de Lerne, dont les

Graves mais imprudents sénateurs, avez-vous
A cette hydre[1] donné le choix d'un magistrat
Qui, de son péremptoire « il faut », et n'étant rien
Que la trompe bruyante du monstre, a l'audace
De dire qu'il va dévier votre courant[2] dans un fossé
Et faire sien votre chenal ? S'il en a le pouvoir,
Courbez votre impuissance ; sinon, réveillez donc
Votre dangereuse mansuétude. Si vous êtes avisés,
Ne soyez pas de vulgaires sots ; si vous ne l'êtes pas,
Donnez-leur des coussins pour qu'ils siègent avec vous.
Vous êtes des plébéiens s'ils sont des sénateurs,
Et ils le seront, lorsque, leurs voix mêlées aux vôtres,
Au goût du plus grand nombre les leurs seront meilleures.
Ils se choisissent leur magistrat, quelqu'un comme lui,
Qui oppose son « il faut », son « il faut » populaire,
A plus grave assemblée que n'eut[3] jamais la Grèce.
Par Jupiter, cela rabaisse les consuls,
Et je souffre en mon âme, sachant que quand se dressent
Deux pouvoirs dont aucun n'est suprême, le chaos
Peut bientôt pénétrer dans la brèche, et détruire
L'un par l'autre.

COMINIUS. – Bien, allons à la place du marché.

CORIOLAN. – Ceux qui ont conseillé de distribuer gratis
Le blé de nos greniers, comme on faisait jadis
En Grèce –

MÉNÉNIUS. – Allons, allons, assez dit là-dessus.

CORIOLAN. – Et bien que là le peuple eût un plus grand pouvoir –
Je dis qu'ils ont nourri la désobéissance,
Et la ruine de l'État.

BRUTUS. – Pourquoi le peuple voterait-il
Pour qui s'exprime ainsi ?

CORIOLAN. – Je dirai mes raisons,
Qui valent mieux que ses voix. Il sait bien que ce blé
Ne payait nul service, assuré comme il l'est
De n'en avoir rendu aucun. Enrôlé pour la guerre,
Qui touchait le nombril de l'État, il n'a pas
Voulu franchir les portes. Ce genre de service
Ne valait pas du blé gratis. Étant en guerre,
Ses mutineries et ses révoltes, où il montra
Sa plus grande valeur, ne plaidaient pas pour lui.
Ce dont il a souvent accusé le Sénat,
Sans la moindre raison, ne pouvait nous amener
A faire ce don si généreux. Et que s'ensuivra-t-il ?
Comment cette poitrine multiple comprendra-t-elle

nombreuses têtes repoussaient quand on les coupait. Cette comparaison sera reprise par *monster* (98) et *multiplied* (134). Indirectement, Coriolan se compare lui-même à Hercule, qui avait tué ce monstre. 2. *current.* Avait aussi le sens de « libre cours » ; ici : « libre exercice du pouvoir ». 3. *frowned.* Ce verbe (froncer les sourcils, avoir un air sévère) renforce simplement *graver*.

The senate's courtesy? Let deeds express
What's like to be their words: "We did request it,
We are the greater poll, and in true fear
They gave us our demands." Thus we debase
The nature of our seats, and make the rabble
Call our cares fears, which will in time
Break ope the locks o'th' senate and bring in
The crows to peck the eagles.

MENENIUS. – Come, enough.

BRUTUS. – Enough with over-measure.

CORIOLANUS. – No, take more.
What may be sworn by, both divine and human,
Seal what I end withal! This double worship,
Where one part does disdain with cause, the other
Insult without all reason, where gentry, title, wisdom
Cannot conclude but by the yea and no
Of general ignorance, it must omit
Real necessities, and give way the while
To unstable slightness. Purpose so barred, it follows
Nothing is done to purpose. Therefore beseech you —
You that will be less fearful than discreet,
That love the fundamental part of state
More than you doubt the change on't, that prefer
A noble life before a long, and wish
To jump a body with a dangerous physic
That's sure of death without it — at once pluck out
The multitudinous tongue; let them not lick
The sweet which is their poison. Your dishonour
Mangles true judgement, and bereaves the state
Of that integrity which should become't,
Not having the power to do the good it would
For th'ill which doth control't.

BRUTUS. – He's said enough.

SICINIUS. – He's spoken like a traitor, and shall answer
As traitors do.

CORIOLANUS. – Thou wretch, despite o'erwhelm thee!
What should the people do with these bald tribunes,
On whom depending, their obedience fails
To th' greater bench? In a rebellion,
When what's not meet but what must be was law,
Then were they chosen. In a better hour
Let what is meet be said it must be meet,
And throw their power i'th' dust.

---

146 Where one] *Rowe (1709)*; Whereon *F.* **164-165** He's ... He's] *F* (Has ... Ha's).

---

1. Phrase obscure. On suppose que *deeds* annonce ce qui sera dit aux vers **140-141**, et que *words* introduit les paroles citées aux vers 136-138. *Let* peut avoir une valeur d'impératif, ou signifier « laissez ». Brockbank note qu'on est tenté d'intervertir *deeds* et *words*. **2.** *title.*

La bonté du Sénat ? Que des actes traduisent
Ce qu'ils diront sans doute[1] : « Nous l'avons exigé,
Nous sommes les plus nombreux, ils ont dans leur grande peur
Accepté nos demandes. » Nous rabaissons ainsi
La dignité de nos fonctions, et invitons la populace
A appeler terreur notre sollicitude ;
Avec le temps elle finira par faire sauter
Les verrous du Sénat, et à y faire entrer
Des corbeaux qui s'attaqueront aux aigles.

MÉNÉNIUS. – Bon, assez.

BRUTUS. – Assez dépassé la mesure.

CORIOLAN. – Non, en voici encore. Que tout ce qu'il y a
De divin ou d'humain par quoi l'on peut jurer
Scelle ma conclusion ! Cette autorité double –
Où un parti méprise l'autre à juste titre,
Et l'autre insulte sans raison, où la noblesse,
Le droit[2] ni la sagesse ne peuvent prévaloir
Que par le oui ou par le non d'une foule ignare –
Elle ne peut qu'oublier les vraies nécessités,
Cédant alors le pas à la futilité instable.
Toute résolution ainsi exclue, plus rien
Ne peut avoir d'effet. Aussi je vous en prie –
Vous qui voulez montrer plus de sagesse que de crainte,
Qui aimez ce sur quoi se fonde notre État
Plus que vous ne craignez de le voir altéré,
Qui aimez mieux une vie noble qu'une vie longue,
Qui préférez le risque d'un remède dangereux
A une mort certaine – arrachez à l'instant
La langue de cette foule ; empêchez qu'elle lèche
Cette sucrerie qui l'empoisonne. Votre abaissement
Mutile le bon jugement, et il prive l'État
De cette intégrité qui devrait le parer,
Car il est sans pouvoir pour faire le bien qu'il veut,
Dominé par ce mal.

BRUTUS. – Il en a dit assez.

SICINIUS. – Il a parlé en traître, et devra en répondre
Comme un traître.

CORIOLAN. – Misérable ! Que le mépris[3] t'écrase !
Qu'a donc à faire le peuple de ces sots de tribuns[4],
Alors qu'en les suivant, son obéissance manque
A l'auguste assemblée ? C'est lors d'une rébellion,
Quand la nécessité, non le bien, faisait loi,
Qu'ils ont été choisis. Quand les temps sont meilleurs,
Que l'on dise que le bien est la nécessité,
Et qu'on fasse mordre la poussière à leur pouvoir.

Ambigu. Évoque le rang social ou des fonctions éminentes, aussi bien que le titre honorifique (le surnom de Coriolan ?) ou ce à quoi on a droit. **3.** Ou « ta propre méchanceté ». **4.** Si le sens littéral de *bald* (= chauve) existe peut-être (les tribuns sont des vieillards), il s'agit sans doute surtout ici d'un sens imagé.

BRUTUS. – Manifest treason.
SICINIUS. – This a consul? No.
BRUTUS. – The aediles, ho!
Enter an Aedile
Let him be apprehended.
SICINIUS. – Go call the people, [*Exit Aedile*]
(*To Coriolanus*) in whose name myself
Attach thee as a traitorous innovator,
A foe to th' public weal. Obey, I charge thee,
And follow to thine answer.
CORIOLANUS. – Hence, old goat!
ALL [THE PATRICIANS]. – We'll surety him.
COMINIUS (*to Sicinius*). – Aged sir, hands off.
CORIOLANUS (*to Sicinius*). – Hence, rotten thing, or I shall shake thy bones
Out of thy garments.
SICINIUS. – Help, ye citizens!
Enter a rabble of Plebeians, with the Aediles
MENENIUS. – On both sides more respect.
SICINIUS. – Here's he
That would take from you all your power.
BRUTUS. – Seize him, aediles.
ALL [THE CITIZENS]. – Down with him, down with him!
2 SENATOR. – Weapons, weapons, weapons!
They all bustle about Coriolanus
[CITIZENS *and* PATRICIANS] [*in dispersed cries*]. – Tribunes! Patricians! [Citizens! What ho!
Sicinius! Brutus! Coriolanus! Citizens!
[SOME CITIZENS *and* PATRICIANS]. – Peace, peace, peace! Stay! Hold! Peace!
MENENIUS. – What is about to be? I am out of breath.
Confusion's near; I cannot speak. You tribunes
To th' people, Coriolanus, patience!
Speak, good Sicinius.
SICINIUS. – Hear me, people, peace.
ALL [THE CITIZENS]. – Let's hear our tribune! Peace! Speak, speak, speak!
SICINIUS. – You are at point to lose your liberties.
Martius would have all from you – Martius
Whom late you have named for consul.
MENENIUS. – Fie, fie, fie,
This is the way to kindle, not to quench.
[1] SENATOR. – To unbuild the city, and to lay all flat.
SICINIUS. – What is the city but the people?
ALL [THE CITIZENS]. – True,
The people are the city.

---

180 THE PATRICIANS] *Malone (1790)*; *pas dans F.* **185** THE CITIZENS] *Capell (1767-1768)*; *pas dans F (de même 193, 200, 202, 228, 272, 282).* **186** CITIZENS *and* PATRICIANS] *Cambridge (1865)*; *pas dans F.* **188** SOME ... PATRICIANS] *Oxford*; *All. F.* **190** Confusion's] *F* (Confusions). **196-200** *vers*] *prose F.*

BRUTUS. – Trahison manifeste[1].
SICINIUS. – Lui, consul ? Non, jamais !
BRUTUS. – Les édiles[2], holà !

Entre un Édile

Qu'il soit appréhendé !
SICINIUS. – Et convoquez le peuple [*L'Édile sort*]
(*A Coriolan*) au nom duquel moi-même
Je t'arrête comme traître et révolutionnaire,
Comme ennemi du bien public. Obéis, je l'ordonne,
Suis-nous pour en répondre.
CORIOLAN. – Arrière, vieux bouc !
TOUS [LES PATRICIENS]. – Nous serons ses garants.
COMINIUS (*à Sicinius*). – Vieillard, lâchez-le.
CORIOLAN (*à Sicinius*). – Arrière, pourriture, ou je vais te sortir
Les os de tes habits.
SICINIUS. – A l'aide, citoyens !

Entre une cohue de Plébéiens, avec les Édiles

MÉNÉNIUS. – Des deux côtés, plus de respect.
SICINIUS. – Voici celui
Qui voudrait vous priver de tout votre pouvoir.
BRUTUS. – Édiles, saisissez-le.
TOUS [LES CITOYENS]. – A bas Martius ! A bas !
2e SÉNATEUR. – Des armes, des armes, des armes !

Ils se bousculent tous autour de Coriolan

[CITOYENS *et* PATRICIENS] [*criant en désordre*]. – Tribuns ! Patriciens ! Citoyens ! [Holà !
Sicinius ! Brutus ! Coriolan ! Citoyens !
[QUELQUES CITOYENS *et* PATRICIENS]. – Du calme ! Du calme ! Arrêtez ! [Halte ! Du calme !
MÉNÉNIUS. – Que va-t-il arriver ? J'en ai perdu le souffle.
La ruine n'est pas loin ; je ne peux plus parler.
Tribuns du peuple, Coriolan, de la patience !
Parlez, bon Sicinius.
SICINIUS. – Écoute-moi, peuple, silence !
TOUS [LES CITOYENS]. – Écoutons notre tribun ! Silence ! Parlez ! Parlez ! [Parlez !
SICINIUS. – Vous êtes sur le point de perdre vos libertés.
Martius veut tout vous prendre — Martius que vous venez
De désigner comme consul.
MÉNÉNIUS. – Quelle honte ! Quelle honte !
C'est attiser le feu, alors qu'il faut l'éteindre.
[1er] SÉNATEUR. – Démolir la cité, et mettre tout à bas.
SICINIUS. – Qu'est-ce donc que la cité, sinon le peuple ?
TOUS [LES CITOYENS]. – C'est vrai,
La cité, c'est le peuple.

1. Coriolan viole la constitution. 2. Les édiles plébéiens furent institués la même année que les tribuns. Ils remplissaient diverses fonctions administratives.

BRUTUS. – By the consent of all
We were established the people's magistrates.
ALL [THE CITIZENS]. – You so remain.
MENENIUS. – And so are like to do.
[CORIOLANUS]. – That is the way to lay the city flat,
To bring the roof to the foundation,
And bury all which yet distinctly ranges
In heaps and piles of ruin.
SICINIUS. – This deserves death.
BRUTUS. – Or let us stand to our authority,
Or let us lose it. We do here pronounce,
Upon the part o'th' people in whose power
We were elected theirs, Martius is worthy
Of present death.
SICINIUS. – Therefore lay hold of him,
Bear him to th' rock Tarpeian ; and from thence
Into destruction cast him.
BRUTUS. – Aediles, seize him.
ALL THE CITIZENS. – Yield, Martius, yield.
MENENIUS. – Hear me one word.
Beseech you, tribunes, hear me but a word.
AEDILES. – Peace, peace !
MENENIUS (*to the tribunes*). – Be that you seem, truly your country's friend,
And temp'rately proceed to what you would
Thus violently redress.
BRUTUS. – Sir, those cold ways
That seem like prudent helps are very poisons
Where the disease is violent. Lay hands upon him,
And bear him to the rock.
Coriolanus draws his sword
CORIOLANUS. – No, I'll die here.
There's some among you have beheld me fighting.
Come, try upon yourselves what you have seen me.
MENENIUS. – Down with that sword. Tribunes, withdraw a while.
BRUTUS. – Lay hands upon him.
MENENIUS. – Help Martius, help !
You that be noble, help him, young and old.
ALL [THE CITIZENS]. – Down with him, down with him !
In this mutiny the tribunes, the Aediles, and the people are beat in
MENENIUS (*to Coriolanus*). – Go get you to your house. Be gone, away !
All will be naught else.
2 SENATOR (*to Coriolanus*). – Get you gone.
[CORIOLANUS]. – Stand fast ; we have as many friends as enemies.

---

203 CORIOLANUS] *Pope (1723-1725) ; attribué à* COMINIUS *dans F.* **220** poisons] *Oxford* ; poysonous *F.* **229** your] *Rowe (1709)* ; our *F.* **231 CORIOLANUS]** *Warburton (1747) ; attribué à* COMINIUS *dans F.*

---

1. Littéralement : tout ce qui forme un alignement (*all which ranges*) et se dresse isolément

BRUTUS. – Et c'est l'accord de tous
Qui nous a institués comme magistrats du peuple.
TOUS [LES CITOYENS]. – Vous le restez.
MÉNÉNIUS. – Et vous le resterez sans doute.
[CORIOLAN]. – C'est ainsi que l'on jette à bas notre cité,
Qu'on fait tomber le toit jusqu'aux soubassements,
Et qu'on enterre tout édifice encore debout[1]
Sous des monceaux de ruines.
SICINIUS. – Cela mérite la mort.
BRUTUS. – Ou bien nous restons fermes sur notre autorité,
Ou bien nous la perdons. Nous déclarons ici,
Au nom du peuple dont le pouvoir nous a élus
Pour le représenter, que Martius est passible
D'une mort immédiate.
SICINIUS. – En conséquence, arrêtez-le,
Menez-le à la roche Tarpéienne[2] ; et de là,
Jetez-le dans le gouffre où il sera détruit.
BRUTUS. – Édiles, saisissez-le.
TOUS LES CITOYENS. – Rends-toi, Martius, rends-toi.
MÉNÉNIUS. – Écoutez-moi, un mot, je vous en prie, tribuns,
Écoutez-moi, juste un seul mot.
LES ÉDILES. – Silence, silence !
MÉNÉNIUS (*aux tribuns*). – Soyez ce que vous semblez être, le véritable
Ami de la patrie, mettez à remédier
De la mesure, non cette violence.
BRUTUS. – Monsieur, de tels remèdes
Peuvent sembler avisés, mais sont de vrais poisons
Lorsque le mal est violent. Emparez-vous de lui,
Menez-le à la roche.

Coriolan tire son épée[3]

CORIOLAN. – Non, je mourrai ici.
Il en est parmi vous qui m'ont vu au combat.
Qu'ils viennent, et goûtent eux-mêmes à ce qu'ils m'ont vu faire.
MÉNÉNIUS. – Abaissez cette épée. Tribuns, retirez-vous pour un moment.
BRUTUS. – Emparez-vous de lui.
MÉNÉNIUS. – A l'aide ! Aidez Martius !
Vous qui êtes des nobles, aidez-le, jeunes et vieux.
TOUS [LES CITOYENS]. – A bas Martius ! A bas !

Dans cette échauffourée les tribuns, les Édiles et le peuple sont repoussés à l'intérieur

MÉNÉNIUS (*à Coriolan*). – Regagnez vite votre maison. Allez, partez !
Sinon tout est perdu.
2e SÉNATEUR (*à Coriolan*). – Partez vite !
[CORIOLAN]. – Tenez bon ; nous avons autant d'amis que d'ennemis.

(*distinctly*). L'image architecturale évoque la destruction de l'ordre social. 2. C'était là qu'étaient mis à mort les criminels et les traîtres. 3. Par ce geste, signifiant qu'il est prêt à attenter à la vie d'un représentant de l'État, Coriolan se condamne définitivement. C'est peut-être un geste semblable qui paraîtra justifier son assassinat (V,6,128).

MENENIUS. – Shall it be put to that?
[1] SENATOR. – The gods forbid!
(*To Coriolanus*) I prithee, noble friend, home to thy house.
Leave us to cure this cause.
MENENIUS. – For 'tis a sore upon us
You cannot tent yourself. Be gone, beseech you.
[COMINIUS]. – Come, sir, along with us.
[CORIOLANUS]. – I would they were barbarians, as they are,
Though in Rome littered; not Romans, as they are not,
Though calved i'th' porch o'th' Capitol.
[MENENIUS]. – Be gone.
Put not your worthy rage into your tongue.
One time will owe another.
CORIOLANUS. – On fair ground
I could beat forty of them.
MENENIUS. – I could myself
Take up a brace o'th' best of them, yea, the two tribunes.
COMINIUS. – But now 'tis odds beyond arithmetic,
And manhood is called foolery when it stands
Against a falling fabric.
(*To Coriolanus*) Will you hence
Before the tag return, whose rage doth rend
Like interrupted waters, and o'erbear
What they are used to bear?
MENENIUS (*to Coriolanus*). – Pray you be gone.
I'll try whether my old wit be in request
With those that have but little. This must be patched
With cloth of any colour.
COMINIUS. – Nay, come away. *Exeunt Coriolanus and Cominius*
A PATRICIAN. – This man has marred his fortune.
MENENIUS. – His nature is too noble for the world.
He would not flatter Neptune for his trident
Or Jove for's power to thunder. His heart's his mouth.
What his breast forges, that his tongue must vent,
And, being angry, does forget that ever
He heard the name of death.

A noise within

Here's goodly work.
A PATRICIAN. – I would they were abed.
MENENIUS. – I would they were in Tiber.
What the vengeance, could he not speak 'em fair?

Enter Brutus and Sicinius, with the rabble again

SICINIUS. – Where is this viper
That would depopulate the city and
Be every man himself?
MENENIUS. – You worthy tribunes –

---

236 COMINIUS] *F2*; *attribué à* CORIOLANUS *dans F.* **237-239** CORIOLANUS I... Capitol.] *Steevens (1773)*; *attribué à* MENENIUS *dans F.*

MÉNÉNIUS. – Faut-il en venir là ?
[1er] SÉNATEUR. – Aux dieux ne plaise !
(*A Coriolan*) Je t'en prie, noble ami, rentre dans ta maison.
Laisse-nous guérir ce mal.
MÉNÉNIUS. – Car c'est une plaie sur nous que vous
Ne pouvez pas soigner. Partez, je vous en prie.
[COMINIUS]. – Allons, monsieur, venez avec nous.
[CORIOLAN]. – Je voudrais que ce soient des barbares — ils en sont,
Bien que mis bas à Rome — non des Romains, ils n'en sont pas,
Bien que vêlés au porche du Capitole.
[MÉNÉNIUS]. – Partez.
Ne mettez pas dans votre bouche votre juste fureur.
Un temps viendra pour la revanche.
CORIOLAN. – A armes égales
J'en bats quarante.
MÉNÉNIUS. – Moi-même je pourrais me charger
D'une paire des meilleurs, oui, de ces deux tribuns.
COMINIUS. – Mais leur nombre rend vaine cette arithmétique,
Et la valeur s'appelle folie quand elle s'oppose
A des murs qui s'écroulent.
(*A Coriolan*) Allez-vous donc partir
Avant que ne revienne cette racaille dont la rage,
Comme des eaux retenues, rompt ses digues, et submerge
Ce qu'elle a supporté ?
MÉNÉNIUS (*à Coriolan*). – Je vous en prie, partez.
Je vais voir si mon vieil esprit trouve des preneurs
Chez ceux qui n'en ont guère. Il faut raccommoder,
Quelle que soit la couleur de la pièce.
COMINIUS. – Mais si, venez. *Coriolan et Cominius sortent*
UN PATRICIEN. – Cet homme a gâché sa fortune.
MÉNÉNIUS. – Il est d'une nature trop noble pour le monde.
Il ne flatterait pas plus Neptune pour son trident,
Que Jupiter pour son tonnerre. Sa bouche, c'est son cœur.
Ce qui se forge en sa poitrine, sa langue doit l'exprimer,
Et, en colère, il oublie même d'avoir jamais
Entendu parler de la mort.
Bruit à l'intérieur
Le beau travail !
UN PATRICIEN. – Que ne sont-ils couchés !
MÉNÉNIUS. – Ou noyés dans le Tibre.
Ne pouvait-il, que diable, leur dire des mots aimables ?
Rentrent Brutus et Sicinius, avec la populace
SICINIUS. – Où est cette vipère
Qui voudrait dépeupler la cité, et à lui seul
Remplacer tous les hommes ?
MÉNÉNIUS. – Honorables tribuns —

SICINIUS. – He shall be thrown down the Tarpeian rock
With rigorous hands. He hath resisted law,
And therefore law shall scorn him further trial
Than the severity of the public power,
Which he so sets at naught.
1 CITIZEN. – He shall well know
The noble tribunes are the people's mouths,
And we their hands.
ALL [THE CITIZENS]. – He shall, sure on't.
MENENIUS. – Sir, sir.
SICINIUS. – Peace!
MENENIUS. – Do not cry havoc where you should but hunt
With modest warrant.
SICINIUS. – Sir, how comes't that you
Have holp to make this rescue?
MENENIUS. – Hear me speak.
As I do know the consul's worthiness,
So can I name his faults.
SICINIUS. – Consul? What consul?
MENENIUS. – The consul Coriolanus.
BRUTUS. – He consul?
ALL [THE CITIZENS]. – No, no, no, no, no!
MENENIUS. – If, by the tribunes' leave and yours, good people,
I may be heard, I would crave a word or two,
The which shall turn you to no further harm
Than so much loss of time.
SICINIUS. – Speak briefly, then,
For we are peremptory to dispatch
This viperous traitor. To eject him hence
Were but our danger, and to keep him here
Our certain death. Therefore it is decreed
He dies tonight.
MENENIUS. – Now the good gods forbid
That our renownèd Rome, whose gratitude
Towards her deservèd children is enrolled
In Jove's own book, like an unnatural dam
Should now eat up her own!
SICINIUS. – He's a disease that must be cut away.
MENENIUS. – O, he's a limb that has but a disease –
Mortal to cut it off, to cure it easy.
What has he done to Rome that's worthy death?
Killing our enemies, the blood he hath lost –
Which I dare vouch is more than that he hath
By many an ounce – he dropped it for his country;

---

275 comes't] *F* (com'st). **289** our] *Theobald (1733)*; one *F*.

---

1. *their.* Peut renvoyer aussi bien à *tribunes* qu'à *people*. 2. Le verbe *hunt* semble

SICINIUS. – On le précipitera de la roche Tarpéienne
D'une main rigoureuse. Il a bravé la loi,
La loi lui refusera toute autre procédure
Que la sévérité de la puissance publique,
Qu'il a ainsi tenue pour rien.
1er CITOYEN. – Il verra bien
Que les nobles tribuns sont la bouche du peuple,
Et nous sommes les mains[1].
TOUS [LES CITOYENS]. – Pour sûr.
MÉNÉNIUS. – Monsieur, monsieur.
SICINIUS. – Silence !
MÉNÉNIUS. – Ne criez pas à la curée quand vous ne devriez
Chasser que dans les limites permises[2].
SICINIUS. – Comment se fait-il donc, monsieur, que vous l'ayez
Ainsi aidé à s'échapper ?
MÉNÉNIUS. – Écoutez-moi.
De même que je connais la valeur du consul,
De même je peux dire ses défauts.
SICINIUS. – Du consul ? Quel consul ?
MÉNÉNIUS. – Le consul Coriolan.
BRUTUS. – Lui, consul ?
TOUS [LES CITOYENS]. – Non, non, non, non, non !
MÉNÉNIUS. – S'il se peut, bonnes gens, qu'avec la permission
Des tribuns et la vôtre, on m'écoute, je voudrais
Dire un mot ou deux ; il ne vous en coûtera
Que le temps de m'entendre.
SICINIUS. – Dans ce cas, soyez bref,
Car notre décision est prise, de dépêcher
Ce traître venimeux. Le chasser ne ferait
Que nous mettre en danger, et le garder ici
Qu'assurer notre mort. Il est donc décrété
Qu'il meurt ce soir.
MÉNÉNIUS. – Les dieux dans leur bonté empêchent
Que notre illustre Rome, dont la reconnaissance
A ses fils méritants est inscrite au registre
Tenu par Jupiter, dévore ses enfants,
Comme une mère dénaturée !
SICINIUS. – Coriolan est un mal qui doit être extirpé.
MÉNÉNIUS. – Oh ! c'est un membre qui n'est qu'atteint de maladie ;
L'amputer est mortel, le guérir est facile.
Qu'a-t-il donc fait à Rome qui lui vaille la mort ?
En tuant nos ennemis, le sang qu'il a perdu –
Et c'est plus, j'en réponds, que ce qu'il en conserve,
De plusieurs onces – il l'a versé pour sa patrie ;

---

indiquer que *warrant* appartient au vocabulaire de la chasse. Mais on n'en connaît pas de tel emploi. Le sens est que les tribuns ont des pouvoirs légalement limités.

And what is left, to lose it by his country
Were to us all that do't and suffer it
A brand to th'end o'th' world.
SICINIUS. – This is clean cam.
BRUTUS. – Merely awry. When he did love his country
It honoured him.
[SICINIUS]. – The service of the foot,
Being once gangrened, is not then respected
For what before it was.
BRUTUS. – We'll hear no more.
Pursue him to his house and pluck him thence,
Lest his infection, being of catching nature,
Spread further.
MENENIUS. – One word more, one word !
This tiger-footed rage, when it shall find
The harm of unscanned swiftness, will too late
Tie leaden pounds to's heels. Proceed by process,
Lest parties – as he is beloved – break out
And sack great Rome with Romans.
BRUTUS. – If it were so ?
SICINIUS (*to Menenius*). – What do ye talk ?
Have we not had a taste of his obedience :
Our aediles smote, ourselves resisted ? Come.
MENENIUS. – Consider this : he has been bred i'th' wars
Since a could draw a sword, and is ill-schooled
In bolted language. Meal and bran together
He throws without distinction. Give me leave,
I'll go to him and undertake to bring him
Where he shall answer by a lawful form,
In peace, to his utmost peril.
1 SENATOR. – Noble tribunes,
It is the humane way. The other course
Will prove too bloody, and the end of it
Unknown to the beginning.
SICINIUS. – Noble Menenius,
Be you then as the people's officer.
(*To the Citizens*) Masters, lay down your weapons.
BRUTUS. – Go not home.
SICINIUS. – Meet on the market-place. (*To Menenius*) We'll attend you there,
Where if you bring not Martius, we'll proceed
In our first way.
MENENIUS. – I'll bring him to you.

---

307 SICINIUS] *Hanmer (1744)* ; *attribué à* MENENIUS *dans F.* **326** bring him] *Pope (1723-1725)* ; bring him in peace, *F.*

Et le reste, le perdre du fait de sa patrie,
Ce serait pour nous tous, faisant ou laissant faire,
Une marque d'infamie jusqu'à la fin du monde.
SICINIUS. – Voilà qui est purement retors.
BRUTUS. – Parfaitement faux[1].
Quand il avait vraiment l'amour de sa patrie,
Elle l'a honoré.
[SICINIUS]. – Les services du pied,
Quand il est gangrené, ne sont plus estimés
Pour ce qu'ils ont été.
BRUTUS. – Nous n'écouterons plus rien.
Poursuivez-le, et tirez-le de sa maison,
Pour que son infection, contagieuse par nature,
Ne gagne pas plus loin.
MÉNÉNIUS. – Un mot encore, un seul !
Cette fureur aux bonds de tigre, quand elle verra
Le mal qu'aura commis sa hâte irréfléchie,
Nouera trop tard des poids de plomb à ses talons.
Procédez par procès, sinon, comme il est très aimé,
Surgiront des factions par lesquelles des Romains
Mettront à sac la grande Rome.
BRUTUS. – Et si cela était ?
SICINIUS (*à Ménénius*). – Que racontez-vous là ?
N'avons-nous pas tâté de son obéissance :
Nos édiles frappés, et nous-mêmes bravés ? Allons donc !
MÉNÉNIUS. – Considérez ceci : depuis qu'il sait tirer l'épée,
La guerre est son école, et il n'a guère appris
A tamiser les mots. Il jette farine et son
Sans faire de différence. Si vous le permettez,
Je vais aller le voir, et tenter de l'amener
Là où il répondra selon les formes de la loi,
Dans le calme, au péril de sa vie.
1er SÉNATEUR. – Nobles tribuns,
C'est là agir humainement. L'autre manière
S'avérera trop sanglante, et son commencement
Ne connaît pas sa fin.
SICINIUS. – Noble Ménénius,
Agissez donc alors en tant qu'agent du peuple.
(*Aux Citoyens*) Messieurs, déposez vos armes.
BRUTUS. – Ne rentrez pas chez vous.
SICINIUS. – Rendez-vous sur la place du marché. (*A Ménénius*) Nous vous [y attendrons ;
Si vous n'y amenez pas Martius, nous reprendrons
Notre premier dessein.
MÉNÉNIUS. – Je vous l'amènerai.

1. *cam.* Mot rare, signifiant « tordu » (*clean* a une valeur adverbiale) ; *awry* peut signifier « de travers » ou, dans un sens ancien, « loin du but », donc « à côté de la question ».

(*To the Senators*) Let me desire your company. He must come,
Or what is worst will follow.

[1] SENATOR. – Pray you, let's to him.

Exeunt [tribunes and Citizens at one door, Patricians at another door]

III, 2 *Enter Coriolanus, with Nobles*

CORIOLANUS. – Let them pull all about mine ears, present me
Death on the wheel or at wild horses' heels,
Or pile ten hills on the Tarpeian rock,
That the precipitation might down stretch
Below the beam of sight, yet will I still
Be thus to them.

Enter Volumnia

A PATRICIAN. – You do the nobler.

CORIOLANUS. – I muse my mother
Does not approve me further, who was wont
To call them woollen vassals, things created
To buy and sell with groats, to show bare heads
In congregations, to yawn, be still, and wonder,
When one but of my ordinance stood up
To speak of peace or war. (*To Volumnia*) I talk of you.
Why did you wish me milder? Would you have me
False to my nature? Rather say I play
The man I am.

VOLUMNIA. – O, sir, sir, sir,
I would have had you put your power well on
Before you had worn it out.

CORIOLANUS. – Let go.

VOLUMNIA. – You might have been enough the man you are
With striving less to be so. Lesser had been
The taxings of your dispositions if
You had not showed them how ye were disposed
Ere they lacked power to cross you.

CORIOLANUS. – Let them hang.

VOLUMNIA. – Ay, and burn too.

Enter Menenius, with the Senators

MENENIUS (*to Coriolanus*). – Come, come, you have been too rough, something [too rough.
You must return and mend it.

[1] SENATOR. – There's no remedy
Unless, by not so doing, our good city

---

20 taxings] *Sisson (1954)*; things *F*; thwartings *Theobald (1733).*

---

1. Lieu : chez Coriolan. **2.** Le silence réprobateur de Volumnia aura sa contrepartie (V,3,132-183). **3.** *groat.* Pièce anglaise qui valait quatre pence. **4.** Cette réplique de Volumnia est interprétée comme à la fois l'expression d'un sentiment profond de haine

(*Aux Sénateurs*) Je voudrais votre compagnie. Il faut qu'il vienne,
Ou le pire s'ensuivra.

[1er] SÉNATEUR. – Je vous en prie, allons chez lui.

[*Les tribuns et les Citoyens*] *sortent* [*par une porte, les Patriciens par une autre*]

Entre Coriolan, avec des Nobles[1] III, 2

CORIOLAN. – Que tous leurs coups pleuvent sur ma tête, qu'ils m'octroient
De mourir sur la roue, ou bien sous les sabots
De chevaux indomptés, qu'ils entassent dix montagnes
Sur la roche Tarpéienne, pour que le précipice
Tombe à perte de vue, je serai néanmoins
Toujours tel envers eux.

Entre Volumnia

UN PATRICIEN. – Vous en serez d'autant plus noble.

CORIOLAN. – Je m'étonne que ma mère ne me loue pas davantage[2],
Qui aimait les appeler valets vêtus de bure,
Faits pour acheter et vendre des choses à deux sous[3],
Pour se montrer tête nue aux assemblées, bâiller,
Se taire, et s'étonner quand quelqu'un de mon rang
Se levait pour parler de la paix ou la guerre.
(*A Volumnia*) C'est de vous que je parle. Pourquoi me souhaiter
Plus doux ? Me voudriez-vous traître à ma nature ?
Dites plutôt que je joue le rôle de l'homme
Que je suis.

VOLUMNIA. – Oh ! monsieur, monsieur, monsieur,
J'aurais voulu vous voir bien revêtir votre pouvoir
Avant que vous l'ayez usé !

CORIOLAN. – Laissez cela.

VOLUMNIA. – Vous auriez pu assez être l'homme que vous êtes
En vous efforçant moins de l'être. La critique
De vos inclinations eût été moindre si
Vous n'aviez pas montré à quoi vous incliniez
Avant qu'ils ne puissent plus vous contrarier.

CORIOLAN. – A la potence !

VOLUMNIA. – Oui, et au bûcher aussi[4].

Entre Ménénius, accompagné par les Sénateurs

MÉNÉNIUS (*à Coriolan*). – Allons, allons, vous avez mis trop de rudesse,
Un peu trop de rudesse. Il faut y retourner,
Et réparer cela.

[1er] SÉNATEUR. – Il n'est pas d'autre issue,
Car si vous ne le faites pas, notre bonne cité

---

pour le peuple, et une concession habile lui permettant de rallier ensuite Coriolan à ses vues. Ce vœu de voir brûler les citoyens romains sera repris plus tard. Mais il est possible aussi que Volumnia soit volontairement ambiguë, qu'elle feigne d'avoir compris *Let them hang !* comme voulant dire « Qu'ils se livrent à des pendaisons ! », et qu'elle ajoute « et qu'ils brûlent tout ! » pour montrer à Coriolan les dangers de sa conduite.

Cleave in the midst and perish.
VOLUMNIA (*to Coriolanus*). – Pray be counselled.
I have a heart as little apt as yours,
But yet a brain that leads my use of anger
To better vantage.
MENENIUS. – Well said, noble woman.
Before he should thus stoop to th' herd, but that
The violent fit o'th' time craves it as physic
For the whole state, I would put mine armour on,
Which I can scarcely bear.
CORIOLANUS. – What must I do?
MENENIUS. – Return to th' tribunes.
CORIOLANUS. – Well, what then, what then?
MENENIUS. – Repent what you have spoke.
CORIOLANUS. – For them? I cannot do it to the gods.
Must I then do't to them?
VOLUMNIA. – You are too absolute,
Though therein you can never be too noble,
But when extremities speak. I have heard you say,
Honour and policy, like unsevered friends,
I'th' war do grow together. Grant that, and tell me
In peace what each of them by th'other lose
That they combine not there.
CORIOLANUS. – Tush, tush!
MENENIUS. – A good demand.
VOLUMNIA. – If it be honour in your wars to seem
The same you are not, which for your best ends
You adopt your policy, how is it less or worse
That it shall hold companionship in peace
With honour, as in war, since that to both
It stands in like request?
CORIOLANUS. – Why force you this?
VOLUMNIA. – Because that now it lies you on to speak to th' people,
Not by your own instruction, nor by th' matter
Which your heart prompts you, but with such words
That are but roted in your tongue, though but
Bastards and syllables of no allowance
To your bosom's truth. Now this no more
Dishonours you at all than to take in
A town with gentle words, which else would put you
To your fortune and the hazard of much blood.
I would dissemble with my nature where
My fortunes and my friends at stake required
I should do so in honour. I am in this

---

31 herd] *Theobald (1733)*; heart *F.*

---

1. En raison de l'image apportée par *physic, whole* signifie en même temps « sain »; l'expression veut donc dire aussi : « pour le bien de l'État ». **2.** La syntaxe de cette phrase

Se fend par le milieu et périt.
VOLUMNIA (*à Coriolan*). – Acceptez
Ces conseils. Je n'ai pas plus que vous le cœur souple,
Mais mon cerveau dirige l'usage de ma colère
Pour un meilleur profit.
MÉNÉNIUS. – C'est bien dit, noble femme.
Plutôt qu'il doive ainsi se soumettre au troupeau,
Si la folie du moment n'exigeait ce remède
Pour l'État tout entier[1], j'endosserais mon armure
Qu'à peine je peux porter.
CORIOLAN. – Que dois-je faire ?
MÉNÉNIUS. – Aller retrouver les tribuns.
CORIOLAN. – Bien. Et ensuite ? Et ensuite ?
MÉNÉNIUS. – Dire que vous regrettez vos paroles.
CORIOLAN. – A ces gens-là ? Je n'irais pas le dire aux dieux,
Devrais-je donc le leur dire ?
VOLUMNIA. – Vous êtes trop entier,
Bien qu'on ne puisse jamais être en cela trop noble,
Sauf quand nécessité oblige[2]. Je vous ai entendu
Dire qu'honneur et stratagème, comme deux amis
Inséparables, vont de pair dans la guerre[3]. Alors,
Dites-moi ce qu'en temps de paix l'un peut faire perdre à l'autre,
Qu'on ne puisse les allier.
CORIOLAN. – Allons donc !
MÉNÉNIUS. – Bonne question.
VOLUMNIA. – S'il y a de l'honneur dans vos guerres à paraître
Celui que vous n'êtes pas, et c'est le stratagème
Que pour vos fins vous adoptez, serait-ce moins honorable,
Ou pire, que ce même stratagème accompagne l'honneur
Dans la paix comme en guerre, alors que l'une et l'autre
En ont le même besoin ?
CORIOLAN. – Pourquoi insistez-vous ?
VOLUMNIA. – Parce que maintenant il vous incombe d'aller parler au peuple,
Non pas selon vos convictions, ni selon les raisons
Que dicte votre cœur, mais par des mots dont seule
Se souvient votre langue, bien qu'ils ne soient que mots
Bâtards, syllabes qu'en votre âme la vérité
Ne saurait reconnaître. Et il n'y a en cela
Nul déshonneur, pas plus que de prendre une ville
Avec de bonnes paroles, au lieu d'être forcé
De compter sur la chance, ou de risquer des flots de sang.
Moi, je dissimulerais ma nature, dans le cas
Où ma fortune et mes amis en péril exigeraient
Que je le fasse dans l'honneur. Je suis en cette instance

est peut-être fautive (on attend « for » au lieu de *Though*). Mais elle peut fort bien exprimer l'hésitation de Volumnia à heurter de front Coriolan, en transformant une objection en concession. 3. C'est en application de ce principe que Coriolan a utilisé des espions.

Your wife, your son, these senators, the nobles ;
And you will rather show our general louts
How you can frown than spend a fawn upon 'em
For the inheritance of their loves and safeguard
Of what that want might ruin.

MENENIUS. – Noble lady !
(*To Coriolanus*) Come, go with us, speak fair. You may salve so,
Not what is dangerous present, but the loss
Of what is past.

VOLUMNIA. – I prithee now, my son,

[*She takes his bonnet*]

Go to them with this bonnet in thy hand,
And thus far having stretched it – here be with them –
Thy knee bussing the stones – for in such business
Action is eloquence, and the eyes of th'ignorant
More learnèd than the ears – waving thy head,
With often, thus, correcting thy stout heart,
Now humble as the ripest mulberry
That will not hold the handling ; or say to them
Thou art their soldier and, being bred in broils,
Hast not the soft way which, thou dost confess,
Were fit for thee to use as they to claim,
In asking their good loves ; but thou wilt frame
Thyself, forsooth, hereafter theirs so far
As thou hast power and person.

MENENIUS (*to Coriolanus*). – This but done
Even as she speaks, why, their hearts were yours ;
For they have pardons, being asked, as free
As words to little purpose.

VOLUMNIA (*to Coriolanus*). – Prithee now,
Go, and be ruled, although I know thou hadst rather
Follow thine enemy in a fiery gulf
Than flatter him in a bower.

Enter Cominius

Here is Cominius.

COMINIUS. – I have been i'th' market-place ; and, sir, 'tis fit
You make strong party, or defend yourself
By calmness or by absence. All's in anger.

MENENIUS. – Only fair speech.

COMINIUS. – I think 'twill serve, if he
Can thereto frame his spirit.

VOLUMNIA. – He must, and will.
Prithee now, say you will, and go about it.

CORIOLANUS. – Must I go show them my unbarbèd sconce ?
Must I with my base tongue give to my noble heart

---

78 With] *Rann (1786-1794)* ; Which *F.*

---

1. *here... them.* Sens controversé ; peut-être « ici soyez complaisant envers

Votre épouse, votre fils, ces sénateurs, les nobles ;
Et vous, vous aimez mieux montrer à ces manants
Votre front courroucé, plutôt que leur faire don
D'un sourire pour gagner leur amour et sauver
Ce qui, sans cela, pourrait être détruit.

MÉNÉNIUS. – La noble dame !
(*A Coriolan*) Allons, venez avec nous, parlez-leur comme il faut.
Vous pouvez de la sorte remédier au danger du moment,
Comme aux pertes passées.

VOLUMNIA. – Je t'en supplie, mon fils,
[*Elle lui prend son bonnet*]
Va les trouver, ce bonnet à la main, fais-leur
D'abord ainsi une grande courbette – cela leur plaît[1] –
En donnant du genou un baiser au pavé –
Car en pareille affaire, l'action vaut l'éloquence,
Et l'œil de l'ignorant s'instruit mieux que l'oreille –
Tête basse, corrige souvent, comme ceci, ton cœur fier,
Devenu humble comme une mûre presque blette
Et qui s'écrase dans la main ; ou bien dis-leur
Que tu es leur soldat, et qu'élevé dans les luttes
Tu n'as pas la douceur des manières, tu l'avoues,
Que tu devrais montrer, et qu'ils peuvent attendre
De qui requiert leur amitié, mais que vraiment tu vas
Te réformer, et être désormais tout à eux
Dans ton pouvoir et ta personne.

MÉNÉNIUS (*à Coriolan*). – Cela à peine dit,
Comme elle vient de le faire, eh ! leurs cœurs sont à vous ;
Si on les prie, ils sont aussi prodigues de pardons
Que de vaines paroles.

VOLUMNIA (*à Coriolan*). – Et maintenant, je t'en prie,
Va, obéis, même si, je le sais, tu aimes mieux
Poursuivre ton ennemi dans un gouffre de feu
Que le flatter sous la charmille.
Entre Cominius
Mais voici Cominius.

COMINIUS. – Je suis allé place du marché ; il faut, monsieur,
Vous entourer d'un fort parti, ou vous défendre
Par le calme ou l'absence. La colère est partout.

MÉNÉNIUS. – Seulement de bonnes paroles.

COMINIUS. – Je crois qu'elles suffiront,
S'il peut s'y résigner.

VOLUMNIA. – Il le doit et le fera. De grâce,
Maintenant, dis que tu le feras, et vas-y.

CORIOLAN. – Dois-je me montrer à eux la caboche toute nue[2] ?
Dois-je d'une langue indigne démentir mon cœur noble

---

eux ». 2. *unbarbèd.* Signifie d'abord « désarmé » ; *sconce* est employé en manière de plaisanterie pour désigner la tête (cf. *Hamlet,* V,1,84).

A lie that it must bear ? Well, I will do't.
Yet were there but this single plot to lose,
This mould of Martius they to dust should grind it
And throw't against the wind. To th' market-place.
You have put me now to such a part which never
I shall discharge to th' life.
COMINIUS. – Come, come, we'll prompt you.
VOLUMNIA. – I prithee now, sweet son, as thou hast said
My praises made thee first a soldier, so,
To have my praise for this, perform a part
Thou hast not done before.
CORIOLANUS. – Well, I must do't.
Away, my disposition ; and possess me
Some harlot's spirit ! My throat of war be turned,
Which choired with my drum, into a pipe
Small as an eunuch or the virgin voice
That babies lull asleep ! The smiles of knaves
Tent in my cheeks, and schoolboys' tears take up
The glasses of my sight ! A beggar's tongue
Make motion through my lips, and my armed knees,
Who bowed but in my stirrup, bend like his
That hath received an alms ! I will not do't,
Lest I surcease to honour mine own truth,
And by my body's action teach my mind
A most inherent baseness.
VOLUMNIA. – At thy choice, then.
To beg of thee it is my more dishonour
Than thou of them. Come all to ruin. Let
Thy mother rather feel thy pride than fear
Thy dangerous stoutness, for I mock at death
With as big heart as thou. Do as thou list.
Thy valiantness was mine, thou sucked'st it from me,
But owe thy pride thyself.
CORIOLANUS. – Pray be content.
Mother, I am going to the market-place.
Chide me no more. I'll mountebank their loves,
Cog their hearts from them, and come home beloved
Of all the trades in Rome. Look, I am going.
Commend me to my wife. I'll return consul,

---

129 sucked'st] *Oxford* ; suck'st *F.*

---

1. Il s'agit, comme ailleurs, du forum. Mais c'est aussi l'endroit où Coriolan va se vendre. **2.** Le sens de « mendiant », « vagabond », est peut-être présent dans cet emploi de *harlot.* Mais l'idée de prostitution domine, et l'idée de mendicité sera évoquée plus loin (*a beggar's tongue*). En ce moment décisif où Coriolan renonce à être lui-même pour aller demander la faveur du peuple, il accepte non seulement un statut de mendiant (qui sera aussi le sien quand il ira demander l'asile à Aufidius), mais une prostitution de son honneur comparable à celle qui l'amènera à devenir un mercenaire des Volsques. **3.** *lull.* Ce pluriel

Et le lui faire admettre ? Eh bien, je vais le faire.
Mais s'il ne fallait perdre que la poignée de terre
Dont Martius est formé, qu'ils la réduisent plutôt
En poudre et qu'ils la jettent dans le vent. Au marché[1] !
Vous me faites prendre un rôle que je ne jouerai jamais
Naturellement.
COMINIUS. – Venez, venez, nous soufflerons.
VOLUMNIA. – Je t'en prie, mon cher fils, de même, tu l'as dit,
Que mes louanges t'ont d'abord fait soldat, de même,
Pour obtenir ici ma louange, remplis un rôle
Que tu n'as pas encore joué.
CORIOLAN. – Soit ! il le faut.
Va-t'en donc, ma nature, que vienne me posséder
L'esprit d'une prostituée[2] ! Que mes accents guerriers,
Qui résonnaient à l'unisson de mon tambour,
Deviennent aussi fluets que la voix d'un eunuque,
Ou que celle d'une vierge qui berce des poupées[3] !
Que campent sur mes joues des sourires de valet,
Et que des larmes d'écolier noient le globe de mes yeux !
Que la langue du mendiant se meuve entre mes lèvres,
Que mes genoux armés[4], qui n'ont fléchi qu'à l'étrier,
Se plient comme ceux de qui a reçu une aumône !
Je ne le ferai pas[5], de peur que je ne cesse
De respecter ma vérité, et qu'à mon âme
Les gestes de mon corps n'enseignent une bassesse
Qui s'y fixe à jamais.
VOLUMNIA. – Eh bien, selon ton gré.
T'implorer est pour moi un plus grand déshonneur
Que de te voir les implorer. Que tout se ruine !
Que ta mère pâtisse de ton orgueil, plutôt qu'elle craigne
Ta dangereuse obstination, car je me moque de la mort
Avec autant de cœur que toi ! Fais comme tu veux.
Ta vaillance fut mienne, tu l'a sucée avec mon lait,
Mais ne dois ton orgueil qu'à toi-même[6].
CORIOLAN. – De grâce, calmez-vous[7].
Ma mère, je vais aller sur la place du marché.
Cessez de me gronder. Je ferai le charlatan
Pour leur amour, je leur subtiliserai le cœur,
Et reviendrai chéri de tous les artisans
Et boutiquiers de Rome. Regardez, je m'en vais.
Saluez pour moi ma femme. Je rentrerai consul,

---

est sans doute attiré par le pluriel *babies.* L'emploi de *virgin* semble imposer le sens de « poupées » pour *babies.* **4.** Il y a là un audacieux jeu de mots en anglais (« arm » = « arme » ou « bras »), jeu repris selon plusieurs commentateurs par *alms* au vers 120. **5.** Cette décision rend ambiguës les exclamations qui précèdent : leur valeur apparemment optative est peut-être devenue progressivement celle d'infinitifs. Du vœu ironique, Coriolan est peut-être passé à la vision de tableaux qui lui font horreur. L'expression de son refus peut donc se comprendre, soit comme un brusque revirement, soit comme une conclusion logique. **6.** Jeu sur *owe* : « devoir » et « posséder ». **7.** La phrase peut aussi vouloir dire : « soyez satisfaite ».

Or never trust to what my tongue can do
I'th' way of flattery further.
VOLUMNIA. – Do your will. *Exit Volumnia*
COMINIUS. – Away! The tribunes do attend you. Arm yourself
To answer mildly, for they are prepared
With accusations, as I hear, more strong
Than are upon you yet.
CORIOLANUS. – The word is "mildly". Pray you let us go.
Let them accuse me by invention, I
Will answer in mine honour.
MENENIUS. – Ay, but mildly.
CORIOLANUS. – Well, mildly be it, then – mildly. *Exeunt*

III, 3 *Enter Sicinius and Brutus*

BRUTUS. – In this point charge him home: that he affects
Tyrannical power. If he evade us there,
Enforce him with his envy to the people,
And that the spoil got on the Antiates
Was ne'er distributed.
Enter an Aedile
What, will he come?
AEDILE. – He's coming.
BRUTUS. – How accompanied?
AEDILE. – With old Menenius, and those senators
That always favoured him.
SICINIUS. – Have you a catalogue
Of all the voices that we have procured,
Set down by th' poll?
AEDILE. – I have, 'tis ready.
SICINIUS. – Have you collected them by tribes?
AEDILE. – I have.
SICINIUS. – Assemble presently the people hither,
And when they hear me say "It shall be so
I'th' right and strength o'th' commons", be it either
For death, for fine, or banishment, then let them,
If I say "Fine", cry "Fine!", if "Death", cry "Death!",
Insisting on the old prerogative
And power i'th' truth o'th' cause.
AEDILE. – I shall inform them.
BRUTUS. – And when such time they have begun to cry,
Let them not cease, but with a din confused
Enforce the present execution

1. Lieu : le forum. 2. Cette accusation est sans doute l'une des « inventions » auxquelles Cominius vient de faire allusion. Rien dans la pièce ne la justifie. Mais elle est mentionnée dans Plutarque* (Bullough, vol. 5, p. 525). 3. Un vote par centuries, où la répartition était faite d'après la fortune, aurait donné la majorité aux patriciens. En faisant voter par tribus, les tribuns sont au contraire sûrs de l'emporter. 4. Selon Plutarque*, certains

Ou ne croyez plus jamais au pouvoir de ma langue
En matière de flatterie.

VOLUMNIA. – Faites ce que vous voulez. *Volumnia sort*

COMINIUS. – En route ! Les tribuns vous attendent. Armez-vous
De douceur pour répondre, car ils ont préparé,
Me dit-on, de plus graves accusations que celles
Qui pèsent déjà sur vous.

CORIOLAN. – Le mot d'ordre est « douceur ». Je vous en prie, partons.
Qu'ils aillent m'inventer des accusations ! Moi,
Je répondrai à mon honneur.

COMINIUS. – Oui, mais doucement.

CORIOLAN. – Eh bien, soit, doucement donc, doucement. *Ils sortent*

Entrent Sicinius et Brutus[1] III, 3

BRUTUS. – Sur ce point, attaquez-le à fond : son envie
D'un pouvoir tyrannique. Si là il nous échappe,
Invoquez contre lui la haine qu'il a du peuple,
Et que le butin pris aux Antiates n'a jamais
Été distribué[2].

Entre un Édile

Eh bien, veut-il venir ?

L'ÉDILE. – Il arrive.

BRUTUS. – Accompagné par qui ?

L'ÉDILE. – Par le vieux Ménénius et par ceux des sénateurs
Qui l'ont toujours soutenu.

SICINIUS. – Avez-vous une liste
De toutes les voix que nous nous sommes procurées
Au suffrage par tête ?

L'ÉDILE. – J'en ai une, elle est prête.

SICINIUS. – Les avez-vous groupées par tribus[3] ?

L'ÉDILE. – Je l'ai fait.

SICINIUS. – Rassemblez tout de suite, ici même, le peuple,
Et, lorsque je dirai : « Il en sera ainsi
De par l'autorité et le droit populaires »,
Que ce soit mort, amende ou bannissement, il faut,
Si c'est « amende », qu'ils crient « amende ! », « mort », qu'ils crient
[« mort ! »,
En insistant sur la prérogative ancienne[4]
Et la force de leur juste cause.

L'ÉDILE. – Je les informerai.

BRUTUS. – Et une fois qu'ils auront commencé à crier,
Qu'ils ne cessent pas, mais que, par des clameurs confuses,
Ils exigent qu'on applique aussitôt la sentence

---

sénateurs estimaient que le peuple voulait avoir le privilège d'exercer la justice, non pas en raison d'une « prééminence et prérogative d'honneur » (par rapport à la noblesse), mais par crainte du mépris et de la haine des nobles (Bullough, vol. 5, p. 524). Sh conserve le mot *prerogative* employé par North*, mais n'attribue pas aux tribuns le sentiment indiqué par Plutarque.

Of what we chance to sentence.
AEDILE. – Very well.
SICINIUS. – Make them be strong, and ready for this hint
When we shall hap to give't them.
BRUTUS [*to the Aedile*]. – Go about it. [*Exit Aedile*]
Put him to choler straight. He hath been used
Ever to conquer and to have his worth
Of contradiction. Being once chafed, he cannot
Be reined again to temperance. Then he speaks
What's in his heart, and that is there which looks
With us to break his neck.

Enter Coriolanus, Menenius, and Cominius, with other [*Senators and Patricians*]

SICINIUS. – Well, here he comes.
MENENIUS (*to Coriolanus*). – Calmly, I do beseech you.
CORIOLANUS. – Ay, as an hostler that for th' poorest piece
Will bear the knave by th' volume. — Th' honoured gods
Keep Rome in safety and the chairs of justice
Supplied with worthy men, plant love among's,
Throng our large temples with the shows of peace,
And not our streets with war!
1 SENATOR. – Amen, amen.
MENENIUS. – A noble wish.

Enter the Aedile with the Citizens

SICINIUS. – Draw near, ye people.
AEDILE. – List to your tribunes. Audience!
Peace, I say.
CORIOLANUS. – First, hear me speak.
SICINIUS *and* BRUTUS. – Well, say. — Peace ho!
CORIOLANUS. – Shall I be charged no further than this present?
Must all determine here?
SICINIUS. – I do demand
If you submit you to the people's voices,
Allow their officers, and are content
To suffer lawful censure for such faults
As shall be proved upon you.
CORIOLANUS. – I am content.
MENENIUS. – Lo, citizens, he says he is content.
The warlike service he has done, consider. Think
Upon the wounds his body bears, which show
Like graves i'th' holy churchyard.
CORIOLANUS. – Scratches with briers,
Scars to move laughter only.

---

33 for th'] *F2*; fourth *F.* 36 among's] *F* (amongs). 37 Throng] *Theobald (1733)*; Through *F.*

---

1. On comprend le plus souvent *have his worth* dans le sens de « have his pennyworth »,

Que nous serons amenés à prononcer.
L'ÉDILE. – Très bien.
SICINIUS. – Faites qu'ils soient résolus, et prêts pour ce mot d'ordre
Quand nous le leur donnerons.
BRUTUS [*à l'Édile*]. – Allez, et veillez-y. [*L'Édile sort*]
Mettez-le en colère d'emblée. Il est habitué
A toujours vaincre et contredire tout son soûl[1].
Quand il est échauffé, on ne peut plus le ramener
A la modération. Et c'est alors qu'il dit
Ce qu'il a sur le cœur, et là est notre espoir
De lui rompre le cou.

Entrent Coriolan, Ménénius, et Cominius, avec d'autres [*Sénateurs et Patriciens*]

SICINIUS. – Bien, le voici.
MÉNÉNIUS (*à Coriolan*). – Calmement, je vous en supplie.
CORIOLAN. – Oui, comme un palefrenier qui, pour un pauvre sou,
Accepte qu'on le traite sans cesse de coquin. –
Que les dieux révérés veillent au salut de Rome
Et fassent siéger au tribunal des gens de bien,
Qu'ils implantent l'amour entre nous, et emplissent
Nos vastes temples des spectacles de la paix,
Et non nos rues d'hostilité !
1er SÉNATEUR. – Amen, amen.
MÉNÉNIUS. – Noble souhait.

Entre l'Édile avec les Citoyens

SICINIUS. – Approche, peuple.
L'ÉDILE. – Écoute tes tribuns. Sois attentif !
Silence, dis-je.
CORIOLAN. – Qu'on m'écoute d'abord.
SICINIUS *et* BRUTUS. – Eh bien, parlez. – Silence !
CORIOLAN. – Lancera-t-on contre moi d'autres accusations ?
Tout va-t-il se régler ici ?
SICINIUS. – Je vous demande
Si vous vous soumettez devant les voix du peuple,
Reconnaissez ses magistrats, et consentez
A subir la sentence légale pour tout crime
Qui sera retenu contre vous.
CORIOLAN. – J'y consens.
MÉNÉNIUS. – Vous voyez, citoyens, il dit qu'il y consent.
Ses services guerriers, tenez-en compte. Pensez
Aux blessures sur son corps, semblables à des tombes
Creusées dans un cimetière sacré.
CORIOLAN. – Égratignures de ronces,
Cicatrices risibles.

(en avoir pour son argent). Mais certains commentateurs prennent *worth* dans le sens de « worthiness » (mérite). Coriolan estimerait alors devoir contredire en raison de sa valeur.

MENENIUS. – Consider further
That when he speaks not like a citizen,
You find him like a soldier. Do not take
His rougher accents for malicious sounds,
But, as I say, such as become a soldier
Rather than envy you.
COMINIUS. – Well, well, no more.
CORIOLANUS. – What is the matter
That, being passed for consul with full voice,
I am so dishonoured that the very hour
You take it off again?
SICINIUS. – Answer to us.
CORIOLANUS. – Say, then. 'Tis true I ought so.
SICINIUS. – We charge you that you have contrived to take
From Rome all seasoned office, and to wind
Yourself into a power tyrannical,
For which you are a traitor to the people.
CORIOLANUS. – How, traitor?
MENENIUS. – Nay, temperately — your promise.
CORIOLANUS. – The fires i'th' lowest hell fold in the people!
Call me their traitor, thou injurious tribune?
Within thine eyes sat twenty thousand deaths,
In thy hands clutched as many millions, in
Thy lying tongue both numbers, I would say
"Thou liest" unto thee with a voice as free
As I do pray the gods.
SICINIUS. – Mark you this, people?
ALL [THE CITIZENS]. – To th' rock, to th' rock with him!
SICINIUS. – Peace!
We need not put new matter to his charge.
What you have seen him do and heard him speak,
Beating your officers, cursing yourselves,
Opposing laws with strokes, and here defying
Those whose great power must try him —
Even this, so criminal and in such capital kind,
Deserves th'extremest death.
BRUTUS. – But since he hath
Served well for Rome —
CORIOLANUS. – What do you prate of service?
BRUTUS. – I talk of that that know it.
CORIOLANUS. – You?
MENENIUS. – Is this the promise that you made your mother?
COMINIUS. – Know, I pray you —
CORIOLANUS. – I'll know no further.

---

56 accents] *Theobald (1733)*; Actions *F.* **79** THE CITIZENS] *Oxford*; *pas dans F (de même 109 et 123).*

---

1. *seasoned.* Peut signifier « établi » ou « tempéré »; semble s'opposer au *tyrannical* du vers suivant. **2.** Cette accusation n'est pas formulée nettement chez Plutarque*, qui

MÉNÉNIUS. – Considérez aussi
Que s'il ne parle pas à la façon d'un citoyen,
Il le fait, vous verrez, comme un soldat. Ne prenez pas
Sa rudesse de ton pour de l'hostilité,
Mais, comme je vous le dis, pour le fait d'un soldat,
Et non d'un malveillant.
COMINIUS. – Bien, bien, assez.
CORIOLAN. – Que s'est-il donc passé
Pour que, élu consul à l'unanimité,
Je sois déshonoré au point que dans l'heure même
Vous repreniez vos voix ?
SICINIUS. – Vous êtes ici pour nous répondre.
CORIOLAN. – Alors, parlez. Je dois le faire, c'est vrai.
SICINIUS. – Vous êtes accusé d'avoir tenté de priver Rome
De toute magistrature que le temps a mûrie[1],
Et de vous investir d'un pouvoir tyrannique.
Vous êtes, de ce fait, un traître envers le peuple[2].
CORIOLAN. – Comment ? Un traître !
MÉNÉNIUS. – Non, du calme. Votre promesse.
CORIOLAN. – Les feux du bas enfer engloutissent le peuple !
M'appeler leur traître, toi, tribun calomniateur ?
S'il y avait dans tes yeux vingt mille morts qui siégeaient,
Enserrées dans tes poings autant de millions d'autres,
Sur ta langue mensongère autant que ces deux nombres,
Je te dirais « tu mens » d'une voix tout aussi franche
Que quand je prie les dieux.
SICINIUS. – Peuple, entends-tu cela ?
TOUS [LES CITOYENS]. – A la roche ! A la roche !
SICINIUS. – Silence !
Inutile d'apporter aucun autre grief.
Vous l'avez vu agir, vous l'avez entendu,
Battant vos magistrats, vous maudissant vous-mêmes,
S'opposant à la loi par des coups, et maintenant
Défiant ceux dont le haut pouvoir doit le juger –
Cela seul, un tel crime, d'une nature si capitale,
Mérite la mort la plus terrible.
BRUTUS. – Mais puisqu'il a
Bien servi Rome, –
CORIOLAN. – De quel droit parlez-vous de service ?
BRUTUS. – Je parle de ce que je connais.
CORIOLAN. – Vous ?
MÉNÉNIUS. – Est-ce là tenir votre promesse à votre mère ?
COMINIUS. – Sachez, je vous en prie, –
CORIOLAN. – Je ne saurai plus rien.

---

dit seulement que les tribuns ne parviennent pas à démontrer que Coriolan a voulu devenir roi, et qui insiste sur le fait que le butin pris aux Antiates n'a pas été distribué au peuple. Mais Sh introduit ici une accusation que Coriolan ne peut pas supporter – et qu'il ne supportera pas non plus à la fin de la pièce.

Let them pronounce the steep Tarpeian death,
Vagabond exile, flaying, pent to linger
But with a grain a day, I would not buy
Their mercy at the price of one fair word,
Nor check my courage for what they can give
To have't with saying "Good morrow".

SICINIUS. – For that he has,
As much as in him lies, from time to time
Inveighed against the people, seeking means
To pluck away their power, as now at last
Given hostile strokes, and that not in the presence
Of dreaded justice, but on the ministers
That doth distribute it, in the name o'th' people,
And in the power of us the tribunes, we
E'en from this instant banish him our city
In peril of precipitation
From off the rock Tarpeian, never more
To enter our Rome gates. I'th' people's name
I say it shall be so.

ALL [THE CITIZENS]. – It shall be so,
It shall be so. Let him away. He's banished,
And it shall be so.

COMINIUS. – Hear me, my masters and my common friends.

SICINIUS. – He's sentenced. No more hearing.

COMINIUS. – Let me speak.
I have been consul, and can show for Rome
Her enemies' marks upon me. I do love
My country's good with a respect more tender,
More holy and profound, than mine own life,
My dear wife's estimate, her womb's increase,
And treasure of my loins. Then if I would
Speak that –

SICINIUS. – We know your drift. Speak what?

BRUTUS. – There's no more to be said, but he is banished,
As enemy to the people and his country.
It shall be so.

ALL [THE CITIZENS]. – It shall be so, it shall be so.

CORIOLANUS. – You common cry of curs, whose breath I hate
As reek o'th' rotten fens, whose loves I prize
As the dead carcasses of unburied men
That do corrupt my air : I banish you.
And here remain with your uncertainty.
Let every feeble rumour shake your hearts ;
Your enemies, with nodding of their plumes,
Fan you into despair ! Have the power still
To banish your defenders, till at length

---

99 Inveighed] *Hudson (1880-1881)* ; Envi'd *F.* **114** for] *Theobald (1733)* ; from *F.*

Qu'ils condamnent au gouffre de la mort Tarpéienne,
A l'errance de l'exil, à être écorché vif,
A la prison avec un grain de blé par jour,
Je n'achète pas leur grâce au prix d'un mot flatteur,
Ni bride mon courage pour tirer d'eux un don
S'il faut leur dire bonjour.

SICINIUS. – Considérant qu'il a,
Autant qu'il est en lui, à diverses reprises,
Par ses violents propos contre le peuple, cherché
A lui arracher son pouvoir, et qu'ici même, enfin,
Il a porté des coups, non seulement en présence
De la justice redoutée, mais aux ministres
Qui la rendent, au nom du peuple et du pouvoir
Qui est le nôtre, à nous, tribuns, nous décidons
De le bannir de la cité dès cet instant,
Sous peine de se voir précipité du haut
De la roche Tarpéienne, sans jamais plus franchir
Les portes de notre Rome. Je dis au nom du peuple
Qu'il en sera ainsi.

TOUS [LES CITOYENS]. – Il en sera ainsi,
Il en sera ainsi. Qu'il parte ! Il est banni.
Il en sera ainsi.

COMINIUS. – Écoutez-moi, messieurs, vous, mes amis du peuple.

SICINIUS. – Il est jugé. L'audience est levée.

COMINIUS. – Permettez-moi.
Car j'ai été consul, et peux montrer les marques
Que pour Rome sur moi ont faites ses ennemis.
J'ai pour le bien de ma patrie un respect plus profond,
Plus sacré et plus tendre que pour ma propre vie,
Ou pour l'honneur de mon épouse, ou le fruit de son sein,
Et le trésor de mes reins. Si alors je voulais
Dire ce –

SICINIUS. – On voit où vous voulez en venir. Dire quoi ?

BRUTUS. – Il n'y a plus rien à dire, à part qu'il est banni,
En tant qu'ennemi du peuple tout comme de sa patrie.
Il en sera ainsi.

TOUS [LES CITOYENS]. – Il en sera ainsi. Il en sera ainsi.

CORIOLAN. – Vile meute de chiens, de qui je hais l'haleine
Comme la puanteur des marais croupissants,
De qui j'estime l'amour au même prix que les corps
Des morts sans sépulture qui corrompent mon air :
C'est moi qui vous bannis[1]. Et restez donc ici
Avec vos inquiétudes. Que la moindre rumeur
Fasse trembler vos cœurs ; que les panaches ennemis,
En s'agitant, soufflent sur vous le désespoir !
Ne cessez de pouvoir bannir vos défenseurs,

1. Cf. *Timon d'Athènes,* III,6,96-98 (et 115, où Alcibiade dit que les soldats comme les dieux ne doivent pas supporter les torts qu'on leur fait).

Your ignorance — which finds not till it feels —
Making but reservation of yourselves,
Still your own foes, deliver you
As most abated captives to some nation
That won you without blows! Despising
For you the city, thus I turn my back.
There is a world elsewhere.

Exeunt Coriolanus, Cominius, and Menenius, with the rest of the Patricians. The Citizens all shout, and throw up their caps

AEDILE. – The people's enemy is gone, is gone.
ALL THE CITIZENS. – Our enemy is banished, he is gone. Hoo-oo!
SICINIUS. – Go see him out at gates, and follow him
As he hath followed you, with all despite.
Give him deserved vexation. Let a guard
Attend us through the city.
ALL THE CITIZENS. – Come, come, let's see him out at gates. Come.
The gods preserve our noble tribunes! Come. *Exeunt*

IV, 1 *Enter Coriolanus, Volumnia, Virgilia, Menenius, and Cominius, with the young nobility of Rome*

CORIOLANUS. – Come, leave your tears. A brief farewell. The beast
With many heads butts me away. Nay, mother,
Where is your ancient courage? You were used
To say extremities was the trier of spirits,
That common chances common men could bear,
That when the sea was calm all boats alike
Showed mastership in floating; fortune's blows
When most struck home, being gentle wounded craves
A noble cunning. You were used to load me
With precepts that would make invincible
The heart that conned them.
VIRGILIA. – O heavens, O heavens!
CORIOLANUS. – Nay, I prithee, woman —
VOLUMNIA. – Now the red pestilence strike all trades in Rome,
And occupations perish!
CORIOLANUS. – What, what, what?
I shall be loved when I am lacked. Nay, mother,
Resume that spirit when you were wont to say,
If you had been the wife of Hercules
Six of his labours you'd have done, and saved

---

8 struck] *F* (strooke).

---

1. Lieu : à l'extérieur des portes de Rome. **2.** Interprétations diverses. Hibbard note, à juste titre nous semble-t-il, que la syntaxe est souvent approximative dans les conversations ; *cunning* est d'autre part ambigu. Eagleson a renoncé au sens proposé par Onions

Jusqu'à ce qu'enfin votre ignorance, qui ne comprend
Qu'après avoir souffert, n'épargnant que vous-mêmes,
Qui demeurez vos propres ennemis, vous livre,
Captifs couverts de honte, à quelque autre nation
Qui vous aura vaincus sans coup férir ! A cause de vous,
Méprisant la cité, je lui tourne le dos.
Il est un monde ailleurs.

Coriolan, Cominius, et Ménénius sortent avec les autres Patriciens. Tous les Citoyens crient, et lancent leurs bonnets en l'air

L'ÉDILE. – Il est parti, l'ennemi du peuple, il est parti.
TOUS LES CITOYENS. – Notre ennemi est banni, il est parti. Bravo !
SICINIUS. – Conduisez-le aux portes, et suivez-le, tout comme
Il vous suivait, avec le plus profond mépris.
Tourmentez-le ainsi qu'il le mérite. Qu'une garde
Nous escorte à travers la cité.
TOUS LES CITOYENS. – Venez, venez, conduisons-le aux portes. Venez.
Que les dieux gardent nos nobles tribuns ! Venez. *Ils sortent*

Entrent Coriolan, Volumnia, Virgilia, Ménénius et Cominius, avec de jeunes nobles de Rome[1] IV, 1

CORIOLAN. – Allons, laissez vos larmes. Un bref adieu. La bête
Aux mille têtes me boute dehors. Eh quoi, ma mère,
Où est votre courage d'antan ? Vous aimiez dire
Que dans l'extrême malheur se prouve le caractère,
Que les maux ordinaires, l'homme ordinaire les supporte,
Que, quand la mer est calme, tous les bateaux naviguent
Avec la même maîtrise ; et que les coups du sort,
Quand ils blessent au cœur, exigent, si l'on est grand,
D'avoir un esprit noble[2]. Vous aimiez m'accabler
De principes qui rendraient invincible le cœur
Qui les aurait appris.
VIRGILIA. – Ô ciel ! ô ciel !
CORIOLAN. – Non, femme, je t'en prie,—
VOLUMNIA. – Ah ! que la peste rouge[3] frappe tout commerce à Rome,
Périssent tous les métiers !
CORIOLAN. – Eh quoi ! eh quoi ! eh quoi !
Ils vont m'aimer lorsque je leur manquerai. Non, mère,
Retrouvez cet esprit qui vous poussait à dire
Qu'Hercule vous eût-il pris pour femme, vous auriez
Accompli six de ses travaux, et épargné

(knowledge) sans toutefois en proposer un autre. Brockbank comprend « art and understanding » alors que Hibbard comprend « the training of a gentleman ». Le problème est important : en parlant comme il le fait de *noble cunning,* Coriolan semble indiquer le principe qui va désormais guider sa conduite. L'ambiguïté de la phrase reflète peut-être la confusion de ses idées. 3. Sans doute le typhus.

Your husband so much sweat. Cominius,
Droop not. Adieu. Farewell, my wife, my mother.
I'll do well yet. Thou old and true Menenius,
Thy tears are salter than a younger man's,
And venomous to thine eyes. My sometime general,
I have seen thee stern, and thou hast oft beheld
Heart-hard'ning spectacles. Tell these sad women
'Tis fond to wail inevitable strokes
As 'tis to laugh at 'em. My mother, you wot well
My hazards still have been your solace, and –
Believe't not lightly – though I go alone,
Like to a lonely dragon that his fen
Makes feared and talked of more than seen, your son
Will or exceed the common or be caught
With cautelous baits and practice.

VOLUMNIA. – My first son,
Whither will thou go? Take good Cominius
With thee a while. Determine on some course
More than a wild exposure to each chance
That starts i'th' way before thee.

[VIRGILIA]. – O the gods!

COMINIUS. – I'll follow thee a month, devise with thee
Where thou shalt rest, that thou mayst hear of us
And we of thee. So, if the time thrust forth
A cause for thy repeal, we shall not send
O'er the vast world to seek a single man,
And lose advantage, which doth ever cool
I'th' absence of the needer.

CORIOLANUS. – Fare ye well.
Thou hast years upon thee, and thou art too full
Of the wars' surfeits to go rove with one
That's yet unbruised. Bring me but out at gate.
Come, my sweet wife, my dearest mother, and
My friends of noble touch. When I am forth,
Bid me farewell, and smile. I pray you come.
While I remain above the ground you shall
Hear from me still, and never of me aught
But what is like me formerly.

MENENIUS. – That's worthily
As any ear can hear. Come, let's not weep.
If I could shake off but one seven years
From these old arms and legs, by the good gods,
I'd with thee every foot.

CORIOLANUS. – Give me thy hand. Come. *Exeunt*

---

25 thee] *F* **(the). 37 exposure]** *F* **(exposture). 38 VIRGILIA]** ***Keightley (1864)*; *attribué à* CORIOLANUS *dans F.***

A ce mari autant de sa sueur. Cominius,
Pas de tristesse. Adieu. Adieu, ma femme, ma mère.
Tout ira bien. Et toi, Ménénius, vieux fidèle,
Tes larmes sont plus salées que celles d'un homme plus jeune,
Et te rongent les yeux. Mon ancien général,
Je t'ai vu impassible, et tu as contemplé
Souvent des scènes qui endurcissaient le cœur.
Dis à ces femmes affligées que déplorer
Des coups inévitables est aussi vain qu'en rire.
Ma mère, vous savez bien que mes risques toujours
Ont fait votre joie, et – soyez-en assurée –
Bien que j'aille seul, pareil au dragon solitaire
Qui doit au marécage où il vit qu'on le craint
Et qu'on en parle plus qu'on ne le voit, votre fils
Fera des choses hors du commun, ou sera pris
Par des intrigues et des appâts trompeurs.

VOLUMNIA. – Mon premier fils,
Vers où t'en iras-tu ? Prends le bon Cominius
Quelque temps avec toi. Suis une voie meilleure
Que l'aventure qui t'exposera à tous les risques
Qui surgiront devant tes pas.

[VIRGILIA]. – Hélas ! grands dieux !

COMINIUS. – Je te suivrai un mois, nous déciderons ensemble
Où tu vas séjourner, pour que tu puisses avoir
Des nouvelles de nous et nous de toi. Ainsi,
Qu'une occasion surgisse de te rappeler, nous n'aurons pas
A parcourir le vaste monde en quête d'un seul homme,
Perdant ainsi la chance, qui refroidit toujours
En l'absence de qui en a besoin.

CORIOLAN. – Adieu.
Les ans pèsent sur toi, et tu es trop gorgé
Des orgies de la guerre pour errer avec qui
En est encore indemne. Conduis-moi jusqu'aux portes.
Venez, ma douce femme, ma mère chérie, et mes amis
Dont le métal est noble[1]. Quand je serai dehors,
Dites-moi adieu, et souriez. Venez, je vous en prie.
Tant que je resterai sur terre, vous aurez
Des nouvelles de moi, et vous m'y trouverez
Toujours tel que je fus.

MÉNÉNIUS. – Paroles aussi dignes
Qu'oreille puisse entendre. Allons, ne pleurons pas.
Si seulement je pouvais secouer sept années
De ces bras et ces jambes trop vieux, par les dieux de bonté,
Je suivrais tous tes pas.

CORIOLAN. – Donne-moi la main. Venez. *Ils sortent*

1. Dont la noblesse est prouvée, comme par une pierre de touche. Cf. II,3,170.

IV, 2 *Enter the two tribunes, Sicinius and Brutus, with the Aedile*

SICINIUS (*to the Aedile*). – Bid them all home. He's gone, and we'll no further.
The nobility are vexed, whom we see have sided
In his behalf.
BRUTUS. – Now we have shown our power,
Let us seem humbler after it is done
Than when it was a-doing.
SICINIUS (*to the Aedile*). – Bid them home.
Say their great enemy is gone, and they
Stand in their ancient strength.
BRUTUS. – Dismiss them home. *Exit Aedile*

Enter Volumnia, Virgilia, [weeping,] and Menenius

Here comes his mother.
SICINIUS. – Let's not meet her.
BRUTUS. – Why ?
SICINIUS. – They say she's mad.
BRUTUS. – They have ta'en note of us. Keep on your way.
VOLUMNIA. – O, you're well met ! Th' hoarded plague o'th' gods
Requite your love !
MENENIUS. – Peace, peace, be not so loud.
VOLUMNIA (*to the tribunes*). – If that I could for weeping, you should hear –
Nay, and you shall hear some. Will you be gone ?
VIRGILIA (*to the tribunes*). – You shall stay, too. I would I had the power
To say so to my husband.
SICINIUS (*to Volumnia*). – Are you mankind ?
VOLUMNIA. – Ay, fool. Is that a shame ? Note but this, fool :
Was not a man my father ? Hadst thou foxship
To banish him that struck more blows for Rome
Than thou hast spoken words ?
SICINIUS. – O blessèd heavens !
VOLUMNIA. – More noble blows than ever thou wise words,
And for Rome's good. I'll tell thee what – yet go.
Nay, but thou shalt stay too. I would my son
Were in Arabia, and thy tribe before him,
His good sword in his hand.
SICINIUS. – What then ?
VIRGILIA. – What then ?
He'd make an end of thy posterity.
VOLUMNIA. – Bastards and all.
Good man, the wounds that he does bear for Rome !
MENENIUS. – Come, come, peace.
SICINIUS. – I would he had continued to his country
As he began, and not unknit himself
The noble knot he made.

---

21 struck] *F* (strooke). 23 More] *F* (Moe).

---

1. Lieu : une rue de Rome. 2. *mankind.* Ambigu. On peut prendre cet adjectif dans le sens de « folle furieuse », dans celui de « appartenant à l'espèce humaine », ou celui

Entrent les deux tribuns, Sicinius et Brutus, avec l'Édile[1] IV, 2

SICINIUS (*à l'Édile*). – Dites-leur de tous rentrer chez eux. Il est parti,
Arrêtons-nous. Les nobles qui ont, nous le voyons,
Pris son parti, sont irrités.

BRUTUS. – Notre pouvoir est démontré,
Faisons-nous donc plus humbles une fois la chose faite
Que quand nous la faisions.

SICINIUS (*à l'Édile*). – Faites-les rentrer chez eux.
Dites que leur grand ennemi est parti, et qu'ils gardent
Leur ancienne puissance.

BRUTUS. – Renvoyez-les chez eux. *L'Édile sort*

Entrent Volumnia, Virgilia [en pleurs] et Ménénius

Voici sa mère.

SICINIUS. – Ne la rencontrons pas.

BRUTUS. – Pourquoi ?

SICINIUS. – On la dit en furie.

BRUTUS. – Ils nous ont aperçus. Continuez votre route.

VOLUMNIA. – Quel plaisir ! Que la peste amassée par les dieux
Récompense votre amour !

MÉNÉNIUS. – Du calme, parlez moins fort.

VOLUMNIA (*aux tribuns*). – Si mes pleurs le souffraient, je vous ferais [entendre –
Mais vous en entendrez. Vous voulez vous sauver ?

VIRGILIA (*aux tribuns*). – Vous resterez, vous dis-je. J'aurais voulu pouvoir
Le dire à mon mari.

SICINIUS (*à Volumnia*). – Cela est-il d'un homme[2] ?

VOLUMNIA. – Oui, sot. Est-ce une honte ? Retiens une chose, sot :
Mon père ne fut-il pas un homme ? Tenais-tu
Du renard pour bannir qui frappa plus de coups
Pour Rome que tu n'as dit de mots ?

SICINIUS. – Ô juste ciel !

VOLUMNIA. – Et de plus nobles coups que toi de mots sensés,
Et pour le bien de Rome. Je vais te dire, – mais va.
Et pourtant, reste donc. Je regrette que mon fils
Ne soit en Arabie, en face de ta tribu,
Et dans sa main sa bonne épée.

SICINIUS. – Pourquoi ?

VIRGILIA. – Pourquoi ?
Alors il mettrait fin à ta postérité.

VOLUMNIA. – Tes bâtards et le reste.
Le brave, les blessures qu'il a reçues pour Rome !

MÉNÉNIUS. – Allons, allons, du calme.

SICINIUS. – Dommage qu'il ne soit pas resté pour sa patrie
Celui qu'il fut d'abord, et qu'il ait dénoué
Le noble nœud qu'il avait fait.

---

de « masculine », « virile ». Volumnia, en utilisant *fool,* montrera qu'elle a compris l'allusion à la folie, puis elle opposera à un homme digne de ce nom le renard, qui symbolisait non seulement la ruse, mais l'ingratitude.

BRUTUS. – I would he had.
VOLUMNIA. – "I would he had"! 'Twas you incensed the rabble –
Cats that can judge as fitly of his worth
As I can of those mysteries which heaven
Will not have earth to know.
BRUTUS (*to Sicinius*). – Pray, let's go.
VOLUMNIA. – Now pray, sir, get you gone.
You have done a brave deed. Ere you go, hear this :
As far as doth the Capitol exceed
The meanest house in Rome, so far my son –
This lady's husband here, this, do you see? –
Whom you have banished does exceed you all.
BRUTUS. – Well, well, we'll leave you.
SICINIUS. – Why stay we to be baited
With one that wants her wits? *Exeunt tribunes*
VOLUMNIA. – Take my prayers with you.
I would the gods had nothing else to do
But to confirm my curses. Could I meet 'em
But once a day, it would unclog my heart
Of what lies heavy to't.
MENENIUS. – You have told them home
And, by my troth, you have cause. You'll sup with me?
VOLUMNIA. – Anger's my meat, I sup upon myself,
And so shall starve with feeding.
(*To Virgilia*) Come, let's go.
Leave this faint puling and lament as I do,
In anger, Juno-like. Come, come, come. *Exeunt Volumnia and Virgilia*
MENENIUS. – Fie, fie, fie. *Exit*

IV, 3 *Enter Nicanor, a Roman, and Adrian, a Volscian*

NICANOR. – I know you well, sir, and you know me. Your name, I think, is Adrian.

ADRIAN. – It is so, sir. Truly, I have forgot you.

NICANOR. – I am a Roman, and my services are, as you are, against 'em. Know you me yet?

ADRIAN. – Nicanor, no?

NICANOR. – The same, sir.

ADRIAN. – You had more beard when I last saw you, but your favour is well approved by your tongue. What's the news in Rome? I have a note from the Volscian state to find you out there. You have well saved me a day's journey.

---

9 approved] *Steevens (1773)*; appear'd *F1.*

---

1. *Cats.* Pouvait désigner n'importe quel félin et exprimait l'aversion. 2. Lieu : une route entre Rome et Antium. Cette scène a parfois été jugée superflue, d'autant plus que Nicanor et Adrien n'apparaissent dans aucune autre. Mais elle apporte une indication sur le peu de temps qui s'écoule entre le bannissement de Coriolan et son arrivée chez les

BRUTUS. – Oui, quel dommage.

VOLUMNIA. – « Quel dommage » ! Mais c'est vous qui avez excité
La canaille — ces sales bêtes[1], aussi bonnes à juger
De sa valeur que moi des mystères que le ciel
Ne veut pas que la terre connaisse.

BRUTUS (*à Sicinius*). – Je vous en prie, partons.

VOLUMNIA. – Eh bien, allez-vous-en, monsieur, je vous en prie.
C'était un fier exploit. Mais avant, entendez
Encore ceci : autant le Capitole dépasse
La maison la plus basse de Rome, autant mon fils —
L'époux de cette dame, celle-ci, vous la voyez ? —
Que vous avez banni vous dépasse tous.

BRUTUS. – Bien, bien, nous vous laissons.

SICINIUS. – Pourquoi rester ici à être
Harcelés par une folle ? *Les tribuns sortent*

VOLUMNIA. – Emportez mes prières.
Je voudrais que les dieux n'aient à faire qu'accéder
A mes malédictions. Si je pouvais les voir
Seulement une fois par jour, mon cœur se libérerait
De ce qui pèse sur lui.

MÉNÉNIUS. – Vous leur avez dit leurs quatre vérités,
Et, ma foi, non sans cause. Venez dîner chez moi.

VOLUMNIA. – Ma colère me nourrit, je dîne de moi-même,
Et en mangeant ainsi je mourrai de faim.
(*A Virgilia*) Venez, partons.
Cessez de pleurnicher, lamentez-vous comme moi,
Avec colère, comme Junon. Venez, venez, venez.
Volumnia et Virgilia sortent

MÉNÉNIUS. – Fi donc ! fi donc ! fi donc ! *Il sort*

Entrent Nicanor, un Romain, et Adrien, un Volsque[2] **IV, 3**

NICANOR. – Je vous connais bien, monsieur, et vous me connaissez. Votre nom, je crois, est Adrien.

ADRIEN. – C'est bien cela, monsieur. Ma foi, je ne vous remets pas.

NICANOR. – Je suis romain, et comme vous, je suis contre eux. Me reconnaissez-vous, maintenant ?

ADRIEN. – Nicanor, non ?

NICANOR. – Lui-même, monsieur.

ADRIEN. – Vous aviez plus de barbe la dernière fois que je vous ai vu, mais votre voix confirme bien votre apparence. Quoi de neuf à Rome ? J'ai une note du gouvernement volsque qui m'enjoint d'y aller vous trouver. Vous m'avez évité une bonne journée de route.

Volsques. D'autre part, elle se classe parmi les innombrables prolepses de la pièce : Nicanor est un Romain passé au service des Volsques, Coriolan fera comme lui. Le déguisement de Coriolan l'empêchera d'être reconnu, comme la barbe de Nicanor l'a rendu méconnaissable.

NICANOR. – There hath been in Rome strange insurrections, the people against the senators, patricians, and nobles.

ADRIAN. – Hath been ? – is it ended then ? Our state thinks not so. They are in a most warlike preparation, and hope to come upon them in the heat of their division.

NICANOR. – The main blaze of it is past, but a small thing would make it flame again, for the nobles receive so to heart the banishment of that worthy Coriolanus that they are in a ripe aptness to take all power from the people, and to pluck from them their tribunes for ever. This lies glowing, I can tell you, and is almost mature for the violent breaking out.

ADRIAN. – Coriolanus banished ?

NICANOR. – Banished, sir.

ADRIAN. – You will be welcome with this intelligence, Nicanor.

NICANOR. – The day serves well for them now. I have heard it said the fittest time to corrupt a man's wife is when she's fallen out with her husband. Your noble Tullus Aufidius will appear well in these wars, his great opposer Coriolanus being now in no request of his country.

ADRIAN. – He cannot choose. I am most fortunate thus accidentally to encounter you. You have ended my business, and I will merrily accompany you home.

NICANOR. – I shall between this and supper tell you most strange things from Rome, all tending to the good of their adversaries. Have you an army ready, say you ?

ADRIAN. – A most royal one – the centurions and their charges distinctly billeted already in th'entertainment, and to be on foot at an hour's warning.

NICANOR. – I am joyful to hear of their readiness, and am the man, I think, that shall set them in present action. So, sir, heartily well met, and most glad of your company.

ADRIAN. – You take my part from me, sir. I have the most cause to be glad of yours.

NICANOR. – Well, let us go together. *Exeunt*

IV, 4 *Enter Coriolanus in mean apparel, disguised and muffled*

CORIOLANUS. – A goodly city is this Antium. City,
'Tis I that made thy widows. Many an heir
Of these fair edifices fore my wars
Have I heard groan and drop. Then know me not,
Lest that thy wives with spits and boys with stones
In puny battle slay me.
Enter a Citizen
Save you, sir.

CITIZEN. – And you.

---

27 will] *F2* ; well *F.*

NICANOR. – Il y a eu à Rome des soulèvements sans précédent, le peuple contre les sénateurs, les patriciens et les nobles.

ADRIEN. – Il y a eu ? – C'est donc fini ? Notre gouvernement ne le pense pas. Il est tout à préparer la guerre, et espère tomber sur eux au plus fort de leur division.

NICANOR. – La plus grande flambée est passée, mais un rien la rallumerait, car les nobles prennent tant à cœur le bannissement de ce vaillant Coriolan qu'ils sont mûrs pour retirer au peuple tous ses pouvoirs, et lui enlever ses tribuns pour toujours. Le feu couve, je vous le dis, et il est presque prêt à éclater avec violence.

ADRIEN. – Coriolan banni ?

NICANOR. – Banni, monsieur.

ADRIEN. – Avec ce renseignement, vous serez le bienvenu, Nicanor.

NICANOR. – L'heure est propice aux Volsques. J'ai entendu dire que le meilleur moment pour corrompre une femme est quand elle s'est disputée avec son mari. Votre noble Tullus Aufidius fera bonne figure dans cette campagne, son grand adversaire Coriolan n'étant plus désormais prisé dans son pays.

ADRIEN. – Fatalement. J'ai vraiment beaucoup de chance de vous rencontrer ainsi par hasard. Vous avez mis fin à ma mission, et je vous accompagnerai jusque chez vous avec joie.

NICANOR. – D'ici jusqu'au souper je vous dirai des nouvelles de Rome tout à fait extraordinaires, qui tendent toutes au bien de ses adversaires. Vous avez une armée sur pied de guerre, dites-vous ?

ADRIEN. – Tout à fait magnifique : les centurions et leurs hommes enrôlés individuellement sont déjà en service, et peuvent se mettre en mouvement avec une heure de préavis.

NICANOR. – Je me réjouis d'apprendre qu'ils sont prêts, et je suis l'homme, je pense, qui va les faire passer immédiatement à l'action. Eh bien, monsieur, je suis de tout cœur heureux de cette rencontre, et ravi d'avoir votre compagnie.

ADRIEN. – Vous me prenez mon rôle, monsieur. C'est moi qui ai le plus de raisons d'être ravi de la vôtre.

NICANOR. – Eh bien, faisons route ensemble. *Ils sortent*

Entre Coriolan, pauvrement vêtu, déguisé et le visage dissimulé[1] IV, 4

CORIOLAN. – Bien belle cité que cet Antium. Cité, c'est moi
Qui fis tes veuves. J'ai entendu maint héritier
De ces beaux édifices gémir sous mes assauts
Et succomber. Ne me reconnais pas, sinon
Tes femmes, à coups de broches, tes gamins, à coups de pierres,
Dans un piètre combat me tueraient.

Entre un Citoyen

Les dieux vous gardent, monsieur !

LE CITOYEN. – Vous de même.

1. Lieu : à Antium, devant la maison d'Aufidius.

CORIOLANUS. – Direct me, if it be your will,
Where great Aufidius lies. Is he in Antium?
CITIZEN. – He is, and feasts the nobles of the state
At his house this night.
CORIOLANUS. – Which is his house, beseech you?
CITIZEN. – This here before you.
CORIOLANUS. – Thank you, sir. Farewell. *Exit Citizen*
O world, thy slippery turns! Friends now fast sworn,
Whose double bosoms seem to wear one heart,
Whose hours, whose bed, whose meal and exercise
Are still together, who twin as 'twere in love
Unseparable, shall within this hour,
On a dissension of a doit, break out
To bitterest enmity. So fellest foes,
Whose passions and whose plots have broke their sleep
To take the one the other, by some chance,
Some trick not worth an egg, shall grow dear friends
And interjoin their issues. So with me.
My birthplace hate I, and my love's upon
This enemy town. I'll enter. If he slay me,
He does fair justice; if he give me way,
I'll do his country service. *Exit*

IV, 5 *Music plays. Enter a Servingman*

1 SERVINGMAN. – Wine, wine, wine! What service is here? I think our fellows are asleep. *[Exit]*

Enter a Second Servingman

2 SERVINGMAN. – Where's Cotus? My master calls for him. Cotus! *Exit*

Enter Coriolanus, as before

CORIOLANUS. – A goodly house. The feast
Smells well, but I appear not like a guest.

Enter the First Servingman

1 SERVINGMAN. – What would you have, friend? Whence are you? Here's no place for you. Pray go to the door. *Exit*

CORIOLANUS. – I have deserved no better entertainment
In being Coriolanus.

Enter Second Servingman

2 SERVINGMAN. – Whence are you, sir? Has the porter his eyes in his head, that he gives entrance to such companions? Pray get you out.

CORIOLANUS. – Away!

2 SERVINGMAN. – Away? Get you away.

7-10 *vers*] *prose F.* 13 seem] *F4*; seemes *F.* 23 hate] *Capell (1767-1768)*; have *F.* IV,5 3 master] *F4*; M. *F.*

1. *slippery turns.* Ambigu : Coriolan peut inconsciemment avoir dans l'esprit des mauvais

CORIOLAN. – Dites-moi, si vous le voulez bien,
Où demeure le célèbre Aufidius. Se trouve-t-il à Antium ?
LE CITOYEN. – Oui, il festoie les nobles du gouvernement
Dans sa maison ce soir.
CORIOLAN. – C'est laquelle, je vous prie ?
LE CITOYEN. – C'est celle-ci, devant vous.
CORIOLAN. – Merci, monsieur. Adieu.

Le Citoyen sort

Ô monde instable, tes changements[1] ! Des amis, aujourd'hui
Unis par leur serment, semblant à deux n'avoir qu'un cœur,
Dont les heures, le lit, les repas, les travaux
Sont toujours partagés, jumeaux que l'on croirait
Dans leur amour inséparables, en moins d'une heure,
Pour un dissentiment d'un sou[2], voilà que les sépare
La haine la plus mortelle. De même les pires ennemis,
Que la rage et l'intrigue empêchent de dormir,
L'un voulant tuer l'autre, par un hasard, pour une babiole
Ne valant pas un œuf, deviendront grands amis,
Uniront leurs enfants[3]. De même pour moi. Je hais
Le lieu de ma naissance, et mon amour se porte
Sur cette ville ennemie. J'entrerai. S'il me tue,
Il ne fait que justice ; s'il me laisse faire,
J'entre au service de sa patrie. *Il sort*

Musique. Entre un Serviteur[4] IV, 5

1er SERVITEUR. – Du vin, du vin, du vin ! Qu'est-ce que c'est que ce service ?
Je parie qu'il dorment, nos gaillards. *[Il sort]*

Entre un Deuxième Serviteur

2e SERVITEUR. – Où est Cotus ? Mon maître l'appelle. Cotus ! *Il sort*

Entre Coriolan, comme auparavant

CORIOLAN. – Belle maison. Le festin
Sent bon, mais je n'ai pas l'allure d'un convive.

Entre le Premier Serviteur

1er SERVITEUR. – Que voulez-vous, l'ami ? D'où êtes-vous ? Ce n'est pas un endroit pour vous, ici. Prenez la porte, s'il vous plaît. *Il sort*

CORIOLAN. – Je n'ai pas mérité d'être mieux accueilli,
Étant Coriolan.

Entre le Deuxième Serviteur

2e SERVITEUR. – D'où êtes-vous, monsieur ? Je me demande si le portier a bien les yeux en face des trous pour laisser entrer de pareils individus. Je vous prie de sortir.

CORIOLAN. – Retire-toi !

2e SERVITEUR. – Retire-toi ? C'est à vous de vous retirer.

---

tours pleins de traîtrise. **2.** *doit.* Pièce de cuivre d'origine hollandaise, valant environ un huitième de penny. **3.** *issues.* Peut également signifier « fortunes » ou « projets ». **4.** Lieu : l'office de la maison d'Aufidius.

CORIOLANUS. – Now thou'rt troublesome.

2 SERVINGMAN. – Are you so brave ? I'll have you talked with anon.

Enter Third Servingman. The First meets him

3 SERVINGMAN. – What fellow's this ?

1 SERVINGMAN. – A strange one as ever I looked on. I cannot get him out o'th' house. Prithee, call my master to him.

3 SERVINGMAN (*to Coriolanus*). – What have you to do here, fellow ? Pray you, avoid the house.

CORIOLANUS. – Let me but stand. I will not hurt your hearth.

3 SERVINGMAN. – What are you ?

CORIOLANUS. – A gentleman.

3 SERVINGMAN. – A marvellous poor one.

CORIOLANUS. – True, so I am.

3 SERVINGMAN. – Pray you, poor gentleman, take up some other station. Here's no place for you. Pray you, avoid. Come.

CORIOLANUS. – Follow your function. Go and batten on cold bits.

He pushes him away from him

3 SERVINGMAN. – What, you will not ? — Prithee tell my master what a strange guest he has here.

2 SERVINGMAN. – And I shall. *Exit Second Servingman*

3 SERVINGMAN. – Where dwell'st thou ?

CORIOLANUS. – Under the canopy.

3 SERVINGMAN. – Under the canopy ?

CORIOLANUS. – Ay.

3 SERVINGMAN. – Where's that ?

CORIOLANUS. – I'th' city of kites and crows.

3 SERVINGMAN. – I'th' city of kites and crows ? What an ass it is ! Then thou dwell'st with daws, too ?

CORIOLANUS. – No, I serve not thy master.

3 SERVINGMAN. – How, sir ? Do you meddle with my master ?

CORIOLANUS. – Ay, 'tis an honester service than to meddle with thy mistress. Thou prat'st and prat'st. Serve with thy trencher. Hence !

He beats him away.
Enter Aufidius, with the Second Servingman

AUFIDIUS. – Where is this fellow ?

2 SERVINGMAN. – Here, sir. I'd have beaten him like a dog but for disturbing the lords within.

[*The Servingmen stand aside*]

AUFIDIUS. – Whence com'st thou ? What wouldst thou ? Thy name ?
Why speak'st not ? Speak, man. What's thy name ?

CORIOLANUS [*unmuffling his head*]. – If, Tullus,
Not yet thou know'st me, and seeing me dost not

48-51 *vers*] *prose F.*

---

1. Jeu sur *station* : « endroit où vous tenir » et « situation sociale ». **2.** Jeu sur *canopy* : « voûte céleste » et « dais (d'un trône) ». **3.** *daws*. Au sens propre « choucas », au sens figuré « idiot », « simple d'esprit ». La stupidité de cet oiseau était proverbiale (Tilley D50). **4.** Jeu sur *meddle*. Le serviteur veut dire « vous mêler des affaires de mon maître ». Coriolan prend le verbe dans un autre sens : « avoir des relations intimes avec une femme ».

CORIOLAN. – Ah ! tu commences à m'agacer !

2e SERVITEUR. – Vous faites le bravache ? Je vais vous trouver quelqu'un qui vous dira deux mots.

Entre le Troisième Serviteur. Le Premier entre et le rejoint

3e SERVITEUR. – Qu'est-ce que c'est que cet individu ?

1er SERVITEUR. – Un drôle de personnage, comme je n'en ai jamais vu. Je n'arrive pas à le faire partir. Je t'en prie, dis à mon maître de venir.

3e SERVITEUR (*à Coriolan*). – Qu'avez-vous à faire ici, l'ami ? S'il vous plaît, videz les lieux.

CORIOLAN. – Laissez-moi seulement rester ici. Je ne ferai pas de mal à la cheminée.

3e SERVITEUR. – Quel est votre état ?

CORIOLAN. – Gentilhomme.

3e SERVITEUR. – Un gentilhomme extraordinairement pauvre.

CORIOLAN. – C'est vrai, c'est mon cas.

3e SERVITEUR. – Je vous en prie, mon pauvre gentilhomme, trouvez une position ailleurs[1]. Ceci n'est pas un endroit pour vous. Je vous en prie, dehors. Allons !

CORIOLAN. – Remplissez vos fonctions. Allez vous engraisser de restes refroidis.

Il le repousse loin de lui

3e SERVITEUR. – Ah ! vous ne voulez pas ? Va donc dire à mon maître quel drôle d'invité il a ici.

2e SERVITEUR. – J'y vais. *Le Deuxième Serviteur sort*

3e SERVITEUR. – Où habites-tu ?

CORIOLAN. – Sous le dais du ciel[2].

3e SERVITEUR. – Sous le dais du ciel ?

CORIOLAN. – Oui.

3e SERVITEUR. – Et où ça se trouve ?

CORIOLAN. – Dans la ville des milans et des corbeaux.

3e SERVITEUR. – Dans la ville des milans et des corbeaux ? Quel âne ! Alors tu habites aussi avec des buses[3] ?

CORIOLAN. – Non, je ne suis pas au service de ton maître.

3e SERVITEUR. – Comment, monsieur ? Vous prétendez frayer[4] avec mon maître ?

CORIOLAN. – Oui, c'est un commerce plus honnête que de frayer avec ta maîtresse. Mais tu bavardes, tu bavardes. Prends ton plat et va servir. Va-t'en !

Il le bat et le chasse.
Entre Aufidius, avec le Deuxième Serviteur

AUFIDIUS. – Où est cet individu ?

2e SERVITEUR. – Ici, monsieur. Je l'aurais battu comme un chien, mais j'ai eu peur de déranger les seigneurs qui sont à l'intérieur.

[*Les Serviteurs se tiennent de côté*]

AUFIDIUS. – D'où viens-tu ? Que veux-tu ? Ton nom ? Pourquoi te taire ? Mais parle donc ! Quel est ton nom ?

CORIOLAN [*découvrant son visage*]. – Puisque, Tullus,
Tu ne m'as pas encore reconnu, qu'à me voir

Think me for the man I am, necessity
Commands me name myself.
AUFIDIUS. – What is thy name?
CORIOLANUS. – A name unmusical to the Volscians' ears
And harsh in sound to thine.
AUFIDIUS. – Say, what's thy name?
Thou hast a grim appearance, and thy face
Bears a command in't. Though thy tackle's torn,
Thou show'st a noble vessel. What's thy name?
CORIOLANUS. – Prepare thy brow to frown. Know'st thou me yet?
AUFIDIUS. – I know thee not. Thy name?
CORIOLANUS. – My name is Caius Martius, who hath done
To thee particularly, and to all the Volsces,
Great hurt and mischief. Thereto witness may
My surname Coriolanus. The painful service,
The extreme dangers, and the drops of blood
Shed for my thankless country, are requited
But with that surname – a good memory
And witness of the malice and displeasure
Which thou shouldst bear me. Only that name remains.
The cruelty and envy of the people,
Permitted by our dastard nobles, who
Have all forsook me, hath devoured the rest,
And suffered me by th' voice of slaves to be
Whooped out of Rome. Now this extremity
Hath brought me to thy hearth. Not out of hope –
Mistake me not – to save my life, for if
I had feared death, of all the men i'th' world
I would have 'voided thee, but in mere spite
To be full quit of those my banishers
Stand I before thee here. Then if thou hast
A heart of wreak in thee, that wilt revenge
Thine own particular wrongs and stop those maims
Of shame seen through thy country, speed thee straight,
And make my misery serve thy turn. So use it
That my revengeful services may prove
As benefits to thee; for I will fight
Against my cankered country with the spleen
Of all the under-fiends. But if so be
Thou dar'st not this, and that to prove more fortunes
Thou'rt tired, then, in a word, I also am
Longer to live most weary, and present
My throat to thee and to thy ancient malice,
Which not to cut would show thee but a fool,
Since I have ever followed thee with hate,
Drawn tuns of blood out of thy country's breast,
And cannot live but to thy shame unless

Tu ne te souviens pas de l'homme que je suis,
La nécessité veut que je me nomme.
AUFIDIUS. – Quel est ton nom ?
CORIOLAN. – Un nom peu agréable aux oreilles des Volsques,
Et grinçant pour les tiennes.
AUFIDIUS. – Dis-le, quel est ton nom ?
Tu es d'aspect farouche, et ton visage porte
Un air d'autorité. Si tes agrès sont en lambeaux
Tu me sembles un noble vaisseau. Quel est ton nom ?
CORIOLAN. – Prépare ton front à s'assombrir. Sais-tu maintenant
Qui je peux être ?
AUFIDIUS. – Je ne te connais pas. Ton nom ?
CORIOLAN. – Je suis Caius Martius, celui qui t'a causé,
A toi personnellement, ainsi qu'à tous les Volsques,
Grand mal et grand dommage. Ce dont peut témoigner
Mon surnom, Coriolan. Les pénibles services,
Les extrêmes dangers, et les gouttes de sang
Versées pour ma patrie ingrate ne m'ont valu
Que ce surnom bien fait pour te remémorer
Et attester la haine et le ressentiment
Que tu dois me porter. Seul ce nom me demeure.
La cruauté du peuple, sa haine contre moi,
Autorisées par nos poltrons de nobles, qui
M'ont tous abandonné, ont dévoré le reste,
Et permis que des votes d'esclaves me fassent partir
De Rome sous les huées. C'est cette extrémité
Qui m'a conduit à ton foyer. Non dans l'espoir,
Ne t'y trompe pas, de préserver ma vie, car si
J'avais craint de mourir, plus que tout autre au monde
Je t'aurais évité : ce n'est que par rancœur,
Pour rendre tout leur dû à ceux qui m'ont banni
Que je suis devant toi. Donc, si tu as au cœur
Un désir de revanche, et de venger les torts
Que toi-même as subis, de fermer les blessures
Dont la honte se voit à travers ton pays,
Hâte-toi, fais servir mon malheur à tes fins.
Utilise-le en sorte que mes services vengeurs
Tournent à ton profit ; car je suis prêt à combattre
Ma patrie corrompue avec l'acharnement
Des démons infernaux. Mais s'il devait se faire
Que tu ne l'oses pas, et que tu sois lassé
De tenter à nouveau ta fortune, dans ce cas, en un mot,
Moi aussi je suis las de la vie, et je t'offre
Ma gorge, à toi et à ton ancienne rancune,
Et ne pas la trancher ferait de toi un sot,
Puisque je t'ai toujours poursuivi avec haine,
Que j'ai tiré du sein de ton pays des muids
De sang et ne peux vivre que pour ta honte, à moins

It be to do thee service.
AUFIDIUS. – O Martius, Martius!
Each word thou hast spoke hath weeded from my heart
A root of ancient envy. If Jupiter
Should from yon cloud speak divine things
And say "'Tis true", I'd not believe them more
Than thee, all-noble Martius. Let me twine
Mine arms about that body whereagainst
My grainèd ash an hundred times hath broke,
And scarred the moon with splinters.
(*He embraces Coriolanus*)
Here I clip
The anvil of my sword, and do contest
As hotly and as nobly with thy love
As ever in ambitious strength I did
Contend against thy valour. Know thou first,
I loved the maid I married; never man
Sighed truer breath. But that I see thee here,
Thou noble thing, more dances my rapt heart
Than when I first my wedded mistress saw
Bestride my threshold. Why, thou Mars, I tell thee
We have a power on foot, and I had purpose
Once more to hew thy target from thy brawn,
Or lose mine arm for't. Thou hast beat me out
Twelve several times, and I have nightly since
Dreamt of encounters 'twixt thyself and me –
We have been down together in my sleep,
Unbuckling helms, fisting each other's throat –
And waked half dead with nothing. Worthy Martius,
Had we no other quarrel else to Rome but that
Thou art thence banished, we would muster all
From twelve to seventy, and, pouring war
Into the bowels of ungrateful Rome,
Like a bold flood o'erbear't. O, come, go in,
And take our friendly senators by th' hands
Who now are here taking their leaves of me,
Who am prepared against your territories,
Though not for Rome itself.
CORIOLANUS. – You bless me, gods.
AUFIDIUS. – Therefore, most absolute sir, if thou wilt have
The leading of thine own revenges, take
Th'one half of my commission and set down –
As best thou art experienced, since thou know'st
Thy country's strength and weakness – thine own ways:
Whether to knock against the gates of Rome,

125 o'erbear't] *White (1857-1866)*; o're-beate *F.*

1. En tonnant, Jupiter donnait des oracles ou des présages. Aufidius commence à attribuer

Que ce ne soit pour te servir.
AUFIDIUS. – Ô Martius, Martius !
Chacune de tes paroles m'a arraché du cœur
Une racine d'ancienne haine. Si Jupiter
Du haut de ces nuages prononçait des oracles[1],
Et disait « Ils sont vrais », je ne les croirais pas plus
Que je ne te crois, Martius, parangon de noblesse.
Laisse mes bras entourer un corps contre lequel
Cent fois le frêne de ma lance s'est brisé,
En balafrant la lune de ses éclats.
(*Il étreint Coriolan*)
J'enserre
Ici l'enclume de mon épée, et rivalise
Avec ton amitié d'une aussi noble ardeur
Que jamais dans ma force ambitieuse je n'ai mise
A lutter contre ta valeur. Sache-le d'abord,
J'aimais celle que j'ai épousée ; jamais nul homme
N'eut de soupirs aussi sincères. Mais à te voir ici,
Noble être, mon cœur ravi danse plus en moi
Que le jour où je vis ma maîtresse épousée
Franchir mon seuil. Eh bien, ô Mars, je te le dis,
Nous avons une armée sur pied, et je voulais
Encore arracher ton bouclier de ton bras[2],
Ou y laisser le mien. Tu m'as, par douze fois,
Défait, et depuis lors j'ai rêvé chaque nuit
De rencontres entre nous[3] – tous deux dans mon sommeil
Nous nous sommes terrassés, faisant sauter nos casques,
Nous empoignant la gorge – pour m'éveiller à demi mort
Avec rien devant moi. Ah ! valeureux Martius,
N'aurions-nous contre Rome aucune autre querelle
Que ton bannissement, nous lèverions les hommes,
Tous, de douze ans à soixante-dix, et, déversant
La guerre dans les entrailles de cette Rome ingrate,
Comme un torrent fougueux nous irions l'engloutir.
Oh ! viens, entre ! Serre la main de nos amis les sénateurs
Qui en ce moment même prennent congé de moi,
Qui suis prêt à marcher contre vos territoires,
Bien que non contre Rome.
CORIOLAN. – Dieux, vous me bénissez.
AUFIDIUS. – Ainsi donc, gentilhomme parfait, si tu veux
Toi-même diriger ta propre vengeance, prends
La moitié des forces que je commande, et arrête –
Tu as là la meilleure expérience, connaissant
La force et la faiblesse de ton pays – ton propre plan :
Ou bien tu cogneras sur les portes de Rome,

---

une stature divine à Martius. En l'appelant Mars (112), il en fera le dieu de la guerre. 2. *hew...from*. C'est « enlever en coupant » ; *brawn* signifie « muscle », « bras musclé ». 3. Cette phrase fait écho à ce qu'avait dit Coriolan (IV,4,19-20).

Or rudely visit them in parts remote
To fright them ere destroy. But come in.
Let me commend thee first to those that shall
Say yea to thy desires. A thousand welcomes!
And more a friend than ere an enemy;
Yet, Martius, that was much. Your hand. Most welcome! *Exeunt*

[The two Servingmen come forward]

1 SERVINGMAN. – Here's a strange alteration!

2 SERVINGMAN. – By my hand, I had thought to have strucken him with a cudgel, and yet my mind gave me his clothes made a false report of him.

1 SERVINGMAN. – What an arm he has! He turned me about with his finger and his thumb as one would set up a top.

2 SERVINGMAN. – Nay, I knew by his face that there was something in him. He had, sir, a kind of face, methought — I cannot tell how to term it.

1 SERVINGMAN. – He had so, looking, as it were — would I were hanged but I thought there was more in him than I could think.

2 SERVINGMAN. – So did I, I'll be sworn. He is simply the rarest man i'th' world.

1 SERVINGMAN. – I think he is yet a greater soldier than he you wot on.

2 SERVINGMAN. – Who, my master?

1 SERVINGMAN. – Nay, it's no matter for that.

2 SERVINGMAN. – Worth six on him.

1 SERVINGMAN. – Nay, not so, neither; but I take him to be the greater soldier.

2 SERVINGMAN. – Faith, look you, one cannot tell how to say that. For the defence of a town our general is excellent.

1 SERVINGMAN. – Ay, and for an assault too.

Enter the Third Servingman

3 SERVINGMAN. – O, slaves, I can tell you news — news, you rascals!

1 *and* 2 SERVINGMEN. – What, what, what? Let's partake.

3 SERVINGMAN. – I would not be a Roman of all nations. I had as lief be a condemned man.

1 *and* 2 SERVINGMEN. – Wherefore? Wherefore?

3 SERVINGMAN. – Why, here's he that was wont to thwack our general, Caius Martius.

1 SERVINGMAN. – Why do you say "thwack our general"?

3 SERVINGMAN. – I do not say "thwack our general"; but he was always good enough for him.

2 SERVINGMAN. – Come, we are fellows and friends. He was ever too hard for him. I have heard him say so himself.

1 SERVINGMAN. – He was too hard for him directly. To say the truth on't,

143 strucken] *F* (stroken). **154** is yet] *Oxford*; is : but *F*. **154** on] *F* (one). **165** lief] *F* (live).

1. *visit.* Signifie plus que « parcourir » ou « faire des incursions », car il évoquait la manière dont s'abattait ou se répandait la peste ou un châtiment divin. **2.** *directly.* On ponctue parfois *him, directly to*; dans ce cas le mot signifie « franchement ».

Ou bien tu t'abattras[1] sur ses terres éloignées
Pour l'effrayer avant de la détruire. Mais entre,
Laisse-moi te présenter d'abord à ceux qui vont
Dire oui à tes désirs. Sois mille fois le bienvenu !
Et plus ami que tu ne fus jamais ennemi.
Mais, Martius, combien tu le fus ! Votre main. La meilleure
Bienvenue ! *Ils sortent*

[Les deux Serviteurs s'avancent]

1er SERVITEUR. – Voilà un étrange changement !

2e SERVITEUR. – Par ma main, je pensais lui donner du bâton, mais mon esprit m'a fait soupçonner que ses vêtements ne disaient pas la vérité sur lui.

1er SERVITEUR. – Quel bras ! Il m'a fait tourner entre le pouce et l'index comme une toupie.

2e SERVITEUR. – Oui, j'ai bien vu à sa tête qu'il y avait quelque chose en lui. Il avait, monsieur, un genre de tête, à mon avis – je ne sais pas comment l'appeler.

1er SERVITEUR. – C'est exact, un air, comme qui dirait – je veux bien être pendu si je n'ai pas pensé qu'il y avait en lui plus que je ne pouvais penser.

2e SERVITEUR. – Moi aussi, j'en jurerais. C'est tout simplement l'homme le plus exceptionnel du monde.

1er SERVITEUR. – Je pense qu'il est un encore plus grand soldat que qui vous savez.

2e SERVITEUR. – Que qui, mon maître ?

1er SERVITEUR. – Non, ça n'a pas d'importance.

2e SERVITEUR. – Il en vaut six comme lui.

1er SERVITEUR. – Non, pas tant non plus ; mais je le tiens pour le plus grand soldat des deux.

2e SERVITEUR. – Ma foi, remarquez, on ne saurait dire comment on peut dire ça. Pour la défense d'une ville, notre général est excellent.

1er SERVITEUR. – Oui, et pour l'attaque aussi.

Entre le Troisième Serviteur

3e SERVITEUR. – Oh ! les esclaves, j'ai des nouvelles pour vous – de ces nouvelles, mes lascars !

1er *et* 2e SERVITEURS. – Qu'est-ce que c'est ? Qu'est-ce que c'est ? Qu'est-ce que c'est ? On partage.

3e SERVITEUR. – Pour rien au monde je ne voudrais être romain. Autant être condamné à mort.

1er *et* 2e SERVITEURS. – Pourquoi ? Pourquoi ?

3e SERVITEUR. – Eh bien, il y a ici celui qui donnait toujours la râclée à notre général, Caius Martius.

1er SERVITEUR. – Pourquoi dites-vous « donnait la râclée à notre général » ?

3e SERVITEUR. – Je ne dis pas « donnait la râclée à notre général » ; mais il a toujours été assez fort pour lui.

2e SERVITEUR. – Allons, allons, nous sommes tous amis et camarades. Il a toujours été trop fort pour lui. Je l'ai entendu le dire lui-même.

1er SERVITEUR. – Il a toujours été trop fort pour lui, face à face[2]. Pour dire

before Corioles he scotched him and notched him like a carbonado.

2 SERVINGMAN. – An he had been cannibally given, he might have broiled and eaten him too.

1 SERVINGMAN. – But more of thy news!

3 SERVINGMAN. – Why, he is so made on here within as if he were son and heir to Mars; set at upper end o'th' table, no question asked him by any of the senators but they stand bald before him. Our general himself makes a mistress of him, sanctifies himself with's hand, and turns up the white o'th' eye to his discourse. But the bottom of the news is, our general is cut i'th' middle, and but one half of what he was yesterday, for the other has half by the entreaty and grant of the whole table. He'll go, he says, and sowl the porter of Rome gates by th'ears. He will mow all down before him, and leave his passage polled.

2 SERVINGMAN. – And he's as like to do't as any man I can imagine.

3 SERVINGMAN. – Do't? He will do't; for look you, sir, he has as many friends as enemies; which friends, sir, as it were durst not — look you, sir — show themselves, as we term it, his friends whilst he's in dejectitude.

1 SERVINGMAN. – Dejectitude? What's that?

3 SERVINGMAN. – But when they shall see, sir, his crest up again and the man in blood, they will out of their burrows like conies after rain, and revel all with him.

1 SERVINGMAN. – But when goes this forward?

3 SERVINGMAN. – Tomorrow, today, presently. You shall have the drum struck up this afternoon. 'Tis as it were a parcel of their feast, and to be executed ere they wipe their lips.

2 SERVINGMAN. – Why, then we shall have a stirring world again. This peace is nothing but to rust iron, increase tailors, and breed ballad-makers.

1 SERVINGMAN. – Let me have war, say I. It exceeds peace as far as day does night. It's sprightly walking, audible and full of vent. Peace is a very apoplexy, lethargy; mulled, deaf, sleepy, insensible; a getter of more bastard children than war's a destroyer of men.

2 SERVINGMAN. – 'Tis so, and as war in some sort may be said to be a ravisher, so it cannot be denied but peace is a great maker of cuckolds.

1 SERVINGMAN. – Ay, and it makes men hate one another.

3 SERVINGMAN. – Reason; because they then less need one another. The wars for my money. I hope to see Romans as cheap as Volscians.

[*A sound within*]

They are rising, they are rising.

1 *and* 2 SERVINGMEN. – In, in, in, in. *Exeunt*

---

177 broiled] *Pope (1723-1725)*; boyld *F*. **187** sowl] *F* (sole). **192** dejectitude] *Collier (1853)*; Directitude *F (de même 193)*. **199** struck] *F* (strooke). **205** sleepy] *F3*; sleepe *F*. **207** war] *Rowe (1714)*; warres *F*.

---

1. Le *Directitude* de l'in-folio* s'explique mal. Sans doute le serviteur veut-il employer un mot savant qu'il ne connaît pas bien, mais la proposition de Collier (invention d'un mot à partir de « deject ») fait penser à un sens plus plausible : « rejet » ou

la vérité, devant Corioles il l'a taillé et tailladé comme une carbonade.

2e SERVITEUR. – S'il avait été porté sur le cannibalisme, il l'aurait rôti et mangé par-dessus le marché.

1er SERVITEUR. – Mais tes autres nouvelles ?

3e SERVITEUR. – Eh bien, on en fait autant de cas, là-bas, que si c'était le fils héritier de Mars ; assis à table à la place d'honneur, et pas un sénateur qui lui pose une question sans se lever et rester tête nue devant lui. Notre général lui-même le traite comme une maîtresse, il se sanctifie lui-même en lui prenant la main, et il roule des yeux blancs en écoutant ses discours. Mais le fond de ces nouvelles, c'est que notre général est coupé en deux par le milieu, qu'il n'est plus qu'une moitié de ce qu'il était hier, car l'autre en a une moitié aussi, sur les instances et par l'octroi de toute la tablée. Il va aller, dit-il, tirer par les oreilles le gardien des portes de Rome. Il fauchera tout devant lui, et tout sera rasé après son passage.

2e SERVITEUR. – Et il est capable de le faire, comme pas un homme que je puisse imaginer.

3e SERVITEUR. – Le faire ? Il le fera ; car notez bien, monsieur, il a autant d'amis que d'ennemis ; lesquels amis, monsieur, comme qui dirait, n'oseraient pas — notez bien, monsieur — se montrer, comme nous disons, ses amis aussi longtemps qu'il est en déjectitude[1].

1er SERVITEUR. – Déjectitude ? Qu'est-ce que c'est ?

3e SERVITEUR. – Mais quand ils verront, monsieur, que son cimier s'est redressé et qu'il est plein d'ardeur, ils sortiront de leurs terriers comme des lapins après la pluie, et ils feront tous la fête avec lui.

1er SERVITEUR. – Mais quand est-ce que ça va commencer ?

3e SERVITEUR. – Demain, aujourd'hui, à l'instant. Vous allez entendre battre le tambour dès cet après-midi. C'est comme qui dirait un plat de leur festin, et cela doit être exécuté avant qu'ils se soient essuyé les lèvres.

2e SERVITEUR. – Eh bien alors, notre monde va se remettre à bouger. Cette paix ne sert qu'à rouiller le fer, à enrichir les tailleurs, et à faire pulluler les faiseurs de ballades.

1er SERVITEUR. – Moi, ce qu'il me faut, c'est la guerre. Elle surpasse la paix autant que le jour surpasse la nuit. Elle a le pas vif, elle sait donner de la voix, et elle sait sentir l'odeur du gibier[2]. La paix est une vraie apoplexie[3], une léthargie ; ramollie, sourde, endormie, insensible ; elle fait naître plus de bâtards que la guerre ne détruit d'hommes.

2e SERVITEUR. – C'est juste, et de même qu'on peut dire, en quelque sorte, que la guerre est une faiseuse de violeurs, de même on ne saurait nier que la paix est une grande faiseuse de cocus.

1er SERVITEUR. – Oui, et elle fait que les hommes se haïssent.

3e SERVITEUR. – Et la raison, c'est qu'ils ont alors moins besoin les uns des autres. Vive la guerre, je suis preneur ! Et j'espère que les Romains seront aussi bon marché que les Volsques.

[*Un bruit à l'intérieur*]

Ils se lèvent, ils se lèvent.

1er *et* 2e SERVITEURS. – Allons-y, vite, vite, vite. *Ils sortent*

« humiliation ». 2. La guerre est comparée à un chien de chasse ; le sens de *vent* est controversé. 3. Dans la médecine du temps, l'apoplexie était une sorte de paralysie.

IV, 6 *Enter the two tribunes, Sicinius and Brutus*

SICINIUS. – We hear not of him, neither need we fear him.
His remedies are tame – the present peace
And quietness of the people, which before
Were in wild hurry. Here do we make his friends
Blush that the world goes well, who rather had,
Though they themselves did suffer by't, behold
Dissentious numbers pest'ring streets than see
Our tradesmen singing in their shops and going
About their functions friendly.

Enter Menenius

BRUTUS. – We stood to't in good time. Is this Menenius?
SICINIUS. – 'Tis he, 'tis he. O, he is grown most kind of late.
Hail, sir.
MENENIUS. – Hail to you both.
SICINIUS. – Your Coriolanus is not much missed
But with his friends. The commonwealth doth stand,
And so would do were he more angry at it.
MENENIUS. – All's well, and might have been much better if
He could have temporized.
SICINIUS. – Where is he, hear you?
MENENIUS. – Nay, I hear nothing.
His mother and his wife hear nothing from him.

Enter three or four Citizens

ALL THE CITIZENS (*to the tribunes*). – The gods preserve you both.
SICINIUS. – Good e'en, our neighbours.
BRUTUS. – Good e'en to you all, good e'en to you all.
1 CITIZEN. – Ourselves, our wives and children, on our knees
Are bound to pray for you both.
SICINIUS. – Live and thrive.
BRUTUS. – Farewell, kind neighbours.
We wished Coriolanus had loved you as we did.
ALL THE CITIZENS. – Now the gods keep you!
SICINIUS *and* BRUTUS. – Farewell, farewell.

Exeunt Citizens

SICINIUS. – This is a happier and more comely time
Than when these fellows ran about the streets
Crying confusion.
BRUTUS. – Caius Martius was
A worthy officer i'th' war, but insolent,

---

2 tame – the] *F* (tame, the) ; tame i'th' *Theobald (1733).* **14-18** *vers*] *prose F.* **22** Good e'en] *F4* ; Gooden *F (de même 23).*

---

1. Lieu : un lieu public à Rome. **2.** La phrase *His remedies are tame* est obscure. Il est difficile de suivre Sisson et Hibbard, qui estiment qu'il s'agit de remèdes *contre* Coriolan. Il semble que le sens soit plutôt : ses possibilités de recouvrer sa puissance (ou : ceux qui pourraient restaurer son pouvoir) ne sont plus un danger. Plusieurs éditeurs préfèrent la correction de Theobald à la leçon de l'in-folio*, qui suppose qu'on sous-entend

Entrent les deux tribuns, Sicinius et Brutus[1] IV, 6

SICINIUS. – Pas de nouvelles de lui, pas besoin de le craindre.
Il n'est plus dangereux[2] — avec, maintenant, la paix
Et le calme du peuple, qui connaissait naguère
Un violent désordre. Nous forçons ses amis
A rougir que tout aille bien, eux qui préféreraient,
Devraient-ils en souffrir, regarder une foule
De factieux infester nos rues, plutôt que voir
Nos artisans chanter dans leurs échoppes, vaquant
A leurs affaires en bons amis[3].

Entre Ménénius

BRUTUS. – Nous avons résisté au bon moment. Est-ce Ménénius ?
SICINIUS. – C'est lui, c'est lui. Ah ! comme il est devenu aimable
Ces derniers temps. Salut, monsieur.
MÉNÉNIUS. – Salut à tous les deux.
SICINIUS. – Votre cher Coriolan n'est pas très regretté,
Sauf de ses partisans. La république tient debout,
Et elle tiendrait, fût-il plus irrité contre elle.
MÉNÉNIUS. – Tout va bien, mais aurait pu aller encore mieux
S'il avait pu s'accommoder au temps[4].
SICINIUS. – Où est-il, vous savez ?
MÉNÉNIUS. – Non, je n'entends parler de rien.
Ni sa mère ni sa femme n'ont de nouvelles de lui.

Entrent trois ou quatre Citoyens

TOUS LES CITOYENS (*aux tribuns*). – Les dieux vous gardent tous les deux !
SICINIUS. – Bonsoir, braves gens.
BRUTUS. – Bonsoir à tous, bonsoir à tous.
1er CITOYEN. – Nous-mêmes, nos femmes et nos enfants, nous nous devons
De prier à genoux pour vous deux.
SICINIUS. – Vivez et prospérez.
BRUTUS. – Adieu, mes bons voisins.
Nous aurions préféré que Coriolan vous aime autant que nous.
TOUS LES CITOYENS. – Ah oui ! Et que les dieux vous gardent !
SICINIUS *et* BRUTUS. – Adieu, adieu.

Les Citoyens sortent

SICINIUS. – Ce sont des temps plus agréables et plus heureux
Que ceux où ces gaillards couraient parmi les rues,
En appelant à la ruine.
BRUTUS. – Caius Martius était
Bon officier en temps de guerre, mais arrogant,

« considering ». Brockbank donne l'explication suivante : le calme de la cité ne laisse aucune possibilité à ceux qui espéraient que Coriolan apparaîtrait comme un remède nécessaire pour que Rome recouvre la paix. 3. Ce tableau d'une Rome paisible est complètement différent de celui que brosse Plutarque*, qui parle de tumulte et de discorde (Bullough, vol. 5, p. 528-530). 4. *temporized.* Ce verbe pourrait signifier « gagner du temps », mais ce sens ne semble pas shakespearien. Il a certainement le sens, que lui donne Onions dans d'autres emplois, d'accepter un compromis. En effet, c'est Ménénius lui-même, plutôt que Coriolan, qui a cherché à gagner du temps, Coriolan étant resté intransigeant.

O'ercome with pride, ambitious past all thinking,
Self-loving —

SICINIUS. – And affecting one sole throne
Without assistance.

MENENIUS. – I think not so.

SICINIUS. – We should by this, to all our lamentation,
If he had gone forth consul found it so.

BRUTUS. – The gods have well prevented it, and Rome
Sits safe and still without him.

Enter an Aedile

AEDILE. – Worthy tribunes,
There is a slave whom we have put in prison
Reports the Volsces, with two several powers,
Are entered in the Roman territories,
And with the deepest malice of the war
Destroy what lies before 'em.

MENENIUS. – 'Tis Aufidius,
Who, hearing of our Martius' banishment,
Thrusts forth his horns again into the world,
Which were inshelled when Martius stood for Rome,
And durst not once peep out.

SICINIUS. – Come, what talk you of Martius?

BRUTUS (*to the Aedile*). – Go see this rumourer whipped. It cannot be
The Volsces dare break with us.

MENENIUS. – Cannot be?
We have record that very well it can,
And three examples of the like hath been
Within my age. But reason with the fellow,
Before you punish him, where he heard this,
Lest you shall chance to whip your information
And beat the messenger who bids beware
Of what is to be dreaded.

SICINIUS. – Tell not me.
I know this cannot be.

BRUTUS. – Not possible.

Enter a Messenger

MESSENGER. – The nobles in great earnestness are going
All to the senate-house. Some news is come
That turns their countenances.

SICINIUS. – 'Tis this slave.
(*To the Aedile*) Go whip him fore the people's eyes. – His raising,
Nothing but his report. *Exit Aedile*

MESSENGER. – Yes, worthy sir,
The slave's report is seconded, and more,
More fearful, is delivered.

SICINIUS. – What more fearful?

---

36 lamentation] *F2*; Lamention *F*. **60** come] *Rowe (1709)*; comming *F*.

Bouffi d'orgueil, d'une ambition inconcevable,
D'un égoïsme –
SICINIUS. – Et aspirant au trône pour lui seul
Sans le moindre associé.
MÉNÉNIUS. – Je ne le pense pas.
SICINIUS. – Nous l'aurions à ce jour, pour nous lamenter tous,
Constaté, s'il avait pu être fait consul.
BRUTUS. – Les dieux ont su bien l'empêcher, et Rome reste
Sûre et tranquille sans lui.

Entre un Édile

L'ÉDILE. – Honorables tribuns,
Un esclave, que nous avons mis en prison,
Rapporte que les Volsques, en deux forces distinctes,
Ont pénétré dans les territoires romains, et,
Avec la plus profonde cruauté de la guerre,
Détruisent tout sur leur passage.
MÉNÉNIUS. – C'est Aufidius,
Qui, apprenant que notre cher Martius est banni,
Montre à nouveau au monde ses cornes, qui restaient
Dans leur coquille lorsque Martius défendait Rome,
Et qui n'osaient jamais sortir[1].
SICINIUS. – Allons, pourquoi parler de Martius ?
BRUTUS (*à l'Édile*). – Allez faire fouetter ce marchand de rumeurs.
Les Volsques, oser s'en prendre à nous ? C'est impossible.
MÉNÉNIUS. – Impossible ? Nous avons en mémoire que si,
Et il y en a eu dans ma vie trois exemples.
Mais allez donc plutôt demander à cet homme
Avant de le punir, d'où il tient cette nouvelle,
De peur de fouetter qui peut vous renseigner
Et de faire battre un messager qui vous alerte
Sur ce qui est à craindre.
SICINIUS. – A d'autres ! Je le sais,
Cela ne se peut pas.
BRUTUS. – La chose est impossible.

Entre un Messager

LE MESSAGER. – Les nobles s'en vont tous, avec un air très grave,
Vers le Sénat. Il est arrivé des nouvelles
Qui les ont fait changer de mine.
SICINIUS. – C'est cet esclave.
(*A l'Édile*) Fouettez-le aux yeux du peuple. – C'est sa rumeur,
Rien que ce qu'il raconte. *L'Édile sort*
LE MESSAGER. – Avec tout mon respect, monsieur,
Ce qu'il dit se confirme, et plus est rapporté,
Plus alarmant encore.
SICINIUS. – Quoi de plus alarmant ?

1. En comparant Aufidius à un escargot craintif, Ménénius cherche moins à faire de lui un poltron qu'à faire de Coriolan un guerrier terrifiant.

MESSENGER. – It is spoke freely out of many mouths —
How probable I do not know — that Martius,
Joined with Aufidius, leads a power 'gainst Rome,
And vows revenge as spacious as between
The young'st and oldest thing.
SICINIUS. – This is most likely!
BRUTUS. – Raised only that the weaker sort may wish
Good Martius home again.
SICINIUS. – The very trick on't.
MENENIUS. – This is unlikely.
He and Aufidius can no more atone
Than violent'st contrariety.

Enter another Messenger

2 MESSENGER. – You are sent for to the senate.
A fearful army, led by Caius Martius
Associated with Aufidius, rages
Upon our territories, and have already
O'erborne their way, consumed with fire and took
What lay before them.

Enter Cominius

COMINIUS. – O, you have made good work!
MENENIUS. – What news? What news?
COMINIUS. – You have holp to ravish your own daughters and
To melt the city leads upon your pates,
To see your wives dishonoured to your noses.
MENENIUS. – What's the news? What's the news?
COMINIUS. – Your temples burnèd in their cement, and
Your franchises, whereon you stood, confined
Into an auger's bore.
MENENIUS. – Pray now, your news?
(*To the tribunes*) You have made fair work, I fear me.
(*To Cominius*) Pray, your news.
If Martius should be joined wi'th' Volscians —
COMINIUS. – If? He is their god. He leads them like a thing
Made by some other deity than nature,
That shapes man better, and they follow him
Against us brats with no less confidence
Than boys pursuing summer butterflies,
Or butchers killing flies.
MENENIUS (*to the tribunes*). – You have made good work,
You and your apron-men, you that stood so much
Upon the voice of occupation and
The breath of garlic-eaters!
COMINIUS (*to the tribunes*). – He'll shake your Rome about your ears.
MENENIUS. – As Hercules did shake down mellow fruit.
(*To the tribunes*) You have made fair work.

---

77 SECOND] *pas dans F.* **93** wi'th'] *Alexander (1951)*; with *F.*

LE MESSAGER. – Il est dit volontiers, et par beaucoup de bouches –
J'ignore jusqu'à quel point c'est probable – que Martius,
Allié à Aufidius, mène une armée sur Rome,
Et qu'il promet une vengeance qui s'étendra
Du plus jeune au plus vieux.
SICINIUS. – Vraisemblable, en effet !
BRUTUS. – Lancé seulement pour que les timorés souhaitent
Voir revenir leur bon Martius.
SICINIUS. – Voilà le fin mot.
MÉNÉNIUS. – C'est peu probable.
Aufidius et lui ne peuvent pas plus s'entendre
Que les contraires les plus extrêmes.

Entre un autre Messager

2e MESSAGER. – On vous mande au Sénat.
Une terrible armée, que mène Caius Martius,
Allié à Aufidius, ravage nos territoires,
Elle a déjà tout renversé sur son passage,
Consumant par le feu et prenant ce qu'elle trouve
Sur sa route.

Entre Cominius

COMINIUS. – Ah ! vous avez fait du bon travail !
MÉNÉNIUS. – Quelles nouvelles ? Quelles nouvelles ?
COMINIUS. – Vous avez contribué au viol de vos filles, et
A faire fondre le plomb des toits de Rome sur vos têtes,
A voir vos femmes déshonorées sous votre nez.
MÉNÉNIUS. – Ces nouvelles ? Ces nouvelles ?
COMINIUS. – Vos temples calcinés jusqu'aux fondations et
Vos droits, sur lesquels vous vous campiez, confinés
Dans un trou de vrille.
MÉNÉNIUS. – Alors, je vous prie, vos nouvelles ?
(*Aux tribuns*) Vous avez fait du beau travail, j'en ai bien peur.
(*A Cominius*) Je vous prie, vos nouvelles.
Si Martius est vraiment l'allié des Volsques, –
COMINIUS. – Si ?
Il est leur dieu. Il les entraîne comme un être
Créé par quelque déité autre que la nature,
Qui façonne mieux les hommes, et ils vont derrière lui
Contre les marmots que nous sommes, aussi confiants
Que des garçons qui courent après des papillons,
Ou des bouchers qui tuent des mouches.
MÉNÉNIUS (*aux tribuns*). – Vous avez fait
Du bon travail, vous et vos gens en tablier,
Vous qui faisiez tant de cas de la voix des métiers
Et des paroles des mangeurs d'ail.
COMINIUS (*aux tribuns*). – Il va vous secouer votre Rome aux oreilles.
MÉNÉNIUS. – Comme Hercule secoua les fruits mûrs[1] qui tombèrent.
(*Aux tribuns*) Vous avez fait du beau travail.

---

1. Les pommes du jardin des Hespérides.

BRUTUS. – But is this true, sir?
COMINIUS. – Ay, and you'll look pale
Before you find it other. All the regions
Do smilingly revolt, and who resists
Are mocked for valiant ignorance,
And perish constant fools. Who is't can blame him?
Your enemies and his find something in him.
MENENIUS. – We are all undone unless
The noble man have mercy.
COMINIUS. – Who shall ask it?
The tribunes cannot do't, for shame; the people
Deserve such pity of him as the wolf
Does of the shepherds. For his best friends, if they
Should say "Be good to Rome", they charged him even
As those should do that had deserved his hate,
And therein showed like enemies.
MENENIUS. – 'Tis true.
If he were putting to my house the brand
That should consume it, I have not the face
To say "Beseech you, cease."
(*To the tribunes*) You have made fair hands,
You and your crafts! You have crafted fair!
COMINIUS (*to the tribunes*). – You have brought
A trembling upon Rome such as was never
S'incapable of help.
SICINIUS *and* BRUTUS. – Say not we brought it.
MENENIUS. – How? Was't we?
We loved him, but like beasts and cowardly nobles
Gave way unto your clusters, who did hoot
Him out o'th' city.
COMINIUS. – But I fear
They'll roar him in again. Tullus Aufidius,
The second name of men, obeys his points
As if he were his officer. Desperation
Is all the policy, strength, and defence
That Rome can make against them.
Enter a troop of Citizens
MENENIUS. – Here come the clusters.
(*To the Citizens*) And is Aufidius with him? You are they
That made the air unwholesome when you cast
Your stinking greasy caps in hooting at
Coriolanus' exile. Now he's coming,
And not a hair upon a soldier's head
Which will not prove a whip. As many coxcombs
As you threw caps up will he tumble down,
And pay you for your voices. 'Tis no matter.

---

1. Jeu sur *craft* : « métier » (d'où « gens du peuple ») et « artifice ». 2. Cette situation de subordination rappelle celle où s'était trouvé Coriolan par rapport à Cominius, et qui

BRUTUS. – Mais est-ce bien vrai, monsieur ?
COMINIUS. – Oui, et vous aurez le temps de pâlir
Avant qu'il en soit autrement. Toutes les régions
Se révoltent en souriant, et quiconque résiste
Se fait railler pour sa vaillante stupidité,
Et meurt en sot loyal. Et qui peut le blâmer ?
Vos ennemis comme les siens lui trouvent quelque chose.
MÉNÉNIUS. – Nous sommes tous perdus, à moins
Que ce noble ait pitié.
COMINIUS. – Qui le lui demandera ?
Pas les tribuns, la honte les en empêche ; le peuple ?
Il mérite sa pitié comme le loup mérite celle
Du berger. Et ses meilleurs amis, s'ils disaient
« Soyez bon avec Rome », leur injonction serait
Pareille à celle de qui a mérité sa haine,
Et ils ressembleraient à des ennemis.
MÉNÉNIUS. – C'est vrai.
S'il mettait le brandon qui allait consumer
Ma maison, je n'aurais pas l'audace de dire :
« Je vous supplie, cessez ».
(*Aux tribuns*) Vous avez fait un beau gâchis,
Vous et vos manœuvres ! Vous avez joliment manœuvré[1] !
COMINIUS (*aux tribuns*). – Vous avez attiré sur Rome un cataclysme
Comme il n'en fut jamais d'aussi irrémédiable.
SICINIUS *et* BRUTUS. – Ne dites pas que c'est nous.
MÉNÉNIUS. – Comment ? Était-ce nous ? Nous l'aimions,
Mais, pareils à des bêtes ou des nobles sans cœur,
Nous avons laissé faire vos bandes, qui l'ont chassé
Sous les huées.
COMINIUS. – Avec leurs hurlements de peur,
Je crains qu'ils le rappellent. Tullus Aufidius,
Son second par la gloire, obéit à ses ordres
Comme s'il était son lieutenant[2]. Le désespoir
Est toute la politique, la force et la défense
Que Rome peut leur opposer.

Entre une troupe de Citoyens

MÉNÉNIUS. – Voici leurs bandes.
(*Aux Citoyens*) Et Aufidius est avec lui ? Vous êtes bien ceux
Qui rendaient l'air malsain en lançant leurs bonnets
Puants et gras en l'air, en saluant de leurs huées
L'exil de Coriolan. Et maintenant, il revient,
Et il n'est pas un cheveu sur la tête d'un soldat
Qui ne devienne un fouet. Il fera tomber autant
De têtes d'ânes que vous lanciez de bonnets,
En paiement de vos voix. Mais c'est sans importance.

---

avait paru aux tribuns la plus favorable à la gloire des ambitieux (I,1,245-260). Elle sera commentée dans la scène suivante par Aufidius.

If he could burn us all into one coal,
We have deserved it.
ALL THE CITIZENS. – Faith, we hear fearful news.
1 CITIZEN. – For mine own part,
When I said "banish him" I said 'twas pity.
2 CITIZEN. – And so did I.
3 CITIZEN. – And so did I, and to say the truth so did very many of us. That we did, we did for the best, and though we willingly consented to his banishment, yet it was against our will.
COMINIUS. – You're goodly things, you voices.
MENENIUS. – You have made good work,
You and your cry. Shall's to the Capitol?
COMINIUS. – O, ay, what else? *Exeunt Menenius and Cominius*
SICINIUS. – Go, masters, get you home. Be not dismayed.
These are a side that would be glad to have
This true which they so seem to fear. Go home,
And show no sign of fear.
1 CITIZEN. – The gods be good to us! Come, masters, let's home. I ever said we were i'th' wrong when we banished him.
2 CITIZEN. – So did we all. But come, let's home. *Exeunt Citizens*
BRUTUS. – I do not like this news.
SICINIUS. – Nor I.
BRUTUS. – Let's to the Capitol. Would half my wealth
Would buy this for a lie.
SICINIUS. – Pray let's go. *Exeunt*

IV, 7 *Enter Aufidius with his Lieutenant*

AUFIDIUS. – Do they still fly to th' Roman?
LIEUTENANT. – I do not know what witchcraft's in him, but
Your soldiers use him as the grace fore meat,
Their talk at table, and their thanks at end,
And you are darkened in this action, sir,
Even by your own.
AUFIDIUS. – I cannot help it now,
Unless by using means I lame the foot
Of our design. He bears himself more proudlier,
Even to my person, than I thought he would
When first I did embrace him. Yet his nature
In that's no changeling, and I must excuse
What cannot be amended.
LIEUTENANT. – Yet I wish, sir –
I mean for your particular – you had not
Joined in commission with him, but either

---

1. Lieu, un camp, non loin de Rome. **2.** Certains commentateurs sous-entendent *action* après *your own*. Mais il faut alors attribuer à *action* un sens différent de celui qu'il vient d'avoir, et supposer qu'il y a un jeu sur ce mot, ce qui paraît peu vraisemblable. D'autre

S'il nous réduisait tous en un même tas de cendres,
Nous l'aurions mérité.

TOUS LES CITOYENS. – En vérité, nous apprenons une terrible nouvelle.

1er CITOYEN. – Pour ma part, quand j'ai dit
« Bannissez-le », j'ai dit que c'était malheureux.

2e CITOYEN. – Moi aussi.

3e CITOYEN. – Moi aussi, et à vrai dire, un très grand nombre d'entre nous aussi. Ce que nous avons fait, nous l'avons fait pour le mieux, et si nous avons volontiers consenti à son bannissement, c'était contre notre volonté.

COMINIUS. – Vous êtes de jolis électeurs.

MÉNÉNIUS. – Vous avez fait du bon travail,
Vous et toute votre meute. Va-t-on au Capitole ?

COMINIUS. – Eh oui, que faire d'autre ? *Ménénius et Cominius sortent*

SICINIUS. – Allez, messieurs, rentrez chez vous. N'ayez pas peur.
Ces gens sont d'un parti qui aimerait que soit vrai
Ce qu'ils font tant semblant de craindre. Rentrez chez vous,
Ne montrez aucun signe de crainte.

1er CITOYEN. – Les dieux soient bons pour nous ! Venez, messieurs, rentrons.
J'ai toujours dit que nous avions tort de le bannir.

2e CITOYEN. – Nous le disions tous. Mais allons, rentrons chez nous.

Les Citoyens sortent

BRUTUS. – Je n'aime pas cette nouvelle.

SICINIUS. – Moi non plus.

BRUTUS. – Allons au Capitole. Je donnerais la moitié
De ma fortune pour en avoir le démenti.

SICINIUS. – Je vous en prie, partons. *Ils sortent*

Entre Aufidius avec son Lieutenant[1] IV, 7

AUFIDIUS. – Est-ce qu'ils volent toujours vers le Romain ?

LE LIEUTENANT. – J'ignore quelle sorcellerie il a, mais vos soldats
En font à leur repas leur bénédicité,
Puis leur conversation, enfin leurs actions de grâce,
Et vous êtes éclipsé, monsieur, dans cette campagne,
Et même aux yeux des vôtres[2].

AUFIDIUS. – Je n'y peux rien maintenant,
A moins de prendre des moyens qui entraveraient
Notre entreprise. Il se montre plus arrogant,
Même envers ma personne, que je ne le pensais
Quand je lui ai ouvert les bras. Mais sa nature
En cela ne change pas, et je dois excuser
Ce qui ne s'amende pas.

LE LIEUTENANT. – Mais je regrette, monsieur –
Et cela pour vous même – de vous voir joint à lui
Dans votre commandement, et que vous n'ayez pas

---

part, il est difficile de donner à *by* le sens de « par », car Aufidius ne peut pas être « éclipsé » par ses propres soldats.

Have borne the action of yourself or else
To him had left it solely.
AUFIDIUS. – I understand thee well, and be thou sure,
When he shall come to his account, he knows not
What I can urge against him. Although it seems –
And so he thinks, and is no less apparent
To th' vulgar eye – that he bears all things fairly
And shows good husbandry for the Volscian state,
Fights dragon-like, and does achieve as soon
As draw his sword, yet he hath left undone
That which shall break his neck or hazard mine
Whene'er we come to our account.
LIEUTENANT. – Sir, I beseech you, think you he'll carry Rome ?
AUFIDIUS. – All places yields to him ere he sits down,
And the nobility of Rome are his.
The senators and patricians love him too.
The tribunes are no soldiers, and their people
Will be as rash in the repeal as hasty
To expel him thence. I think he'll be to Rome
As is the osprey to the fish, who takes it
By sovereignty of nature. First he was
A noble servant to them, but he could not
Carry his honours even. Whether 'twas pride,
Which out of daily fortune ever taints
The happy man ; whether defect of judgement,
To fail in the disposing of those chances
Which he was lord of ; or whether nature,
Not to be other than one thing, not moving
From th' casque to th' cushion, but commanding peace
Even with the same austerity and garb
As he controlled the war : but one of these –
As he hath spices of them all – not all,
For I dare so far free him – made him feared,
So hated, and so banished. But he has a merit
To choke it in the utt'rance. So our virtues
Lie in th'interpretation of the time,
And power, unto itself most commendable,
Hath not a tomb so evident as a chair
T'extol what it hath done.

---

37 'twas] *F3* ; 'was *F.* 39 defect] *F2* ; detect *F.* 49 virtues] *F2* ; Vertue *F.*

---

1. Selon la légende, quand les poissons apercevaient l'orfraie, ils reconnaissaient la nature royale de ce grand aigle de mer et se retournaient pour offrir leur ventre à ses serres. 2. *cushion.* Désigne le coussin sur lequel étaient assis les sénateurs, et symbolise donc ici la vie politique (cf. III,1,104). 3. L'expression *austerity and garb* est généralement comprise comme un hendiadys (cf. I,9,4, note), ce qui est très probable, compte tenu de la qualité rhétorique de ce discours ; *garb* avait le sens général de « manière », « façon d'être ou d'agir ». 4. La plupart des commentateurs estiment que *it* renvoie à *one of these* (un seul de ces défauts), et que le sens est par conséquent : les mérites de Coriolan sont

Mené seul cette campagne, ou qu'alors à lui seul
Vous ne l'ayez laissée.
AUFIDIUS. – Je te comprends fort bien, et tu peux être sûr
Que quand il devra rendre des comptes, il ignorera
Ce que je pourrai dire contre lui. Bien qu'il semble –
Et qu'il le croie, et qu'aux yeux du vulgaire ce ne soit
Pas moins clair – se comporter en tout loyalement,
Et bien gérer les intérêts de l'État volsque,
Qu'il sache se battre comme un dragon, et triomphe
Dès qu'il tire son épée, mais ce qu'il n'a pas fait,
Cela rompra son cou, ou peut-être le mien,
Le jour où nous ferons nos comptes.
LE LIEUTENANT. – Si vous me permettez, monsieur, prendra-t-il Rome ?
AUFIDIUS. – Les places se rendent à lui avant qu'il les assiège
Et la noblesse de Rome lui est acquise. De plus,
Il est aimé des sénateurs et patriciens.
Les tribuns ne sont pas des soldats, et leurs gens
Seront tout aussi prompts à le rappeler qu'ils ont
Été rapides à le chasser. Je crois qu'il sera à Rome
Ce que l'orfraie est au poisson[1], il la prendra
Par naturelle souveraineté. Il fut d'abord
Son noble serviteur, mais il ne pouvait pas
Porter sa gloire avec mesure. Fut-ce l'orgueil,
Qui, né de succès quotidiens, corrompt toujours
L'homme chanceux ; ou fut-ce un défaut de jugement
Qui l'empêcha de profiter des circonstances
Où il était le maître ; ou fut-ce dans sa nature
De n'être que lui-même, de ne pouvoir changer
Le casque pour la toge[2], de commander la paix
Avec la même forme de sévérité[3]
Qu'il dirigeait la guerre : un seul de ces travers –
Et il a une pincée de chacun – pas eux tous,
J'ose le dire à sa décharge – l'a fait craindre,
Donc haïr, donc bannir. Mais son mérite est tel
Qu'il étouffe ces reproches[4]. Ainsi, nos qualités
Dépendent de l'interprétation qu'en donne le monde,
Et la puissance qui se croit la plus louable[5]
N'a pas de tombe plus certaine que la tribune
Où ses exploits sont exaltés.

---

si grands qu'ils rendent impossible toute mention de ses défauts. L'obscurité résulte en partie aussi de celle de la phrase précédente, où déjà *not all* est ambigu ; il y a deux sens possibles : un seul de ces défauts (mais pas tous) et une pincée de chacun de ces défauts (mais pas la totalité de chacun d'eux). **5.** Le sens de ce vers est controversé. Certains, depuis Johnson, comprennent : la vertu qui aime à se louer elle-même sera réduite à néant par sa propre louange. On objecte à ceci que Coriolan n'est pas enclin à faire son propre éloge – mais il le fera dans la dernière scène (V,6,112-117), et il en mourra. Nous préférons conserver l'ambiguïté de la phrase, qui traduit probablement des desseins obscurs et à demi avoués. Les louanges auxquelles pense Aufidius sont sans doute celles qu'il a faites à Coriolan quand celui-ci est venu se mettre à son service.

One fire drives out one fire, one nail one nail ;
Rights by rights falter, strengths by strengths do fail.
Come, let's away. When, Caius, Rome is thine,
Thou art poor'st of all ; then shortly art thou mine. *Exeunt*

V, 1 *Enter Menenius, Cominius, Sicinius and Brutus, the two tribunes, with others*

MENENIUS. – No, I'll not go. You hear what he hath said
Which was sometime his general, who loved him
In a most dear particular. He called me father,
But what o' that ? (*To the tribunes*) Go, you that banished him.
A mile before his tent fall down, and knee
The way into his mercy. Nay, if he coyed
To hear Cominius speak, I'll keep at home.
COMINIUS. – He would not seem to know me.
MENENIUS (*to the tribunes*). – Do you hear ?
COMINIUS. – Yet one time he did call me by my name.
I urged our old acquaintance and the drops
That we have bled together. "Coriolanus"
He would not answer to, forbade all names.
He was a kind of nothing, titleless,
Till he had forged himself a name o'th' fire
Of burning Rome.
MENENIUS (*to the tribunes*). – Why, so ! You have made good work.
A pair of tribunes that have wracked fair Rome
To make coals cheap – a noble memory !
COMINIUS. – I minded him how royal 'twas to pardon
When it was less expected. He replied
It was a bare petition of a state
To one whom they had punished.
MENENIUS. – Very well.
Could he say less ?
COMINIUS. – I offered to awaken his regard
For's private friends. His answer to me was
He could not stay to pick them in a pile
Of noisome, musty chaff. He said 'twas folly,
For one poor grain or two, to leave unburnt
And still to nose th'offence.
MENENIUS. – For one poor grain or two ?
I am one of those. His mother, wife, his child,
And this brave fellow too – we are the grains.
(*To the tribunes*) You are the musty chaff, and you are smelt

55 falter] *Dyce (1857)* ; fouler *F.* **V,1** **16** fair] *Hanmer (1744)* ; for *F.*

1. Cette série de proverbes* semble exprimer une sorte de fatalisme banal, et la rime accentue cette impression. Mais en réalité c'est à lui-même que pense Aufidius : c'est lui qui sera le feu ou le clou qui élimineront Coriolan, c'est son droit à la vengeance qui

Le feu chasse le feu, un clou un autre chasse ;
Les droits cèdent aux droits, la force, la force casse[1].
Allons, partons. Caius, quand Rome sera à toi,
Tu seras le plus pauvre : tu seras vite à moi. *Ils sortent*

Entrent Ménénius, Cominius, Sicinius et Brutus, les deux tribuns, avec d'autres[2] V, 1

MÉNÉNIUS. – Non, non, je n'irai pas. Vous avez entendu
Ce qu'a dit son ancien général, qui l'aimait
Tout particulièrement ? Il m'appelait son père,
Mais qu'est-ce que cela ? (*Aux tribuns*) Allez, vous qui l'avez banni !
A un mille de sa tente, tombez à genoux, marchez
Ainsi vers sa pitié. Non, s'il a dédaigné
D'entendre Cominius, je resterai chez moi.
COMINIUS. – Il a feint de ne pas me connaître.
MÉNÉNIUS (*aux tribuns*). – Vous voyez ?
COMINIUS. – Une fois, pourtant, il m'a appelé par mon nom,
J'ai fait valoir notre vieille amitié, le sang
Versé ensemble. Il a au nom de Coriolan
Refusé de répondre, et interdit tout autre nom.
Il était, disait-il, comme un rien, et sans titre,
Jusqu'à ce qu'il se soit forgé un nom au feu
De Rome incendiée.
MÉNÉNIUS (*aux tribuns*). – Ah oui ! Quel beau travail !
Deux tribuns qui auront détruit la grande Rome
Pour faire baisser le prix des braises[3]. Noble titre de gloire !
COMINIUS. – J'ai rappelé à quel point le pardon est royal
Quand on l'attend le moins. Sa réponse a été
Que la supplique était piteuse, d'un État à un homme
Auquel il a donné un châtiment.
MÉNÉNIUS. – Très bien.
Pouvait-il en dire moins ?
COMINIUS. – J'ai tenté d'éveiller sa considération
Pour ses amis intimes. Sa réponse a été
Qu'il n'allait pas les glaner dans un tas infect
De paille moisie. Il serait fou, dit-il, pour un
Ou deux malheureux grains, de ne pas le brûler
Et de sentir toujours cette puanteur.
MÉNÉNIUS. – Pour un ou deux malheureux grains ?
J'en suis un. Et sa mère, son épouse, son fils,
Et ce valeureux homme, nous sommes ces grains-là.
(*Aux tribuns*) Vous êtes la paille moisie, on vous sent au-delà

---

l'emportera sur celui de Coriolan, grâce aux forces supérieures de ses complices. **2.** La scène se passe à Rome dans un lieu indéterminé. **3.** En réduisant Rome à un tas de « charbon de bois ». Ménénius évoque aussi de cette manière l'approbation donnée par les tribuns à la plèbe qui voulait faire baisser le prix du blé.

Above the moon. We must be burnt for you.
SICINIUS. – Nay, pray be patient. If you refuse your aid
In this so never-needed help, yet do not
Upbraid's with our distress. But sure, if you
Would be your country's pleader, your good tongue,
More than the instant army we can make,
Might stop our countryman.
MENENIUS. – No, I'll not meddle.
SICINIUS. – Pray you go to him.
MENENIUS. – What should I do?
BRUTUS. – Only make trial what your love can do
For Rome towards Martius.
MENENIUS. – Well, and say that Martius return me,
As Cominius is returned, unheard – what then?
But as a discontented friend, grief-shot
With his unkindness? Say't be so?
SICINIUS. – Yet your good will
Must have that thanks from Rome after the measure
As you intended well.
MENENIUS. – I'll undertake't.
I think he'll hear me. Yet to bite his lip
And "hmh" at good Cominius much unhearts me.
He was not taken well, he had not dined.
The veins unfilled, our blood is cold, and then
We pout upon the morning, are unapt
To give or to forgive; but when we have stuffed
These pipes and these conveyances of our blood
With wine and feeding, we have suppler souls
Than in our priest-like fasts. Therefore I'll watch him
Till he be dieted to my request,
And then I'll set upon him.
BRUTUS. – You know the very road into his kindness,
And cannot lose your way.
MENENIUS. – Good faith, I'll prove him.
Speed how it will, I shall ere long have knowledge
Of my success. *Exit*
COMINIUS. – He'll never hear him.
SICINIUS. – Not?
COMINIUS. – I tell you, he does sit in gold, his eye
Red as 'twould burn Rome, and his injury
The jailer to his pity. I kneeled before him;
'Twas very faintly he said "Rise", dismissed me
Thus with his speechless hand. What he would do
He sent in writing after me, what he would not,
Bound with an oath to hold to his conditions.

69 hold] *Oxford*; yeeld *F.*

De la lune. Il nous faut brûler à cause de vous.
SICINIUS. – Non, soyez patient, je vous en prie. Si vous refusez
Votre aide en ce besoin sans précédent, ne nous
Reprochez pas notre malheur. Mais sûrement, si
Vous plaidiez pour votre pays, vos bonnes paroles
Mieux qu'une armée levée en hâte arrêteraient
Notre compatriote.
MÉNÉNIUS. – Non, je ne m'en mêlerai pas.
SINICIUS. – Je vous en prie, allez le voir.
MÉNÉNIUS. – Que pourrais-je faire ?
BRUTUS. – Tenter seulement ce que votre amitié peut faire
Pour Rome auprès de Martius.
MÉNÉNIUS. – Fort bien, mais supposons que Martius me renvoie,
Comme Cominius fut renvoyé — non écouté, passe encore,
Mais en ami fâché, transpercé de chagrin
Par son ressentiment. Supposez cela.
SICINIUS. – Mais Rome
Vous saura gré d'un bon vouloir à la mesure
De vos bonnes intentions.
MÉNÉNIUS. – Je vais tenter la chose.
Je crois qu'il m'entendra. Pourtant qu'en sa colère
Il se morde les lèvres et réponde par des « hum »
Au brave Cominius me décourage fort.
L'heure était mal choisie, il n'avait pas dîné.
Les veines vides, le sang est froid, alors on boude
Le matin, et l'on est incapable de don
Comme de pardon ; mais si nous avons bien rempli
De vin et d'aliments ces conduits et canaux
De notre sang, nos âmes sont plus souples
Que dans nos jeûnes sacerdotaux. Je vais l'épier
Jusqu'à ce qu'il soit en condition pour ma requête,
Alors je l'attaquerai.
BRUTUS. – Vous savez le chemin qui mène à sa faveur,
Et ne pouvez vous perdre.
MÉNÉNIUS. – Ma foi, je le sonderai.
Advienne que pourra, je vais bientôt savoir
Si j'ai réussi. *Il sort*
COMINIUS. – Il ne l'écoutera pas.
SICINIUS. – Non ?
COMINIUS. – Je vous le dis, il siège sur un trône d'or, l'œil rouge
Comme s'il voulait incendier Rome, l'affront reçu
Est le geôlier de sa pitié. Je me suis mis à genoux
Devant lui ; et c'est sans conviction qu'il m'a dit
« Relevez-vous », me congédiant comme ceci,
De la main, sans un mot. Ce qu'il voulait bien faire,
Il me l'a fait savoir ensuite par écrit,
Comme ce qu'il refusait, tenu par un serment

So that all hope is vain unless his noble mother
And his wife, who as I hear mean to solicit him
For mercy to his country. Therefore let's hence,
And with our fair entreaties haste them on. *Exeunt*

V, 2 *Enter Menenius to the Watch or guard*

1 WATCHMAN. – Stay. Whence are you ?
2 WATCHMAN. – Stand, and go back.
MENENIUS. – You guard like men ; 'tis well.
But, by your leave, I am an officer
Of state, and come to speak with Coriolanus.
1 WATCHMAN. – From whence ?
MENENIUS. – From Rome.
1 WATCHMAN. – You may not pass, you must return.
Our general will no more hear from thence.
2 WATCHMAN. – You'll see your Rome embraced with fire before
You'll speak with Coriolanus.
MENENIUS. – Good my friends,
If you have heard your general talk of Rome
And of his friends there, it is lots to blanks
My name hath touched your ears. It is Menenius.
1 WATCHMAN. – Be it so ; go back. The virtue of your name
Is not here passable.
MENENIUS. – I tell thee, fellow,
Thy general is my lover. I have been
The book of his good acts, whence men have read
His fame unparalleled happily amplified ;
For I have ever verified my friends,
Of whom he's chief, with all the size that verity
Would without lapsing suffer. Nay, sometimes,
Like to a bowl upon a subtle ground,
I have tumbled past the throw, and in his praise
Have almost stamped the leasing. Therefore, fellow,
I must have leave to pass.

1 WATCHMAN. – Faith, sir, if you had told as many lies in his behalf as you have uttered words in your own, you should not pass here, no, though it were as virtuous to lie as to live chastely. Therefore go back.

MENENIUS. – Prithee, fellow, remember my name is Menenius, always factionary on the party of your general.

2 WATCHMAN. – Howsoever you have been his liar, as you say you have, I am one that, telling true under him, must say you cannot pass. Therefore go back.

7-8 *vers*] *prose F.*

---

1. La syntaxe de cette phrase a suscité des interprétations diverses, mais Coriolan semble bien faire allusion à une promesse qu'il a faite aux Volsques de ne pas modifier les conditions prévues pour accorder la paix (cf. V,3,81). **2.** Lieu : un poste de guet ou de garde dans

D'en respecter les termes[1]. Espérer est donc vain,
Sauf en sa noble mère, et sa femme, qui, dit-on,
Comptent lui demander pitié pour sa patrie.
Allons donc les hâter de nos bonnes prières. *Ils sortent*

Entre Ménénius, se dirigeant vers la Garde[2] V, 2

1er GARDE. – Halte-là ! D'où êtes-vous ?
2e GARDE. – Halte, et faites demi-tour.
MÉNÉNIUS. – Vous êtes de bons gardes ; c'est bien.
Mais permettez, je suis chargé d'une mission
Officielle, et je viens parler à Coriolan.
1er GARDE. – D'où venez-vous ?
MÉNÉNIUS. – De Rome.
1er GARDE. – Vous ne passerez pas, retournez sur vos pas.
Le général ne veut plus rien savoir de là.
2e GARDE. – Vous verrez votre Rome la proie du feu avant
D'avoir parlé à Coriolan.
MÉNÉNIUS. – Mes bons amis,
Si votre général a parlé devant vous de Rome
Et des amis qu'il a là-bas, il est sûr[3] que mon nom
Est parvenu à vos oreilles. C'est Ménénius.
1er GARDE. – Peut-être ; retournez. Ce nom n'a pas ici
Le pouvoir d'un mot de passe.
MÉNÉNIUS. – Je te le dis, mon brave,
Le général est mon ami. J'ai été le registre
De ses belles actions, où les hommes ont lu
Sa gloire incomparable, peut-être magnifiée[4] ;
Car j'ai toujours rendu justice à mes amis,
Dont il est le premier, autant que le tolère
La vérité sans tomber dans la faute. Parfois,
Oui, comme une boule lancée sur un terrain trop lisse,
J'ai dépassé mon but, et ma louange a failli
Donner cours au mensonge. Par conséquent, mon brave,
Il faut me laisser passer.

1er GARDE. – Ma foi, monsieur, même si vous aviez dit autant de mensonges en sa faveur que vous avez prononcé de mots en la vôtre, vous ne passeriez pas ici, non, même s'il était aussi honnête de coucher avec le mensonge que de vivre chastement[5]. Par conséquent, faites demi-tour.

MÉNÉNIUS. – Je vous en prie, mon brave, souvenez-vous que mon nom est Ménénius et que j'ai toujours été un ardent partisan de votre général.

2e GARDE. – Peu importe combien vous avez menti pour lui, comme vous dites l'avoir fait, je suis de ceux qui, disant la vérité sous ses ordres, doivent vous dire que vous ne passerez pas. Par conséquent, faites demi-tour.

---

le camp volsque. 3. *lots to blanks.* Des billets de loterie gagnants contre des billets perdants, ou « mille contre un » (*OED*). 4. L'absence d'une virgule après *unparalleled* permet de comprendre aussi : « sa gloire sans parallèle magnifiée avec bonheur ». Mais *happily* avait normalement le même sens que « haply » (peut-être). 5. Jeu sur *lie* (« mentir » et « coucher avec ») qui sera repris par *liar*.

MENENIUS. – Has he dined, canst thou tell? For I would not speak with him till after dinner.

1 WATCHMAN. – You are a Roman, are you?

MENENIUS. – I am as thy general is.

1 WATCHMAN. – Then you should hate Rome as he does. Can you, when you have pushed out your gates the very defender of them, and in a violent popular ignorance given your enemy your shield, think to front his revenges with the easy groans of old women, the virginal palms of your daughters, or with the palsied intercession of such a decayed dotant as you seem to be? Can you think to blow out the intended fire your city is ready to flame in with such weak breath as this? No, you are deceived, therefore back to Rome, and prepare for your execution. You are condemned, our general has sworn you out of reprieve and pardon.

MENENIUS. – Sirrah, if thy captain knew I were here, he would use me with estimation.

1 WATCHMAN. – Come, my captain knows you not.

MENENIUS. – I mean thy general.

1 WATCHMAN. – My general cares not for you. Back, I say, go, lest I let forth your half pint of blood. Back. That's the utmost of your having. Back.

MENENIUS. – Nay, but fellow, fellow —

Enter Coriolanus with Aufidius

CORIOLANUS. – What's the matter?

MENENIUS (*to First Watchman*). – Now, you companion, I'll say an errand for you. You shall know now that I am in estimation. You shall perceive that a jack guardant cannot office me from my son Coriolanus. Guess but by my entertainment with him if thou stand'st not i'th' state of hanging, or of some death more long in spectatorship and crueller in suffering. Behold now presently, and swoon for what's to come upon thee. (*To Coriolanus*) The glorious gods sit in hourly synod about thy particular prosperity, and love thee no worse than thy old father Menenius does! (*Weeping*) O, my son, my son, thou art preparing fire for us. Look thee, here's water to quench it. I was hardly moved to come to thee, but being assured none but myself could move thee, I have been blown out of our gates with sighs, and conjure thee to pardon Rome and thy petitionary countrymen. The good gods assuage thy wrath and turn the dregs of it upon this varlet here, this, who like a block hath denied my access to thee!

CORIOLANUS. – Away!

MENENIUS. – How? Away?

CORIOLANUS. – Wife, mother, child, I know not. My affairs
Are servanted to others. Though I owe

47-48 *prose*] *vers F.* **59** by] *Malone (1790)*; *pas dans F.* **66** our] *F4*; your *F.*

1. *jack guardant*. Gardien qui fait l'important, comme dans « jack in office » (petit fonctionnaire qui fait l'important). « Jack » s'employait comme terme de mépris pour désigner un valet ; « guardant » décrivait dans la langue héraldique un animal qui regardait

MÉNÉNIUS. – Peux-tu me dire s'il a dîné ? Je voudrais ne lui parler qu'après dîner.

1er GARDE. – Vous êtes romain, n'est-ce pas ?

MÉNÉNIUS. – Je suis ce qu'est ton général.

1er GARDE. – Alors vous devriez haïr Rome tout comme lui. Pouvez-vous, quand vous avez poussé hors de vos portes celui-là même qui les défendait, et dans la sottise d'une violence populaire donné à votre ennemi votre bouclier, pouvez-vous penser que vous ferez face à sa vengeance avec les faciles gémissements de vieilles femmes, les paumes virginales de vos filles suppliantes, ou l'infirme intercession d'un radoteur aussi sénile que vous me semblez l'être ? Pouvez-vous penser que vous allez éteindre l'incendie qui se prépare à ravager votre cité avec un souffle aussi faible que le vôtre ? Non, vous vous trompez, et par conséquent, retournez à Rome, et préparez-vous à votre destruction. Vous êtes condamné, notre général a juré que vous n'auriez ni sursis ni pardon.

MÉNÉNIUS. – Coquin, si ton capitaine savait que je suis ici, il aurait pour moi des égards.

1er GARDE. – Allez donc, mon capitaine ne vous connaît pas.

MÉNÉNIUS. – Je veux dire, ton général.

1er GARDE. – Mon général se moque bien de vous. Demi-tour, je vous dis, allez, sinon je vous soutire une demi-pinte de sang. Demi-tour ! Vous n'obtiendrez rien de plus. Demi-tour !

MÉNÉNIUS. – Mais, mon brave, mon brave —

Entrent Coriolan et Aufidius

CORIOLAN. – Que se passe-t-il ?

MÉNÉNIUS (*au Premier Garde*). – Hé, hé, mon garçon, c'est moi qui vais porter un message pour vous. Vous allez voir maintenant que l'on m'estime. Vous allez vous apercevoir qu'un faquin de factionnaire[1] zélé ne peut pas m'empêcher de rencontrer mon fils Coriolan. Juge, rien qu'à la manière dont il va m'accueillir, si tu n'es pas déjà bon pour la corde, ou pour quelque autre mort plus longue à contempler et plus cruelle à endurer. Regarde donc à présent, et défaille en pensant à ce qui va s'abattre sur toi. (*A Coriolan*) Que les dieux pleins de gloire siègent en synode sans désemparer pour assurer ta prospérité particulière, et qu'ils ne t'aiment pas moins que ne le fait ton vieux père Ménénius ! (*Pleurant*) Ô mon fils, mon fils, tu nous prépares le feu. Regarde, voici de l'eau pour l'éteindre. Ce n'est pas sans mal qu'on m'a persuadé de venir jusqu'à toi, mais comme on m'assurait que moi seul pouvais te persuader, j'ai été poussé hors de nos portes par le vent des soupirs, et je te conjure de pardonner à Rome et à tes compatriotes qui te supplient. Que les dieux dans leur bonté apaisent ton courroux et en déversent la lie sur ce valet, celui-ci, qui comme un âne bâté m'a refusé accès auprès de toi !

CORIOLAN. – Allez-vous-en.

MÉNÉNIUS. – Comment ? Allez-vous-en ?

CORIOLAN. – Épouse, mère, enfant, je ne les connais plus.
Ce que je fais sert d'autres maîtres. Si ma vengeance

---

de face et remplissait une fonction de défense ou de protection. L'*OED* considère que *guardant* est ici un substantif.

My revenge properly, my remission lies
In Volscian breasts. That we have been familiar,
Ingrate forgetfulness shall poison rather
Than pity note how much. Therefore be gone.
Mine ears against your suits are stronger than
Your gates against my force. Yet, for I loved thee,

He gives him a letter

Take this along. I writ it for thy sake,
And would have sent it. Another word, Menenius,
I will not hear thee speak. – This man, Aufidius,
Was my beloved in Rome ; yet thou behold'st.

AUFIDIUS. – You keep a constant temper. *Exeunt Coriolanus and Aufidius*

1 WATCHMAN. – Now, sir, is your name Menenius ?

2 WATCHMAN. – 'Tis a spell, you see, of much power. You know the way home again.

1 WATCHMAN. – Do you hear how we are shent for keeping your greatness back ?

2 WATCHMAN. – What cause do you think I have to swoon ?

MENENIUS. – I neither care for th' world nor your general. For such things as you, I can scarce think there's any, you're so slight. He that hath a will to die by himself fears it not from another. Let your general do his worst. For you, be that you are long, and your misery increase with your age. I say to you as I was said to, "Away !" *Exit*

1 WATCHMAN. – A noble fellow, I warrant him.

2 WATCHMAN. – The worthy fellow is our general. He's the rock, the oak, not to be wind-shaken. *Exeunt*

V, 3 *Enter Coriolanus and Aufidius, with Volscian soldiers.* [*Coriolanus and Aufidius sit*]

CORIOLANUS. – We will before the walls of Rome tomorrow
Set down our host. My partner in this action,
You must report to th' Volscian lords how plainly
I have borne this business.

AUFIDIUS. – Only their ends
You have respected, stopped your ears against
The general suit of Rome, never admitted
A private whisper, no, not with such friends
That thought them sure of you.

CORIOLANUS. – This last old man,

87-88 *prose*] *vers F.* **98-99** *prose*] *vers F.*

---

1. *owe.* Avait le sens de « posséder », aussi bien que de « devoir », « avoir à rembourser une dette ». L'idée de dette est sous-jacente, comme dans *remission.* L'expression *my remission lies / In Volscian breasts* est ambiguë : Coriolan veut parler du pardon qu'il peut donner, mais le sens « le pardon que les Volsques peuvent m'accorder » n'est pas exclu. Sans qu'il s'en rende compte, il annonce la situation dans laquelle il se trouvera à la fin

M'appartient, mon pardon est dans le cœur des Volsques[1].
Que nous ayons été intimes, l'oubli ingrat
Empoisonnera ce souvenir, plutôt que la pitié
Ne rappelle à quel point nous le fûmes. Donc, partez.
Mes oreilles sont plus fortes contre vos prières que
Vos portes contre ma force. Mais, comme je t'ai aimé,

Il lui donne une lettre

Emporte donc ceci. Je l'ai écrit pour toi,
Et l'aurais envoyé. Plus un mot, Ménénius,
Je ne veux plus t'entendre. – C'est cet homme, Aufidius,
Qu'à Rome je chérissais le plus ; pourtant, tu vois.

AUFIDIUS. – Vous conservez votre constance[2]. *Coriolan et Aufidius sortent*

1er GARDE. – Alors, monsieur, votre nom est donc Ménénius ?

2e GARDE. – Comme vous voyez, c'est un charme d'un grand pouvoir. Vous connaissez la route pour rentrer chez vous.

1er GARDE. – Vous avez entendu comme on nous a tancés pour avoir empêché votre grandeur de passer ?

2e GARDE. – Pourquoi, à votre avis, devrais-je défaillir ?

MÉNÉNIUS. – Je n'ai que faire du monde ou de votre général. Quant à des êtres comme vous, j'ai peine à croire qu'il en existe, tant vous êtes insignifiants. Celui qui veut mourir de sa propre main ne craint pas de mourir de la main d'autrui. Que votre général fasse tout le mal qu'il pourra ! Quant à vous, restez longtemps ce que vous êtes, et que votre malheur augmente avec les ans ! Je vous dis ce qu'on m'a dit : « Allez-vous-en ! » *Il sort*

1er GARDE. – Un noble, celui-là, pour sûr !

2e GARDE. – Celui qui vaut le respect, c'est notre général. Il est le roc, le chêne, que le vent ne fait pas trembler. *Ils sortent*

Entrent Coriolan et Aufidius avec des soldats volsques. [*Coriolan et Aufidius s'assoient*][3] V, 3

CORIOLAN. – Demain devant les murs de Rome notre armée
Campera. Vous m'êtes associé dans cette action,
Vous devrez dire aux seigneurs volsques mon honnêteté
A mener cette affaire.

AUFIDIUS. – Vous n'avez regardé
Que leurs seules fins, fermant votre oreille aux requêtes
Publiques de Rome, et repoussant toujours
Un chuchotement privé, oui, même de ces amis
Se croyant sûrs de vous.

CORIOLAN. – Le dernier, ce vieillard

---

de la pièce. 2. En disant *yet thou behold'st* Coriolan a paru certain de l'admiration d'Aufidius pour sa conduite. Mais la réponse d'Aufidius est ambiguë : si elle peut être prise pour un compliment, elle n'est en fait que le constat d'un comportement présent. Aufidius réserve prudemment son jugement. 3. Cette scène se passe peut-être sous la tente de Coriolan, mais l'élément essentiel du décor est le trône sur lequel il s'assied, et que mentionne Plutarque*.

Whom with a cracked heart I have sent to Rome,
Loved me above the measure of a father,
Nay, godded me indeed. Their latest refuge
Was to send him, for whose old love I have —
Though I showed sourly to him — once more offered
The first conditions, which they did refuse
And cannot now accept, to grace him only
That thought he could do more. A very little
I have yielded to. Fresh embassies and suits,
Nor from the state nor private friends, hereafter
Will I lend ear to.

Shout within

Ha, what shout is this?
Shall I be tempted to infringe my vow
In the same time 'tis made? I will not.

Enter Virgilia, Volumnia, Valeria, Young Martius, with attendants

My wife comes foremost, then the honoured mould
Wherein this trunk was framed, and in her hand
The grandchild to her blood. But out, affection!
All bond and privilege of nature break;
Let it be virtuous to be obstinate.

[*Virgilia*] *curtsies*

What is that curtsy worth? Or those dove's eyes
Which can make gods forsworn? I melt, and am not
Of stronger earth than others.

Volumnia bows

My mother bows,
As if Olympus to a molehill should
In supplication nod; and my young boy
Hath an aspect of intercession which
Great nature cries "Deny not". — Let the Volsces
Plough Rome and harrow Italy! I'll never
Be such a gosling to obey instinct, but stand
As if a man were author of himself
And knew no other kin.

VIRGILIA. – My lord and husband.

CORIOLANUS. – These eyes are not the same I wore in Rome.

VIRGILIA. – The sorrow that delivers us thus changed
Makes you think so.

CORIOLANUS. – Like a dull actor now
I have forgot my part, and I am out
Even to a full disgrace. [*Rising*] Best of my flesh,
Forgive my tyranny, but do not say
For that "Forgive our Romans".

[*Virgilia kisses him*]

---

17 to] *F2*; too *F*.

Qu'avec le cœur brisé j'ai renvoyé à Rome[1],
Avait pour moi plus d'affection qu'un père – que dis-je,
Il me divinisait. Leur tout dernier recours
Fut de l'envoyer, lui, dont la vieille amitié
M'a fait, malgré mon aigre accueil, offrir encore
Les premières conditions, qu'ils avaient refusées
Et ne peuvent accepter maintenant, simple faveur
A qui pensait faire mieux. J'ai fort peu concédé.
Aux nouvelles ambassades ou requêtes, qu'elles viennent
De l'État ou d'amis personnels, désormais
Je ne prêterai plus l'oreille.

Un cri à l'intérieur

Ha ! quel est donc ce cri ?
Viendrait-on me tenter d'enfreindre ma promesse
Au moment même où je la donne ? Je n'en ferai rien.

Entrent Virgilia, Volumnia, Valéria, le Jeune Martius, avec une suite

Ma femme vient la première, puis ce moule vénéré
Où mon corps fut formé, et à sa main le petit-fils
Du sang qui est le sien. Mais, quitte-moi, affection !
Que se brisent tous les liens et tous les privilèges
De la nature ! Qu'il soit vertueux d'être obstiné !

[Virgilia] fait une révérence

Que valent cette révérence, ou ces yeux de colombe
A faire se parjurer les dieux ? Je fonds, et ne suis pas
D'une argile plus dure qu'un autre.

Volumnia s'incline

Ma mère s'incline,
Comme si l'Olympe courbait la tête pour supplier
Une taupinière ; et mon jeune fils a un regard
De telle imploration que la grande nature
Me crie : « Ne refuse pas ». – Que les Volsques labourent Rome
Et hersent l'Italie ! Je ne serai jamais
L'oison qui suit l'instinct, mais je résisterai
Comme un homme qui serait seul auteur de lui-même
Et ignorerait toute parenté.

VIRGILIA. – Mon seigneur et mari.

CORIOLAN. – Mes yeux ne sont plus ceux qui étaient miens à Rome.

VIRGILIA. – Le chagrin, qui nous fait paraître ainsi changées,
Vous donne cette pensée.

CORIOLAN. – Comme un mauvais acteur,
J'ai oublié mon rôle, et me voici muet,
A ma honte. [*Se levant*] Toi qui es le meilleur de ma chair,
Pardonne ma tyrannie, mais pour autant ne me dis pas
« Pardonne à nos Romains ».

[Virgilia lui donne un baiser]

1. La construction ambiguë fait penser à un lapsus révélateur : Coriolan permet de comprendre que c'est lui-même, et non Ménénius, qui a eu le cœur brisé.

O, a kiss
Long as my exile, sweet as my revenge!
Now, by the jealous queen of heaven, that kiss
I carried from thee, dear, and my true lip
Hath virgined it e'er since. You gods, I prate,
And the most noble mother of the world
Leave unsaluted! Sink, my knee, i'th' earth.

He kneels

Of thy deep duty more impression show
Than that of common sons.

VOLUMNIA. – O, stand up blest,

[*Coriolanus rises*]

Whilst with no softer cushion than the flint
I kneel before thee, and unproperly
Show duty as mistaken all this while
Between the child and parent.

She kneels

CORIOLANUS. – What's this?
Your knees to me? To your corrected son?

[*He raises her*]

Then let the pebbles on the hungry beach
Fillip the stars; then let the mutinous winds
Strike the proud cedars 'gainst the fiery sun,
Murd'ring impossibility to make
What cannot be slight work.

VOLUMNIA. – Thou art my warrior.
I holp to frame thee. Do you know this lady?

CORIOLANUS. – The noble sister of Publicola,
The moon of Rome, chaste as the icicle
That's candied by the frost from purest snow
And hangs on Dian's temple – dear Valeria!

VOLUMNIA (*showing Coriolanus his son*). – This is a poor epitome of yours,
Which by th'interpretation of full time
May show like all yourself.

CORIOLANUS (*to Young Martius*). – The god of soldiers,
With the consent of supreme Jove, inform
Thy thoughts with nobleness, that thou mayst prove
To shame unvulnerable, and stick i'th' wars
Like a great sea-mark standing every flaw
And saving those that eye thee!

---

48 prate] *Pope (1728)*; pray *F.* **63** holp] *Pope (1723-1725)*; hope *F.* **66** candied] *Oxford*; curdied *F.*

---

1. Junon présidait aux mariages. D'un naturel jaloux, elle poursuivait de sa haine les hommes infidèles. 2. Coriolan a compris que sa mère venait de lui donner une leçon en lui faisant remarquer qu'il la forçait à s'humilier devant lui. 3. C'est la mer qui dévore les galets. La plage (le bord de la mer) est mentionnée ici par synecdoque. 4. Coriolan emploie des images hyperboliques pour souligner à quel point le spectacle de sa mère à

Oh ! un baiser
Long comme mon exil, doux comme ma vengeance !
Par la jalouse reine des cieux[1], c'est le baiser
Que j'emportai de toi, très chère, et ma lèvre fidèle
L'a toujours gardé vierge. Mais, grands dieux, je bavarde,
Et j'omets de saluer la mère la plus noble
Du monde ! Enfonce-toi dans la terre, mon genou.

Il s'agenouille

Et imprime la marque d'un respect plus profond
Que le commun des fils.

VOLUMNIA. – Oh ! relève-toi et sois béni,

[Coriolan se relève]

Tandis que sans coussin plus doux que le silex
Je m'agenouille devant toi, et malgré les convenances
Montre que jusqu'ici le respect s'est mépris
Entre enfant et parent !

Elle s'agenouille

CORIOLAN. – Qu'est-ce là ? A genoux ?
Devant le fils que vous venez de corriger[2] ?

[Il la relève]

Alors que les galets dont la plage est avide
Ricochent sur les étoiles[3] ! Et que les vents rebelles
Lancent contre le soleil de feu les cèdres fiers !
Qu'ils assassinent l'impossible pour rendre aisé
Ce qui ne peut pas être[4] !

VOLUMNIA. – Tu es bien mon guerrier.
J'ai aidé à te faire. Reconnais-tu cette dame ?

CORIOLAN. – La noble sœur de Publicola[5],
La lune de Rome, chaste comme l'aiguille de glace
Que le gel a formée de la neige la plus pure
Et suspendue au temple de Diane — chère Valéria !

VOLUMNIA (*montrant à Coriolan son fils*). – Voici un malheureux abrégé de [vous-même,
Qui, amplifié par l'interprétation du temps[6],
Pourra en tout vous ressembler.

CORIOLAN (*au Jeune Martius*). – Que le dieu des soldats,
Avec l'assentiment de Jupiter suprême,
Imprègne tes pensées de noblesse, que tu puisses
Être à la honte invulnérable, et dans les guerres
Solide comme un grand phare, résistant aux bourrasques,
Sauvant ceux qui te voient !

---

genoux devant lui est opposé aux lois de la nature, et pour affirmer qu'il lui est impossible de céder. Mais son affirmation ressemble à l'expression d'un regret, et Volumnia saura à la fois flatter son inflexibilité et lui rappeler que c'est à elle-même qu'il la doit. **5.** Valérius Publicola, selon la tradition, l'un des fondateurs de la république romaine, célèbre aussi pour sa déférence envers le peuple (d'où son nom). **6.** Le temps est comparé à un orateur qui développe un texte abrégé et en révèle la substance.

VOLUMNIA (*to Young Martius*). – Your knee, sirrah.
[*Young Martius kneels*]
CORIOLANUS. – That's my brave boy.
VOLUMNIA. – Even he, your wife, this lady, and myself
Are suitors to you.
CORIOLANUS. – I beseech you, peace.
Or if you'd ask, remember this before :
The things I have forsworn to grant may never
Be held by you denials. Do not bid me
Dismiss my soldiers, or capitulate
Again with Rome's mechanics. Tell me not
Wherein I seem unnatural. Desire not t'allay
My rages and revenges with your colder reasons.
VOLUMNIA. – O, no more, no more !
You have said you will not grant us anything –
For we have nothing else to ask but that
Which you deny already. Yet we will ask,
That, if you fail in our request, the blame
May hang upon your hardness. Therefore hear us.
CORIOLANUS. – Aufidius and you Volsces, mark, for we'll
Hear naught from Rome in private.
[*He sits*]
Your request ?
VOLUMNIA. – Should we be silent and not speak, our raiment
And state of bodies would bewray what life
We have led since thy exile. Think with thyself
How more unfortunate than all living women
Are we come hither, since that thy sight, which should
Make our eyes flow with joy, hearts dance with comforts,
Constrains them weep and shake with fear and sorrow,
Making the mother, wife, and child to see
The son, the husband, and the father tearing
His country's bowels out ; and to poor we
Thine enmity's most capital. Thou barr'st us
Our prayers to the gods, which is a comfort
That all but we enjoy. For how can we,
Alas, how can we for our country pray,
Whereto we are bound, together with thy victory,
Whereto we are bound ? Alack, or we must lose
The country, our dear nurse, or else thy person,
Our comfort in the country. We must find
An evident calamity, though we had
Our wish which side should win. For either thou
Must as a foreign recreant be led
With manacles thorough our streets, or else
Triumphantly tread on thy country's ruin,

---

81 things] *Capell (1767-1768)* ; thing *F.* **105 enmity's]** *F* (enmities). **116 thorough]** *Johnson (1765)* ; through *F.*

VOLUMNIA (*au Jeune Martius*). – A genoux, galopin.
[Le Jeune Martius s'agenouille]
CORIOLAN. – C'est bien, mon petit garçon.
VOLUMNIA. – Lui, votre femme, cette dame, moi-même sommes ici
En quémandeurs.
CORIOLAN. – Je vous en prie, ne dites rien.
Ou avant vos demandes, rappelez-vous ceci :
Ce que j'ai fait serment de ne pas accorder,
Ne considérez pas que je vous le refuse.
N'ordonnez pas que je renvoie mes hommes, ou traite
Encore avec les gueux de Rome. Ne me dites pas
En quoi je suis cruel. Ne cherchez pas à apaiser
Mes rages et mes vengeances par vos froides raisons.
VOLUMNIA. – Oh ! assez, assez[1] !
Vous avez dit ne rien vouloir nous accorder,
Car nous n'avons rien d'autre à demander que ce
Que vous déniez déjà. Pourtant, nous demanderons,
Pour que, si vous rejetez notre requête, le blâme
Tombe sur votre dureté. Aussi, entendez-nous.
CORIOLAN. – Aufidius, et vous, Volsques, écoutez, car de Rome
Nous n'entendrons rien de privé.
[Il s'assied]
Quelle est votre requête ?
VOLUMNIA. – Serions-nous silencieuses, sans un mot, nos vêtements
Et l'état de nos corps trahiraient l'existence
Que nous avons menée depuis ton exil. Songe
Combien plus malheureuses que toute femme au monde
Nous sommes ici, puisque ta vue, qui devrait
Faire ruisseler nos yeux de joie, et danser nos cœurs d'aise,
Les contraint à pleurer et à trembler de peur et de chagrin,
Faisant voir à la mère, à l'épouse, à l'enfant
Le fils, l'époux, le père déchirant les entrailles
De sa patrie ; et c'est à nous, si malheureuses,
Que va ta pire[2] hostilité. Tu interdis
Nos prières aux dieux, ce soutien dont chacun
Sauf nous peut profiter. Car comment pouvons-nous,
Hélas ! comment pouvons-nous donc prier pour la patrie,
Comme nous le devons, et en même temps pour ta victoire,
Comme nous le devons ? Hélas ! il faut que nous perdions
Cette patrie, notre chère nourrice, ou alors toi,
Notre soutien dans cette patrie. C'est un malheur
Certain qui nous attend, quel que soit le vainqueur
Où nous portent nos vœux. Car tu devras ou bien,
Comme un renégat étranger, être mené,
Chargé de fers, parmi nos rues, ou bien fouler
Triomphalement les ruines de ta patrie, et remporter

1. Cette réplique peut aussi vouloir dire « Plus maintenant (après ce que vous venez de dire) ». 2. *capital.* Mortel, funeste ; cf. « peine capitale ».

And bear the palm for having bravely shed
Thy wife and children's blood. For myself, son,
I purpose not to wait on fortune till
These wars determine. If I cannot persuade thee
Rather to show a noble grace to both parts
Than seek the end of one, thou shalt no sooner
March to assault thy country than to tread –
Trust to't, thou shalt not – on thy mother's womb
That brought thee to this world.

VIRGILIA. – Ay, and mine,
That brought you forth this boy to keep your name
Living to time.

YOUNG MARTIUS. – A shall not tread on me.
I'll run away till I am bigger, but then I'll fight.

CORIOLANUS. – Not of a woman's tenderness to be
Requires nor child nor woman's face to see.
I have sat too long.

[He rises and turns away]

VOLUMNIA. – Nay, go not from us thus.
If it were so that our request did tend
To save the Romans, thereby to destroy
The Volsces whom you serve, you might condemn us
As poisonous of your honour. No, our suit
Is that you reconcile them : while the Volsces
May say "This mercy we have showed", the Romans
"This we received", and each in either side
Give the all-hail to thee and cry "Be blest
For making up this peace !" Thou know'st, great son,
The end of war's uncertain ; but this certain,
That if thou conquer Rome, the benefit
Which thou shalt thereby reap is such a name
Whose repetition will be dogged with curses,
Whose chronicle thus writ : "The man was noble,
But with his last attempt he wiped it out,
Destroyed his country, and his name remains
To th'ensuing age abhorred." Speak to me, son.
Thou hast affected the fine strains of honour,
To imitate the graces of the gods,
To tear with thunder the wide cheeks o'th' air,
And yet to charge thy sulphur with a bolt
That should but rive an oak. Why dost not speak ?
Think'st thou it honourable for a noble man
Still to remember wrongs ? Daughter, speak you,
He cares not for your weeping. Speak thou, boy.

---

142 war's] *F* (Warres). **150 fine]** *Johnson (1765)* ; five *F.* **153 charge]** *Theobald (1733)* ; change *F.*

---

1. *show grace.* Peut signifier « faire preuve de pitié » aussi bien que « donner un exemple

La palme pour avoir bravement versé le sang
De tes enfants et de ta femme. Pour moi, mon fils,
Je ne vais pas attendre la fortune jusqu'à
L'issue de ces combats. Si je ne peux te persuader
De montrer une noble clémence aux deux partis[1]
Plutôt que de chercher la fin de l'un des deux,
Tu ne marcheras sur ta patrie pour l'assaillir
Sans tout d'abord – sois-en certain, tu ne le feras pas –
Que tu aies piétiné le ventre de ta mère
Qui te mit en ce monde.
VIRGILIA. – Oui, et le mien aussi,
Qui vous donna ce fils afin que votre nom
Demeure toujours vivant.
LE JEUNE MARTIUS. – Il ne me piétinera pas.
Je me sauverai, et quand je serai plus grand, je me battrai.
CORIOLAN. – Pour ne pas se laisser attendrir comme une femme
Il ne faut voir visage ni d'enfant ni de femme.
Cette audience a trop duré.
[*Il se lève pour s'en aller*]
VOLUMNIA. – Non, ne nous quittez pas
De cette façon. Car si notre requête tendait
A sauver les Romains, et par là à détruire
Les Volsques que vous servez, vous pourriez nous honnir
Comme un poison mortel pour votre honneur. Non, c'est
Qu'ils soient par vous réconciliés : qu'en même temps
Les Volsques puissent dire « Telle fut notre clémence »,
Et les Romains « Nous le reconnaissons », et que chacun
Dans les deux camps t'acclame et s'écrie « Sois béni
Pour avoir fait cette paix ! ». Tu le sais, glorieux fils,
L'issue des guerres est incertaine, mais le certain
Est que si tu deviens le conquérant de Rome,
Le bien que tu récolteras sera un nom
Au rappel pourchassé par les malédictions,
Dont la chronique dira : « L'homme eut de la noblesse,
Mais sa dernière action en effaça la marque,
Il ruina sa patrie, et des siècles suivants
Son nom reste abhorré. » Parle-moi donc, mon fils,
Tu voulais raffiner sur l'honneur, imiter
Les privilèges des dieux, déchirer de ta foudre
Les joues gonflées des airs, et cependant charger
Ton soufre d'une flèche qui ne fendrait qu'un chêne[2].
Pourquoi ne parles-tu pas ? Penses-tu qu'un homme noble
S'honore à se souvenir toujours des torts qu'il a subis ?
Ma fille, parlez donc, il n'a cure de vos larmes.
Parle, toi, mon garçon. Tes paroles d'enfant

de clémence ». 2. Les dieux sont crédités du privilège de proférer des menaces terribles, mais aussi de la générosité de n'infliger que des châtiments mesurés. Cf. *Mesure pour Mesure*, II,2,113-120, où la foudre abat le chêne, mais épargne le myrte.

Perhaps thy childishness will move him more
Than can our reasons. There's no man in the world
More bound to's mother, yet here he lets me prate
Like one i'th' stocks. Thou hast never in thy life
Showed thy dear mother any courtesy,
When she, poor hen, fond of no second brood,
Has clucked thee to the wars and safely home,
Loaden with honour. Say my request's unjust,
And spurn me back. But if it be not so,
Thou art not honest, and the gods will plague thee
That thou restrain'st from me the duty which
To a mother's part belongs. – He turns away.
Down, ladies. Let us shame him with our knees.
To his surname "Coriolanus" 'longs more pride
Than pity to our prayers. Down ! An end.
This is the last.

The ladies and Young Martius kneel

So we will home to Rome,
And die among our neighbours. – Nay, behold's.
This boy, that cannot tell what he would have,
But kneels and holds up hands for fellowship,
Does reason our petition with more strength
Than thou hast to deny't. – Come, let us go.
This fellow had a Volscian to his mother.
His wife is in Corioles, and this child
Like him by chance. – Yet give us our dispatch.
I am hushed until our city be afire,
And then I'll speak a little.

He holds her by the hand, silent

CORIOLANUS. – O mother, mother !
What have you done ? Behold, the heavens do ope,
The gods look down, and this unnatural scene
They laugh at. O my mother, mother, O !
You have won a happy victory to Rome ;
But for your son, believe it, O believe it,
Most dangerously you have with him prevailed,
If not most mortal to him. But let it come.

[*The ladies and Young Martius rise*]

Aufidius, though I cannot make true wars,
I'll frame convenient peace. Now, good Aufidius,
Were you in my stead would you have heard
A mother less, or granted less, Aufidius ?

AUFIDIUS. – I was moved withal.

---

164 clucked] *F* (clock'd). **180** this] *Theobald (1733)* ; his *F.*

---

1. C.-à-d. : sans écouter mes plaintes plus qu'on n'écoute celles d'un homme au pilori. **2.** Volumnia commence à accuser son fils de ne plus se comporter en vainqueur de Corioles, mais en citoyen de Corioles. C'est une accusation de traîtrise qu'elle fera

Le toucheront plus, peut-être, que nos raisonnements.
Il n'est pas d'homme au monde qui doive plus à sa mère,
Et il me laisse parler comme si j'étais aux fers[1].
Tu n'as jamais de toute ta vie montré d'égards
Envers ta tendre mère, pauvre mère poule
Ne voulant pas d'autre couvée, dont les gloussements
T'escortaient aux combats, puis, sauf, vers ta maison,
Chargé d'honneurs. Dis que ma requête est injuste,
Et repousse-moi. Sinon, tu manques à l'honnêteté,
Les dieux te châtieront pour m'avoir refusé
Le respect que mérite une mère. – Il se détourne.
Mesdames, à genoux. Ainsi faisons-lui honte.
A son surnom de « Coriolan[2] » s'attache plus d'orgueil
Que de pitié pour nos prières. A genoux ! Finissons-en.
C'est notre dernier geste.

Les dames et le Jeune Martius s'agenouillent

Nous allons donc regagner Rome,
Et mourir parmi nos voisins. Mais regardez-nous donc !
Cet enfant, qui ne peut pas dire ce qu'il voudrait,
Mais qui s'agenouille et tend les mains pour faire comme nous,
Appuie notre requête de plus fortes raisons
Que tu n'en as pour la rejeter. – Allons, partons.
Cet homme a eu pour mère une Volsque. Sa femme
Est à Corioles, et cet enfant ne lui ressemble
Que par hasard. – Mais donnez-nous notre congé.
Je me tairai jusqu'à ce que brûle notre cité,
Mais là, on m'entendra un peu.

Il lui tient la main, silencieux

CORIOLAN. – Ô mère, mère !
Qu'avez-vous fait ? Voyez, le ciel s'ouvre, les dieux
Abaissent leur regard, et de cette scène contre nature
Ils se moquent. Ô ma mère, ma mère ! Oh ! vous avez
Pour Rome remporté une heureuse victoire !
Mais quant à votre fils, croyez, oh ! croyez-le !
Votre triomphe sur lui est des plus dangereux,
Sinon des plus mortels. Mais advienne que pourra.

[*Les dames et le Jeune Martius se relèvent*]

Aufidius, si je ne peux plus faire une vraie guerre,
Je ferai une paix convenable[3]. Bon Aufidius, dites-moi,
Auriez-vous à ma place moins écouté une mère,
Auriez-vous accordé moins de choses, Aufidius ?
AUFIDIUS. – J'en ai été ému.

---

clairement bientôt (179-181). L'ambiguïté du mot « Coriolan » a déjà été soulignée ironiquement par Coriolan lui-même (IV,5,8-9). 3. On comprend souvent *make true wars* comme voulant dire « rester fidèle aux engagements que j'ai pris en me lançant dans cette guerre ». Les interprétations de *convenient peace* divergent : paix acceptable, avantageuse, honorable, dans l'intérêt de tous. Entre *true* et *convenient*, on aperçoit néanmoins l'opposition entre l'honneur intransigeant et l'acceptation d'un compromis.

CORIOLANUS. – I dare be sworn you were.
And, sir, it is no little thing to make
Mine eyes to sweat compassion. But, good sir,
What peace you'll make, advise me. For my part,
I'll not to Rome ; I'll back with you, and pray you
Stand to me in this cause. – O mother ! Wife !

AUFIDIUS (*aside*). – I am glad thou hast set thy mercy and thy honour
At difference in thee. Out of that I'll work
Myself a former fortune.

CORIOLANUS (*to Volumnia and Virgilia*). – Ay, by and by.
But we will drink together, and you shall bear
A better witness back than words, which we
On like conditions will have counter-sealed.
Come, enter with us. Ladies, you deserve
To have a temple built you. All the swords
In Italy, and her confederate arms,
Could not have made this peace. *Exeunt*

V, 4 *Enter Menenius and Sicinius*

MENENIUS. – See you yon coign o'th' Capitol, yon corner-stone ?

SICINIUS. – Why, what of that ?

MENENIUS. – If it be possible for you to displace it with your little finger, there is some hope the ladies of Rome, especially his mother, may prevail with him. But I say there is no hope in't, our throats are sentenced and stay upon execution.

SICINIUS. – Is't possible that so short a time can alter the condition of a man ?

MENENIUS. – There is differency between a grub and a butterfly, yet your butterfly was a grub. This Martius is grown from man to dragon. He has wings, he's more than a creeping thing.

SICINIUS. – He loved his mother dearly.

MENENIUS. – So did he me, and he no more remembers his mother now than an eight-year old horse. The tartness of his face sours ripe grapes. When he walks, he moves like an engine, and the ground shrinks before his treading. He is able to pierce a corslet with his eye, talks like a knell, and his "hmh !" is a battery. He sits in his state as a thing made for Alexander. What he bids be done is finished with his bidding. He wants nothing of a god but eternity and a heaven to throne in.

SICINIUS. – Yes : mercy, if you report him truly.

MENENIUS. – I paint him in the character. Mark what mercy his mother shall bring from him. There is no more mercy in him than there is milk in a male tiger. That shall our poor city find ; and all this is 'long of you.

SICINIUS. – The gods be good unto us !

---

1. Sans doute pas les conditions déjà proposées aux Romains et réitérées à Ménénius, mais celles qu'il vient de faire en aparté (*Ay,* 203 ; *words,* 205). **2.** Dans Plutarque*, ce sont Volumnia et les autres ambassadrices qui demandent qu'on élève un temple « de fortune féminine ». **3.** Lieu : le forum. **4.** Alexandre le Grand, roi de Macédoine, vécut deux siècles après Coriolan.

CORIOLAN. – J'oserais en jurer.
Et, monsieur, ce n'est pas chose aisée que de faire
Que la pitié mouille mes yeux. Mais, bon monsieur,
Faites-moi savoir quelle paix vous acceptez. Pour moi,
Je n'irai pas à Rome ; je retourne avec vous, et je vous prie
De me soutenir dans cette affaire. – Ô ma mère ! ma femme !

AUFIDIUS (*à part*). – Je suis heureux que tu aies mis le désaccord
En toi entre l'honneur et la pitié. Par là
Je referai ma fortune passée.

CORIOLAN (*à Volumnia et Virgilia*). – Oui, tout à l'heure.
Mais allons boire ensemble, et vous rapporterez
Un meilleur témoignage que des mots, et que nous,
Avec les mêmes conditions[1] aurons contresigné.
Entrez donc avec nous. Mesdames, vous méritez
Que l'on construise un temple pour vous[2]. Toutes les épées
De l'Italie, et toutes les armes de ses alliés,
N'auraient pu faire cette paix. *Ils sortent*

Entrent Ménénius et Sicinius[3] V, 4

MÉNÉNIUS. – Vous voyez cette pierre au coin du Capitole, cette pierre d'angle ?

SICINIUS. – Oui, et alors ?

MÉNÉNIUS. – S'il vous est possible de la déplacer avec votre petit doigt, il y a quelque espoir que les dames de Rome, surtout sa mère, arrivent à le persuader. Mais moi, je dis que c'est sans espoir, nos gorges sont condamnées et ne peuvent qu'attendre l'exécution.

SICINIUS. – Le caractère d'un homme peut-il changer en si peu de temps ?

MÉNÉNIUS. – Il y a une différence entre une larve et un papillon, mais le papillon a d'abord été une larve. Ce Martius est un homme qui s'est métamorphosé en dragon. Il a des ailes, il est plus qu'une créature rampante.

SICINIUS. – Il aimait beaucoup sa mère.

MÉNÉNIUS. – Moi aussi, il m'aimait, et il ne se souvient pas plus de sa mère qu'un cheval de huit ans. L'aigreur de son visage fait surir le raisin mûr. Quand il marche, il avance comme une machine de guerre, et le sol tremble devant ses pas. Il est capable de transpercer une cuirasse de son seul regard, il parle comme un glas, et quand il se met à grommeler, c'est un vrai bombardement. Il siège sur son trône comme une réplique d'Alexandre[4]. Ce qu'il ordonne de faire est accompli dans le temps même où il l'ordonne. Il ne lui manque rien pour être un dieu, à part l'éternité, et un ciel pour y trôner.

SICINIUS. – Si, il lui manque la pitié, si votre portrait est exact.

MÉNÉNIUS. – Je le peins tel qu'il est. Vous verrez quelle pitié sa mère en aura tiré. Il n'y a pas plus de pitié en lui que de lait chez un tigre. Voilà ce que notre pauvre cité va bientôt découvrir ; et tout cela, c'est à cause de vous.

SICINIUS. – Les dieux soient bons pour nous !

MENENIUS. – No, in such a case the gods will not be good unto us. When we banished him we respected not them, and, he returning to break our necks, they respect not us.

Enter a Messenger

MESSENGER (*to Sicinius*). – Sir, if you'd save your life, fly to your house.
The plebeians have got your fellow tribune
And hale him up and down, all swearing if
The Roman ladies bring not comfort home
They'll give him death by inches.

Enter another Messenger

SICINIUS. – What's the news ?

2 MESSENGER. – Good news, good news. The ladies have prevailed,
The Volscians are dislodged, and Martius gone.
A merrier day did never yet greet Rome,
No, not th'expulsion of the Tarquins.

SICINIUS. – Friend,
Art thou certain this is true ? Is't most certain ?

2 MESSENGER. – As certain as I know the sun is fire.
Where have you lurked that you make doubt of it ?
Ne'er through an arch so hurried the blown tide
As the recomforted through th' gates.

Trumpets, hautboys, drums, beat all together

Why, hark you,
The trumpets, sackbuts, psalteries, and fifes,
Tabors and cymbals and the shouting Romans
Make the sun dance.

A shout within

Hark you !

MENENIUS. – This is good news.
I will go meet the ladies. This Volumnia
Is worth of consuls, senators, patricians,
A city full ; of tribunes such as you,
A sea and land full. You have prayed well today.
This morning for ten thousand of your throats
I'd not have given a doit.

Music sounds still with the shouts

Hark how they joy !

SICINIUS (*to the Messenger*). – First, the gods bless you for your tidings. Next,
[*Giving money*] Accept my thankfulness.

2 MESSENGER. – Sir, we have all great cause to give great thanks.

SICINIUS. – They are near the city.

2 MESSENGER. – Almost at point to enter.

SICINIUS. – We'll meet them, and help the joy. *Exeunt*

---

33 SECOND] *Dyce (1857)* ; *pas dans F (de même 38, 53, 54).* **41** *all together*] *F* (*altogether*).

MÉNÉNIUS. – Non, dans un tel cas, les dieux ne seront pas bons pour nous. Quand nous l'avons banni, nous ne nous sommes pas souciés d'eux ; quand il revient pour nous rompre le cou, ils ne se soucient pas de nous.

Entre un Messager

LE MESSAGER (*à Sicinius*). – Monsieur, si vous tenez à votre vie, fuyez
Chez vous. Les plébéiens ont pris votre collègue,
Et le traînent en tous sens, en jurant tous que si
Les dames de Rome ne ramènent pas de réconfort,
Ils le tueront à petit feu.

Entre un autre Messager

SICINIUS. – Quelles nouvelles ?

2e MESSAGER. – Elles sont bonnes, elles sont bonnes. Les dames ont réussi,
Le camp volsque est levé, et Martius est parti.
Jamais jour plus joyeux n'a fait accueil à Rome,
Non, pas même l'expulsion des Tarquins.

SICINIUS. – Mon ami,
Es-tu sûr que c'est vrai ? Est-ce tout à fait certain ?

2e MESSAGER. – Aussi certain que le soleil est fait de feu.
Où étiez-vous caché pour que vous en doutiez ?
Jamais le flot gonflé ne s'est rué sous l'arche
Comme la foule rassurée sous les portes.

Trompettes, hautbois, tambours qui battent tous ensemble

Écoutez !
Ces trompettes, ces saquebutes, ces psaltérions, ces fifres,
Ces tambourins, ces cymbales[1], et ces cris des Romains,
Font danser le soleil.

Une clameur à l'intérieur

Écoutez !

MÉNÉNIUS. – Bonne nouvelle.
Je m'en vais au-devant des dames. Cette Volumnia
Vaut de consuls, de sénateurs, de patriciens,
Une pleine cité ; de tribuns tels que vous, elle vaut
Plein une terre et une mer. Vous avez bien prié,
Pour une fois. Ce matin, pour dix mille de vos gorges
Je n'aurais pas donné un sou.

La musique continue, ainsi que les cris

Écoutez donc leur joie !

SICINIUS (*au Messager*). – D'abord, soyez béni pour cette nouvelle. Ensuite,
[*En donnant de l'argent*] Acceptez mes remerciements.

2e MESSAGER. – Monsieur, nous avons tous
De grandes raisons pour accorder de grands mercis.

SICINIUS. – Elles sont proches de la ville.

2e MESSAGER. – Sur le point d'y entrer.

SICINIUS. – Allons à leur rencontre, concourons à la joie. *Ils sortent*

1. Cette énumération d'instruments semble inspirée par un passage de la Bible* (*Daniel*, 3,5).

V, 5 *Enter [at one door] Lords [and Citizens], [at another door] two Senators with the ladies Volumnia, Virgilia, and Valeria, passing over the stage*

A SENATOR. – Behold our patroness, the life of Rome!
Call all your tribes together, praise the gods,
And make triumphant fires. Strew flowers before them.
Unshout the noise that banished Martius,
Repeal him with the welcome of his mother.
Cry "Welcome, ladies, welcome!"
ALL. – Welcome, ladies, welcome!

A flourish with drums and trumpets. Exeunt

V, 6 *Enter Tullus Aufidius with attendants*

AUFIDIUS. – Go tell the lords o'th' city I am here.
Deliver them this paper. Having read it,
Bid them repair to th' market-place, where I,
Even in theirs and in the commons' ears,
Will vouch the truth of it. Him I accuse
The city ports by this hath entered, and
Intends t'appear before the people, hoping
To purge himself with words. Dispatch. *Exeunt attendants*

Enter three or four Conspirators of Aufidius' faction

Most welcome.
1 CONSPIRATOR. – How is it with our general?
AUFIDIUS. – Even so
As with a man by his own alms impoisoned,
And with his charity slain.
2 CONSPIRATOR. – Most noble sir,
If you do hold the same intent wherein
You wished us parties, we'll deliver you
Of your great danger.
AUFIDIUS. – Sir, I cannot tell.
We must proceed as we do find the people.
3 CONSPIRATOR. – The people will remain uncertain whilst
'Twixt you there's difference, but the fall of either
Makes the survivor heir of all.
AUFIDIUS. – I know it,
And my pretext to strike at him admits
A good construction. I raised him, and I pawned
Mine honour for his truth; who being so heightened,
He watered his new plants with dews of flattery,
Seducing so my friends; and to this end

4 Unshout] *F* (Unshoot). V,6 9-11 *vers*] *prose F.*

1. Le terme *patroness* fait de Volumnia une divinité protectrice, mais garde peut-être quelque chose d'un autre sens du latin « patrona » : « avocate ». 2. Dans Plutarque*

Entrent [par une porte] des Seigneurs [et des Citoyens], [par une autre porte] deux Sénateurs avec les dames Volumnia, Virgilia, et Valéria, traversant la scène V, 5

UN SÉNATEUR. – Contemplez notre bonne patronne[1], la vie de Rome !
Appelez toutes vos tribus, rendez grâces aux dieux,
Et allumez des feux de joie. Jonchez de fleurs
Le sol devant leurs pas. Révoquez par vos cris
La clameur qui bannit Martius, rappelez-le
En faisant bon accueil à sa mère. Criez :
« Bienvenue, mesdames, bienvenue ! »
TOUS. – Bienvenue, mesdames, bienvenue !

Roulements de tambours et sonnerie de trompettes. Ils sortent

Entre Tullus Aufidius, avec des serviteurs[2] V, 6

AUFIDIUS. – Allez dire où je suis aux seigneurs de la ville.
Remettez-leur cette note. Une fois qu'ils l'auront lue,
Priez-les de se rendre place du marché, où moi,
A leurs oreilles et celles du peuple, j'attesterai
La vérité de sa teneur. Celui que j'y accuse
A maintenant franchi les portes de la ville,
Et veut se présenter au peuple, en espérant
Se disculper avec des mots. Faites vite. *Les serviteurs sortent*

Entrent trois ou quatre Conspirateurs de la faction d'Aufidius

Bienvenue.
1er CONSPIRATEUR. – Comment se porte notre général ?
AUFIDIUS. – Comme un homme
Qui est empoisonné par ses propres aumônes,
Tué par ses bienfaits.
2e CONSPIRATEUR. – Mon noble général,
Si vous avez toujours le même dessein, auquel
Vous souhaitiez nous associer, nous vous délivrerons
De votre grand danger.
AUFIDIUS. – Monsieur, je ne saurais dire.
Nous devrons procéder selon l'humeur du peuple.
3e CONSPIRATEUR. – Il sera incertain, autant que durera
Ce conflit entre vous, mais la chute de l'un
Donnera au survivant tout l'héritage.
AUFIDIUS. – Je sais,
Et j'ai, pour l'attaquer, un prétexte qui peut
Se bien interpréter. Je l'ai promu, j'ai garanti
Sur mon honneur sa loyauté ; et lui, ainsi grandi,
A arrosé ses nouvelles plantes d'une pluie de flatteries,
Et séduit mes amis ; et à cette fin il a

---

cette scène se déroule à Antium, la ville natale d'Aufidius. Sh semble suivre cette indication (voir le vers 49), mais situe nettement l'action à Corioles au vers 92. C'est là que l'ironie tragique voulait que meure Coriolan.

He bowed his nature, never known before
But to be rough, unswayable, and free.
3 CONSPIRATOR. – Sir, his stoutness
When he did stand for consul, which he lost
By lack of stooping –
AUFIDIUS. – That I would have spoke of.
Being banished for't, he came unto my hearth,
Presented to my knife his throat. I took him,
Made him joint-servant with me, gave him way
In all his own desires ; nay, let him choose
Out of my files, his projects to accomplish,
My best and freshest men ; served his designments
In mine own person, holp to reap the fame
Which he did end all his, and took some pride
To do myself this wrong, till at the last
I seemed his follower, not partner, and
He waged me with his countenance as if
I had been mercenary.
1 CONSPIRATOR. – So he did, my lord.
The army marvelled at it, and in the last,
When he had carried Rome and that we looked
For no less spoil than glory –
AUFIDIUS. – There was it,
For which my sinews shall be stretched upon him.
At a few drops of women's rheum, which are
As cheap as lies, he sold the blood and labour
Of our great action ; therefore shall he die,
And I'll renew me in his fall.
Drums and trumpets sound, with great shouts of the people
But hark.
1 CONSPIRATOR. – Your native town you entered like a post,
And had no welcomes home ; but he returns
Splitting the air with noise.
2 CONSPIRATOR. – And patient fools,
Whose children he hath slain, their base throats tear
With giving him glory.
3 CONSPIRATOR. – Therefore, at your vantage,
Ere he express himself or move the people
With what he would say, let him feel your sword,
Which we will second. When he lies along,
After your way his tale pronounced shall bury
His reasons with his body.
Enter the Lords of the city
AUFIDIUS. – Say no more.
Here come the lords.
ALL THE LORDS. – You are most welcome home.

---

1. *end.* Certainement ici le vieux verbe signifiant « engranger ». On peut cependant supposer aussi le sens « qu'il finit par faire uniquement sienne ».

Incliné sa nature, connue auparavant
Comme toujours farouche, ingouvernable et libre.
3e CONSPIRATEUR. – Monsieur, sa raideur
Quand il brigua le consulat, et le perdit
Par manque d'humilité, —
AUFIDIUS. – Je voulais en parler.
Banni pour ce motif, il vint à mon foyer,
Offrit sa gorge à mon couteau. Je l'accueillis,
Je fis de lui mon associé, et je lui concédai
Tout ce qu'il désirait ; le laissai même choisir
Dans mes rangs, pour qu'il puisse accomplir ses projets,
Mes hommes les meilleurs et les plus frais ; moi-même
J'ai servi ses desseins, l'aidant à moissonner
La gloire qu'il a toute engrangée[1], et mettant même
Quelque orgueil à me faire ce tort, si bien qu'enfin
Je semblais son second, non son égal, et qu'il
Ne m'accordait que sa faveur, comme si j'avais
Été un mercenaire.
1er CONSPIRATEUR. – En effet, monseigneur.
L'armée s'en étonnait, et à la fin, alors
Qu'il eût emporté Rome, et que nous espérions
Tout autant de butin que de gloire, —
AUFIDIUS. – Oui, c'est là
Ce pourquoi je tendrai toutes mes forces contre lui.
Pour quelques larmoiements de femme, sans plus de prix
Que des mensonges, il a vendu le sang et le labeur
De notre grande action ; pour cela, il mourra,
Sa chute sera mon renouveau.

Roulements de tambours et sonnerie de trompettes, accompagnés de bruyantes acclamations du peuple

Mais écoutez.
1er CONSPIRATEUR. – Dans votre ville natale vous êtes entré comme un [courrier,
Sans recevoir le moindre accueil ; mais à son retour,
Le bruit déchire les airs.
2e CONSPIRATEUR. – Et des sots complaisants,
Dont il a tué les fils, éraillent leur vil gosier
A lui donner la gloire.
3e CONSPIRATEUR. – Aussi, au bon moment,
Avant qu'il ne s'explique ou n'émeuve le peuple
Par des paroles, faites-lui tâter de votre épée,
Nous vous aiderons. Et quand il sera mis à bas,
Son récit, fait à votre guise, enterrera
Ses arguments avec son corps.

Entrent les Seigneurs de la cité

AUFIDIUS. – N'en dites pas plus.
Les seigneurs viennent ici.
TOUS LES SEIGNEURS. – Vous êtes très bienvenu.

AUFIDIUS. – I have not deserved it.
But, worthy lords, have you with heed perused
What I have written to you?
ALL THE LORDS. – We have.
1 LORD. – And grieve to hear't.
What faults he made before the last, I think
Might have found easy fines. But there to end
Where he was to begin, and give away
The benefit of our levies, answering us
With our own charge, making a treaty where
There was a yielding – this admits no excuse.
AUFIDIUS. – He approaches. You shall hear him.

Enter Coriolanus marching with drum and colours, the Commoners being with him

CORIOLANUS. – Hail, lords! I am returned your soldier,
No more infected with my country's love
Than when I parted hence, but still subsisting
Under your great command. You are to know
That prosperously I have attempted, and
With bloody passage led your wars even to
The gates of Rome. Our spoils we have brought home
Doth more than counterpoise a full third part
The charges of the action. We have made peace
With no less honour to the Antiates
Than shame to th' Romans. And we here deliver,
Subscribed by th' consuls and patricians,
Together with the seal o'th' senate, what
We have compounded on.

He gives the Lords a paper

AUFIDIUS. – Read it not, noble lords,
But tell the traitor in the highest degree
He hath abused your powers.
CORIOLANUS. – Traitor? How now?
AUFIDIUS. – Ay, traitor, Martius.
CORIOLANUS. – Martius?
AUFIDIUS. – Ay, Martius, Caius Martius. Dost thou think
I'll grace thee with that robbery, thy stol'n name,
"Coriolanus", in Corioles?
You lords and heads o'th' state, perfidiously
He has betrayed your business, and given up,
For certain drops of salt, your city, Rome –
I say your city – to his wife and mother,
Breaking his oath and resolution like
A twist of rotten silk, never admitting
Counsel o'th' war. But at his nurse's tears

---

1. *answering... charge*. Sens incertain et controversé. **2.** Accusant Coriolan de trahison, Aufidius ne peut pas penser à un simple excès de pouvoir. Si *powers* signifie « les pouvoirs que vous lui avez donnés », *abused* a donc plutôt le sens de « tromper », ou peut-être

AUFIDIUS. – Je ne l'ai pas mérité.
Mais avez-vous, nobles seigneurs, examiné de près
La teneur de ma lettre ?
TOUS LES SEIGNEURS. – Oui.
1er SEIGNEUR. – Et elle nous afflige.
Ses fautes, avant cette dernière, pouvaient, je crois,
N'avoir que des sanctions légères. Mais finir là
Où il aurait dû commencer, et perdre l'avantage
Acquis par nos armées, invoquer en réponse
La mission dont nous-mêmes l'avions chargé[1], traiter
Alors qu'on se rendait, cela n'a pas d'excuse.
AUFIDIUS. – Il approche. Vous l'entendrez.

Entre Coriolan marchant tambours battants et enseignes déployées, et avec lui les Gens du peuple

CORIOLAN. – Salut, seigneurs ! Je suis revenu votre soldat,
Aussi indemne de tout amour pour mon pays
Que quand je suis parti d'ici, et demeurant
Sous votre haut commandement. Apprenez-le,
J'ai fait campagne avec succès, et j'ai conduit
En des combats sanglants vos armées jusqu'aux portes
De Rome. Le butin que nous avons ramené
Dépasse d'un bon tiers le coût de cette action.
Nous avons fait une paix qui n'apporte pas moins
D'honneur aux Antiates que de honte aux Romains.
Et nous vous remettons ici, signé par les consuls
Et par les patriciens, scellé aussi par le Sénat,
L'accord que nous avons conclu.

Il donne aux Seigneurs un papier

AUFIDIUS. – Ne lisez pas, nobles seigneurs,
Mais dites à ce traître de la pire des espèces
Qu'il a trompé votre pouvoir[2].
CORIOLAN. – Traître ? Et comment cela ?
AUFIDIUS. – Oui, traître, Martius.
CORIOLAN. – Martius ?
AUFIDIUS. – Oui : Martius, Caius Martius. Crois-tu donc que je vais
Te faire honneur de ton larcin, ce nom volé
De Coriolan, et dans Corioles ?
Vous, messeigneurs, chefs de l'État, c'est perfidement
Qu'il a trahi vos intérêts, abandonné,
Pour quelques gouttes salées, votre cité de Rome —
Oui, je dis bien, votre cité — à sa femme et sa mère,
En rompant son serment et sa résolution
Comme un cordon de soie pourrie, et sans jamais
Réunir un conseil de guerre. Mais devant
Les pleurs de sa nourrice, il a gémi, hurlé,

« insulter ». Mais *powers* peut renvoyer aussi aux forces armées confiées à Coriolan ; dans ce dernier cas, *abused* peut signifier « déshonorer ».

He whined and roared away your victory,
That pages blushed at him, and men of heart
Looked wond'ring each at others.

CORIOLANUS. – Hear'st thou, Mars ?

AUFIDIUS. – Name not the god, thou boy of tears.

CORIOLANUS. – Ha ?

AUFIDIUS. – No more.

CORIOLANUS. – Measureless liar, thou hast made my heart
Too great for what contains it. "Boy" ? O slave ! –
Pardon me, lords, 'tis the first time that ever
I was forced to scold. Your judgements, my grave lords,
Must give this cur the lie, and his own notion –
Who wears my stripes impressed upon him, that
Must bear my beating to his grave – shall join
To thrust the lie unto him.

1 LORD. – Peace both, and hear me speak.

CORIOLANUS. – Cut me to pieces, Volsces. Men and lads,
Stain all your edges on me. "Boy" ! False hound,
If you have writ your annals true, 'tis there
That, like an eagle in a dove-cote, I
Fluttered your Volscians in Corioles.
Alone I did it. "Boy" !

AUFIDIUS. – Why, noble lords,
Will you be put in mind of his blind fortune,
Which was your shame, by this unholy braggart,
Fore your own eyes and ears ?

ALL THE CONSPIRATORS. – Let him die for't.

ALL THE PEOPLE [*shouting dispersedly*]. – Tear him to pieces ! Do it presently !
He killed my son ! My daughter ! He killed my cousin
Marcus ! He killed my father !

2 LORD. – Peace, ho ! No outrage, peace.
The man is noble, and his fame folds in
This orb o'th' earth. His last offences to us
Shall have judicious hearing. Stand, Aufidius,
And trouble not the peace.

CORIOLANUS [*drawing his sword*]. – O that I had him with six Aufidiuses,
Or more, his tribe, to use my lawful sword !

AUFIDIUS [*drawing his sword*]. – Insolent villain !

ALL THE CONSPIRATORS. – Kill, kill, kill, kill, kill him !

Two Conspirators draw and kill Martius, who falls. Aufidius [and Conspirators] stand on him

LORDS. – Hold, hold, hold, hold !

---

116 Fluttered] *F3* ; Flatter'd *F.*

---

1. On peut comprendre aussi « taisez-vous ». 2. Aufidius va accomplir la vengeance qu'il n'avait pu obtenir quand Coriolan s'était vanté devant lui d'avoir fait ce qu'il avait voulu dans les murs de Corioles (I,9,7-9). 3. Cette demande, qui rappelle celle qu'avait faite Ménénius (III,1,315), souligne le parallélisme des deux accusations de trahi-

Chassant ainsi votre victoire, les pages eux-mêmes
Rougissaient, et les hommes de cœur se regardaient
Pleins de stupeur.
CORIOLAN. – Entends-tu, Mars ?
AUFIDIUS. – Ne nomme pas
Ce dieu, enfant pleurard.
CORIOLAN. – Comment ?
AUFIDIUS. – Tu n'es rien de plus[1].
CORIOLAN. – Menteur démesuré, tu as rendu mon cœur
Trop grand pour ce qui le contient. « Enfant » ? Canaille ! –
Pardonnez-moi, seigneurs, c'est la première fois
Qu'on me force aux injures. Votre jugement, graves seigneurs,
Doit démentir ce chien, et sa conscience — à lui,
Qui porte sur son corps la gravure de mes coups,
Et qui en portera la marque jusqu'à la tombe —
Vous rejoindra pour lui lancer ce démenti.
1er SEIGNEUR. – Silence, tous les deux, et laissez-moi parler.
CORIOLAN. – Taillez-moi donc en pièces, Volsques. Hommes et gamins,
Tous, faites rougir sur moi vos lames. « Enfant » ! Chien fourbe,
Si vous dites vrai dans vos annales, vous y verrez
Que, comme un aigle dans un colombier, j'ai, moi,
Fait s'envoler d'effroi vos Volsques à Corioles.
Et l'ai fait seul[2]. « Enfant » !
AUFIDIUS. – Eh quoi, nobles seigneurs,
Vous laisserez-vous rappeler son aveugle fortune,
Et votre honte aussi, par ce vantard impie,
A vos oreilles et sous vos yeux ?
TOUS LES CONSPIRATEURS. – Qu'il en périsse !
TOUT LE PEUPLE [*criant de façon dispersée*]. – Qu'on le mette en lambeaux ! [Qu'on le fasse à l'instant !
Il a tué mon fils ! Ma fille ! Il a tué mon cousin Marcus !
Il a tué mon père !
2e SEIGNEUR. – Silence, ho ! Pas de violence, paix.
Cet homme est noble, sa renommée entoure le globe
De cette terre. Ses derniers crimes contre nous
Seront jugés selon la loi[3]. Halte, Aufidius,
Ne troublez pas la paix.
CORIOLAN [*tirant son épée*]. – Ah ! si je le tenais, avec six Aufidius, ou plus,
Toute sa tribu, au bout de ma loyale[4] épée !
AUFIDIUS [*tirant son épée*]. – Insolent scélérat !
TOUS LES CONSPIRATEURS. – A mort, à mort, à mort, à mort, à mort !

Deux Conspirateurs dégainent et tuent Martius, qui tombe. Aufidius [et les Conspirateurs] mettent le pied sur lui

SEIGNEURS. – Arrêtez, arrêtez !

---

son. **4.** *lawful.* Peut signifier « légitime » (Coriolan regretterait alors de ne pouvoir tirer l'épée devant les seigneurs volsques). L'idée de loyauté se justifie cependant par le fait que Coriolan récuse l'accusation de traîtrise lancée contre lui par Aufidius. Il n'est pas impossible d'autre part qu'il y ait derrière cette dernière parole de Coriolan le regret inavoué de ne plus être romain, et de ne plus pouvoir se servir d'une épée fidèle à sa patrie.

AUFIDIUS. – My noble masters, hear me speak.
1 LORD. – O Tullus !
2 LORD (*to Aufidius*). – Thou hast done a deed whereat
Valour will weep.
3 LORD [*to Aufidius and the Conspirators*]. – Tread not upon him, masters.
All be quiet. Put up your swords.
AUFIDIUS. – My lords,
When you shall know — as in this rage
Provoked by him you cannot — the great danger
Which this man's life did owe you, you'll rejoice
That he is thus cut off. Please it your honours
To call me to your senate, I'll deliver
Myself your loyal servant, or endure
Your heaviest censure.
1 LORD. – Bear from hence his body,
And mourn you for him. Let him be regarded
As the most noble corpse that ever herald
Did follow to his urn.
2 LORD. – His own impatience
Takes from Aufidius a great part of blame.
Let's make the best of it.
AUFIDIUS. – My rage is gone,
And I am struck with sorrow. Take him up.
Help three o'th' chiefest soldiers ; I'll be one.
Beat thou the drum, that it speak mournfully.
Trail your steel pikes. Though in this city he
Hath widowed and unchilded many a one,
Which to this hour bewail the injury,
Yet he shall have a noble memory. Assist.
A dead march sounded. Exeunt bearing the body of Martius

---

1. Dans les cortèges de funérailles des grands seigneurs élisabéthains, il était d'usage que des hommes d'armes défilent en laissant traîner derrière eux la pointe de leur lance. 2. Ce sens est suggéré par le fait que Plutarque* dit que Coriolan eut un tombeau

AUFIDIUS. – Mes nobles amis, écoutez-moi.

1er SEIGNEUR. – Ô Tullus !

2e SEIGNEUR (*à Aufidius*). – Tu as commis un acte que pleurera
La bravoure !

3e SEIGNEUR [*à Aufidius et aux Conspirateurs*]. – Ne le piétinez pas, messieurs.
Calmez-vous tous. Rengainez vos épées.

AUFIDIUS. – Messeigneurs,
Quand vous saurez — car dans cette rage qu'il a causée
Vous ne pouvez l'apprendre — en quel danger la vie
De cet homme vous tenait, vous vous réjouirez
Qu'elle soit ainsi tranchée. Plaise à vos seigneuries
De m'appeler devant votre Sénat, je prouverai
La loyauté de mes services, ou subirai
Votre sentence la plus lourde.

1er SEIGNEUR. – Qu'on emporte son corps,
Et qu'on prenne son deuil ! Qu'il soit considéré
Comme le corps le plus noble que jamais un héraut
Suivit jusqu'à son urne !

2e SEIGNEUR. – Son propre emportement
Enlève à Aufidius une grande partie de ses torts.
Tirons-nous-en au mieux.

AUFIDIUS. – Ma colère est passée,
Et la douleur m'accable. Soulevez-le. Que m'aident
Trois des meilleurs soldats ; je suis le quatrième.
Et toi, bats le tambour, qu'il dise notre deuil.
Laissez traîner vos piques d'acier[1]. Si dans cette ville
Il a fait maintes veuves, endeuillé maintes mères,
Qui à cette heure encore pleurent ceux qu'elles ont perdus,
Il aura néanmoins un noble mémorial[2]. Aidez-moi.

Marche funèbre. Ils sortent en emportant le corps de Martius

---

digne d'une personne honorable et d'un grand capitaine ; *memory* pouvait désigner un objet témoignant du souvenir.

RÉPERTOIRE DES PERSONNAGES

AVERTISSEMENT

par Gilles Monsarrat

L'acte et la scène (dans *Pericles* simplement la scène) où un personnage apparaît pour la première fois sont indiqués en exposant (CASCA : *JC*^{I,2}) sauf quand le personnage apparaît dès la première scène de la pièce ; dans ce cas il n'y a aucun chiffre en exposant (MURELLUS : *JC*). Pour les personnages qui n'apparaissent que dans les « Additional Passages », la mention ^{AP} suit l'abréviation de la pièce.

Le signe + après un nom indique que des personnages différents portent ce nom dans des pièces différentes, par exemple :

ADRIAN+ : *Cor*^{IV,3} ; *Tmp*^{II,1}.

Le signe = indique que le même personnage apparaît aussi sous un autre nom, par exemple :

BOLINGBROKE, Harry (= Henry IV) : *R2*.

Dans ce cas, on trouvera également une entrée à Henry IV.

Le nom des personnages muets est placé entre parenthèses, par exemple : (ALARBUS). Quand un nom de personnage apparaît dans plusieurs pièces mais que celui-ci est muet dans l'une d'elles, l'abréviation de cette pièce est entre parenthèses, par exemple :

BISHOP OF ELY+ : *H5* ; *R3*^{III,4} ; (*H8*^{II,4}).

Quand l'édition d'Oxford donne comme nom de locuteur le *rôle* joué par quelqu'un, le nom de ce rôle est donné en italique (voir *CUPID*).

Quelques noms diffèrent un peu d'une édition à l'autre ; ils sont donnés ici tels qu'ils se trouvent dans celle d'Oxford : Innogen (et non pas Imogen), Valtemand (et non pas Voltimand), etc.

La liste ci-dessous ne comprend pas certains personnages mineurs anonymes qu'on trouve dans presque toutes les pièces (souvent précédés de First, Second, Third ou Fourth) : Citizen, Gentleman, Lady, Lord,

Messenger, Neighbour, Petitioner, Plebeian, Rebel, Senator, Servant, Servingman, Servitor, Soldier, etc. Elle inclut cependant des personnages mineurs ayant des fonctions particulières et qu'on trouve moins fréquemment : Austringer, Jailer, Murderer, Outlaw, Sheriff, etc.

ABRÉVIATIONS

Ado = *Much Ado about Nothing* (Beaucoup de bruit pour rien)
AWW = *All's Well that Ends Well* (Tout est bien qui finit bien)
Ant = *Antony and Cleopatra* (Antoine et Cléopâtre)
AYL = *As You Like It* (Comme il vous plaira)
Cor = *Coriolanus* (Coriolan)
Cym = *Cymbeline* (Cymbelin)
Err = *The Comedy of Errors* (La Comédie des erreurs)
Ham = *Hamlet* (Hamlet)
1H4 = *1 Henry IV* (1 Henri IV)
2H4 = *2 Henry IV* (2 Henri IV)
H5 = *Henry V* (Henri V)
1H6 = 1 Henry VI (1 Henri VI)
2H6 = *2 Henry VI* (2 Henri VI)
3H6 = *3 Henry VI* (3 Henri VI)
H8 = *Henry VIII* (Henri VIII)
JC = *Julius Caesar* (Jules César)
Jn = *King John* (Le Roi Jean)
LLL = *Love's Labour's Lost* (Peines d'amour perdues)
Lr = *King Lear* (Le Roi Lear)
Mac = *Macbeth* (Macbeth)
MM = *Measure for Measure* (Mesure pour mesure)
MND = *A Midsummer Night's Dream* (Songe d'une nuit d'été)
MV = *The Merchant of Venice* (Le Marchand de Venise)
Oth = *Othello* (Othello)
Per = *Pericles* (Périclès)
R2 = *Richard II* (Richard II)
R3 = *Richard III* (Richard III)
Rom = *Romeo and Juliet* (Roméo et Juliette)
Shr = *The Taming of the Shrew* (La Mégère apprivoisée)
TGV = *The Two Gentlemen of Verona* (Les Deux Gentilshommes de Vérone)
Tim = *Timon of Athens* (Timon d'Athènes)
Tit = *Titus Andronicus* (Titus Andronicus)
Tmp = *The Tempest* (La Tempête)
TN = *Twelfth Night* (La Nuit des Rois)
TNK = *The Two Noble Kinsmen* (Les Deux Nobles Cousins)
Tro = *Troilus and Cressida* (Troilus et Cresside)
Wiv = *The Merry Wives of Windsor* (Les Joyeuses Commères de Windsor)
WT = *The Winter's Tale* (Le Conte d'hiver)

A

AARON : *Tit*
ABBESS : *Err*$^{V.1}$
ABBOT OF WESTMINSTER : *R2*$^{IV.1}$
ABERGAVENNY : *H8*
ABHORSON : *MM*$^{IV.2}$
ABRAHAM : *Rom*
ACHILLES : *Tro*$^{II.1}$
ADAM : *AYL*
ADRIAN+ : *Cor*$^{IV.3}$; *Tmp*$^{II.1}$
ADRIANA : *Err*$^{II.1}$
AEDILE(S) : *Cor*$^{III.1}$
AEMILIUS : *Tit*$^{IV.4}$
AENEAS : *Tro*
AESCHINES : *Per*^{8}
AGAMEMNON : *Tro*$^{I.3}$
AGRIPPA+ : *Ant*$^{II.2}$ & → Menenius
AGUECHEEK → Sir Andrew
AJAX : *Tro*$^{II.1}$
(ALARBUS) : *Tit*
ALBANY : *Lr*
ALCIBIADES : *Tim*
ALENÇON : *1H6*$^{I.2}$
ALEXANDER : *Tro*$^{I.2}$
ALEXAS : *Ant*$^{I.2}$
ALICE : *H5*$^{III.4}$
ALONSO : *Tmp*
AMBASSADOR(S) : *H5*$^{I.2}$; *1H6*$^{V.1}$; *Ham*$^{V.2}$; *Ant*$^{III.12}$
AMIENS : *AYL*$^{II.1}$
ANDROMACHE : *Tro*$^{V.3}$
ANDRONICUS → Marcus, Titus
ANGELO+ : *Err*$^{III.1}$; *MM*
ANGUS : *Mac*$^{I.2}$
ANNE → Lady Anne
ANNE BOLEYN : *H8*$^{I.4}$
ANNE PAGE : *Wiv*
(ANTENOR) : *Tro*$^{I.2}$
ANTIGONUS : *WT*$^{II.1}$
ANTIOCHUS, King : *Per*
ANTIOCHUS' DAUGHTER : *Per*
ANTIPHOLUS OF EPHESUS : *Err*$^{III.1}$
ANTIPHOLUS OF SYRACUSE : *Err*$^{I.2}$
ANTONIO+ : *TGV*$^{I.3}$; *MV* ; *Ado*$^{I.2}$; *TN*$^{II.1}$
ANTONIO, Duke : *Tmp*
ANTONY, MARK : *JC*$^{I.2}$; *Ant*
APEMANTUS : *Tim*
APOTHECARY : *Rom*$^{V.1}$
APPARITION(S) : *Mac*$^{IV.1}$
ARAGON : *MV*$^{II.9}$
ARCHBISHOP → Canterbury, York
ARCHIDAMUS : *WT*
ARCITE : *TNK*$^{I.2}$
ARIEL : *Tmp*$^{I.2}$
ARMADO : *LLL*$^{I.2}$
ARTEMIDORUS : *JC*$^{II.3}$
(ARTESIUS) : *TNK*
ARTHUR : *Jn*$^{II.1}$
ARVIRAGUS : *Cym*$^{III.3}$
ASNATH : *2H6*$^{I.4}$
ATHENIAN → Old
AUDREY : *AYL*$^{III.3}$
AUFIDIUS : *Cor*$^{I.2}$
AUMERLE : *R2*$^{I.3}$
AUSTRIA : *Jn*$^{II.1}$
AUSTRINGER : *AWW*$^{V.1}$
AUTOLYCUS : *WT*$^{IV.3}$
AUVERGNE → Countess

B

BABION : *TNK*$^{III.5}$
BAGOT : *R2*$^{I.3}$
BALTHASAR+ : *Err*$^{III.1}$; *Rom*$^{V.1}$; *MV*$^{III.4}$; *Ado*
BANQUO : *Mac*$^{I.3}$

BAPTISTA : *Shr*
(BARBARA) : *TNK*^{III,5}
BARDOLPH (= Russell) : *Wiv* ; *2H4*^{II,2} ; *H5*^{II,1}
BARDOLPH, Lord : *2H4*
BARNARDINE : *MM*^{IV,3}
BARNARDO : *Ham*
BARTHOLOMEW : *Shr*$^{Ind.2}$
BASSANIO : *MV*
BASSET : *1H6*^{III,8}
BASSIANUS : *Tit*
BASTARD (Margareton) : *Tro*^{V,8}
BASTARD (of Orléans) : *1H6*^{I,3}
BASTARD (Philip Falconbridge) : *Jn*
BATES : *H5*^{IV,1}
BAWD : *Per*^{16}
BEADLE(S) : *2H4*^{V,4} ; *2H6*^{II,1}
BEATRICE : *Ado*
BEAUFORT, Cardinal (= Bishop of Winchester) : *2H6*
BEDFORD : *1H6*
BELARIUS : *Cym*^{III,3}
BELCH → Sir Toby
BENEDICK : *Ado*
BENVOLIO : *Rom*
BERKELEY : *R2*^{II,3}
(BERRI) : *H5*^{II,4}
BERTRAM : *AWW*
BETTS : *More*
BIANCA+ : *Shr* ; *Oth*^{III,4}
BIGOT : *Jn*^{IV,3}
BIONDELLO : *Shr*
BIRON : *LLL*
BISHOP OF CARLISLE : *R2*^{III,2}
BISHOP OF ELY+ : *H5* ; *R3*^{III,4} ; *(H8*^{II,4}*)*
BISHOP OF LINCOLN : *H8*^{II,4}
(BISHOP OF LONDON) : *H8*^{IV,1}
(BISHOP OF ROCHESTER) : *H8*^{II,4}
(BISHOP OF SAINT ASAPH) : *H8*^{II,4}
BISHOP OF WINCHESTER (= Cardinal Beaufort) : *1H6*
BISHOP OF WINCHESTER → Gardiner
BLANCHE : *Jn*^{II,1}
BLUNT, Sir JAMES : *R3*^{V,2}
(BLUNT, Sir JOHN) : *2H4*^{IV,2}
BLUNT, Sir WALTER : *1H4*^{I,3}
BOATSWAIN : *Tmp*
BOLEYN → Anne
BOLINGBROKE, HARRY (= Henry IV) : *R2*
BOLINGBROKE, ROGER : *2H6*^{I,4}
BONA → Lady Bona
BORACHIO : *Ado*^{I,3}
BOTTOM : *MND*^{I,2}
BOULT : *Per*^{16}
BOURBON, Duke of : *H5*^{II,4}
(BOURBON, Lord) : *3H6*^{III,3}
BOY+ : *Ant*^{II,7} ; *H5*^{II,1} ; *1H6*^{I,5} ; *Ado*^{II,3} ; *MM*^{IV,1} ; *Tro*^{I,2} ; *TNK*
BOYET : *LLL*^{II,1}
BRABANZIO : *Oth*
BRACKENBURY : *R3*
BRANDON : *H8*
(BRANDON, Sir WILLIAM) : *R3*^{V,4}
BRUTUS, JUNIUS : *Cor*
BRUTUS, MARCUS : *JC*^{I,2}
BUCKINGHAM+ : *2H6* ; *H8* ; *R3*^{I,3}
BUCKINGHAM'S SURVEYOR : *H8*^{I,2}
BULLCALF : *2H4*^{III,2}
BURGUNDY+ : *H5*^{V,2} ; *1H6*^{II,1} ; *Lr*
BUSHY : *R2*^{I,3}
BUTCHER : *2H6*^{IV,2}
BUTTS, Doctor : *H8*^{V,2}

C

CADE, JACK : *2H6*^{IV,2}
CAESAR, JULIUS : *JC*^{I,2}
CAESAR → Octavius Caesar
CAITHNESS : *Mac*^{V,2}
CAIUS → Coriolanus, Lucius, Martius
(CAIUS) : *Tit*^{IV,3}
CAIUS, Doctor : *Wiv*^{I,4}
CALCHAS : *Tro*^{II,3}
CALIBAN : *Tmp*^{I,2}
CALPURNIA : *JC*^{I,2}
CAMBRIDGE : *H5*^{II,2}
CAMIDIUS : *Ant*^{III,7}
CAMILLO : *WT*
CAMPEIUS, Cardinal : *H8*^{II,2}
CANTERBURY+, Archbishop of : *H5* ; *(H8*^{II,4}*)* & → Cranmer
CAPHIS : *Tim*^{II,1}
CAPTAIN+ : *Tit* ; *Ham*^{IV,4} ; *Lr*^{V,3} ; *Mac*^{I,2} ; *Ant*^{II,7} ; *1H6*^{II,2} ; *2H6*^{IV,1} ; *R2*^{II,4} ; *TN*^{I,2} ; *Cym*^{IV,2}

CAPULET : *Rom*
CAPULET'S COUSIN : *Rom*^{I,5}
CAPULET'S WIFE : *Rom*
CAPUTIUS : *H8*^{IV,2}
CARDINAL : *R3*^{II,4}
CARDINAL → Beaufort, Campeius, Pandolf, Wolsey
CARLISLE → Bishop of
CARPENTER : *JC*
CARRIER(S) : *1H4*^{II,1}
CASCA : *JC*^{I,2}
CASSANDRA : *Tro*^{II,2}
CASSIO : *Oth*^{I,2}
CASSIUS : *JC*^{I,2}
CATESBY : *R3*^{I,3}
CATHERINE → Katherine
CATHERINE+ : *LLL*^{II,1} ; *H5*^{III,4}
CATO → Young Cato
CELIA : *AYL*^{I,2}
CERES : *Tmp*^{IV,1}
CERIMON : *Per*^{12}
CHAMBERLAIN : *1H4*^{II,1}
CHARLES : *AYL*
CHARLES VI, King : *H5*^{II,4}
CHARLES VII, Dauphin *and* King : *1H6*^{I,2}
CHARMIAN : *Ant*^{I,2}
CHÂTILLON : *Jn*
CHIRON : *Tit*
CHORUS+ : *H5*$^{Prol.}$; *Rom*$^{Prol.}$ & → Time
CHRISTOPHER → Sly
CHRISTOPHER → Sir Christopher
CICERO : *JC*^{I,2}
CINNA : *JC*^{I,3}
CINNA THE POET : *JC*^{III,3}
CLARENCE, GEORGE Duke of : *3H6*^{II,2} ; *R3*
CLARENCE'S DAUGHTER (Margaret) *R3*^{II,2}
CLARENCE'S SON : *R3*^{II,2}
CLARENCE, THOMAS Duke of : *2H4*^{IV,3} ; *H5*^{I,2}
CLAUDIO+ : *Ado* ; *JC*^{IV,2} ; *MM*^{I,2}
CLAUDIUS, King : *Ham*^{I,2}
CLEOMENES : *WT*^{III,1}
CLEON : *Per*^{4}
CLEOPATRA : *Ant*
CLERK : *2H6*^{IV,2}
CLIFFORD, Lord : *2H6*^{IV,7} ; *3H6*
CLIFFORD → Young Clifford
CLITUS : *JC*^{V,5}
CLOTEN : *Cym*^{I,2}
CLOWN(S)+ : *Tit*^{IV,3} ; *Ham*^{V,1} ; *Oth*^{III,1} ; *Ant*^{V,2} ; *WT*^{III,3}

COBBLER : *JC*
COBWEB : *MND*^{III,1}
COLEVILLE : *2H4*^{IV,1}
COMINIUS : *Cor*
CONRAD : *Ado*^{I,3}
CONSPIRATOR(S) : *Cor*^{V,6}
CONSTABLE OF FRANCE : *H5*^{II,4}
CONSTANCE : *Jn*^{II,1}
CORDELIA : *Lr*
CORIN : *AYL*^{II,4}
CORIOLANUS, CAIUS MARTIUS : *Cor*
CORNELIUS+ : (*Ham*^{I,2}) ; *Cym*^{I,5}
CORNWALL : *Lr*
COSTARD : *LLL*
COUNTESS OF AUVERGNE : *1H6*^{II,3}
COUNTESS OF ROUSSILLON : *AWW*
COURT : *H5*^{IV,1}
COURTESAN : *Err*^{IV,3}
CRANMER, Archbishop : *H8*^{V,1}
CRESSIDA : *Tro*^{I,2}
CRIER : *H8*^{I,2}
CROMWELL : *H8*^{III,2}
CROOKBACK RICHARD (= Gloucester, Richard III) : *2H6*^{V,1}
CUPID : *Tim*^{I,2}
CURAN : *Lr*^{II,1}
CURIO : *TN*
CURTIS : *Shr*^{IV,1}
CYMBELINE, King : *Cym*

D

DARDANIUS : *JC*^{V,5}
DAUGHTER → Antiochus, Clarence, Jailer
DAUPHIN → Charles VII, Louis
DAUPHIN (son of Charles VI) : *H5*^{II,4}
DAVY : *2H4*^{V,1}
DECIUS : *JC*^{I,2}
DECRETAS : *Ant*^{IV,15}
DEIPHOBUS : *Tro*^{IV,1}
DEMETRIUS+ : *Tit* ; *MND* ; *Ant*
DENIS : *AYL*
DENNY : *H8*^{V,1}
DESDEMONA : *Oth*^{I,3}
DIANA : *AWW*^{III,5}
DIANA (goddess) : *Per*^{21}
DIOMEDES+ : *Tro*^{I,3} ; *Ant*^{IV,15}
DION : *WT*^{III,1}
DIONYZA : *Per*^{4}
DOCTOR+ : *Lr*$^{PA.18}$; *Mac*^{IV,3} ; *TNK*^{IV,3}
DOCTOR OF PHYSIC : *Mac*^{V,1}

DOGBERRY : *Ado*[III,3]
DOLABELLA : *Ant*[III,12]
DOLL : *More*
DOLL TEARSHEET : *2H4*[II,4]
DON JOHN : *Ado*
DON PEDRO : *Ado*
DONALBAIN : *Mac*[I,2]
DOORKEEPER : *H8*[V,2]
DORCAS : *WT*[IV,4]
(DORSET) : *H8*[IV,1]
(DORSET, Marchioness) : *H8*[V,1]
DORSET : *R3*[I,3]
DOUGLAS : *1H4*[IV,1]
DRAWER(S) : *2H4*[II,4]
DROMIO OF EPHESUS : *Err*[I,2]
DROMIO OF SYRACUSE : *Err*[I,2]
DUCHESS → Gloucester, York
DUKE FREDERICK : *AYL*[I,2]
DUKE OF EPHESUS : *Err*
DUKE OF FLORENCE : *AWW*[III,1]
DUKE OF MILAN : *TGV*[II,4]
DUKE OF VENICE+ : *Oth*[I,3] ; *MV*[IV,1]
DUKE OF VIENNA : *MM*
DUKE SENIOR : *AYL*[II,1]
DULL : *LLL*
DUMAINE+ : *AWW*[I,2] ; *LLL*
DUNCAN, King : *Mac*[I,2]
(DUTCHMAN) : *Cym*[I,4]

E

EDGAR : *Lr*[I,2]
EDMOND (= Edmund) : *Lr*
EDMUND (= Edmond) : *Lr*[PA,1]
EDWARD, Earl of March *and* King Edward IV : *2H6*[V,1] ; *3H6* ; *R3*[II,1]
EDWARD, Prince (son of Henry VI) : *3H6*
EDWARD, Prince (son of Edward IV) : *R3*[III,1]
EGEON : *Err*
EGEUS : *MND*
EGLAMOUR : *TGV*[IV,3]
ELBOW : *MM*[II,1]
ELEANOR, Queen : *Jn*
ELIZABETH, Queen (= Lady Gray) : *R3*[I,3]
(ELIZABETH, Princess) : *H8*[V,2]
ELY → Bishop of
EMILIA → Abbess
EMILIA+ : *Oth*[II,1] ; *WT*[II,2] ; *TNK*
ENOBARBUS : *Ant*[I,2]
EPILOGUE+ : *2H4* ; *H8* ; *TNK* ; (dit par un des personnages) *H5* ; *MND* ; *AYL* ; *AWW* ; *Tro*[AP,B] ; *Per* ; *Tmp*
EROS : *Ant*[III,5]
ERPINGHAM : *H5*[IV,1]
ESCALUS → Prince of Verona
ESCALUS : *MM*
ESSEX : *Jn*
EVANS : *Wiv*
EXECUTIONER+ : *Jn*[IV,1] ; *(TNK*[V,6]*)*
EXETER+ : *H5*[I,2] ; *1H6* ; *3H6*
EXTON : *R2*[V,4]

F

FABIAN : *TN*[II,5]
FAIRIES : *MND*[II,1]
FAIRIES : *Wiv*[V,5]
FALCONBRIDGE → Bastard, Lady Falconbridge
FALCONBRIDGE, Sir Robert : *Jn*
FALSTAFF → Sir John Falstaff
FANG : *2H4*[II,1]
FASTOLF : *1H6*[III,5]
FEEBLE : *2H4*[III,2]
FENTON : *Wiv*[I,4]
FERDINAND → Navarre, King of
FERDINAND : *Tmp*
FESTE : *TN*[I,5]
FISHERMEN : *Per*[5]
FILARIO : *Cym*[I,4]
FITZWALTER : *R2*[IV,1]
FLAMINIUS : *Tim*[II,2]
FLAVIUS+ : *JC* ; *Tim*[I,2]
FLEANCE : *Mac*[II,1]
FLORENCE, Duke of : *AWW*[III,1]
FLORIZEL : *WT*[IV,4]
FLUELLEN : *H5*[III,2]
FLUTE : *MND*[I,2]
FOOL+ : *Tim*[II,2] ; *Lr*[I,4]
FORD → Mistress
FORD, Master : *Wiv*[II,1]
FORESTER : *LLL*[IV,1]
FORTINBRAS : *Ham*[IV,4]
FRANCE → King of, Princess of
FRANCESCA : *MM*[I,4]
FRANCIS → Friar Francis
FRANCIS : *1H4*[II,5]
FRANCISCO+ : *Ham* ; *Tmp*[II,1]
FREDERICK → Duke
FRENCHMAN : *Cym*[I,4]
FRIAR FRANCIS : *Ado*[IV,1]

FRIAR JOHN : *Rom*$^{V.2}$
FRIAR LAURENCE : *Rom*$^{II.2}$
FRIAR PETER : *MM*$^{IV.5}$
FRIAR THOMAS : *MM*$^{I.3}$
(FRIZ) : *TNK*$^{III.5}$
FROTH : *MM*$^{II.1}$

G

GADSHILL : *1H4*$^{II.1}$
(GALLUS) : *Ant*$^{V.1}$
GARDENER(S) : *R2*$^{III.4}$
GARDINER (*later* Bishop of Winchester) : *H8*$^{II.2}$
GARGRAVE : *1H6*$^{I.6}$
GARTER KING OF ARMS : *H8*$^{IV.1}$
GAUNT → John
GEBON : *H5*$^{AP.B}$
GENERAL : *1H6*$^{IV.2}$
GEORGE → Clarence
GERTRUDE, Queen : *Ham*$^{I.2}$
(GHOST OF BANQUO) : *Mac*$^{III.4}$
GHOST OF BUCKINGHAM : *R3*$^{V.5}$
GHOST OF CAESAR : *JC*$^{IV.2}$
GHOST OF CLARENCE : *R3*$^{V.5}$
GHOST OF GRAY : *R3*$^{V.5}$
GHOST OF HASTINGS : *R3*$^{V.5}$
GHOST OF KING HAMLET : *Ham*
GHOST OF KING HENRY VI : *R3*$^{V.5}$
GHOST OF LADY ANNE : *R3*$^{V.5}$
GHOST OF PRINCE EDWARD : *R3*$^{V.5}$
GHOSTS OF PRINCES : *R3*$^{V.5}$
GHOST OF RIVERS : *R3*$^{V.5}$
GHOST OF SICILIUS : *Cym*$^{V.5}$
GHOST OF VAUGHAN : *R3*$^{V.5}$
GHOSTS OF POSTHUMUS' MOTHER AND BROTHERS : *Cym*$^{V.5}$
GIACOMO : *Cym*$^{I.4}$
GLASDALE : *1H6*$^{I.6}$
GLENDWR : *1H4*$^{III.1}$
GLOUCESTER, Duchess of+ : *R2*$^{I.2}$; *2H6*$^{I.2}$
GLOUCESTER, Earl of : *Lr*
GLOUCESTER, HUMPHREY Duke of : *2H4*$^{IV.3}$; *H5*$^{I.2}$; *1H6* ; *2H6*
GLOUCESTER, RICHARD Duke of (= Crookback Richard = Richard III) : *3H6* ; *R3*
GOBBO : *MV*$^{II.2}$
GONERIL (= Gonoril) : *Lr*
GONORIL (= Goneril) : *Lr*$^{PA.3}$
GONZALO : *Tmp*
(GOUGH, MATTHEW) : *2H6*$^{IV.7}$
GOVERNOR OF HARFLEUR : *H5*$^{III.3}$
(GOVERNOR OF PARIS) : *1H6*$^{IV.1}$
GOWER : *2H4*$^{II.1}$
GOWER, Captain : *H5*$^{III.3}$
GOWER (Chorus) : *Per*
GRANDPRÉ, Lord : *H5*$^{IV.2}$
GRAY → Lady Gray
GRAY, Lord : *R3*$^{I.3}$
GRAZIANO+ : *MV* ; *Oth*$^{V.1}$
GREEN : *R2*$^{I.3}$
GREGORY : *Rom*
GREMIO : *Shr*
GREY, Sir THOMAS : *H5*$^{II.2}$
GRIFFITH : *H8*$^{II.4}$
GROOM(S)+ : *R2*$^{V.5}$; *2H4*$^{V.5}$
GRUMIO : *Shr*$^{I.2}$
GUIDERIUS : *Cym*$^{III.3}$
GUILDENSTERN : *Ham*$^{II.2}$
GUILDFORD : *H8*$^{I.4}$
GURNEY : *Jn*

H

HABERDASHER : *Shr*$^{IV.3}$
HAL → Harry
HAMLET : *Ham*$^{I.2}$
HARCOURT : *2H4*$^{IV.3}$
HARRY, Prince *and* King : *1H4*$^{I.2}$; *2H4*$^{II.2}$; *H5*$^{I.2}$
HARRY PERCY (= Hotspur) : *R2*$^{II.3}$
HARVEY (= Peto) : *1H4*$^{II.2}$
HASTINGS → Pursuivant
HASTINGS+, Lord : *2H4*$^{I.3}$; *3H6*$^{IV.1}$; *R3*
HECATE : *Mac*$^{III.5}$
HECTOR : *Tro*$^{I.2}$
HELEN+ : *AWW* ; *Tro*$^{III.1}$; *Cym*$^{II.2}$
HELENA : *MND*
HELENUS : *Tro*$^{I.2}$
HELICANUS : *Per*^{2}
HENRY IV, King (= Bolingbroke) : *1H4* ; *2H4*$^{III.1}$
HENRY V, King → Harry
HENRY VI, King : *1H6*$^{III.1}$; *2H6* ; *3H6*
HENRY VII, King (= Richmond) : *R3*$^{V.2}$
HENRY VIII, King : *H8*$^{I.2}$
HENRY, Prince : *Jn*$^{V.7}$
HERALD(S) : *Oth*$^{II.2}$; *Lr*$^{V.3}$; *Cor*$^{II.1}$; *Jn*$^{II.1}$; *R2*$^{I.3}$; *H5*$^{IV.7}$; *2H6*$^{II.4}$; *TNK*$^{I.4}$
HERBERT : *R3*$^{V.2}$
HERMIA : *MND*

HERMIONE, Queen : *WT*^{I,2}
HERO : *Ado*
HIPPOLYTA : *MND* ; *TNK*
HOLOFERNES : *LLL*^{IV,2}
HORATIO : *Ham*
HORNER : *2H6*^{I,3}
HORTENSIO : *Shr*
HORTENSIUS' SERVANT : *Tim*^{III,4}
HOST+ : *TGV*^{IV,2} ; *Wiv*^{I,3}
HOSTESS : *Shr*$^{Ind.1}$
HOSTESS (= Mistress Quickly) : *1H4*^{II,5} ; *H5*^{II,1}
HOSTILIUS : *Tim*^{III,2}
HOTSPUR (= Harry Percy) : *1H4*^{I,3}
HUBERT : *Jn*^{III,2}
HUME : *2H6*^{I,2}
HUNTSMEN+ : *Shr*$^{Ind.1}$; *3H6*^{IV,6}
HYMEN : *AYL*^{V,4} ; *(TNK)*

I

IAGO : *Oth*
IDEN : *2H6*^{IV,9}
INNOGEN : *Cym*
INTERPRETER : *AWW*^{IV,1}
IRAS : *Ant*^{I,2}
IRIS : *Tmp*^{IV,1}
ISABEL, Queen : *H5*^{V,2}
ISABELLA : *MM*^{I,4}
ISIDORE'S SERVANT : *Tim*^{II,2}

J

JAILER(S) : *Err* ; *(MV*^{III,3}*)* ; *WT*^{II,2} ; *Cym*^{V,5} ; *TNK*^{II,1}
JAILER'S BROTHER : *TNK*^{IV,1}
JAILER'S DAUGHTER : *TNK*^{II,1}
JAMY : *H5*^{III,3}
JACQUENETTA : *LLL*^{I,2}
JAQUES : *AYL*^{II,5}
JAQUES DE BOIS : *AYL*^{V,4}
JESSICA : *MV*^{II,3}
JEWELLER : *Tim*
JOAN LA PUCELLE : *1H6*^{I,3}
JOHN → Don, Friar, Sir
JOHN+ : *2H6*^{IV,7} ; *Wiv*^{III,3}
JOHN, King : *Jn*
JOHN OF GAUNT : *R2*
JOHN OF LANCASTER, Lord *and* Prince : *1H4* ; *2H4*^{IV,1}
JOHN TALBOT : *1H6*^{IV,5}
JOSEPH : *Shr*^{IV,1}
JULIA : *TGV*^{I,2}
JULIET+ : *Rom*^{I,3} ; *MM*^{I,2}
JUNO : *Tmp*^{IV,1}
JUPITER : *Cym*^{V,5}
JUSTICE : *MM*^{II,1}

K

KATHERINE → Catherine
KATHERINE : *Shr*
KATHERINE, Queen : *H8*^{I,2}
KEEPER+ : *R2*^{V,5} ; *1H6*^{II,5}
KENT : *Lr*
KING → Antiochus, Charles, Claudius, Cymbeline, Duncan, Edward, Harry, Henry, John, Lear, Leontes, Louis, Navarre, Philip, Polixenes, René, Richard, Simonides
KING OF FRANCE+ : *Lr* ; *AWW*^{I,2}
KNIGHT(S) : *Lr*^{I,4} ; *Per*^{6} ; *TNK*^{V,1}

L

LADY → Blanche, Constance
LADY ANNE : *R3*^{I,2}
LADY BONA : *3H6*^{III,3}
LADY FALCONBRIDGE : *Jn*
LADY GRAY (= Elizabeth, Queen) : *3H6*^{III,2}
LADY MACBETH : *Mac*^{I,5}
LADY MACDUFF : *Mac*^{IV,2}
LADY MORTIMER : *1H4*^{III,1}
LADY NORTHUMBERLAND : *2H4*^{II,3}
LADY PERCY : *1H4*^{II,4} ; *2H4*^{II,3}
LAERTES : *Ham*^{I,2}
LAFEU : *AWW*
LANCASTER → John of Lancaster
LANCE : *TGV*^{II,3}
LANCELOT : *MV*^{II,2}
LARTIUS : *Cor*
LAURENCE → Friar Laurence
LAVATCH : *AWW*^{I,3}
LAVINIA : *Tit*
LAWYER : *1H6*^{II,4}
LEAR, King : *Lr*
LE BEAU : *AYL*^{I,2}

LEGATE : *1H6*$^{V.1}$

LENNOX : *Mac*$^{I.2}$

LEONARDO : *MV*$^{II.2}$

LEONATO : *Ado*

LEONINE : *Per*^{15}

LEONTES, King : *WT*$^{I.2}$

LEPIDUS : *JC*$^{III.1}$; *Ant*$^{I.4}$

LIEUTENANT : *Cor*$^{I.8}$

LIEUTENANT OF THE TOWER : *3H6*$^{IV.7}$

LIGARIUS : *JC*$^{II.1}$

LINCOLN → Bishop of

LINCOLN, JOHN : *More*

LODOVICO : *Oth*$^{IV.1}$

LONGUEVILLE : *LLL*

LORD CHAMBERLAIN : *H8*$^{I.3}$

LORD CHANCELLOR : *H8*$^{IV.1}$

LORD CHIEF JUSTICE : *2H4*$^{I.2}$

LORD MARSHAL : *R2*

LORENZO : *MV*

LOUIS, King : *3H6*$^{III.3}$

LOUIS THE DAUPHIN : *Jn*$^{II.1}$

(LOVELL, Sir FRANCIS) : *R3*$^{AP.G}$

LOVELL, Sir THOMAS : *H8*$^{I.2}$

(LUCE) : *TNK*$^{III.5}$

LUCENTIO : *Shr*

LUCETTA : *TGV*$^{I.2}$

LUCIANA : *Err*$^{II.1}$

LUCILIUS : *Tim*

LUCILLIUS : *JC*$^{IV.2}$

LUCIO : *MM*$^{I.2}$

LUCIUS → Young Lucius

LUCIUS+ : *JC*$^{II.1}$; *Tim*$^{III.2}$; *Tit*

LUCIUS, CAIUS : *Cym*$^{III.1}$

LUCIUS' SERVANT : *Tim*$^{III.4}$

LUCULLUS : *Tim*$^{III.1}$

LUCULLUS' SERVANT : *Tim*$^{III.1}$

LUCY, Sir WILLIAM : *1H6*$^{IV.3}$

LYCHORIDA : *Per*^{10}

LYSANDER : *MND*

LYSIMACHUS : *Per*^{19}

M

MACBETH : *Mac*$^{I.3}$

MACBETH → Lady Macbeth

MACDUFF : *Mac*$^{I.6}$

MACDUFF → Lady Macduff

MACDUFF'S SON : *Mac*$^{IV.2}$

MACMORRIS, Captain : *H5*$^{III.3}$

(MADELINE) : *TNK*$^{III.5}$

MAECENAS : *Ant*$^{II.2}$

MALCOLM : *Mac*$^{I.2}$

MALVOLIO : *TN*$^{I.5}$

MAMILLIUS : *WT*$^{I.2}$

MARCELLUS : *Ham*

MARCUS → Brutus

MARCUS ANDRONICUS : *Tit*

MARDIAN : *Ant*$^{I.2}$

MARGARET : *Ado*$^{II.1}$

MARGARET OF ANJOU, Queen : *1H6*$^{V.5}$; *2H6* ; *3H6* ; *R3*$^{I.3}$

MARGARETON → Bastard

MARGERY JORDAN → Witch

MARIA+ : *LLL*$^{II.1}$; *TN*$^{I.3}$

MARIANA+ : *AWW*$^{III.5}$; *MM*$^{IV.1}$

MARINA : *Per*^{15}

MARSHAL : *Per*^{7}

MARTEXT → Sir Oliver

MARTIUS → Young Martius

MARTIUS, CAIUS → Coriolanus

MASTER+ : *2H6*$^{IV.1}$; *Per*^{5} ; *Tmp*

MASTER GUNNER : *1H6*$^{I.5}$

(MAYOR OF COVENTRY) : *3H6*$^{V.1}$

MAYOR OF LONDON+ : *1H6*$^{I.4}$; *R3*$^{III.1}$; (*H8*$^{IV.1}$) ; *More*

MAYOR OF SAINT ALBANS : *2H6*$^{II.1}$

MAYOR OF YORK : *3H6*$^{IV.8}$

MELUN : *Jn*$^{V.2}$

MENAS : *Ant*$^{II.1}$

MENECRATES : *Ant*$^{II.1}$

MENELAUS : *Tro*$^{I.3}$

MENENIUS : *Cor*

MENTEITH : *Mac*$^{V.2}$

MERCADÉ : *LLL*$^{V.2}$

MERCHANT(S) : *Tim* ; *Err*$^{I.2}$

MERCUTIO : *Rom*$^{I.4}$

MESSALA : *JC*$^{IV.2}$

METELLUS : *JC*$^{II.1}$

MICHAEL → Sir Michael

MIRANDA : *Tmp*$^{I.2}$

MISTRESS FORD : *Wiv*

MISTRESS OVERDONE : *MM*$^{I.2}$

MISTRESS PAGE : *Wiv*

MISTRESS QUICKLY (= Hostess) : *Wiv*$^{I.4}$; *2H4*$^{II.1}$

MONTAGUE : *Rom*

MONTAGUE'S WIFE : *Rom*

MONTAGUE, Marquis of : *3H6*

MONTANO : *Oth*$^{II.1}$

MONTGOMERY : *3H6*$^{IV.8}$

MONTJOY : *H5*$^{III.6}$

MOPSA : *WT*$^{IV.4}$

MORE, Sir THOMAS : *More*

MOROCCO : *MV*$^{II.1}$

MORTIMER → Lady Mortimer, Sir John Mortimer
(MORTIMER, Sir HUGH) : *3H6*$^{I.2}$
MORTIMER, EDMUND+ : *1H4*$^{III.1}$; *1H6*$^{II.5}$
MORTON : *2H4*
MOTE+ : *LLL*$^{I.2}$; *(MND*$^{III.1}$*)*
MOULDY : *2H4*$^{III.2}$
MOWBRAY+ : *R2* ; *2H4*$^{I.3}$
MURDERER(S) : *2H6*$^{III.2}$; *R3*$^{I.3}$; *Mac*$^{III.1}$
MURELLUS : *JC*
MUSICIAN(S) : *Rom*$^{IV.4}$; *Oth*$^{III.1}$; *Cym*$^{II.3}$
MUSTARDSEED : *MND*$^{III.1}$
MUTIUS : *Tit*
MYRMIDON(S) : *Tro*$^{V.7}$

N

NATHANIEL+ : *Shr*$^{IV.1}$; *LLL*$^{IV.2}$
NAVARRE, King of : *LLL*
NELL+ : *Err*$^{III.1}$; *TNK*$^{III.5}$
NERISSA : *MV*$^{I.2}$
NESTOR : *Tro*$^{I.3}$
NICANOR : *Cor*$^{IV.3}$
NICHOLAS : *Shr*$^{IV.1}$
NIM : *H5*$^{II.1}$; *Wiv*
NORFOLK+ : *3H6* ; *R3*$^{III.4}$; *H8*
(NORFOLK, Old Duchess of) : *H8*$^{IV.1}$
NORTHUMBERLAND, Earl of+ : *R2*$^{II.1}$; *1H4*$^{I.3}$; *2H4* ; *3H6*
NORTHUMBERLAND → Lady Northumberland
NURSE+ : *Tit*$^{IV.2}$; *Rom*$^{I.3}$

O

OBERON : *MND*$^{II.1}$
OCTAVIA : *Ant*$^{II.3}$
OCTAVIUS CAESAR : *JC*$^{IV.1}$; *Ant*$^{I.4}$
OLD ATHENIAN : *Tim*
OLD LADY : *H8*$^{II.3}$
OLD MAN+ : *Lr*$^{IV.1}$; *Mac*$^{II.4}$
OLD SHEPHERD : *WT*$^{III.3}$
OLDCASTLE → Sir John Oldcastle
OLIVER : *AYL*
OLIVIA : *TN*$^{I.5}$
OPHELIA : *Ham*$^{I.2}$
ORLANDO : *AYL*
ORLÉANS : *H5*$^{III.7}$
ORSINO : *TN*
OSRIC : *Ham*$^{V.2}$
OSTLER : *1H4*$^{II.1}$
OSWALD : *Lr*$^{I.3}$
OTHELLO : *Oth*$^{I.2}$
OUTLAW(S) : *TGV*$^{IV.1}$
OVERDONE → Mistress
OXFORD : *3H6*$^{III.3}$; *R3*$^{V.2}$

P

PAGE → Anne, Mistress, William
PAGE, Master : *Wiv*
PAINTER : *Tim*
PALAMON : *TNK*$^{I.2}$
PANDARUS : *Tro*
PANDER : *Per*^{16}
PANDOLF, Cardinal : *Jn*$^{III.1}$
PANTHINO : *TGV*$^{I.3}$
PARIS : *Tro*$^{I.2}$
PARIS, County : *Rom*$^{I.2}$
PAROLES : *AWW*
PATIENCE : *H8*$^{IV.2}$
PATROCLUS : *Tro*$^{II.1}$
PAULINA : *WT*$^{II.2}$
PEASEBLOSSOM : *MND*$^{III.1}$
PEDANT : *Shr*$^{IV.2}$
PEMBROKE+ : *Jn* ; *(3H6*$^{IV.1}$*)*
PERCY → Harry
PERCY → Lady Percy
PERDITA : *WT*$^{IV.4}$
PERICLES : *Per*
PETER+ : *Shr*$^{IV.1}$; *Rom*$^{I.2}$
PETER → Friar Peter
PETER OF POMFRET : *Jn*$^{IV.2}$
PETER THUMP : *2H6*$^{I.3}$
PETO (= Harvey) : *2H4*$^{II.4}$
PETRUCCIO+ : *Shr*$^{I.2}$; *Rom*$^{I.5}$
PHILEMON : *Per*^{12}
PHILIP : *Shr*$^{IV.1}$
PHILIP, King : *Jn*$^{II.1}$
PHILO : *Ant*
PHILOSTRATE : *MND*^{AP}
PHILOTUS' SERVANT : *Tim*$^{III.4}$
PHOEBE : *AYL*$^{III.5}$
PHRYNIA : *Tim*$^{IV.3}$
PINCH : *Err*$^{IV.4}$
PINDARUS : *JC*$^{IV.2}$
PIRATE(S) : *Per*^{15}
PIRITHOUS : *TNK*
PISANIO : *Cym*

PISTOL : *Wiv* ; *2H4*$^{II.4}$; *H5*$^{II.1}$
PLAYER(S) : *Shr*$^{Ind.1}$; *Ham*$^{II.2}$
POET+ : *JC*$^{IV.2}$; *Tim*
POINS : *1H4*$^{I.2}$; *2H4*$^{II.2}$
POLIXENES, King : *WT*$^{I.2}$
POLONIUS : *Ham*$^{I.2}$
POMPEY : *MM*$^{I.2}$
POMPEY, SEXTUS : *Ant*$^{II.1}$
POPILLIUS : *JC*$^{III.1}$
PORTER+ : *Mac*$^{II.3}$; *2H4* ; *1H6*$^{II.3}$; *H8*$^{V.3}$
PORTIA+ : *MV*$^{I.2}$; *JC*$^{I.2}$
POSTHUMUS : *Cym*
PRIAM : *Tro*$^{II.2}$
PRIEST+ : *Ham*$^{V.1}$; *R3*$^{III.2}$; *TN*$^{IV.3}$
PRINCE → Edward, Harry, Henry, John
PRINCE OF VERONA : *Rom*
PRINCESS *and* QUEEN of FRANCE : *LLL*$^{II.1}$
PROCULEIUS : *Ant*$^{V.1}$
PROLOGUE+ : *H8* ; *Tro* ; *TNK* & → Chorus, Gower (*Per*), Rumour
PROSPERO : *Tmp*$^{I.2}$
PROTEUS : *TGV*
PROVOST : *MM*$^{I.2}$
PUBLIUS+ : *JC*$^{III.1}$; *Tit*$^{IV.3}$
PUCK → Robin Goodfellow
PURSUIVANT : *R3*$^{III.2}$

Q

QUEEN → Eleanor, Elizabeth, France, Gertrude, Hermione, Isabel, Katherine, Margaret, Princess
QUEEN(S) : *R2*$^{II.1}$; *Cym* ; *TNK*
QUICKLY → Mistress
QUINCE : *MND*$^{I.2}$
QUINTUS : *Tit*

R

RAMBURES : *H5*$^{III.7}$
RATCLIFFE : *R3*$^{II.1}$
REGAN : *Lr*
RENÉ, Duke *and* King : *1H6*$^{I.2}$
REYNALDO+ : *AWW*$^{I.3}$; *Ham*$^{II.1}$
RICHARD (son of Edward IV) → York, Duke of
RICHARD PLANTAGENET (= York, Duke of) : *1H6*$^{II.4}$
RICHARD II, King : *R2*
RICHARD III, King (= Crookback Richard, Gloucester) : *3H6* ; *R3*
(RICHMOND, Earl of = Henry VII) : *3H6*$^{IV.7}$
RIVERS : *3H6*$^{IV.5}$; *R3*$^{I.3}$
ROBERT : *Wiv*$^{III.3}$
ROBIN : *Wiv*$^{I.3}$
ROBIN GOODFELLOW : *MND*$^{II.1}$
RODERIGO : *Oth*
ROMEO : *Rom*
ROSALIND : *AYL*$^{I.2}$
ROSALINE : *LLL*$^{II.1}$
ROSENCRANTZ : *Ham*$^{II.2}$
ROSS+ : *Mac*$^{I.2}$; *R2*$^{II.1}$
RUGBY : *Wiv*$^{I.4}$
RUMOUR : *2H4*$^{Ind.}$
RUSSELL (= Bardolph) : *1H4*$^{II.2}$
RUTLAND : *3H6*$^{I.3}$

S

SALERIO : *MV*
SALISBURY+ : *Jn* ; *R2*$^{II.4}$; *H5*$^{IV.3}$; *1H6*$^{I.6}$; *2H6*
SAMSON : *Rom*
SANDS : *H8*$^{I.3}$
SATURNINUS : *Tit*
SAYE : *2H6*$^{IV.4}$
SCALES : *2H6*$^{IV.5}$
SCARUS : *Ant*$^{III.10}$
SCHOOLMASTER : *TNK*$^{III.5}$
SCRIBE(S) : *H8*$^{II.4}$
SCRIVENER : *R3*$^{III.6}$
SCROPE, Lord : *H5*$^{II.2}$
SCROPE, Sir STEPHEN : *R2*$^{III.2}$
SEBASTIAN+ : *TN*$^{II.1}$; *Tmp*
SELEUCUS : *Ant*$^{V.2}$
(SEMPRONIUS) : *Tit*$^{IV.3}$
SEMPRONIUS : *Tim*$^{III.3}$
SERGEANT+ : *1H6*$^{II.1}$; *2H6*$^{IV.7}$
SERJEANT+ : *H8* ; *More*
SERVILIUS : *Tim*$^{II.2}$
SEXTON : *Ado*$^{IV.2}$
SEYTON : *Mac*$^{V.3}$
SHADOW : *2H4*$^{III.2}$
SHALLOW : *2H4*$^{III.2}$; *Wiv*
SHEPHERD → Old Shepherd
SHEPHERD : *1H6*$^{V.6}$
SHERIFF+ : (*Jn*) ; *1H4*$^{II.5}$; *2H6*$^{II.4}$; *R3*$^{V.1}$; *More*
SHERWIN : *More*
SHREWSBURY : *More*

SHYLOCK : *MV*^{I,3}
SICINIUS : *Cor*
SILENCE : *2H4*^{III,2}
SILIUS : *Ant*^{III,1}
SILVIA : *TGV*^{II,1}
SILVIUS : *AYL*^{II,4}
SIMONIDES, King : *Per*^{6}
SIMPCOX : *2H6*^{II,1}
SIMPCOX'S WIFE : *2H6*^{II,1}
SIMPLE : *Wiv*
SIR ANDREW AGUECHEEK : *TN*^{I,3}
SIR CHRISTOPHER : *R3*^{IV,5}
SIR JOHN FALSTAFF (= Sir John Oldcastle) : *Wiv* ; *2H4*^{I,2}
SIR JOHN MORTIMER : *3H6*^{I,2}
SIR JOHN OLDCASTLE (= Sir John Falstaff) : *1H4*^{I,2}
SIR MICHAEL : *1H4*^{IV,4}
SIR OLIVER MARTEXT : *AYL*^{III,3}
SIR TOBY BELCH : *TN*^{I,3}
SIWARD : *Mac*^{V,4}
SIWARD → Young Siward
SLENDER : *Wiv*
SLY : *Shr*$^{Ind.1}$
SNARE : *2H4*^{II,1}
SNOUT : *MND*^{I,2}
SNUG : *MND*^{I,2}
SOLANIO : *MV*
SOMERSET+ : *1H6* ; *2H6* ; *3H6*^{IV,1}
SOMERVILLE : *3H6*^{V,1}
SON → Clarence, Macduff, Young / Cato, / Clifford, / Lucius, / Martius, / Siward
SOOTHSAYER+ : *JC*^{I,2} ; *Ant*^{I,2} ; *Cym*^{IV,2}
SOUTHWELL : *2H6*^{I,4}
(SPANIARD) : *Cym*^{I,4}
SPEED : *TGV*
SPIRIT(S) : *Mac*^{III,5}
(STAFFORD, Lord) : *3H6*^{IV,1}
STAFFORD, Sir HUMPHREY : *2H6*^{I,4}
STAFFORD'S BROTHER : *2H6*^{IV,2}
STANLEY, Lord : *R3*^{I,3}
STANLEY, Sir JOHN : *2H6*^{II,4}
(STANLEY, Sir WILLIAM) : *3H6*^{IV,6}
STARVELING : *MND*^{I,2}
STEFANO+ : *MV*^{V,1} ; *Tmp*^{II,2}
STRATO : *JC*^{V,3}
SUFFOLK, Duke of : *H8*^{I,2}
SUFFOLK, Earl *and* Duke of : *1H6*^{II,4} ; *2H6*
SURREY, Duke of : *R2*^{IV,1}
(SURREY, Earl of) : *2H4*^{III,1}
SURREY, Earl of : *H8*^{III,2} ; *More*

T

TABORER : *TNK*^{III,5}
TAILOR : *Shr*^{IV,3}
TALBOT → John Talbot
TALBOT, Lord : *1H6*^{I,6}
TAMORA : *Tit*
TAURUS : *Ant*^{III,8}
THAISA : *Per*^{6}
THALIART : *Per*
THERSITES : *Tro*^{II,1}
THESEUS : *MND* ; *TNK*
THIDIAS : *Ant*^{III,12}
THIEVES+ : *Tim*^{IV,3} ; *1H4*^{II,2}
THOMAS → Friar Thomas
THURIO : *TGV*^{II,4}
TIMANDRA : *Tim*^{IV,3}
TIME : *WT*^{IV,1}
TIMON : *Tim*
TITANIA : *MND*^{II,1}
TITINIUS : *JC*^{IV,2}
TITUS ANDRONICUS : *Tit*
TITUS' SERVANT : *Tim*^{III,4}
TOUCHSTONE : *AYL*^{I,2}
TRANIO : *Shr*
TRAVERS : *2H4*
TREBONIUS : *JC*^{II,1}
TRIBUNE(S)+ : *Tit* ; *Cym*^{III,7}
TRINCULO : *Tmp*^{II,2}
TROILUS : *Tro*
TUBAL : *MV*^{III,1}
TUTOR : *3H6*^{I,3}
TYBALT : *Rom*
TYRRELL : *R3*^{IV,2}

U

ULYSSES : *Tro*^{I,3}
URSULA : *Ado*^{II,1}

V

(VALENTINE) : *Tit*^{V,2}
VALENTINE+ : *TGV* ; *TN*
VALERIA : *Cor*^{I,3}
VALERIUS : *TNK*^{I,2}
VALTEMAND : *Ham*^{I,2}
(VARRIUS) : *MM*^{IV,5}

VARRIUS : *Ant*$^{II.1}$
VARRO'S SERVANT(S) : *Tim*$^{II.2}$
VARRUS : *JC*$^{IV.2}$
VAUGHAN : *R3*$^{III.3}$
VAUX : *2H6*$^{III.2}$
VAUX, Sir NICHOLAS : *H8*$^{II.1}$
VENTIDIUS+ : *Tim*$^{I.2}$; *Ant*$^{II.2}$
VERGES : *Ado*$^{III.3}$
VERNON : *1H6*$^{II.4}$
VERNON, Sir RICHARD : *1H4*$^{IV.1}$
VINCENTIO → Duke of Vienna
VINCENTIO : *Shr*$^{IV.6}$
VINTNER : *1H4*$^{II.5}$
VIOLA : *TN*$^{I.2}$
VIRGILIA : *Cor*$^{I.3}$
VOLUMNIA : *Cor*$^{I.3}$
VOLUMNIUS : *JC*$^{V.3}$

W

WART : *2H4*$^{III.2}$
WARWICK, Earl of (Beauchamp) : *2H4*$^{III.1}$; *H5*$^{I.2}$; *1H6*
WARWICK, Earl of (Neville) : *2H6* ; *3H6*
WEAVER : *2H6*$^{IV.2}$
WESTMINSTER → Abbot of
WESTMORLAND, 1st Earl of : *1H4* ; *2H4*$^{IV.1}$; *H5*$^{I.2}$
WESTMORLAND, 2nd Earl of : *3H6*
WHITMORE : *2H6*$^{IV.1}$
WIDOW : *Shr*$^{V.2}$; *AWW*$^{III.5}$
WILLIAM : *AYL*$^{V.1}$
WILLIAM PAGE : *Wiv*$^{IV.1}$
WILLIAMS : *H5*$^{IV.1}$
WILLOUGHBY : *R2*$^{II.1}$
WINCHESTER → Bishop of
WITCH(ES) : *2H6*$^{I.4}$; *Mac*
WOLSEY, Cardinal : *H8*
WOODVILLE : *1H6*$^{I.4}$
WOOER : *TNK*$^{II.1}$
WORCESTER : *1H4*$^{I.3}$

Y

YORK, Archbishop of : *1H4*$^{IV.4}$; *2H4*$^{I.3}$
YORK+, Duchess of : *R2*$^{V.2}$; *R3*$^{II.2}$
YORK, Duke of (=Richard Plantagenet) : *1H6*$^{II.4}$; *2H6* ; *3H6*
YORK, Duke of (son of Edward IV) : *R3*$^{II.4}$
YORK+, Duke of : *R2*$^{II.1}$; *H5*$^{IV.3}$
YOUNG CATO : *H5*$^{V.3}$
YOUNG CLIFFORD : *2H6*$^{V.1}$
YOUNG LUCIUS : *Tit*$^{III.2}$
YOUNG MARTIUS : *Cor*$^{V.3}$
YOUNG SIWARD : *Mac*$^{V.4}$

GUIDE BIBLIOGRAPHIQUE

AVERTISSEMENT

par Gilles Monsarrat

La bibliographie shakespearienne s'enrichissant, ou se gonflant, de plusieurs milliers de titres par an (surtout des articles), la Bibliographie générale ne peut donner qu'une base de départ. La bibliographie spécifique des tragédies est plus développée et elle sera suivie de bibliographies similaires pour les histoires, les comédies, les tragi-comédies et les poèmes dans les volumes suivants.

Le lecteur qui aborde pour la première fois la critique d'une pièce aura intérêt, une fois qu'il aura une bonne connaissance du texte, à commencer par une anthologie critique, comme celles de la Casebook Series (Macmillan).

Abréviations : C.U.P. = Cambridge University Press ; ed. = editor(s) ; éd. = édition ; N.Y. = New York ; O.U.P. = Oxford University Press et Clarendon Press Oxford ; P. = Press ; rév. = révisée (c'est-à-dire revue et corrigée) ; U. = University ; vol. = volumes.

NB Les ouvrages anglais et américains marqués du signe ° ont été publiés en édition brochée (paperback) à bon marché, parfois chez un autre éditeur que celui d'origine.

I. BIBLIOGRAPHIE GÉNÉRALE

1. Bibliographies

Une bibliographie annuelle paraît dans :

Shakespeare Quarterly (Folger Shakespeare Library), n° 4 de chaque année.

Shakespeare Survey (C.U.P.), bibliographie commentée divisée en trois sections : 1. Critical Studies ; 2. Shakespeare's Life, Times, and Stage ;

3. Editions and Textual Studies.
Ces deux périodiques donnent aussi des comptes rendus des principales représentations de Shakespeare en Grande-Bretagne et aux États-Unis, de même que *Cahiers élisabéthains* (Université Paul-Valéry, Montpellier) qui en donne aussi des représentations en France.

Voir aussi :

BEVINGTON, David, *Shakespeare*, Goldentree Bibliographies in Language and Literature, AHM Publishing, Arlington Heights, Ill., 1978.

CHAMPION, Larry S., *The Essential Shakespeare : An Annotated Bibliography of Major Modern Studies*, 2e éd., G. K. Hall-Macmillan, N.Y., 1993.

MCMANAWAY, James G., & ROBERTS J. A., *A Selective Bibliography of Shakespeare : Editions, Textual Studies, Commentary*°, Folger Shakespeare Library, Washington, D.C., 1975.

WATSON, George, ed., *The New Cambridge Bibliography of English Literature*, vol. 1, C.U.P., 1974.

WELLS, Stanley, ed., *Shakespeare : A Bibliographical Guide*°, New Edition, O.U.P., 1990. (Chacun des 19 chapitres contient une bibliographie commentée suivie d'une liste d'ouvrages et d'articles.)

Voir aussi ci-dessous II.2 la première section de la bibliographie de chaque pièce, et pour une filmographie voir ci-dessous I.10 Davies.

2. Dictionnaires et concordances

DENT, R. W., *Shakespeare's Proverbial Language : An Index*, U. of California P., 1981.

ONIONS, C. T., *A Shakespeare Glossary*°, éd. rév., R. D. Eagleson, O.U.P., 1986 [1911]. (Donne les mots archaïques ou dont le sens s'est modifié.)

PARTRIDGE, Eric, *Shakespeare's Bawdy : A Literary and Psychological Essay and a Comprehensive Glossary*°, Foreword by S. Wells, Routledge, Londres, 1990 [1947]. (Voir aussi ci-dessous Williams, et 4 Colman.)

SCHMIDT, Alexander, *Shakespeare Lexicon and Quotation Dictionary*°, 3e éd. rév., G. Sarrazin [1902], 2 vol., Dover Publications, N. Y., 1971 [1874-1875]. (Donne tous les mots employés par Shakespeare ; encore très utile.)

SPEVACK, Marvin, *The Harvard Concordance to Shakespeare*, Harvard U.P., 1973.

SPEVACK, Marvin, *A Complete and Systematic Concordance to the Works of Shakespeare*, 9 vol., Olms, Hildesheim, 1968-1980.

WILLIAMS, Gordon, *A Dictionary of Sexual Language and Imagery in Shakespearean and Stuart Literature*, 3 vol., Athlone Press, Londres, 1994.

3. Encyclopédies et guides

BERGERON, David M., & de SOUSA G. U., *Shakespeare : A Study and Research Guide*°, 2e éd. rév., U. of Kansas P., 1987.

CAMPBELL, Oscar J., & QUINN E. G., ed., *A Shakespeare Encyclopaedia*, Methuen, Londres, 1966.

GRIVELET, Michel, MARTINET M.-M., GOY-BLANQUET D., *Shakespeare de A à Z ... ou presque*, Aubier, Paris, 1988.

HALLIDAY, F. E., éd. rév., *A Shakespeare Companion*°, Duckworth, Londres, 1964 [1952].

MUIR, Kenneth, & SCHOENBAUM S., ed., *A New Companion to Shakespeare Studies*°, C.U.P., 1971.

WELLS, Stanley, ed., *The Cambridge Companion to Shakespeare Studies*°, C.U.P., 1986.

4. Langue et prononciation

ABBOTT, E. A., *A Shakespearian Grammar,* Macmillan, Londres, 1869. (Souvent réimprimé° ; rend encore service.)

BLAKE, N. F., *Shakespeare's Language : An Introduction*°, Macmillan, Londres, 1983.

CERCIGNANI, Fausto, *Shakespeare's Works and Elizabethan Pronunciation*, O.U.P., 1981.

CLEMEN, Wolfgang H., *The Development of Shakespeare's Imagery*°, Methuen, Londres, 1951.

COLMAN, E. A. M., *The Dramatic Use of Bawdy in Shakespeare*, Longman, Londres, 1974. (Contient un glossaire ; plus sélectif que Partridge, voir ci-dessus 2.)

FRANZ, Wilhelm, *Die Sprache Shakespeares in Vers und Prosa*, Niemeyer, Halle, 1939.

HULME, Hilda M., *Explorations in Shakespeare's Language*°, Longman, Londres, 1962.

HUSSEY, S. S., *The Literary Language of Shakespeare*°, 2e éd., Longman, Londres, 1992 [1982].

KÖKERITZ, Helge, *Shakespeare's Pronunciation*, Yale U.P., 1953.

MAHOOD, Molly M., *Shakespeare's Wordplay*, Methuen, Londres, 1957.

POIRIER, Michel, *Précis d'anglais élisabéthain*, SEDES, Paris, 1966.

SALMON, Vivian, & BURNESS E., ed., *A Reader in the Language of Shakespearean Drama*°, John Benjamin Publishing Co, Amsterdam & Philadelphie, 1987.

SPURGEON, Caroline, *Shakespeare's Imagery and What It Tells Us*°, C.U.P., 1935.

SUHAMY, Henri, *Le Vers de Shakespeare*, Lille, 1984 (diffusion Didier-Érudition, Paris).

THOMPSON, Ann, & THOMPSON J. O., *Shakespeare : Meaning and Metaphor*, Harvester Press, Brighton, 1987.

VICKERS, Brian, *The Artistry of Shakespeare's Prose*, Methuen, Londres, 1968.

WRIGHT, George T., *Shakespeare's Metrical Art*°, U. of California P., 1988.

5. Vie de Shakespeare

BENTLEY, Gerald E., *Shakespeare : A Biographical Handbook*°, Yale U.P., 1961.

CHAMBERS, E. K., *William Shakespeare : A Study of Facts and Problems*, 2 vol., O.U.P., 1988 [1930]. (Voir le volume deux.)

DUTTON, Richard, *William Shakespeare : A Literary Life*°, Macmillan, Londres, 1989.

HOLLAND, Norman, HOMAN S. & PARIS B. J., ed., *Shakespeare's Personality*, U. of California P., 1989.

HONIGMANN, E. A. J., *Shakespeare : The « Lost Years »*, Manchester U.P., 1985.

SCHOENBAUM, Samuel, *William Shakespeare : A Documentary Life*, O.U.P., 1975. (Reproduit beaucoup de documents.)

SCHOENBAUM, Samuel, *William Shakespeare : A Compact Documentary Life*°, éd. rév., O.U.P., 1987 [1977]. (La meilleure biographie.)

SCHOENBAUM, Samuel, *Shakespeare's Lives*, éd. rév., O.U.P., 1991 [1970]. (Sur la façon dont s'est constituée la biographie de Shakespeare au cours des siècles.)

THOMAS, David, *Shakespeare in the Public Records*°, Her Majesty's Stationery Office, Londres, 1985. (Fac-similés de plusieurs documents, dont le testament*.)

6. Le théâtre a l'époque élisabéthaine

BENTLEY, Gerald E., *The Jacobean and Caroline Stage*, 7 vol., O.U.P., 1941-1968.

BENTLEY, Gerald E., *The Profession of Dramatist and Player in Shakespeare's Time*°, Princeton U.P., 1986. (Réunit en un seul volume deux ouvrages parus en 1971 et 1984.)

BRAUNMULLER, A. R., & HATTAWAY, M., ed., *The Cambridge Companion to English Renaissance Drama*°, 1990, C.U.P. (Dix études sur le théâtre de l'époque, avec des bibliographies succinctes des dramaturges autres que Shakespeare.)

CHAMBERS, E. K., *The Elizabethan Stage*, 4 vol., O.U.P., 1967 [1923]. (Bien que parfois daté, demeure une mine de renseignements.)

COOK, Ann J., *The Privileged Playgoers of Shakespeare's London, 1576-1642*, Princeton U.P., 1981.

GURR, Andrew, *The Shakespearean Stage 1574-1642*°, 3ᵉ éd. rév., C.U.P., 1992 [1970]. (Contient une « Select Bibliography » de près de 300 titres.)

GURR, Andrew, *Playgoing in Shakespeare's London*°, C.U.P., 1987.

HARBAGE, Alfred, & SCHOENBAUM S., 3ᵉ éd. rév. par S. S. Wagonheim, *Annals of English Drama 975-1700*, Routledge, Londres, 1989 [1940].

THOMSON, Peter, *Shakespeare's Theatre*°, 2ᵉ éd., Routledge, Londres, 1992 [1983].

7. *Sources*

BULLOUGH, Geoffrey, *Narrative and Dramatic Sources of Shakespeare*, 8 vol., Routledge and Kegan Paul, Londres, 1957-1975. (Reproduit, pour chaque pièce, les principales sources, en les faisant précéder d'une introduction.)

JONES, Emrys, *The Origins of Shakespeare*, O.U.P., 1977.

MUIR, Kenneth, *The Sources of Shakespeare's Plays,* Methuen, Londres, 1977.

NB Les volumes de l'édition Arden, et certains volumes de l'Oxford Shakespeare et du New Cambridge Shakespeare (voir ci-dessous I.9) reproduisent en appendice les principales sources de chaque pièce.

8. *Établissement du texte*

NB Il y a de nombreuses études (ouvrages et articles) sur l'établissement du texte de chaque pièce ; le problème est examiné dans les éditions indiquées ci-dessous 9c.

BOWERS, Fredson, *On Editing Shakespeare*°, U.P. of Virginia, 1966.

CHAMBERS, E. K., *William Shakespeare : A Study of Facts and Problems*, 2 vol., O.U.P., 1988 [1930]. (Voir le volume 1.)

GREG, W. W., *The Editorial Problem in Shakespeare : A Survey of the Foundations of the Text*, éd. rév., O.U.P., 1951 [1942].

GREG, W. W., *The Shakespeare First Folio : Its Bibliographical and Textual History*, O.U.P., 1955.

HINMAN, Charlton, *The Printing and Proof-Reading of the First Folio of Shakespeare*, 2 vol., O.U.P., 1963.

HONIGMANN, E. A. J., *The Stability of Shakespeare's Text*, Edward Arnold, Londres, 1965.

IOPPOLO, Grace, *Revising Shakespeare*, Harvard U.P., 1991.

WELLS, Stanley & TAYLOR Gary, *Modernizing Shakespeare's Spelling, with Three Studies in the Text of « Henry V »*, O.U.P., 1979.

WELLS, Stanley, *Re-Editing Shakespeare for the Modern Reader*, O.U.P., 1984.

WELLS, Stanley, & TAYLOR Gary, avec JOWETT J. & MONTGOMERY W., *William Shakespeare : A Textual Companion,* O.U.P., 1987. (Introduction générale, chronologie de l'œuvre, bibliographies, etc. ; introduction pour chaque pièce ou poème ; variantes correspondant à l'édition d'Oxford de 1986, pour laquelle voir ci-dessous 9b.)

9. Éditions des œuvres complètes

a) ÉDITIONS DE BASE EN FAC-SIMILÉ

ALLEN, Michael J. B., & MUIR K., ed., *Shakespeare's Plays in Quarto*, U. of California P., 1981. (Fac-similé de 22 éditions in-quarto* publiées de 1594 à 1634.)

HINMAN, Charlton, ed., *The Norton Facsimile : The First Folio of Shakespeare*, Norton, N.Y., 1968. (Fac-similé de l'in-folio* de 1623 établi à partir de 30 exemplaires.)

b) ÉDITIONS EN UN VOLUME

ALEXANDER, Peter, ed., *The Complete Works*, Collins, Londres, 1951. (Introduction, texte et glossaire ; commode par son format, 21 x 13,5 cm.)

BEVINGTON, David, ed., *The Complete Works*, 4e éd. rév., HarperCollins, N.Y., 1992. (Introduction générale, introductions aux différentes œuvres, nombreuses notes succinctes en bas de page, sélection de variantes, appendices, bibliographie, iconographie. Format : 25 x 20 cm.)

EVANS, G. Blakemore & alii, *The Riverside Shakespeare*, Houghton Mifflin, Boston, 1974. (Introduction générale, introductions aux différentes œuvres, notes succinctes en bas de page, variantes complètes, appendices reproduisant notamment des documents concernant Shakespeare et sa famille, iconographie ; texte conservateur qui donne beaucoup de formes archaïques. Format : 25 x 20 cm.)

WELLS, Stanley, & TAYLOR G., ed., avec JOWETT J. et MONTGOMERY W., *The Complete Works*, The Oxford Shakespeare, O.U.P, 1986 ; même édition en « Compact Edition »°, 1988. (Introduction générale, introductions brèves aux différentes œuvres, glossaire, iconographie ; voir Note sur la présente édition p. 11.)

WELLS, Stanley, & TAYLOR G., ed., avec JOWETT J. et MONTGOMERY W., *The Complete Works : Original-Spelling Edition*, The Oxford Shakespeare, O.U.P., 1986. (La seule édition qui conserve l'orthographe ancienne.)

c) ÉDITIONS EN VOLUMES DISTINCTS

Il existe, notamment, quatre très bonnes collections (avec introduction, notes et variantes), toutes disponibles en « paperback ». Les différents volumes de ces collections sont signalés dans la bibliographie de chaque pièce (voir ci-dessous II.2).

- The Arden Shakespeare (Routledge, Londres) : complète, sauf les *Sonnets* ; tous les volumes ont été révisés à partir de 1951 ; les premiers volumes d'une nouvelle révision (Arden 3) ont paru en 1995.
- The New Cambridge Shakespeare (C.U.P.) : parution depuis 1984.
- The New Penguin (Penguin Books) : parution depuis 1967, avec notes en fin de volume.
- The Oxford Shakespeare, en « paperback » dans la collection The World's Classics (O.U.P.) : parution depuis 1982.

Voir aussi : Ann Thompson & alii, *Which Shakespeare ? A User's Guide to Editions*, Open University Press, Milton Keynes & Philadelphie, 1992.

NB Une bibliographie des traductions françaises sera donnée dans le dernier volume.

10. Ouvrages généraux sur Shakespeare

ADELMAN, Janet, *Suffocating Mothers : Fantasies of Maternal Origin in Shakespeare's Plays, « Hamlet » to « The Tempest »*°, Routledge, 1992.

ANDREWS, John F., ed., *William Shakespeare : His World [vol. 1], His Work [vol. 2], His Influence [vol. 3]*, 3 vol., Charles Scribner's Sons, N.Y., 1985. (Soixante études suivies chacune d'une bibliographie.)

BAMBER, Linda, *Comic Women, Tragic Men : A Study of Gender and Genre in Shakespeare*, Stanford U.P., 1982.

BERRY, Ralph, *Shakespeare and Social Class*°, Humanities Press International, N.J., 1988.

CLEMEN, Wolfgang, *Shakespeare's Soliloquies*°, Methuen, Londres, 1987.

COLERIDGE, Samuel T., *Shakespearean Criticism*, ed. T. M. Raysor, 2 vol., Dent, Londres, 1960.

COOK, Ann J., *Making a Match : Courtship in Shakespeare and His Society*, Princeton U.P., 1991.

DAVID, Richard, *Shakespeare in the Theatre*°, C.U.P., 1978.

DAVIES, Anthony, & WELLS S., ed., *Shakespeare and the Moving Image : The Plays on Film and Television*°, C.U.P., 1994. (Avec une filmographie.)

DESSEN, Alan C., *Elizabethan Stage Conventions and Modern Interpreters*°, C.U.P., 1984.

DRAKAKIS, John, ed., *Alternative Shakespeare*°, Methuen, Londres, 1985.

DUSINBERRE, Juliet, *Shakespeare and the Nature of Women*°, Macmillan, Londres, 1975.

EDWARDS, Philip, *Shakespeare and the Confines of Art*°, Methuen, Londres, 1968.

FLUCHÈRE, Henri, *Shakespeare dramaturge élisabéthain*, Cahiers du Sud, 1948.

FRYE, Northrop, *On Shakespeare*°, Yale U.P., 1986.

FRYE, Roland M., *Shakespeare and Christian Doctrine*, Princeton U.P., 1963.

GIBSON, Harry N., *The Shakespeare Claimants*, Methuen, Londres, 1962. (Sur l'attribution des œuvres de Shakespeare à Bacon, Oxford, Derby et Marlowe.)

GIRARD, René, *Shakespeare. Les Feux de l'envie*, Grasset, Paris, 1990.

GRANVILLE-BARKER, Harley, *Prefaces to Shakespeare*°, 2 vol. en un, Batsford, Londres, 1972 [1930].

GREENBLATT, Stephen, *Shakespearean Negotiations : The Circulation of Social Energy in Renaissance England*°, O.U.P., 1988.

HAPGOOD, Robert, *Shakespeare the Theatre-Poet*°, O.U.P., 1988.

HALIO, Jay L., *Understanding Shakespeare's Plays in Performance*, Manchester U. P., 1988.

JOHNSON, Samuel, voir ci-dessous Parker.

JONES-DAVIES, Marie-Thérèse, *Shakespeare : Le théâtre du monde*, Balland, Paris, 1987.

KAHN, Coppélia, & SCHWARTZ M. M., *Representing Shakespeare : New Psychoanalytic Essays*°, Johns Hopkins U.P., 1982.

KAMPS, Ivo, ed., *Shakespeare Left and Right*°, Routledge, Londres, 1992.

KOTT, Jan, *Shakespeare notre contemporain*, René Julliard, Paris, 1962 (éd. anglaise : *Shakespeare Our Contemporary*°, éd. rév., Methuen, Londres, 1967 [1965]).

LAROQUE, François, *Shakespeare et la fête*, P.U.F., Paris, 1988 (éd. anglaise : *Shakespeare's Festive World*°, C.U.P., 1991).

LAROQUE, François, *Shakespeare comme il vous plaira*, Gallimard, Paris, 1991. (Belle iconographie, variée et originale.)

LENZ, Carolyn R. S., GREENE G. & NEELY C. T., ed., *The Woman's Part : Feminist Criticism of Shakespeare°*, U. of Illinois P., 1980.

MAGUIN, Jean-Marie, *La Nuit dans le théâtre de Shakespeare et de ses prédécesseurs*, 2 vol., Université de Lille III, 1980.

MARIENSTRAS, Richard, *Le Proche et le Lointain : sur Shakespeare, le drame élisabéthain et l'idéologie anglaise aux XVIe et XVIIe siècles*, Éditions de Minuit, 1981 (éd. anglaise : *New Perspectives on the Shakespearean World*, C.U.P., 1985).

MARTINET, Marie-Madeleine, *Le Miroir de l'esprit dans le théâtre élisabéthain*, Didier-Érudition, Paris, 1981.

MAYOUX, Jean-Jacques, éd. rév., *William Shakespeare*, Aubier-Montaigne, Paris, 1982 [1966].

NEELY, Carol T., *Broken Nuptials in Shakespeare's Plays°*, Yale U.P., 1985.

NOBLE, Richmond, *Shakespeare's Biblical Knowledge*, Octagon Books, N.Y., 1970 [1935]. (Voir aussi ci-dessous II.1 Shaheen.)

NOVY, Marianne, *Love's Argument : Gender Relations in Shakespeare*, U. of North Carolina P., 1984.

NOVY, Marianne, ed., *Women's Re-Visions of Shakespeare : On the Responses of Dickinson, Woolf, Rich, H. D., George Eliot, and Others°*, U. of Illinois P., 1990.

PARKER, G. F., *Johnson's Shakespeare*, O.U.P., 1989.

PATTERSON, Annabel, *Shakespeare and the Popular Voice°*, Blackwell, Oxford, 1989.

RABKIN, Norman, *Shakespeare and the Problem of Meaning°*, U. of Chicago P., 1981.

REYHER, Paul, *Essai sur les idées dans l'œuvre de Shakespeare*, Marcel Didier, Paris, 1947.

ROSSITER, A. P., *Angel with Horns : Fifteen Lectures on Shakespeare°*, ed. G. Storey, Longman, Londres, 1989 [1961].

SCHOENBAUM, Samuel, *William Shakespeare : Records and Images*, O.U.P., 1981. (Très belle iconographie.)

SCOTT, Michael, *Shakespeare and the Modern Dramatist*, Macmillan, Londres, 1989.

SCRAGG, Leah, *Discovering Shakespeare's Meaning°*, Macmillan, Londres, 1988.

SENG, Peter J., *The Vocal Songs in the Plays of Shakespeare : A Critical History*, O.U.P., 1967. (Voir aussi ci-dessous II.1 Sternfeld.)

Shakespeare 1564-1964, *Études Anglaises*, 17 (1964), numéro spécial avec vingt-cinq articles sur Shakespeare, en français et en anglais.

Shakespeare's England, 2 vol., O.U.P., 1950 [1916]. (Trente études sur divers aspects de la période rapprochés de l'œuvre de Shakespeare ; encore très utile.)

SHIRLEY, Frances A., *Swearing and Perjury in Shakespeare's Plays*, George Allen & Unwin, Londres, 1979.

SIBONY, Daniel, *Avec Shakespeare. Éclats et passions en douze pièces*, Grasset, Paris, 1988. (Critique psychanalytique.)

TAYLOR, Gary, *Reinventing Shakespeare : A Cultural History from the Restoration to the Present*, The Hogarth Press, Londres, 1990 [1989].

THOMSON, Peter, *Shakespeare's Professional Career*°, C.U.P., 1992.

VICKERS, Brian, *Shakespeare : The Critical Heritage*, 6 vol., Routledge, Londres, 1974-1981. (La critique shakespearienne de 1623 à 1801.)

VICKERS, Brian, *Returning to Shakespeare*, Routledge, Londres, 1989.

VICKERS, Brian, *Appropriating Shakespeare : Contemporary Critical Quarrels*°, Yale U. P., 1993.

WAYNE, Valerie, ed., *The Matter of Difference : Materialist Feminist Criticism of Shakespeare*°, Cornell U.P., 1991.

WEIMANN, Robert, *Shakespeare and the Popular Tradition in the Theater : Studies in the Social Dimension of Dramatic Form and Function*°, Johns Hopkins U.P., 1987.

WELLS, Stanley, *Shakespeare : A Dramatic Life*, Sinclair-Stevenson, Londres, 1994.

WEST, Robert H., *Shakespeare & the Outer Mystery*, U. of Kentucky P., 1968.

WILLEMS, Michèle, *La Genèse du mythe shakespearien 1660-1780*, P.U.F., Paris, 1979.

WILLEMS, Michèle, études réunies par, *Shakespeare à la télévision*, Publications de l'université de Rouen, 1987.

WILLIS, Susan, *The BBC Shakespeare Plays : Making the Televised Canon*°, U. of North Carolina P., 1991.

II. BIBLIOGRAPHIE DES TRAGÉDIES

Pour les bibliographies, voir ci-dessus I.1, et l'entrée au début de chaque pièce (ci-dessous 2).

1. Études générales

BRADLEY, A. C., *Shakespearean Tragedy*°, Macmillan, Londres, 1985 [1904] (aussi Penguin Books).

BRATCHELL, D. F., ed., *Shakespearean Tragedy*°, Critical Approach Series, Routledge, 1990.

BROOKE, Nicholas, *Shakespeare's Early Tragedies*°, Methuen, Londres, 1968.

CAMPBELL, Lily B., *Shakespeare's Tragic Heroes Slaves of Passion°*, Barnes & Noble, N.Y., 1959 [1930].

CANTOR, Paul A., *Shakespeare's Rome : Republic and Empire*, Cornell U.P., 1976.

CHARLTON, H. B., *Shakespearian Tragedy*, C.U.P., 1948.

CHARNEY, Maurice, *Shakespeare's Roman Plays : The Function of Imagery in the Drama*, Harvard U.P., 1961.

EVERETT, Barbara, *Young Hamlet : Essays on Shakespeare's Tragedies°*, O.U.P., 1989.

FARNHAM, Willard, *Shakespeare's Tragic Frontier°*, Blackwell, Oxford, 1973.

FRYE, Northrop, *Fools of Time : Studies in Shakespearean Tragedy°*, U. of Toronto P., 1967.

HARBAGE, Alfred, ed., *Shakespeare : The Tragedies, A Collection of Critical Essays°*, Prentice-Hall, N. J., 1964.

HOLLOWAY, John, *The Story of the Night : Studies in Shakespeare's Major Tragedies*, Routledge, Londres, 1961.

HONIGMANN, E. A. J., *Shakespeare : Seven Tragedies, The dramatist's manipulation of response°*, Macmillan, Londres, 1976.

KIRSCH, Arthur, *The Passions of Shakespeare's Tragic Heroes*, Virginia U.P., 1990.

KNIGHT[1], G. Wilson, éd. rév., *The Wheel of Fire : Interpretations of Shakespearian Tragedy°*, Methuen, Londres, 1949 [1930].

KNIGHT[2], G. Wilson, éd. rév., *The Imperial Theme : Further Interpretations of Shakespeare's Tragedies Including the Roman Plays°*, Methuen, Londres, 1951 [1931].

LAWLOR, John, *The Tragic Sense in Shakespeare*, Chatto & Windus, Londres, 1960.

LEECH, Clifford, *Shakespeare's Tragedies and Other Studies in Seventeenth Century Drama*, Chatto & Windus, Londres, 1950.

LEGGATT, Alexander, *Shakespeare's Political Drama : The History Plays and the Roman Plays°*, Routledge, Londres, 1988.

LERNER, Laurence, ed., *Shakespeare's Tragedies : An Anthology of Modern Criticism°*, Penguin Books, 1986 [1963].

MCALINDON, T., *Shakespeare's Tragic Cosmos*, C.U.P., 1991.

MACCALLUM, *Shakespeare's Roman Plays and Their Background*, Foreword by T. J. B. Spencer, Macmillan, Londres, 1967 [1910].

MEHL, Dieter, *Shakespeare's Tragedies : An Introduction°*, C.U.P., 1986.

MIOLA[1], Robert S., *Shakespeare's Rome*, C.U.P., 1983.

MIOLA[2], Robert S., *Shakespeare and Classical Tragedy : The Influence of Seneca*, O.U.P., 1992.

MUIR, Kenneth, *Shakespeare's Tragic Sequence*°, Liverpool U.P., 1979 [1972].

NEVO, Ruth, *Tragic Form in Shakespeare,* Princeton U.P., 1972.

PROSER, Matthew N., *The Heroic Image in Five Shakespearean Tragedies*, Princeton U.P., 1965.

ROSE, Mark, ed., *Shakespeare's Early Tragedies : A Collection of Critical Essays*°, New Century Views, Prentice-Hall, N.J., 1995.

SHAHEEN, Nasib, *Biblical References in Shakespeare's Tragedies*, Associated U. Presses, 1987. (Voir aussi ci-dessus I.10 Noble.)

SNYDER, Susan, *The Comic Matrix of Shakespeare's Tragedies : « Romeo and Juliet », « Hamlet », « Othello », and « King Lear »*, Princeton U.P., 1979.

STERNFELD, F. W., *Music in Shakespearean Tragedy*, 2e éd., Routledge, Londres, 1967 [1963].

THOMAS, Vivian, *Shakespeare's Roman Worlds*, Routledge, Londres, 1989.

TRAVERSI, Derek, *Shakespeare : The Roman Plays*, Hollis & Carter, Londres, 1963.

VENET, Gisèle, *Temps et vision tragique : Shakespeare et ses contemporains*, service des publications, université de la Sorbonne-Nouvelle Paris III, 1985.

WAITH, Eugene M., *The Herculean Hero in Marlowe, Chapman, Shakespeare and Dryden*, Chatto & Windus, Londres, 1962.

WILDERS, John, *The Lost Garden : A View of Shakespeare's English and Roman History Plays*°, Macmillan, Londres, 1978.

YOUNG[1], David, *The Action to the Word : Structure and Style in Shakespearean Tragedy*, Yale U.P., 1990.

YOUNG[2], David, ed., *Shakespeare's Middle Tragedies : A Collection of Critical Essays*°, New Century Views, Prentice-Hall, N.J., 1993.

2. Éditions et études particulières

Les tragédies sont dans l'ordre alphabétique des titres anglais.

ANTONY AND CLEOPATRA

Bibliographie

Voir ci-dessus I.1, en particulier Wells, chap. 14.

Éditions

Voir ci-dessus I.9 a et b.

BEVINGTON, David, ed., *Antony and Cleopatra*°, The New Cambridge Shakespeare, 1990.

JONES, Emrys, ed., *Antony and Cleopatra*°, The New Penguin Shakespeare, 1977.

NEILL, Michael, ed., *Antony and Cleopatra*°, The Oxford Shakespeare, 1994.

RIDLEY, M. R., ed., *Antony and Cleopatra*°, The Arden Shakespeare, Routledge, Londres, 1989 [1954].

SPEVACK, Marvin, ed., *Antony and Cleopatra*, A New Variorum Edition of Shakespeare, The Modern Language Association of America, 1990.

WILDERS, John, ed., *Antony and Cleopatra*°, The Arden Shakespeare, 3e éd., Routledge, Londres, 1995.

Critique

Voir ci-dessus I.4 : Clemen.

Voir ci-dessus I.7 : Bullough vol. 5.

Voir ci-dessus I.10 : Adelman, Bamber, David, Frye (N.), Granville-Barker, Neely, Sibony.

Voir ci-dessus II.1 : Cantor, Charney, Farnham, Honigmann, Knight[2], McAlindon, MacCallum, Mehl, Miola[1], Muir, Nevo, Proser, Thomas, Traversi, Venet, Waith, Wilders.

ADELMAN, Janet, *The Common Liar : An Essay on « Antony and Cleopatra »*, Yale U.P., 1973.

BONO, Barbara, *Literary Transvaluation : From Vergilian Epic to Shakespearean Tragicomedy*, U. of California P., 1984.

BRADLEY, A. C., « Shakespeare's "Antony and Cleopatra" » dans *Oxford Lectures on Poetry*°, Macmillan, Londres, 1962 [1909].

BROWN, John, R., ed., éd. rév., *Shakespeare : Antony and Cleopatra*°, Casebook Series, Macmillan, Londres, 1991 [1968].

DICKEY, Franklin, M., *Not Wisely But Too Well : Shakespeare's Love Tragedies*, Huntington Library, San Marino, Calif., 1957.

HARDING, D. W., « Women's Fantasy of Manhood : A Shakespearian Theme », *Shakespeare Quarterly*, 20 (1969), 245-253.

LAMB, Margaret, *« Antony and Cleopatra » on the English Stage*, Fairleigh Dickinson U.P., 1980.

LLYOD, Michael, « Cleopatra as Isis », *Shakespeare Survey*, 12 (1959), 88-94.

MARES, F. H., *Antony and Cleopatra*°, The Critics Debate, Macmillan, Londres, 1991.

MARKELS, Julian, *The Pillar of the World : « Antony and Cleopatra » in Shakespeare's Development*, Ohio State U.P., 1968.

RACKIN, Phyllis, « Shakespeare's Boy Cleopatra, the Decorum of Nature, and the Golden World of Poetry », *Publications of the Modern Language Association of America*, 87 (1972), 201-212.

ROSE, Mark, ed., *Twentieth Century Interpretations of « Antony and Cleopatra »*°, Prentice-Hall, N.J., 1977.

SCHANZER, Ernest, *The Problem Plays of Shakespeare : A Study of « Julius Caesar », « Measure for Measure », « Antony and Cleopatra »*°, Routledge & Kegan Paul, Londres, 1963.

SCOTT, Michael, *Antony and Cleopatra*°, Text & Performance, Macmillan, Londres, 1983.

SPRENGNETHER, Madelon, « The Boy Actor and Femininity in *Antony and Cleopatra* », p. 191-205 dans Holland (voir ci-dessus I.5).

VENET, Gisèle, « Images et structure dans *Antoine et Cléopâtre* », *Études Anglaises*, 30 (1977), 281-302.

CORIOLANUS

Bibliographie

Voir ci-dessus I.1, en particulier Wells, chap. 15.

LEGGATT, Alexander, & NOREM L., *Coriolanus : An Annotated Bibliography*, Garland Publishing, N.Y., 1989.

MAXWELL, J. C., « Shakespeare's Roman Plays : 1900-1956 », *Shakespeare Survey*, 10 (1957), 1-11.

Éditions

Voir ci-dessus I.9 a et b.

BROCKBANK, Philip, ed., *Coriolanus*°, The Arden Shakespeare, Routledge, Londres, 1976.

HIBBARD, G. R., ed., *Coriolanus*°, The New Penguin Shakespeare, 1967.

PARKER, R. B., ed., *Coriolanus*°, The Oxford Shakespeare, 1994.

Critique

Voir ci-dessus I.4 : Clemen.
Voir ci-dessus I.7 : Bullough vol. 5.
Voir ci-dessus I.10 : Adelman, Bamber, David, Granville-Barker, Patterson, Sibony, Vickers (*Returning to Shakespeare*, chap. 4).
Voir ci-dessus II.1 : Cantor, Charney, Farnham, Honigmann, Knight[2], MacCallum, Mehl, Miola[1], Muir, Nevo, Proser, Thomas, Traversi, Waith, Wilders.

ADELMAN, Janet, « "Anger's My Meat" : Feeding, Dependency, and Aggression in *Coriolanus* » (1978), réimprimé dans Kahn (voir ci-dessus I.10).

BARTON, Anne, « Livy, Machiavelli, and Shakespeare's *Coriolanus* », *Shakespeare Survey*, 38 (1985), 115-129.

BERRY, Ralph, « The Metamorphoses of *Coriolanus* », *Shakespeare Quarterly*, 26 (1975), 172-183.

BERRY, Ralph, « Sexual Imagery in *Coriolanus* », *Studies in English Literature*, 13 (1973), 301-316.

BROCKMAN, B. A., ed., *Shakespeare : Coriolanus*°, Casebook Series, Macmillan, Londres, 1977.

BROWNING, I. R., « Coriolanus : Boy of Tears », *Essays in Criticism*, 5 (1955), 18-31.

GOLDMAN, Michael, « Characterizing Coriolanus », *Shakespeare Survey*, 34 (1981), 73-84.

HARDING, D. W., « Women's Fantasy of Manhood : A Shakespearian Theme », *Shakespeare Quarterly*, 20 (1969), 245-253.

HOFLING, Charles K., « An Interpretation of Shakespeare's *Coriolanus* », *American Imago*, 14 (1957), 407-435.(Dans Phillips ci-dessous.)

HOLT, Leigh, *From Man to Dragon : A Study of Shakespeare's « Coriolanus »*, Salzburg Studies in English Literature, n° 61, Salzbourg, 1976.

KING, Bruce, *Coriolanus*°, The Critics Debate, Macmillan, Londres, 1989.

MAXWELL, J. C., « Animal Imagery in *Coriolanus* », *Modern Language Review*, 42 (1947), 417-421.

OLIVER, H. J., « Coriolanus as Tragic Hero », *Shakespeare Quarterly*, 10 (1959), 53-60.

PALMER, John, *Political Characters of Shakespeare*° (chap. 5 « Caius Marcus Coriolanus »), Macmillan, Londres, 1945.

PHILLIPS, James, E., ed., *Twentieth Century Interpretations of « Coriolanus »*°, Prentice-Hall, N.J., 1970.

POOLE, Adrian, *Coriolanus*°, Harvester New Critical Introductions to Shakespeare, Harvester Wheatsheaf, N.Y. et Londres, 1988.

RABKIN, Norman, « *Coriolanus* : The Tragedy of Politics », *Shakespeare Quarterly*, 17 (1966), 195-212.

VICKERS, Brian, *Shakespeare : Coriolanus*°, Studies in English Literature, Edward Arnold, Londres, 1976.

KING LEAR

Bibliographie

Voir ci-dessus I.1, en particulier Wells, chap. 12.

CHAMPION, Larry, S., *« King Lear » : An Annotated Bibliography*, Garland Publishing, N.Y., 1980.

QUINN, Edward, RUOFF J., GRENNEN J., *The Major Shakespearean*

Tragedies : A Critical Bibliography, Free Press & Collier-Macmillan, N.Y. et Londres, 1973. (Bibliographies commentées.)

Éditions

Voir ci-dessus I.9 a et b.

BRATTON, J. S., ed., *King Lear*°, Plays in Performance, Bristol Classical Press, 1987. (Les notes indiquent la façon dont chaque passage a été joué.)

HALIO, Jay L, ed., *The Tragedy of King Lear*°, The New Cambridge Shakespeare, 1992. (Édition du texte de l'in-folio* de 1623.)

HALIO, Jay L, ed., *The First Quarto of King Lear*, The New Cambridge Shakespeare, 1994. (Édition du texte de l'in-quarto* de 1608.)

HUNTER, G. K., ed., *King Lear*°, The New Penguin Shakespeare, 1972.

MUIR, Kenneth, ed., *King Lear*°, éd. rév., The Arden Shakespeare, Routledge, Londres, 1985 [1952].

WARREN, Michael, ed., *The Parallel « King Lear », 1608-1623*, U. of California P., 1989. (Les textes de 1608 et de 1623 en fac-similé et face à face.)

Critique

Voir ci-dessus I.4 : Clemen.
Voir ci-dessus I.7 : Bullough vol. 7.
Voir ci-dessus I.10 : Adelman, Clemen, David, Frye (N.), Granville-Barker, Greenblatt, Maguin, Martinet, Novy, Sibony, West.
Voir ci-dessus II.1 : Bradley, Campbell, Charlton, Everett, Holloway, Honigmann, Kirsch, Knight[1], McAlindon, Mehl, Miola[2], Muir, Nevo, Snyder, Sternfeld, Venet, Young[1], Young[2].

ADELMAN, Janet, ed., *Twentieth Century Interpretations of « King Lear »*°, Prentice-Hall, N.J., 1978.

BOORMAN, S. C., *Human Conflict in Shakespeare*, Routledge, Londres, 1987.

BOOTH, Stephen, *« King Lear », « Macbeth », Indefinition, and Tragedy*, Yale U.P., 1983.

CALLAGHAN, Dympna, *Woman and Gender in Renaissance Tragedy : A study of « King Lear », « Othello », « The Duchess of Malfi » and « The White Devil »*, Harvester Wheatsheaf, N.Y. et Londres, 1989.

COLIE, Rosalie L., & FLAHIFF F. T., ed., *Some Facets of « King Lear »*°, U. of Toronto P., 1974.

DANBY, John F., *Shakespeare's Doctrine of Nature : A Study of « King Lear »*°, Faber, Londres, 1949.

ELTON, William R., *« King Lear » and the Gods*°, Huntington Library, San Marino, Calif., 1966.

FOAKES, R. A., *« Hamlet » versus « Lear » : Cultural Politics and Shakespeare's Art*, C.U.P., 1993.

GOLDBERG, S. L., *An Essay on « King Lear »*°, C.U.P., 1974.

HARDING, D. W., « Women's Fantasy of Manhood : A Shakespearian Theme », *Shakespeare Quarterly*, 20 (1969), 245-253.

HEILMAN, Robert B., *This Great Stage : Image and Structure in « King Lear »*°, U. of Washington P., 1963 [1948].

JAMES, D. G., *The Dream of Learning : An Essay on « The Advancement of Learning », « Hamlet » and « King Lear »*, O.U.P., 1951.

JORGENSEN, Paul A., *Lear's Self-Discovery*, California U.P., 1967.

KEAST, W. R., « Imagery and Meaning in the Interpretation of *King Lear* », *Modern Philology*, 47 (1949), 45-64.

KERMODE, Frank, ed., éd. rév., *Shakespeare : King Lear'*°, Casebook Series, Macmillan, Londres, 1992 [1969].

LEGGATT, Alexander, *King Lear*°, Shakespeare in Performance, Manchester, U.P., 1991.

LEGGATT, Alexander, *King Lear*°, Harvester New Critical Introductions to Shakespeare, Harvester Wheatsheaf, N.Y. et Londres, 1988.

LUSARDI, James P., & SCHLUETER J., *Reading Shakespeare in Performance : « King Lear »*, Fairleigh Dickinson U.P., 1991.

MACK, Maynard, *« King Lear » in Our Time*°, U. of California P., 1972 [1965].

MUIR, Kenneth, & WELLS S., ed., *Aspects of « King Lear »*°, Articles reprinted from *Shakespeare Survey*, C.U.P., 1982.

MUIR, Kenneth, ed., *King Lear : Critical Essays*, Garland Publishing, N.Y., 1984.

MUIR, Kenneth, *King Lear : A Critical Study*°, Penguin Books, 1986.

ROSENBERG, Marvin, *The Masks of King Lear*°, U. of California P., 1972.

RYAN, Kiernan, ed., *Shakespeare : King Lear*°, New Casebooks, Macmillan, Londres, 1993.

SALGADO, Gamini, *King Lear*°, Text & Performance, Macmillan, Londres, 1984.

TAYLOR, Gary, & WARREN M., *The Division of the Kingdoms : Shakespeare's Two Versions of « King Lear »*°, O.U.P., 1986 [1983].

THOMPSON, Ann, *King Lear*°, The Critics Debate, Macmillan, Londres, 1988. (Bibliographie de plus de 170 entrées.)

THOMPSON, Ann, « Are There Any Women in *King Lear* ? », p. 117-128 dans Wayne (voir ci-dessus I.10).

MACBETH

Bibliographie

Voir ci-dessus I.1, en particulier Wells, chap. 13.

QUINN, Edward, RUOFF J., GRENNEN J., *The Major Shakespearean Tragedies : A Critical Bibliography*, Free Press & Collier-Macmillan, N.Y. et Londres, 1973. (Bibliographies commentées.)

WHEELER, Thomas, *Macbeth : An Annotated Bibliography*, Garland Publishing, N.Y., 1990.

Éditions

Voir ci-dessus I.9 a et b.

BROOKE, Nicholas, ed., *Macbeth*°, The Oxford Shakespeare, 1990.

HUNTER, G. K., ed., *Macbeth*°, The New Penguin Shakespeare, 1967.

MUIR, Kenneth, ed., *Macbeth*°, éd. rév., The Arden Shakespeare, Routledge, Londres, 1984 [1951].

Critique

Voir ci-dessus I.6 : Thomson.
Voir ci-dessus I.7 : Bullough vol.7.
Voir ci-dessus I.10 : Bamber, Clemen, David, Lenz, Marienstras, Maguin, Martinet, Sibony, West.
Voir ci-dessus II.1 : Bradley, Campbell, Charlton, Everett, Farnham, Holloway, Honigmann, Kirsch, Knight[1], Knight[2], Lawlor, Mehl, Miola[2], Muir, Nevo, Proser, Venet, Young[1].

BARTHOLOMEUSZ, Dennis, *Macbeth and the Players*°, C.U.P., 1978 [1969].

BERGER, Harry, Jr., « The Early Scenes of *Macbeth* : Preface to a New Interpretation », *Journal of English Literary History*, 47 (1980), 1-31.

BLISSETT, William, « "The Secret'st Man of Blood" : A Study of Dramatic Irony in *Macbeth* », *Shakespeare Quarterly*, 10 (1959), 397-408.

BOOTH, Stephen, *« King Lear », « Macbeth », Indefinition, and Tragedy*, Yale U. P., 1983.

BROOKS, Cleanth, « "The Naked Babe" and the Cloak of Manliness », dans Brooks, *The Well-Wrought Urn*°, Reynal & Hitchcock, N.Y., 1947.

BROWN, John R., ed., *Focus on « Macbeth »*, Routledge, Londres, 1982.

BROWN, John R., *Shakespeare : Macbeth*°, Studies in English Literature, Edward Arnold, Londres, 1963.

ELLIOTT, George R., *Dramatic Providence in « Macbeth »*, Princeton U. P., 1958.

HARDING, D. W., « Women's Fantasy of Manhood : A Shakespearian Theme », *Shakespeare Quarterly*, 20 (1969), 245-253.

JORGENSEN, Paul A., *Our Naked Frailties : Sensational Art and Meaning in « Macbeth »*, U. of California P., 1971.

KILMAN, Bernice W., *Macbeth*, Shakespeare in Performance, Manchester U.P., 1993.

LONG, Michael, *Macbeth*°, Harvester New Critical Introductions to Shakespeare, Harvester Wheatsheaf, N.Y. et Londres, 1989.

MARTIN, Priscilla, *Macbeth*°, The Critics Debate, Macmillan, Londres, 1991.

MUIR, Kenneth, & EDWARDS P., ed., *Aspects of « Macbeth »*°, Articles reprinted from *Shakespeare Survey*, C.U.P., 1977.

ROSENBERG, Marvin, *The Masks of Macbeth*°, U. of California P., 1978.

SCHOENBAUM, Samuel, ed., *Macbeth : Critical Essays*, Garland Publishing, N.Y., 1991.

SINFIELD, Alan, ed., *Shakespeare : Macbeth*°, New Casebooks, Macmillan, Londres, 1992.

SUHAMY, Henri, « L'intériorité de Macbeth », *Études Anglaises*, 41 (1988), 1-12.

WAIN, John, ed., éd. rév., *Shakespeare : Macbeth*°, Casebook Series, Macmillan, Londres, 1992 [1968].

WILLIAMS, Gordon, *Macbeth*°, Text & Performance, Macmillan, Londres, 1985.

OTHELLO

Bibliographie

Voir ci-dessus I.1, en particulier Wells, chap. 11.

GARDNER, Helen, « *Othello* : A Retrospect, 1900-67 », *Shakespeare Survey*, 21 (1968), 1-11.

QUINN, Edward, RUOFF J., GRENNEN J., *The Major Shakespearean Tragedies : A Critical Bibliography*, Free Press & Collier-Macmillan, N.Y. et Londres, 1973. (Bibliographies commentées.)

SMITH, John H., *Shakespeare's « Othello » : A Bibliography*, AMS Press, N.Y., 1988.

Éditions

Voir ci-dessus I.9 a et b.

HANKEY, Julie, ed., *Othello*°, Plays in Performance, Bristol Classical Press, 1987. (Les notes indiquent la façon dont chaque passage a été joué.)

MUIR, Kenneth, ed., *Othello*°, The New Penguin Shakespeare, 1968.

RIDLEY, M. R., ed., *Othello*°, The Arden Shakespeare, Routledge, Londres, 1965 [1959].

SANDERS, Norman, ed., *Othello*°, The New Cambridge Shakespeare, 1984.

Critique

Voir ci-dessus I.4 : Clemen.
Voir ci-dessus I.7 : Bullough vol.7.
Voir ci-dessus I.10 : Adelman, Clemen, Granville-Barker, Lenz, Marienstras, Neely, Novy, Sibony, West.
Voir ci-dessus II.1 : Bradley, Campbell, Charlton, Everett, Holloway, Honigmann, Kirsch, Knight[1], McAlindon, Maguin, Mehl, Miola[2], Muir, Nevo, Proser, Snyder, Sternfeld, Venet, Young[1], Young[2].

ADAMSON, Jane, *« Othello » as Tragedy : Some Problems of Judgment and Feeling*°, C.U.P., 1980.

ALTMAN, Joel B., « "Preposterous Conclusions" : Eros, *Enargeia*, and the Composition of *Othello* », *Representations*, 18 (1987), 129-157.

BARTHELEMY, Anthony, G., *Black Face, Maligned Race : The Representation of Blacks in English Drama from Shakespeare to Southerne*, Louisiana State U.P., 1987.

BOOSE, Lynda E., « Othello's Handkerchief : "The Recognizance and Pledge of Love" », *English Literary Renaissance*, 5 (1975), 360-374.

CALLAGHAN, Dympna, *Woman and Gender in Renaissance Tragedy : A Study of « King Lear », « Othello », « The Duchess of Malfi » and « The White Devil »*, Harvester Wheatsheaf, N.Y. et Londres, 1989.

DAVISON, Peter, *Othello*°, The Critics Debate, Macmillan, Londres, 1988.

ELLIOTT, George R., *Flaming Minister : A Study of « Othello » as Tragedy of Love and Hate*, Duke, U.P., 1953.

ELLIOTT, Martin, *Shakespeare's Invention of Othello : A Study in Early Modern English*, Macmillan, Londres, 1988.

FIEDLER, Leslie, *The Stranger in Shakespeare*, Stein & Day, N.Y., 1972.

GARNER, S. N., « Shakespeare's Desdemona », *Shakespeare Studies*, 9 (1976), 233-252.

HEILMAN, Robert B., *Magic in the Web : Action and Language in « Othello »*, U. of Kentucky P., 1956.

HUNTER, G. K., « Othello and colour prejudice » (1967), dans Hunter, *Dramatic Identities and Cultural Tradition*, Liverpool U.P., 1978.

HYMAN, Stanley E., *Iago : Some Approaches to the Illusion of His Motivation*, Atheneum, N.Y., 1970.

JONES, Eldred, *Othello's Countrymen : The African in English Renaissance Drama*, O.U.P., 1965.

LEAVIS, Frank R., « Diabolic Intellect and the Noble Hero » (1937), dans Leavis, *The Common Pursuit*, Chatto & Windus, Londres, 1952.

McLauchlan, Juliet, *Shakespeare : Othello*°, Studies in English Literature, Edward Arnold, Londres, 1971.

Muir, Kenneth, & Edwards P., ed., *Aspects of « Othello »*°, Articles reprinted from *Shakespeare Survey*, C.U.P., 1977.

Nowottny, Winifred M. T., « Justice and Love in *Othello* », *University of Toronto Quarterly*, 21 (1952), 330-344.

Omesco, Ion, *« Othello » chef-d'œuvre en sursis*, P.U.F., Paris, 1990.

Orkin, Martin, « Othello and the "Plain Face" of Racism », *Shakespeare Quarterly*, 38 (1987), 166-188.

Poirier, Michel, « Le "Double Temps" dans *Othello* », *Études Anglaises*, 5 (1952), 107-116.

Rosenberg, Marvin, *The Masks of Othello*°, U. of California P., 1961.

Sinfield, Alan, ed., *Shakespeare : Othello*°, New Casebooks, Macmillan, Londres, 1992.

Snyder, Susan, ed., *« Othello » : Critical Essays*, Garland Publishing, N.Y., 1988.

Wayne, Valerie, « Historical Differences : Misogyny and *Othello* », p. 153-179, *in* Wayne (voir ci-dessus I.10).

Wain, John, ed., éd. rév., *Shakespeare : Othello*°, Casebook Series, Londres, Macmillan, 1992 [1971].

Wine, Martin, L., *Othello*°, Text & Performance, Macmillan, Londres, 1984.

TIMON OF ATHENS

Bibliographie

Voir ci-dessus I.1, en particulier Wells, chap. 15.

Éditions

Voir ci-dessus I.9 a et b.

Hibbard, G. R., ed., *Timon of Athens*°, The New Penguin Shakespeare, 1970.

Oliver, H. J., ed., *Timon of Athens*°, The Arden Shakespeare, Routledge, Londres, 1963 [1959].

Critique

Voir ci-dessus I.4 : Clemen.
Voir ci-dessus I.7 : Bullough vol.6.
Voir ci-dessus I.10 : Sibony.
Voir ci-dessus II.1 : Farnham, Knight[1], Leech, Mehl, Muir.

Bacquet, Paul, « Réflexions sur la technique dramatique de Shakespeare dans *Timon d'Athènes* », *Bulletin de la faculté des lettres de Strasbourg*, mai-juin 1965, p.147-155.

BRADBROOK, Muriel C., *The Tragic Pageant of « Timon of Athens »*, C.U.P., 1966 ; aussi dans Bradbrook, *Shakespeare the Craftsman*, Chatto & Windus, Londres, 1969.

BUTLER, Francelia, *The Strange Critical Fortunes of Shakespeare's « Timon of Athens »*, Iowa State U.P., 1966.

COOK, David, « Timon of Athens », *Shakespeare Survey*, 16 (1963), 83-94.

ELLIS-FERMOR, Una, « *Timon of Athens* : An Unfinished Play », *Review of English Studies*, 18 (1942), 270-283 ; aussi *in* Ellis-Fermor, *Shakespeare the Dramatist*, Methuen, Londres, 1961.

HANDELMAN, Susan, « *Timon of Athens* : The Rage of Disillusion », *American Imago*, 36 (1979), 45-68.

HONIGMANN, E. A. J., « *Timon of Athens* », *Shakespeare Quarterly*, 12 (1961), 3-20.

LANCASHIRE, Anne, « *Timon of Athens* : Shakespeare's *Dr. Faustus* », *Shakespeare Quarterly*, 21 (1970), 35-44.

LEVIN, Harry, « Shakespeare's Misanthrope », *Shakespeare Survey*, 26 (1973), 89-94.

MUIR, Kenneth, « *Timon of Athens* and the Cash-Nexus » (1946), *in* Muir, *The Singularity of Shakespeare, and Other Essays*, Liverpool U.P., 1977.

NUTTALL, A. D., *Timon of Athens*°, Harvester New Critical Introductions to Shakespeare, Harvester Wheatsheaf, N.Y. et Londres, 1989.

PAULIN, Bernard, « La Mort de Timon d'Athènes », *Études Anglaises*, 17 (1964), 1-8.

PETTET, E. C., « *Timon of Athens* : The Disruption of Feudal Morality », *Review of English Studies*, 23 (1947), 321-336.

SOELLNER, Rolf, *Timon of Athens : Shakespeare's Pessimistic Tragedy*, Ohio State U.P., 1979.

TABLE DES MATIÈRES

AVERTISSEMENT, *par Michel Grivelet* 7

NOTE SUR LA PRÉSENTE ÉDITION, *par Gilles Monsarrat* 11

L'ART DE SHAKESPEARE DANS LES TRAGÉDIES DE LA MATURITÉ, *par Victor Bourgy* 23

OTHELLO 33

TIMON D'ATHÈNES 227

LE ROI LEAR 371

L'Histoire du roi Lear 561

MACBETH 583

ANTOINE ET CLÉOPÂTRE 729

CORIOLAN 925

RÉPERTOIRE DES PERSONNAGES 1127

GUIDE BIBLIOGRAPHIQUE 1143

ILLUSTRATIONS

Portrait de Shakespeare dit « Chandos Portrait » 2

Othello, page de titre de l'in-quarto de 1622 40

Le Roi Lear, page de titre de l'in-quarto de 1608 395

Dans le volume I

INTRODUCTION GÉNÉRALE :
L'époque de Shakespeare
Le théâtre élisabéthain
Vie et carrière de Shakespeare
Origine et transmission des textes
Langue et poétique

TABLEAU CHRONOLOGIQUE
DICTIONNAIRE DE SHAKESPEARE
LES TRAGÉDIES DE SHAKESPEARE

TITUS ANDRONICUS
ROMÉO ET JULIETTE
JULES CÉSAR
HAMLET

RÉPERTOIRE DES PERSONNAGES
GUIDE BIBLIOGRAPHIQUE